美國信託與跨境傳承

因應臺灣 CFC 及全球 CRS 首選方案

作者　呂旭明（Peter Lu）・陳遠東（YT Chen）
審稿　呂嘉昕（Max Lu）

作者序

美國信託──跨境傳承的最佳工具

工欲善其事，必先利其器。早在十二、十三世紀的十字軍東征期間，一位地主若離開英格蘭參戰，通常會暫時將土地所有權轉移。戰後凱旋歸來時，英格蘭大法官法院允許其要求返還土地，由此形成了早期的個人信託制度。這套制度由英國傳至歐洲各國，再擴及至美國，逐步發展成現今完整的美國信託制度。其中，美國的「指示型信託制度」（Directed Trust）可以追溯至二十世紀末，尤其是 1990 年代以來，為信託制度帶來重大轉變。該制度允許信託創建者對財產管理與分配有更高程度的控制與彈性，而不再僅依賴受託人的專業判斷。對於亞洲高淨值人士來說，這樣的架構更能呼應跨境資產傳承的複雜需求。

本書除了說明傳承案例與實際操作流程，更著重探討美國指示型信託制度如何應用於亞洲華人族群的跨境資產配置，協助達成財產保護、法律糾紛預防與節稅等目標。相較於亞洲各國（如台灣、新加坡、香港、中國大陸等）或傳統小島信託地（如英屬維京群島、澤西島、開曼群島、百慕達、巴哈馬等），美國信託制度在歷史沿革、法律制度、信託結構、法院制度、存續年限、資訊保密（如 CRS 通報）與維運費用等方面均有明顯不同。美國指示型信託將受託公司、設立人（授予人）、信託保護人與受益人予以明確區隔，進而使信託財產所有權、控制權、受益權三權分立，如此信託財產完全獨立於所有人，受託公司僅是財產持有者、設立人（授予人）一旦成立不可撤銷信託，即喪失財產所有權，信託財產不得返還；惟可於設立時授權信託保護人進行財產管理與分配（即取得控制權），而設立人與保護人原則上不得為受益人（即不享有受益權）；有任何爭議又有專屬的州信託法庭進行仲裁，若再加上完整而全面的美國聯邦稅則相關規定，尤其對非美國籍來自境外的美國信託資產與以美國離岸信託持有美國以外地區的資產，有相當完整的免稅規定，因此頗受亞洲高財富個人的信賴。

隨著全球反避稅趨勢加劇，台灣 CFC 制度與 CRS 國際通報正式上路。僅 2023 年 CFC 上路首年，台灣即新增稅收高達新台幣 270 億元。大陸方面，自 2024 年中起，北京、上海、浙江、山東、湖北等地已陸續查核未申報境外收入個人；目前，兩岸專業人士普遍建議民眾應盡速完成境外所得的申報與補稅程序。以台灣而言，納稅義務人一旦申報所得稅後，未來需持續每年辦理申報，並可能面臨後續的遺產稅與贈與稅列管。而在中國大陸，相關規定更為嚴格，未申報者除須補繳所得稅及滯納金外，亦可能被處以稅額 50% 至五倍不等的罰款。另外，可能因違反外匯管理規定或透過非法管道從事洗錢行為，將依法追究刑事責任。儘管目前仍不時有各種所謂「避稅策略」

浮現，例如藉由「身分配置」申請他國護照、稅籍號碼或永久居留權等方式試圖改變稅務居民身分；但實務上，若未正式放棄原有國籍或註銷戶籍，則很難被認定為非稅務居民，此外，即使以小國護照設立離岸信託，亦難隱匿資產或稅務身分。

歷經多年來往來於美、中、台、港、新與歐洲小島信託發源地，期間拜訪過上百位美國信託律師、稅務律師與各州受託公司，探討各州、各類型信託之適用，並配合亞洲高財富華人之需求，總結提出美國「指示型信託」（Directed Trust），並以自己家族為案例；有美國受益人者，進入美國本地資產成立美國不可撤銷信託、於境外地區資產設立美國可撤銷信託。至於下一代完全無美國受益人者，因應台灣 CFC 與 CRS 全球通報，則可設立美國離岸信託，由受託人持有高財富個人之跨境資產所有權，與設立人（授予人）完全切割，高財富個人已經完全無資產所有權、也無控制權、又無受益權，何來稅務問題之有。

本書之撰稿，不再由各國稅務規定或信託理論出發，完全係由本人經歷過之案例提出探討，在不同的案例下提出信託設立方案，每個案例均配置專案經理與助理，多次與家族成員開會，深入淺出地探討，最後做成結論，決定如何成立家族信託，再進一步開立銀行帳戶並將資產轉入信託；信託成立後，尚須進行後續信託記帳、稅務申報及財產揭露等程序。近年來為使美國信託設立實務操作與後續維持服務相結合，與提供了解華人文化、可用華語來溝通的專業人士來進行服務，近年來本人發起的安致勤資會計師集團（KEDP CPAs GROUP）更於美國內華達州成立威望信託公司（Prestige Trust Company），未來華人朋友在美國成立家族信託除可選擇此專業信託公司外，信託成立後更由該公司提供年度信託維持一站式記帳、報稅等相關服務。

本書歷經多年籌備，從案例蒐集、各國繼承與信託法規整理，到美國信託實務操作說明，安致勤資（KEDP）同仁多年來在信託架構設計與維運方面的實務經驗，透過流程圖、比較表與操作步驟，清楚呈現了信託設立的各項細節，特此致謝。信託法規與實務內容龐雜，若有疏漏之處，尚祈專家先進不吝指正。

目錄

第一章　傳承意義與案例

一、何謂傳承、傳承什麼？ ... 015
二、跨境財富常見的傳承爭議 ... 019

- 案例一：遺產紛爭小案例、生前財產傳承大道理 ... 020
- 案例二：日子一天一天過，財產規劃要及時 ... 022
- 案例三：傳承鉅額財富但變現困難 ... 024
- 案例四：兩個孩子分屬兩個國家 ... 026
- 案例五：家族信託中是否有失敗案例？ ... 028
- 案例六：代為管理或是實際擁有？有永遠理不清楚的糾紛 ... 030
- 案例七：為遺產爭相照顧老人——老人一句話害子家破人亡 ... 032
- 案例八：故人在天堂，家人在公堂 ... 034
- 案例九：未婚生子，豪門夢破碎 ... 036
- 案例十：老人家的監護權與遺產繼承糾紛 ... 038
- 案例十一：不可不防來自枕邊人的資產覬覦和詐欺 ... 039
- 案例十二：保險與不可撤銷信託結合的雙重魅力 ... 041
- 案例十三：美國施行「全球金融資產申報（FBAR）」的後遺症——美國稅籍身分的恐慌 ... 043
- 案例十四：為保護資產跳出一個火坑，又進到另一個更大的火坑 ... 045
- 案例十五：個人身分與資產躍升國際化的規劃和順序 ... 047
- 案例十六：使用長輩外國身分在美國大量置產卻造成財富傳承窘境 ... 048
- 案例十七：公私不分，財富傳承風險高 ... 051
- 案例十八：面對理財投資的誘惑與隱性危機該何去何從 ... 053
- 案例十九：「行善噩夢」——行善不易，需有足夠智慧 ... 055

第二章　傳承啟動與執行

一、跨境財富傳承所面對問題 ... 061
- （一）財產性質的複雜化 ... 062
- （二）財產持有名義不一 ... 062
- （三）財產分散於多個地區，財產管理複雜化 ... 063
- （四）財產取得與持有法令的限制 ... 063
- （五）銀行帳戶開立與維持困難 ... 064
- （六）外匯及資金流動管制法令的變化 ... 066
- （七）家族成員的變化 ... 068

（八）財產擁有人傳承的猶豫 068
　　（九）少子傳承風險 070

二、跨境財富傳承應考量事項 070
　　（一）跨境資產配置與管理 071
　　（二）跨境家族企業的抉擇 073
　　（三）跨境世代交替團隊培養 073
　　（四）跨境稅務籌劃與年度申報 074
　　（五）跨境資產的繼承和分配 076
　　（六）跨境後代教育 077
　　（七）跨境家族凝聚力與關係維持 078
　　（八）跨境家族個人事務支援 078
　　（九）跨境慈善基金或公益信託 079
　　（十）健康銀行的傳承 080

三、家族傳承準備與策略 081
　　第一步：詳細說明持續變動的形勢 082
　　第二步：向公司外部尋求建議 082
　　第三步：抱持開放心態 082
　　第四步：別太早做出傳承決定 082
　　第五步：公開談論未來的計畫 083

四、傳承啟動與執行 083
　　步驟一、啟動因數 084
　　步驟二、專業介入 085
　　　　（一）家族企業傳承觀念溝通 085
　　　　（二）家族財富傳承觀念溝通 086
　　步驟三、企業傳承與財富傳承策略 087
　　　　（一）家族憲章家族根本大法，監管規範家族間之利益衝突 089
　　　　（二）家族辦公室 106
　　步驟四、傳承執行環節、企業傳承步驟與時間表 113
　　　　（一）確立執行步驟：從價值觀建立到領導權交棒 114
　　　　（二）企業傳承時間表 116
　　　　（三）財富傳承時間表 118
　　步驟五、傳承執行——家族辦公室與家族成員的全力配合 118
　　　　（一）家族辦公室於企業接班過程中的角色 118
　　　　（二）家族辦公室如何執行家族傳承 119
　　步驟六、傳承籌劃後年度行政事務、後續維護管理與風險因應 122
　　　　（一）後續年度行政事務 122

（二）後續年度維護管理 122
　　（三）後續年度風險因應 122

五、傳承工具與實際操作 122
　　（一）傳承工具：贈與 123
　　（二）傳承工具：遺囑 125
　　（三）傳承工具：保險 126
　　（四）傳承工具：私人家族基金會 127
　　（五）傳承工具：公益基金會 128
　　（六）傳承工具：信託 129

六、不當傳承實際案例與修正後架構 132
　　（一）企業傳承案例 133
　　（二）財富傳承案例 152

第三章　美國與常見境外信託

一、信託的意義 172
二、信託制度的形成 173
　　（一）美國信託制度的形成 174
　　（二）英國信託制度的形成 176
　　（三）日本信託制度的形成 176
　　（四）新加坡信託制度的形成 177
　　（五）臺灣信託制度的形成 177
　　（六）中國信託制度的形成 178
三、美國本地與境外信託區別 183
　　（一）美國人基本原則與定義 183
　　（二）美國信託之定義 186
　　（三）美國司法管轄權定義上的境外信託 188
　　（四）美國稅法定義上的境外信託 190
　　　1. 非美國人設立人、非美國人受益人、非美國人保護人、信託資
　　　　 產位於美國境外（完全的非美國境外信託） 191
　　　2. 美國人設立人、美國人受益人、信託資產位於美國境外 192
　　　2.1 委託人雖在美國以外地區設立信託，若日後成為美國公民、綠
　　　　　卡持有人或符合實質居留測試而成為美國稅務居民，則該信託
　　　　　會被視為有美國所有者之境外委託人信託（Foreign Grantor Trust
　　　　　with U.S. Owner） 192
　　　2.1.1 境外信託委託人轉為美國人——境外受託人（公司）責任 193

2.1.2 境外信託合約受益人成為美國人時——境外受託人（公司）責任 196
  2.1.3 有美國所有者之境外委託人信託（Foreign Grantor Trust with U.S. Owner）——委託人申報責任 199
 3. 境外授予人信託（非美國人設立人） 207
 4. 境外授予人信託轉為非授予人信託（非美國人設立人） 210
 5. 境外非授予人信託 220

四、美國與境外信託之報稅與披露 228
 （一）美國信託
    非美籍授予人，信託設立於美國（Court Test）控制人美籍（Control Test） 228
 （二）美國信託
    授予人／設立人身分美籍納稅人 PR；設於美國、控制人美籍 232
 （三）美國境外信託
    1. 美國境外信託：授予人／設立人身分非美籍，設於美國之信託、控制人非美籍 235
    2. 美國境外信託：授予人／設立人身分非美籍，設於美國之信託、控制人非美籍、非美籍受益人 238
 （四）境外信託
    1. 境外信託：授予人／設立人身分非美籍，設於境外之信託、控制人非美籍 241
    2 境外信託：授予人／設立人身分非美籍，設於境外之信託、控制人非美籍、非美籍受益人 244
 （五）離岸信託
    授予人／設立人身分綠卡持有人；設於境外之信託、控制人非美籍 247

五、美國司法管轄權以外的境外信託之成立 249
 （一）境外銀行信託 254
 （二）境外受託公司信託 259
 （三）私人受託公司 259

六、境外信託之設立與後續維持問題 262
 （一）新加坡信託設立步驟及時程表 263
 （二）境外信託的問題與考量 267

七、美國對境外資金與信託之查核 275
 （一）針對境外資金查稅
    案例一、對瑞士銀行的美國客戶查稅 276

案例二、境外信託架構構成美國稅務詐欺──In re Wyly............ 278
　　　案例三、天堂文件──文藝復興基金創始人境外信託 281

　（二）進入美國的境外資金
　　1. 境外信託本金分配 283
　　2. 境外信託孳息分配美籍受益人 283
　　3. 未依 IRS 申報及披露規定的處罰 284
　　4. 回溯稅計算 287
　　　案例一、境外不可撤銷信託與美國不可撤銷信託之稅務比較 ... 287
　　　案例二、境外不可撤銷信託與美國不可撤銷信託之資本利得比
　　　　較 288
　　　案例三、回溯稅之完整計算（以 3520 表 Part III, Schedule B 之
　　　　方法計算）.. 289

第四章　常見美國信託

一、美國信託概述 294

二、設立美國信託的目的與優點：為何選擇在美國成立家族信託 295
　（一）臺灣地區 CFC 之實施，美國信託成為優化解方 295
　（二）CRS 通報落實，大陸地區稅務居民境外所得課稅，美國信託將可
　　　成為最終解決方案 302
　（三）美國信託法令穩定、保密到位與專屬信託法庭，非其他小島離岸
　　　信託可比擬 307
　（四）美籍信託設立人或信託受益人不得不在美國成立信託 311

三、一般非美籍家族於美國所成立的朝代信託 312
　第一類：非美籍成立不可撤銷美國境外信託──四頭在外信託，該信託
　　　控有境外資產（Foreign Irrevocable Non-Grantor Trust），在特定條件下
　　　美國無所得稅與傳承稅 313
　第二類：非美籍成立授予人可撤銷美國本地信託（美國境內成立外國授
　　　予人可撤銷信託）──持有非美國地區資產 330
　第三類：非美籍成立非授予人不可撤銷美國本地信託──將境外資產移
　　　入美國 348

四、一般美籍個人於美國所成立的信託 367
　類型一：生前信託（Living Trust）.. 368
　類型二：遺囑信託（Testamentary Trust）..................................... 374

類型三：授予人保留年金信託（GRAT）... 380
　　類型四：故意缺陷授予人信託（IDGT）... 386
　　類型五：不可撤銷人壽保險信託（ILIT）... 390
　　類型六：慈善信託（Charitable Trust）.. 400
　　類型七：生存配偶信託（Bypass or Marital Trust）............................ 406
　　類型八：資產保護信託（Asset Protection Trust）............................... 408
　　類型九：複委信託（Delegated Trust）... 409
　　類型十：指示型信託（Directed Trust）.. 409
　　類型十一：隔代信託（Generation-Skipping Trust）........................... 410
　　類型十二：目的信託（Purpose Trust）.. 410
　　類型十三：配偶終身使用信託（Spousal Lifetime Access Trust, SLAT）.... 411
　　類型十四：健康與教育排除信託（Health and Education Exclusion Trust, HEET）..... 412

五、美國私人基金會：節稅效果及其應用 416
　（一）501(c)(3) 組織 416
　（二）私人基金會與公共慈善機構 416
　（三）經營性基金會與非經營性基金會 416
　（四）私人基金會應用 417
　（五）私人基金會設立流程——以加州非營利公司為例 418

第五章　美國指示型信託之籌劃與操作流程

一、美國朝代信託目的及架構簡述 422

二、美國朝代信託之種類 423
　（一）裁量信託（Discretionary Trust）.. 423
　（二）固定信託（Fixed Trust）... 423
　（三）複委信託（Delegated Trust）... 424
　（四）指示型信託（Directed Trust）.. 424
　（五）特定目的實體（Special Purpose Entity）／信託保護人公司（Trust Protector Company）... 428
　（六）私人家族信託公司（Private Family Trust）............................ 428

三、常用美國朝代信託態樣 ....
　（一）界定美國信託和美國境外信託 430
　（二）美國朝代信託態樣 432
　（三）美國境外信託（四頭在外）.. 445

四、在美國成立家族信託實際操作
　　（一）為何選擇在美國成立家族信託？ 446
　　（二）在美國成立家族信託的類型、適用對象、成立目的 447

五、信託合約節錄 455

六、美國信託之設立程序 460
　　（一）美國不可撤銷信託設立程序 460
　　（二）美國信託成立與後續維持 464
　　（三）美國信託之後續收益分配 466

七、信託成立後的帳務處理及稅務申報 467
　　第一部分：美國的不可撤銷信託持有美國境內資產之帳務處理及稅務申報 ... 468
　　　（一）帳務處理 468
　　　（二）美國稅務申報 473

　　第二部分：美國的不可撤銷信託持有境外資產之帳務處理及稅務申報（授予人為非美籍人士） 481
　　　（一）帳務處理 481
　　　（二）美國稅務申報 485

第六章　離岸信託移至美國信託實際操作

一、境外信託的陷阱與雷區 504
　　（一）信託設立所需時間與經濟成本 504
　　（二）信託設立後的潛在訴訟成本 505
　　（三）信託相關爭議解決的時間成本 505
　　（四）設立信託的避稅功效可能無法實現 505
　　（五）信託的資產保障功能失效 506
　　（六）可移入信託的資產類型受限 506
　　（七）信託受託人的道德風險 507
　　（八）信託爭端解決過程與結果的不確定性 507

二、離岸信託的六大缺陷案例 508
　　案例一：無限權力、無從制衡的離岸信託受託人——信託之殤 508
　　案例二：不願放手的私人銀行受託公司——制式信託合約 510
　　案例三：私人銀行與信託公司的聯合詐欺 512
　　案例四：為境外公司上市而設的離岸信託 516

案例五：協助掩飾的離岸信託受託公司 518
　　案例六：成立不符合信託邏輯的離岸偽信託或虛假信託（Sham Trust）... 520

三、離岸信託移轉為美國信託的主要原因 523

四、離岸信託移轉美國信託的類型 525
　（一）離岸可撤銷信託移轉至美國可撤銷信託 525
　（二）離岸可撤銷信託移轉至美國不可撤銷信託 527
　（三）離岸不可撤銷信託移轉至美國不可撤銷信託 527
　（四）離岸偽信託移轉至美國不可撤銷信託 528

五、境外信託移轉至美國的執行方法概述 529
　第一階段：轉注前的初步評估 530
　第二階段：啟動轉注 530
　第三階段：啟動轉注後的相關工作 532
　第四階段：簽訂新信託合約後的相關工作 536

六、美國境內信託之移轉 537
　（一）美國境內信託轉注的原因及注意事項 537
　（二）轉注的時機及執行程序 539

七、轉注的其他考量事項 548

八、信託轉注與朝代信託 549

附　錄

一、可撤銷信託合約公版 552

二、不可撤銷信託合約公版 620

三、四頭在外信託架構之法律備忘書 686

四、家族憲法合約公版 702

第一章
傳承意義與實際案例

第一章　傳承意義與實際案例

傳：傳遞，此處為「傳授」之意。
承：承接，此處指「繼承」之意。

　　傳承，泛指對某學問、技藝、教義等，在師徒間的傳授和繼承的過程。在談到家族傳承，我們須先了解，什麼是家族、什麼是家族財富，如何傳承等概念。

　　兩個或兩個以上的人，由於親密關係或血緣關係或因情感而牽繫在一起稱為「家族」，而「家族財富」涵蓋了家族成員的人力資產、家族價值觀和具體財產，若此家族財富可跨越長達120年以上的時間或四個世代，並以持續積極的方式維護家庭價值，我們可謂為「傳承」。

　　家族未能將財富平順地傳給下一代，存在著一些共同的根本原因。其中一個原因是他們沒有預測到財富的最終轉移因現代醫學的進步而將傳承問題複雜化，我們常可看到有好幾代的人處在同一個時空，共同面對傳承。在20世紀初至中期，美國人的預期壽命約在55至65歲之間。如今，由於醫學的進步，許多人可以活至80或90歲之間。這延長的25年使得現代家族能夠向其最有經驗的成員請教，並在其財富基礎上發展；也讓這些資深的家庭成員不僅將其知識傳給下一代，更是傳給之後的世世代代。因此，傳承大業已慢慢受到富裕家族的重視。

　　把財富留給子女，只需要辦理簡單的法律手續就可以了，但問題是如何才能有效地傳承財富，對第一代創富者來說，最高要求是讓財富能在第二代手中發揚光大，最低要求是不要讓財富在第二代身上迅速地揮霍殆盡，以及避免因為自己留下的財富沒有做好傳承的安排，不小心變成後代的禍害，本章將從財富傳承的脈絡出發，列舉幾則因上一代生前未妥善規劃，導致爭議叢生的實際案例，並進一步探討企業與財富在代際之間應如何順利傳承。

　　家族傳承是一個多維度的概念，涉及多個層面，主要包括：

　　血脈傳承：家族傳承的基礎是血脈，即家族成員之間的遺傳聯繫。這種傳承不僅體現在生物學上，如相似的外貌和氣質，還體現在文化和社會結構上，如共同的家族歷史和價值觀。

　　責任與義務：家族成員承擔著多種責任，包括贍養老人、教育後代、維護家族產業等。這些責任確保了家族的連續性和社會角色的履行。

　　文化與價值觀：家族傳承還包括文化和價值觀的傳遞，如家風、家訓等。這些文

化和價值觀指導著家族成員的行為和決策，維持家族的凝聚力和身分。

物質與非物質資產：家族傳承涉及物質資產如家族企業、不動產等，以及非物質資產如家族聲譽、歷史記憶等。這些資產的保護和傳承對於家族的長期繁榮至關重要。

法律與財務規劃：家族傳承還需要通過法律和財務規劃來實現，如設立家族信託、制定遺囑等，以確保資產在合適的時間和方式下傳遞給下一代。

總之，家族傳承是一個複雜的過程，涉及多個方面，旨在確保家族的連續性、穩定性和繁榮。

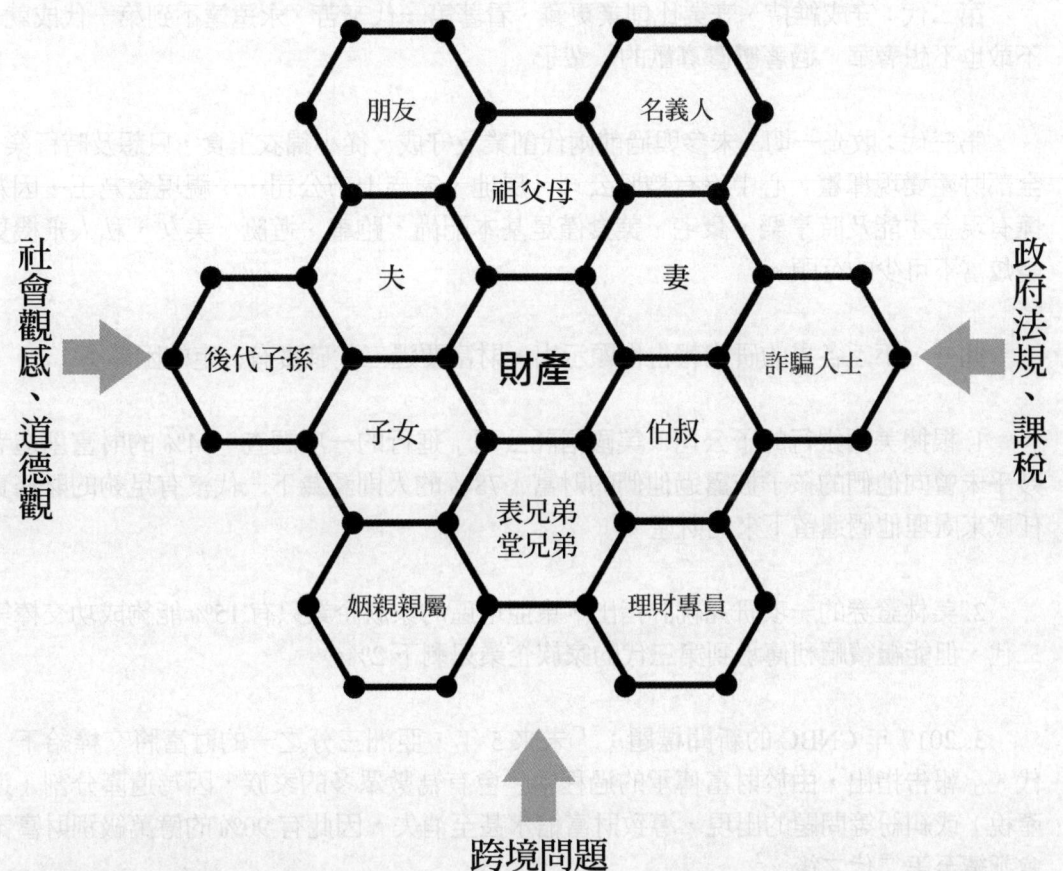

一、何謂傳承、傳承什麼？

（一）為何富不過三代？

古人說：「道德傳家，十代以上，耕讀傳家次之，詩書傳家又次之，富貴傳家，不過三代。」孟子曰：「君子之澤，五世而斬」澤指「雨露」，引申為祖業、事業；斬意為「斬斷」，引申為衰敗。林則徐家訓稱：「子孫若如我，留錢做什麼？賢而多財則損其志；子孫不如我，留錢做什麼？愚而多財益增其過。」顯示了傳賢優於傳富。

筆者祖父出生於清朝，成長與學習於臺灣日據時代，過世於臺灣光復初期，是一個富有哲學思考的人，早在100年前也提出一個家族存續理論：後進、後抵、後退（以閩南語發音），其真正意思即家族世代傳承不進則退，事實上就是一個「富不過三代」的明確演繹，而本人從事家族傳承規劃逾30年個案經驗，上千個家族，慢慢體會何謂富不過三代，為何一代不如一代，以下是實際案例常看到的三代態樣：

第一代：創造累積、辛辛苦苦創造累積財富，不肯也無意願過著豪奢生活，粗茶淡飯、開著20年的破舊車，出國搭經濟艙。創業者大多從青少年時期就經過磨礪，從而錘煉了他們堅強的意志和傑出的才能，使他們能夠成就大業。

第二代：守成維持、守業比創業更難、看著第一代辛苦，永遠達不到第一代成就，不敢也不想奢華，過著鬱鬱寡歡的一輩子。

第三代：敗光一切，未參與過前兩代創業及守成，從小錦衣玉食，只想及時行樂，全部財產變現揮霍，心中沒有控股公司、房地、家族上市公司……視現金為王，因為擁有現金才能及時享樂，豪宅、美食僅是基本配備，跑車、遊艇、美女、私人飛機更是炫富不可少的行頭。

此外，不乏各界的研究報告也顯示出，財富要過三代確實有一定的困難：

1. 根據美國銀行的子公司「美國信託公司」進行的一項調查，64%的財富創造者幾乎未曾向他們的孩子披露過他們的財富，78%的人則認為下一代沒有足夠的財務責任感來處理他們遺留下來的財產。[1]

2. 美林證券的一項研究統計指出，東亞地區的家族企業只有15%能夠成功交棒第二代，但能繼續順利傳承到第三代的家族企業只剩下2%。

3. 2017年CNBC的新聞標題：「未來5年，亞洲三分之一的財富將交棒給下一代。」報告指出，由於財富傳承的過程中，會有為數眾多的家族，因為遺產分割（遺產稅）或糾紛等問題的出現，導致財富縮水甚至消失，因此有90%的億萬級別財富不會延續至第二代之後。[2]

（二）創富者、繼富者的問題

家族創富者，不僅僅只是兢兢業業全心投入事業，更應深思，您所累積的財富如水，可載舟亦可覆舟。好的傳承，可將您成就的基業發揚光大，對家人、員工、社會

---

[1] Taylor, Chris (2015, June 17). 70% of Rich Families Lose Their Wealth by the Second Generation. Money. https://money.com/rich-families-lose-wealth/

[2] Ng, Gwynheidi (2017, May 16). One-third of Asia's wealth may change hands in the next five years. CNBC. https://www.cnbc.com/2017/05/16/ultra-wealthy-in-asia-planning-inheritance.html

有積極貢獻；壞的傳承，辛苦累積的基業可能導致家人爭產、股東糾紛、員工抗爭、社會資源浪費。

當您功成名就，歷經多年努力得到想要的成果時，我們一定要問：「您的繼富者是誰？」畢竟在家族管理中的首要任務就是安排未來的接班人。

筆者聽過許多創富者的想法，逐漸體會到創富者為何有上述謬誤。最主要的原因是，創富者在家族傳承的過程中，可能會擔心衍生出傳承不公平的問題，因而漸漸不願意談、不敢談、不敢傳，在此將未能盡早規劃的創富者歸納為下列四種現象，提供讀者參考：

類型一、任性不在意、難以改變：有錢就是任性！絕不傳承、絕不規劃，認為兒孫自有兒孫福，不理會下一代如何爭產與糾紛，兩腳一蹬待後人自行處理，要改變他的想法或看法絕非輕而易舉，要他放下身段、撥出時間了解所謂財富傳承，若非遇到人生的低潮或是非其能控制的事物，如：重病或意外事故，幾無可能。

類型二、規劃不及，大限之日真到來：永遠自認是強人，談身後之事未免太遙遠，直到去世前兩個小時，繼承人才知其病情嚴重。

類型三、考慮太多，不作為者（鴕鳥心態）：10年過去、20年過去，上市股權、家族控股、古董字畫、翡翠鑽石，這些財富的傳承工作進度還是在原點。後代雖已年屆60歲，仍視之為長不大的孩子，不放心將財產傳承下去！

類型四、小氣精明、錙銖必較：這類人士一毛不拔，嘴邊總掛著這麼幾句話：我沒錢！我要留點錢養老。保險、信託、傳承規劃等項目，都是要賺我的錢！反正放眼望去，美籍華人海外帳戶不報稅、不揭露、漏稅比我多，天塌下來有他們頂，輪不到我。

此時若您是傳富者的第二代，可能需好好思考您的家族長輩是屬於哪一類的謬誤與類型，您該如何應對？在第二代思考家族長輩類型的同時，反過來，繼富者也可能面臨下列三類狀況：

狀況一、第二代對家族無認同感：繼富者在境外居住多年，或是幾代前的父輩就扎根於他國。即使擁有的是亞洲血統，但自我認知上更靠近西方思想，更注重實現個人的價值，而非振興家族企業，更談不上能對家族產生認同感。

狀況二、第二代不須家族的支持：工作上獲得高成就、享有高社經地位，並可能在當地社會扮演積極參與者的角色，經濟穩定、生活惬意；不想也不需要亞洲家族長輩過去數十年來累積的家族基業；因為享受著現有的高品質生活，無需此財富也能維

持，持有這些財富可能反而造成自身累贅與增加負擔。

狀況三、第二代的無作為導致糾紛：第二代對家族基業的漠視及疏忽可能造成家族成員的惡鬥與糾紛，繼而造成家族公司員工的失業，以及造成社會資源的浪費；既然身為家族的繼承人，就應當有責任去善加管理與傳承。

筆者觀察到傳富者與繼富者雙方的問題，因此在參與各家族傳承的溝通諮詢籌劃過程時，常需要面對與解決下列四大問題：

1. 傳承成本

在美國、中國、臺灣、香港、新加坡與日本這六個地區，是高淨值華人最常投資置產的區域，當繼富者需要繼承這些區域所屬財產時，財富轉移過程中會衍生出大量的相關成本，例如：台灣遺贈稅最高稅率為20%、美國遺產贈與傳承稅高達40%、日本達55%[3]，中國預計施行的遺贈稅之稅率也達50%。

2. 傳承糾紛

繼承者當中若有因「太想要」而可能對其他繼承者大打出手、吃相難看，或者因為「太不想要」而可能對第一代留下的財產漠不關心；第一代造成繼承倉促或來不及等問題，下一代常常未準備好，便毫無頭緒地接受此事實。此外，亞洲華人常常委由親戚、朋友等借名登記人代為持有財產，但一旦委託者意外過世，未能及時移轉財產的所屬權，可能會造成難以取回的問題，甚至出現借名登記人回頭反告實質擁有人、繼承人，此類不可思議的現象。

3. 債務糾紛

此為財富傳承的致命傷，因投資越大、事業越廣、員工越多，未來糾紛就越多，創富者一有過失馬上成為債權人追償的對象，尤其高槓桿財富創造者，一遇經濟蕭條或事業落入低潮，債權人落井下石、銀行團雨天收傘，讓人措手不及。

4. 傳承管理

繼承者不見得對上一代遺留下來的財產或事業有興趣，上一代可能是兢兢業業、吃苦當吃補的電子代工；下一代卻則可能是音樂家，對經營企業完全無興趣。未來家族事業如何延續、如何經營管理均成了大問題。

（三）企業傳承類型

「財富創造者」，有些是家族企業的創始人，他們不僅要著眼於家族企業的持續增長，更要確保這些利益可從第一代傳承到第二代。第一代該如何成功維護和傳承家族企業和資產？如果後代對接班家族企業不感興趣，財富創造者是否應以不同方式來

---

[3] 引用日本國稅廳網站 https://www.nta.go.jp/taxes/shiraberu/taxanswer/sozoku/4155.htm。

解決這種情況？雖然並非所有的財富創造者都是企業創始人，但家族企業繼承背後的概念對所有家族都具有參考價值。

家族企業需考慮其獨特需求，包括：繼承、財務規劃、家族治理、稅務規劃、遺產繼承，及經營權與所有權規劃等，制定出符合其理念的家族傳承策略。而為達目標家族企業的永續經營，企業必須設計一套規範家族行為的定制規則和另一套規範公司管理的規則，並由所有家族成員遵守。隨著越來越多的家族成員投入家族企業，建立有效的治理才是防止未來糾紛的關鍵。

在兼顧家族成員的權益及企業經營之下，如何進行企業傳承可分下列四類模式：

第一類、傳子：企業股權與經營權均由家族成員接手「子承父業」，透過企業傳承架構來鼓勵家族成員參與經營並確保家族企業能與時俱進。

第二類、傳賢：交由專業經理人經營，股權與經營權分離。家族企業要永續經營，除了考慮第二代的感受外，也應當要考慮公司內部其他重要幹部之想法，要在這兩方間取得平衡並非易事。過去就有許多案例是因企業或家族內部失和，使得董事長無法安心退休，或因家族爭奪遺產等因素，使企業埋下瓦解的種子。因此，想把家族企業的所有權傳給第二代的創富者必須考慮向外尋求專業人士的指導，以確保順利度過交接過程。

第三類、傳子又傳賢：企業所有權傳給下一代，並同時引進外部專業經理人；建立所有權與經營權分配的遊戲規則、建立完善的企業留才制度、保留優秀的外部人才、制定員工獎酬制度以激勵專業經理人最大化組織績效。

第四類、出售：企業股權移轉，將公司出售、財產變現，進行家族財富傳承。

因此家族在考慮企業傳承模式時，要先清楚自身的獨特需求再來決定傳承的模式；傳承模式有許多種，以上四大模式僅是按大方向，端視家族的獨特需求來做調整。

二、跨境財富常見的傳承爭議

人與人之間的關係非常脆弱，可能今日依然是親朋好友，明日卻彼此惡臉相向。財產的持有通常是以個人或公司的名義，再則就是由信託持有。在過去，高財富個人的財產通常依照舊有傳統觀念來借用借名登記人之名義登記持有，或者是以親戚之間不分彼此的方式來持有財產，但是隨著時間的推移，最後分產時常常陷入難以釐清的窘境。一旦有了爭議或持有人不幸往生，糾紛與風險往往隨之而來，最可靠、最能相信的恐怕只有自己。本章將列舉不同案例來帶出各種親屬可能衍生的複雜糾紛，以資讀者借鏡與斟酌。

傳承案例與解決方案

案例一：遺產紛爭小案例、生前財產傳承大道理

《案例分析》

在 30 年前提到「傳承」兩個字，一般大眾通常不會聯想到個人財富的世代傳承，因那時的人們大多沒有額外的財產可以留給子孫後代。再看改革開放幾十年後的今天，當社會大眾經歷了個人財富爆炸式的增長後，當年那些行走在市場化改革第一線的先驅們已累積不少的個人財富，這些財富遠遠超過他們自身富裕生活的需求。面對「生不帶來，死不帶去」的財富，這些當代中國第一批富起來的人，自然而然地想要把財富傳遞給自己的下一代，因此當今社會財富傳承將進入高峰期。如前所述，把財富留給子女，其實只需要一個簡單的法律手續。但真正的挑戰在於，如何有效地傳承財富。對第一代創富者而言，最理想的情況是讓財富在下一代手中發揚光大。最低的期望則是避免財富被揮霍殆盡，或成為子孫爭產的導火線。以下將探討幾則因未妥善規劃財產傳承而引發爭議的真實案例。

案一：英年早逝，黃泉路上後悔多。

W 先生是 JY 集團的創辦董事長，多年的創業與發展辛苦多多，在風光之下卻未曾安享成果操勞成疾，最終因患腸癌醫治無效於 2004 年 11 月 7 日去世，年僅 38 歲。當月 13 日 JY 集團發出公告：「根據 W 先生的生前安排，其名下遺產公司 50% 的股權中，5% 的股權轉給現任股東 WJJ 先生，5% 的股權轉給現任股東 WJH 先生，40% 的股權轉給其長子（未成年），並委託 WJJ 先生、WJH 先生共同代為管理。」同月 18 日，JY 集團新董事長 WJJ 出面「澄清」：

1. 40% 是留給親屬及長子的。

2. 這 40% 並非指 JY 集團公司，而是上海 JY，前者價值有 25 億，後者僅 8 億。

按照 11 月 13 日上海 JY 的公告，W 先生的長子將擁有 40% 股權，他兩位掌管集團的叔叔各擁有 35% 和 25% 的股權。但經過 11 月 18 日的「更正」，40% 股權變更為由親屬及長子共同支配，兩位叔叔又在重要的親屬之列，表示可以再控制 40% 中部分產權。W 先生長子兄妹 3 人，還有生母和繼母，如果按前一個公告分配資產問題會簡單得多，即便有矛盾也僅限 W 先生長子兄妹；如果按後者標準，整個 W 氏家族將面臨重新的產權再分配，這意味著家族的動盪和親情的分裂。

或許 W 先生在黃泉之下後悔當初自己未做好資產的傳承規劃，只能任由自己創造的資產危害自己的家族親情與後代的幸福生活。當今不少的企業家苦於找不到合適的「接班人」，子女不是不肖就是不孝，難以繼承家業。現代化的公司產權制度和管理結構還沒有完善，無法清楚劃分所有權、決策權和經營權，家族企業如何實現永續

經營的發展潛力，已經成為民營企業家最大的苦惱和心病。

案二：生前未留遺囑，死後沒有合格繼承人，資產充公。

　　GZ 市某中學退休教師高先生於 2012 年元月去世，其終身未婚，唯一的兄長也早已去世，沒留下子女後代。老先生死後留下了一筆鉅額的財產：除了 1,100 萬餘元的銀行存款外，還有數張鄭板橋的字畫，沒有留下任何遺囑。高老先生兄長的堂侄及高老先生的姐夫等共九位親人就遺產繼承對簿公堂。最後，因他們都不符合法律上繼承人的條件，依據中國《繼承法》的規定，高老先生的財產被收歸國有。

案三：遺產爭奪起衝突，50 多萬元人民幣葬送 50 年母女親情。

　　大概 50 多年前，SG 市某縣的李女士為給患病的弟弟「沖喜」，將兩歲的女兒「拜契」給他當乾女兒。2014 年 4 月李女士弟弟病發去世，留有 50 萬多元的積蓄，李女士欲拿這筆錢，但女兒拒絕交出遺產，二人為此大打出手。7 月 6 日，李女士將親生女兒告上法庭。10 月 16 日，SG 市某縣法院開庭審理此案，母女二人當庭進行人身攻擊，母女之情蕩然無存。

案四：作家去世，遺產起紛爭。

　　HN 某著名作家白先生 75 歲，因病醫治無效於 2014 年 12 月 12 日去世。因為沒有留下遺囑，遺產分割成了其年僅 34 歲遺孀冰女士和白先生之子必須面對的事實。2005 年 7 月，雙方對於房屋繼承權及價格產生分歧，白先生與前妻所生的長子和次子一紙訴狀將冰女士告上法庭。

　　綜上所述，可以得知不僅「富翁」身後有產權糾葛，一般普通人家的身後糾紛也不乏其例。繼承案件不斷湧現，違背了被繼承人的真實意願，增加了訴訟之累，不但直接影響家庭穩定，也不利於促進社會文明進步和穩定，更不利於弘揚華人文化底蘊與倫理道德。

　　據統計報告：在 2004 年 QG 法院審理婚姻家庭、繼承糾紛一審案件就有 100 多萬件，到了當今更是多不勝數。華人家庭、繼承糾紛案件的數量佔全部民事案件的半數以上，其中民間繼承糾紛案件仍舊呈現上升趨勢。

　　根據一份統計表示，在 QG 各級法院審理的各類遺產案件中，有 50% 以上的遺產糾紛是在中老年人與年輕一代家庭成員之間發生的。由此引起的家庭矛盾甚至治安、刑事案件日漸增多。

遺產糾紛新趨勢

　　非婚生子女的財產繼承糾紛，已經成為目前突出的社會問題之一。老年人的房產和其它遺產為主要的法律糾紛，正越來越成為人們的關注點。總體來看：沒有立遺囑導致的糾紛官司正不斷增加。

《問題思考》

　　華人的中產階層正在增多，私人財產的信託[4]、見證、遺囑保存、財產處分已成為需求。對於成功的企業界人士和家產已達幾千萬、上億、上十億的人們來說，若資產已經進行了全球的布局，便應當從不同國家法律、稅務及資產安全的角度來處置自身的財產以及身後遺產，此已成為必須提前籌劃安排的重要事務。

《解決方案思考》

　　1. 資產比較簡單的中產階層人士可以通過遺囑見證、保險、保險金信託及簡易的家族信託達成最佳的資產傳承安排。

　　2. 資產比較複雜的高淨值人士要思考的面向有：如何預防資產的風險，保存家族資產及安頓好晚年生活的後花園？對自身持有的跨境資產與架構，又該如何用家族信託進行最優化的保全與傳承？當前，以 CRS 為核心的亞洲金融財稅改革，和川普稅務改革帶來的國際契機下，建議高淨值人士盡快找到值得信賴的資產保全與傳承財稅籌劃專家，為自己的家族資產量身打造資產保全方案，以期達到最佳的保全與傳承效果。

案例二：日子一天一天過，財產規劃要及時

《案例分析》

　　工藝品在中國屬於重要的文化產業，因其蘊藏著深厚的文化內涵和巨大的商機，並具有強大的生命力。在這片歷史悠久的土地上誕生了異常豐富燦爛的工藝品，這些優秀的工藝品是中國藝術品出口的主力軍，更具國內出口藝術品的競爭優勢。中國北京的王先生一直經營著工藝品的行業，經過多年的努力，產品種類也越來越多，企業也越來越大，多年的辛苦經營使其名下的資產雄厚。

　　隨著企業的發展壯大，王先生經常去美國出差，他發現美國的居住環境非常好，空氣清新之外幾乎每日藍天白雲，並且隨處可見綠油油的草坪，這些都使人心情愉悅。王先生早年離婚而單親撫養孩子，身邊的朋友皆陸續移民去了美國。王先生對移民有了興趣，也聽朋友說過美國的稅務問題複雜，所以在決定移民前，王先生找到稅務專家做了移民前的規劃，由於自己名下的資產龐大，加上國內還有很多事情需要他來打理，便決定先讓孩子獨自移民美國。

　　孩子移民美國後，在美國找到了自己的愛情，並在美國結婚生子，因婚後生活美滿，一時也沒有回中國發展的意願；只是一年回一次家，陪陪自己的父親。因沒有孩子在身邊幫忙打理事業，王先生更加忙碌，有時身體不適也沒有特別在意，再加上常年的飛行旅程，有時每天只休息兩、三個小時。天有不測風雲，人有旦夕禍福，終於有一天他昏倒了，醫生經檢查後下了病危通知。在美國的孩子聽到這個噩耗，毅然決

---

[4] 本文的「信託」皆是指委託人將財產權移轉或為做其他處分，使受託人依信託契約本旨規定，為受益人的利益或為特定之目的，管理或處分信託財產之關係。

定回國照顧病危的父親。但人有悲歡離合，月有陰晴圓缺，縱使孩子百般照顧，最終王先生還是離開了人世。

孩子在國內處理父親的後事，發現由於自己常年在美國，並沒有參與公司的管理，在公司的處境也岌岌可危；在父親病危期間，其他股東暗地收購公司的股權，王先生生前辛苦打拚的大部分江山也要歸他人所有。

王先生的孩子長年定居美國，曾聽聞美國人每年接受海外人士贈與需要申報給美國稅務局，但接受海外人士贈與似乎並沒有繳稅的問題。孩子不忍心父親的公司被他人奪走，想盡一切辦法奪回屬於父親的股份，一時也沒有時間處理這筆遺產，所以接受父親的遺產遲遲沒有申報給美國稅務局。

《問題思考》

1.縱使工作再忙，明天和意外不知道哪一個先來，企業家宜先提前做好財產規劃。

2.接受海外人士贈與，什麼條件下需要申報？申報截止日？未按時申報境外的贈與會有怎樣的處罰？

3.王先生的孩子縱使長年在美國，也要關心海外的財產。既然繼承一大筆遺產，該如何更好地傳承？

《解決方案》

此案例顯示，唯有及早進行財產規劃，方能從容應對突如其來的變故，可以針對性的將名下的財產做好國際化安排以降低財產風險，避免自己打拚的江山落入他人之手。美國稅法關於境外贈與的規定是，當美國人在一年中累計收到非居民外國人超過10萬美元的贈與時，受贈者需要向美國稅務局申報，無需揭露贈與人；美國人只需要填寫3520表，該表只是用來向稅務局報備，沒有任何稅負問題。

通常申報的時間點為在申報個人所得稅時一起提出申報3520表，故一般而言是在每年的4月15日之前申報，因為個人所得稅表可以延期到10月15日申報，所以3520表也可以延到10月15日。值得注意的是，3520表和1040個人所得稅申報表要郵寄到不同的指定地址。

當未能按時申報3520表時，將按外國贈與總額的每月5%來計算罰款（但是不超過總額的25%）；若美國個人未能申報外國信託收到的分配，則按照外國信託收到的分配的總價值的35%來計算罰款。

本案中王先生的孩子繼承了一大筆遺產，為了確保財產更好的傳承保全，建議可以考慮設立信託。如果日後名下子女多，如未分配得當便可能產生遺產糾紛鬧到法庭，

其審理時間拖延之外，遺產還會受到凍結。如生前將財產設立信託規劃的話，設立人王先生為非美國人，受益人為子女，王先生本身充當分配委員等，既可以對其名下的資產進行控制和支配，又不用擔心子女以後因為繼承遺產而拚得你死我活。信託將擁有極佳的傳承和保全作用，何樂而不為。

案例三：傳承鉅額財富但變現困難

《案例分析》

江先生在湖北黃石經營一家以生產並銷售家用吸塵器為主的公司，主要耕耘華南的家用電器市場。經過數年的發展，公司逐漸在家用吸塵器市場站穩腳跟，江先生不但事業上一帆風順，家庭也幸福美滿。妻子方氏為其生下一對子女，早早就做起了家庭主婦相夫教子。為了子女能夠得到更好的教育，江先生為妻子和一對子女辦理投資移民（EB-5），自己卻沒有申請（因為國內的生意需要親自打理）。

江先生精明的眼光更是看準了物流業在中國的蓬勃發展，於是公司以現有資金組建了物流公司，並將原有公司升級成涵蓋家用電器生產、銷售並連接物流服務的集團公司。隨著集團公司的不斷擴張，江先生深感企業化管理的重要性，通過不斷的招兵買馬建立了公司的管理層。集團公司漸漸交由管理層運營，目前集團公司的資產約為20億人民幣，負債約為5億人民幣，所有者權益約為15億人民幣，另外江先生的兒子（小江）在未移民美國前，名下有一套在中國價值200萬人民幣的房產。

在集團公司的股東名單上，江先生佔有50%，小江佔有30%，其餘20%為管理層持股。設立公司時兒子還小，所以江先生並沒有將這件事告訴兒子，若干年後兒子已經成年，在獲知自己擁有股份時由於缺乏對美國稅的了解，並沒有針對該情況採取措施。現在小江已在美國定居，江先生打算退出一線，因此正在考慮名下這些資產如何傳承給下一代。

該案例的情況在大部分移民美國的個案中並不少見。江先生預計退居二線，在考慮名下資產的變現和傳承。小江預計定居美國，同樣需要考慮名下資產的變現和傳承。因此這個案例可以從父子不同的稅務身分上分別來考慮。

江先生目前不是美國稅務居民身分（假設沒有達到183天標準），名下資產變現會涉及到中國的資本利得稅，但卻不會涉及美國的資本利得稅。因此他更需要考慮的是「如何將資產傳承給下一代」。因江先生的兒子目前有美國護照並定居美國，若其將資產傳承給兒子，則難免涉及美國稅務的問題。因此江先生需就美國稅相關議題來思考資產傳承方面的利弊，以及用什麼模式才能夠合理保護資產、防範稅務風險，達到世代傳承的目的。

對於小江，他已經是美國稅務居民，身為美國人名下未揭露的鉅額資產，將如何變現進入到美國以達到傳承目的？其名下股權的變現將涉及美國的資本利得稅，若將變現後的財產匯往美國，在美國運營後的利得也將或多或少涉及美國稅。目前小江還沒有結婚；沒有孩子，從長遠角度也需要合理考慮美國稅務、資產保護、資產國際化、資產傳承等方面。

《問題思考》

對於江先生來說，可以具體考慮以下問題：

1. 名下的股權是否需要立即變現？

2. 若名下股權悉數變現，是否會影響本身對公司的控制權？

3. 要通過什麼方式傳承給下一代？利弊如何？

對於小江來說，可以具體考慮以下問題：

1. 名下未揭露的股權如何處理？有何稅務風險？（境外資產申報如 8938 表、5471 表、114 表等，詳細說明可參照《最新美國報稅與海外財產揭露》之附錄。）

2. 名下的股權是否需要立即變現？有何美國稅務影響及利弊？

3. 小江的身分從中國籍變為美國籍，名下的房產將如何處理？名下股權又該如何處理？

4. 可以通過什麼方式接受來自父親的資產傳承？有何利弊？對於小江名下的資產，可以通過何種方式傳承給下一代？

《解決方案》

對於江先生來說，既然已有退居二線將資產傳承給下一代的打算，傳承資產便成為其主要目標，建議可以考慮通過設立「不可撤銷信託」的方式，達到資產傳承的目的。這麼做一方面可以避免股權變現後不得不繳納的資本利得稅（即資本損失），同樣可以避免其它方獲得公司股權，因而造成江先生或其整個家族丟失對公司的控制權，達到保全財富傳承的目的。

不可撤銷信託並有以下幾點好處：

1. 集團公司的股東（或者第一大股東）將不再是江先生，而是不可撤銷信託，因此可達成資產隔離的效果，使其不受個人婚姻、債務所影響。

2. 股權在信託中受到信託的保護，受益人是江先生的下一代，以此達到了財富傳承以及資產保護的目的，甚至到未來子孫後代。對於小江來說，首先要從美國稅務居民的角度考慮名下未揭露股權的稅務風險，其次要考慮其名下的資產該如何傳承。因為小江對於名下股權並不知情，可以考慮通過「特赦計畫（Streamlined Filing Compliance Procedures）」來解決境外金融帳戶沒有揭露的問題。

另外以處理房產為例，在小江還是中國籍身分時有套房產登記於其名下，之後身分變為美國籍，若考慮變現（即在中國賣出房產），則需要做兩次公證。第一次是賣出合約的公證，目的是證明合約上出售方人（美國身分的資訊）與房屋擁有者（中國房產證上）中國籍的身分是同一個人；第二次是個人身分的公證，即證明美國籍的個人和之前中國籍的個人是同一個人。具體公證方式及公證收費情況需參照當地公證處的說明為準。在賣出房產時面臨的增值稅、房產稅則需以房產具體情況諮詢稅務專家的建議。

而以公司股權為例的話，小江以中國籍的身分擁有公司股權（非上市公司），之後小江的身分轉為美國籍。建議考慮以下情況：

1. 公司所在行業是否是外資准入行業？

2. 公司需從一個內資公司變為一個中外合資，或者中外合作性質的企業？

3. 小江以外國人身分賣出公司股份，涉及到資本利得稅的情況。另外在個人身分上也建議做一個公證，以證明現在美國籍的小江和之前加載公司章程的中國籍的股東「小江」是同一個人。

案例四：兩個孩子分屬兩個國家

《案例分析》

客戶江總夫妻二人，2012年前往美國通過工作簽證開始漫長的排期等待綠卡。直到2024年，夫妻二人才終於獲得了綠卡並在之後宣誓入籍。在漫長的排期期間，由於兒子喜歡在中國，因此一直在中國國內念書，直到高中畢業來到了美國，進入美國紐約州立大學。不過由於兩地的文化差異頗大，兒子並不喜歡長期留在美國發展，所以畢業後返回國內，並且結識了一位漂亮的女孩，不久後在上海結婚。

江總夫妻的小女兒在美國出生長大，因為從小在美國生活，沒有文化和語言的障礙，再加上本身靈活可愛很得人緣，很能融入美國當地的生活。因此，小女兒很願意留在美國，目前也把生活重心全部放在了美國。

江總夫妻入籍後獲得了正式的美國身分，打算未來陪伴女兒長期定居紐約。之前

在美國排期綠卡的十幾年中，江總與朋友成立了自己的裝修公司，其個人持有 40% 的股份，閒暇之餘又喜歡炒股，庫存了大量的潛力股，未來預計也會收益頗豐。除此之外江總還在中國國內留有兩套房產，一套送給了兒子當「結婚用房」，另外一套「學區用房」還在自己名下並且長年出租。江太太也沒有閒著，她買下一間美國當地的商鋪，與朋友一起做起了服裝店的生意，每年收入也十分可觀。這間商鋪由於地理位置優越，也逐漸增值中。考慮到自身的年齡不斷增長，資產也日益增加，江總夫妻還買了各類人壽保險和重疾類保險，已備未來不時之需。

忽然有一天，他們被告知美國國稅局其實是會徵收美國遺產稅的。於是江總夫妻委託中國朋友簡單評估了一下名下的房產，同時聯繫美國評估機構把名下的股權和股票，以及美國房產等等一一進行了估值。結果數字驚人，國內這邊，上海的房子由於位於一線城市又是在市區裡，短短幾年內價值翻了幾倍；而在美國那邊，江總的美國公司業績蒸蒸日上，預計要在未來幾年內上市。最後，即便股票不賠不賺，未來江總的名下也會有一大筆財產。

夫妻倆對於未來的資產傳承問題寢食難安，先後諮詢了幾家美國律師機構的顧問，他們給出的方案各不相同，甚至有位顧問建議江先生棄籍。不過，江總並不想輕易放棄在美國辛辛苦苦取得的美國身分。另外，由於江總在美國生活時間長，名下的資產龐大而又複雜，如果貿然棄籍，勢必會引起美國國稅局的懷疑而追究棄籍稅。前不久經朋友轉介紹，江總委託在上海的兒子尋求專業會計師的協助。

《問題思考》
　　根據美國最新的遺產稅法，每位美國公民擁有 1,361 萬（2024 年）美元的遺產稅免稅額（2024 年開始遺產超過 1,361 萬美元的部分才需要納稅，夫妻合計為 2,722 萬美元）。假如江總留下的遺產價值過高，那麼超出部分將會涉及遺產稅，最高將會被徵收 40%。

　　另外，根據正常法律程序，如果申報者離世，配偶將會成為第一遺產繼承人，那麼江總的遺產將會先分配給妻子，然後才能給自己的子女。而且當妻子離世，其同樣只有 1,361 萬免稅額。因此到時需要分配的遺產，將會是妻子生前的資產加上江先生去世後龐大的遺產。這樣的話，會有一大筆財產超出免稅額而被美國稅務局徵收高昂的遺產稅。

　　身為擁有美國公民的父母有一雙子女，一個有美國公民身分；一個沒有綠卡，資產未來該如何合理傳承及規劃？

《解決方案》
　　如果遺產金額不超過遺產免稅額的話則不必擔心，但是根據江總兒子的描述，江總未來留下的資產可能會超過免稅額上限。特別是當江總離世後，江太太百年後再次

分配遺產時勢必會超出更多。

倘若在江總遺產金額較高的情況下，為了有效的規避遺贈稅，建議江總可以在生前用掉全部遺贈額度，把資產盡可能的贈與子女，例如股權、國內房產，以及股票。等自己百年之後，剩餘資產留給妻子，這筆資產屆時就會自動合併到妻子未來的遺產中，將來再用掉妻子的遺贈額度，把這些資產通通再贈與子女。

不過江太太對此還是有一些憂慮，第一是子女接連不斷地接收到父母的大筆資產贈與，擔心子女無法好好的管理好龐大的資產，未來有揮霍的可能；第二是自己的生意做得越來越大，合夥人慢慢增多，以後勢必會有債務風險，擔心未來準備贈與子女的財產會受到牽連。

根據江太太的後續描述及綜合其顧慮，建議可以通過不可撤銷的朝代信託解決以上顧慮。首先將資產轉移到信託後，由受託人負責分配每年的信託利息、本金，用來支持子女的日常基本生活花銷，不用擔心大筆資產一次性傳承後被揮霍掉。其次是不可撤銷信託一旦被設立，並且可以證實設立人的財務來源合法，則其中的財產在未來將不會受到任何債務人的追償，且信託內財產會遵照設立人意願指定分配給子女或其他親屬。最後不可撤銷的朝代信託所分配的資產將不會涉及任何遺產稅，因此建議江總夫妻，可以將生前資產全部或部分轉移到不可撤銷朝代信託中，從而在未來傳承遺產時，能夠有效地規避遺產稅以及潛在的債務牽連。

案例五：家族信託中是否有失敗案例？

《案例分析》

「家族信託」在國內外都被視為非常重要的傳承工具之一，並有許多正面的報導。雖說如此，難道就沒有失敗的案例嗎？在 2001 年，梅小姐在被確診身患癌症後，經過朋友的建議諮詢了專業人士，完成其遺囑（生前信託）與家族信託的設立。不幸地梅小姐於 2003 年年底病逝，從公開的資料來看，梅小姐所設立的遺囑（生前信託）將自己在國內及國外的其中兩處物業贈與了對她人生意義非凡的貴人兼好友，另外也預留了約 150 萬人民幣給了外甥及侄女作為教育基金。對於年邁母親的照顧安排，由於梅母不善於理財且有賭博等不良嗜好，為了要避免梅母揮霍和受騙的風險，剩餘資產大約 1 億港幣（8,000 萬人民幣）則委託滙豐國際受託人有限責任公司（HSBC International Trustee Limited）擔任受託公司來管理，指定母親為主要受益人，只能每月定期領取固定生活費，而不能直接支配遺產本身；直到梅母去世後，遺產餘額則扣除開支後全數捐給慈善宗教團體。該信託總資產 2011 年被認定升值到 1.7 億港幣（1 億 4,000 萬人民幣）。

不料，梅小姐過世不久後，主要受益人——她的母親——便開始在法院頻繁挑戰該信託安排的有效性，堅稱自己應該繼承全部遺產。她不僅對受託公司提起訴訟，也

將協助信託運作的律師、甚至做出不利判決的法官一併告上法院。連原本應受惠的慈善宗教團體也受到波及。這些訴訟糾紛前後持續了十餘年，數量繁多、糾纏不清。最終，梅母因無力負擔高額的訴訟費用而被法院宣布破產，信託資產亦因長期官司而嚴重受損，最終無法發揮原本設立的目的，形同破局。

梅小姐所做的信託安排看似合情合理，但是得到的結果卻是梅母因無力支付高昂的律師費而陷入個人破產的境地；而信託受託公司則因為應付訴訟而耗盡信託財產的流動性，不得不多次拍賣作為信託資產的其他實物財產。到了 2015 年受託公司甚至委託協力廠商拍賣公司來拍賣梅小姐生前放入信託的個人物品，包含獲獎的獎盃以及個人衣物，此舉也引起了梅小姐生前好友的不滿，認為此舉有損逝者尊嚴。受託公司表示，設立人在設立信託的時候並未將這些物品做出任何指示。因此，根據信託合約的規定，當信託資產面臨流動性不足之情形時，受託公司有權將該等資產變現，以維持信託的正常運作。

從這起信託事件可看出，梅小姐設立的家族信託未能實現她「保障母親生活」的遺願，但也不能否認信託設立的初衷與正面意義。梅小姐之所以沒有選擇一次性將全部遺產直接交付給母親，是因為了解梅母一向花費無度、理財能力薄弱，極有可能迅速將資產揮霍殆盡，甚至遭人詐騙。因此，她選擇透過信託安排，將遺產交由專業受託公司管理，確保梅母每月可獲得穩定的生活費，這其實是出於深思熟慮的孝心與保護。然而，這項善意的安排卻因梅母自身的貪念而逐漸走樣。

在梅小姐去世不久，梅母的一連串法律行動正是對外界最直接的證明——梅小姐設立信託是正確的選擇。但遺憾的是，梅母這麼多年來坐吃山空、揮霍無度，再加上連番訴訟所累積的高額律師費，不僅拖垮了自身財務，也對受託公司造成重創。最終，這場信託安排落得兩敗俱傷的局面，梅母所能獲得的信託利益也大幅縮減。

《問題思考》

1. 信託合約內容是否不夠完善而導致這般訴訟情況？其訴訟費用又是否有停損點？

2. 造成這般局面是否因為缺乏信託保護人機制？

3. 即便梅母官司打贏了導致信託解散，這樣的結果會算是成功案例嗎？

4. 信託資產內容及指示做法該如何加強其明確性？

《解決方案》

設立信託之初，梅小姐的家族信託看似沒問題，但最後卻演變成 90 歲高齡的梅母在法庭上與律師及法官們唇槍舌戰，如此的結局絕對不是當初設立信託的初衷。最

初在信託合約的撰寫上,如果想要讓家族信託永續經營,在受益人的順位可以多加描述,譬如:可以將姪女、姪子的後代等親族列為增加受益人,而非在梅母過世後則全數分配給宗教團體而結束信託,以便達到家族信託傳承的精神。

其次,合約內可以增設保護人來保障信託的靈活性,在本文的例子中,如果該信託設有保護人機制,在訴訟費用及梅母本身財產耗盡前,除了可以設立一個停損點來保障信託,也可以在梅母破產的時候來結束信託,達到減少更多費用的產生。另外關於設立人的個人物品遭到變賣的問題,由於在信託合約中對這些個人物品,並沒有指定任何方式處理,對於信託本身來說這些資產都是以資產本身的價值來論定,一旦信託需要資金運營,則會變賣或是拍賣這些個人物品。

這是一個在極短時間內設立的信託──從梅小姐住院到過世僅相隔不久,導致在規劃上未能充分預見未來可能出現的複雜情況。總而言之,設立信託的重點在於「傳承」,其效力可能會傳至第二代、第三代,甚至更久遠的世代。因此,信託合約的擬定絕非短時間草率完成的作業。因此,要建立一個真正發揮功能的家族信託,不僅需要專業且具經驗的信託顧問或律師協助,更需要時間與耐心,提前思考家族成員的需求、財產類型、潛在風險與傳承目標。唯有如此,才能確保信託的安排真正符合長遠傳承的初衷與意義。

案例六:代為管理或是實際擁有?有永遠理不清楚的糾紛

《案例分析》

北京作為中國的首都及政治文化中心,其經濟發展速度日新月異,隨著人民生活水準不斷提升的同時,房產作為生活成本的剛性需求也成倍增長,若能在北京坐擁幾套房產,想必是自帶富人光環。然而房產經濟所帶來的高額利潤空間,也成為近幾年遺產糾紛的主要問題。

家住北京東三環的李姓家族祖輩是中醫世家,該家族所掌握的治療腎病病症技術,療效顯著。許多病人在各大醫院奔走,使用對身體傷害極大的雷射及藥物治療,仍病情反覆,後來聽說李氏的純中藥理療方法對身體的傷害比較小,便紛紛慕名而來,李氏的知名度在圈內迅速擴大,每年接待的全國各地的病人幾萬餘人。李老先生在某社區有三套房產,之後成立了 K 品牌醫療器械股份有限公司,主營 I 類、II 類、III 類醫療器械的生產、銷售及進出口業務,公司規模也日益壯大。老先生有四個子女,依次為三個兒子和一個小女兒,三個兒子每人持有 30% 的公司股權,小女兒持股 10%。

小兒子在學業上一直都是名列前茅,自高中起李老先生就將小兒子送去美國讀書,取得某知名醫科大學的學士和碩士學位;老先生也希望將來孩子能繼續發揚自己的技術和產品,並朝國際貿易方向發展;大兒子擔任公司的總經理,其餘三兄妹擔任公司高管,老先生名下的三套房產作為公司的註冊資本,成為抵押投資。

公司運營良好，幾年後抵押就全部還清，2000 年該社區拆遷，李老先生名下原有的三套房產，經過拆遷補助分得了多套房產，因其房子地裡位置優越，在開發商眼裡也是黃金地段，拆遷補助通常有三種補償方式：

1. 貨幣補償：由專業評估機構來認定拆遷房子的市值；或者由相關部門公布的同區域、同類型該商品房的交易均價等，其重置的房產價值，即一般所稱為「給錢」的拆遷賠償；

2. 產權置換：「價值標準」的產權置換或者「面積標準」的產權置換，產權置換的地理位置也分「回遷安置」和「異地安置」，即一般所稱為「給房子」的拆遷賠償；

3. 綜合型補償方式：貨幣和產權置換相結合的補償方式，「既給錢又給房子」的拆遷補償方式。

李老先生得到的是綜合型補償方案，除原有的三套房產回遷外，在東四環也分得了六套房產，同時根據家庭人口結構，老先生和子女每人每月有 2,000 元的房屋補助。兄妹幾人與老父親商議，所有拆遷獲得的房產「暫時」登記在長子名下，方便統一管理，未來有變動再商議對策；老父親也與大兒子交代，倘若他有不測要善待弟、妹，並且立下字據，老人家死後留下的這些房產要幾個人均分，長子不可擅自獨吞。

之後的幾年大兒子投資了約為 500 萬人民幣，將這些房產裝修整改，一部分用於寫字樓的商業出租，一部分用於普通的住宅出租。大概五年的時間房產投資回本，之後的近十年間，大兒子的房產投資一直是淨賺。截止到 2016 年底，每年的租金收益約為 200 萬人民幣，名下的房產市值約為人民幣 3 億元。

老大極具商業頭腦，不僅房產投資收益頗豐，在銀行的基金、理財投資也是穩賺不賠，股票市場主要是做港股，雖有盈虧但總體金融投資也是淨賺，此外，K 醫療公司在老大的打理下也是井井有條，穩步上升。除了事業有成，大兒子儀表堂堂，難得的成熟穩重，和妻子育有一對子女，可謂是人生贏家。但是在幸福圓滿的背後，房產一直是他和弟妹幾個人之間的心結，如果現在要求分割房產實拿到手，就相當於在詛咒老父親，誰也沒有膽量捅破這層窗戶紙。幾個兄妹私心裡也認為父親是偏愛大哥的，但礙於父親的威嚴和大哥的能力，老父親的房產問題始終沒有定論。長子也終究是敵不過金錢的誘惑，暗地裡將「暫時登記在他名下的房產」做了變更，絕大部分過戶到一對子女名下，少數幾套屬於他和太太夫妻共同持有。

2016 年底，老父親高齡病逝，處理好父親的喪事之後，四兄妹就因房產繼承問題意見不一，雙方各執一詞。大兒子認為，當初的房產投資全部是由自己來籌劃，也曾和幾個弟妹商量過具體的投資方案，但是苦於無人回應，自己押上了全部家當來投資，如今房產價值翻倍，幾個弟妹就急紅了眼都想要分一杯羹，未免想得太美。

小兒子認為，自身常年在國外生活，房產拆遷、公司股權這些細節大家從來都沒有諮詢過自己的意見，兄姊們就擅自做主；如果誠如大家所說，房產經濟前景這麼好，自己何必苦心鑽研那些父親一直都不能解決的技術難題，乾脆做一個投機倒把的房產投資商人，如此錢不賺得更瀟灑；曾經也和父親商討成立跨國公司的意願，父親也是贊同的，那公司的啟動資金現在由誰提供，大哥這一下子當真是賺得盆滿缽滿。

另外兩兄妹認為，長兄的房產投資眼光確實高於他二人，就算房產做賠了，還有公司 30% 的公司股權，父親也不會坐視不理，當初幾個人的決定是房產「暫時」登記在長兄名下，也曾經在父親面前立下字據，承諾要善待弟妹，父親的遺產更是由兄妹均分，長兄如父，現在父親過世，長兄怎麼能獨吞這萬貫家財？

大兒子雖然一直奉行仁義禮孝的觀念待人接物，在業界亦享有良好聲譽與口碑。他不願因為房產糾紛而鬧得沸沸揚揚、傳得滿城風雨，損及家族名聲。然而，面對房產投資所帶來的可觀利益，他內心也難掩為妻兒留下龐大財富的渴望，最終仍未能完全抗拒獨占的誘惑。然而，他畢竟已承諾年邁的老父親要善待親足，大兒子夾在兩難之中——一邊是枕邊人與子女，一邊是血脈至親的弟妹，親情的天平孰輕孰重，教人難以抉擇。

《問題思考》

1. 房產經濟帶來的高額利潤導致後代子孫紛爭不斷，是否一開始就應該合理均分？

2. 李老先生在分得多套拆遷房產後，是否應該請專業機構對房產價值進行評估分析？

《解決方案》

李老先生在和大兒子立下字據的同時，應該請專業的律師進行公證，或者起草正式的遺囑繼承方案，合理分配自己的財產；小兒子除了鑽研病症技術難題外，應隨時關注國內的經濟形勢，以及家族企業的財產分布情況，加強和家人的溝通聯繫；人的貪念是無窮盡的，但君子愛財取之有道，大兒子從一開始就沒有把持好自己的原則。

案例七：為遺產爭相照顧老人——老人一句話害子家破人亡

《案例分析》

2014 年 9 月，家住湖北武漢的陳老先生肺癌擴散，生命僅剩月餘。夫婦倆有一對雙胞胎兒子，兄弟都已成家獨立門戶還算孝順，自從陳老先生被確診為肺癌晚期，他們便經常去醫院照顧父親，但兩兒媳卻表現冷漠。陳老先生雖病入膏肓卻已不畏懼死亡，只放心不下自己的妻子。67 歲的韓老太太身患高血壓、冠心病等多種老年疾病，每月退休工資不到 2,000 元，一旦自己走了不知兩個兒媳會怎樣對待她。

某一天，兄弟倆到醫院看望父親。大哥看似無意實則有心地問：「爸，我和弟弟已經盡了全力，趁您現在還清醒，還有什麼要交代的嗎？」陳老先生內心難過地想：兒子肯定受到媳婦鼓吹，來探聽是否留有遺產。早些年陳老先生曾在新加坡打拚多年，因當時經濟比較景氣，積累了一定的財富，也購買了一些新加坡的躉繳保單，雖然額度不大，但也是一筆不小的數字。後來陳先生因為身體狀況不好，帶著妻兒回國發展，誰知回國後事業並沒有很成功，加上多年來供養兩個兒子完成大學學業到成家，除了他在新加坡的壽險保單和妻子名下僅剩的一套老房子已無太多積蓄。陳老先生鄭重地向兩個兒子說：「我在新加坡有 100 萬的人壽保單，受益人是你們媽媽，我走以後你們誰孝順媽媽，她百年後我這保單的理賠金就歸誰。」兄弟倆聽完老先生說完心中激動不已，表面卻異常平靜地承諾，即便父母沒錢也會讓他們安享晚年。陳老先生露出一絲難得的笑容，在兩兒子走後，陳老先生再三叮囑妻子，一定要把這筆錢留到她去世為止。

陳老先生的「遺囑」很快傳到兩個兒媳婦的耳朵裡，兩人對公婆的態度 180 度大轉彎，不但常到醫院看望公公，還變著不同方法來安慰婆婆。一個月後陳老先生便過世了，韓老太太還沉浸在喪夫的悲痛中時，兒子、兒媳料理完後事卻各懷心事。四人都是公司普通職員，100 萬這筆鉅款對他們有著極大的誘惑。

隔年年初兩對夫婦到母親家開會，商量媽媽由誰家來照顧。韓老太太知道兩兒媳是為那筆在新加坡的 100 萬鉅款而來，便提出輪流在兩家住，這也正是兩個兒媳想要的結果。兩兒子家大小兒媳爭相孝順婆婆的事一時在當地傳為佳話。雖是「處心積慮」孝順，但依然給韓老太太內心帶來一絲暖意。

2016 年 7 月，韓老太太一場高燒過後記憶力嚴重衰退，醫院診斷為中度老年癡呆症。兩兒子心疼母親；兩兒媳則心情複雜：深怕婆婆不記得 100 萬的存摺放在哪裡。事後某天大兒媳照料婆婆時直言不諱地問：「媽，爸留下的那 100 萬您到底放哪了？」幾次追問下，韓老太太因病含糊不清地表示都給小兒媳，大兒媳無法接受自己這麼孝順婆婆，婆婆卻將 100 萬給了小兒子一家。大兒子想要問個明白，可老年癡呆的韓老太太哪裡說得清楚。大半夜大兒媳拽著丈夫氣衝衝地趕到弟媳家質問，小兒子夫婦自然是一頭霧水，當他們明白是怎麼一回事時，小兒媳面對大兒媳一口咬定婆婆將 100 萬給了他們，氣得滿臉淚水，拉著丈夫隨哥哥、大嫂去找婆婆對質。可不論兒子、兒媳怎麼問，韓老太太一會說是，一會又說不是，兩家人問了半天也沒結果因而不歡而散。

因認定婆婆已經將那筆鉅款給了弟媳，大兒媳再也無法接納婆婆，當天下午強行將婆婆送到小兒子家。小兒媳背負獨吞鉅款的莫須有罪名本就滿腹怨氣，這時收留婆婆就等於默認拿了 100 萬，怎樣也不願留下婆婆。兩兒媳不管婆婆，可兒子怎能撒手不管？兄弟倆商量後決定：讓媽搬回老房子住，兄弟倆每月一同出資雇保姆照顧母親。

2017 年 3 月，大兒媳突患乳腺癌須儘快手術，治療費至少 20 萬元。這些年他們既要還房貸，又要撫養孩子上學根本沒什麼積蓄。夫婦倆覺得只有從弟弟家拿回應得的 50 萬元才有出路。兩人來到弟弟家，哭求弟媳將 50 萬還給他們，說等著這錢救命，小兒子夫婦因真沒拿錢便發毒誓表示沒見過存摺，即便大兒子想再確認清楚，可一連去了幾次韓老太太什麼也說不明白。而後大兒媳病情惡化，大兒子求助無門只能再去找弟弟，因話不投機兄弟倆大打出手而雙雙掛彩。而後大兒媳逕自前往小兒媳家翻箱倒櫃尋找存摺，小兒媳深感冤枉和備受騷擾，兩個女人起衝突一路扭打到陽臺上。大兒媳抱著魚死網破決心弄傷小兒媳，小兒媳也因無端背負罪名，生活被攪得一場糊塗，那一刻小兒媳也徹底失去了理智，揪住大兒媳的頭髮拚力將她從三樓陽臺欄杆推了下去，救護車趕到時大兒媳已經死亡，小兒媳因涉嫌故意傷害，被警方刑拘。

兄弟倆痛不欲生，而韓老太太老年癡呆越發嚴重，不僅徹底失去記憶連生活也無法自理。老太太做夢也不會想到，老伴的臨終囑託和自己的一句失言，會讓兩個兒子家破人亡。兩妯娌一個死亡，一個鋃鐺入獄，兄弟倆除了心碎，就是悲痛懊悔！

《問題思考》
1. 受到中國傳統觀念的影響，老人家就身後財產的傳承態度偏向保守，通常不將自己意願表達清楚，容易引發子女不必要的猜忌。

2. 子女遇上經濟窘境時會過度想像與要求上一代給予的經濟援助，因而易引發第二代之間的對立。

《解決方案》
子女儘管承受經濟壓力，但對父母的孝心不能缺席。於此同時，父母也應體諒子女，不向晚輩提過分要求。唯有兩代人互相理解、體諒，才能營造和諧的家庭關係，從而避免意料不到的悲劇。韓老先生這 100 萬的保單理賠，在離世前應做好公平合理的遺產分配，並進行遺囑公證，以減少後代可能產生的糾紛。

案例八：故人在天堂，家人在公堂

《案例分析》
某王氏家族為藝術世家，祖輩世代從事藝術領域，父輩兄弟三人，雖都投身藝術事業，但當中尤以老二藝術造詣最深，並在社會中頗具影響力。老二在世期間曾有兩任妻子，分別育有一女，但因為兩段婚姻都未圓滿，前任妻子改嫁至美國，因此大女兒隨母親出國定居，小女兒則隨母親生活在他省，兩個女兒皆與其來往甚少。兩個女兒在父親過世後為了爭遺產，大女兒接連將妹妹和伯父告上法庭。

2007 年，王先生突然過世，由於當時其沒有法定的妻子，28 歲的長女因長年定居國外，對國內事務不甚瞭解；而小女兒僅 10 歲，尚不足以主持大事。按照中國禮

俗由大伯（逝者的大哥）出面主持大局，舉辦葬禮料理後事，葬禮雖很風光，然而身後事卻並不平靜。

原來由於王先生死得突然，生前對自己的財產並沒有任何傳承規劃，也未曾留下任何遺囑。大女兒一直沒和父親住在一起，所以對父親的家產毫無概念。等到想起父親的遺產時，父親名下的別墅已經人去樓空，連電燈泡都不知道什麼時候被人卸下。當她再去查父親的帳戶，發現居然被凍結，但以父親一生的名望不可能沒有留下一毛錢。大女兒後來在對父親家產瞭解一二的好友的透露下得知，除去銀行存款，父親還有很多珍藏品，包括名錶、翡翠、羊脂玉等就已價值幾千萬，但這些遺產卻不翼而飛。

後來，大女兒將同父異母的妹妹告上了法庭，要求平分父親遺產。法院受理了大女兒的訴訟，並立刻對遺產案進行調查，調查取證後發現父親的存款僅有130多萬，但此前父親的生前好友曾多次提取存款，最大一筆高達120萬，並且還用其私家車和搬家公司等方式將父親別墅裡所有物品拉走。

由於父親名下的別墅是以貸款購買，截至此時已拖欠貸款一年多，故銀行將兩名女兒告上法庭。但因遺產此時分割不明確，且遺產遭他人非法侵佔和竊取，二人無法繼承也無力償付鉅額貸款，別墅最終被銀行收回。

整起遺產失蹤事件的矛頭開始漸漸指向大伯，因為王家老二去世時是王家老大（兩位女兒的大伯）在第一時間趕到處理後事，大伯本應該找公證部門清點弟弟遺產同時辦理後事。但在王家老二去世兩年內的時間裡，大伯除了將一輛弟弟生前的小轎車給了小女兒的監護人外，從未邀請兩位女兒一起清點和封存遺產，也沒有分配遺產的意圖。於是大女兒撤下對妹妹的訴狀，聯合妹妹一起起訴大伯以及父親的好友非法侵佔和盜取父親的遺產。但其後，被告友人澄清表明其提取的存款是經過王家老二近親許可後用於喪葬等開銷，餘款也已轉交大伯並非盜取為私用。

成為被告的大伯則始終保持沉默，只簡單表達：以心做事，上天會看到。王家老二的好友也曾表達：大伯不分遺產主要是出於弟弟去世不滿三年，這麼快分遺產，有違倫理。對遺產並非侵佔，而只是保管。這個案子僅持了三年，經多方親友努力，終於大伯與侄女在和解協議書上簽字雙方握手言和，並就逝者遺產如何處理等關鍵問題達成一致。因為遺產，一家人及逝者生前好友居然鬧到對簿公堂的地步，對照起生前的風光景象多少有些淒涼冷落。雖然此案結局還算如意，但因為遺產處理不當傷害了親友的感情也是得不償失。

《問題思考》
1. 本案例中的王先生應在生前提早做好家族財產傳承計畫，以免突然離世後，因遺產分配引起家族紛爭。

2. 到底誰有資格繼承遺產？當沒有生前遺囑時，應當使用法定繼承，且配偶、子女、父母為第一順位繼承人。

3. 建議生前委託無利害關係第三人，比如律師或者開立信託，設立遺產管理人，妥善保管遺產。在本案中，大伯自己擔任了遺產管理人角色，其處理不當引起糾紛。

《解決方案》

因為王先生生前有過兩次婚姻，又都育有子女，且子女之間的關係並不融洽，可以預料他的遺產若沒有良好的規劃必將陷入混亂。針對這個問題，我們建議考慮使用財富傳承的工具——家族信託來規範和有效實現。

考慮到家族信託的安全性和執行的嚴謹性，可以選擇在信託法律體系比較完善的國家設立一個境外不可撤銷信託，將其名下境內外財產轉移到這個信託中，以保障資產的公平管理及分配。王先生可以根據自己的意願在設立信託時，寫明自己的受益人選，比如兩個女兒、兄弟或是可指定其他人，並指定分配比例。即使突然過世，受益人也會按照信託合約的規定獲得遺產分配，由此可以避免家庭成員的紛爭導致親情疏離。

案例九：未婚生子，豪門夢破碎

《案例分析》

豪門家族經常是女明星夢寐以求的歸宿屬，但是成功嫁入豪門且順利經營豪門婚姻的卻寥寥無幾。豪門第二代與女明星交往，分手時最多是送上昂貴的禮物以作補償。可一旦婚姻不成而又有了孩子，就牽涉到家族資產的傳承問題。

L 先生在新加坡是有名白手起家的富豪，辛苦奮鬥多年積累了龐大的家產，投資專案遍布全球，成為了當地的傳奇人物。L 先生有兩個兒子，大兒子繼承父業，擁有一個幸福家庭，小兒子雖也事業有成，但是多年來頻頻更換女友，無法安定下來，因此現在唯一讓 L 先生擔心的是小兒子的婚姻大事。

前幾年，小兒子與日本明星 Z 小姐戀愛，而後生下了孩子。小兒子以前身邊一直女友不斷，首次做父親還是十分開心，把 Z 小姐帶回家見了 L 先生。身邊的親朋好友都對於小兒子終於願意穩定下來組織家庭感到高興，Z 小姐也積極進修各種課程提升自己，等待嫁入豪門。但是由於 L 先生對兒媳婦要求甚高，Z 小姐的家庭和教育背景很不合自己心意，一直提出諸多要求以及嚴苛的婚前協議，阻止兩人結婚。

Z 小姐雖然前後共為 L 家生下三個金孫，但看到嫁入豪門無望，遂與小兒子協議分手。L 先生在兩人分手後，為了讓孫子們擁有好的生活環境和教育，便承諾會支付母子四人的生活費，並讓他們到美國生活，Z 小姐也得到了大筆的分手費和位於日本

及英國多處的物業。Z小姐每年都會帶孩子回新加坡探望L先生，讓爺孫共享天倫之樂。每當L先生看到聰明可愛的孫子們，還是不捨得讓他們流浪在外受苦，但小兒子又恢復以前不斷換女友的不婚生活。L先生面對孫子一方面不能沒有媽媽的照顧，另一方面又無法將孫子們直接接到自己的身邊撫養，不知道該如何是好。

在此案例中，像L先生這樣的豪門富人對聯姻的條件要求甚高，喜歡找門當戶對的家族。雖然L先生阻止了小兒子與Z小姐結婚，百年歸老後也無法干預子孫後代的婚姻家庭。L先生雖把大部分產業交給了大兒子管理，但是心裡還是記掛著小兒子。看到小兒子老是不成家，即便想把自己的一部分資產傳承給他，但總不放心他會不會因為婚姻問題而把家族的資產分給他人，最後一無所有。

《問題思考》

1. 像L先生的小兒子這樣的不婚主義者，由於性格上的問題，始終沒找到一個適合的婚姻對象，即使找到也存在不穩定因素，難免讓老人家擔心因婚姻產生的財產分割問題，不知道該如何避免因為後代兒孫們婚姻破裂而造成家族財產被瓜分。

2. 在這案例中，雖L先生的小兒子最後沒有和Z小姐結婚，但也有了三個孩子。在小兒子和Z小姐協議分手後，L先生為了小孩的健康成長，同意讓Z小姐撫養小孩並支付贍養費。但考慮到孩子始終是L家的血脈，L先生應該如何保障這些婚姻外生的後代的生活？如果Z小姐以後再結婚生子，L家不再需要直接支付她的贍養費的同時，應該如何避免屬於孫子的財產被濫用？

3. 如果L先生過世後，小兒子終於回歸家庭結婚生子，那麼如何將資產分配給二位兒子正式婚姻所生的孩子，而又能照顧婚外和Z小姐所生的三個孫子，以免日後發生分歧，孫子間為財產對簿公堂？

《解決方案》

由於L家資產龐大，L先生百年歸老後的財產分配，可通過生前設立的家族信託進行管理。L先生可將分配給兒子繼承的資產放進信託，即使兒子的法定婚姻關係破裂，被繼承的資產也不會受影響而被瓜分。由L先生通過家族信託分配收益給指定的子孫後代，保障他們的生活。家族信託最大的優點有：負責統一管理資產、指定直系後代為受益人、指定固定分配收益的比例，以此保障兒孫的生活品質，避免老人家過世後的爭產。

此案例中小兒子和Z小姐的孩子，可以通過信託取得生活費用，保障他們成年前的生活，即使Z小姐以後再婚，L家不再負責Z小姐的贍養費，孩子們的生活也不會受到影響。同時，也可以設定預留一部分的資產收益給小兒子未來正式婚姻所生的孩子。

通過家族信託，後代的直系子孫都可以受益，也解決了日後同父異母孩子的爭產問題，避免糾紛一舉兩得。

案例十：老人家的監護權與遺產繼承糾紛

《案例分析》

年近六旬的黃先生是福建一家玻璃企業的創辦人。憑藉紮實的技術實力與良好的口碑，公司在創立初期便迅速在當地站穩腳跟。經過二十餘年的打拚，產品銷售網絡遍及全球，黃先生也因此積累了可觀的財富，資產涵蓋公司股權、不動產及各類金融商品，橫跨多個領域，可謂事業有成、風生水起。然而，相較於事業的順遂，黃先生的婚姻並不圓滿。早年喪妻，留下年幼的女兒獨自撫養。女兒自高中起便被送往美國讀書，研究所畢業後已適應了當地的生活節奏，無意打理家族產業，最終選擇取得綠卡，留在美國從事她所熱愛的設計師工作。

2006年，女兒18歲的時候黃先生再娶，婚後一直沒有孩子。黃先生自認身體還算硬朗，也沒生過什麼大病，覺得再活二十年也沒問題，也就不著急立遺囑和考慮財產分配問題。天有不測風雲，2017年3月的某天，黃先生突發重病，診斷為腦幹梗塞、肺部感染、I型呼吸衰竭等，喪失語言和行動能力。女兒聞訊後訂了最快的機票從美國趕回，向當地法院申請宣告黃某為無民事行為能力人，並要求指定自己為黃某的監護人。黃先生再婚妻子秦女士卻認為，她與黃先生於2006年11月6日結婚，雙方雖為再婚，但兩人再婚已有十一年，夫婦關係和睦感情較好，且黃先生患病期間自己一直悉心照顧，況且女兒小黃常年居住在國外，長期未與黃先生共同生活，所以應當由自己擔任其監護人。

中國法院審理後認為，黃先生經鑒定機構評定為無民事行為能力人，故請求對黃先生申請監護。至於指定誰為監護人的問題，法院認為設立監護制度的目的在於保護行為能力欠缺者的合法權益，使無民事行為能力人的合法權益能夠最大限度地實現。監護的本質應是一種職責而非權利。秦女士今年58歲，無其他需要長期依賴藥物的疾病，與黃先生再婚後一直生活在一起，建立起一定的夫婦感情。根據法律規定，配偶的序位列於成年子女之前，故在黃先生監護資格的取得上優先於小黃，因此，在秦女士願意擔任監護人且具有監護能力的情況下，應當由其擔任監護人。小黃雖不服但也沒再上訴，心想這麼多年秦女士和父親感情很好，父親交給她照顧也算放心。

小黃想趁父親還在世時，處理掉父親名下的幾套房產，為避免以後自己繼承中國房產後，可能面臨的各種美國稅務問題。沒想到在房產交易過程中，雖然產權都是登記在父親的名下，但是由於是婚後取得的共有財產，需要配偶簽署出售同意書否則無法交易，而秦女士以房屋仍在升值中為藉口不同意出售，小黃也只好作罷。但萬萬沒想到的是，秦女士竟然借著監護權的便利，假借父親的名義將父親名下的公司股權和房產，全部轉到其親弟弟名下。黃先生由於病情惡化，三個月後撒手人寰。小黃處理

完父親的後事，繼承遺產時發現父親名下價值上億的股權和房產早已不翼而飛，僅銀行帳戶上剩餘幾十萬的現金。

小黃一怒之下將秦女士及其弟弟以詐欺、侵佔、盜竊、損害被監護人的利益等因由告上法庭。法院認為，監護人的職責是管理和保護被監護人的財產，不得損害被監護人的利益。監護人沒有權利處理被監護人的財產，法院最後宣判秦女士及其弟弟歸還黃先生的全部資產。由於黃某生前沒有立遺囑，這些遺產將按法定繼承順序來繼承，小黃只能繼承一半的遺產。另外一半價值約一億兩千萬人民幣的遺產由再婚妻子秦女士繼承。

《問題思考》

1. 作為高資產家庭的支柱，王先生生前應及早安排傳承規劃，將財產以信託的方式傳承給子女及子女的後代，以免自己辛苦賺的錢落入外人之手。

2. 小黃取得鉅額遺產後，將面臨美國稅揭露的問題，要如何規劃這些資產和未來收益的美國所得稅問題？

3. 小黃未來將這些資產傳承給子女時，超過 549 萬（2017 年）美元的部分會面臨 40% 的鉅額遺產稅問題（2024 年開始遺產超過 1,361 萬美元的部分才需要納稅，夫妻合計為 2,722 萬美元），如何規避未來傳承的遺產稅？

《解決方案》

黃先生生前應在美國境內委託專業的受託公司設立一個「境外可撤銷朝代信託」，由黃先生作為信託的設立人，將中國的公司股權、房產和金融資產通過「離岸公司」的方式放到信託名下。黃先生仍然作為中國這些公司的管理層繼續經營公司，從而解決了資產不受控制的困擾。女兒和再婚妻子秦女士作為第一代受益人，黃先生可以在信託中約定兩個受益人的受益比例、受益金額和受益期限，從而規避資產被他人惡意侵佔的風險。女兒的後代作為信託的第二代收益人，從而規避女兒將資產傳承給孩子的隔代遺產稅問題，達到永續傳承的目的。未來一旦黃先生去世，「境外可撤銷信託」會自動轉變為「美國不可撤銷信託」，由於黃先生沒有美國身分，所以黃先生去世後資產贈與到信託不會涉及遺產贈與稅的問題。

案例十一：不可不防來自枕邊人的資產覬覦和詐欺

《案例分析》

女藝人姚小姐因夥同情人潘先生騙光丈夫財產，最後被丈夫連刺三刀身亡，隨後丈夫紀先生跟著自殺身亡。姚小姐是一名年輕的影視劇女演員，曾擔任多部作品的「女主角」，也多次獲得影視劇專業獎項，早在電影學院時姚小姐經人介紹就認識了大他 20 歲的紀先生。紀先生是從玩股票債券起家的商人，是個身價幾十億的富豪，那時已

有妻小，待姚小姐大學畢業後，紀先生毅然和前妻離婚，被前妻分走一半財產後與姚小姐領取了結婚證書。

婚後兩人相處恩愛並育有一子，因年紀差距大紀先生極其疼愛妻子，不僅贈予多部名車和多處豪宅，其大部分資產也都放在妻子名下，以獲取妻子的歡心。夫妻兩人希望孩子將來能接受更優質的教育，於是紀先生給妻子和孩子辦理了美國移民，使得妻小都擁有了美國綠卡身分。當孩子在國內讀完小學，夫妻兩人便將兒子送往美國私立初中讀書，而姚小姐則留在中國陪伴丈夫。

某日紀先生在商宴中結識一名自稱政府高層的兒子的商人潘先生，宴席中兩人相談甚歡。隨後，紀先生參與投資潘先生推薦的某處房產專案，因為商業合作關係，不久姚小姐也和這位丈夫的商業合作夥伴潘先生相識。長期的商業應酬和接觸，姚小姐和潘先生暗生情愫，私底下往來也越來越密切，最終發展成了「婚外情」。潘先生於是慫恿姚小姐一同計畫騙光紀先生財產然後離婚，兩人再結婚，之後便合謀設計編造了數億的驚天騙局。

潘先生編造虛假的數億元的政府拆遷專案，並且說服紀先生出錢投資參與專案合作。因在此之前，潘先生曾經向紀先生推薦購買某處房產，使其從中獲利頗高，這個「甜頭」讓紀先生相信潘先生確實有能力，可以合作。紀先生答應投資後，潘先生告知前期需要資金墊付用以疏通關係，紀先生覺得自己不便出面，於是讓妻子協助潘先生。隨後，潘先生陸續從紀先生處獲得千萬資金用於疏通關係和前期項目投資款，而姚小姐也會定期向丈夫匯報見到了哪些高層，因紀先生對妻子深信不疑，對這個專案也就沒了防心。

之後半年裡，姚小姐時常責怪丈夫陪伴太少，夫妻倆在生活中經常因意見不合而發生爭執，兩人於是分居生活。由於拆遷專案遲遲沒有進展，紀先生等待了半年不見其動靜，便找潘先生想要回前期墊付款和投資款，而潘先生以專案失敗為由拒絕歸還。於是紀先生憤而報警，潘先生因涉嫌詐騙罪遭到警方刑拘，經過警方參與調查，其和姚小姐的婚外情關係也因此曝光，隨即姚小姐向丈夫提出離婚的訴求。

這場家庭悲劇發生的前一天，紀先生接到警方電話要求提供潘先生詐騙的證據，並告知如果證據不足警方將會放人。第二天潘先生被取保候審並見形勢對自己有利，便讓姚小姐逼著丈夫答應離婚，紀先生氣憤之下以談離婚條件為名約出妻子，二話不說連刺姚小姐三刀，令其當場身亡，紀先生隨後也跟著自殺，救護車上搶救無效。潘先生因此再次被警方刑事拘捕，而詐騙案再次被審理，最終法院多次審理此案，潘先生以詐騙罪被判有期徒刑，並被追回部分詐騙錢款。

《問題思考》
 1. 經歷二次婚姻的紀先生，是否應對自身資產更加重視和關注，做好資產管理和

規劃，以確保其權益和財產不至於因為婚姻問題受損。作為商人的紀先生更應該明白投資有風險，應在投資前對投資專案和潘先生有客觀且嚴謹的調查，而不是因為「交情」而過度授權他人，忽略對財務狀況的監督。

2. 姚小姐和情人合謀騙取丈夫的資產導致悲劇發生，而身在美國並擁有綠卡身分的兒子，面對家庭變故、父母雙亡，將如何面對繼承鉅額遺產和承擔美國的遺產稅問題？

3. 生命最重要，紀先生如果對家庭資產做了合理的規劃，對資產擁有掌控權和周全的保護，那麼是否不至於最後人財兩空，釀成人間悲劇？

《解決方案》

中國《婚姻法》在夫妻共同財產分割上，以雙方協定為原則，協定不成時，由人民法院根據財產的具體情況，照顧子女和女方權益判決，所以紀先生在第一段婚姻關係結束時，被第一任妻子分走一半財產。建議其應該利用家族信託優勢，在第二段婚姻前將部分財產通過信託進行隔離保護，以達到保護自身財富不因離婚而造成財產分割問題或婚姻裡不可預料的變故而大大縮水。但中國的信託目前還有一些正在逐步完善中的法條，因此需要謹慎挑選適合的信託。另外紀先生的兒子從小移民美國，將來要繼承父母的鉅額資產，就涉及美國高達40%的遺產稅問題，因此紀先生可以在信託協議中設定多樣化、個性化的傳承條款，按照家庭情況合理分配資產，即便婚姻關係破裂或是家庭發生變故也不會影響財富的完整傳承，從而確保子孫後代或其指定的其他受益人衣食無憂。

紀先生作為商人，應當知道投資往往是一把「雙刃劍」有利必有弊，投資者面臨著可能無法按期或不能收回投資報酬的風險，也可能因投資失敗導致破產。因此紀先生應該對自己名下的財產做出合理的規劃，例如將部分資產放進信託裡，信託一經有效成立，信託財產即從委託人、受託人和受益人的自有資產中分離出來，而成為獨立運作的資產，這樣可以保障辛苦積累的財富不受各種不善因素的影響，能夠保證其安全性，從而優化資產配置達到規避和分散風險。

案例十二：保險與不可撤銷信託結合的雙重魅力

《案例分析》

中國浙江的陳女士出身富裕，婚後又與從商的丈夫相輔相成，坐賈行商、互補互益，使得家庭在過去二、三十年中不斷積累財富。夫妻感情融洽，有一雙子女，皆不負所望，並且被視為未來企業的擔當。本以為這是一樁單純的稅務諮詢案例，起初陳女士表示，為了子女教育，讓孩子們取得綠卡，她與先生因無法適應當地生活與習慣，最終選擇放棄定居美國。起初看似只是單純涉及美國稅務的安排，深入了解才發現，陳女士真正的擔憂在於女兒的婚姻——女兒現已定居加州，嫁給了一位體面但不務正

業的男子。為了女兒的未來及保障，陳女士希望透過專業諮詢，尋求一個合適的保險規劃方式，藉此在不干預女兒生活的狀況下，協助其穩定家庭並避免潛在的風險。

據悉，中國某家保險公司曾推出一款別具話題性的「女性專屬保險」，顧名思義，此產品是專門為女性設計。獨特之處在於它以「婚姻關係存續」作為保障條件，旨在彰顯丈夫對家庭的責任感與承諾。也就是說，投保期間若夫妻關係仍維持，妻子即可成為保險的唯一受益人，間接將「婚姻」作為保險標的，頗具創意，也引發不少討論。在業界私下，這類產品甚至被戲稱為「防小三險」，因為其設計初衷某種程度上具備鞏固婚姻與保障配偶利益的功能。這一特殊保險案例，也讓人重新認識到保險設計的彈性與多元可能。

如同多數中國父母一般，陳女士對女兒的期望甚高，尤其希望她在學階段能專注課業、不受干擾。女兒不負母親的期望，學歷層層攀升，一路從本科念到研究所。然而，也許正因長時間待在象牙塔中，缺乏社會歷練，女兒踏入社會後卻在擇偶上判斷失準。深入瞭解後才知道，陳女士的女婿不僅不務正業，還對他人暴力相向。陳女士不只擔心女兒的人身安全，還因為兩人已經結婚，除對於財產的保護是重中之重，女兒的婚姻風險更為難斷。

深入了解後，陳女士才驚覺女婿不僅遊手好閒，甚至有對他人施以暴力的紀錄。這讓她憂心忡忡，不僅擔心女兒的人身安全，也因兩人已正式結為夫妻，更加在意婚後財產的風險與保護。對陳女士而言，這段婚姻不僅難以介入，更難以抉擇，是情感與理智間極為棘手的兩難。

《問題思考》
1. 陳女士應儘早安排傳承規劃，讓家人之間減少糾紛，也保全女兒應得的財產。而在考慮傳承資產時，應一併考慮其他子女的婚姻風險？

2. 陳女士藉由保險的特性，不僅可以避免女兒家人在家產繼承上的糾紛，也可以提早進行遺產稅和贈與稅的合理安排。由於陳女士和家人既是中國稅務居民，也是美國稅務居民，該如何規劃資產，才能合理規避美國的遺贈稅以及中國即將實施的遺贈稅？

《解決方案》
陳女士想要達到多重目標，既想要將現金資產傳給女兒，又想讓女婿沒有機會搶奪其資產，也不想要檯面上破壞女兒的婚姻，著實有些難度。首先可能會考慮的是婚前協定，不過婚前協定的執行有各種限制；例如至少需要七天來審閱協議，另外夫妻雙方都需要委任律師，而且在婚姻出現問題後容易受到挑戰，但如果搭配其他工具便可以達到目的，其中包含了保險與信託。

建議陳女士先買一份保險並做為要保人（Proposer），這個保險是以女兒的丈夫作為被保險人（Insured），而受益人（Beneficiary）為女兒。這樣一來女兒將在丈夫死後可取得一筆較為龐大的現金，女婿對陳女士的金錢將沒有任何請求權，此步驟已經在某種程度上將資產傳承獨立出來。又為了防止陳女士的死亡風險，想讓其預計分給女兒的資產，得以直接傳承給女兒本人，並成為其家庭的財物，建議可用「不可撤銷人壽保險信託」將保險交付信託中。好處是除了可以買更好槓桿的美國保險以外，陳女士可以先將現金交付信託，讓這筆現金與所有人都切開來。最後，信託的受益人可以是陳女士的女兒或是孫子女，一舉解決其困擾。

由於陳女士的情況特殊，保險的特性反而可以發揮保護作用。在本案例中建議陳女士買一份保單以女婿作為被保險人，再讓女兒作為受益人，第一步完成其想將資產安心放到女兒名下的想法。但其實這樣的解決方案都是次等的，建議一開始就對於子女婚姻風險做評估與協助防範才是上策，如今木已成舟，補救的方法除了使用保險再加上信託的輔助，可讓整個傳承更為安全有保障。

案例十三：美國施行「全球金融資產申報（FBAR）」的後遺症──美國稅籍身分的恐慌

《案例分析》

FBAR 多年未申報，如選擇自首計畫，會面臨未揭露資產罰款 27.5%；如選擇特赦計畫，擔心會有被認定為「蓄意」（willful）的問題；如不做任何處理，又寢食難安。究竟該如何處理？孔先生是早期移民美國的中國人，在獲得美國加州大學的博士學位後，孔先生回到中國成立了自己的半導體生產公司。公司主要致力於半導體晶片的研發和生產，以中國東南沿海地區作為主要市場，逐漸發展為亞太地區高精密儀器的主要配件供應商。對於美國稅的申報，孔先生自認為美國稅表並不複雜，在朋友的幫助下自己填了份稅表就遞交了，這種情況延續了若干年。

孔先生雖然按時繳稅，但卻不知道還有申報 FBAR 的義務。若干年後，考慮到個人財富的保全和傳承問題，孔先生開始思考通過美國信託來規劃個人及家族財富，這時候，他才意識到名下有境外帳戶的資訊並沒有揭露給美國，而這些資金一旦轉入信託中，則暴露了未揭露的事實。孔先生在整理名下海外（非美國）金融帳戶時，發現還有兩個新開設的帳戶不但沒有在 FBAR 中揭露，在稅表上也沒有揭露出來。帳戶主要涉及公司前一階段的分紅以及自己賣出股份所獲得的收益，最高金額竟然高達 2,000 萬人民幣。經過美國稅務專家就 FBAR 揭露的門檻、要求以及相關責罰的講解後，孔先生一方面猶豫該如何處理 FBAR 遺留的問題，另一方面又希望這些未揭露的財富能夠傳承給後代。

21 世紀初，中國經濟特別是民營經濟蓬勃發展，在此機緣下很多民營企業家積極運營自己的公司逐漸積累了鉅額財富，更有甚者一夜暴富。這些企業家大多也跟

隨移民美國的浪潮參與 EB-5 移民計畫，經過幾年的排期等待終於拿到綠卡，在登陸美國的那一天起，該企業家們成為美國稅務居民，在符合申報條件下需完成兩個任務。第一個任務是向美國稅務局提交稅表（例如 1040 表），申報美國稅並揭露境外金融帳號資訊（8938 表）；第二個任務則是向美國財政局揭露其海外金融帳戶（申報FBAR）。

很多情況下新移民對申報美國稅並繳納美國稅金有較強意願與認知，但對於金融帳戶的揭露（特別是 FBAR 的揭露）卻容易忽略。主要原因很可能是繳稅和申報FBAR 的表格非由同一個系統管理（前者向美國稅務局申報，而後者向美國財政部申報）。另外，很多案例顯示一旦 FBAR 的揭露出現問題，往往能推測出美國稅的申報也出現問題，較常見的原因是遺漏揭露的金融帳戶產生的利得收入未能正確計算在總所得中。

在此先談新移民登陸美國後的第二個任務：揭露 FBAR 出現問題的情況。就FBAR 的揭露而言，犯錯誤的行為從當事人的個人意願上講起，可以分為「非蓄意（Non-willful）」和「蓄意（Willful）」。美國國稅局對於上述兩種情況犯錯誤的處罰是有區別的：對於前者（非蓄意）的處罰較輕，而針對後者（蓄意）卻有很重的責罰。例如對於蓄意隱瞞或者漏報 FBAR，最重的責罰是帳戶餘額的 50% 的罰金或者 10 萬美元（取兩者較大值），再加上刑事處罰。因此當事人犯錯的主觀意願是無意還是有意，會導致截然不同的處罰。對於非蓄意和蓄意的責罰總結辦法說明可參考《最新美國報稅與海外財產揭露》第 40 題。

正如上文所述第二個任務有錯，也暗示第一個任務可能也有錯。對於第一個任務出現了錯誤，特別是針對海外金融帳戶沒有正確揭露的情況下，美國國務局（IRS）提供了多種應對方案，較常見的是「自首計畫（Overseas Voluntary Disclosure Program, OVDP）」（本方案已於 2018 年 9 月 28 日停止施行）和「特赦計畫（Streamlined Filing Compliance Procedures, SFCP）」，簡單來說後者是前者的精簡版本。

在罰金方面，OVDP 除了補報或者修正稅表及 FBAR；補繳稅金及利息罰金外，會面臨未揭露資產罰款 27.5%，而「特赦計畫」主要通過補報或者修正稅表及FBAR，補繳稅金及利息罰金，至於是否有 5% 的罰款會根據申報人是在美國境內還是境外而定（若在美國境外，則沒有罰款）。但納稅人必須是「非蓄意（Non-willful）」的行為才可以選擇特赦計畫。這是因為特赦計畫是為了讓納稅義務人不必走 OVDP 程式，同時減輕 IRS 行政程序，故納稅人必須是「非蓄意（Non-willful）」的狀態。當納稅人選擇特赦計畫的同時不須經過刑事調查，且所有遞交資料將不會經過 IRS 的檢驗，但是因為「非蓄意」一詞留著爭議的空間，如果自認有蓄意情況，即有刑事風險的納稅義務人，只有參加 OVDP 才能獲得刑事上的保護。

《問題思考》

1. 孔先生多年未申報FBAR，如選擇「自首計畫」（OVDP）會面臨未揭露資產罰款27.5%；如選擇「特赦計畫」（SFCP）擔心會有被認定有「蓄意」的問題，如不做任何處理又寢食難安，孔先生該如何抉擇呢？

2. 假設孔先生妥善解決了FBAR的問題，他仍需要對名下資產保護和傳承做出安排，這又該如何計畫呢？

《解決方案》

對孔先生而言，釐清其未申報FBAR（海外金融帳戶報告）的具體原因，是處理此事的關鍵。若有明確證據顯示孔先生對FBAR的申報標準與規定已充分瞭解，卻仍未進行申報，則可被認定為「蓄意未揭露」。在此情況下，建議孔先生考慮參加自首計畫，雖然需要繳納未揭露帳戶資產27.5%的一次性罰款，但能避免更嚴重的刑事責任與更高額的罰金。反之，若無證據證明其蓄意違規，且能提供支持其「非蓄意疏漏」的合理解釋與證據，則可透過簡化特赦程序來補報FBAR，進而解決申報義務的問題，所承擔的法律風險與成本相對較低。

一旦FBAR的問題妥善處理後，孔先生便可著手規劃個人與家族的財富傳承。根據目前的稅務法規，建議孔先生考慮以個人名義在美國設立不可撤銷信託，合理運用2025年個人終身贈與免稅額1,399萬美元，將相當於2,000萬人民幣（約合303萬美元）的現金，以贈與方式轉入信託架構中，藉此達成資產隔離與代際傳承的目標，並在稅務合規的前提下，提升資產配置的靈活性與穩定性。

案例十四：為保護資產跳出一個火坑，又進到另一個更大的火坑

《案例分析》

汪先生出身寒門，因家境困難早早輟學，為了生計在一家紡織廠打工。憑藉好人緣又善管理，在紡織廠重組時被推薦升任為廠長，並成功將紡織廠轉型為自主經營的私人企業。在汪先生的帶領下，企業透過創新銷售模式，不僅有效擴大營運規模，也解決了長期困擾的資金回籠問題；同時積極投入設備升級與技術改造，不斷提升產品品質，使紡織廠逐步成為市場上的領軍品牌。從當年的打工仔蛻變為改革開放浪潮中憑雙手打拚致富的代表人物，汪先生現已累積逾數億元資產，其中可靈活動用的資金超過8,000萬人民幣，堪稱白手起家的典範。為了讓下一代擁有更優質的教育資源與生活環境，汪先生積極規劃家族的國際化發展，最終決定參與美國EB-5投資移民計畫，目前已成功取得全家（包括妻子與兩名子女）的美國綠卡，邁向新階段的人生與事業布局。

但不知從哪個朋友打聽到的消息，說有錢人大多把資產放在美國以獲得更多的庇護。汪先生也不甘落後而跟進，通過「螞蟻搬家」式的轉帳，其名下資產被陸續轉移

至汪先生及妻子的美國個人帳戶名下，總計高達約 3,000 萬美元（其中有 40% 原屬於汪先生的父母，另外 60% 則屬於汪先生夫妻）；其中有 300 萬美元是以汪母（非美國身分）的名字購買了加州的房產。汪先生自認為這些錢可以幫助一家在美國擁有更好的生活，而且不用擔心留在國內遇到各式各樣的風險。但是又有朋友對汪先生提及到，美國的遺產贈與稅有免稅額額度的問題，每人終身免稅額大概 1,399 萬美元（此為 2025 年），汪先生因此感到十分擔憂，但該名朋友又無法更詳細地解釋會產生甚麼樣的影響。

於是在汪先生向稅務專家諮詢關於美國遺產贈與稅的相關資訊後，瞭解到每個人超過 1,399 萬美元（2025 年）以上的資產，若涉及贈與遺產稅將面臨約 40% 的稅率，由於轉入美國的財產已超過 1,118 萬美元，雖躲過中國的稅收卻避免不了美國的遺產贈與稅，汪先生為此夜夜難眠感到懊悔不已。

《問題思考》
以汪先生的案例而言，是否單純的將名下資產轉移至美國就算安全了？也許從資產安全上考慮是「安全」了，但從稅務風險上考慮，是否安全呢？除了從 1,399 萬額度來考慮（即控制名下資產的規模外），是否有更好的辦法既能保護資產又不用擔心遺產贈與稅呢？另外汪母名下 300 萬美元的房產又會涉及什麼美國稅務問題呢？

《解決方案》
汪先生通過辛苦經營所掙的資金，經過一番努力運作使其大部分都停留在美國境內。由於汪先生欠缺美國遺產贈與稅的相關知識，其在資產全球配置的過程中難以全盤周密考慮，單方面認為只要將資產轉進美國就安全了；殊不知還有贈與稅和遺產稅在等著。汪先生在獲取相關知識和資訊的過程中，未能向稅務專家請教專業知識，而只是向朋友聽到相關資訊就盲目操作，因此進一步造成他對事件判斷失準，而感到後悔不已。

此案例涉及到移民前的資產規劃、移民後的贈與安排，以達到資產全球化的合理配置。更需要借助信託等工具來做一個全球的資產架構。關於通過設立信託來規劃，在資產轉帳之前，汪先生可以從以下兩種方法考慮。

首先是由汪先生的長輩（非美國稅務居民）設立美國不可撤銷信託，因為 3,000 萬美元的 40% 來自汪先生父母的積蓄，這部分資金若轉帳至汪先生的名下，則增加了汪先生名下資金的規模，這就已經超過了 1,399 萬美元；對於汪先生名下的資金，超過 1,399 萬美元的部分若贈與他人則涉及美國贈與稅，稅率將接近 40%。

然而，若汪先生的長輩直接設立美國不可撤銷信託，將積蓄通過贈與的方式轉帳至不可撤銷信託，則資金的所有權將屬於信託而不屬於汪先生，也不會計入汪先生名下，自然也不會像上述那樣增加汪先生名下的資金規模。接著由汪先生夫妻兩人來設

立生前信託，鑒於本例 3,000 萬美元的資金中有 60% 屬於夫妻倆，總計 1,800 萬美元。其中原本屬於汪先生的約 1,000 萬美元，屬於妻子的約 800 萬美元。鑒於以上情況，在資金轉帳以後，汪先生和妻子可以考慮設立生前信託。

而汪母身為非美國稅務居民，在美國境內其名下 300 萬美元的房產，在沒有其它前期規劃的情況下，汪母一旦過世將會產生遺產稅。鑒於非美國人的免稅額度只有 6 萬美元，扣抵後的餘額 294 萬美元則會產生高額遺產稅，若汪母及汪先生能夠提前諮詢稅務專家的意見，做好規劃再購置房地產，則會有截然不同的結果。

案例十五：個人身分與資產躍升國際化的規劃和順序

《案例分析》

梁先生在醫療器械領域可謂白手起家，從最初替別人跑腿做銷售到設立自己的銷售公司，再到建立自己的生產基地，梁先生的事業可謂順風順水。也因為梁先生獨到的眼光看準了中國地區逐漸擴大的醫療、物流、和電商服務需求，在擴建自己醫療器械集團公司的同時，又在物流業和電商服務業不斷擴張其商業版圖。目前保守估計梁先生的資產規模達 23 億人民幣，這些資產主要位於中國境內。梁先生不僅事業成功，家庭關係也很和睦。梁先生和胡女士婚後育有一男一女，男孩如今正在上初中，小女兒剛開始上小學。胡女士則辭去工作專心當起了賢內助相夫教子。為了未來提供子女更好、更多元的教育機會，梁先生正在考慮是否通過移民計畫移民美國，計畫拿到綠卡的時候（往往要經過幾年的排期等待），子女正好可以去美國接受高等教育。

梁先生本身有多個目標，第一是壯大自己的企業，靠著 IPO 招攬投資，上市後吸引人才。第二要將資產國際化，其企業考慮在香港、美國、歐洲等地設立分公司，預計公司所生產的醫療器械出售到歐洲國家，銷售收入則會集中在香港公司。最後身為中國與美國稅務居民雙重身分的梁先生，他的個人稅務規劃也是一個重點。

最近梁先生和投資銀行的相關人員，討論其集團公司名下電商服務平臺的上市計畫。按照討論的結果，將先對電商服務平臺進行估值，之後於香港上市。梁先生卻在此時約見美國稅務專家，希望結合名下公司預計香港上市和美國移民計畫來分析未來可能的稅務風險，以及瞭解資產國際化的規劃方向和方式。

梁先生的情況在中國不算罕見。中國作為全球第二大 GDP 的國家，孕育出越來越多資產達到億元人民幣規模的精英企業家。他們大多受過高等教育，在商場上具有獨到眼光、在行業上獨樹一幟，不但解決了當地的就業問題也積累了個人財富，羨煞眾人。這些企業家有許多人往往通過個人努力辛苦賺得第一桶金，之後便逐步擴大自己的商業領域，再經過行業整合積極尋求在 A 股上市，或者鑒於上市的目標不同而選擇香港上市。在家庭和個人方面，他們往往有強烈的移民傾向，主要是為了享受更好的生活環境和為下一代創造更好的教育環境。

但隨著公司業務的發展和個人財富積累的增加，特別是當身分轉變為美國綠卡身分的時候，需要考慮美國遺產和贈與稅的稅務風險。以梁先生為例，一旦公司未來在香港上市，梁先生的資產將大幅增值，而這些資產卻主要集中在中國境內。如果資產主要集中在中國境內，則很難向資產國際化方向發展。另一方面，一旦梁先生確定了移民美國或者拿到美國綠卡，梁先生不但需要面對中國的稅務法規，並且不得不結合美國稅務的法規，整體考慮自己名下不斷增長的資產。這也是為什麼梁先生需要尋求美國稅務專家的幫助，對其名下資產進行合理規劃，以面對未來可能涉及的贈與稅和遺產稅。

《問題思考》

1. 個人移民可以獲得個人身分的國際化，但可能忽略了個人資產的國際化。個人身分國際化和個人資產國際化，孰先孰後呢？

2. 梁先生該通過何種方式來兼顧擴建商業版圖和資產國際化？

3. 在資產國際化之後，是否有更好的方式面對未來可能產生的遺產稅和贈與稅？

《解決方案》

以梁先生目前的狀況，建議將資產國際化放在個人身分國際化之前，因為一旦個人身分國際化，將或多或少涉及不同國家的稅務問題，更會對個人資產國際化的規劃產生阻礙或者限制。另外一旦資產在香港上市後將大幅增值，上市前需在對的時間點尋求專業理財規劃，以合理規避未來鉅額的所得稅和遺贈稅，有效方法如設立信託。

對於資產國際化的規劃方式，有如下建議：

梁先生可以考慮在電商平臺發展前期，和境外優秀投資者合作；通過已有的境外公司或者設立境外公司來控股電商平臺。如此安排可以搭建跨境平臺，達到其部分資產國際化的目的。在上市過程中，即使資產規模迅速增長，也能有效的避免全部資產集中在中國境內。但若梁先生獲得美國綠卡，則不得不考慮遺產稅和贈與稅，那麼梁先生可以考慮進一步設立美國不可撤銷信託，將部分股權通過贈與的方式贈與給美國不可撤銷信託。因為不可撤銷信託內的資產不再屬於設立人，因此在很大程度上，梁先生這部分的資產將不需要面對遺產稅和贈與稅。

案例十六：使用長輩外國身分在美國大量置產卻造成財富傳承窘境

《案例分析》

過去二十年來，隨著中國經濟快速成長，國內的投資專案已滿足不了高資產民眾，他們進而尋求海外投資來進行資產的全球配置。房產一向是中國人投資目標首選，所謂有土斯有財，中國人對於房產的偏愛一直都是異常的熱烈，隨著國內房產的價格已

來到相對高點，進而將房產目標移向歐美地區。再加上近幾年的移民熱潮，導致許多中國民眾將購買房產和投資移民作為一個基本的配套，當提出投資移民的申請，接著就是尋找哪兒有好的房產目標，不僅做為一個投資目標，取得綠卡後也能作為登陸美國的落腳處。讓小孩不論是求學、生活都能有安穩的居所，所以購買房產對於新移民家庭來說，可說是一舉數得的投資。

　　王女士是一家上海建設公司的老總，早些年從事電子零件貿易活動，與先生兩人兢兢業業、腳踏實地的在中國及海外積累了可觀的財富，近幾年又跨足不動產行業，剛好搭上中國房市飛漲的列車，這幾年所獲取的財富可說是能讓子孫三輩子不愁吃穿。夫婦之間感情也相當和睦，並未因為工作忙碌而感情疏離。雖然事業圓滿、家庭和睦，但王女士夫妻倆並不打算讓孩子就此鬆懈，對於子女的教育也是盡心盡力，而孩子也不負眾望，在學習上皆有不錯的成績。隨著孩子漸漸長大，王女士想要給孩子更好的讀書及生活環境，讓其能夠有更寬廣的世界觀，未來不論是回到中國或是留在國外發展，都能夠隨其所好。因此也聽從朋友的建議，辦了所謂美國 EB-5 投資移民項目，準備移民美國。在移民之前王女士聽說了美國稅相當繁雜，因此特地參加了許多美國稅務的沙龍及講座，設法瞭解美國稅務的相關規定。

　　經過一番努力，王女士大致上瞭解也獲得許多關於美國稅務的知識，並且認識到對於高資產族群，美國有所謂遺贈稅的規定，在超過一定比例的免稅額後需要繳交高額的遺產稅或贈與稅，並且需要揭露其名下所有美國境外的金融資產。王女士和移民顧問簡單討論後，瞭解到很多人在登陸之前，設法讓名下資產移轉至可信任的親人名下，因為非美國納稅居民是沒有美國遺贈稅的規定，因此可以先將資產移轉，讓自己名下的財產不超過美國遺贈稅的終身免稅額度，在登陸後就無需將移轉至親人名下的財富揭露出來，未來如果身上需要用錢時，再讓外國親友將錢贈與回自己身上，用此方式避免美國遺贈稅可說是簡單、低成本的辦法。因此王女士未經過深思熟慮，立即將部分資產轉讓給其中國母親，並以母親中國人的名義，購置了許多美國境內的房產供出租投資用途。

　　原以為一切安排合理妥當，但萬萬沒想到經過一年後卻發現事與願違，王女士因報稅緣故認識了專精跨國財產規劃的美國會計師。某天談到因為母親年歲已大，想要將房產轉至小孩名下時，經由會計師提醒，才驚覺原來外國人雖然沒有遺贈稅，但指的是外國人贈與「境外資產」給美國人的情況。外國人在美國持有房產，對於房產本身還是有高額的遺贈稅，並且免稅額僅有 6 萬美元。

　　王女士聽聞後有如晴天霹靂，因為如果讓身為中國人的母親持有之房產變現後，將錢匯出境外做贈與來規避遺贈稅的做法；一來該區房產價值正在快速飛漲，現在變現等於少賺了這幾年的獲利；二來母親年紀已大，這些變現之資產勢必需要馬上移轉，但是一時找不到可信賴的人，若回到自己身上加上本身現有的資產，未來必定要繳交高額遺產稅。但是若讓母親直接贈與給孩子，一下子讓年紀還小的孩子獲得這麼多現

金,將來未必是好事。且未來變數大,雖然王女士夫妻倆感情和睦,但並無法控制孩子未來所找的另一半,是否和自身一樣夫妻彼此真心對待,或是只是覬覦其龐大資產,但是母親年紀已長,此決定無法置之不理,想到此時王女士不禁潸然淚下……。

《問題思考》

1. 高資產家庭移民前找尋專業的諮詢機構,進行通盤完整之稅務規劃是否是必須的成本?

2. 對於高資產家庭而言,如何有效規劃未來的財富傳承,成為不可忽視的重要課題。不僅需兼顧資產的保全與掌控權,亦須在合法合規的前提下,合理降低潛在的遺產與贈與稅負負擔。畢竟,單純將資產置於他人名下,並非長遠之計;所謂「可靠的人頭」更是可遇不可求,稍有不慎,反而可能衍生法律風險與信任危機。

3. 已購入之房產,為了保有未來的增值空間,如何能夠在繼續持有的情形下順利移轉?

《解決方案》

現在許多新移民在登陸之前已經漸漸瞭解到稅務安排的重要,因此會主動尋找會計師或是稅務專家以尋求稅務意見,試圖在登陸之前做好稅務籌劃,以避免未來遭遇到稅務問題的挑戰。然而有些高資產客戶的資產狀況較複雜,並未透過專業的稅務諮詢,對於自有資產進行全盤的規劃,而是僅從報稅會計師、朋友群或是移民機構的顧問進行簡單的諮詢,瞭解到些許的片面資訊就草率地做了決定,以至於未來遇到不可修正,或是需要付出高額成本的代價。

因此對於高資產家庭而言,移民前找尋專業機構做通盤的財務規劃是必須的成本,也是必要的代價。畢竟對於每一塊錢的資產積累,都是付出心血所獲得的結晶,應發揮最大效益,並且造福自己的後代子孫擁有幸福的生活,不受限於經濟壓力而能夠適性、適才、適所來發揮自我。稅務規劃並非逃漏稅,而是能夠合法避免繳交冤枉錢,讓財富能夠完整的傳承至後代手中,這也是每個辛勤打拚的富一代最大的願望。

按照王女士的情況,最好的辦法就是讓其母親設立一個家族信託,之後使用信託一次性或分期收購母親名下已購買之房產,讓信託繼續持有這些不動產,之後讓母親將信託收購房產取得的現金全部贈與進信託,之後信託就可以讓王太太和先生在美國進行投資,並且讓信託產生之收益或本金在適當時機再分配給小孩及子孫,做為一個永續經營和傳承的概念,該架構請參見下方圖表:

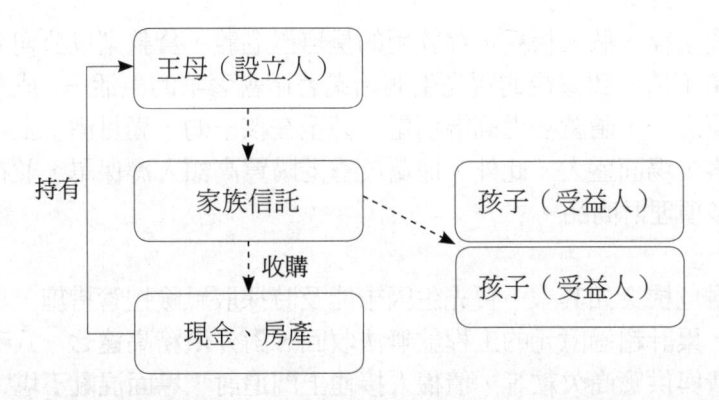

```
         ┌─────────────┐
    ┌───▶│ 王母（設立人）│
    │    └──────┬──────┘
    │           │
    │           ▼
 持有│    ┌─────────────┐       ┌─────────────┐
    │    │   家族信託   │ ────▶ │ 孩子（受益人）│
    │    └──────┬──────┘       ├─────────────┤
    │           │ 收購          │ 孩子（受益人）│
    │           ▼              └─────────────┘
    │    ┌─────────────┐
    └────│  現金、房產  │
         └─────────────┘
```

　　此信託架構的最大好處在於，房產可從母親名下順利移轉至家族信託，不會有外國人移轉美國境內不動產的高額稅負，並且可以繼續持有房產，並保有對於未來增值部分的受益。另一目的是，王女士夫妻倆還可以持續掌控此信託中的資產，對於最終投資和分配決策保有控制權，除了避免未來孩子不肖、不當的使用或爭奪財產外，未來任何受益人的配偶或債權人，皆不能從此信託中獲得任何一分一毫的資產，並且當孩子長大後，可讓其繼任作為保護人，來繼續管理信託中的財產，而孩子的後代則繼續作為繼任受益人，真正達到所謂「永續傳承、資產保障」的經營規劃。

案例十七：公私不分，財富傳承風險高

《案例分析》

　　在中國，許多高淨值人士的資產多以企業形式存在。創業初期，他們往往將全部家當投入企業，為了公司的成長與壯大，長期未從企業利潤中提取分紅。於是，大量本應屬於個人的資產便長期滯留於公司體系之內，企業資產與個人資產之間的界線日益模糊。然而，當企業面臨財務風險或經營危機時，這類未經明確隔離的個人資產，法律上仍被視為公司財產，進而需無條件承擔企業的一切債務與風險。結果是，一旦公司出現債務問題，原本應屬於創業者個人多年的心血積累，也可能在瞬間付諸東流，難以挽回。

　　家族企業的特點就是「肉爛在鍋裡」，子承父業也沒有明確指出「承」到底是股權還是資產，於是一家子人都自然地認為老子的一切都是兒子的，沒有資產分割、沒有遺囑，沒有世代傳承的安排，一旦企業或者個人發生危機，將直接殃及家族產業安全和繼承人資產安全。尤其是如果子女及其婚姻關係未處理好，億萬資產最終有可能成為別人的財富。

　　賈先生曾是一位迅速致富的千萬富翁，卻也在一夕之間失去所有財富，其經歷成為眾多企業家的深刻警示。學業完成後，賈先生一帆風順，最初隨兄長從事建築工程監理工作，積累了寶貴的實務經驗與人脈資源。隨後他自立門戶，憑藉既有的關係網開啟創業之路，短短五年間迅速累積千萬資產，事業風生水起。然而，創業初期的財務處理卻埋下隱患。賈先生將所有家當投入企業，未對個人財產與公司資產進行明確

區分，將企業資金存入個人帳戶，存款用的是自己名義，貸款則以公司名義操作，導致財務邊界混淆不清。致富後的賈先生開始過著極盡奢華的生活——成為當地最早擁有賓士車的富豪之一，購置多處高端別墅，甚至在孩子的「滿月酒」上豪擲數百萬，宴請數百桌賓客，場面盛大。此外，他還於香港購買高額人壽保單，並在私人銀行開立帳戶，配置多項理財商品。

然而，金融危機突如其來，賈先生因未能及時採取風險控管措施，導致企業迅速陷入財務崩潰。累計超過億元的工程款無法收回，對外債務高達七、八千萬，包括員工工資、材料費與供應商欠款等，債權人接連上門追討，場面混亂不堪。在法院審理過程中，由於賈先生長期將公司資產與個人財產混用，無法提供清晰證據證明兩者彼此獨立，法院最終認定其資產無法依法隔離，判決將賈先生名下的高檔別墅、豪車及公司資產一併列為可執行財產，用以清償債務。

此外，法院亦要求賈先生解約其持有的香港高額保單，變現在境外私人銀行的理財產品，並將資金匯回中國，以補足債務缺口。原本風光無限的企業家，最終因資產未妥善隔離與風險控制失當而一敗塗地，令人不勝唏噓。

賈先生早期抱因心存僥倖，誤以為中國法院無法掌握其在香港的資產情況，然而《共同申報準則》（CRS）實施後，香港金融機構需向中國稅務機關自動彙報中國稅務居民於當地持有的保單與銀行資產。這項制度使得賈先生在香港的保單與私人銀行帳戶資金暴露於中國相關部門的視野之下，進一步強化法院要求其處分名下資產以清償債務的依據。

事實上，對所有高淨值人士與成功企業家而言，建立一個穩健的實業可能需歷時數十年、歷經無數心血與努力；但若缺乏風險意識與正確的財務結構，一個錯誤決策足以讓多年累積的成果瞬間化為烏有。

《問題思考》
　　1. 賈先生平時處理公司業務，如果能將公私嚴格分開，其私人資產則不需要對公司債務承擔連帶責任，那倘若賈先生將個人資產提前放入信託是否能規避公司債務？

　　2. 中國開徵遺產稅指日可待，在遺產稅徵收之前把財產放入信託，是否可以避免遺產稅並將鉅額財富留給子孫？

《解決方案》
　　在賈先生發家後，他應嚴格按照中國的公司法來經營自己的公司，公私分明。自己個人名下的資產可以委由專業的顧問進行規劃，為自己、家人及其後代做好萬全準備，將自己辛苦打拚來的財富代代傳承下去，還可以避免中國未來可能實行的遺產稅。

在此建議賈先生設立「不可撤銷信託」，將名下資產轉入不可撤銷信託。賈先生可以在信託合約中約定受益人及受益比例、受益人接受財產的年齡、分配財產的收益或本金等內容，達到按照自己的想法來規劃名下財產的分配，而賈先生同時可以擔任該信託的保護人，不會因為財產放入不可撤銷信託卻不受自己控制。

目前多個國家都有信託的業務，其中尤以在美國設立信託有許多好處：美國信託歷史悠久、法律穩定，同時美國並沒有加入 CRS。

案例十八：面對理財投資的誘惑與隱性危機該何去何從

《案例分析》

楊先生與葉先生是一家創業公司的合夥人。楊先生現年 36 歲，離婚後孩子由前妻撫養；葉先生則年僅 33 歲，新婚不久。兩人皆出身富裕家庭，因專注於事業發展，對個人理財較少關注。經過多年努力，事業穩健成長，公司業績持續亮眼，年年分紅可觀。近期，楊先生更繼承了一筆數額可觀的遺產，財務狀況進一步提升。

某日，楊先生應支行行長邀請前往 X 銀行辦理業務，寒暄過後，行長安排理財諮詢專員小趙接待他。初次見面，楊先生便對小趙印象深刻——她儀態端莊、氣質出眾，談吐得體。簡短交談後，楊先生感受到小趙的細心與敏銳，覺得她不僅專業且頗有親和力，雙方於是交換了聯絡方式，小趙亦表示，未來若有優質理財產品，將第一時間通知楊先生。

後來，楊先生從行長口中得知，小趙是知名大學研究生畢業，現為 X 銀行總行儲備幹部，正在支行學習業務同時兼任理財經理。她日常會按主管要求，定期向客戶推送最新理財資訊。楊先生收到簡訊後，時常親自前往櫃檯諮詢，並陸續購買了多項理財產品。隨著互動增多，雙方漸漸熟絡，小趙所推薦的理財產品表現穩健，幾乎都達成預期收益，這也讓楊先生對她的專業能力與誠信愈加信任。

小趙畢業後憑藉自身努力，成功錄取為 X 銀行總行儲備幹部，並被派駐支行進行輪調。出身普通工薪家庭的她，面對一線城市高昂的生活成本與居高不下的房價，時常感到壓力沉重。此時，大學時期的同學小鄭與她取得聯繫。小鄭在同一城市的一家所謂「金融公司」任職，主要從事理財產品銷售。據其介紹，該公司產品採每日計息制，年化收益率高達 15%，且每筆成交皆附帶可觀的銷售提成。小鄭提議，小趙可將這些理財資訊以平日發送銀行簡訊的形式轉發給客戶，暫不透露該產品非銀行推出，而公司方面的提成則可與她五五分成。面對高額提成的誘惑與日益沉重的經濟壓力，加上小鄭的勸說，小趙終於對高額的提成感到動搖，便將該「理財產品」資訊發送給幾位熟識的老客戶，試圖以自身建立的信任關係作為橋樑。然而，此舉已悄然跨越職業操守與法律風險的紅線。

楊先生收到簡訊後並未多加思索，抽空前往銀行，簡單諮詢後便決定購入金額達300萬的理財產品。之後，小鄭依約將高額提成的一半分給了小趙。

數月後，楊先生為了孩子的教育規劃，計畫送其赴美留學，並打算在當地購置房產，遂希望提前贖回理財產品以取得資金。於是他電話聯繫小趙預約辦理贖回事宜。小趙接到電話後心頭一緊，立刻聯繫小鄭，卻驚恐得知該筆投資項目目前因資金周轉困難，暫時無法支付本金與收益。小趙頓時陷入恐慌，意識到事情的嚴重性，最終只能向支行主管坦白經過。支行主管得知後立即上報並報警，經過調查，楊先生的資金投入小鄭公司的產品後又幾經轉帳，目前已無法追蹤其具體去向。案件目前仍在調查階段，但可以確定的是，楊先生的300萬本金暫時已難以追回。

相較之下，合夥人葉先生在個人資產規劃方面則選擇了更為專業、系統的路徑。早在就讀MBA期間，透過講師介紹結識了一家正規的家族辦公室。該家族辦公室根據葉先生的需求與目標，量身定制了一套涵蓋後代教育、金融資產配置、企業投資、遺產規劃與慈善安排的全方位財富管理方案。在子女教育方面，家族辦公室為葉先生提供境內外高端學校優勢介紹及申請輔導；在投資理財方面，根據葉先生的風險偏好合理性分散投資；在資產傳承方面，家族辦公室聯合國際財稅顧問團隊提供跨境稅務及信託的詳細諮詢。在家族辦公室的全程陪伴與專業協助下，葉先生雖專注於事業發展，卻依然得以實現家庭資產的穩健增值，並順利完成人生各階段的規劃與布局。

《問題思考》
1. 選擇金融理財產品、保險產品應該謹慎小心，即使從「正規」的管道也應關注每次交易的合約及相關憑證，避免過於信賴「熟悉的人」造成財產損失。

2. 如同楊先生這樣將資產分批購買理財或分次投資，是否為理財產品出現風險埋下隱憂？

3. 尋求資深專業的財稅專家進行資產規劃建議，比一時興起的衝動投資更周全可靠。目前中國有許多正規的家族辦公室，要慎選合適的機構。

《解決方案》
儘管當前金融監管日益趨嚴，防範金融風險已成為監管部門的重要目標，但在高額利益的驅動下，仍不時有如小鄭所在的「無良公司」以高收益、低風險為誘餌，實則進行非法集資、捲走客戶本金。同時，也不乏像小趙這樣涉世未深、經驗不足的年輕理財從業人員，因缺乏判斷力與操守而成為風險的傳遞者。

楊先生目前正值事業上升期，人生亦將迎來新的階段與變化，正是進行財務體系化規劃的關鍵時機。建議在此階段由資深財稅專家介入，協助分析整體資產狀況，量身設計合理的投資結構，從而兼顧風險控管與長期收益。由於楊先生對金融產品了解

有限，過去以相對隨意的方式進行理財選擇，一方面僅能獲得一般產品的有限收益，錯失高效資產配置的機會；另一方面，若誤信不法分子或被誤導，則可能面臨血本無歸的風險。

家族辦公室在中國正逐步興起，其核心使命在於協助高淨值家族全面管理與保護財富，以及維繫其長期的商業利益與傳承目標。服務範圍以家族實際需求為出發點，結合資深財稅專家的專業能力，提供量身定制的綜合性管理與諮詢方案。且資深的財稅專家會針對客戶設計合適的境內外家族信託結構、分析大額保單功能、篩選香港及新加坡私人銀行，並在各項資產交易中提出合理節稅方案，也會提供案例分析給出經驗總結。透過短期、中期與長期投資目標的整體考量，家族辦公室將為楊先生量身制定個性化的資產規劃方案，實現財富保值、增值與有序傳承的多重目標。

在眾多財富管理工具中，信託具有獨特的優勢。從以往的國際經驗來看，信託制度的優勢在於：信託制度的核心價值在於其設計中的權力制衡機制——受託人作為資產管理的執行者，具有法律上的獨立性，需以受益人的最大利益為首要考量，並對其他參與資產運作的相關方進行必要的監督與制衡。對於如楊先生這樣資產結構複雜、事業與人生處於發展階段的高淨值人士而言，設立家族信託的好處尤為明顯。即便未來他在創業過程中遭遇經濟困境，或個人生活上出現變化——如再婚、重組家庭等情形——早期設立的信託架構仍可有效保障指定受益人的權益，避免資產因個人變故或外部干擾而受損。

案例十九：「行善噩夢」——行善不易，需有足夠智慧

《案例分析》

現今中國社會，隨著經濟蓬勃發展，富裕人群的數量迅速攀升。但是當人們累積財富之後，隨之而來的是層出不窮的憂慮與思量。有的人雖已年逾古稀，仍牽掛著身有殘疾的子女，為他們的未來生活憂心忡忡；有的人雖子女已成為棟樑之才，獨當一面掌理家業，但仍然以史為鑑為自己家族的基業長青而夜不能寐；也有人年紀尚輕，身兼多職、事務繁忙，卻依然心懷仁善，對慈善事業充滿熱忱，明確表示行善之事一刻也不能等。

本篇將探討的是富人們行善一事。當一個人的財富累積到一定程度，所追求的可能不再是單純的財富累積，因此很多人選擇投身慈善事業，那麼如何行善以發揮實際的功效就成為一個值得深思的議題。

比爾・蓋茲（Bill Gates）與沃倫・巴菲特（Warren Buffett）2010年在成功勸說多位美國億萬富翁同伴們捐贈大筆財富之後，兩人一同前往中國、結交中國新生富豪並宣傳慈善價值觀。

陳游標先生是第一個高調回應蓋茲和巴菲特「捐贈誓言」的中國企業家。他在寫給蓋茲和巴菲特的公開信中說道：「在我離開這個世界的時候，將不是捐出一半財富，而是裸捐——向慈善機構捐出自己的全部財產」，陳游標先生認為「在鉅富中死去，是一種恥辱。」根據公開媒體資料，當時陳游標先生的資產估值高達50億元人民幣，這也意味著，若其實現承諾，未來將捐出全部身家，至少達50億元。這一舉動在中國社會引發廣泛關注與討論，也為公益慈善事業注入一股震撼人心的力量。

這本是好意，但此消息在中國立即遭到質疑：「陳游標先生有什麼（不可告人）目的？」「為什麼不把錢留給家人？」

陳游標先生的向善豪言似乎並無得到想像中的讚美，反而遭受輿論道德綁架，並質問其目的。雖然大眾的反應多少是基於人之常情，但現實中又有多少的富人因為怕遭受到社會大眾的質疑而不敢高調進軍慈善事業。反觀當今社會中也不少不在乎外界言論、依然按照自身意願開展其慈善事業的人士，他們不畏懼社會輿論令人欽佩。

《問題思考》

1. 人們常說，「富人行善不容易」，這話並非毫無道理。那麼，是什麼讓行善之路變得如此艱難？難道僅僅是輿論的壓力，就足以讓善舉止步於門外嗎？實際上，除了無形的輿論風向對富人行善動機的質疑與放大，現實層面的法規制度與操作機制，也在某種程度上構成了具體障礙。許多人知道，比爾・蓋茲夫婦透過創立「比爾與梅琳達・蓋茲基金會」，來規劃與實踐龐大的慈善計畫，因此常有人簡化地認為，只要成立一個慈善基金會，就能順利行善、名利雙收。但事情真有這麼簡單嗎？

2. 實際瞭解的人都知道，設立基金會在中國並不是一件簡單的事。中華人民共和國《基金會管理條例》對設立公益基金會規定需要具備下列條件：
(1) 為特定的公益目的而設立；
(2) 全國性公募基金會的原始基金不低於800萬元人民幣，地方性公募基金會的原始基金不低於400萬元人民幣，非公募基金會的原始基金不低於200萬元人民幣；原始基金必須為到帳貨幣資金。
(3) 有規範的名稱、章程、組織機構以及與其開展活動相適應的專職工作人員；
(4) 有固定的住所；
(5) 能夠獨立承擔民事責任；

簡而言之設立基金會就是要「有目的」、「有人員」、「有場所」、「有資金」，稱之為「四有」。這條件對於富豪而言其實都不難滿足，但關鍵在於最後一個規定——「原始基金必須為到帳貨幣資金」，實際上就是存入銀行的現金。中國的富豪雖然有錢，但也不一定會認同將所有原始基金做成到帳現金這種極為不經濟、低效的做法。由於這一條規定，陳游標先生試圖用「股權和有價證券等」的行善之路受阻。

《解決方案》

　　受限於道德爭議與法規制度的不完善，中國富人「有善難行」的現象時有發生。面對這樣的困境，與其因制度掣肘而舉步不前，不如探索一條既高效又可行的替代途徑，實現他們心中真正的公益願景。而家族信託，正是其中極具潛力的一種方式。

　　家族信託依據信託法律的特殊制度安排，能實現多重目標：不僅可協助家族企業與財富的代際傳承、有效隔離個人與企業風險、進行合理節稅與避稅；同時也可作為激勵與約束後代繼承人的工具，並進一步管理與推動慈善資金的長效運作。透過設計完善的信託結構，富人得以在保障家族財富的同時，實現公益理念的延續與落地。實施家族信託不僅涉及信託計畫的設計，還需要結合財務管理、稅務規劃、法律合規等多領域專業知識的配合。通常由具備整合資源能力的私人銀行牽頭，搭建平台，協調律師、會計師與投資顧問等專業團隊，共同為高淨值家族打造量身訂製的全方位信託解決方案。

　　在實際的案例當中，客戶可根據自身資產狀況及目的來設立信託，就可以完成其所要目的。在此要再次強調的是，信託可以幫助富人們達成行善的目的，且不止體現在這一代，未來更能達到良好的傳承並規劃更健全的資金流通。因此除了能幫助更多弱勢族群，更能將善意傳遞給自己的後代。

　　讀者可聽聞到許多諸如此類的社會新聞，今天某富翁因為意外去世，明天某富翁因過勞而亡，後天又一位富翁遭到仇殺等新聞。他們的驟逝往往帶給後代鉅額的財富紛爭，甚至導致家庭的破裂。

　　所以這是一個危機意識的問題，富人不能等到遇到問題才去採取措施，一切都須以防範為主。行善切勿等待，別在行有餘想行善時，上天卻不給足夠的時間。完善的規劃可以在傳承財富的同時，將善意傳遞給更多社會中需要的人。

第二章
傳承啟動與執行

第二章　傳承啟動與執行

傳承的啟動與執行，需要由一代傳富者、二代繼富者與傳承專家建立傳承應有共識，否則難以順利推動。James E. Hughes Jr. 在其著作《家族財富》中指出，家族能否成功延續財富，關鍵在於其內部的行為模式。他認為，家族財富的長期維繫與家族成員的行為表現密不可分。在 19 世紀，一位成功的財富管理者被定義為能妥善處理個人財務的人。這樣的觀念在某種程度上是正確的，但卻忽略了家族「人力資產」與「智識資產」的重要性。而家族成員之間的和諧，正是財富延續的關鍵要素之一。現代家族皆傾向於獨立思考，而非客觀判斷；傾向於垂直思考，而非水準整合。反觀許多文化中，尤其是中國儒家思想，則強調家族本質在於人力與智識資產的建構與傳承，重視系統性縝密的教育與訓練，並在面對關鍵決策——特別是涉及成員發展或繼承人選擇時——始終保持客觀理性的態度。他們深知，唯有人力與智識資產的健全發展，才能真正守護並延續家族的財富。亦即家族財富延續的成功與否，取決於家族的行為模式與文化價值。

James E. Hughes Jr. 強調，家族財富的傳承和家族治理密不可分，永遠處於動態過程，家族權力的興衰、勢力的消長，以及家族成員間的競爭與合作都可能成為家族治理中的助力或阻力。他提到：

家族財富的維護是一項群體性的活動，也是家族治理中持續進行的動態過程。每一代都必須注入新的能量，才能對抗熵增——也就是從有序走向無序的自然趨勢——所帶來的風險。每天在世界各地，都有人決定攜手共組家庭，從而建立一套初步的治理系統，並開始累積財富。隨著時間過去，兩人逐漸發現現實並不像當初想像的那般美好，唯有建立良好的家族管理機制，才能維繫彼此的關係。若這段關係持續發展，兩人也許會選擇撫養或領養下一代。這時，「長期家族治理」的概念便悄然萌生。他們如何管理家族財富、如何面對未來的挑戰，將決定這個家族能否在百年後延續，或是在無序中逐漸瓦解。這個例子說明，一套家族治理系統往往始於兩人合力建構的願景。這個系統初期充滿生命力，但隨著熱情消退，家族治理也進入更具挑戰的階段，維持其穩定性變得愈加重要。

當新成員加入家族時，往往也會重新調整原有的治理系統，為其注入新的活力。新成員創造的治理系統，可能讓家族暫時進入一種穩定與安逸的狀態，使人誤以為當前的制度已經相當成功。然而，隨著更多家族成員的加入，家族治理系統勢必隨時間而變化與演進。遺憾的是，根據我的經驗與觀察，伴隨著育兒的責任增加，新成員往往會逐漸喪失投入家族治理的動力，導致系統開始衰退。隨著歲月的流逝，婚姻、離婚甚至死亡隨之而來，都將影響家族系統的穩定與能量維持。因此，一套能夠因應波動與挑戰的動態治理系統，對家族財富的長久延續至關重要。家族的形成是充滿變化與活力的，家族治理系統也必須保持在一個動態的形式。若一個家族期望在人力資產

上持續成長，那麼如何有效管理這個充滿變數的資產，就成為治理系統面對的核心課題。每一代人的創造力與投入，都是驅動家族延續與進化的關鍵能量。熵增或創造力的消散是一個家族永遠存在的敵人；而能夠不斷自我更新、重拾創造力的家族，則擁有抵抗衰敗、永續發展的最大力量。

此外，家族成員應是家族治理體系中最重要的資產，每個家族在經營傳承事業的過程中，都應將家族成員視為重要的資產。對多數具遠見的企業家而言，一套成功的家族傳承策略，通常需要投入約 70%～80% 的時間處理資產的增長，僅有 20%～30% 的時間處理負債。然而，實際上許多家族的經營模式恰好相反，過度關注負債與稅務規劃，卻忽略了對家族成員的長期投資與教育。對於真正能保存財產的家族而言，與其費心節省營運產生的稅負，不如重視家族成員素質的提升。故此，一個能妥善管理家族資產與負債，同時有效規劃治理資源與時間的家族，才有機會打造出真正成功且具持續力的傳承計畫。

在前一章中，我們深入分析傳承、企業與財富傳承的核心概念，然而，光有理論遠不足以實踐理想，唯有行動才能推動真正的改變。對於當前中國的高淨值家族甚至跨境家族，如何啟動與執行傳承計畫，首要之務是釐清當前所面臨的挑戰與制度環境，並深入探討創富者進行財富傳承需要的考慮，如此傳承啟動與執行才能水到渠成。

一、跨境財富傳承所面對問題

隨著兩岸企業積極擴展國際版圖，新貴家族積累財富的速度日益加快。在企業國際化之後，緊接著是身分、資產與生活方式的全面國際化需求，包括資產配置、投資策略及下一代教育等多方面的全球布局。也因此有不少家庭的成員從第二代開始就留居國外工作、留學、移民、婚姻等，導致家族成員身分國際化、家族資產配置亦全球化；因此家族跨境財富的傳承必須考慮家族本地資產國際化與家族在外國資產當地細化的傳承安排、財富傳承法律與稅務的籌劃，未來不同家族依照不同的國際化狀態（資產性質不同、坐落地國家不同、繼承人與被繼承人國籍、稅務身分的不同等），將會有不同的因應模式。

中國個人到世界各地投資與置產已成常態，未來如何傳承，稅負與身分將成為最大關鍵；外國身分受贈人、繼承人對本地資產的受贈與繼承，本地受贈人、繼承人對境外資產的受贈與繼承，均會因各國財產取得、持有、贈與、繼承相關登記法令與稅務規定各有不同，再因應現行「經濟合作暨發展組織（OECD）」、「金融帳號資訊主動交換共同申報標準（CRS）」及具有美國稅務身分者要遵守的《外國帳戶稅收遵從法（FATCA）》、「海外金融帳戶揭露條款（FBAR）」等相關規定，要進行全面性跨境、跨代傳承的長遠規劃，其技術難度已經愈來愈大。目前新興高財富個人與家族面對哪些難題？據筆者 30 多年來從事個人與家族財產傳承與稅務籌劃的經驗，羅列出下面幾個最具代表性問題。

財產性質複雜　→　持有名義不一　→　財產地點多處　→　財產法令限制　→　銀行開戶規定

（一）財產性質的複雜化

　　兩岸各自歷經經濟起飛和改革開放，早期階段許多家族資產結構較現今單純，除了房產、現金外就是一些簡單的有限責任公司，但隨著經濟的全面發展，高科技現代化金融與現代資產的多樣性導致財產性質越來越複雜；當前高淨值家族財產一般包括：一是固定資產（房產、土地、古董收藏品、字畫、雕塑、藝術品、家具、黃金、珠寶、首飾、車子等），二是金融資產類債券、基金（如基金理財、信託基金）、保單（如養老保單、理財保單、保險金信託）、銀行理財、債權（如合約、借條）、債務（如合約、借條、現金存款等）。三是股權資產類（如上市股權、家族公司股份等）。兩岸具規模的跨國企業可能已掌握資產傳承和全球布局的規劃步驟，但更多中小型創業人士或是投資個人在改革開放與相關配套法規的不同步，各區域執行或地方性習慣的差異，導致他們在發展家族企業的過程中經常未能適度的區分企業資產與個人資產，往往基於稅務考量或債權債務考量，因而將個人家業和企業財產、人事控管、經營場所、財務等全都混同在一起，此舉會導致家族企業的有限法律責任不經意的轉變為無限責任，以家庭財產為企業債務承擔無限責任，然而當企業浮現問題，會導致家族的創富與積累瞬間歸零，落得傾家蕩產的嚴重後果。

（二）財產持有名義不一

　　隨著時代經濟的高速發展與變化，創富一代為了把握時機、利用所有社會資源和創富機會，導致財產持有狀況異常複雜。總結起來財產持有名義大概可以分為以下幾種狀況：實際財產擁有者自行持有、親屬關係他人持有、無親屬關係他人持有（委託代持——名義人代持、朋友代持、同事代持、員工代持等），以及境內外投資公司名義持有等，連帶產生了諸多的問題與後遺症，首先是道德風險、信用風險特別難以掌控；其次是有些創富者或海外留學的第二代有涉外身分，因此境內與境外財產登記名字不一，未來財產傳承與財產登記都會因為第一代國籍身分與第二代國籍身分不一，產生銜接與登記上的問題。

　　由於目前中國的法律不承認雙重國籍，中國《國籍法》第九條規定：「定居外國的中國公民，自願加入或取得外國國籍的，即自動喪失中國國籍。」欲接管家族企業的第二代在取得外籍身分後，中國工商機關有可能以第二代的外籍身分來判斷，其是否屬於以外商身分來承接境內公司股權，目前中國法律對部分產業實行外商投資限制與禁止。如果家族企業行業類別，屬於商務部《外商投資產業指導目錄》中列為限制、禁止外商投資的行業，那麼家族企業財富傳承的第二代在變更股權登記時就會遇到阻礙，若創富者持有資產為上市公司股權，依目前中國法律中規範持有外國身分的第二

```
外匯管    家庭成    財富傳    少子傳
制問題    員多變    承猶豫    承風險
```

代也無法受贈或繼承持有中國上市公司股權。尤其是過去中國經濟改革與發展過程具有時代背景的特殊性，有不少中、大型民營企業前身是國有企業或者集體企業，在企業轉制過程中，企業家自己出錢讓親友充當名義股東，自然造成股權代持、員工持股的歷史共業，當代持的名義股東突然死亡，名義股東的家屬與實際出資股東爭奪引發公司股權紛爭；或名義股東如發生債務糾紛被提起訴訟（如積欠信用卡債或破產債務等），法院恐將凍結代持公司股權甚至拍賣。

以上所提財產持有名義不一導致的各種狀況不時發生，也常有創富者意料之外且感受深切的驚天大案。作為創富第一代，應在還能掌控的範圍內儘早籌劃，對於自身資產需有一定的危機意識，勿讓火星引燃起燎原之火，以確保資產安全與順利的傳承給下一代。

（三）財產分散於多個地區，財產管理複雜化

從實際案例中常可見到，創富者因個人主觀意識或過往投資經驗與偏好，分別於中國、香港、澳門、台灣、日本、新加坡、馬來西亞、瑞士、美國、加拿大、澳大利亞、英國、德國、英屬維爾京群島、薩摩亞群島、開曼群島等地置產。然而，由於各國與地區在財產登記、持有與轉讓方面的法律規範不盡相同，相關稅制與手續成本也各異，使得財產在持有期間的管理、處分與變現往往繁瑣且耗時。筆者過往處理的案件中，已經有部分財產繼承人為了管理家族物業，辭去工作、拋掉事業理想，專注於家族物業管理。倘若繼承人為數眾多，無法取得共識（例如部分人希望繼續持有、另一些則傾向出售變現），最終導致親人間關係破裂、家族紛爭四起的情況，亦屢見不鮮。

（四）財產取得與持有法令的限制

各國與地區對於特定資產的取得以及持有資格（例如國籍或居民身分）訂定不同的規範。例如，在中國，針對外商投資或持有（受贈、繼承持有）即有諸多限制。就家庭結構來看，若夫妻有一方擁有中國國籍，而配偶或子女為外國國籍，當中國國籍一方過世留有內資公司股份，其外籍繼承人可能無法順利繼承該部分股權。此外，中國對境外個人持有境內房產亦有明確限制，依據《住房城鄉建設部等部門關於調整房地產市場外資準入和管理有關政策的通知》，目前僅允許在中國境內工作、學習的境外個人購買符合實際需要的自用、自住的商品房，例如在北京，外籍人士欲購房，需具備一年以上當地工作或就學經歷，並須由所在單位或學校出具證明，同時提供居住地公安機關開立的居住及無犯罪記錄證明，方可購房或受贈持有房產。因此，若中國籍父母在生前想將房屋、物業產權過戶到外籍子女名下，或者將其列為房屋、物業產

權人之一，實務上將面臨法律障礙，無法完成相關過戶手續。僅能等到父母過世後，依照中國繼承法之規定（第一順序繼承人為父母、配偶、子女），由外籍子女透過法院判決或經具法律效力的遺囑程序，辦理繼承登記，方可合法取得該不動產。

此外，在中國大多物業及未上市與上市股權等資產，受限於當前法律框架及相關配套措施尚未成熟與完善，尚無法以中國的信託持有。中國現行信託還是以理財信託、保單信託與退休金信託為主，針對實體資產（如不動產與股權）的非現金信託機制仍難以實務運作。同時，若試圖以境外信託架構（如國際通行的離岸信託）來持有中國境內資產，亦面臨重大障礙。中國目前不接受由離岸信託直接持有中國境內資產的法律安排，導致在境外已經十分成熟的「家族朝代信託」制度，目前在中國無法達成連結及實際的資產控有與控制的實施。

（五）銀行帳戶開立與維持困難

現在無論是公司戶或是個人戶要在商業銀行、私人銀行，甚至是證券公司開戶，困難度大增，大多數的金融機構已經不接受上門客（Walk-in Client）的開戶，因為這類的客戶可控性太低。也就是說，目前銀行開立作業上是銀行選客戶，而不是客戶選銀行。

就公司戶來說，根據用途一般可分為以下三類：

- 貿易公司：目前來說商業銀行針對貿易用途的公司接受度相對高一些，除了對董股的行業背景、資金來源進行審查外，還需提供貿易合約、費用清單、甚至報關單據等，供銀行確認其確為貿易公司。
- 控股公司：控股公司除上述文件外，還需提供其轉投資子公司的相關資料。
- 投資公司：投資類型的境外公司目前佔離岸業務的絕大多數，大部分可能會選在私人銀行進行開戶。銀行除了對股東背景審核的規格越來越高之外，即使資金由同名帳戶匯入，仍要求股東說明資金如何累積，以及是否有投資的能力；而匯款方面更是多方限制，無法同時兼具商業支付的功能。

尤其新加坡於 2023 年破獲規模龐大的洗錢組織，警方搜查到囤積在犯罪組織家中的龐大現鈔，以及嫌犯握有的數十個銀行帳戶，這起 30 億新幣洗錢案，另外 20 億新幣的資產屬於其他 17 名涉案但已離境的相關人士，包括新加坡人，故此紛紛更加強對中國等地客戶的審查，無論星國或海外銀行皆捲入洗錢案，包括花旗、渣打、華僑銀行、大華銀行等。

目前在香港或新加坡，無論是何種類型的帳戶開立，銀行必須詳細瞭解開戶人身分是否為美國稅務居民或確認居住國稅務號碼（Tax ID），以進行 FATCA 通報或 CRS 通報，同時會詢問開戶的動機、目的、帳戶經常餘額、年度帳戶進出金額大小、匯入資金來源、匯出資金用途，是否涉及洗錢或逃漏稅行為，所以在開戶階段的 KYC

（Know Your Customers）及證明文件（supporting document）皆很繁瑣；加上全球反洗錢（Anti-Money Laundering, AML）日趨嚴格，銀行方擔心若未盡合規調查，日後可能被罰以鉅款。

因此，除非當事人是赫赫有名的世界級富豪，否則可能會遇到以下這些開戶窘境：

- 無止境的補件：在銀行端，法遵部門（Compliance）的態度就是將每個客戶的資金來源都視為不當所得，客戶要自己證明錢是其來自正當所得。這中間一來一往補件的時間，少則一個月，多則三、四個月不在少數；
- 必須先以個人名義開戶：在銀行和客戶往來至少一年半載，培養了信用之後，銀行才會進一步評估是否同意開立公司戶；
- 全面拒絕新客戶開戶：以求盡量降低可能發生的風險。

在歷盡千辛萬苦終於完成開戶之後，難道就一路暢通了嗎？恐怕不是，帳戶的每一筆資金的進出，都需要存有完整的憑證（如合約及明細表），即使匯款的當下順利放行，但很有可能過了半年後，銀行抽查到這一筆可能被視為可疑的款項往來，馬上就會來信要求說明，並提供相應的證明文件，如果客戶置之不理，帳戶可能很快就會被凍結，甚至給客戶一張關戶通知。

如果是貿易類型的公司，必定覺得公司的款項往來有憑有據，絕對安全無虞，但萬一幾年前往來合作的客戶已經上了銀行的黑名單，即使兩者間早已沒有業務往來，仍有可能因此而被銀行詢問調查。

此外，銀行每年都會進行帳戶年審（Account Review），因此境外公司除了要申請存續證明文件（Certificate of Incumbency, COI），提供銀行確定公司的存續狀況所產生的相關費用外，銀行每年都要對該帳戶的性質、架構有否變更，也再次對實質受益人及控權人進行例行調查，如果稍有粗心填寫錯誤，又可能造成更多的詢問。

總而言之，帳戶的開立、使用、年審都需要慎重的對待與處理，否則一旦帳戶被關注或是被凍結，對於客戶日常的營運使用皆會造成很大的影響，不可輕忽。

此外，根據《經濟學人》報導，目前全球每年約有 20 億美元用於第二本護照的取得，其目的不外是為了全球資產配置、全球出行免簽、身分隱私、子女教育、稅務籌劃與財富傳承等目的。但對於中國人士來說，在順利取得第二本護照後，別忘了還有第一本護照的問題，例如原來就有中國護照又有美國綠卡身分，如此還是違反中國單一護照的規定，而且取得第二本護照還是解決不了美國報稅與財產披露的問題，這一點不得不慎。

第二國籍身分：歐洲、美洲、非洲

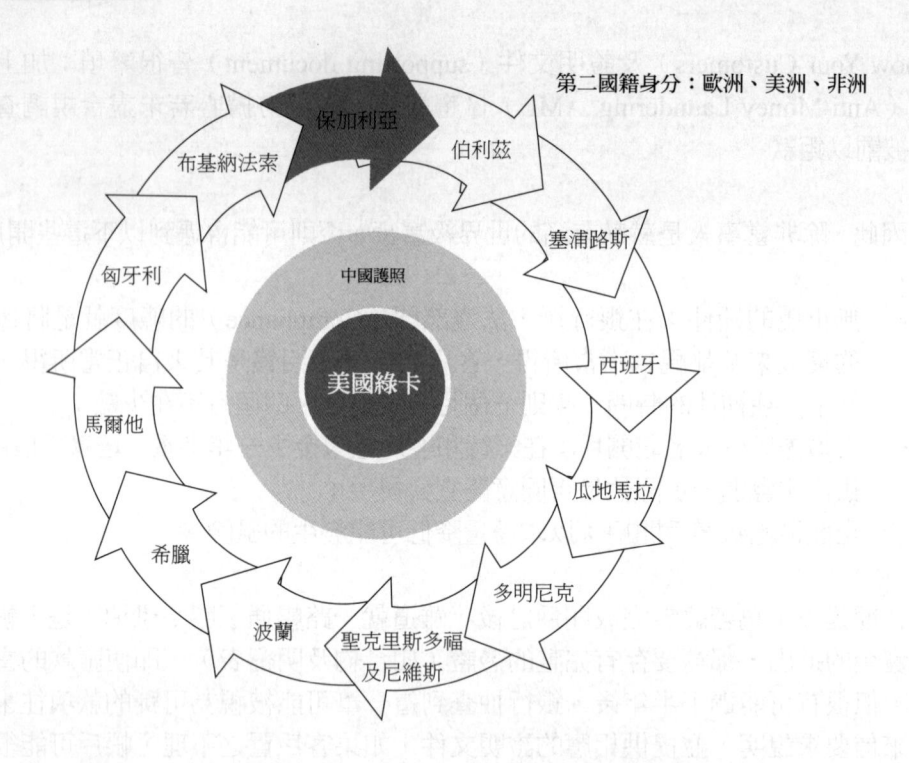

保加利亞
伯利茲
塞浦路斯
西班牙
瓜地馬拉
多明尼克
聖克里斯多福及尼維斯
波蘭
希臘
馬爾他
匈牙利
布基納法索

中國護照
美國綠卡

　　據瞭解，2018年5月1日起，持美國或他國綠卡的華人將被強制註銷上海戶口；依據《上海市常住戶口管理規定》第46條規定，出國定居或者加入外國國籍者，本人應當向戶口所在地公安派出所辦理註銷戶口登記。未辦理註銷戶口登記者，公安派出所應當及時告知本人、近親屬、戶主或者集體戶口協管員，拒絕註銷戶口或者告知後一個月內仍未辦理註銷戶口登記的，可以註銷其戶口，所以原則上只要出國定居或是加入外國國籍就會被註銷戶口。同時要特別注意，按規定中國身分證也應由原戶口所在地公安機關收回，沒了身分證與戶口本，未來中國置產、退休金、醫療保險、結婚、離婚、子女教育、申辦手機號、開立銀行帳戶、購買火車票、住酒店等全都行不通。倘若又遇護照到期，沒身分證和戶口本無法更新護照，就無法出國了；目前上海僅是個測試點，未來有可能通行全中國，不得不注意。

　　目前取得第二本護照者可能是基於CRS通報問題，欲以此護照進行境外銀行帳戶開戶，或以此護照成立離岸公司，再以離岸公司開立銀行帳戶，此難度可能又更高，因為此過程中不僅要確認護照真偽、確定護照取得原因與方式，加上要提供此護照的經常性居住位址證明、雙重身分證明文件（例如同時取得附有照片的身分證、駕照或社會福利卡）、小國護照所在國的稅務號碼（Tax ID）等等，所以成立離岸公司或取得第二本護照可能不成問題，這些工具如何運用，以及如何開立銀行帳戶才是真正要面對的問題。

（六）外匯及資金流動管制法令的變化

　　中國央行發布通告稱，對跨境資金交易，金融機構應當報送大額交易報告，將大額現金交易的人民幣報告標準由「20萬元」調整為「5萬元」，管理辦法自2017年7

月1日起實施。根據《中華人民共和國反洗錢法》、《中華人民共和國中國人民銀行法》、《中華人民共和國反恐怖主義法》等法律規定，中國人民銀行對《金融機構大額交易和可疑交易報告管理辦法》（中國人民銀行令〔2006〕第2號發布）進行了修訂，經2016年12月9日第9次行長辦公會議通過，自2017年7月1日起施行。[1]

按照第5條規定，金融機構應當報告下列大額交易：(1) 當日單筆或者累計交易人民幣5萬元以上（含5萬元）、外幣等值1萬美元以上（含1萬美元）的現金繳存、現金支取、現金結售匯、現鈔兌換、現金匯款、現金票據解付及其他形式的現金收支。(2) 非自然人客戶銀行帳戶與其他的銀行帳戶發生當日單筆或者累計交易人民幣200萬元以上（含200萬元）、外幣等值20萬美元以上（含20萬美元）的款項劃轉。(3) 自然人客戶銀行帳戶與其他的銀行帳戶發生當日單筆或者累計交易人民幣50萬元以上（含50萬元）、外幣等值10萬美元以上（含10萬美元）的境內款項劃轉。(4) 自然人客戶銀行帳戶與其他的銀行帳戶發生當日單筆或者累計交易人民幣20萬元以上（含20萬元）、外幣等值1萬美元以上（含1萬美元）的跨境款項劃轉。累計交易金額以客戶為單位，按資金收入或者支出單邊累計計算並報告。中國人民銀行另有規定的除外。中國人民銀行根據需要可以調整本條第一款規定的大額交易報告標準。對同時符合兩項以上大額交易標準的交易，金融機構應當分別提交大額交易報告。

中國外匯局發布銀行卡新規（2018年1月1日起實施），文號：＜匯發〔2017〕29號＞，主要核心內容有下述幾條[2]：

1. 個人持境內銀行卡在境外提取現金，本人名下銀行卡（含附屬卡）合計每個自然年度不得超過等值10萬元人民幣。超過年度額度的，本年及次年將被暫停持境內銀行卡在境外提取現金。個人不得通過借用他人銀行卡或出借本人銀行卡等方式規避或協助規避境外提取現金管理。

2. 個人持境內銀行卡在境外提取現金，外幣卡由每卡每日不得超過等值1,000美元調整為等值1萬元人民幣，由發卡金融機構在自身業務系統內實現；人民幣卡管理維持每卡每日不得超過等值1萬元人民幣，由境內人民幣卡清算組織統一在自身業務系統實現。

3. 發卡金融機構、境內人民幣卡清算組織及個人違反本通知規定的，按相關法規進行處罰。

按照當前外匯及資金流動管制法令的不斷調整與變化，家族資產如何按照法規正確的國際化發展與投資，如何讓已經國際化的財富進行正確的財富傳承籌劃安排，這

---

[1] 資料來源：http://www.pbc.gov.cn/goutongjiaoliu/113456/113469/3223812/index.html。
[2] 資料來源：中國國家外匯管理局網站 (State Administration of Foreign Exchange, China。https://www.safe.gov.cn/shanghai/2018/0105/681.html）。

需要資深的 KEDP 國際財稅專家為每個不同的家族實施專案規劃與設計，參照嚴格的法規，一步步實現家族國際化財富的永續經營與傳承。

（七）家族成員的變化

家族成員的變化在家族財富的轉移中扮演關鍵角色，不僅複雜了財富轉移的安排，也增加了整體的不確定性。隨著財富累積與家族規模擴大，家族成員的結構與狀況隨之多樣化。隨著時間的推進，成員來自不同文化背景，受經濟環境、價值觀、生活方式與配偶背景等影響，再加上新生代的誕生與長輩的凋零，使得家族成員關係更為複雜。這些變化不僅牽動財產分配與受益，也使整個傳承過程變得更具挑戰。例如，子女或配偶離婚後涉及的贍養費請求，可能在不同的時間點引發不同的處理考量。

此外，涉外婚姻往往會引發多重法域的管轄爭議。例如中國籍的兒子入籍美國，與仍持中國國籍、未具美國公民或永久居留身分的女性結婚，兩人雖均居住並工作於美國，若其結為夫妻，究竟適用哪一國家的法律？此一問題牽涉的層面將會是既廣且複雜。

更何況人性難免有七情六欲，當財產與權力在手，若創富者在人生過程中缺乏周全思慮或未能自我約束，道德層面便容易出現瑕疵，進而犯下「天下人易犯之錯」。如紅粉知己、婚外伴侶甚至多重感情關係接連出現，便可能產生同父異母、同母異父等複雜親屬關係。如此一來，財富的分配與繼承將面臨更高程度的挑戰，使家族傳承之路更加曲折難行。

（八）財產擁有人傳承的猶豫

財富創造一代（被繼承人）因身分（國籍、稅務居所國或地區）、地位（社會地位）、成就（事業及財富概況架構與持有情況）、家系複雜情況（包括自身夫妻及夫妻的父母、兄弟、姐妹、父母的長輩等）、與財富相關人士的比較；若個人心性存有疑惑與不安全感，又對第二代的不信任、第三代又尚未成年，因此創富者往往對財富傳承抱持著猶豫與懷疑態度，再加上周遭所謂的專業人士給予了許多傳承工具的建議，例如境內外保單、遺囑、資產所在地的在岸簡易信託、低稅地區的離岸信託（香港、新加坡、開曼、澤西島、百慕達等等）、美國家族信託、資產管理型的家族信託辦公室、公益信託、慈善基金等，方式眾多，莫衷一是；明知未來有一天可能「自己在天堂、子孫在公堂」，適合籌劃的時間一去不復返，但苦無專業的跨境財富整合團隊，大限之日將近還是未進行任何財富傳承計畫。

許多案例顯示，財富創造一代因夠霸氣、有拚勁才有今日成就，但不信任第二代也導致第二代喪失了獨立思考及判斷的能力；惡性循環之下，第一代越來越強權、第二代越來越弱勢，長久下去該如何傳承？作者認為這是「創富者的悲哀」。大多創富者都是白手起家的第一代富人，在十幾年間完成了財富積累的過程，往往霸氣的認為自己會活到千歲、萬歲，非常忌諱子女或周遭親友討論財產傳承的各種安排。當創富

者的財富累積到一定程度，健康也開始走下坡，才意識到該是時候討論傳承問題，但其體力與智力已經難以處理這日積月累的紛雜難題，此時已無從討論或是即使討論也無太大意義。

若不幸遭遇突發事件（如中風、意外身故）而毫無備案，將可能對家族與企業造成嚴重衝擊。人生無常，難免面臨各種突發情況。在歐美成熟的家族企業中，通常會預先制訂家族財富傳承緊急備案，一旦創富者或其配偶遭遇意外，即可立即啟動緊急情況備案。此舉有助於妥善處理企業股權的分配、股東會及董事會的人事安排等關鍵事項，確保企業順利完成權力交接，維持營運穩定。反觀在中國眾多民營企業中，制定緊急傳承應變機制的比例相對偏低。一旦企業家發生意外，若事前未明確安排股權承接人、經營權繼任人選，企業極可能陷入無人主事的混亂狀態。此現象在本書第一章案例中已足供讀者好好思考，目前應有數千個華人創富者急需專業傳承團隊提供此備案服務。

按筆者過去處理超過上千個家族傳承案例經驗，許多創富者在初次接觸信託時，往往有如獲至寶的驚喜，欣喜終於找到一項看似能徹底解決傳承難題的工具。然而，當進一步深入探討實際運用時，卻容易陷入過度思考的困境。所謂「關心則亂」，即便創富者擁有卓越的經營才智與果斷能力，當面對自身財富傳承的關鍵時刻，反而變得猶豫不決，難以做出明確選擇。許多案例中，信託規劃因此被無限擱置，直到下一次稅務環境劇烈變化或家族成員出現婚姻或財務危機，才又重新被提上檯面。如此反覆拖延，往往一晃就是數年，錯失了最佳的規劃與執行時機。

信託的確是管理資產的極佳工具。從國際上眾多知名家族的做法便可看出，他們幾乎無一不透過信託來持有與管理資產，但是為什麼很多人執行不了？正因為信託可以世代傳承，設立人往往想要建立百年大計，於是開始考慮各種可能出現的情況，甚至是尚未發生、甚至不太可能發生的問題；再加上擔憂未來家族成員間會出現糾紛、不公平對待、姻親介入或子女不成材等狀況，思慮愈多，反而愈難推進，最終不了了之。等到設立人身心衰老，再回頭時已經無法釐清該問的關鍵問題，甚至無法理解答案，重複問同樣的問題。而年事已高、壽命充滿不確定性之下，心理壓力更為沉重；無法假手他人又無心力應付，那種無助真是痛苦。

事實上，大多數信託設立人的煩惱高度雷同，信託律師也清楚，只要針對「現況」下去釐清特定疑慮，並且保留信託彈性即可。一旦有信託需求，先求有信託，解決核心的稅務問題，之後可以用信託的權力及彈性調整。不至於因為尚未發生或無從確定的問題，導致信託遲遲無法推進，反而錯失最佳時機，延誤了真正該處理的關鍵風險。

下列圖示是筆者多年體悟的結論，創富者要認真思考傳承問題時，時間不饒人，智力、體力可能已經難以承受。

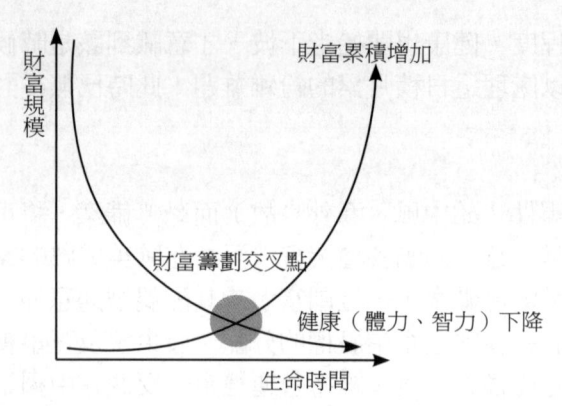

```
         財富累積增加
財
富
規
模
         財富籌劃交叉點
                健康（體力、智力）下降
                生命時間
```

（九）少子傳承風險

　　兩岸有許多家族是採取「父傳子型」的企業傳承型態，也就是由子女繼承其家業。若繼承人數量稀少，使得家族企業傳承中股權十分集中，若財富只傳給直系血親家族，不傳給姻親家族，按照中國的法律規定，遺產繼承前要先析產，也就是先分配夫妻共有財產，這樣就把被繼承人 50% 的財產分給了夫妻中的一方，剩餘的 50% 的財產，所有的法定繼承人再進行分配。創富者去世後，高達 75% 的財產會歸屬到姻親家族裡去，只剩下 25% 的財產留在直系血親家族，此種狀況很容易引發股權糾紛；更何況中國過去實行嚴格的計劃生育政策，很多家族企業的創始人只有一個繼承人，由於兩代人完全不同的生活方式和價值觀念，如果家族企業的二代不想班，家族企業就會面臨無人可傳，最後可能將企業的股權整體轉讓，套現獲利或將經營權委託給專業經理人，而將企業的股權所有權交給二代，形成企業的所有權和經營權分離，但目前在創富者專權情形下，要培養專業經理人團隊何其困難，導致家族企業最終可能走向滅亡。

　　另外在實際案例中，創富者的第二代可能早就移民他國，生活環境、工作態度與創富者第一代幾乎完全不同，目前筆者已經發現，縱使創富者千呼萬喚但第二代不願意回國接班者比比皆是；甚是因衣食無缺、且深深相信總有一天等第一代大限之日再回國將家產全部變現，哪需要現在急著回國傳承家族事業。所以每當夜深人靜時，第一代可能已經在思考著，當初費盡心思辦移民、好不容易讓孩子取得他國身分，現在落得等不到第二代來接班的的窘境。

二、跨境財富傳承應考量事項

　　綜合上述幾個代表性的問題，可知亞太地區財富傳承有其特殊性。過去數年面對企業上市公司與未上市公司之董監大股東、投資地產致富者、返鄉華人創業有成者或是跨境新移民等，他們的財富傳承需求已不再是一個境內稅務籌劃、或成立一個銀行金融產品的信託、或買個投資型及人壽型保單可滿足，更需要的是一個具有前瞻性的跨境財富傳承架構與永續的維持服務團隊，能夠將各地資產做全面性的評估及配置，以期資產能夠長久且穩健地保存與傳承到下一代，而所謂全方位財富傳承方案要考量哪些項目，我們可藉由以下的循環問題圖來思考：

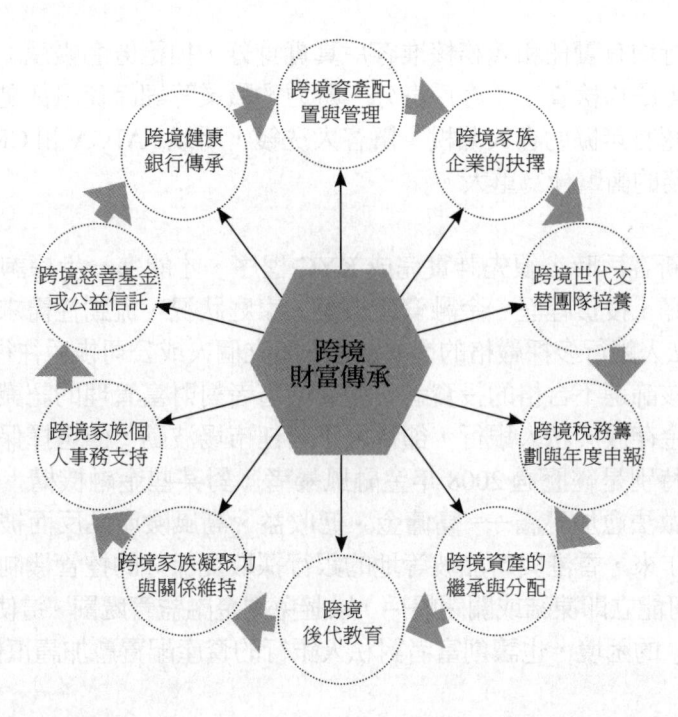

```
                    跨境資產配
                    置與管理
      跨境健康                        跨境家族
      銀行傳承                        企業的抉擇

  跨境慈善基金                              跨境世代交
  或公益信託                                替團隊培養

                    跨境
                  財富傳承

  跨境家族個                                跨境稅務籌
  人事務支持                                劃與年度申報

      跨境家族凝聚力                    跨境資產的
      與關係維持                        繼承與分配
                    跨境
                   後代教育
```

（一）跨境資產配置與管理

　　財富管理的目的不外乎追求財產的有效運用、投資報酬極大化，使財產能快速累積；但在境內外不同資產組合（現金、不動產、股權、藝術品等）的結構下，財產持有方式與稅務管理策略愈顯重要；如何進行財產配置，從家族企業的營運獲利或現有資產的變現、跨境的地產或股權投資，專業財富管理者為多年累積的現金資產進行理財產品的配置投資，或各種純壽險或理財與壽險結合產品的購買評估，均是財富傳承過程需要完整與全方位的考量。

　　過去三十年來，私人銀行長期深耕的工作，就是為富豪們提供個人財產投資與管理的金融服務，要成為私銀座上賓的門檻一般而言從 100 萬美元起跳，平均而言代管的資金介於 200 至 500 萬美元之間，目前瑞銀集團（UBS）、滙豐銀行（HSBC）、高盛集團（Goldman Sachs）、摩根大通（J.P. Morgan）、花旗集團（Citigroup）、摩根士丹利（Morgan Stanley）、瑞士寶盛銀行（Julius Baer）均是全球私人銀行業務的前幾名，他們協助客戶管理龐大的資產，投資股票、債券、對沖基金、外匯等金融產品，為企業併購案穿針引線以及提供融資，協助客戶購車、買房，更有內部的專業稅務律師、會計師為客人提供全方位跨境稅務服務；並為客戶進行信託籌劃財產傳承子孫後代，協助客戶進行慈善基金設立、甚至帶客人到全球各地做收藏鑑定、競標古董，服務可謂五花八門，其最大利基就是以高端、隱密、專屬性的標準協助客人進行全球資產配置與布局。

　　但就在全球 FATCA（肥咖）和 CRS（OECD 主動通報系統）實施後，客戶資金可能涉及漏稅、洗錢變成私人銀行最大的罩門，所有資金進出需確認客戶的身分，並要追查產生的資金來源；另外每一年均要進行所謂 KYC（Know Your Customer）；受

到規範的銀行均有責任和義務核准客戶真實身分，拒絕匿名帳戶；對疑似政府官員的資金必須「更嚴格檢查」；客戶身分、財力、職業等細節資訊都是關注點；最主要目的就是要確認有無協助客人漏稅、幫客人洗錢，所以 FATCA 和 CRS 兩個政策實施對私人銀行業務的衝擊極為重大。

在承接新客戶時，須先詳實完成 KYC 程序，才能進一步探詢其理財需求，包括投資風險偏好、投資經歷、金融資產規模、家庭狀況、流動性需求與風險承受度。為此，現今的私人銀行多採嚴格的準入制度，開立個人或公司帳戶往往需時四到六個月，藉由源頭審核篩選不合格的投資者。隨著創富者對財富管理的認識與國際趨勢接軌，他們雖將資金存放於私人銀行，卻常因不信任市場波動，僅選擇保守性產品，甚至完全不投資。特別是經歷過 2008 年金融風暴者，對某些金融機構「以銷售為導向、不問客需」的做法愈加不滿──高傭金、低收益、高風險產品反而被積極推銷，導致信任流失。近年來，香港與新加坡等地的銀行採取更保守的控管機制，一旦發現帳戶異常交易，便可能立即凍結或關閉帳戶，以避免遭金融監管處罰。這使不少客戶陷入「資金無處可去」的困境，也讓創富者對私人銀行的資產配置愈加謹慎保守。

在筆者過去三十年執業生涯，有參與至少上千個家族傳承籌劃的經驗，一般銀行理財信託之投資產品配置、或保險產品購買往往無法有效解決家族非流動資產（如家族企業股權、不同國家地區動產、不動產投資）傳承與管理問題，筆者就經常遇到家族已經成立了數個離岸公司、離岸信託，但對這些家族非流動資產的籌劃還是原地踏步一籌莫展，甚至這些資金變成國際流浪兒！如何將個人、離岸公司、銀行帳戶、不同信託主體、真正控有資產標的等，做一完整控有與傳承架構才是跨境資產配置與管理最重要的工作。

在全球各地購置資產時，若對資產權屬登記缺乏系統性規劃，極易造成結構混亂與潛在風險。例如資產分散登記於配偶、子女或其他法人名下，甚至借用第三人代持，將引發對其生命、道德與信用風險的長期擔憂。有些人則透過離岸公司、免稅天堂機構或銀行提供的理財信託工具來持有資產，甚至在購置後反覆更換持有人，這些做法都可能衍生額外的傳承障礙與稅負成本。若家族成員擁有不同的稅務身分，例如先生僅具中國國籍、不具美國身分，而太太與子女同時持有中國護照及美國綠卡，較具規劃意識的家庭通常會採取分工式的資產配置策略──將中國境內或獲利性較高的資產登記在中國籍配偶名下，而將美國資產登記在具美國身分的配偶名下。若考量下一代乃至跨代傳承的需求，則可能需進一步設立美國不可撤銷信託（Irrevocable Trust）或美國離岸信託，以因應境內外稅制與法律的複雜要求，並兼顧資產穩定控管與傳承安排。

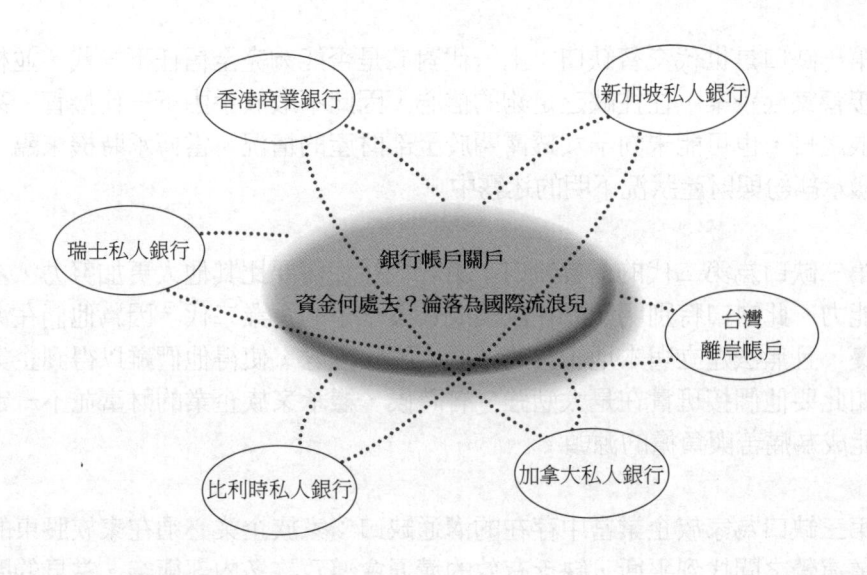

```
        香港商業銀行              新加坡私人銀行

瑞士私人銀行         銀行帳戶關戶
                 資金何處去？淪落為國際流浪兒        台灣
                                              離岸帳戶

        比利時私人銀行         加拿大私人銀行
```

（二）跨境家族企業的抉擇

對於一位家族創富者而言，家族企業的傳承關鍵在於明確的傳承目標與核心價值。然而，隨著環境變遷、法令調整及家族成員的變化，這些目標和價值觀常會發生變動，這也是傳承過程中面臨的最大挑戰。尤其是跨境家族企業，其運營模式的複雜性使得變化難以預測。企業需要隨時調整營運模式以應對大環境變化，或因競爭者的策略調整而改變經營方針，甚至因法令與市場變遷，某些產業可能逐漸走向衰退。在這樣的情況下，創富者往往是企業的核心與靈魂人物，而接班人未必能完全承擔其角色。一旦失去創富者的領導，企業的未來可能變得岌岌可危。

因此，家族企業在面臨財富傳承時，將面臨一個重大的抉擇：是否讓下一代順利接班繼續營運、還是選擇將企業與其它企業合併或出售獲利了結；或將企業上市讓專業經理人介入管理，讓下一代變成純股東等。若選擇讓下一代接班，則需要進行以下第三點所謂的「世代交替」；若要出售或合併，則必須保守秘密，並且如果企業的靈魂人物發生突發事件，可能需要在緊急情況下以不理想的價格出售。否則，得花上一段時間來評估市場時機、尋覓合適的買家、確認最好的交易價格。若要選擇上市，則要考量何地上市、如何上市等等。無論選擇哪種方式，家族企業均要有妥善的控股架構規劃，否則若董監事持股數不足，可能會導致經營權的穩定性受到威脅，股權的持有時間不一，甚至可能被視為內線交易，帶來額外的法律風險。此外，不當的控股架構也可能導致重複課稅等問題。

（三）跨境世代交替團隊培養

家族跨境世代傳承對創富者來說，絕對是一生一次最重要的決策。決策正確培養出完整的世代交替團隊，家族企業得以順利傳承；決策錯誤或倉促決定，家族企業都可能毀於一旦，因此這是何等重要。在實際案例中，傳承者通常不斷思考、不斷變更、不斷猶豫，遲遲不做決定甚至避諱討論此問題，導致最後喪失最好的決策時點。到底傳承者需要思考哪些問題？建議最重要的應該先思考世代交替團隊的三個缺口問題：

1. 第一缺口是世代交替缺口：上一代對於是否能夠完全信任下一代，並相信他們有能力接管家族企業，往往缺乏足夠的信心，因此不敢放手由下一代接管。甚至到自己的大限之日，也可能未向子女透露關於全部財產的情況。當傳承時機來臨，下一代便陷於繼承糾紛與財產狀況不明的迷霧中。

2. 第二缺口為第二代的信譽缺口：第二代往往需要比其他人更加努力，才能證明自己的能力。此缺口特別明顯於在歐美成長與求學的企業二代，因為他們在海外可能養尊處優，且無法建立與本地企業的深厚人脈與團隊，使得他們難以得到企業團隊的信任，如此要他們接班實在是太勉強。有時候，繼承家族企業的財富並不一定是福，反而可能成為痛苦與負擔的源頭。

3. 第三缺口為家族企業當中存在的溝通缺口：家族企業必須在家族股東的個人關係與商業運營之間找到平衡，缺乏有效的溝通會導致許多內部衝突。常見的問題之一就是是否應該在企業經營過程中舉賢不避親。為了順利進行跨代交接，創富者應該同時關注「家族治理」與「企業治理」兩個方面。

(1) 家族治理：需要考慮下一代是否有意願與能力接班，並制定如何平穩接班的計劃。在接班後，還需確定上下代之間在股權分配與企業管理方面的安排。例如，主要經營者的股權應占大多數，而非經營者則應僅持有少數股權，並透過其他資產的分配來彌補差異。

(2) 企業治理：涉及家族成員在企業中的職位，可能會因為不同的意見產生衝突。若創富者不幸過世或缺席，家族企業的管理容易陷入紛爭，尤其在股權繼承後，可能引發家族內部的權力鬥爭。因此，在衝突發生之前，應建立完善的家族治理平台。例如，小型家族企業可以通過分工方式，讓擅長企業經營的成員負責營運方針與轉投資，而擅長實際營運的成員則負責工廠生產與管理；對於大型集團企業，則可能需要成立集團管理委員會，負責整體的運營大方針，並選出具專業能力的家族成員或聘請專業經理人來管理，並建立家族成員與專業經理人之間的良好互動與激勵機制。

(四) 跨境稅務籌劃與年度申報

隨著家族財富遍及全球，並且家族成員可能獲得其他國家的國籍或永久居留身分（例如美國、加拿大、澳洲籍或美國綠卡、加拿大楓葉卡等），財富管理與稅務籌劃變得日益緊密，且已超出單一專業人士或私人財富管理人員的能力範圍。這是因為在跨境財富傳承的過程中，必須考慮各國稅務的實際核課方式，僅依賴一個簡單的架構、幾家離岸公司或信託、數張境內外保單，無法真正達成全面的財富管理。面對複雜的潛在稅務問題，稍有不慎，可能會為高財富者帶來沉重且不必要的稅務負擔。涉及所得稅、贈與稅、遺產稅、雙重或多重國籍及稅務居民的申報問題等，這些都需要精密規劃。三十年前，筆者從一名稅務機構的課稅者轉為跨境稅務籌劃者，經歷了無數稅務籌劃失敗的案例。雖然號稱為稅務專家，但一旦涉及自己不熟悉的領域，最終依然

無法提供一個穩妥且可操作的跨境稅務籌劃方案。

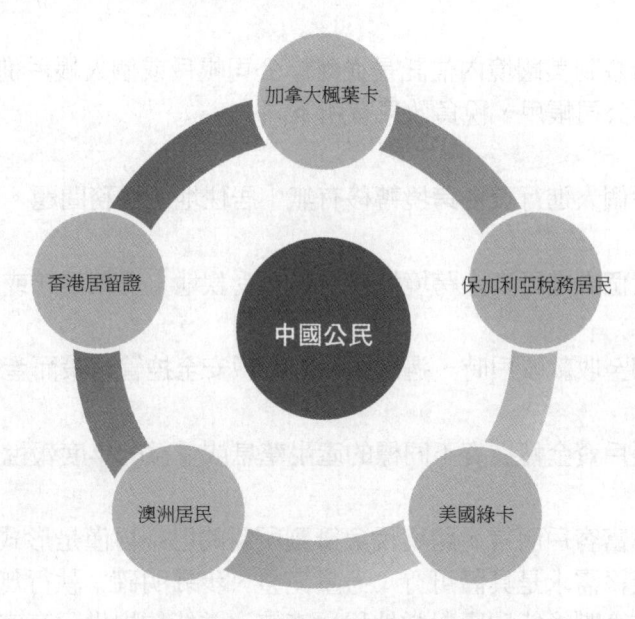

圖：多國稅務身分
（保加利亞為歐盟最低稅負國家）

跨境稅務籌劃專家如同專科醫師，專注於某一領域，懂得骨科卻不一定是腦神經內科的專家；同樣，一位稅務籌劃者可能精通某一國的稅務規定與實務操作，但不代表他對其他國家的稅務規定同樣了解。更何況，要針對財富傳承目標進行規劃，還需深入了解跨境各地的稅務規定與實際操作實務，加上各國法令與銀行開戶規範逐漸嚴格。即便有了籌劃方向、目標與資產控股架構，這些也不代表籌劃方案就能成功操作並落實。

跨境稅務籌劃並非閉門造車，筆者在實際進行跨境財富傳承與稅務籌劃時，與來自各國的稅務律師、信託律師、稅務會計師、信託受託公司、以及銀行開戶機構的專業人員合作，這些合作夥伴人數超過百位。若未曾親自操作過這些過程，實難瞭解這籌劃過程的奧妙與變數。例如，一筆資金從創富者個人銀行帳戶或海外公司銀行帳戶要轉入美國信託所屬 LLC 銀行帳戶，看似簡單，但可能須考量多方面的因素：

1. 創富者個人帳戶或海外公司資金形成原因（是受贈或繼承取得、是營運獲利產生或是在中國產生但運用換匯方式取得等），須徹底瞭解銀行資金來源，未來收款銀行或美國受託公司會要求提供相關資金來源的材料。

2. 個人或海外公司帳戶在境外開立帳戶的困難，目前因 CRS 和 FATCA 的施行，銀行帳戶開立、資金轉移及銀行帳戶維持非常困難。

3. 資金存在銀行多久，是過水或已經存放一段時間。

4. 有繳納所得產生地或跨境地區該繳納的稅金。

5. 海外資金到美國境內信託是從離岸公司帳戶或個人帳戶進入美國信託，或是轉入美國個人或公司帳戶，稅負效果有所不同。

6. 創富者個人進行資金跨境轉移有無「居住地」稅務問題。

7. 創富者個人進行資金跨境轉移有無「受款地」受款信託或個人稅務問題。

8. 資金轉至收款帳戶時，遇到銀行因帳戶安全控管政策而產生轉入問題。

9. 受款帳戶資金轉投資不同標的產生孳息或受益的年度報稅問題。

對於高財富客戶而言，跨境稅負籌劃所需的已不再僅是形式上虛無飄渺的口號或籌劃架構，最終需求是具體可行、考量完整、步驟明確、執行無障礙的方案。此外，還需要確保在籌劃後能夠應對當地稅局查核，並能夠提供一套完整的方案，包括年度維持與稅務申報。最重要的是，稅務籌劃者是否具有實際的經驗，能否從頭到尾為自己進行過籌劃，以確保他具備實操經驗。筆者建議，未來讀者在尋求稅務籌劃專家時，應該使用「5W、1H 測試」來驗證所謂的「稅務籌劃專家」或「股權架構師」的專業能力。所謂「5W、1H」是指稅務籌劃的六個關鍵問題：

What：財富傳承與稅務籌劃目標是什麼？
Why：為何如此規劃，這樣的籌劃是否有後遺症或風險？
When：執行步驟時間如何安排？
Who：誰來負責執行這些計畫？相關責任與角色分配如何？
Where：財產最終落腳地方是哪裡？會影響稅務與法律安排嗎？
How：如何具體執行這些籌劃方案？步驟和細節又是如何？

（五）跨境資產的繼承和分配

本二章提到，當各國跨境投資涉及到財富傳承與繼承時，往往會衍生出相當棘手的問題。創富者四處投資，今天可能在香港投資私募基金，為了圖方便，選擇讓名義人代持；明天可能在日本用離岸公司持有房地產，後天又在美國成立 LLC 來持有房屋或辦公室；接著在新加坡成立離岸信託，進行財產管理與理財產品操作；而在台灣，因為個人帳戶開立規定較為明確，便可能用中國護照開設個人帳戶以備不時之需。這種隨心所欲的投資與資產配置方式，猶如到處點火，創富者一心希望能把自己辛苦積累的財富留給後代，期待後代會感激不盡。然而，當繼承的事實發生時，後代卻會發現被繼承人沒有留下遺囑，也未建立信託架構來管理資產。光是釐清全球範圍內的財產布局就已經非常費力，更何況還需要委託各國專業人士處理繼承過戶事宜。面對各國要求的法律文件，後代將面臨巨大的挑戰。

以目前中國為例，外籍繼承人若要繼承內資企業的複雜度相當高，因外籍繼承人繼承內資企業股權，企業性質將會變更為外商投資企業，企業須遵守《外商投資產業目錄》，若涉及禁止外商投資的行業則外籍繼承人不得繼承；如非外商限制類的行業，還是需要在當地商委辦理變更備案。

上述情形均是在繼承人無糾紛、能夠心平氣和地處理財產繼承的情況下進行的。然而，一旦繼承人有糾紛則問題更複雜，不僅要先解決財產所在地的稅務問題，當遺產分配的官司一旦打開，很可能會拖延數年，繼承的財產也無法及時交到繼承人手中。更糟糕的是，繼承過程中可能會出現激烈的爭執，親兄弟姊妹之間可能大打出手，惡語相向，甚至對簿公堂，最終形同陌路，老死不相往來。這樣的情況，難道是創富者生前所希望看到的結果嗎？

（六）跨境後代教育

亞洲地區越來越多企業家為了打造第二代軟實力，期望他們能夠及早和世界接軌，未來得以壯大家族企業，因此紛紛將第二代送往歐美國家求學。歐美的教育環境及資源豐富且多元，往往成為亞洲地區企業家的首選。歐美的菁英教育提供的名校資源除了提供優質的教育之外，更能為第二代串聯起家世、人脈、婚姻等堅強背景，從而有助於家族的長期傳承。為了讓企業第二代能順利接軌歐美教育環境，建議在孩子出國前就積極培養他們的英文水準、培養個人的各項專長，更重要的是，調整他們出國留學足以面對種種文化差異和獨立生活的健全心態等，這些配套提前訓練都是在踏出「跨境教育」這一步前需要思考的，能幫助第二代順利融入當地教育體系，並為將來的成功奠定基礎。

有些新一代致富的家庭在送孩子出國讀書前認為只要孩子上過雙語學校、會說英文，就能順利完成出國學業。但事實上，歐美菁英學校的學生大多來自於從小接受菁英教育的良好家庭，不僅精通多國語言、擁有多項個人才藝，涵養和智識都優於一般學生許多。因此，若亞洲學生未在進入歐美教育體系前積極培養自己的軟實力，他們將面臨極大的挑戰。要在這些競爭激烈的環境中脫穎而出，僅靠語言能力是不夠的，必須具備更全面的綜合素質和強大的自信心。

目前亞洲地區已經有甚多的家族辦公室，均會從孩子到歐美求學前就開始進行下列一連串的教育傳承服務：

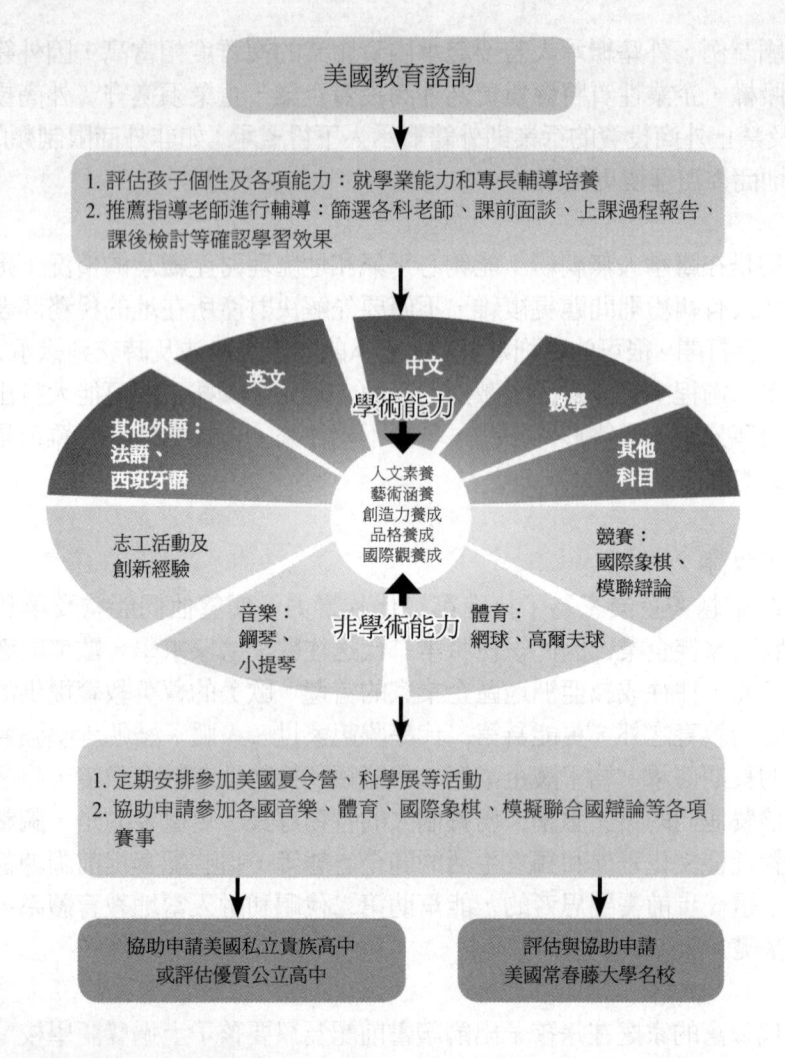

```
                    ┌──────────────────┐
                    │   美國教育諮詢    │
                    └────────┬─────────┘
                             ▼
  ┌────────────────────────────────────────────┐
  │ 1. 評估孩子個性及各項能力：就學業能力和專長輔導培養 │
  │ 2. 推薦指導老師進行輔導：篩選各科老師、課前面談、上課過程報告、│
  │    課後檢討等確認學習效果                   │
  └────────────────────┬───────────────────────┘
                       ▼
```

[學術能力與非學術能力圖：包含英文、中文、數學、其他科目、競賽（國際象棋、模聯辯論）、體育（網球、高爾夫球）、音樂（鋼琴、小提琴）、志工活動及創新經驗、其他外語（法語、西班牙語）；中心為人文素養、藝術涵養、創造力養成、品格養成、國際觀養成]

```
  ┌────────────────────────────────────────────┐
  │ 1. 定期安排參加美國夏令營、科學展等活動      │
  │ 2. 協助申請參加各國音樂、體育、國際象棋、模擬聯合國辯論等各項│
  │    賽事                                     │
  └────────────┬───────────────┬───────────────┘
               ▼               ▼
  ┌────────────────────┐  ┌────────────────────┐
  │ 協助申請美國私立貴族高中│  │  評估與協助申請    │
  │ 或評估優質公立高中   │  │ 美國常春藤大學名校 │
  └────────────────────┘  └────────────────────┘
```

（七）跨境家族凝聚力與關係維持

所有財富傳承的規劃均可能因為家族向心力無法凝聚而功虧一簣，原則上家族的凝聚力在於共同的家族記憶和文化認知，家族文化是一個家族的靈魂所在，它不僅可以影響家族成員的思想意識與思維方式，而且還能決定他們的行為模式，而良好的家族文化有助於加強整個家族的凝聚力。另外金錢是萬惡之本，家族成員間若不要發生繼承糾紛與利益糾紛，對於家族成員間財產的取得與分配一定要講清楚說明白，創富者、長者或家族間有權威者一定要在生前進行家族財產分配共識與安排，家族成員個性、行為、教育、思考邏輯均不一樣，以家族信託進行籌劃，將可能成為一個維持家族凝聚力的很好工具。

（八）跨境家族個人事務支援

跨境家族成員可能分散在全球各地，居住、工作、生活形態不同，衍生家族個人事務就非常繁瑣，從最基本的資金管理、各類財產運籌規劃與財產、所得分配，到各國資金保管、移轉與協助、家族成員個人生活所需、跨境財產傳承過程等，均須思考是否需要專職人員或家族辦公室支援這些相關事務。在傳承過程中，習慣並建立信任

一個可信賴的個人或團隊，是必須優先培養的。筆者在實際參與財產傳承的過程中發現，一些擁有鉅額財富的人，最終居然僅相信一個律師或一個銀行的理財專員，任何資金移動、財產管理、甚至簽署一份文件或遺囑均要該律師或理財專員的同意與協助，甚至會懷疑至親和子孫都想奪取自己的財產，對於誠懇的建議也無法接受。這樣的情形實在令人難以想像。一旦這個信任的對象有意圖為私利而操作，無論在道德還是信用上，將可能對整個財富傳承造成不可逆的傷害，不可不慎。

（九）跨境慈善基金或公益信託

想要從事慈善事業，對社會弱勢團體或人類長遠發展略盡棉薄之力，但如何善用工具，得以兼顧稅負及經營權的掌控？以台灣目前運作已久的公益信託與財團法人慈善基金為例，兩者之間的差異可以進行比較。兩者相比之下，公益信託運作相對簡單，筆者目前已在台灣協助多個家族成立將近二十個公益信託，並且積極進行非營利性質的運作。這些信託不僅提升家族公益及其慈善形象，也成為家族凝聚向心力的一種方式，實現了利己利人的雙重目標。然而，目前台灣的公益信託或財團法人法令監管非常嚴格，相關支出必須經過一定的審查程序，尤其是兩者的各類活動與支出，除非經主管機關核准，否則不能進行台灣以外的活動。

有鑑於此，筆者於新加坡成立公益公司，這樣可以利用新加坡相對靈活的法令環境。原則上，只要符合新加坡相關法令的要求，當年度受贈收入，除支付相關運作費用外，均可用於公益運作支出，而且在新加坡可以完全免稅。這使得整個運作更加靈活，能夠達到更高的效率和彈性。因此，透過結合境內公益信託或公益法人搭配離岸公益公司，便能達到跨境慈善目的與期望。

台灣公益信託和財團法人之比較表：

項目	公益信託	財團法人基金會
法源	信託法	民法
設立方式及組織成員	1. 由受託人提出申請 2. 相關成員無特殊限制	1. 自行向主管機關申請 2. 並另行向法院辦理法人登記 3. 成員有資格及親等間限制
運作方式	由受託人依諮詢委員會及信託監察人之決議辦理之，主要為財務支付型態。	透過董事會運作執行，類似一般公司，另需聘專責人員辦理之。
原始成立本金	得動用，並用到完。	不得動用，需放定存。
支用限制	1. 符合信託宗旨及目的等規定，則均可動用。 2. 目前沒有當年度收入必須用掉60%以上之特殊限制。	1. 當年度收入（含新增捐款及孳息），必須用掉60%以上，否則要繳營利事業所得稅21%。 2. 未符合上述規定者，若要享有免稅優惠，則需列五年計畫，累積作為一次性大額支出使用（例如購買財團法人辦公室等）。
帳務	受託人記帳	基金會自行記帳

信託設置人員一覽表

信託關係人	內容	限制	一般職務
委託人	即原始捐款人	可為法人或自然人	指定第一屆信託監察人及諮詢委員會成員
信託監察人	必要設置	單數（自然人為宜）	監督、同意諮詢委員會之提案
諮詢委員會	必要設置	單數（自然人為宜）	規劃公益信託基金之用途

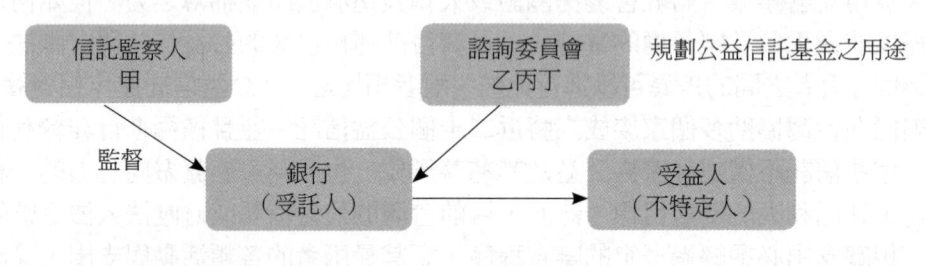

台灣公益信託運作架構圖

（十）健康銀行的傳承

創富者沒有良好的身體，就好像沒有了「1」，縱使後面再有多少的「0」也是枉然，身後留下再多財富終將化為烏有。

目前幹細胞移植研究到了純熟的發展階段，已有生物科技集團利用幹細胞來修復人體組織器官。幹細胞有什麼功能呢？它是一群在胚胎發育早期，未分化的細胞，具有分化形成人體組織、器官的潛能。當科學家發現幹細胞具有分化形成人體組織、器官的特性後，就將之稱作「萬能細胞」。

北京著名生物科技集團研發出全球獨家技術入股之細胞因數啟用技術回輸到身體後，形成美亞自體幹細胞，借由血液迴圈可以到達人體各個組織和器官。通過美亞自體幹細胞的四大特性——自我歸巢、自我複製、自我更生、定向分化——可以有效替換掉體內衰老、病變的細胞，修復人體各種組織器官，使組織器官功能回到年輕狀態。美亞生物集團能通過一個小小的針劑，將人體的幹細胞從骨髓中動員出來，再釋放到身體外周迴圈的血液中，形成外周血幹細胞。

---

[3] 家族企業傳承五步驟（Does Your Family Business Have a Succession Plan?）https://hbr.org/2020/01/does-your-family-business-have-a-succession-plan。

自體幹細胞保健項目流程

（圖擷取自「美亞生物科技」網站，http://www.meiyabio.com/h/health/）

筆者認為此一創新的生物科技對於創富者來說無異是個喜訊，因為幹細胞銀行可提供個人在身體健康狀態良好時儲存自體幹細胞的機會，未來可以用來對抗衰老與疾病，甚至是改善亞健康的症狀；萬一血液系統發現惡性及非惡性疾病，可以利用先前儲存的幹細胞來救自己，目前有 70 多種疾病（如實體腫瘤、自身免疫系統疾病、心臟疾病等）用幹細胞治療都在臨床研究中；所以健康時存好自體幹細胞等於是為自己未來的健康做好了「備份」。

另外若同個家族成員的 DNA 相似性高，萬一家族成員中發現惡性及非惡性疾病，也更容易通過基因配對成功，甚至一般血緣關係的半相合配對就可移植個人所儲存的幹細胞，就相當於為全家人的健康做了保障，這樣的健康傳承對於家族財富的傳承有相當大的助力。

三、家族傳承準備與策略

許多接班人可能為了「達成條件」而持續努力，希望做好準備，有朝一日可以接掌家族事業，這些先備條件包括：取得企管碩士、博士學位，在某大型企業擔任主管職，並獲得了幾次晉升之後才加入家族企業，期望有一天回到家族企業繼承掌控所有權，成為執行長。一般家族企業在進行交棒傳承時的核心構想是，由下一代直接接掌前任的大位，用和創富者相同的方式經營公司，但並未考慮到新一代的領導人可能擁有不同的天分、技能和興趣，且商業情境與需求勢必會隨時空改變，因此如果下一代未深入瞭解公司執行長的工作及治理，也未斟酌不斷變動的商業環境，也許可能造成承接失敗，我們可將此稱為「續集謬誤」（Sequel Fallacy）[3]。

這種「續集謬誤」可能導致家族關係破裂、聲譽掃地、企業失敗，全是因為掌權的創富者未暫時跳脫傳統，沒有思考如何幫助下個世代做好接棒的準備，創富者與繼富者可能沒有注意到，家族企業進入下一代時，通常會加入不同的人，這些人有著不同的利益、關係與抱負，企業也必須在不同的商業環境中營運，有不同的所有權環境

和文化,甚至隨著婚姻關係帶入新成員時,家族也會變得不同。因此若公司和家族已經改變,但管理的方法仍維持不變,這樣幾乎註定會造成不幸的結局。家族企業必須隨著市場改變而自我改造一樣,必須重新調整所有權與領導模式(或至少審慎地重新思考並翻新做法),因此家族在做出接班決策前,必須先採取以下五個步驟:

第一步:詳細說明持續變動的形勢

家族的擴張不可避免使得家族事務會變得更加複雜。過去發生在一個世代裡、同一屋簷下的事,可能很快就會擴散影響到許多家族。不同的成長經驗,往往會造成一群人有各種不同的興趣、期望與行為。協調這些變得更多樣化的群體,會帶來非常不同的挑戰。家族應重新檢視家族成員的變化(族譜),分析從上次交班時期至今的變化,以便瞭解持續變化的參與者和形勢,如此便更能釐清企業、家族與股權所有人未來的需求。一旦瞭解這些差異,家族就應明白指出這些不同之處,並與家族成員和股權所有人一起討論,探索這些差異可能會如何影響未來。

第二步:向公司外部尋求建議

與其他企業家族交流,以瞭解他們如何管理接班過程。雖然每個家族的情況可能都不同,但深入瞭解他們的方法與他們選擇某條道路的理由,有助於釐清自身的挑戰與決定。例如,他們如何決定要將所有權轉移給下一代?理由為何?他們在這個過程中借助了誰的專業?他們如何在目前與未來世代之間建立一致的目標方向?在進行這些討論時需抱持開放的心態,因為從這些交流當中通常會出現之前從未考慮的新觀點。其他家族的案例往往有助於找到打破傳統所需的勇氣。

第三步:抱持開放心態

尊重傳統,瞭解家族過去做出某些決策的理由。千萬別抱著「但我們這裡向來都是這麼做」的想法,相反的,家族領導人應與其他的家族成員討論,在沒有傳統的情形下會怎麼做?領導人是否能忠於過去,同時接納新想法?如果除去一些已不再適用的成見,是否能制定出未來更好的道路?義大利的安蒂諾里(Antinori)家族就是這麼做,過去二十五代以來,他們釀酒廠的所有權與領導權都是傳給兒子,但在這個世代,他們將企業的所有權平分給三個女兒,並按每個女兒的強項劃分事業的領導權。他們之所以能做到這樣,一部分是因為消除了該如何安排繼承權的成見,並從頭開始規劃。最後,傳統也許能提供指引,但別讓它變成延續繼承之路的主因。

第四步:別太早做出傳承決定

帶領下一代進入事業的自豪感,以及身為下一代家族成員該遵守家族傳統的義務,都可能造成某些人太早做出與傳承相關的決定。無論是年長或年輕一代的家族成員,若是在情況不成熟時就決定投入家族事業,都可能造成繼承人的壓力,並疏遠了有才能的家族成員(甚至可能是更有才能的家族成員)。相反地,家族領導人應制定一套完整的計畫和流程表,並隨著時間及新訊息的出現,就要納入考慮,並在必要時進行調整及修改方向。簡單來說,要讓股權所有人們定期討論接班規劃的主題,並持

續提問:「我們是否做到了適才適所,讓人們依照正確的訊息,齊心協力為我們的所有權和家族做出正確的決定?」

第五步:公開談論未來的計畫

接班規劃是個流程,而非單一事件,而且對家族、企業、股權所有人和這些團體參與的小區,都會造成影響。在接班規劃的過程中應該與各方合作,尤其是家族下一代。與下一代談論過去,說明之前有效的做法、面臨的困境,分享家族對理想未來的抱負與願景。認可接班傳承當中會遇到的家族傳統、差異、創新以及個人層面。例如,雖然這個世代的領導人能夠控制股權所有人的身分,單方面做出大部分的商業決策,但或許有了治理流程,就可以讓下一代經營得更好,治理流程可將部分決策交由獨立的董事會來進行,並要求重大決策必須獲得大部分共同所有人的同意。下一代也許會贊成延續這樣的做法,或許也會有不同的想法。家族的上下代若能執行以上步驟,不僅可以創造出對未來的共識,也能激勵兩代人共同投入,為下一代提供一份藍圖,讓他們學習日後傳承給自己孩子的方法。

四、傳承啟動與執行

家族傳承到底傳什麼?傳給誰?何時傳?怎麼傳?運用何種工具進行傳承?我們可以透過「5W1H」共識來釐清:What 家族企業傳承、家族財富傳承目標? Where 財富最終控制地是哪裡? When 執行步驟與運行時間表? Why 家族為何如此規劃,有無籌劃後遺症? Who 誰來負責執行? How 如何執行?

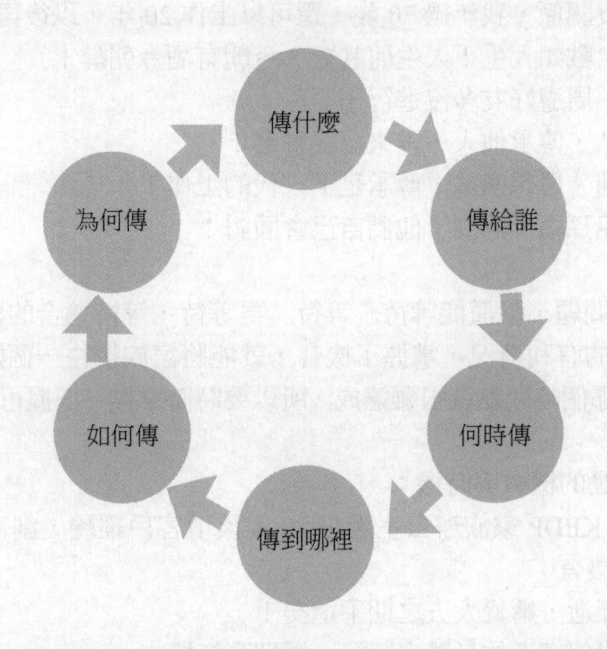

一代傳富者、二代繼富者與傳承專家應有下面傳承流程之共識：

啟動因子	專業介入	企業傳承＆財富傳承	企業傳承＆財富傳承步驟與時間表	傳承執行	行政事務、後續維護管理與風險因應
創富者第一代啟動、繼富者第二代啟動	傳承觀念的建立、傳承機制診斷、傳承共識的達成，後代教養認同、公益及慈善捐贈意願	策略與架構擬定、信託投資架構、資產配置		各方人員配合執行、稅務、法規遵循、會計報表至申報	
啟動	溝通	策略	環節	執行	後續

傳承流程之步驟：

步驟一、啟動因數

傳承該啟動了嗎？Who，誰來啟動？

創富者拖延傳承其實是來自於人的惰性及劣根性，尤其是他們常常會找千百個理由來延遲傳承的啟動。依筆者的經驗，他們最常有的心態有以下：

- 傳承與我沒關係，我年過 70 歲，還可以工作 20 年，以後再說吧！
- 人生如戲、戲如人生！人生何其短，今朝有酒今朝醉！
- 盲目跟從，周遭好友多沒進行！
- 勢利、自私，傳承他人，誰來給我養老！
- 只謀取私利、思想麻木，傳承是下一代的工作！
- 兒孫自有兒孫福，遇到了他們自己會面對！

如何克服上述問題，就僅能等待、等待、再等待，等待適合的機會與時機。機會是在某個時間點下的有利情況，掌握了機會，就能將家族帶往一個好的方向；時機是一個時間點，過了那個時間點就很難達成，所以要時時掌控，把握可能的機會與時機。

由創富第一代來啟動的機會與時機：

依據安致勤資 KEDP 家族辦公室過去 30 年累積客戶經驗，創富者願意啟動傳承的主要的機會與時機有：

- 至親好友驟逝，驚覺大去之期不遠矣！
- 身為第一代創富者的身體出狀況、婚姻亮紅燈。
- 企業核心幹部出狀況（生病、叛逃到競爭營隊者）。
- 名義人、代持人、人頭；身體、道德、信用有瑕疵。

- 稅務單位查核企業逃漏稅、刑事單位調查違法刑事犯罪。
- 企業前景大好準備上市或併購其他企業。
- 子女海外回來接班。
- 子女不孝、看淡一切；人生奮鬥無目標！

由繼任者第二代來啟動的機會與時機：
- 因第一代有小三，有同父異母兄弟，擔心未來可能有糾紛。
- 第二代比第一代更積極、更有企圖心。
- 第二代已經六、七十歲；創富者第一代不願放手。
- 第二代手足爭產。
- 第二代結婚後配偶有意見。
- 第二代工作、事業不順靠爹／媽族。

步驟二、專業介入

專業介入企業傳承與財富傳承的溝通——傳承觀念的建立、傳承機制診斷

等待時機成熟，觸動傳承因子，即可進入第二步驟，即家族溝通。傳承的溝通並非隨意且無目的的討論，而是有計劃、有策略的過程。這一過程需要同時涵蓋家族企業與家族財富的傳承，並且逐項深入溝通。這樣的溝通過程需要依賴具有豐富社會經驗和傳承實務經驗的人來居中協調，以確保傳承順利進行。具體來說，家族溝通應包括：傳承家族精神與家風、確保道德價值觀的代代相傳（至少十代以上）、建立家族財富的傳承架構（例如設立家族信託），以及規劃整體的家族戰略，並統籌家族投資組合策略等。這些都是促進家族長遠穩定發展的重要元素。

（一）家族企業傳承觀念溝通

組成家族企業的個別成員雖各具獨特性，但他們所面臨的問題其實非常相似。最關鍵的問題之一是如何將企業順利移交給下一代，並保持企業經營的和諧與原動力。畢竟，若能將一把好的釣竿交給下一代，遠勝過一筐魚。即便企業計畫轉型，並不再以家族企業模式經營，如何規劃轉型過程也是一個不可忽視的課題。

其中需要考量的問題包含：繼承規劃、薪資與報酬規劃、家族成員持股安排、如何處理不參與經營的家族成員、引入專業經理人並設計其報酬、退休及遺產規劃、家族成員加入經營層、策略規劃、財務架構設計、財富保持策略、解決衝突的方法，以及家族信念的確立等。這些共計十二個重要議題，都是家族企業在傳承過程中必須深思熟慮並妥善規劃的關鍵因素。

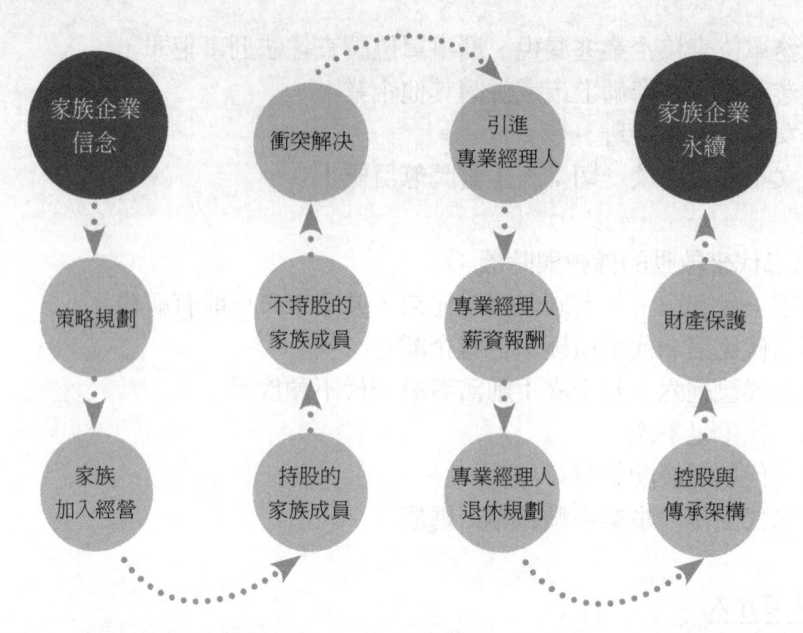

```
家族企業信念 → 策略規劃 → 家族加入經營
衝突解決 ← 不持股的家族成員 ← 持股的家族成員
引進專業經理人 → 專業經理人薪資報酬 → 專業經理人退休規劃
家族企業永續 ← 財產保護 ← 控股與傳承架構
```

　　透過這十二企業傳承主題的溝通，並搭配擁有專業素養之顧問從中協助規劃及整合，藉此，家族企業所面臨之問題，不論複雜程度為何皆能有機會化危機為轉機。

（二）家族財富傳承觀念溝通

　　傳承財富，需建立家族財富治理的觀念與共識，此時應加緊溝通下列四大觀念。我們可參酌台灣中國信託銀行最新公布的《2020年台灣高資產客群財富報告》，當中提及許多創富者應該注意的傳承四大觀念的溝通，畢竟家人既然在生命旅途中扮演重要的角色，就應該好好溝通、別害怕開口，才不會徒留遺憾。

　　觀念一：不公平，如何分得公平

　　創富者總想要運用各種方法，把財富與資產傳承給後輩，但缺乏專業觀點與方法，可能造成誤解，或因為不瞭解稅法，最後反而付出更多成本。傳承者如何分得公平且不影響家族和諧，是傳承過程中一大擔憂，如能運用生前贈與、保單購買、信託成立等工具，自然而然可化解此問題。

　　觀念二：不願意，如何讓接的有意願、好好做

　　創富者成就了事業與財富，要面對一輩子只有一次且是無比困難的交接挑戰，事前準備是否足夠？下一代是否有意願？這些都構成了種種挑戰。這也是為何筆者在此不斷強調及早溝通，並且鼓勵創富者透過專業公正的第三方促進對話。透過家族信託的成立、將閉鎖型公司的概念設計在公司章程中，加上傳賢、傳子概念的相結合，即可迎刃而解。

　　觀念三：不敢談，如何啟動家族有效溝通

　　如何開始談呢？從哪些方面著手？這些常常是許多長輩所面臨的難題。傳承財富相對容易，但傳承價值觀卻更為困難。長輩常常擔心與子女在價值觀上出現分歧，進

而產生衝突，因此雖然有意向開始溝通，但卻不知如何開口。繼承者也擔心長輩誤解自己是依賴家庭財富，便不願主動談論這些問題。在華人家族中，成員彼此之間往往不想撕破臉，因此有話都往肚子裡吞，當一家人意見不合時，卻往往不知道該如何做出決定。因此，關鍵在於抓住「啟動的機會與時機」，在合適的時候進行有效的溝通。

觀念四：不敢傳，如何善用傳承工具優先照顧自己

在規劃財富傳承時，每位父母都有許多不同擔憂，如擔心傳承給後代太多資產，子孫可能不知如何管理善用，或可能敗光家產及遭受詐騙，因此在傳承財富時，務必要考慮到自身生活質量，再進行規劃，且應掌握生前規劃、縝密配套、及早落實、自我保障等重點。根據台灣主管當局公布的「112年簡易生命表」，台灣人的平均壽命為80.2歲，其中男性76.94歲、女性83.74歲，皆創歷年新高；面對平均壽命呈現上升趨勢，財富傳承除進行家族信託的籌劃外，健康風險不可忽視，建議可善用醫療險、長照險、失能險等保單來做好保障，至於生活準備金的部分，則可透過利變終身壽險、年金險等，提早準備退休金，預約無憂的養老人生，如此財富即可完美的傳承給下一代。

步驟三、企業傳承與財富傳承策略

企業傳承與家族治理架構的建立，以及跨境家族財富傳承的執行不外乎人、事、時、地、物；創富者、傳承者以正面積極態度面對傳承議題，籌劃者以專業的稅務及法律背景為基底，佐以豐富經驗與執行制度進行周詳規劃、確認傳承的時間表、從何處財產開始執行，以及執行目標之轉移如何解決所在地法規與稅務負擔與風險等。要有效且長遠地規劃傳承家族跨境財富，必須要有紮實的根基、執行團隊和具體的執行工具，在此列示如下頁圖。

建立家族議會 ➤ 家族治理與企業治理決策與監督機構,以維護家族整體利益。(細分三項議會類型:家族成員會、家族股東會、家族董事會)

1. 家族成員會:其成員資格來自各世代血親,不以持有股權或具經營職位為限。其應關注之治理議題,在於家族命、願景、價值觀、家規的確定,主要任務在於討論家族重大核心議題,並定期舉辦家族聯誼或慈善活動。

2. 家族股東會:成員通常為主要經營家族企業的世代,並擁有股權或擔任經營職位。其治理議題在於,制訂家族股權的繼承和轉讓規範、家族人才發展的相關政策。

3. 家族董事會:其成員不但擁有股權,且擔任關鍵管理職務的核心成員。其治理議題,包含家族關鍵經營策略的擬定與重大投資政策、家族企業高階經營者資格的選免任、接班人資格的選免任,以及家族成員雇免任、薪資、績效、分紅等相關制度的決策規範。

建立家族憲法 ➤ 家族根本大法,監管規範家族間之利益衝突。

建立家族辦公室 ➤ 家族的執行機構,建立及執行家族憲法、家族決策平臺(家族議會)等治理機制,引進專業外部顧問繪製接班人傳承藍圖與接班人養成,協助相關文件擬定與執行。

建立家族信託 ➤ 確認家族傳承的工具,成立家族信託,以家族信託持有家族資產。

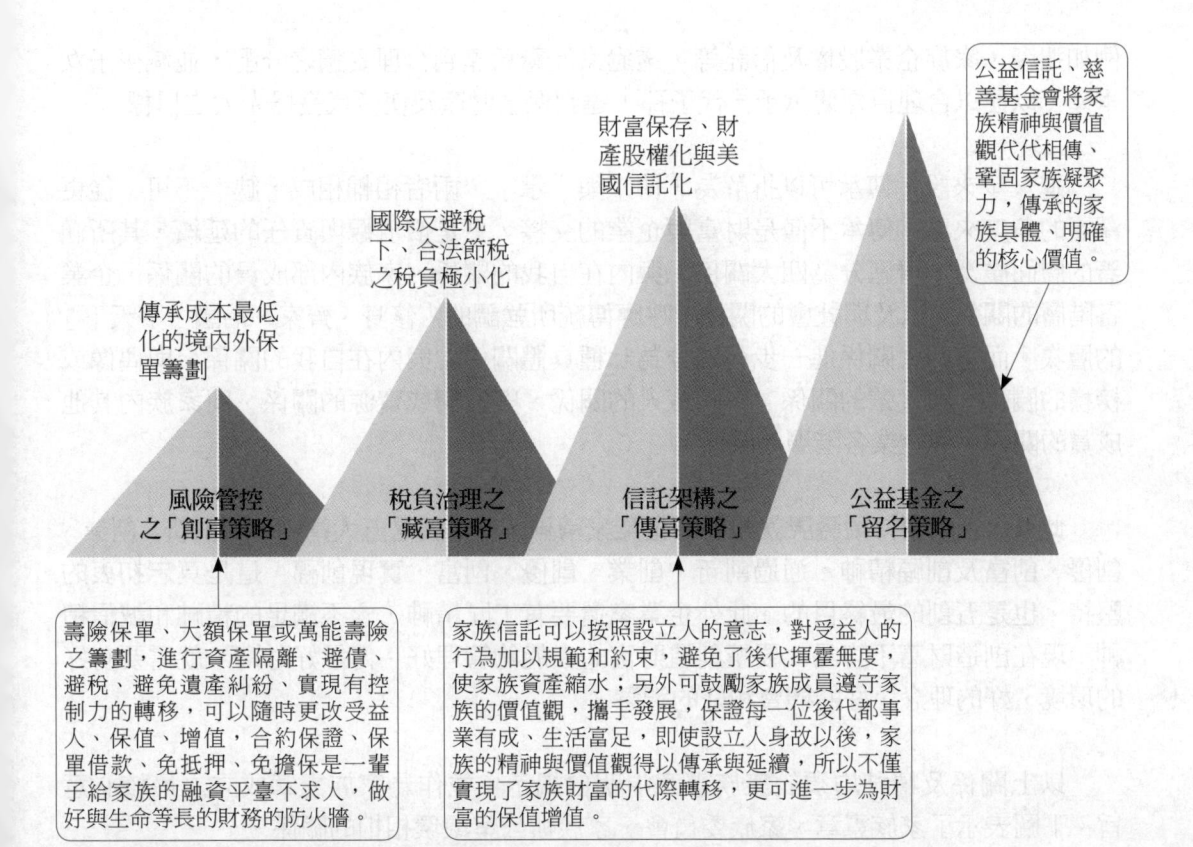

```
                                                        公益信託、慈
                                                        善基金會將家
                                                        族精神與價值
                                            財富保存、財    觀代代相傳、
                                            產股權化與美    鞏固家族凝聚
                                            國信託化       力，傳承的家
                                                        族具體、明確
                             國際反避稅               的核心價值。
                             下、合法節稅
                             之稅負極小化
           傳承成本最低
           化的境內外保
           單籌劃


            風險管控           稅負治理之          信託架構之         公益基金之
            之「創富策略」       「藏富策略」        「傳富策略」       「留名策略」
```

| 壽險保單、大額保單或萬能壽險之籌劃，進行資產隔離、避債、避稅、避免遺產糾紛、實現有控制力的轉移，可以隨時更改受益人、保值、增值，合約保證、保單借款、免抵押、免擔保是一輩子給家族的融資平臺不求人，做好與生命等長的財務的防火牆。 | 家族信託可以按照設立人的意志，對受益人的行為加以規範和約束，避免了後代揮霍無度，使家族資產縮水；另外可鼓勵家族成員遵守家族的價值觀，攜手發展，保證每一位後代都事業有成、生活富足，即使設立人身故以後，家族的精神與價值觀得以傳承與延續，所以不僅實現了家族財富的代際轉移，更可進一步為財富的保值增值。 |

（一）家族憲章家族根本大法，監管規範家族間之利益衝突

　　無論是皇親貴族、國家領袖或是平民百姓，均無法避免死亡；創富者無論是白手起家或接管家族企業，均會面臨改朝換代、財產傳承此等不得不謹慎之人生階段。雖然，在集團企業組織架構中，往往早已透過多層控股之架構，控管各種財產所衍生之信託、託管、境外公司及實質營運公司。然而，在多重組織架構下，財富傳承過程，容易使後代子孫於繼承股權後各自分家經營，無法和諧合作，反而導致家族企業分崩離析。所以，對於家族企業之傳承與治理而言，有三大要素必須及早確立：家族憲章、家族委員會與家族辦公室。其中，家族憲章是家族根本大法、家族委員會則是由創富者及家族成員透過選舉或推舉所組成之決策單位（擁有家族企業之所有權與經營權）、家族辦公室則是負責統籌家族事務執行的最高執行單位（為家族企業行政管理團隊，主要負責管理家族企業與支持家族人員相關需要）。其中家族憲章是所有家族企業治理的依據，更是企業創始人能確保家族企業未來定位的重要元素。

　　家族憲章透過家族委員會及辦公室之執行，並透過落實於家族公司或家族信託，作為一個長久、具指標性及拘束性的條款，其訂立並不容易；訂得太嚴，太過拘束，無法給予企業轉型或轉變有適合的彈性空間；訂得太鬆，往往導致子孫恣意妄為，缺乏效果。同時，也可透過家族憲章相互制衡不同子孫或不同制度，避免單一家族成員之專制獨大，並藉由此一根本大法，將家族中無形資產，例如核心價值、重要禮俗、家風、家規、企業經營經驗及人際關係等項，有效地傳承；同時將家族中有形資產，

例如遺產、家族企業股權及信託等，透過家族憲章達到合理妥適之分配，並減少子女爭產，以便以合理目標傳承予後代子孫，達到保全財產及使後代發揚光大之目標。

進一步來說，傳承可以拆解為「傳」與「承」，兩者相輔相成，缺一不可。從更深層的角度來看，傳承不僅是財富與企業的交接，更是價值觀與責任的延續，其所涵蓋的層面廣泛，可區分為四大關係：與內在自我的關係、家族內部成員的關係、企業各階層的關係，以及與社會的關係，呼應傳統所強調的「修身、齊家、治國、平天下」的層次。而這四大關係進一步可細分為七種具體關係：與內在自我的關係、與偶像或榜樣的關係、與父輩的關係、與同輩人的關係、與貧窮或資源的關係、與家族內其他成員的關係、與企業各階層的關係。

此外，企業要持續發展就需要有企業家精神，首先就是五大精神，即創新、創業、創優、創富及創福精神。通過創新、創業、創優、創富，實現創福，這是莫忘初衷的堅持，也是五創的最終目的。此外企業家還要有工匠精神，永不滿足的精神和誠信精神，現在創造財富不容易，要讓創造財富的人能夠管理好、傳承好財富，就需要有好的環境、好的理念、好的機會和好的智慧。

以上關係及精神均須於家族憲章中明白揭示，並作為家族憲章成立之最核心意旨。下圖表示了家族憲章、家族委員會、家族辦公室環環相扣的關係。

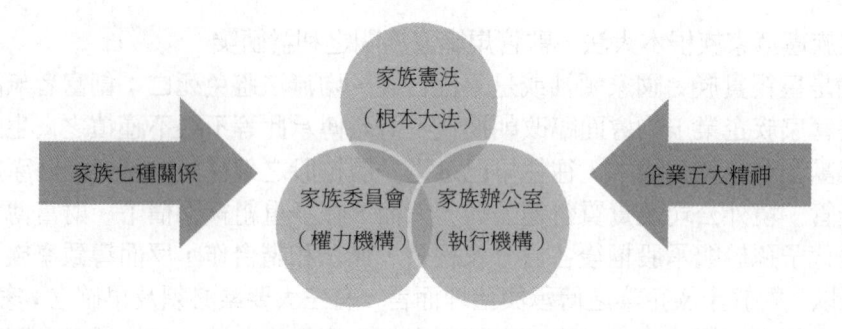

家族七種關係 → 家族憲法（根本大法）／家族委員會（權力機構）／家族辦公室（執行機構） ← 企業五大精神

1. 家族憲章的意義

家族憲章是治理家族與傳承家業的根本大法。它是一份規範家族企業在永續經營與治理過程中，家族成員與企業之間關係的核心文件，也是界定企業經營策略與組織結構的依據。家族憲章的功能如同家族治理的組織章程，不僅是家族永續傳承的基石，更是確立經營核心價值的來源，為未來的治理提供明確方向。其主要目的是將家族可能面對的議題與處理原則，以文字具體而清楚地規範下來，避免未來產生爭議。

憲章內容通常包含：家族歷史與創業背景、創辦人對家族企業的願景與藍圖、家族使命與企業理念、家族成員對企業與家族未來目標的共識、家族與企業的分際與利益調和機制、家族與企業之間的運作架構與互動方式、接班規劃與繼任制度、經營方針與決策機制、管理與所有權安排、獎酬制度與權利義務規範等等。

創立家族憲章的主要目的,是在於家族框架內引導後代子孫,預防或解決可能發生的問題,進而確保企業經營穩定,使家族產業得以永續傳承。儘管亞洲傳統家族曾依靠儒家式的家規與庭訓維繫秩序,然而隨著近代儒學式微、傳統價值淡化,許多家族在創辦人辭世後,常因財產分配產生糾紛,進而對簿公堂。然而,「清官難斷家務事」,當家務與家族事業交纏在一起時,更難以釐清責任歸屬,導致紛爭曠日費時,影響企業運作與家族和諧。若能夠先確立家族憲章,當爭議發生時,便可依據事前共識快速處理內部糾紛。家族憲章不僅僅是一份書面文件,更是一套預防和解決爭議的機制。倘若未建立家族憲章,極可能導致以下問題:

(1) 家族財產分配交由法院決定:若無事先規劃傳承機制,創富者過世後子孫難以達成共識,最終往往訴諸法律,由法官裁定遺產分配方式。若爭執不下,法院甚至可能判決拍賣資產,子孫僅能分得變賣後的價金,原本的資產結構因此瓦解。

(2) 企業各自為政造成惡性競爭:缺乏共同治理的家族憲章,家族企業在分產後各自為政,經常因業務性質相似而在市場上互相競爭,導致削價戰、商標之爭等現象,不但傷害企業獲利,更損及家族整體利益與聲譽。

(3) 經營者濫權侵蝕家產:在沒有有效監督與制衡機制下,企業掌權者可能透過低價出租資產或向關係企業低價售貨,將利益移轉至其個人擁有之公司,進一步侵蝕家族共同資產,危害其他成員權益。

(4) 管理缺乏效率,企業逐漸衰敗:若未針對成員專長妥善分配所有權與經營權,也未建立專業經理人制度,將導致無管理專業之家族成員被迫接管公司,缺乏效率與視野,最終使企業競爭力下滑,走向衰敗。

家族憲章的八大功能總結如下:

(1) 作為家族企業的公司章程起草的根基。

(2) 作為家族企業的公司經營目標的核心指引。

(3) 作為家族信託之信託目的解釋依據。

(4) 作為法律解釋與成員共識的參考依據。

(5) 建構角色關係與治理架構:家族憲章可清楚界定創富者、不同世代之家族成員、家族企業、家族信託與外部專業顧問等各方之間的角色、責任與互動關係,形成良好的治理與運作機制。

(6) 建立制衡機制，避免權力集中：透過制度性設計，家族憲章能防止個別成員獨斷專行，促進家族治理與決策過程的公平與透明。

(7) 有系統地傳承無形資產：如家族核心價值、家規、企業經營理念、人脈資源等無形資產，透過家族憲章進行有計劃地傳承，強化代際延續性與凝聚力。

(8) 妥善分配有形資產，降低繼承風險：對於遺產與企業股權等有形資產，家族憲章提供清楚且具前瞻性的分配機制，降低爭產風險，確保家族資產穩定與基業長青。

2. 家族憲章的制定過程

在東方家族裡，要制定一份家族憲章往往面臨相當大的挑戰。這是因為制定家族憲章需仰賴強而有力的價值共識與高度凝聚力，才能作為家族成員間行為準則與權利義務的指導依據。然而，東方家族常受傳統觀念所影響，一方面重視「顧全面子」、避免正面衝突，另一方面又因保守態度，對權責劃分與制度化治理有所抗拒，導致整體討論過程綁手綁腳，使得各方意見常需要反覆溝通和確認，無法快速凝聚共識，甚至可能因避重就輕而淪為形式，無法真正落實其功能與價值。

要制定完整且能夠讓成員都認可的家族憲章，務必要經過以下五個階段：

階段一：釐清資產、負債及事業現狀

制定家族憲章的首要步驟，是全面盤點家族目前所擁有的資產、負債與事業版圖。唯有先掌握現況，才能為未來的管理模式、使用方式與傳承目標奠定明確基礎。具體盤點項目包括：

(1) 個人名下財產：
- 不動產：稅務機關或地政機關申請個人名下之財產清冊與歷年所得資料，以掌握完整的房地產與土地資產。
- 金融資產：包括股票、債權、基金、存款及保單等，可透過往來之券商、銀行理財專員及保險業務確認資產總額與配置情況。
- 境外資產及公司股權：若透過境外公司間接持有資產，應主動與配合的會計師、秘書公司或信託顧問確認股權結構與資產配置狀況。
- 家族經營事業：針對財富創造者及其家族持有控制權或重大影響力的事業（如企業法人、基金會、社團法人等），需進一步盤點其股權結構、治理架構及未來的經營權安排。

(2) 已交付信託之財產：除登記在個人名下的財產外，實務上也有很多因為稅務規劃或財務計畫而將財產交付信託的情形，此部分也應該與受託人確認資產現況，收益情形等。

(3) 借名登記或託管於他人名下之財產：實務上常見因便利或規劃考量，將財產借名登記於親友或他人名下之情形。此類資產若未納入盤點，將影響家族財務全貌及未來分配安排，因此亦應予以揭露與確認。

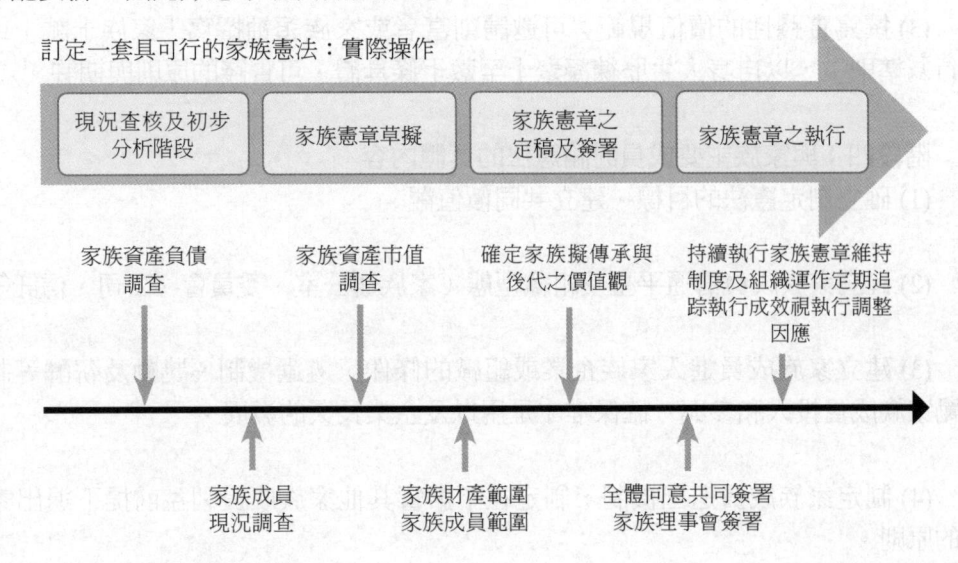

訂定一套具可行的家族憲法：實際操作

```
現況查核及初步    →    家族憲章草擬    →    家族憲章之    →    家族憲章之執行
分析階段                                   定稿及簽署
    ↓                      ↓                    ↓                    ↓
家族資產負債         家族資產市值        確定家族擬傳承與      持續執行家族憲章維持
  調查                   調查              後代之價值觀        制度及組織運作定期追
                                                              蹤執行成效視執行調整
                                                              因應
    ↑                      ↑                    ↑
家族成員              家族財產範圍        全體同意共同簽署
現況調查              家族成員範圍        家族理事會簽署
```

階段二：確立資產適用範圍

在進入家族憲章的具體設計前，必須明確界定憲章適用的資產範圍，例如：

(1) 資產歸屬範圍：是否僅限財富創造者？或將配偶、子女、兄弟姊妹或其他直系家屬持有的資產一併納入？

(2) 資產排除項目的設定：是否應保留部分資產作為創富者及其配偶的「養老基金」及基本生活保障？

(3) 範圍界定對治理設計的影響：資產範圍越廣，牽涉利益關係人越多，決策機制與治理架構亦需更為周延。

透過明確劃定資產的適用範圍，家族成員在後續討論中方能有共同的討論基礎與現實邊界，避免落入抽象或難以執行的理想化設計。

階段三：確立核心價值

在制度設計之前，必須先明確家族的核心價值觀，作為後續制度設計與行為準則的依據。此階段的重點是：

(1) 釐清家族重視的關係與價值：家族成員最重視的是什麼？是血緣關係？教育與德行？對企業的投入與忠誠？對人（創富者、後代）、對事（企業、慈善、文化）、對物（資產、品牌、地位）的重視程度何者為先？這些排序將影響資產分配、治理參與、接班安排等後續規劃。

(2) 揭示家族核心信念與願景：明確書寫家族祖訓、家規，或具象化的家族座右銘；傳達創富者與歷代領導人之創業精神、行事原則與家族對未來的願景。

(3) 撰寫實踐性的價值規範：可邀請創富者或家族領袖撰寫「家族十誡」或「核心行為準則」，以自身人生歷練凝聚十至數十條具體、可實踐的原則與期許。

階段四：與家族主要成員討論憲法的具體內容
(1) 確立制定憲法的目標、建立共同價值觀。

(2) 確立家族成員溝通平臺及組織型態（家族辦公室、委員會、公司、信託等）。

(3) 建立家族成員進入家族企業或組織的條件、遴選機制、獎勵及薪酬等制度、鼓勵家族成員投入和參與，確保唯才是用以及企業長久的發展。

(4) 制定家族成員退出機制，制定在不影響其他家族成員利益前提下退出家族企業的原則。

(5) 制定明確的投資和資產配置策略，維繫家族的長期經濟利益和鞏固經濟關係的根本基礎。

(6) 確定獎懲機制，制定明確規範來處置違反家族憲章的家族成員。

(7) 確認現有家族控股公司（Family Holding Company）、基金會及信託等組織的運作方式，並確認其與家族憲章之間可以相互契合，不會有衝突。

(8) 與個別家族成員單獨討論他們的想法，召集家族成員開會，甚至邀請專家學者與家族成員分享成功案例、引導家族成員參與討論方向，必要時對家族成員看法提出質疑。

(9) 擬定家族憲章草稿。

階段五：召集家族成員會議，選出家族委員會成員及簽署家族憲章規章
James E. Hughes Jr. 在《家族財富》提到要促成有效的家族成員會議，當中參與的角色都身負要務，且家族成員必須積極參與，讓成員們之間能更認識彼此，這樣的交流也能讓家族領導人或家族管理人更能清楚掌握家族中的人力資源，如此未來在家族治理上更能妥善運用這些所謂的「人力資產」。James E. Hughes Jr. 如下說明：

家族會議的最終規則必須為該次特定會議選擇主席和秘書，主席的職責是促進會議的平等進行，而不是表現得像傳統的企業董事長，達成共識、家族目標實現為最主

要;秘書的職責則是撰寫會議記錄,並對會議後的會議記錄草案進行評估並匯集意見,會議記錄非常重要,少了明確的會議記錄,許多家族因此產生極重大的負面影響,這些會議記錄還有助於保留家族史,成為未來後代的重要資源,原則上,許多家族顧問建議所有成員輪流執行這些任務,這樣他們都有機會學習扮演這些重要功能,我同意以下限制:在確定會議議程後就訂出這些角色,以便在會議上有重要報告的個人不需要再承擔這些會議職責。

每個家族成員在參與家族的第一次治理會議時都應準備一份個人簡歷,由於家族成員可能生活在不同時空環境,家族成員彼此瞭解甚少,他們所知道的是過去的事情,對其他家族成員的基本看法是非常直線性的,透過個人簡歷,可分析他或她在家族譜系上的適合位置,使得每個家族成員都有機會瞭解自己,然後與其他家族成員分享看法,簡歷最好包括特定家族成員認為其最好的朋友可能要知道的所有內容,要遠遠超出就讀的學校和從事的工作;必須包括我們所喜歡的事物與關心,關心所在正是表達了個人對幸福的追求。

在家族成員準備這些簡歷之前,每個成員在家族的資產負債表上都是重要的人力資產,準備這些簡歷將有助於編制人力資源清單,以便家族知道他們的人力資產,從而使家族代表知道在家族中有哪些專業資源,人力資源庫可幫助家族有效地使用他們的人力資產來執行計畫,家族常常因為無法善用他們的人力資產,後果是可能導致彼此傷害感情,並喪失去建立人力和智識資產的機會。一旦個人簡歷完成並分享後,每位家族成員在會議後準備一份個人使命宣言,寫下他或她認為家族長遠成功的十個關鍵的價值觀,並公開於家族會議中,使整個家族價值體系得以聚合,最終彙編成家族使命宣言。

在此提醒,如果家族資產範圍涵蓋配偶及子女或兄弟姊妹的資產,則建議家族委員會的成員應包含財產持有人,以避免規範效力無法及於全體。家族憲章的制定需經過以下流程,對家族成員才是有效的:

(1) 由起草人宣讀條文,並向家族委員會成員說明規範目標及各條文的作用。

(2) 可以委託律師及會計師出席家族憲章委員會會議,並從法令及稅務規劃層面確保家族憲章內容並沒有違反公共秩序、善良風俗或強制規定,也沒有實務上難以執行之處。

(3) 由家族委員會全體成員回饋意見後對內容進行增刪修訂。

(4) 正式條文由家族委員會全體成員無異議通過後共同簽署(可安排公證人認證),並製作原本、將副本交付執行人或成立的家族辦公室管理者保管。

3. 家族憲章的主要內容

一般標準的家族憲法通常包括以下十大部分，分別為家族創始人的理念及家族歷史、家族價值觀和願景、家族企業控股模式、家族成員利益的分配方案、家族接班人的培養與在事業體的任職政策、家族委員會、不遵循家族憲法的制裁、衝突調解、家族慈善及家族憲法的修改等。（本書附錄四為 KEDP 提供的家族憲法的範例，可供讀者進一步參考）

(1) 家族歷史與創始人的理念

主要描述創富者一生的經歷，大致包含以下幾點：

- 出生背景及成長過程：例如奮力苦學考取了大學、求學時培養了優秀的外語能力以及立志從商，於某年創立了「XX 公司」。

- 創業過程及創業理念：創建初期因缺乏背景及人脈，創富者以一只皮箱跑天下的模式將家族產品推向了世界各國。認為唯有秉持著「務實、創新、創優、創福、品質、服務」六大經營理念來服務客戶，才能讓企業不斷的向上提升。期望全體同仁自我評價能夠趕上全球化的腳步，隨時有創新動力，用以搭配本集團多年來累積的生產管理及運營經驗，將最新、最專業的服務推向全世界華人等。

- 創富者的社會貢獻：由於其強烈的創業家精神以及熱心服務的態度，當選了「XX 總會」理事長，並榮獲經濟專業獎章、XX 等榮譽。一生回饋社會，長期資助清寒學子，並獲得「褒揚令」彰顯其一生奮力向上、無私奉獻之精神等。

(2) 家族價值觀和願景、家族成員的行為準則 [4]

接下來家族憲法的第二章會闡明家族的使命、核心價值及家族企業目標，並列出家族成員的行為準則。明確的家族使命用來凝聚家族向心力，促使所有成員塑造出一套共有的核心價值；例如「本家族憲法設定的家族治理、共有資產經營、共用資源分配、衝突調解、開展集體事務的規則及流程」；或例如「本家族的長遠目標是確保家族內的和諧、友好、和善，另一方面發展並安全維持一個可以代代相傳的事業。通過公開和誠實的溝通及明智的規劃，力求避免可能導致家族分裂的衝突」。對家族企業而言，家族憲法最終目的就是希望完善家族治理，以實現第一代將家業平穩地交給後代。

在此部分當中，家族的核心價值觀需要反映大多數家族成員的共同價值觀，目前中國許多家族企業尚未形成核心價值觀，而設立家族憲法正是樹立良好價值觀的時

---

[4] 範博宏、張天健．家族憲法：治家傳業的根本法．新財富，2011.10（http://www.cuhk.edu.hk/ief/josephfan/doc/new_fortune/2011.10.pdf）．

機。在家族成員享有家族憲法規定的權益的同時，也需要對家族及家族企業盡各自的義務；除了通過核心價值觀增強家族凝聚力的軟性要求，還可以通過硬性治理機制輔助加強管理。

家族憲法中應包含詳細的行為準則，上至業務行為，如「除正常業務往來，家族成員被禁止將家族企業的資金外借個人或公司」；下至個人行為，如「工作日前一天晚上限制飲酒」。李錦記家族憲法中甚至規定，家族成員不得晚婚、離婚，不准有婚外情。如果有成員違規，則應根據家族憲法中的處罰條例進行制裁。

(3) 家族企業控股模式

在家族憲法中，為維持家族與所創企業長期互惠關係，必須將家族成員權利義務與家族企業公司的治理平臺界定得非常清楚，此時家族憲法發揮了它應有的作用。

原則上家族憲法必須明確規定家族控股公司在子孫之間分配與轉移的原則，及家族控股公司經營階層如何產生，經營階層的權力行使範圍，以及保障沒有參與股東權利的家庭成員。良好的公司治理必須獲得掌控家族的支持，家族憲法中應訂立以下條款「通過良好透明的公司治理來確保家族成員、控股公司、未來新創企業互惠關係的正當性。」

家族憲法就經營層面來說應該包括：界定家族與企業間的長期關係、股權轉讓制度、經營權力如何分配及形成、現有領導人及未來領導人的倫理規範及家族成員行為準則、保障未參與經營的後代成員的權益、應設計能確保家族憲法穩定及彈性的機制。

以台灣的家族企業為例，一般家族企業，家族成員持股大概會分為三種模式：

第一種是各事業主體分散式持股，即個別家族成員以自然人或投資公司，直接持有事業主體的股份；家族成員若對於公司經營權方向有不同意見，可能選擇直接出售持股，或聯合「市場派」以收購股權的方式爭奪經營權。前者將使家族影響力的衰退；後者將直接對事業主體的日常營運造成負面影響，而且若事業主體是上市櫃公司，則在收購股權的過程中，還必須注意避免觸犯內線交易的規定。

第二種事業主體股權交付信託，具有節稅效果，亦能收到集中股權的效果；可確保股權集中，但過於僵化且難有對事業主體保有直接控制決策權。

第三種以財團法人持股事業主體，即家族成員以長輩名義設立的一個或數個財團法人，以該財團法人作為對事業主體主要的控股工具；依照台灣現行法令，財團法人內部的治理與決策機制較不透明。該控股財團法人也可能落入少數董事會成員掌握中，且沒有「股份」或「持份」的概念，既無法轉讓，也無法充分反映各個家族成員的利益。

以上三種方式各有優缺點，所以如能設立「家族朝代信託」再控有「家族控股公司」應是一個較適合之架構；家族朝代信託是解決目前亞洲創富者最擔心的接班問題，透過家族信託禁止揮霍信託的架構，這是在信託條款中明確禁止受益人自願或被動轉讓其信託利益（也就是「敗家子條款」），信託受益人的債權人同樣的也對信託利益沒有任何的請求權。如此保證信託財產及收益永遠維持在家族成員手上，而不會旁落外人手中。

至於「家族控股公司」，一般家族憲法也會明確規定成立「家族控股公司」是作為家族企業控股與家族永續傳承的主體，將家族持股與事業主體切割，也就是將管理權與經營權透過家族控股公司進行分離；家族成員持股家族控股公司，家族控股公司再與其他外部股東持股事業主體，就積極面而言，家族控股公司可以作為家族成員培養與交流的平臺，並給予家族成員參與治理權，因此可從家族控股公司派出公司法人（負責人）或是受控企業的董事、監事，或將家族成員直接派到受控公司擔任實際執行業務的員工。從消極面而言，將家族爭鬥侷限於控股公司內部，亦可有效減少對事業主體的衝擊。

至於「家族控股公司」該如何籌劃設計，以台灣 2015 年 6 月 15 日通過，2015 年 7 月 1 日公布新修正公司法中「閉鎖性公司」為例，恰是一個可借鏡的最佳方式，亦可將此模式套用於離岸（香港、維京群島、薩摩亞群島等）家族控股公司。台灣所謂「閉鎖性公司」明確規定，股東人數不超過 50 人、股份轉讓受到限制、屬於非公開發行股票公司、股東間權利義務未必相等、得選擇無票面金額股、彈性設計特別股、得設定表決權限制等規定，茲詳細說明如下：

① 股東 50 人為上限，超過人數時應變更為非閉鎖性股份有限公司，並辦理變更登記。規範目的在於強化公司草創初期股東間的信賴感，因此以公司章程限制股份轉讓及股東人數。

② 允許發起人之出資除現金、財產、技術外，可以勞務或信用出資抵充股款；但以勞務、信用抵充之股數，不得超過公司發行股份總數之一定比例，應經全體股東同意，並於章程載明其種類、抵充之金額及公司核給之股數。目的在於允許缺乏資金的年輕創業家，得以本身之信用或專業技能（勞務）作為出資設立公司，減少創業初期之資金壓力。

③ 股權轉讓之限制；普通股轉讓、特別股轉讓應個別規定，閉鎖性公司不讓股東自由轉讓股份，所有股票都不可自由轉讓，若要轉讓股份須滿足特定條件。至於什麼樣的限制條件可以自行決定，例如全體股東或是三分之二股東同意才能轉讓股份。規範目的同①，在於強化公司草創初期股東間的信賴感。

④ 不得公開發行或募集有價證券；一般初創公司可選擇閉鎖性公司，享有較大企

業自主空間,並可有效規劃股權結構及激勵員工;隨著公司成長,可轉換為公開發行股份有限公司,取得大眾資金;最後可成為上市櫃股份有限公司。另外現有非公開發行之股份有限公司亦可經全體股東同意,變更為閉鎖性股份有限公司,所以兩者之間具有雙向轉換的機制。

⑤ 彈性的股權設計,無面額股;無面額股票沒有最低股價的規定,股價是由董事會決定,此種面額彈性更大,更有利於新創公司,也方便創辦人及新創團隊用低價入股。另外亦可發行特別股、表決權行使契約及可轉換公司債等;通常所發行特別股包含複數表決權之特別股(一股多權),或針對特定事項具否決權之特別股(黃金股),創辦人亦可藉由股東間之表決權行使契約或股東之表決權信託,如此可有效鞏固現有經營團隊在公司之主導權,亦可針對不同需求投資人發行可轉換公司債或附認股權公司債,募集公司所需資金。此外公司創辦人可以發特別股給投資人,這些特別股可以設定為特定事項才有表決權,或是具有清算優先權,在清算資產時投資人可拿回較多比例資金。而且在閉鎖性公司,特別股和普通股的兌換比例已沒有固定一比一的比例限制,使後續有意募資(例如創投常見的 A 輪、B 輪、C 輪)擴大經營之新創團隊,一方面能保障投資人的資本,另一方面能保障創辦人的公司控制權。

⑥ 彈性的盈餘發放設計;得每三個月或半年將經營事業所獲得之盈餘分派給股東,搭配對員工發行新股,可幫助新創事業吸引優秀人才加入。

⑦ 得以視訊會議召開股東會或由股東書面行使表決權而不召開股東會,以增加公司決策效率。

⑧ 董事與經理人常觸及「背信罪」的法律風險,台灣普通刑法規範的刑度均為 5 年以下的輕罪;但若事業主體是證交法的公開發行公司,董事與經理人涉犯特別背信罪,刑度至少在 3 年以上、10 年以下;如果犯罪金額在台幣一億元以上的情況,刑罰甚至是 7 年以上的重罪,故若親族間直接持有上市的事業主體並擔任經營階層,糾紛爆發後往往衍生證交法下特別背信罪、侵佔罪、非常規交易罪等刑事重罪;即便家族成員間嗣後有意化解,也因司法調查,難以化干戈為玉帛。若在上市櫃的事業主體上層架設閉鎖性家族控股公司,縱若有糾紛也僅限於上層的閉鎖性公司層級,不致於衍生證交法下的各類嚴重法律責任,一時間的家族糾紛也不會難以收手。

家族控股示意圖：

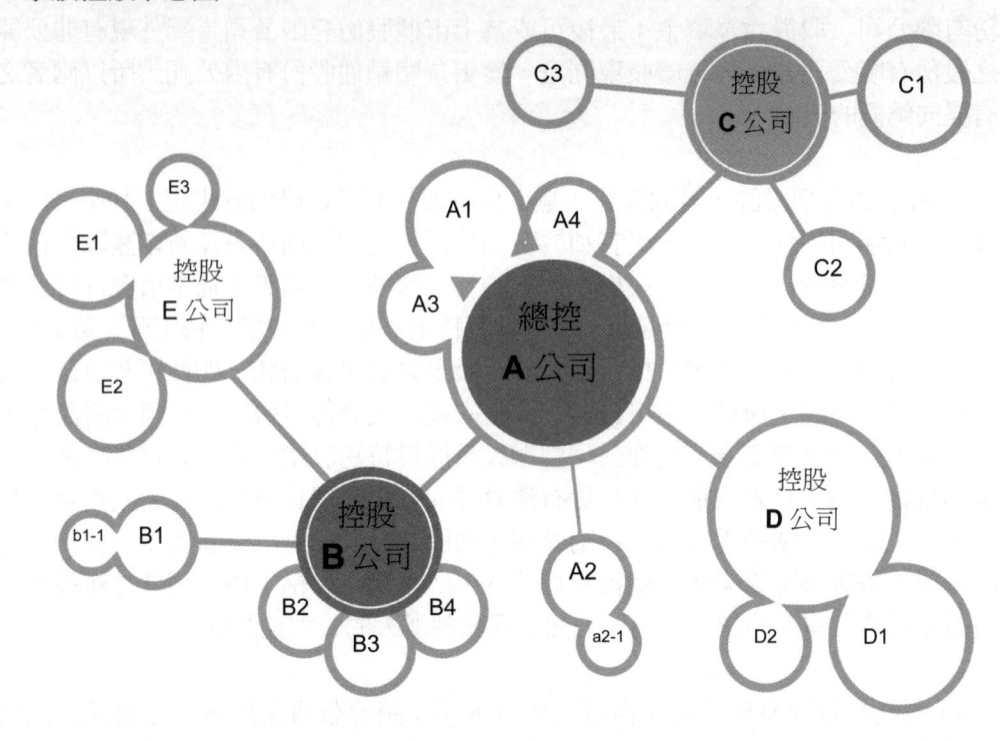

（4）家族接班人的培養

家族企業要能夠順利傳承接班有其複雜度，主因是經常難以區分「管理權」與「所有權」，雖然所有權是最終權利，但卻依賴管理權發揮穩定作用，但是在這個過程中，管理權與所有權究竟是要混合還是分開？才能在傳承後避免因所有權問題造成管理權牽扯不清，意即家族要分治還是共治？

為了培養家族能夠代代相傳的接班人[5]，在家族憲法中需要清楚規範所有權與管理權及找到傳承的共識。接班並非創業，對內需要瞭解集團內部組織，對外還需要打理好每個對外的環節，因此家族企業傳承與接班工程的布局牽涉很廣，和訓練專業經理人完全不同。要如何培育出優秀的接班人，大大小小的養成細節都需要取得家族成員的共識。養成家族企業接班人大概可分為三個階段：

第一個階段是家庭教育，做為企業家小孩的最大好處是從小可以耳濡目染經營管理課題，公司的事就是家中話題，因此從小就對公司的事有基本瞭解並知道解決問題的模式。

第二個階段則是求學階段，除了和經營管理相關的學科教育，如經濟、會計等商業科目是必備項目之外，在全球化的趨勢下，家族成員的外語教育（英文為必要，另還可以學習第三、第四外語）更需要列入家族基本教育，以提升整體家族的全球競爭力。

最後階段是導入接班人階段，在年輕一代完成學業後是否直接進入家族企業中，會需要在家族會議中進行討論。部分家族會先讓未來接班人在外面的公司進行 3 至 5 年的培訓，藉以養成團隊精神與他人共事的工作經驗，在工作能力備受肯定下進入家族企業。藉由內部和外部的訓練，調整好年輕一代的價值觀，使之與家族的願景及公司的願景一致，日後若未能成為主要接班人，但或許可成為公司的專業股東，如此每個下一代都共同參與家族企業的經營。

(5) 家族成員在事業體的任職政策

一般家族憲法會明確規定家族成員在事業體的任職政策，例如，欲在家族企業中永久工作的家族成員，必須有至少 6 年以上在家族公司以外的工作經驗，其中至少 2 年必須在同一雇主下工作，並且至少有兩次升遷或類似資歷來證明其表現、能力、責任及可信度得到提升，亦即一個家族成員若能先在其他公司證明自己的價值，未來很可能可為家族企業創造更大的價值。如此任職規定，使家族成員通過自身努力獲得在企業中向上攀升的機會，最終獲得真正的成就感。

(6) 家族委員會

為使家族成員遵守家族憲法，並確立家族憲法意旨可以有效地落實在各家族財產使用方針或企業章程等，通常需要成立家族董事會（或稱委員會），作為維護、監督、執行家庭憲法的核心機構。家族委員會的成員則係依據家族憲法，由全體有選舉權之家族成員透過推選或票選產生的核心代表，運作類似於公司董事會，應定期開會討論家族企業的重大決策或檢討家族企業經營成果。

家族憲法應額外制定或授權制定會議規則，通常應規範家族委員會舉行會議時，有專人記錄會議內容、並會將家族委員會議案及決議內容通知各家族成員，以確保家族成員清楚瞭解委員會的討論議題和決策過程，並確立家族企業之經營方向。

家族委員會的核心代表的人數，可以設定為 5 至 9 人；根據不同的家族憲法，家族委員會成員可能來自不同的家族分支，不同輩分，甚至有家族以外人員，如家族長期的生意合作夥伴、律師或會計師等，這些獨立人員在家族決策中扮演了重要的中間人角色。委員會應定期召開會議（例如每 3 到 6 個月）；家族憲法中通常會進一步明確訂定委員會的會議召集方式，公推或常設主席一人，由委員會的核心成員輪流擔任；或規定達一定出席人數才可以召開委員會議，否則該會議決議無效等；部分較大家族委員會，仍可向下設立分支機構，以負責家庭成員的各方面事務，如健康醫療委員會、教育職業規劃委員會和娛樂休閒委員會等。

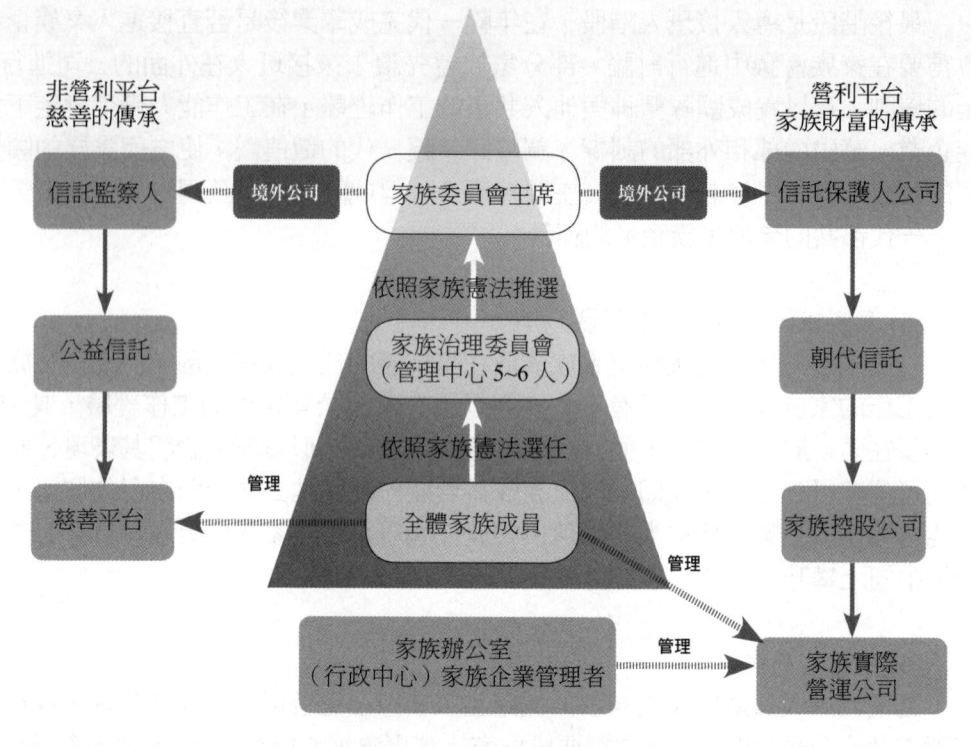

```
                            家族委員會主席
非營利平台                  ／▲＼                     營利平台
慈善的傳承                 ／   ＼                    家族財富的傳承

信託監察人 ◄┄ 境外公司 ┄  家族委員會主席  ┄ 境外公司 ┄► 信託保護人公司
    │                         ▲
    │                  依照家族憲法推選
    ▼                         │
  公益信託              家族治理委員會              朝代信託
    │                 （管理中心 5~6 人）              │
    │                         ▲                       ▼
    │                  依照家族憲法選任            家族控股公司
    │          管理            │                       │
    ▼         ◄┄┄┄         全體家族成員                │
  慈善平台                                   管理       │
                                           ┄┄┄┄┄►   │
                                                      ▼
                 家族辦公室            管理        家族實際
              （行政中心）家族企業管理者 ┄┄┄┄►   營運公司
```

家族憲法治理架構圖

　　以台灣台塑家族為例，家族委員會成員為 9 名，4 位王家二代出任常務委員、王家的三或四代成員為一般委員 5 位，家族委員會每三個月召開一次會議；並另設人數不限的實習委員，只要年滿 18 歲的王家人就可加入。為落實經營權、所有權分離，家族委員會成員組成「管理中心」著眼於集團長期規劃，各公司的代表成立行政中心負責各公司的每日運作；目前亞洲家族，第二代甚至到第三代中，有一半或三分之二均到歐美或海外留學，其有思想、有個性，成長環境與創富者完全不同，大多數富二代對家族的傳統產業不感興趣，所以如果不將家族產業和資本分開、將家族血脈和經營團隊區分，沒有創新的傳承模式，家族傳承必受到嚴厲的挑戰。[6]

---

[5] 杜瑜滿，2013，世代交替／制定家族憲法養成企業接班人《經濟日報》。
[6] 陳一姍、林佳賢，2018，王永慶的兩千億財產如何一步步搬到海外？。《天下雜誌》，646，64-68。
[7] 王永慶先生於 2008 年 10 月美國紐澤西寓所辭世。

第二章 ◆ 傳承啟動與執行

憲法執行者
毅柏律師事務所

王永慶家族憲法

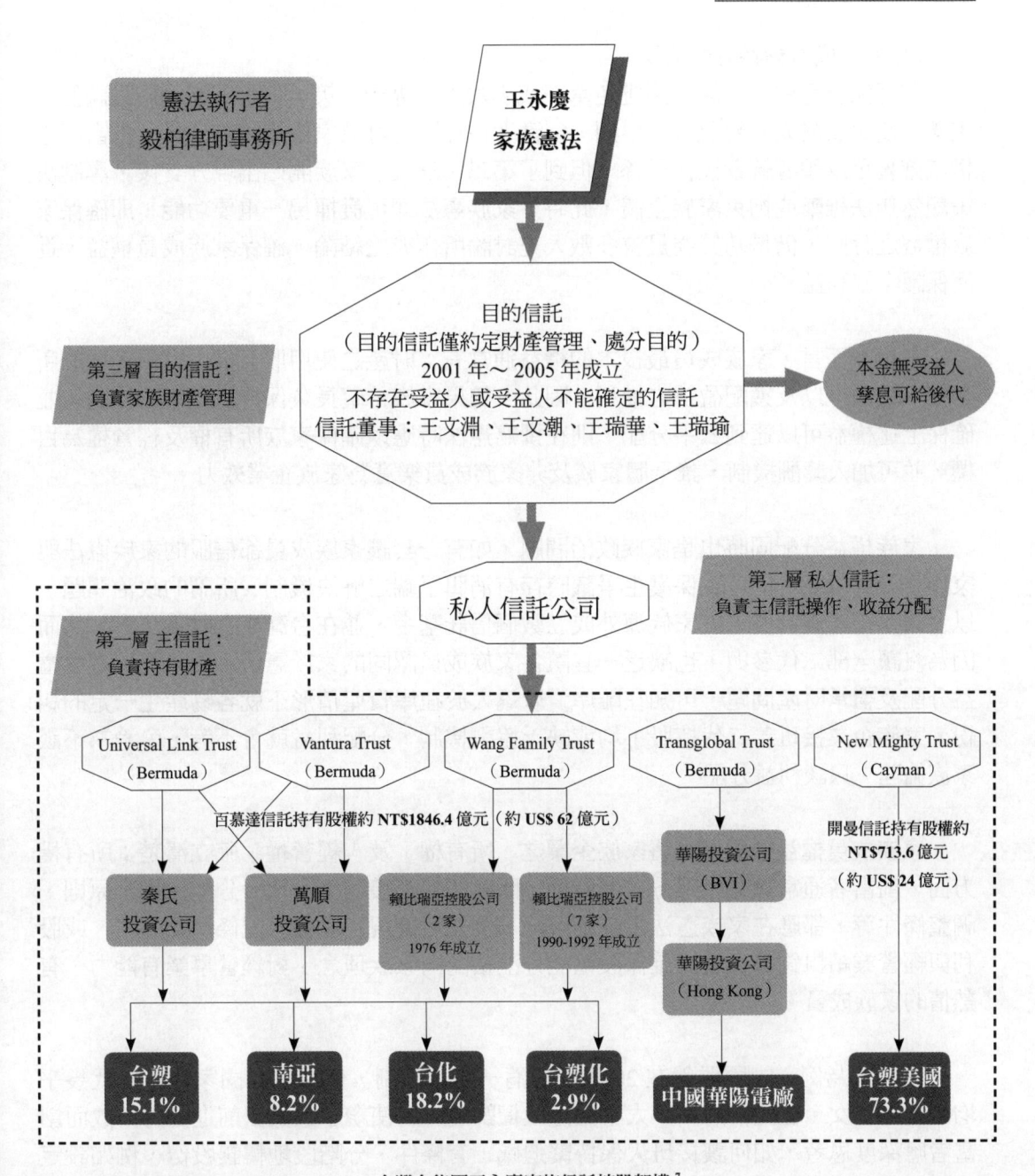

第三層 目的信託：
負責家族財產管理

目的信託
（目的信託僅約定財產管理、處分目的）
2001 年～ 2005 年成立
不存在受益人或受益人不能確定的信託
信託董事：王文淵、王文潮、王瑞華、王瑞瑜

→ 本金無受益人 孳息可給後代

第二層 私人信託：
負責主信託操作、收益分配

私人信託公司

第一層 主信託：
負責持有財產

| Universal Link Trust (Bermuda) | Vantura Trust (Bermuda) | Wang Family Trust (Bermuda) | Transglobal Trust (Bermuda) | New Mighty Trust (Cayman) |

百慕達信託持有股權約 **NT$1846.4 億元**（約 **US$ 62 億元**）

開曼信託持有股權約 **NT$713.6 億元**（約 **US$ 24 億元**）

- 秦氏投資公司
- 萬順投資公司
- 賴比瑞亞控股公司（2家）1976 年成立
- 賴比瑞亞控股公司（7家）1990-1992 年成立
- 華陽投資公司（BVI）→ 華陽投資公司（Hong Kong）

| 台塑 15.1% | 南亞 8.2% | 台化 18.2% | 台塑化 2.9% | 中國華陽電廠 | 台塑美國 73.3% |

台灣台集團王永慶家族信託控股架構 [7]

(7) 家族成員權益分配方案

透過家族憲法，可以達到避免單一或少數人之專制決策，但也不能過於強調個人主義，使家族變成一盤散沙。早期，創富者往往同時身兼家族族長或家長，創富者之權威確實足以領導統禦後代子孫，但到了第二、三代，家族開始出現分支後，專制決策顯然無法維繫或拘束家族全體，此時，家族憲法即可發揮另一重要功能，即確保家族權益之分配，仍是基於委員會多數人充討論所作成之結論，確保家族成員權益，進而保護家族利益。

就權益而言，家族成員最根本的權益通常有：財產之使用收益權、家族企業的所有權、經營權以及獲配盈餘之權利。因此，如果家族希望長久保持對企業的控制，並確保上述權益可以達到公平分配，則在撰寫憲法時應以確保家族所有權及經營權為目標，並可加入獎酬機制，讓全體家族及非家族成員樂意為家族企業效力。

家族權益分配同時也是家族政治問題，如有一套讓家族成員都信服的家族憲法與家族委員會組織，即可確保發生爭議時存有消弭爭端之解決機制。所謂的政治問題，以台灣台塑家族為例，該家族海外成立數個信託基金、並在台灣成立財團法人，然而因為沒讓全部二代參與，也缺乏一套讓各家族成員認同的家族憲法，最後導致產生權益分配及繼承財產問題，可知在離岸資產遠大於在岸資產情形下就容易產生一定的糾紛。家族企業接班若二代持股不均或缺乏協調機制，分配利益就會不等，會淪為不談家族倫理、只談利益分配。

家族成員權益分配，應將家族企業之「所有權」及「經營權」確立清楚；所有權方面，創富者通常擁有大部分企業股權，因此如何交接到下一代、分配比例、原則、調整條件等，都應在家族憲法內詳細規範，例如明確規定股權分配條件及方案、或股利與經營業績掛鉤等，進而確保股權能分配給認同家族理念、對經營事業有能力、有熱情的家族成員。

以中國為例，中國雖然在 2015 年取消一胎化限制，但目前中國家族下一代幾乎均是獨生子女。在此情形下，太早確定股權歸屬，將使繼承人失去前進動力，故而創富者應深度思考，如何讓接班人保持緊迫感，有條件、分階段地轉讓股份，例如設定必須完成學業、在基層或其他公司歷練或於家族事業取得一定成績後，才有最終繼承股權之條件。但所有權轉移也不能太晚，要讓接班人能看到繼承股權的希望，否則可能導致其失去興趣而離開企業。至於經營權，家族憲法應明確規範企業經營權的歸屬。過去中國創富者擁有絕對權威、專斷獨裁，但是人非聖賢，難免犯錯老化，若未及早思索企業經營權交接分配方式，甚至為讓下一代參與企業經營或家族財富管理，最後容易導致難以傳承及分崩離析之結果。

中國家族傳統是由上而下垂直式的權威管理，且每位子孫之能力與管理理念不一，不可能完全與創富者相同，所以如何在傳統與民主中找到平衡點，順利傳承經營

權將是一大學問。此時,若已建置家族委員會,後續由全體家族成員會議選出委員會,全體家族成員擁有所有權,委員會擁有決策權及經營權,將可取得傳統權威與現代民主的平衡。

另外,也可於家族憲法中規定家族委員會與董事會以合議投票制賦予創富者或特定人士有黃金否決權(意即該一人反對,則全案均否定);但否決權的行使,須慎重使用。因若頻繁地行使否決權,仍將回歸權威式管理。否決權應用在重大資產處分及家族意見嚴重衝突時的最終決策權,以避免家族不能共同作出決定,或作出不當決定導致整個家族破裂。

(8) 家族慈善原則規範

創富者或家族企業可以好好思考,慈善有助於家族價值觀的傳承,家族擁有之財富,如能撥出一部分成立基金會做慈善事業,將會更加有助於家族成員間的和睦,也可增強家族凝聚力;透過公益事業的機制來達成企業回饋社會公益的目的,又能兼顧家族企業的永續經營。筆者目前已協助台灣企業家、創富者成立大概近 20 個公益信託基金,將上市股票、家族控股公司、現金放在信託,根據信託契約決定股票的股利收入要分配給不同性質的其他基金會、協會等非營利組織,最後經由信託監察人同意決定具體捐贈對象,也視情況安排讓下一代加入公益信託諮詢委員會,除能讓下一代瞭解公益的重要性、瞭解回饋社會的真諦,還能身體力行實際參與及執行相關事務,為下一代提供一個展示平臺並建立家族的聲譽和傳統,事實上,公益目前越來越受到亞洲家族的重視,更甚者,對公益接班之重視程度凌駕於財產傳承之上。

家族財富和慈善的成功傳承,有賴於在家族憲法中明確規範家族慈善世代之間的交替、慈善董事會成員更動原則、家族慈善的模式、想法和承諾、家族委員會如何決議捐贈對象;另外亦應有鼓勵家族成員參與、瞭解慈善事業的承諾,清楚明白瞭解指定投入慈善的資源不可用於其他用途。另外若可以讓家族慈善事業成為家族成員進入社會的第一個平臺,以學會如何與人溝通、如何進行團隊合作、如何解決矛盾、如何共同決策,此對家庭生活和企業經營都至關重要,也藉此過程讓家族成員再度檢驗慈善目標與過程是否合理的機會,進而帶來新的思維。也因此,家族慈善解決了如何有意義地運用金錢此一問題,不僅可以潛移默化下一代的金錢觀及規劃能力,最終引導他們成為正直良善的人,更讓他們學會尊重家族的傳統、文化以及其他家族成員和周圍的人。家族慈善承擔著一個家族關於傳統、關於價值觀的傳承重任。顯然這才是打造成功家族的核心,繼而增進整個家族的凝聚力。

(9) 家族成員退出、衝突調解程序

隨著家族的成長,無論是主動或被動,部分家族成員退出企業在所難免。為了維護家族的所有權、經營權,家族憲法亦應明確地規範「家族成員退場機制」,例如有義務在退出企業前提早通知家族或接班程序。為此,家族可成立流動基金,以購買退出成員的股權。若企業沒有上市,則可聘請估價師等外部獨立者評估企業價值。並可

規範其餘家族股東具有優先購買權,也就是除非無人接手預定轉移的股份時,股份才能賣給外界人士。

家族內部免不了大大小小的衝突,但需要有明確共識來解決紛爭。家族成員有義務在家族框架內解決衝突,以降低外在輿論對於家族聲譽之傷害。通常採用之紛爭處理模式可分為三步:

① 家族內部非正式溝通;

② 家族委員會調解;

③ 外部獨立協調者。

若最終仍不能解決,相關人士唯有透過訴訟或其他法律程序以求出售他們在家族企業中的股權或離職。

(10) 家族憲法之修改

有關家族憲法必須經由家族成員討論後共同決定,未來條文的修改亦須由家族成員根據家族憲法的規定共同討論與完成,家族憲法中更應明確地規定家族憲法之修正方法。簡言之,家族憲法不應該成為創富者一人的獨角戲,亦非僵化的八股文,應是一部可以同時套用於創富者及未來家族全體成員,並使全體成員均應該且願意奉行、捍衛的家族價值條文。

為達此目的,家族憲法的制定與修正均必須經過家族成員的持續討論與修訂,亦在此過程中增加家族互動,將有助於家族成員彼此的瞭解與互信。一般而言,例如台灣公司法規定,公司章程修正通常需要有公司股東三分之二出席,出席者二分之一決議後方能修改,其目的均在創造彈性並保持一定之穩定度,因為「全體同意」之比例過於僵化,而「單純過半同意」又容易達成缺乏穩定性。故家族憲法的修改,通常在家庭憲法最後一節或最後一個條文中明確規定,有關家族憲法內容的制定和修改,需要家族委員會中 75% 多數通過才能確定;至於一般性決議的訂立和修改則只要家族委員會中過半數就可以。不同家族得視個別事項情節輕重區分表決權比例。

另外,家族憲法亦可明定「修正提案門檻」,例如透過家族成員過半數或 10 人以上之聯署並載明修正事由,則可以向委員會請求提案修正家族憲法,凡達此門檻者,委員會才有義務召集全體表決會議並決議是否修正家族憲法。

(二)家族辦公室

在家族憲章架構體系下,家族委員會是一個權力擁有的決策與管理中心,家族辦公室則是一個負責執行的行政與運作中心;一個運作良好的家族辦公室,可以整合各

項策略與計畫並協助完善執行，達到協助管理家族個人事務、協助世代交替、促進家族凝聚力、保護家族財富，使家族憲章治理機制能正常運作與執行等目的。家族辦公室如同一道橋梁，促進老一代與新一代之間的凝聚與連結。如此，新一代在與老一代交流的過程中有機會建立對家族的忠誠和歸屬感，如此才願意為家族貢獻和犧牲，同時也感受到家族對自身的關愛和教育。長遠來看，家族辦公室確能長久鞏固名門望族歷久不衰。

家族辦公室的任職者並非一般人可勝任，除了擁有金融投資界工作相關的經驗，充沛的人脈網絡與關係更是不可少，當然需要有服務高淨值人士的豐富經驗，才有辦法針對超高淨值家族提供一張完整的資產負債表，藉此對資產負債表的項目進行全面管理與治理。

歲月終將老去，商業必須繼續！「繼承者」走向家族企業的前臺，像一道無法阻擋的狂流。對這上下兩代的當務之急來說，上一代需要學習如何規劃傳承、培養接班人，新生代則需要學習父輩們的奮鬥精神、做事思維和方法，並結合新的時代以接棒傳承與創新。成功的世代交迭將為家族企業帶來實質的成長和躍升，將家族企業推上新的高峰。

目前香港大學為順應市場和時代潮流的瞬息萬變，於香港率先推出全球頂端的「家族傳承與創新課程」，幫助家族企業精英管理者和未來的傳承者開拓視野，瞭解歐美、亞洲以及港澳臺家族企業的發展過程，學習他們在動盪的商業環境中迎接挑戰、改革創新、頑強生存的同時持續發展傳承的秘笈。課程內容包括以下：家族企業傳承、創業與治理、家族企業的傳承與創新、歐洲家族企業與高科技創新海外考察、家族企業管治、家族辦公室、家族企業管理之領導藝術、家族企業資本運營與家族慈善事業等。課程最終的目的，是協助中國家族企業成員學習解決傳承過程中所遇到問題的思路及辦法，並在創新中延續與壯大家族事業[8]。

從這門課程看來，亞洲高資產家族對於家族治理的需求越趨提升，同時隨著家族企業的壯大，以及高科技創新的普及和企業國際化的需求，傳統的家族企業管理規則已經不足以應付瞬息萬變的挑戰。很多傳統的家族企業逐漸面臨轉型和升級，這時家族辦公室若能彰顯其功能，將協助家族企業走向專業化和高端化的管理。

1. 家族辦公室發展過程
古代與近代的家族辦公室
依據全球四大會計師事務所之一安永會計師事務所（Ernst & Young）所發布的報告[9]，家族辦公室的起源最早可追溯至六世紀，當時的國王委任管家來專門打理皇室的財富，這樣的管理模式隨後被很多貴族採納，後來這個管家再找來一些助理就形成

---

[8] 參考香港中文大學亞太工商研究所 The Asia-Pacific Institute of Business 網站，網址：http://exed.bschool.cuhk.edu.hk/。
[9] 參考資料 EY Family Office Guide，網址：http://familybusiness.ey.com/pdfs/ey-family-office-guide-single-final.pdf。

最早的家族辦公室。

在歐洲家族辦公室源自古羅馬時期的「Major Domus」（義大利語，意為「家族主管」），以及中世紀時期的「Major Domo」（總管家），這是最早期家族辦公室的雛形；到1800年代成立是為了管理成功的早期企業家的鉅額財富，由家族建立的私人組織，直接或間接監督家族的財務事務，而建立謹慎的家族辦公室行政職能則是到了1800年代後期，當時歐洲的有地莊園形成了處理家族商業和個人利益的結構，多年來家族辦公室採取了多種形式，從適度的單人運作——通常是簿記員、律師或指定的家族成員——在家族企業內工作，到由多種員工組成的獨立的多人模式內部和第三方顧問；到了19世紀初的歐洲，信託金融工具成形，用來在家族的擴張和分散過程中傳承財富，至此信託逐漸成為保有財富和傳承家業的主要方式。二次世界大戰期間，受到納粹迫害的猶太富人，選擇將錢存放在瑞士銀行才得以保存，這時慢慢發展了私人銀行的服務。至於中國最早的家族辦公室雛形是在春秋戰國時期「家宰」的概念，即古代卿大夫家中的管家，負責主管家中事務；中國古代名門望族家中的「帳房」也和家族辦公室有類似的概念，只不過古代的帳房往往是由同一批人一邊打理家族企業，一邊打理家族事宜。

2. 家族辦公室的分類

家族辦公室依照服務對象的數量，可以區分為二類：單一家族辦公室（Single Family Office, SFO）和聯合家族辦公室（Multi Family Office, MFO）。

(1) 單一家族辦公室，一對一的服務

「單一家族辦公室」就是為一個家族提供服務，根據美國頗具規模的家族資產管理公司FOX（Family Office Exchange）的估計，美國在2008年已有2,500至3,000個單一家族辦公室，合共管理約1.2萬億美元資產，在歐洲則約有1,500個單一家族辦公室，合共管理資金1萬億美元。但到了2016年，安永會計師事務所在其年度《安永家族辦公室指南》（EY Family Office Guide）中指出，全球至少已有10,000家單一家庭辦公室，其中至少有半數是在過去十五年間設立的，可見家族辦公室正以前所未有的速度蓬勃發展。國外著名的洛克菲勒家族即是啟用了單一家族辦公室，列舉說明如下：

- 關於洛克斐勒家族之家族辦公室

1882年，標準石油公司（Standard Oil Company）的創辦人老洛克菲勒（John Davison Rockefeller）建立了世界上第一個家族辦公室，名為「Rockefeller Family & Associates」，當年的洛克菲勒是美國首富，除了現金和企業之外，洛克菲勒家族另外擁有大量的投資、房地產以及慈善事業。這麼巨大而複雜的資產，老洛克菲勒需要專業人士來協助打理龐大的資產以及家族投入的慈善活動。但有好長一段時間，他拒絕將其投資團隊專業化，所以家族辦公室一直非正式地運行著，直到1908年，

他最得力的助手蓋茲（Frederick Taylor Gates）竭盡所能終於說服老洛克菲勒組成了一個四人委員會來管理其資產。這個委員會包括蓋茲以及小洛克菲勒（John Davison Rockefeller, Jr.），由蓋茲全權負責管理。而後，各界人才先後加入了家族辦公室的核心顧問團隊，使得家族辦公室逐步從鬆散的組織轉變成現代化管理的機構。

這個機構扮演起整個家族運行的中樞角色，在專業經理人的協助下，將家族旗下的所有資產集中管理。一百多年以來，它為洛克菲勒家族提供了包括投資、法律、會計、家族事務以及慈善等幾乎所有服務。舉例來說，1934 年小洛克菲勒為了遺產稅的避稅需要（1917 年遺產稅稅率從 10% 上調至 25%；1924 年開徵贈與稅），在家族辦公室的建議下，設置了兩個信託基金，其受益人分別為妻子、孩子以及孫輩；這些信託基金的設立即由家族辦公室擔任顧問工作。為了維繫家族的長青，洛克菲勒家族辦公室的第一優先要務是確保家族延續與教育，因此這個家族很少有負面新聞，並且每一代都人才輩出。這也說明了家族辦公室的功能不僅僅是管理家族財富，還要幫助家族培育出經得起考驗的家族文化價值觀，並透過優質教育培育出世世代代的繼承人。

至今，洛克菲勒家族設在紐約洛克菲勒 30 廣場（30 Rockefeller Plaza）56 樓的家族辦公室，一共聘請約 200 位專業經理人協助管理洛克菲勒家族財富，整個服務的架構細分為以下公司，各司其職：

① 洛克菲勒金融服務公司（Rockefeller Financial Services Inc），此為家族資產管理機構，目前由第五代成員管理，並提供其他家族客戶服務，為家族理財提供資訊處理服務及管理家族財富。

② 洛克菲勒公司（Rockefeller & Co.）

③ 洛克菲勒創投公司（Venrock Associates）

④ 洛克菲勒保險公司（Rockefeller & Corp Acadia），為家族成員提供風險管理服務、保險經紀服務

⑤ 洛克菲勒信託公司（RocKit Solution），用以管理家族辦公室公司架構，即以上①〜④ 公司的控制者。

如上述，洛克菲勒家族辦公室已演變成一個聯合家族辦公室，借助洛克菲勒的品牌與資產管理經驗，為多家富豪家族共同管理資產；其著眼點在於聯合家族辦公室突顯了規模效應，實現成本收益結構改善。洛克菲勒家族辦公室使用第三方投資，外聘首席投資官（Outsourced CIO）的模式，由職業投資人通過一個投資組合共同管理多家族基金。

(2) 聯合家族辦公室，一對多的服務

「聯合家族辦公室」則是為多個家族提供服務，主要來源有三類：第一類是由單一家族辦公室接收其他家族客戶轉變而來，第二類則是私人銀行為了提供大客戶更好的服務而設立，第三類則是由專業人士創辦。全球規模最大的聯合家族辦公室為總部設立在瑞士的 HSBC Private Wealth Solutions，管理著 297 個家族，約 1,236 億美元的資產（平均每個家族 4.2 億美元）；管理客戶平均資產規模最大的 MFO 是總部設立在日內瓦的 1875 Finance，最初由三個銀行家成立，其客戶的平均資產規模可說是最大，並協助家族跨越五個世代管理證券和投資房地產；總部位於美國西雅圖的 McCutchen Group 則管理著四個家族約 52 億美元的資產，以平均每個家族 13 億美元位列第二。

目前全球各地許多私人銀行也陸續成立家族辦公室，但與真正的家族辦公室的差別，就資產管理與投資角度而言，私人銀行的客戶服務會從銀行的利益角度出發，以銷售產品為主，可能無法切實地站在客戶角度考慮實際需求；家族辦公室則是從家族整體利益出發，根據客戶實際的利益需求，尋找最適合的專案，與客戶利益角度一致，等於是客戶的專屬顧問；服務內容而言，私人銀行受營業範圍限制與法令遵循問題，無法涉及銀行以外的業務，一但私人銀行理財專員離職可能造成客戶延續服務的問題；最後是專業導向不同，私人銀行畢竟偏向於專業理財，以產品為導向，家族辦公室則可能以專業服務為主，包含法律、稅務、繼承、信託等相關專業服務，為客戶提供全方位的家族管理服務。除了上述相異點之外，最大的問題是，私人銀行服務成本低，家族辦公室維持與管理成本高，就整個服務對象與方式可用以下圖來說明。

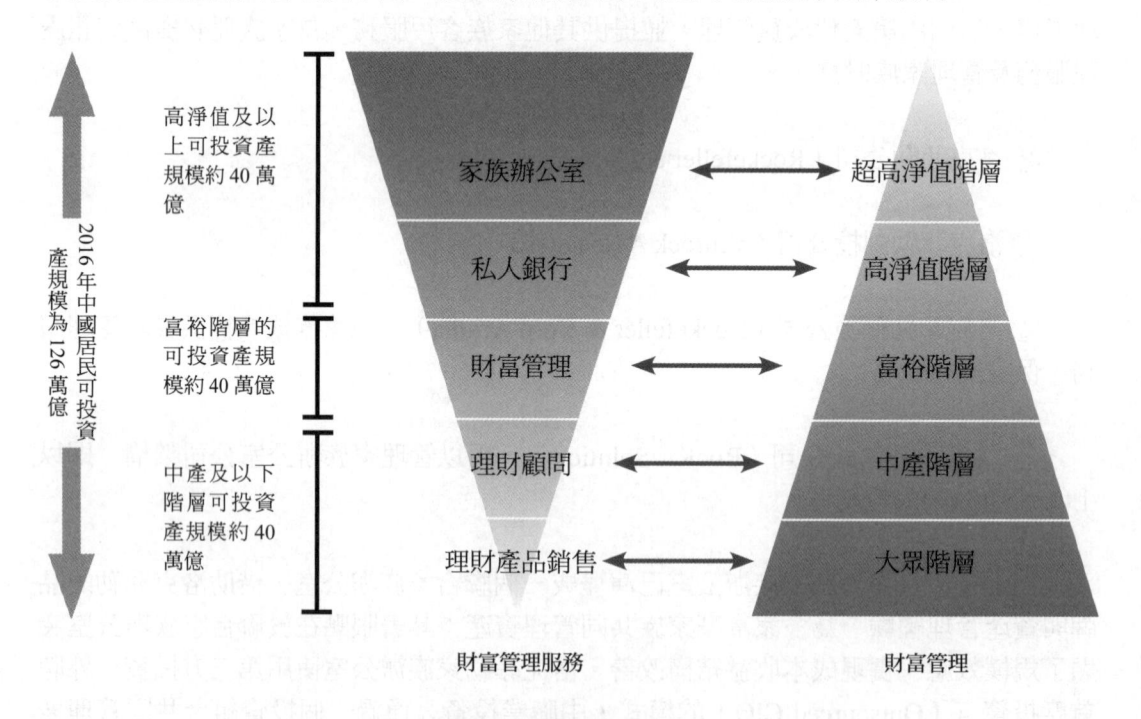

圖：私人銀行服務及對象
（資料來源：波士頓諮詢公司 (BCG)）

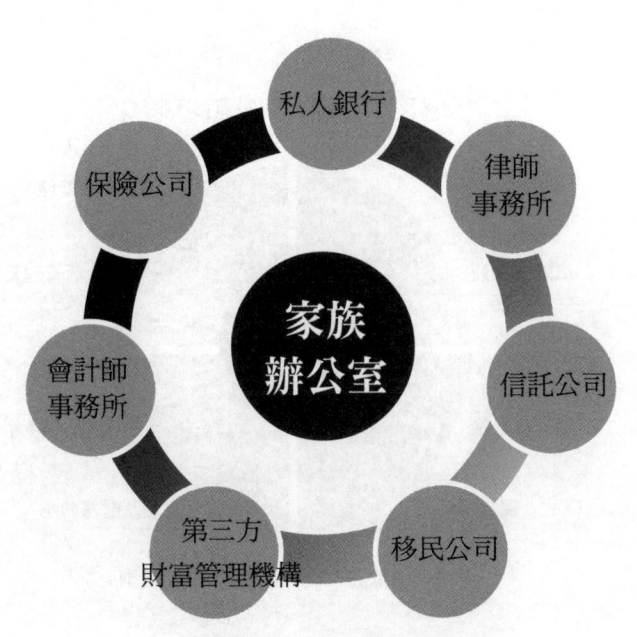

圖：家族辦公室及財富管理機構關係

　　家族辦公室在中國的發展歷史不長，在 2013 到 2015 年間發展迅速，據不完全統計，目前中國已經發展到近 200 家，而這些家族辦公室約略可依照重心不同而區分為以產品為中心、以服務為中心、以顧問為中心或投資驅動型等型態的家族辦公室；但目前的服務範疇還是偏重在理財，要做到第二、第三代的規劃與傳承還是不容易，至於投資理財的服務，中國由於文化、習性等方面的差異，客戶一般無法接受全權委託形式，而是採取結構化的單一服務專案收費，資產最終處置權歸委託人所有，讓委託方能自己掌握可控風險。目前中國的家族辦公室所服務的對象已從早期 2007、2008 年追求絕對收益，發展到目前在境外配置上追求穩健成長；家族辦公室協助家族企業不再只重短期利益，而是放眼長遠經營，在各個環節上提供最契合家族的服務，讓客戶能夠穩健投資、長久地經營。

3. 家族辦公室功能

　　一般當企業主或企業大股東的資產達到五千萬或到一億美元以上，可能就需要開始尋求單一的家族辦公室來提供服務，家族辦公室的主要核心競爭力來自其包括財務顧問、律師、會計師、稅務專家、投資經理、信託實體（受託人）或顧問等具有豐富從業經驗的專業團隊，其緊密合作為富豪家族提供客制化服務，全面處理財富管理、稅務規劃、慈善捐贈、子女教育等各項家族事務。家族辦公室除提供家族信託、稅務籌劃、資產管理等資產保值增值服務外，可能還包括家族企業管理、上市諮詢、法律服務、後代教育、遺產規劃、設立和運營慈善基金等管家式服務。一般家族辦公室需要有一套專業系統及專屬服務流程，同時辦公室成員需要對基本市場及金融資本進行盡職調查和研究，才能提供此服務。以下是全球知名四大會計師事務所之一，安永會計師事務所提出四大類別、共十二項家族辦公室全方位服務圖供讀者參考：

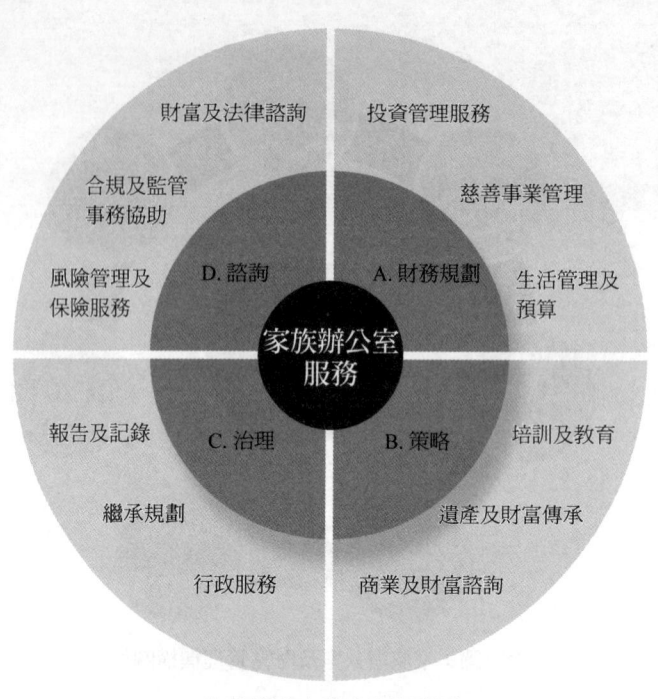

家族辦公室全方位服務圖
（資料來源：EY Family Office Guide）[10]

　　A 類、財務規劃服務：家族辦公室協助將家族財富集中化管理，也就是將分散於多家銀行、證券公司、保險公司、信託公司的家族金融資產，整合成一張完整的家族財務報表。透過遴選並監督投資經理，實施有效的投資績效考核，進而實現家族資產的最佳配置。此外，家族辦公室亦處理家族財務日常需求，包括風險管理、稅務籌劃、信貸管理與外匯管理等。如家族已設有慈善組織並擔任控股者，亦應納入整體規劃，協助慈善資金的運用、慈善活動的管理，以及家族社交活動與聲譽維護等社會資本的保值與增值。

　　B 類、家族策略服務：提供從家族憲法、跨境家族信託的制定，到繼承與傳承策略等一系列規劃服務。針對下一代家族成員的高等教育、實習和工作職業需要進行系統規劃。此類規劃將結合戰略目標、家族結構、產業特徵及地域布局等因素，提出具體建議。此外，也包含繼承人培養計畫、家族分支或世代之間的爭端調解機制，以及並對後代的投資事務進行策略指導，使下一代能順利完成接班任務。

　　C 類、家族諮詢服務：針對家族在不同國籍、稅務身分下提供完整的分析建議與協助執行。可依客戶身分和所在地，提供不同國別或區域的法律團隊（含商務、信託、民事、刑事、稅務律師及會計師等），就法律問題給予專業建議，確保準確的在地服務；並針對不可預知或不可抗力之風險，提供保險、醫療等支援服務。

---

[10] 參考 https://familybusiness.ey-vx.com/pdfs/1003023-family-office-guide-v3-lr.pdf。

D類、家族治理服務：涵蓋召集家族會員大會、安排家族旅行以凝聚家族向心力、籌辦婚喪嫁娶儀式、管理家族傳家檔案、提供禮賓與管家保安服務（如私人管家、司機、廚師、勤務人員、保鏢）等家族日常事務。若家族在全球擁有多處住宅、藝術收藏、私人飛機和或遊艇，亦須於資產所在地尋求訓練有素且值得信賴的專業團隊進行協助。

近代家族辦公室的形式日益多樣，所能提供的服務範圍也愈加廣泛，因而需要一支龐大且專業的團隊，方能滿足大型家族在各方面的需求。維持此團隊的年度成本亦相當可觀，少則約 100 萬美元，多則可能高達 300 萬美元。一般而言，完整的家族辦公室通常設有以下五大部門，且每一部門之下均細分為多個專業服務團隊。

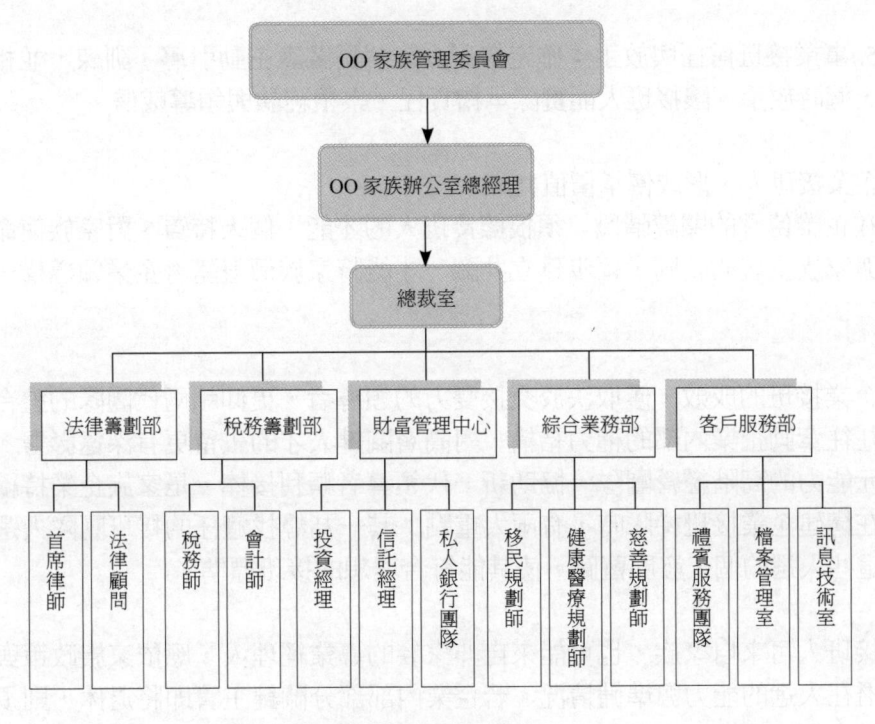

家族辦公室組織結構

步驟四、傳承執行環節、企業傳承步驟與時間表

企業傳承規劃從藍圖勾勒到價值共識，核心在於傳承溝通與信任放手。

1. 傳承藍圖勾勒：先評估接班人的動機、行為及條件，勾勒出傳承藍圖，包括傳承的內容、傳承對象、預備人選與傳承時程表。需訂定具體計畫，並盡可能分享細節。整體傳承過程會隨著時間與環境變化而調整。

2. 傳承價值共識：從時間軸來看，兩代人通常相差 30 年，一代回顧過去 30 年、一代展望未來 30 年，要建立共識並不容易。須從接班人的能力、個性，以及對家族

使命感、價值觀和認同感出發,逐步建立共識,特別是價值觀的傳承,攸關企業未來發展方向與對社會、員工、股東的責任。

3. 傳承溝通、溝通、再溝通:這是一個需要長時間、深入且廣泛的溝通過程。第一代胼手胝足創業,對企業懷有深厚感情;第二代則受不同教育背景影響,希望以自己的方式經營。唯有不斷溝通,才能促進理解與和諧,達成有效傳承。

4. 所有權安排與股權控管:所有權的配置與控管機制亦須清楚規劃,避免未來因股權分散導致管理混亂。透過制度化安排與家族共識機制,確保企業控制權的穩定與延續。

5. 事業接班信任與放手:確定接班人後,長輩應主動引導、訓練,並相信其專業能力,適時放手,讓接班人能實際承擔責任,累積經驗與領導威信。

確定企業接班人,形成傳承價值共識
在企業傳承的關鍵階段,須根據接班人的才能、個人特質、對家族使命感、核心價值與家族主義的認同,逐步建立共識,才能將家族價值隨著企業領導權一併傳承下去。

企業接班的成敗,僅取決於交接雙方的領導者,更仰賴兩代團隊的整合與合作。接班往往牽動企業內部的權力結構,對高層關鍵人才的去留更有深遠影響。因此,培養多元能力的高階經營團隊,協助新一代領導者順利接棒,是家族企業持續發展的關鍵。在構建企業接班梯隊時,有兩大重點:其一為尋找適任的接班團隊人選;其二為規劃這些人選的個人發展藍圖,使其能符合理想的接班標準。

接班人可來自家族,也可能來自非家族的專業經理人,應依家族政策與企業需求評估潛在人選的能力與準備情況。若企業內部部分關鍵主管即將退休,則須釐清其未來角色定位。同時,應界定家族其他成員未來在企業中積極或非積極的參與角色,並鼓勵對接班人提供支持與諮詢,共同協助其承擔領導重任。

針對預計退休的資深經理人,更應啟動有計劃的關鍵任務移轉機制,讓接班人與高層得以在實務中逐步承接職責,吸收寶貴經驗,降低交接風險。此外,可考慮設立顧問制度或賦予資深主管榮譽職銜,既尊重其過往貢獻,也讓智慧資產得以延續於組織之中,形成良性傳承機制。

(一)確立執行步驟:從價值觀建立到領導權交棒
第一步、確定上下代的共同價值觀
價值觀是企業傳承中最核心的元素,決定了未來的發展方向,亦反映企業對社會、員工及股東的責任與承諾。

第二步、訂定傳承時間表與實施計畫

盡可能列出具體執行細節，但須保有彈性，讓傳承計畫能隨著環境與需求的變化適時修正與調整。

第三步、推進溝通工作，確保計畫順利展開

隨著傳承計畫的推進，須持續進行縱向與橫向的溝通，以即時監控傳承是否仍在正軌。這是一項長期且需具備深度與廣度的溝通過程。

第四步、安排企業所有權及經營權，完善管理層架構

隨企業的專業化與規模擴大，應考量未來戰略方向及所需的核心能力，建立發展系統以協助家族與非家族的高階管理人填補技能落差，並強化未來競爭力。在此可藉由建構高階管理層及董事會來達到此一階段的目的：

- **建構高階管理層的關鍵步驟**

高階管理層傳承計畫為家族企業最重要的問題，是家族企業未能傳到第三代的關鍵原因，正式的傳承計畫應選擇可勝任的人（無論是否為家族成員）且必須讓家族成員、董事會、主要高階管理人和其他利益相關者參與。在此的主要工作如下：
    » 組建由家族與非家族成員共同組成的高階管理團隊。
    » 管理企業營運並依董事會方向推動發展。
    » 考慮設立執行委員會。
    » 建立以績效為導向的薪酬制度（平衡家族與企業價值觀）。
    » 建立公平客觀的績效評估機制。

- **建構董事會的關鍵步驟**

董事會是企業治理的核心。初期通常由家族成員與受託非家族成員組成，隨著業務發展，角色愈趨多元。許多企業會先設立顧問委員會輔助現有董事，逐步過渡至具備治理能力的專業董事會。關鍵做法如下：
    » 延攬外部獨立董事，引入策略視野與產業專業，提升決策品質。
    » 參與重要人才招募，協助家族內部協調分歧。
    » 善用董事人脈拓展資源與影響力。
    » 清晰定義董事會、家族及高階經理人的權責與分工。
    » 確保董事會具備組織最終的指導與監督權限，不受個別家族成員干擾。

第五步、明確規劃領導權的移交過程

為避免權力真空，應事先規劃現任執行長與接班人之間的過渡機制，並明定退休後的角色定位與參與程度。

第六步、正式將領導權交棒給新任執行長

確定接班人後，進行正式的接班程序。卸任領導者應放手讓新任執行長主導企業，

並在必要時給予指導與支持。同時，應即啟動下一輪的接班規劃，確保領導層的穩定與業務的持續性。

（二）企業傳承時間表

	所需時間（年）	0.5	1	1.5	2	2.5	3	3.5	4	4.5	5
1	勾勒傳承藍圖	■									
2	評估接班的動機及行為，內部對於接班人的條件達成共識	■									
3	確定企業接班人，形成傳承價值共識		■	■							
4	確定上下代共同價值觀				■	■					
5	訂出傳承時間表及實施計畫				■	■					
6	隨著傳承計畫的開展進行溝通工作					■	■	■			
7	安排企業所有權及經營權，完善建構管理層							■	■	■	
8	明確定出移交過程及計畫								■	■	
9	正式移交給下一新任執行長									■	■

財富傳承步驟與時間表

1. 財富傳承步驟

財富傳承的步驟可分為十二個步驟，首先從釐清家族現有財產之項目及性質開始，一直到最終進行風險監控。

(1) 釐清家族現有之財產項目及性質（例如不動產、上市或非上市股票等）。

(2) 釐清家族成員之國籍身分（個人、配偶及子女是否為美國公民或綠卡持有人，家族成員長輩或同輩親屬有無非美國國籍）。

(3) 評估境內境外各項資產目前市值狀況。

(4) 評估各在岸資產及離岸資產過去申報之個人所得稅表已呈現的所得狀況（例如：利息、股利或財產交易所得等）。

(5) 訂定一套具體可行的家族憲章。

(6) 建立或委託一個可持久的家族辦公室。

(7) 依所提架構先行架設完成境內境外應具備之獨立實體（Entity）。
　　① 家族成員身分國際化。
　　② 跨境家族控股公司。
　　③ 跨境信託。
　　④ 跨境受控子、分公司（運作公司）。
　　⑤ 跨境投資公司。
　　⑥ 跨境銀行帳戶的運用。

(8) 成立一個或數個家族朝代信託。

(9) 規劃安排第一筆資產（總資產比重 1～5%）移入信託，初步確認執行成效。
　　① 評估資產移轉可能衍生之相關稅負。
　　② 評估是否需要繳納美國贈與稅。
　　③ 決定信託內容（受益人名單、本金及孳息自益／他益、信託期間）。
　　④ 向稅局辦理所得稅申報。
　　⑤ 向證交所申報移轉上市櫃股票。

(10) 維持信託運作，包括信託主體本身每年的所得稅申報。

(11) 追蹤及觀察架構執行成效，逐步安排大筆資產移入信託。

(12) 收集整理租稅籌劃中所產生之資料，用以應付未來稅務局可能對個案進行調查之風險。

（三）財富傳承時間表

	所需時間（月）	3	6	12	18	24	30	36
1	勾勒傳承藍圖	■						
2	評估接班的動機及行為，內部對於接班人的條件達成共識	■						
3	確定企業接班人，形成傳承價值共識	■						
4	確定上下代共同價值觀	■						
5	訂出傳承時間表及實施計畫		■					
6	隨著傳承計畫的開展進行溝通工作		■	■	■			
7	安排企業所有權及經營權，完善建構管理層			■	■			
8	明確定出移交過程及計畫				■	■		
9	正式移交給下一新任執行長					■	■	
10	維持信託運作，包括信託主體本身每年的所得稅申報						■	■
11	追蹤及觀察架構執行成效，逐步安排大筆資產移入信託						■	■
12	收集整理租稅籌劃中所產生之資料，用以應付未來稅務局可能對個案進行調查之風險							■

步驟五、傳承執行──家族辦公室與家族成員的全力配合

企業傳承的落實階段，可由具備經驗的家族辦公室協助推動，以確保交棒計畫順利執行。此時，家族領導者需與家族辦公室緊密合作，釐清家族發展方向與治理原則。以下說明家族辦公室在接班過程中的角色與參與方式：

（一）家族辦公室於企業接班過程中的角色

企業接班是一個需要長期準備的過程，理想上應為接班人提供至少三年的準備與歷練期，分為「接班前」、「接班中」、「接班後」三個階段，家族辦公室在每一階段皆扮演關鍵推手。

1. 接班前階段：現任領導人負責指導並密集培養接班人，協助其熟悉各業務領域。家族辦公室則可透過性格與潛能評估工具，協助確認候選人的個人特質，促進接班人與企業內部關係的良性互動與磨合。

2. 接班中階段：此階段應逐步將更多決策權與責任交付給接班人。家族辦公室可協助處理因治理結構轉變所帶來的挑戰，並針對資產配置、投資策略等面對外部變局的不確定性，提供專業建議與資源整合方案。

3. 接班後階段：當企業經營權正式交由新任領導人掌握，現任領導人應明確宣布退居幕後。此時可轉任顧問角色，提供策略建議與延續人脈資源，讓接班人得以在穩定基礎上發展企業新局。

（二）家族辦公室如何執行家族傳承

企業傳承的順利落實，絕對離不開家族辦公室的積極參與。依據全球知名投資銀行美商摩根大通銀行對家族辦公室的觀察報告，家族辦公室成功與否，關鍵在於其是否具備實現家族長期目標、並因應家族財富所面臨各種有形與無形挑戰的能力。該報告指出，家族決策者應先釐清以下問題，才得以領導家族辦公室在未來協助家族開創未來：

1. 家族辦公室是否能找到「北極星」來指引？

傳統家族辦公室通常集中關注於稅收、法律和投資等議題，但真正的關鍵在於能否確立如「北極星」般的核心目標，作為家族辦公室運作的最高指引。這顆「北極星」象徵家族最重要的使命與願景，能夠凝聚家族成員共識，引導家族資源與決策向同一方向前進。唯有如此，家族辦公室的存在才具備真正的意義：協助落實家族的決策、長期策略與優先順序。倘若家族缺乏明確的長期目標與共識，家族辦公室將陷入方向不明的困境，不僅難以有效管理資產，更無法因應未來潛在的風險與機遇。

不僅如此，若家族辦公室成立的目的是服務多位家族成員（如兄弟姊妹、跨代成員），內部差異將變得更加複雜。例如，每位成員對風險的容忍度、對財富的目標皆可能不同：有些偏向保值，有些追求高報酬，有些則需定期收入以維持生活水準。這些差異若未妥善協調，將影響家族辦公室資源配置的效率與穩定性。即便服務對象僅為單一成員，仍需考慮萬一該成員突發健康狀況或喪失行為能力時的應對機制。因此，家族決策者需明確訂定一套核心治理原則，作為北極星般的指引，協助家族辦公室制定投資策略、風控政策、溝通機制與決策流程。一般而言，家族決策者應釐清以下四大關鍵問題：

(1) 家族的財富願景和目標是什麼？
(2) 有哪些策略可確保財富的跨世代傳承與增值？
(3) 成立家族辦公室的目的什麼？
(4) 家族成員希望家族辦公室現階段及未來提供哪些服務？

家族決策者對這些問題的答案，將可以為家族和家族辦公室界定共同的框架來指引未來的決策方向及強化家族辦公室的責任心。

2. 家族領導者是否具備領導家族辦公室所需的「情商」與「智商」？

家族辦公室的管理團隊雖具備投資、稅收和法律等專業的基礎，但真正的挑戰在於是否能協助家族妥善經營與管理「人力資本」——即每位家族成員的個性、能力、才華、健康狀態與整體幸福感。這些特質的變化會直接影響家族整體的穩定與未來潛力，而管理這類無形資本，則仰賴家族領導者是否具備兼顧理性與感性的高情商與高智商。

此外，家族的無形資本（如人際網絡、聲譽、社會影響力）亦是不容忽視的寶貴資產。雖然這些可能未被正式列為家族辦公室的核心職責，但協助家族成員發展這些資本、並建立屬於自己的人脈圈，應成為家族辦公室的重要延伸任務之一。有經驗的家族領導人若能善用自身的情商、智商與累積的人脈資源，並以此為基礎引導家族辦公室發展，將能更有效地支持接班人拓展視野、建構屬於下一代的領導格局。

3. 如何減輕家族面臨的內部挑戰和外部風險？

家族辦公室在考慮家族面臨的風險時，往往優先處理可量化的財務風險，例如市場波動、過度槓桿或稅務變化。但真正威脅家族長遠發展的，往往是那些被忽視的「無形風險」與「內部挑戰」，特別是在進行跨代傳承時更需關注。常見的三種內部風險如下：

(1)「中斷」的風險：指因死亡、健康惡化、離婚等突發事件所造成的經營中斷。即使是企業出售這樣表面上帶來利益的行為，也可能讓家族陷入失去經營核心與方向的中斷危機。

(2)「異見」的風險：家族成員間若存在未被妥善處理的不同意見，將可能引發不信任、對立，甚至訴訟風險。異見往往源於對分配的不公平感，而這樣的情緒如果缺乏適當的溝通與機制將不斷累積，嚴重時甚至可能撕裂家族。

(3)「耗散」的風險：隨著家族成員世代擴張、人口增加，財富的消耗速度將加劇。當原始資產無法支撐所有家族後代的生活開銷，或因地理分散導致連結弱化時，家族財富將面臨耗散甚至瓦解的風險。

家族決策者若能及早辨識這些內部風險，並與家族辦公室攜手預作規劃，便能有效降低對家族和企業的衝擊。從制度設計、溝通機制、教育傳承，到風險分散與策略布局，家族辦公室的角色將不僅是財務管家，更是跨代穩健傳承的關鍵推手。

4. 如何優化家族辦公室的運作管理？

家族辦公室是否能有效運作，取決於能否充分發揮內部員工和外包服務的各自優勢。不論家族辦公室的規模大小，當面對外包策略的選擇時，應優先思考以下三個面向：

(1) 勞動密集工作的再設計與精簡：對於例行性、重複性或繁瑣的工作流程（如文書處理、帳務記錄等），可考慮透過數位工具或外包方式進行調整，以釋放內部人力資源，讓家族辦公室能專注在更具策略性的任務上，提升其整體價值與功能定位。

(2) 精準配置專業外部資源：法律、會計、信託等專業工作應交由具備認證與實務經驗的機構處理，並採取彈性多元的外包模式。例如，針對重要且高風險的案件可委託大型律師事務所處理；對於日常法務或稅務申報等業務，則可交由中小型或個人事務所辦理，以兼顧品質與成本控制。

(3) 借鏡他人經驗，累積集體智慧：家族領導人可積極參與家族辦公室相關論壇、圓桌會議，或與擁有服務高淨值家族經驗的專業團隊合作，以便從他人成功經驗中借鑑策略。如此的做法特別適用在規劃慈善事業或是教育年輕一代等方面。

5. 如何導入新科技提升家族辦公室的服務品質？

隨著稅務合規標準提高、資料要求日益繁雜，家族辦公室若缺乏系統化工具，勢必在人員更替或臨時交接時面臨資訊混亂、風險升高等問題。因此，家族辦公室在科技應用上的策略應聚焦於三個核心：

(1) 策略導向的科技規劃：導入科技應以家族事務的優先順序為基礎，根據資產配置、稅務規劃、慈善活動與風險管理的需要，設計相應的資料處理與報告機制，讓科技真正成為戰略延伸的工具。

(2) 流程簡化與效率提升：選擇能整合財務管理、投資追蹤、稅務申報、帳務處理等功能的數位平台，有助於簡化流程、減少人工錯誤，並提升即時性與透明度。

(3) 資安防護成為重中之重：高資產家族及其家族辦公室仍然是網絡不法份子的長期目標。根據調查，未來家族辦公室在科技上的 55% 投資預算將集中於資安防護。

從筆者過往的執業經驗觀察，大多數高資產家族的傳承目標並非追求財富的極大化，而是希望財富能成為家族願景與使命的延續工具。這意味著，財富的「永續性」比「規模成長」更具價值。然而，現實中許多家族辦公室仍偏重於資產增值而非價值傳承，這也可能與家族領導者的真正期望存在落差。

因此，家族辦公室唯有與家族領導人建立長期且深度的合作關係，理解其價值觀與願景，方能真正發揮其策略夥伴的功能，不僅協助保護與管理家族的有形資產，更要承擔起傳承無形資產的重任，使家族財富在跨代延續中持續發光發熱。

步驟六、傳承籌劃後年度行政事務、後續維護管理與風險因應

在家族確認並施行傳承計畫之後，後續必不可少的就是年度的行政事務、維護管理，以及風險管理，如此才能確保傳承計畫能夠持續順暢的運作：

（一）後續年度行政事務
1. 年度家族會議資料保存，確保訊息有效溝通。
2. 透過口頭及書面型式等多向溝通，確認家族間針對相關議題均具備共識。
3. 透過會議記錄及資料的保存，確保訊息有效性及與各利害關係人充分溝通。
4. 定期覆核相關議題的合適性，確保家族與事業法規的合適性。
5. 家族成員部定期提議與解決方案之建議。

（二）後續年度維護管理
1. 年度信託架構維護與管理。
2. 年度控股架構帳務處理與報表編制。
3. 年度控股架構稅務繳納。
4. 年度家族成員稅務申報與法律諮詢。

（三）後續年度風險因應
1. 籌劃過程衍生法律與糾紛的預防與解決。
2. 籌劃過程衍生稅務風險因應與解決。

家族憲章範本請參考本書附錄四。

五、傳承工具與實際操作

在本章將針對筆者 30 年來親身設立及規劃的實作經驗；一個個步驟與讀者探討常用的六大工具之具體操作內容。所謂六大工具是指生前直接贈與（企業與財富傳承繼續以個人名義持有）；生前訂立遺囑（死後由繼承持有）；為傳承目的成立私益基金會或公益基金會；或成立家族信託或公益信託，各種工具或方式，各有其優缺點，可選擇一種或一種以上工具，傳承規劃宜早不宜遲。

家族傳承的法律載體：

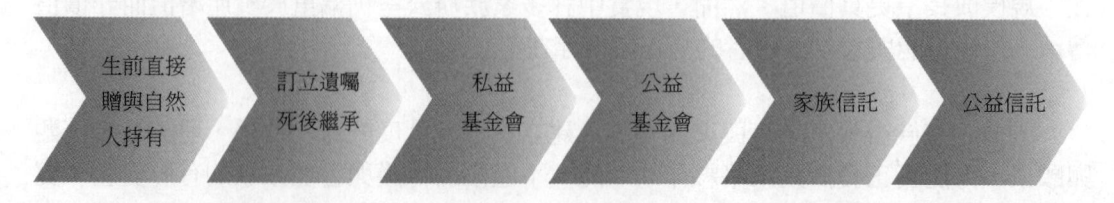

生前直接贈與自然人持有 → 訂立遺囑死後繼承 → 私益基金會 → 公益基金會 → 家族信託 → 公益信託

(一)傳承工具：贈與

是指財富創造者於生前將部分或全部財產，透過一次性或分次贈與的方式，有計畫地移轉予下一代。

1. 採用贈與方式進行傳承的優點
(1) 提早接班：提前轉移股權，有助於接班人掌握經營權，穩定企業運作。
(2) 降低稅負：透過逐年贈與，可運用每年贈與稅免稅額分散稅負，同時降低家族整體所得稅。
(3) 協助創業：提前提供創業資金，鼓勵子女獨立發展；若子女有意自行創業，能有充足資金，完成自我抱負及理想。
(4) 學習自主：讓子女學習管理財富、建立正確金錢觀。
(5) 避免紛爭：財產所有權人可在生前親自分配資產，依能力與性向安排，有助預防繼承紛爭。

2. 贈與傳承潛藏的風險與挑戰
(1) 失去控管：太早喪失所有權，將導致創辦人喪失實質控制權，一旦子女間對分配存有疑慮或對資產運用方向意見分歧，可能反而引發更劇烈的家庭矛盾。
(2) 年老無依：若未保留足夠資產供自身退休與照護之需，創辦人可能在年老時面臨生活資源不足，甚至成為子女冷落的對象，造成精神與經濟上的雙重壓力。
(3) 財產不保：子女若欠缺理財能力，或將資產投入高風險或不熟悉的投資項目，易導致財產縮水甚至遭外人覬覦而外流，破壞家族整體財務穩定。
(4) 揮霍無度：當受贈人年紀尚輕或未具備成熟的金錢觀時，突如其來的財富可能助長奢靡心態或依賴心理，不僅難以自立，更可能敗掉數代積累的資產。
(5) 損失節稅機會、造成額外稅負：錯誤的資產規劃可能導致面臨龐大的稅負，例如：若資產（如不動產）在生前贈與，而非透過遺產傳承，將無法享有「資產成本重估」（Step-up Basis）機制，未來出售時可能需繳納大額資本利得稅，整體稅負反而更高。

贈與模式分析表：

	銀行存款	股票	不動產	終身壽險（父母、子女、孫子女）
掌控性	無	弱	弱	有
債務隔離	無	無	無	有
專款專用	弱	弱	有	有
增值性	有 （微利、單利）	不確定	不確定	有 （鎖定利率、複利）
三代共用	無	無	無	有

	銀行存款	股票	不動產	終身壽險（父母、子女、孫子女）
稅負	無	有（股票分紅）	有（租賃所得、房地產稅）	無
遺產稅	有	有	有	無
屬性	曝光性資產	曝光性資產	曝光性資產	隱藏且免稅資產
安全性	高	不確定	不動產統一登記	高（但離岸保單應注意保險公司破產）
加權指數排名	4	3	2	1

3. 贈與之實際操作

(1) 贈與之準備工作

贈與資產之類別、金額與移轉難易程度

當前高淨值家族財產一般包括：一是固定資產（房產、土地、古董收藏品、字畫、雕塑、藝術品、家具、黃金、珠寶、首飾、車子等）；二是金融資產類債券、基金（如基金理財、信託基金）、保單（如養老保單、理財保單、保險金信託）、銀行理財、債權（如合約、借條）、債務（如合約、借條、現金存款等）；三是股權資產類（如上市股權、家族公司股份等）。兩岸具規模的跨國企業可能已掌握資產傳承和全球布局的規劃步驟，但更多中小型創業人士或是投資個人在改革開放與相關配套法規的不同步、各區域執行或地方性習慣的差異，導致他們在發展家族企業的過程中經常未能適度的區分企業資產與個人資產，往往基於稅務考慮或債權債務考慮，因而將個人家業和企業財產、人事控管、經營場所、財務等全都混同在一起，此舉導致家族企業的有限法律責任不經意的轉變為無限責任，以家庭財產為企業債務承擔無限責任，然而當企業浮現問題，可能導致家族的創富與積累瞬間歸零，落得傾家蕩產的嚴重後果。

(2) 贈與人、受贈人稅務身分

單一國內身分、雙重或三重稅務居民身分

隨著時代經濟的高速發展與變化，創富一代為了把握時機、利用所有社會資源和創富機會，導致財產持有狀況異常複雜。總結起來財產持有名義大概可以分為以下幾種狀況：實際財產擁有者自行持有、親屬關係他人持有、無親屬關係他人持有（委託代持——名義人代持、朋友代持、同事代持、員工代持等），以及境內外投資公司名義持有等，連帶產生了諸多的問題與後遺症，首先是道德風險及信用風險特別難以掌控；其次是有些創富者或海外留學的第二代有涉外身分，因此境內與境外財產登記名字不一，未來財產傳承與財產登記都會因為第一代國籍身分與第二代國籍身分不一，產生銜接與登記上的問題。

由於目前中國的法律不承認雙重國籍，中國《國籍法》第九條規定：「定居外國

的中國公民，自願加入或取得外國國籍的，即自動喪失中國國籍。」欲接管家族企業的第二代在取得外籍身分後，中國工商機關有可能以第二代的外籍身分來判斷，其是否屬於以外商身分來承接境內公司股權，目前中國法律對部分產業實行外商投資限制與禁止。如果家族企業所在的行業，屬於商務部《外商投資產業指導目錄》中列為限制、禁止外商投資的行業，那麼家族企業財富傳承的第二代在變更股權登記時就會遇到阻礙，若創富者持有資產為上市公司股權，依目前中國法律規範持有外國身分的第二代無法受贈或繼承持有中國上市公司股權。尤其是過去中國經濟改革與發展過程具有時代背景的特殊性，有不少中、大型民營企業前身是國有企業或者集體企業，在企業轉制過程中，企業家自己出錢讓親友充當名義股東，自然造成股權代持、員工持股的歷史共業，當代持的名義股東突然死亡，名義股東的家屬與實際出資股東爭奪引發公司股權紛爭；或名義股東如發生債務糾紛被提起訴訟（如積欠信用卡債或破產債務等），法院恐將凍結代持公司股權甚至拍賣。

以上所提財產持有名義不一導致的各種狀況不時發生，也常有創富者意料之外且感受深切的驚天大案。作為創富第一代，應在還能掌控的範圍內盡早籌劃，對於自身資產需有一定的危機意識，勿讓星火引燃起燎原之火，以確保資產安全與順利的傳承給下一代。

（二）傳承工具：遺囑

在中國，為保護公民的私有財產的繼承權，制定《中華人民共和國繼承法》，所謂繼承是從被繼承人死亡時開始，而所謂遺產是公民死亡時遺留的個人合法財產，包括公民的收入、房屋、儲蓄和生活用品，公民林木、牲畜和家禽、文物、圖書資料、法律允許公民所有的生產資料、公民的著作權、專利權中的財產權利與其他合法財產。

繼承開始後，按照法定繼承辦理；有遺囑的，按照遺囑繼承或者遺贈辦理；有遺贈扶養協議的，按照協議辦理；無行為能力人的繼承權、受遺贈權，由他的法定代理人代為行使；限制行為能力人的繼承權、受遺贈權，由他的法定代理人代為行使，或者徵得法定代理人同意後行使。若繼承權發生糾紛提起訴訟其期限為二年，自繼承人知道或者應當知道其權利被侵犯之日起計算但若自繼承開始之日起超過二十年的，不得再提起訴訟。繼承權男女平等；遺產按第一順序：配偶、子女、父母；第二順序為兄弟姐妹、祖父母、外祖父母。繼承開始後，由第一順序繼承人繼承，第二順序繼承人不繼承；若沒有第一順序繼承人繼承的，由第二順序繼承人繼承。

所謂遺囑係指被繼承人身故後名下所有未移轉出去的財產，於過世後以繼承的方式移轉給繼承人或受遺贈人，在中國公民可以依法規定立遺囑處分個人財產，並可以指定遺囑執行人，將個人財產指定由法定繼承人的一人或者數人繼承，亦可立遺囑將個人財產贈給國家、集體或者法定繼承人以外的人。一般遺囑可分下列五大類：
1. 公證遺囑由遺囑人經公證機關辦理。

2. 自書遺囑由遺囑人親筆書寫，簽名，註明年、月、日。

3. 代書遺囑應當有兩個以上見證人在場見證，由其中一人代書，註明年、月、日，並由代書人、其他見證人和遺囑人簽名。

4. 錄音形式立遺囑，應當有兩個以上見證人在場見證。

5. 口頭遺囑為遺囑人在危急情況下所立，口頭遺囑應當有兩個以上見證人在場見證。危急情況解除後，遺囑人能夠用書面或者錄音形式立遺囑的，所立的口頭遺囑無效。

遺囑應當對缺乏勞動能力又沒有生活來源的繼承人保留必要的遺產份額。遺囑人可以撤銷、變更自己所立的遺囑。立有數份遺囑，內容相抵觸的，以最後的遺囑為準。

由於公證遺囑之效力高於其他類型之遺囑，故自書、代書、錄音、口頭等遺囑，不得撤銷變更公證遺囑（中國繼承法第二十條）。遺囑繼承或者遺贈附有義務的，繼承人或者受遺贈人應當履行義務，沒有正當理由不履行義務的，經有關單位或者個人請求，人民法院可以取消他接受遺產的權利（繼承法第二十一條），無行為能力人或者限制行為能力人所立的遺囑無效。遺囑必須表示遺囑人的真實意思，受脅迫、欺騙所立的遺囑無效，偽造的遺囑無效，遺囑被篡改的，篡改的內容無效。（繼承法第二十二條）

（三）傳承工具：保險

保險，在法律和經濟學意義上，是一種風險管理的方式，主要用於經濟損失的風險，所以保險被定義為透過繳納一定的費用，將一個實體潛在損失的風險向一個實體集合的平均轉嫁，「一人有難，大家平攤」，以貨幣形式平攤的社會風險轉嫁機制。投保人一旦與保險公司簽訂保險合約，向保險公司繳納保費，就可以換取保險公司提供特定保障的行為。當發生合約內約定事故，保險公司應依照合約約定承擔保險責任，賠付保險金。

保險其實就是一種準備；健康時做生病時的準備，年輕時做年老時的準備，有能力時做無能力時的準備，因為任何人，無論再怎麼厲害，無法保證永遠健康、無法保證永遠有錢、無法保證永遠都可以照顧家人，就像汽車需要一個備用的輪胎、房子需要滅火器、輪船需要救生圈一樣。而面對這些風險，保險或是儲蓄都是人們應付未來不確定性風險的一種管理手段，目的都在於保障未來正常的生活；和保險不同的是，儲蓄是將風險留給自己，依靠個人的累積來對付未來風險，它無需任何代價，但也可能陷入保障不足的窘境；而保險，是將所面對的風險用轉移的方法，靠集體的財力對付風險帶來的損失，提供了足夠的保障。

（四）傳承工具：私人家族基金會

家族需要透過跨境的方式來進行傳承規劃，不外乎為了日後可避免遺囑認證手續、可保護資產免受債權人或其他索賠人的侵害、控制受益人接收資產的方式、可規劃跨境資產和設定受益人、可在某些司法管轄區進行稅收籌劃等，當然家族在傳承其資產時，更可藉由這些跨境規劃來傳承家族財富和價值觀、讓家族順利開枝散葉、建立慈善機構進行公益相關活動，不僅達到有形的財富傳承及社會公益，更能將無形且有益家族及社會的價值長久的傳承下去。

私人家族基金會是信託及離岸公司的結合體，其目的是進行財產的運作、保存、管理再投資和繼承，以保障財富永續傳承，基金會具有法人身分，是獨立的資產所有者。私人家族基金會有獨立法人實體，是信託及離岸公司的結合體，以簡單彈性的架構進行跨境財產的持有、運作、保存、管理再投資和繼承，為財產所有權的保密及財富利益做有效安排，目前全世界著名的私人家族基金會有卡內基基金會、洛克菲勒基金會等；常見成立於馬來西亞納閩島、巴拿馬、賽席爾、模里西斯、列支敦士登、澤西島等地。

- 常見私人家族基金會設立的比較

以下將就馬來西亞納閩島、列支敦士登、巴拿馬及賽席爾等常見之基金會相關法規來加以比較：

	納閩島	列支敦士登	巴拿馬	賽席爾
最低資金	無下限	30,000 美元	10,000 美元	1 美元
控制權	只需要註冊，創立人擁有廣泛控制權	由政府監管	創立人可以委任監事會成員	創立人擁有廣泛控制權
保密性	基金會章程必須向監管單位註冊。最終受益人可以維持匿名	僅營利之基金會章程必須公開註冊，私人基金會可維持匿名	創立人和受益人可維持匿名需要	受益人和未來受益人名字不需要被列入基金會章程
國籍要求	創立人和成員無國籍要求	至少有一位創始成員為列支敦士登國籍	一位董事為居民	創立人和成員無需國籍要求
資本轉移	資本可以在基金會註冊後轉移	必須在基金會註冊前完成。附加資產將會公開	資本可以在註冊基金會之後轉移	資本可在基金會註冊後轉移
債權人上訴	債權人可以針對在基金會註冊後的首兩年內的轉移提出上訴；若在此期限之後則無法上訴	創立人的債權人則可以針對基金會的資本轉移提出上訴	債權人可針對基金會註冊後首三年內的資本轉移提出上訴；若在此期限之後則無法上訴	債權人可針對基金會註冊後首三年內的資本轉移提出上訴；若在此期限之後則無法上訴

	納閩島	列支敦士登	巴拿馬	賽席爾
對繼承規定提出上訴	因為外國法律而無上訴可能	若是規定違反創立人原始國法律則有可能	因為外國法律而無上訴可能	因為外國法律而無上訴可能
語言	所有語言皆有可能，但需提供英文翻譯副本	官方文件必須以德語撰寫	官方文件需要翻譯至西班牙文	所有文件必須以英文或法文撰寫。若使用其它語言則需要翻譯
回教教義	可能	可能	不可能	不可能
選冊	可以	可以	可以	可以
是否要求一位獨立理事會成員	不需要	不需要	需要	需要

（五）傳承工具：公益基金會

基金會依成立目的，可分為公益或非公益，大多數選擇做公益目的的客戶都會採用基金會的形式，因為基金會的記錄是公開的，其章程可以通過基金會登記的公共記錄進行查閱，所以很多慈善組織都用基金會的形成來成立，在發展中國家，基金會主要致力於提高人們的健康水準，使他們有機會擺脫饑餓和貧困，在美國基金會致力於確保人們，尤其是貧困人群，有機會在學習和生活中取得成功。

公益基金會為特定的公益目的而設立，可以針對教育、科學、文化、衛生、體育、環境保護、社會公共設施建設以及促進社會發展和進步的其他社會公共和福利事業等公益事業設立基金會。在中國內地，目前應以成立公益目的為主才可以成立基金會，《中華人民共和國慈善法》已於 2016 年 9 月 1 日正式實施，為中國慈善捐贈奠定了法律的依據。基本上捐贈給依法成立的慈善組織或公益機構是有免稅優惠的，因此成立慈善基金會，一方面可以做公益，回饋國家、社會，二方面亦可以有節稅效果。

1. 公益基金會成立操作

在中國，慈善基金會分面向公眾募捐的公募基金會和不得面向公眾募捐的非公募基金會兩種，目前公募基金會，如中國殘疾人聯合會、中國青少年基金會、中國扶貧基金、中國婦女發展基金會、中國紅十字會、中華環保基金、見義勇為基金會等；基本上為國家所壟斷，有極強的政府背景，民間很難獲准設立公募基金會。非公募基金會在特定的群體中募集資金，實施慈善，或者是特定的群體為集合成員資金行善而設立的，原則上民間的基金會基本都是非公募基金會。

2. 設立基金會，應當具備之條件

(1) 為特定的公益目的而設立；

(2) 全國性公募基金會的原始基金不低於 800 萬元人民幣，地方性公募基金會的原始基金不低於 400 萬元人民幣，非公募基金會的原始基金不低於 200 萬元人民幣；

原始基金必須為到帳貨幣資金；
(3) 有規範的名稱、章程、組織機構以及與其開展活動相適應的專職工作人員；
(4) 有固定的住所；
(5) 能夠獨立承擔民事責任。

設立一家非公募基金會，根據《基金會管理條例》，需要雙重管理：不僅需要到民政部進行登記（實為審批），還需要掛靠一家慈善領域相關的「業務主管單位」（一般為政府機關和黨政部門，業界稱之為「婆婆」）。由於找不到可以掛靠的業務主管單位，一些民間慈善組織無奈採取公司的形式，以營利組織的形式從事慈善活動，但在財務和稅務上成本很高。另外對特定社會組織，由民政部「一手托兩家」，既承擔業務主管單位的職責，也履行登記機關的職責，所以有一批全國性的非公募基金會，由民政部門擔任主管機關直接登記。而對公募基金會，管理原則仍然是「嚴格審批」。

(六) 傳承工具：信託

信託指委託人將其財產權委託給受託人，受託人按委託人的意願，以自己的名義為受益人的利益或者特定目的，進行管理或者處分的行為；其中財產權的含義包括：對財產的實際使用權、獲取財產收益的受益權、實施對財產管理的權利、對財產處分的權利；所以信託是一項法定協議，在委託人將所持資產轉移給受託人以後，受託人將會按此協議，按照委託人的意願，為委託人及／或其他指定人士（受益人）持有並管理資產。在資產的法定所有權交給受託人以後，委託人即不再擁有所有權，而受益人則享有最終所有權與受益權。多個世紀以來，信託都用於為家族傳承資產，同時爭取長遠資產保值增值；信託將法定及實益所有權分拆，造就多項獨特優勢，如無需遺囑認證，避免繁瑣手續，加快資產分配，讓資產分配有條不紊，持續供養有需要的家族成員，彈性靈活，另可透過信託協議之設計，保留投資控制權，還可以保護家族資產，免受債權人和其他索賠人干涉，甚至防範或者降低因企業經營、婚姻、意外事件等債務風險，並可用以應付醫療及其他緊急開支，提高合法保密程度，用於支持慈善事業等等。

所謂家族信託，又稱家族財富管理信託，係指以家族財富的管理、傳承和保護為目的，並以家族成員為受益人所設立之信託，家族信託在海外發展已超過百年，歐美知名家族企業如石油大亨洛克斐勒家族、鋼鐵大王卡內基家族及政治世家甘迺迪家族等，均利用家族信託方式傳承家族基業。美國的家族信託通常得以靈活訂定各種內容及條件，產生不同態樣的家族信託，包括：美國非朝代信託與朝代信託，非朝代信託成立目的主要為達成特定目的，信託目的一旦達成，受託人即進行信託分配，信託即告消滅。例如：遺囑信託、保留年金信託、缺陷信託、合格個人居住信託、準公民信託、隔代移轉稅信託、生存信託、不可撤銷人壽保險信託等。而朝代信託是一種長期信託，可能長達360年（內華達州）或甚至為無限期（德拉瓦州）；財富由上一代轉到下一代時，不會衍生財產移轉稅；通常為不可撤銷，一旦成立後授予人就不能對資

產有任何控制權或被允許修改信託條款；讓設立人子孫受益又不會過分濫用財產可以藉由 Division（分割──不同子信託）、Decanting（轉注──另一個信託）、Migration（遷移──換受託公司）；讓後代子孫各家系有各自信託，方便於信託管理。

目前中國國內法律對家族信託無相關規定，各種家族信託管理業務可稱之為「偽家族信託」，主要為投資性信託產品，且並無剝離委託人財產所有權，又有登記與公示，無法滿足富人對信託的需要與隱私要求，所以目前所稱家族信託均為離岸所成立的家族信託。

1. 信託傳承工具的優點

前提：應選擇合適的人（受託人）、事（信託合約）、時（時間）、地（地點）、物（信託目標）

(1) 財產分配公平

每位子女或繼承人可自信託財產中取得委託人所分配的部分財產或利益，分配的方式與內容都詳細記載於信託契約之中。甚至包含第三代、第四代子孫都可以擁有信託的受益權。

(2) 以受益權代替繼承權

「個人信託」的受益權用以取代遺囑的繼承權或遺產內的應繼分，特別是財產複雜、子孫眾多等疑難案例，採用「信託」作為財產分配的工具更為合適。

(3) 能者（專業）管理

將財產放置於「信託」之中，交由專業人士、公正的第三者，或者家族中優秀的家人來管理。優秀的管理與運用甚至會讓資產增值數倍。

(4) 避免家族紛爭

「個人信託」依委託人的意願將分配方式詳細的條列於信託契約之中，受託人也公正無私的依契約分配，不易產生紛爭。

(5) 財富累積

財富累積靠時間及運氣。運氣和機會是紅利，時間才是正常的股息。切勿一代一代的分散資產、各自為政，而是聚沙成塔，假以時日，小錢也能成就大家產，這也是「信託」的特點。

(6) 家產永續

設立契約將家產置入「信託」之中，時間控管加長，專人管理，是突破「富不過三代」的最佳方法。

2. 信託傳承工具的缺點

(1) 信託財產異地管理障礙

信託財產轉移給境外信託機構後，境外信託機構對信託財產的管理和境內的思路和策略完全不一樣，負擔的責任也不一樣。

(2) 信託財產的出境障礙

財產比如房產、股票、基金以及銀行存款如何轉移到境外？若使用非正規的方法做出境安排，按 CRS 施行現況，是經不起審查的，所有的財務訊息尤其是金融訊息都會被共用，都要申報。

(3) 信託法令複雜

境外設立信託法律適用的管理、管轄等各類問題相當複雜，需要專業的協助。

(4) 語言和距離障礙

目前中國境內信託法令還不完善，境外信託法所有合約與溝通均以英文為主。

(5) 信託維持與稅務申報複雜：

受益人若多重國籍或具美籍稅務人身分，則設在離岸地之信託稅務申報與財產披露非常複雜與困難。

下表為以上幾種財富傳承工具的比較表：

	贈與	遺囑	信託 家族信託	信託 公益信託	保險	私益／公益基金會
基本功能	直接移轉下一代	財產移交；受益人照顧（非約束）	資產隔離；保值增值；避稅避債；行為約束；家族傳承（多代）；特殊照顧等	以慈善、文化、學術、技藝、宗教、祭祀或其他公共利益為目的之信託	人身保障；財產傳承；風險隔離；家庭成員照顧	受益人照顧；公益性質；財產剝離；法人制可控股公司
收益對比	由下一代管理	無收益增值；原價值交付	投資功能且收益穩健；保值增值；抗通膨功能	有投資收益，用於公益事業	有一定投資功能；投資管道限制；收益有限	有投資收益（慈善合作模式）

	贈與	遺囑	信託		保險	私益／公益基金會
			家族信託	公益信託		
分配機制	不再分配	指定受益人；有分配糾紛風險；受益人無血緣限制	合約約定為準；定期分配；到期清算；多個受益人；非血緣關係限制；未出生人員可享有；個性化多元化訂製；隔代及多代傳承	受益人為不特定多數人	標準條款單邊約定；單個受益人；生存給付；觸發賠付；有分配糾紛風險；受血緣關係約束；一代傳承	按章程約定給付；親屬或者制定收益人；受益人無權直接主張權利
稅收優惠	暫無開徵	暫無開徵	暫未開徵相關稅收；因分配方式可以在理論上設計為永續，有良好的避稅功能	捐助人可減扣所得；受益人就該信託利益之權利價值，免納所得稅等	暫未開徵	暫無開徵
傳承功效	無／傳承無把握，難以確保被揮霍	立囑人死亡即生效並完結遺囑意願	可約定期限；信託財產耗盡或者受益人死亡；可永續	目前僅可持有現金及股票，難以用以持有未上市股權，傳承功用日漸縮減	合約約定；受益人死亡終止	資產耗盡；受益人死亡。可永續
債務隔離	不能	不能	能	能	能	能，不構成創立者私人財產的一部分
成立門檻	無	無	較高	無	有，靈活	較高
隱蔽保密	無	前期可，涉及繼承須公開	私密性高	無	私密性強	具高保密性與靈活性，但CRS實施後具有不確定性

六、不當傳承實際案例與修正後架構

在充分認識財富傳承的糾紛與風險後，以下章節將分就企業傳承以及財富傳承各舉三個案例，來探討家族與財富傳承的真實情況，希冀讀者能對信託實務操作可能會遭遇的問題有個完整概念，並在面對瞬息萬變的世界趨勢，在信託架構上保有因應外界變化的彈性。經由以下分享的案例，可知透過妥善的信託規劃，面對未知的變化及可能的家庭內部問題，不僅能坐收未雨綢繆之效，更能確實達到財富傳承之目的。

（一）企業傳承案例

案例一：疫情席捲全球，企業如何永續傳承？

《傳承案例背景》

　　新冠肺炎 2020 年至 2023 年橫掃全球，世界正處於 VUCA 時代，多變（Volatile）、不確定（Uncertain）、複雜（Complex）、混沌不明（Ambiguous），讓各國中小企業皆受到嚴重打擊。上海一家餐飲集團龍頭負責人房總，眼見各國知名企業均不敵此次新冠肺炎帶來的劇烈衝擊；在無奈於自家餐飲業得暫時歇業之際，更擔心集團和家族財富之間的切割。此次突如其來的疫情可說是企業傳承、企業轉型、營運能力的試金石。機會是留給準備好的人，大規模的疫情已在不同行業中區隔出贏家與輸家，分歧持續擴大，當核心營運團隊已經做好傳承準備、團隊具備先進數字營運能力者，在疫情衝擊下，反而產生正面效益。領導者亟需見識現階段的企業傳承團隊，對下列疫情衝擊是否已經做好準備！

《傳承問題思考》

　　房總的夫人和小孩雖早已移居美國洛杉磯，但家族財富卻未遲遲進行妥善規劃，房總在面對此次新冠肺炎所帶來的衝擊，如何化危機為轉機？

　　在企業營運方面，企業應立即實行應急和重大突發事件管理的持續性計畫，以應對企業未來的不確定性，如建立緊急事件決策機構、全面評估風險，明確緊急事件的響應機制、預案和人員分工，立即建立正面積極的員工、客戶及供貨商的訊息溝通機制、形成標準的溝通模式，以維護員工身體及心理健康，並分析不同業務和工作崗位性質，以採取相應的復工方案。

　　企業主個人方面，應就目前企業營運架構與控股架構進行全面評估與重組，將企業傳承概念融入重組後新的架構中，以達到企業傳承的目的。以下列房總經理家族而言，原有重組前的架構均為房總裁與夫人個人直接持有，重組後變成家族信託與高階主管在境內與境外共同持有，完全可以阻隔個人財富與企業經營風險，可供讀者深思與參考！

《傳承架構建議》
- 集團架構重組前

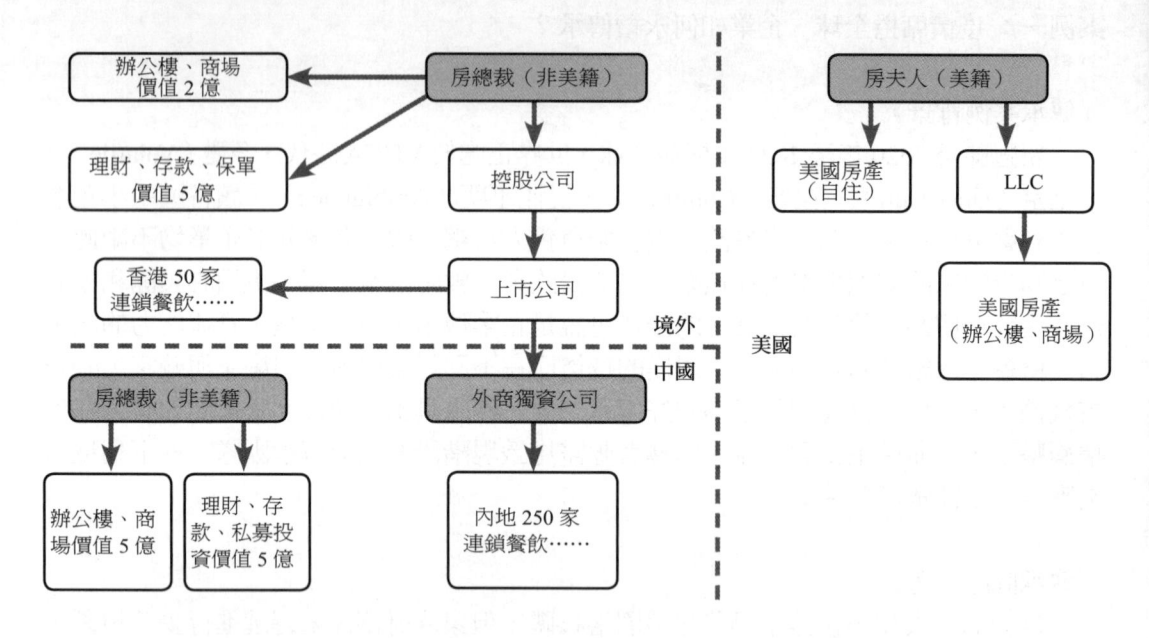

[圖：集團架構重組前]

- 集團架構重組後

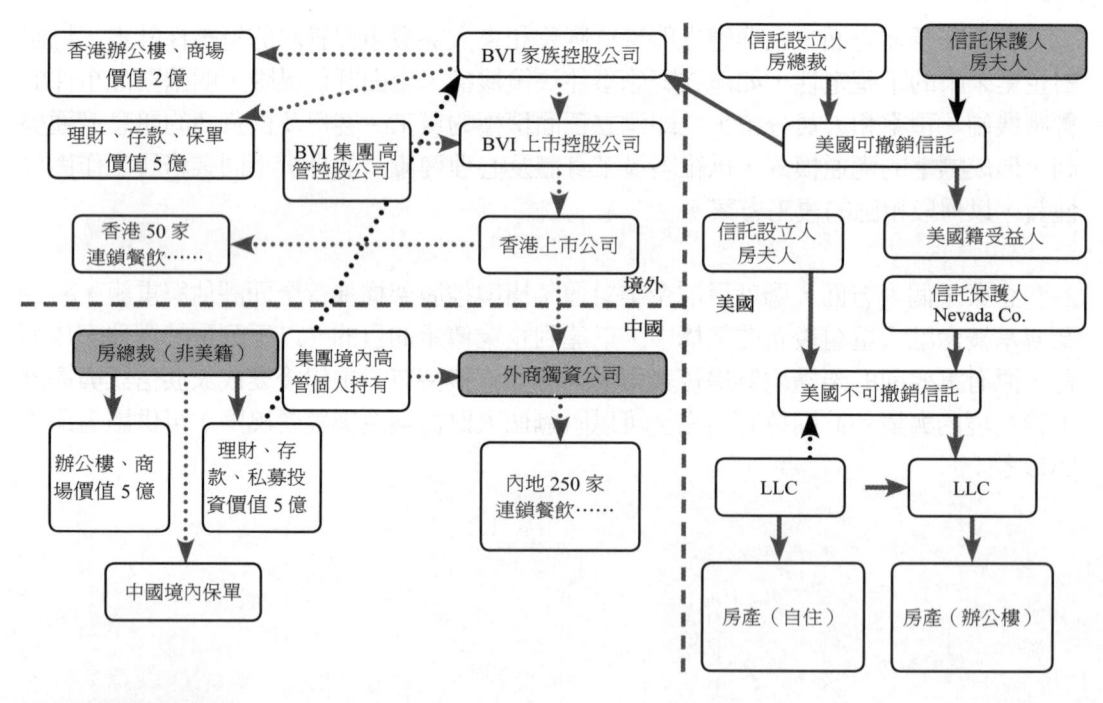

[圖：集團架構重組後]

《傳承架構解析》
　　考慮房總個人名下資產過於集中，幾乎目前國內資產均集中於個人名下，未來若中國開徵遺產贈與稅，勢必有稅源不足問題。為降低其風險過於集中問題，建議購買終身壽險保單。

家族已經移民美國，未來下一代生活重心與主要投資將以美國為主，建議目前非美國籍的房總成立一個美國不可撤銷信託，可將資金匯出離岸股權，以免稅方式進入美國信託。考慮房總夫人已經落地美國，個人在美國資產持有過高、未來有傳承稅的問題，所以也建議以美籍身分成立一個不可撤銷信託。

　　中國高管可以在中國持有外商控股公司的股份，而由非中國高管持有 BVI 公司的股份（由該公司的高管持有），房總還應考慮重組其在中國的持股。由於中國嚴格的貨幣管制，因此將資產從中國轉出已越來越困難。房總若有機會，應考慮將他在中國公司直接或代名人持有的股份轉到離岸公司，以方便他將資產轉移給他的配偶或後代。一般來說，可以通過直接轉讓、融資和捐贈來完成。

案例二：財產持有集中需要進行資產國際化，家族傳承才能國際化

《傳承案例背景》

　　中國億萬富豪多白手起家，北京張總就是一例，從一介建築工靠著肯吃苦和一股衝勁，成功翻轉為身價數十億元的建築富豪。他奪得先機進行改革，終將一家地方企業變成建築業龍頭老大。張總靠著膽識，維護所有員工的利益，讓眾人信服，在逆境中成功闖出一片天，目前他派出自己的悍將子弟到全球去打天下，歐洲、東南亞、非洲等均有駐點。為了配合全球在地經營的便利，營運資金雖由張總全額支持，但在當地股權與控管方面均由他的子弟兵來持有，這種慣例行之有年，但前兩年派駐在非洲公司的高管同時也是股權借名登記者，突然因意外而客死他鄉。為了這代持股權物歸原主，張總已經耗了兩年多時間，目前仍在處理，經此教訓，接下來他的主要目標是如何「股權控有合法化、企業經營當地語系化、員工管理現代化、資產傳承國際化」，要如何達成，看來絕非易事啊！

《傳承問題思考》

　　張總的兒女目前均在英國學習，如何兼顧企業國際化和家族傳承成了他接下來要面臨的課題，在中國資產國際化是一大挑戰，如何將境內資產國際化，如何安排與累積離岸資金，如何選定家族信託的成立地點，又如何考慮到家族傳承的目的；另外境外公司股權需依照當地政策，且名義人代為持有不確定性高，如何移為家族信託持有，才是長治久安之計！

《傳承架構建議》
- 集團架構重組前

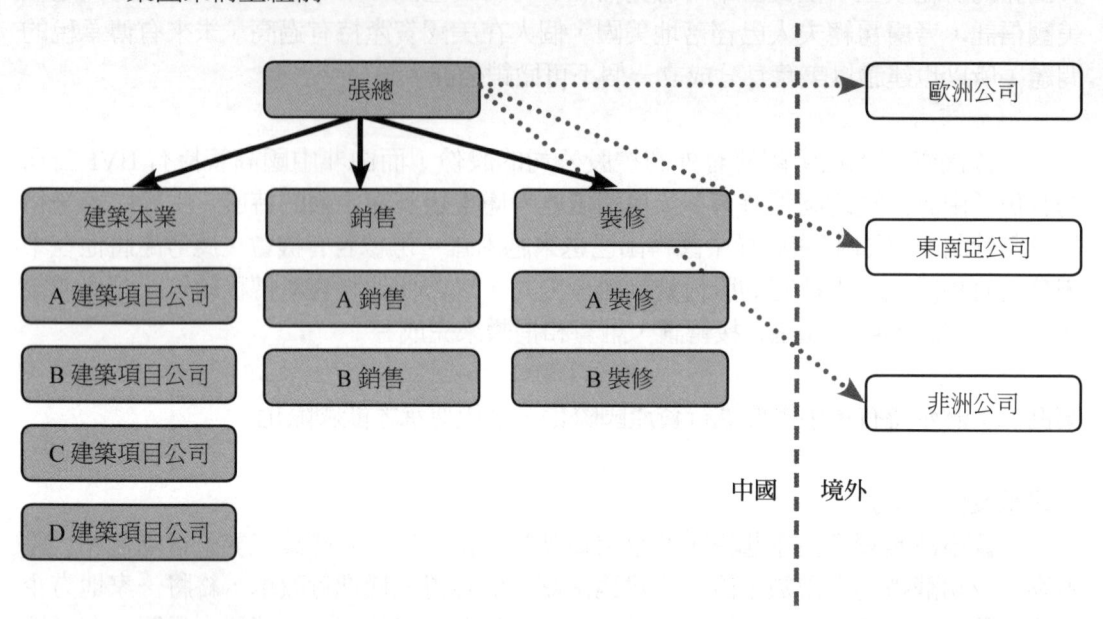

[組織架構圖：張總持有建築本業（A、B、C、D建築項目公司）、銷售（A銷售、B銷售）、裝修（A裝修、B裝修）於中國境內；並持有歐洲公司、東南亞公司、非洲公司於境外]

- 集團架構重組後：企業國際化、員工國際化、家族國際化

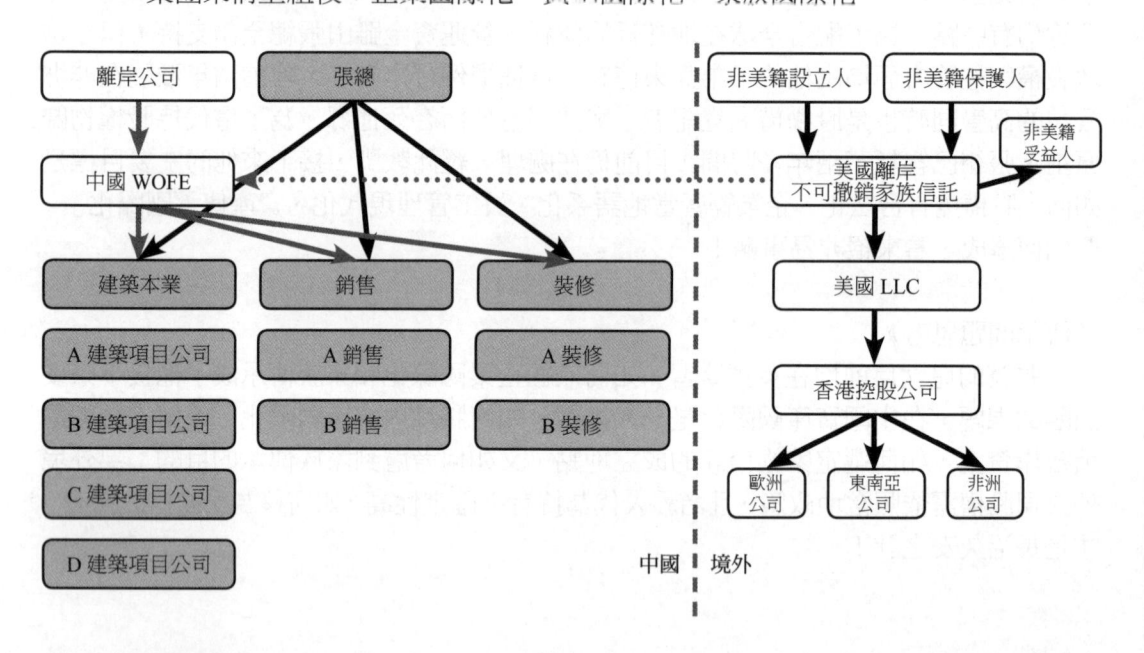

[組織架構圖：張總透過離岸公司持有中國WOFE，並持有建築本業（A、B、C、D建築項目公司）、銷售（A銷售、B銷售）、裝修（A裝修、B裝修）；境外由非美籍設立人、非美籍保護人設立美國離岸不可撤銷家族信託（非美籍受益人），透過美國LLC持有香港控股公司，再持有歐洲公司、東南亞公司、非洲公司]

《傳承架構解析》
　　考慮張總目前在歐洲、東南亞、非洲地區的公司股權目前均由公司高管名義代持，且同時存在著家族傳承問題，由於家族後代目前尚無美籍身分，又美國以外離岸地區成立家族信託仍有 CRS 通報的不確定性，建議張總可在美國成立一個適用管轄地的信託法律、又無美國納稅義務的美國離岸信託；並以此家族信託來持有歐洲、東南亞、非洲地區的公司股權。

成立美國離岸不可撤銷家族信託，原則上只要信託設立人為外國人，信託保護人為非美籍個人，信託受益人又非美籍稅務居民，則此信託所有受益或信託分配均無美國納稅義務，在目前離岸信託及 CRS 通報的風險下，美國離岸信託的確是一個成熟的家族傳承工具。

另外張總亦可透過 WOFE（外商獨資企業）方式，將境內資產適度的進行國際化，並將 WOFE 的公司股權移入美國的家族離岸信託，亦是家族傳承的一個可行方式。

案例三：下一代若已具有美籍身分，境內外資產如何運用家族信託達到傳承目的？

《傳承案例背景》
　　南京黃總在南京、蘇州、成都均設有工廠，可說是中國電子零組件第一大廠。總控公司因接單、轉單、研發需要，多年前已將公司轉到香港。黃總在面臨企業接棒及家族財富傳承的關卡時，思索的難題是：企業該由具有美籍身分的孩子來接管嗎？若孩子不想親自接管，是不是該由專業經理人介入經營？黃總在世時，又該如何掌控？

《傳承問題思考》
　　該如何兼顧傳賢和傳子？股權和經營權如何分頭傳承？有適合的布局架構嗎？若下一代又具美籍身分，未來財產傳承一定需要考慮到雙重稅務身分問題。已有多個家族辦公室不斷建議黃總需要成立家族信託，但什麼是信託、何謂家族信託、該成立在哪裡、由誰來成立，成立了以後又該如何移入資產，移入資產了該由誰來管理？一連串的問題讓黃總仿徨不安，又有哪個顧問能從頭到尾給個明確答案？

《傳承架構建議》
- 集團架構重組前

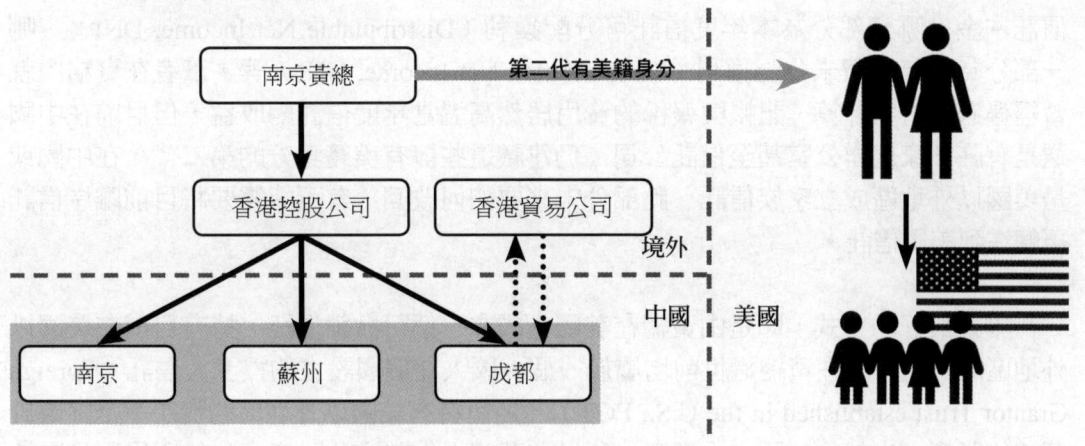

- 集團架構重組後

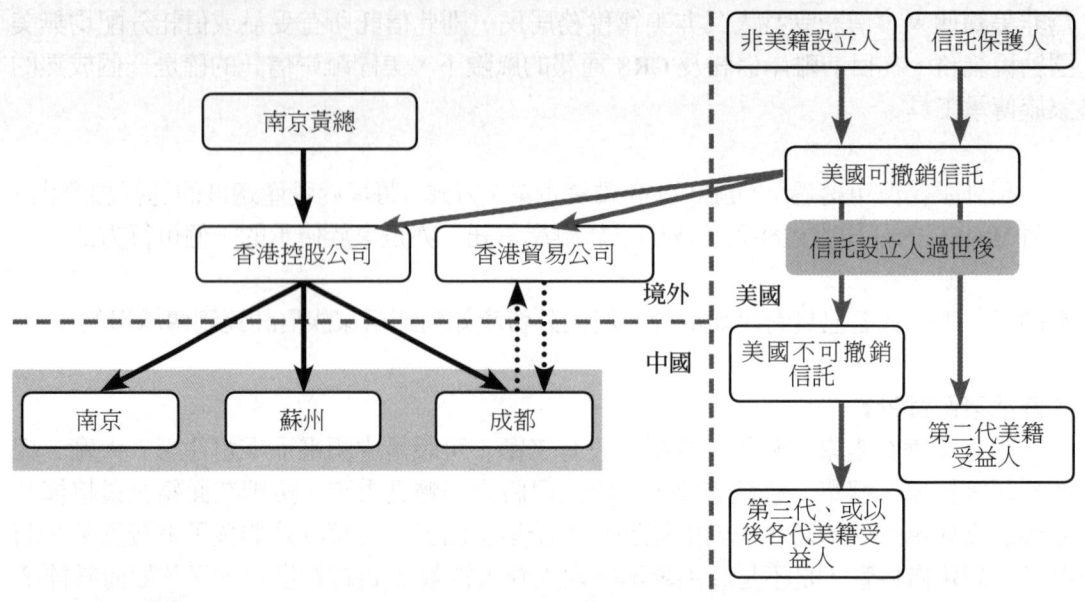

```
南京黃總                                    非美籍設立人    信託保護人
   │                                           │            │
   ▼                                           ▼            ▼
香港控股公司 ← ← ← ← ← ← ← ← ← ← ← ← ← ← 美國可撤銷信託
   │         香港貿易公司                   ┌──────────────┐
   │              │                         │信託設立人過世後│
   │              │         境外            └──────────────┘
───┼──────────────┼─────── ─── ─── ─── 美國 ─── ─── ─── ───
   │              ⇅         中國            │
   ▼              ⇅                         ▼
┌──────┬──────┬──────┐                  美國不可撤銷
│ 南京 │ 蘇州 │ 成都 │                     信託
└──────┴──────┴──────┘                     │
                                            ▼
                                        第二代美籍
                                         受益人
                                            │
                                            ▼
                                      第三代、或以
                                      後各代美籍受
                                           益人
```

《傳承架構解析》

事實上，本案例的黃總早已經達到資產國際化，他的中國公司早已由境外公司持有，下一代身分也早已國際化，且黃總在妻小移民美國時考慮他本人不移民，不取得美國綠卡。此在雙重國籍的課稅籌劃中，是個非常好的利基，因資產國際化條件已經具備，只要妥善成立一個家族信託，中國傳承規劃就已臻完美！

但要在哪裡成立信託，也就是信託屬地該在哪裡，答案已經很清楚。因黃總的下一代均具美籍身分，若信託法律屬地設在美國以外地區的離岸信託，未來黃總若不幸過世，該離岸信託若變成一個不可撤銷信託，受益人又是美籍個人，未來一定有美國稅法規定回溯稅的問題。每一年分配信託資產時，需要明確計算信託當中哪一部分為信託本金、哪一部分為本年度信託可分配獲利（Distributable Net Income, DNI）、哪一部分為歷年累積未分配獲利（Undistributed Net Income, UNI）等。筆者在實務中就曾經遇過，這些計算、記帳與報稅的費用居然高過當年度信託總收益，但目前在中國還是有許多家族辦公室甚至信託公司，仍建議這些擁有美籍身分的第二代，在中國或是美國以外地區成立家族信託。此部分未來要如何改回，有可能需要將目前離岸信託再轉注到美國信託。

本案最好的方式，即是由黃總在美國先成立一個可撤銷信託，持有目前在美國以外地區的財產，因在黃總過世前均屬於一個外國人在美國設立的授予人信託（Foreign Grantor Trust established in the U.S., FGT），所有持有美國以外地區的資產還是歸屬於黃總的財產，也就是外國人之資產。所以在黃總過世前，此財產產生的所得還是屬於黃總個人所得，與受益人無關係，所以沒有受益人美國所得稅問題。若黃總不幸過世，此美國授予人信託，將自動轉換為美國非授予人信託（U.S. Non-Grantor Trust），未來年度信託的分配、記帳、報稅均按照美國的規定，當然沒有美國回溯稅問題。

此外，現在黃總成立此美國可撤銷信託還有一個最大好處，就是財產可由黃總牢牢掌控，從現在開始即可藉由此信託規劃來劃分企業經營權和所有權。因黃總已移轉名下股權由信託持有，故黃總法律形式上不再持有股權，但是依然實質控有股權，如此一來，便可以將經營權與所有權一步一步的分離，培養出專業經理人接棒運作此企業，未來企業所有權還是歸美國信託，即可自然而然達到財產傳承目的。

案例四：放眼全球布局，需先有完善的控股架構

《傳承案例背景》

中國的一帶一路可說打造了政治和經濟的生命共同體，更造就了許多時代的富豪。例如上海童總以基礎工程起家，主要承接鐵路、港口、高速公路相關業務，隨著一帶一路的政策，童總目前承接工程已擴及中東、東南亞、歐洲等地。雖公司的出資額均出自童總，但各地股份持有人均為公司主要幹部，運用個名義人代為持股，這對未來想要全球布局的童總來說，無異是個隱憂。

《傳承問題思考》

以名義人代為持股圖的是一時方便，但長遠來看潛在風險極大，無論是道德風險或信用風險，童總該如何導正？創富者第一代若無超人智慧與耐力很難創造出一番事業，當然大環境也是非常重要，若沒有高瞻遠矚的領導人看準未來中國半世紀、一世紀的發展也沒辦法成就童總目前的事業。

但在此創業過程，尤其涉及多國企業的經營，童總所從事的工作又是重大基礎工程，因地制宜、因人設事，法令更迭造成企業管理的最大弊病；前有公司股權他人名義代持，後有海外帳戶他人簽署，一旦名義人出現信用危機，天高皇帝遠又溝通不良，後果就很難收拾。童總在過去十年來就曾經遇過數次經營危機，一位派駐在歐洲的總經理在一次車禍中意外過世，一起打拚數十年親如手足的高管驟逝，不僅對公司營運影響重大，更糟糕的是，過去歐洲公司股權均由其代持，如何轉回涉及中國境內與歐洲所在地的繼承問題，因需先將股權由其中國繼承人繼承後再轉回童總，而此高管家人繼承權有些糾紛。

最後經過三年的協調才取得折衷方案，並由童總再拿出一筆錢將股權買回。早知今日何必當初，若歐洲公司成立初期，黃總即妥善處理股權問題，直接由家族信託持有，不再由個人持有，此問題就不至於發生。

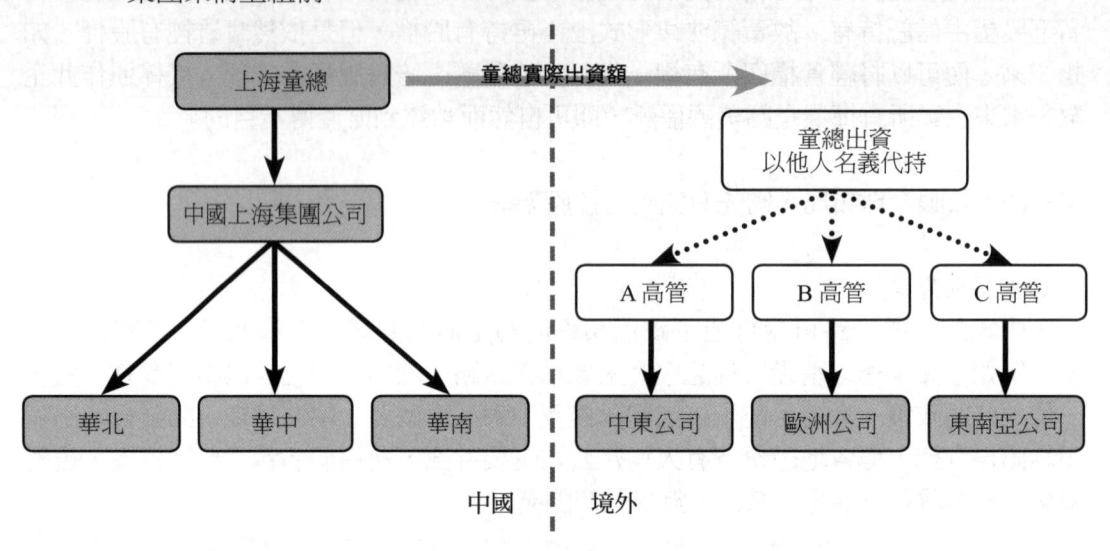

《傳承架構建議》
- 集團架構重組前

集團架構重組後:家族企業、財富傳承

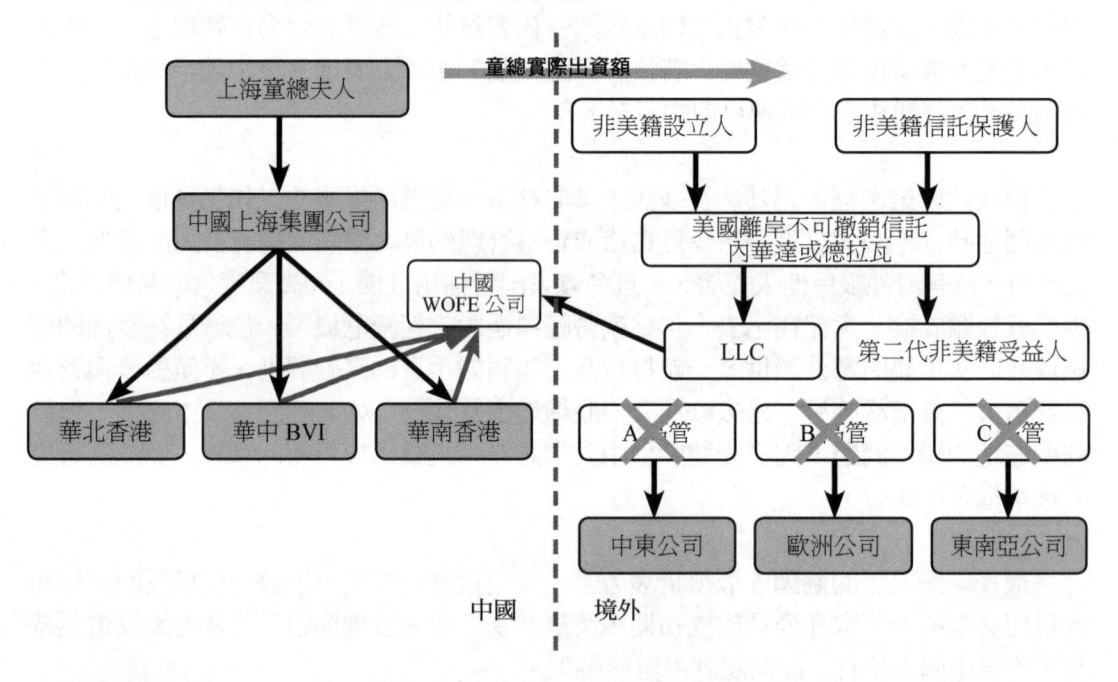

《傳承架構解析》
　　中國家族傳承規劃與歐美最大不同問題在於「信任」！中國家族或生意人常常一言九鼎、信任為上，但在實際操作時卻計畫趕不上變化，不可能事事順利。公司企業經營過程裡，常見以公司高管、家族長輩、親戚朋友代持股權、代開帳戶，一旦發生問題，後果很難收拾。

以本案例而言，建議第一步驟即應立即清查目前內外公司股權實際代持的人與代持的股數，另外需一併確認以個人名義開戶但卻由公司使用者。

其次，儘速成立家族信託，由信託來持有股權，人的生命有期，信託才是可規劃永續運作之工具；而目前童總家人並無美國籍身分，成立家族信託當然可以選擇美國以外地區（BVI、Cayman 等等），但如果考慮 CRS 問題，亦可選擇在美國成立。

最終本案例中的童總選擇在美國成立一個境外不可撤銷信託，前後花了近 3 年時間才將所有境外控股權轉入美國信託，雖不容易，但這才能真正讓經營與傳承進入一個長治久安的模式。

案例五：股權上市前未進行家族信託規劃，稅務、傳承後遺症難以收拾

《傳承案例背景》
60 年代於南京出生的高總，80 年代清華大學畢業即赴美國取得博士學位，在美國有一高薪工作，之後也取得美國綠卡身分、娶妻生子，兩人均成為美國公民。2010 年初中央為引進海外高層次人才而推行的「千人計劃」，高總亦是此次計劃延攬的專業人才之一。短短 6 年期間高總的公司已於上海證交所上市，但因上市前籌劃工作非常倉促，並未好好規劃，導致資產及公司股權全在高總一人身上，衍生出後續無窮盡的課稅問題。

《傳承問題思考》
企業上市前該如何籌劃以保護個人資產？建議應先考慮主要持股人的稅務身分，尤其是海歸回到中國的人員，因在國內上市從改制設立、上市前輔導、股票發行籌備、申報和審核、促銷和發行，以及股票上市等六大板塊，會涉及到複雜且精密的流程，因此上市前 3 至 5 年若未就大股東或主要持股人進行股權移轉規劃，等到上市列車開動，上市輔導的券商、上市簽證會計師、上市律師等介入，要再思考股權規劃問題，家族財富傳承似為時已晚。

以上述高總為例，公司創立到上市僅短短 6 年，若缺少經驗豐富的傳承專家隨時掌控相關執行的流程，可能上市監管期旋即到來。所謂千金難買早知道，上市輔導的券商、上市簽證會計師、上市律師在輔導企業上市過程應盡道義責任，切勿只趕著上市，完全不顧股東個人與財富傳承問題。

《傳承架構建議》
- 集團架構重組前

```
[中國南京上市公司]  [私募基金公司]  [南京高總]  ←以美籍身分技術出資―  [高總（美籍綠卡）]
         ↓              ↓           ↓                              ↓         ↓
         └──────────────┴───────────┘                          [妻        [子
                        ↓                                    （美國公民）] （美國公民）]
              [中國南京上市公司]
              ↓        ↓        ↓
          [南京廠] [上海銷售公司] [成都廠]
                  中國  |  美國
```

- 集團架構重組後

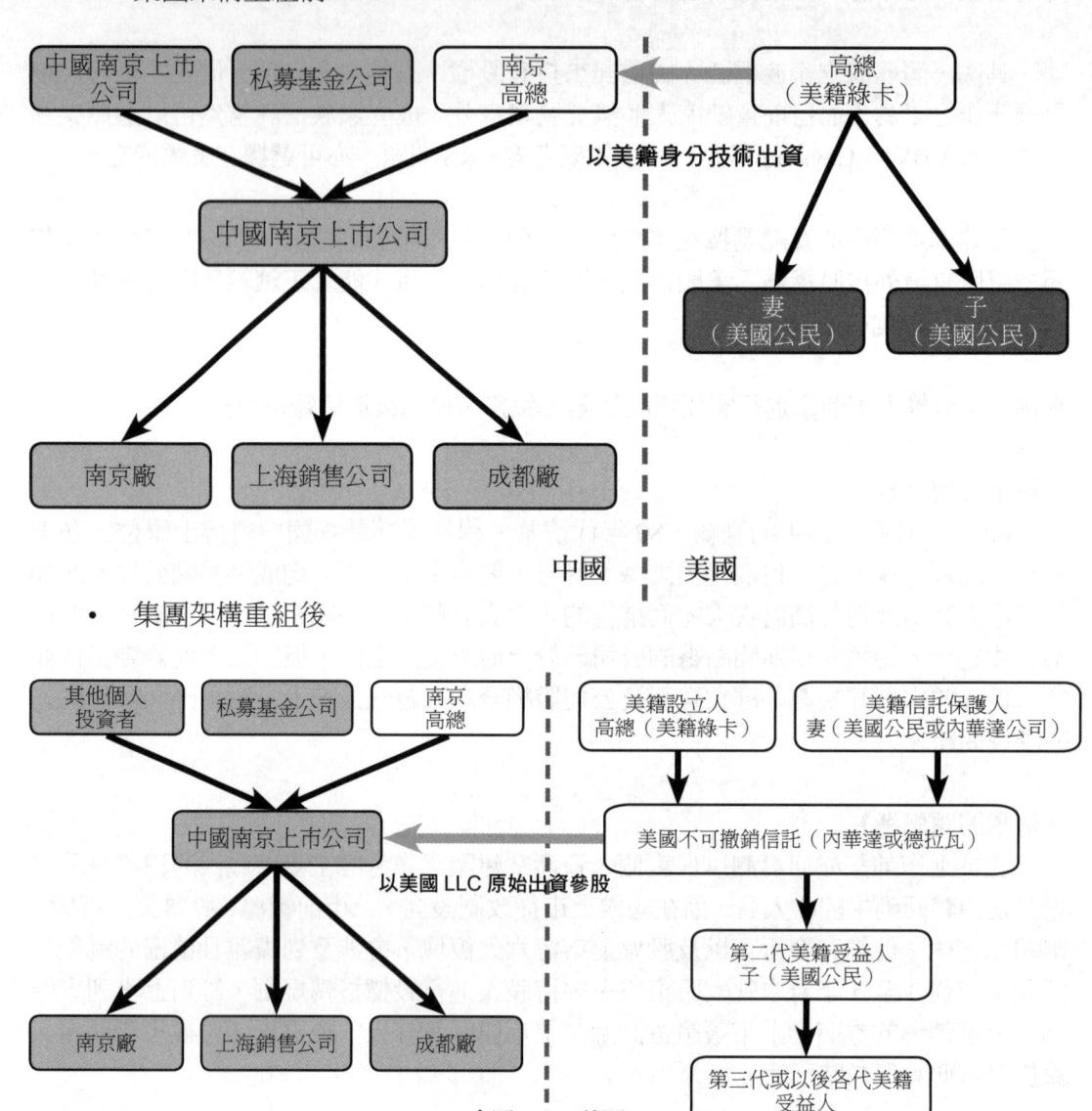

```
[其他個人投資者] [私募基金公司] [南京高總]        [美籍設立人        [美籍信託保護人
        ↓            ↓          ↓          高總（美籍綠卡）]   妻（美國公民或內華達公司）]
        └────────────┴──────────┘                   ↓                    ↓
                     ↓                          [美國不可撤銷信託（內華達或德拉瓦）]
            [中國南京上市公司] ←以美國LLC原始出資參股―        ↓
              ↓      ↓      ↓                          [第二代美籍受益人
          [南京廠][上海銷售公司][成都廠]                    子（美國公民）]
                                                           ↓
                                                    [第三代或以後各代美籍
                                                           受益人]
                 中國  |  美國
```

《傳承架構解析》

　　假設本案例高總在創業過程中，即進行上市籌劃引進私募基金，就同時思考關於財富傳承與稅務籌劃問題，並實行下列行動，即可避免目前面對幾乎不可能解決的問題。目前高總公司已在中國上市，高總本身具有中國公民及美國綠卡雙重稅務居民身分，妻子與兒子又均是美國公民，而目前股權已經反映公司的市值，一出售公司股權馬上產生資本利得，每年獲配的高額股利也立即產生所得，不僅要在中國繳納所得稅，也難逃掉美國鉅額的聯邦稅與州稅，最可怕的是美國還有所謂的遺產贈與稅，個人財產一旦超過 1,399 萬美元（2024 年），立即產生 40% 的高額遺產或贈與稅負。若高總在上市前能夠實行下列規劃並能避開這些高額代價！

1. 公司準備上市 3 年前即開始著手設立家族信託，最好在私募基金或第三投資者進入之前即成立家族信託。

2. 可評估家族信託在美國免州稅的州成立，如內華達州或德拉瓦州等，當然受益人所在州對於州稅也有影響。

3. 高總可擔任信託設立人，高夫人可擔任信託保護人，當然兒子即為信託受益人。至於受託人可尋求一般指示型信託之受託人，因年費固定，且行政運作維持非常便宜，在內華達州一般年費採固定金額，往往一年不會超過 5,000 美元，在德拉瓦州一年年費亦不超過 10,000 美元，高總即可在美國成立一個不可撤銷信託。

4. 在美國信託成立完成，通常會由信託先投資一個有限責任公司（Limited Liability Company, LLC），準備未來投資中國。

5. 接下來將高總於中國公司的股權轉讓給美國的 LLC。若依據中國法令規定，高總無法採贈與的方式轉讓股權至美國的信託，可能需要準備一些資金，先贈與進入美國的信託，由美國信託轉投資至 LLC，再由美國 LLC 經由中國外經貿部、外匯管理局及工商局批准，即可向高總購買中國公司股權。

案例六：海外（香港、美國）股權上市前的必要籌劃──CRS 揭露與通報

《傳承案例背景》
　　中國地產界潘石屹、張欣夫婦在公司股權上市前已委由受託人滙豐國際信託有限公司 Capevale（Cayman 是特意為成立信託而註冊的公司），完成上市前籌備資產國際化與家族資產信託化。但自 2018 年底開始，全球範圍內金融帳戶訊息自動交換（CRS）的國家將自動交換交易訊息，自此個人的海外資產將無處可藏，打亂了潘氏夫婦想以開曼信託來傳承家族資產的計畫。若潘氏夫婦仍是中國公民與中國稅務居民，未來遺產稅及贈與稅草案上路後，恐將面臨高額的稅務風險。

《傳承問題思考》
　　有什麼方式可以達到完全贈與的目的，而將個人的財產從個人身上脫離，使財產能完全受到保護進而規避企業經營風險、企業實際控制人突然離世、債務風險、甚至婚姻危機風險？大部分公司在海外上市前，均會引入外資，將股權分散，並同時將資產國際化，在上市前（Pre-IPO）也會藉由離岸信託（Offshore Trust）獨特的優勢將風險隔離、進行稅務及家族財富傳承的籌劃；企業的實際控制人將所持有的股份委託於離岸信託，甚至家庭主要成員各自成立獨立的離岸信託；同時藉由上市前成立離岸信託，凝聚一盤散沙的力量。無論信託內部涉及多少受益人或關聯方，或者信託契約內容如何更改，它將股權鎖定集中於受託人名下，實現最高效率的控制權方式。近十年來，由於更多信託的管理與運營渴望更多來自家族內部的話語權，以及定制化的後期

管理,「私人信託公司」(Private Trust Company, PTC)更變成為主流;授予人即企業的實際控制人可以安排其家庭成員與專業顧問,甚至在不違背信託權力割離的立法本意上,授予人本人亦擔任私人信託公司的成員之一,以掌握和監督受託人未來的信託運作,此種形式廣受中心集權主義薰陶下中國高淨值人士的喜愛,所以股權離岸信託已成為上市前的必要規劃。

在企業首次公開發行(IPO)之前創立人或團隊一般都會集中持有大部分公司股權,上市前通常會採用指示型信託(Directed Trust),最終受益人由保護人來決定;亦可採用自由裁量信託(Discretionary Trust)。如採用自由裁量信則會在信託合約規定中,將屬於受益人的利益採非固定的,真正的分配準則會參考信託合約的規定,由受託人在後續執行,不管用哪一家受託公司,開曼的 STAR 信託與 BVI 的 VISTA 信託,甚至根西島與澤西島信託,似乎成為可靠的信託管轄法域。

在信託設立後,股東會將其預備上市的股份轉入信託;而在法律上來說,這些股份的所有者從此將成為受託公司。因此在 IPO 期間,信託受託人會代替原來的授予人,成為主要被揭露的對象。儘管如此,信託授予人往往保留對信託資產的全部控制權(投資、管理和分配),而受託人只擔任行政職務。

由上述各方面看來,一切的規劃似乎非常全面且美好;但此類規劃詳細斟酌,該上市前公司股份信託似已喪失該有的獨立性,之後會不會變成偽信託,可能需要謹慎思考與檢討。此外,2016 年國際調查記者聯盟(ICIJ)揭露「巴拿馬文件」,巴拿馬的莫薩克馮賽卡律師事務所洩漏了 1,150 萬份的客戶密件,揭露多國權貴名流疑涉利用避稅天堂藏富、逃稅、甚至洗錢,震撼全球。又 2017 年國際調查記者聯盟更揭露涵蓋 1950 年到 2016 年「天堂文件」,檔案之多超過 1,400GB,包含大約 1,340 萬份文件檔案,約 680 萬份來自境外法律事務所 Appleby 和專門服務企業的 Estera。

《傳承架構建議》
- 目前現存籌劃架構：中國潘石屹、張欣夫婦離岸家族信託

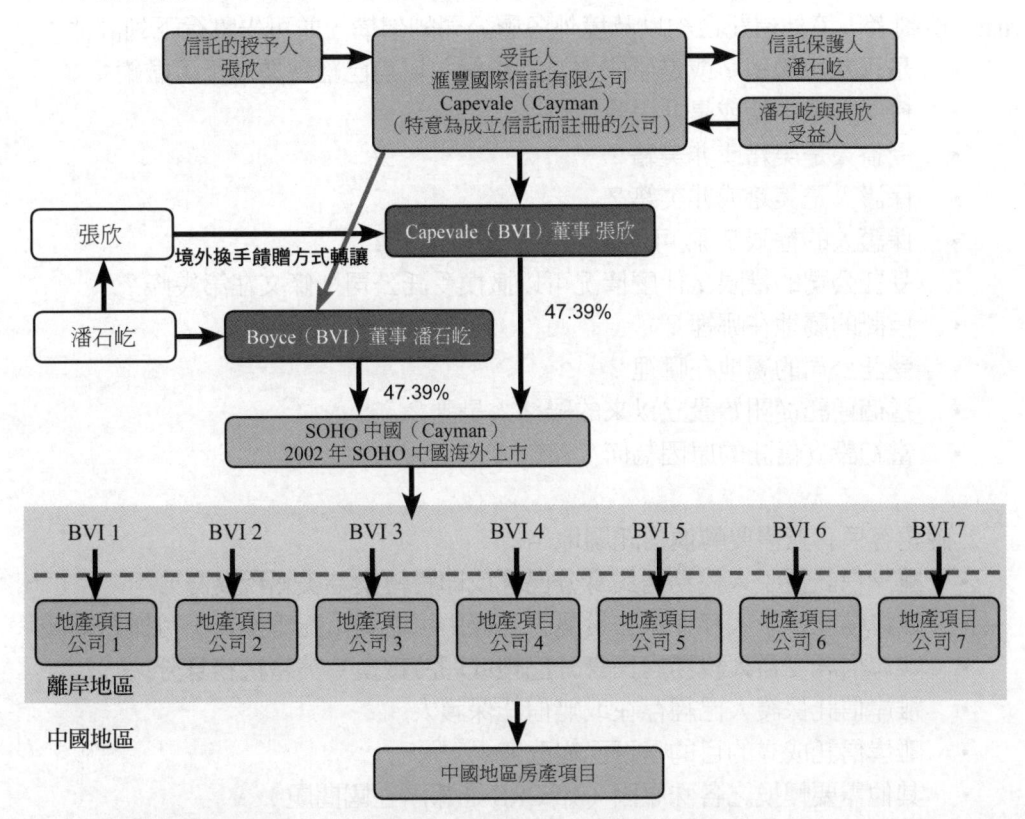

```
信託的授予人        受託人              信託保護人
張欣      →    滙豐國際信託有限公司    →    潘石屹
              Capevale（Cayman）
              （特意為成立信託而註冊的公司）    潘石屹與張欣
                                        受益人
                    ↓
張欣          Capevale（BVI）董事 張欣
  ↑   境外換手饋贈方式轉讓
潘石屹    →   Boyce（BVI）董事 潘石屹        47.39%
                    ↓ 47.39%
              SOHO 中國（Cayman）
              2002 年 SOHO 中國海外上市
                    ↓
   BVI 1   BVI 2   BVI 3   BVI 4   BVI 5   BVI 6   BVI 7
    ↓       ↓       ↓       ↓       ↓       ↓       ↓
  地產項目 地產項目 地產項目 地產項目 地產項目 地產項目 地產項目
  公司 1  公司 2  公司 3  公司 4  公司 5  公司 6  公司 7
  離岸地區
  中國地區
              中國地區房產項目
```

- 擬建議籌劃架構：中國潘石屹、張欣夫婦離岸家族信託

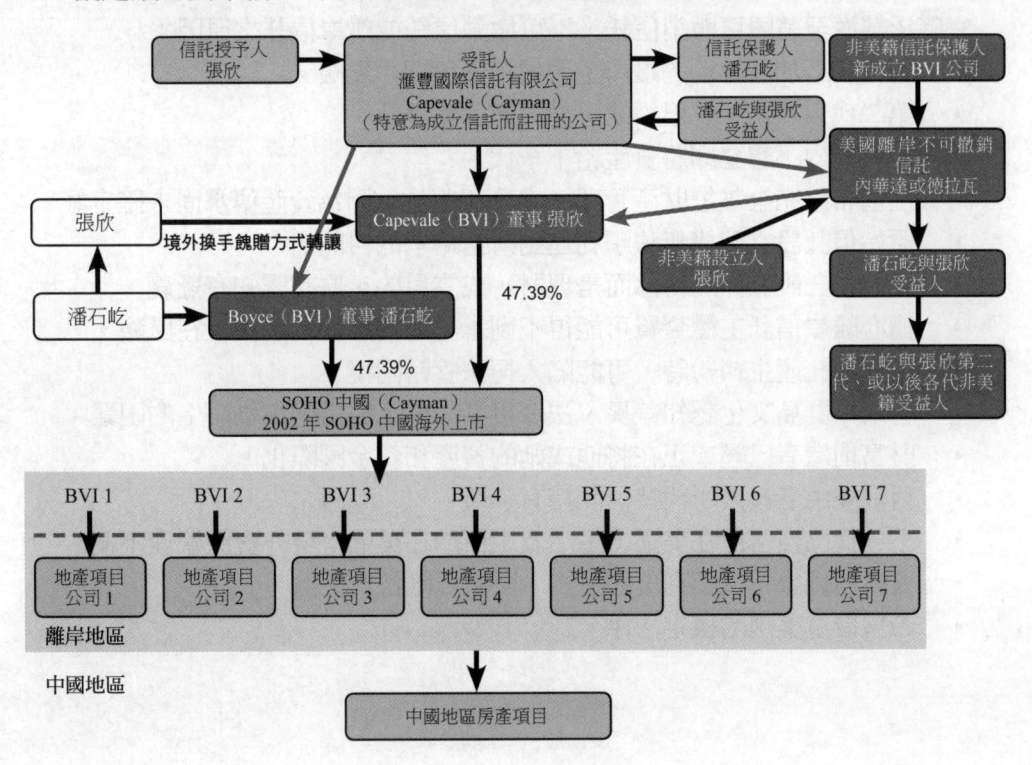

```
信託授予人        受託人              信託保護人       非美籍信託保護人
張欣      →    滙豐國際信託有限公司    →    潘石屹          新成立 BVI 公司
              Capevale（Cayman）
              （特意為成立信託而註冊的公司）    潘石屹與張欣     美國離岸不可撤銷
                                        受益人         信託
                                                    內華達或德拉瓦
張欣          Capevale（BVI）董事 張欣           非美籍設立人
  ↑   境外換手饋贈方式轉讓                        張欣         潘石屹與張欣
潘石屹    →   Boyce（BVI）董事 潘石屹        47.39%            受益人
                    ↓ 47.39%
              SOHO 中國（Cayman）                          潘石屹與張欣第二
              2002 年 SOHO 中國海外上市                     代，或以後各代非美
                                                        籍受益人
                    ↓
   BVI 1   BVI 2   BVI 3   BVI 4   BVI 5   BVI 6   BVI 7
    ↓       ↓       ↓       ↓       ↓       ↓       ↓
  地產項目 地產項目 地產項目 地產項目 地產項目 地產項目 地產項目
  公司 1  公司 2  公司 3  公司 4  公司 5  公司 6  公司 7
  離岸地區
  中國地區
              中國地區房產項目
```

《傳承架構解析》
　　1. 針對目前已經上市且已經以離岸信託作為上市前公司股份信託（Pre-IPO Trust）規劃者，境外信託合約以及境外各層公司的架構，並可先實行下列評估：
- 是否為可撤銷？或是原成立為可撤銷、目前已經轉換為不可撤銷？
- 授予人是美籍或是非美籍？
- 受益人是美籍或非美籍？
- 保護人是美籍或非美籍？
- 保護人的權限？誰可以撤銷、替換保護人？
- 受託公司的權限？什麼情況可以撤換受託公司？條文在第幾條？
- 信託的屬地在哪裡？
- 受託公司的屬地在哪裡？
- 這個信託從開始設立以來的聯絡人是誰？
- 當初設立信託的原因為何？

2. 確認客戶有無需要轉換信託屬地：
- 離岸信託授予人稅務居民身分已經或即將轉換為美籍稅務身分。
- 離岸信託授予人存在或去世是否已經由可撤銷信託轉換為不可撤銷信託。
- 離岸信託受益人稅務居民身分已經或即將轉換為美籍稅務身分。
- 離岸信託保護人已經存在或無信託保護人。
- 離岸信託成立的目的是否已經改變。
- 其他需要轉換之各殊原因（如 CRS 通報所在國問題）。

3. 確認轉換至美國可撤銷信託、不可撤銷信託或離岸信託之原因：
- 香港及新加坡等地的離岸金融帳戶面臨關戶風險。
- 第二代或未來子孫已經或可能具有美籍身分。
- 短時間內不想立即將資產給下一代。
- 生前希望完全掌控財產管理、處分與收益，因為資產傳承尚未確定好。
- 原始信託設立架構無法順利達到財富傳承的目的。
- 原始信託設立非為傳承而是理財，成立目的、原有認知有疑義。
- 擔心離岸信託主體資質可能得不到承認；信託的合法性存在風險。
- 離岸信託產生糾紛時，可能陷入司法管轄困境。
- 各離岸群島文化認知差異、法令更動頻繁，經常帶來維護上的困難。
- 財富創造者已經或正在將他或她的資產和資金國際化。
- 目前委由名義人所代持信託持有資產。
- 下一代已經落戶在美國，生活及工作均在美國；境外資產管理不便。
- 資產與資金希望回到美國境內，財產風險持有分散。
- 希望借重美國的穩定法律。

案例七：今兄弟、明仇人──台灣美福集團手足相殘 3 死，弟 14 槍殺 2 兄自轟

《傳承案例背景》

　　台灣美福集團資產逾 180 億台幣，但隨著下一代各自耕耘，兄弟間因爭產宿怨和分紅問題而屢有爭執。不料一次家族會議中，老四黃明德疑因和兄長意見不合，竟掏槍射殺兄長，造成二哥黃明煌身中 2 槍，子彈從左臉頰、頸部射入但未貫穿；三哥黃明仁中 6 槍，左頸 1 槍遭子彈貫穿，另頭部中 2 槍，手肘和右大腿、右腳後跟各中 1 槍。兇手老四黃明德下顎 1 槍從頭頂貫穿，又墜樓，頭部重創。美福集團家大業大，因兄弟鬩牆造成的人倫悲劇，難道事先無法預防？

《傳承問題思考》

　　一場奪走三條人命的槍擊命案，讓美福集團黃家辛苦打造出的百億事業版圖，頓時群龍無首，在痛失掌門人，狠心擊碎兄弟間苦心經營出的幸福成果；「走進美福，裝滿幸福！」這句名言更人不勝唏噓！以本案例而言，最早從美麗華集團大家長黃杏中的三弟黃榮圖開始有 6 個兒子，妻子因不堪黃榮圖外遇還帶小三進門的風流行為而自殺，么子黃明修因乏人照顧，不久後因病死亡，留下之前的 5 個兄弟，最後又因兇手老四黃明德的幾顆子彈，就剩下兩兄弟；後續如何傳承、如何交棒令人關注。

　　從本案例來看，事實上從上一代開始就是一個不良的示範，父親在婚姻上就有狀況，母親還因此而自殺，到了下一代因成長環境、教育背景不同，事業成就也不同，家族間的維繫也出狀況，讓人再想起古語云：「道德傳家，十代以上，耕讀傳家次之，詩書傳家又次之，富貴傳家，不過三代。」一個家族想要長久興旺，靠的是善良和讀書；善良是一種發在內心的美德，長年累月，這種氣質會沉澱在身上，鏤刻在臉上，所以一個人的氣質是做不了假的，和善的人總是有更好的人緣，人們總是願意幫助他，所以他們的人生之路，走得也更加順遂。曾子曾說：「人而好善，福雖未至，禍其遠矣」；范仲淹說：「耕讀莫懶，起家之本；字紙莫棄，世間之寶。」讀書，不僅是一個人進步的階梯，更是一個家族走向興盛的不竭動力。本案例老四黃明德如能聽取前人所言，有善心又能勤讀書定當不會走到這一步，當然他可能也會怪罪於上一代，為何當初未能好好為家族財富訂下一個完善的傳承籌劃過程！

《傳承架構建議》

- 美福集團家族圖

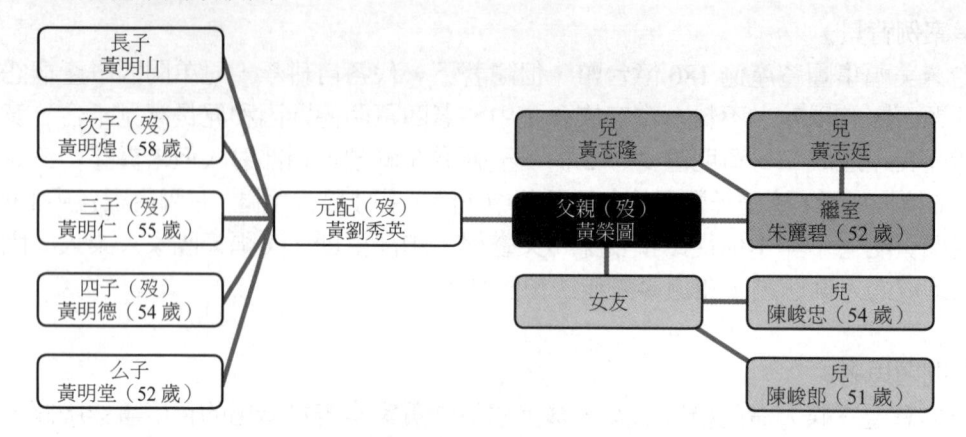

```
長子
黃明山

次子（歿）
黃明煌（58歲）

三子（歿）
黃明仁（55歲）          元配（歿）        父親（歿）        繼室
                        黃劉秀英          黃榮圖            朱麗碧（52歲）
四子（歿）
黃明德（54歲）

么子
黃明堂（52歲）
```

兒 黃志隆
兒 黃志廷
女友
兒 陳峻忠（54歲）
兒 陳峻郎（51歲）

- 集團架構重組前：台灣美麗華家族集團

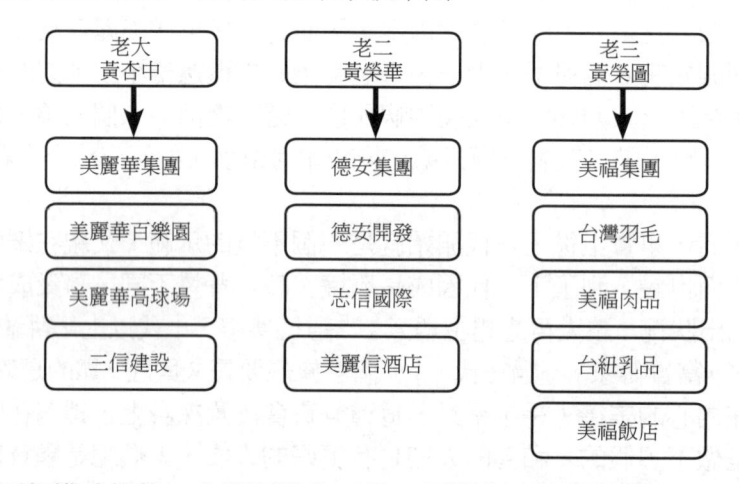

老大 黃杏中	老二 黃榮華	老三 黃榮圖
美麗華集團	德安集團	美福集團
美麗華百樂園	德安開發	台灣羽毛
美麗華高球場	志信國際	美福肉品
三信建設	美麗信酒店	台紐乳品
		美福飯店

- 集團架構重組後：企業國際化、員工國際化、家族國際化

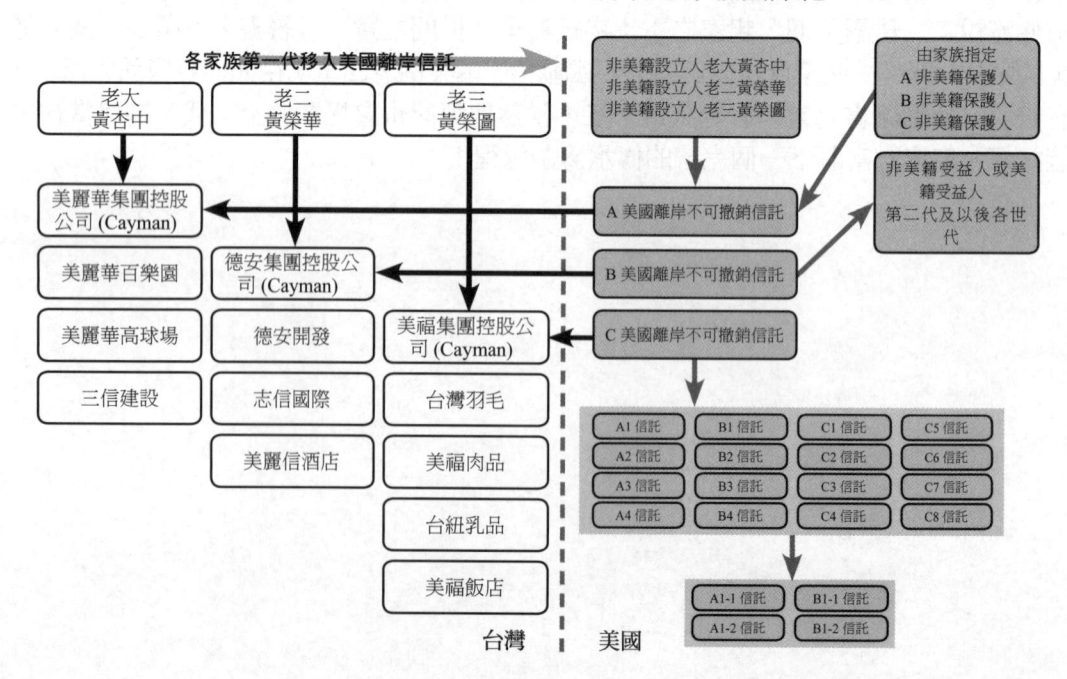

各家族第一代移入美國離岸信託

台灣側：
- 老大 黃杏中 → 美麗華集團控股公司 (Cayman) → 美麗華百樂園、美麗華高球場、三信建設
- 老二 黃榮華 → 德安集團控股公司 (Cayman) → 德安開發、志信國際、美麗信酒店
- 老三 黃榮圖 → 美福集團控股公司 (Cayman) → 台灣羽毛、美福肉品、台紐乳品、美福飯店

美國側：
- 非美籍設立人老大黃杏中 → A 美國離岸不可撤銷信託
- 非美籍設立人老二黃榮華 → B 美國離岸不可撤銷信託
- 非美籍設立人老三黃榮圖 → C 美國離岸不可撤銷信託

由家族指定
A 非美籍保護人
B 非美籍保護人
C 非美籍保護人

非美籍受益人或美籍受益人
第二代及以後各世代

A1信託、A2信託、A3信託、A4信託
B1信託、B2信託、B3信託、B4信託
C1信託、C2信託、C3信託、C4信託
C5信託、C6信託、C7信託、C8信託

A1-1信託、A1-2信託
B1-1信託、B1-2信託

台灣 | 美國

《傳承架構解析》

　　從上面架構我們可以瞭解，從出事的這一代看到創富的上一代，黃氏家族的美麗華集團是台灣的老字號企業，過去作風相對低調，創辦人黃杏中是黃家 10 個兄弟姊妹中的老大，帶領二弟黃榮華、三弟黃榮圖，靠著收購鴨農羽毛，累積不少財富，買入臺北市大直的多筆土地，事業版圖擴及百貨、飯店、房地產、肉品、乳品等，可說食衣住行育樂全都包，分別隸屬不同的事業集團，但從報章媒體可得知內部，家族內鬥也很嚴重，且屢屢躍上新聞版面。

　　當企業集團版圖越大，家族內鬥也屢見不鮮，以筆者在台灣觀察為例，在台灣除了上述美麗華集團外，台灣台塑集團創辦人王永慶過世後，王永慶長子王文洋與三房李寶珠就展開遺產官司訴訟；藥品龍角散前代理商高平公司家族三兄弟，也因為股權紛爭告上法院，加上台灣全球知名的海運長榮集團、葡萄王生技和金蘭食品等企業都曾因繼承衍生問題，顯見企業如何做好萬全的接班規劃，應該是永續經營的最大挑戰。

　　今日如果上述黃姓家族的傳承可以重來，筆者會建議各個家族由家族的創富者將資產移入美國家族信託，如後代子孫已經有美國籍身分的就須移入美國不可撤銷的朝代信託，如家族後代均無美國身分者，考慮美國稅務問題即可將家族財產移入美國離岸不可撤銷信託，可藉由信託的分割或轉注，甚至合併，由不同信託、不同世代的保護人指定傳承的接班人。一個良善的籌劃架構，不僅可避免高額的傳承稅負，還可以讓這些企業能夠永續經營。

案例八：公私不分，財富傳承風險高

《傳承案例背景》

　　中國許多高淨值人士的資產是以企業的形式存在，其在創業之初往往把全部的家當都投入企業當中。為了企業的發展壯大，鮮少從企業利潤中分紅。這樣屬於私人所有的鉅額資產就都放在企業中，甚至很難嚴格在企業資產和私人資產中劃出界線。然而一旦企業發生危機，這部分應當屬於私人的資產，由於未被依法隔離出來，因而仍然屬於公司資產，將無條件地用於承擔所有企業的債務和風險，一旦公司發生債務危機，許多企業家無法挽救其辛苦創業所掙得的資產。

　　家族企業的特點就是「肉爛在鍋裡」，子承父業也沒有明確指出「承」到底是股權還是資產，於是一家子人都自然地認為老子的一切都是兒子的，沒有資產分割、沒有遺囑，沒有世代傳承的安排，一旦企業或者個人發生危機，將直接殃及家族產業安全和繼承人資產安全。尤其是如果子女及其婚姻關係未處理好，億萬資產最終有可能成為別人的財富。

　　賈先生是一位曾迅速發家的千萬富翁，卻也一夜之間財富盡失，其沉重的故事可給企業家作為活生生的警示。賈先生學業結束後一帆風順，先跟隨哥哥從事建築工程

監理,積累工作經驗,之後利用已建立的關係網開始自主經營,5 年時間迅速發家成為千萬富翁。創業初期將自己全部家當投入到企業中,把個人家庭財產和公司財產混為一談,把公司錢放在自己帳上,存款時存個人帳,貸款走公司帳。賈先生發家之後便開始了揮霍的生活,在當地是第一批奔馳車的車主,擁有多棟高檔別墅,孩子「滿月酒」花幾百萬辦幾百桌酒席。除此之外賈先生還在香港購買了數百萬的保單,並在私人銀行開立帳戶購買了多項理財產品。

然而金融危機不期而至,賈先生因沒有及時規避風險而導致破產,上億工程款無法收回,外債又欠了七、八千萬,包括工資、材料款,債主一大堆。債主不停的上門討債,法院判決由於賈先生經常公司財產和家庭財產互相使用,無法區分公司財產與私人財產,且賈先生無法證明公司財產與私人財產分門獨立,導致法院將賈先生的別墅、車子、公司資產等變賣用來還債,法院還要求賈先生將名下的保單解約,處理理財產品並匯回中國用來償債。

《傳承問題思考》

賈先生平時處理公司業務,如果能將公私嚴格分開,其私人資產則不需要對公司債務承擔連帶責任,那倘若賈先生將個人資產提前放入信託是否能規避公司債務?因賈先生以往抱持僥倖心理,以為中國法院查不到香港的資產,但是共同申報準則(CRS)實施後,香港將賈先生在香港的保單及私人銀行的存款匯報給中國,使法院更有依據來要求賈先生處理名下的資產用來還債。獨資公司老闆使用個人帳戶處理公司事務,會被認定為公私財產混同,在特定情況下對外承擔時可能變成無限連帶責任。

對於所有的高端客戶和成功企業家而言,要累積一個成功的實業,需耗時多年,但要倒閉,卻只需一個錯誤的決策。在目前存在高風險的經營環境裡,隨時隨地均要思考:萬一企業出狀況、經營出現危機,因應的下一步是什麼?

另外中國開徵遺產稅指日可待,在遺產稅徵收之前把財產是放入中國的理財信託好?抑或是將資產國際化,置入離岸或美國的朝代信託較適合?哪一種籌劃可以避免鉅額遺產稅並將財富留給子孫?

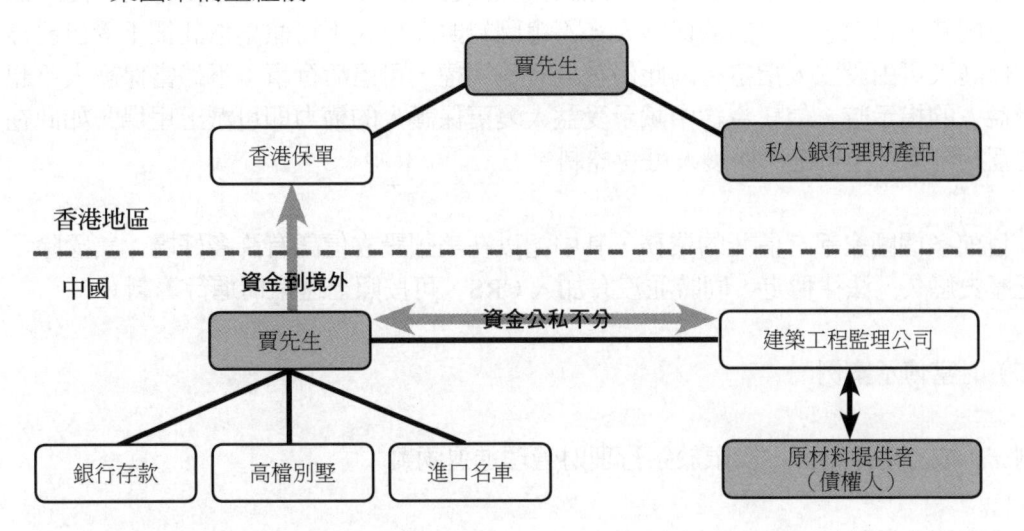

《傳承架構建議》
- 集團架構重組前

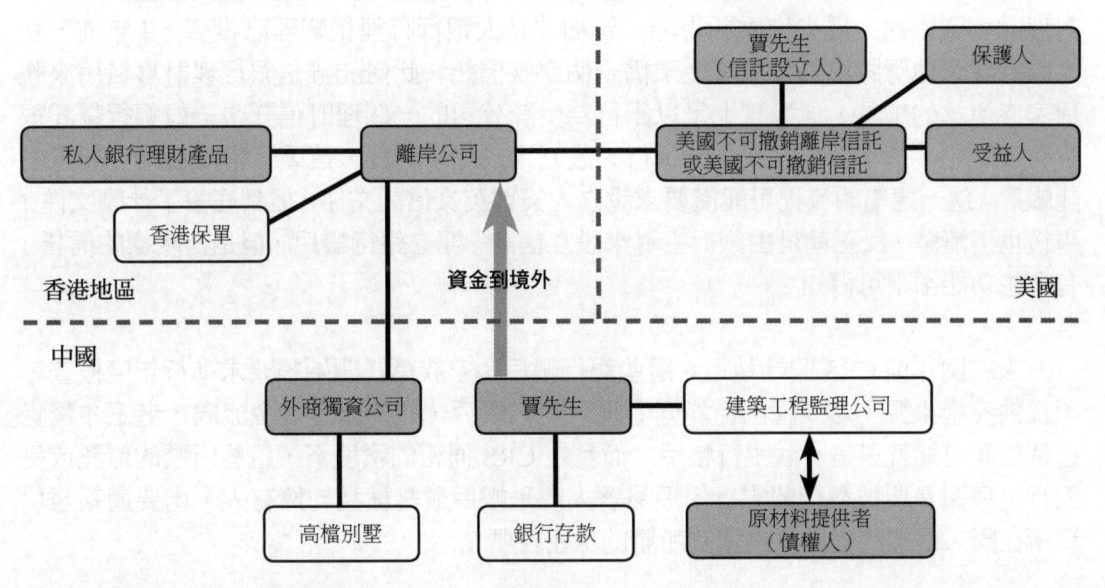

《傳承架構解析》

在賈先生發家後，他應嚴謹按照中國的公司法來經營自己的公司，公私分明。自己個人名下的資產可以委託專業的顧問進行規劃，為自己、家人及其後代做好萬全準備，將自己辛苦打拚來的財富代代傳承下去，還可以避免中國未來可能實行的遺產稅。

如何規劃此債務風險與稅務風險？目前中國信託還是處於一個「理財信託」狀況，信託本法、信託業法、信託相關稅法、甚至信託登記規則還有待訂定，在此建議賈先生設立「美國不可撤銷離岸信託」或「美國本地不可撤銷信託」，將名下資產轉入不

可撤銷信託；賈先生可以在信託合約中約定受益人及受益比例、受益人接受財產的年齡、分配財產的收益或本金等內容，達到按照自己的想法來規劃名下財產的分配，而賈先生同時可以擔任該信託的保護人，不會因為財產放入不可撤銷信託卻不受自己控制（保護人可由設立人指定，因此保護人有簽字權，可靈活行事；不過當保護人不聽從受益人的指示時，信託合約中賦予受益人變更保護人的權力即可派上用場，如此在權力互相制衡下，可確保保護人可受控制。）

目前多個國家都有信託的業務，其中尤以在美國設立信託有許多好處：美國除了信託歷史悠久、法律穩定，同時並沒有加入 CRS，可按照上述架構進行籌劃。

（二）財富傳承案例

案例一：成立離岸信託，受限於銀行理財管理進退兩難

《傳承案例背景》

老王從事跨境貿易工作已近 20 年，在香港、新加坡累積了可觀的資金。因老王對理財一竅不通，過去均委託香港、新加坡私人銀行打理相關理財投資。7 年前，私人銀行建議他應將境外銀行資金架構一個家族信託，此信託雖是銀行理財專員用來號稱家族傳承的工具，但事實上是以銀行為受託公司的一個理財信託。一般銀行信託很少有客製化，基本上是制式化來進行，設立人成立了信託、簽署了信託合約、開了信託帳戶，這一連串的流程可能僅要求設立人簽署英文信託文件，但到底簽了什麼文件，事後也不清楚，反正就是由銀行主導來設立信託、開立銀行帳戶，但是什麼樣的信託，有哪些功能卻不可得知。

未料兩年前 CRS 開始執行，這些銀行帳戶、家族信託開始被要求進行年度檢查，須提供資金來源，若要匯出僅能同名匯入同名帳戶，並要確定資金流向，老王才驚覺這個信託可能就只是一個銀行帳戶，而且在 CRS 通報的環境下，這些所謂的信託或是銀行帳戶還是要披露相關銀行帳戶簽署人或是帳戶最終權益的擁有人，均要通報至稅務所在國，這樣的信託籌劃還有所謂的保密性嗎？

《傳承問題思考》

關於家族財富傳承，首先讀者需有一個清楚的概念，成立家族信託是一件事、開立銀行投資理財帳戶又是另一件事，兩者不可混為一談。多年來私人銀行也好、家族辦公室也罷，大多以家族傳承、成立家族信託之名，進行投資理財及購買大額保單、私募基金之實，已經遠遠跳脫家族信託的嚴肅意義。

成立家族信託是一件意義深遠的事，一份家族信託合約不像投資理財可以隨時終止投資，不像保單可隨時解約，亦不像私募基金到期可以贖回，一個家信託可能跨越好幾個世代，說不定目前這些小島信託（BVI、Cayman 等等）屆時已因溫室效應被海

水淹沒、因 G20、OECD、CRS 的通報而遭瓦解……沒錯，小島信託可以更換信託法令適用地，亦可將信託法令適用地與實際受託公司區分成不同地區（如適用澤西島的信託法律，但受託公司在開曼），但終究這是一個非常複雜而且不穩定的因數，有心耕耘家族財富傳承的領導者會接受嗎？

過去成立家族信託大部分是由私人銀行理財專員來建議成立，因此成立家族信託時，銀行理專往往提供給客戶一些英文合約文件、控股公司開立文件、銀行開戶文件要求簽署，所以信託設立人只知信託成立、銀行帳戶開好，但到底簽署了哪些文件、信託有哪些功能，可能一無所知。又目前這些離岸信託所委託的受託公司幾乎就是銀行附屬成立的信託公司，信託成立可能只是為了能留住這些理財的客人，等這些殷勤的理專又到了另一家私人銀行，這樣這個家族信託是否又要跟著移到另外一家銀行？

家族信託的成立可能基於財產保密隱私、或基於政治風險、法律風險、商業風險、事業上的危機、家庭的不和睦，亦可能為了跨境稅務考慮……等等，但目前看到廣為運用的銀行理財信託，是否能達到上述目的，可能需要真正的跨境架構師抽絲剝繭來釐清您所成立的家族信託面貌。

《傳承架構建議》
- 離岸信託架構重組前

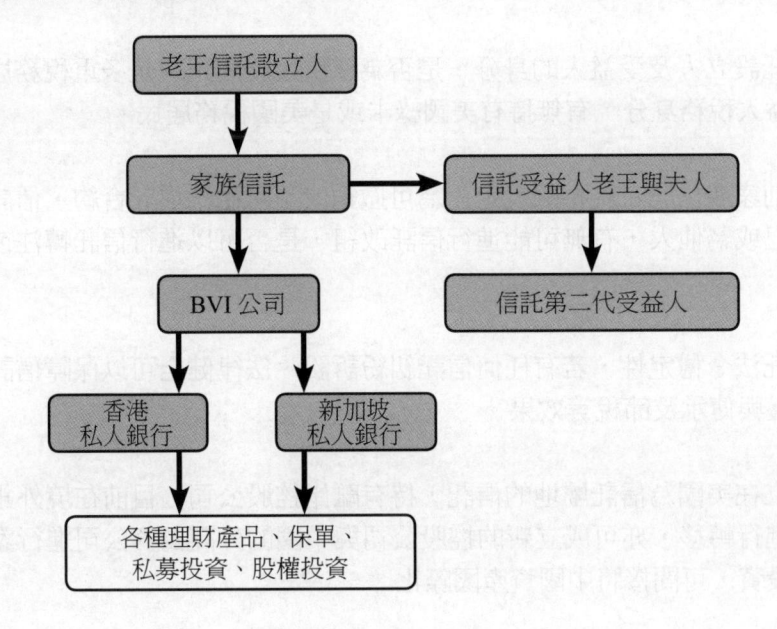

```
       老王信託設立人
            │
            ▼
        家族信託 ────► 信託受益人老王與夫人
            │                    │
            ▼                    ▼
        BVI 公司            信託第二代受益人
         │     │
         ▼     ▼
      香港   新加坡
    私人銀行 私人銀行
         │     │
         ▼     ▼
      各種理財產品、保單、
        私募投資、股權投資
```

- 離岸信託架構重組後：跨境財富世代傳承

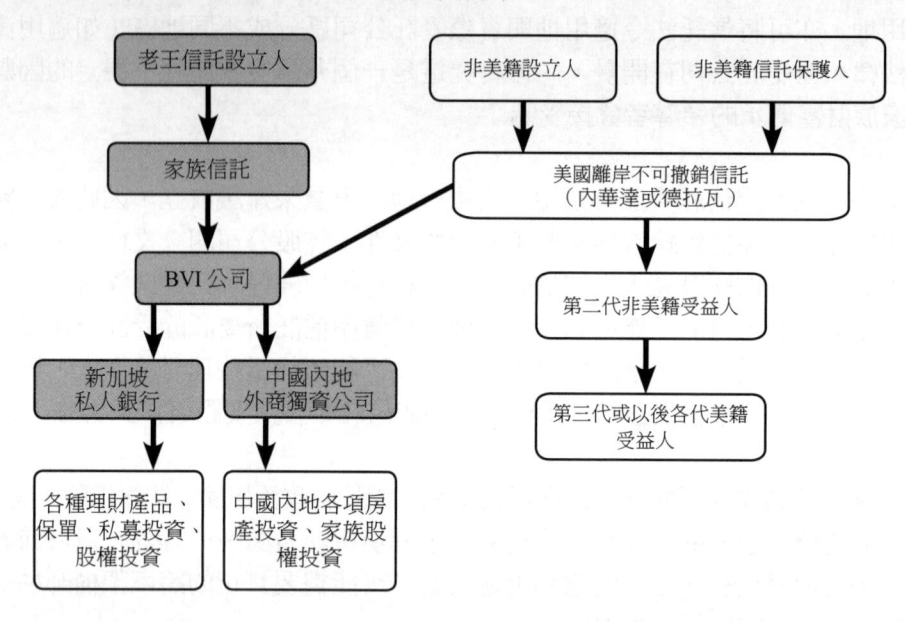

```
老王信託設立人           非美籍設立人    非美籍信託保護人
     ↓                      ↓               ↓
   家族信託              美國離岸不可撤銷信託
     ↓                   （內華達或德拉瓦）
   BVI 公司  ←──────────────┘ ↓
   ↓      ↓                第二代非美籍受益人
新加坡   中國內地                  ↓
私人銀行  外商獨資公司        第三代或以後各代美籍
   ↓       ↓                     受益人
各種理財產品、 中國內地各項房
保單、私募投資、產投資、家族股
股權投資      權投資
```

《傳承架構解析》

首先釐清目前銀行信託下持有資產的性質，僅有理財投資商品或是有其他性質的資產，如房產或家族股權投資。

確認信託設立人及受益人的身分，是否為雙重稅務居民或是多重稅務居民，信託設立人及受益人稅務身分，有無持有美國綠卡或是美國稅務居民。

確認目前家族信託合約相關規定，為可撤銷或不可撤銷信託合約，信託第一優先受益人為自己或為他人，有無可能進行信託改組，是否可以進行信託轉注或撤銷此信託。

評估信託法令穩定性，若有任何信託糾紛訴訟，法律健全可以保障信託設立人，以達財產保護與傳承及節稅等效果。

建議成立在美國為信託屬地的信託，持有離岸控股公司，目前在境外銀行開戶資金均不需再進行轉移，亦可成立新的控股公司與中國的外商獨資公司進行家族股權投資與房產的投資，可間接將中國資產國際化。

案例二：成立了偽信託（Illusory Trust），如何收拾殘局？

《傳承案例背景》

許多香港富豪皆透過境外信託來保護其財產，潘樂陶也不例外。潘樂陶自 1990 年起鴻圖大展，成立了安樂工程集團有限公司，作為其事業的控股公司。1995 年 7 月，

潘樂陶於澤西群島成立一個不可撤銷的全權委託信託，自己擔任信託的授予人、保護人及受益人之一。受託人則委由滙豐國際信託有限公司擔任；潘樂陶在信託成立後，將安樂 84.63% 的股份授予該信託。但此信託於 2014 年被香港最高法院宣告不具有獨立性，使得其配偶得以請求一半的信託資產。

中國張蘭也是一個明顯的案例，數年前俏江南與鼎暉創投簽署了對賭協議，約定如果俏江南未能在規定時間內上市，張蘭需回購鼎暉的股份，並支付相應的回報；由於市場環境變化及其他因素，俏江南未能按期上市，雙方因此產生了糾紛。鼎暉投資最終將張蘭告上法庭，要求其履行對賭協議的相關條款。2015 年北京市高級人民法院判決張蘭敗訴，要求其按協議回購鼎暉的股份並支付相應利息。依據美國聯邦地區法院公布的判決書顯示，張蘭拖欠（CVC Capital Partners, CVC 基金）1.42 億美元（約合人民幣 9.8 億元）及其利息；La Dolce Vita Fine Dining Company Limited（甜蜜生活美食有限公司）與張蘭的民事訴訟裁決書，判決張蘭及其公司名下所有的紐約西 53 街 20 號，39A 公寓出售所得歸甜蜜生活美食有限公司所有，而甜蜜生活美食有限公司實際上是 CVC 基金為了收購俏江南成立的，張蘭在 2019 年與 CVC 基金的訴訟中敗訴，共欠對方 1.42 億美元（約合人民幣 9.8 億元）及其利息。

2014 年 2 月張蘭成立家族信託殼公司（Success Elegant Trading Limited, SETL）並於同年 6 月成立了離岸信託 The Success Elegant Trust，受益人為她的兒子汪小菲及其子女，託管人為亞洲信託（AsiaTrust Limited），依據上述判決，張蘭海外家族信託被擊穿，其用家族信託基金購入的此套紐約公寓將被執行還款，張蘭債權人 CVC 基金申請對張蘭海外信託採取相應的執行措施，原本張蘭海外家族信託受益人為她兒子汪小菲及其子女，想以此區隔財產，原先收到 CVC 基金的轉帳後，張蘭很快就把其中 1.42 億美元轉到了其家族信託殼公司 SETL，之後又將其中的 0.85 億美元轉到 SETL 在德意志銀行的帳戶中，但在 2022 年 11 月新加坡高等法院披露的裁判文書中顯示，法官認定張蘭是信託所在銀行帳戶資產的實際所有人，因其對資產控制度過高，遂同意 CVC 基金提出的任命接管人的申請，這也就意味著張蘭本想以此區隔資產的方法被擊穿，家族信託財產被認定為是張蘭的個人財產。

依據新加坡高等法院的判決書，法官認定張蘭為家族信託項下資金的實際權利人，主要基於以下理由：

第一，張蘭對信託財產享有實際控制權。在家族信託成立之後，張蘭仍可自由地從銀行帳戶為自己轉帳。

第二，張蘭對信託財產享有任意取回和處分權。在接到中國香港凍結令通知和新加坡凍結令之前，張蘭急於轉出家族信託項下資金。判決書直接採用了「apparent unfettered operation」一詞。第一個證據是 2014 年 9 月和 2015 年 2 月，張蘭未明示原因，直接要求瑞士信貸銀行兩次分別轉移 300 萬美元；第二個證據是德意志銀行帳戶

於 2014 年 11 月 26 日有一筆資金轉出，最終被追溯到用於購買上述在紐約的公寓。

第三，張蘭的代理人在向家族信託項下資金所在銀行發送的郵件中明確提到，家族信託項下有關銀行帳戶為張蘭所有，並要求「被及時告知帳戶資產的變化」。

據此，新加坡高等法院認為，雖然有關資金在家族信託名下，但張蘭為該等資金的實際權利人，張蘭設立該家族信託的目的在於規避債權人對其名下財產的執行或索賠。

SETL 在瑞士信貸銀行和德意志銀行的帳戶中分別有約 0.22 億美元和 0.33 億美元的資產，但已經於 2015 年 3 月被新加坡高級法院凍結。

縱觀法院該判決書的論述過程，家族信託是否會被法院擊穿的核心在於家族信託項下財產的實際權利人是否為委託人，而這個問題本質上其實是對家族信託效力的判斷。對於一個有效設立的家族信託，其應當具備資產隔離的功能，即委託人通過家族信託將其財產轉為信託財產後，信託財產將獨立於委託人、受託人及受益人各自的固有財產。因此，即便委託人或受託人或受益人自身出現償債不能的情況，信託財產也不屬於其責任財產，債權人無權申請法院直接對信託財產採取財產保全措施或其他執行措施。

反之，如果家族信託存在無效或被依法撤銷等情形，自然也不應當存在相應的信託財產，即該家族信託項下財產本質上仍屬於委託人的個人財產，委託人的債權人有權申請法院對該等財產採取相應的財產保全及執行措施，因而無法發揮家族信託的資產隔離功能。張蘭家族信託項下財產的實際權利人為委託人，而非託管人，其實質上並不算家族信託。「有效的具備資產隔離功能的家族信託，在委託人將其財產轉為信託財產後，信託財產將獨立於委託人、受託人及受益人各自的固有財產」。

當委託人在信託契約或信託架構上保留了對信託財產的過多控制權，且權利保留導致信託財產能夠被委託人自由支配，信託被「擊穿」的可能性則會明顯增加。即使家族信託的委託人在表面上沒有保留過多權利，但如果委託人的所有指示，受託人都「不假思索」的嚴格執行，這種情況就可能屬於實質虛假信託，其資產保護功能也會受到影響。張蘭在 SETL 公司中擔任董事、擁有支配公司財產的權利、其信託契約的設計或許也存在較多權利保留因素。實踐操作層面，她為 SETL 銀行帳戶的簽字人，曾動用信託項下資金購置房產，且信託運行過程中，其律師還向銀行發出郵件，聲明該帳戶由張蘭維護。從公開資訊來看，該家族信託無論從法律層面，還是實踐操作層面都存在一定問題，具備可被擊穿的「基因」。

《傳承問題思考》
　　經由上述兩個案例判決真的讓眾人感到震撼，讓人不禁懷疑境外信託對於資產保護的效果，畢竟成立信託不就是為了保護財產嗎？怎麼可能在這個小島設立的信託，資產也移入這個受託公司，最後還是遭離婚的配偶求償成功？

　　在過去10年，筆者研究了數百個離岸信託，一般離岸信託可分成三大類型，第一類是為投資理財為目的，尋求私人銀行所附屬受託公司成立信託；第二類是尋求專業的受託公司；最後一類就是自己成立一個私人信託公司。無論實行哪一類的受託公司，最重要的是信託合約訂立所屬的法律屬地，因為一旦信託發生相關問題及糾紛，將會依據該屬地信託法律及該屬地所接受的法院來進行裁判。若原先成立信託的目的就是為了理財投資，或是為了避稅，而非為了財產保護，再加上目前中國信託設立個人通常希望能完全掌控信託，這個將與信託理論相違背，如此將使此信託失去獨立性，導致信託無效。

　　另外，若該信託法律屬地僅是一個小島，或可稱為「小島信託」，原先信託法的訂定就是為了增加信託設立者的便利性，也就是迎合信託設立者的需要，在此情形下該信託法律就會訂得非常有彈性，很多信託約定均可由授予人來決定，如此一來就產生本案例香港富豪潘樂陶同時為信託的授予人、保護人及受益人之一，導致被香港法院判決此信託完全穿透，也就是一個「偽信託」。

《傳承架構建議》
- 離岸信託架構重組前

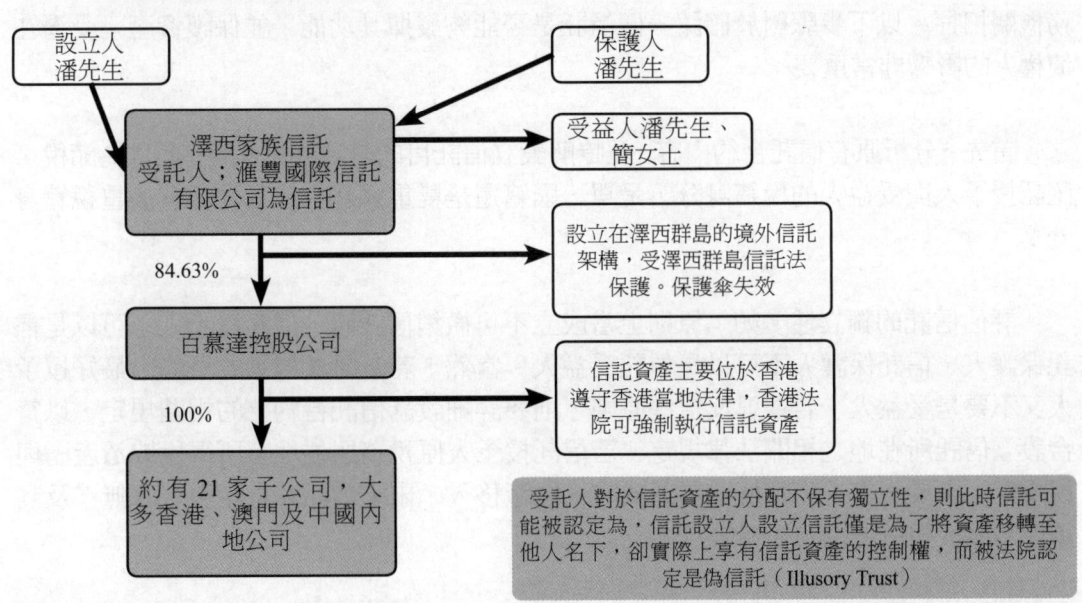

```
設立人           保護人
潘先生           潘先生
  │               │
  ▼               ▼
┌──────────────────┐      受益人潘先生、
│ 澤西家族信託      │─────▶簡女士
│ 受託人；滙豐國際信託│
│ 有限公司為信託     │
└──────────────────┘      ┌──────────────────┐
      │                    │ 設立在澤西群島的境外信託│
   84.63%  ────────────▶  │ 架構，受澤西群島信託法 │
      ▼                    │ 保護。保護傘失效       │
┌──────────────┐          └──────────────────┘
│ 百慕達控股公司│
└──────────────┘          ┌──────────────────┐
      │        ────────▶  │ 信託資產主要位於香港   │
   100%                    │ 遵守香港當地法律，香港法│
      ▼                    │ 院可強制執行信託資產   │
┌──────────────┐          └──────────────────┘
│ 約有21家子公司，大│
│ 多香港、澳門及中國內│   受託人對於信託資產的分配不保有獨立性，則此時信託可
│ 地公司            │   能被認定為，信託設立人設立信託僅是為了將資產移轉至
└──────────────┘        他人名下，卻實際上享有信託資產的控制權，而被法院認
                          定是偽信託（Illusory Trust）
```

- 離岸信託架構重組後：跨境財富世代傳承

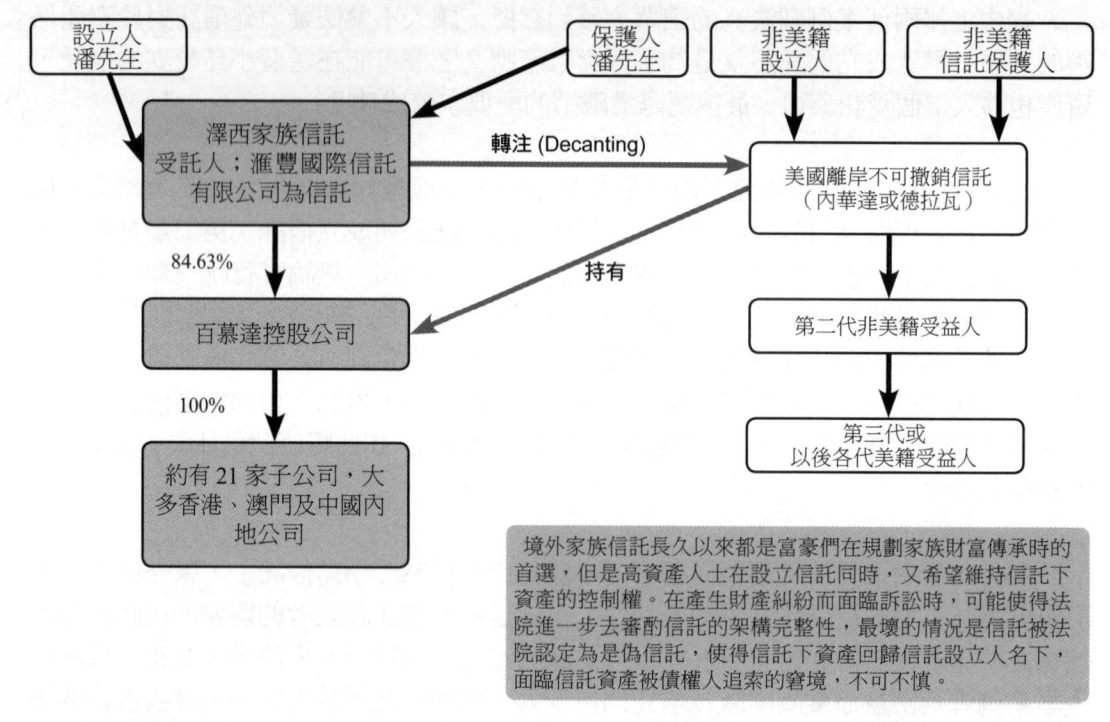

```
設立人                     保護人          非美籍          非美籍
潘先生                     潘先生          設立人         信託保護人
   │                         │              │                │
   ▼                         ▼              ▼                ▼
┌──────────────┐   轉注 (Decanting)   ┌──────────────┐
│ 澤西家族信託 │ ──────────────────▶ │美國離岸不可撤銷信託│
│ 受託人；滙豐國際信託│                  │（內華達或德拉瓦）│
│ 有限公司為信託│                       └──────────────┘
└──────────────┘                              │
       │  84.63%          持有                 │
       │         ◀────────────────            ▼
       ▼                                ┌──────────────┐
┌──────────────┐                        │第二代非美籍受益人│
│ 百慕達控股公司│                        └──────────────┘
└──────────────┘                              │
       │ 100%                                 ▼
       ▼                                ┌──────────────┐
┌──────────────┐                        │  第三代或    │
│約有21家子公司，大│                      │以後各代美籍受益人│
│多香港、澳門及中國內│                     └──────────────┘
│    地公司     │
└──────────────┘
```

> 境外家族信託長久以來都是富豪們在規劃家族財富傳承時的首選，但是高資產人士在設立信託同時，又希望維持信託下資產的控制權。在產生財產糾紛而面臨訴訟時，可能使得法院進一步去審酌信託的架構完整性，最壞的情況是信託被法院認定為是偽信託，使得信託下資產回歸信託設立人名下，面臨信託資產被債權人追索的窘境，不可不慎。

《傳承架構解析》

　　離岸信託長期以來一直是高資產家族作為財富規劃的首選，但是需謹記務必在控制需求與信託的資產保護之間取得平衡。如果信託授予人對信託保留了許多權力，法院可能對信託持懷疑態度，並否認信託的存在。這有可能導致資產被債權人和／或稅務機關扣押。以下步驟對於確認一個信託是否能夠發揮其功能，並保護資產不受潛在債權人的影響非常重要：

　　首先，分析原有信託合約內容，並瞭解設立信託目的是為財產保護、還是為節稅？確認授予人與受益人的稅籍身分，是單一國籍還是雙重國籍，或者是否有多重稅籍身分？

　　評估信託的獨立性。如：原則上當成立不可撤銷信託時，信託授予人不可以是信託保護人、信託保護人不可以是信託受益人。當然，若為財產傳承的目的，最好授予人又不要是受益人。若要違反這些原則，則要詳細設計信託合約上的相關規定，以符合設立信託所在地之相關法律規定。若信託授予人原稅務居住地有所得稅或遺產贈與稅規定，則要更進一步瞭解此信託成立、財產移入、未來信託孳息產生、有無涉及到遺產贈與稅與所得稅的相關規定。

　　以本案例而言，若信託設立後才發現信託不具備獨立性、無信託財產保護的效果，則可盡快成立一個不可撤銷的美國離岸信託，將目前以香港國際滙豐信託有限公司為受託人的離岸信託資產，轉注到美國的不可撤銷離岸信託。當然在轉注過程中，一定

要先確定原信託合約有無相關轉注規定。

在美國信託合約中，美國信託合約依規定均需由信託設立所在州的律師草擬或是覆核，主要目的是要確認此信託合約是否符合該州法律規定，另一重要目的是要確認此信託合約是否具備獨立性。

案例三：滿手古董、字畫、珠寶，如何傳承？

《傳承案例背景》

李氏家族世代居住在西安，歷代來嗜收集古董、字畫，為了保存這些古董文物，目前已成立5間私人博物館，分別為皇家藝術博物館、宋瓷博物館、印石文化博物館、禪茶文化博物館、古代書畫博物館、玉石文化博物館；古文物歷經歲月風霜，飽嘗朝代遷徙變異，在屢遭質變與人為破壞之後，收藏極為不易，家族建立此博物館，除了與民間分享收藏品，更進一步希望可廣為流通，人人可收藏、可增值，但這些古珍異寶如何傳承下一代，倒是一個大問題！

《傳承問題思考》

古董、字畫、珠寶這些私人稀世瑰寶，古玩、字畫，傳遞著求真——藝術平民化、平民藝術化，求善——藝術信仰化、信仰藝術化，求美——藝術生活化、生活藝術化；在藝術上是一個抽象的藝術價值，在實質上可能價值連城，在法律上則屬於動產的一種……因此並非是將其擺在博物館就可傳承，更何況在保存收藏的過程，維持成本可能所費不貲，如何持久收藏，是否有一定的收入來源，以維持相關運作成本，值得收藏家斟酌。

原則上要將這些稀世瑰寶進行傳承，首先需要有個承接的載體，即將此動產進行動產證券化及國際化；藉由此證券的買賣取得現金流，進一步滿足這些維持的成本。

《傳承架構建議》
- 古董、字畫架構重組前

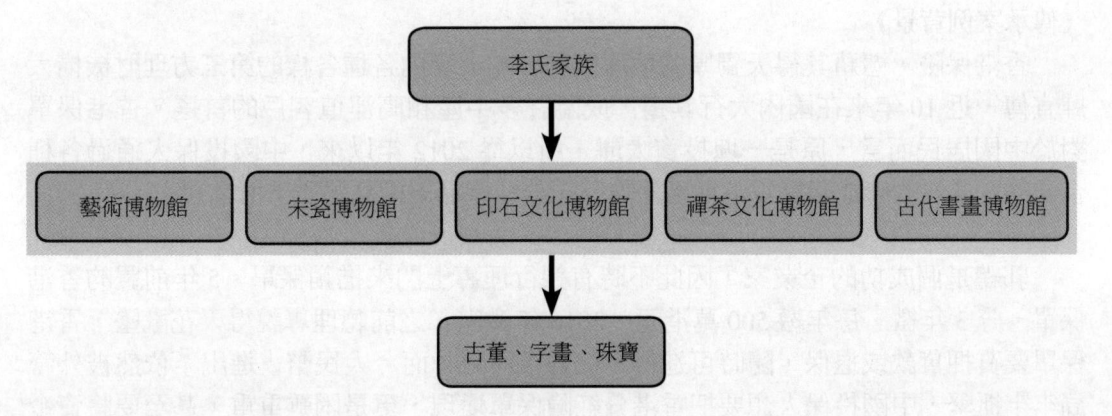

```
                    李氏家族
                        │
                        ▼
┌─────────┬─────────┬─────────┬─────────┬─────────┐
│藝術博物館│宋瓷博物館│印石文化  │禪茶文化  │古代書畫  │
│         │         │博物館    │博物館    │博物館    │
└─────────┴─────────┴────┬────┴─────────┴─────────┘
                          │
                          ▼
                   古董、字畫、珠寶
```

- 古董、字畫架構重組後

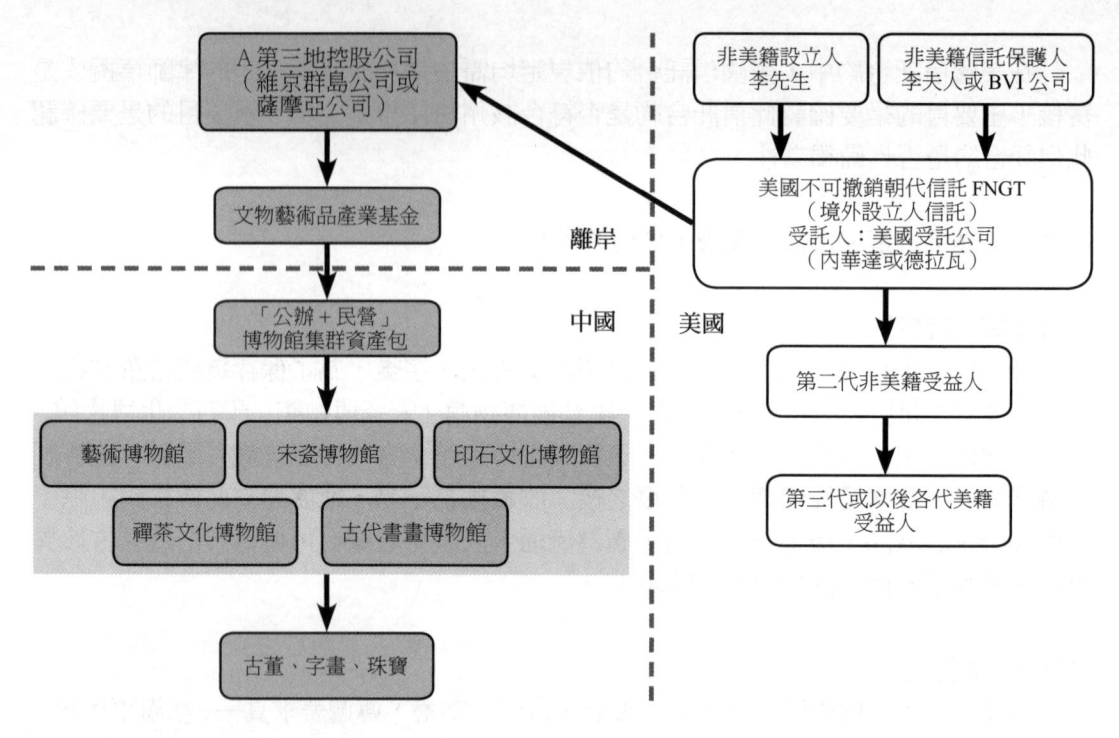

《傳承架構解析》
1. 將古董珠寶存放於不同博物館，以妥為保存。
2. 再將這些博物館保管的文物進行專業的評價。
3. 將這些資產包置入文物藝術品產業基金。
4. 將藝術品產業基金以基金作價轉投資進入第三地控股公司。
5. 由創富者在美國成立美國離岸不可撤銷信託。
6. 最後將第三地控股公司股權移入美國離岸不可撤銷信託。

案例四：保單購買前的必要籌劃

《傳承案例背景》
　　香港保險，憑藉其得天獨厚的地理優勢，加上國內各種各樣的第三方理財機構大肆宣傳，近10年來在國內大行其道，成為許多中產和高淨值客戶的首選。香港保單對於中國居民而言，原是一塊投資大餅，所以從2012年以來，中國投保人通過各種合法的、非法的管道購買香港地區保險公司分紅產品規模高達數千億港元。

　　郭總是個成功的企業家，因此不時有銀行理專上門來推銷保單。5年前買的香港保單，分3年繳，每年繳500萬港元，2016年繳完。之前聽理專說得天花亂墜，香港保單要質押貸款或退保，隨時可進行，但曾幾何時，而今人民幣「進出」依然被外管局牢牢抓緊，中國投保人想要把香港分紅險保單變現，更是困難重重，甚至要將資金

退回中國又可能更困難了。接下來這些保單要如何處理？

《傳承問題思考》

在 2016 年 4 月，原中國保監會就多次發布《關於內地居民赴港購買保險的風險提示》，分別從法律、外匯、收益、退保等方面提出具體指示，中國居民投保香港保單，需親赴香港投保並簽署相關保險合約。如在境內投保香港保單，則屬於非法的「地下保單」，既不受中國法律保護，也不受香港法律保護；香港保險適用香港地區法律，如果發生糾紛，投保人需按照香港地區的法律進行訴訟；匯率風險需自擔，保單收益存在不確定性。又 2016 年 10 月，中國銀聯發布《境外保險類商戶受理境內銀聯卡合規指引》，禁止通過銀聯通道繳付具有投資分紅性質的香港保單；2016 年 12 月，央行發布《金融機構大額交易和可疑交易報告管理辦法》，加強對大額交易和可疑交易的監管。每人每年 5 萬美元的換匯額度未變，但辦法實施後，金融機構需對單筆或當日累計達等值 1 萬美元的現金交易及跨境匯款進行上報。此外，當日單筆或累計交易人民幣 5 萬元以上（含 5 萬元）的現金存取也需納入監測範圍。

還好郭總在 2016 年 12 月前就繳完保險費，否則之後要將人民幣匯出再繳保險費也是一個大問題。另外對於居民個人到境外購買人壽保險和投資返還分紅類保險，屬於金融和資本項下交易，根據《個人外匯管理辦法》（中國人民銀行令〔2006〕第 3 號）和《國家外匯管理局關於印發個人外匯管理辦法實施細則的通知》（匯發〔2007〕1 號）等現行個人外匯管理政策法規，尚未開放。

看起來監管部門早已明確告知香港保單相關問題，目前香港保單隱含了雙重「隱患」，過去是購買香港保單資金出去難，現在則是資金要回流可能更難。當然郭總也可以透過一些地下管道進行資金匯兌，但此點也需更謹慎，原則上只要某張銀行卡曾與地下錢莊有過資金往來，若這個地下錢莊出事了，所有跟這個地下錢莊有關係的帳號全部都會被凍結，且解凍遙遙無期，這一點需要格外小心。

另外郭總如有雙重稅籍身分（中國公民加上持有美國綠卡），則這些香港保單在個人稅負方面可能又更複雜。香港保險的分紅並不符合美國 IRC§7702 的相關規定，IRC7702 限定了一個人壽保險裡投保人最多可以放入多少錢來進行免稅投資，而香港的保險客戶放進去的錢遠遠超過了 IRC 允許的最大值，所以這樣的產品在美國稅法看來根本不是保險而是投資，作為美國境外收入，高收入家庭，這美國聯邦稅加州稅可能高達保險分紅的 45% 以上，且涉及被動投資公司（PFIC）的超額分配稅；另外若此保單生前均未解約而是等到死亡才給付，同樣超過遺產贈與稅的終身免稅額，則要再課 40% 的遺產稅。

《傳承架構建議》
- 美國保單、香港保單架構重組前

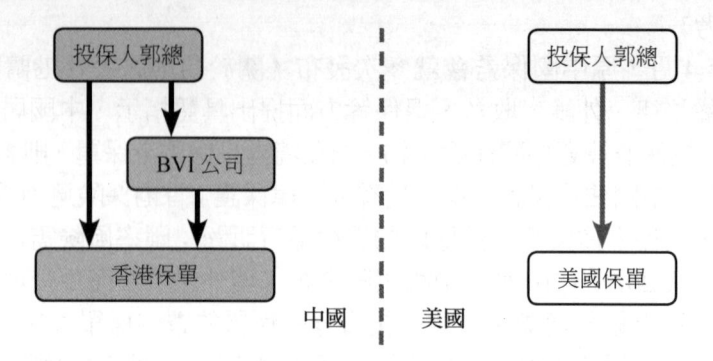

```
投保人郭總 ──→ BVI 公司
     │              │
     ↓              ↓
   香港保單 ←───────┘
         中國  |  美國

投保人郭總
     │
     ↓
   美國保單
```

- 美國保單、香港保單架構重組後加上信託保單受益人

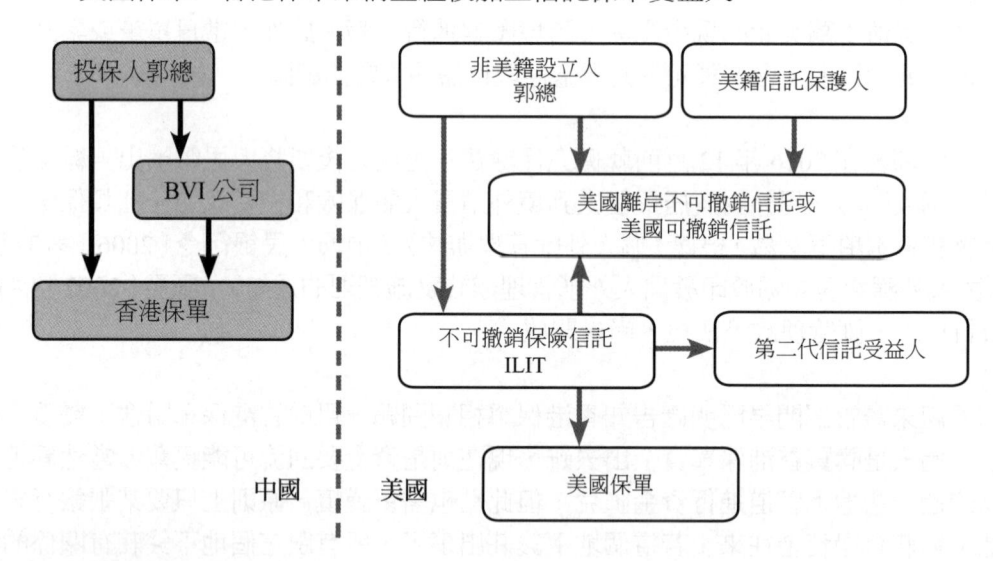

```
投保人郭總 ──→ BVI 公司
     │              │
     ↓              ↓
   香港保單 ←───────┘
    中國  |  美國
```

非美籍設立人郭總　　美籍信託保護人
         │   │
         ↓   ↓
       美國離岸不可撤銷信託或
       美國可撤銷信託
                ↑
                │
       不可撤銷保險信託 ──→ 第二代信託受益人
       ILIT
                │
                ↓
            美國保單

《傳承架構解析》

關於保單傳承規劃，以本案例而言，首先需瞭解目前此保單的持有名義，還有保費是否已經繳納完畢，如保費未繳納完畢則須考慮未來繳交保費的資金來源。

考慮目前香港保單持有名義如為個人，未來個人取得保險分紅可能涉及的中國所得稅問題。

趁著目前中國尚無遺產與贈與稅的規定，將建議郭總盡快將此保單投資金轉入一家離岸公司。此做法非常簡單，即成立一家離岸公司，並由此離岸公司來持有保單，原則上離岸公司成立之後，可向保險公司更換投保人，則離岸公司即成為保單持有人。

若要做到完全的傳承規劃，並考慮未來中國開始施行遺產贈與稅，則可考慮在美國成立信託，如郭總下一代並無美國稅籍身分，則可成立一個美國離岸不可撤銷信託來持有已經持有保單的離岸公司，當然郭總的下一代如果已經具有美國稅籍身分，為

避免未來保單到期或解約可能的所得稅問題,可先用美國可撤銷信託來持有離岸公司。

若未來郭總自己也可能移民美國,則此保單務必在他於美國報到之前先贈與給非美國籍的長輩,再請其協助成立美國可撤銷信託。

未來郭總的下一代若已經移民美國,未來還要購買保單時,則建議最好在美國成立一個不可撤銷保險信託(ILIT),並以此信託來持有美國保單。美國是全世界第一保險大國,擁有超過1500家保險公司,保險的總量佔全世界的四分之一以上;美國同時也是擁有保險種類最多的國家,一般分為:定期壽險(Term Life)、分紅險(Whole Life)、萬能險(Universal Life)／投資萬能險(Variable Universal Life)、指數萬能險(Index Universal Life)等類別;一般非美籍人士需要滿足一些條件才有資格購買美國保單,例如連續12個月在美國持續生活8個月以上;年齡介於18歲～70歲;長期在美國工作學習;證明與美國有「關係」,例如在美國擁有不動產、不少於50萬美元的投資、在美國開設公司、與居住在美國的美國公民結婚,亦或與美國有生意往來或在美國納稅;如果真的無法證明,則可設立一個美國不可撤銷保險信託來持有美國保單。

案例五:結婚前不籌劃,離婚時後悔莫及

《傳承案例背景》

讀者認同「結婚前需先為離婚進行籌劃」這樣的想法嗎?全球首富貝佐斯離婚,恐要付660億美元贍養費,堪稱史上最貴的分手費!亞馬遜的創辦人兼執行長貝佐斯(Jeffrey Bezos)和妻子麥肯齊(MacKenzie Bezos)於2019年宣布離婚,依據兩人所在的華盛頓州的法律,除了另有協議,否則離婚雙方要均分婚後財產。貝佐斯身價將近1,400億美元,因此麥肯齊至少能拿到660億美元,成為全球排名第三的女富豪。比爾‧蓋茲(Bill Gates)是全球第4富有的富豪,淨資產達1,305億美元,因兩人並未簽署婚前協議梅琳達(Melinda Gates)雖未申請配偶贍養費,但財產平分則預估可請求650億美元。一般人不太可能達到上述富有的程度,但「相愛容易,相處難」看來似乎放諸四海皆準,當真的走到離婚這一步,若之前完全未思考過財產分配問題,可能會帶來諸多的遺憾!

在中國身價堪稱富豪等級的老李聽聞全球首富貝佐斯需付出如此高價的贍養費,心中不免開始檢視自己的婚姻狀況,盤算著該如何規劃才能避開此等未來不可知的風險。

《傳承問題思考》

俗話常說:「婚姻是愛情的墳墓。」在當代庸庸碌碌的煩亂生活中,要好好維繫一段婚姻,絕非易事!目前即將踏入婚姻的未婚人士可能正在考慮是否簽訂婚前協議,而已進入婚姻的人士則檢視目前的婚姻狀況,正在思考是否應先行離婚前籌劃?

2001 年 4 月 28 日中國的《婚姻法》對夫妻財產制採用法定財產制、個人特有財產制、約定財產制相結合的財產制度。在婚姻當事人未約定夫妻財產制或約定無效時，採用法定財產制，法定夫妻財產制為婚後所得共同制。在婚姻關係存續期間，除特有財產或另有約定外，夫妻一方或雙方共同所得的收入和財產，均歸夫妻雙方共同所有。夫妻對共同所有的財產，有平等的處理權。

婚後財產：夫妻間除婚前財產及個人特有財產外，在婚姻關係存續期間所得的財產為共同財產，歸夫妻共同所有。換言之，夫妻共同財產所有權之取得時間為婚姻關係存續期間。所謂婚姻關係存續期間是從男女雙方領取結婚證之日起，如男女未辦結婚登記即以夫妻名義同居，被認定為事實婚姻者，自同居之日起至配偶一方死亡或雙方離婚生效時止。夫妻分居或者離婚判決未生效期間，仍為夫妻關係存續期間，其所得之財產仍為共同財產。

《婚姻法》第三十九條規定於離婚時進行夫妻共同財產之分割。夫妻離婚時財產之分割夫妻得約定婚姻關係存續期間所得的財產歸各自所有，沒有約定的，在婚姻關係存續期間所得的財產歸夫妻共同所有。夫妻離婚時財產之分割，夫妻的共同財產由雙方協議處理。協議不成時，由人民法院根據財產的具體情況，照顧子女和女方權益的原則判決。原則上，法院認為婚姻關係存續期間夫或妻取得之財產為夫妻共同所有，應歸夫妻共有，離婚時主張分割，夫妻應當各分得一半之份額。

上述法規對於非法律專業人士來說，事實上不太好懂。在筆者執業服務過程中，常遇到當事人根本搞不清楚狀況，因此根本解決的方法是在婚姻登記之前即將財產劃分清楚，結婚時則先進行財產約定。但在東方社會裡事實上不容易做得到，不太可能結婚前即訂訂婚前協議，往往是等到離婚時才會進行財產分割，但為時已晚，尤其若夫妻一方的財產又來自上一代的贈與，且受贈財產已與婚姻存續期間取得的財產混合在一起，則更難劃分，依筆者建議還是盡快成立家族信託才是上策。

《傳承架構建議》
- 老李架構重組前

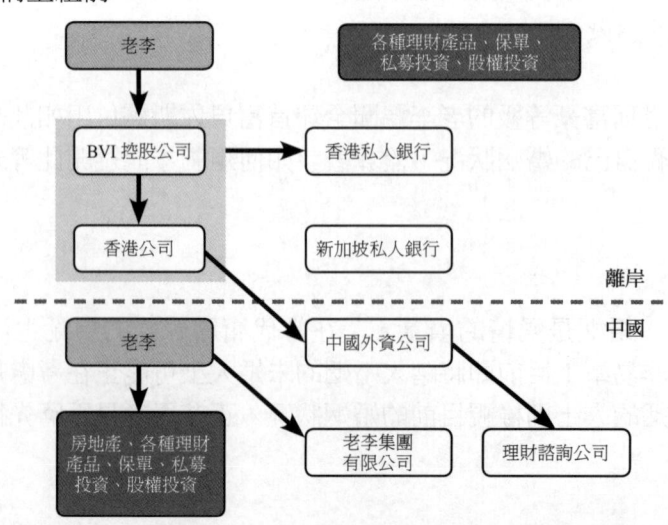

• 老李架構重組後

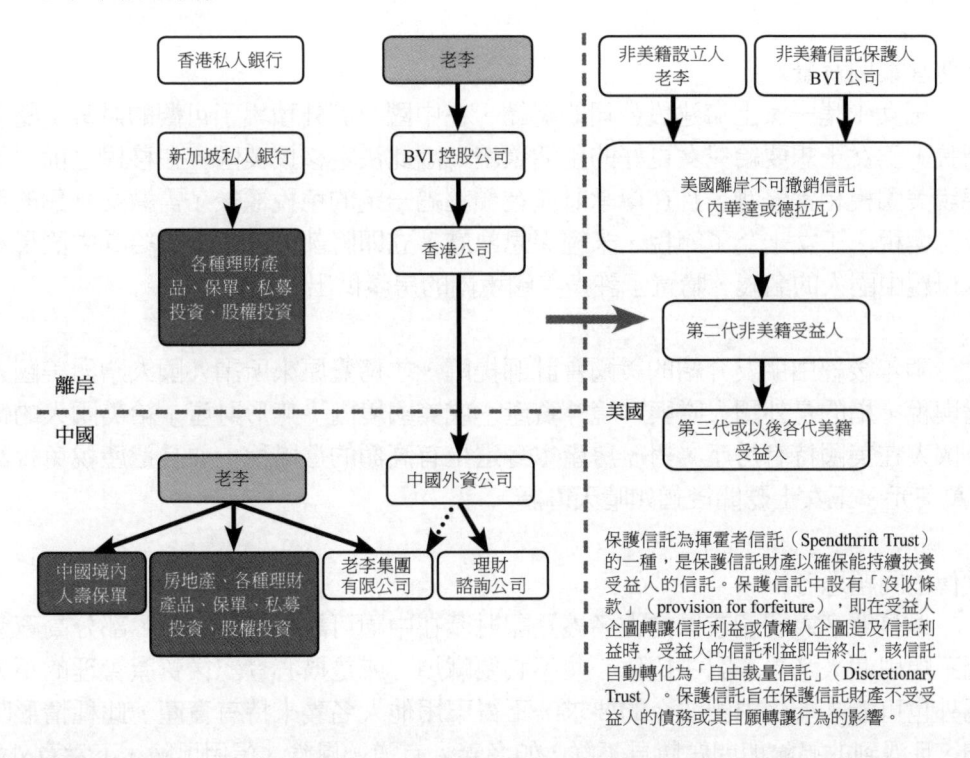

```
香港私人銀行          老李              非美籍設立人      非美籍信託保護人
    │                │                   老李             BVI 公司
    ↓                ↓                    │                │
新加坡私人銀行      BVI 控股公司           └────┬───────────┘
    │                │                        ↓
    ↓                ↓                  美國離岸不可撤銷信託
各種理財產          香港公司               （內華達或德拉瓦）
品、保單、私募          │                         │
投資、股權投資          │                         ↓
                        │                   第二代非美籍受益人
    離岸               │ ────────→              │
─────────────          │                         ↓
    中國               │                   第三代或以後各代美籍
                       │                        受益人
    老李          中國外資公司
   ↙ ↓ ↘              ↓
中國境內  房地產、各種理財  老李集團  理財
人壽保單  產品、保單、私募  有限公司  諮詢公司
          投資、股權投資
```

保護信託為揮霍者信託（Spendthrift Trust）的一種，是保護信託財產以確保能持續扶養受益人的信託。保護信託中設有「沒收條款」（provision for forfeiture），即在受益人企圖轉讓信託利益或債權人企圖追及信託利益時，受益人的信託利益即告終止，該信託自動轉化為「自由裁量信託」（Discretionary Trust）。保護信託旨在保護信託財產不受受益人的債務或其自願轉讓行為的影響。

《傳承架構解析》

　　從上述老李原有財產架構，可以瞭解其財產分布狀況，不僅有中國的財產，也有香港、離岸地區的財產，財產性質則涉及動產、不動產、私募投資、上市未上市股權等。而且已經成立了外資公司持有中國的資產。

　　對於此種已經將部分資產國際化的家族，欲進行家族信託的規劃就非常方便，因目前在中國高度嚴格的外匯管制之下，欲進行資產國際化則需要耗費大量時間與精力，且還不一定能夠完成，若僅要運用國內信託來規劃，可能還有一定難度，因目前中國信託還是以理財信託為主，且僅透過遺囑的規劃還是無法處理離婚與債權債務的風險，所以遠遠無法達到財產傳承與資產保護的目的。

　　在進行本案例規劃時，考慮到老李下一代並無美國稅籍身分，所以會先協助其建立美國不可撤銷離岸信託，有了此平臺再將離岸地區的資產陸續移入美國不可撤銷離岸信託。

　　至於中國資產，可陸續移入已經成立的外商獨資公司，因若外商獨資公司已由美國不可撤銷離岸信託百分之百持有，等於將中國的資產家族信託化了。

　　至於無法移入信託的中國資產，筆者建議可在中國購買一些終身型人壽保單，以因應未來中國人一旦施行遺產稅時有預備稅源的準備。

案例六：使用長輩外國身分在美國大量置產，卻造成財富傳承窘境

《傳承案例背景》

王女士是一家上海建設公司的老總，在中國及海外積累了可觀的財富，隨著孩子漸長，王女士想要給兒女更好的生活環境，因此決定移民美國。在移民之前，王女士聽說美國稅相當繁雜，且在傳承財產金額超過一定的免稅額後，需繳交高額的遺產稅或贈與稅。王女士為了節稅，未經深思熟慮，立即將部分資產轉讓給其中國母親，並以母親中國人的名義，購置了許多美國境內的房產供出租投資用途。

兩年後經由朋友介紹的美國會計師提醒，才驚覺原來所謂外國人贈與美國人沒有贈與稅，指的是外國人贈與「境外資產」或美國境內「無形財產」給美國人的情況。外國人在美國持有房產，對於房產本身還是有高額的遺贈稅，並且遺產稅免稅額僅有6萬美元。王女士聽聞後猶如晴天霹靂。

《傳承問題思考》

以長輩名義置產或以他人名義登記財產在中國可說是稀鬆平常，部分高資產家族因不願用個人名義登記才招致一些不必要麻煩，或是擔心登記後資產管理的不方便，另外也可能未配合中國法令的要求，不得不用他人名義來持有資產，此種情形時有所聞，且遇到的風險與問題屢見不鮮，如名義人有道德風險、信用風險、不幸意外過世，這些問題可能引來後續財產的糾紛。

目前筆者在美國就常遇到一些移民家庭，因移民後境外所得未完全申報、境外資產（含中國資產）未完整揭露，導致在移民到美國後欲以個人名義置產、投資，卻總是擔心美國國稅局找上門，畢竟在報到當時才申報了一丁點的財產，但報到後卻有如此財力可大量置產。

許多人一到美國，馬上即請託親友長輩到銀行開個帳戶、辦個借記卡，甚至將房產購買也一併登記在親友名下，以為這樣就可以完全規避美國國稅局的懷疑與追查，但此等行為可能隱含相當大的風險，而且道德風險、信用風險將繼續存在，若萬一不幸這個代持親友過世，其又非美籍稅務居民，他的遺產稅免稅額可僅有6萬美元，若超過100萬美元，則稅率將達40%，這麼高的稅負，該如何解決？

《傳承架構建議》
- 王女士架構重組前

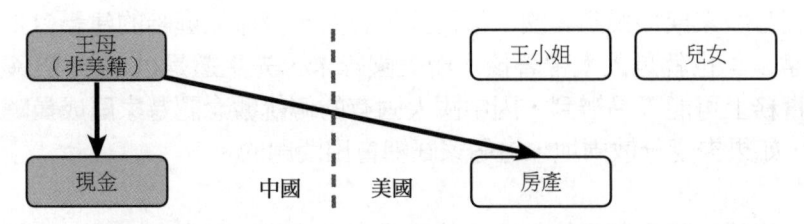

```
王母                          王小姐      兒女
（非美籍）
   │
   ▼              ┊
  現金     中國  ┊  美國    房產
```

- 王女士架構重組後

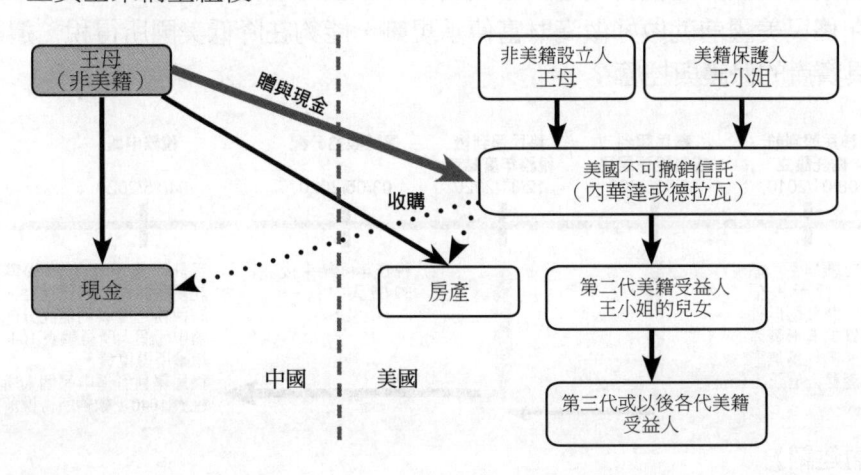

```
                              非美籍設立人    美籍保護人
王母        贈與現金              王母           王小姐
（非美籍）  ─────────▶             │             │
   │                              ▼             ▼
   │              收購          美國不可撤銷信託
   │           ·······▶        （內華達或德拉瓦）
   ▼                                  │
  現金              房產               ▼
                                 第二代美籍受益人
                                 王小姐的兒女
                                      │
                 中國   美國           ▼
                                 第三代或以後各代美籍
                                      受益人
```

《傳承架構解析》

　　本案例中的王女士因已經用親友名義代持美國境內資產，所以僅能盡快以非美籍身分的親友在美國成立不可撤銷信託，並以綠卡持有者為信託保護人，綠卡持有者的下一代為信託受益人。

　　信託成立後立即以信託名義投資一個美國本地的 LLC，並將信託與 LLC 的銀行帳戶開立完成。對王母在美國持有的房產進行資產評估，確認代持資產的合理市價後，將境外王母資金贈與進入美國境內所成立的信託，並立即轉投資到所屬 LLC，如此即可將王母代持的資產購置至信託持有。最後由王母取得售房資金後，可再安排此筆資金回流至王母的境外銀行帳戶，再轉贈入信託。

案例七：美國移民報到前的必要籌劃

《傳承案例背景》
　　江總夫婦好不容易結束了 10 年的綠卡排期，順利拿到綠卡，但在這漫長的等待中卻忘了對自身在中國的名下資產進行事先規劃，因此到美國報到後，經過會計師的提醒才發現自己不但沒有預備漂亮的淨值報告，未來更可能面臨高額的遺贈稅，讓總算順利踏上移民這條路的江總夫婦進退兩難。

《傳承問題思考》

由於香港、澳洲、加拿大的移民政策限縮，加上美國 EB-5 政策的開放，過去十餘年來，中國相當多家族移民到美國。移民公司針對高資產家庭給的建議會是：「先生不拿，太太拿」；也就是太太帶著孩子辦美國綠卡，先生還是以 10 年美簽方式入境美國。但在實務上可能不易辦到，因中國人固有的傳統觀念認為家庭成員總是要聚在一起才圓滿，如果夫妻分散兩地，這個家庭總會出問題的。

承接上述，沒錯，先生取得綠卡，若其又是家族的經濟所得來源重心，其取得綠卡後一定要面對後續美國稅務問題或是美國以外地區財產揭露問題，所以有無兩全其美方式，在移民美國前就做好做滿財富傳承規劃，能夠在降低美國所得稅、遺贈稅，還能夠兼具資產的保護與控管？

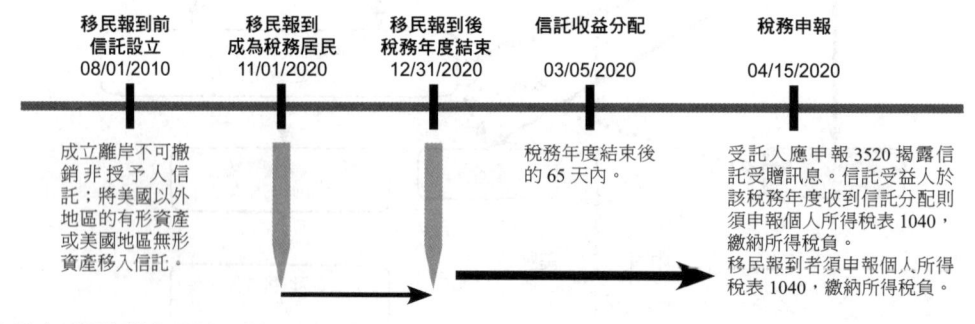

移民報到前信託設立 08/01/2010	移民報到成為稅務居民 11/01/2020	移民報到後稅務年度結束 12/31/2020	信託收益分配 03/05/2020	稅務申報 04/15/2020
成立離岸不可撤銷非授予人信託；將美國以外地區的有形資產或美國地區無形資產移入信託。			稅務年度結束後的 65 天內。	受託人應申報 3520 揭露信託受贈訊息。信託受益人於該稅務年度收到信託分配則須申報個人所得稅表 1040，繳納所得稅負。移民報到者須申報個人所得稅表 1040，繳納所得稅負。

《傳承架構建議》

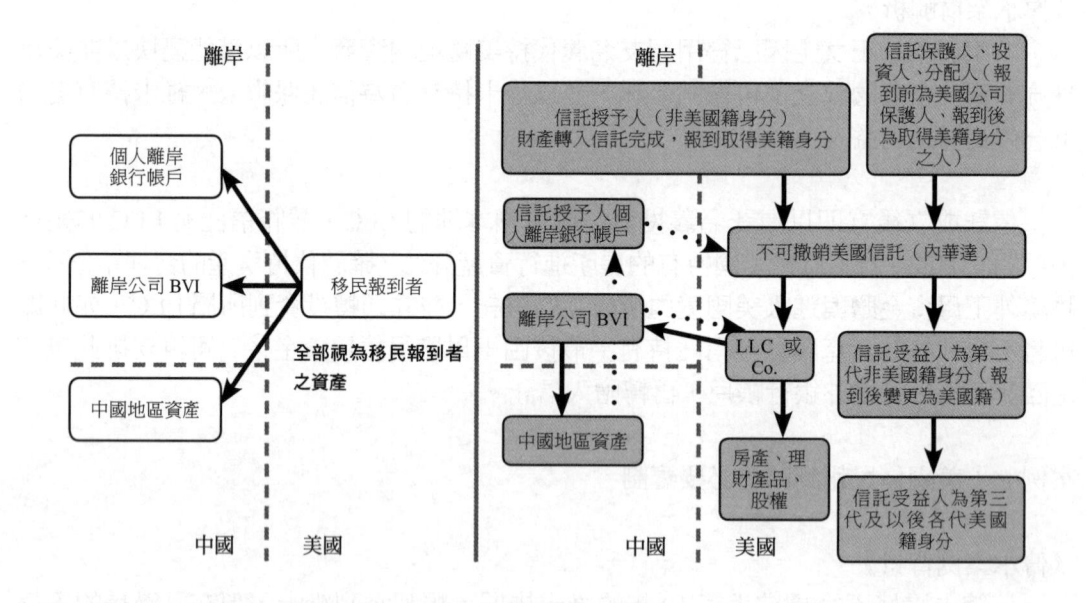

[圖示：左側為中國/美國資產分布圖，顯示個人離岸銀行帳戶、離岸公司 BVI、中國地區資產皆視為移民報到者之資產；右側為信託架構圖，包含信託授予人（非美國籍身分）財產轉入信託完成，報到取得美籍身分、信託授予人個人離岸銀行帳戶、離岸公司 BVI、中國地區資產、不可撤銷美國信託（內華達）、LLC 或 Co.、房產、理財產品、股權、信託保護人、投資人、分配人（報到前為美國公司保護人，報到後為取得美籍身分之人）、信託受益人為第二代非美國籍身分（報到後變更為美國籍）、信託受益人為第三代及以後各代美國籍身分]

《傳承架構解析》

本案例是一個標準的移民美國前即須進行的傳承與稅務籌劃案件，在移民美國前部分移民家庭已經在美國置產，在中國也有不少財產，甚至在境外也有財產，所以第一步驟即應先確定移民者的財產金額規模、財產分布狀況、財產性質、財產轉移成本等。

接下來即須確定哪些財產是要移入美國且不太可能再移出，也就是此部分財產會長期置放在美國，供生活所需、孩子學習及投資等。此部分通常會先留在移民者名下，但若金額龐大，如超過 1,000 萬美元以上，就會建議在移民前先行設立美國信託。

移民前設立美國信託的最大好處，即在赴美報到前還是非美國稅務居民，所以成立美國不可撤銷信託，無論移入多少資金均不會有美國贈與稅問題，且因已經移入不可撤銷信託，故未來亦不會衍生美國遺產稅。

成立美國信託時，需先確定信託授予人（原財產所有權人、財產移入信託的人）、信託保護人（未來財產管理的人），以及信託受益人，接下來尋求一個美國的專業受託公司。目前美國受託公司如採用指示型信託，則每年信託管理費用僅需固定的 5,000～10,000 美元，不會隨受託資產額度的增加而提高管理費用，相較離岸信託管理費用可說是便宜許多。

在移民報到前，若有些部分資產尚無法確定是否要移至美國，甚至部分資產可能會長期留在中國，務必要尋求一到兩位家族長輩的協助。在報到之前，先轉移（贈與）至這些長輩名下，一來未來報到美國後無境外財產揭露與美國所得稅納稅問題；二來若報到後需增加移入美國資產，還可以由外國人名義贈與至美國綠卡持有者。當然如果移入金額龐大，也可直接贈與到之前已經成立的不可撤銷信託。

此外，若江總在取得綠卡身分之前已成立了離岸信託，未來當江總取得綠卡身分時，從取得綠卡身分那一刻起起算前 5 年，江總須將前 5 年信託所產生的收益併入美國個人所得稅中繳交，此部分是根據 IRC§679(a)(4)(A) 規定。除了所得稅的申報外，江總為境外授予人信託的美國所有人，每年還必須提交 3520 表以申報境外信託的所有權，並附上從受託人收到的「境外授予人信託所有人聲明」。這當中牽扯到的美國稅申報相當複雜，若未準時申報、未揭露所有訊息或揭露錯誤訊息的罰則相當重，因此未來有意取得美國身分之讀者，需特別考慮離岸信託對其之影響。

第三章
美國與常見境外信託

第三章　美國與常見境外信託

一、信託的意義

多個世紀以來，信託都用於家族承傳資產，同時爭取長遠資產保值增值；由於信託將法定所有權以及實益所有權分拆，造就多項獨特優勢，例如：在繼承程序方面，藉由信託傳承無需經過遺囑認證（Probate），可避免繁瑣的繼承程序，加快資產分配，並讓資產分配可以按照設立人意思，持續供養有需要的家族成員，彈性靈活；此外，透過信託協議之設計，設立人可以保留投資控制權，可以保護家族資產，免受債權人和其他索賠人干涉，甚至防範或者降低因企業經營、婚姻、意外事件等債務風險，並可用以應付醫療及其他緊急開支，提高合法保密程度，用於支持慈善事業等等。

典型的信託是一項三方委託的關係，主要的參與角色有委託人、受託人以及受益人。在信託關係下，信託的「設立人」（Settlor／Grantor）會將其財產所有權委託並移轉給另一自然人或受託機構管理，由該人或受託機構持有資產的所有權，並管理設立人的資產，該資產管理者通常被稱為「受託人」（Trustee），受託人會按設立人的意願，以自己的名義為特定人士（一般情況下該特定人士為信託的「受益人」（Beneficiary））的利益或者特定目的，進行資產的管理處分或分配。

移交給受託人的財產權包括：資產的管理權、處分權、使用權與收益權。信託本質上是一項法定協議，協議中設立人是委託人，委託受託人管理資產。在設立人將所持資產轉移給受託人以後，受託人將會按此協議，按照設立人的意願，為設立人及／或受益人持有並管理資產。在資產的法定所有權交給受託人以後，設立人即不再擁有所有權，而受益人則享有最終所有權與受益權。

所謂家族信託，又稱家族財富管理信託，係指以家族財富的管理、傳承和保護為目的，並以家族成員為受益人所設立之信託。家族信託在海外發展已超過百年，歐美知名家族企業如石油大亨洛克斐勒家族、鋼鐵大王卡內基家族及政治世家甘迺迪家族等，均利用家族信託方式傳承家族基業。美國的家族信託通常得以靈活訂定各種內容及條件，產生不同態樣的家族信託，若以信託存續期間區分，通常可將美國家族信託類型分成兩個大類，即：美國「非朝代信託」以及「朝代信託」。

非朝代信託主要是設立人為達成特定目的而設立的信託，通常信託目的一旦達成，受託人即進行信託資產的分配，分配結束後，信託即告消滅。典型的非朝代信託包括：生活或家庭信託（Living or Family Trust）、繞道規避或婚姻信託（By-pass or Marital Trust）、配偶終身使用信託（Spousal Lifetime Access Trust）、健康與教育信託（Health & Educational Trust）、保留年金信託（Grantor Retained Annuity Trust）、故意缺陷信託（Intentionally Defective Grantor Trust）、合格個人居住信託（Qualified

Personal Residence Trust)、準公民信託（又稱合格國內信託，Qualified Domestic Trust）、隔代移轉稅信託（Generation-Skipping Trust）、不可撤銷人壽保險信託（Irrevocable Life Insurance Trust）等。

至於朝代信託則是一種長期、跨越多個世代的信託，其特點為其存續期間可能跨越多個世代，（例如在內華達州（Nevada）設立的朝代信託可存續長達360年，在德拉瓦州（Delaware）設立的信託甚至可以無限期存續；朝代信託最大的優點，在於財富由上一代轉到下一代時不會衍生財產的移轉稅；在架構上，朝代信託通常為不可撤銷信託，一旦成立後授予人就不能對資產有任何控制權或被允許修改信託條款；除此之外，為了讓設立人子孫受益又不會過分濫用財產，設立人可以在朝代信託中藉由分割（Division，將信託分割成不同子信託）、轉注（Decanting，將信託轉注到另一個信託）、遷移（Migration，替換受託公司），讓後代子孫在設立人百年後按各家系各自管理信託，便於長期的信託管理及傳承。

典型的朝代信託包括：複委信託（Delegated Trust）、指示型信託（Directed Trust）、可撤銷信託（Revocable Trust）、不可撤銷信託（Irrevocable Trust）、固定信託（Fixed Trust）、裁量信託（Discretionary Trust）、防止揮霍信託（Spendthrift Trust）及永久信託（Perpetual Trust）。

高財富家庭在進行財富傳承時，通常會有遺囑、保險、信託等傳承工具可供選擇，但近百年來，歐美各大型家族還是選擇以信託做為主要的傳承工具，本章將詳細說明信託起源、不同信託種類與功能、為何要選擇在美國成立信託，以及境外信託對於稅負的影響，協助讀者就自身狀況來判斷應設立何種信託較為適合。

二、信託制度的形成

近百年來，歐美各大型家族多以信託選擇為傳承工具，信託制度至今已有千年以上的歷史。信託制度的起源最遠可追溯至中世紀十字軍東征，即在羅馬天主教教皇准許戰役，由西歐的封建領主和騎士對異教徒的國家，發動了持續近200年宗教戰爭（西元1096～1291年）期間，在那一時期，由於士兵遠征，生死未卜，於是將自己的財產甚至妻兒交給朋友來託管，此即為最早期的信託概念。

信託的核心理念，其實是一種「在無所有權的情況下，依然保有對資產的控制權」的概念。這不僅是一種財務策略，更是一種哲學思維——透過實踐這一概念，可以有效幫助家庭克服「富不過三代」的困境。無所有權的控制意味著，每個家庭成員都需接受這樣的觀念：「即便我不是某項資產的合法所有者，我仍然擁有該物的控制權。」這概念看似簡單，卻遠比想像中難以實踐，因為放棄對財產的所有權，對許多人而言是極大的心理挑戰。然而，一旦能夠做到，這將成為最有效的財富保值與傳承方式。這一點在現實情境中特別重要，尤其是許多年長的家庭成員鮮少在生前將大筆財富轉

移給年輕一代，即便他們願意這麼做，家庭的資產負債表也可能因此大幅變動。一般而言，人們不願輕易放棄財產的所有權，但隨著時間推移，卻可以發現，大多數人願意放棄所有權，但不願意放棄對決策的控制權。

對失去控制權的恐懼深植人心，即便是高淨值人士在規劃財富傳承時，仍希望「從墳墓中控制」，以確保後代不會過著依賴且無生產力的生活。因此，所有長期財富保值的計劃都必須考慮控制權的問題，並找到積極應對的方法，而家族信託便可能就是最佳解方。「無所有權的控制」是成為卓越財富管家的關鍵，它的核心價值在於——讓個人能夠掌控財務命運，同時避免因直接擁有資產而導致家庭財富承受傳承稅（遺產稅）或其他法律風險。這正是歐美信託制度形成的核心理念。以下是針對美國、英國、日本、新加坡、台灣與中國等六個地區的信託制度演進之簡要分析。

（一）美國信託制度的形成

美國的信託制度源自英國衡平法的繼受與演變，初期多為個人承辦執行遺囑及管理財產等事務，像是洛克菲勒家族（Rockefeller）、甘迺迪家族（Kennedy）、杜邦家族（Du Pont family）等。美國的信託公司最早出現在 1822 年，紐約州授予農業火災保險與貸款公司受託人牌照，核准保險公司經營信託業務。首家美國專業信託公司是紐約州的美國信託公司（U.S. Trust，該公司現為 Bank of America Private Bank），於 1853 年在紐約州開始營運。美國屬於複數法域國家，各州基本上都有各自的信託法制，雖然目前已有 36 州採用美國統一信託法典（Uniform Trust Code）作為立法例，但加州、內華達州、德拉瓦州、南達科達州等仍未加入美國統一信託法典，因此其信託法規仍與其他州有些許差異。

美國傳統的信託慣例採用普通法系（Common Law），而普通法系下不允許個人藉由設立信託以避免債權人的追索，因此設立人不得設立自益信託（self-settled trust）來保護信託資產。如果個人設立了一個不可撤銷信託，並賦予受託人酌情分配給該個人及其配偶子女信託收益和本金，那麼依據普通法，該人的債權人還是可以通過法律手段獲得所有信託資產。

此一情況到了 1997 年開始轉變，1997 年 7 月 9 日，德拉瓦州州長托馬斯·R·卡普爾（Thomas R. Carper）簽署了德拉瓦信託法案（Delaware Qualified Dispositions in Trust Act），其中的 12 Del. Code § 3570 到 § 3576，明文規定了德拉瓦州允許設立資產保護信託（Asset Protection Trust, APT），自此，無論是德拉瓦州的居民或非居民，皆能依據該州州法來設立資產保護信託，來達到節省稅收、保護資產和實現財富傳承等目的。在德拉瓦州信託法案之下，當設立人設立資產保護信託並移入資產後，債權人有四年的時間可以對信託資產進行追索，一旦四年期間屆滿，該資產就會成為不受追索的標的，從而達到保護資產的效果。德拉瓦州就資產保護信託的追索設有些許例外，這些例外限於信託設立前已經起訴的侵權行為、設立人的配偶追索贍養費，或是子女追索扶養費，例外允許從信託資產給付損害賠償、贍養費或扶養費。自此以後，

其他州開始群起效仿，爭相立法，到 2017 年止，美國允許設立資產保護信託的州已有阿拉斯加、科羅拉多、夏威夷、密西西比、密蘇里、內華達、新罕布什爾、俄亥俄、俄克拉荷馬、羅德島、南達科他、田納西、猶他、弗吉尼亞和懷俄明等等。

有鑑於德拉瓦州的成功，內華達州在 1999 年也跟進允許設立人成立資產保護信託（Nevada Asset Protection Trust, NAPT），在此之後，內華達州議會採漸進式通過資產保護和信託法，完整化該州的資產保護信託規範。NAPT 的主要規範在內華達州的法律章程第 166 章，相較於德拉瓦州的資產保護信託需要經過 4 年的司法程序檢驗（追索時效），內華達州法下的追索時效更短，內華達州信託法規定信託設立人若在內華達州成立資產保護信託，將各種動產與不動產例如房地產、銀行存款、股票、債券、珠寶、汽車等資產轉入 NAPT，在轉入的兩年內，這些資產將繼續面臨債權人的追討和司法判決審查，然而在滿兩年之後，轉入的資產就會受到法律保護而不受第三方債權人的追索[1]。美國各州對於資產保護信託的追索時效有不同的規定，對這個期限的規定也不同，很多州規定資產要存放 4 年或 6 年以上，或債權人發現這些資產後的一年內，兩者中較晚的時間點，目前在全美國 50 個州中，以下列四個州依序提供最有利的資產保護法：內華達州、阿拉斯加州、南達可塔州和德拉瓦州。

在美國成立信託，若信託下面再成立「有限責任公司」（Limited Liability Company, LLC），並透過 LLC 進行投資，將可進一步強化信託保護資產的特性，這是因為當信託成為 LLC 的出資股東後，若外部債權人對於信託提出索賠的訴訟，即便成功，也會因為法院對於 LLC 股東的「扣押償債令保護」（Charging Order Protection），在索賠的時點和管道上受到限制。

所謂「扣押償債令」（Charging Order），具體而言，是指若 LLC 的成員（member，也就是信託）在外有欠債，當成員被債權人起訴並被法院判決要還款給債權人時，法院會命 LLC 將本來要支付給成員（信託）的分配直接支付給成員（信託）的債權人，此一命令即為扣押償債令。當法院核發扣押償債令後，債權人無法強迫 LLC 進行分配，只能被動地等待 LLC 進行分配；此外，債權人也不會因為扣押償債令，進而取得對於 LLC 的權益或控制權，因為債權人無法獲得 LLC 分配的指揮權（因為 LLC 仍被信託所控制）債權人通常無法得知其債權到底何時可以完全得到清償，因此即便債權人獲得對於信託財產的勝訴判決，也只能接受庭外和解或放棄追款[2]。目前在內華達州或德拉瓦州所成立的信託通常為指示型信託（Directed Trust），也就是說採用此種信託搭配 LLC 的架構，可為高財富家庭提供信託和遺產規劃過程中所需的靈活性和自由度，在本書後續內文中介紹美國信託時將仔細說明此架構規劃模式。

自立法原則來看，美國的信託與英國一樣，是源自於是用益權制度（Usufruct）

---

[1] Taylor, Chris (2015, June 17). 70% of Rich Families Lose Their Wealth by the Second Generation. Money. https://money.com/rich-families-lose-wealth/

[2] LVHome.com，內州資產保護條款全美最有利，2014.10.14，http://www.lvhome.com/cn/NewsDetails.aspx?id=498。

及法院判決累計而來,透過法院判決承認所有權分為「法律上的所有權」及「實質上的所有權」伴隨著衡平制度落實於判例中而被接受。在殖民地時代,信託的概念已經普遍受到承認。美國對信託的發展最大的貢獻,則是採納了公司受託人制度。英國與美國的信託法並不盡相同,更確切的說,其信託的基本內容雖然是相通的,但信託的個別效果上則有差異,其最大的區別在於,美國型的信託偏重於設立人的意思;而英國型的信託則首重受託人的權利。

此外,在 2004 年 8 月「美國統一州法律委員會(National Conference of Commissioners on Uniform State Laws, NCCUSL)」,首次嘗試將「普通法(Common Law)」(又稱英美法系)稱為「統一信託法典(Uniform Trust Code, UTC)」,到目前已成為整編「第三版信託法(Restatement of the Law Third, Trusts)」及「統一謹慎投資人法(Uniform Prudent Investor Act)」。截至 2021 年 7 月 5 日,已有哥倫比亞特區與 36 個州頒布了統一信託法典版本(阿拉巴馬州、亞利桑那州、阿肯色州、科羅拉多州、康涅狄格州、佛羅里達州、夏威夷州、伊利諾伊州、堪薩斯州、肯塔基州、緬因州、馬里蘭州、馬薩諸塞州、密歇根州、明尼蘇達州、密西西比州、密蘇里州、蒙大拿州、內布拉斯加州、新澤西州、新罕布什爾州、新墨西哥州、北卡羅來納州、北達科他州、俄亥俄州、俄勒岡州、賓夕法尼亞州、南卡羅來納州、南達科他州、田納西州、猶他州、佛蒙特州、弗吉尼亞州、西弗吉尼亞州、威斯康星州和懷俄明州)。目前紐約也已提議立法採用 UTC。在美國信託法庭通常亦會參考統一信託法進行判決,但截至目前美國內華達州、阿拉斯加州和德拉瓦州並未立法採用美國統一信託法,主要原因是統一信託法原則上比較保障信託債權人或經濟弱勢離婚配偶的權益,對於信託設立人、受益人較缺乏保障,所以一般家族若要成立朝代信託通常還是會選擇在內華達州、阿拉斯加州和德拉瓦州等州成立。

(二)英國信託制度的形成

近代信託法理的形成源自於英國,最主要是由土地用益的制度演變而來;因早期英國人民為迴避封建社會嚴苛的稅負,以及土地處分所遭受的限制,逐漸發展形成「為他人利益管理財產」為主要概念的服務,在歷經多年法院判例的逐漸累積下,形成目前的信託法理。因為在英國的信託業務起源於民事信託,故此主要以個人信託業務為主;法人信託業務為輔。

近數十年來,由於避稅與財富傳承的需求殷切,在英屬的一些屬地,或後來成為獨立的小國地區,紛紛頒布信託法,又因為這些地方的課稅與法治獨立於英國,遂逐漸形成專為信託提供服務的專業地區,例如:英國附近的澤西島、根西島、馬恩島;加勒比海地區的百慕達、巴哈馬、開曼、維京群島以及環太平洋堡礁的瓦努阿圖、諾魯、科克群島、東加、薩摩亞等相關國家與地區,均有提供信託相關服務。

(三)日本信託制度的形成

日本應該是亞洲最早有信託制度的國家,最早始於明治後期(西元 1905 年),

這時期的信託，主要是為產業調度資金的附擔保公司債而成立信託，並因應此信託目的而訂定「附擔保公司債信託法」，可謂日本成文法上最早制定的信託制度；之後為求投資人的保護，於 1921 年制定全面性規範信託實體法規「信託法」，並於 1922 年制定「信託業法」，其比較符合現代意義的信託制度與信託業務。

但日本初期所制定的信託法，主要是針對信託公司的管理，偏重商事信託並無現行一般的民事信託，主要規範信託業者，對於受託人加諸較多限制（例如信託業可受託管理的財產僅限於金錢、有價證券、金錢債權、動產、土地及地上權等六種），經過逾八十年，新信託法在 2006 年 3 月 13 日，由日本國會提出並經過決議、公布，並於 2007 年 9 月 30 日開始施行，日本新信託法基於四大方向：(1) 衡平受託人的責任；(2) 以契約自由為原則；(3) 強化受益人的權利保護；及 (4) 信託種類的多樣性及靈活性等。大篇幅地以當事人契約自由取代強制規定，並允許契約當事人得以信託行為定其相關法律關係，而得以創設了各式各樣不同的信託類型，內容包括：自益信託、限定責任信託、發行受益證券信託、擔保權信託、目的信託、代替遺囑信託、受益人連續信託、公益信託、智慧財產權信託、事業信託等。

（四）新加坡信託制度的形成

新加坡有關信託的法制，主要也是根基於英國的「普通法」體系（此係相對於歐陸法系注重成文法不同，最初也是以判例形成法律體系的方式構築而成）及信託原則，隨後並進一步加強、發展信託法制架構，以適應現代需求及符合國際監理與法令遵循標準。新加坡在 2006 年修正《信託公司法》，使其更符合現代信託法律。新加坡的信託業由新加坡金融管局（Monetary Authority of Singapore）監管，目前新加坡約有 90 間可從事信託業務的機構（包括 25 間銀行和 65 間具有獨立牌照的信託公司）；信託公司須接受新加坡金融管理局依信託公司法密切監管並取得執照，並遵守金融管理局發布與信託公司法相關的規則、指令與通知。新加坡有關信託的法規包括民法、受託人法（Trustees Act）、信託公司法（Trust Companies Act）及營業信託法（Business Trusts Act）。

新加坡的信託制度繼受自英國普通法的法律制度（Common Law System），其法律的所有權人和受益人兩者間有清楚的規範區別，所有權人可以創建不同類型的信託（撤銷或不可撤銷信託），不用基於資產所在地或委託人住所地的限制，並且委託人及受託人等有各自一定的執行權能及權利，但受託人有法定的受託責任及限制，而該信託的期限不能超過 100 年，設立信託者必須是 21 歲以上的成年人、自然人或法人、有行為能力、無破產或無力償債者。

（五）臺灣信託制度的形成

臺灣《信託法》在正式立法前，即有依據民法相關規定引入使用，除民法外，其他信託規範大多由司法判例、判決及零星法令所構成。為配合經濟發展及開放投資信託之需，茲參考日本及韓國的信託法並參酌美國的《統一信託法典》（Uniform Trust

Code, UTC）、《美國法律整編第二版信託法》[3]，正式提出信託法的法律經台灣立法院通過，於 1996 年 1 月 26 日公布施行，確定信託財產特性及設立人、受託人以及受益人的權利義務關係；而信託業法則於 2000 年 7 月 19 日公布日施行，明訂信託業經營規範及監督機制；台灣《信託法》共分為九章，合計 86 個條文，規範信託的形式、成立、效力、信託財產、受益人的權利、受託人的權利、義務、職務與責任、信託監察人、信託的監督、信託關係的消滅及公益信託等事項。[4]

台灣信託法規定，設立人於設立信託時可保留若干權利，設立人有相當彈性去約定信託條款，目前並無像美國信託法中可制訂可撤銷及不可撤銷的信託；在台灣成立信託，除非成立本金與孳息均為他益的信託，否則還是要適用台灣民法特留分，以及設立人的繼承人的繼承順位的規定。當信託契約明定信託收益的全部或一部分的受益人為非設立人者，視為設立人將享有信託收益的權利贈與該受益人，依法規定，課徵贈與稅。如因遺囑成立的信託，於遺囑人死亡時，其信託財產應依遺產及贈與稅法規定，課徵遺產稅，依所得稅法第三之二條第一項規定，設立人為營利事業的信託契約，信託成立時，如明定信託收益的全部或一部分的受益人為非設立人者，該受益人應將享有信託收益的權利價值，應併入成立年度的所得額，依所得稅法規定課徵所得稅。

（六）中國信託制度的形成

中國信託的發展，有考古學者認為在西元五到六世紀，約在東漢末年到南北朝時間開始至三國結束後，中國歷史進入一個百餘年的發展期，社會財富在這一個和平期間積蓄到一個高度，並且佛教在那時非常盛行。後來的南北戰亂使得剛進入中國的佛教寺廟成為躲避戰火的避風港，有錢富人將金銀財寶交給僧人代為保管。這樣不僅託付資產還代理財富的需求，一路發展到唐朝，隨著經濟水準的發展使得財富託管這一形式，受到上流人士的普遍認同並出現很大的進展。

到了唐朝，大型都市的出現逐漸形成，這些新型大都市都肩負著強大的商業貿易用途，因此在貨物買賣與巨賈富商的錢財保管需求大增。在當時稱為「傃櫃（又稱傃匱）」，一種在當時作為寄存貴重物品或是保管金錢的寄存業，也應運而生。傃櫃後發展為典當值錢的質庫，而剛剛形成的信託概念則受重農輕商的思想影響下，在封建王朝中消聲滅跡，直到二十世紀初西方與日本對信託的概念才重回中國人的視野。

1913 年日本人在大連設立的「大連取引所信託株式會社」一般被認為是近代信託最早的初始，而後美國人在上海開辦的普益信託公司，一直到 1917 年才有中國人獨立經營的金融信託出現，是為上海商業儲蓄銀行成立的保管部，最早是出租保管箱讓客戶存放貴重物品。1922 年上海商業儲蓄銀行將保管部更名為信託部並開辦客戶信託存款業務。1979 年 10 月時中國銀行成立信託諮詢部，中國信託在近代開始展開，業務種類最早為委託放款，後增加信託貨款、投資性貸款、財產信託等。所以我們可以

---

[3] 《美國法律整編第二版信託法》（Restatement of the Law, Second: Trust），https://en.wikipedia.org/wiki/Restatements_of_the_Law。
[4] 劉昇昌，2006，以公益信託從事非營利事業之探討，https://nccur.lib.nccu.edu.tw/bitstream/140.119/35362/7/93200207.pdf。

預見的是，之後恢復信託業後所成立的信託公司便已經走上了銀行業務為主、金融實業為輔的經營作法，而後信託發展的情況便以此為主軸。

另外，中國於 2001 年 4 月 28 日在第九屆全國人民代表大會通過《中華人民共和國信託法》，並於同年 10 月 1 日起施行，將信託法正式納入了中國法律體系。中國大部分信託內容均吸取自英美日韓四國信託法；但其中部分規定是依中國社會主義市場經濟特色所制定，算是較具有中國特色的信託法律，另外中國於同時間也發布《信託投資公司管理辦法》、《信託投資公司資金信託管理暫行辦法》，又稱為「一法兩規」。以此建立了目前中國信託業的架構，截至目前中國信託業務屬於特許業務。

2001 年發布的信託法中，其實可以看出在法規上來說，信託已經有相關法律支援可以達到資產傳承的效果。條文中第十五條描述委託人不是唯一受益人的信託存續，信託財產不作為其遺產或者清算財產。如果在信託法中的定義下，在第二條本法所稱「信託」，是指委託人基於對受託人的信任，將其財產權委託給受託人，由受託人按委託人的意願以自己的名義，為受益人的利益或者特定目的，進行管理或者處分的行為。委託人實質可以在法律層面上將資產與自己剝離，由受託人為名義持有人，並承擔財務管理責任同時分配給受益人。這種信託模式在風險保護、財產保密、資產的管理與傳承上已經有了信託應該要有的樣態。

信託法第五十二條中則規定信託不因委託人或者受託人的死亡、喪失民事行為能力、依法解散、被依法撤銷或者被宣告破產而終止，也不因受託人的辭任而終止。所以除非在信託當中另外有規定外，基本上已經保證了信託的存續性。然而當前信託登記制度尚未明朗，在還不能確定的情況底下，依然還是有很多種類的資產無法裝入信託，使得信託徒有其名。

所有權與收益權的分離性，信託財產的獨立性，信託管理的連續性最後到信託責任的有限性都已經有了相互的關係。與國際信託業主流的「實物信託」不同的另一個分野，「金融信託」是中國內地最主要的形式，如前所述內容不同，世界最早出現的信託是「土地信託」，而現代信託業中把土地在內的房產、地產等稱為「不動產信託」。而與實物信託的範疇有所區別，並各自發展。

在此認為簽訂信託合約，在其有效期內將所有權轉移給受託人，而在信託合約中委託形式將支配權授予代理人有限的權力。但是目前在中國，各信託公司所推出的家族信託依然還是強調收益對比，表明其信託概念雖在正確的道路上發展，實際上仍然跟其他地方討論的家族信託有所不同。

信託在中國即便法律上已經給予國外信託的樣態，但最後指向的依然多是資產管理、財務投資的形式；一般中國地區的信託以「現金」為主要託管標的，主要原因不外乎是現金資產流動性好、操作簡便、運用靈活；現金資產可以通過投資理財產生直

接增值，為服務者帶來較高的回報；現金資產可以繞開信託登記的限制，進出自由；另外現金資產還可以免除「非現金資產」帶來的經營管理和保管的麻煩。

至於股權、不動產目前在中國尚不能作為信託財產委託，最近幾年，中國內地的信託學者也對中國目前信託法與信託制度提出不同看法：

1. 2019年6月12日，江平博士（《信託法》起草小組組長）在家族企業雜誌發表文章，他認為，目前我們的信託制度，在商業信託方面發展很充分了，而在民事信託、慈善信託領域發展得還是遠遠不夠，在民事信託和慈善信託、公益信託方面，我們還有很多發展的餘地，當然目前也存在一些困難和限制。

第一個問題就是信託稅制。因為我們制定信託法的時候沒有同時制定稅法和相應的配套措施。從這個角度來說，信託是有法可依了，但是相應的稅制在法律上還是空白，這是一個很大的欠缺。如果沒有稅收制度，信託制度是無法完善的。所以這個問題必須要認真地解決。

第二個問題是信託財產的登記制度。《信託法》規定了，法律規定必須登記的財產在設立信託時應當登記，但是《信託法》又沒有規定哪些應當登記，現在這是完全模糊的地帶。

這兩方面制度的完善，對於我們發展信託制度以及民事制度是非常關鍵的。

2. 2019年6月13日，《信託法》起草執筆人，中國慈善聯合會慈善信託委員會主任委員蔡概還博士在「家族企業雜誌」發表文章，指出《信託法》尚需修改的部分：
第一，關於信託的定義和表述
第二，應該增加營業受託相關的內容
第三，關於信託登記
第四，關於信託管理人制度
第五，關於信託稅收問題
第六，設立信託的財產要求

3. 2020年3月25日，《信託法》起草組成員，清華大學法學院金融與法律研究中心主任周小明博士在《清華金融評論》發表文章，他建議健全信託實施的配套制度：
一是信託財產轉移制度沒有得到執行。
二是信託登記缺乏操作制度。
三是信託稅制的缺失。

4. 2019年3月29日，中國人民大學信託與基金研究所執行所長邢成教授在《當代金融家》發表文章，他呼籲，在「大信託」背景下，現行的《信託法》作為行業基

本法，已不能滿足信託業的快速發展與監管的要求，「大信託」時代迫切需要《信託業法》的制定和出臺。

5. 在2021年全國兩會上，全國人大代表，中國人民銀行南昌中心支行原行長張智富建議儘快將修訂信託法列入日程，修改完善信託財產登記的相關規定，依法制定信託財產登記相關細則，明確信託財產登記的主體、內容、程序、效力等核心內容，實現信託財產登記制度的規範化和系統化，推動信託制度基礎設施的完善。

6. 在2021年全國兩會上，全國人大代表中國銀保監會信託監管部主任賴秀福建議建立符合我國特點的信託稅制。2019年她提出，《信託法》的部分條款已相對滯後，不能適應信託業快速發展的趨勢，建議全國人大儘快啟動《信託法》的修訂工作。

7. 在2021年全國兩會上，全國政協委員，證監會原主席肖鋼建議儘快修訂信託法，建立家族信託制度。

8. 2020年11月20日，中國民生信託董事長張喜芳在《財經雜誌》中發表文章，談到信託制度不完善體現在信託主體責任模糊，保密制度衝突，隔離功能弱有效，信託財產登記制度缺失，稅收制度盲區，以及信託判例稀少。對於信託關係下財產所有權是否實現從委託人到受託人的轉移，國內法律專家至今存在較大爭議，也正因如此，國內不少高淨值人士認為國內家族信託難以從法律上真正實現資產的隔離保護功能。

9. 2020年2月24日，清華大學五道口金融學院全球家族企業研究中心主任高皓在《財富管理》雜誌發表文章，文中提到就目前而言，中國在民企傳承中存在明顯的制度障礙，包括《信託法》《慈善法》立法缺陷、產權登記缺失、稅負過高等難點問題，導致上市公司股票，非上市公司股權以及不動產很難成為家族信託、慈善信託或慈善基金會的財產，從而無法實現民企傳承功能。由於財產的歸屬不明確，獨立性不足，很難真正實現產權保護、傳承等企業家最為關心的核心功能，企業家在無奈的情況下只能在海外設立家族信託等架構。

10. 2019年3月14日，北京安傑律師事務所合夥人趙苗律師在描繪財富研究院發表文章，特別提醒，家族信託涉稅還沒有專門的規定和文件，遊戲規則都還沒有，斷章取義大肆宣傳信託的稅務籌劃，很容易搬起石頭砸自己的腳。例如，財產放入信託具有遞延納稅的效果，只有在分配給受益人的時候才徵稅，這種斷章取義看似有道理，其實誤導客戶的宣傳更可怕。

西方主要發達國家皆有完善的信託徵稅制度，成熟的實踐，我們目前尚在摸索。對從業者而言，在宣傳階段說家族信託具備很多功能情有可原，但是到落地執行文件撰寫階段，再省略前提，脫離相關的大背景和制度，把條件全部閹割掉，只賣皮囊，勢必給自己埋下隱患，也會把客戶帶入火坑！

根據中信登資料，截至 2021 年末，家族信託存續規模已達 3,494.81 億元；2022 年 1 月，家族信託規模新增 128.99 億元，較上月增長 33.54%，創近一年內新高。國內開展家族信託業務的信託公司也從 2013 年的 6 家大幅提升至 2021 年的近 60 家。然而，相對於國內龐大的財富存量，境內家族信託發展仍有較大空間。筆者認為，離岸家族信託發展值得國內家族信託借鑒的有以下幾點：

第一，成熟的法律、稅收等制度環境是家族信託發展的根基。離岸地健全的法律制度、對所有權清晰的界定、友好的稅收環境，是吸引全球高淨值家族的重要原因。我國早在 2001 年就制定了《信託法》，並逐漸形成一法三規的制度框架，但二十多年來經濟、社會環境發生了巨大變化，相關法律制度難以適應家族信託業務的發展，亟需在法律機制、稅收機制、登記制度等方面進行完善和優化。例如，當前對於信託財產的轉移徵稅採取「視同交易」的原則，使得信託財產在轉移過程中存在重複徵稅、稅收負擔重的問題，不動產、股權類資產難以裝入家族信託。此外，國內目前只有信託產品的登記，對於各類信託財產（如不動產、上市股權等）缺乏相應的登記機構，信託財產登記制度有待健全等。

第二，持續的市場創新與演化是家族信託保持生命力的源泉。離岸地家族信託相關制度以及豐富的產品供給不是一步到位的，而是通過市場的長期演化和持續的創新才能保持旺盛的生命力。主要在以下三方面：一是制衡機制的完善，如保護人角色的設立，特別是在自由裁量信託中由於受託人擁有較大的權利，家族信託產品設計時通過保護人形成對受託人的制衡。二是圍繞設立人需求進行靈活的產品設計，如 SPV 構建可根據設立人需求及各離岸法律稅收環境量身定制，再如部分離岸地創新性地設立了 VISTA、STAR 信託制度來解決特殊場景的問題。三是市場參與主體的多元化，如受託人除持牌信託公司外，還有私人信託公司。鑒此，建議國內市場主體加大創新力度，提升產品設計能力，豐富家族信託供給品種，來滿足各類家族企業及超高淨值人群的需求。

第三，管理能力與服務能力的提升是家族信託的核心競爭力。除了制度優勢外，離岸地吸引高淨值人士的因素還在於，一方面海外受託機構較強的資產配置能力能夠滿足高淨值人士財富管理的增值保值需求；另一方面經過長期發展，受託機構在家族傳承、公益慈善等多方面的服務能力，給設立人提供較為多樣化、全面的服務。相較於海外家族信託，國內家族信託受託機構在管理能力和服務能力方面均有很大的提升空間，建議豐富產品線，提升資產管理能力，同時在金融服務外，圍繞高淨值人士需求，提供多元化的增值服務。[5]

整體而言，中國當前的信託制度仍不完善，只能做理財信託，尚無法實現真正的家族信託。

三、美國本地與境外信託區別

本節將依據美國信託、美國司法管轄權定義上的境外信託、以及美國稅法定義上的境外信託，分別列舉相對應的架構分析說明美國信託之定義。

（一）美國人基本原則與定義

1. 美國人（U.S. Person）

美國人不應只限於美國公民或綠卡持有者，而係指美國所得稅上的公民及稅務居民[6]。本文在此將詳細介紹「美國人」之名詞解釋，以及「美國人」一詞在不同情況下之不同定義，依序論述在所得稅、遺產稅及贈與稅、FBAR 與 IRS 8938 表之情況下，相應的「美國人」之定義。

一個個人什麼時候會被視為美國稅上的美國人？若是符合以下情況，將會被視作是美國人；反之，不符合以下兩者則為「非美國人」（Non-U.S. Person）：

(1) 美國公民，無論其居住地在哪，以及美國的雙重公民（擁有美國、一個或多個其他國家的國籍）；或者

(2) 美國居民（U.S. Resident），無論其國籍。

2. 美國居民（U.S. Resident）

美國居民依照所得稅或遺產贈與稅之不同情況下有不同之解釋。

(1) 所得稅居民

就所得稅範疇而言，居民包含綠卡持有人（或其他合法永久居民）。

合法永久居民之定義規範於 IRC§7701(b)(1)，若一個個人在該年度的任何一個時點曾是美國合法的永久居民（即綠卡持有人），則視為美國稅務居民。而針對合法永久居留的第一年和最後一年 IRC 亦有特殊規定[7]。對於第一年，若該個人在前一年度不是居民，則該個人僅從該年開始居住日起之部分被視為居民，也就是其第一次持有綠卡實際出現在美國之年度時[8]。關於居住之最後一年，若該個人按法定程序交出綠卡並離開美國，那麼在下一年將不被視為美國居民；若該個人與另一個稅務管轄區的聯繫更為緊密，則該個人將僅於其作為綠卡持卡人之部分年間內被視為美國所得稅之稅務居民[9]。

---

[5] https://finance.sina.cn/2022-05-23/detail-imizirau4243490.d.html?from=wap

[6] A "U.S. person" shall mean any person who is a citizen of the United States of America or any person treated as a resident of the United States of America under section 7701 (a) (30) of the Code or within the contemplation of section 2001(a) of the Code.

[7] IRC § 7701(b)(1)(A)(iii): First year election: Such individual makes the election provided in paragraph (4).

IRC § 7701(b)(2)(B): Last year of residency

An alien individual shall not be treated as a resident of the United States during a portion of any calendar year if—

(i)such portion is after the last day in such calendar year on which the individual was present in the United States (or, in the case of an individual described in paragraph (1)(A)(i), the last day on which he was so described),

(ii)during such portion the individual has a closer connection to a foreign country than to the United States, and

(iii)the individual is not a resident of the United States at any time during the next calendar year.

[8] IRC § 7701(b)(1)(A)(4)

[9] IRC § 7701(b)(2)(B)

實質居留測試 IRC§7701(b)(3)(A)

在「實質居留測試」中，若滿足下列條件將會在該年度被視為美國稅務居民：

① 在該年度至少 31 天在美國居住；且

② 當前納稅年度在美國的總天數，加上去年居住天數的三分之一，再加上前年居住天數的六分之一，三年加權後 ≥ 183 天。（每年在美國停留時間不超過 121 天者並不會超過此數字）[10]。

可經由下列流程圖確認是否為美國稅務居民：

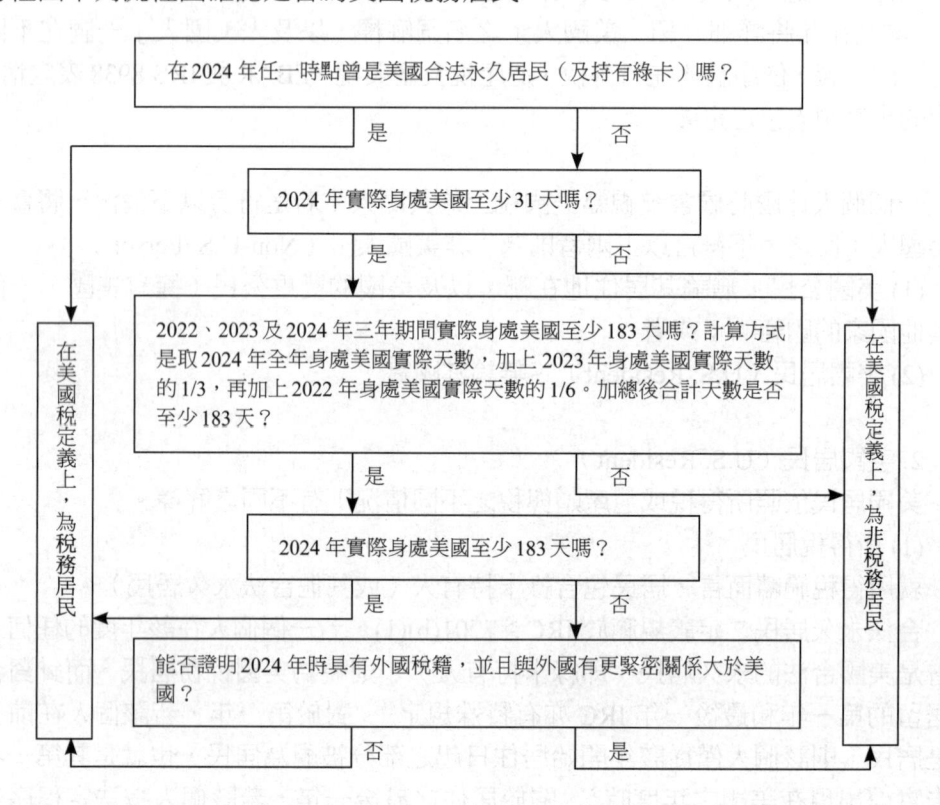

```
在 2024 年任一時點曾是美國合法永久居民（及持有綠卡）嗎？
  ├─ 是 → 在美國稅定義上，為稅務居民
  └─ 否 → 2024 年實際身處美國至少 31 天嗎？
           ├─ 是 → 2022、2023 及 2024 年三年期間實際身處美國至少 183 天嗎？計算方式是取 2024 年全年身處美國實際天數，加上 2023 年身處美國實際天數的 1/3，再加上 2022 年身處美國實際天數的 1/6。加總後合計天數是否至少 183 天？
           │       ├─ 是 → 2024 年實際身處美國至少 183 天嗎？
           │       │       ├─ 是 → 在美國稅定義上，為稅務居民
           │       │       └─ 否 → 能否證明 2024 年時具有外國稅籍，並且與外國有更緊密關係大於美國？
           │       │                ├─ 否 → 在美國稅定義上，為稅務居民
           │       │                └─ 是 → 在美國稅定義上，為非稅務居民
           │       └─ 否 → 在美國稅定義上，為非稅務居民
           └─ 否 → 在美國稅定義上，為非稅務居民
```

(2) 遺產稅和贈與稅居民

依據 Treas.Reg.§20.0-1(b)(1) 以及 Treas. Reg.§25.2501-(1)(b) 之規定，依照遺產稅和贈與稅目的之美國居民是指永久居所（Primary Residence）或住所（Domicile [11]）在美國者，亦即其住在美國且目前沒有明確的離開意圖，依其實際之事實和情況個案判斷。

在遺產稅及贈與稅稅務居民之判斷上，關於聯邦遺產稅法中之「居所」或「住所」，每個案件的爭議都必須依照其特有的案件事實去決定[12]（Bank of New York & Trust Co. v. Commissioner）。通常情況下，出生地是一個人的第一個住所，住所一經取得即推定繼續存在，直到其被證明已發生變更[13]（Mitchell v. United States; Estate of Nienhuvs v. Commissioner）。如果對住所有疑問，則推定為住所沒有改變[14]。住所變更會影響到是否為美國遺產贈與稅之稅務居民之判斷。構成住所變更的重要事實

有:居住在其它地方或目前有永久或無限期地居住在新住所的意圖[15](Williamson v. Osenton)。依此關於遺產贈與稅之稅務居民之判斷,應個案觀察是否:有放棄先前的住所、實際搬遷並居住在新地區及打算永久或無限期留在新地區之情形。

一般情況下申請綠卡且居住在美國的個人會被視為遺贈稅的稅務居民。實務上發生過持有綠卡者離開美國仍被視為美國遺贈稅的稅務居民的案件(Estate of Khan v. Commissioner)[16]。

(3) FBAR

美國人每年應於 FinCEN 114 表格中報告外國銀行和金融帳戶(FinCEN Form 114 – Report of Foreign Bank and Financial Accounts),也就是「FBAR」。FBAR 的目的是為了使美國人揭露持有或控制的外國金融帳戶,以防止其規避美國境外所得的申報義務。就 FBAR 目的而言,「美國人」之定義包括合夥企業、公司、信託、有限責任公司和其他根據美國法律成立的實體,無論其稅收類別如何。「美國法律」是指美國及其任何州的法律,包括哥倫比亞特區和印第安人的任何領土和屬地。

(4) 8938 表

依據 FATCA 規定,需要申報所得稅表的美國人,其特定海外金融資產(包括信託的所有權(Interest)市值超過申報門檻),即應向 IRS 提交 8938 表,並於表格中載明申報 3520 表,申報門檻會因申報身分或居住地而有所不同,具體請參照下表。

	單身/已婚且分開申報		已婚且合併申報	
	申報年度末	申報年度中	申報年度末	申報年度中
居住在美國	>50,000	>75,000	>100,000	>150,000
居住在境外	>200,000	>300,000	>400,000	>600,000

註:本文目標信託合約之中國委託人、受益人及監察人如果符合實質居留測試或取得綠卡,也是屬於美國所得稅法上定義的稅務居民,在美國所得稅法定義上等同綠卡持有者或是公民,需要就全球所得來課稅。

---

[10] IRC §7701(b)(3)(A)
[11] Internal Revenue Manual (IRM) 25.18.1.3.1Domicile is the place where a person has his or her true, fixed, permanent home and principal establishment and to which, whenever he is absent, he has the intention of returning.
[12] Bank of New York & Trust Co. v. Commissioner [Dec. 6453], 21 B.T.A. 197, 203 (1930).
[13] Mitchell v. United States, 88 U.S. (21 Wall.) 350, 353 (1874); Estate of Nienhuvs v. Commissioner [Dec. 18,734], 17 T.C. 1149, 1159 (1952).
[14] Weis v. Commissioner [Dec. 8526], 30 B.T.A. 478, 487 (1934).
[15] Williamson v. Osenton (1914).
[16] Estate of Khan v. Commissioner, 75 T.C.M. 1597 (1998).

(二) 美國信託之定義

一般來說，信託符合以下兩點：(1) 美國境內的法院能夠對該信託的管理進行監督（法院測試，Court Test）；並且 (2) 至少有一個美國人有權力控制該信託的所有實質性決定（控制測試，Control Test），就會被視為是美國信託[17]，典型的美國信託架構如下：

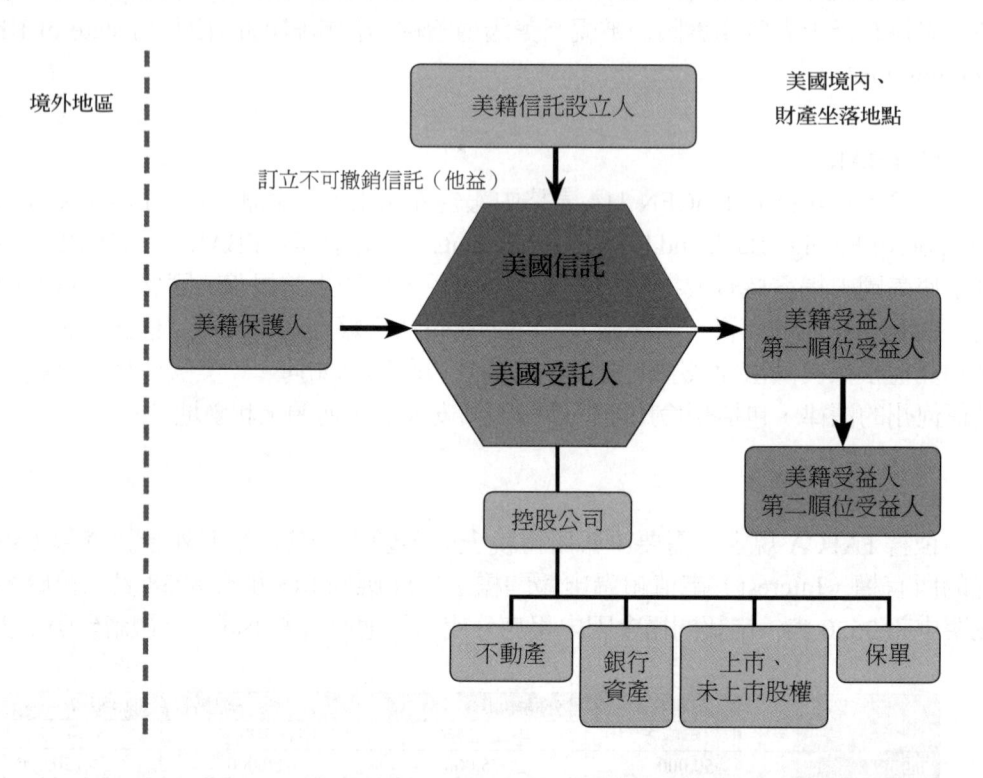

```
境外地區                            美國境內、財產坐落地點
        ┌────────────┐
        │ 美籍信託設立人 │
        └──────┬─────┘
   訂立不可撤銷信託（他益）│
                         ▼
┌─────────┐    ┌──────────────┐    ┌──────────────┐
│ 美籍保護人 │──▶│   美國信託    │──▶│   美籍受益人   │
└─────────┘    │              │    │  第一順位受益人 │
               │   美國受託人   │    └──────┬───────┘
               └──────┬───────┘           │
                      │                   ▼
                      ▼            ┌──────────────┐
                ┌──────────┐       │   美籍受益人   │
                │  控股公司  │       │  第二順位受益人 │
                └─────┬────┘       └──────────────┘
       ┌──────┬───────┼────────┬────────┐
       ▼      ▼       ▼        ▼
    ┌────┐ ┌────┐ ┌──────┐ ┌────┐
    │不動產│ │銀行 │ │上市、 │ │保單│
    │    │ │資產 │ │未上市 │ │    │
    │    │ │    │ │ 股權  │ │    │
    └────┘ └────┘ └──────┘ └────┘
```

本書所提到的美國信託，都是符合控制測試以及法院測試兩個要件的美國國內信託（US Domestic Trust，以下通稱為「美國信託」），與之相對的是外國信託（Foreign Trust），而所提到的外國信託，都是美國信託以外的信託，可能是該信託不符合法院測試或控制測試其中一項要件，也可能兩項都不符合。以下將分別分析法院測試及控制測試，以及舉例分析如何符合兩項測試。

1. 法院測試

若美國境內的法院有管理權限監管信託執行與管理，並為主要監管法院，就能滿足法院測試。法院有管理權限指法院根據適用法律有權或將有權下達命令或判決，以解決與信託管理有關的問題。而主要監管法院是指，儘管有另一個法院對受託人、受益人或信託財產具有管轄權，但法院仍有權決定與信託相關的問題，也能對信託管理進行主要監督。判斷標準有以下三要件：(1) 信託合約未明定信託在美國境外管理；(2) 實際上信託只在美國管理；和 (3) 沒有自動移轉管轄權條款，例如：若美國法院主張管轄權或以其他方式監督信託的管理，將導致信託移出美國。

舉例而言，A 為兩個孩子 B 和 C 的設立一不可撤銷信託。信託合約約定，受託人

是位於紐約的 D 公司。雖然信託合約沒有明文規定信託管轄地，但紐約是美國境內的州，D 公司位於紐約且僅在紐約執行信託管理業務，信託亦沒有約定自動移轉條款，此信託滿足上述法院測試的條件。

2. 控制測試

若信託中有至少一個美國人有權力控制該信託的所有實質重大決定，且其他任何人都無權否決其重大決定，就能滿足控制測試。此處的美國人包括美國公民、美國公司、美國遺產、或美國信託[18]，而控制是指該人能通過投票或其他方式，做出信託的所有重大決定，且沒有人有權力否決這個重大決定。不僅是受託人，行使上述權力或可以控制受託人的信託保護人也可以視為對信託有實質控制力的人。

實質性決定是指，根據信託合約條款、法律授權或要求的受託決定（fiduciary decision），實質性的決定包括，但不限於下述決定：(1) 是否以及何時分配收入或財產；(2) 分配的金額；(3) 新增移除受益人；(4) 收入是否歸入收益或本金；(5) 終止信託；(6) 協商、仲裁或放棄對信託的請求權；(7) 代表信託提起訴訟或為信託訴訟辯護；(8) 撤銷、增加或替換受託人；(9) 任命繼任受託人；(10) 信託資產的投資決定，但若雇用外國投資顧問，只要美國人可以隨時終止投資顧問作出投資決定的權力，則該外國投資顧問作出的投資決定將被視為被美國人控制。以下舉四個例子，說明實質性決定。

例 1：一個遺囑信託，有三個受託人 A、B 和 C。A 和 B 是美國公民，C 是一個非居民外國人。除受託人外，其他任何人都無權做出信託的任何決定。信託合約規定，除非受託人之間達成一致意見，否則不能做出信託的實質性決定。由於沒有 C 的同意，就不能做出任何實質性的決定，美國人沒有控制該信託的所有實質性決定，所以沒有符合控制測試。

例 2：事實與例 1 相同，只是信託合約規定，信託的所有重大決定都要由受託人中的多數票決定。因為大多數受託人是美國人，美國人控制了該信託的所有重大決定，因此符合控制測試。

例 3：事實與例 2 相同，信託合約規定 C 要做出信託的所有投資決定，但 A 和 B 可以否決 C 的投資決定。A 和 B 不能自行作出投資決定。因為美國人 A 和 B 沒有權力做出該信託的所有實質性決定，故不符合控制測試。

例 4：假設事實與例 3 相同，但 A 和 B 可以接受或否決 C 的投資決定，並可以進行 C 提出以外的投資。由於美國人控制該信託的重大決策，因此符合控制測試。

如果任何有權做出信託公司重大決定的人發生意外，導致信託所在地是國內或外

---

[17] 26 CFR § 301.7701-7 - Trusts - domestic and foreign.
[18] IRC § 7701(a)(30)

國信託的認定發生變化，則允許信託自意外之日起 12 個月內修改對控制重大決定的人或這些人的居所，以避免信託變更所在地。就上述意外而言，是指有權作出信託的重大決定的人死亡、喪失能力、辭職、居住地改變等導致信託所在地的改變。如果在 12 個月內修改完成，那麼在這 12 個月期間，信託被視為保留了修改前的所在地。如果在 12 個月內沒有修改完成，除非已經採取合理行動進行必要的變更，且已申報當地主管機關無法完成修改原因，那將從意外發生日起，信託的所在地已改變。

舉例而言，一個已符合法院測試的信託有三個受託人 A、B 和 C。A 和 B 是美國公民，C 是非居民外國人。該信託的所有決定都是由受託人的多數決決定。信託合約規定，當任何一個受託人死亡或辭任時 D 是繼任的受託人。此時若 A 死亡，D 會自動成為該信託的受託人，而當 D 成為受託人時是一個非居民的外國人。在 A 去世兩個月後，B 用美國人 E 取代了 D。由於 D 是在 A 死亡後的 12 個月內被 E 取代，因此在 A 死亡後，E 開始任職前的這段時間內，該信託仍符合控制測試，是一美國信託。

假設事實與上述相同，但在 A 死亡後 12 個月期間結束時，D 沒有被取代，仍然是該信託的受託人，此時能做出信託決策的大多數受託人（C、D）是外國人，除非地區主管批准延長期限以進行必要的變更，否則該信託在 A 死亡之日起成為外國信託。

（三）美國司法管轄權定義上的境外信託

境外信託即是在美國以外地區成立的信託，美國司法管轄權定義上的境外信託通常是指在美國以外地區設立，並由境外受託人管理，由境外法院管轄的信託。典型的境外信託架構如下：

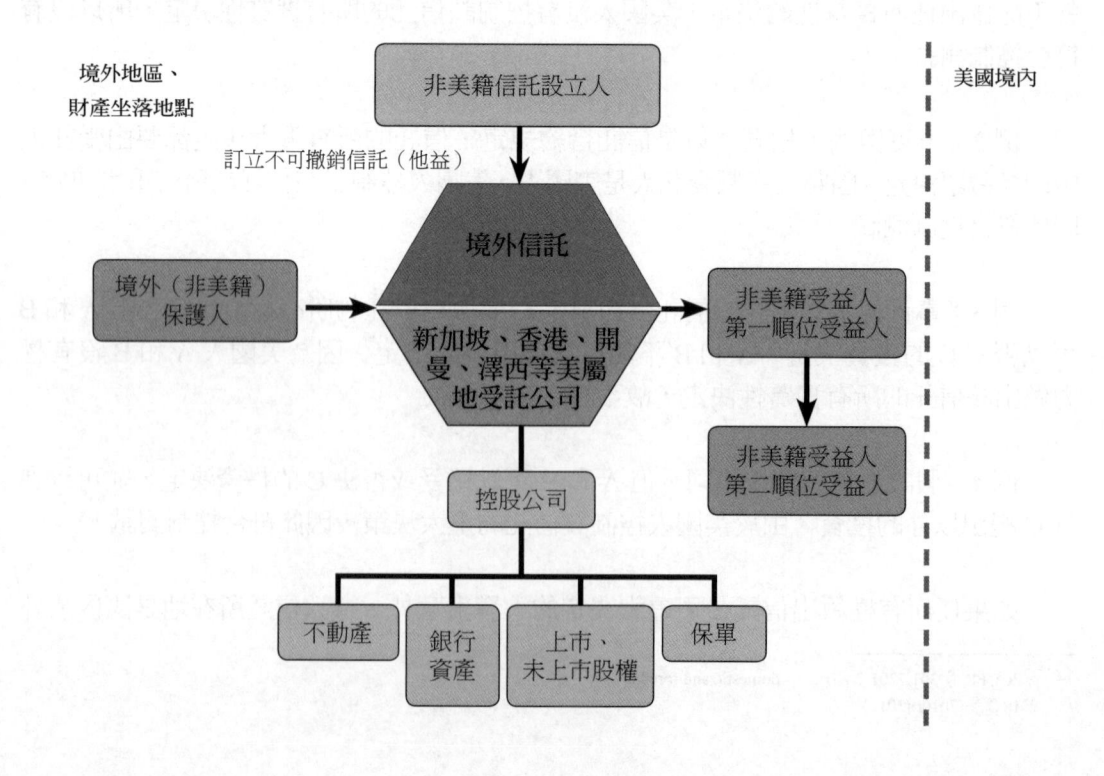

司法管轄權通常是指法院對特定案件的權限範圍，而法院只能行使對其有管轄權的案件進行審理和裁決。司法管轄權定義上的境外信託在美國司法體系下可能涉及複雜的法律以及稅務問題，特別是當信託當事人（設立人、受託人、受益人、保護人等）有美國納稅人涉及其中時。在美國以外地區設立的信託，美國法院的司法管轄權可能會受到一些限制，這取決於具體的情況。

當信託資產在美國境內時，美國法院通常會主張對境外信託案件具有司法管轄權，這是因為信託資產在美國境內存在時，法院認為它們與美國法律和法規有較密切的關聯，且有可能影響到美國納稅人的權益或涉及美國的稅務問題。然而，當信託資產位於境外時，美國法院主張對境外信託案件具有司法管轄權則可能受到限制，這是因為境外信託的資產在法律上受到當地司法體系的監管和管轄。美國法院通常不會主張直接對境外信託資產的歸屬權做出裁決，而是尋求合作和協調與當地法院進行交涉。

境外信託的司法管轄權可能受到不同國家法律的影響。以下是一些常見的因素，可能影響美國法院對境外信託的司法管轄權：

1. 受託人的所在地：如果該境外信託的受託人居住在美國，那麼美國法院可能會主張對該信託案件具有司法管轄權。除了受託人以外，若信託的實質控制人是美國公民或居住在美國，這可能增加了美國法院主張對信託案件有司法管轄權的機會。

2. 信託資產的管理情況：如果境外信託的資產在美國，美國法院可能會主張對信託案件有司法管轄權之外，如果境外信託資產與美國的交易、法律約束或詐欺行為有關，或者信託涉及到美國的重大利益，美國法院可能會主張對該案件有管轄權。

3. 美國納稅人的涉與程度：如果美國納稅人在境外信託中擁有權益或受益權，並且這些權益與美國的稅務問題有關，美國法院可能會主張對相關案件有司法管轄權。例如美國納稅人在境外信託中擁有資產或權益，這可能涉及到稅務問題，例如報稅、遺產稅或資本利得稅，這些稅務影響可能使得美國法院主張對相關案件具有司法管轄權。

4. 法律協議和國際公約：美國可能與特定國家簽訂了相關的法律協議或國際公約，用於處理境外信託的問題。這些協議和公約可以影響美國法院對境外信託的司法管轄權。

除上述因素可能影響美國法院對境外信託司法管轄權判斷外，若信託當事人有人是美國公民、綠卡持有者、稅務居民等，將來可能會取得美國稅務居民身分，或是信託資產位於美國時，設立美國司法管轄權以外的境外信託可能會面臨諸多問題如下：

1. 跨國法律衝突：境外信託涉及不同國家的法律體系，可能引發法律衝突和糾紛。

美國法院在處理境外信託案件時需要考慮和解釋不同國家的法律，這可能增加法律辯論的複雜性和成本。

2. 國際司法合作困難：在處理境外信託案件時，美國法院可能需要與其他國家的法院進行合作和協調。然而，不同國家之間的司法合作機制和程序可能存在差異，可能導致合作困難或遲滯。

3. 司法管轄權爭議：境外信託案件可能引發司法管轄權的爭議。美國法院可能主張對境外信託具有司法管轄權，但涉及的國家法院可能持不同觀點。這可能導致跨國司法管轄權的爭論和法律不確定性。

4. 資產保護和隱私：境外信託可能被用於資產保護和隱私保護的目的。然而，這可能引起一些法律爭議。部分人士可能試圖將資產轉移到境外信託以規避債務或繞過法律限制，這引發了資產保護的爭議和法律挑戰。

5. 法律費用和成本：設立境外信託時，信託當事人們可能需要遵守不同國家的法律要求，包括提交相應的文件和申報要求，以確保信託的合法性和透明度。這些合規要求可能需要支付相應的費用，例如註冊費用、年度報告費用等。設立完成後，境外信託可能涉及複雜的稅務問題，包括遺產稅、資本利得稅、分配收益稅等。此外，信託所持有的資產可能需要進行定期的報稅，這也可能產生額外的費用。

總的來說，設立人選擇設立境外信託時，往往是希望信託設立地區對於信託定義或法律條文有相對寬鬆或是特別的政策，使得設立人或受益人的利益能夠得到更多的保護。然事實上情況並不一定如此順利，尤其在有美國納稅人在信託架構中，更應審慎考慮設立境外信託後會面臨的問題，包括考慮跨國法律衝突、國際司法合作、司法管轄權爭議、資產保護和隱私問題以及額外的法律費用和成本等。

（四）美國稅法定義上的境外信託

根據美國稅法，境外信託可能被視為「境外授予人信託」（Foreign Grantor Trust, FGT）或「境外非授予信託」（Foreign Non-Grantor Trust, FNGT）。Grantor 目前中文翻譯有「委託人」或「授予人」，因此本文提及「委託人信託」或「授予人信託」，皆指「Grantor Trust」。

Grantor 出處是美國國稅局對於信託課稅規定而來，Grantor 是指移轉資產給信託之人，一般的情況下，設立人會是移轉資產給信託之人，因此本文提及的 Grantor 是指包括設立人在內注資給信託之人，在 Grantor Trust 中，設立人通常保留對信託中資產的某些管理權或控制權，如撤回信託資產、更改受益人、撤銷信託等。

從稅務角度來看，Grantor Trust 被視為由設立人持有，信託中的所得通常被視為

設立人的所得,而不是獨立的稅務實體,設立人在報稅時需要將信託中的所得與其他個人所得一起申報。此外,由於 Grantor Trust 被視為設立人持有,設立人在轉移資產至信託時,不被視為是贈與或出售資產給信託,因此移轉資產時不會產生資本利得稅或贈與稅。

進入 FGT 及 FNGT 分析前,先定義本章節所提到之「美國人」(U.S. Person)(以下提到的美國人,除有特別定義外,皆為 U.S. Person),「美國人」是指美國稅法定義上之納稅義務人,不只限於美國公民而係包括綠卡持有者、美國所得稅居民、以及遺產稅及贈與稅居民[19]。

一個個人什麼時候會被視為美國稅上的美國人?若是符合以下情況,會被視作是美國人;反之,不符合以下兩者則為非美國人(Non-U.S. Person):(1) 美國公民,無論其居住地在哪,以及美國的雙重公民;或者 (2) 美國居民(U.S. Resident),無論其國籍,包括綠卡持有者、美國所得稅居民(滿足實質居留測試[20])、以及遺產稅及贈與稅居民[21]。

以下將列舉幾個常見的 FGT 及 FNGT 架構,並討論其構成要件以及稅務效果。

<u>1. 非美國人設立人、非美國人受益人、非美國人保護人、信託資產位於美國境外(完全的非美國境外信託)</u>

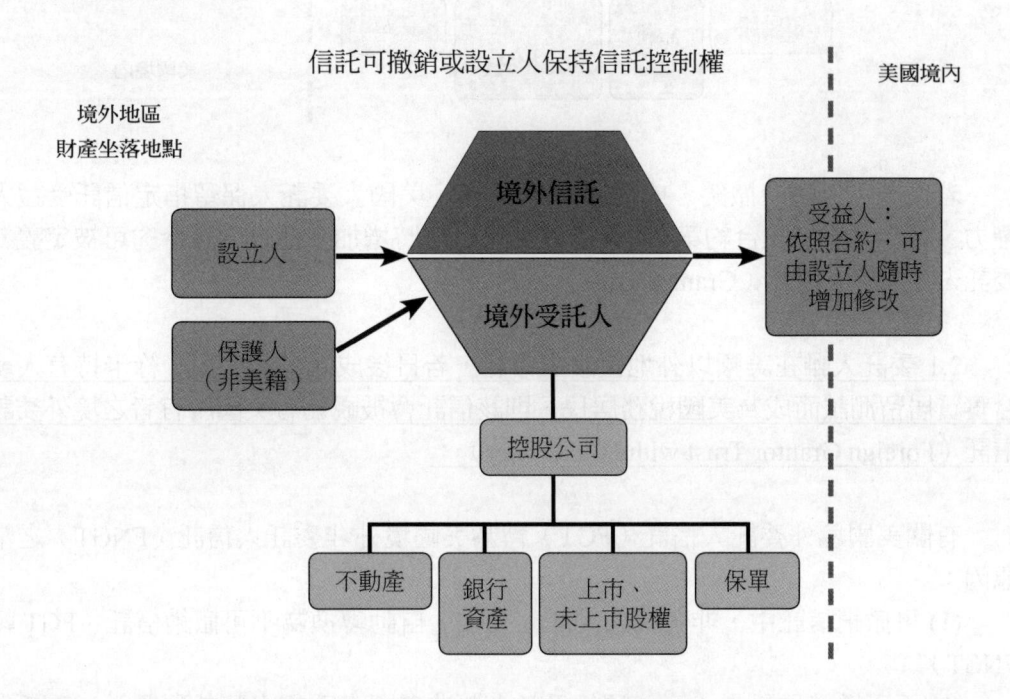

---

[19] 26 USC § 7701(a)(30)
[20] IRC § 7701(b)(3)(A)「實質居留測試」之相關條件,請參見本章於「三、美國本地與境外信託區別」之說明。
[21] 依據 Treas.Reg. § 20.0-1(b)(1) 以及 Treas. Reg. § 25.2501-(1)(b) 之規定,依照遺產稅和贈與稅目之美國居民是指永久居所(Primary Residence)或住所(Domicile)在美國者,亦即其住在美國且目前沒有明確的離開意圖,依其實際之事實和情況個案判斷。

若授予人與受益人皆非美國稅法定義上之納稅義務人，該授予人設立信託在美國境外由境外受託人管理，信託資產所在地位於美國境外，且信託沒有美國來源所得的情況下，此時無論該信託是可撤銷信託或不可撤銷信託，該授予人、保護人、受益人及受託人皆不需申報美國所得稅，對美國稅務機構也都沒有稅上的揭露義務。

<u>2. 美國人設立人、美國人受益人、信託資產位於美國境外</u>

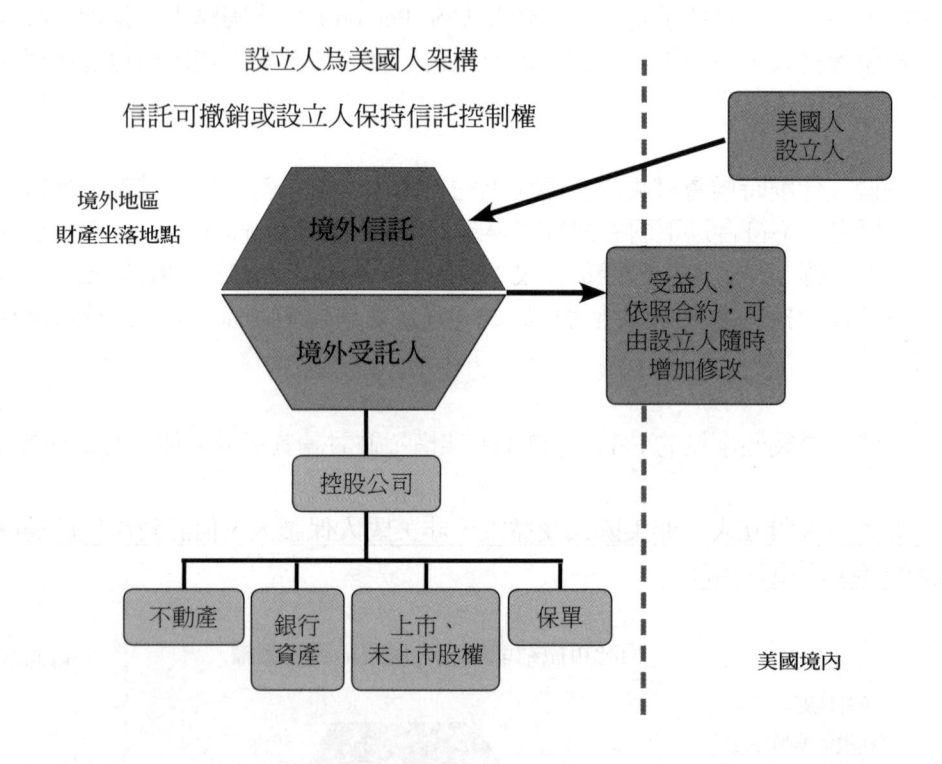

設立人為美國人架構
信託可撤銷或設立人保持信託控制權

境外地區
財產坐落地點

境外信託

境外受託人

美國人設立人

受益人：依照合約，可由設立人隨時增加修改

控股公司

不動產　銀行資產　上市、未上市股權　保單

美國境內

若信託可以隨時撤銷，或依據 IRC§674，美國人委託人保留指定信託受益人之權力，結合目標信託合約第 3.1 條委託人可以隨時增加受益人，該合約可被定義為：委託人／授予人信託（Grantor Trust）。

<u>2.1 委託人雖在美國以外地區設立信託，若日後成為美國公民、綠卡持有人或符合實質居留測試而成為美國稅務居民，則該信託會被視為有美國所有者之境外委託人信託（Foreign Grantor Trust with U.S. Owner）；</u>

有關美國境外委託人信託（FGT）轉為美國境外非委託人信託（FNGT）之常見原因：

(1) 可撤銷信託中，非美國人委託人死亡，自動轉換為不可撤銷信託（FGT 轉為 FNGT）

(2) 不可撤銷信託中（第一順位受益人為非美國人委託人及其配偶），委託人及其配偶死亡。

(3) 其它原因（例如更改可撤銷為不可撤銷）使得美國境外委託人信託不再成立。

美國人設立人於境外設立可撤銷信託，或設立人保留實質控制信託的權力[22]（包括但不限於指定信託受益人、決定信託本金或收益的分配），該境外信託可被定義為授予人信託。若受益人是美國人，因信託下面的資產皆視同美國人設立人所持有，納稅主體也是落在設立人身上，其每年產生的境內外所得皆需由設立人申報課稅，信託資產產生的收益，境內外所得皆需課稅，併入設立人的1040表申報所得稅。此外，美國人設立人授予人須就該信託之境外帳戶申報FBAR，若該授予人於該稅務年度因實質居住測試成為美國人，亦須就該授予人信託之境外帳戶申報FBAR。

原則上非美籍受益人無申報美國所得稅義務，亦無需將境外來源所得之信託分配計入其應稅所得。但若符合實質居留測試，需要申報1040表者，例外須就該信託之境外所得申報美國稅，亦須針對該稅務年度所收受之信託分配申報3520表；可能亦須針對該稅務年度申報FBAR。

此架構的缺點為信託為境外授予人信託，資產仍屬於設立人，存在設立人的債權人來追索的風險。因此當設立人死亡以後，在設立人居所國有遺產稅的風險。而且這個架構不適合持有美國境內資產，當設立人去世時部分資產性質可能會有美國遺產稅問題，另外境外信託受託公司所在國可能會面臨CRS資訊交換。

另外若信託設立時設立人為外國人，但設立人日後成為美國公民、綠卡持有人或符合實質居留測試而成為美國稅務居民，則該信託會被視為有美國所有者之境外授予人信託（Foreign Trust with U.S. Owner），此時該設立人應申報1040表（美國個人所得稅申報）、3520表及3520-A表（境外信託申報），若該信託持有符合規定之外國受控公司或被動外國投資公司股權，需按規定申報5471表或／及8621表。

美國境外委託人信託（FGT）轉為美國境外非委託人信託（FNGT）管於受託人、委託人、保護人與受益人將立即有申報美國所得稅，及對美國稅務機構有稅務上的揭露義務，詳細說明如下：

<u>2.1.1 境外信託委託人轉為美國人──境外受託人（公司）責任</u>

信託合約委託人成為美國人時若委託人因取得綠卡或符合實質居留測試而轉為美國人，為協助美國人委託人作為境外信託所有者完成對IRS的申報義務，受託人需提供委託人「美國境外委託人信託所有者聲明」（Foreign Grantor Trust Owner Statement），並於每年3月15日（可延期至9月15日）以前向IRS申報3520-A表（Annual Information Return of Foreign Trust With a U.S. Owner）。

---

[22] IRC § 674

3520-A 表分為三部分，Part I 為基本資料，Part II 及 Part III 則分別為境外信託收益表及境外信託資產負債表。其中 Part I 填寫的內容包含：

(1) 境外信託之名稱、雇主身分識別號碼（EIN）、地址、設立時間
(2) 境外信託是否有指定美國代理人（U.S. Agent）以提供 IRS 所有與信託相關的資料、以及美國代理人之基本資料，含姓名、位址、納稅人稅務識別號（TIN）
(3) 如果沒有指定美國代理人時，必須提供下列文件（若之前年度提供過，只須證明提供的年份）：
　① 信託合約的摘要
　② 信託合約
　③ 信託備忘錄及意向書
　④ 有關信託合約的變更文件
　⑤ 組織架構圖及其他信託文件

依 Part I 第 5 點，關於境外委託人信託所有者聲明在表格之第三頁及第四頁，除了上述信託及美國代理人之基本資料外，尚需提供之資訊如下：
(1) 該境外信託由美國人委託人所擁有的部分之總價值。
(2) 該境外信託在美國的稅務年度，從境外信託直接或間接分配的現金（不包括貸款）或財產之公平市場價格（詳見 Page 3 第 10 點）。
(3) 境外信託收入歸屬於美國所有者的報表（Statement of Foreign Trust Income Attributable to U.S. Owner），若受託公司未提供，則由美國所有者申報。

Form 3520-A, page 1

Form 3520-A (Rev. 12-2023)

20 Foreign Grantor Trust Owner Statement (see instructi

Important: *Trustee (or U.S. owner if a substitute Form 3520-A) must prepare a separate statement for each U.S. o statement with Form 3520-A. Trustee is also required to send to each U.S. owner a copy of the owner a copy of its statement to Form 3520.*

1a Name of foreign trust			**b**
c Number, street, and room or suite no. If a P.O. box, see instructions.			**d**
e City or town	**f** State or province	**g** ZIP or foreign postal code	**h**

2 Did the foreign trust appoint a U.S. agent (defined in the instructions) who can provide the IRS with all information? . . . .
If "Yes," complete lines 3a through 3g.

3a Name of U.S. agent			**b**
c Number, street, and room or suite no. If a P.O. box, see instructions.			
d City or town	**e** State or province	**f** ZIP or postal code	**g**
4a Name of trustee			**b**
c Number, street, and room or suite no. If a P.O. box, see instructions.			
d City or town	**e** State or province	**f** ZIP or postal code	**g**

5 The first and last day of the tax year of the foreign trust to which this statement relates:

6a Name of U.S. owner			**b**
c Number, street, and room or suite no. If a P.O. box, see instructions.			
d City or town	**e** State or province	**f** ZIP or postal code	**g**

7 Attach an explanation of the facts and law (including the section of the Internal Revenue Code) that estab of the foreign trust) is treated for U.S. tax principles as owned by the U.S. person.

8 If the trust did not appoint a U.S. agent, list the trust documents attached to Form 3520-A. See instructio

9 Gross value of the portion of the trust treated as owned by the U.S. owner . . . . $

10 Cash amounts or FMV of property distributed, directly or indirectly, during the foreign trust's tax year, fro the U.S. owner.

(a) Date of distribution	(b) Description of property distributed	(c) FMV of property distributed (determined on date of distribution)	(d) Description of property transferred, if any	FMV of trans

Total . . . .

Form 3520-A, page 3

Form 3520-A (Rev. 12-2023)　　　　　　　　　　　　　　　　　　　　　　　　　　　　　　Page **4**

20　Statement of Foreign Trust Income Attributable to U.S. Owner (see instructions)
Report each item on the proper form or schedule of your tax return.

Income	1a	Taxable interest	1a
	b	Tax-exempt interest	1b
	2a	Total ordinary dividends	2a
	b	Qualified dividends	
	3	Gross rents and royalties	3
	4	Income from partnerships and fiduciaries	4
	5	Capital gains (losses)	5
	6	Ordinary gains (losses)	6
	7	Other income (attach statement)	7
	8	**Total income.** Add lines 1a, 1b, 2a, and 3 through 7	8
Expenses	9	Interest expense	9
	10a	Foreign taxes (attach statement)	10a
	b	State and local taxes	10b
	11	Amortization and depreciation (depletion)	11
	12	Trustee and advisor fees	12
	13	Charitable contributions	13
	14	Other expenses (attach statement)	14
	15	**Total expenses.** Add lines 9 through 14	15

Under penalties of perjury, I declare that I have examined this return, including any accompanying reports, schedules, or statements, and to the best of my knowledge and belief, it is true, correct, and complete.

Trustee's (or U.S. owner's) signature　　　　　Title　　　　　Date

Form 3520-A, page 4

2.1.2 境外信託合約受益人成為美國人時──境外受託人（公司）責任

受益人若因取得綠卡或符合實質居留測試而轉為美國人時，為協助該美國人受益人完成對 IRS 的申報義務，境外受託公司應依據信託合約記帳外，亦應依據信託是 FGT 或 FNGT，分別準備不同的受益人聲明書文件。

(1) FGT 情形下：

如果當年度有分配的情況時，中國受託公司需簽發「境外委託人信託受益人聲明（Foreign Grantor Trust Beneficiary Statement）」給受益人，由受益人申報 3520 表。

中國受託公司在境外委託人信託受益人聲明中提供的資訊應包括：

① 在納稅年度內分配給美國人或被視為分配給美國人的財產（包括現金）的描述，以及所分配財產的公平市場價值。

② 附上事實和法律的解釋（包括《美國國內稅收法》之規定），以說明境外信託（或一部份的境外信託）根據美國稅收原則為 FGT。

③ 境外信託所有者。

因美國稅務較為複雜且申報時有許多細節規定，為避免誤觸 IRS 規定產生罰款，一般建議由有相關經驗之美國會計師作申報。KEDP 提供一範本如下：

<table>
<tr><th colspan="2">境外委託人信託受益人聲明</th></tr>
<tr><td colspan="2" align="center">1. 境外信託背景資訊</td></tr>
<tr><td>a. 境外信託名稱
b. 雇主身分識別號
c. 住址
d. 境外信託創設日期</td><td>e. 居住城市
f. 州別或省別
g. 郵遞區號
h. 國別</td></tr>
<tr><td colspan="2" align="center">2. 美國代理人資訊（若無美國代理人，則寫明此信託沒有美國代理人）</td></tr>
<tr><td>a. 代理人名稱
b. 稅務識別字
c. 住址
d. 居住城市</td><td>e. 州別或省別
f. 郵遞區號
g. 國別</td></tr>
<tr><td colspan="2" align="center">3. 受託人信息</td></tr>
<tr><td>a. 受託人名稱
b. 稅務識別字
c. 住址
d. 居住城市</td><td>e. 州別或省別
f. 郵遞區號
g. 國別</td></tr>
<tr><td colspan="2" align="center">4. 美國受益人資訊</td></tr>
<tr><td>a. 受益人名稱
b. 稅務識別字
c. 住址
d. 居住城市</td><td>e. 州別或省別
f. 郵遞區號
g. 國別</td></tr>
<tr><td colspan="2">5. 在當前納稅年度內之現金金額或財產之公平市場價格之 (1) 直接或間接分配給美國人之部分；或 (2) 直接或間接借貸給信託的美國人受益人或與其相關之美國人之部分或；(3) 被美國人受益人或與其相關之美國人所使用並且未於相當合理時間內支付信託合理報酬。</td></tr>
</table>

(a) 分配日	(b) 被分配財產之說明	(c) 被分配財產之公平市價（以分配日為基準）	(d) 被移轉財產之說明（如有）	(e) 被移轉財產之公平市價	(f) 計算 c 欄超過 e 欄的部分

6. 附上事實和法律的解釋（包括《美國國內稅收法》之規定），以說明境外信託（或一部份的境外信託）根據美國稅收原則被視為他人所有。
7. 境外信託所有者為個人、合夥企業或是公司。

(2) FNGT 情形下：

若屬於「美國境外非委託人信託」的分配，中國受託公司需準備「境外非委託人信託受益人聲明」（Foreign Non-Grantor Trust Beneficiary Statement）提供給美國人受益人申報 3520 表 Part III 且計算所得稅金。

KEDP 提供以下「境外非委託人信託受益人聲明」範本：

<table>
<tr><td colspan="2" align="center">XXX 信託
境外非委託人信託受益人聲明</td></tr>
<tr><td colspan="2">納稅義務人： XXX
社會安全碼： XXX-XX-XXXX
稅務年度： 2021</td></tr>
<tr><td colspan="2">1. 外國信託背景資訊
(1) 信託名稱、地址、雇主身分識別號碼
   XXX Trust   EIN: XX-XXXXXXX
(2) 提供本聲明之受託人的姓名、地址和稅務識別號碼（若有）
   地址：
(3) 信託採用的會計方法（現金或權責發生制）：現金會計
(4) 本聲明適用的外國信託應納稅年度：2021 年
(5) 說明信託的授予人是否為合夥企業或外國公司，並提供相關事實的聲明
   信託授予人是非美國人</td></tr>
<tr><td colspan="2">2. 美國人受益人資訊
(1) 受益人姓名、地址、雇主身分識別號碼
   姓名：XXX
   地址：
   社會安全碼：XXX-XX-XXXX
(2) 在納稅年度內分配給美國人或被視為分配給美國人的財產（包括現金）的描述，以及所分配財產的公平市場價值。</td></tr>
<tr><td>總分配：</td><td align="right">$ 1,000,000.00</td></tr>
<tr><td colspan="2">3. 查閱帳簿和紀錄之代表人
應要求，信託將允許 IRS 或美國受益人檢查和複製信託的永久帳簿、記錄和其他此類文件，以及其他為符合美國稅務目的，需準備的任何分配或視為分配之必要文件。
得以下列方式聯繫：
－銀行受託人：
－地址：
－電話：
－電子信箱：</td></tr>
<tr><td colspan="2">4. 分配處理</td></tr>
<tr><td>2021 年來自 XXX Trust 的總分配金額</td><td align="right">$ 1,000,000.00</td></tr>
<tr><td colspan="2">分配給 XXX 的金額 $1,000,000.00，具體分配如下：
當年度收入：</td></tr>
<tr><td>－附表 B 合格股息收入（非 PFIC）</td><td>$ XXX</td></tr>
<tr><td>－附表 B 銀行利息（外國被動收入）</td><td>XXX</td></tr>
<tr><td>－附表 D 長期已實現收益</td><td>XXX</td></tr>
<tr><td>－附表 D 短期已實現損失</td><td>XXX</td></tr>
<tr><td>－附表 D 外匯收益／損失</td><td>XXX</td></tr>
<tr><td colspan="2">被動外國投資公司（PFIC）收入：</td></tr>
<tr><td>－股息收入—PFIC 股票非超額分配（申報於附表 B，第二部分普通股息）</td><td>$ XXX</td></tr>
<tr><td>-PFIC 股息—當年度超額分配（申報於 8621 表與 1040 表第 21 行）</td><td>XXX</td></tr>
<tr><td>-PFIC 股息收入—與前年度相關（見以下 A 之申報說明）</td><td>XXX</td></tr>
<tr><td>-PFIC 資本利得—當年度超額分配（申報於 8621 表與 1040 表第 21 行）</td><td>XXX</td></tr>
<tr><td>－信託費用—抵減當年度 PFIC 超額分配資本利得（申報於 1040 表第 21 行）</td><td>XXX</td></tr>
<tr><td>-PFIC 資本利得—與前年度相關（見以下 B 之申報說明）</td><td>XXX</td></tr>
<tr><td>小計：</td><td align="right">$ XXXX</td></tr>
<tr><td>先前已課稅收入（不課稅—資本類別）</td><td align="right">XXXX</td></tr>
<tr><td>合計：</td><td align="right">$ 1,000,000.00</td></tr>
</table>

前年度 PFIC 收入的申報說明（8621 表與 1040 表）		
A. 前年度 PFIC 股息分配	$	XXX
IRC 1291 超額分配稅（報告於 8621 表與 1040 表）	$	XXX
IRC 1291 超額分配稅之利息（報告於 8621 表與 1040 表）	$	XXX
B. 前年度 PFIC 資本利得	$	XXX
IRC 1291 超額分配稅（報告於 8621 表與 1040 表）	$	XXX
IRC 1291 超額分配稅之利息（報告於 8621 表與 1040 表）	$	XXX

<u>2.1.3 有美國所有者之境外委託人信託（Foreign Grantor Trust with U.S. Owner）——委託人申報責任</u>

(1) 1040 表（美國個人所得稅申報表）。美國納稅人必須回答 1040 表 Schedule B 中的三個問題：① 納稅人在申報年度是否有任何外國金融帳戶，② 外國帳戶所在的位置，以及③納稅人是否從境外信託獲得分配以及是否為該境外信託的委託人或是轉讓資產之人。

Part III — Foreign Accounts and Trusts

You must complete this part if you (a) had over $1,500 of taxable interest or ordinary dividends; (b) had a foreign account; or (c) received a distribution from, or were a grantor of, or a transferor to, a foreign trust.

Caution: If required, failure to file FinCEN Form 114 may result in substantial penalties. Additionally, you may be required to file Form 8938, Statement of Specified Foreign Financial Assets. See instructions.

		Yes	No
7a	At any time during 2024, did you have a financial interest in or signature authority over a financial account (such as a bank account, securities account, or brokerage account) located in a foreign country? See instructions		
	If "Yes," are you required to file FinCEN Form 114, Report of Foreign Bank and Financial Accounts (FBAR), to report that financial interest or signature authority? See FinCEN Form 114 and its instructions for filing requirements and exceptions to those requirements		
b	If you are required to file FinCEN Form 114, list the name(s) of the foreign country(-ies) where the financial account(s) is (are) located:		
8	During 2024, did you receive a distribution from, or were you the grantor of, or transferor to, a foreign trust? If "Yes," you may have to file Form 3520. See instructions		

For Paperwork Reduction Act Notice, see your tax return instructions.   Cat. No. 17146N

Form 1040, Part III

(2) 3520 表 Part I：必須報告信託的成立，並於任何財產轉移到信託之年度申報 3520 表 Part I。

Form 3520 (Rev. 12-2023)   Page **2**

Part I   Transfers by U.S. Persons to a Foreign Trust During the Current Tax Year (see instructions)

5a Name of trust creator	b Address	c TIN, if any
6a Country code of country where trust was created	b Country code of country whose law governs the trust	c Date trust was created

7a	Will any person (other than the foreign trust) be treated as the owner of the transferred assets after the transfer? ☐ Yes ☐ No

b	(i) Name of foreign trust owner	(ii) Address	(iii) Country of residence	(iv) TIN, if any	(v) Relevant Code section

8	Was the transfer a completed gift or bequest? If "Yes," see instructions	☐ Yes ☐ No
9a	Now or at any time in the future, can any part of the income or corpus of the trust benefit any U.S. beneficiary?	☐ Yes ☐ No
b	If "No," could the trust be revised or amended to benefit a U.S. beneficiary?	☐ Yes ☐ No
10	Reserved for future use	

Form 3520, Part I

(3) 3520 表 Part II／3520-A 表：如果該委託人為該信託之所有者，此委託人須將其信託收益併入美國人委託人個人所得稅中申報，並且每年需揭露該信託之相關資訊

（Form 3520, Part II: U.S. Owner of a Foreign Trust），通常受託公司要按時申報 3520-A 表，且須為該信託授權一美國代理人（U.S. Agent）並提供其資訊，可由美國籍委託人、美國籍受益人擔任；另，若中國受託公司未及時申報（申報截止日為每年 3 月 15 日，可延期至 9 月 15 日），委託人需盡可能填寫 3520-A 表，勾選 substitute 替代表單（如下表 Part II, Line 22），和 3520 表一同申報，以避免遭受 IRS 額外之罰款。

Part II	U.S. Owner of a Foreign Trust (see instructions)				
20	(a) Name of foreign trust owner	(b) Address	(c) Country of tax residence	(d) TIN, if any	(e) Relevant Code section

21a	Country code of country where foreign trust was created	b	Country code of country whose law governs the trust	c	Date foreign trust was created

22　Did the foreign trust file Form 3520-A for the current tax year? . . . . ☐ Yes ☐ No
　　If "Yes," attach the Foreign Grantor Trust Owner Statement you received from the foreign trust.
　　If "No," to the best of your ability, complete and attach a substitute Form 3520-A for the foreign trust.
　　See instructions for information on penalties for failing to complete and attach a substitute Form 3520-A.
23　Enter the gross value of the portion of the foreign trust that you are treated as owning at the end of your tax y⸺ 〔Form 3520, Part II〕

Form **3520-A**
(Rev. December 2023)
Department of the Treasury
Internal Revenue Service

Annual Information Return of Foreign Trust With a U.S. Owner
(Under section 6048(b))
Go to www.irs.gov/Form3520A for instructions and the latest information.

OMB No. 1545-0159

Note: All information must be in English. Show all amounts in U.S. dollars.
For calendar year 20　　, or tax year beginning　　, 20　　, ending　　, 20　　.
Check appropriate boxes: ☐ Initial return ☐ Final return ☐ Amended return ☐ Extension filed ☐ Substitute Form 3520-A
Check if any excepted specified foreign financial assets are reported on this form. See instructions . . . . 〔Form 3520-A〕

（4）5471 表或 8621 表：若該信託持有符合規定之外國受控公司或被動外國投資公司股權，需依照持股比例披露相關資訊及計算 Subpart F Income 或 PFIC 之超額分配，按規定申報 5471 表及 8621 表。按目標信託合約，未必有 5471 表申報義務，但持有美國以外金融資產，8621 表應屬必要。

Form **5471**
(Rev. December 2024)
Department of the Treasury
Internal Revenue Service

Information Return of U.S. Persons With Respect to Certain Foreign Corporations
Go to www.irs.gov/Form5471 for instructions and the latest information.
Information furnished for the foreign corporation's annual accounting period (tax year required by section 898) (see instructions) beginning　　, 20　　, and ending　　, 20　　

OMB No. 1545-0123
Attachment Sequence No. **121**

Name of person filing this return　　　　　　　　　　　　　　　A **Identifying number**

Number, street, and room or suite no. (or P.O. box number if mail is not delivered to street address)　　B Category of filer (See instructions. Check applicable box(es).):
　　　　　　　　　　　　　　　　　　　　　　　　　　　　　　　　　　　　1a☐ 1b☐ 1c☐ 2☐ 3☐ 4☐ 5a☐ 5b☐ 5c☐

City or town, state, and ZIP code　　　　　　　　　　　　　　　C Enter the total percentage of the foreign corporation's voting
　　　　　　　　　　　　　　　　　　　　　　　　　　　　　　　　stock you owned at the end of its annual accounting period　　％

Form **8621**
(Rev. December 2018)
Department of the Treasury
Internal Revenue Service

Information Return by a Shareholder of a Passive Foreign Investment Company or Qualified Electing Fund
▶ Go to www.irs.gov/Form8621 for instructions and the latest information.

OMB No. 1545-1002
Attachment Sequence No. **69**

Name of shareholder　　　　　　　　　　　　　　　　　　　**Identifying number** (see instructions)

Number, street, and room or suite no. If a P.O. box, see instructions.　　Shareholder tax year: calendar year 20　　 or other tax year
　　　　　　　　　　　　　　　　　　　　　　　　　　　　　　　　beginning　　, 20　　 and ending　　, 20　　.

City or town, state, and ZIP code or country

(5) 根據 IRC§684 的規定，在委託人去世時，如果該信託由 FGT 轉為 FNGT 且信託資產沒有包括在其美國應納稅遺產中，則該信託資產需視同出售並且計算美國資本利得稅；

(6) 對於信託持有之外國金融帳戶，必須提交 FBAR。

(7) 必須提交一份關於信託的 8938 表。

Form **8938** (Rev. November 2021) Department of the Treasury Internal Revenue Service	**Statement of Specified Foreign Financial Assets** ▶ Go to www.irs.gov/Form8938 for instructions and the latest information. ▶ Attach to your tax return.	OMB No. 1545-2195 Attachment Sequence No. **938**
	For calendar year 20_____ or tax year beginning _____, 20_____, and ending _____, 20_____	
If you have attached additional statements, check here ☐	Number of additional statements _____	
1 Name(s) shown on return	2 Taxpayer identification number (TIN)	
3 Type of filer a ☐ Specified individual b ☐ Partnership c ☐ Corporation d ☐ Trust		

(8) 在委託人去世時如符合美國遺產稅務居民的條件，信託資產須計入遺產價值中繳納美國遺產稅，除非委託人先前移入信託之資產為一完全贈與（若是完全贈與，也須視贈與時委託人是否為美國遺產贈與稅上的稅務居民而有美國贈與稅的核課）。另，依據 IRC§2035 規定，委託人死亡前三年的贈與也要併入遺產中核課。（Three-Year Rule, Section 2035 of the U.S. tax code）

(9) 中國受託公司必須向 IRS 提交 3520-A 表（Annual Information Return of Foreign Trust with a U.S. Owner），向委託人提供一份境外委託人信託所有者聲明（Foreign Grantor Trust Owner Statement）。

有關各種表格未申報之處罰——未依 IRS 申報及披露規定的處罰：
稅表：1040 表

處罰內容
逾期申報 若是納稅人沒有在截止日期（包括延期）之前提交納稅申報表，除非有合理的解釋，否則逾期申報的處罰通常是每月所欠稅款的 5% 或者逾期申報的該月的部分金額。如果納稅人對逾期提交有合理的解釋，請於申報表中釋明。逾期申報之罰款最高可達應繳稅款的 25%。若未申報則為欺詐，罰款每月為所欠稅款的 15%，最高可罰 75%。若是逾期申報超過 60 天，會收取逾期申報罰金，最低罰款將為 435 美元或是納稅人當年度欠的任何稅款，以較低數目為準。 滯納金 若納稅人逾期繳納稅款，罰款通常為未繳納稅款的每個月或部分月未繳納金額的 1% 的 1/2。罰款可高達未付金額的 25%。滯納金處罰適用於申報表上的任何未繳稅款。此是針對逾期納稅的利息費用之額外罰款。 輕率申報 除了任何其他處罰外，法律還對提交輕率申報表處以 5,000 美元的罰款。「輕率納稅申報」指的是，納稅人採取輕率立場希望拖延或干擾稅法而未提供計算正確稅項所需的資訊，或者顯示出嚴重錯誤的稅表。這包括修改或刪去簽名處上方預先列印的之文字。 • https://www.irs.gov/pub/irs- 其他：亦會因疏忽、嚴重少報稅款、應報告的交易少報、提交錯誤的退稅申請和欺詐等行為而受到其他處罰。亦會因故意不申報、逃稅、虛假陳述或身分盜用而受到刑事處罰。有關這些處罰的細節，請參閱 Pub.17。pdf/i1040gi.pdf - p.83
受處罰對象：美籍納稅人

稅表：3520 表（委託人為美國人）

處罰內容

若 Form 3520 未及時提交，或者資訊不完整或不正確將被處以罰款。
由於罰款較為複雜，簡化表格如下，詳細說明請見 Section 6677。

表格	受處罰對象	罰則
Form 3520, Part I	美國轉讓人（U.S. Transferor）	10,000 美元或境外信託移入資產的財產總值的 35% 取大者
Form 3520, Part II	美國所有人（U.S. Owner）	10,000 美元或境外信託的任何財產總值的 5% 取大者 可能還需要額外罰款，請見以下說明
Form 3520, Part III	美國人受益人（U.S. Beneficiary）	10,000 美元或境外信託公司的分配總額的 35% 取大者

Section 6677.
境外信託缺報、遲報、錯報
若 Form 3520 未及時提交，或者資訊不完整或不正確將被處以罰款（有合理原因之例外得免罰）。一般來說，第一次處罰為 10,000 美元或以下列方式計算，取大者（視情況得累計處罰）：

- 美國人設立及移轉資產進入境外信託時，未能在 Form 3520 第一部分中申報其設立或轉讓予境外信託資產之總價值的 35%。
- 因美國人未在 Form 3520, Part III 中申報收到了來自境外信託公司的分配總額的 35%。
- 根據委託人信託規則（Grantor Trust Rules，第 671 至 679 條），若境外信託的美國擁有者（U.S. Owner）(a) 未能及時提交 Form 3520-A，和提供美國所有者和美國人受益人所需的年度所有人和受益人的聲明，或 (b) 未提供第 6048(b) 條所要求的所有資訊或提供不正確的資訊，將會額外罰 5% 或 10,000 美元，取大者；若境外信託之受託公司未能提交 Form 3520-A，美國所有者必須在美國所有者的 Form 3520 到期日前（而非 Form 3520-A 的到期日，該表格的到期日是在信託納稅年度結束後的第 3 個月的第 15 天），在其 Form 3520 中填寫並附上一份替代的 Form 3520-A，以避免因境外信託未能及時提交 Form 3520-A 而受到處罰。例如，美國所有者在 Form 3520 的到期日（例如美國個人所有者的截止日期為 4 月 15 日）之前盡力完成替代 Form 3520-A，則被認為及時提交。請參閱第 6677(a) 至 (c) 節以及 Form 3520, Part II、Form 3520-A 的說明。

如果在 IRS 發出不遵守規定報告的通知後，違規行為持續 90 天以上，則將處以額外處罰。如果 IRS 可以確定應申報的總金額（稍後定義），則罰款將根據需要減少，以確保此類罰款的總額不超過應申報的總金額。更多相關資訊，請參閱第 6677 節。

合理的原因。
若納稅人能證明未能遵守規定是出於合理原因，而非故意疏忽，則不會受到處罰。

應注意，外國對披露所需資訊而進行處罰之事實並非合理的原因。同樣，外國受託人不願或信託文書中的禁止披露所需資訊的規定亦非合理理由。其他相關資訊參閱第 6677(d) 節。
應注意，提交 Form 8082 並不能免除納稅人根據第 6677 條可能施加的任何處罰。

Section 6039F.
缺報、漏報高額海外贈與
若未能及時申報第 6039F 條所述的外國贈與，IRS 得決定收到此類贈與的所得稅後果，並對持續未申報的每個月處以該外國贈與金額的 5% 的罰款（總計不超過 25%）。如果納稅人能夠證明未能遵守是由於合理原因而非故意疏忽，則不會受到處罰。其他相關資訊，請參閱第 6039F 節。

Section 6662(j).
因缺報、遲報而產生欠稅
如果境外信託的美國所有者因在納稅申報單上少報而受到第 6662 條規定的罰款，則該罰款可根據第 6662(j) 條，就可歸因於涉及任何資產交易導致少付的任何部分而增加，而有關資產的資訊須在 Form 3520-A 中提供。

有關未披露外國金融資產少報的更多資訊，見第 6662(j) 條。如果納稅人能夠證明未能遵守該部分少付是出自合理原因，且納稅人對該部分少付的行為是善意的，則不會針對該部分少付的任何部分處以罰款。更多資訊請參見第 6662 條和第 6664(c) 條。

Part II——境外信託的美國所有人
若納稅人在納稅年度根據第 671 至 679 條的規定被視為境外信託的任何資產的所有人，請填寫 Form 3520, Part II，並需要在表格第 1 頁的第 2b 行輸入該境外信託的雇主身分識別號碼（EIN）。

應注意，即使在納稅年度沒有涉及信託的交易，納稅人也必須完成表格 Part II 的填寫。若收到境外信託的分配，還需要完成 Part III。請參閱 Part III 的第 20 行。根據第 671 至 679 條的規則，輸入任何被視為信託任何部分的所有人（包括納稅人自己）的資訊。此外，在 (e) 列中輸入導致納稅人和其他任何人（如適用）被視為美國所得稅所有者的法源依據（the specific Code Section）。見第 671 至 679 條委託人信託規則。

第 22 行。境外信託是否提交了當年的 Form 3520-A？
如果「是」，則境外委託人信託所有人聲明（Form 3520-A 第 3 和 4 頁）的副本應顯示出於美國所得稅目的而歸屬於納稅人的境外信託所得金額。參見 Section IV of Notice 97-34。

如果「否」，請在 Form 3520 到期日（而非 Form 3520-A 的到期日）之前，完成並附上境外信託的替代表 Form 3520-A 到納稅人的 Form 3520。否則，納稅人需要承擔相當於 10,000 美元或被視為擁有的信託資產部分總價值的 5% 中的較大者之罰款。在收到 IRS 通知後仍不提交文件，還會受到額外處罰。參見第 6677(a) 至 (c) 節。

Part IV——在當前納稅年度從外國人收受贈與或遺贈的美國人
如未能及時申報根據第 6039F 條應申報的外國贈與，則 IRS 得決定收到該等贈與的所得稅後果，並可處以罰款。給美國人的贈與不包括代表美國人支付之合格學費或醫療費用。若境外信託向美國人進行分配，美國人必須在 Form 3520, Part III 申報該分配金額，而不是在表格第四部分作為贈與申報。

外國人對有美國受益人的美國或境外信託的財產之贈與不會由該受益人在第四部分申報，除非他們被視為在轉移當年收到該贈與（例如，如果根據第 678 條，美國受益人被視為該部分信託的所有者，則該美國受益人必須在第四部分申報該贈與）。

https://www.irs.gov/instructions/i3520

受處罰對象：美籍納稅人

稅表：3520-A 表

處罰內容
有美國所有者的境外信託必須提交 Form 3520-A，以使美國所有者符合第 6048(b) 條規定的年度資訊申報要求。根據委託人信託規則（第 671 至 679 條），每個被視為境外信託任何部分的所有者的美國人，都有責任確保境外信託申報 Form 3520-A，並向其美國所有者和美國受益人提供所需的年度報表。如果境外信託未能提交 Form 3520-A，美國所有者必須填寫境外信託的替代表格 Form 3520-A 並將其附加到美國所有者的 Form 3520（報告與境外信託的交易和收到某些外國贈與的年度申報表），在美國所有者的 Form 3520 到期日之前（非 Form 3520-A 的到期日，此為信託納稅年度結束後的第 3 個月的第 15 天到期）提交，以避免被因境外信託未能提交 Form 3520-A 而受到額外的單獨處罰。請參閱 Form 3520 申報說明中的第 22 行。請參閱後文的處罰。 如果境外信託 (a) 未能及時提交 Form 3520-A，或 (b) 沒有提供 Section 6048(b) 要求的所有資訊或包含不正確的資訊，信託的美國所有人的第一次罰款將被處以相當於 10,000 美元以上，或相當於信託資產總值的 5%，以較大者計算。參見第 6677(a) 至 (c) 條。

如果境外信託未能提交 Form 3520-A，美國所有者必須在美國所有者的 Form 3520 到期日（而非 Form 3520-A 的到期日）之前填寫並附上替代表 Form 3520-A 以避免因境外信託未能提交 Form 3520-A 而受到處罰。例如，在 Form 3520 的到期日之前（例如美國所有者是個人的所有者為 4 月 15 日），盡力完成替代表 Form 3520-A，並將之附在美國所有者的 Form 3520 上，則被視為及時提交。

如果在 IRS 發出不遵守規定報告的通知後，違規行為持續 90 天以上，則將處以額外處罰。如果 IRS 可以確定應申報的總金額（稍後定義），則罰款將根據需要減少，以確保此類罰款的總額不超過應申報的總金額。有關更多資訊，請參閱第 6677 條。

根據第 7203、7206 和 7207 條，未按時提交以及提交虛假或欺詐性申報表視情況會受到刑事處罰。

注意。如果境外信託公司的美國所有者因在納稅申報表上少報而受到第 6662 條規定的罰款，則該罰款可根據第 6662(j) 條，就可歸因於涉及任何資產交易少繳的任何部分增加，需要在 Form 3520-A 上提供相關資訊。有關未披露的外國金融資產低估的更多資訊，見第 6662(j) 條。

合理的原因
若納稅人能夠證明未能遵守報告要求是由於合理原因而非故意疏忽，則不會受到處罰。

應注意，外國對披露所需資訊而進行處罰之事實並非合理的原因。同樣，外國受託人不願或信託文書中的禁止披露所需資訊的規定亦非合理理由。有關其他資訊參閱第 6677(d) 節。

https://www.irs.gov/instructions/i3520-A

受處罰對象：美國所有者

稅表：8938 表

處罰內容
若納稅人無法及時申報正確的 Form 8938 或者少報與未披露與特定外國金融資產相關的稅，將視情況會面臨處罰。 未申報處罰 若納稅人被要求申報 Form 8938 但並未在期限之前提交完整且正確的 Form 8938，視情況會被處以 1 萬美元的罰金。 持續未申報 如果在 IRS 寄出未如期申報通知書後 90 天內還未申報完整且正確的 Form 8938，則超過 90 天後，在納稅人持續未申報 Form 8938 的期間中視情況會被連續處以每 30 天一期（或不足一期）的額外罰金 1 萬美元，持續未申報 Form 8938 的額外罰金最高可達 6 萬美元。 已婚納稅人合併申報 若已婚合併申報所得稅表者，納稅人及其配偶須共同承擔未及時申報罰金。納稅人及其配偶對於所有罰金要負連帶責任。 最大值推定 若 IRS 認定納稅人對一或多個特定境外資產具有權益，要求納稅人提供資產價值資訊但納稅人未提供足夠資訊，則納稅人會被推定具有該特定境外資產權益高過其適用的申報門檻。在這樣的情況下，若未申報 Form 8938 則視情況會被處以未申報罰金。 合理理由例外 若無法準時申報 Form 8938，或未在 Form 8938 上披露一或多個特定境外資產，是出自合理理由而非故意忽略，就不會產生任何罰金。納稅人必需要提供支援合理理由的聲明。 要決定未能在 Form 8938 上披露特定境外資產是否屬合理理由非故意忽略，必須要考慮所有相關事實及情況來作個案判斷。

若因境外法令管轄下，納稅人披露特定境外資產會產生民事或犯罪的罰責，則此不屬於合理理由。

正確性相關處罰
若納稅人因未披露的境外特定資產相關的交易而造成短繳稅金，視情況須要支付短繳稅金 40% 的罰金。

由於涉及未披露的特定外國金融資產交易而導致少付的例子包括以下情形。

- 沒有在 Form 8938 上申報外國公司的股份所有權，並且從該公司收到了應稅分配但卻沒有申報在所得稅申報表上。
- 沒有在 Form 8938 上申報外國公司的股份所有權，並且出售了該公司的股份並獲得收益後卻沒在所得稅申報表上申報收益。
- 沒有在 Form 8938 上申報外國退休金，並且從退休計畫中獲得了應稅分配，但沒有在所得稅申報表中申報。

詐欺
若納稅人因為詐欺而短繳稅金，則必須要支付短繳稅金 75% 的罰金。

刑事處罰
除以上罰則外，若您未申報 Form 8938、未披露一筆資產、或有短繳稅金，納稅人視情況會面臨刑事罰則。

未申報收入之延展時效法規
如果納稅人的總所得中沒有包括與一項或多項特定外國金融資產相關的金額，並且遺漏的金額超過 5,000 美元，則在納稅人提交稅表後的 6 年內，得隨時評估其在該課稅年度所欠的任何稅款。
為此，特定外國金融資產包括納稅人所擁有權益的任何特定外國金融資產，不考慮其適用的申報門檻，也無論在 Form 8938 上報告特定外國金融資產的任何例外情況。

https://www.irs.gov/instructions/i8938

受處罰對象：美籍納稅人

稅表：5471 表

處罰內容
未能提交第 6038(a) 條（Form 5471 和附表 M）要求的資訊。 - 如果外國公司未能在規定的時間內提供 6038(a) 條所要求的資訊，將被處以每個會計年度 10,000 美元的罰款。如果在 IRS 向美國人發出未申報通知後的 90 天內沒有提交資訊，或者在 90 天期限屆滿後仍未申報，則每 30 天（或其中的部分）將會被處以額外罰款 10,000 美元（每一家外國公司）。每次未申報的額外罰款上限為 50,000 美元。 - 任何人未能在規定的時間內提交或申報所需的所有資訊，將根據第 901、902 條（對於 2018 年 1 月 1 日之前開始的外國企業納稅年度）和第 960 條之規定，將減少其可享受之外國稅收減免優惠之 10%。在 IRS 向美國人郵寄未申報通知之日起 90 天或更長時間內未申報，在 90 天期限屆滿後，每 3 個月（或其中的部分）將再額外減少 5%。有關此罰款金額的限制，請參閱第 6038(c)(2) 條。 未能提交第 6046 條及相關法規所需資訊（Form 5471 和附表 O） 任何人未能提交或申報第 6046 條所要求的所有資訊，將因每項應申報而未申報之交易而被處以 10,000 美元的罰款。如果在 IRS 郵寄未申報通知之日後持續超過 90 天未申報，則每 30 天（或其中的部分）將處以額外的 10,000 美元罰款，額外罰款上限為 50,000 美元。 刑事處罰 根據第 7203、7206 和 7207 條的刑事處罰得適用於未能提交第 6038 和 6046 條所要求的資訊之情形。 應注意，任何被要求提交 Form 5471 及附表 J、M 或 O 者，如同意讓他人為其提交表格及附表，但他人未能提交正確及正確的表格及附表，則可受到上述罰款。

未披露的外國金融資產少報視情況會受到處罰。若納稅人能夠證明未能遵守該部分付款是出於合理原因，且納稅人對該部分少付的行為是善意的，則不會對該少報部分處以罰款。參見第 6662(j) 和 6664(c) 節瞭解更多資訊。

特定處罰的不適用性
根據 2019-40 修訂版，特定人士得免於第 6038 和 6662 條規定的某些處罰。詳情請參見 Rev. 2019-40 第 7 節。

https://www.irs.gov/instructions/i5471

受處罰對象：美籍納稅人

稅表：8621 表（Passive Foreign Investment Companies）

處罰內容
要求提供此表格上的資訊是為了執行美國國內稅收法。根據第 6001、6011、6012(a) 和 6109 條及其法規之規定要求納稅人提供此資訊，確保納稅人遵守國內稅收法律，以計算和確定正確的稅額。納稅人必須將適用其情形之所有部分都填寫好。 若納稅人在需要提交報稅表的情況下未提交報稅表，或沒有提供所要求的資料，或提供虛假資料，則視情況會被罰款及被刑事起訴。 8621 instruction - https://www.irs.gov/pub/irs-pdf/i8621.pdf Form 8621 本身並無明定的處罰或制裁，但是未申報或申報錯誤會觸犯到其他的法條或規定，如：與準確性相關的罰款（Accuracy-Related Penalty），根據 26 U.S. Code § 6662(b)(7) 規定外國金融資產未揭露、少報，導致少繳稅，就會有相應的處罰和制裁。外國金融資產裡包含外國公司發行的股票，所以被動外國投資公司（PFIC）的股票就屬於此範疇。 與準確性相關的罰款之觸發，常見的有以下兩種情況： 1. 疏忽或無視規則或法規 　疏忽指的是在製作納稅申報表時沒有做出合理的嘗試來遵循稅法的情形；無視指的您不在意地、魯莽地或蓄意地忽略了稅法或法規。 2. 嚴重低報所得稅 　申報的稅務義務比納稅申報表上必須出示的稅款還要低 10% 或 5,000 美元（以較大者為準） 與準確性相關的罰款之計算： 與準確性相關的罰款（Accuracy-Related Penalty）出於疏忽或無視或在納稅申報表上低報導致繳稅不足的部分的 20%，情況嚴重者 40%。 例子：擁有綠卡的王小明是一家 PFIC 的股東，PFIC 有分配股利給他，依照法規要上 10,000 美元的稅，但是小明只申報 2,000 美元，請問他的罰款是多少？ 10,000-2,000=8,000　　8,000*20%=1,600 罰款為 1,600 美元 除了與準確性相關的罰款外，不申報或錯誤申報 Form 8621 的納稅人，通常也未提交或提交錯誤的 Form 8938 或是 FBAR；未能在 Form 8938 上申報 PFIC 利息會導致每次至少 10,000 美元罰款，未申報 FBAR 則會導致每次至少 10,000 美元罰款。 除了上述懲罰和罰款外，如未能提交 Form 8621，IRS 無限期地保留對該納稅年度所有稅務事項的訴訟時效，並且可以無限期地對納稅人稅表發動審計，直到納稅人提交 Form 8621。 不過，若正確申報 Form 8621 將會帶來許多益處： 1. Form 8938 中不需要揭露 Form 8621 中已申報的外國金融資產，只需在 Form 8938, PART IV 中表明有提交 Form 8621 便可； 2. 如果選擇對 PFIC 當前收入納稅，未來分配可以避免繳納超額分配懲罰性稅； 3. 透過嚴苛的條件達成 QEF 選擇，將可使納稅人實現低稅率的長期資本利得； 4. 假使達成 MTM 選擇，將可使納稅人不用支付利息。
受處罰對象：美籍納稅人

稅表：FBAR

處罰內容
納稅義務人若需要申報 FBAR，但卻未盡申報義務，則會遭罰不超過 10,000 美元的民事罰款。若有合理理由導致未申報，並且之後適當地申報帳戶餘額，則不會受罰。故意不申報的納稅義務人視情況會遭罰 100,000 美元，或違反時點的帳戶餘額的 50%，取兩者金額高者，參考 31 U.S.C. Section 5321(a)(5)。故意違反的情事也可按 31 U.S.C. Section 5322(a)、31 U.S.C. Section 5322(b)，或 18 U.S.C. Section 1001，受到刑事處罰。
納稅人視情況會因違反 FBAR 申規定或記帳規定而受到民事罰款和刑事處罰。刑罰的認定取決於事實和情況。民事處罰的最高限額每年根據通貨膨脹進行調整。目前的最大值如下：

美國法典引用條文	民事金額罰則說明	目前最高罰款額度
31 U.S.C. 5321(a)(5)(B)(i)	外國金融機構交易——非故意違規交易	10,000 美元
31 U.S.C. 5321(a)(5)(C)	外國金融機構交易——故意違規交易	取 100,000 美元或 U.S.C.5321(a)(5)(D) 條所定金額的 50% 高者
31 U.S.C. 5321(a)(6)(A)	金融機構或非金融貿易或業務的過失違規	500 美元
31 U.S.C. 5321(a)(6)(B)	金融機構或非金融貿易或業務的過失行為	50,000 美元

https://www.irs.gov/businesses/small-businesses-self-employed/report-of-foreign-bank-and-financial-accounts-fbar

受處罰對象：美籍納稅人

3. 境外授予人信託（非美國人設立人）

外國人設立的境外授予人信託（FGT）

境外地區／財產坐落地點　｜　美國境內

訂立可撤銷或不可撤銷信託 → 境外信託／境外受託人 → 控股公司 →（不動產、銀行資產、上市、未上市股權、保單）

受益人可能是：
1. 可撤銷信託：美國人受益人（沒有順位限制）
2. 不可撤銷信託：美國受益人為第二順位受益人（第一順位受益人必須是非美國設立人或／及其配偶）

一般情況下，若設立人／授予人為非美國人，而受益人是美國人的情況下，境

外信託不會被視為授予人信託，除非符合下列例外情況之一才可視為 Foreign Grantor Trust（FGT）[23]：

(1) 非美國人授予人有撤銷信託之充分權力，授予人有權在未經任何人同意，或經從屬於授予人的有關或從屬人同意的情況下撤銷信託[24]。（在授予人無行為能力的情況下，其監護人或其他人必須擁有撤銷該信託的權力，以使信託繼續符合授予人信託的資格。）

(2) 非美國人授予人和／或其配偶是授予人在世時信託唯一的受益人[25]。

(3) 該境外信託是在 1995 年 9 月 19 日或之前設立的，但僅限於截至該日信託中已有的資金（必須單獨記帳），並且僅在該信託是根據 IRC§676（關於授予人撤銷的權力）或是 IRC§677（關於授予人保留獲得所得的可能性）而成為授予人信託，但不包括 IRC§677(a)(3)（所得可用於支付授予人人壽險保單的保費）之情形。

境外授予人信託在設立人生前，信託下面的資產皆視同非美國人設立人所持有，所產生的收益亦歸屬設立人，在美國境外資產產生美國境外所得，不課美國所得稅。但是資產屬於美國境內部分，例如坐落於美國境內不動產，產生的租金收入是美國來源所得，設立人必須以外國人的身分在美國報稅。外國人所得通常會被預先扣繳所得部分的 10%～30%（視租稅協定適用），所得總類是 ECI 則可按照一般稅率計稅，可藉由申報 1040NR 表取得退稅；所得屬於 NECI 所得，則可不申報亦不可退稅。

贈與稅的部分，當信託分配本金給美籍受益人，如果分配境外資產，設立人不課稅，受益人收到信託分配須申報 3520 表 PART III；如果分配境內資產，則視同外國人贈與境內資產，現金、房產、有形資產等，扣除 19,000 美元（2025 年）年度免稅額後，設算最高稅率 40% 贈與稅並申報 709 表，無形資產贈與則沒有贈與稅。

遺產稅的部分，由於授予人信託的性質，在設立人生前類似一個穿透個體，所以在設立人死亡時，信託所持有的財產都歸屬於設立人的遺產。如果資產在美國境內就需要申報美國境內的遺產稅。

當境外授予人信託持有的資產都是在美國境外，在設立人生前不需要繳交美國所得稅或是贈與稅，死亡時也沒有美國遺產稅。然而境外授予人信託收益予美國人受益人，則該受益人通常會有申報義務如提交 3520 表 Part III（申報境外贈與）、FBAR、8938 表。

---

[23] IRC§672(f)
[24] IRC§672(f)(2)(A)(i)
[25] IRC§672(f)(2)(A)(ii)

(1) 3520 表 Part III

Part III	Distributions to a U.S. Person From a Foreign Trust During the Current Tax Year (see instructions)

Note: If you received an amount from a portion of a foreign trust of which you are treated as the owner, only complete lines 24 and 27.

24　Enter cash amounts or FMV of property received, directly or indirectly, during your current tax year, from the foreign trust (exclude loans and uncompensated use of trust property included on line 25).

(a) Date of distribution	(b) Description of property received	(c) FMV of property received (determined on date of distribution)	(d) Description of property transferred, if any	(e) FMV of property transferred	(f) Excess of column (c) over column (e)
Total					

Form 3520, Part III

　　從 FGT 獲得信託分配的美國人受益人必須在 3520 表 Part III 申報該分配，如果美國人受益人於申報 3520 表 Part III 時檢附由美國人以外受託人提供之境外委託人信託受益人聲明書（Foreign Grantor Trust Beneficiary Statement），美國人受益人可以將分配視為免稅贈與，不用併入 1040 表申報。若受託人未提供此聲明書，則該分配需視同來自 FNGT 之分配，歸入受益人 3520 表 Part III, Schedule A 計算遞延所得，之後併入美國受益人所得稅表申報，並須計算超額分配之稅金及罰款。

(2) FBAR
　　該美國人受益人需視當前受益權（Present Interest）是否達到一定比例，以決定有無申報 FBAR 之義務。美國人受益人在信託資產中擁有超過 50% 的當前受益權益或獲得超過 50% 當期的信託所得，該受益人被視為在信託中直接或間接擁有外國金融帳戶中的金融權益，須申報 FBAR（這是根據 IRS FBAR REFERENCE GUIDE，美國人擁有境外信託當前受益權 50% 之人，須申報 FBAR 的規定）。

　　若受益人不符合上述受益權規定，則不需申報當年度 FBAR。所以根據實務經驗，在很多美國以外的境外信託合約中，通常都有特殊設計籌劃安排讓受益人未收到分配的情況下不需申報，但實際上是否能達到免除義務，IRS 還是會就個案做實質認定。

(3) 8938 表
　　如果美國人受益人在外國金融資產中有權益且超過一定門檻，需要申報 8938 表。

　　此信託架構的優缺點與美國人設立境外信託相同，同為境外授予人信託，資產仍屬於設立人，存在設立人的債權人來追索的風險。因此當設立人死亡以後，在設立人居所國有遺產稅的風險。而且這個架構不適合持有美國境內資產，當設立人去世時部分資產性質可能會有美國遺產稅問題。另外境外信託受託公司所在國可能會面臨 CRS 資訊交換。

4. 境外授予人信託轉為非授予人信託（非美國人設立人）

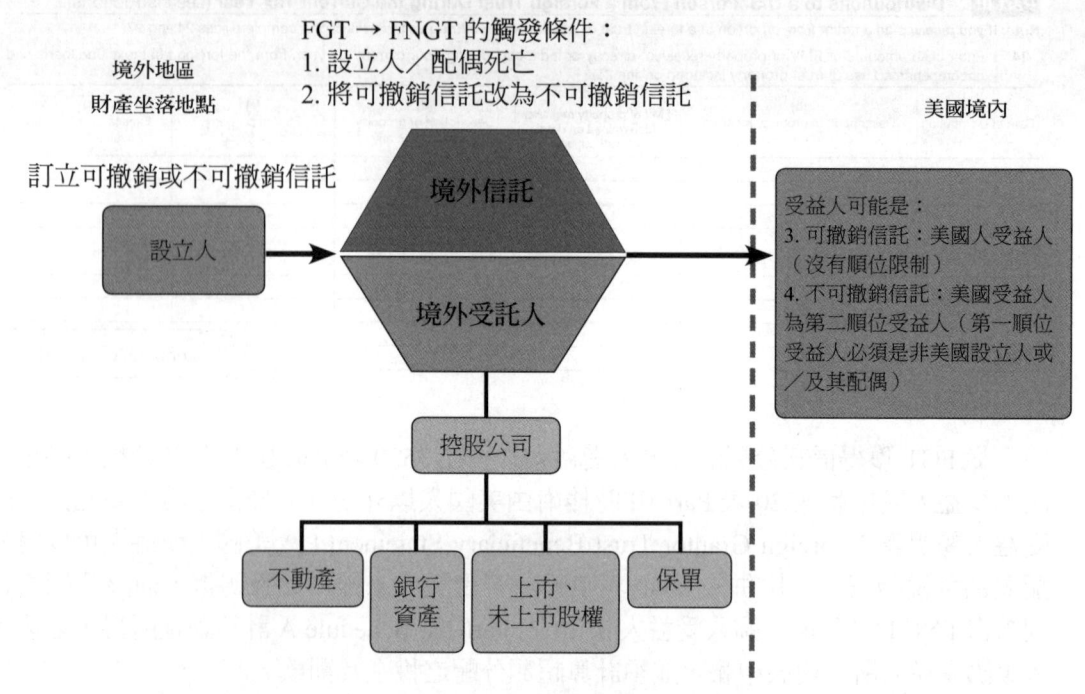

FGT → FNGT 的觸發條件：
1. 設立人／配偶死亡
2. 將可撤銷信託改為不可撤銷信託

境外地區　財產坐落地點　　　　　　　　　　　　　　　　　美國境內

訂立可撤銷或不可撤銷信託

設立人 → 境外信託／境外受託人 → 受益人可能是：
3. 可撤銷信託：美國人受益人（沒有順位限制）
4. 不可撤銷信託：美國受益人為第二順位受益人（第一順位受益人必須是非美國設立人或／及其配偶）

控股公司
── 不動產　銀行資產　上市、未上市股權　保單

一旦非美國人授予人去世，或是授予人將可撤銷信託改為不可撤銷信託，先前因符合上述任一例外情況而視為境外授予人信託（FGT）將不再是委託人信託，也就成為境外非授予人信託（FNGT）。

授予人過世後信託所累積並分配給美國人受益人的所有所得都須向 IRS 申報繳稅。若信託合約允許授予人配偶擁有指派信託資產之權利且指派對象包含配偶本人，則 FGT 可維持至配偶死亡才轉為 FNGT。

在 FGT 轉為 FNGT 後，信託資產的所得改由信託或受益人繳納，信託分配境外資產給美籍受益人，受益人收到信託分配視情況有不同的申報義務（詳如下述）；遺產稅的部分，在 FGT 轉為 FNGT 的情況下，設立人生前類似一個穿透個體，所以在設立人死亡時，信託所持有的財產都歸屬於設立人的遺產。如果資產在美國境內就有需要申報美國境內的遺產稅。

在 FNGT 的情況下而受益人是美國人時，則變成受益人有美國稅的申報義務，以下就稅務申報義務分別論述：

(1) 若美國人受益人從境外信託收到分配，信託分配應計入該稅務年度受益人之 1040 表設算相應之所得稅（按情況附上 5471 表或 8621 表）。若信託年度總收益沒有於當期完全分配給受益人，此時信託中的未分配利潤（Undistributed Net Income），會於受益人未來年度收到時，除計算應繳納之所得稅，且以 IRS 提供之懲罰性利率計

算遞延利息，並於收到遞延分配之年度需一次繳交累計之回溯稅（總稅金加遞延利息）並加計 1040 表中的附加稅（Additional Tax）。

簡言之，若累積未分配收益達到加權平均年限（用 IRS 規定的相關特殊計算公式回算）10 年，累計懲罰性利息將約當是稅金的 50%，到了 15 年，累計懲罰性利息將約等於原本稅金的 100%，故利息加上原本的稅金，需支付原本稅金的兩倍金額。

(2) 若有從境外受託公司處取得境外非委託人信託受益人聲明（Foreign Non-Grantor Trust Beneficiary Statement），美國人受益人可以根據受益人聲明書中提供的分配收益資訊來確認聯邦所得稅的計算。申報 3520 表 Part III, Schedule B 以信託實際分配計算方式計算稅金，若美國人受益人沒有收到來自美國境外受託公司提供之受益人聲明書，則可以根據 3520 表 Schedule A「預設計算方式（Default Calculation of Trust Distribution）」提供有關過去三年平均收益的 125 % 來計算遞延分配所得，若前三年皆無分配，則該美國人受益人需就收到的全部金額視為累積分配，在預設計算方式下全額計算回溯稅。

(3) 按申報門檻等規定提交 8938 表[26]；

(4) 除非受託人已經提交了相關文件，如果受益人在收入或資產中擁有超過 50% 的權利，則視情況必須提交 FBAR 以報告在信託持有的外國金融帳戶中的權利[27]。

須注意一旦使用 3520 表 Schedule A 的計算方式，則必須永久使用該計算方法，未來不得轉換。若在未來信託分配本金時，稅務計算上頗為不利，因此跟境外受託公司索取受益人聲明書後，使用 Schedule B 實際計算稅金是較為有利的方式。總結來說，在 FNGT 的情況下，避免回溯稅的最佳作法，就是每年分配信託收益，這也是在美國以外境外信託常見的作法。

此架構的優點為當持有的資產都是在美國境外，在設立人生前不需要繳交美國所得稅或是贈與稅，死亡時也沒有美國遺產稅，但當設立人去世時部分資產性質可能會有美國遺產稅問題，同時這個信託在美國稅定義上性質轉換為境外非授予人信託，對美國受益人可能引發回溯稅的嚴重後果；所以在運用上應該諮詢稅務法律專家，審慎處理。

	Schedule A—Default Calculation of Trust Distributions (see instructions)		
31	Enter amount from line 27		31
32	Number of years the trust has been a foreign trust, including the current tax year (see instructions)	32	
33	Enter total distributions received from the foreign trust during the 3 preceding tax years (or during the number of years the trust has been a foreign trust, if fewer than 3 years, but excluding the current tax year)		33
34	Multiply line 33 by 1.25		34
35	Average distribution. Divide line 34 by 3.0 (or the number of years the trust has been a foreign trust, if fewer than 3 years, but excluding the current tax year) and enter the result		35
36	Amount treated as ordinary income earned in the current tax year. Enter the smaller of line 31 or line 35		36
37	Amount treated as accumulation distribution. Subtract line 36 from line 31. If zero, do not complete the rest of Part III		37
38	Applicable number of years of trust. Divide line 32 by 2.0 and enter the result here	38	

Form 3520, Schedule A

受益人按照以上方式計算的所得及回溯稅，須分別填寫以下表格：

(1) 1040 表

如該稅務年度有 FNGT 信託分配予美國人受益人，則該信託分配應計入該稅務年度美國人受益人之 1040 表設算相應之所得稅。若 FNGT 持有受控制美國以外的公司或被動投資公司，則須另附 5471 表及 8621 表。

(2) 3520 表 Part III

美國人受益人申報 3520 表須視是否有境外非委託人信託受益人聲明而選擇 Schedule A 或 Schedule B。若沒有受益人聲明，需依照 3520 表 Part III, Schedule A（預設計算方式）計算，若有收到受益人聲明，則能依據該聲明以 Schedule B（信託實際分配計算方式）計算稅金。

(3) FBAR

若受益人在信託所得或資產中擁有超過 50% 的當前受益權，則該受益人還需提交 FBAR 以報告其在信託持有的外國金融帳戶中的權益。

(4) 8938 表

若受益人在外國金融資產中有權益且超過一定門檻，則受益人須申報 8938 表。如美國人受益人在 FNGT 信託具有當前受益權，將被視為在外國金融資產中有權益，該受益人須依 FATCA 規定申報 8938 表，申報門檻請參酌 P4 之說明。

(5) 回溯稅

以下提供回溯稅的計算範例，表格就境外不可撤銷信託取得受益人聲明的情況為具像化其稅務負擔，茲與美國不可撤銷信託的稅款作為比較：

<u>案例 1：境外不可撤銷信託與美國不可撤銷信託之稅務比較</u>

假設：2020 年信託當年盈餘 US$1,000,000，當年不分配
2021 年信託當年盈餘 US$1,000,000，US$2,000,000 全數分配

若分配給美國人受益人（假設此美國人受益人之 2021 年所得為 US$200,000 為例），稅務上何者較不利？

---

[26] 資產按照美國人持有境外金融資產方式披露 8938 表，如果有股權超過 10% 則披露 5471 表，並且須申報 114 表。

[27] 依 IRS FBAR REFERENCE GUIDE— The owner of record or holder of legal title is a trust in which the United States person has a greater than 50 percent present beneficial interest in the assets or income of the trust for the calendar year."，對於擁有信託受益權 50% 之人，須申報 FBAR（https://www.irs.gov/pub/irs-utl/irsfbarreferenceguide.pdf Page 4, 6.）

	境外不可撤銷信託（FNGT）	美國不可撤銷信託
2020 年 信託不分配	不用課稅	未分配給美國人受益人，由美國不可撤銷信託申報 Form 1041 並繳交信託稅。 算式： 1,000,000 − 100 = 999,900（應納稅所得） (999,900−12,950)×37% + 3,129 = 368,300（當年度信託稅） 稅額：US$368,300 美國信託稅後淨利滾入本金
2021 年 分配 US$2,000,000	1. 未分配盈餘（UNI）將以回溯稅之計算 364,032×1.0513 = 382,706.8（詳細計算在下方） 稅額：US$382,706.8（回溯稅＋利息） 2. Y1 當年盈餘分配 $1,000,000 併入美國受益人之 Form 1040 課稅 算式： 1,000,000 + 200,000 − 12,400 = 1,187,600（應納稅所得） 稅額：US$403,839	當年分配給美國人受益人 US$2,000,000 其中一半為本金不課稅 US$1,000,000 併入美國人受益人之 Form 1040 課稅算式： 1,000,000 + 200,000 − 12,400 = 1,187,600（應納稅所得） 稅額：US$403,839
兩年稅金加總	總稅額：US$786,545.8 （382,706.8 +403,839）	總稅額：US$772,139 雖然當年度課以美國信託稅最高稅率，但仍比離岸不可撤銷信託之回溯稅少了 US$14,406.8 若信託平均年限越大，懲罰性利息 10 年將以接近稅金之一半，不可不慎。

假設美國人受益人之前五年應納稅所得分別為：US$200,000、US$210,000、US$220,000、US$230,000、US$240,000，排除最高及最低兩年後。

所得	稅金	調整後所得	調整後稅金
$210,000	$48,295	$1210,000	$412,127
$220,000	$51,795	$1220,000	$415,827
$230,000	$55,295	$1230,000	$419,527

平均增加稅金為：
(412,127−48,295) + (415,827−51,795) + (419,527−55,295) = 1,092,096
1,092,096/3 = 364,032

案例 2：境外不可撤銷信託與美國不可撤銷信託之資本利得比較

假設 XX 年信託下境外公司售出股權，資本利得為 US$10,000,000（簡化說明，不考慮回溯稅計算），試算美國稅金比較如下：

	境外不可撤銷信託（FNGT）	美國不可撤銷信託	稅負差異： FNGT（境外不可撤銷信託）總稅負／美國信託總稅負
當年度（Y0）分配（即無 UNI）	若資本利得當年度分配給美籍受益人，如期申報 3520 表並檢附境外非委託人信託受益人聲明，可以採用 3520 表 Schedule B（信託實際分配計算方式），美籍受益人仍可使用長期資本利得稅率 20%： 10,000,000×20% = 2,000,000	當年度信託分配給美籍受益人，由美籍受益人申報 1040 表： 10,000,000×20% = 2,000,000	當年度分配，兩者稅金無差異；但離岸不可撤銷信託須符合 3520 表之相關規定（Part III, F4970, FBAR, BS, IRS Audit）。 境外信託為 IRS 選案重點
未當年度分配，來年（Y1）分配	10,000,000×37%×1.0513 = 3,889,810	若當年未分配，將由美籍受託人申報 1041 信託稅表，仍可採用長期資本利得優惠稅率 20%： 10,000,000×20% = 2,000,000	1.9 倍
信託加權平均年限 5 年	3,700,000×1.2461 = 4,610,570		2.3 倍
信託加權平均年限 10 年	3,700,000×1.4623 = 5,410,510		2.7 倍
信託加權平均年限 15 年	3,700,000×1.9939 = 7,377,430		3.7 倍

回溯稅的有效稅率還須考慮該美籍受益人之前五年度之應稅收入並加計平均分配收入已調整稅金，由於計算複雜，以 37% 作為差異比較之稅率。

案例 3：回溯稅之完整計算（以 3520 表 Part III, Schedule B 之方法計算）

FNGT（境外不可撤銷信託）成立於 2007 年，按照帳面紀錄，有以下累積未分配利潤：

2007	2008	2009	2011	2012
$4,000	$20,000	$30,000	$40,000	$60,000

假設於 2020 年，該信託分配了 US$144,000，若該 2020 年度可分配盈餘（DNI）為 US$25,000，因此今年分配到累積未分配利潤（UNI）的金額為 144,000-25,000=119,000，因此，今年 UNI 分配的分攤金額和年份如下：

2007	2008	2009	2011	2012
$4,000	$20,000	$30,000	$40,000	$25,000

（如果先前年度信託有任何的稅負，需要將稅負併入 UNI 金額）

(1) 設算應稅年度：如果該年度的金額小於累積分配金額／前期應稅年度 ×0.25，則該年度不計入應稅年度。

119,000/5 ×0.25= 5,950 > 第一分配年度 US$4,000，在回溯稅的計算上，僅會使用 5−1= 4 年

(2) 為了判定受益人的應稅收入基礎及其對應年度，在計算回溯稅上，需要使用該受益人前五年度中，移除最高和最低收入年度後，用五年內的三年來做為計算稅率的基礎：

受益人 1040 稅表應納稅所得

2019	2018	2017	2016	2015
$175,000	$400,000	$210,000	$90,000	$145,000

其中排除 2018 年和 2016 年分別作為最高和最低收入，因此應稅收入的對應年度為 2019、2017、2015 三個年度。

(3) 計算平均分配金額，演算法為前年分配累積盈餘總和／設算應稅年度：

年度平均分配盈餘為：119,000/4（5 年中採 4 年計算）= 29,750

(4) 將年度平均分配盈餘，併入應稅年度之收入以計算增加的稅金：

	收入	稅金	調整後收入	調整後稅金
2019	$175,000	$33,413	$204,750	$43,363
2017	$210,000	$52,699	$239,750	$62,517
2015	$145,000	$26,047	$174,750	$33,333

平均增加稅金為：

(43,363−33,413) + (62,517−52,699) + (33,333−26,047) = 9,950 + 9,818 + 7,286 = 27,054

27,054/3×4= 36,072

(5) 計算回溯稅利息，採金額加權比法算出適用利率對應年度數（Applicable Number of Years）：

年度	2007-2020	2008-2020	2009-2020	2011-2020	2012-2020
未分配利潤（UNI）	$4,000	$20,000	$30,000	$40,000	$60,000
累計未分配年度	13 年	12 年	11 年	9 年	8 年
未分配利潤（UNI）×累計未分配年度	$52,000	$240,000	$330,000	$360,000	$480,000
總和			$1,462,000		

- 適用利率對應年度數為：1,462,000/154,000 約為 9.5 年
- 適用利率對應年度數 9.5 年的累積利率為：0.4766（見附件 3520 表 Instruction-Table of Combined Interest Rate Imposed on the Total Accumulation

Distribution）
- 平均增加稅金乘於對應累積利率：36,072×0.4766 = 17,192
- 回溯稅稅負與利息加總為：36,072 + 17,192 = 53,264

下表為 2023 年總積累分配施加的合併利率表：

Table of Combined Interest Rate Imposed on the Total Accumulation Distribution Look up the applicable number of years of the foreign trust that you entered on line 50. Read across to find the combined interest rate to enter on line 51. Use this table only if you are a 2015 calendar year taxpayer and are using June 30, 2015, as the applicable date.		14	0.7244
^^		14.5	0.7633
^^		15	0.8128
^^		15.5	0.8723
^^		16	0.9494
^^		16.5	1.0282
^^		17	1.1117
Applicable number of years of trust (from line 50)	**Combined interest rate (enter on line 51)**	17.5	1.1863
^^	^^	18	1.2591
^^	^^	18.5	1.3216
1	0.0644	19	1.3747
1.5	0.0831	19.5	1.4284
2	0.0996	20	1.4841
2.5	0.1161	20.5	1.5465
3	0.1330	21	1.6247
3.5	0.1615	21.5	1.7040
4	0.1912	22	1.8011
4.5	0.2272	22.5	1.9216
5	0.2585	23	2.0568
5.5	0.2869	23.5	2.1888
6	0.3131	24	2.3200
6.5	0.3394	24.5	2.4458
7	0.3666	25	2.5876
7.5	0.3906	25.5	2.7420
8	0.4118	26	2.9157
8.5	0.4330	26.5	3.0944
9	0.4548	27	3.2838
9.5	0.4766	27.5	3.4688
10	0.4991	28	3.6028
10.5	0.5216	28.5	3.7369
11	0.5447	29	3.8710
11.5	0.5679	29.5	4.0050
12	0.5958	30	4.1391
12.5	0.6238		
13	0.6568		
13.5	0.6900		

第三章 ◆ 美國與常見境外信託　217

已取得境外委託人信託受益人聲明書，以 3520 表 Schedule B（信託實際分配計算方式，Actual Calculation of Trust Distribution）進行計算，及 4970 表申報如下：

Schedule B—Actual Calculation of Trust Distributions (see instructions)

行次	項目	金額
39	Enter amount from line 27	144,000
40a	Amount treated as ordinary income in the current tax year	25,000
b	Qualified dividends	
41a	Amount treated as accumulation distribution. If zero, do not complete Schedule C below	119,000
b	Amount of line 41a that is tax exempt	
42a	Amount treated as net short-term capital gain in the current tax year	
b	Amount treated as net long-term capital gain in the current tax year	
c	28% rate gain	
d	Unrecaptured section 1250 gain	
43	Amount treated as distribution from trust corpus	
44	Enter any other distributed amount received from the foreign trust not included on lines 40a, 41a, 42a, 42b, and 43. (Attach explanation.)	
45	Amount of foreign trust's aggregate undistributed net income	154,000
46	Amount of foreign trust's weighted undistributed net income	1,462,000
47	Applicable number of years of trust. Divide line 46 by line 45 and enter the result here	

Schedule C—Calculation of Interest Charge (see instructions)

行次	項目	金額
48	Enter accumulation distribution from line 37 or line 41a, as applicable	119,000
49	Enter tax on total accumulation distribution from line 28 of Form 4970. (Attach Form 4970—see instructions.)	36,072
50	Enter applicable number of years of foreign trust from line 38 or line 47, as applicable (round to nearest half year)	9.5
51	Combined interest rate imposed on the total accumulation distribution (see instructions)	0.4766
52	Interest charge. Multiply the amount on line 49 by the combined interest rate on line 51	17,192
53	Tax attributable to accumulation distributions. Add lines 49 and 52. Enter here and as "additional tax" on your income tax return	53,264

Form 3520 (Rev. 12-2023)

Form 4970 — Tax on Accumulation Distribution of Trusts
OMB No. 1545-0192　2020　Attachment Sequence No. 178

▶ Attach to beneficiary's tax return.
▶ Go to www.irs.gov/Form4970 for the latest information.

A Name(s) as shown on return　　B Social security number
C Name and address of trust　　D Employer identification number
E Type of trust (see instructions)　☐ Domestic　☑ Foreign
F Beneficiary's date of birth
G Enter the number of trusts from which you received accumulation distributions in this tax year ▶ 1

Part I Average Income and Determination of Computation Years

行次	項目	金額
1	Amount of current distribution that is considered distributed in earlier tax years (from Schedule J (Form 1041), line 37, column (a))	119,000
2	Distributions of income accumulated before you were born or reached age 21	0
3	Subtract line 2 from line 1	119,000
4	Taxes imposed on the trust on amounts from line 3 (from Schedule J (Form 1041), line 37, column (b))	0
5	Total (add lines 3 and 4)	119,000
6	Tax-exempt interest included on line 5 (from Schedule J (Form 1041), line 37, column (c))	0
7	Taxable part of line 5 (subtract line 6 from line 5)	119,000
8	Number of trust's earlier tax years in which amounts on line 7 are considered distributed	5
9	Average annual amount considered distributed (divide line 3 by line 8)	23,800
10	Multiply line 9 by 25% (0.25)	5,950
11	Number of earlier tax years to be taken into account (see instructions)	4
12	Average amount for recomputing tax (divide line 7 by line 11). Enter here and in each column on line 15	29,750
13	Enter your taxable income before this distribution for the 5 immediately preceding tax years.	(a) 2019: 175,000　(b) 2018: 400,000　(c) 2017: 210,000　(d) 2016: 90,000　(e) 2015: 145,000

Part II Tax Attributable to the Accumulation Distribution

行次	項目	(a)	(b)	(c)
14	Enter the amounts from line 13, eliminating the highest and lowest taxable income years	175,000	210,000	145,000
15	Enter amount from line 12 in each column	29,750	29,750	29,750
16	Recomputed taxable income (add lines 14 and 15)	204,750	239,750	174,750
17	Income tax on amounts on line 16	43,363	62516.75	33,333
18	Income tax before credits on line 14 income	33,413	52698.75	26,047
19	Additional tax before credits (subtract line 18 from line 17)	9,950	9818	7,286
20	Tax credit adjustment	0	0	0
21	Subtract line 20 from line 19	9,950	9818	7,286
22	Alternative minimum tax adjustments	0	0	0
23	Combine lines 21 and 22	9,950	9818	7,286

行次	項目	金額
24	Add columns (a), (b), and (c), line 23	27,054
25	Divide the line 24 amount by 3.0	9018
26	Multiply the amount on line 25 by the number of years on line 11	36072
27	Enter the amount from line 4	0
28	Partial tax attributable to the accumulation distribution (subtract line 27 from line 26) (If zero or less, enter -0-)	36,072

For Paperwork Reduction Act Notice, see the instructions.　Cat. No. 13180V　Form 4970 (2020)

未取得境外委託人信託受益人聲明書,以 3520 表 Schedule A(預設計算方式,Default Calculation of Trust Distribution)進行計算,及 4970 表申報如下:

Form 3520 (2020) — Page 5

Part III Distributions to a U.S. Person From a Foreign Trust During the Current Tax Year *(continued)*

29. Did you receive a Foreign Grantor Trust Beneficiary Statement from the foreign trust with respect to a distribution? ☐ Yes ☑ No ☐ N/A
    If "Yes," attach the statement and do not complete the remainder of Part III with respect to that distribution.
    If "No," complete Schedule A with respect to that distribution. Also, complete Schedule C if you enter an amount greater than zero on line 37.

30. Did you receive a Foreign Nongrantor Trust Beneficiary Statement from the foreign trust with respect to a distribution? ☐ Yes ☑ No ☐ N/A
    If "Yes," attach the statement and complete either Schedule A or Schedule B below. See instructions. Also, complete Schedule C if you enter an amount greater than zero on line 37 or line 41a.
    If "No," complete Schedule A with respect to that distribution. Also, complete Schedule C if you enter an amount greater than zero on line 37.

Schedule A—Default Calculation of Trust Distributions (see instructions)

Line	Description	Value
31	Enter amount from line 27	144,000
32	Number of years the trust has been a foreign trust (see instructions) ▶ 13	
33	Enter total distributions received from the foreign trust during the 3 preceding tax years (or during the number of years the trust has been a foreign trust, if fewer than 3 years)	0
34	Multiply line 33 by 1.25	0
35	Average distribution. Divide line 34 by 3.0 (or the number of years the trust has been a foreign trust, if fewer than 3 years) and enter the result	0
36	Amount treated as ordinary income earned in the current year. Enter the smaller of line 31 or line 35	0
37	Amount treated as accumulation distribution. Subtract line 36 from line 31. If zero, do not complete the rest of Part III	144,000
38	Applicable number of years of trust. Divide line 32 by 2.0 and enter the result here ▶	6.5

Schedule B—Actual Calculation of Trust Distributions (see instructions)

Line	Description	Value
39	Enter amount from line 27	
40a	Amount treated as ordinary income in the current tax year	
b	Qualified dividends ▶ 40b	
41a	Amount treated as accumulation distribution. If zero, do not complete Schedule C, Part III	
b	Amount of line 41a that is tax exempt ▶ 41b	
42a	Amount treated as net short-term capital gain in the current tax year	
b	Amount treated as net long-term capital gain in the current tax year	
c	28% rate gain ▶ 42c	
d	Unrecaptured section 1250 gain ▶ 42d	
43	Amount treated as distribution from trust corpus	
44	Enter any other distributed amount received from the foreign trust not included on lines 40a, 41a, 42a, 42b, and 43. (Attach explanation.)	
45	Amount of foreign trust's aggregate undistributed net income	
46	Amount of foreign trust's weighted undistributed net income	
47	Applicable number of years of trust. Divide line 46 by line 45 and enter the result here ▶	

Schedule C—Calculation of Interest Charge (see instructions)

Line	Description	Value
48	Enter accumulation distribution from line 37 or line 41a, as applicable	144,000
49	Enter tax on total accumulation distribution from line 28 of Form 4970. (Attach Form 4970—see instructions.)	46,080
50	Enter applicable number of years of foreign trust from line 38 or line 47, as applicable (round to nearest half year) ▶	6.5
51	Combined interest rate imposed on the total accumulation distribution (see instructions)	0.3032
52	Interest charge. Multiply the amount on line 49 by the combined interest rate on line 51	13,971
53	Tax attributable to accumulation distributions. Add lines 49 and 52. Enter here and as "additional tax" on your income tax return	60,051

Form **3520** (2020)

Form 4970 — Tax on Accumulation Distribution of Trusts (2020)

Department of the Treasury — Internal Revenue Service
▶ Attach to beneficiary's tax return.
▶ Go to www.irs.gov/Form4970 for the latest information.

OMB No. 1545-0192
Attachment Sequence No. 178

A Name(s) as shown on return
B Social security number
C Name and address of trust
D Employer identification number
E Type of trust (see instructions): ☐ Domestic ☑ Foreign
F Beneficiary's date of birth: 1987/03/24
G Enter the number of trusts from which you received accumulation distributions in this tax year ▶ 1

Part I — Average Income and Determination of Computation Years

Line	Description	Amount
1	Amount of current distribution that is considered distributed in earlier tax years (from Schedule J (Form 1041), line 37, column (a))	144,000
2	Distributions of income accumulated before you were born or reached age 21	0
3	Subtract line 2 from line 1	144,000
4	Taxes imposed on the trust on amounts from line 3 (from Schedule J (Form 1041), line 37, column (b))	0
5	Total (add lines 3 and 4)	144,000
6	Tax-exempt interest included on line 5 (from Schedule J (Form 1041), line 37, column (c))	0
7	Taxable part of line 5 (subtract line 6 from line 5)	144,000
8	Number of trust's earlier tax years in which amounts on line 7 are considered distributed	3
9	Average annual amount considered distributed (divide line 3 by line 8)	48,000
10	Multiply line 9 by 25% (0.25)	12,000
11	Number of earlier tax years to be taken into account (see instructions)	3
12	Average amount for recomputing tax (divide line 7 by line 11). Enter here and in each column on line 15	48,000

13	Enter your taxable income before this distribution for the 5 immediately preceding tax years.	(a) 2019	(b) 2018	(c) 2017	(d) 2016	(e) 2015
		175,000	400,000	210,000	90,000	145,000

Part II — Tax Attributable to the Accumulation Distribution

Line	Description	(a)	(b)	(c)
14	Enter the amounts from line 13, eliminating the highest and lowest taxable income years	175,000	210,000	145,000
15	Enter amount from line 12 in each column	48,000	48,000	48,000
16	Recomputed taxable income (add lines 14 and 15)	223,000	258,000	193,000
17	Income tax on amounts on line 16	50,213	68,539	39,487
18	Income tax before credits on line 14 income	33,413	52,699	26,047
19	Additional tax before credits (subtract line 18 from line 17)	16,800	15,840	13,440
20	Tax credit adjustment			
21	Subtract line 20 from line 19	16,800	15,840	13,440
22	Alternative minimum tax adjustments			
23	Combine lines 21 and 22	16,800	15,840	13,440

Line	Description	Amount
24	Add columns (a), (b), and (c), line 23	46,080
25	Divide the line 24 amount by 3.0	15,360
26	Multiply the amount on line 25 by the number of years on line 11	46,080
27	Enter the amount from line 4	0
28	Partial tax attributable to the accumulation distribution (subtract line 27 from line 26) (If zero or less, enter -0-)	46,080

For Paperwork Reduction Act Notice, see the instructions. Cat. No. 13180V Form **4970** (2020)

5. 境外非授予人信託

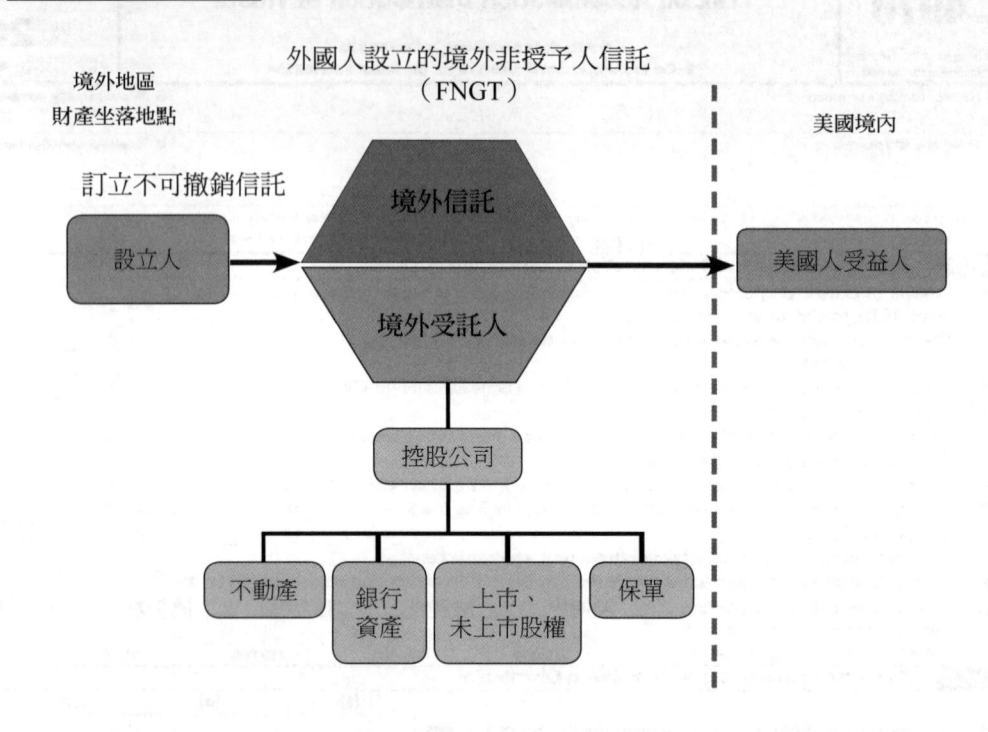

```
境外地區                外國人設立的境外非授予人信託           美國境內
財產坐落地點                    （FNGT）

訂立不可撤銷信託
                        ┌─────────┐
    設立人  ──────────▶ │ 境外信託 │ ──────────▶  美國人受益人
                        │境外受託人│
                        └────┬────┘
                             │
                        ┌────▼────┐
                        │ 控股公司 │
                        └────┬────┘
              ┌──────┬──────┼──────┬──────┐
           不動產  銀行    上市、   保單
                   資產   未上市股權
```

非美國人設立人在美國境外地區設立不可撤銷信託，受益人是美國人時，若該信託在美國稅法上沒有以下任一要件：(1) 設立人仍有控制信託資產的權力（能分配信託本金收益、擔任保護人等）；(2) 第一順位受益人為設立人自己或其配偶；(3) 設立人在設立信託後五年內取得綠卡，該信託會被視為「境外非授予人信託（Foreign Non-Grantor Trust）」。

非授予人信託被視為獨立的應稅實體，一旦設立人將資產轉移到非授予人信託中，設立人及失去對這些資產的控制權，境外受託人獲得了資產的管理和控制權，為信託受益人的利益管理資產。非授予人信託其每年所產生的淨收入需要由該應稅實體繳納所得稅，或是分配給受益人由受益人來繳納所得稅。其稅務效果如下：

所得稅：信託下面的資產所產生的收益皆歸屬為信託所有，所以如果這些資產全部都在美國境外，產生的所得在美國境外，並不需要申報美國所得稅。但是如果信託下面所持有的資產屬於美國境內所得，例如不動產是坐落於美國境內，產生的租金收入是美國來源所得，該信託必須以外國人的身分在美國報稅。

贈與稅：如果信託有分配信託收益或本金給美國受益人，無論該所得來自美國境外還是美國境內，美籍受益人除了必須按照當年度獲得分配的性質來申報美國所得稅（利息、租金等），也要申報 3520 表來計算前幾年是否有未分配的收入來計算應繳的回溯稅。

遺產稅：非授予人信託的性質就像一個獨立的應稅實體，所以在設立人死亡時，信託所持有的財產都不屬於設立人的遺產。但在信託設立的當下，則會有產生設立人所在國及資產所在國贈與稅的稅務問題。

此架構的優點為，當持有的資產都是在美國境外，設立人不需要繳交美國所得稅或是贈與稅，死亡時也沒有美國遺產稅。此境外非授予人信託，資產轉移到信託時，在設立人居所國及資產所在國有贈與稅的風險。另外，這個信託在美國稅定義上性質為境外非授予人信託，分配給美國受益人時，可能會引發美國受益人必須繳回溯稅的後果；另外境外信託受託公司所在國可能會面臨 CRS 資訊交換。

未依美國國稅局申報及披露上述相關表格規定的處罰如下：

稅表：1040 表

處罰內容
逾期申報 若是納稅人沒有在截止日期（包括延期）之前提交納稅申報表，除非有合理的解釋，否則逾期申報的處罰通常是每月所欠稅款的 5% 或者逾期申報的該月的部份金額。如果納稅人對逾期提交有合理的解釋，請於申報表中釋明。逾期申報之罰款最高可達應繳稅款的 25%。若未申報則為欺詐，罰款每月為所欠稅款的 15%，最高可罰 75%。若是逾期申報超過 60 天，會收取逾期申報罰金，最低罰款將為 510 美元或是納稅人當年度欠的任何稅款，以較低數目為準。 滯納金 若納稅人逾期繳納稅款，罰款通常為未繳納稅款的每個月或部分月未繳納金額的 1% 的 1／2。罰款可高達未付金額的 25%。滯納金處罰適用於申報表上的任何未繳稅款。此是針對逾期納稅的利息費用之額外罰款。 輕率申報 除了任何其他處罰外，法律還對提交輕率申報表處以 5,000 美元的罰款。「輕率納稅申報」指的是，納稅人採取輕率立場希望拖延或干擾稅法而未提供計算正確稅項所需的資訊，或者顯示出嚴重錯誤的稅款。 這包括修改或刪去簽名處上方預先列印的之文字。 IRS.gov/irb/2010-17_IRB#NOT-2010-33。 其他：亦會因疏忽、嚴重少報稅款、應報告的交易少報、提交錯誤的退稅申請和欺詐等行為而受到其他處罰。亦會因故意不申報、逃稅、虛假陳述或身分盜用而受到刑事處罰。有關這些處罰的細節，請參閱 Pub.17。
受處罰對象：美國納稅人

稅表：3520 表（委託人為美國人）

處罰內容		

若 Form 3520 未及時提交，或者資訊不完整或不正確將被處以罰款。
由於罰款較為複雜，簡化表格如下，詳細說明請見 Section 6677。

表格	受處罰對象	罰則
Form 3520, Part I	美國轉讓人	10,000 美元或境外信託移入資產的財產總值的 35%，取大者
Form 3520, Part II	美國所有人	10,000 美元或境外信託的任何財產總值的 5%，取大者 可能還需要額外罰款，請見以下說明
Form 3520, Part III	美國受益人	10,000 美元或境外信託公司的分配總額的 35%，取大者

Section 6677
境外信託缺報、遲報、錯報
若 Form 3520 未及時提交，或者資訊不完整或不正確將被處以罰款（有合理原因之例外得免罰）。一般來說，第一次處罰為 10,000 美元或以下列方式計算，取大者（視情況得累計處罰）：

- 美國人設立及移轉資產進入境外信託時，未能在 Form 3520 第一部分中申報其設立或轉讓予境外信託資產之總價值的 35%。
- 因美國人未在 Form 3520, Part III 中申報收到了來自境外信託公司的分配總額的 35%。
- 根據委託人信託規則（Grantor Trust Rules，第 671 至 679 條），若境外信託的美國擁有者（U.S. Owner）(a) 未能及時提交 Form 3520-A，和提供美國所有人和美國人受益人所需的年度所有人和受益人的聲明，或 (b) 未提供第 6048(b) 條所要求的所有資訊或提供不正確的資訊，將會額外罰 5% 或 10,000 美元，取大者；若境外信託之受託公司未能提交 Form 3520-A，美國所有者必須在美國所有者的 Form 3520 到期日前（而非 3520-A 表的到期日，該表格的到期日是在信託納稅年度結束後的第 3 個月的第 15 天），在其 Form 3520 中填寫並附上一份替代的 Form 3520-A，以避免因境外信託未能及時提交 Form 3520-A 而受到處罰。例如，美國所有者在 Form 3520 的到期日（例如美國個人所有者的截止日期為 4 月 15 日）之前盡力完成替代 Form 3520-A，則被認為及時提交。請參閱第 6677(a) 至 (c) 節以及 Form 3520, Part II、Form 3520-A 的說明。

如果在 IRS 發出不遵守規定報告的通知後，違規行為持續 90 天以上，則將處以額外處罰。如果 IRS 可以確定應申報的總金額（稍後定義），則罰款將根據需要減少，以確保此類罰款的總額不超過應申報的總金額。更多相關資訊，請參閱第 6677 節。

合理的原因
若納稅人能證明未能遵守規定是出於合理原因，而非故意疏忽，則不會受到處罰。

應注意，外國對披露所需資訊而進行處罰之事實並非合理的原因。同樣，外國受託人不願或信託文書中的禁止披露所需資訊的規定亦非合理理由。其他相關資訊參閱第 6677(d) 節。
應注意，提交 Form 8082 並不能免除納稅人根據第 6677 條可能施加的任何處罰。

Section 6039F
缺報、漏報高額海外贈與
若未能及時申報第 6039F 條所述的外國贈與，IRS 得決定收到此類贈與的所得稅後果，並對持續未申報的每個月處以該外國贈與金額的 5% 的罰款（總計不超過 25%）。如果納稅人能夠證明未能遵守是由於合理原因而非故意疏忽，則不會受到處罰。其他相關資訊，請參閱第 6039F 節。

Section 6662(j)
因缺報、遲報而產生欠稅
如果境外信託的美國所有者因在納稅申報單上少報而受到第 6662 條規定的罰款，則該罰款可根據第 6662(j) 條，就可歸因於涉及任何資產交易導致少付的任何部分而增加，而有關資產的資訊須在 Form 3520-A 中提供。

有關未披露外國金融資產少報的更多資訊，見第 6662(j) 條。如果納稅人能夠證明未能遵守該部分少付是出自合理原因，且納稅人對該部分少付的行為是善意的，則不會針對該部分少付的任何部分處以罰款。更多資訊請參見第 6662 條和第 6664(c) 條。

part II——境外信託的美國所有人
若納稅人在納稅年度根據第 671 至 679 條的規定被視為境外信託的任何資產的所有人，請填寫 Form3520, Part II，並需要在表格第 1 頁的第 2b 行輸入該境外信託的雇主身分識別號碼（EIN）。
應注意，即使在納稅年度沒有涉及信託的交易，納稅人也必須完成表格 part II 的填寫。若收到境外信託的分配，還需要完成 part III，請參閱 part III 的第 20 行。根據第 671 至 679 條的規則，輸入任何被視為信託任何部分的所有人（包括納稅人自己）的資訊。此外，在 (e) 列中輸入導致納稅人和其他任何人（如適用）被視為美國所得稅所有者的法源依據。見第 671 至 679 條委託人信託規則。

第 22 行。境外信託是否提交了當年的 Form 3520-A？
如果「是」，則境外委託人信託所有人聲明（Form 3520-A 第 3 和 4 頁）的副本應顯示出於美國所得稅目的而歸屬於納稅人的境外信託所得金額。參見 Section IV of Notice 97-34。
如果「否」，請在 Form 3520 到期日（而非 Form 3520-A 的到期日）之前，完成並附上境外信託的替代表 Form 3520-A 到納稅人的 Form 3520。否則，納稅人需要承擔相當於 10,000 美元或被視為擁有的信託資產部分總價值的 5% 中的較大者之罰款。在收到 IRS 通知後仍不提交文件，還會受到額外處罰。參見第 6677(a) 至 (c) 節。

Part IV——在當前納稅年度從外國人收受贈與或遺贈的美國人
如未能及時申報根據第 6039F 條應申報的外國贈與，則 IRS 得決定收到該等贈與的所得稅後果，並可處以罰款。給美國人的贈與不包括代表該美國人支付之合格學費或醫療費用。若境外信託向美國人進行分配，美國人必須在 Form 3520, Part III 申報該分配金額，而不是在表格第四部分作為贈與申報。

外國人對有美國受益人的美國或境外信託的財產之贈與不會由該受益人在第四部分申報，除非他們被視為在轉移當年收到該贈與（例如，如果根據第 678 條，美國受益人被視為該部分信託的所有者，則該美國受益人必須在第四部份申報該贈與）。
https://www.irs.gov/instructions/i3520

受處罰對象：美國納稅人

稅表：3520-A 表

處罰內容
有美國所有者的境外信託必須提交 Form 3520-A，以使美國所有者符合第 6048(b) 條規定的年度資訊申報要求。根據委託人信託規則（第 671 至 679 條），每個被視為境外信託任何部分的所有者的美國人，都有責任確保境外信託申報 3520-A 表，並向其美國所有者和美國受益人提供所需的年度報表。如果境外信託未能提交 Form 3520-A，美國所有者必須填寫境外信託的替代表格 3520-A 並將其附加到美國所有者的 Form 3520（報告與境外信託的交易和收到某些外國贈與的年度申報表），在美國所有者的 Form 3520 到期日之前（非 Form 3520-A 的到期日，此為信託納稅年度結束後的第 3 個月的第 15 天到期）提交，以避免被因境外信託未能提交 Form 3520-A 而受到額外的單獨處罰。請參閱 Form 3520 申報說明中的第 22 行。請參閱後文的處罰。 如果境外信託 (a) 未能及時提交 3520-A 表，或 (b) 沒有提供 Section 6048(b) 要求的所有資訊或包含不正確的資訊，信託的美國所有人的第一次罰款將被處以相當於 10,000 美元以上，或相當於信託資產總值的 5%，以較大者計算。參見第 6677(a) 至 (c) 條。 如果境外信託未能提交 Form 3520-A，美國所有者必須在美國所有者的 Form 3520 到期日（而非 3520-A 表的到期日）之前填寫並附上替代表 Form 3520-A 以避免因境外信託未能提交 Form 3520-A 而受到處罰。例如，在 Form 3520 的到期日之前（例如美國所有者是個人的所有者為 4 月 15 日），盡力完成替代表 Form 3520-A，並將之附在美國所有者的 Form 3520 上，則被視為及時提交。

如果在 IRS 發出不遵守規定報告的通知後，違規行為持續 90 天以上，則將處以額外處罰。如果 IRS 可以確定應申報的總金額（稍後定義），則罰款將根據需要減少，以確保此類罰款的總額不超過應申報的總金額。有關更多資訊，請參閱第 6677 條。

根據第 7203、7206 和 7207 條，未按時提交以及提交虛假或欺詐性申報表視情況會受到刑事處罰。

注意。如果境外信託公司的美國所有者因在納稅申報表上少報而受到第 6662 條規定的罰款，則該罰款可根據第 6662(j) 條，就可歸因於涉及任何資產交易少繳的任何部分增加，需要在 Form 3520-A 上提供相關資訊。有關未披露的外國金融資產低估的更多資訊，見第 6662(j) 條。

合理的原因
若納稅人能夠證明未能遵守報告要求是由於合理原因而非故意疏忽，則不會受到處罰。

應注意，外國對披露所需資訊而進行處罰之事實並非合理的原因。同樣，外國受託人不願或信託文書中的禁止披露所需資訊的規定亦非合理理由。有關其他資訊參閱第 6677(d) 節。

https://www.irs.gov/instructions/i3520-A

受處罰對象：美國所有者

稅表：8938 表

處罰內容

若納稅人無法及時申報正確的 Form 8938 或者少報與未披露與特定外國金融資產相關的稅，將視情況會面臨處罰。

未申報處罰
若納稅人被要求要申報 Form 8938 但並未在期限之前提交完整且正確的 Form 8938，視情況會被處以 10,000 美元的罰金。

持續未申報
如果在 IRS 寄出未即時申報通知書後 90 天內還未申報完整且正確的 Form 8938，則超過 90 天後，在納稅人持續未申報 Form 8938 的期間中視情況被連續處以每 30 天一期（或不足一期）的額外罰金 10,000 美元，持續未申報 Form 8938 的額外罰金最高可達 60,000 美元。

已婚納稅人合併申報
若已婚合併申報所得稅表者，納稅人及其配偶須共同承擔未及時申報罰金。納稅人及其配偶對於所有罰金要負連帶責任。

最大值推定
若 IRS 認定納稅人對一或多個特定境外資產具有權益，要求納稅人提供資產價值資訊但納稅人未提供足夠資訊，則納稅人會被推定具有該特定境外資產權益高過其適用的申報門檻。在這樣的情況下，若未申報 Form 8938 則視情況會被處以未申報罰金。

合理理由例外
若無法準時申報 Form 8938，或未在 Form 8938 上披露一或多個特定境外資產，是出自合理理由而非故意忽略，就不會產生任何罰金。納稅人必需要提供支援合理理由的聲明。

要決定未能在 Form 8938 上披露特定境外資產是否屬合理理由非故意忽略，必須要考慮所有相關事實及情況來作個案判斷。

若因境外法令管轄下,納稅人披露特定境外資產會產生民事或犯罪的罰責,則此不屬於合理理由。

正確性相關處罰
若納稅人因未披露的境外特定資產相關的交易而造成短繳稅金,視情況須要支付短繳稅金 40% 的罰金。

由於涉及未披露的特定外國金融資產交易而導致少付的例子包括以下情形。

- 沒有在 Form 8938 上申報外國公司的股份所有權,並且從該公司收到了應稅分配但卻沒有申報在所得稅申報表上。
- 沒有在 Form 8938 上申報外國公司的股份所有權,並且出售了該公司的股份並獲得收益後卻沒在所得稅申報表上申報收益。
- 沒有在 Form 8938 上申報外國退休金,並且從退休計畫中獲得了應稅分配,但沒有在所得稅申報表中申報。

詐欺
若納稅人因為詐欺而短繳稅金,則必須要支付短繳稅金 75% 的罰金。

刑事處罰
除以上罰則外,若未申報 Form 8938、未披露一筆資產、或有短繳稅金,納稅人視情況會面臨刑事罰則。

未申報收入之延展時效法規
如果納稅人的總所得中沒有包括與一項或多項特定外國金融資產相關的金額,並且遺漏的金額超過 5,000 美元,則在納稅人提交稅表後的 6 年內,得隨時評估其在該課稅年度所欠的任何稅款。
為此,特定外國金融資產包括納稅人所擁有權益的任何特定外國金融資產,不考慮其適用的申報門檻,也無論在 Form 8938 上報告特定外國金融資產的任何例外情況。

https://www.irs.gov/instructions/i8938

受處罰對象:美籍納稅人

稅表:5471 表

處罰內容
未能提交第 6038(a) 條(Form 5471 和附表 M)要求的資訊 - 如果外國公司未能在規定的時間內提供 6038(a) 條所要求的資訊,將被處以每個會計年度 10,000 美元的罰款。如果在 IRS 向美國人發出未申報通知後的 90 天內沒有提交資訊,或者在 90 天期限屆滿後仍未申報,則每 30 天(或其中的部分)將會被處以額外罰款 10,000 美元(每一家外國公司)。每次未申報的額外罰款上限為 50,000 美元。 - 任何人未能在規定的時間內提交或申報所需的所有資訊,將根據第 901、902 條(對於 2018 年 1 月 1 日之前開始的外國企業納稅年度)和第 960 條之規定,將減少其可享受之外國稅收減免優惠之 10%。在 IRS 向美國人郵寄未申報通知之日起 90 天或更長時間內未申報,在 90 天期限屆滿後,每 3 個月(或其中的部分)將再額外減少 5%。有關此罰款金額的限制,請參閱第 6038(c) (2) 條。 未能提交第 6046 條及相關法規所需資訊(Form 5471 和附表 O) 任何人未能提交或申報第 6046 條要求的所有資訊,將因每項應申報而未申報之交易而被處以 10,000 美元的罰款。如果在 IRS 郵寄未申報通知之日後持續超過 90 天未申報,則每 30 天(或其中的部分)將處以額外的 10,000 美元罰款,額外罰款上限為 50,000 美元。 刑事處罰 根據第 7203、7206 和 7207 條的刑事處罰得適用於未能提交第 6038 和 6046 條所要求的資訊之情形。 應注意,任何被要求提交 Form 5471 及附表 J、M 或 O 者,如同意讓他人為其提交表格及附表,但他人未能提交正確及正確的表格及附表,則可受到上述罰款。

未披露的外國金融資產少報視情況會受到處罰。若納稅人能夠證明未能遵守該部分付款是出於合理原因，且納稅人對該部分少付的行為是善意的，則不會對該少報部分處以罰款。參見第 6662(j) 和 6664(c) 節瞭解更多資訊。

特定處罰的不適用性
根據 2019-40 修訂版，特定人士得免於第 6038 和 6662 條規定的某些處罰。詳情請參見 Rev. 2019-40 第 7 節。

https://www.irs.gov/instructions/i5471

受處罰對象：美籍納稅人

稅表：8621 表（被動型外國投資公司或合格選擇基金股東資訊申報表）

處罰內容
要求提供此表格上的資訊是為了執行美國國內稅收法。根據第 6001、6011、6012(a) 和 6109 條及其法規之規定要求納稅人提供此資訊，確保納稅人遵守國內稅收法律，以計算和確認正確的稅額。納稅人必須將適用其情形之所有部分都填寫好。 若納稅人在需要提交報稅表的情況下未提交報稅表，或沒有提供所要求的資料，或提供虛假資料，則視情況會被罰款及被刑事起訴。 8621 instruction - https://www.irs.gov/pub/irs-pdf/i8621.pdf Form 8621 本身並無明定的處罰或制裁，但是未申報或申報錯誤會觸犯到其他的法條或規定，如：與準確性相關的罰款（Accuracy-Related Penalty），根據 26 U.S. Code § 6662(b)(7) 規定外國金融資產未揭露、少報，導致少繳稅，就會有相應的處罰和制裁。外國金融資產裡包含外國公司發行的股票，所以被動外國投資公司（PFIC）的股票就屬於此範疇。 與準確性相關的罰款之觸發，常見的有以下兩種情況： 1. 疏忽或無視規則或法規 　　疏忽指的是在製作納稅申報表時沒有做出合理的嘗試來遵循稅法的情形；無視指的您不在意地、魯莽地或蓄意地忽略了稅法或法規。 2. 嚴重低報所得稅 　　申報的稅務義務比納稅申報表上必須出示的稅款還要低 10% 或 5,000 美元（以較大者為準）。 與準確性相關的罰款之計算： 與準確性相關的罰款（Accuracy-Related Penalty）出於疏忽或無視或在納稅申報表上低報導致繳稅不足的部分的 20%，情況嚴重者 40%。 例子：擁有綠卡的王小明是一家 PFIC 的股東，PFIC 有分配股利給他，依照法規要上 10,000 美元的稅，但是小明只申報 2,000 美元，請問他的罰款是多少？ 10,000 - 2,000 = 8,000　　8,000×20%= 1,600，罰款為 1,600 美元 除了與準確性相關的罰款外，不申報或錯誤申報 Form 8621 的納稅人，通常也未提交或提交錯誤的 Form 8938 或是 FBAR；未能在 Form 8938 上申報 PFIC 利息會導致每次至少 10,000 美元罰款，未申報 FBAR 則會導致每次至少 10,000 美元罰款。 除了上述懲罰和罰款外，如未能提交 Form 8621，IRS 無限期地保留對該納稅年度所有稅務事項的訴訟時效，並且可以無限期地對納稅人稅表發動審計，直到納稅人提交 Form 8621。 不過，若正確申報 Form 8621 將會帶來許多益處： 1. Form 8938 中不需要揭露 Form 8621 中已申報的外國金融資產，只需在 Form 8938, PART IV 中表明有提交 Form 8621 便可； 2. 如果選擇對 PFIC 當前收入納稅，未來分配可以避免繳納超額分配懲罰性稅； 3. 透過嚴苛的條件達成 QEF 選擇，將可使納稅人實現低稅率的長期資本利得； 4. 假使達成 MTM 選擇，將可使納稅人不用支付利息。
受處罰對象：美籍納稅人

稅表：FBAR

處罰內容
納稅義務人若需要申報 FBAR，但卻未盡申報義務，則會遭罰不超過 10,000 美元的民事罰款。若有合理理由導致未申報，並且之後適當地申報帳戶餘額，則不會受罰。故意不申報的納稅義務人視情況會遭罰 100,000 美元，或違反時點的帳戶餘額的 50%，取兩者金額高者，參考 31 U.S.C. Section 5321(a)(5)。故意違反的情事也可按 31 U.S.C. Section 5322(a)、31 U.S.C. Section 5322(b)，或 18 U.S.C. Section 1001，受到刑事處罰。

納稅人視情況會因違反 FBAR 申規定或記帳規定而受到民事罰款和刑事處罰。刑罰的認定取決於事實和情況。民事處罰的最高限額每年根據通貨膨脹進行調整。目前的最大值如下：

美國法典引用條文	民事金額罰則說明	目前最高罰款額度
31 U.S.C. 5321(a)(5)(B)(i)	外國金融機構交易——非故意違規交易	10,000 美元
31 U.S.C. 5321(a)(5)(C)	外國金融機構交易——故意違規交易	取 100,000 美元或 U.S.C.5321(a)(5)(D) 條所定金額的 50% 高者
31 U.S.C. 5321(a)(6)(A)	金融機構或非金融貿易或業務的過失違規	500 美元
31 U.S.C. 5321(a)(6)(B)	金融機構或非金融貿易或業務的過失行為	50,000 美元

https://www.irs.gov/businesses/small-businesses-self-employed/report-of-foreign-bank-and-financial-accounts-fbar

受處罰對象：美籍納稅人

背景概況	設立人過去曾有美國身分，已放棄，且有申報 F8854；因放棄時總資產大於 US$2,000,000，適用「合格棄籍者（Covered Expatriate）」。		
條件設定	離岸可撤銷信託		美國可撤銷信託
設立地	新加坡、澤西島、根西島		美國
信託財產所在地	美國境外		美國境外
受益人	設立人	小孩（美國籍）	設立人	小孩（美國籍）
美國贈與稅	X	V	X	V
FBAR	X	V	X	X（由信託申報）
所得討論	1. 分配 離岸或美國可撤銷信託分配給受益人，若受益人有美國身分，則依規定申報 Form 3520。雖目前沒有要求合格棄籍者申報贈與情況，但因為設立人符合合格棄籍者，若未來有贈與給美國稅務居民之情事，受贈者將須按最高稅率 40% 被課徵贈與稅；在未來法規正式施行後，可能對已發生之贈與補課贈與稅。 2. 不分配 離岸或美國可撤銷信託不分配給受益人時，則無須申報 Form 3520。		
轉不可撤銷信託	當設立人放棄撤銷權或發生死亡		
條件設定	離岸不可撤銷信託		美國不可撤銷信託
受益人	小孩（美國籍）		小孩（美國籍）

美國所得稅	假設「合格棄籍者」已正式施行 1. 分配：受益人收到離岸信託分配時之資產市價，課徵 40% 贈與稅。 2. 不分配：無須繳稅，但未來分配時，除本金適用 40% 繳稅外，歷年收入上有回溯稅。	假設「合格棄籍者」已正式施行 轉為不可撤銷信託時，以資產市價課徵 40% 贈與稅： 1. 分配：受益人收到美國信託分配本金則不繳稅，若為收入則依當年度收入適用級距課稅。 2. 不分配：由信託繳稅。
FBAR	X （沒有分配則都不用申報）	X （由信託申報）
注意事項	1. 上述四種類型（離岸可撤、離岸不可撤銷、美國可撤、美國不可撤）其重點同為當資產分配到具有美籍稅務居民之受益人或信託時，皆須繳納 40% 稅金。 2. 受益人是否繼續維持美籍身分成為重點。	

四、美國與境外信託之報稅與披露

筆者歷經三十餘年對跨境家族境內外資產傳承運用家族信託工具籌劃，進行深入分析與研究，其亦可按照信託設立所依據的法律屬地、信託財產所在地、信託設立為可撤銷或不可撤銷、受益人是否具備美國稅務居民身分，可將家族信託分成約八十餘種類型，進行下列的分析與介紹，僅供讀者參考：

	設立人／授予人	設立地點	控制人（保護人）	受益人	架構數量 （總計 86 種）
1	非美籍	美國	美籍	美籍	12
2	美籍（綠卡）	美國	美籍	美籍	14
3	非美籍	美國	非美籍	美籍	12
3-1	非美籍	美國	非美籍	非美籍	12
4	非美籍	境外	非美籍	美籍	12
4-1	非美籍	境外	非美籍	非美籍	12
5	美籍（綠卡）	境外	非美籍	美籍	12

（一）美國信託

非美籍授予人，信託設立於美國（Court Test）控制人美籍（Control Test）（各點文字說明請參照右頁圖表上之標號，黑框為常用架構）

(1) 本意是欲區分完全贈與，但為說明簡便，此假設不可撤銷信託為完全贈與。

(2) 可撤銷信託，信託可由設立人撤銷，並且在撤銷後，資產重新歸屬於設立人。

(3) 不可撤銷信託，唯一的受益人是設立人或設立人的配偶，依 Section 672 (f)，屬美國稅法上授予人信託。（為探討遺產稅方便，我們暫以設立人為受益人，若有配偶為共同受益人，又必須考慮配偶身分，是另一複雜的議題）。

為美國贈與稅及遺產稅目的，需先定義當事人是否符合定居意願及事實（Domicile），一般而言以有無住在美國及意圖作為判斷標準，而決定是否為 Domicile 通常會以多種因素判斷，常見有主要居住地點、家庭因素、申請簽證等。除

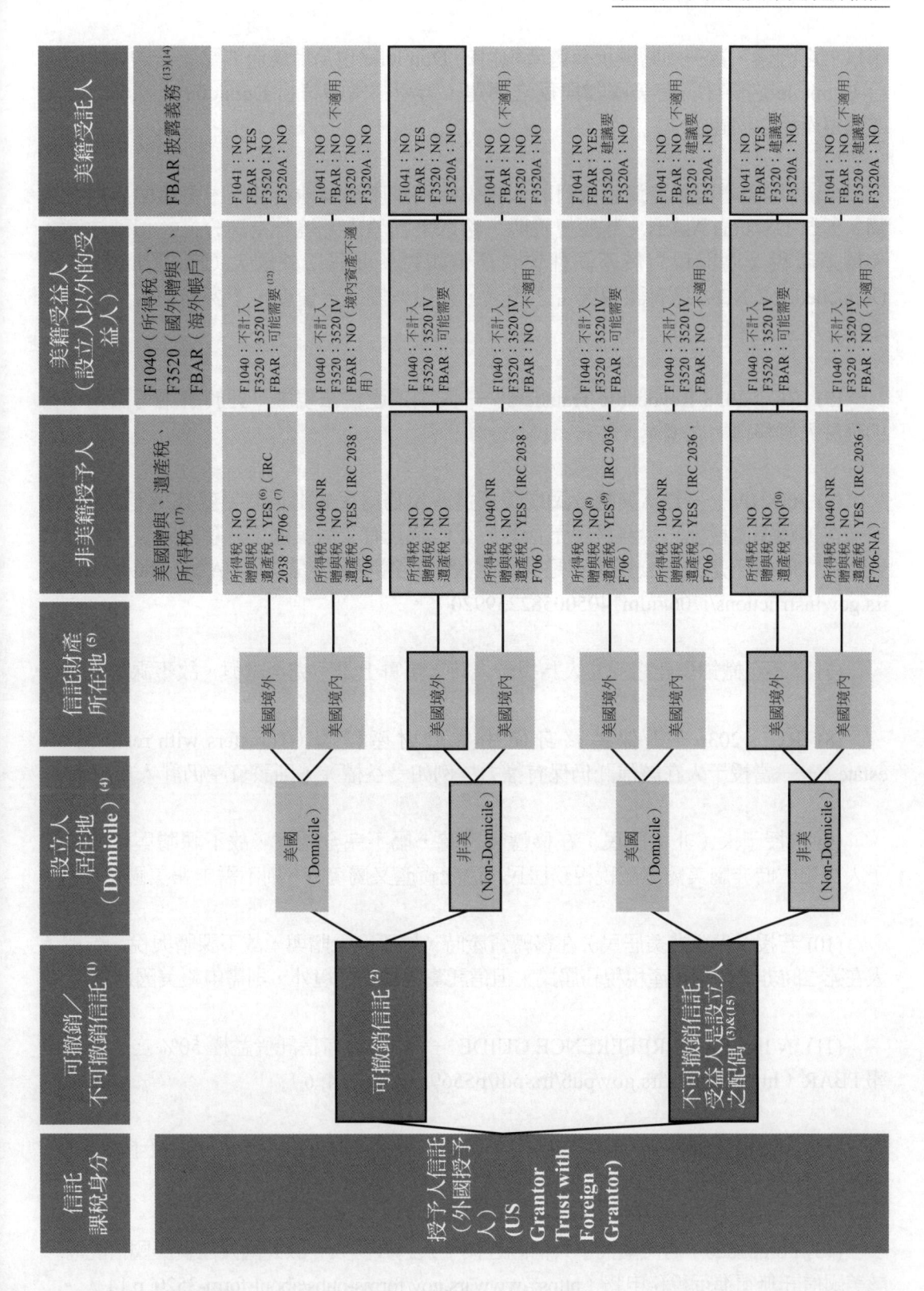

第三章 ◆ 美國與常見境外信託　229

信託課稅身分	可撤銷/不可撤銷信託 [1]	設立人居住地（Domicile）[4]	信託財產所在地 [5]	非美籍授予人	美籍受益人（設立人以外的受益人）	美籍受託人 FBAR 披露義務 [13][14]
授予人信託（外國授予人）(US Grantor Trust with Foreign Grantor)	可撤銷信託 [2]	美國 (Domicile)	美國境外	所得稅：NO 贈與稅：NO 遺產稅：YES [6][7]（IRC 2038、F706）	F1040：不計入 F3520：3520 IV FBAR：可能需要 [12]	F1041：NO FBAR：YES F3520：NO F3520A：NO
			美國境內	所得稅：NO 贈與稅：1040 NR 遺產稅：NO	F1040：不計入 F3520：3520 IV FBAR：NO（境內資產不適用）	F1041：NO FBAR：NO（不適用） F3520：NO F3520A：NO
		非美 (Non-Domicile)	美國境外	所得稅：NO 贈與稅：NO 遺產稅：NO	F1040：不計入 F3520：3520 IV FBAR：可能需要	F1041：NO FBAR：YES F3520：NO F3520A：NO
			美國境內	所得稅：NO 贈與稅：1040 NR 遺產稅：YES（IRC 2038、F706）	F1040：不計入 F3520：3520 IV FBAR：NO（不適用）	F1041：NO FBAR：NO（不適用） F3520：NO F3520A：NO
	不可撤銷信託受益人是設立人之配偶 [3]&[15]	美國 (Domicile)	美國境外	所得稅：NO [8] 贈與稅：NO [9] 遺產稅：YES（IRC 2036、F706）	F1040：不計入 F3520：3520 IV FBAR：可能需要	F1041：NO FBAR：YES F3520：建議要 F3520A：NO
			美國境內	所得稅：NO 贈與稅：1040 NR 遺產稅：YES（IRC 2036、F706）	F1040：不計入 F3520：3520 IV FBAR：NO（不適用）	F1041：NO FBAR：NO（不適用） F3520：建議要 F3520A：NO
		非美 (Non-Domicile)	美國境外	所得稅：NO 贈與稅：NO [10] 遺產稅：NO	F1040：不計入 F3520：3520 IV FBAR：可能需要	F1041：NO FBAR：YES F3520：建議要 F3520A：NO
			美國境內	所得稅：NO 贈與稅：1040 NR 遺產稅：YES（IRC 2036、F706-NA）	F1040：不計入 F3520：3520 IV FBAR：NO（不適用）	F1041：NO FBAR：NO（不適用） F3520：建議要 F3520A：NO

非美籍授予人 美國贈與、遺產稅、所得稅 [17]

美籍受益人（設立人以外的受益人）F1040（所得稅）、F3520（國外贈與）、FBAR（海外帳戶）

了以上之因素，為美國贈與稅及遺產稅目的 Domicile 也需考慮時間點：若贈與當時符合 Domicile 之條件，有美國贈與稅之問題，若死亡當時符合 Domicile 之條件，則有美國遺產稅之問題。

(4) 為美國贈與稅及遺產稅目的，需先定義資產歸屬地及性質。資產歸屬地在美國，稱為 US-situs Assets。為簡便說明，略以美國境內及境外為區分。（但請注意，美國遺產稅及贈與稅對於不同性質資產，如對於非居所外國人（Non-Citizen Non-Domiciled, NCND）仍有課稅與否之差異，如股票屬無形資產，不課贈與稅，但課遺產稅；現金則相反。）

(5) IRC §2038 Revocable Transfers——美國遺產稅法規中，對於所謂可撤銷移轉仍應併入原移轉人之遺產。

(6) 706-NA——若為美國公民或美國遺產稅務居民於逝世時須就其遺產申報 706 表。在美國遺產稅上，稅務居民是指其於死亡時具有久居美國之意願與事實。被繼承人在死亡時既不是美國公民也不是美國居民，其遺產稅表是 706-NA 表（https://www.irs.gov/instructions/i706#idm140500582239920）。

(7) 當不可撤銷信託之受益人為授予人時，事實上是不完全贈與，故不課贈與稅。

(8) IRC §2036——保留終身使用權的財產轉讓（Transfers with retained life estate）——當授予人在該信託仍保有權力（例如受益權），則該資產仍計入其遺產。

(9) 若授予人（非美居民）在移轉資產時，屬不完全贈與，故不課贈與稅。若授予人在死亡時非屬美國遺產稅稅務居民，信託資產又屬境外，則不需申報美國遺產稅。

(10) 若授予人（非美居民）在移轉資產時，屬不完全贈與，故不課贈與稅。若授予人在死亡時非屬美國遺產稅稅務居民，但信託資產屬美國境外，則需申報美國遺產稅。

(11) 依 IRS FBAR REFERENCE GUIDE——對於擁有信託受益權 50% 之人，須申報 FBAR（https://www.irs.gov/pub/irs-pdf/p5569.pdf Page 4, 6）。

(12) 如該信託屬授予人信託，則如有美國來源所得歸屬於授予人，由授予人申報，非由信託受託人申報。

(13) Form 3520：若美國授予人信託之授予人為外國人，該外國人注資美國信託時，該美國信託無須進行稅務申報（https://www.irs.gov/forms-pubs/about-form-3520, p.14）。

(14) 此類信託為不可撤銷信託，因授予人皆於其生存期間對於信託保有相關利益（Retained Interest），所以於其死亡時課徵遺產稅，非移轉資產時繳納贈與稅。

第三章 ◆ 美國與常見境外信託

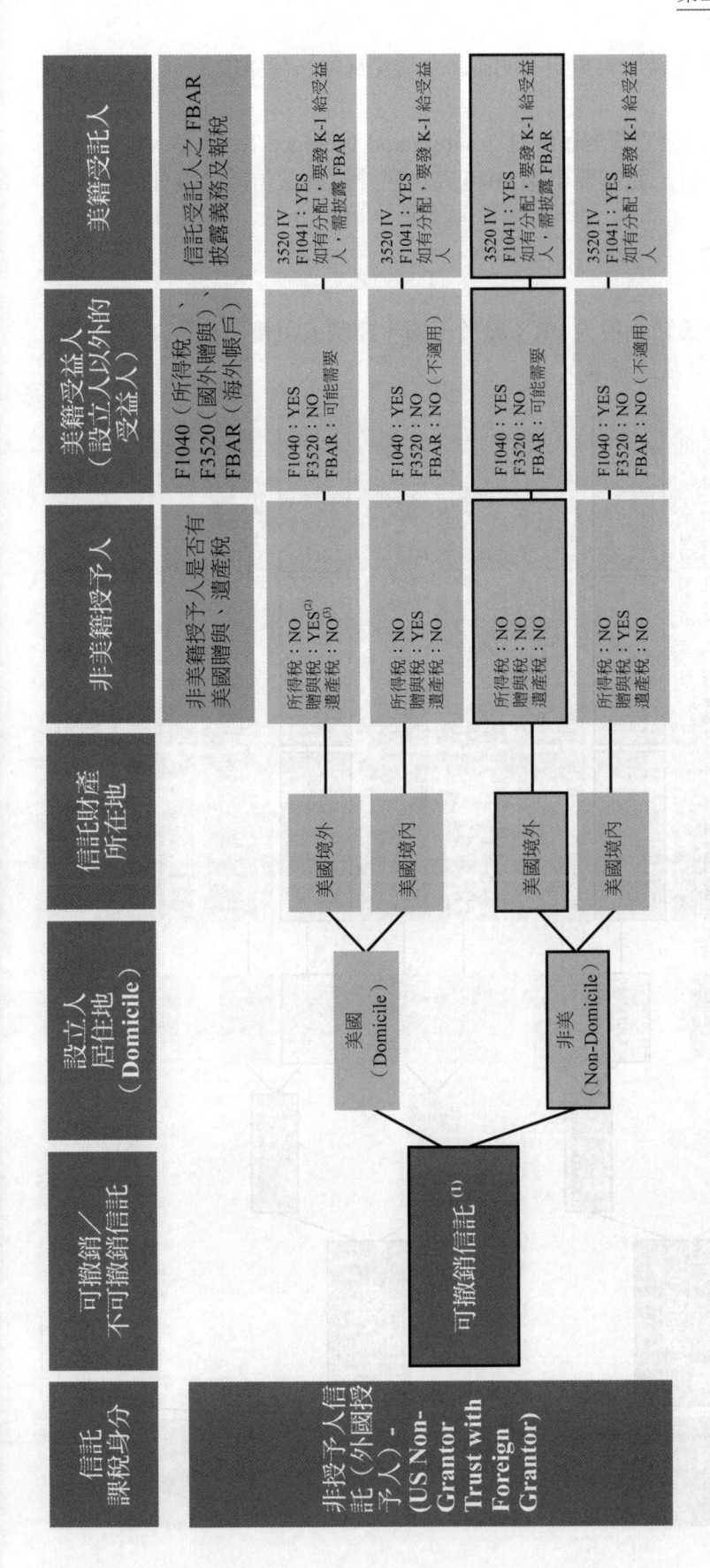

信託課稅身分	可撤銷/不可撤銷信託	設立人居住地 (Domicile)	信託財產所在地	非美籍授予人	美籍受益人（設立人以外的受益人）	美籍受託人
非授予人信託（外國授予人）- (US Non-Grantor Trust with Foreign Grantor)	可撤銷信託[1]	美國 (Domicile)	美國境外	非美籍授予人是否有美國贈與、遺產稅 所得稅：NO 贈與稅：YES[2] 遺產稅：NO[3]	美籍受益人（所得稅）、F3520（國外贈與）、FBAR（海外帳戶） F1040：YES F3520：NO FBAR：可能需要	信託受託人之FBAR披露義務及報稅 3520 IV F1041：YES 如有分配，要發K-1給受益人，需披露FBAR
			美國境內	所得稅：NO 贈與稅：YES 遺產稅：NO	F1040：YES F3520：NO FBAR：可能需要	3520 IV F1041：YES 如有分配，要發K-1給受益人
		非美 (Non-Domicile)	美國境外	所得稅：NO 贈與稅：NO 遺產稅：NO	F1040：YES F3520：NO FBAR：可能需要	3520 IV F1041：YES 如有分配，要發K-1給受益人，需披露FBAR
			美國境內	所得稅：NO 贈與稅：YES 遺產稅：NO	F1040：YES F3520：NO FBAR：NO（不適用）	3520 IV F1041：YES 如有分配，要發K-1給受益人

(15) 這裡對於 3520 表是否申報規定不明確，為避免風險，建議申報。

(16) 非美籍授予人若符合實質居留測試（Substantial Presence Test）者，即在美國境內停留加權天數逾 183 日，而需要申報 1040 表，另外須就該信託之境外所得申報美國稅。

（二）美國信託

授予人／設立人身分美籍納稅人 PR；設於美國、控制人美籍（各點文字說明請參照圖表上之標號，黑框為常用架構）

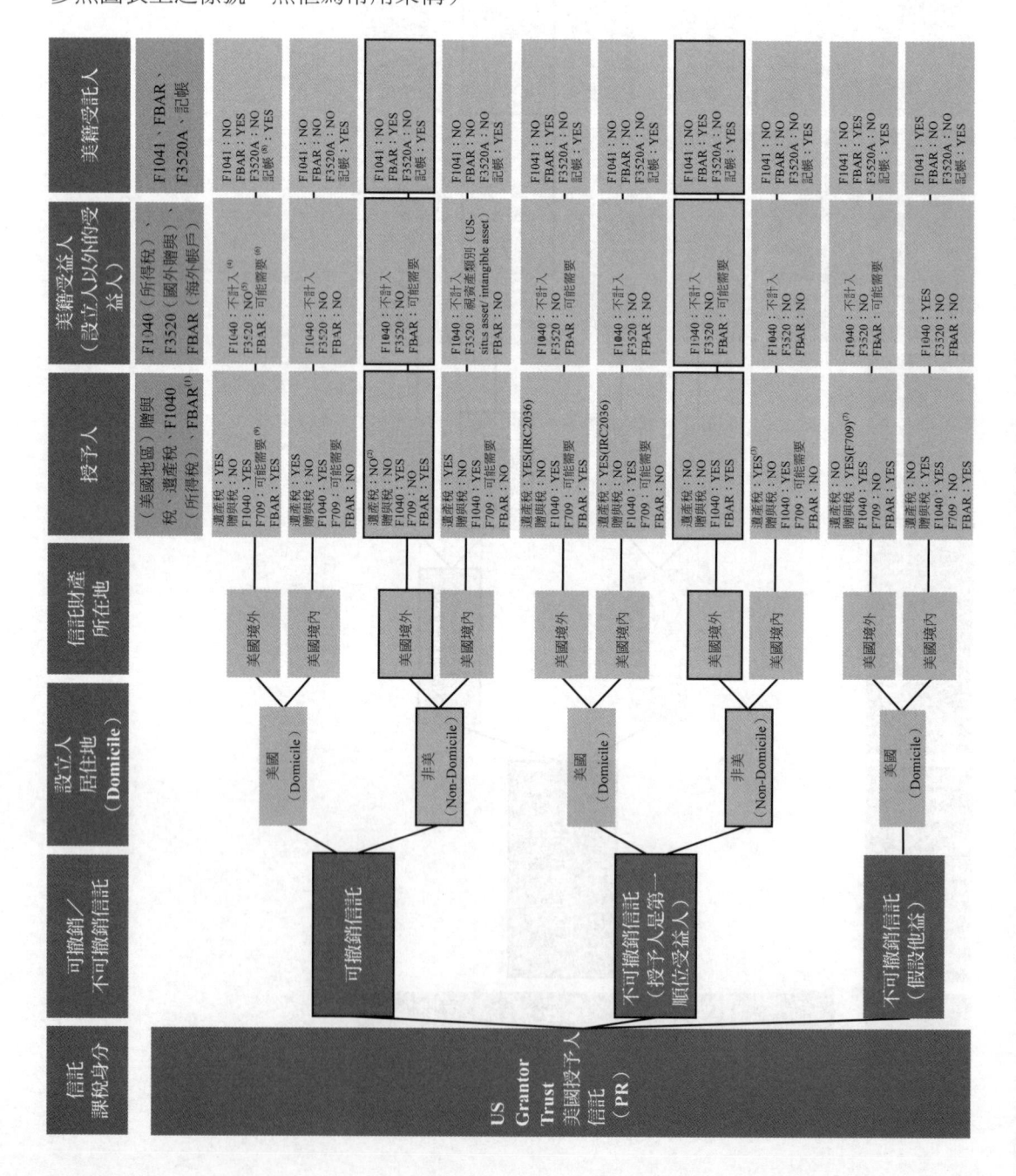

(1) 基於聯邦稅務目的之考慮，符合聯邦稅法典第 671-679 條授予人信託之信託授予人，將被視作信託法定所有權人及相關紀錄所有人。所得稅部分，只要維持綠卡身分，就必須以所得稅稅務居民身分，以 1040 表申報。（https://www.irs.gov/pub/irs-utl/irsfbarreferenceguide.pdf Page 4）

(2) 此處須注意，授予人為綠卡持有人，就遺產稅課徵目的，須在死亡日符合遺產稅法非居住者之條件，始得以非居民身分豁免境外資產計入美國遺產課稅範圍。若死亡日符合遺產稅法非居住者之要件，則使用 706-NA 表申報；反之，若死亡日屬遺產稅法居住者，則使用 706 表申報。

(3) 此處為方便說明先以自益信託做講解。若以自益以外的方式做不可撤銷之授予人信託，可經過合適信託條文的設計不納入遺產稅課稅的範圍，而課贈與稅。

(4) 因授予人信託，故所有所得由授予人繳納，非受益人。

(5) 若美國人收到外國人所設立之授予人信託之信託分配，將被視為收受該外國人之贈與並揭露於 3520 表 PART IV。而此處之外國人係指非公民非永久居民之外國人（NC/NPR），於此之綠卡持有者授予人不符合此要件，所以美籍受益人收到信託分配時無須於 3520 表揭露。（F3520 instruction, p.14）

(6) 依 IRS FBAR REFERENCE GUIDE——對於擁有信託受益權 50% 之人，須申報 FBAR（https://www.irs.gov/pub/irs-pdf/p5569.pdf Page 4.）。

(7) 美籍人士（PR 或公民），如欲成立他益之不可撤銷信託，且為所得稅法上之授予人信託（即信託資產產生所得由授予人負擔），有多種信託條文設計方式可達成。舉例而言，若是增值性資產，可透過 IDGT（Intentional Defective Grantor Trust，故意缺陷授予人信託）（https://www.investopedia.com/terms/i/igdt.asp），達成完全贈與之稅負效果，但所得稅仍歸屬於授予人負擔。故當遇到美籍人士所設立之美國不可撤銷授予人之他益信託，應視實際信託條文設計，方能推斷當初資產移轉入信託為完全贈與或不完全贈與，進而決定應於移轉資產時繳納贈與稅或於授予人死亡時繳納遺產稅。於此假設移轉入信託之資產具有潛在增值之可能，所以應將信託條文設計為在移轉入信託時淨值較低之時點繳納贈與稅，而非死亡時大幅增長之遺產稅。

(8) 美國各州之信託州法通常要求受託公司就信託之交易活動出具相關會計紀錄，故有記帳需求。例：內華達 NRS 164.835 – Accounting separately for business or other activity。

(9) 若該年度有進行信託分配，該信託分配將被視作美籍授予人對於受益人之贈與，授予人需申報 709 表。

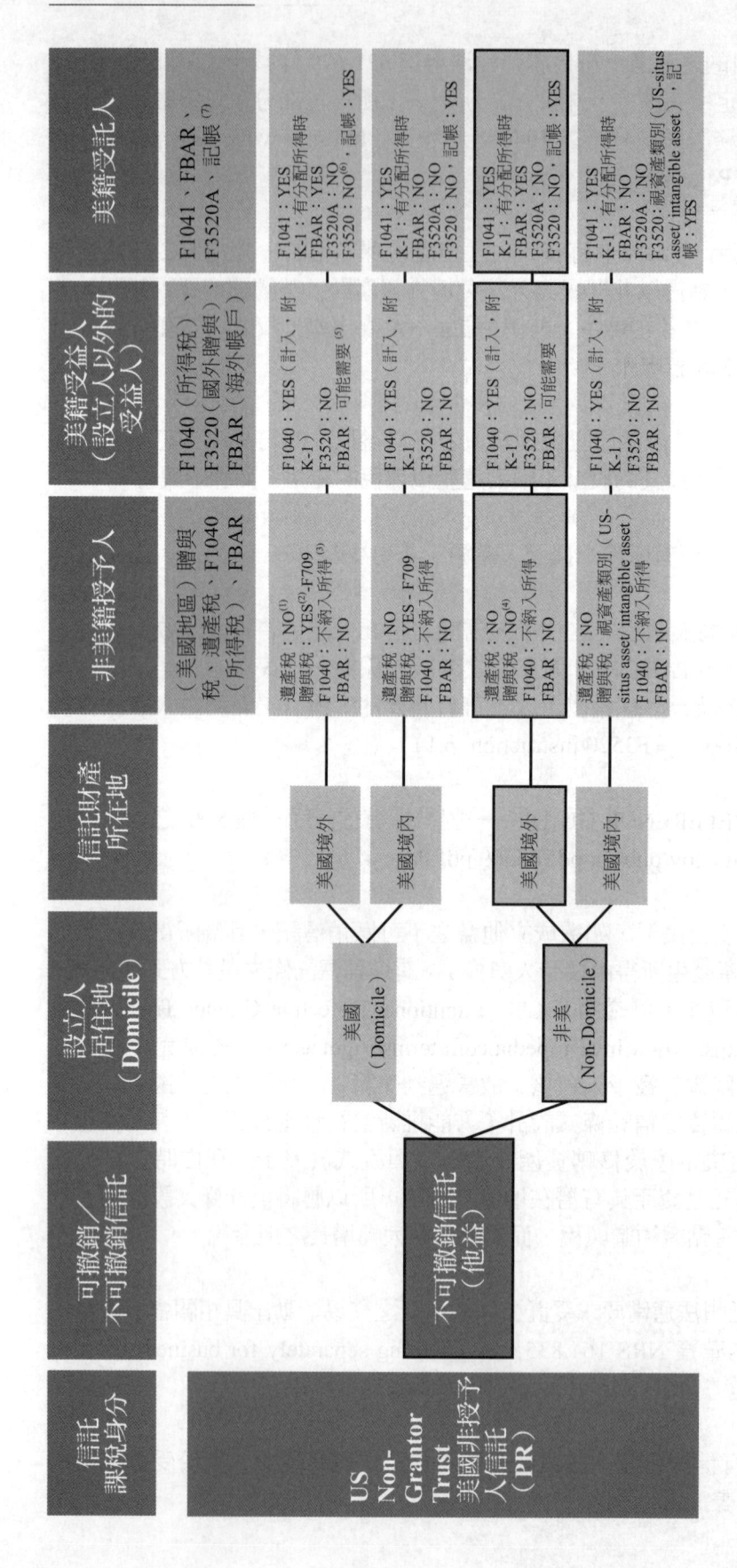

信託課稅身分	可撤銷/不可撤銷信託	設立人居住地（Domicile）	信託財產所在地	非美籍授予人	美籍受益人（設立人以外的受益人）	美籍受託人
US Non-Grantor Trust 美國非授予人信託（PR）	不可撤銷信託（他益）	美國（Domicile）	美國境外	（美國地區）贈與稅、遺產稅、F1040（所得稅）、FBAR	F1040（所得稅）、F3520（國外贈與）、FBAR（海外帳戶）	F1041、FBAR、F3520A、記帳[7]
				遺產稅：NO[1] 贈與稅：YES[2]-F709 F1040：不納入所得 FBAR：NO	F1040：YES（計入、附） K-1 F3520：NO FBAR：可能需要[5]	F1041：YES K-1：有分配所得時 FBAR：YES F3520A：NO[6]、記帳 F3520：NO、記帳
			美國境內			
				遺產稅：NO 贈與稅：YES-F709[3] F1040：不納入所得 FBAR：NO	F1040：YES（計入、附） K-1 F3520：NO FBAR：NO	F1041：YES K-1：有分配所得時 F3520A：NO、記帳 FBAR：NO F3520：NO、記帳：YES
		非美（Non-Domicile）	美國境外			
				遺產稅：NO 贈與稅：NO[4] F1040：不納入所得 FBAR：NO	F1040：YES（計入、附） K-1 F3520：可能需要 FBAR：NO	F1041：YES K-1：有分配所得時 F3520A：NO、記帳 FBAR：NO F3520：NO、記帳：YES
			美國境內			
				遺產稅：顧資產類別（US-situs asset/intangible asset） 贈與稅：顧資產類別（US-situs asset/intangible asset） F1040：不納入所得 FBAR：NO	F1040：YES（計入、附） K-1 F3520：NO FBAR：NO	F1041：YES K-1：有分配所得時 F3520A：NO FBAR：NO F3520：顧資產類別（US-situs asset/intangible asset）、記帳：YES

（三）美國境外信託

1. 美國境外信託：授予人／設立人身分非美籍，設於美國之信託、控制人非美籍

（各點文字說明請參照圖表上之標號，黑框為常用架構）

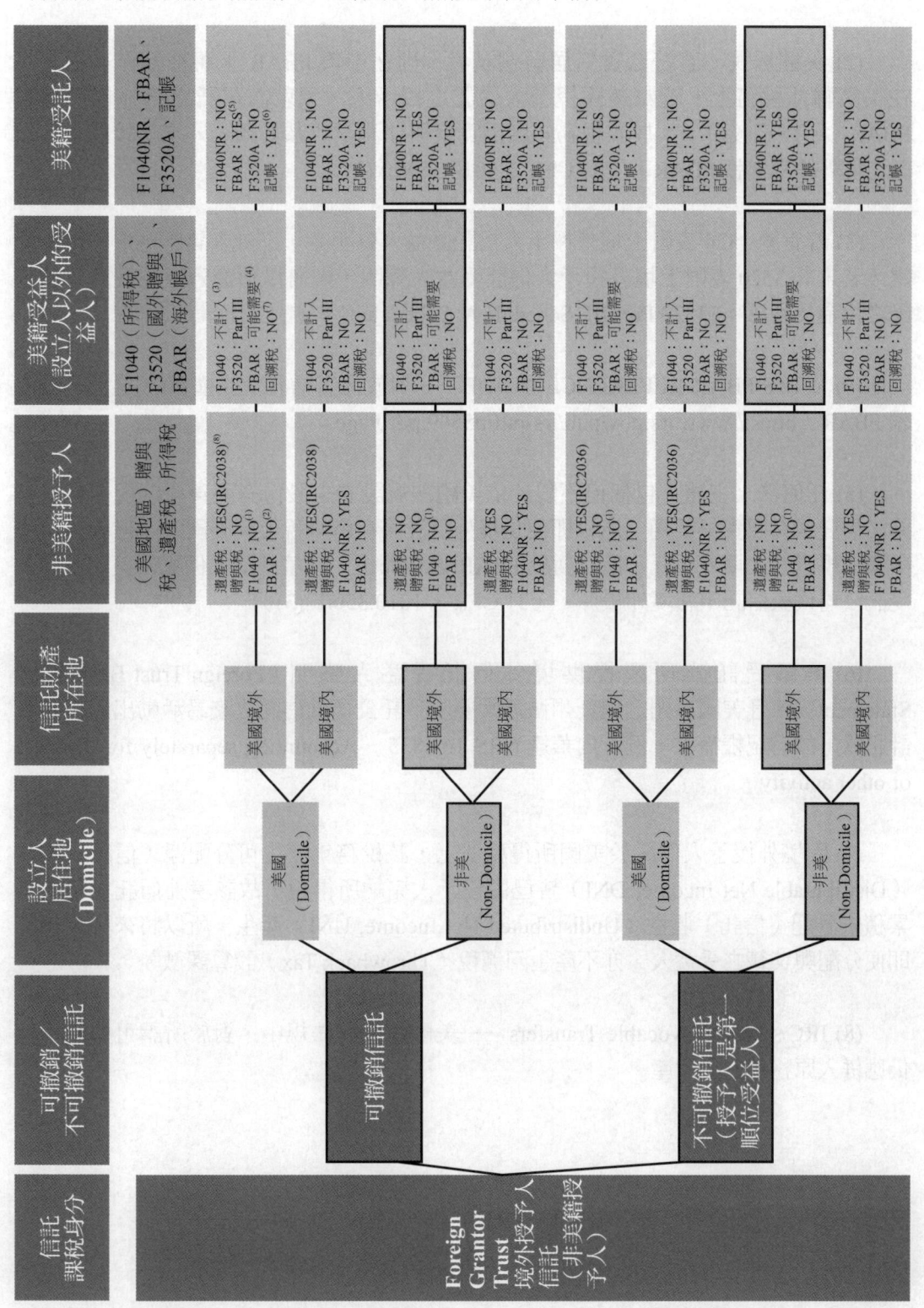

信託課稅身分	可撤銷／不可撤銷信託	設立人居住地（Domicile）	信託財產所在地	非美籍授予人	美籍受益人（設立人以外的受益人）	美籍受託人
Foreign Grantor Trust 境外授予人信託（非美籍授予人）				（美國地區）贈與稅、遺產稅、所得稅	F1040（所得稅）、F3520（國外贈與）、FBAR（海外帳戶）	F1040NR、FBAR、F3520A、記帳
	可撤銷信託	美國(Domicile)	美國境外	遺產稅：YES(IRC2038)[8] 贈與稅：NO F1040：NO[1] FBAR：NO[2]	F1040：不計入[3] F3520：Part III FBAR：可能需要[4] 回溯稅：NO[7]	F1040NR：NO FBAR：YES[5] F3520A：NO 記帳：YES[6]
			美國境內	遺產稅：YES(IRC2038) 贈與稅：NO F1040：NO FBAR：NO	F1040：不計入 F3520：Part III FBAR：NO 回溯稅：NO	F1040NR：NO FBAR：NO F3520A：NO 記帳：YES
		非美(Non-Domicile)	美國境外	遺產稅：NO 贈與稅：NO[1] F1040：NO FBAR：NO	F1040：不計入 F3520：Part III FBAR：可能需要 回溯稅：NO	F1040NR：NO FBAR：YES F3520A：NO 記帳：YES
			美國境內	遺產稅：YES 贈與稅：NO F1040/NR：YES FBAR：NO	F1040：不計入 F3520：Part III FBAR：NO 回溯稅：NO	F1040NR：NO FBAR：NO F3520A：NO 記帳：YES
	不可撤銷信託（授予人是第一順位受益人）	美國(Domicile)	美國境外	遺產稅：YES(IRC2036) 贈與稅：NO F1040：NO[1] FBAR：NO	F1040：不計入 F3520：Part III FBAR：可能需要 回溯稅：NO	F1040NR：NO FBAR：YES F3520A：NO 記帳：YES
			美國境內	遺產稅：YES(IRC2036) 贈與稅：NO F1040/NR：YES FBAR：NO	F1040：不計入 F3520：Part III FBAR：NO 回溯稅：NO	F1040NR：NO FBAR：NO F3520A：NO 記帳：YES
		非美(Non-Domicile)	美國境外	遺產稅：NO 贈與稅：NO F1040：NO[1] FBAR：NO	F1040：不計入 F3520：Part III FBAR：可能需要 回溯稅：NO	F1040NR：NO FBAR：YES F3520A：NO 記帳：YES
			美國境內	遺產稅：YES 贈與稅：NO F1040/NR：YES FBAR：NO	F1040：不計入 F3520：Part III FBAR：NO 回溯稅：NO	F1040NR：NO FBAR：NO F3520A：NO 記帳：YES

(1) 非美籍授予人若符合實質居留測試（Substantial Presence Test）者，即在美國境內停留加權天數逾 183 日，而需要申報 1040 表，另外須就該信託之境外所得申報美國稅。

(2) 美國居民。若符合實質居留測試者，則在申報 FBAR 上將被視作美國人。在美國聯邦稅務上，若為美國授予人信託之授予人，須就該信託之境外帳戶申報 FBAR。所以若該授予人於該稅務年度因實質居住測試成為美國人，須就該授予人信託之境外帳戶申報 FBAR。（31 CFR §1010.350(b)(2)）

(3) 若有於 3520 表附上境外授予人信託受益人聲明者，不計入該年應稅所得；反之，若未於 3520 表附上境外授予人信託受益人聲明，則需以超額分配法設算超額分配之稅金及利息（F3520 Part III, Schedule A, Schedule C）。

(4) 依 IRS FBAR REFERENCE GUIDE——對於擁有信託受益權 50% 之人，須申報 FBAR（https://www.irs.gov/pub/irs-pdf/p5569.pdf Page 4.）。

(5) 任何法人主體，包括但不限於依美國法規設立之股份有限責任公司、合夥事業、信託或有限責任公司。所以即便是境外信託，在所得稅上為外國人，但因其為依美國法規設立之境外信託，所以對於 FBAR 之申報上，該境外信託仍視作美國主體，受託公司代表信託申報境外帳戶。（31 CFR §1010.350(b)(3)）

(6) 美國受託公司須提供境外信託受益人聲明（Foreign Trust Beneficiary Statement），且美國各州之信託州法通常要求受託公司就信託之交易活動出具相關會計紀錄，故有記帳需求。例：內華達 NRS 164.835 – Accounting separately for business or other activity。

(7) 因境外授予人信託於美國所得稅法上，該稅務年度之可分配淨（信託）收益（Distributable Net Income, DNI）皆已由授予人完納所得稅，故該境外信託並不會有累積未分配（信託）收益（Undistributed Net Income, UNI）產生，所以將來稅務年度即便分配與美籍之受益人，亦不產生回溯稅（Throwback Tax）設算課徵。

(8) IRC §2038 Revocable Transfers——美國遺產稅法規中，對於所謂可撤銷移轉仍應併入原移轉人之遺產。

第三章 ◆ 美國與常見境外信託

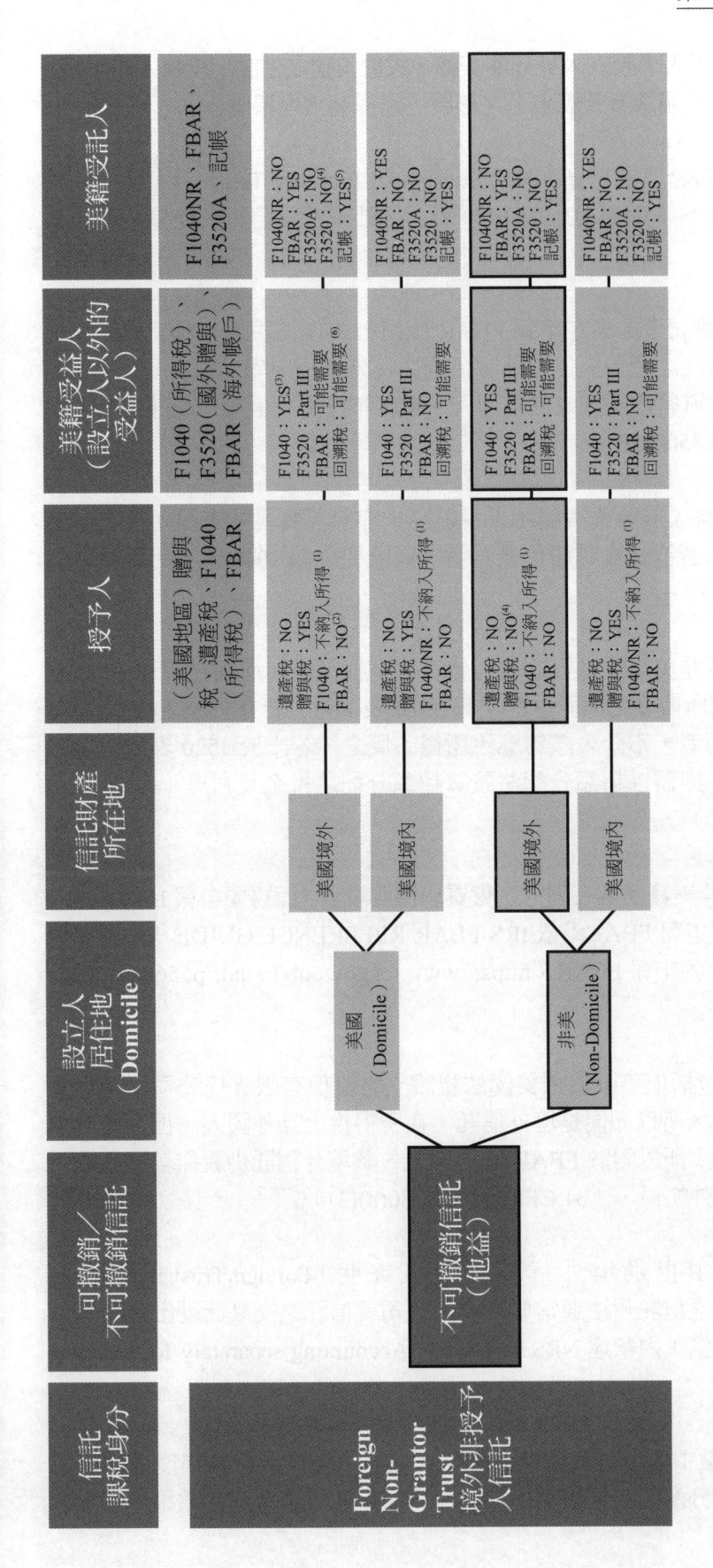

Foreign Non-Grantor Trust 境外非授予人信託

可撤銷/不可撤銷信託：不可撤銷信託（他益）

設立人居住地 (Domicile)	信託財產所在地	授予人	美籍受益人（設立人以外的受益人）	美籍受託人
美國 (Domicile)	美國境外	（美國地區）贈與稅、F1040（所得稅）、FBAR	F1040（所得稅）、F3520（國外贈與）、FBAR（海外帳戶）	F1040NR、FBAR、F3520A、記帳
		遺產稅：NO 贈與稅：YES F1040：不納入所得 F1040/NR：NO[2] FBAR：NO	F1040：YES[3] F3520：Part III FBAR：可能需要 回溯稅：可能需要[6]	F1040NR：NO FBAR：YES F3520A：NO[4] F3520：NO 記帳：YES[5]
	美國境內	遺產稅：NO 贈與稅：YES F1040/NR：不納入所得[1] FBAR：NO	F1040：YES F3520：Part III FBAR：可能需要 回溯稅：可能需要	F1040NR：NO FBAR：NO F3520A：NO F3520：NO 記帳：YES
非美 (Non-Domicile)	美國境外	遺產稅：NO 贈與稅：NO[4] F1040：不納入所得[1] FBAR：NO	F1040：YES F3520：Part III FBAR：可能需要 回溯稅：可能需要	F1040NR：NO FBAR：NO F3520A：NO F3520：NO 記帳：YES
	美國境內	遺產稅：NO 贈與稅：YES F1040/NR：不納入所得 FBAR：NO	F1040：YES F3520：Part III FBAR：可能需要 回溯稅：可能需要	F1040NR：YES FBAR：NO F3520A：NO F3520：NO 記帳：YES

2. 美國境外信託：授予人／設立人身分非美籍，設於美國之信託、控制人非美籍、非美籍受益人（各點文字說明請參照圖表上之標號，黑框為常用架構）

(1) 非美籍授予人若符合實質居留測試（Substantial Presence Test）者，即在美國境內停留加權天數逾 183 日，而需要申報 1040 表，另外須就該信託之境外所得申報美國稅。

(2) 若符合實質居留測試者，則在申報 FBAR 上將被視作美國人。在美國聯邦稅務上，若為美國授予人信託之授予人，須就該信託之境外帳戶申報 FBAR。所以若該授予人於該稅務年度因實質居住測試成為美國人，須就該授予人信託之境外帳戶申報 FBAR。（31 CFR§1010.350(b)(2)）

(3) 原則上非美籍受益人無申報美國所得稅義務，亦無需將境外來源所得之信託分配計入其應稅所得。但若符合實質居留測試者，而需要申報 1040 表，另外須就該信託之境外所得申報美國稅。

(4) 承 (3) 所述，若該非美籍受益人因符合實質居留測試者，而需要申報 1040 表者，亦須針對該稅務年度所收受之信託分配申報 3520 表；另，若有於 3520 表附上境外授予人信託受益人聲明者，不計入該年應稅所得；反之，若未於 3520 表附上境外授予人信託受益人聲明，則需以超額分配法設算超額分配之稅金及利息（F3520 Part III, Schedule A, Schedule C）。

(5) 承 (3) 所述，若該非美籍受益人因符合實質居留測試者，而需要申報 1040 表者，可能亦須針對該稅務年度申報 FBAR；依 IRS FBAR REFERENCE GUIDE——對於擁有信託受益權 50% 之人，須申報 FBAR（https://www.irs.gov/pub/irs-pdf/p5569.pdf Page 4.）。

(6) 任何法人主體，包括但不限於依美國法規設立之股份有限責任公司、合夥事業、信託或有限責任公司。所以即便是境外信託，在所得稅上為外國人，但因其為依美國法規設立之境外信託，所以對於 FBAR 之申報上，該境外信託仍視作美國主體，受託公司代表信託申報境外帳戶。（31 CFR§1010.350(b)(3)）

(7) 美國受託公司須提供境外信託受益人聲明（Foreign Trust Beneficiary Statement），且美國各州之信託州法通常要求受託公司就信託之交易活動出具相關會計紀錄，故有記帳需求。例：內華達 NRS 164.835 – Accounting separately for business or other activity。

(8) 回溯稅之設算課徵主要是針對境外非授予人信託，若於該稅務年度選擇不將該年度之信託淨收益完全分配，對於美國所得稅而言將產生稅務遞延之效果，故該信

託未分配所得將來信託分配與美籍受益人時，擬制回溯設算該年度之應納稅額與相應之利息；但對於非美籍受益人而言，即便該境外信託該稅務年度之可分配信託收益未完全分配，亦不產生美國所得稅務遞延，故不會有未分配信託收益之累積，將來信託之分配亦不會有回溯稅務設算。

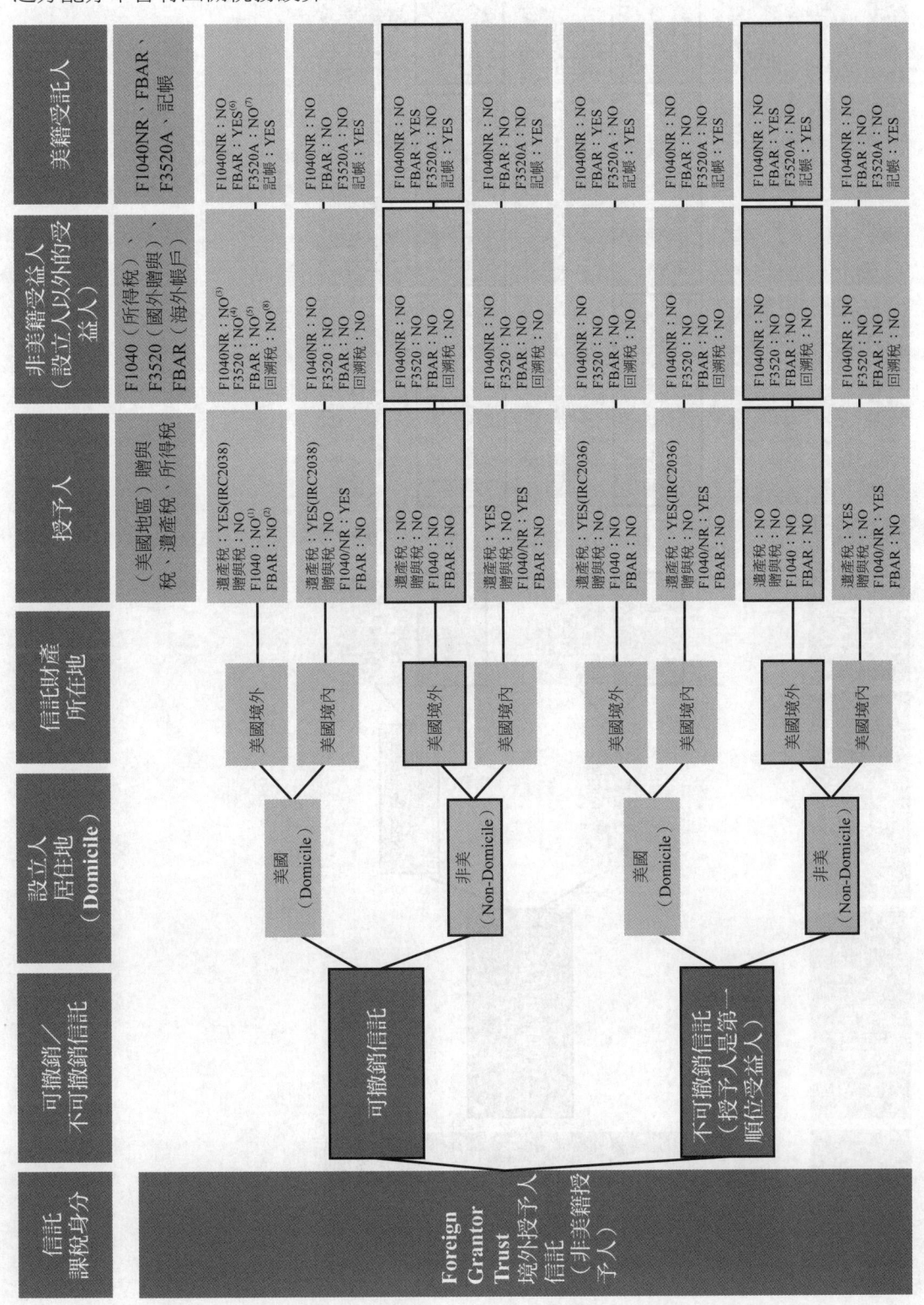

信託課稅身分	可撤銷／不可撤銷信託	設立人居住地（Domicile）	信託財產所在地	授予人	非美籍受益人（設立人以外的受益人）	美籍受託人
Foreign Grantor Trust 境外授予人信託（非美籍授予人）				（美國地區）贈與稅、遺產稅、所得稅	F1040（所得稅）F3520（國外贈與）FBAR（海外帳戶）	F1040NR、FBAR、F3520A、記帳
	可撤銷信託	美國（Domicile）	美國境外	遺產稅：YES(IRC2038) 贈與稅：NO F1040：NO[1] F1040/NR：NO[2] FBAR：NO	F1040NR：NO[3] F3520：NO[4] FBAR：NO[5] 回溯稅：NO[8]	F1040NR：NO FBAR：YES[6] F3520A：NO[7] 記帳：YES
			美國境內	遺產稅：YES(IRC2038) 贈與稅：NO F1040/NR：YES FBAR：NO	F1040NR：NO F3520：NO FBAR：NO 回溯稅：NO	F1040NR：NO FBAR：NO F3520A：NO 記帳：YES
		非美（Non-Domicile）	美國境外	遺產稅：NO 贈與稅：NO F1040：NO FBAR：NO	F1040NR：NO F3520：NO FBAR：NO 回溯稅：NO	F1040NR：YES FBAR：YES F3520A：NO 記帳：YES
			美國境內	遺產稅：YES 贈與稅：NO F1040/NR：YES FBAR：NO	F1040NR：NO F3520：NO FBAR：NO 回溯稅：NO	F1040NR：NO FBAR：NO F3520A：NO 記帳：YES
	不可撤銷信託（授予人是第一順位受益人）	美國（Domicile）	美國境外	遺產稅：YES(IRC2036) 贈與稅：NO F1040：NO FBAR：NO	F1040NR：NO F3520：NO FBAR：NO 回溯稅：NO	F1040NR：NO FBAR：YES F3520A：NO 記帳：YES
			美國境內	遺產稅：YES(IRC2036) 贈與稅：NO F1040/NR：YES FBAR：NO	F1040NR：NO F3520：NO FBAR：NO 回溯稅：NO	F1040NR：NO FBAR：NO F3520A：NO 記帳：YES
		非美（Non-Domicile）	美國境外	遺產稅：YES 贈與稅：NO F1040：NO FBAR：NO	F1040NR：NO F3520：NO FBAR：NO 回溯稅：NO	F1040NR：YES FBAR：YES F3520A：NO 記帳：YES
			美國境內	遺產稅：YES 贈與稅：NO F1040/NR：YES FBAR：NO	F1040NR：NO F3520：NO FBAR：NO 回溯稅：NO	F1040NR：NO FBAR：NO F3520A：NO 記帳：YES

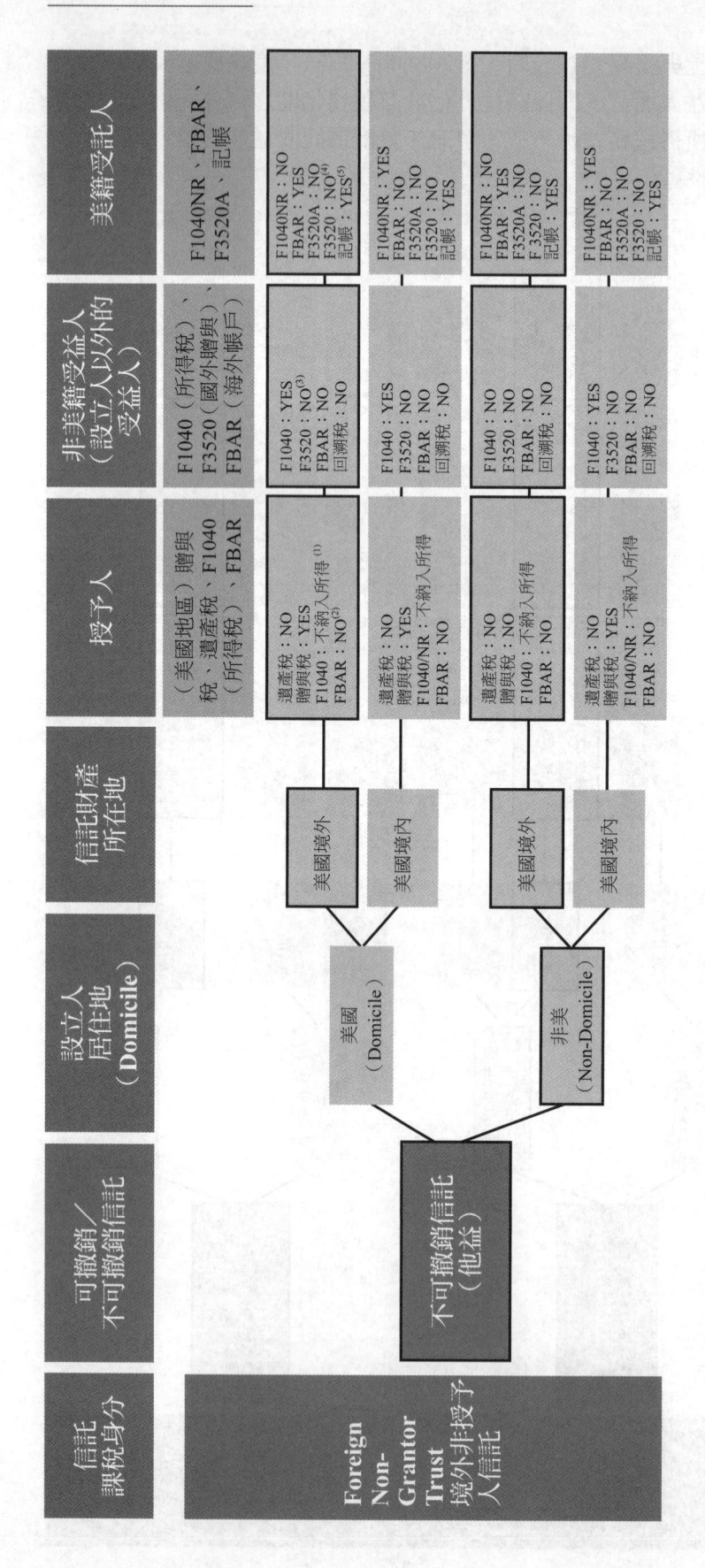

美國信託與跨境傳承

Foreign Non-Grantor Trust 境外非授予人信託

信託課稅身分	可撤銷／不可撤銷信託	設立人居住地（Domicile）	信託財產所在地	授予人	非美籍受益人（設立人以外的受益人）	美籍受託人
Foreign Non-Grantor Trust 境外非授予人信託	不可撤銷信託（他益）	美國（Domicile）	—	（美國地區）贈與稅、遺產稅（所得稅）、F1040（所得稅）、FBAR	F1040（所得稅）、F3520（國外贈與）、FBAR（海外帳戶）	F1040NR、FBAR、F3520A、F3520
		美國（Domicile）	美國境外	遺產稅：NO 贈與稅：YES F1040：不納入所得 [1] FBAR：NO [2]	F1040：YES F3520：NO [3] FBAR：NO 回溯稅	F1040NR：NO FBAR：YES F3520A：NO [4] F3520：NO [5] 記帳：YES [5]
		美國（Domicile）	美國境內	遺產稅：NO 贈與稅：YES F1040/NR：不納入所得 FBAR：NO	F1040：YES F3520：NO FBAR：NO 回溯稅	F1040NR：YES FBAR：NO F3520A：NO F3520：NO 記帳：YES
		非美（Non-Domicile）	美國境外	遺產稅：NO 贈與稅：NO F1040：不納入所得 FBAR：NO	F1040：NO F3520：NO FBAR：NO 回溯稅	F1040NR：NO FBAR：YES F3520A：NO F3520：NO 記帳：YES
		非美（Non-Domicile）	美國境內	遺產稅：NO 贈與稅：YES F1040/NR：不納入所得 FBAR：NO	F1040：YES F3520：NO FBAR：NO 回溯稅	F1040NR：YES FBAR：NO F3520A：NO F3520：NO 記帳：YES

第三章 ◆ 美國與常見境外信託　241

（四）境外信託
1. 境外信託：授予人／設立人身分非美籍，設於境外之信託、控制人非美籍（各點文字說明請參照圖表上之標號，黑框為常用架構）

(1) 授予人在美國所得稅上身分，必須逐年檢查其居住天數。若該稅務年度加權

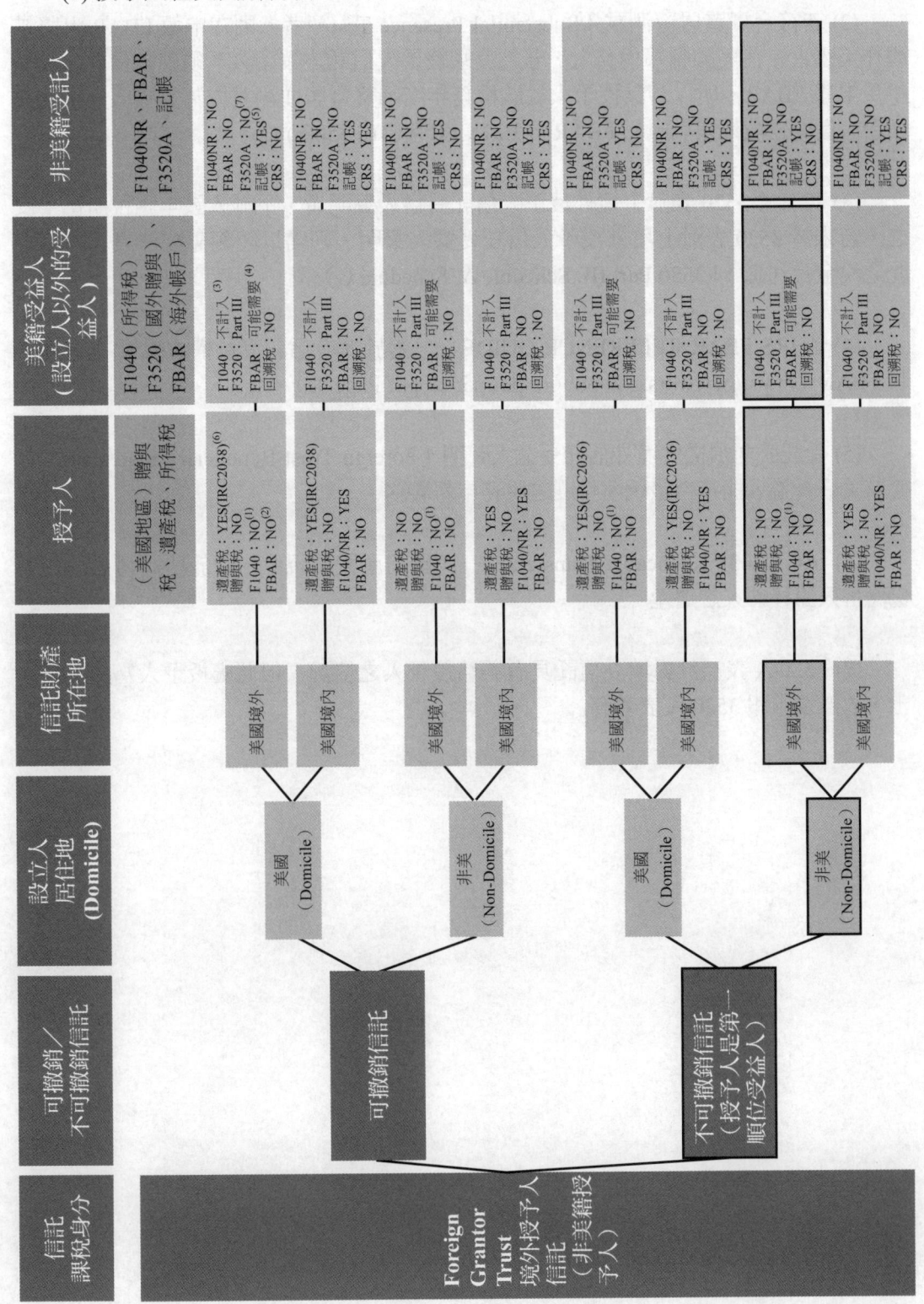

信託課稅身分	可撤銷／不可撤銷信託	設立人居住地(Domicile)	信託財產所在地	授予人	美籍受益人（設立人以外的受益人）	非美籍受託人
Foreign Grantor Trust 境外授予人信託（非美籍授予人）				（美國地區）贈與稅、遺產稅、所得稅	F1040（所得稅）、F3520（國外贈與）、FBAR（海外帳戶）	F1040NR、FBAR、F3520A、記帳
	可撤銷信託	美國(Domicile)	美國境外	遺產稅：YES(IRC2038)[6] 贈與稅：NO[1] F1040：NO[2] FBAR：NO	F1040：不計入[3] F3520：可能需要 FBAR：可能需要[4] 回溯稅：NO	F1040NR：NO FBAR：NO F3520A：YES[5] 記帳：NO CRS：NO
			美國境內	遺產稅：YES(IRC2038) 贈與稅：NO F1040：NO FBAR：NO	F1040：不計入 F3520：Part III FBAR：NO 回溯稅：NO	F1040NR：NO FBAR：NO F3520A：NO 記帳：YES CRS：YES
		非美(Non-Domicile)	美國境外	遺產稅：NO 贈與稅：NO F1040：NO[1] F1040/NR：YES FBAR：NO	F1040：不計入 F3520：Part III FBAR：NO 回溯稅：NO	F1040NR：NO FBAR：NO F3520A：YES 記帳：YES CRS：YES
			美國境內	遺產稅：NO 贈與稅：YES F1040：NO FBAR：NO	F1040：不計入 F3520：Part III FBAR：NO 回溯稅：NO	F1040NR：NO FBAR：NO F3520A：NO 記帳：YES CRS：NO
	不可撤銷信託（授予人是第一順位受益人）	美國(Domicile)	美國境外	遺產稅：YES(IRC2036) 贈與稅：NO F1040：NO[1] F1040/NR：YES FBAR：NO	F1040：不計入 F3520：Part III FBAR：可能需要 回溯稅：NO	F1040NR：NO FBAR：NO F3520A：YES 記帳：YES CRS：YES
			美國境內	遺產稅：YES(IRC2036) 贈與稅：NO F1040：NO F1040/NR：YES FBAR：NO	F1040：不計入 F3520：Part III FBAR：NO 回溯稅：NO	F1040NR：NO FBAR：NO F3520A：NO 記帳：YES CRS：YES
		非美(Non-Domicile)	美國境外	遺產稅：NO 贈與稅：NO F1040：NO[1] F1040/NR：YES FBAR：NO	F1040：不計入 F3520：Part III FBAR：可能需要 回溯稅：NO	F1040NR：NO FBAR：NO F3520A：YES 記帳：YES CRS：NO
			美國境內	遺產稅：YES 贈與稅：NO F1040：NO F1040/NR：YES FBAR：NO	F1040：不計入 F3520：Part III FBAR：NO 回溯稅：NO	F1040NR：NO FBAR：NO F3520A：NO 記帳：YES CRS：YES

天數小於 183 日，仍屬於非居住者，則如上表分析，申報 1040NR 表；但必須注意授予人一旦於該稅務年度加權天數大於 183 日，則必須依所得稅上之居住者來申報所得稅。此時則視同 PR 所得稅申報，申報 1040 表。

(2) 若符合實質居留測試（Substantial Presence Test）者，則在申報 FBAR 上將被視作美國人。在美國聯邦稅務上，若為美國授予人信託之授予人，須就該信託之境外帳戶申報 FBAR。所以若該授予人於該稅務年度因實質居住測試成為美國人，須就該授予人信託之境外帳戶申報 FBAR。（31 CFR§1010.350(b)(2)）

(3) 若有於 3520 表附上境外授予人信託受益人聲明者，不計入該年應稅所得；反之，若未於 3520 表附上境外授予人信託受益人聲明，則需以超額分配法設算超額分配之稅金及利息（F3520 Part III, Schedule A, Schedule C）。

(4) 依 IRS FBAR REFERENCE GUIDE——對於擁有信託受益權 50% 之人，須申報 FBAR（https://www.irs.gov/pub/irs-pdf/p5569.pdf Page 4.）。

(5) 受託公司須提供境外信託受益人聲明（Foreign Trust Beneficiary Statement），使該美籍受益人能符合該稅務年度之稅務申報義務。

(6) IRC§2038 Revocable Transfers——美國遺產稅法規中，對於所謂可撤銷移轉仍應併入原移轉人之遺產。

(7) 3520-A 表為針對境外信託具有美籍授予人之情況，但此處授予人為非美籍人士，故無須申報 3520-A 表義務。

第三章 ◆ 美國與常見境外信託

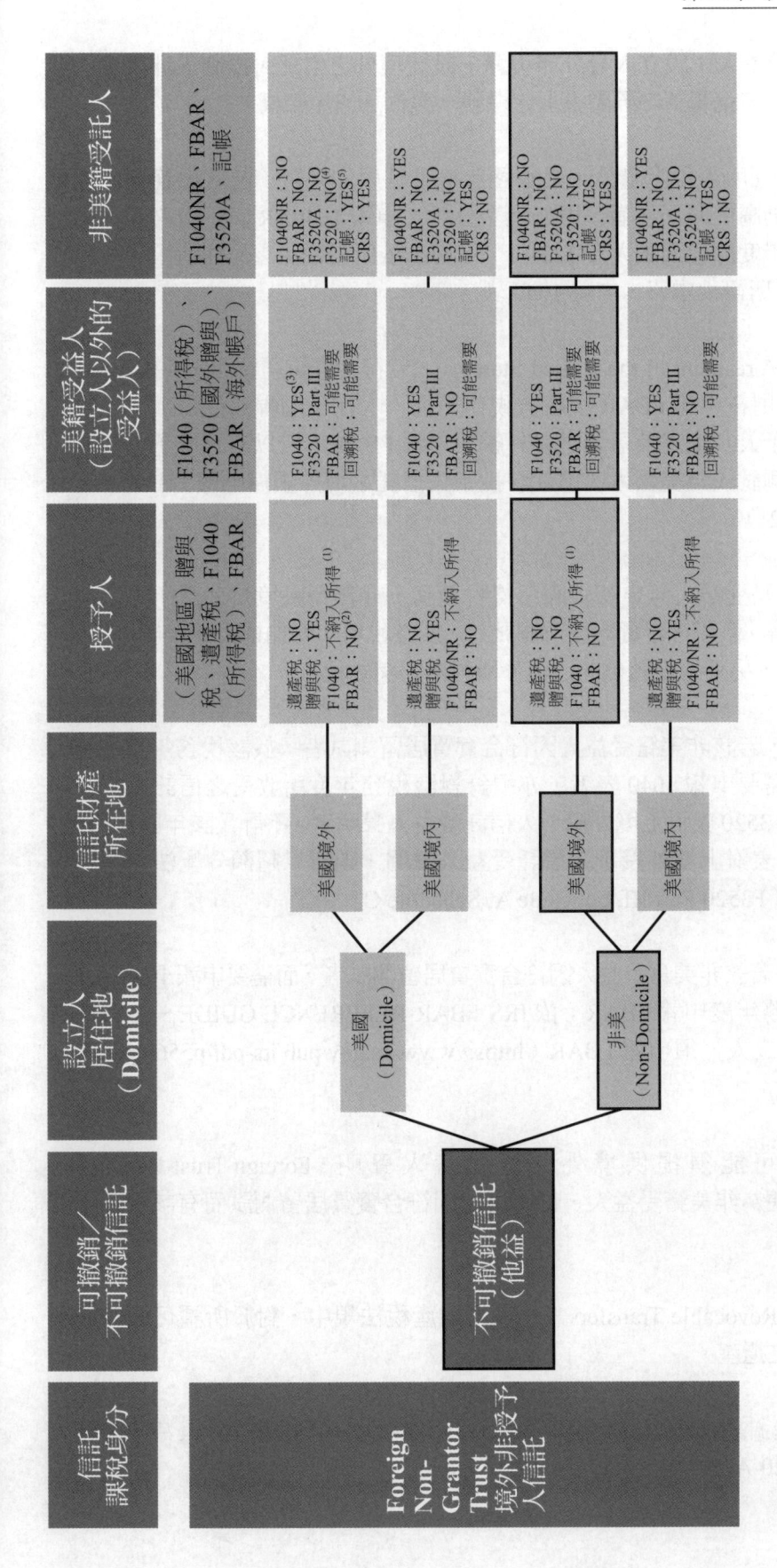

信託課稅身分	可撤銷/不可撤銷信託	設立人居住地（Domicile）	信託財產所在地	授予人	美籍受益人（設立人以外的受益人）	非美籍受益人
Foreign Non-Grantor Trust 境外非授予人信託	不可撤銷信託（他益）	美國（Domicile）	美國境內	（美國地區）贈與稅、遺產稅、F1040（所得稅）、FBAR	F1040（所得稅）F3520（國外贈與）FBAR（海外帳戶）	F1040NR、FBAR、F3520A、記帳
			美國境內	遺產稅：NO 贈與稅：YES F1040：不納入所得[1] FBAR：NO[2]	F1040：YES[3] F3520：Part III FBAR：可能需要 回溯稅	F1040NR：NO FBAR：NO F3520A：NO[4] F3520：YES[5] 記帳：YES CRS：YES
			美國境外	遺產稅：NO 贈與稅：YES F1040/NR：不納入所得 FBAR：NO	F1040：YES F3520：Part III FBAR：可能需要 回溯稅	F1040NR：YES FBAR：NO F3520A：NO F3520：YES 記帳：YES CRS：YES
		非美（Non-Domicile）	美國境外	遺產稅：NO 贈與稅：NO F1040：不納入所得[1] FBAR：NO	F1040：YES F3520：Part III FBAR：可能需要 回溯稅	F1040NR：NO FBAR：NO F3520A：NO F3520：YES 記帳：YES CRS：YES
			美國境內	遺產稅：NO 贈與稅：YES F1040/NR：不納入所得 FBAR：NO	F1040：YES F3520：Part III FBAR：NO 回溯稅：可能需要	F1040NR：YES FBAR：NO F3520A：NO F3520：YES 記帳：YES CRS：NO

2 境外信託：授予人／設立人身分非美籍，設於境外之信託、控制人非美籍、非美籍受益人（各點文字說明請參照圖表上之標號，黑框為常用架構）

(1) 授予人在美國所得稅上身分，必須逐年檢查其居住天數。若該稅務年度加權天數小於 183 日，仍屬於非居住者，則如上表分析，申報 1040NR 表；但必須注意授予人一旦於該稅務年度加權天數大於 183 日，則必須依所得稅上之居住者來申報所得稅。此時則視同 PR 所得稅申報，申報 1040 表。

(2) 美國居民（A resident of the United States），若符合實質居留測試（Substantial Presence Test）者，則在申報 FBAR 上將被視作美國人。在美國聯邦稅務上，若為美國授予人信託之授予人，須就該信託之境外帳戶申報 FBAR。所以若該授予人於該稅務年度因實質居住測試成為美國人，須就該授予人信託之境外帳戶申報 FBAR。（31 CFR§1010.350(b)(2)）

(3) 原則上非美籍受益人無申報美國所得稅義務，亦無需將境外來源所得之信託分配計入其應稅所得。但若符合實質居留測試者，於該稅務年度加權天數大於 183 日，而需要申報 1040 表，另外須就該信託之境外所得申報美國稅。

(4) 承 (3) 所述，若該非美籍受益人因符合實質居留測試者，於該稅務年度加權天數大於 183 日，而需要申報 1040 表者，亦須針對該稅務年度所收受之信託分配申報 3520 表；另，若有於 3520 表附上境外授予人信託受益人聲明者，不計入該年應稅所得；反之，若未於 3520 表附上境外授予人信託受益人聲明，則需以超額分配法設算超額分配之稅金及利息（F3520 Part III, Schedule A, Schedule C）。

(5) 承 (3) 所述，若該非美籍受益人因符合實質居留測試者，而需要申報 1040 表者，可能亦須針對該稅務年度申報 FBAR；依 IRS FBAR REFERENCE GUIDE——對於擁有信託受益權 50% 之人，須申報 FBAR（https://www.irs.gov/pub/irs-pdf/p5569.pdf Page 4.）。

(6) 受託公司可能須提供境外信託受益人聲明（Foreign Trust Beneficiary Statement），因即便為非美籍受益人，仍有可能因符合實質居留測試而有該稅務年度之稅務申報義務。

(7) IRC§2038 Revocable Transfers——美國遺產稅法規中，對於所謂可撤銷移轉仍應併入原移轉人之遺產。

(8) 3520-A 表為針對境外信託具有美籍授予人之情況，但此處授予人為非美籍人士，故無須申報 3520-A 表。

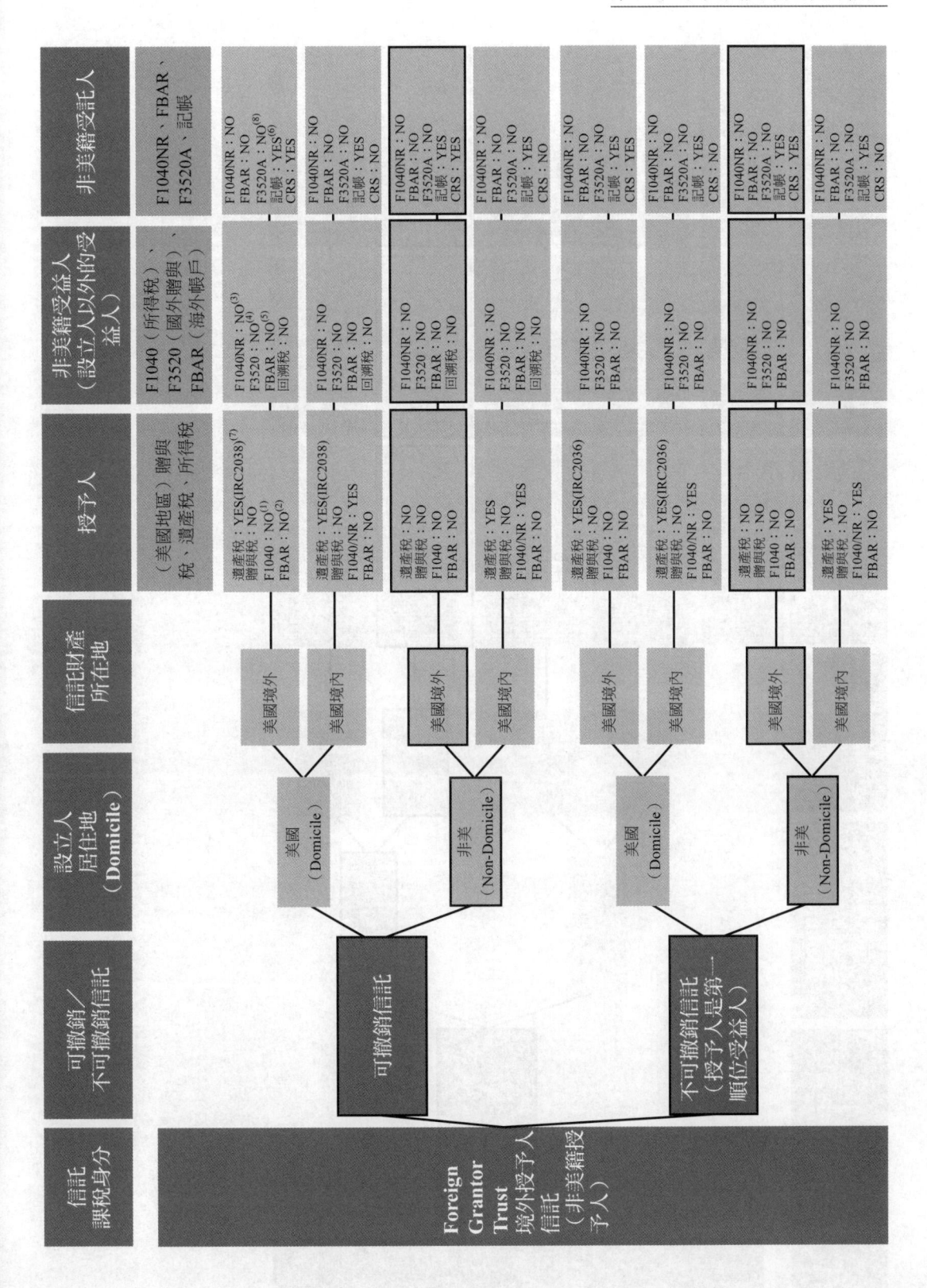

第三章 ◆ 美國與常見境外信託　245

信託課稅身分	可撤銷/不可撤銷信託	設立人居住地（Domicile）	信託財產所在地	授予人	非美籍受益人（設立人以外的受益人）	非美籍受託人
Foreign Grantor Trust 境外授予人信託（非美籍授予人）	可撤銷信託	美國（Domicile）		（美國地區）贈與稅、遺產稅	F1040（所得稅）、F3520（國外贈與）、FBAR（海外帳戶）	F1040NR、FBAR、F3520A、記帳
			美國境外	遺產稅：YES(IRC2038)[7] 贈與稅：NO F1040：NO[1] FBAR：NO[2]	F1040NR：NO[3] F3520：NO[4] FBAR：NO[5] 回溯稅：NO	F1040NR：NO FBAR：NO F3520A：NO[8] 記帳：YES CRS：YES
			美國境內	遺產稅：YES(IRC2038) 贈與稅：NO F1040/NR：YES FBAR：NO	F1040NR：NO F3520：NO FBAR：NO 回溯稅：NO	F1040NR：NO FBAR：NO F3520A：NO 記帳：YES CRS：NO
		非美（Non-Domicile）	美國境外	遺產稅：NO 贈與稅：NO F1040：NO FBAR：NO	F1040NR：NO F3520：NO FBAR：NO 回溯稅：NO	F1040NR：NO FBAR：NO F3520A：NO 記帳：YES CRS：YES
			美國境內	遺產稅：YES 贈與稅：NO F1040/NR：YES FBAR：NO	F1040NR：NO F3520：NO FBAR：NO 回溯稅：NO	F1040NR：NO FBAR：NO F3520A：NO 記帳：YES CRS：NO
	不可撤銷信託（授予人是第一順位受益人）	美國（Domicile）	美國境外	遺產稅：YES(IRC2036) 贈與稅：NO F1040：NO FBAR：NO	F1040NR：NO F3520：NO FBAR：NO	F1040NR：NO FBAR：NO F3520A：NO 記帳：YES CRS：YES
			美國境內	遺產稅：YES(IRC2036) 贈與稅：NO F1040/NR：YES FBAR：NO	F1040NR：NO F3520：NO FBAR：NO	F1040NR：NO FBAR：NO F3520A：NO 記帳：YES CRS：NO
		非美（Non-Domicile）	美國境外	遺產稅：NO 贈與稅：NO F1040：NO FBAR：NO	F1040NR：NO F3520：NO FBAR：NO	F1040NR：NO FBAR：NO F3520A：NO 記帳：YES CRS：YES
			美國境內	遺產稅：YES 贈與稅：NO F1040/NR：YES FBAR：NO	F1040NR：NO F3520：NO FBAR：NO	F1040NR：NO FBAR：NO F3520A：NO 記帳：YES CRS：NO

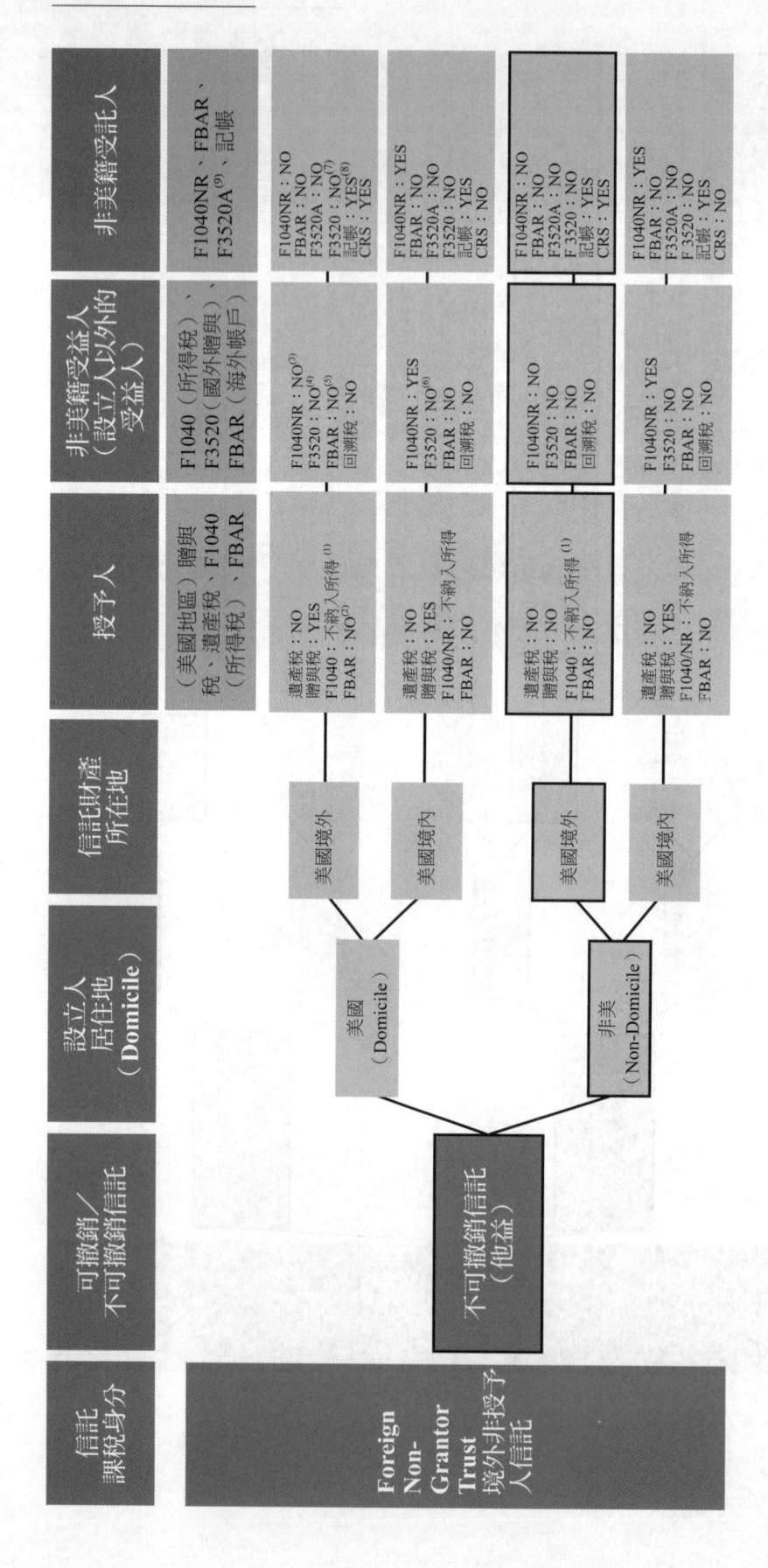

信託課稅身分	可撤銷／不可撤銷信託	設立人居住地（Domicile）	信託財產所在地	授予人	非美籍受益人（設立人以外的受益人）	非美籍受託人
Foreign Non-Grantor Trust 境外非授予人信託	不可撤銷信託（他益）	美國（Domicile）	美國境外	（美國地區）贈與稅、遺產稅、F1040（所得稅）、FBAR	F1040（所得稅）、F3520（國外贈與）、FBAR（海外帳戶）	F1040NR、FBAR、F3520A[9]、記帳
				遺產稅：NO 贈與稅：YES F1040：不納入所得[1] FBAR：NO[2]	F1040NR：NO[3] F3520：NO[4] FBAR：NO[5] 回溯稅：NO	F1040NR：NO FBAR：NO F3520A：NO[7] F3520：NO[8] 記帳：YES CRS：YES
			美國境內	遺產稅：NO 贈與稅：YES F1040NR：不納入所得 FBAR：NO	F1040NR：YES F3520：NO[6] FBAR：NO 回溯稅：NO	F1040NR：YES FBAR：NO F3520A：YES F3520：YES 記帳：YES CRS：NO
		非美（Non-Domicile）	美國境外	遺產稅：NO 贈與稅：NO F1040：不納入所得[1] FBAR：NO	F1040NR：NO F3520：NO FBAR：NO 回溯稅：NO	F1040NR：NO FBAR：NO F3520A：NO F3520：NO 記帳：YES CRS：YES
			美國境內	遺產稅：NO 贈與稅：YES F1040NR：不納入所得 FBAR：NO	F1040NR：YES F3520：NO FBAR：NO 回溯稅：NO	F1040NR：YES FBAR：NO F3520A：YES F3520：YES 記帳：YES CRS：NO

(五) 離岸信託

授予人／設立人身分綠卡持有人；設於境外之信託、控制人非美籍（各點文字說明請參照圖表上之標號，黑框為常用架構）

(1) 因為該離岸信託為授予人信託，故所得稅負擔為授予人本身而非信託。美籍授予人須將信託該稅務年度之收益併入該美籍授予人之個人綜所稅表中。

(2) 若該年度該美籍授予人有將財產移轉入信託，需反映於 Part I；該離岸信託設立後，每一稅務年度皆須申報信託基本訊息於 Part II。

(3) 該美籍授予人每年皆須將境外信託受託人寄送之境外授予人信託授予人聲明作為其 3520 表之附件；且若離岸信託受託人未申報 3520-A 表，授予人需實時寄送 3520-A 表之替代表格，以避免遭受國稅局額外之罰款。

(4)（https://www.irs.gov/pub/irs-pdf/p5569.pdf Page 4）基於聯邦稅務目的之考慮，符合聯邦稅法典第 671-679 條授予人信託之信託授予人，將被視作信託法定所有權人及相關紀錄所有人。

(5) 此處須注意，授予人為綠卡持有人，就遺產稅課徵目的，須其死亡日符合遺產稅法非居住者之條件，始得以非居民身分豁免境外資產計入美國遺產課稅範圍。若死亡日符合遺產稅法非居住者之要件，則使用 706-NA 表申報；反之，若死亡日屬遺產稅法居住者，則使用 706 表申報。

(6) 美籍授予人設立之離岸授予信託，除自益之形式外，尚有其他可能，所以可能是移轉財產入信託時繳納贈與稅，也可能是授予人死亡時方繳納遺產稅。此處為講解需要，假設為自益信託，故依美國稅法典第 2036 條之規定，待美籍授予人過世時，方須繳納遺產稅。

(7) 美籍受益人若有於 3520 表附上境外授予人信託受益人聲明者，不計入該年應稅所得；反之，若未於 3520 表附上境外授予人信託受益人聲明，則需以超額分配法設算超額分配之稅金及利息（F3520 Part III, Schedule A, Schedule C）。

(8) 依 IRS FBAR REFERENCE GUIDE——對於擁有信託受益權 50% 之人，須申報 FBAR（https://www.irs.gov/pub/irs-pdf/p5569.pdf Page 4.）。

(9) 若該離岸信託具有任何美籍之授予人，離岸受託公司即須就該稅務年度代表該信託申報 3520-A 表，揭露該離岸信託之基本訊息（Part I）、損益表與資產負債表（Part II），及撰擬離岸授予人信託之授予人聲明予美籍授予人，離岸授予人信託受益聲明予美籍之受益人，至其完成該稅務年度 3520 表之離岸信託之稅務申報。

美國信託與跨境傳承

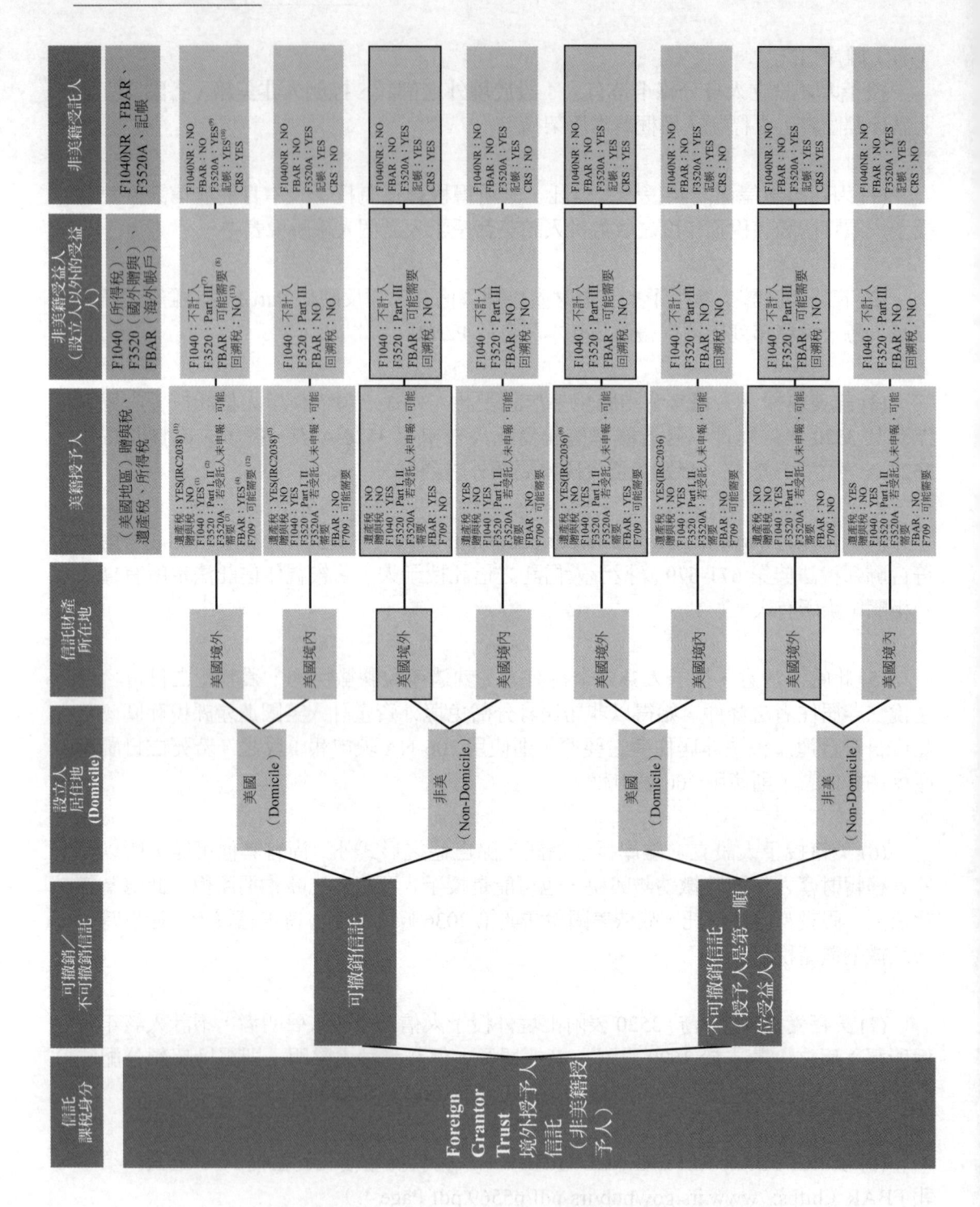

Foreign Grantor Trust 境外授予人信託（非美籍授予人）決策流程表

信託課稅身分	可撤銷/不可撤銷信託	設立人居住地 (Domicile)	信託財產所在地	美籍授予人	非美籍受益人（設立人以外的受益人）	非美籍受益人
Foreign Grantor Trust 境外授予人信託（非美籍授予人）	可撤銷信託	美國 (Domicile)	美國境外	（美國地區）贈與稅、遺產稅、所得稅	F1040（所得稅）、F3520（國外贈與）、FBAR（海外帳戶）	F1040NR、FBAR、F3520A、記帳
				遺產稅：YES(IRC2038)[1] 贈與稅：YES[1] F1040：Not[2] F3520：Part I, II F3520A：若受託人未申報，可能 需要 FBAR：YES[4] 記帳：YES[5] F709：可能需要[12]	F1040：不計入 F3520：Part III FBAR：可能需要[8] 回溯稅：NO[13]	F1040NR：NO FBAR：NO F3520A：YES[16] 記帳：YES CRS：YES
			美國境內	遺產稅：YES 贈與稅：NO F1040：YES F3520：Part I, II F3520A：若受託人未申報，可能 需要 FBAR：NO 記帳：YES F709：NO	F1040：不計入 F3520：Part III FBAR：可能需要 回溯稅：NO	F1040NR：NO FBAR：NO F3520A：YES 記帳：YES CRS：NO
		非美 (Non-Domicile)	美國境外	遺產稅：NO 贈與稅：NO F1040：NO F3520：Part I, II F3520A：若受託人未申報，可能 需要 FBAR：YES 記帳：YES F709：需要	F1040：不計入 F3520：Part III FBAR：NO 回溯稅：NO	F1040NR：NO FBAR：NO F3520A：YES 記帳：YES CRS：YES
			美國境內	遺產稅：NO 贈與稅：YES F1040：YES F3520：Part I, II F3520A：若受託人未申報，可能 需要 FBAR：NO 記帳：YES F709：需要	F1040：不計入 F3520：Part III FBAR：可能需要 回溯稅：NO	F1040NR：NO FBAR：NO F3520A：YES 記帳：YES CRS：NO
	不可撤銷信託（授予人是第一順位受益人）	美國 (Domicile)	美國境外	遺產稅：YES(IRC2036)[6] 贈與稅：YES F1040：YES F3520：Part I, II F3520A：若受託人未申報，可能 需要 FBAR：YES 記帳：YES F709：可能需要	F1040：不計入 F3520：Part III FBAR：可能需要 回溯稅：NO	F1040NR：NO FBAR：NO F3520A：YES 記帳：YES CRS：YES
			美國境內	遺產稅：YES(IRC2036) 贈與稅：YES F1040：YES F3520：Part I, II F3520A：若受託人未申報，可能 需要 FBAR：NO 記帳：YES F709：可能需要	F1040：不計入 F3520：Part III FBAR：NO 回溯稅：NO	F1040NR：NO FBAR：NO F3520A：YES 記帳：YES CRS：NO
		非美 (Non-Domicile)	美國境外	遺產稅：NO 贈與稅：YES F1040：YES F3520：Part I, II F3520A：若受託人未申報，可能 需要 FBAR：NO 記帳：YES F709：可能需要	F1040：不計入 F3520：Part III FBAR：NO 回溯稅：NO	F1040NR：NO FBAR：NO F3520A：YES 記帳：YES CRS：YES
			美國境內	遺產稅：YES 贈與稅：NO F1040：YES F3520：Part I, II F3520A：若受託人未申報，可能 需要 FBAR：NO 記帳：YES F709：可能需要	F1040：不計入 F3520：Part III FBAR：NO 回溯稅：NO	F1040NR：NO FBAR：NO F3520A：YES 記帳：YES CRS：NO

(10) 離岸受託公司須提供境外信託授予人及受益人聲明予申報 3520-A 表，故有記帳需求。

(11) IRC § 2038 Revocable Transfers──美國遺產稅法規中，對於所謂可撤銷移轉仍應併入原移轉人之遺產。

(12) 若該年度有進行信託分配，該信託分配將被視作美籍授予人對於受益人之贈與，授予人需申報 709 表。

(13) 因境外授予人信託於美國所得稅法上，該稅務年度之可分配淨（信託）收益（Distributable Net Income, DNI）皆已由授予人完納所得稅，故該離岸信託並不會有累積未分配（信託）收益（Undistributed Net Income, UNI）產生，所以將來稅務年度即便分配予美籍之受益人，亦不產生回溯稅（Throwback Tax）設算課徵。

五、美國司法管轄權以外的境外信託之成立

美國司法管轄權以外的境外信託是指在美國以外國家或地區成立的信託。一般來說，境外地區是指設立人國籍以外的地區，本書的境外地區是指美國及中國以外的地區或國家。受託人註冊在美國及中國以外管轄區，設立人不用親臨當地，其信託運作可直接執行。特定的屬地對信託的定義或法條有相對寬鬆或特別的政策，使受益人的利益能夠得到更多的保護。

境外信託下可持有的資產內容，應按照法律的規範，但是實務上按照每一個受託公司的規範而有所不同（若受託公司不接受該資產，則信託無法成立）。可接受的資產內容大致上有現金、公司股權等等。早期一般傳統信託定位及精神在於優化信託資產，受託公司被設立人賦予權力來進行管理，因此受託公司被賦予的權力非常大，大到可以為了優化信託資產價值，處分信託所持有的公司股權。但是，在現在的社會中，設立人通常想要讓自己或是認可的公司管理者來長久經營該公司，並且未來將公司股權價值最大化及將受益權完整傳承給下一代。

新加坡係將「境外信託」定位為設立人及受益人均非本國人的信託；香港則是將其定義為受託人不在當地對信託為中央管理及控制的信託；美國則是定義為受託人非本國人或本國法院無法有效行使控制權的信託。[28]

依據新加坡所得稅法（Income Tax Act）第 13G 條及依該條發布的「外國信託所得稅豁免規則」（Income Tax (Exemption of Income of Foreign Trusts) Regulations）的「得

---

[28] 此處關於「新加坡境外信託」參考及引用《信託業辦理境外信託之可行性研究（含自經區）》（民 103 年 9 月，主持人：許兆慶；研究人員：胡浩叡、王菀慕、廖士毅、李訓鋒）。參考網址：http://www.trust.org.tw/files/103405120000.pdf。

適用本規則之外國信託」（Foreign Trust to which Regulations apply）與「所得稅豁免」（Exemption）等節，信託受益人得享受所得稅法豁免優惠之前提要件有：信託須以書面作成、設立人與受益人必須為非新加坡的公民或居民，或非新加坡公民或居民為股東的公司；或是由不具新加坡的公民或居民身分的自然人或外國公司直接或間接地享有受益權的單位信託基金（Unit Trust），且所得係屬源自指定投資所生的特定收入，並由新加坡當地的受託人或信託公司管理等前提下，給予所得免稅的優惠。由此可知，新加坡所得稅法原則上係將「境外信託」定位為設立人及受益人均非本國人的信託。

香港就信託資產中源自於「非香港本地資產」所得，給予一定免稅優惠，進而鼓勵外國人來港設立信託管理其位於母國或第三國資產，發展資產管理業務。依據其《稅務條例》（Inland Revenue Ordinance）第20AC條及《2006年收入（豁免境外基金繳付利得稅）條例》、《稅務條例釋義及執行指引第43號（修訂本）》第6、12及13條的規定，准許非居港者（包括個人、法團、合夥及信託產業受託人）就其透過指明人士進行或由指明人士安排進行的某些指明交易產生的利潤，豁免繳納利得稅（Profit Tax）。只要該信託產業受託人的「中央管理及控制」在該課稅年度並非在香港進行的，即屬「非居港者」豁免自1996年4月起原應繳納的利得稅稅款。

美國境外信託設立實務上，設立人係以境外控股公司的股份作為信託資產，而以該境外控股公司持有實際資產如銀行存款、股票及不動產等。以控股公司名義握有實際資產有利於資產的處分或移轉。此外，倘欲變更受託人時，亦可以移轉控股公司的股權為之，而無須移轉實際資產。未來當境外控股公司經營者（設立人）死亡時，無須辦理冗長的股權繼承認證程序，不致影響整個信託資產的運作及管理。

信託的關係人中其一為外國人，抑或信託行為作成地、信託財產全部或一部分的所在地、信託關係約定準據國法及爭議解決地國法並非信託關係人的母國，均可視為廣義境外信託（Foreign Trust）。故所指境外信託係指設立人在其本國以外地區設立，一般選擇設立在低稅負的地區。目前境外信託最早均來自英國普通法，目前常見設立境外信託國家或地區主要有下列三大區域：

1. 加勒比海地區的百慕達、巴哈馬、開曼、英屬維京群島、聖基茨和尼維斯（Bermuda, Bahamas, Cayman, British Virgin Islands, Federation of Saint Kitts and Nevis）等群島；

2. 位於英國附近，屬於英國皇家屬地的澤西島、根西島、馬恩島（Jersey, Guernsey, Isle of Man）等；

3. 環太平洋堡礁的庫克群島、東加、薩摩亞（Cook Islands, Tonga, Samoa）等。

為敘述的明確，以下會將上述三大區域稱為「離岸地區」，並將在上述三大區域成立的信託稱為「離岸信託」。

目前離岸地區的國家或司法管轄區均制定有完善的信託法或信託實體法，以開曼群島為例，即分別於 1967 年制定信託法、1987 年制定「涉外信託法」（Trusts Foreign Element Law of 1987）、1989 年制定「詐欺轉讓法」（Fraudulent Dispositions Law of 1989）及 1997 年制定「特定信託（替代機制）法」（the Special Trusts (Alternative Regime) Law 1997）以規範信託的基本法律關係，並作為信託關係成立及效力的準據法，並為因應不同國籍設立人的特殊需求，提供多樣化的信託商品，以供來自全球各地的外國人使用。[29]

英屬維京群島（BVI）、開曼群島、澤西島、香港及新加坡都有規定能避免法定繼承人挑戰信託，且能夠阻止外國法院的判決在本地得到承認和執行。其中，香港和新加坡還特別要求必須適用本地法律，且受託人為本地居民才可以。

具體債權人在各離岸地區所應承擔的舉證責任和行使權利的訴訟時效則各有不同。例如 BVI 規定除非受託人是善意，對於設立人欺詐的意圖不知情，並已支付相應的市場對價，才可能構成例外情況，且 BVI 對於債權人向當地信託行使該權利是沒有訴訟時效限制的。開曼群島則是限制已知的或潛在的債權人行使該權利的訴訟時效為六年，自該資產轉入信託的那一天起算。根西島還要求設立人於設立時必須是資不抵債的情況，或設立後導致資不抵債的情況才行，且債權人應自發現欺詐後六年內行使該權利。但是，排除了潛在債權人行使該權利。而香港則是增加了兩種信託無效的情況，一是設立人在被判個人破產的兩年前設立的信託無效；二是在設立人個人破產情況下，債權人能夠證明十年內設立的信託在設立時是有足夠資產償還債務的，即可挑戰該信託。[30]

信託法演化至今，有很多信託屬地大家已耳熟能詳，例如新加坡、百慕達、開曼群島、科克群島、英屬維京群島等等。以英屬維京群島為例，該國家在 2003 年公布了「2003 年維爾京群島特別信託法」（VISTA-Virgin Islands Special Trust Act 2003），規定客戶可以授予人的身分設立信託，並將其在 BVI 公司中的股份轉移到信託中，客戶可以繼續擔任 BVI 公司的董事，這樣同時既可以繼續有效地控制公司的業務，又不受託人干預。在 VISTA 信託的架構下，禁止受託人干預 BVI 公司的管理。除了 VISTA 信託合約預先規定的情況外，董事對公司資產的管理不受受託公司的束縛。如果公司宣布將向信託支付股息，則根據信託契約的條款將股息分派給受益人。

境外信託一般設立在避稅天堂，顧名思義係將「境外」與「信託」結合在一起，可保障資產免受不可預知的法律訴訟、破產、債權人追索等影響；亦可避免合法或不合法的強佔或政治局勢的不穩定等因素，按照境外信託架構的設計亦可確保財產按照信託人的意願進行分配，進而避免政府干預、強制繼承權、遺囑檢查，以免除遺產承辦手續及費用，甚至免付遺產稅等，例如依百慕達法律所成立的信託屬於永久信託，

---

[29] 參考來源：《當代財政》第 035 期，網址：2013.11http://www.mof.gov.tw/public/Attachment/31171558761.pdf。
[30] 引用自 http://www.wealthplus.org.cn/NewsSt/596.html。

可以沒有確定信託受益人,只要指定管理人,即可由信託管理人根據信託成立目的來支配,原則上只要沒有被百慕達法院判決無效就屬合法設立,如此運用信託基金不僅能避免財產繼承可能導致的家族財產的分崩離析,又能達到保全家族財富,延續家族企業的目的;另外由於離岸地區的司法制度具備高度獨立性、隱私性極高,該地區原則上均不承認其他國家的判決,即可能會發生法院判決離岸信託無效,該離岸信託運作不受影響的情況,且按照國際慣例,一旦信託進入訴訟程序,多以信託資產所在地的法律為主要判決依據,更強化境外信託的功能;此外境外信託的免稅環境將使得投資收入、資產增值得到雙重的增長,產生更高的回報率,此等均是成立境外信託吸引人的地方。

以台灣著名王氏家族在百慕達成立的信託為例,在 2001～2005 年期間,家族資產主要擁有者將逾百億美元資產陸續移入五大境外信託,境外信託為祕密確保上市公司的控制權能掌握於家族中幾個知情人士手中,以保證家族成員在家族資產擁有人死後不能繼承到大量股份,大幅減少資產擁有人遺產,並以海外投資者的名義隱藏真正控制權,使家族中僅一小撮人持有龐大全球商業王國的資產並避過台灣當局的監管。

一直以來境外信託都被認為有許多資產規劃優勢,然現今國際局勢改變,過去境外信託的優點已經嚴重弱化,有些甚至已轉化為缺點,以下列舉幾項介紹:

1. 資產政治風險:過去認為境外信託可以全球布局資產、透過資產國際化、跨境化,可避免政治風險、國家風險。在如今 OECD 的 CRS 自動通報生效後,打擊跨境逃稅及維護誠信的納稅稅收體制的 CRS 建立後,大多數的離岸地區、低稅地都參與了稅務資訊自動交換體系,雖 CRS 不具有法律效力,但 OECD 卻要求各國或境外地區修改本地相關法律進行資訊交換適用,離岸受託公司作為消極金融機構,其帳戶所在的銀行需要向稅務機關申報設立人、受託人、受益人的身分資訊,帳戶餘額和帳戶金額等變動資訊,未來效果如何有待觀察。

2. 資產保密:過去的境外信託契約無須向政府機構登記,也不必公開披露,資產轉移至受託公司或受託人名下後,信託設立人及受益人的資料及利益均絕對保密。然而在 CRS 生效後,各國開始要求離岸地區政府提供公司及銀行資訊,資產保密性的優勢也逐漸弱化。

3. 資產保障:成立信託可保障資產免受債權人索償或造成債權人發生訴訟不經濟情況。債權人若對信託設立人提起訴訟,如設立人已經成立信託,即使債權人取得他國法院的執行命令,信託設立地亦可能不承認他國法院的執行命令,通常債權人必須前往信託所在的特定地區或國家對設立人提起訴訟,構築了一道讓債權人不易翻越的城牆。然成立境外信託不只有一定費用,境外信託受託公司與境外信託律師收費不斐,因為適用法律的不確定性,未來若要再修改或調整價格門檻高,萬一債權人真的前往離岸地區訴訟,債務人應付訴訟的律師費更是要付出相當大的代價。

4. 資產統籌管理：過去認為境外信託能將信託設立人、信託財產設立人、受益人海外資產統一納入一個信託平台管理，簡化資產管理及統一管理，防止後代揮霍敗家、避免家族分崩離析，確保家族財富有序的傳承。然現今離岸地區的控股公司帳戶開立不易，境外信託下的控股公司開立銀行帳戶，即要由境外信託控有各國資產，但因銀行帳戶開立困難，未來要安排所控資產交易資金流程變得非常困難。

5. 稅務規劃：過去認為境外信託可透過分紅保單、基金、股票、債券等獲得資金收益減輕甚至豁免本國境內的所得稅、資本利得稅、贈與稅、財產稅、遺產稅等。然情況是境外信託的帳務處理複雜，其中一大考量是，成立境外信託最好在成立第一天就開始進行帳務處理，至少應在有美國受益人時進行帳務處理，否則未來境外信託真正進行收益分配時將無從計算回溯稅，屆時要進行補記帳可謂工程浩大。

6. 資產運用：有部分境外信託契約可保有適度的彈性，確保受託人隨外在環境的變遷，仍能為受益人謀求最佳福利。然實際情況是，境外信託常遭有心人士的濫用，如有心利用境外資產保護信託或從事藏匿合法資產以避免稅負，甚至將不法資產用以洗錢，導致一般人對境外信託觀感不佳。

以下將介紹常見美國以外地區境外信託架構：

境外信託的成立主要重點在於受託公司，一般境外信託成立的受託公司可分成兩種，一為私人銀行信託，一為獨立信託公司；大部分私人銀行信託主要是協助客戶理財所成立的理財信託工具。而獨立受託公司亦可再分成兩種，第一種為選擇獨立的信託公司持有資產，但保留主要投資管理權於信託自己，又稱為「指示型信託」（Directed Trust），也就是受託人接受信託保護人或信託投資顧問的指示而進行投資資產的管理，第二種為信託設立人成立自己的私人信託公司，自己管理自己的信託。茲將不同受託公司的架構分別說明如下：

（一）境外銀行信託

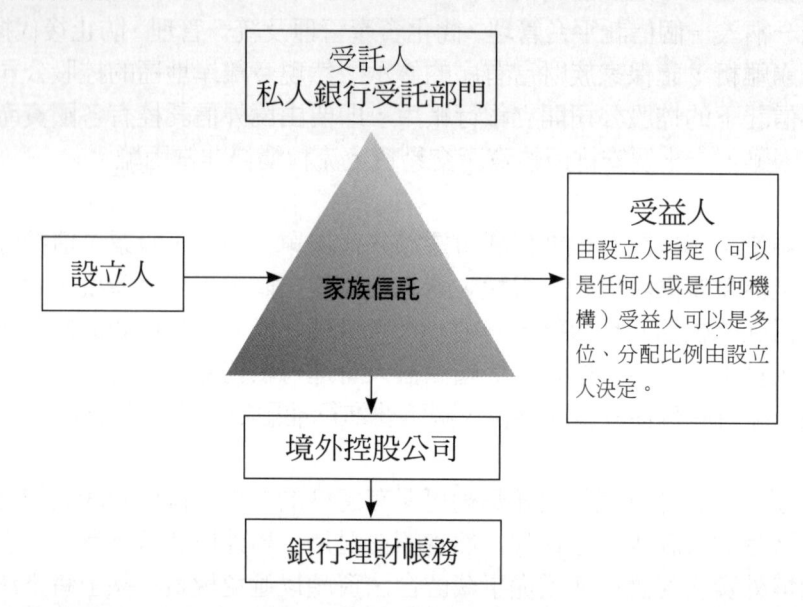

```
            受託人
         私人銀行受託部門
              │
              ▲
             ╱ ╲
            ╱   ╲                      受益人
   設立人 ─→   家族信託  ─────→  由設立人指定（可以
          ╱       ╲                 是任何人或是任何機
         ╱_____╲                構）受益人可以是多
              │                      位、分配比例由設立
              ▼                      人決定。
         境外控股公司
              │
              ▼
         銀行理財帳務
```

　　即由金融機構所成立的信託部門所管理的家族信託，通常這類屬於投資類型信託，信託資產只接受現金，並且需要按照銀行信託部門的規劃來購買金融商品以獲得較高的回報率。這種信託大部分始於各類型的知名銀行，該銀行會另外設立於信託產品較發達的地區，例如英屬根西島、澤西島、開曼群島、百慕達群島等離岸地區，成立了銀行信託部門（受託公司），取得受託執照來擔任專業受託公司管理信託資產，並使用設立人資產來購買自家推薦的金融理財商品。

　　然而，這些銀行所提供的境外信託服務亦存在一定侷限性。原則上，受託資產以具流動性、易於變現或便於管理的資產為主，例如：銀行存款、理財產品、保險單，或特定地區（如香港、美國）上市的股票，以及特定地區核發的保單等。至於家族控股公司的股權、營運型公司股權、各國或地區的不動產，或動產資產（如金銀珠寶、翡翠、鑽石、字畫等），通常並不在受託範圍之內。此外，銀行信託合約幾乎全數以英文為法定語言，對於華人信託設立者而言，理解這些專業的信託條款並不容易。在實務上，設立人往往完全依賴銀行理財專員的說明，甚至可能在未充分了解合約內容的情況下，就已完成簽署與資產轉入。此時若要再針對設立人或受益人的權益進行調整，恐怕已為時已晚。因此，在簽訂銀行信託合約時，務必要格外審慎，確保充分理解所有內容與權益安排。

　　這些境外銀行信託，大體來說有幾個特點：

　　1. 設立人為第一順位的受益人：通常會以設立人意願書（Letter of Wish）來表達在設立人生前期望，設立人及其配偶作為受益人。

　　2. 信託為不可撤銷信託：由於銀行協助客戶設立信託是為了達到可以管理資產的

目的，所以通常希望客戶不要隨意轉出資金，讓銀行受託資金可穩定停留於信託中；這時在銀行成立的不可撤銷信託便成為銀行控制客戶資金的最佳工具。同時這些信託的準據法及設立地點通常是開曼群島、英屬根西島、澤西島等離岸地區，一旦發生爭議，客戶多處於被動的劣勢位置，任其宰割。

3. 銀行信託成立後，通常會下設一個控股公司：為了方便銀行帳戶開立，這些銀行的行員通常會協助客戶設立一個境外的控股公司，透過這個控股公司在銀行開戶買理財產品，再將控股公司由信託持有。

4. 銀行信託有保護人條款：部分金融機構會在合約裡面除了受託人（即銀行信託機構），再加入一個保護人的角色，由設立人或獨立第三者來擔任，此時有關信託的本金或孳息的分配、受託人的解任、信託資產的移轉等，受託人必須接受保護人的指示。這種情況下，雖然是一個不可撤銷的信託，設立人還是可以按自己的意願來控制財產，如此不僅可達到一般成立信託的目的，亦可讓此銀行信託更具彈性，一旦銀行信託在理財方面服務有瑕疵，即可更換受託公司或進行信託資金的轉移或分配。

5. 受託銀行具有完整控制權：在此要提醒讀者的是，筆者執業經驗裡面曾經看過設立人完全失去對信託的控制，也就是當資產移入信託以後，受託銀行掌握所有的控制權——包括何時要分配給受益人、何時決定受託人退休或解任以及指派下一任的受託人，這種情況會使得設立人及其子孫雖然享有信託的受益權，但是必須完全任由受託機構來決定分配機制，無形中已經完全被受託銀行所牽制，甚至信託成立了數年，設立人及其子孫未曾與受託人碰過面，完全受私人理財專員所操控，導致發生信託中之資產被掏空了，全數用於提供擔保借出資金作為他用，委託人或保護人還完全不知曉。

不同的境外銀行信託，對於信託資產管理、分配有著不同規定，當信託設立人欲設立離岸銀行信託時應審慎詳閱受託銀行所提供的信託合約，詳細了解信託設立人、信託保護人（部分銀行信託合約不允許設立信託保護人）或信託受益人，在此信託設立後對此信託的相關權利義務，否則當信託合約一旦簽訂，合約條款一面倒、完全傾向受託人，受託公司（銀行）有全面主導權，可完全決定信託財產或孳息的分配，屆時信託設立人、保護人、或受益人則必須完全聽從受託人（銀行），如此信託資產可能長久被受託人所掌控，引發嚴重信託糾紛，如梅艷芳於2003年12月（即去世前一個月）於滙豐銀行成立的財產信託基金，梅媽及梅艷芳兩名姪女和兩名外甥是受益人，其後信託出現問題，五名受益人要求終止信託、交代帳目，但遭滙豐銀行拒絕，必需到信託註冊地英屬開曼群島取得法院判決方可進行。

除了合約條款一面倒、受託公司（銀行）有全面主導權，並可能有權完全決定信託財產分配缺點以外，當受託銀行有完整控制權卻因疏忽未盡監管義務時，就可能無法防堵他人惡意移轉信託資產，尤其當該人是同樣熟悉該銀行信託架構的銀行內部人

員,更需要受託銀行發揮監督者的角色而非因為是同集團公司且有合作關係的同事而怠於監管,以筆者近期遇到案件說明,該案件的架構如下:

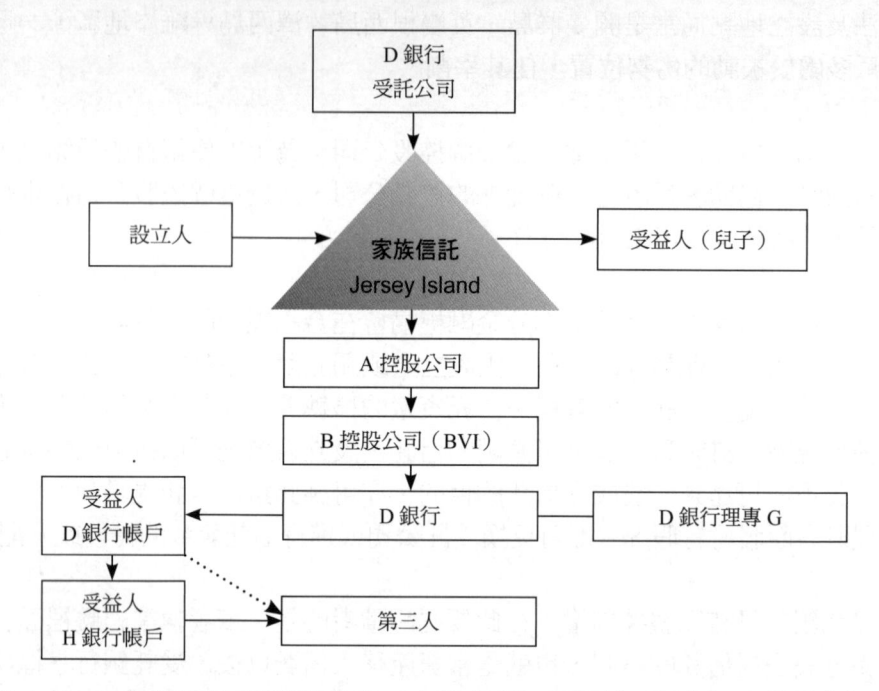

```
                    ┌─────────┐
                    │  D 銀行  │
                    │ 受託公司 │
                    └─────────┘
                         │
                         ▼
        ┌──────┐      ╱─────╲      ┌──────────┐
        │設立人│─────▶│家族信託│────▶│受益人(兒子)│
        └──────┘      │Jersey │    └──────────┘
                      │Island │
                       ╲─────╱
                         │
                         ▼
                    ┌─────────┐
                    │ A 控股公司│
                    └─────────┘
                         │
                         ▼
                    ┌──────────────┐
                    │B 控股公司(BVI)│
                    └──────────────┘
                         │
    ┌─────────┐          ▼           ┌──────────┐
    │ 受益人  │◀──── ┌──────┐ ────── │D 銀行理專 G│
    │D 銀行帳戶│      │ D 銀行│       └──────────┘
    └─────────┘      └──────┘
         │
         ▼
    ┌─────────┐      ┌──────┐
    │ 受益人  │─────▶│第三人 │
    │H 銀行帳戶│      └──────┘
    └─────────┘
```

設立人於 20 多年前於澤西島設立一家族信託,兒子為受益人,受託人為 D 銀行設立且有控制權的受託公司,家族信託下持有 A 控股公司,A 控股公司持有位於 BVI 的 B 控股公司,董事會與 A 控股公司成員相同。設立人近期收到 D 銀行通知,20 多年來為設立人家族提供財務管理服務的理財專員 G 於近期失聯,設立人察覺有異開始查帳,發現數年間,D 銀行多次貸款給受益人,並該貸款是以家族信託內資產為擔保,貸款加利息已累計數千萬美元,D 銀行出示設立人同意受託公司以信託下資產擔保受益人借款的文件,借款合約上有受益人簽名,然受益人表示並無向 D 銀行借款,亦不清楚為何自己的簽名會出現在借款合約上。

受益人基於對 G 的信任,多年來家族資產管理以及 D 銀行來往的文件皆聽信於 G,當初貸款及開戶也不疑有他的簽名,G 不僅手上有受益人的個人身分資料,也掌握受益人帳戶的操作權限,以受益人名義貸款的數千萬,該貸款進入受益人於 D 銀行帳戶後分別轉入受益人的 H 銀行帳戶以及第三方帳戶,後受益人的 H 銀行帳戶金流也轉入另一第三人帳戶,至此數千萬美元的貸款全數轉至第三方帳戶,而設立人及受益人請求 D 銀行調查時,G 已經消失。

在本案中,受託公司不僅在要求質押信託資產以擔保受益人貸款時未能向受益人或設立人確認,甚至讓設立人簽署同意受託公司以信託資產質押貸款的文件,進而撇清自身的監督管理責任,最終貸款落入第三人手中,信託甚至面臨以資產清償貸款的窘境,終究違反了設立人成立信託傳承家族財富之初衷。

筆者過去研究數個私人銀行信託合約，茲藉由以下兩者私人銀行信託合約，將境外銀行信託對信託設立人、保護人或其受益人有著不同規定，分析差異比較如下：

受託人（銀行）	A 銀行受託公司	B 銀行受託公司
信託設立日期	2009 年 1 月 1 日	2010 年 1 月 1 日
撤銷性	不可撤銷	不可撤銷
司法管轄地	根西島	巴哈馬群島
信託意願書	有 （我在世的期間希望被視為本信託的主要受益人，因為我希望能夠相應地照顧到我的家人。並且，在無損害受益人個人權益的前提下，我希望盡可能地將信託資產留給後代，這也是作為受託人須考量到的事項。）	有 （我在世的時候，有關信託的運營、維護和管理的問題，包括信託分配，請先詢問我的意見再行使信託合約授予給的相關權力。）
受益人	主要受益人：信託設立人與配偶 其他受益人：兒子後代、兒子、女兒、女兒後代（修改過增加女兒後代）	主要受益人：兒子後代、兒子、女兒、女兒後代 特定條件：見遺囑
保護人	無	有，首任為設立人
保護人權利	無	信託人就以下事項須獲得保護人的書面同意： 1. 信託收益和本金之運用 2. 委任受託人的權利 3. 轉移給其他信託的權利 4. 受託人權利的再授權 5. 受託人權利的釋放和限制 6. 更改信託條款的權利 7. 增加受益人 8. 除名受益人 9. 改變準據法的權利 10. 信託期間（信託終止日） 在設立人不再是本信託的首任保護人之後，上述權利和酌處權都不需要事先得到保護人的同意，而是由受託人來行使；但受託人在行使上述權利之前須至少提前 30 天以書面通知保護人。保護人有權取消通知期限，並在該通知上列明具體的事項及有效時間。
投資顧問	無	有，提前為設立人
投資顧問權利	無	設立人為本信託的投資顧問直到其去世或辭職或終止職務為止。 設立人有權對受託人提出對信託基金裡的現金，證券和其他資產進行投資和再投資的建議。 受託人不承擔任何由於作為或者不作為而造成的損失。 設立人去世或終止投資顧問職務後，繼任的投資顧問由保護人任命並有隨時解雇信託投資顧問的權利。 投資顧問可以隨時以書面通知受託人關於辭職之事宜，辭職在受託人發出書面同意書後生效。 當受託人收到設立人有關身體健康不良狀況的證明文件後，可以中止其信託基金投資顧問的職位。

受託人（銀行）	A 銀行受託公司	B 銀行受託公司
受託公司變更	必須由原始受託公司決定指派繼任或是共同受託公司，新受託人的辭職和委任如下： 1. 指派受託人 原始受託人有權力指派新任或額外的受託人。 在沒有原始受託人能行使上述權力的情況下，可由最後一位原始受託人的代理人或清算人代為行使。 如果原始受託人、最後一位原始受託人的代理人或清算人皆不存在時，則由適當法律所指定的人選來指派。 2. 辭去受託人職位 須通知其他在職的受託人。 如果是唯一在職的受託人，則需先依照指示選出繼任的受託人後，才可辭去職位。 在辭去受託人職位之前，受託人須執行必要的程序，以將信託資產轉交給繼任或額外的受託人。除信託移轉所產生的額外稅負，需依照適當的法律規範而定，其他移轉程序所產生的費用皆由信託來支付。 3. 變更受託人 須出具備忘錄，並由相關人等簽署。之後的任何人皆可無條件的相信此備忘錄上的資訊。	1. 任命繼任受託人 當設立人去世或健康狀況不良，保護人隨時都有權任命新的受託人。 受託人死亡或受託人被解散，受託人或公司應該以書面通知，再由保護人和受託人以書面指派繼任受託人。繼任受託人不會因為轉移信託基金而對產生的債務負責，除非此類轉移是離任受託人所反對。在任命新的或者額外的受託人前，受託人和任命者之間需要就薪酬簽署同意書。 2. 受託人退休和退出 受託人可以書面通知其他在任受託人和保護人關於其退出本信託之決定；退出後要有一或兩個受託人維持本信託。 保護人有權以書面形式授權移除任何受託人，移除後要有一或兩個受託人維持本信託。
轉移至其他信託	無	轉移給其他信託的權力 受託人有權在信託期內的任何時間支付款或轉移信託基金的全部或任何部分的收益或本金到其他信託。 上述支付或者轉移收益或本金的行為，應被視為是有利於受益人。 當受託人支付或轉移資金或資產到其他信託後，受託人將不再參與該筆資金或資產的處置。
估計相關費用	信託設立費 US$6,000 信託年費 US$10,000 公司設立費 US$4,000 起 公司年費 US$4,800 起 董事年費 US$3,100 合計約：US$27,900 （一次性費用：US$10,000／年度費用：US$17,900）	信託設立費 US$7,000 信託年費 US$29,000 起 信託終止費 US$6,500 起 公司設立費 US$4,000 合計約：US$46,500 （一次性費用：US$17,500／年度費用：US$29,000）

(二)境外受託公司信託

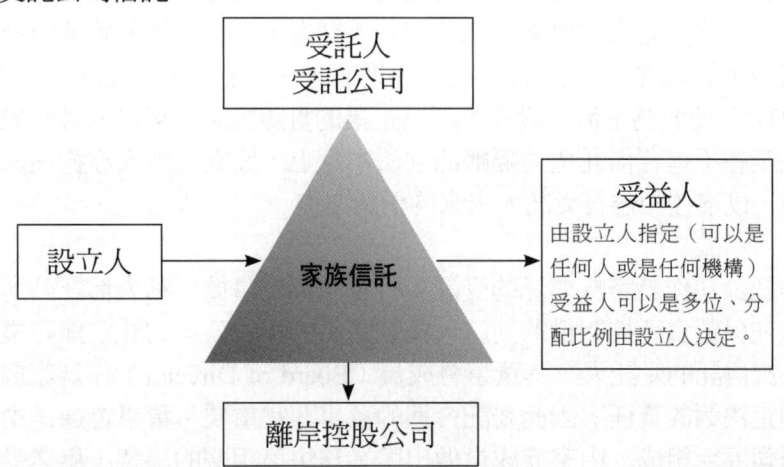

```
                    受託人
                    受託公司
                       △
                      ╱ ╲
         設立人 ───→ 家族信託 ───→ 受益人
                    ╱     ╲         由設立人指定（可以是
                   ╱       ╲        任何人或是任何機構）
                  ╱         ╲       受益人可以是多位、分
                                    配比例由設立人決定。
                       ↓
                   離岸控股公司
```

即由設立人成立一個信託，將資產移轉到離岸控股公司後，委託給境外受託公司（一般會選用免稅的離岸地區受託公司）管理擔任受託人，透過信託合約將資產轉移給受益人，目前除在各個離岸地區均有此類專業受託公司提供此服務，另外新加坡、香港亦有此類受託公司。以 BVI 信託為例，依據 BVI VISTA 信託的規則，由設立人於英屬維京群島等屬地設立一個家族信託，並將 BVI 公司股份轉移到該 BVI 信託，根據該屬地的商業公司法（BVI Business Companies Act 2004），對所有 BVI 的商業公司，除了法定每年應繳的登記費用，其餘所有業務收入和盈餘均免徵 BVI 本地的各項稅款，包含商業公司的任何股份和債券等相關的資本利得。當透過設立信託讓受託人持有 BVI 公司股權，而任何管轄區中的任何資產都可以由 BVI 控股公司來持有，則可實現國際資產的集中化。商業公司股份無 BVI 本地的遺產稅、遺贈稅或其他繼承方面的稅收（設立人及受益人還需要留意其稅務居所國稅務責任）。

(三)私人受託公司

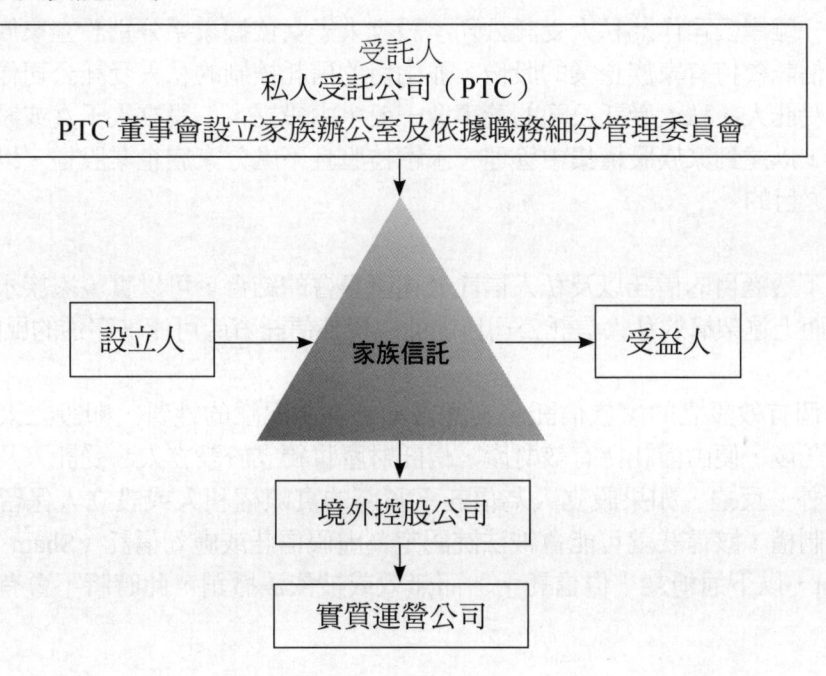

```
              受託人
              私人受託公司（PTC）
         PTC 董事會設立家族辦公室及依據職務細分管理委員會
                       ↓
                      △
                     ╱ ╲
         設立人 ───→家族信託───→ 受益人
                   ╱     ╲
                  ╱       ╲
                       ↓
                   境外控股公司
                       ↓
                   實質運營公司
```

近十年來，由於部分信託設立人可能仍對將價值數億、甚至上百億的家族控股公司股權全數委託給不認識的專業受託公司有所疑慮，希望信託的管理與運營來自家族內部成員並控有話語權，以及制度化的後期管理，「私人信託公司」（Private Trust Company, PTC）便成為主流；設立人即為企業的實際控制人可以安排其家庭成員與專業顧問，甚至在不違背信託權力隔離的立法本意上，設立人本人亦擔任私人信託公司的成員之一，以掌控和監督受託人未來的信託運作。

私人信託公司作為家族信託的受託人，讓家族成員擔任私人信託公司的董事，如此他們可以在保留資產控制權的同時，區隔對家族控股公司的法定擁有權。私人信託公司作為家族信託的受託人，其董事會成員（Board of Director）作為家族信託的受託人承擔著制定決策的責任，因此委託合適的董事非常重要。董事會通常由家族成員和專業受託公司混合組成，由家族成員做出與業務決策相關的決議，專業受託公司提供管理方面的專業知識，良好的企業治理仰賴於均衡的董事，以確保信託永續經營與長期獲益。

私人信託公司有助於強化家族對財產的控制。在境外信託架構中，私人信託公司可專為一個或多個家族設立，作為專屬的受託人，負責整體家族資產的管理。除了由專業受託公司擔任受託人外，亦常結合家族內部信任的私人顧問（如律師、會計師等）擔任董事會成員，並邀請部分家族成員參與，擔任保護人、投資顧問或分配顧問等角色，形成對受託公司運作的有效監督與制衡。此種安排不僅降低了信託設立人將法定所有權完全轉移予受託公司後可能產生的失控風險，也進一步鞏固了家族對企業資產的長期掌控與制度化治理能力。

以下簡單介紹目前常見的私人信託公司架構：設立人於境外設立某一目的信託（依當地法規之需求允許設立目的信託），由境外信託公司作為該目的信託的受託人，目的信託持有一離岸公司作為私人受託公司；設立人子女依據家系分別設立家族信託，子女的家族信託會持有家族企業的股份，並由目的信託控制的私人受託公司作為子女家族信託的受託人。私人受託公司的董事會一般會由設立人、設立人子女或設立人家族成員組成，以達到家族股權集中管理、永續控股且不處分家族企業股權、以達到家族資產傳承之目的。

乍看之下透過目的信託以及私人信託公司董事會的結合，可以實現家族永續治理的目標，然而上述架構的私人信託公司目前面臨境外信託資產可能被穿透的風險。

對於一個有效設立的家族信託，其應當具備資產隔離的性質，即設立人將其財產移轉給信託後，便由信託持有該財產，信託財產將獨立於設立人、受託人及受益人各自資產之外。反之，如果設立人為信託下資產的實際權利人或設立人保留信託資產的實際控制權，該信託就可能會被法院認定為虛假信託或虛幻信託（Sham Trust／Illusory Trust，以下通稱為「偽信託」）而無效或被依法撤銷，此時將不會有資產已

經移轉給信託持有的效果，即該信託下資產本質上仍屬於設立人的個人財產，沒有信託資產獨立於設立人的資產保護效果。

就資產保護的角度而言，若信託有效成立，即便設立人或受託人或受益人無法償還個人債務，信託財產也不屬於其個人財產，債權人無權申請法院直接對信託資產採取擔保措施或其他執行措施。若信託被視為偽信託進而被法院撤銷，設立人的債權人就有權向法院申請對該信託資產採取相應的財產擔保及相關執行措施。

信託是否會被法院判斷為偽信託，主要爭議是在於信託下資產的實際權利人或實際控制人是否為設立人，設立人是否對信託保有控制權，或具備對資產處置有實質影響。當設立人在信託架構或信託合約上持有對信託財產的控制權，且權力的持有導致信託財產能夠由設立人自由支配，信託就有極大可能被視為是偽信託；實際認定上，即使信託的設立人在表面上沒有賦予過多權利，但如果設立人的所有指示，受託人都「不經判斷」而盲目執行，這種情況就可能屬於實質虛假信託，其信託效力也會受影響。

目前私人信託公司境外信託架構中，大多設立人仍以擔任私人信託公司董事會的董事及／或內部家族辦公室、諮詢委員會之成員等角色以保留對信託的特定權利，該設計雖讓家族財產的控制權掌握在設立人手上，但卻增加信託帶有瑕疵的風險。

目前除了離岸的專業受託公司有提供此服務外，美國內華達州的信託公司（Nevada Trust Company, NVTC）多年提供此類服務，讓高財富家族有更多選擇機會，茲將該信託公司所提供的信託架構與私人受託公司成立與運作說明如下：

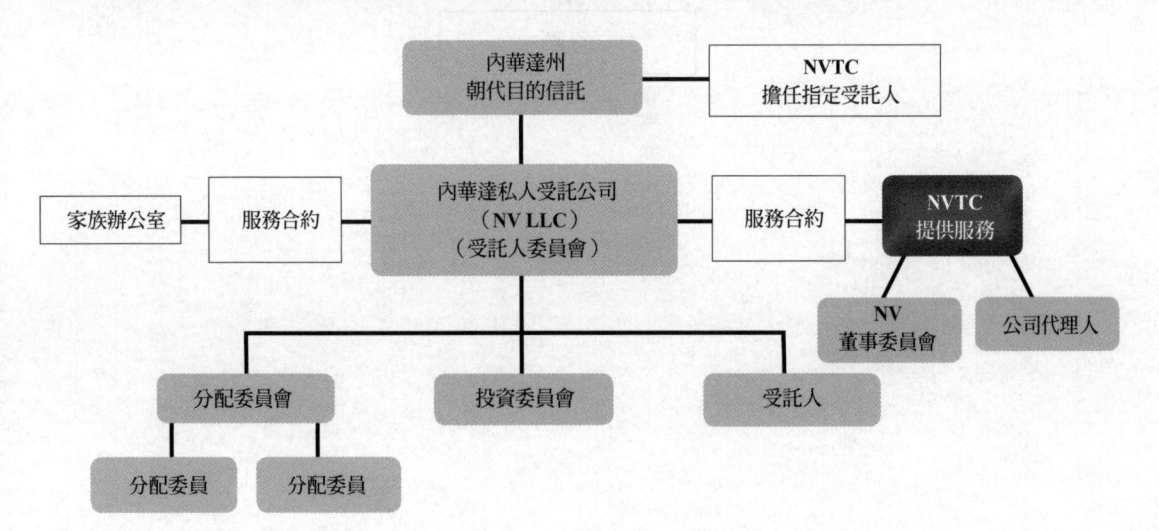

六、境外信託之設立與後續維持問題

本章以設立新加坡信託為例,概述境外信託常見的設立要件及程序,新加坡信託屬於一個普通法的法律制度(Common Law System),法律對所有權人和受益人有明確區分,必須是 21 歲以上的成年人自然人或法人,有能力行事、不是破產或無力償債,可以創建不同類型的信託(撤銷/不可撤銷信託),不是基於資產所在地或設立人住所地,設立人/受託人等有一定的權力,受託人有法定的受託責任,期限不能超過 100 年,通常成立的架構如下:

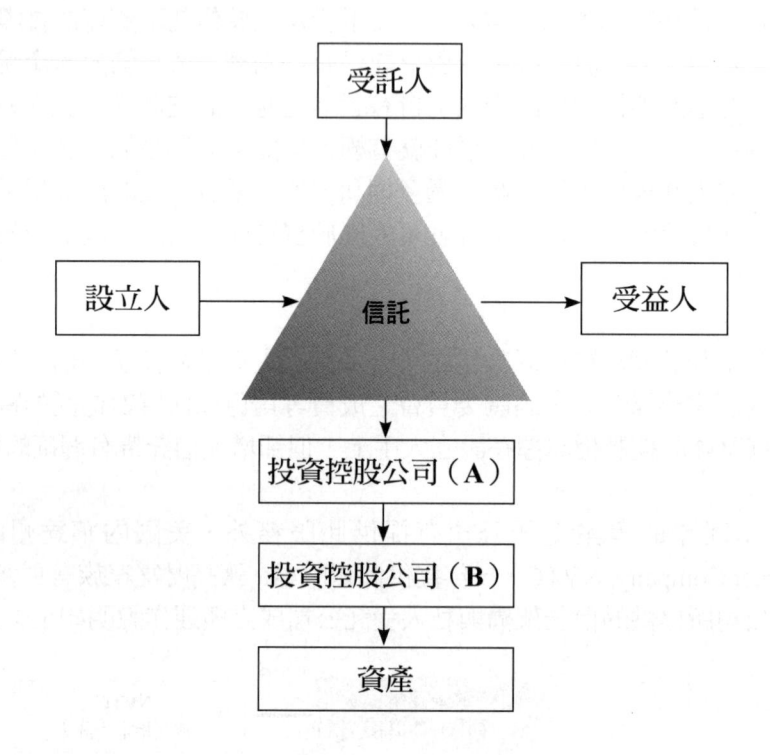

（一）新加坡信託設立步驟及時程表

步驟	項目	時間	執行端
1	提供客戶（設立人）護照給受託公司進行KYC，評估是否可以設立信託；若客戶有涉及法律訴訟、逃漏稅之疑慮，則將不符合設立資格。 ** 若設立人年齡超過65歲，受託公司可能會要求提供「健康證明書」（須由合格的醫療院所／診所／科別之醫師所簽名開立的證明文件）資格。	5～7天	受託公司
2	請客戶填寫信託問卷，需簽名 　(1) 信託名稱 　(2) 設立人人選 　(3) 受益人人選 　(4) 保護人／被排除人人選（如果有需要）	1～7天	客戶
3	受託公司審核信託問卷，並進行前置溝通作業，再安排會議 ** 需要詳述設立人背景與累積資產來源之過程 ** 若受益人非直系血親，需要相關證明資料做說明	14天～ 2個月不等	受託公司 KEDP 客戶
4	信託文件製作審查以及相關資料取得： 受託公司 　(1) 信託合約稿 　(2) 信託服務費用協議 　(3) 有關傳真和郵件疏漏的免責書 　(4) 簽名卡片──設立人（若有：保護人） 需蓋小章： 5. 指定保護人（如果有需要） 　(1) 設立人須簽署「委任保護人」 　(2) 監查人須簽署「保護人就任書」 6. 指派投資經理人（如果有需要） 　(1) 設立人須簽委任投資經理書 ** 如果沒有指定，客戶就是當然經理人 7. 尋求獨立之法律及稅務意見聲明──美國受益人 8. 尋求獨立之法律及稅務意見聲明──設立人 9. 免責聲明書（僅用於持有運營資產的信託） 10. 意願書 11. 稅務聲明書 12. 國籍聲明書 13. 個人稅務居民自我證明表（CRS-I） 客戶 1. 設立人、受益人、保護人、董事與股東資料： 　(1) 護照影本（有簽名頁） 　(2) 永久地址證明（身分證）或三個月效期地址證明（水電帳單、身分證影本、銀行對帳單等） ** 資料皆需要會計師或律師核實 ** 2. 設立人所需文件： 　　推薦函一份（委託人認識超過一年之銀行或專業人士如：律師、會計師等） KEDP 1. 資產資料，皆需核實（控股公司資料） 　(1) 公司註冊證書 　(2) 公司章程 　(3) 董事名冊 　(4) 股東名冊 　(5) 秘書名冊 2. 非美國籍聲明書		
5	信託合約與相關資料備齊（一式兩份），與客戶約定簽約 1. 在簽約日前，受託公司一定要和客戶見面或視訊會議 2. 或於簽約日，客戶與受託公司會面或視訊並同時簽約	1天	客戶 KEDP 受託公司
6	簽約相關文件、一式兩份，寄給受託公司簽名蓋章，待其寄回正本一份至本所交給客戶	14～30天	KEDP 受託公司
7	設立完成，客戶可以開始將資產移入 1. 將第二層境外公司股權移轉給第一層境外公司持有 2. 股東變更決議書、股權轉讓書	7～14天	客戶 受託公司

注意事項：為了使得 KYC 更為落實，客戶需要詳述財富來源和資金來源。

1. 財富來源是指客戶如何累積或獲得其財富

例如，客戶出售了其財產、繼承了某人的財產，或收到了薪水或他有投資收入。證明文件包括買賣協議、繼承文件、薪資單、股利憑證、報稅表等等；如果客戶擁有一家企業，則需要證明其從哪裡獲得資金來對公司進行資本化。

2. 資金來源是指為信託資產來源

例如，資金來自委託人的 ABC 銀行，在這種情況下，需要委託人提供至少 6 個月的 ABC 銀行對帳單。

新加坡可撤銷信託設立執行時間表

參與方	程序	時程							
		第一週	第二週	第三週	第四週	第五週	第六週	第七週	第八週
專業諮詢機構	通知受託公司，提供設立人之護照影本進行資格審核								
	協助客戶填寫信託問卷								
	協助與受託公司溝通信託問卷內容，安排雙方會議時間								
受託人	與信託設立人親自會議或視訊會議								
	準備信託簽署契約文件								
客戶	簽署信託契約（一式兩份）								
	提供設立人／保護人／受益人之身分證明文件影本及其他應備之文件								
	設立第一層境外公司								
受託人	收到設立人簽署之信託契約文件及相關證明文件								
	送審核單位進行信託設立								
客戶	收到信託合約正本一份								
	可以進行資產移入信託之規劃								

境外信託成立後，進入到信託維護以及銀行帳戶開立，此處同樣以新加坡信託為例，信託每年維持的程序包括以下：

1. 繳交信託年費。設立一年後，需要提供第二層（實質營運公司）的財務報表，由客戶自行編製，或委任 KEDP 協助辦理。

2. 每年受託公司會對設立人定期年度拜訪。

3. 配合每年法令修改回覆／簽署相關文件如 FATCA、CRS……等。

除信託本身外,境外信託架構需開設一家銀行帳戶,一般來說成立了離岸公司之後,下一步就是開戶,藉以持有信託資產;開戶選擇地區通常由設立人決定,大部分的客戶都選擇將帳戶開在香港、新加坡等亞洲金融城市。

開戶所需時間難預估,由規劃信託架構的專業諮詢公司協助引介銀行辦理開戶手續,基於對設立人背景以及整體架構的了解,可以大幅減少額外手續,以加快開戶的時間,為客戶帶來快捷且及時的服務效率。不同銀行對客戶開設公司帳戶的具體要求不盡相同,總括來說,一般主要有以下幾項要求(以香港開戶為例):

1. 公司董事需備妥護照、身分證或其他帶有照片的第二證件;

2. 公司董事需親自前來香港銀行見證護照及簽字;

3. 填寫基本公司資料表(說明公司營運內容、董事資訊、資金來源……等);

4. 提供境外公司文件:公司執照、公司章程、董事任職證明等,以上文件皆須持正本讓銀行對保;

5. 受託公司簽發出具的信託聲明書;

6. 提供股東、董事地址證明;股東財力證明。

由於銀行對離岸公司的開戶要求越來越嚴謹,公司股東需向銀行提供個人地址證明(水、電、電話費、銀行月結單等)及公司本身的營業地址證明,例如公用事業單位發給公司的帳單。但若離岸公司是新成立公司,一般不會馬上有營業地址,因此,難以提供公司地址證明,故銀行可能要求提供股東擁有的其他公司地址證明,例如註冊證明書或商業登記證等文件。

在此列出英屬維京群島、新加坡、庫克群島、薩摩亞等,四個常見境外信託管轄區,並依據各管轄區信託的相關規定整理成以下的比較表:

	英屬維京群島	新加坡	庫克群島	薩摩亞
信託可存續期限	360 年	100 年	永久	雙方約定或永久
信託設立人居住地要求	無	設立人不可以是新加坡居民	無	不可以是薩摩亞居民
信託受益人居住地要求	無	受益人不可以是新加坡居民	受益人必須永遠不是庫克群島居民	不可以是薩摩亞居民
政府註冊要求關於信託設立人投資許可權的保留方面	無需向政府註冊	無需向政府註冊	信託設立後及其後每年需向政府註冊登記。登記資訊包括: a. 信託名稱; b. 受託人名稱; c. 信託設立時間。	無需向政府註冊

	英屬維京群島	新加坡	庫克群島	薩摩亞
關於信託設立人投資許可權的保留方面	如果是英屬維京群島標準信託，受託人可以是信託下所屬公司的董事或董事之一。在信託架構下，設立人可以保留部分的投資或資產管理許可權。 如果是英屬維京群島特別法案信託，受託人禁止直接參與信託下所屬公司的日常管理。信託設立人或設立人指派的人，應該擔任信託下所屬公司的董事，並負責管理。	受託人可以是信託下所屬公司的董事或董事之一。在信託架構下，設立人可以保留部分的投資或資產管理許可權。	受託人可以是信託下所屬公司的董事或董事之一。在信託架構下，設立人可以保留部分的投資或資產管理許可權。	如果是薩摩亞標準信託，設立人保留一定許可權，包括但不限於： a. 在信託資產的購買、持有、出售、管理、貸款、抵押、按揭或者行使由該財產所產生的任何權力或權利方面向受託人發出具有拘束力的指令； b. 委託或開除投資經理或投資顧問。此外，設立人、保護人或者其他指定的人，保留一些特別如發出指令的權力。 如果是薩摩亞特別信託，受託人禁止直接參與信託下所屬公司的日常管理。設立人或設立人指派的人，應該擔任信託下所屬公司的董事，並負責管理。在某些規定的情況下，薩摩亞特別信託允許受託人參與管理。 如果是薩摩亞有限合夥類型信託，那麼信託下所屬有限合夥公司通常由一般合夥人進行管理。一般合夥人通常為設立人或設立人委託的人；受託人（持有信託下所屬有限合夥公司的股權）禁止參與有限合夥公司的管理當中。
關於「Saunders v Vautier」規則的適用（即所有的受益人，如果均成年且具有完全行為能力，可以向受託人提出分配信託資產並解散信託的請求）	該規定適用於英屬維京群島標準信託。針對英屬維京群島特別法案信託，如適用該規則，需要信託成立20年之後。	適用	不適用	該規則適用於薩摩亞標準信託。 針對薩摩亞特別信託，如適用該規則，需要信託成立20年之後。
相關稅負	信託下無稅務負擔。在設立信託時，需要繳納200美元的印花稅（包括從其他司法管轄區轉入到英屬維京群島的信託）。	針對一些特定的投資無稅負要求（包括一些特定類型的來源於新加坡本地的收入或）收益。信託設立時，無印花稅要求。	信託設立時，無印花稅要求。	信託在下列情況下免稅： a. 信託準據法為薩摩亞法律； b. 受託人是薩摩亞信託公司； c. 設立人和受益人均非薩摩亞居民。 設立時無印花稅要求。

	英屬維京群島	新加坡	庫克群島	薩摩亞
資產轉入信託時所涉及的稅負（除了設立人原居所國稅務問題）	無	如果涉及新加坡資產，或者在新加坡執行相關資產轉讓協議時，當資產轉入信託時，可能涉及相關印花稅的繳納。比如，在新加坡執行轉讓一家英屬維京群島的股權等。	無	無

（二）境外信託的問題與考量

有鑑於目前國際防洗錢法越來越嚴格，銀行對離岸公司的開戶要求也越來越多，若有離岸信託、離岸控股公司，都會在開戶時被銀行加強盡職調查，這是源於跨境財務架構中，離岸地區對金融的監管存在灰色地帶，設立離岸架構易淪為逃稅、洗錢、詐騙等非法活動的最佳工具。現今避稅、洗錢已經成為全球各地政府共同打擊的目標，若信託設立人將資產置於信託，又經由一完全不同的信託回到設立人，在外觀上設立人或行為人對於信託並無控制權，但事實上已經達到避稅與洗錢的目的。

經濟合作及發展組織（Organization for Economic Cooperation and Development, OECD）為讓金融全球化的現實建立新的全球範圍的稅務和監管律法體系，堵塞現行法律法規中的漏洞，已經發布「共同申報準則」（Common Reporting Standard, CRS）。除CRS之外，美國亦有因應美國人利用離岸信託架構避稅等政策，以下會說明境外信託架構可能會面臨的問題，以及若信託架構中有美國關係人會產生的稅務問題。

原則上CRS所指的「實際控制人（Controlling Person）」必須與國際反洗錢金融行動特別工作組（FATF）所稱的「受益所有人（Beneficial Owner）」一致，亦即CRS下識別公司的實際控制人就是識別其受益所有人。CRS已經上路多年，OECD要求參與國或地區採取國內立法的形式，以確保稅務機關有權取得反洗錢程序中所涉及到的公司最終受益所有人或實際有控制權的自然人資訊，以保證稅務機關對CRS規定金融機構所識別和申報的資訊進行有效的監管，日後也能進行稅務稽查。

1. 境外信託問題

除上述問題之外，若設立人是美國人或有美籍受益人的情況下，另外要注意在美國稅法上是否將該境外信託視為美國聯邦稅法上的境外信託。

(1) OECD CRS自動通報

對一般境外信託而言，在美國稅法的規範下，可能不符合美國法院測試（Court Test），因此在美國稅法下歸類為境外信託。美籍人士在境外設立境外信託的要求通常很嚴格，離岸受託公司需要有專業的執照才能幫美國人投資，還需要具備美國稅務的相關知識來避免跨境稅務上的風險；即便是美籍人士要在美國本土設立境外信託，

也會遭遇許多稅務問題。在美國全球課稅的系統下，許多境外信託家族傳承辦公室大多數直接拒絕設立人為美籍人士的案子，在此僅討論由非美國人設立的境外信託。

境外信託在前些日子非常火紅，大致上可以歸類為兩種形式：第一種是最基本的架構，持有 BVI 公司股權並繼續由設立人來操作以確保該公司永續經營並傳承；另外一種則是屬於投資類型信託，信託資產只接受現金，並且需要按照銀行信託部門的指令來購買金融商品以獲得較高的回報率。設立人一方面可以獲得資產保護，另一方面可以由銀行專業人士來投資理財，進而獲得較高的回報率，並且達到傳承子女的願望。

好景不常，現今社會全球反避稅的聲浪越來越大，幾乎所有的國家為了合作紛紛加入了經濟合作與發展組織（OECD）的共同申報標準（CRS），並且為此而修訂法律。加入 CRS 對全球徵稅的國家是一大利多，在此除了境外信託每年所產生的收益對受益人的稅務所在國有所得稅的問題，甚至進而往前追溯所有核課期間內的所得稅；另外在設立人死亡後，境外信託的資產也面臨了設立人居所國遺產稅的風險。也因此，早期設立境外信託的客戶因為 CRS 的問題非常憂慮，越來越多人開始思考將資產轉移到美國。

在簽署 CRS 國家區域內設立的境外信託信息將會被交換。設立境外信託要識別稅籍，善用資產保護架構和投資架構才是解決問題的根本。下文將就 CRS 對於信託和境外公司的認定做詳細說明。

從下圖可看出，實施 CRS 的兩個國家如何進行資訊交換的機制。在 B 國的金融機構發現 A 國帳戶持有人在 B 國開立了金融帳戶，該金融機構會上報到它的資訊交換平台，並且和 A 國的資訊交換平台進行資訊交換，將 A 國帳戶持有人在 B 國帳戶的資訊回報到 A 國。透過如此透明的資訊交換，可以讓全球的金融帳戶透明化，用以追蹤海外帳戶逃稅和避稅。

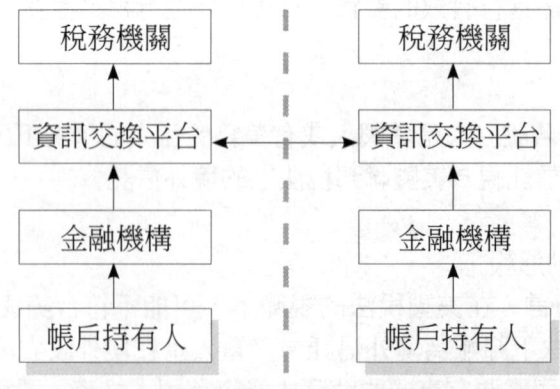

金融帳戶資訊主動交換共同申報標準

接下來將分別說明 CRS 處理境外信託和境外公司的方式：

(2) CRS 對信託判定的方式
在實施 CRS 的屬地中，對信託判定為以下其一：

① 須申報金融機構（Reporting Financial Institution）；或
② 非金融實體（Non-Financial Entity, NFE）且在需要申報金融機構開立金融帳戶

CRS 對於信託認定的基本原則是，一般而言，信託是一種受託人關係，而不是擁有自己獨立法人人格的實體，信託由一個設立人（Grantor/Settlor）將特定資產轉移給受託人（Trustee），意圖在於最終分配給受益人（Beneficiary）。信託的因素包含了設立人、受託人、至少一個或多個受益人，這些角色可能是自然人或是機構。其中受益人可區分為以下兩類：

① 固定受益人（Mandatory Beneficiary）：每年有固定分配，對信託有強制執行權利獲得分配。
② 任意受益人（Discretionary Beneficiary）：必須由保護人／權力人來決定是否分配，對信託沒有強制執行分配權利。信託中指定的最終受益人（Contingent Beneficiary），例如慈善機構或學校等，屬於任意受益人。

如何分辨信託是 RFI 還是 NFE？

根據 CRS 法條 Section VIII, paragraph A(6)(b)，總收入主要來自投資、再投資或金融資產交易，並由另一個金融機構實體管理，則被視為金融機構（FI）。若不被視為金融機構，則為非金融實體（NFE）。

NFE 根據活動內容又可分為「積極非金融實體」（Active NFEs）或是「消極非金融實體」（Passive NFEs）。有制度的慈善或公益機構（Regulated Charity）或是實際經營運作業務的信託（Trading Trust Carry on Active Business）為積極非金融實體，其它皆為消極非金融實體。

如果信託在「須申報金融機構」持有「金融帳戶」，即便此投資實體不屬於 CRS 簽約國的管轄範圍，該「須申報金融實體」仍須將該信託視為「消極非金融實體」。也就是說，如果信託下開立銀行帳戶，但只以「須申報金融實體」的身分來申報，如此沒辦法穿透，但如果以「非金融實體」的身分來申報，則可以穿透信託，申報到設立人、保護人、受益人。

因此，不論信託是金融機構或非金融實體，只要在金融機構開立帳戶，皆被視為「消極非金融實體」。為何不談論「積極非金融實體」呢？因為積極非金融實體都是

慈善、公益機構，或是實際運營的信託，這些機構有實際的運營，當然會開立銀行帳戶以利其資金流動，一定會申報。「消極非金融實體」可能沒有銀行帳戶，如果有的話就要申報。

下圖為信託分類和其申報步驟：

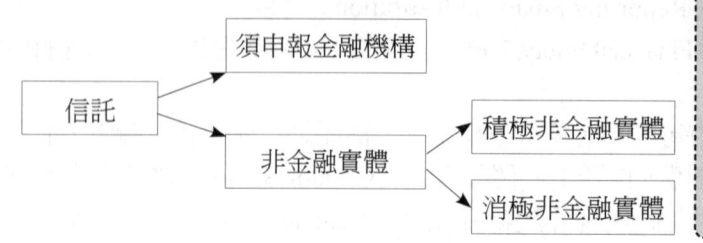

```
                    須申報金融機構
          ↗
    信託
          ↘                    ↗ 積極非金融實體
            非金融實體
                               ↘ 消極非金融實體
```

> **CRS 申報步驟**
> 1. 申報金融機構
> 2. 審查金融帳戶
> 3. 識別信託下的金融帳戶是否為「須申報金融帳戶」
> 4. 使用調查規則
> 5. 申報交換交關訊息

下表比較「須申報金融機構」和「消極非金融實體」兩者的申報步驟：

	須申報金融機構（Reporting Financial Institution）	消極非金融實體（Passive NFE）
步驟一	判斷信託是否為須申報金融機構，需確認其是否符合 CRS 的定義。若信託被認定為金融機構，且位於 CRS 簽約國，則屬於須申報金融機構。例外情況為：若受託人本身為「須申報金融機構」，並依規定申報該信託下所有應申報帳戶資訊，則該信託可被視為「不須申報之金融機構」（Non-Reporting Financial Institution）。 或是該信託符合不須申報之金融機構如下： 1. 政府組織跟其退休基金 2. 國際組織 3. 中央銀行 4. 特定退休基金 5. 合格的信用卡發行單位 6. 免除的投資單位 7. 受託人有文件管理的信託 8. 其他低風險的金融組織 　另外要補充的是，若一個信託為「須申報金融實體」，且擁有多個受託人，分別在不同的 CRS 屬地，則信託在每個屬地都必須申報交換該屬地的資訊。若該信託因為稅務原因被視為特定 CRS 屬地居民，並且已申報交換信託全部的訊息，則可免於在其他共同受託人的 CRS 屬地申報交換資訊。	判斷信託下的帳戶是否為須申報金融帳戶 若信託符合以下任一條件，則其金融帳戶屬於須申報金融帳戶： 1. 信託為須申報個人（定義如下）。 2. 信託為消極非金融實體，且至少擁有一名須申報控制人。 關於「須申報個人」（Reportable Person）的定義： • 信託僅在其被視為 CRS 簽約國的稅務居民，且符合「須申報個人」的定義時，才會被視為須申報個人。 • 此情況較為罕見，因為大多數信託在 CRS 架構下通常被分類為金融機構或消極非金融實體，而非個人。
步驟二	審查信託金融帳戶是否應予申報 信託作為金融機構，一定有金融帳戶，其帳戶權益視為由設立人、受益人、受託人、保護人、或其他對信託有權力控制之人持有。	審查信託控制權人金融帳戶 當一個消極非金融實體在須申報金融機構下設立一個金融帳戶的時候，該須申報金融機構必須穿透該信託來識別所有的控制人。金融帳戶，其帳戶權益視為由設立人、受益人、受託人、保護人、或其他對信託有權力控制之人持有。（反之如果上面是 FI 則只申報到 FI）另外，法人持有超過 25% 皆視為控制人，見範例。
步驟三	識別信託下的金融帳戶是否為「須申報金融帳戶」 若信託下的金融帳戶持有人為 CRS 屬地國籍，則金融帳戶為須申報金融帳戶。	識別信託下的金融帳戶是否為「須申報金融帳戶」 若信託的控制人為 CRS 屬地國籍，則信託下金融帳戶為須申報金融帳戶。

步驟四	使用一般盡職調查規則（General Due Diligence Procedures） 信託必須適用調查規則來識別控制人（包含設立人、保護人、受益人或受託人）之國籍，若控制人（包含保護人）為公司機構，則須識別出該公司控制人的國籍。此調查信託義務應符合本地反洗錢及知悉客戶之相關程序規定。	使用一般盡職調查規則（General Due Diligence Procedures）須申報金融機構必須調查該金融帳戶，並識別信託之控制人及國籍。
步驟五	申報交換相關訊息 交換的資訊包括以下：控制人之姓名、地址、居所國、稅號、生日、金融帳戶號碼、當年度金融活動、信託名稱、信託識別號等等。請參考以下表一。	申報交換相關訊息 資訊交換：控制人之姓名、地址、居所國、稅號、生日、金融帳戶號碼、當年度金融活動、信託名稱、信託識別號等等。請參考以下表二。

表一：「須申報金融機構」申報交換相關訊息

帳戶持有人	帳戶餘額或價值	帳戶收入
設立人	部分價值或信託資產全部價值	當年度分配給設立人的收入或收益分配
固定受益人	部分價值或信託資產全部價值	當年度分配給受益人的收入或收益分配
對信託有控制權之人 （受託人、保護人）	部分價值或信託資產全部價值	當年度分配給控制人的收入或收益分配
信託關係人之債權人	僅限債權本金	當年度分配給債權人的收入或收益分配
以上任何人離開或關閉帳戶	離開或關閉的事實	以上帳戶所有人關閉前所獲得的收入或收益分配

表二：當信託本身屬於金融機構（Financial Institution, FI）不須計算其帳戶價值時，需揭露之金融活動

帳戶持有人	帳戶餘額或價值	帳戶收入
設立人	信託資產總價值	在申報期間分配給設立人的收入或收益分配
固定受益人	信託資產總價值	在申報期間分配給受益人的收入或收益分配
任意受益人 （僅於其收到分配的當年度）	無申報義務	在申報期間分配給受益人的收入或收益分配
對信託具有控制權人 （包括受託人及保護人）	信託資產總價值	在申報期間分配給設立人的收入或收益分配
信託債權人	債權本金	在申報期間分配收入或收益
上述之人，若有關戶情形	關戶事實	上述之任何人於關戶之前所獲得之收入或收益分配

（以上內容摘錄自 p.111，《Standard for Automatic Exchange of Financial Information in Tax Matters：IMPLEMENTATIONHANDBOOK》, Second Edition, OECD 2018）

表三：當信託本身屬於消極非金融實體（NFE），須揭露之金融活動

帳戶持有人	帳戶餘額或價值	帳戶收入
設立人	總帳戶餘額或價值	每一 CRS Section I.A 認列之帳戶收入
受託人	總帳戶餘額或價值	每一 CRS Section I.A 認列之帳戶收入
固定受益人	總帳戶餘額或價值	每一 CRS Section I.A 認列之帳戶收入
任意受益人 （僅於其收到分配的當年度）	總帳戶餘額或價值	每一 CRS Section I.A 認列之帳戶收入
保護人	總帳戶餘額或價值	每一 CRS Section I.A 認列之帳戶收入
上述之人，若有關戶情形	關戶事實	每一 CRS Section I.A 於關戶之前認列之帳戶收入

以上內容摘錄自 p.124，《Standard for Automatic Exchange of Financial Information in Tax Matters：IMPLEMENTATION HANDBOOK》, Second Edition, OECD 2018）

需雙邊申報之情形。舉例來說，單一信託為具有一位以上控制人的消極非金融實體，所有之信託控制人皆為申報個體：(1) 設立人居住於 A 管轄地；(2) 受託人居住於 B 管轄地；(3) 受益人居住於 C 管轄地；假設須申報金融機構居住於 X 管轄地以及此金融機構將主動申報應申報資訊予主管機關。主管機關將主動交換下列申報資訊（假設主管機關位於管轄地 X，而管轄地 A、B、C 皆為須申報管轄地）

須申報管轄地	申報資訊主體
A	居於 A 管轄地之設立人，同時也是消極非金融實體控制權人
B	居於 B 管轄地之受託人，同時也是消極非金融實體控制權人
C	居於 C 管轄地之受益人，同時也是消極非金融實體控制權人

（以上內容摘錄自 p.124，《Standard for Automatic Exchange of Financial Information in Tax Matters：IMPLEMENTATION HANDBOOK》, Second Edition, OECD 2018）

2. CRS 對於境外公司的認定

就 CRS 對於帳戶性質的區分來說，離岸公司在 CRS 下分為「金融機構」及「非金融機構」（又區分為「積極非金融機構」和「消極非金融機構」），帳戶屬於何種性質的合規身分，所需披露的訊息亦會有所不同，以下針對離岸公司帳戶類別做簡單描述。

A. 金融機構

要符合申報標準的關鍵是，要確保金融機構收集和報告資訊的正確範圍。這些申報標準均定義在《金融帳戶涉稅信息自動交換標準》。

申報金融機構一旦辨識出其維護的財務帳戶，他們就需要審查這些帳戶，以確定其中是否有任何帳戶是 CRS 定義的「須報告帳戶」。「須報告帳戶」是指「由一個或多個須報告人士或消極非金融實體，與一個或多個控制人持有的帳戶」。

金融機構主要為存款機構、保險機構（保險公司和保險公司的控股公司）、託管機構、投資機構等，下表簡單介紹金融機構報送規則：

金融帳戶	報送主體	報送內容		
		身分識別訊息	帳戶識別訊息	帳戶收入訊息
存款機構	存款機構	姓名、地址、稅務居民所在國、稅務識別號碼、生日、出生地	金融機構名稱 金融機構識別碼 帳號	帳戶餘額或價值、帳戶收入
託管機構	託管機構			
具有現金價值的保險與年金合約	特定保險公司			
投資實體中的股權權益和債券權益	投資實體			

註：資料來源：大成潘陽律師事務所
（https://mp.weixin.qq.com/s/cbjVnqNDxEQWf_3j2oAGhQ）

B. 非金融機構

對於非金融機構類的離岸公司來說，在 CRS 下本身並沒有盡職調查和資訊申報義務，但若其在 CRS 參與國的金融機構持有帳戶，則帳戶的訊息可能會被申報與交換。

B1. 積極非金融機構與消極非金融機構的內容及報送標準

類別	內容	報送標準
積極非金融機構	1. 基於收入和資產的積極非金融機構；(註1) 2. 上市交易的非金融機構；(註2) 3. 政府機構、國際組織、中央銀行或者這些機構完全持有的其他機構； 4. 非金融集團中的控股非金融機構；(註3) 5. 新成立的非金融機構；(註4) 6. 正處於清算或者重組過程中的非金融機構； 7. 非金融集團中的財務中心；(註3) 8. 非營利性非金融機構。	若此主體位於應申報地域，則作為具有金融帳戶的積極非金融機構，其須申報該帳戶之實質持有者，即該實體本身。
消極非金融機構	不屬於積極非金融機構的，則為消極非金融機構。	消極非金融機構的穿透義務： 消極非金融機構如果在金融機構持有金融帳戶，則該消極非金融機構需要提交機構實際控制人的相關資訊 • 離岸公司本身是否為CRS成員國 • 實際權人是否屬於CRS成員國 * 如果一個投資機構設立在非CRS參與國，而該投資機構在CRS參與國的金融機構持有金融帳戶，則該投資機構會被參與國金融機構當成消極非金融機構對待，需要穿透該投資機構識別其實際控制人。

註釋：
1. 消極收入和產生消極收入的資產不超過50%；消極收入含股息紅利、利息、類似利息的收入、租金和特許使用費、年金、金融資產銷售或置換收益、金融類資產交易收益、外匯交易收益、掉期交易收入、具有先進價值的保險合約下的所得。
2. 例：中國公司通過開曼公司在海外 IPO，但主要經營業務及資產皆在中國，則該開曼公司與中國公司皆可視為積極非金融機構。
3. 不屬於金融機構，且絕大多數（80%）的業務活動是持有非金融集團內子公司的股權或對子公司提供融資和服務，可視為積極非金融機構。
4. 尚未開展過業務且先前並無營業紀錄，目前正準備從事金融機構業務以外的業務活動；但若其成立超過24個月，即不可再適用此例外。

B2. 實質控權人的判定

(1) 直接或間接控有離岸公司25%的股權或投票權的個人；（例如：本人持股雖不超過25%，但加上委託其他人代持的股份，其取得投票權的份額超過25%，即可認定為實質控權人）

(2) 通過其他方式對離岸公司具有實質有效控制的個人；（例如：雖無上述超過25%股權與投票權的自然人，但某人對於離岸公司的人事任免及財務管理有控制權，即可認定為實質控權人）

(3) 離岸公司的高級管理人員，例如：董事。
• 金融機構與非金融機構申報內容簡表

種類	申報對象		申報內容	內容	
金融機構	帳戶持有人	股權權益持有人 債權權益持有人	身分識別資訊	姓名、地址、稅務居民所在國、稅務識別號碼、生日、出生地、帳戶號碼、帳戶餘額或價值、帳戶收入	
			帳戶識別信息		
			帳戶財務信息	帳戶餘額或價值	帳戶收入
				股東所持股份價值	當期申報的股息、利息及其他收入
				債務本金	當期支付或計入債權人的收入或利息
非金融機構	實質控制人	1. 直接或間接持有25%以上股權的個人 2. 通過其他方式實施最終有效控制的個人 3. 離岸公司的高級管理人員，如董事	身分識別資訊	姓名、地址、稅務居民所在國、稅務識別號碼、生日、出生地、帳戶號碼	
			帳戶識別信息	1. 每一控權人對應的帳戶餘額或價值為該離岸公司所持有的全部餘額或價值。 2. 帳戶收入為當期申報制度給或計入公司帳戶的全部收入或收益分配。	
			帳戶財務信息		

CRS下三大類離岸公司合規身分：

(1) 離岸貿易公司：若符合「基於收入和資產的積極非金融機構」標準，則無需通報實質控權人；但若無實際經營場所、僱員，或主要資產未產生積極收入，則通常被視為消極非金融機構，需通報實質控權人。

(2) 離岸控股公司：若符合「積極非金融機構類型D」，即作為非金融集團的一部分，且主要活動為持有或提供服務給集團內的其他非金融機構，則無須通報實質控權人。若該控股公司僅作為資產持有工具，則可能被視為消極非金融機構，需通報實質控權人。

(3) 離岸投資公司：如符合CRS下金融機構中的「投資機構」標準，則本身為申報主體，需自行進行申報；如不符合「投資機構」條件，則視為消極非金融機構，需穿透申報實質控權人。

3. 美國稅法上的境外信託

境外信託依照美國聯邦稅法的角度來看，無論是境外信託還是美國信託，其課稅方式除了在定義上區分為美國與境外信託，又將其分類為「授予人信託」與「非授予人信託」。授予人信託與非授予人信託的差別在於授予人信託通常可以忽略美國聯邦稅，因為授予人信託的收益將會視同回到授予人身上由授予人（非美籍人）來申報；而非授予人信託則被視為獨立的應稅實體，該應稅實體每年所產生的淨收入需要課徵所得稅，或是分配給受益人由受益人來繳納所得稅。「境外授予人信託（Foreign Grantor Trust）」是指：授予人（信託設立人）可在生前撤銷此信託；或是不可撤銷信託但受益人為授予人（信託設立人）生前為自己以及其配偶；「境外非授予人信託（Foreign Non-Grantor Trust）」，指任何不屬於授予人信託的境外信託。境外非授予

人信託所累積的分配給美國受益人,將會有回溯稅的問題:美國所得稅和利息的費用、累積利得損失等。

另外要特別注意的是,如果授予人為非美籍人士,在轉移資產到信託後,未滿五年移民到美國,其信託則不被視為境外非授予人信託,而是被視為美國人在境外所設立的「境外授予人信託」,該信託所得歸課於此美國人或是綠卡持有者,詳細美國稅法規定說明如下:

美國法典 § 679 - 境外信託有一個或多個美國受益人
(4) 適用外國授予人,其之後轉為美國身分
(A) 一般情況
如果非居民外國人在將資產移入信託的五年內產生居住的事實,將適用本章和第 6048 節,會視同於產生居住事實日將資產移入。
(B) 對於未分配收益之處分
此章節之目的,在個人居住事實於發生之前的未分配收益,需視同取得居住事實後發生居住事實產生日。
(C) 居住起始日
此章節之目的,個人之居住日,由第 7701(b)(2)(A) 定義下產生。

七、美國對境外資金與信託之查核

美國對美國人(U.S. Person)及其海外資金有一套特定的因應政策和法規,此處的美國人同第四節所述,不只限於公民或綠卡持有者,而係指美國所得稅、遺產稅及贈與稅上的美國公民及美國稅務居民。以下是一些常見的因應措施:

全球徵稅:美國針對美國人的全球所得徵稅,只要符合納稅義務條件者,皆須就其全球範圍內的收入辦理申報和繳稅,包括海外資金和海外投資收益。除所得稅以外,美國人亦須就其全球資產課徵遺產稅,只要永久居所(Primary Residence)或住所(Domicile)在美國者,亦即其居住在美國且目前沒有明確的離開意圖,即可能被視為遺產稅和贈與稅適用下的美國稅務居民[31],過世後其資產須計入遺產範圍,並繳納美國遺產稅。

海外資金報告:美國人必須按照法律要求向美國政府報告其在海外的金融資產,例如銀行帳戶、投資組合、房地產等。這項報告的要求通常由美國稅務局(IRS)的相關規定規範。

FATCA 及海外避稅和反避稅措施:外國銀行帳戶稅務合規法案(Foreign Account Tax Compliance Act, FATCA)要求外國金融機構向美國政府報告其擁有的美國納稅人帳戶信息。這使得美國政府更容易追蹤和監控美國納稅人在海外的資金。除此之外,

美國政府與各個不同家進行稅務資訊交換、簽訂稅務協定，與他國稅務資訊交換是為防止美國納稅人通過海外途徑進行避稅或反避稅行為，進而打擊海外避稅天堂等。

有些情況下，美國納稅人可能有資格獲得特定的海外資金稅收優惠或豁免，例如，一些稅收協定可能允許美國納稅人在某些情況下享受減免稅的待遇，但前提是該納稅人已經誠實申報。除上述概括式的描述，在此提供以下三個美國案件，分別說明針對境外資金，以及境外信託，美國在何種情況下會採取行動，具體又使用了什麼策略。

（一）針對境外資金查稅

案例一、對瑞士銀行的美國客戶查稅

1934 年，瑞士通過了該國的聯邦銀行法，其中關鍵性的內容為「瑞士的銀行不得未經客戶同意，把客戶的資訊透露給任何人以及任何第三方機構」，銀行法推出，瑞士銀行機構即被強制要求為客戶資訊保密，吸引全球各地對保密要求高的客戶。二戰後數十年瑞士銀行系統依靠其為帳戶所有人提供嚴格的財產安全以及資訊安全的服務而蓬勃發展，使其成為當時全球最大的離岸金融中心。瑞士銀行家協會（Swiss Bankers Association, SBA）估計，2018 年瑞士銀行持有 6.5 萬億美元的資產，占全球所有跨境資產的 25%。

但自 2008 年以來，來自美國、英國、德國和法國等國際壓力迫使瑞士政府放鬆賴以發展銀行業的保密條款，其後陸續與其他國家簽訂各種稅收協議。早自 2007 年起，多間瑞士的銀行遭美國當局罰款，原因是協助美國銀行客戶避稅，瑞士的兩大銀行，瑞士信貸（Credit Suisse，以下稱為瑞信）以及瑞銀集團（UBS Group AG，以下稱為瑞銀）都曾經為避免被美國起訴帶來全球性的損失而與美國達成協議，公開部分保密資訊，並繳納罰款。

美國針對瑞士銀行的美國客戶的追稅進攻源自 2008 年金融危機爆發，當時美國參議院統計後發現，2006 年僅瑞士信貸銀行一家就有 2.2 萬個美國帳戶，保管著約 130 億美元資產，其中很大一部分沒有向美國稅務部門申報。

2009 年 2 月，美國司法部公布與瑞銀達成延期起訴的協議[32]，2008 年 5 月，部分美國富豪被揭發在瑞士及其它國家開設秘密帳戶逃稅，美國司法部門著手調查瑞銀在美國的個人財富管理業務。2008 年 7 月 1 日，邁阿密聯邦法院正式向瑞銀發出傳票，要求瑞銀協助公布部分帳戶信息。2009 年 2 月，為了換取撤訴，瑞銀和美國司法部達成緩期起訴協議。瑞銀向美政府提交 250 個涉嫌逃漏稅客戶資料，並向美國政府繳納 7.8 億美元罰金。

---

[31] Treas.Reg. § 20.0-1(b)(1) 以及 Treas. Reg. § 25.2501-(1)(b)
[32] 參考來源：https://www.justice.gov/opa/pr/ubs-enters-deferred-prosecution-agreement。

協議中瑞銀承認幫助美國納稅人向國稅局隱瞞帳戶；同意確認客戶身分並支付 7.8 億美元費用作為延緩起訴協議條件，瑞銀根據瑞士金融市場監管局（Swiss Financial Market Supervisory Authority, FINMA）的命令，同意立即向美國政府提供瑞銀跨境業務的某些美國客戶的身分和帳戶資訊。根據延緩起訴協議，瑞銀還同意立即退出向擁有未申報帳戶的美國客戶提供銀行服務的業務。瑞銀進一步同意支付 7.8 億美元的罰款、罰金、利息和賠償金，作為延期起訴協議的條件。

瑞銀的與美國的協議鬆動了瑞士保密法，即使瑞士以瑞銀違反該國銀行法對其進行調查，也無法挽回瑞士銀行陸續向美國提供美國客戶的帳戶資料，美國的查稅手段從與瑞士政府和銀行業聯合會協商，轉為直接立案調查各大瑞士銀行，受調查的銀行如果想免於被起訴，就必須支付罰款、提供美國客戶的詳細帳戶資訊。

瑞士另一大銀行也未能避免美國的調查，2014 年美國司法部公布瑞信的認罪協議[33]，瑞信承認共謀幫助和協助美國納稅人向美國國稅局（IRS）提交虛假所得稅申報和其他文件，認罪協議中，瑞信承認幫助美國納稅人向美國國稅局隱瞞海外帳戶，並同意支付 26 億美元，這是刑事稅務案件中有史以來最高的支付金額，自 2011 年以來該調查有 8 名瑞士信貸員工被起訴，在 2014 年認罪協議發布當時，其中有兩人已經認罪。

作為認罪協議的一部分，瑞信承認，在 2009 年之前的幾十年裡，它經營著一項非法的跨境銀行業務，在知情的情況下，故意幫助和協助數以千計的美國客戶開設和維持未申報的帳戶，並向國稅局隱瞞他們的離岸資產和收入。

根據與認罪協議一起提交的事實陳述，瑞士信貸採用各種手段協助美國客戶隱瞞其未申報的帳戶，包括：(1) 協助客戶使用虛假的企業實體隱藏未申報的帳戶；(2) 虛假申報 IRS 的表格，謊稱虛假實體是帳戶中資產的實際所有人；(3) 未能在美國保持與帳戶有關的記錄；(4) 銷毀送往美國供客戶審查的帳戶記錄；(5) 使用瑞士信貸的經理和職員作為未註冊的投資顧問來管理未申報的帳戶；(6) 通過在美國提供親手交付的現金或使用瑞士信貸在美國的代理銀行帳戶，為從未申報的帳戶中提取資金提供便利；(7) 安排資金轉移以逃避貨幣交易報告要求；以及 (8) 提供境外信用卡和簽帳卡以匯出未申報帳戶中的資金。

作為認罪協議的一部分，瑞信進一步同意全面披露其跨境活動，在條約要求提供帳戶信息方面給予合作，提供有關其他銀行向秘密帳戶轉移資金或在秘密帳戶關閉時接受資金的詳細信息，並關閉未能遵守美國報告義務的帳戶持有人的帳戶。

由美國針對瑞銀以及瑞信的調查，可見美國打擊境外逃稅者的力度以即決心。除美國外，在國際社會打擊洗錢和國際逃稅事務上的壓力下，瑞士於 2018 年加入 CRS（Common Reporting Standard），與 36 個國家和地區的稅務主管機關交換了稅務資訊。2019 年 8 月，瑞士擴大 2018 年資訊交換範圍，宣布將向三十多個國家和地區（包括

中國和香港）的稅務主管機關交換非居民金融帳戶資訊。自此，瑞士的保密制度走向終結。

案例二、境外信託架構構成美國稅務詐欺——In re Wyly

美國除了向眾多外國大銀行施壓，要求提供美國納稅人於銀行的資產資訊外，於美國國內也有處理涉及美國人設立境外信託，並以境外信託規避美國稅務責任的案件，以下以2016年德州破產法院的案件 In re Wyly 舉例說明，並從美國稅的角度切入，因 Wyly 案件橫跨數十年，牽涉事實複雜，以下將拆分出該案件有關境外信託與美國所得稅爭議的部分，簡要討論 Wyly 案件的境外信託架構為何構成稅務詐欺，其架構如下：

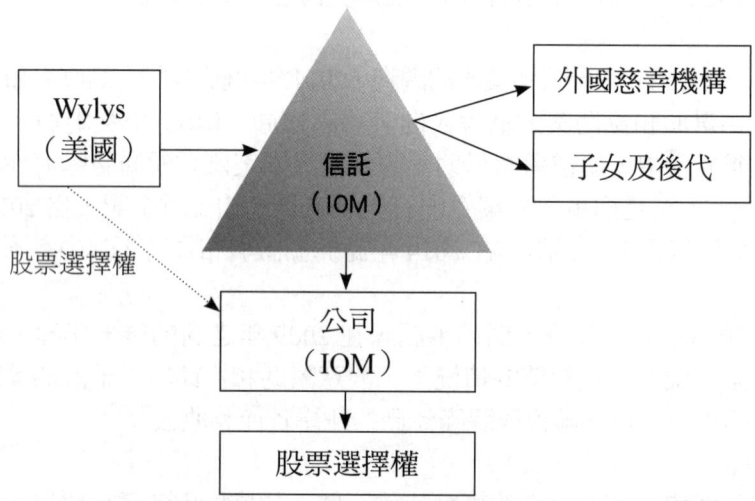

```
Wylys          信託         外國慈善機構
(美國)  ──→   (IOM)   ──→
                           子女及後代
        股票選擇權
              ↓
             公司
            (IOM)
              ↓
          股票選擇權
```

2016 年 5 月，美國德克薩斯州的破產法院判決，Samuel Wyly 用境外非贈與人信託來隱藏其收入，屬於稅務欺詐[34]，之後法院裁決 Wylys 未申報離岸帳戶和繳納贈與稅的爭議，並做成 Samuel Wyly 需支付 11 億美元的判決。此外，IRS 對 Charles Wyly（Samuel Wyly 的兄弟）的遺產提起訴訟，並要求繳納 2.49 億美元的罰款，因為他沒有申報部分境外信託的申報表[35]。

Samuel Wyly 和 Charles Wyly（以下稱為 Wylys）是共同經營事業的兩兄弟，他們經營的事業主要為新創公司以及企業收購，1990 年代初，兩兄弟已經累積鉅額財富，故他們開始諮詢有關美國所得稅和遺產稅規劃的建議，Wylys 諮詢稅務顧問後，最終採用涉及境外信託架構的激進稅務策略。

其架構為 Wylys 在馬恩島（Isle of Man）設立數個信託，並將他們持有的公司股票認股權（stock option）移轉給設立的數個信託以換取年金。Wylys 認為，這些信託（以下稱為 IOM 信託）從美國所得稅的角度來看是非授予人信託，因此 IOM 信託賺取的收入應該在信託層面課稅，而不是自動穿透回 Wylys 課稅。相反的，如果 IOM 信託被認定是授予人信託，那無論信託是否分配，信託的所有收入都將向 Wylys 課稅。

在本案中，有外部律師審查了 Wylys 的境外信託架構並提出 IRS 可能會將 IOM 信託視為授予人信託，但 Wylys 仍採取 IOM 信託為非授予人信託的立場，因此沒有申報 IOM 信託賺取的任何收入。

2003 年，Wylys 的顧問重新評估 IOM 信託，認為 1992 年以來的 IOM 信託架構有很大的風險在美國所得稅方面被視為授予人信託。顧問建議 Wylys 與 IRS 協商，討論是否有補救方案並私下和解，然協商後雙方未達成協議。後顧問建議 Wylys 提交 8275 表正式揭露他們的稅務狀況，為了避免報稅準確性相關的處罰，有合理依據的情況下可以向 IRS 提交 8275 表。2002 年 Samuel 開始提交 8275 表，2003 年 Charles 和他的配偶 Dee 開始提交該表格。

經審計後，IRS 提出以下處罰，包括所得稅、贈與稅、未申報贈與稅罰款、未申報外國收入，未申報部分境外信託報表、以及提出 Wylys 有稅務欺詐。Charles 在案件審理過程中去世，由 Dee 和 Charles 的遺產執行人接續處理。

有關 IOM 信託是否為「非授予人信託」是 Wylys 是否需要繳納美國所得稅，以及 Wylys 是否被視為稅務詐欺的關鍵爭議。

IRC§674 規定，若受託人得單獨行使受託人之權力，就能視為獨立受託人（independent trustee）而適用 IRC§674(c)[36] 例外條款，該信託不會被視為 IRC§674(a)[37] 定義下的授予人信託，獨立受託人權力包括但不限於分配信託收入和本金給受益人或該受託人不隸屬或聽從於授予人。獨立受託人權力是實質判斷優先於形式判斷，意為即使形式上受託人不隸屬於授予人，信託合約亦排除授予人權力且規定受託人應獨立行使職權，若實際情況下受託人都是按照授予人的意願來分配資產給受益人或管理信託，則實質上受託人還是不被視為獨立受託人。

本案中 IOM 信託的受託人，無論證券的交易、貸款、房地產買賣等投資策略都是基於 Wylys 的建議執行而非受託人自己主導；就信託本金收益分配而言，雖 Wylys 沒有直接指示受託人分配，但資產移轉給信託後 Wylys 消費的費用還是持續使用信託資產支付，其消費結果也是由 Wylys 和家族成員享有，就等於 Wylys 有分配信託資產的權力，有關 Wylys 的指示，IOM 信託的受託人從未拒絕，皆遵循 Wyly 的意願，故

---

[33] 參考來源：https://www.justice.gov/opa/pr/credit-suisse-pleads-guilty-conspiracy-aid-and-assist-us-taxpayers-filing-false-returns。
[34] 參考來源：Re Samuel E Wyly, et al (Bankr ND Tex 2016)。
[35] 參考來源：ND Tex，No 3:16- cv-02643。
[36] Section 674 (c)Exception for certain powers of independent trustees
Subsection (a) shall not apply to a power solely exercisable (without the approval or consent of any other person) by a trustee or trustees, none of whom is the grantor, and no more than half of whom are related or subordinate parties who are subservient to the wishes of the grantor—
(1) to distribute, apportion, or accumulate income to or for a beneficiary or beneficiaries, or to, for, or within a class of beneficiaries; or
(2) to pay out corpus to or for a beneficiary or beneficiaries or to or for a class of beneficiaries (whether or not income beneficiaries).
[37] Section 674(a) provides that: "[t]he grantor shall be treated as the owner of any portion of a trust in respect of which the beneficial enjoyment of the corpus or the income therefrom is subject to a power of disposition, exercisable by the grantor or a nonadverse party, or both, without the approval or consent of any adverse party."

法院認為 IOM 信託的受託人並非獨立受託人，不適用 IRC§674(c) 例外條款，IOM 信託應視為 §674(a) 定義下的授予人信託。

除 IOM 信託是授予人信託，故 Wylys 必須就信託收入繳稅外，IRS 提出 Wylys 的 IOM 信託架構應構成稅務欺詐。要證明稅務詐欺，IRS 應分別就每個有爭議的納稅年度提出明確且有說服力的證據，證明納稅人有欺詐行為，該納稅人必須是故意少繳稅，且少繳稅的意圖是逃稅。法院提出了納稅人有詐欺意圖的判斷標準，包括納稅人有以下行為：(i) 少報收入、(ii) 記錄維護不當、(iii) 未提交稅表或未支付預估稅、(iv) 行為解釋不可信或不一致、(v) 隱瞞收入、 (vi) 未能與稅務機關合作、(vii) 從事非法活動、(viii) 現金交易，(ix) 證詞虛假或不可信，以及 (x) 提交虛假文件。只要納稅人有數項上述行為，就可能會成為判斷納稅人有欺詐意圖，能視為有稅務欺詐意圖的明確且有說服力的證據。

法院指出了本案中的一些事實可以認定 Wylys 沒有申報境外信託的收入具有欺詐意圖。例如，Wylys 的境外信託架構不必要地複雜。Wylys 建立了多個 IOM 信託，IOM 信託又持有許多外國公司，外國公司又持有美國公司。法院提及的有 54 個境外信託或公司，以及至少 10 家美國公司，其複雜性比實際需要的要大得多。

其他有詐欺意圖的行為還有 Wylys 利用境外信託架構進行證券詐欺，通過使用境外信託和空殼公司購買和出售上市公司的股票而不揭露其所有權或控制權，從而逃避資訊揭露和內線交易規則，以及偽造文件和文件。

法院指出 Wylys 曾多次使用境外信託為家庭成員的利益花錢或進行投資的行為，可以認為 Wylys 將這些境外信託架構視為「Wyly 家庭存錢罐」（Wyly family piggy bank）。即使有這些直接控制 IOM 信託的行為，但 Wylys 並未將信託賺取的收入申報為自己的收入。因此，關於所得稅欺詐法院認為 IRS 已經履行了證明欺詐的責任，此外法院還認定 Wylys 沒有提交 3520-A 和 5471 表申報境外信託和境外帳戶是有意疏忽（willful neglect）的行為。

審理過程中，Samuel 針對 IRS 的稅務詐欺處罰提出「合理原因」抗辯，該抗辯適用於行為人的行為是合理信賴法律顧問的建議，並能提出證據，則該行為人應免除詐欺處罰。Samuel 指出，他設立並執行境外信託架構時已諮詢並信賴其內部法律顧問的建議，然法院認為 Samuel 明知內部法律顧問不是稅務專家，且境外信託架構成立之初就有外部律師提出 IRS 可能將 IOM 信託視為授予人信託的建議，故 Samuel 是明知 IOM 信託架構有可能被視為授予人信託，其信賴基礎不合理，法院駁回抗辯。

Charles 與配偶 Dee 共同提交稅表，由於審理期間 Charles 已過世，因此由 Dee 承擔調查和審判的結果。Dee 提出了「無辜配偶抗辯」（Innocent Spouse Defense）。只要 Dee 能證明她不知道也沒有參與 IOM 信託架構，以及證明一般正常人在她情況下

也不會知道，就能免除 Dee 應共同承擔的應繳稅款、罰款和利息。法院認為 Dee 是家庭主婦，沒有商業和稅務的教育或經驗，因此裁定 Dee 在應繳稅款、利息和罰款方面是無辜的配偶，即使她也簽署該爭議稅表，她也不需承擔責任。

基於 Wyly 案的前車之鑑，若信託當事人（設立人、受益人）有美國人時，未來要設立境外信託並規劃跨境資產時可以注意三項要點。首先，美國人若要設立境外信託，應該與合規且有經驗的受託公司和受託人合作，並諮詢與聘任有處理境外信託稅務以及美國信託稅務相關經驗的稅務顧問。第二，當美國人，或有計畫成為美國稅務居明的人從事跨境資產規劃時，向 IRS 披露該規劃並向其提供規劃相關資訊，可能對美國納稅人更有利，因為即時通知 IRS，可以防止未來 IRS 提出納稅人有隱瞞資訊的詐欺行為。最後，如果出現問題，配偶可利用無辜配偶規則，如果成功，沒有參與計畫的配偶可以不用因共同責任而承擔罰款。

<u>案例三、天堂文件——文藝復興基金創始人境外信託</u>

2017 年國際調查記者同盟（International Consortium of Investigative Journalists, ICIJ）公開超過 1340 萬份的洩密文件，曝光通過境外避稅天堂流動的數萬億美元，該文件被稱為「天堂文件」，文件大部分來源於離岸法律事務所 Appleby，天堂文件為跨國公司如何避稅，以及超級富豪如何隱藏財富的文件，其中的主要是美國公司和美國人。Facebook、蘋果、微軟、Uber、Nike、沃爾瑪、安聯、麥當勞和雅虎均持有離岸公司，其中蘋果、Nike 和 Facebook 利用離岸公司避免數十億美元的稅款。

天堂文件揭露，知名對沖基金創辦人 Jim Simons 與其家人是百慕達（Bermuda）一個大型信託的受益人，由於信託並非 Simons 設立，該信託被 IRS 視為外國實體，信託的資產不受 IRS 徵稅。以下我們將討論 Jim Simons 的境外信託架構，以及為什麼同樣是自美國累積鉅額財富的境外信託，Jim Simons 不需要繳美國稅，其架構與案例二 Wylys 兄弟有什麼區別：

Jim Simons 是一位數學家，也是億萬富翁級的對沖基金經理。Simons 在 1974 年還是一名數學教授時，一名哥倫比亞朋友贈與其 10 萬美元，隨後為他在百慕達（Bermuda）設立一個信託，名為 Lord Jim Trust（以下簡稱 LJ 信託）。LJ 信託的大部分資產都投資於 Simons 於 1982 成立的對沖基金公司 Renaissance Technologies，該公司推出量化對沖基金，其交易演算法讓旗下的基金績效驚人，也使 Simons 積累了數十億美元的財富，而 Renaissance 的成功也讓信託資產爆炸性增長。

僅在 2009 年，LJ 信託就增長了 13 億美元，Simons 三個孩子們的百慕達子信託各收到超過 1,500 萬美元。根據會計預測，如果持續在境外累積而未分配回美國，每個孩子們的子信託資產直至天堂文件洩漏的 2017 年，可能已累積超過 20 億美元。

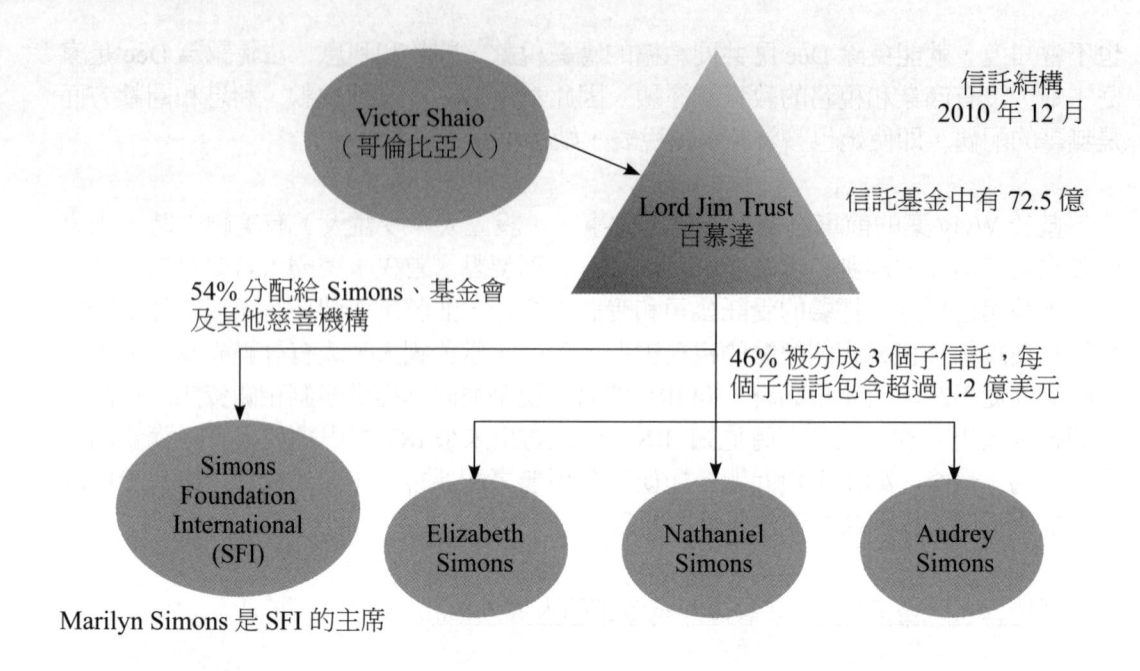

```
                    信託結構
                    2010 年 12 月
    Victor Shaio
    (哥倫比亞人)
                    Lord Jim Trust    信託基金中有 72.5 億
                    百慕達

54% 分配給 Simons、基金會
及其他慈善機構
                    46% 被分成 3 個子信託，每
                    個子信託包含超過 1.2 億美元

   Simons
  Foundation
 International    Elizabeth    Nathaniel    Audrey
    (SFI)         Simons       Simons      Simons

Marilyn Simons 是 SFI 的主席
```

　　Simons 表示，他並沒有利用信託來避稅，若 LJ 信託向其家人或自己進行分配時，該分配會申報 IRS 並繳稅。Simons 不需就 LJ 信託的信託資產繳稅，關鍵在於 LJ 信託是一個外國人設立在美國境外的信託，只要 LJ 信託不分配收益或本金給美國受益人，IRS 就無法從 LJ 信託收到任何稅款。然而一旦 Simons 家族想從 LJ 信託提取資金，在提取的那一瞬間就會觸發納稅義務，由於 LJ 信託長期未就其累積的鉅額資金繳納所得稅，該納稅義務到 2017 年已經累積到接近 80%，其中包括超過 2 億美元延遲納稅的利息費用。若繼續累計到 2030 年，只要 LJ 信託分配信託資金給 Simons 家族成員，該分配導致超過 100% 的納稅義務，包括約 180 億美元的利息。

　　若拿案例二 Wylys 的情況與 Simons 的比較，Wylys 案件中，法院認為 Wylys 兄弟成立數個 IOM 信託分別控制外國公司，再由這些外國公司控制美國公司，信託受益人皆為慈善機構或家庭成員。綜觀 Simons 的 LJ 信託架構，LJ 信託的受益人也是由 Simons 和其配偶控制的慈善組織，以及 Simons 為其三名子女設立的子信託，而子信託皆控制一空頭公司代為投資，且子信託分別控有 Simons 子女建立的基金會，故縱然 LJ 信託本身是外國人設立的百慕達信託，亦是分配信託資金給百慕達子信託，若 Simons 或家族成員對於 LJ 信託能建議如何分配本金，以及有使用該信託資金投資消費等行為，都可能讓 IRS 認為 Simons 家族對 LJ 信託有實質控制，進而認定 Simons 家族透過設立境外信託架構和基金會，以混淆稅務結構以及蓄意選擇不向 IRS 申報信託資訊。

　　截至目前，James 與 IRS 之間的爭議，主要涉及 Renaissance（包含 Medallion 基金）及該基金運用「籃子選擇權」（basket options）進行的避稅策略。James 與 IRS 目前尚未產生與 LJ 信託相關爭議。然未來 IRS 有可能因 LJ 信託架構超過必要複雜程度、

記錄資訊不正確、未準時提交納稅申報表或支付預估稅等，被 IRS 認定有稅務詐欺疑慮而陷入稅務訴訟，而步入 Wyly 兄弟後塵。

退步言之，即使 LJ 信託沒有捲入與 IRS 的爭議中，LJ 信託一旦分配就會面臨鉅額回溯稅的問題，故而該信託即使能傳承下去，在後代不能觸及信託資產的情況下，將難認為有達到資產傳承效果。

(二) 進入美國的境外資金

1. 境外信託本金分配

境外信託本金分配給受益人，按照境外信託合約規定。目前由於 CRS 的因素，設立人將藏匿於境外信託下之資產分配給受益人時會有設立人居所國贈與稅的風險。若受益人為美籍人士，無論分配的內容是本金還是收益，受託人都需要給予受益人聲明來讓美籍受益人士申報美國稅。

2. 境外信託孳息分配美籍受益人

倘若境外信託傳承的子女受益人為美籍受益人，表示該受益人是受到美國稅全球課稅的管轄範圍，理論上境外信託每年將所得分配給美籍受益人，美籍受益人需要拿到境外信託提供的受益人聲明來申報 3520 表 Part III。

受益人聲明中所包含的資訊有：
(1) 境外信託背景資訊，包含信託名稱、位址、信託識別號，稅務年度等等。

(2) 美籍受益人資訊，包含美籍受益人姓名、地址、稅務識別號、該年度所獲得的分配資產明細（現金、股權等），以及該資產的市場價格。

(3) 所有者資訊，陳述此境外信託因美國稅務的目的而分配給美籍受益人的事實。

由以上可知道當受益人為美籍時，相關規範也是很多，因此大部分境外信託受託公司對於受益人擁有美籍或是未來拿到美籍身分通常也是敬謝不敏。當然，也有無職業道德的受託公司「選擇不知道」受益人有美籍身分，如此將提高美籍受益人未來面對課稅的風險。

境外信託在美國稅法的定義下分為兩種：境外授予人信託（Foreign Grantor Trust）及境外非授予人信託（Foreign Non-Grantor Trust）。境外授予人信託是指：授予人（設立人）可在生前撤銷此信託；或不可撤銷信託但受益人為授予人（設立人）生前為自己以及其配偶；其餘不符合境外授予人信託條件皆為境外非授予人信託。此兩種信託對於美國受益人的稅務大同小異，比較請見下表，但是必須特別注意當信託被認定為境外非授予人信託時，必須特別注意回溯稅的風險。

境外授予人信託（FGT）	境外非授予人信託（FNGT）
• 境外所得不課美國聯邦所得稅。 • 美國受益人收到分配申報 3520 表 Part III（信託所得 - 受益人聲明）。 • 信託設立地為美國境內則申報 FBAR。 • 境外信託需要有詳細會計紀錄。	• 境外所得不課美國聯邦所得稅，但若有美籍之受益人，FNGT 的收入將被課稅。 • 美國受益人收到分配申報 3520 表 Part III（信託所得 - 受益人聲明）。 • 受託公司若為美國公司，則須申報 FBAR 揭露外國金融資產。 • 境外信託需要有詳細會計紀錄。 • 若 FNGT 分配任何先前未分配之盈餘，美國受益人有回溯稅風險，回溯稅會出現在 4970 表當中。
以下情形因資產不在美國境內，不會發生： 該信託直接持有的美國境內資產，在設立人死亡時視資產類型，可能涉及美國遺產稅。 美國境內所得視同外國人持有外國來源所得申報 1040NR 表。（若收入為 ECI 則按個人稅率申請退稅）	以下情形因資產不在美國境內，不會發生： 美國境內所得視同外國人持有美國來源所得申報 1040NR 表。（若收入為 ECI 則按個人稅率申請退稅）

3. 未依 IRS 申報及披露規定的處罰

若境外信託受託人未及時申報，信託的美國所有者的第一次罰款將被處以相當於 10,000 美元，或相當於信託資產總值的 5%，取大者。若有提交資訊不正確或不完整可能產生罰款，將會罰 5% 或 10,000 美元取大者。3520-A 表（IRC6677(a)）和 3520 表（IRC6677(b)）的罰則，會同時裁罰並加總罰金。

在 FGT 的情況下，受益人如無 Foreign Grantor Trust Beneficiary Statement，受益人要依 3520 表 Schedule A 計算繳稅且另有回溯稅。漏報 3520 表，第一次罰款將被處以相當於 10,000 美元，或境外信託公司的分配總額的 35%。

在 FNGT 的情況下，受益人如無 Foreign Non-Grantor Trust Beneficiary Statement，受益人要依 3520 表 Schedule A 計算繳稅且另有回溯稅。漏報 3520 表，第一次罰款將被處以相當於 10,000 美元，或境外信託公司的分配總額的 35%。

1040 表中逾期申報，若是納稅人沒有在截止日期（包括延期）之前提交納稅申報表，除非有合理的解釋，否則逾期申報的處罰通常是每月所欠稅款的 5% 或者逾期申報的該月的部份金額。如果納稅人對延遲提交有合理的解釋，請於申報表中解釋。遲延申報之罰款最高可達應繳稅款的 25%。若未申報則為欺詐，罰款每月為 15%，最高可罰 75%。若是延遲申報超過 60 天，會收取逾期申報罰金，最低罰款將為 435 美元或是納稅人當年度欠的任何稅款，以較低數目為準。

滯納金，若納稅人延遲繳納稅款，罰款通常為未繳納稅款的每個月或部分月未繳納金額的 1% 的 1/2。罰款可高達未付金額的 25%。滯納金處罰適用於申報表上的任何未繳稅款。此是針對逾期納稅的利息費用之額外罰款。除了任何其他處罰外，法律還對提交輕率申報表處以 5,000 美元的罰款。「輕率納稅申報」指的是，納稅人採取輕率立場希望拖延或干擾稅法而未提供計算正確稅項所需的資訊，或者顯示出嚴重錯誤的稅款。這包括修改或刪去簽名處上方預先列印的之文字。

若 3520 表未及時提交，或者資訊不完整或不正確將被處以罰款。由於罰款較為複雜，簡化表格如下，詳細說明請見 Section 6677。

表格	受處罰對象	罰則
3520 表 Part I	美國轉讓人	10,000 美元或境外信託移入資產的財產總值的 35%，取大者
3520 表 Part II	美國所有人	10,000 美元或境外信託的任何財產總值的 5%，取大者 可能還需要額外罰款，請見以下說明
3520 表 Part III	美國人受益人	10,000 美元或境外信託公司的分配總額的 35%，取大者

Section 6677 中，境外信託缺報、遲報、錯報：若 3520 表未及時提交，或者資訊不完整或不正確將被處以罰款（有合理原因之例外得免罰）。一般來說，第一次處罰為 10,000 美元或以下列方式計算，取大者（視情況得累計處罰）：

(1) 美國人設立及移轉資產進入境外信託時，未能在 3520 表第一部分中申報其設立或轉讓予境外信託資產之總價值的 35%。

(2) 因美國人未在 3520 表 Part III 中申報收到了來自境外信託公司的分配總額的 35%。

(3) 根據授予人信託規則（Grantor Trust Rules，第 671 至 679 條），若境外信託的美國擁有者（U.S. Owner）：

① 未能及時提交 3520-A 表，和提供美國所有者和美國人受益人所需的年度所有人和受益人的聲明，或

② 未提供第 6048(b) 條所要求的所有資訊或提供不正確的資訊，將會額外罰 5% 或 10,000 美元，取大者；若境外信託之受託公司未能提交 3520-A 表，美國所有者必須在美國所有者的 3520 表到期日前（而非 3520-A 表的到期日，該表格的到期日是在信託納稅年度結束後的第 3 個月的第 15 天），在其 3520 表中填寫並附上一份替代的 3520-A 表，以避免因境外信託未能及時提交 3520-A 表而受到處罰。例如，美國所有者在 3520 表的到期日（例如美國個人所有者的截止日期為 4 月 15 日）之前盡力完成替代 3520-A 表，則被認為及時提交。請參閱第 6677(a) 至 (c) 節以及 3520 表 Part II、3520-A 表的說明。

如果在 IRS 發出不遵守規定報告的通知後，違規行為持續 90 天以上，則將處以額外處罰。如果 IRS 可以確定應申報的總金額（稍後定義），則罰款將根據需要減少，以確保此類罰款的總額不超過應申報的總金額。

若納稅人能證明未能遵守規定是出於合理原因，而非故意疏忽，則不會受到處罰。應注意，外國對披露所需資訊而進行處罰之事實並非合理的原因。同樣，外國受託人不願或信託文書中的禁止披露所需資訊的規定亦非合理理由。

若未能及時申報 Section 6039F（缺報、漏報高額海外贈與）所述的外國贈與，IRS 得決定收到此類贈與的所得稅後果，並對持續未申報的每個月處以該外國贈與金額的 5% 的罰款（總計不超過 25%）。如果納稅人能夠證明未能遵守是由於合理原因而非故意疏忽，則不會受到處罰。

如果境外信託的美國所有者因在納稅申報單上少報而受到第 6662 條規定的罰款，則該罰款可根據第 6662(j) 條（因缺報、遲報而產生欠稅），就可歸因於涉及任何資產交易導致少付的任何部分而增加，而有關資產的資訊須在 3520-A 表中提供。有關未披露外國金融資產少報的更多資訊，見第 6662(j) 條。如果納稅人能夠證明未能遵守該部分少付是出自合理原因，且納稅人對該部分少付的行為是善意的，則不會針對該部分少付的任何部分處以罰款。

有美國所有者的境外信託必須提交 3520-A 表，根據授予人信託規則（第 671 至 679 條），每個被視為境外信託任何部分的所有者的美國人，都有責任確保境外信託申報 3520-A 表，並向其美國所有者和美國受益人提供所需的年度報表。如果境外信託未能提交 3520-A 表，美國所有者必須填寫境外信託的替代表格 3520-A 並將其附加到美國所有者的 3520 表（報告與境外信託的交易和收到某些外國贈與的年度申報表），在美國所有者的 3520 表到期日之前（非 3520-A 表的到期日，此為信託納稅年度結束後的第 3 個月的第 15 到期）提交，以避免被因境外信託未能提交 3520-A 表而受到額外的單獨處罰。請參閱 3520 表申報說明中的第 22 行。請參閱後文的處罰。

如果境外信託 (a) 未能及時提交 3520-A 表，或 (b) 沒有提供 Section 6048(b) 要求的所有資訊或包含不正確的資訊，信託的美國所有人的第一次罰款將被處以相當於 10,000 美元以上，或相當於信託資產總值的 5%，以較大者計算。如果境外信託未能提交 3520-A 表，美國所有者必須在美國所有者的 3520 表到期日（而非 3520-A 表的到期日）之前填寫並附上替代表 3520-A 表以避免因境外信託未能提交 3520-A 表而受到處罰。例如，在 3520 表的到期日之前（例如美國所有者是個人的所有者為 4 月 15 日），盡力完成替代表 3520-A 表，並將之附在美國所有者的 3520 表上，則被視為及時提交。

如果在 IRS 發出不遵守規定報告的通知後，違規行為持續 90 天以上，則將處以額外處罰。如果 IRS 可以確定應申報的總金額（稍後定義），則罰款將根據需要減少，以確保此類罰款的總額不超過應申報的總金額。有關更多資訊，請參閱第 6677 條。

根據第 7203、7206 和 7207 條，未按時提交以及提交虛假或欺詐性申報表視情況

會受到刑事處罰。

　　如果境外信託公司的美國所有者因在納稅申報表上少報而受到第 6662 條規定的罰款，則該罰款可根據第 6662(j) 條，就可歸因於涉及任何資產交易少繳的任何部分增加，需要在 3520-A 表上提供相關資訊。有關未披露的外國金融資產低估的更多資訊，見第 6662(j) 條。若納稅人能夠證明未能遵守報告要求是由於合理原因而非故意疏忽，則不會受到處罰。

　　4. 回溯稅計算

　　若信託年度總收益沒有於當期完全分配給受益人，此時信託中的未分配利潤（Undistributed Net Income），會於受益人未來年度收到時未來年度收到時，除計算應繳納之所得稅，且以 IRS 提供之懲罰性利率計算遞延利息，並於收到遞延分配之年度需一次繳交累計之回溯稅（總稅金加遞延利息）並加計 1040 表中的附加稅（Additional Tax）。若美國人受益人沒有收到來自美國境外受託公司提供之受益人聲明書，則可以根據 3520 表 Schedule A「預設計算方式（Default Calculation of Trust Distribution）」提供有關過去三年平均收益的 125 % 來計算遞延分配所得，若前三年皆無分配，則該美國人受益人需就收到的全部金額視為累積分配。在預設計算方式下全額計算回溯稅。

　　簡言之，若累積未分配收益達到加權平均年限（用特殊計算公式回算）10 年，累計懲罰性利息將約當是稅金的 50%，到了 15 年，累計懲罰性利息將約等於原本的稅金 100%，故利息加上原本的稅金，需支付原本稅金的兩倍金額。

　　以下提供回溯稅的計算範例，表格就境外不可撤銷信託取得受益人聲明的情況為具像化其稅務負擔，茲與美國不可撤銷信託的稅款作為比較：

案例一、境外不可撤銷信託與美國不可撤銷信託之稅務比較

　　假設 2020 年信託當年盈餘 US$1,000,000，當年不分配；2021 年信託當年盈餘 US$1,000,000，US$2,000,000 全數分配，若分配給美國人受益人（假設此美國人受益人之 2021 年所得為 US$200,000 為例），稅務上何者較不利？

	境外不可撤銷信託（FNGT）	美國不可撤銷信託
2020 年 信託不分配	不用課稅	未分配給美國人受益人，由美國不可撤銷信託申報 1041 表並繳交信託稅。 算式： 1,000,000 - 100 = 999,900（應稅所得） (999,900 - 12,950)×37% + 3,129 = 368,300（信託稅） 信託稅額：US$368,300 美國信託稅後淨利滾入本金
2021 年 分配 US$2,000,000	1. 未分配盈餘（UNI）將以回溯稅之計算 364,032×1.0513 = 382,706.8（詳細計算在下方） 稅額：US$382,706.8（回溯稅＋利息） 2. Y1 當年盈餘分配 US$1,000,000 併入美國人受益人之 1040 表課稅算式： 1,000,000 + 200,000 - 12,400 = 1,187,600（應稅所得） 稅額：US$403,839	當年分配給美國人受益人 US$2,000,000 其中一半為本金不課稅 US$1,000,000 併入美國人受益人之 1040 表課稅算式： 1,000,000 + 200,000 - 12,400 = 1,187,600（應稅所得） 稅額：US$403,839
兩年稅金加總	總稅額：US$786,545.8 （382,706.8 + 403,839）	總稅額：US$772,139 雖然 Y0 課以美國信託稅最高稅率，但仍比離岸不可撤銷信託之回溯稅少了 US$14,406.8 若信託平均年限越大，懲罰性利息 10 年將以接近稅金之一半，不可不慎。

假設美國人受益人之前五年應稅所得分別為：US$200,000、US$210,000、US$220,000、US$230,000、US$240,000，排除最高及最低兩年後。

所得	稅金	調整後所得	調整後稅金
$210,000	$48,295	$1,210,000	$412,127
$220,000	$51,795	$1,220,000	$415,827
$230,000	$55,295	$1,230,000	$419,527

平均增加稅金為 (412,127-48,295) + (415,827-51,795) + (419,527-55,295)=1,092,096
1,092,096/3=364,032

案例二、境外不可撤銷信託與美國不可撤銷信託之資本利得比較

假設 XX 年信託下境外公司售出股權，資本利得為 US$10,000,000（簡化說明，不考慮回溯稅計算），試算美國稅金比較如下：

	境外不可撤銷信託（FNGT）	美國不可撤銷信託	稅負差異：境外不可撤銷信託（FNGT）總稅負／美國信託總稅負
當年度（Y0）分配（即無UNI）	若資本利得當年度分配給美籍受益人，如期申報3520表並檢附境外非授予人信託受益人聲明，可以採3520表Schedule B（信託實際分配計算方式），美籍受益人仍可使用長期資本利得稅率20%。 10,000,000×20% = 2,000,000	當年度信託分配給美籍受益人，由美籍受益人申報1040表 10,000,000×20% = 2,000,000	當年度分配，兩者稅金無差異；但離岸不可撤銷信託須符合3520表之相關規定（Part III, F4970, FBAR, BS, IRS Audit）。 境外信託為IRS選案重點
未當年度分配，來年（Y1）分配	10,000,000×37%×1.0513 = 3,889,810	若當年未分配，將由美籍受託人申報1041信託稅表，仍可採用長期資本利得優惠稅率20% 10,000,000×20% = 2,000,000	1.9倍
信託加權平均年限5年	3,700,000×1.2461 = 4,610,570		2.3倍
信託加權平均年限10年	3,700,000×1.4623 = 5,410,510		2.7倍
信託加權平均年限15年	3,700,000×1.9939 = 7,377,430		3.7倍

回溯稅的有效稅率還須考慮該美籍受益人之前五年度之應稅收入並加計平均分配收入已調整稅金，由於計算複雜，以37%作為差異比較之稅率。

案例三、回溯稅之完整計算（以3520表Part III, Schedule B之方法計算）

FNGT（境外不可撤銷信託）成立於2007年，按照帳面紀錄，有以下累積未分配利潤：

2007	2008	2009	2011	2012
$4,000	$20,000	$30,000	$40,000	$60,000

假設於2020年，該信託分配了US$144,000，若該2020年度可分配盈餘（DNI）為US$25,000，因此今年分配到累積未分配利潤（UNI）的金額為144,000-25,000 = 119,000，因此，今年UNI分配的分攤金額和年份如下：

2007	2008	2009	2011	2012
$4,000	$20,000	$30,000	$40,000	$25,000

（如果先前年度信託有任何的稅負，需要將稅負併入UNI金額）

設算應稅年度：如果該年度的金額小於累積分配金額／前期應稅年度 ×0.25，則該年度不計入應稅年度。

119,000/5×0.25= 5,950 > 第一分配年度 US$4,000，在回溯稅的計算上，僅會使用 5-1= 4 年

為了判定受益人的應稅收入基礎及其對應年度，在計算回溯稅上，需要使用該受益人前五年度中，移除最高和最低收入年度後，用五年內的三年來做為計算稅率的基礎：

1. 受益人 1040 稅表之應稅收入

2019	2018	2017	2016	2015
$175,000	$400,000	$210,000	$90,000	$145,000

其中排除 2018 年和 2016 年分別作為最高和最低收入，因此應稅收入的對應年度為 2019、2017、2015 三個年度。

計算平均分配金額，演算法為前年分配累積盈餘總和／設算應稅年度：

年度平均分配盈餘為：119,000/4（5 年中採 4 年計算）= US$29,750

將年度平均分配盈餘，併入應稅年度之收入以計算增加的稅金：

	收入	稅金	調整後收入	調整後稅金
2019	$175,000	$33,413	$204,750	$43,363
2017	$210,000	$52,699	$239,750	$62,517
2015	$145,000	$26,047	$174,750	$33,333

平均增加稅金為：

(43,363-33,413) + (62,517-52,699) + (33,333-26,047) = 9,950+9,818+7,286 = 27,054
27,054/3×4 = 36,072

計算回溯稅利息，採金額加權比法算出適用利率對應年度數（Applicable Number of Years）：

年度	2007-2020	2008-2020	2009-2020	2011-2020	2012-2020
未分配利潤（UNI）	$4,000	$20,000	$30,000	$40,000	$60,000
累計未分配年度	13 年	12 年	11 年	9 年	8 年
未分配利潤（UNI）× 累計未分配年度	$52,000	$240,000	$330,000	$360,000	$480,000
總和	\multicolumn{5}{c	}{1,462,000}

- 適用利率對應年度數為：1,462,000/154,000 約為 9.5 年
- 適用利率對應年度數 9.5 年的累積利率為：0.4766（2023 年度指數）
- 平均增加稅金乘於對應累積利率：31,257 × 0.4766 = 17,192
- 回溯稅與利息加總為：31,257 + 17,192 = 48,449

第四章
常見美國信託

第四章　常見美國信託

一、美國信託概述

在美國，信託是一項法律工具，常用於保護和管理財產。具體而言，信託是一種法律結構，透過設立信託並將財產移轉予受託人管理，使第三方受益人得以依照信託協議受益。更精確地說，信託是一種三方委託關係：第一方為設立人（Settlor），其將財產轉移給第二方受託人（Trustee），由其管理並為第三方受益人（Beneficiary）之利益運用該等資產。以下為在美國設立信託的一些基本要素：

1. 設立人（Settlor）：設立人，也稱為授予人（Grantor），為信託的創建者。他將自身的財產轉移至信託，由受託人根據信託協議的條款進行管理與分配。

2. 受託人（Trustee）：受託人負責管理並保護信託財產，並根據信託協議的規定管理、保護和分配財產。其有法律義務忠實履行受託義務，保障受益人權益。受託人可以是自然人、商業實體，或公共機構。

3. 信託保護人（Protector），又稱監察人，在信託合約中扮演監督受託人履行職責的重要角色，核心目的是保障受益人權益。保護人擁有監督與制衡的權力，確保受託人依據信託文件與相關法律忠實管理與處分信託財產。在指示型信託（Directed Trust）架構中，信託保護人可被賦予多項關鍵職權，包括：更換受託人、變更信託所屬州別、指定或調整受益人、決定信託本金與孳息之分配、指導信託資產投資方向、決定信託分割或轉注安排、訴訟代位行使權利，甚至可在設立人授權範圍內修訂信託條款。透過這些權限，保護人能有效維護信託目的，確保信託結構持續符合受益人最佳利益。

4. 受益人（Beneficiary）：受益人為信託中指定的受益對象，得以享有信託資產所產生的利益或收益。其身分可以是個人、家族、慈善機構，或其他組織。

5. 信託協議（Trust Agreement）：信託協議為信託設立時簽訂的法律文件，內容載明信託目的、受託人之職責與權限、受益人權利，以及財產管理與分配的相關條件與方式。

設立信託的主要目的是資產保護。透過將財產交由受託人管理，設立人能有效隔離資產，降低其遭受債權人追索、訴訟或其他潛在風險的可能性。此外，信託亦有助於資產分配及遺產傳承規劃，確保設立人的財產能依照其意願，在其身故後妥善分配給指定的受益人。在美國，不同類型的信託各有其法律規範與稅務要求。常見的信託類型包括生前信託（Living Trust）、遺囑信託（Testamentary Trust）以及慈善信託

（Charitable Trust）等。設立人可依據自身需求與目標，選擇最合適的信託架構，以達到資產保護與傳承的效果。

二、設立美國信託的目的與優點：為何選擇在美國成立家族信託

在美國家族信託歷經百年的演變，已經成為一種規劃家族財富傳承的普遍方案，成功協助不少家族長期甚至永續性地管理、保護、傳承甚或拓展家族財富；例如範德比爾特家族（Vanderbilt）、肯尼迪家族（Kennedy）、洛克菲勒家族（Rockefeller）及卡內基家族等，皆為透過家族信託制度成功維繫、傳承家族基業著名之前例，美國之家族信託制度，根據不同家族之情形及需求，得彈性訂定各種不同之內容及條件，利用不同之信託種類、架構或組織，委由個人、信託業者或其他形式之選擇，而形成多種不同態樣之家族信託，以利家族靈活傳承財富，確保家族財產受到妥適之運用及監督，除可防止後代因理財不善而使家族企業之經營陷入困境外，並可透過家族信託之設立達到減輕稅負等效果，此外，美國某些型態之家族信託制度中，有於內部建立良好之集體決策機制者，例如投資委員會（Investment Committees）、分配委員會（Distribution Committees）等，加上經營管理之執行受託人（Administrative Trustee）、信託保護人（Trust Protector）等角色之設計及不同權責之分配，透過委員會與不同角色間之運作機制，將現代公司治理架構導入家族信託中，以有效發揮家族信託制度傳承家族基業之目的。例如，於家族信託之經營管理方面，透過委任信託業者、專業人士擔任執行受託人（Administrative Trustee），就個別家族信託財產進行管理，避免部分家族成員過分干涉家族事業之經營；透過理財投資相關背景之專業人士參與投資委員會（Investment Committees）之決議，有助達成家族財產投資多樣化、審慎評估及分散風險之效果；透過分配委員會（Distribution Committees）之決議，使家族利益分配合理化，並促使家族成員遵守家族規約。

美國稅制在大眾印象中常被認為稅負沉重，且一旦漏報稅可能面臨嚴重後果，甚至有傾家蕩產的風險。然而，實際情況並非如此絕對。在特定條件下，若能妥善運用，美國信託具備多項優勢，已成為全球高資產人士的重要規劃工具。其主要特點包括：法律制度穩定、信託規範明確、信託稅制與資產揭露機制具歷史可循，加上美國國力強大，法律體系較不易受他國影響，且目前未加入CRS全球資訊通報機制，使其在實務運用上更具彈性與吸引力。

本文將從多角度分析，協助讀者理解：在美國設立信託的效益，已不僅止於節稅，亦可兼顧公司治理、避免傳承糾紛、資產保護等多重目的。以下整理目前常見的運用原因與規劃目標，供讀者參考：

（一）臺灣地區CFC之實施，美國信託成為優化解方

隨著臺灣《受控外國企業制度》（CFC）自2023年起正式上路，美國信託由過去作為財富傳承與資產保護工具外，未來有可能作為降低稅負的工具之一。

誰是臺灣稅務居民？依現行規定，下列個人皆屬「臺灣稅務居民」：
- 有戶籍並於一年內在臺居住超過 31 日者；
- 無戶籍但在臺居住超過 183 日者。

即使個人另持第三國國籍（如馬爾他、賽普勒斯、土耳其）或擁有其他地區的永久居留身分（如香港、新加坡、希臘），只要符合上述條件，仍將被認定為臺灣稅務居民，須遵守 CFC 相關規定。

根據臺灣 CFC 制度，若甲公司與乙個人在臺灣各持有境外 A 公司 50% 股權，且 A 公司於某一年度稅後盈餘為新台幣 2 億元，則股東會若決議分配盈餘，甲乙各應認列 1 億元股利所得，依法課稅。過往常見的避稅手法是，將公司設於低稅負地區（如香港、新加坡、開曼群島、英屬維京群島、薩摩亞等，可參照臺灣財政部所發布的《受控外國企業制度所稱低稅負國家或地區參考名單》），並透過受控外國企業（CFC）保留盈餘、不分配至個人或企業名下。

然而，自 2023 年起，臺灣 CFC 制度明定，無論 CFC 是否實際分配盈餘：
- 公司持有人（如甲公司）須就其 CFC 投資收益認列為營利事業所得；
- 個人持有人（如乙個人）須將其 CFC 營利所得計入基本所得額，依法申報課稅。

豁免規定與追溯課稅風險

若 CFC 設立於高稅負國家、具實質營運活動，或當年度盈餘未達新台幣 700 萬元者，則可符合豁免條件，不適用 CFC 課稅。但需要注意的是，CFC 制度雖自 2023 年 1 月 1 日施行，其對於制度實施前所累積的未分配盈餘，一旦日後分配，仍將依當時規定進行課稅，實質上具追溯課稅效果。此外，一旦個人名下的 CFC 股權未來有贈與或繼承情形，亦將產生臺灣贈與稅或遺產課稅問題，增加財富傳承風險。附上臺灣財政部公告之 CFC 投資框架供參考。

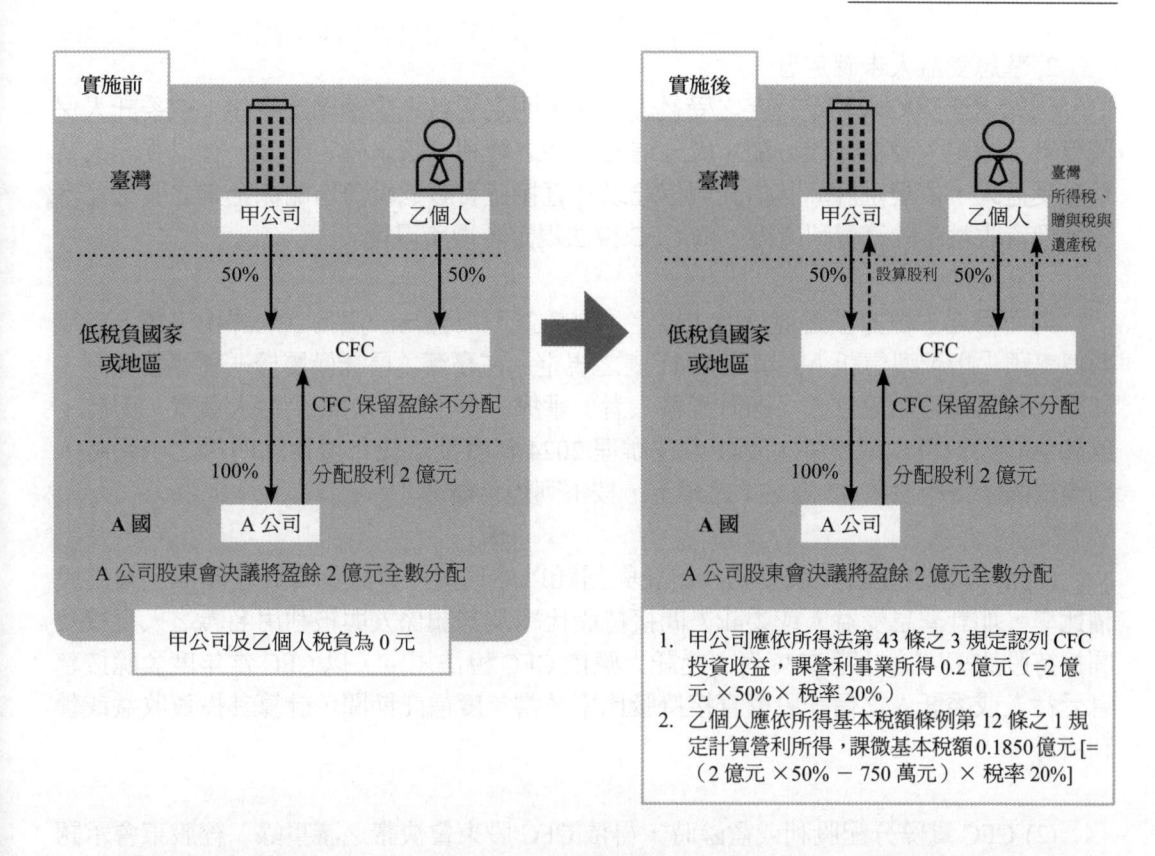

實施前	實施後
臺灣 甲公司 ── 50% ──┐ ┌── 50% ── 乙個人 低稅負國家或地區 CFC 　　　　↑ CFC 保留盈餘不分配 A 國 100% ↓ ↑ 分配股利 2 億元 A 公司 A 公司股東會決議將盈餘 2 億元全數分配 甲公司及乙個人稅負為 0 元	臺灣　　　　　　　　　　　臺灣所得稅、贈與稅與遺產稅 甲公司 ── 50% 設算股利 50% ── 乙個人 低稅負國家或地區 CFC 　　　　↑ CFC 保留盈餘不分配 A 國 100% ↓ ↑ 分配股利 2 億元 A 公司 A 公司股東會決議將盈餘 2 億元全數分配 1. 甲公司應依所得稅法第 43 條之 3 規定認列 CFC 投資收益，課營利事業所得 0.2 億元（=2 億元 ×50%× 稅率 20%） 2. 乙個人應依所得基本稅額條例第 12 條之 1 規定計算營利所得，課徵基本稅額 0.1850 億元 [=（2 億元 ×50% − 750 萬元）× 稅率 20%]

另外若臺灣稅務居民之受控外國企業股權已成立境外信託（小島信託）置入股權，依據臺灣財政部 2024 年 1 月 4 日（台財稅字第 11204665340 號）與 2024 年 7 月 10 日（台財稅字第 11304525870 號）函釋說明：「以中華民國境外低稅負國家或地區之關係企業股份或資本額為信託財產」適用受控外國企業制度（CFC）規定，委託人或孳息受益人就信託股權適用所得稅法第 43 條之 3 及所得基本稅額條例第 12 條之 1 相關課稅；原則上境外信託 CFC 信託課稅函釋精神，基本上是採信託穿透課稅觀念，針對信託財產經濟利益之實質受益人為課稅對象；境外信託（小島信託）受託人應就下列情形依相關規定向稽徵機關辦理信託所得申報：

1. 孳息受益人已確定且特定者

孳息受益人及其關係人直接或間接持有該低稅負區關係企業之股權合計達 50% 或對其具有控制能力者，該低稅負區關係企業為孳息受益人之受控外國企業；孳息受益人直接持有該低稅負區關係企業之股權比率，以委託人成立信託之信託股權比率及該孳息受益人之受益比例相乘積計算信託股權直接持股比率；其如同時為其他以同一低稅負區關係企業股權為信託財產之孳息受益人，應依相同規定併計；並加計該孳息受益人信託以外之直接持股比率；該低稅負區關係企業如為孳息受益人之 CFC，孳息受益人應依 CFC 稅法規定，以 CFC 當年度盈餘按前 2 款規定計算之信託股權直接持股比率及當年度信託期間，認列投資收益或計算營利所得課徵所得稅。

2. 孳息受益人未確定者

例如信託契約未明定特定之受益人，亦未明定受益人之範圍及條件；或委託人保留變更（指定）受益人或分配、處分信託利益之權利，該未確定部分，應以委託人為孳息受益人，依規定計算其信託與信託以外直接持有該低稅負區關係企業之股權比率認列投資收益或計算營利所得，依 CFC 稅法規定課徵所得稅。

總而言之，根據臺灣現行稅法規定，信託並不被視為一個獨立的課稅主體，亦無類似美國「指示型信託」需填報 1041 表之規定。在臺灣，信託僅屬於一種導管機制，其納稅義務並非由設立人（即財產移入者）承擔，也不是由信託受益人負責。因此，無論信託設於境內或境外，受託人在辦理 2024 年度及以後年度信託所得之申報時，均應依照所得稅法第 92 條之 1 之規定，按下列規定辦理：

(1) 計算孳息受益人或委託人信託與信託以外直接持有該低稅負區關係企業之股權比率，加計孳息受益人或委託人間接持股比率及其關係人與被利用名義之人直接及間接持股比率，合計達 50% 者，受託人應依 CFC 稅法規定，以 CFC 當年度盈餘按孳息受益人或委託人之信託股權直接持股比率及當年度信託期間，計算其投資收益或營利所得。

(2) CFC 實際分配股利或盈餘時，得依 CFC 股東會決議之議事錄、經股東會承認之盈餘分配表附註說明或其他足資證明文件，辨認該股利或盈餘所屬已認列投資收益或計算營利所得之年度；如屬 2023 年度及以後年度者，應依所得稅法第 43 條之 3 第 4 項及所得基本稅額條例第 12 條之 1 第 5 項規定計算孳息受益人或委託人已依所得來源地稅法規定繳納之股利或盈餘所得稅。

(3) 受託人處分 CFC 股權時，應載明處分收入及原始取得成本，供孳息受益人或委託人依營利事業認列受控外國企業所得適用辦法第 9 條第 4 項及個人計算受控外國企業所得適用辦法第 9 條第 4 項規定計算處分或交易損益。

委託人以中華民國境外低稅負國家或地區之關係企業股份或資本額為信託財產，委託人或孳息受益人就該信託股權適用所得稅法第 43 條之 3 及所得基本稅額條例第 12 條之 1 相關課稅規定時，應依本部 2024 年 1 月 4 日台財稅字第 11204665340 號令第 1 點及第 2 點規定辦理；其受託人並應依下列規定依同令第 3 點規定辦理 2024 年度及以後年度信託所得申報相關事宜：

1. 應就同一信託之全數信託財產（含低稅負區關係企業股權以外之財產），依所得稅法第 6 條之 2（設置帳簿、詳細記載收支項目及取得憑證）、第 89 條之 1（免扣繳或扣繳差額稅款及開具扣繳憑單）及第 92 條之 1（填具財產目錄、收支計算表、列單申報應計算或分配予受益人之所得額、扣繳稅額資料等相關文件，及填發扣繳憑單或免扣繳憑單）規定辦理。

2. 應就受託人之身分向下列規定之稽徵機關申請配發信託專用扣繳義務人統一編號：

(1) 受託人為中華民國境內居住之個人，應向戶籍所在地之稽徵機關提出申請；無戶籍者，應向居留地之稽徵機關提出申請。

(2) 受託人為總機構在中華民國境內之營利事業，應由總機構向其登記地之稽徵機關提出申請。

(3) 受託人為總機構在中華民國境外之營利事業，其在中華民國境內有固定營業場所者，應由固定營業場所向其登記地之稽徵機關提出申請；如該營利事業於中華民國境內有 2 個以上之固定營業場所，得指定其中 1 個固定營業場所提出申請。

(4) 總機構在中華民國境外之營利事業，其在中華民國境內無固定營業場所而有營業代理人，且該營業代理人代理事項範圍包含處理前開信託事務，應由該營業代理人向其登記地之稽徵機關提出申請。

(5) 非屬前 4 款規定之受託人，應向中央政府所在地稽徵機關提出申請。

3. 前點第 5 款規定之受託人不能自行依前 2 點規定辦理時，應委託在中華民國境內居住之個人或在中華民國境內有固定營業場所之事業、機關、團體、組織為代理人，填具委託書及檢附身分證明文件，報經代理人所在地稽徵機關核准，負責代理申請配發信託專用扣繳義務人統一編號及辦理信託所得申報相關事宜。

如境外信託受託人未依所得稅法第 92-1 條或 CFC 相關規定以及本函釋之信託財產申報義務，主管機關可依所得稅法第 111 條之 1 逕行處罰：

• 漏報或短報所得：處以 5% 罰鍰，最高 30 萬元、最低 1.5 萬元；
• 未依限填發或補報相關憑單：處 7,500 元罰鍰，逾期未補報者，按所得額課 5% 罰鍰（最高 30 萬元、最低 1.5 萬元）。

就上述相關規定而言，若臺灣稅務居民已將其持有之股權「出售」予「美國離岸信託」所設立之控股公司，已與此境外公司完全中斷關係，即已無所有權，則似不符臺灣財政部台財稅字第 11204665340 號函釋所定，「以境外低稅負地區之關係企業股權作為信託資產者」，應申報之規定。又倘若信託受益人並非臺灣稅務居民，則該境外信託之受託人即無須依據臺灣稅法辦理申報的義務；當然此股權出售則應依營利事業認列受控外國企業所得適用辦法第 9 條第 4 項及個人計算受控外國企業所得適用辦法第 9 條第 4 項規定計算處分或交易損益，依規定繳稅所得稅，若出售價格顯著不相當，則可能涉及《遺產及贈與稅法》第 5 條第 2 款所定「視同贈與」之規定，須依法課徵贈與稅。依據 1987 年 5 月 6 日臺財稅第 7571716 號函釋，稅捐機關應通知納稅

義務人於 10 日內辦理申報,並應自視同贈與之日起五年又一個月內完成核課;倘未於此期限內送達稅單,則視為逾越核課期間,不得再行核課。茲將此情形相關股權轉移及美國離岸信託架構說明如下:

由於該境外低稅負地區之關係企業股權,如已訂定正式買賣契約,採合理估值並完成實際價金交付流程,已正式轉讓予一獨立之美國信託課稅主體,原股權擁有者雖為臺灣稅務居民,但已喪失股權所有權,故似不屬於財政部所稱「關係企業股權作為信託財產轉移至受託人」之情形。此外,該美國信託並非屬於傳統小島型信託架構,詳見後(三)文中之「美國信託與離岸信託(小島信託)比較表」,而係依據美國相關法令設立之境外非授予人信託(Foreign Irrevocable Non-Grantor Trust),其為獨立稅務主體,在法律上接近一種「法律安排」或「法律關係」,並享有法人般之訴訟主體資格,即具備作為起訴人或被告之能力。此種結構乃基於法律賦予受託人特定之管理與處分權限,並確保信託財產之獨立性。

再則,美國並非我國財政部所列之境外低稅負地區,若仍將此類美國離岸信託一概納入「信託穿透課稅」之適用範圍,似顯與現行函釋有所不同。當然,股權轉讓者可能會擔心轉入美國「四頭在外」的離岸信託後,未來可能衍生美國稅負問題(此部分可詳見後述「三、一般非美籍家族於美國所成立的朝代信託」第一類之說明)。簡言之,若由美國離岸公司持有境外控股公司股權並產生所得,該等所得屬於美國境外來源。當信託的設立人(授予人)、信託保護人與信託受益人均為非美國稅務居民時,該信託雖為美國課稅主體,但所產生之境外所得在美國原則上免納所得稅。然而,若該離岸信託有美國本地來源所得,仍須依法課稅。只是,在本架構設計下,並不會產生美國本地來源所得。因此,臺灣稅務機關似不應以該信託是否須在美國課稅作為臺灣是否課稅之依據(詳見附錄三「美國律師法律意見備忘錄」)。

綜上所述,若臺灣稅務居民將其持有之股權出售予美國離岸信託,除可排除臺灣所得稅之課徵外,未來臺灣稅務居民亦不再持有該等股權,而無須再面對臺灣贈與稅與遺產稅之課題。進一步而言,倘信託架構規劃得當,尚可有效降低跨境財富傳承風險與潛在債務糾紛,並可透過設立信託保護人結合家族治理委員會或家族辦公室等機制,強化整體公司治理,可謂一舉數得。關於臺灣稅務居民股權「出售」予「美國離岸信託」所設立之控股公司,交易流程與美國離岸信託持有框架列示如下:

第四章 ◆ 常見美國信託

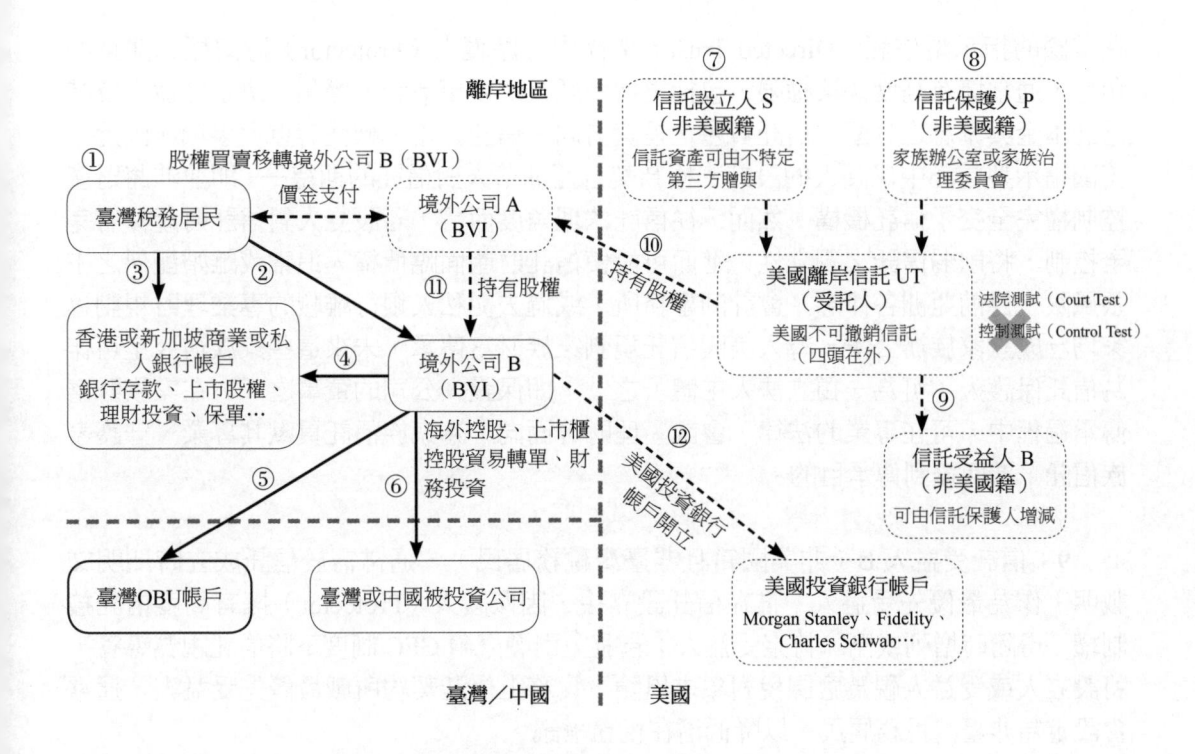

[架構圖：離岸地區 / 臺灣／中國 / 美國]

① 臺灣稅務居民 → 股權買賣移轉境外公司B（BVI）→ 境外公司A（BVI）（價金支付）

③ → 香港或新加坡商業或私人銀行帳戶：銀行存款、上市股權、理財投資、保單…

② 境外公司A（BVI）⇢ ⑪ 持有股權 ⇢ 境外公司B（BVI）

④ → 境外公司B（BVI）：海外控股、上市櫃控股貿易轉單、財務投資

⑤ → 臺灣OBU帳戶
⑥ → 臺灣或中國被投資公司

⑦ 信託設立人S（非美國籍）：信託資產可由不特定第三方贈與 → 美國離岸信託UT（受託人）美國不可撤銷信託（四頭在外）
⑩ 持有股權
⑧ 信託保護人P（非美國籍）：家族辦公室或家族治理委員會 →

法院測試（Court Test）
控制測試（Control Test）❌

⑨ 信託受益人B（非美國籍）：可由信託保護人增減

⑫ 美國投資銀行帳戶開立 → 美國投資銀行帳戶 Morgan Stanley、Fidelity、Charles Schwab…

上述架構按案件事實與規劃過程說明如下：

1、2、3：係指臺灣稅務居民持有設立於境外低稅負地區之關係企業股權，或以臺灣稅務居民個人名義在香港、新加坡等地之商業銀行或私人銀行帳戶中持有銀行存款、上市公司股權、理財投資、保險保單等各類金融資產。

4、5：境外低稅負區關係企業境外公司B（BVI），在臺灣OBU（境外金融中心，Offshore Banking Unit）開立銀行帳戶，作為貿易轉單留存利潤（三角貿易價差利潤留於境外）、財務投資（私人銀行開戶理財投資或保單購買）。

6：境外低稅負區關係企業境外公司B（BVI），在臺灣投審會報備成立臺灣投資公司，持有臺灣上市股權、房地產或營運公司股權等。

7：由非美國籍且非臺灣稅務居民設立之美國離岸信託（Foreign Irrevocable Non-Grantor Trust），其於美國境內發起設立信託的「設立人」（Settlor）並不必然為信託資產的實際提供者。在美國法制下，此類離岸信託可接受設立人以外第三人之資產贈與，亦可由信託主體自行購買欲持有之資產。因此，與臺灣財政部所稱「持有設於境外低稅負國家或地區之關係企業股權為信託財產，轉移至受託人名下，該信託股權仍可能認定為個人CFC」的情形，有本質上的不同。

8：信託保護人P（非美國籍且非臺灣稅務居民，家族辦公室或家族治理委員會），

在美國的指示型信託（Directed Trust）架構中，保護人（Protector）扮演極為關鍵的角色，通常擁有高度決策權限，包括更換受託人、變更信託所屬州、決定受益人及其信託本金與孳息之分配、信託資產之投資方向、信託分割或轉注等重大事項。因此，美國指示型信託中保護人的設計，極為契合亞洲華人對信託的期待——即並非將財產控制權完全交予信託機構。然而，從信託法理角度而言，若設立人對信託財產保有完全控制，將削弱信託之獨立性，進而可能使信託財產面臨債權人追索或離婚配偶之主張風險。目前亞洲各律師、會計師事務所，或過去從私人銀行離職的專業理財規劃專家均已成立家族辦公室，導入美國信託規劃家族財富傳承，未來這些家族辦公室可作為信託保護人（可為一獨立法人主體）之一，即保護人公司的董事之一，在家族財富傳承過程中，可在專業的法律、會計、理財等面向，為家族信託貢獻其專業，守護家族信託，進而達到傳承目的。

9：信託受益人 B（非美國籍且非臺灣稅務居民），通常需於信託成立時即明文載明，作為最優先受益人。惟在信託設立後，因保護人（Protector）擁有高度信託控制權，得隨時增列或刪除特定受益人；為避免引發臺灣 CFC 制度下將信託視為導管，將設立人或受益人視為應課稅對象之風險，實務上信託契約所載最優先受益人，通常會設定為非臺灣稅務居民，以降低潛在稅務爭議。

10、11：由美國離岸信託（受託人為 UT，信託為「四頭在外」架構）設立之美國不可撤銷信託，於境外設立與持有 BVI A 公司，並由該公司向臺灣稅務居民購買其所持有的境外 BVI 公司（公司 B）之股權。如有信託受益人為美國稅務居民，則此信託應變更為美國可撤銷信託。

12：開立美國投資銀行帳戶（如 Morgan Stanley、Fidelity、Charles Schwab 等）之主要目的，在於美國信託一旦設立並透過其所成立的境外控股公司於香港或新加坡開立銀行帳戶時，該帳戶的最終受益人將變更為美國信託主體；若開戶銀行（尤其是私人銀行）於法令遵循上無法接受此類信託架構，則有可能要求關閉境外控股公司帳戶。因此，建議客戶預先於美國投資銀行開立帳戶，以作為未來資金調度或轉換管道之備案，以備不時之需。

（二）CRS 通報落實，大陸地區稅務居民境外所得課稅，美國信託將可成為最終解決方案

2025 年 3 月，北京、上海、浙江、山東、湖北多地稅務機關對外發佈多起案例，被查到未申報境外收入的個人，依法補繳稅、滯納金的案例，補繳金額從 12 萬到 140 萬不等；從 2024 年 6 月至今，有越來越多持有境外資產和收入的個人，陸續收到國內稅務機關的短信、APP 提示或電話提醒，提醒要就境外所得進行自查和補報。

中國大陸個人所得稅制度，依所得來源地區區分為境內所得與境外所得；針對境外所得，若需課稅，主要分為下列兩類個人：

第一類、有住所居民：指因戶籍、家庭、經濟利益等因素，在中國大陸境內具有習慣性居住之個人。所謂習慣性居住，係指個人在學習、工作、探親、旅遊等事由結束後，無理由在其他地區繼續停留時，通常會返回的居住地，並非單指實際居住地或某一特定時期內的居住地。

第二類、長期居民：指無住所之個人，若在一個納稅年度內於中國大陸境內累計居住滿183天，且於前6年內，每年皆累計居住滿183天，並無任一年度單次離境超過30天者，亦屬納稅義務人。

至於「境外所得」，常見類型包括：境外保單紅利、境外公司未分配盈餘、境外上市股權轉讓（如於香港平台交易美股）、海外信託分配（信託實際控制人為中國稅務居民，或稅務居民保留撤銷權或決策權）、海外公司股權出售（若該公司控有50%以上中國境內不動產者，其出售所得視為境內來源），以及其他海外工資薪金收入等。原則上，上述境外所得應於次年3月1日至6月30日期間辦理申報。

內地稅務機關取得納稅人境外所得資料的主要渠道有三：

1. 國際涉稅信息交換：即CRS（Common Reporting Standard，通用報告準則），為OECD於2014年發布的《共同申報及盡職審查準則》，旨在透過AEOI（Automatic Exchange of Information，自動信息交換）打擊洗錢、跨境逃稅與不當避稅行為。目前全球已有150多個國家加入CRS，其中105國已與中國開啟資訊交換。其涵蓋範圍包括金融帳戶、投資理財、託管帳戶（如證券及期權經紀帳戶）、信託中最終受益人、以及儲蓄或投資型保單等。亦即海外存款、上市股票、離岸信託及保單等均在通報範圍之內。

2. 中國內地大數據監控：隨著跨境稅務智慧監管平台與「金稅四期」全面上線，海關、外匯管理局等數據可互通整合。對於跨境金流異常帳戶，銀行可能依反洗錢規定進行標記與上報。例如：個人信用卡在境外大額消費，但申報收入卻偏低者，可能存在未申報境外所得之嫌。另依2023年中國證監會第4號公告規定，境內企業於境外發行證券與上市，除需提供財務報表，亦需揭露股權架構與是否設立海外信託等資料，若涉信託結構，須特別注意。

3. 內部舉報機制：包括員工、合作夥伴或商業對手等舉報途徑，亦為稅務機關掌握信息的重要來源。

目前，不少中國稅務居民為規避境外所得申報，嘗試透過跨境配置專家進行「身分配置」，如申請他國護照（例：馬爾他、賽普勒斯、巴拿馬、聖基茨與尼維斯、多米尼克、安地卡、土耳其等），這些國家號稱無全球課稅、無資產稅、無個人所得稅、資本利得稅、贈與稅及遺產稅；或申辦新加坡稅號、香港永久居民、馬來西亞稅籍等

方式。然而根據《中華人民共和國國籍法》第三條規定，中國不承認雙重國籍，雖部分人士認為「不承認」不等於「不允許」，認為對於擁有多重國籍的人士而言，各國在面對國籍衝突時，通常會依當事人當時所在地國的法律處理。換言之，雙重或多重國籍者，在其任一國籍國內，僅被視為本國公民，只承認其本國國民身分。此一論點或許具有其道理，但無論如何，擁有雙重國籍者仍是同一個自然人，不可能因國籍不同而成為兩個人。此外，即使取得其他國籍或小國護照，但銀行開戶時多需進行盡職調查，尤其是香港、新加坡等地銀行，在 CRS 與反洗錢法規下，有義務揭露最終受益人資訊。因此，持小國護照者仍可能因資料與中國身分關聯而被拒絕開戶，截至目前為止，尚未發現跨境配置專家在進行「身分配置」，並協助開好金融帳戶及維持此金融帳戶的正常運作。看起來欲完全切割中國稅務身分，採身分配置取得他國身分應非常困難，實務操作想要規避稅負亦有其難度，可能僅能選擇放棄中國國籍或註銷戶口，並確保在中國境內居住天數不超過 183 天，才有可能成為中國非稅務居民；甚至目前有些離岸信託（小島信託）受託公司亦聲稱可透過小國護照設立離岸信託，或是以保單代持資產（私募人壽保險，PPLI）[1]的方式，進而隱匿財產與稅務身分，實際操作仍有相當疑慮。

在進行身分配置時，最核心的風險評估點仍在於，個人在中國內地是否屬於「有住所居民」，抑或屬於長期居住之「無住所居民」。若符合前述任一條件，則境外所得若未申報，將面臨以下三大風險：

1. 稅務風險：在中國未如實申報並繳納稅款者，將被處以 20%～45% 稅率、每日萬分之五滯納金（折合年利率約 18.25%）；外加不繳或者少繳的稅款百分之五十以上五倍以下的罰款；構成犯罪的，依法追究刑事責任。

2. 外匯管理風險：一般而言，內地跨境資金轉移主要包括對外投資（如 ODI、QDII、QDLP、QDIE 等途徑）、境外企業對內地營運企業（高獲利公司）的分紅匯出。根據《個人外匯管理辦法實施細則》，個人每年享有等值 5 萬美元的外匯額度，可自由結匯與購匯。其他常見方式還包括退籍清算、轉口貿易留存外幣於境外、虛擬貨幣

---

[1] 私募壽險（Private Placement Life Insurance, PPLI）是一種專為高淨值人士設計的投資型終身人壽保險，結合傳統壽險保障與現代金融投資彈性。保戶可將資產（如現金、股票、股權、不動產等）注入專屬帳戶，進行全球化、多元化配置，投資標的涵蓋對沖基金、個股、選擇權、ETF 與房地產等。PPLI 不僅提供壽險保障，亦強調現金價值累積、資產隔離、稅務優化與資產保護，適用於年收入數百萬美元、淨資產逾千萬美元的高淨值個人或家族，尤其是需跨國財務規劃的國際家庭。其主要優勢包括：
- 靈活多元的投資選擇，不受限於傳統基金；
- 資產隔離效果，可避免法律糾紛或婚變影響；
- 稅務遞延與優化；
- 可用股權或非現金資產繳納保費；
- 整合複雜資產於單一保單，簡化管理。

然而，PPLI 並非無風險工具。設計不當可能引發稅務爭議，且投資人須放棄對資產的直接控制。若未符合 CFC、CRS 或 FBAR 等規定，亦可能衍生合規風險。美國稅務居民應特別注意。PPLI 費用結構亦較複雜，常見項目包括：前期保費費用、資產管理費（類似基金管理費）、保險風險成本、以及其他依投資策略及客製化程度而定的服務費用。

部分產品允許以股票、對沖基金等非現金資產繳納保費。費率依資產類型與風險不同而異，管理費用常落在 1%～3%／年度，甚至更高。儘管 PPLI 可提供資產傳承與稅務優勢，但長期維持成本不低，有些保戶在多年後因負擔過重而選擇終止，反而功虧一簣。

總結而言，PPLI 是高度客製化的財富管理工具，具高潛力與高風險，須依個別需求審慎評估，並諮詢具跨境經驗的稅務、法律與保險專業顧問。

轉帳及地下錢莊匯款等。然而，後三者已涉及違反外匯管理規定，一經查獲，除可能處以資金金額 30% 的罰款外，亦可能被強制要求資金匯回、沒收非法所得，甚至列入外匯管理關注名單，導致未來無法進行跨境交易，個人信用亦可能受損。若涉案金額重大或性質特別惡劣，除 30% 罰款外，尚可能依《中華人民共和國刑法》第 190 條「逃匯罪」論處；若主體為公司／企業，且單筆或累計金額達 500 萬美元以上，將對單位判處罰金，對直接責任人員處以五年以下有期徒刑或拘役。

3. 反洗錢風險：「洗錢」指透過各種手段掩飾、隱瞞涉及毒品犯罪、黑社會性質組織犯罪、恐怖活動犯罪、走私、貪污賄賂、破壞金融管理秩序、金融詐騙及其他犯罪所得及其收益之來源與性質的行為。在反洗錢的實務監管中，重點在於查明資金的來源與去向，包括是否有多人協助匯款、是否經由地下錢莊、資金是否「乾淨」、以及有無依法納稅。此外，對於海外收益是否已課稅亦屬查核範圍。若透過金融機構、特定非金融機構，或經非法渠道從事洗錢行為，將依法追究刑事責任。

為降低或避免上述風險，建議可將財產的所有權、控制權、受益權進行分離，形成「三權分立」的安排，而信託即是一項極具效益的工具。原則上，受託人擁有名義上的所有權；信託保護人，顧名思義，負責保護信託財產，以達成資產的控制、管理與分配的目的；最終則將信託本金與實際利益交付予信託受益人。

過去談到信託，許多人自然聯想到離岸信託。雖然中國內地目前已有六十餘家受託公司，但根據現行信託法規定，內地信託多仍停留在理財信託階段，房產、股權等實體資產尚難以移入信託，且信託登記與相關稅法規範尚未明確訂立。

至於離岸小島信託（如新加坡、香港、英屬維京群島、開曼群島、百慕達、澤西島、根西島等），雖然具備一定架構，但真正涉及財產管理的信託仍屬有限，當前主要仍以銀行金錢信託為主，對於上市股權、不同地區房地產、動產，及家族營運公司股權的受託持有與管理仍有一定困難。在 CRS 通報制度下，離岸信託（小島信託）的受託人須申報包括委託人（即財產授與人）、保護人、受託人（通常為信託機構）及受益人等信託相關資訊，並向其稅務居住地所在國進行通報。同時離岸信託名下的公司帳戶也適用於 CRS 規範，金融機構將依據信託架構中公司的稅務居住地與受益人的稅務居住地，分別向相關稅務國家進行資料申報。相較之下，若信託設立於美國地區，由於美國尚未加入 CRS 體系，至今仍無相關資訊通報義務。以下即以資產移入美國信託的架構為例，進行說明。

美國信託與跨境傳承

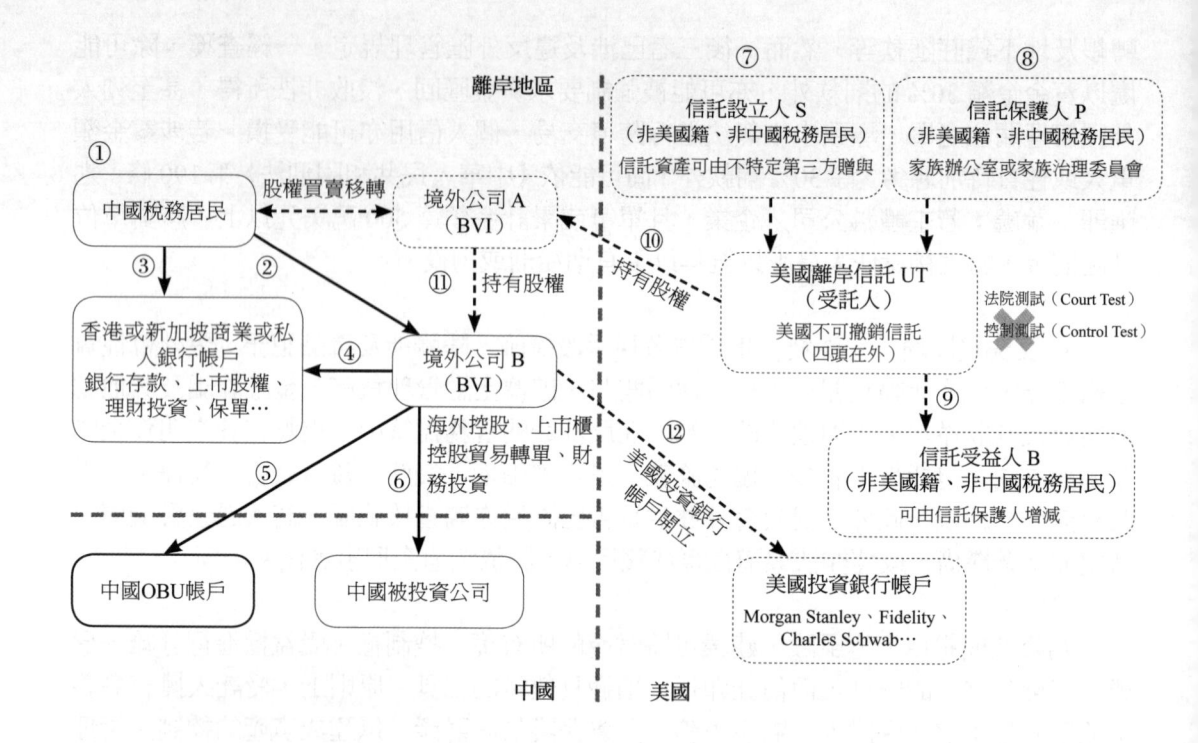

```
                                          ⑦                    ⑧
                    離岸地區          信託設立人 S          信託保護人 P
                                  （非美國籍、非中國稅務居民）（非美國籍、非中國稅務居民）
  ①       股權買賣移轉   境外公司 A    信託資產可由不特定第三方贈與  家族辦公室或家族治理委員會
中國稅務居民 <------->  （BVI）
                                    ⑩
  ③   ②         ⑪ 持有股權        持有股權   美國離岸信託 UT
                                            （受託人）      法院測試（Court Test）
香港或新加坡商業或私          ④   境外公司 B              美國不可撤銷信託  控制測試（Control Test）
人銀行帳戶          <------  （BVI）              （四頭在外）
銀行存款、上市股權、
理財投資、保單…           海外控股、上市櫃        ⑨
                         控股貿易轉單、財
                         務投資         ⑫       信託受益人 B
  ⑤       ⑥                  美國投資銀行        （非美國籍、非中國稅務居民）
                              帳戶開立             可由信託保護人增減
中國OBU帳戶   中國被投資公司
                                          美國投資銀行帳戶
                                          Morgan Stanley、Fidelity、
                                          Charles Schwab…
         中國         美國
```

上述架構按案件事實與規劃過程說明如下：

1、2、3：係指中國大陸稅務居民持有設立於免稅天堂的離岸公司或以中國稅務居民名義在香港、新加坡等地之商業銀行或私人銀行帳戶中持有銀行存款、上市公司股權、理財投資、保險保單等各類金融資產；如有用身分配置，如申請他國護照或申辦香港永久居民、馬來西亞稅籍等方式持有離岸公司或個人帳戶，應注意還屬中國稅務居民，仍具有相當稅務風險。

4、5：境外低稅負區關係企業境外公司 B（BVI），在中國 OBU（Offshore Banking Unit，境外金融中心）開立銀行帳戶，作為貿易轉單留存利潤（三角貿易價差利潤留於境外）、財務投資（私人銀行開戶理財投資或保單購買）。

6：租稅天堂境外公司 B（BVI），在內地成立公司，持有內地上市股權、房地產或營運公司股權等。

7：由非美國籍且非中國稅務居民設立之美國離岸信託（Foreign Irrevocable Non-Grantor Trust），其於美國境內發起設立信託的「設立人」（Settlor）並不必然為信託資產的實際提供者。在美國法制下，此類離岸信託可接受設立人以外第三人之資產贈與，亦可由信託主體自行購買欲持有之資產。

8：信託保護人 P（非美國籍且非中國稅務居民，家族辦公室或家族治理委員會），

在美國的指示型信託（Directed Trust）架構中，保護人（Protector）扮演極為關鍵的角色，通常擁有高度決策權限，包括更換受託人、變更信託所屬州、決定受益人及其信託本金與孳息之分配、信託資產之投資方向、信託分割或轉注等重大事項。因此，美國指示型信託中保護人的設計，極為契合亞洲華人對信託的期待——即並非將財產控制權完全交予信託機構。然而，從信託法理角度而言，若設立人對信託財產保有完全控制，將削弱信託之獨立性，進而可能使信託財產面臨債權人追索或離婚配偶之主張風險。

9：信託受益人 B（非美國籍且非中國稅務居民），通常需於信託成立時即明文載明，作為最優先受益人。惟在信託設立後，因保護人（Protector）擁有高度信託控制權，得隨時調整受益人名單，包括增列或刪除特定受益人。

10、11：由美國離岸信託（受託人為 UT，信託為「四頭在外」架構）設立之美國不可撤銷信託，於境外設立 BVI A 公司，並由該公司向中國稅務居民購買其所持有的境外 BVI 公司（公司 B）之股權。如有信託受益人為美國稅務居民，則此信託應變更為美國可撤銷信託。

12：開立美國投資銀行帳戶（如 Morgan Stanley、Fidelity、Charles Schwab 等）之主要目的，在於美國信託一旦設立並透過其所成立的境外控股公司於香港或新加坡開立銀行帳戶時，該帳戶的最終受益人將變更為美國信託主體；若開戶銀行（尤其是私人銀行）於法令遵循上無法接受此類信託架構，則有可能要求關閉境外控股公司帳戶。因此，建議客戶預先於美國投資銀行開立帳戶，以作為未來資金調度或轉換管道之備案，以備不時之需。

（三）美國信託法令穩定、保密到位與專屬信託法庭，非其他小島離岸信託可比擬

在香港、英屬維京群島、開曼群島、百慕達、澤西島、根西島等境外管轄所成立離岸信託，長期以來因保密性與法律規避爭議備受關注。2016 年 4 月國際調查記者同盟（ICIJ）將巴拿馬的莫薩克·馮賽卡律師事務所自 1970 年代開始，有關 21.4 萬家離岸金融公司共約 1150 萬筆資料加以披露，據了解，該律師事務所近三分之一業務是來自香港及中國的辦公室；2017 年 11 月天堂文件（Paradise Papers）天堂文件解密，源自註冊於百慕達群島的法務公司「Appleby」與新加坡的「Asiaciti Trust」，洩密內容遍及安地卡與百慕達、阿魯巴、巴哈馬、巴巴多斯、百慕達、開曼群島、庫克群島、多米尼加、格瑞納達、馬來西亞的納閩、黎巴嫩、馬耳他、馬紹爾群島、聖克里斯多福及尼維斯、聖盧西亞、聖文森與格瑞那丁、薩摩亞、特立尼達與多巴哥、瓦努阿圖……等 19 個世界各地的大小避稅天堂。這些資料揭示出小島信託的保密性與合法性遭遇嚴重質疑。

此外，小島信託是否構成偽信託（Illusory or Sham Trust）或存在信託穿透風險，也是一項長期受到詬病的問題。以往，許多離岸私人銀行為了方便掌控客戶資金，由

理財專員主導，冠以財富傳承之名設立各種離岸信託。但所謂「偽信託」，指的是信託缺乏獨立性，最終信託財產仍被認定為設立人個人資產，導致喪失信託的保護功能。在實務中，尤其中國境內委託人設立的離岸信託，多希望對信託資產保持高度掌控。例如深受中國人青睞的 BVI VISTA 信託，常見設立人、保護人及第一順位受益人均為同一人（即信託設立人本人）。又或者，信託設立時所置入之資產，存在違規或風險資產，如詐欺所得、離婚爭議中急轉移的財產等，這些情況皆易被法院認定為偽信託，大幅削弱信託的保護性與法律效力。當信託資產遭遇債權人或配偶索償時，法院可能裁定信託無效或不具法律保護效果。

相對而言，美國對信託的獨立性要求極為嚴格。一旦信託有效設立，信託資產即與委託人、受託人與受益人之個人財產完全分離。例如，外國人設立的不可撤銷非授予信託（Foreign Non-Grantor Irrevocable Trust），其委託人將完全喪失對信託財產的所有權與控制權。此外，美國各州信託法規完善，部分州（如特拉華州、內華達州、南達科他州、阿拉斯加州等）設有專門的信託法院，即使發生信託爭議，亦可獲妥善處理與法律保障。根據波士頓顧問公司（The Boston Consulting Group）估計，美國信託業的實際規模遠超外界想像，現已成為全球最大國際離岸金融中心之一。

在美國，只需信託設立人指定一位在地受託管理人（如前述各州的信託公司），並由一位外國人擔任「信託保護人」負責發出指示，受託公司並不直接管理資金，而僅協助符合法律規範，便可讓信託架構避開美國及國際的部分監管限制。

綜上，美國憑藉其法律穩定性及現代化的《信託資產保護法》，相較於弱勢司法轄區的小島信託，無論在稅務安排、法律保障或資產保密性方面，皆具備更高的吸引力。

茲將美國信託與離岸信託（小島信託）比較如下頁表格。

美國信託與離岸信託（小島信託）比較表

比較事項 \ 信託類型	離岸信託（小島信託） 香港、新加坡、臺灣、開曼群島、英屬維京群島、澤西島等	美國信託 內華達州、德拉瓦州等
信託性質	大部分為全權委託信託（Discretionary Trust）	可彈性採用指示型信託（Directed Trust）
設立原因	一般由私人銀行以資金管理為目的而設立，銀行與受託人有一定密切關係，設立後方便Banker控制理財投資，設立後客人不易離開此私人銀行	為家族傳承、資產保護、避免財產糾紛目的設立，主導權完全在保護人，不易由受託人主導
信託資產	以信託資金為主，通常不接收家族股權或房產，若接收，信託管理費用亦非常高	任何資產均可移入信託（含動產、不動產、未上市股權、基金投資、保單等各種資產）
信託費用	按委託資產 0.5%～2% 至少 USD15,000／年度 跨境法律複雜與稅務環境變化頻繁，維持費用高	無論委託資產多寡，由信託保護人自行管理資金或資產 最低為 USD6,000／年度
美國設立人或受益人	離岸信託一旦涉及美國設立人或受益人，立即有3520表揭露問題，遵循法律複雜，一般不接受此類型案件	屬於美國本地信託，無此問題，若財產在美國以外地區，還可選擇可撤銷信託，授予人過世前可避免美國所得稅
保護人設置	一般無保護人，而由信託設立人以意願書取代	保護人有絕對權力（換掉受託人、改變信託所屬州、決定受益人與分配信託本金與孳息、決定信託資產的投資、決定信託分割、決定信託轉注等）
受託公司制衡	委託後不易更換受託人	隨時可由保護人更換
設立地—香港問題	以資金受託為主，受託人具主導性，易造成受託人與受益人對立，此亦是全權委託的主要問題	因設立保護人機制，對信託具主導權

信託類型 比較事項	離岸信託（小島信託） 香港、新加坡、臺灣、開曼群島、英屬維京群島、澤西島等	美國信託 內華達州、德拉瓦州等
設立地— 新加坡問題	法令遵循過於嚴格，信託資金來源須為課稅後之所得，設立不易，維持費用過高銀行帳戶開立不易	只要按照一定程序，除非涉及洗錢資金，一般均可成立，且設立人並不一定為信託資產提供者
設立地— 臺灣問題	信託採導管理論，非獨立課稅主體，其所得稅負擔非由設立人承擔，就是由受益人承擔，此外，亦涉及遺產稅與贈與稅相關問題	信託為獨立課稅主體，若信託收益未分配，則應申報 1041 表，課徵聯邦所得稅，若分配給受益人應使用 Schedule K-1 表；特定條件下，信託境外所得無課稅問題
訴訟地明確	司法管轄較為複雜，可能涉及多個司法轄區，易引發爭議或陷入管轄權衝突，且訴訟費用通常不低	容易確定，有專屬法庭，因此有一定保障，訴訟程序短，訴訟費用較低
是否有設立人意願書（Letter Of Wish）	設立人可能為信託資產的主導者，有可能為信託受益人，信託完全失去獨立性	設立人非保護人、非受益人，設立不可撤銷信託後對信託資產無主導權，信託維持完全獨立性
偽信託或信託穿透風險 （Illusory or Sham Trust）	部分小島信託因使用意願書，或第一順位受益人為自己或配偶，若信託設計不當且不夠嚴謹，易「被擊穿」，產生信託穿透風險，造成信託無效	專業信託律師、適用單一州信託法律規定、歷史悠久、法律穩定，較無設計不當問題
構成 CFC 或 CRS 國際訊息交換壓力	均屬 CFC 或 CRS 全球通報範圍，資料存在保密性問題	美國未加入 CRS 通報，設立人或受益人稅務居所稅局不易取得相關課稅資料
世代傳承目的達成	因設立當地通常為免稅，但設立人或受益人所在國有稅負問題，世代傳承有不確定性	設立所在地稅捐核課明確，可透過信託分割或轉注，達到財產世代傳承目的

（四）美籍信託設立人或信託受益人不得不在美國成立信託

若離岸信託設立人具雙重或三重稅籍身分（中國護照、美國綠卡、加拿大楓葉卡、澳洲永居等身分），納稅申報、披露複雜，動輒違反稅務所在地納稅規定，目前在中國很多離岸信託設立人具雙重或三重稅籍身分，若又有美籍身分（美國綠卡持有者），依據 FBAR 規定，不僅要申報直接擁有的海外金融帳戶，還要申報不直接擁有但有財務利益、簽名權、或其他（可動用）權利的海外金融帳戶，更何況目前大多離岸受託公司往往不願意接受美籍設立人，因有太多通報與披露責任，且離岸信託設立人過世後，美籍受益人的美國稅務申報與披露非常複雜，涉及到回溯稅與 CFC 等問題，所以還是在美國成立家族信託為宜。

在美國成立信託，若按照本人對於跨境資產傳承籌劃來區分，可分為「非美籍成立信託」與「美籍成立信託」兩大類型，一般美籍成立信託目的主要為達成特定目的，信託目的一旦達成，受託人即進行信託分配，信託即告消滅；例如：遺囑信託、保留年金信託、缺陷信託、合格個人居住信託、准公民信託、隔代移轉稅信託、隔代移轉稅信託、生前信託、不可撤銷人壽保險信託等。

而非美籍成立之朝代信託，是一種長期信託，可能長達 365 年（內華達州）或甚至為無限期（德拉瓦州）；財富由上一代轉到下一代時，不會衍生財產移轉稅；通常為不可撤銷，一旦成立後授予人就不能對資產有任何控制權或被允許修改信託條款；讓設立人子孫受益又不會過分濫用財產可以藉由 Division（分割──同子信託）、Decanting（轉注──另一個信託）、Migration（遷移──換受託公司）；讓後代子孫各家系有各自信託，方便於信託管理；例如：裁量信託（Discretionary Trust）、固定信託（Fixed Trust）、指示型信託（Directed Trust）等模式，亦可選擇成立特定目的實體／信託保護人公司（Special Purpose Entities／Trust Protector Companies）或私人家族信託公司（Private Family Trust Company）等。本書有關美國家族信託之實際操作，將僅就美國家族朝代信託中有關「指示型信託」之各種實際運用來加以說明，以本人實際操作信託成立過程，讓讀者能夠身歷其境的共同參與，進而為自己或服務的客戶成立家族信託。

三、一般非美籍家族於美國所成立的朝代信託

此類不可撤銷信託允許財富在家族中世代相傳，同時最大限度地減輕財富轉移稅負擔及抵禦潛在債權人的威脅。特別是在廢除或放寬「反永續規則」的州，這類信託可持續存在，實現信託財產的永續保護與傳承。

初始置於朝代信託的資產需要繳納財富轉移稅，但透過精心規劃，可以將其總量控制在遺產稅、贈與稅和隔代轉移稅的最高免稅極限之內。信託受益人通常享有使用信託資產的權利，但並不直接擁有資產的所有權，資產仍屬於信託所有。

過去三十餘年來，美國信託在跨境華人財富創造者的傳承規劃中，扮演日益關鍵的角色。隨著近年臺灣稅務居民面臨 CFC 制度與全球 CRS 課稅資訊全面通報的壓力，選擇在全球經濟與法治體系最穩固的美國設立家族信託，正逐漸成為一項必要的選項。特別是對於在美國境外累積財富的非美籍人士，或是新一代移居美國、擁有美籍子女的家庭而言，美國家族信託更已成為一項不可取代的傳承工具。本章將針對四大類美國家族信託架構，依其設立方式、適用情境、功能目的與相關注意事項，逐一進行分析與說明。為協助讀者深入理解並具備實務操作能力，本書將以筆者實際為自己家族設立信託的經驗為例，逐步說明信託的建立流程與實務細節，力求跳脫純理論探討，達到「可操作、能落地」的目的；完整呈現一個跨境家庭如何因應不同需求，實際完成美國信託的設立；本書不僅為華人圈中少見以中文撰寫的美國家族信託操作手冊，也在美國信託實務書籍中罕見聚焦於實地操作流程，實屬值得細細參酌之作。

若讀者有意進一步自行規劃與設立家族信託，在掌握以下各類信託架構的特性後，將能依據自身情況，選擇合適類型並進行實務應用。茲就目前常見由非美籍人士於美國設立之信託類型依其情境與對象不同，分別說明如下：

第一類：非美籍成立不可撤銷美國境外信託——四頭在外信託，該信託控有境外資產（Foreign Irrevocable Non-Grantor Trust），在特定條件下美國無所得稅與傳承稅

非美籍在美國設立不可撤銷的外國信託架構：四頭在外，控有境外資產

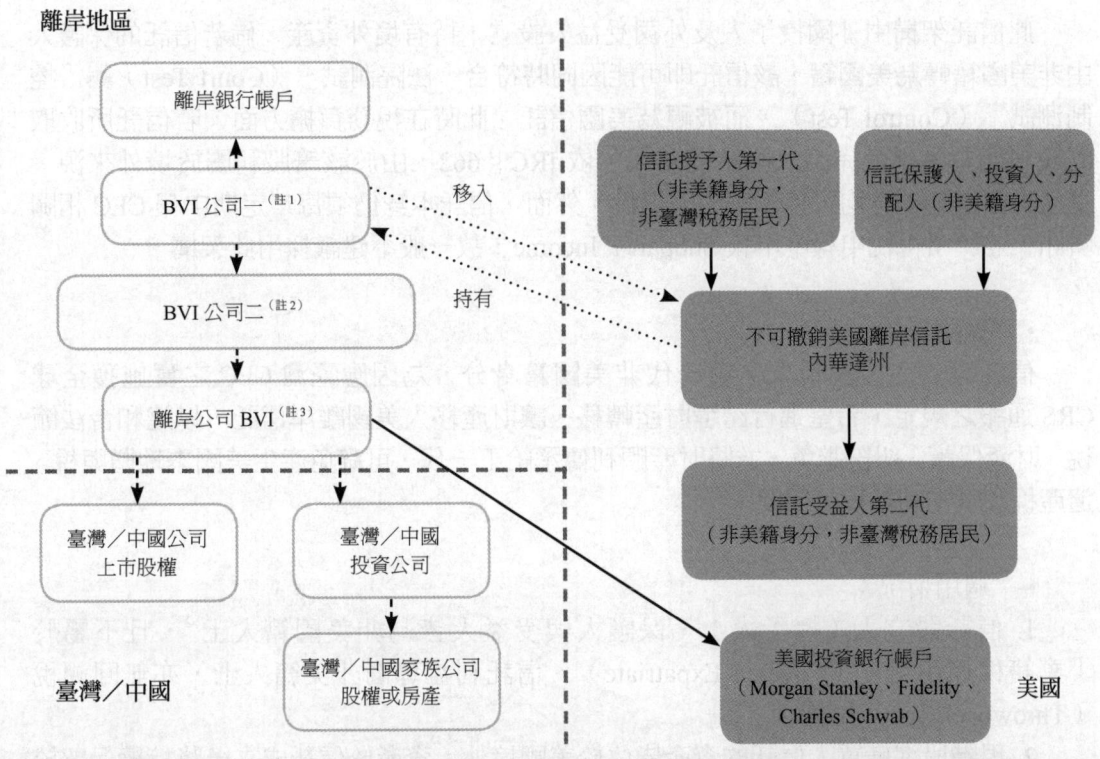

離岸地區

- 離岸銀行帳戶
- BVI 公司一（註1）
- BVI 公司二（註2）
- 離岸公司 BVI（註3）
- 臺灣／中國公司上市股權
- 臺灣／中國投資公司
- 臺灣／中國家族公司股權或房產

臺灣／中國

- 信託授予人第一代（非美籍身分，非臺灣稅務居民）
- 信託保護人、投資人、分配人（非美籍身分）
- 不可撤銷美國離岸信託 內華達州
- 信託受益人第二代（非美籍身分，非臺灣稅務居民）
- 美國投資銀行帳戶（Morgan Stanley、Fidelity、Charles Schwab）

美國

註1：英屬維京群島公司（即設於英屬維京群島的**境外家族控股公司**，包括類型有：專業基金（Professional Fund）、公開基金（Public Fund）、核准基金（Approved Fund）、私人投資基金（Private Investment Fund）及私人有限合夥企業（Private Limited Partnership），並以公司形式註冊）。此類型公司為合格實體，就美國稅務目的而言，得選擇被視為「無獨立課稅實體」（disregarded entity），而非「本質公司」（per se corporation）。

註2：英屬維京群島公司（即設於英屬維京群島的**集團控股公司**，包括類型有：專業基金、公開基金、核准基金、私人投資基金及私人有限合夥企業，並以公司形式註冊）。此類型公司為合格實體，依美國稅法可選擇視為「無獨立課稅實體」，而非「本質公司」。

註3：英屬維京群島公司，包括類型有：專業基金、公開基金、核准基金、私人投資基金及私人有限合夥企業，並以公司形式註冊。此類型公司為合格實體，於美國稅務目的下，可被視為「無獨立課稅實體」，而非「本質公司」。

- 適用前提：

若信託之設立人（授予人）與受益人皆為非美國籍人士，且所持資產位於美國以外地區，且保護人亦為非美籍身分，則該信託可被歸類為「美國離岸不可撤銷信託」（Foreign Irrevocable Non-Grantor Trust）。然而，若信託保護人從非美國籍變成美國籍，該信託即可能因同時符合「法院測試」（Court Test）與「控制測試」（Control Test），而轉變為「美國本地信託」；若僅部分條件符合，則仍屬於美國離岸信託。此類信託架構特別適用於以下情況：第一代設立人（授予人）為非美籍身分、保護人

與受益人亦皆為非美國籍，為因應臺灣 CFC 與全球 CRS 通報之規定，若受益人非臺灣稅務居民，透過設立美國離岸不可撤銷信託，得以有效完成資產轉移及家族傳承，並同時降低未來可能涉及的美國贈與稅、遺產稅與資本利得稅等課稅風險。

此信託架構由外國授予人及外國受益人設立，持有境外資產。倘若信託的保護人由非美國籍轉為美國籍，該信託即可能因同時符合「法院測試」（Court Test）與「控制測試」（Control Test），而被視為美國信託。此時在稅務負擔方面，若信託所收取的股利能於當年度完全分配給受益人，依 IRC § 662，由於該筆股利屬於境外來源，受益人與信託本身均可免繳美國所得稅。然而，信託本身仍須每年定期申報 CFC 相關資訊，並於所得稅申報中申報 Subpart F Income，故一般不建議採用此架構。

- 適用目的：

信託設立人（授予人）第一代非美國籍身分，為因應臺灣 CFC 之實施獲全球 CRS 通報之規定，希望進行跨境財產轉移，讓財產移入美國離岸信託，以達和合法節稅、財產保護、糾紛避免、並將財產順利傳承給下一代，可避免產生美國本地贈與稅、遺產稅及資本利得稅等問題。

- 適用情況：

1. 信託設立人（授予人）、保護人與受益人皆為非美國籍人士[2]，且不屬於「棄籍稅適用者」（Covered Expatriate）。信託利益專屬非美籍人士，亦無回溯稅（Throwback Tax）問題。

2. 現階段準備置入信託的資產皆位於美國境外；資產於信託成立後將持續保留於離岸地區。如未來財產需永久進入美國，應於美國設立符合「法院測試」與「控制測試」的不可撤銷信託（Irrevocable Trust）。

3. 不可撤銷信託視為完全贈與，授予人一經設立即放棄所有權，無返還可能；授予人可於設立時指定一位具控制權之保護人，由保護人負責信託受益人之變更與指示。

4. 受託人為美國信託公司，可選擇如內華達州或德拉瓦州之受託機構。

5. 授予人須為非美國稅務居民，即贈與時不具美國住所（按 Treas. Reg. § 20.0-1(b) 定義）。信託契約簽署完成後，授予人即不再與信託具任何法律關係。

6. 除授予人外，第三方亦可將財產移入此美國離岸不可撤銷信託。

7. 信託持有之資產位於美國以外地區（未來預計將 BVI 公司股權轉由美國受託人直接持有）。

8. 保護人應於信託設立時由授予人指定，並須為非美國稅務居民。

9. 離岸公司（BVI 公司）之股權由信託持有，惟公司執行董事（Director）由保護人任命。

10. 授予人應於境外地區（如香港或新加坡）尋找可接受美國信託作為公司股東之銀行。

11. 未來離岸公司於境外銀行所進行之一切投資理財操作，均由該公司之執行董

事負責。

12. 本架構下所涉之境外公司（包括 BVI 公司）不屬於 Treas. Reg. § 301.7701-2(b)(8) 所列之「本質公司」（per se corporation），故於美國稅法上可視為穿透型實體（pass-through entity）。

13. 信託存續期間設定為不超過 365 年，符合內華達州《法定永續限制條款》（NRS § 111.1031）之規定。

- 架構優點：

1. 本信託架構可將財產控股權轉移至設於美國的受託公司名下，實際資產則仍位於美國境外。授予人完全放棄所有權與受益權，且因無美國來源所得，未來可免於美國所得稅與遺產稅之課徵。
2. 財產受到完善保護，可有效避免遭債權人追索或因離婚而被配偶主張權益。
3. 規劃妥善，可預防未來家族財產在第二代及後代傳承時產生之潛在稅負風險。
4. 避免美國遺產進入認證程序（probate）所可能引發的繁瑣流程與高額費用。
5. 可透過「分割信託」或「轉注信託」（Decanting Trust）方式，將財產依家系有序分派至下一代。
6. 有效規避臺灣 CFC 制度與全球 CRS 自動資訊交換之影響（美國非 CRS 成員國）。

- 適用注意事項：

1. 一旦授予人將財產贈與信託，即視為不可撤回（無法反悔），亦不得再對信託財產及其收益行使管理權或享有受益權。然而，這並不表示信託無法終止；若信託保護人決定將全部信託資產一次性分配予受益人，該信託將即刻終止。
2. 將境外公司股權移轉至設立於美國境內的離岸信託（未符合美國信託的控制測試條件），若該信託無美國來源所得，則不構成美國所得稅納稅義務。
3. 將資產移轉至信託時，須審慎評估授予人居住地的贈與稅影響。例如，若臺灣稅務居民將境外資產轉入美國不可撤銷信託，可能觸及臺灣贈與稅規定；此外，自 2023 年起臺灣已實施 CFC 制度，若信託受益人為臺灣稅務居民，仍可能面臨最低稅負制之課稅風險。

以下茲就各信託不同階段，逐一分析美國所得稅、贈與稅及遺產稅的稅務效果：

---

[2] 根據 IRC § 7701(a)(30) 之規定，「美籍人士」（U.S. person）係指：
(A) 美國公民或美國稅法所認定之美國居民，(B) 依美國法律組成之合夥企業（domestic partnership），(C) 依美國法律設立之公司（domestic corporation），(D) 任何遺產（estate），但不包括第 (31) 款所定義之外國遺產（foreign estate），及 (E) 任何信託，若其符合以下兩項條件：(i) 美國境內之法院能對該信託的管理行使主要監督權限；且 (ii) 一位或多位美國人士對該信託之所有重大決策擁有控制權。
故此，非美籍人士係指不符合上述「美籍人士」定義者。

信託階段	美國所得稅	美國贈與稅	美國遺產稅
1. 信託的設立與資產移入	依據 IRC §102【註1】，本案例將資產放入信託屬於贈與性質之財產移轉，並不構成應稅所得，故無美國所得稅議題。 由於設立人為非美籍人士，屬於美國稅法上的非稅務居民，故資產轉入外國非授予人信託認列為資本利得之規定亦不適用 IRC §684【註2】，請參考 IRC §641(b)【註3】及 CFR §301.7701-7【註4】，因此原則上，並未產生美國來源所得。	依據 IRC §2501(a)(2)【註5】，非美籍人士對非美國所在地資產或無形資產之贈與，不構成美國贈與稅之課稅標的，故無需申報或繳納贈與稅。因此原則上，無美國贈與稅產生。	將資產移入不可撤銷信託，在美國稅上視同完全贈與（Completed Gift）；贈與人未保留任何權利，因此依據 IRC §2036【註6】，該贈與將不納入贈與人遺產總額。 贈與人之遺產總額僅包括位於美國境內的資產 IRC §2103【註7】，本案例並無任何美國境內資產被轉移，因此，適用於非美國公民/非稅務居民的遺產課稅範圍，一般而言，無需繳納美國遺產稅。
2. 信託存續期間（設立人過世前）	根據 26 CFR §301.7701-7【註4】，計算外國信託課稅所得的方法與非美國稅務居民適用之所得稅規則是相同的。依美國所得稅法，外國信託原則上僅就「美國來源所得」（如股利、利息、租金、權利金等）及與美國有實質關聯之所得（Effectively Connected Income, ECI）課稅。 舉例而言，若有支付給外國信託的美國來源股利通常須依固定30%預扣稅率課稅，除非根據適用的稅收協定可適用較低的稅率。 若信託持有之資產及投資完全位於美國境外，則其所得（例如：外國股利、利息與資本利得）皆屬於外國來源所得，在此情況下，若信託並無任何美國來源所得，則該信託之所得不需繳納美國所得稅。	設立人未再進行任何後續贈與行為，信託對非美籍受益人所作之分配，亦不被視為應稅贈與，因此原則上，無贈與稅產生。	請注意：為避免違反內華達州的法規 NRS §111.1031【註8】所規定之「法定反永續法則」，本案例將信託設立於合理年限內（最多不超過365年），以符合當地規範。
3. 設立人過世時	因為本案例是一個不可撤銷的非授予人信託，根據美國稅法，一般而言，設立人的死亡通常不會改變該信託的所得稅結果。	設立人的死亡不會觸發贈與行為，因為信託資產在信託設立時即已完全贈與。因此，一般而言，不產生美國贈與稅。	

信託階段	美國所得稅	美國贈與稅	美國遺產稅
4. 信託存續期間（設立人過世後）	根據 26 CFR §301.7701-7【註4】，外國信託僅就美國來源所得及與美國貿易或業務實質相關的所得（Effectively Connected Income, ECI）負有美國所得稅義務，換言之，在美國稅法下，外國信託計算應稅所得的方法與非美國稅務居民的處理方式相同。 對於分配給外國受益人的外國來源所得或信託本金，將不課徵美國稅。 即使信託先行保留並累積所得，日後再行分配，亦無須適用複雜的追溯稅（throwback tax）規則：追溯稅主要針對收到外國信託分配的美國受益人課徵利息，因此，一般而言，本案例不會產生追溯稅且無應稅所得；請參考 IRC §6048【註9】及 §665【註10】。	信託對非美籍受益人所作之分配不構成應稅贈與。此類分配行為係屬信託契約執行之一部分，並參考 IRC §2511【註11】，因此原則上，無美國贈與稅。	將資產移入不可撤銷信託，在美國稅上視同完全贈與(Completed Gift)；贈與人未保留任何權利，因此依據 IRC §2036【註6】，該贈與將不納入贈與人遺產總額。 贈與人之遺產總額僅包括位於美國境內的資產 IRC §2103【註7】，本案例並無任何美國境內資產被轉移，因此，適用於非美國公民/非稅務居民的遺產課稅範圍，一般而言，無需繳納美國遺產稅。 請注意：為避免違反內華達州的法規 NRS §111.1031【註8】所規定之「法定反永續法則」，本案例將信託設立於合理年限內（最多不超過365年），以符合當地規範。

- 以上表格當中之註解，請參見以下：

【註1】IRC §102 贈與與遺產
(a) 一般規定
總收入不包括透過贈與、遺囑、遺產或繼承所獲得財產的價值。
(b) 所得
第 (a) 款不得排除以下項目於總收入之外：
(1) 第 (a) 款所指財產所產生的所得；或
(2) 當贈與、遺囑、遺產或繼承是財產所產生所得的情況下，該等所得金額。
若依贈與、遺囑、遺產或繼承的條款，款項、記帳或分配是以定期方式支付，則在款項是自財產所得中支付、記帳或分配的範圍內，應將其視為第 (2) 款所指的財產所得之贈與、遺囑、遺產或繼承。根據子章 J，受益人需將其納入總收入的任何金額，也應視為第 (2) 款所述的財產所得之贈與、遺囑、遺產或繼承。
(c) 員工贈與
(1) 一般規定
第 (a) 款不得排除任何由雇主或代表雇主轉給員工或為員工利益而轉交的金額於總收入之外。
(2) 交叉參考
有關排除特定員工成就獎金於總收入外之規定，請見第 74(c) 條；有關排除特定

小額附帶福利於總收入外之規定，請見第 132(e) 條。

【註2】IRC §684 向特定境外信託與遺產轉讓財產時的增值認列：
(a) 一般規定
除法規另有規定外，美國人將財產轉讓給境外遺產或信託時，該轉讓應視為以公允市價出售或交換該財產，轉讓人需認列該財產公允市價超過其調整後基礎的部分作為增值。

(b) 例外
若轉讓人將財產轉讓給一個在第 671 條下視為由某人持有的信託，第 (a) 款不適用於該轉讓。

(c) 信託轉變為境外信託的處理
若非境外信託的信託變成境外信託，該信託應視為在變為境外信託之前立即將其所有資產轉讓給一個境外信託。

【註3】IRC §641 課稅的課徵、計算與繳納
遺產或信託的應稅所得，除本部分另有規定外，應依個人所得計算方式計算。稅額應依該應稅所得計算，並由信託管理人（受託人）負責繳納。對於本款而言，境外信託或境外遺產應視同從未曾在美國逗留的非居民外籍個人。

【註4】IRC §301.7701-7 信託 - 國內與境外
(a) 一般規定
(1) 若符合以下條件，信託視為美國人：
(i) 美國法院能對信託管理行使主要監督權（法院測試）；且
(ii) 一個或多個美國人擁有控制信託所有重大決策的權力（控制測試）。
(2) 信託在同時滿足法院測試與控制測試的任何一天，對於《國稅法》（Code）而言，視為美國人。對本章規定而言，「國內信託」指屬於美國人的信託；「境外信託」指非國內信託的任何信託。
(3) 除子章 J 第 I 部分另有規定外，境外信託的應稅所得應依從未在美國逗留的非居民外籍個人的計算方式計算（見第 641(b) 條）。第 7701(b) 條不適用於信託，僅適用於個人。此外，對於第 871(a)(2) 條（涉及在美國逗留滿 183 天以上的非居民外籍個人的資本利得），境外信託不被視為在任何時間身處美國。

(b) 適用法律
應依信託契約條款及適用法律來判斷是否符合法院測試與控制測試。

(c) 法院測試
(1) 安全港規定：若符合以下條件，信託視為通過法院測試：

(i) 信託契約未指示須在美國境外管理；
(ii) 信託實際完全在美國境內管理；且
(iii) 信託未包含第 (c)(4)(ii) 款所述的自動遷移條款。
(2) 範例：
　　A 設立信託，讓其兩個子女 B 與 C 平均受益。信託契約指定 DC（美國 Y 州公司）擔任受託人，Y 州為美國州份。DC 完全在 Y 州管理該信託，且契約未說明信託須在哪裡管理，也沒有包含自動遷移條款。該信託符合安全港規定與法院測試。
(3) 定義：
(i) 法院：包括聯邦、州或地方法院。
(ii) 美國：本節中係地理意義的美國，僅包括美國各州及哥倫比亞特區（參見第 7701(a)(9) 條）。美屬領地、屬地或外國法院不算美國法院。
(iii) 能行使：指法院依適用法律有權發布命令或裁決，解決信託管理相關問題。
(iv) 主要監督：指法院有權決定與信託整體管理相關的所有重大問題，即使其他法院對受託人、受益人或信託財產有管轄權，仍可視為擁有主要監督權。
(v) 管理：指執行信託契約與適用法律所規定之職責，包括帳冊維護、報稅、資產管理與投資、為信託防禦債權人訴訟，以及決定分配金額與時間。
(4) 滿足或未滿足法院測試的情況：
(i) 以下列具體情況之一為例（非窮盡列舉），信託視為滿足法院測試：
(A) 若依實質相似於統一遺囑認證法第 VII 篇《信託管理》的州法規定，由受託人在美國法院辦理信託登記。
(B) 遺囑信託：若信託由經美國法院認證的遺囑設立，且所有受託人皆由美國法院核可擔任受託人。
(C) 生前信託：若受託人或受益人透過美國法院的行動，使信託管理受到該法院的主要監督。
(D) 若美國法院與外國法院均能對信託管理行使主要監督權。
(ii) 自動遷移條款：若信託契約規定，美國法院試圖行使管轄權或監督信託管理將導致信託自動遷出美國，則該信託不符合法院測試。但若契約規定僅在美國遭外國侵略或大規模財產徵收、國有化時才遷移，不適用本條。
(5) 範例：
　　範例 1：A 為美國公民，設立信託給兩位同為美國公民的子女，受託人 DC 於外國 X 國有分支辦公室並在 X 國管理信託，雖適用美國 Y 州法律，但因 X 國法院擁有主要監督權，而美國法院無主要監督權，該信託不符合法院測試，屬境外信託。
　　範例 2：A 為美國公民，設立信託給自己與配偶 B（美國公民），受託人 DC 於美國 Y 州管理信託，但若美國法院對受託人提告，信託會自動遷往 Z 國，此規定使美國法院無主要監督權，該信託自成立起即不符合法院測試，屬境外信託。

(d) 控制測試
(1) 定義
(i) 美國人：指第 7701(a)(30) 條所定義的美國人，例如國內公司即為美國人，不

論其股東是否為美國人。

(ii) 重大決策：指依信託契約與適用法律，授權或必須作出的非僅屬行政性的決策。行政性決策包括帳務處理、收取租金及執行投資決策等細節；重大決策則包括但不限於：

(A) 是否及何時分配收入或本金；
(B) 分配金額；
(C) 選擇受益人；
(D) 收入或本金的分配歸屬判斷；
(E) 是否終止信託；
(F) 是否就信託的權利提出和解、仲裁或放棄主張；
(G) 是否代表信託起訴或應對訴訟；
(H) 是否移除、增補或更換受託人；
(I) 是否任命繼任受託人，即使該任命權不附帶無限制的移除權，若該任命權會改變信託的國內或境外身分，仍屬重大決策；
(J) 投資決策：但若美國人僱用投資顧問管理投資，若美國人可隨時終止顧問職權，則該投資決策視為由美國人控制。

(iii) 控制：指有權透過投票或其他方式，做出所有重大決策，且無他人擁有否決任何重大決策的權力。判斷是否由美國人控制時，應考慮所有有權作出重大決策的人，而不僅是受託人。

(iv) 特定員工福利信託及投資信託的安全港：只要美國受託人控制所有由受託人作出的重大決策，下列信託自動視為符合控制測試：

(A) 第 401(a) 條所述合格信託；
(B) 第 457(g) 條所述信託；
(C) 第 408(a) 條所述個人退休帳戶（IRA）信託；
(D) 第 408(k) 或 408(p) 條所述個人退休帳戶信託；
(E) 第 408A 條所述 Roth IRA 信託；
(F) 第 530 條所述教育 IRA 信託；
(G) 第 501(c)(9) 條所述自願員工受益協會信託；
(H) Rev. Rul. 81-100 所述集團信託；
(I) 第 301.7701-4(c) 條所述的投資信託，須符合：
1. 所有受託人均為美國人，且至少一位為第 581 條定義的銀行或美國政府擁有機構；
2. 所有發起人皆為美國人；
3. 受益權主要在美國向美國人廣泛發行銷售；
(J) 國稅局在公告、通知或其他指引中指定的其他信託類型。

(v) 範例：

範例 1：A、B（美國人）與 C（非居民外籍人）為遺囑信託的三位受託人，信託契約規定須三人一致同意才能做重大決策，因此美國人無法獨自控制，控制測試不符。

範例 2：同範例 1，但若信託契約改為以多數決決定重大決策，因 A、B 為多數，

美國人即能控制所有重大決策，控制測試符合。

範例3：同範例2，但契約指示C負責所有投資決策，A、B僅能否決而無權獨立做投資決策，因此美國人無法完全控制重大決策，控制測試不符。

範例4：同範例3，但A、B可接受、否決C的投資決策或自行做決策，因此美國人控制所有重大決策，控制測試符合。

範例5：X公司為外國公司，在美國以分支營運方式從事業務，並僱用美國員工。X公司為這些員工依第401(a)條規定設立合格員工福利信託。該信託依美國A州法律設立，由B（一家受A州法律規範的美國銀行）擔任受託人，B擁有該信託資產的合法所有權並為受益人利益管理。計畫委員會負責計畫及信託的相關決策，並可指示B執行相關行動，且依契約B對此類決策不承擔責任。計畫委員會成員包含美國人與非居民外籍人，且非居民外籍人佔多數。計畫委員會採多數決作決策。此外，X公司保留終止信託及更換或增補受託人的權力。依(d)(1)(iv)款規定，該信託因B為唯一受託人且屬美國人，視為符合控制測試。計畫委員會或X公司擁有的其他權力不影響該安全港，但若X公司增派外國受託人，則需重新評估是否仍符合美國人完全控制重大決策的條件。

(2) 更換擁有重大決策權之人

(i) 12個月內更換：若因意外事件（如死亡、喪失能力、辭職、居住地改變等）導致擁有重大決策權的人員變動，並可能改變信託的國內或境外身分，信託有12個月自該變動起進行必要調整，以避免信託居住身分的變更。若12個月內完成調整，信託在此期間視同保持原身分；否則，自變動當日起信託居住身分改變。

(ii) 申請延期：若已採取合理措施但因無法控制之因素未能於12個月內完成調整，信託可向轄區國稅局主任提供書面說明理由。若主任認為係因合理原因所致，可給予延期。是否給予延期由主任全權裁量，並可附帶必要條件以確保正確稅款徵收。若未獲延期，信託自意外變動當日起改變身分。

(iii) 範例

範例1：信託有A、B（美國人）與C（非居民外籍人）三位受託人，以多數決做決策。契約規定若受託人死亡或辭職，由D接任。A去世後D自動成為受託人，而D是非居民外籍人。A去世兩個月後B將D更換為E（美國人）。由於D在A去世12個月內被E取代，信託在A去世至E就任期間仍符合控制測試，維持國內信託身分。

範例2：同範例1，但若12個月結束時D未被更換，信託自A去世當日起即轉為境外信託，除非國稅局主任批准延期。

(3) 自動遷移條款：若信託因任何政府機構或債權人索取資訊或提出主張而導致重大決策不再由美國人控制，則視為美國人未完全控制重大決策。

(4) 範例

範例1：A為非居民外籍人，是信託設立人並於生前為唯一受益人。該信託為符合資格的個人退休帳戶（IRA），A可決定提款及投資方向，IRA唯一受託人是第7701(a)(30)條定義的美國人。依(d)(1)(iv)款特別規定，該信託符合控制測試。

範例2：A為非居民外籍人，設立信託且保留撤銷信託及取回資產的權力，因此依672(f)與676條視A為信託擁有人，但A並非信託受託人。信託有唯一受託人B（美

國人）及唯一受益人 C，B 可自行決定是否分配資產給 C。由於 A 可決定將資產分配給自己，該決策屬重大決策，因此美國人未能完全控制重大決策，信託屬境外信託。

範例 3：信託 T 有兩位受託人 A 與 B（皆為美國人），聘請外國投資顧問 C，A、B 可隨時解除 C 的職務。雖然 C 執行投資決策，但因 A、B 能控制並終止 C 的權限，因此視為 A、B 控制投資決策，控制測試符合。

範例 4：G（美國公民）設立信託，A（非居民外籍人）、B（美國人）為終身受益人，餘財由其後代繼承，受託人是美國人。信託契約授予 A 更換受託人的權力，該權力屬重大決策。由於 A 控制重大決策，因此控制測試不符。

(e) 生效日期

(1) 一般規定：除 (f) 款提供的保留國內信託選擇以及 (e)(3) 款另有規定外，本條自 1999 年 2 月 2 日之後結束的課稅年度起適用。信託亦可自 1996 年 12 月 31 日之後開始的課稅年度起適用本條，或對已依《小型企業就業保護法》（SBJP Act）第 1907(a)(3)(B) 條選擇適用第 7701(a)(30) 及 (31) 條、並在 1996 年 8 月 20 日之後結束的課稅年度的信託適用。

(2) 1996 年 8 月 19 日至 1999 年 4 月 5 日之間設立的信託：若該期間內設立的信託符合 1997 年發布之第 7701(a)(30) 及 (31) 條草案規範的控制測試，但不符合本條 (d) 款控制測試，則可於 1999 年 12 月 31 日前修改契約以符合 (d) 款規定，若於期限內完成修改，信託自 1996 年 12 月 31 日後開始的課稅年度起視為符合 (d) 款控制測試（若已根據 SBJP Act 選擇適用，則適用於 1996 年 8 月 20 日後結束的課稅年度）。

(3) 特定員工福利信託與投資信託的安全港生效日期：本條 (d)(1)(iv) 與 (v) 範例 1 與 5 自 2001 年 8 月 9 日起適用於當年及以後的課稅年度。自 1996 年 12 月 31 日後開始的課稅年度起亦可依據這些規定適用，或若已根據 SBJP Act 選擇適用第 7701(a)(30) 及 (31) 條，則適用於 1996 年 8 月 20 日後結束的課稅年度。

(f) 保留國內信託身分的選擇

(1) 適用信託：若信託於 1996 年 8 月 20 日存在，且於 1996 年 8 月 19 日被視為國內信託（依 (f)(2) 款判定），可選擇繼續視為國內信託，不受第 7701(a)(30)(E) 條限制。若信託於 1996 年 8 月 20 日完全由設立人持有（依子章 J 第 I 部分 E 小節），則無法選擇；若僅部分由設立人持有，則可為整個信託作出選擇。但若該信託已根據 SBJP Act 第 1907(a)(3)(B) 條選擇適用新信託標準，該選擇一經作出不可撤回。

(2) 判定 1996 年 8 月 19 日信託身分：

(i) 若信託於含 1996 年 8 月 19 日之課稅年度內有申報 Form 1041，且未申報 Form 1040NR，並依修法前第 7701(a)(30) 條有合理依據（依第 6662 條定義）報告為國內信託，則視為當日為國內信託。

(ii) 未申報 Form 1041 者：部分國內信託無需報 Form 1041，如 Rev. Rul. 81-100 所述合格退休計畫集團信託，或課稅年度總收入未達申報門檻且無應稅所得者。若該信託同時未申報 Form 1041 與 Form 1040NR，且依修法前規定有合理依據將其視為國內信託，亦視為當日為國內信託。

(3) 選擇程序：

(i) 所需聲明：須向國稅局提交題為「依 1997 年納稅人減稅法第 1161 條保留國內信託身分之選擇」的聲明，由至少一位受託人簽署，並包含：

(A) 表明選擇依減稅法繼續視為國內信託；

(B) 表明於 1996 年 8 月 19 日依修法前有合理依據將信託視為國內信託（聲明中無需解釋該依據）；

(C) 陳述信託是否於該期申報 Form 1041（且未申報 Form 1040NR），或說明無需申報的理由；

(D) 信託名稱、地址及僱主識別號。

(ii) 向國稅局提交：

(A) 除 (E)-(G) 款另有規定外，須將聲明附於 1997 或 1998 課稅年度 Form 1041 並於 1998 年度 Form 1041 申報截止日前（含延長）提交；若 1997 年 Form 1041 未附聲明，應補附於 1998 年 Form 1041。

(B) 若 1997 或 1998 年度收入不足以需報 Form 1041，須仍提交 Form 1041 及附聲明，且最遲於 1999 年 10 月 15 日前提交。

(C)-(G) 另涵蓋若報 Form 1040NR、合格退休計畫、僅需提交資訊申報等特殊情況，均需依規定方式與期限附聲明。

(iii) 未如期提交：若因合理原因未按規定提交聲明，受託人可提供書面理由，國稅局主任得酌情決定是否核准延期，但若 1997 年課稅年度申報時效已過，通常不得適用本項延期。

(4) 選擇撤銷或終止：

(i) 撤銷需國稅局長同意。撤銷將涉及第 684、6048、6677 條所規範之信託住所變更的稅務後果與申報要求。

(ii) 若信託後續變動致無合理依據維持國內身分，選擇即終止，並自終止當日起轉為境外信託，亦須依上述條款辦理相關稅務及報告。

(5) 生效日期：本 (f) 款自 1999 年 2 月 2 日起適用。

【註 5】IRC §2501(a)(2) 課稅規定

(a) 應稅移轉

(1) 一般規定

依第 2502 條規定計算的稅款，對於每一個日曆年度，針對任何居民或非居民個人於該年度內以贈與方式移轉財產時課徵。

(2) 無形財產的移轉

除第 (3) 款另有規定外，第 (1) 款不適用於非美國公民且為非居民者對無形財產的移轉。

(3) 例外

(A) 特定個人

若贈與人於包含移轉日的課稅年度適用第 877(b) 條，則第 (2) 款不適用。

(B) 外國贈與稅的抵免

因本款而徵收的稅款，若已對任何因本款而須課稅的贈與支付外國贈與稅，該稅

額可抵減本條所課之稅款。

(4) 對政治組織的移轉

第 (1) 款不適用於將金錢或其他財產移轉給政治組織（依第 527(e)(1) 條定義），且該移轉用於該組織之目的。

(5) 特定股票的移轉

(A) 一般規定

對於贈與人於包含移轉日的課稅年度適用第 877(b) 條者，若移轉的是符合 (B) 款所述外國公司股票：

(i) 第 2511(a) 條適用時不考慮該股票是否位於美國境內；

(ii) 該股票於本章適用上的價值應依 (C) 款所述之美國資產價值計算。

(B) 符合描述的外國公司

若下列條件均符合，則外國公司屬於本款所述：

(i) 移轉當時，贈與人擁有該公司 10% 以上的有投票權股票（依第 958(a) 條定義）；

(ii) 移轉當時，贈與人依第 958(a) 條持有或依第 958(b) 條規則視為持有該公司超過 50% 的

(I) 有投票權股票總數，或

(II) 股票總價值。

(C) 美國資產價值

對 (A) 款而言，股票的美國資產價值係指該股票公允市價乘以下比率：

(i) 該公司當時所擁有位於美國的資產公允市價

與

(ii) 該公司當時所有資產的總公允市價之比。

(6) 對特定免稅組織的移轉

第 (1) 款不適用於將財產移轉給符合第 501(c) 條第 (4)、(5) 或 (6) 款所述，且依第 501(a) 條免稅之組織，且該移轉用於該組織。

(b) 美國屬地居民視同美國公民

對於本章所課稅款，若贈與人為美國公民且居住於美國屬地，除非該人僅因 (1) 其為該屬地公民，或 (2) 其出生或居住於該屬地而取得美國國籍，否則應視為美國公民。

(d) 美國屬地居民視同非居民非公民

若贈與人為美國公民且居住於美國屬地，且僅因 (1) 其為該屬地公民，或 (2) 其出生或居住於該屬地而取得美國國籍，對於本章所課稅款，應視為「非美國公民之非居民」。

(e) 交叉參考

(1) 有關支付贈與稅後獲贈財產基礎增加，見第 1015(d) 條。

(2) 有關非美國公民之非居民移轉美國境外財產不課稅之規定，見第 2511(a) 條。

非美國公民之非居民的贈與稅

贈與稅是針對個人將財產轉讓給他人，而未獲得等值或全額對價時所課徵的稅款。無論贈與人是否有意將該轉讓視為贈與，均適用此稅。

對於非美國公民之非居民而言，贈與稅僅適用於美國境內特定財產的贈與。若將財產（包括金錢）、財產使用權或財產收益免費或未獲等值對價給予他人，即構成贈與。若以低於公允市價出售財產，或提供無息或低息貸款，亦可能視為贈與。

對非美國公民之非居民而言，應稅贈與包括位於美國的房地產及有形動產，但對美國無形資產的贈與不課贈與稅，見 IRC §2501(a)(2)。此類無形資產例如美國公司股票。

【註6】IRC §2036 保留終身利益的移轉
(a) 一般規定
在計算遺產總值時，應將被繼承人生前以信託或其他方式轉讓的財產中，其仍保留利益部分之價值計入遺產總額，除非該移轉為以合理且充分金錢或等值對價所進行的真實買賣。若轉讓財產後，繼承人對該財產於其生前或其死亡時期（或僅能以其死亡時點判定的期間）內，保留下列權利之一者，應計入遺產總值：
(1) 該財產之佔有、使用或享有，或該財產產生之收益權；或
(2) 單獨或與他人共同決定該財產或其收益應由誰佔有或享有之權利。

(b) 投票權
(1) 一般規定
對於 (a)(1) 項而言，若被繼承人保留對受控公司股份的投票權（不論直接或間接），該保留行為應視同對已移轉財產的享有權。
(2) 受控公司
就第 (1) 項而言，若在財產轉讓後至被繼承人死亡前三年期間內的任何時點，被繼承人持有或擁有（依第 318 條規定）至少 20% 該公司所有股票合併投票權的股份，或有權（單獨或與他人共同）對該股票行使投票權，該公司即視為受控公司。
(3) 與第 2035 條之協調
對適用第 2035 條時，若被繼承人放棄或喪失投票權，應視為被繼承人進行的財產移轉。

(c) 一般規定之適用限制
本條不適用於 1931 年 3 月 4 日前所做之移轉；亦不適用於 1931 年 3 月 4 日後至 1932 年 6 月 7 日間的移轉，除非該移轉財產依 1931 年 3 月 3 日聯合決議（46 Stat. 1516）修正條文之規定，應計入被繼承人遺產總值。

【註7】IRC §2103 遺產總額的定義
為適用第 2101 條所課徵之稅款，對於每位非美國公民且非美國居民的被繼承人而言，其遺產總額之價值應為其於死亡時位於美國境內的遺產部分（依第 2031 條規定計算遺產總額）。

【註8】NRS §111.1031 法定永久禁止規則
1. 非既得財產權益（nonvested property interest）為無效，除非符合以下任一條件：
(a) 該權益在創設時已確定將於當時在世之自然人死亡後 不超過21年內確定生效或終止；或
(b) 該權益於創設後365年內確定生效或終止。

2. 因為先前條件（condition precedent）使得不可行使之一般指定權（general power of appointment）為無效，除非：
(a) 該權力於創設時，先決條件已確定將於當時在世之自然人死亡後不超過21年內滿足或不可能滿足；或
(b) 該先決條件於創設後365年內滿足或變得不可能滿足。

3. 非一般指定權（nongeneral power of appointment）或 一般遺囑性指定權（general testamentary power of appointment）為無效，除非：
(a) 該權力於創設時已確定將於當時在世之自然人死亡後 不超過21年內不可撤銷地行使或終止；或
(b) 該權力於創設後365年內不可撤銷地行使或終止。

4. 在判斷非既得財產權益或指定權是否符合第1款(a)、第2款(a)或第3款(a)之條件時，應忽略於某人死後可能出生子女的可能性。

【註9】IRC §6048 關於特定境外信託的申報義務
(a)特定事件的通知
(1) 一般規定
於可報告事件發生後90日內（或財政部長規定的較晚日期前），負責人應依第(2)款規定向財政部長提供書面通知。
(2) 通知內容
第(1)款要求的通知應包含財政部長規定的資訊，包括：
(A) 與可報告事件相關移轉至信託的金額或其他財產（如有）；
(B) 該信託、每位受託人及每位受益人（或受益人類別）的身分。
(3) 可報告事件
就本款而言，「可報告事件」指：
(A) 一般情況：
(i) 美國人創設任何境外信託；
(ii) 美國人直接或間接向境外信託轉移金錢或財產，包括因死亡而發生的轉移；
(iii) 美國公民或居民死亡時，如：
(I) 被視為依子章J第I部分E小節規則持有境外信託任一部分；或
(II) 境外信託任一部分計入被繼承人遺產總額。
(B) 例外
(i) 公平市價銷售

若以至少等於轉讓財產公平市價之對價交換，(A)(ii) 不適用。現金以外的對價應按其公平市價計算，並適用第 679(a)(3) 條規定。
(ii) 遞延補償及慈善信託
(A) 不適用於以下信託：
(I) 第 402(b)、404(a)(4) 或 404A 條所述信託；
(II) 被財政部長認定為第 501(c)(3) 條所述信託。
(4) 負責人
就本款而言，「負責人」指：
(A) 對於生前信託的創設人；
(B) 非因死亡而移轉的轉讓人；
(C) 其他情況下，被繼承人遺產的執行人。

(b)境外信託的美國擁有人

(1) 一般規定
若美國人在其任一課稅年度內，依子章 J 第 I 部分 E 小節規則被視為擁有境外信託的任何部分，該人須提交財政部長規定的資訊，並確保：
(A) 該信託當年申報完整會計資料、該信託的美國代理人名稱及其他財政部長規定的資訊；
(B) 該信託向每位美國受益人提供財政部長規定的資訊，包括 (i) 被視為擁有該信託部分者，或 (ii) 直接或間接受領信託分配者。
(2) 無美國代理人的信託
(A) 一般規定
若適用本段規定，美國人須計入該信託的金額由財政部長決定。
(B) 必須有美國代理人
若第 (1) 款適用於某境外信託，除非該信託同意授權美國人作為其有限代理人（僅就適用第 7602、7603 及 7604 條之事項），否則適用本段規定。
該代理人就出庭或提供紀錄的行為僅限於正確適用本法之相關金額，且不應視為該信託在美國設有辦事處、固定營業場所或在美國從事貿易或業務。
(C) 其他規定
類似第 6038A(e) 條第 (2) 與 (4) 款的規定適用於本段。

(c)境外信託美國受益人之申報
(1) 一般規定
若美國人在其課稅年度內直接或間接受領境外信託的分配，該人應對該年度提交申報，包括：
(A) 該信託名稱；
(B) 該年度接收的分配總額；
(C) 財政部長規定的其他資訊。
(2) 未提供充分紀錄的所得計入

(A) 一般規定
若未提供充分紀錄使財政部長能正確判定分配之處理方式,該分配應視為累積分配,計入受領人之總所得。若信託選擇適用類似(b)(2)(B)條規則,規定可排除此適用。
(B) 累積分配規則之適用
適用第668條時,適用年數應為信託存在年數的一半。

(d)特別規定

(1) 判定美國人是否移轉或接收分配
若判定美國人是否對境外信託移轉或自其接收分配,應不考慮信託部分是否依子章J第I部分E小節規則視為他人擁有。
(2) 有境外活動的國內信託
若國內信託有大量境外活動或持有大量境外財產,規定可視其為境外信託並適用本條及第6677條。
(3) 申報時間與方式
任何通知或申報應依財政部長規定的時間及方式辦理。
(4) 申報要求之調整
若財政部長認為美國對所要求資訊無重大稅務利益,可暫停或修改申報要求。
(5) 美國人申報須與信託申報一致或告知不一致
類似第6034A(c)條的規定適用於(b)(1)(B)款所述信託與相關美國人之申報項目。

【註10】IRC§665適用於D小節的定義
(a)未分配淨所得
就本小節而言,「未分配淨所得」係指信託於該課稅年度的可分配淨所得,超過以下金額總和的部分:
(1) 該課稅年度第661(a)條第(1)與(2)款所列金額;及
(2) 與該可分配淨所得相關而課徵於信託的稅額。
(b)累積分配
就本小節而言,除(c)款另有規定外,「累積分配」對於信託任一課稅年度,指以下金額的差額:
(1) 該年度第661(a)條第(2)款所列金額;減
(2) 該年度可分配淨所得,減去第661(a)條第(1)款所列金額後的餘額(但不得低於零)。
就第667條(除其(c)款涉及多重信託之情況)而言,第661(a)條第(2)款所列金額不包括自信託(非境外信託)支付、記帳或需分配給受益人、且於受益人出生前或其滿21歲前累積的所得。若該年度信託所支付、記帳或需分配的金額未超過該年度信託的所得,則該年度無累積分配。
(c)特定國內信託的累積分配例外
就本小節而言:
(1) 一般規定

對於合格信託，自本款通過日起開始的任何課稅年度之分配，計算時應不考慮任何未分配淨所得。
(2) 合格信託
「合格信託」係指除以下情況外的任何信託：
(A) 境外信託（或除財政部長規定外，曾為境外信託的國內信託）；或
(B) 1984 年 3 月 1 日之前創設的信託，除非能證明若第 643(f) 條適用，該信託不會與其他信託合併計算。
(d)信託所繳稅額
就本小節而言：
(1) 一般規定
「信託所繳稅額」係指該課稅年度根據本章課徵（不考慮本小節或 A 子章第 IV 部分）的稅款中，依財政部長規定應分配至未分配可分配淨所得及資本資產買賣淨收益（扣除損失後）部分的金額。該金額須扣除依第 666(b) 與 (c) 條視為已分配給任何受益人的稅款部分。
(2) 境外信託
對於境外信託而言，「信託所繳稅額」還包括，按第 (1) 款規定減除後，由任何外國或美國屬地課徵於該信託的所得、戰爭利得及超額利得稅中應分配的部分。依財政部長規定，若境外信託因第 672(f) 條排除，否則設立人或其他人將被視為擁有該信託部分，則「信託所繳稅額」還包括應分配至設立人或該人因信託所得而在外國或美國屬地繳納的所得、戰爭利得及超額利得稅部分。
(e) 前課稅年度
就本小節而言：
(1) 若信託由美國人創設，則「前課稅年度」不包括本部分不適用之信託課稅年度。
(2) 若信託於某前課稅年度（不考慮本小節）符合 B 子節規定，則依財政部長規定，該年度該信託應視為適用 C 子節。

【註 11】IRC §2511 一般性移轉
(a) 適用範圍
在本章所載限制的前提下，第 2501 條所課徵之稅款適用於無論是以信託或其他方式進行的移轉，亦無論贈與是否直接或間接發生，且不論財產屬不動產或動產、有形或無形；但若贈與人為非美國公民之非居民，僅當移轉的財產位於美國境內時，該稅款才適用。
(b) 無形財產
對於根據本章規定且不適用第 2501(a)(2) 條之非美國公民的非居民而言：
(1) 由美國國內公司發行的股票；以及
(2) 由以下單位發行的債務憑證：
(A) 美國人；或
(B) 美國、各州、其任何政治分區或哥倫比亞特區，
若此類股票或債務憑證為該非居民所擁有並持有，應視為位於美國境內之財產。

第二類：非美籍成立授予人可撤銷美國本地信託（美國境內成立外國授予人可撤銷信託）──持有非美國地區資產

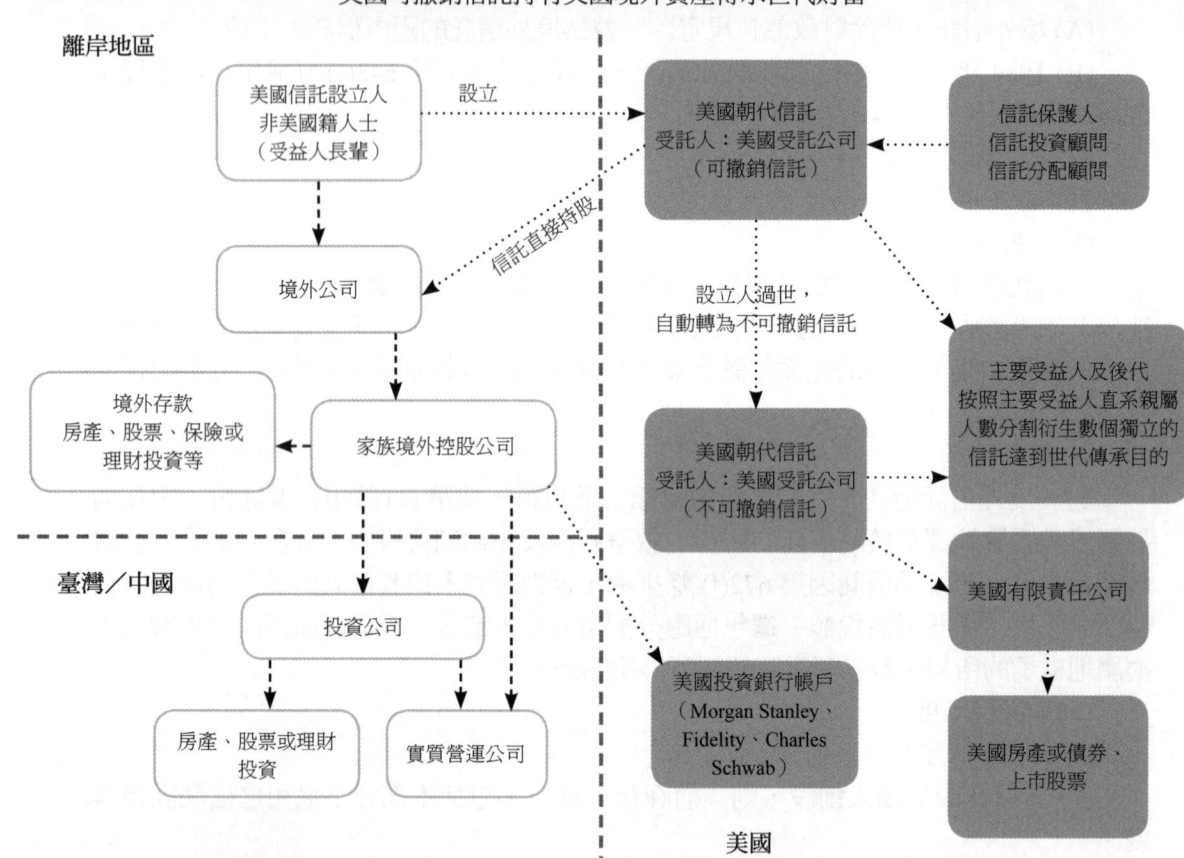

美國可撤銷信託持有美國境外資產傳承世代財富

離岸地區

- 美國信託設立人 非美國籍人士（受益人長輩）──設立──→ 美國朝代信託 受託人：美國受託公司（可撤銷信託） ←········ 信託保護人／信託投資顧問／信託分配顧問
- 美國信託設立人 ↓
- 境外公司 ←── 信託直接持股
- 境外存款、房產、股票、保險或理財投資等 ← 家族境外控股公司

設立人過世，自動轉為不可撤銷信託 ↓

美國朝代信託 受託人：美國受託公司（不可撤銷信託）──→ 主要受益人及後代按照主要受益人直系親屬人數分割衍生數個獨立的信託達到世代傳承目的

↓ 美國有限責任公司 ↓ 美國房產或債券、上市股票

臺灣／中國
- 投資公司 → 房產、股票或理財投資／實質營運公司

美國投資銀行帳戶（Morgan Stanley、Fidelity、Charles Schwab）

美國

- 適用前提：

信託設立人為非美國稅務居民，可在美國成立可撤銷信託，則稱為「外國人於美國成立之授予人信託（Foreign Grantor Trust）」；若持有資產為美國以外地區之資產或是美國境內之免稅資產，則設立人過世前該信託不會產生美國稅負，若無美國可撤銷信託持有境外金融資產，則無揭露申報的問題。信託設立地點在美國境內，可受到美國信託法律的保障，一旦信託設立人過世，此可撤銷信託將正式轉換為「不可撤銷之朝代信託」，即「美國本土非授予人信託（US Domestic Non-Grantor Trust）」，設立人過世前境外資產的增值均不需要課徵美國稅，設立人過世時因信託財產自動增值（Step Up Basis），未來信託出售此財產計算資本利得時將大大減少，自然達到減稅效果，應是籌劃美國傳承稅（贈與稅、遺產稅）的一大利器。

- 適用目的：
1. 避免美國境內遺產面對遺產認證冗長程序與高額費用。
2. 資產以美國信託[3]持有，可能避免 CRS 通報問題（美國非 CRS 參與國）。

3. 財產自動達到世代傳承目的。
4. 資產有潛在大幅增值可能。

此架構適用於非美籍授予人（有美籍受益人）且在美國設立美國可撤銷授予人信託。該信託在授予人死亡後成為美國不可撤銷非授予人信託，信託所持資產的成本可通過勾選原則墊高到公平市價。

主要優點：(1) 授予人生前的美國境外資產所得無須繳納美國稅；(2) 授予人死亡時可以墊高信託資產的成本（Step-Up Basis）。

- 適用情況及限制：

1. 非美籍授予人[4]希望生前對信託資產保留控制權，就美國贈與稅和遺產稅而言，授予人對信託的贈與架構為不完全贈與。
2. 非美籍人士[5]作為授予人（一般是擁有未來將贈與給信託資產的人）。
3. 保護人通常是美籍人士、美國 C 公司或美國有限責任公司。
4. 如果授予人希望信託的非美國資產的收入在其生前不需要繳納美國所得稅，則信託受益人必須是非美國人[6]。
5. 信託受託公司為美國受託公司（可選擇德拉瓦州或內華達州的受託公司）。
6. 贈與信託的資產在移轉前應在美國境外，移轉後（授予人死亡前）仍在美國境外，如此可避免不必要的稅收和法律問題。贈與的資產不應產生有效關聯收入（一般來說，當一個外國人在美國從事貿易或業務時，所有來自美國境內與該貿易或業務有關的收入都被視為有效關聯收入（ECI））。
7. 就遺產稅而言，贈與信託的資產不應於美國本地。
8. 信託的本金和收入可在任何時候分配給美國人，並需提交 3520 表。
9. 此架構中的境外公司均不屬於 Treas. Reg. §301.7701-2(b)(8) 款所列舉之「本質公司」（per se corporation），在美國稅法上均可被視為穿透個體。

- 適用注意事項：

1. 由於授予人生前未完成財產的完全贈與，未來仍可能面臨債權人或離婚配偶主張請求權的風險。
2. 授予人過世後，該信託不再符合作為「授予人信託」之條件。儘管此類型在信託設立時已通過法院測試，但在授予人去世後，所有擁有信託重大決策控制權者均為

---

[3] 信託期間假設為 365 年內，符合內華達州《法定永續限制條款》（NRS §111.1031 – Statutory Rule Against Perpetuities）之規定。
[4] 授予人為非美籍人士，於贈與時並非依《財政條例》第 20.0-1(b) 款（Treas. Reg. §20.0-1(b)）所定義之有美國住所者。該非美籍人士亦非屬適用棄籍稅者（covered expatriate）。
[5] 根據 IRC §7701(a)(30) 之規定，「美籍人士」（U.S. person）係指：
(A) 美國公民或美國稅法所認定之美國居民，(B) 依美國法律組成之合夥企業（domestic partnership），(C) 依美國法律設立之公司（domestic corporation），(D) 任何遺產，但不包括第 (31) 款所定義之外國遺產，及 (E) 任何信託，若其符合以下兩項條件：(i) 美國境內之法院能對該信託的管理行使主要監督權限；且 (ii) 一位或多位美國人士對該信託之所有重大決策擁有控制權；
故此，非美籍人士係指不符合上述「美籍人士」定義者。
[6] 此為依美國所得稅法定義之非美籍人士，並無須擔心「回溯稅」（throwback tax）問題，信託之利益專屬於非美國人士，設立人贈與至信託之資產，是不直接持有美國課稅範圍內之資產。

美國人士,該信託將被視為美國信託,並需繳納美國所得稅。

3. 若未將原信託轉換成為美國信託,未來分配之累積收益可能面臨懲罰性稅負。對多數外國授予人信託架構而言,為避免此稅務問題,通常需將信託本身遷移至美國,或將信託資產轉至美國信託。

4. 受託人與信託保護人可能希望在設立人過世後重新確認決策權歸屬。然而,由於非美國人的實質決策權力基本上在設立人死亡時已終止,因此通常無需額外採取措施來實現信託的境內化。

5. 可撤銷美國本地信託為墊高信託資產的成本(Step-Up Basis),則須填報 IRS 表格 8832,進行「勾選原則」(Check-the-box Election)。根據《美國國稅法》Section§7701 所訂「勾選規則」(Check-the-box Regulations),允許某些商業實體(如:有限責任公司、合夥企業、獨資企業、某些外國公司及不屬於「實質性公司」的商業實體等),透過提交 8832 表(Entity Classification Election),「勾選」選擇其美國聯邦所得稅之課稅類型。通過「勾選規則」選擇除了默認形式(Default Rules)之外的其他公司類型,例如:符合資格的外國獨資(只有一個所有者,100% 擁有)有限公司或股份有限公司,可以通過「勾選」選擇成為美國的「穿透體」(Disregard Entity),屬於「稅收透明體」。在本書第五章將有詳細介紹。

以下茲就信託各不同階段,逐一分析美國所得稅、贈與稅及遺產稅的稅務效果:

信託階段	美國所得稅	美國贈與稅	美國遺產稅
1. 信託的設立與資產移入	因信託為外國授予人信託,即授予人保留信託撤銷權,根據 IRC§676(a)【註1】,視同授予人仍擁有信託資產;即可適用授予人信託的課稅方式處理(grantor trust treatment)IRC §672(f)(2)(A)(i)【註2】。 由於非美國稅務居民授予人被視為信託的所有人,且根據 IRC §872(a)【註3】,應稅總收入僅限於美國來源所得或與在美國從事貿易或業務有實質關聯的所得(ECI),因此信託所產生的非美國來源收入並不納入美國課稅範圍,亦請參照 IRC §671【註4】。 因此,信託成立時,不構成應稅所得事件。	根據 IRC §2501(a)(2)【註5】,對於非美國人贈與無形資產(如股票)不適用美國贈與稅;該條文排除了「非美國公民、非稅務居民對無形資產之轉讓」,不在美國贈與稅的適用範圍。 此外,所有轉讓之資產均為非美國所在地(non-U.S. situs)的無形資產,因此屬於上述贈與稅豁免的範疇。 更進一步,將資產轉入可撤銷信託,並不構成完成的贈與,因為設立人仍可收回資產,因此在此階段不被視為發生應稅贈與。 因此,一般而言,無需繳納美國贈與稅。	由於授予人尚在世,且此信託為可撤銷信託,代表設立人仍保有控制權。 根據 IRC §2038【註6】,若授予人過世,信託資產將納入其遺產總額(gross estate),然而,因為授予人是非美國稅務居民,且信託資產全部位於外國(foreign situs assets),根據 IRC §2103【註7】,這些資產仍不屬於美國遺產稅課稅範圍,非美國稅務居民之美國遺產稅僅針對適用於位於美國的財產。 簡言之,信託設立時原則上不會產生美國遺產稅,亦參閱 IRC §2001 之遺產稅規定【註8】。

信託階段	美國所得稅	美國贈與稅	美國遺產稅
2. 信託存續期間（設立人過世前）	在授予人在世時，此信託仍被視為外國授予人信託，因此依據 IRC §676(a)【註1】，授予人被視為信託資產與所得的擁有者，可適用授予人信託的課稅方式（grantor trust treatment）。依據 IRC §672(f)(2)(A)(i)【註2】，允許可撤銷信託適用外國授予人信託的課稅方式。 此外，根據 IRC §671【註4】，信託的所有所得均視為授予人的所得。有鑑於授予人是非美國稅務居民，且無任何美國境內商業活動或投資，根據 IRC §872(a)【註3】，該信託未產生任何美國來源所得可供課稅。 因此一般而言，信託所得不需繳納美國所得稅。	當外國授予人透過信託向美國受益人分配資產時，此分配行為被視為來自非美國稅務居民的授予人贈與。 如前所述，根據 IRC §2501(a)(2)【註5】，非美國稅務居民對於無形資產的贈與免於課徵美國贈與稅。 因此，設立人過世前之分配不課美國贈與稅。	授予人此時對信託資產仍保有控制權，因此依據 IRC §2038【註6】，這些資產在授予人去世之前被視為授予人應稅遺產的一部分。然而，由於這些資產屬於外國所在地資產（foreign-situs assets），根據 IRC §2103【註7】，即便授予人去世，亦不會觸發美國遺產稅。因此原則上，授予人在世期間將不課徵遺產稅。
3. 設立人過世時	在授予人去世時，信託轉換為不可撤銷信託，此時因具備美籍受託人、美籍保護人與美國法院的司法管轄權，依據 IRC §7701(a)(30)(E)【註9】所規定，不可撤銷信託成為美國國內信託。 在這階段，信託不再視為授予人信託（grantor trust），因為授予人已經過世，信託轉為一個獨立的納稅主體-美國信託，於是需要就全球所得繳納美國所得稅。一般而言，信託的應稅所得計算方式與個人方式類似（見 IRC §641(b)【註10】），並依 1(e) 規定之稅率來納稅。此外，僅因信託狀態改變，是不會產生資產的「基礎調整」（step-up）或應稅事件。不過，如果某些資產在授予人遺產中被納入其總遺產，則該些資產可能會獲得基礎調整（見 IRC §1014【註11】）。然而，在本案例中，這些資產並未被納入美國遺產稅範圍，不會產生此種調整。	授予人過世時的信託型態轉變，不屬於生前贈與，而是遺囑形式移轉(testamentary transfer)，授予人死亡時，信託中的資產將依照條款分配，實質上等同於信託或其受益人接受遺產。 根據 IRC §2501(a)(1)【註5】，美國贈與稅僅適用於個人在年度內進行的贈與行為，而非死亡時生效的轉移，故原則上，授予人去世後信託成為不可撤銷時，並不會觸發贈與稅。	由於授予人為非美國稅務居民，且信託所持有的全為非美國來源資產（non-U.S. situs assets），因此這些資產不屬於美國課稅遺產範圍，此是依據 IRC §2103【註7】的規定：非美國稅務居民的美國遺產僅包括「位於美國境內的財產」，故信託所持之全部資產皆為非美國來源（例如非美國證券、境外不動產等），無須納入授予人美國遺產範圍。 雖然此信託為可撤銷信託，理論上，根據 IRC §2038【註6】和 2104(b)【註12】，若資產為美國來源資產，則會將信託資產計入遺產中 [IRC §2104(b)【註12】：若信託資產在轉讓時或死亡時位於美國境內，則視為美國資產並應納入遺產課稅範圍]。然而，在本案例中，信託資產始終不屬於美國境內財產，因此上述規定不適用。

信託階段	美國所得稅	美國贈與稅	美國遺產稅
（續） 3. 設立人過世時	總結：授予人死亡後，信託視為美國國內信託，需遵守美國所得稅申報與納稅義務，每年就其所得（如利息、股息或其他收入）申報並繳納美國所得稅，除非該些收入已分配給受益人（請參閱第4階段相關規定），請參考 IRC §671【註4】。		總結：授予人死亡時，根據 IRC §2001【註8】及相關條款，因信託資產全為非美國來源資產，不構成美國遺產課稅對象。
4. 信託存續期間（設立人過世後）	在此階段，該信託屬於美國境內非授予人信託，亦即美國信託， 信託必須提交 Form1041 報稅表，並就其所得繳納稅款，或將所得分配給受益人。 若信託累積所得，則需依信託稅率 IRC §641.1(e)【註10】課稅。 若信託將所得分配給美國受益人，則信託可就該分配金額申報其扣除額，而受益人則必須將該分配金額納入綜合所得，但最高以信託的可分配淨所得（distributable net income, DNI）為限。 更進一步，受益人依據 IRC §662(a)【註13】被課稅（該文規定受益人必須將信託「應分配」或「實際支付」之所得納入其綜合所得）。而信託則可依據 IRC §661【註14】就相同金額在申報時扣除。 總結，在此期間，信託需完全須遵守美國所得稅規定：保留的所得由信託課稅；或分配的所得由受益人課稅，請參閱 IRC §643【註15】。一般而言，在此階段，信託或其受益人將須就所得繳納美國所得稅。	在設立人死亡後，信託根據信託條款向美國受益人進行的支付 [無論為所得分配或信託主體 (corpus) 分配]，此並不被視為由受託人或已故授予人贈與的禮物。 贈與稅原則上適用於個人於生前自願進行的財產移轉，而不適用於遺產，或信託根據遺囑或信託條文所進行的分配行為。因此，當信託向受益人分配資產或所得時，通常被視為遺產規劃的一部分，例如視為遺贈（bequest）或信託主體之分配，而非另一次贈與。 因此，例行性的信託分配不會產生美國贈與稅。	在授予人過世之後的信託管理期間，信託本身不再產生任何進一步的遺產稅。根據美國遺產稅法，遺產稅僅在某位個人擁有財產權益並死亡時才會觸發。而在此階段，資產的所有權屬於信託，而非直接屬於受益人個人，而且授予人相關的遺產稅問題已經處理完畢。 總結，只要受益人仍在世，就不會產生美國遺產稅，只有在未來受益人死亡時，依照美國遺產稅法將該信託資產納入受益人遺產時，才可能產生遺產稅，參考 IRC §2001【註8】，因此，目前此階段不會產生美國遺產稅。

- 以上表格當中之註解，請參見以下：

【註1】IRC §676 撤銷權
(a) 一般規定
若在任何時點，設立人或非對立方（non-adverse party）或兩者均可行使權力，使

該信託部分的所有權恢復至設立人名下，則該部分無論依本部分其他規定是否視設立人為擁有人，皆應視為設立人所擁有。

(b)僅於特定事件後影響受益享有權的權力

若某項權力之行使僅會影響自特定事件發生後開始的收入受益權，則第(a)款不適用；且若該權力若為還原利益時，設立人不會依第673條被視為擁有人。然而，若該事件發生後該權力未被放棄，設立人可被視為自該事件發生後為該部分之擁有人。

【註2】IRC §672(f) (2)(A)(i) 特定可撤銷與不可撤銷信託

(f) 本小節不得導致境外擁有權

(1) 一般規定

不論本小節其他任何規定如何，本小節僅在適用時，若會導致某金額（如有）於本章下計入美國公民或居民、或國內公司計算所得時（直接或透過一個或多個實體），方適用本小節。

(2) 例外

(A) 特定可撤銷與不可撤銷信託

若符合以下任一情形，第(1)款不適用於信託的任何部分：

(i) 設立人可單獨（不需他人批准或同意，或僅需設立人之相關或附屬、對設立人唯命是從之人之同意）行使權力，將該部分所屬信託財產的所有權完全恢復至設立人名下；或

(ii) 在設立人生前，該部分所能分配的金額（不論為收入或本金）僅能分配給設立人或其配偶。

【註3】IRC §872(a) 總所得

(a) 一般規定

對於非居民外籍個人而言，除非上下文另有明確指示，總所得僅包括：

(1) 源自美國境內，且與在美國從事貿易或業務無實質關聯的總所得；以及

(2) 與在美國從事貿易或業務有實質關聯的總所得。

【註4】IRC §671 信託所得、扣除額與抵免歸屬於設立人或其他視為實質擁有之人

當本小節明定設立人或其他人應被視為信託某部分的擁有人時，該信託該部分所產生、與該部分相關的所得、扣除額及稅額抵免，應計入該設立人或該其他人的應稅所得與稅額抵免計算中，範圍為若依本章規定，該項目應計入個人應稅所得或稅額抵免者。信託的其他部分應適用 A 至 D 小節之規定。若僅因該人對信託擁有主控權，則該信託項目不得僅據此依第61條（有關總所得定義）或本法其他條文，計入設立人或其他人的應稅所得及稅額抵免計算，除非本小節另有規定。

【註5】IRC §2501 (a)(2) 課稅規定
(a)應稅移轉
(1) 一般規定
對於任何居民或非居民個人在每一日曆年度內以贈與方式移轉財產者，應依第2502條所規定計算之方法，對該贈與課徵稅款。
(2) 無形財產的移轉
除第(3)款另有規定外，第(1)款不適用於非美國公民之非居民對無形財產的移轉。

【註6】IRC §2038 可撤銷移轉
(a)一般規定
遺產總額應包括所有財產的價值，具體為：

(1) 1936年6月22日後的移轉
對於被繼承人曾以信託或其他方式轉讓之財產中，其任何權益部分（除真實買賣且以合理且充分金錢或等值對價進行者外），若至其死亡時，該財產的享有權仍可因被繼承人單獨或與他人共同行使的權力（不論該權力於何時或以何種來源取得）而發生變更，包括修改、修訂、撤銷或終止，或若該權力在被繼承人死亡前三年內已被放棄，則應將此部分財產計入遺產總額。

(2) 1936年6月22日或之前的移轉
對於被繼承人曾以信託或其他方式轉讓之財產中，其任何權益部分（除真實買賣且以合理且充分金錢或等值對價進行者外），若至其死亡時，該財產的享有權仍可因被繼承人單獨或與他人共同行使的權力而發生修改、修訂或撤銷，或若被繼承人在死亡前三年內放棄該權力，則應將此部分財產計入遺產總額。
除1936年6月22日後的移轉外，被繼承人曾轉讓的任何權益，若須依第(1)款計入遺產，亦必須符合本款之規定。

(b)權力存在的日期
就本條而言，即使行使修改、修訂、撤銷或終止之權力需先發出通知，或該變更僅在行使權力後經過一段指定期間後生效，該權力仍視為在被繼承人死亡當日存在，不論通知是否已於死亡日前送達或權力是否已被行使。在此情況下，應作出適當調整，以反映若被繼承人生存則應排除於該權力之外的利益；若在其死亡日前尚未送達通知或行使權力，應視同該通知已於其死亡日送達，或權力已於死亡日行使。

【註7】IRC §2103 遺產總額之定義
為課徵第2101條所規定之稅捐之目的，對於每位非美國公民且非美國居民的被繼承人而言，其遺產總額之價值，應為其於死亡時坐落於美國境內之遺產部分（依第2031條規定所計算之遺產總額）。

【註 8】IRC §2001 遺產稅的課徵與稅率
(a) 課徵
針對每位為美國公民或居民的被繼承人，其應稅遺產之移轉，依法課徵遺產稅。
(b) 稅額計算
本條所課之稅額為下列金額的差額（如有）：
1. 依 (c) 款規定對以下金額總和計算的暫定稅額：
(A) 應稅遺產金額，及
(B) 調整後應稅贈與金額；
2. 假設 (g) 款中的調整規定已適用於贈與時，根據第 12 章對 1976 年 12 月 31 日之後由被繼承人所作贈與所應繳納之總贈與稅額。

註：第 (1)(B) 款中「調整後應稅贈與金額」係指依第 2503 條（經第 2511 條修正）定義，在 1976 年 12 月 31 日之後由被繼承人所為之所有應稅贈與總額，但不包括應併入其遺產總額之贈與。

(c) 稅率表

若應稅金額為：	則暫定稅額為：
不超過 $10,000	該金額的 18%。
超過 $10,000 但不超過 $20,000	$1,800 加上超過 $10,000 部分的 20%。
超過 $20,000 但不超過 $40,000	$3,800 加上超過 $20,000 部分的 22%。
超過 $40,000 但不超過 $60,000	$8,200 加上超過 $40,000 部分的 24%。
超過 $60,000 但不超過 $80,000	$13,000 加上超過 $60,000 部分的 26%。
超過 $80,000 但不超過 $100,000	$18,200 加上超過 $80,000 部分的 28%。
超過 $100,000 但不超過 $150,000	$23,800 加上超過 $100,000 部分的 30%。
超過 $150,000 但不超過 $250,000	$38,800 加上超過 $150,000 部分的 32%。
超過 $250,000 但不超過 $500,000	$70,800 加上超過 $250,000 部分的 34%。
超過 $500,000 但不超過 $750,000	$155,800 加上超過 $500,000 部分的 37%。
超過 $750,000 但不超過 $1,000,000	$248,300 加上超過 $750,000 部分的 39%。
超過 $1,000,000	$345,800 加上超過 $1,000,000 部分的 40%。

筆者補充 2025 年「聯邦贈與稅（Gift Tax）」：
- 年度免稅額：每位贈與對象每年 19,000 美元（夫妻可合併為 38,000 美元）。
- 終身免稅額（與遺產稅共用）：1,399 萬美元，夫妻合併 2,798 萬美元。
- 贈與稅稅率表：與遺產稅相同，最高稅率 40%。
- 遺產稅與贈與稅的免稅額是統一計算，所謂「終身免稅額」是指一生中贈與和遺產合計可免稅轉移的金額。
- 「大而美法案」（One Big Beautiful Bill Act, OBBBA）已於 2025 年 7 月由川普總統簽署成為法律，並正式生效。法案永久延長了原訂於 2025 年底將回調

的高額聯邦遺產及贈與稅免稅額。自 2026 年起，終身遺產與贈與稅免稅額提升至每人 1,500 萬美元，夫妻合併 3,000 萬美元，之後每年將依通膨自動調整。免稅額為涵蓋贈與及遺產稅的合併終身額度；只要總額未超過，便無須繳納聯邦遺產或贈與稅。每年可贈與單一對象而不計入終身額度的贈與免稅額，2025 年為 19,000 美元，未來亦會依通膨調整。

(d) 配偶支付贈與稅之調整

對於 (b)(2) 款之目的，如：

1. 被繼承人為某一贈與的贈與人，且根據第 2513 條，有一半視為由其配偶所贈與；且

2. 該贈與金額已併入被繼承人之遺產總額，

則其配偶根據第 12 章對該贈與所繳納之贈與稅（依第 2012(d) 條所定）應視為由被繼承人繳納之贈與稅。

(e) 第 2513 與 2035 條的協調，如：

1. 被繼承人之配偶為某贈與之贈與人，且根據第 2513 條，有一半視為由被繼承人贈與；且

2. 根據第 2035 條，該贈與金額被併入被繼承人配偶之遺產，

則該贈與不得併入 (b)(1)(B) 款之調整後應稅贈與金額，同時 (b)(2) 款中之稅額總和應減去根據 (d) 款所認定之金額。

(f) 贈與估價

(1) 一般原則

若根據第 6501 條規定，對以下事項課徵第 12 章稅捐之時效已過：

- (A) 於前一日曆期間（定義見第 2502(b) 條）所作之贈與，或
- (B) 根據第 2701(d) 條所需增加之應稅贈與金額，

則其價值應以最終決定值為準，用以計算本章之稅額。

(2) 最終決定值之認定

若下列情況之一成立，則該價值應視為第 12 章下之最終決定值：

- (A) 該價值已載於申報表中，且國稅局未於時效內提出異議；
- (B) 該價值由國稅局指定，且納稅人未及時提出異議；
- (C) 該價值由法院裁定或與國稅局協議確定。

(g) 稅額的調整方式

(1) 依遺產稅現行稅率調整贈與稅

對於 (b)(2) 款所涉贈與，應以被繼承人死亡時 (c) 款之稅率代替當時稅率，用於：

(A) 計算第 12 章所課贈與稅；

(B) 計算第 2505 條所允抵稅額（包括以下項目）：

(i) 第 2505(a)(1) 項下的適用抵免額，

(ii) 第 2505(a)(2) 項下過去各期所允之抵免額總和。

(2) 依基本免稅額差異調整遺產稅

國稅局應訂定必要規則以處理下列兩者間之差異：

(A) 被繼承人死亡時適用的第 2010(c)(3) 條基本免稅額；
(B) 被繼承人進行贈與時適用的該條基本免稅額。

【註 9】IRC §7701 (a)(30)(E), (31)(B) 定義
（30）美國人（United States person）
「美國人」一詞係指下列任一類別之人：
(A) 美國公民或美國居民；
(B) 國內合夥事業（domestic partnership）；
(C) 國內公司（domestic corporation）；
(D) 任何遺產（estate），但不包括「外國遺產」（其定義見下文第 (31) 段）；
(E) 任何信託（trust），若符合下列兩項條件，則視為美國信託：
1. 美國境內之法院得對該信託的管理行使主要監督權限，且
2. 一位或多位「美國人」對該信託的所有重大決策具有控制權。

（31）外國遺產或信託（Foreign estate or trust）
(A) 外國遺產（Foreign estate）
「外國遺產」係指其收入來源於美國境外，且未有效與在美國境內營業或貿易行為有關聯者，依《美國國稅法典》（Internal Revenue Code）第 A 篇（Subtitle A）規定，該類收入不需納入遺產之總收入中。
(B) 外國信託（Foreign trust）
「外國信託」係指不符合前述第 (30) 段 (E) 項所定條件之任何信託，即：不是由美國法院具有主要監督權，或 不是由美國人控制其重大決策之信託。

【註 10】IRC §641(b) 對信託與遺產課稅之適用
(a) 稅捐適用範圍
依第 1(e) 條所課徵之稅款，適用於遺產或任何類型信託財產之應稅所得，包括：
1. 為未出生人、身分未確定之人，或具條件性利益者之利益而累積於信託中的所得，以及依遺囑或信託條款保留作將來分配之所得；
2. 由受託人當期分配予受益人之所得，以及由未成年監護人代收、並依法院指示持有或分配之所得；
3. 死亡人士遺產於管理或清算期間所收受之所得；
4. 依受託人酌情決定，可選擇分配給受益人或保留之所得。

(b) 所得計算與稅款繳納
遺產或信託之應稅所得之計算方式，除本部分另有規定外，應與個人相同。稅款應依此應稅所得計算，並由受託人或管理人（fiduciary）負責繳納。
對於本項之目的，外國信託或外國遺產視為從未在美國出現過的非居民外籍個人（nonresident alien individual）。

(c) 選擇性小型企業信託（Electing Small Business Trust, ESBT）課稅之特別規定
(1) 一般原則
對本章規定之目的：
- 任一選擇性小型企業信託中由 S 公司股份構成的部分，應被視為獨立信託；
- 該部分之稅負應依第 (2) 項規定進行修改計算。

(2) 課稅之修改事項
(A) 除第 1(h) 條另有規定外，稅率應適用第 1(e) 條所載之最高稅率。
(B) 替代性最低稅額免稅額（§55(d)）視為零。
(C) 僅得納入計算之項目為：
- 須依 §1366 計入之項目；
- 出售 S 公司股份所產生之資本損益；
- 經法規許可者，可列舉與前述項目分攤的地方稅或行政費用；
- 購買 S 公司股份所產生之利息費用。

未列入者不得列抵或扣除，亦不得分攤予任何受益人。
(D) 不得依 §1211(b) 第 (1) 或 (2) 款扣除任何資本損失。
(E)
- §642(c) 不適用；
- 就 §170(b)(1)(G) 之適用而言，「調整後總所得」之計算應與個人相同，但為管理信託所支付且非信託財產持有所必須支出者，仍得列為扣除項目。

(3) 信託其他部分與分配之課稅
在下列情形應排除第 (2)(C) 款所列項目：
- 計算非獨立信託部分之稅額；
- 計算全體信託之可分配淨所得（DNI）。

除前述規定外，本款不影響信託分配之課稅處理。
(4) 獨立信託終止時之遞延扣除
若任一信託部分不再視為獨立信託，則其依 §642(h) 所產生之可遞延扣除額，應由整體信託承接。
(5) 定義
「選擇性小型企業信託（ESBT）」之定義，依據 §1361(e)(1)。

【註 11】IRC §1014 從被繼承人處取得財產的基礎
(a) 一般規則
除非本條另有規定，自被繼承人取得財產或由被繼承人處繼承的財產，其在取得人手中的基礎（若未在被繼承人過世前售出、交換或以其他方式處分），應為：
1. 被繼承人過世當日該財產的公平市價；
2. 如根據第 2032 條作出選擇，則以該條所規定之適用估價日的價值；
3. 如根據第 2032A 條作出選擇，則以該條所定之價值；
4. 對於第 2031(c) 條所述的排除部分，其基礎為被繼承人手中的基礎。
(b) 自被繼承人處取得的財產

就第 (a) 項而言，下列財產視為自被繼承人取得或由其繼承：
1. 透過遺贈、遺囑或繼承取得，或由被繼承人遺產取得的財產；
2. 被繼承人生前設立的信託，其收益權屬於被繼承人，並保留在其過世前撤銷該信託之權利；
3. 對於 1951 年 12 月 31 日之後過世者，其生前設立之信託，若其可隨時變更其享受權（例如修改、終止等），則該財產屬於本款範疇；
4. 透過遺囑行使一般指定權而無對價取得的財產；
5. 對於 1937 年 8 月 26 日至 2004 年 12 月 31 日間過世者，若財產為某外國公司之股票或證券，且該公司為外國個人控股公司，則以過世當日市值與原基礎較低者為基礎；
6. 對於 1947 年 12 月 31 日後過世者，若屬於社區財產，且有一半以上已納入遺產稅估值中，則配偶持有之一半社區財產應視為自被繼承人處取得；
7-8. [已廢止]
7. 對於 1953 年 12 月 31 日後過世者，若由於死亡、財產形式或其他條件（包括行使或未行使指定權）取得財產，且該財產須納入遺產稅課稅範圍，則其基礎為 (a) 項所定金額，並扣除過世前允許的減項（例如折舊、耗損等）；

    不適用於：
    (A) 第 72 條所述之年金；
    (B) 若依第 (5) 款視為遺贈取得之財產；
    (C) 本項其他各款所述財產；
8. 根據第 2044 條（已適用婚姻扣除的財產）納入遺產中的財產，亦適用第 (9) 款最後三句。

(c) 被視為被繼承人收入的財產
若財產為第 691 條所述之被繼承人收入，則不適用本條。

(d) 關於 DISC 股票的特殊規定
若被繼承人持有之 DISC 股票在 (a) 項下取得新基礎，應按第 995(c) 條模擬計算的股利減除基礎。

(e) 被繼承人過世前一年內以贈與取得之增值財產
1. 若財產在被繼承人過世前一年內由贈與人贈與給其，且過世後又回到原贈與人或其配偶手中，則其基礎為被繼承人過世前的調整後基礎；
2.「增值財產」意指市值高於調整後基礎之財產。

(f) 基礎須與遺產稅申報一致
1. 財產基礎不得超過：
    (A) 若其價值已用於遺產稅申報，則以該最終確定價值為限；
    (B) 若依 6035(a) 條提供估值聲明，則以該聲明價值為限；
2. 僅當財產納入遺產稅中並增加稅負時，本項才適用；
3. 價值視為已確定之情形包括：申報後未被異議、國稅局指定後未被及時異議，或法院／和解協議所決定；
4. 財政部可就特殊情況制定例外規則。

【註12】IRC §2104 (b) 位於美國境內的財產

(a)公司股票

就本子章而言，由非美國公民的非居民持有之公司股票，僅在該股票由美國國內公司（domestic corporation）發行時，始被視為位於美國境內的財產。

(b)可撤銷移轉與過世前三年內之移轉

就本子章而言，若被繼承人對任何財產進行了移轉（無論是透過信託或其他方式），且該移轉屬於《國內稅收法》第2035至2038條所涵蓋的範圍，則若該財產在移轉時或被繼承人過世時位於美國境內，該財產即被視為位於美國境內。

(c)債務憑證

就本子章而言，下列債務憑證被視為位於美國境內的財產：

1. 美國人（United States person）所發行的債務；
2. 美國聯邦政府、各州、其下屬政治實體，或哥倫比亞特區所發行的債務。

【註13】IRC §662(a) 遺產與信託的收益累積或資本分配時納入受益人總所得的規定

(a)納入所得的規定

在符合第(b)項規定的前提下，對於從第661條所述之遺產或信託中獲得第661(a)條所指定的款項之受益人，其應納入總所得的金額如下：

(1) 應即時分配的所得金額

於課稅年度內應分配予該受益人的所得金額，不論實際是否分配。若應即時分配予所有受益人的所得總額超過了遺產或信託的可分配淨所得（在此計算中不包括第642(c)條所允許之慈善等用途扣除），則該受益人應納入所得的金額，應按其應分配所得與全體受益人應分配所得之比例，計算可分配淨所得中的相對比例。

在本條中，「課稅年度應即時分配的所得金額」包括所有應由當年度所得（或本金）支付的金額，僅在該金額確實由當年度所得支付時適用。

(2) 其他應分配金額

於課稅年度內其他所有應合理支付、記入帳上或分配予該受益人的金額。若下列總額：

(A) 課稅年度內應即時分配予所有受益人的所得金額；以及

(B) 所有其他應合理支付、記入帳上或分配予所有受益人的金額

超過該遺產或信託的可分配淨所得，則該受益人應納入所得的金額，應依其應得其他金額占全部其他應分配金額的比例，計算該可分配淨所得（扣除(A)所述金額後）的相對份額。

(b) 所得性質的認定

依照第(a)項所決定應納入所得的金額，其性質在受益人手中應與該金額在遺產或信託手中相同。

為此目的，該金額應視為由構成可分配淨所得的各類項目的相同比例組成，除非信託或遺囑明文將不同類型的所得分別指定給不同的受益人。

在適用前述規定時，計算可分配淨所得中所涉及的扣除項目（包括第 642(c) 條所允許之扣除）應依財政部長頒布的法規，於各類所得項目間進行分攤。

對於第 (a)(1) 項所述之金額，其可分配淨所得之計算應排除不屬於該課稅年度所得所對應的第 642(c) 條扣除部分。

(c) 課稅年度不同的情況

若受益人之課稅年度與遺產或信託不同，則應納入受益人總所得之金額，應根據該受益人課稅年度內，遺產或信託之任何課稅年度所支付、記帳或應分配的可分配淨所得及相關金額計算。

【註 14】IRC §661 累積收益或分配本金之遺產與信託的扣除規定

(a) 扣除項目

在任何課稅年度內，遺產或信託（不包括適用於子章 B 的信託）在計算應稅所得時，應可扣除下列金額之總和：

1. 當年度應即時分配的所得金額（包括任何應分配金額，若其實際由當年度的所得支付，則無論是由所得或本金支付，均可列為扣除項目）；以及

2. 其他於當年度合理支付、記帳或應分配之金額。

但上述可扣除金額不得超過該遺產或信託之可分配淨所得（Distributable Net Income, DNI）。

(b) 分配金額的性質

依第 (a) 項決定的扣除金額，應視為由構成該遺產或信託可分配淨所得之各類項目的相同比例組成，其比例應與各類項目占可分配淨所得總額的比例一致，除非遺囑或信託契約明確將不同類型所得分別指定予不同受益人。

在適用上述規定時，用以計算可分配淨所得的扣除項目（包括第 642(c) 條所允許之扣除），應依財政部長規定的法規，在可分配淨所得的各類項目中予以分配。

(c) 扣除的限制

若依第 (b) 項之規定，有任何項目被視為屬於可分配淨所得項目中未被納入該遺產或信託總所得的部分，則不得就該部分依第 (a) 項進行扣除，即使其在不考慮本項限制下原本可列為扣除。

【註 15】IRC §643 適用於子部分 A、B、C 和 D 的定義

(a) 可分配淨收益（Distributable Net Income）

就本部分而言，「可分配淨收益」係指某一課稅年度遺產或信託之應稅所得，經以下調整後之結果：

1. 分配扣除

不得依第 651 條及第 661 條（有關額外扣除）主張扣除。

2. 個人豁免扣除

不得依第 642(b) 條（有關個人豁免扣除）主張扣除。

3. 資本利得與損失

資本資產之出售或交換產生之利得，如被分配至主體（corpus）且非：（A）於課稅年度內支付、記入或須分配予受益人，或（B）依第 642(c) 條之規定已支付、永久保留或用於指定用途者，則該等利得應予排除。資本資產之出售或交換產生之損失應予排除，惟在用以抵銷同年度內支付、記入或須分配予受益人之資本利得部分者除外。第 1202 條規定之排除不適用於本項。

4. 特別股利與應稅股票股利

對僅分配當期收入之信託（子部分 B 適用者），如受託人基於善意認定某些特別股利或應稅股票股利應分配至主體，並未支付或記入任何受益人，則該等項目應排除在總所得之外。

5. 免稅利息

應納入第 103 條適用之免稅利息，並扣除若非因第 265 條（有關某些扣除項目的不允許）所限制者，應就分配之支出所扣除之金額。

6. 外國信託之所得

若為外國信託，則：

(A) 應包括來自美國以外來源之總所得金額，並扣除原本可就該所得分配支出扣除的金額，但因第 265(a)(1) 條（關於某些扣除之否定）之規定而不得扣除者除外。

(B) 來自美國來源之總所得，應不考慮第 894 條（關於條約下豁免所得）之適用。

(C) 第 (3) 款（關於資本資產之利得與損失）不適用於外國信託。對於此類信託，應納入資本資產出售或交換之利得，並扣除來源於該等出售或交換之損失，但損失不得超過利得。

7. 濫用性交易

財政部長應訂立必要或適當之規章，以執行本部分之目的，包括防止規避此等目的之規章。

若遺產或信託依第 642(c) 條獲准扣除，則第 (5) 與 (6) 款所列修改金額應依該部分所得金額（即已支付、永久保留或將用於第 642(c) 條所規定目的者）對應之比例予以調整。就此而言，如遺囑或信託文件中無特別規定，則該金額應被視為各類所得項目的同一比例，該比例係指該類所得占全部所得之比例。

(b) 所得

就本子部分及子部分 B、C 與 D 而言，未冠以「應稅」、「可分配淨」、「未分配淨」或「總」之詞語之前提下，「所得」係指根據遺囑或信託契約與適用地方法律，在該課稅年度內遺產或信託之所得金額。

若毛所得項目為非常態股利或應稅股票股利，並經受託人本於善意依遺囑或信託契約及適用地方法律判定為應撥入信託本金者，則不視為「所得」。

(c) 受益人

就本部分而言，「受益人」包括繼承人、受遺人及遺囑受讓人。

(d) 與預扣稅之配合規定

除非規章另有規定，本小章應適用於第 3406 條所規定應預扣稅款之支付，方式如下：

(1) 依各方於本小章下所納入考量之該等支付金額占比，將第 31(c) 條所允許之抵免分配予遺產或信託及其受益人；

(2) 視每位獲分配該抵免之受益人為已由該遺產或信託支付相同金額予其者；

(3) 准予該遺產或信託就分配予受益人之抵免金額扣除相等之數額。

(e) 實物分配財產之處理
(1) 受益人之資產基礎
受益人自遺產或信託中分配所取得之任何財產，其資產基礎應為：
(A) 分配前該財產於遺產或信託中之調整後基礎；
(B) 加上遺產或信託於該項分配上已確認之任何利得或扣除任何損失。
(2) 分配金額之計算
若分配之財產非現金，則根據第 661(a)(2) 條與第 662(a)(2) 條應納入考量之分配金額，為下列兩者之較低者：
(A) 該財產於受益人手中之資產基礎（依第 (1) 款所定）；或
(B) 該財產之公平市價（fair market value）。
(3) 承認利得之選擇
(A) 一般規定
如對某項非現金財產分配作出本款所述之選擇，則：
(i) 第 (2) 款不適用；
(ii) 遺產或信託應視為已以該財產公平市價售予受益人而確認利得或損失；
(iii) 依第 661(a)(2) 與 662(a)(2) 條計入之金額應為該財產之公平市價。
(B) 選擇之規定
本款下之任何選擇應適用於該遺產或信託於課稅年度內所作全部財產分配，並應在該課稅年度之報稅表中作出。
一經作出選擇，僅得經財政部長同意始可撤回。
(4) 第 663(a) 條所述分配之例外
本款之規定不適用於第 663(a) 條所述之任何分配。

(f) 多個信託之處理
就本子章而言，依財政部長所訂規章，若下列兩項條件皆符合，則兩個或多個信託應視為一個信託處理：
(1) 該等信託具有實質相同之設立人（grantor）及主要受益人；且
(2) 設立該等信託之主要目的之一為規避本章所課徵之稅負。
就前述判定而言，夫妻應視為同一人。

(g) 某些估繳稅款視為由受益人繳納
(1) 一般規定
若為一信託情形下：
(A) 受託人可選擇將該信託於任一課稅年度所繳納之部分估繳稅款視為由該信託之受益人繳納；
(B) 如依此方式處理，該金額應視為於該課稅年度最後一日已由信託支付或記入受益人帳戶；
(C) 就《副標題 F》而言，此類金額：
(i) 不應視為由信託所繳納之估繳稅款；
(ii) 應視為由該受益人於該課稅年度結束後之 1 月 15 日所繳納之估繳稅款。
(2) 選擇行使期限
依第 (1) 款所為之選擇，應於該信託課稅年度結束後第 65 日以前依財政部長規定方式作出。
(3) 延伸至遺產最後課稅年度
如該課稅年度合理預期為遺產之最後課稅年度：
(A) 本款對信託之提及應包括對遺產之提及；
(B) 該遺產之受託人（fiduciary）應視同為受託人（trustee）。

(h) 特定外國信託透過名義人之分配
就本部分而言，任何支付予美國人之金額，若其直接或間接來源為某外國信託（而該支付人並非法定設立人），則視為該金額於支付年度由該外國信託直接支付予該美國人。

(i) 外國信託之貸款
就子部分 B、C 及 D 而言：
(1) 一般規定
除非依規定另有規定，若一外國信託直接或間接對下列對象提供現金或可流通證券貸款（或允許使用任何其他信託財產）：
(A) 該信託之任何設立人或為美國人之受益人，或
(B) 與上述人有關係之其他美國人，
則該貸款金額（或該財產使用之公平市價）應視為該信託對該設立人或受益人之分配。
(2) 定義與特別規則
(A) 現金
「現金」包括外幣及現金等價物。
(B) 關係人
(i) 一般而言，如兩人之關係將導致第 267 條或第 707(b) 條下之損失不得扣除，則視為彼此關係人。在適用第 267 條時，應將個人家庭成員之配偶納入其家庭定義內（即第 267(c)(4) 條應據此修正）。

(ii) 如第 (1)(B) 項所述之人與多名人員有關聯,則適用本款所述處理之設立人或受益人應依財政部長所定規章決定。

(C) 排除免稅實體

「美國人」一詞不包括根據本章免稅之實體。

(D) 不視為簡易信託

依本款視為已作分配之信託,不得視為第 651 條所述之簡易信託。

(E) 有償使用財產之例外

除現金或可流通證券之貸款外,如該財產使用已於合理期間內支付公平市價者,第 (1) 款不適用。

(3) 後續交易之處理

如任何貸款(或財產之使用)已依第 (1) 款計入,則信託與原借用人之後續交易(如部分或全部償還、履行、取消、解除或財產返還等)在本標題下應不予考量。

第三類：非美籍成立非授予人不可撤銷美國本地信託──將境外資產移入美國

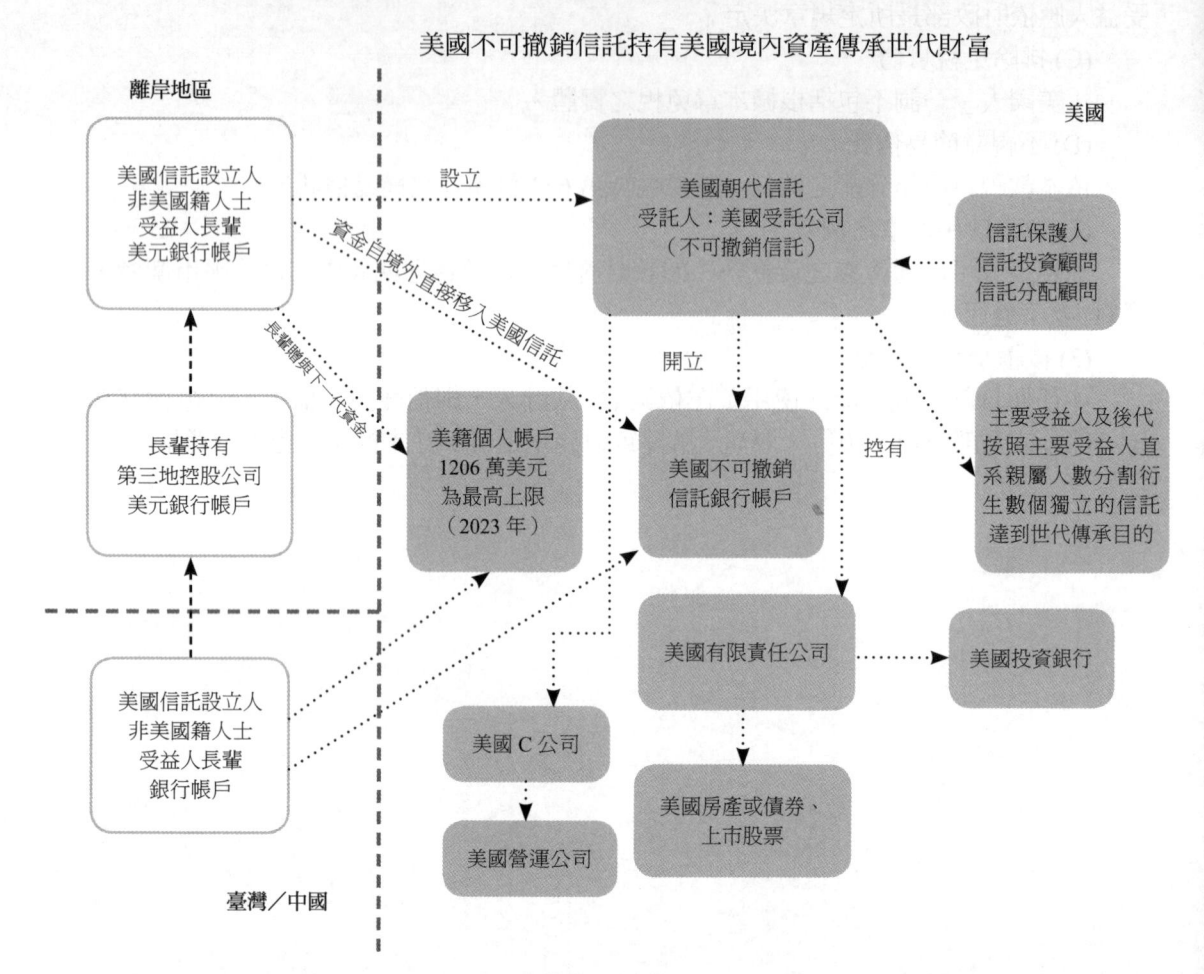

美國不可撤銷信託持有美國境內資產傳承世代財富

```
離岸地區                                                                            美國

┌─────────────┐                    ┌──────────────┐
│ 美國信託設立人 │      設立          │  美國朝代信託  │      ┌──────────┐
│ 非美國籍人士  │ ─────────────→    │ 受託人：美國受託│ ←──  │ 信託保護人 │
│ 受益人長輩   │                    │    公司       │      │信託投資顧問│
│ 美元銀行帳戶  │                    │ （不可撤銷信託）│      │信託分配顧問│
└─────────────┘                    └──────────────┘      └──────────┘
       ↑      資金自境外直接移入美國信託    │
       │                                  │ 開立        ┌──────────────┐
       │  長輩贈與下一代資金                │             │主要受益人及後代│
┌─────────────┐      ┌──────────┐        │             │按照主要受益人直│
│  長輩持有    │      │美籍個人帳戶│        ↓     控有    │系親屬人數分割衍│
│第三地控股公司│      │1206萬美元 │    ┌──────────┐ ←──  │生數個獨立的信託│
│ 美元銀行帳戶 │      │為最高上限  │    │美國不可撤銷│      │達到世代傳承目的│
└─────────────┘      │ （2023年）│    │信託銀行帳戶│      └──────────────┘
       ↑             └──────────┘    └──────────┘
       │                                  │
┌─────────────┐                           ↓
│ 美國信託設立人│                    ┌──────────┐      ┌──────────┐
│ 非美國籍人士 │                    │美國有限責任│ ───→ │美國投資銀行│
│  受益人長輩  │                    │   公司    │      └──────────┘
│   銀行帳戶   │      ┌──────────┐ └──────────┘
└─────────────┘      │ 美國C公司 │       │
                     └──────────┘       ↓
     臺灣／中國             │        ┌──────────┐
                           ↓        │美國房產或債券│
                     ┌──────────┐   │ 、上市股票 │
                     │美國營運公司│   └──────────┘
                     └──────────┘
```

　　此種架構適用於在美國以外地區創造財富者，為了後代的利益著想，希望將資產從非美國司法管轄區永久轉移到美國。一般來說，計畫轉移 1,000 萬美元以上資產的高資產人士就有必要設立美國不可撤銷信託；若創富者目前尚無美國籍，但基於財產保護、分散資產風險，以及資金需落地美國（例如於美國境內購置房地產），則設立美國不可撤銷信託幾乎是不可避免的選擇。若未設立信託，房產將須以個人名義登記。根據 2024 年規定，非美籍人士僅享有 6 萬美元的遺產稅免稅額，超過部分若達百萬美元，將面臨高達 40% 的美國遺產或贈與稅。

　　在遺產稅制度下，非美籍人士需就其在美國境內的應稅資產繳納遺產稅；而美籍人士（包含美國公民與綠卡持有人）則需就其全球資產納稅。美國遺產稅對於「稅務居民」的認定，與所得稅不同，更強調是否有「居所」（Domicile）。此判定需依「具體事實與背景情形（facts and circumstances）」來綜合認定。除非一位非美籍人士明確離開美國，否則可能被推定有意長期居留美國，而被視為稅務居民並課徵遺產稅。因此，即便依所得稅法屬非稅務居民，於遺產稅法下仍可能被認定為稅務居民。

為避開上述風險，非美國稅務居民可在美國境內設立不可撤銷朝代信託。信託成立後，委託人可將境外資產或美國本地有價證券（如股票與債券）放入信託，無須繳納美國贈與稅。設立人過世後，由於信託屬不可撤銷性質，亦無遺產稅問題。信託自設立之日起即受美國法律保障，但信託所產生的收益仍須申報美國所得稅，且如信託持有境外資產，亦需面對財產申報與資訊披露義務。

綜上所述，若設立人未來計畫長期居留美國，並希望將境外資產移轉至美國以傳承予美籍後代，則不可撤銷信託可作為節稅、傳承與風險隔離的最佳工具，不僅能有效節省贈與及遺產稅，更可避免未來因爭產、債務或離婚等事件對家族資產造成的衝擊。

- 適用情況：
1. 非美國人作為授予人（通常是目前擁有將贈與信託的資產的人）。
2. 保護人通常是美國人、美國 C 公司或美國有限責任公司。
3. 推薦給後代是（或計畫成為）美國人的財富創造者。因此，該信託基本上將有美國受益人。
4. 目前準備贈與信託的資產在轉讓前均在美國境外，以避免不必要的稅收和法律問題。

- 適用目的：
1. 財產不可撤銷的完全移入美國信託中，未來授予人將得放棄一切所有權、受益權或實質利益。該信託未來將無原所在國遺產稅與所得稅問題，除非在資產贈與信託時有相關適用的稅收。
2. 財產可得到充分保護，如不存在欺詐意圖，且在任何債權人試圖強制執行索賠之前有足夠的時間將資產轉移到信託中，那麼美國信託中持有的資產通常可禁得起來自債權人的挑戰，包括離婚配偶。
3. 避免家族財產傳承所可能產生的美國遺產稅或隔代移轉稅，但在授予人設立信託之前，信託律師常會草擬一份對於移轉稅的法律意見書供授予人參考。
4. 可避免美國境內遺產面對遺產認證冗長程序與高額費用。
5. 贈與到不可撤銷信託的資產可透過「分割信託」或「轉注信託」將財產分割給下一代各家系。
6. 可避免 CRS 通報問題，因為美國非 CRS 參與國。

- 架構限制：
1. 授予人贈與的資產是不可撤銷的。因此，授予人將不能也不應該參與信託資產的投資和分配，也將無法享受贈與信託的資產所產生的收入。
2. 移入美國境內，未來所得有美國所得稅問題。所得稅一般由信託支付，除非收入被分配給受益人，在這種情況下，受益人可能有責任繳納所得稅。
3. 授予人應注意，資產移入信託需考慮授予人所在國贈與稅問題（臺灣贈與稅務

居民移轉境外資產進入美國不可撤銷信託有贈與稅問題）。

信託階段	美國所得稅	美國贈與稅	美國遺產稅
1. 信託的設立與資產移入	依據 IRC §102【註1】，本案例將資產放入信託屬於贈與性質之財產移轉，並不構成應稅所得，故無美國所得稅議題。	根據 IRC §2501(a)(2)【註2】，非稅務居民所移轉之境外資產或美國無形財產不納入課稅範圍；若移轉的是美國有形財產或不動產，則須依 IRC §2511【註3】課徵贈與稅。故原則上，在本案例中非稅務居民的資產移轉無贈與稅的產生。	將資產移入不可撤銷信託，在美國稅上視同完全贈與 (Completed Gift)；贈與人未保留任何權利，因此依據 IRC §2036【註4】，該贈與將不納入贈與人遺產總額。
2. 信託存續期間（設立人過世前）	根據 26 CFR §301.7701-7【註5】，本案例中不可撤銷信託因同時滿足法院測試（Court Test）與控制測試（Control Test）二條件，為一美國信託。依據 IRC §641【註6】，信託需就未分配的所得繳納稅款；若有分配給美國受益人，則根據 IRC §651-652【註7、8】或 IRC §661-662【註9、10】的規定課稅，因此，一般而言在此階段會有產生美國所得稅的可能。	設立人未再進行任何後續贈與行為，信託對美籍受益人所作之分配，亦不被視為應稅贈與，因此原則上，無贈與稅產生。	
3. 信託存續期間（設立人過世後）	依據 IRC §641【註6】，信託作為一個應稅實體仍繼續存在；而針對美國受益人所作之分配，則根據 IRC §651-652【註7、8】或 IRC §661-662【註9、10】的規定課稅。也請參考 IRC §643【註11】。故一般而言，設立人過世後之信託分配將有美國所得稅產生。	根據 IRC §2501【註2】，信託在贈與人死亡後的資產分配不被視為贈與行為，因此，不適用贈與稅。	根據第 2101 條【註12】，遺產稅僅限於位於美國境內的資產，若符合 IRC §2036【註4】或 IRC §2038【註13】的條件，則可能適用遺產稅。

- 以上表格當中之註解，請參見以下：

【註1】IRC §102 贈與與繼承
(a)一般規定
總收入不包括透過贈與、遺囑、遺產或繼承所獲得財產的價值。
(b)所得
第 (a) 款不得排除以下項目於總收入之外：
(1) 第 (a) 款所指財產所產生的所得；或
(2) 當贈與、遺囑、遺產或繼承是財產所產生所得的情況下，該等所得金額。
若依贈與、遺囑、遺產或繼承的條款，款項、記帳或分配是以定期方式支付，則在款項是自財產所得中支付、記帳或分配的範圍內，應將其視為第 (2) 款所指的財產所得之贈與、遺囑、遺產或繼承。根據子章 J，受益人需將其納入總收入的任何金額，

也應視為第(2)款所述的財產所得之贈與、遺囑、遺產或繼承。

(c)員工贈與

(1) 一般規定

第(a)款不得排除任何由雇主或代表雇主轉給員工或為員工利益而轉交的金額於總收入之外。

(2) 交叉參考

有關排除特定員工成就獎金於總收入外之規定，請見第74(c)條；有關排除特定小額附帶福利於總收入外之規定，請見第132(e)條。

【註2】IRC §2501(a)(2) 課稅規定

(a) 應稅移轉

(1) 一般規定

依第2502條規定計算的稅款，對於每一個日曆年度，針對任何居民或非居民個人於該年度內以贈與方式移轉財產時課徵。

(2) 無形財產的移轉

除第(3)款另有規定外，第(1)款不適用於非美國公民且為非居民者對無形財產的移轉。

(3) 例外

(A) 特定個人

若贈與人於包含移轉日的課稅年度適用第877(b)條，則第(2)款不適用。

(B) 外國贈與稅的抵免

因本款而徵收的稅款，若已對任何因本款而須課稅的贈與支付外國贈與稅，該稅額可抵減本條所課之稅款。

(4) 對政治組織的移轉

第(1)款不適用於將金錢或其他財產移轉給政治組織（依第527(e)(1)條定義），且該移轉用於該組織之目的。

(5) 特定股票的移轉

(A) 一般規定

對於贈與人於包含移轉日的課稅年度適用第877(b)條者，若移轉的是符合(B)款所述外國公司股票：

(i) 第2511(a)條適用時不考慮該股票是否位於美國境內；

(ii) 該股票於本章適用上的價值應依(C)款所述之美國資產價值計算。

(B) 符合描述的外國公司

若下列條件均符合，則外國公司屬於本款所述：

(i) 移轉當時，贈與人擁有該公司10%以上的有投票權股票（依第958(a)條定義）；

(ii) 移轉當時，贈與人依第958(a)條持有或依第958(b)條規則視為持有該公司超過50%的

(I) 有投票權股票總數，或

(II) 股票總價值。

(C) 美國資產價值
對 (A) 款而言，股票的美國資產價值係指該股票公允市價乘以下比率：
(i) 該公司當時所擁有位於美國的資產公允市價
與
(ii) 該公司當時所有資產的總公允市價之比。
(6) 對特定免稅組織的移轉
第 (1) 款不適用於將財產移轉給符合第 501(c) 條第 (4)、(5) 或 (6) 款所述，且依第 501(a) 條免稅之組織，且該移轉用於該組織。
(b) 美國屬地居民視同美國公民
對於本章所課稅款，若贈與人為美國公民且居住於美國屬地，除非該人僅因 (1) 其為該屬地公民，或 (2) 其出生或居住於該屬地而取得美國國籍，否則應視為美國公民。
(c) 美國屬地居民視同非居民非公民
若贈與人為美國公民且居住於美國屬地，且僅因 (1) 其為該屬地公民，或 (2) 其出生或居住於該屬地而取得美國國籍，對於本章所課稅款，應視為「非美國公民之非居民」。

(d) 交叉參考
(1) 有關支付贈與稅後獲贈財產基礎增加，見第 1015(d) 條。
(2) 有關非美國公民之非居民移轉美國境外財產不課稅之規定，見第 2511(a) 條。
非美國公民之非居民的贈與稅
贈與稅是針對個人將財產轉讓給他人，而未獲得等值或全額對價時所課徵的稅款。無論贈與人是否有意將該轉讓視為贈與，均適用此稅。
對於非美國公民之非居民而言，贈與稅僅適用於美國境內特定財產的贈與。若將財產（包括金錢）、財產使用權或財產收益免費或未獲等值對價給予他人，即構成贈與。若以低於公允市價出售財產，或提供無息或低息貸款，亦可能視為贈與。
對非美國公民之非居民而言，應稅贈與包括位於美國的房地產及有形動產，但對美國無形資產的贈與不課贈與稅，見 IRC §2501(a)(2)。此類無形資產例如美國公司股票。

【註 3】IRC §2511 一般轉讓
(a) 適用範圍
根據本章節所規定的限制條件，第 2501 條所課之贈與稅應適用於以下任一形式之轉讓：
- 無論該轉讓是設立信託或以其他方式進行；
- 無論該贈與是直接或間接；
- 無論該財產是動產或不動產、有形或無形資產。

但若贈與人為非美國公民之非居民，則該稅僅適用於位於美國境內的財產之轉讓。

(b) 無形財產

就本章而言，對於依據第 2501(a)(2) 條獲得豁免之非美國公民的非居民，下列無形財產將被視為位於美國境內的財產：

1. 由美國國內公司發行之股票（shares of stock）；
2. 下列債務義務（debt obligations）：
(A) 美國人（United States person）所發行者；
(B) 美國、任一州、其政治下轄單位，或哥倫比亞特區所發行者。

凡此類資產如由該非居民擁有並持有，則視為美國境內之財產，適用贈與稅課徵。

【註4】IRC §2036 保留終身權益之轉讓

(a) 一般規定

在下列情況下，被繼承人（decedent）之總遺產價值中，應包括其曾經透過信託或其他形式所轉讓之財產（但不包括以等值金錢或金錢價值所進行之真實買賣）之全部或部分價值：

若該被繼承人對該財產曾保留以下任一權利，且該保留：
- 持續至其生存期間，
- 或於未參照其死亡時無法確定之期間，
- 或實際上未於其死亡前終止：

(1) 該財產之占有或享有權，或對其所得之收益權利；或
(2) 單獨或與他人共同指定有權占有或享有該財產及其收益之人之權利。

(b) 投票權的適用

(1) 一般規定

為適用 (a)(1) 項之目的，若被繼承人保留對受控公司（controlled corporation）之股票的投票權（直接或間接），則視為保留對轉讓財產的享有權。

(2) 受控公司之定義

在本款中，若於財產轉讓後至被繼承人死亡前的 3 年期間內，該被繼承人（依 IRC 第 318 條計算）擁有或有權投票至少 20% 之全類別股份總表決權，該公司即被視為受控公司。

(3) 與 IRC §2035 之協同規定

若因 (1) 項涉及投票權之放棄或終止，視為被繼承人所作之轉讓行為，應依 IRC 第 2035 條規定處理（即三年內回歸原遺產計算）。

(c) 一般規定之適用限制

本條之規定不適用於以下轉讓行為：

1. 1931 年 3 月 4 日以前所作之轉讓；

在 1931 年 3 月 4 日至 1932 年 6 月 7 日之間所作之轉讓，除非依據 1931 年 3 月 3 日聯合決議（Joint Resolution）之修正條文，該財產應被計入被繼承人之總遺產。

【註5】§ 301.7701-7 信託——國內與境外
(f) 一般規定
(1) 若符合以下條件，信託視為美國人：
(i) 美國法院能對信託管理行使主要監督權（法院測試）；且
(ii) 一個或多個美國人擁有控制信託所有重大決策的權力（控制測試）。
(2) 信託在同時滿足法院測試與控制測試的任何一天，對於《國稅法》（Code）而言，視為美國人。對本章規定而言，「國內信託」指屬於美國人的信託；「境外信託」指非國內信託的任何信託。
(3) 除子章 J 第 I 部分另有規定外，境外信託的應稅所得應依從未在美國逗留的非居民外籍個人的計算方式計算（見第 641(b) 條）。第 7701(b) 條不適用於信託，僅適用於個人。此外，對於第 871(a)(2) 條（涉及在美國逗留滿 183 天以上的非居民外籍個人的資本利得），境外信託不被視為在任何時間身處美國。

(g) 適用法律
應依信託契約條款及適用法律來判斷是否符合法院測試與控制測試。

(h) 法院測試
(1) 安全港規定：若符合以下條件，信託視為通過法院測試：
(i) 信託契約未指示須在美國境外管理；
(ii) 信託實際完全在美國境內管理；且
(iii) 信託未包含第 (c)(4)(ii) 款所述的自動遷移條款。

(2) 範例：
A 設立信託，讓其兩個子女 B 與 C 平均受益。信託契約指定 DC（美國 Y 州公司）擔任受託人，Y 州為美國州份。DC 完全在 Y 州管理該信託，且契約未說明信託須在哪裡管理，也沒有包含自動遷移條款。該信託符合安全港規定與法院測試。

(3) 定義：
(i) 法院：包括聯邦、州或地方法院。
(ii) 美國：本節中係地理意義的美國，僅包括美國各州及哥倫比亞特區（參見第 7701(a)(9) 條）。美屬領地、屬地或外國法院不算美國法院。
(iii) 能行使：指法院依適用法律有權發布命令或裁決，解決信託管理相關問題。
(iv) 主要監督：指法院有權決定與信託整體管理相關的所有重大問題，即使其他法院對受託人、受益人或信託財產有管轄權，仍可視為擁有主要監督權。
(v) 管理：指執行信託契約與適用法律所規定之職責，包括帳冊維護、報稅、資產管理與投資、為信託防禦債權人訴訟，以及決定分配金額與時間。

(4) 滿足或未滿足法院測試的情況：
(i) 以下列具體情況之一為例（非窮盡列舉），信託視為滿足法院測試：

(A) 若依實質相似於統一遺囑認證法第 VII 篇《信託管理》的州法規定，由受託人在美國法院辦理信託登記。

(B) 遺囑信託：若信託由經美國法院認證的遺囑設立，且所有受託人皆由美國法院核可擔任受託人。

(C) 生前信託：若受託人或受益人透過美國法院的行動，使信託管理受到該法院的主要監督。

(D) 若美國法院與外國法院均能對信託管理行使主要監督權。

(ii) 自動遷移條款：若信託契約規定，美國法院試圖行使管轄權或監督信託管理將導致信託自動遷出美國，則該信託不符合法院測試。但若契約規定僅在美國遭外國侵略或大規模財產徵收、國有化時才遷移，不適用本條。

(5) 範例：

範例 1：A 為美國公民，設立信託給兩位同為美國公民的子女，受託人 DC 於外國 X 國有分支辦公室並在 X 國管理信託，雖適用美國 Y 州法律，但因 X 國法院擁有主要監督權，而美國法院無主要監督權，該信託不符合法院測試，屬境外信託。

範例 2：A 為美國公民，設立信託給自己與配偶 B（美國公民），受託人 DC 於美國 Y 州管理信託，但若美國法院對受託人提告，信託會自動遷往 Z 國，此規定使美國法院無主要監督權，該信託自成立起即不符合法院測試，屬境外信託。

(d) 控制測試
(1) 定義
(i) 美國人：指第 7701(a)(30) 條所定義的美國人，例如國內公司即為美國人，不論其股東是否為美國人。

(ii) 重大決策：指依信託契約與適用法律，授權或必須作出的非僅屬行政性的決策。行政性決策包括帳務處理、收取租金及執行投資決策等細節；重大決策則包括但不限於：

(A) 是否及何時分配收入或本金；
(B) 分配金額；
(C) 選擇受益人；
(D) 收入或本金的分配歸屬判斷；
(E) 是否終止信託；
(F) 是否就信託的權利提出和解、仲裁或放棄主張；
(G) 是否代表信託起訴或應對訴訟；
(H) 是否移除、增補或更換受託人；
(I) 是否任命繼任受託人，即使該任命權不附帶無限制的移除權，若該任命權會改變信託的國內或境外身分，仍屬重大決策；
(J) 投資決策；但若美國人僱用投資顧問管理投資，若美國人可隨時終止顧問職權，則該投資決策視為由美國人控制。

(iii) 控制：指有權透過投票或其他方式，做出所有重大決策，且無他人擁有否決

任何重大決策的權力。判斷是否由美國人控制時，應考慮所有有權作出重大決策的人，而不僅是受託人。

(iv) 特定員工福利信託及投資信託的安全港：只要美國受託人控制所有由受託人作出的重大決策，下列信託自動視為符合控制測試：

(A) 第 401(a) 條所述合格信託；

(B) 第 457(g) 條所述信託；

(C) 第 408(a) 條所述個人退休帳戶（IRA）信託；

(D) 第 408(k) 或 408(p) 條所述個人退休帳戶信託；

(E) 第 408A 條所述 Roth IRA 信託；

(F) 第 530 條所述教育 IRA 信託；

(G) 第 501(c)(9) 條所述自願員工受益協會信託；

(H) Rev. Rul. 81-100 所述集團信託；

(I) 第 301.7701-4(c) 條所述的投資信託，須符合：

4. 所有受託人均為美國人，且至少一位為第 581 條定義的銀行或美國政府擁有機構；

5. 所有發起人皆為美國人；

6. 受益權主要在美國向美國人廣泛發行銷售；

(J) 國稅局在公告、通知或其他指引中指定的其他信託類型。

(v) 範例：

範例 1：A、B（美國人）與 C（非居民外籍人）為遺囑信託的三位受託人，信託契約規定須三人一致同意才能做重大決策，因此美國人無法獨自控制，控制測試不符。

範例 2：同範例 1，但若信託契約改為以多數決決定重大決策，因 A、B 為多數，美國人即能控制所有重大決策，控制測試符合。

範例 3：同範例 2，但契約指示 C 負責所有投資決策，A、B 僅能否決而無權獨立做投資決策，因此美國人無法完全控制重大決策，控制測試不符。

範例 4：同範例 3，但 A、B 可接受、否決 C 的投資決策或自行做決策，因此美國人控制所有重大決策，控制測試符合。

範例 5：X 公司為外國公司，在美國以分支營運方式從事業務，並僱用美國員工。X 公司為這些員工依第 401(a) 條規定設立合格員工福利信託。該信託依美國 A 州法律設立，由 B（一家受 A 州法律規範的美國銀行）擔任受託人，B 擁有該信託資產的合法所有權並為受益人利益管理。計畫委員會負責計畫及信託的相關決策，並可指示 B 執行相關行動，且依契約 B 對此類決策不承擔責任。計畫委員會成員包含美國人與非居民外籍人，且非居民外籍人佔多數。計畫委員會採多數決作決策。此外，X 公司保留終止信託及更換或增補受託人的權力。依 (d)(1)(iv) 款規定，該信託因 B 為唯一受託人且屬美國人，視為符合控制測試。計畫委員會或 X 公司擁有的其他權力不影響該安全港，但若 X 公司增派外國受託人，則需重新評估是否仍符合美國人完全控制重大決策的條件。

(2) 更換擁有重大決策權之人

(i) 12 個月內更換：若因意外事件（如死亡、喪失能力、辭職、居住地改變等）

導致擁有重大決策權的人員變動，並可能改變信託的國內或境外身分，信託有 12 個月自該變動起進行必要調整，以避免信託居住身分的變更。若 12 個月內完成調整，信託在此期間視同保持原身分；否則，自變動當日起信託居住身分改變。

(ii) 申請延期：若已採取合理措施但因無法控制之因素未能於 12 個月內完成調整，信託可向轄區國稅局主任提供書面說明理由。若主任認為係因合理原因所致，可給予延期。是否給予延期由主任全權裁量，並可附帶必要條件以確保正確稅款徵收。若未獲延期，信託自意外變動當日起改變身分。

(iii) 範例

範例 1：信託有 A、B（美國人）與 C（非居民外籍人）三位受託人，以多數決做決策。契約規定若受託人死亡或辭職，由 D 接任。A 去世後 D 自動成為受託人，而 D 是非居民外籍人。A 去世兩個月後 B 將 D 更換為 E（美國人）。由於 D 在 A 去世 12 個月內被 E 取代，信託在 A 去世至 E 就任期間仍符合控制測試，維持國內信託身分。

範例 2：同範例 1，但若 12 個月結束時 D 未被更換，信託自 A 去世當日起即轉為境外信託，除非國稅局主任批准延期。

(3) 自動遷移條款：若信託因任何政府機構或債權人索取資訊或提出主張而導致重大決策不再由美國人控制，則視為美國人未完全控制重大決策。

(4) 範例

範例 1：A 為非居民外籍人，是信託設立人並於生前為唯一受益人。該信託為符合資格的個人退休帳戶（IRA），A 可決定提款及投資方向，IRA 唯一受託人是第 7701(a)(30) 條定義的美國人。依 (d)(1)(iv) 款特別規定，該信託符合控制測試。

範例 2：A 為非居民外籍人，設立信託且保留撤銷信託及取回資產的權力，因此依 672(f) 與 676 條視 A 為信託擁有人，但 A 並非信託受託人。信託有唯一受託人 B（美國人）及唯一受益人 C，B 可自行決定是否分配資產給 C。由於 A 可決定將資產分配給自己，該決策屬重大決策，因此美國人未能完全控制重大決策，信託屬境外信託。

範例 3：信託 T 有兩位受託人 A 與 B（皆為美國人），聘請外國投資顧問 C，A、B 可隨時解除 C 的職務。雖然 C 執行投資決策，但因 A、B 能控制並終止 C 的權限，因此視為 A、B 控制投資決策，控制測試符合。

範例 4：G（美國公民）設立信託，A（非居民外籍人）、B（美國人）為終身受益人，餘財由其後代繼承，受託人是美國人。信託契約授予 A 更換受託人的權力，該權力屬重大決策。由於 A 控制重大決策，因此控制測試不符。

(e) 生效日期

(1) 一般規定：除 (f) 款提供的保留國內信託選擇以及 (e)(3) 款另有規定外，本條自 1999 年 2 月 2 日之後結束的課稅年度起適用。信託亦可自 1996 年 12 月 31 日之後開始的課稅年度起適用本條，或對已依《小型企業就業保護法》（SBJP Act）第 1907(a)(3)(B) 條選擇適用第 7701(a)(30) 及 (31) 條、並在 1996 年 8 月 20 日之後結束的課稅年度的信託適用。

(2) 1996 年 8 月 19 日至 1999 年 4 月 5 日之間設立的信託：若該期間內設立的信託符合 1997 年發布之第 7701(a)(30) 及 (31) 條草案規範的控制測試，但不符合本條 (d)

款控制測試，則可於 1999 年 12 月 31 日前修改契約以符合 (d) 款規定，若於期限內完成修改，信託自 1996 年 12 月 31 日後開始的課稅年度起視為符合 (d) 款控制測試（若已根據 SBJP Act 選擇適用，則適用於 1996 年 8 月 20 日後結束的課稅年度）。

(3) 特定員工福利信託與投資信託的安全港生效日期：本條 (d)(1)(iv) 與 (v) 範例 1 與 5 自 2001 年 8 月 9 日起適用於當年及以後的課稅年度。自 1996 年 12 月 31 日後開始的課稅年度起亦可依據這些規定適用，或若已根據 SBJP Act 選擇適用第 7701(a)(30) 及 (31) 條，則適用於 1996 年 8 月 20 日後結束的課稅年度。

(f) 保留國內信託身分的選擇

(1) 適用信託：若信託於 1996 年 8 月 20 日存在，且於 1996 年 8 月 19 日被視為國內信託（依 (f)(2) 款判定），可選擇繼續視為國內信託，不受第 7701(a)(30)(E) 條限制。若信託於 1996 年 8 月 20 日完全由設立人持有（依子章 J 第 I 部分 E 小節），則無法選擇；若僅部分由設立人持有，則可為整個信託作出選擇。但若該信託已根據 SBJP Act 第 1907(a)(3)(B) 條選擇適用新信託標準，該選擇一經作出不可撤回。

(2) 判定 1996 年 8 月 19 日信託身分：

(i) 若信託於含 1996 年 8 月 19 日之課稅年度內有申報 Form 1041，且未申報 Form 1040NR，並依修法前第 7701(a)(30) 條有合理依據（依第 6662 條定義）報告為國內信託，則視為當日為國內信託。

(ii) 未申報 Form 1041 者：部分國內信託無需報 Form 1041，如 Rev. Rul. 81-100 所述合格退休計畫集團信託，或課稅年度總收入未達申報門檻且無應稅所得者。若該信託同時未申報 Form 1041 與 Form 1040NR，且依修法前規定有合理依據將其視為國內信託，亦視為當日為國內信託。

(3) 選擇程序：

(i) 所需聲明：須向國稅局提交題為「依 1997 年納稅人減稅法第 1161 條保留國內信託身分之選擇」的聲明，由至少一位受託人簽署，並包含：

(A) 表明選擇依減稅法繼續視為國內信託；

(B) 表明於 1996 年 8 月 19 日依修法前有合理依據將信託視為國內信託（聲明中無需解釋該依據）；

(C) 陳述信託是否於該期申報 Form 1041（且未申報 Form 1040NR），或說明無需申報的理由；

(D) 信託名稱、地址及僱主識別號。

(ii) 向國稅局提交：

(A) 除 (E)-(G) 款另有規定外，須將聲明附於 1997 或 1998 課稅年度 Form 1041 並於 1998 年度 Form 1041 申報截止日前（含延長）提交；若 1997 年 Form 1041 未附聲明，應補附於 1998 年 Form 1041。

(B) 若 1997 或 1998 年度收入不足以需報 Form 1041，須仍提交 Form 1041 及附聲明，且最遲於 1999 年 10 月 15 日前提交。

(C)-(G) 另涵蓋若報 Form 1040NR、合格退休計畫、僅需提交資訊申報等特殊情況，均需依規定方式與期限附聲明。

(iii) 未如期提交：若因合理原因未按規定提交聲明，受託人可提供書面理由，國稅局主任得酌情決定是否核准延期，但若 1997 年課稅年度申報時效已過，通常不得適用本項延期。

(4) 選擇撤銷或終止：

(i) 撤銷需國稅局長同意。撤銷將涉及第 684、6048、6677 條所規範之信託住所變更的稅務後果與申報要求。

(ii) 若信託後續變動致無合理依據維持國內身分，選擇即終止，並自終止當日起轉為境外信託，亦須依上述條款辦理相關稅務及報告。

(5) 生效日期：本 (f) 款自 1999 年 2 月 2 日起適用。

【註 6】IRC §641 課稅的課徵、計算與繳納

遺產或信託的應稅所得，除本部分另有規定外，應依個人所得計算方式計算。稅額應依該應稅所得計算，並由信託管理人（受託人）負責繳納。對於本款而言，境外信託或境外遺產應視同從未曾在美國逗留的非居民外籍個人。

【註 7】IRC §651 僅分配當期所得之信託的扣除額

(a) 扣除額

對於任何符合下列條件之信託，其應納稅所得額之計算中可允許扣除金額如下：

1. 信託條款規定必須將其所有所得在當年度即時分配；

2. 未規定任何金額須永久撥用、保留或使用於第 642(c) 條所指定的用途（即慈善等用途之扣除規定）；

則該信託於該課稅年度內，必須即時分配的所得金額可作為扣除額。

(b) 扣除額的限制

若當年度必須即時分配的所得金額超過該年度的可分配淨所得（Distributable Net Income, DNI），則可扣除的金額僅限於該可分配淨所得之金額。

【註 8】IRC §652 僅分配當年所得之信託——受益人需納入總所得之金額

(a) 納入規定

根據第 651 條所描述之信託，於課稅年度內必須即時分配給受益人的所得金額，不論是否實際分配，應納入該受益人的總所得。

若此金額超過該信託之可分配淨所得（Distributable Net Income, DNI），則每位受益人應納入其總所得之金額，應與其應得分配所得在所有應分配受益人間的比例相同。

(b) 金額性質

根據第 (a) 項納入的金額，其性質（例如資本利得、股息、利息等）應與其在信託手中相同。

為此，該金額應被視為由構成可分配淨所得的各類項目中，依其類別在總 DNI 中所占比例組成，除非信託條款明確地將不同類別的所得分配給特定受益人。

(c) 不同課稅年度（Different Taxable Years）

若受益人之課稅年度與信託不同，則該受益人應納入總所得之金額，應根據信託在其課稅年度內或結束於其課稅年度的任一課稅年度的所得來計算。

【註9】IRC §661 累積收益或分配本金之遺產與信託的扣除規定

(a) 扣除項目

在任何課稅年度內，遺產或信託（不包括適用於子章 B 的信託）在計算應稅所得時，應可扣除下列金額之總和：

3. 當年度應即時分配的所得金額（包括任何應分配金額，若其實際由當年度的所得支付，則無論是由所得或本金支付，均可列為扣除項目）；以及

4. 其他於當年度合理支付、記帳或應分配之金額。

但上述可扣除金額不得超過該遺產或信託之可分配淨所得（Distributable Net Income, DNI）。

(b) 分配金額的性質

依第 (a) 項決定的扣除金額，應視為由構成該遺產或信託可分配淨所得之各類項目的相同比例組成，其比例應與各類項目占可分配淨所得總額的比例一致，除非遺囑或信託契約明確將不同類型所得分別指定予不同受益人。

在適用上述規定時，用以計算可分配淨所得的扣除項目（包括第 642(c) 條所允許之扣除），應依財政部長規定的法規，在可分配淨所得的各類項目中予以分配。

(c) 扣除的限制

若依第 (b) 項之規定，有任何項目被視為屬於可分配淨所得項目中未被納入該遺產或信託總所得的部分，則不得就該部分依第 (a) 項進行扣除，即使其在不考慮本項限制下原本可列為扣除。

【註10】IRC §662 遺產與信託的收益累積或資本分配時納入受益人總所得的規定

(b) 納入所得的規定

在符合第 (b) 項規定的前提下，對於從第 661 條所述之遺產或信託中獲得第 661(a) 條所指定的款項之受益人，其應納入總所得的金額如下：

(1) 應即時分配的所得金額

於課稅年度內應分配予該受益人的所得金額，不論實際是否分配。若應即時分配予所有受益人的所得總額超過了遺產或信託的可分配淨所得（在此計算中不包括第 642(c) 條所允許之慈善等用途扣除），則該受益人應納入所得的金額，應按其應分配所得與全體受益人應分配所得之比例，計算可分配淨所得中的相對比例。

在本條中，「課稅年度應即時分配的所得金額」包括所有應由當年度所得（或本金）支付的金額，僅在該金額確實由當年度所得支付時適用。

(2) 其他應分配金額

於課稅年度內其他所有應合理支付、記入帳上或分配予該受益人的金額。若下列總額：

(A) 課稅年度內應即時分配予所有受益人的所得金額；以及

(B) 所有其他應合理支付、記入帳上或分配予所有受益人的金額

超過該遺產或信託的可分配淨所得，則該受益人應納入所得的金額，應依其應得其他金額占全部其他應分配金額的比例，計算該可分配淨所得（扣除(A)所述金額後）的相對份額。

(b) 所得性質的認定

依照第(a)項所決定應納入所得的金額，其性質在受益人手中應與該金額在遺產或信託手中相同。

為此目的，該金額應視為由構成可分配淨所得的各類項目的相同比例組成，除非信託或遺囑明文將不同類型的所得分別指定給不同的受益人。

在適用前述規定時，計算可分配淨所得中所涉及的扣除項目（包括第642(c)條所允許之扣除）應依財政部長頒布的法規，於各類所得項目間進行分攤。

對於第(a)(1)項所述之金額，其可分配淨所得之計算應排除不屬於該課稅年度所得所對應的第642(c)條扣除部分。

(c) 課稅年度不同的情況

若受益人之課稅年度與遺產或信託不同，則應納入受益人總所得之金額，應根據該受益人課稅年度內，遺產或信託之任何課稅年度所支付、記帳或應分配的可分配淨所得及相關金額計算。

【註11】IRC §643 適用於子部分 A、B、C 和 D 的定義

(a) 可分配淨收益（Distributable Net Income）

就本部分而言，「可分配淨收益」係指某一課稅年度遺產或信託之應稅所得，經以下調整後之結果：

7. 分配扣除

不得依第651條及第661條（有關額外扣除）主張扣除。

8. 個人豁免扣除

不得依第642(b)條（有關個人豁免扣除）主張扣除。

9. 資本利得與損失

資本資產之出售或交換產生之利得，如被分配至主體（corpus）且非：（A）於課稅年度內支付、記入或須分配予受益人，或（B）依第642(c)條之規定已支付、永久保留或用於指定用途者，則該等利得應予排除。資本資產之出售或交換產生之損失應予排除，惟在用以抵銷同年度內支付、記入或須分配予受益人之資本利得部分者除外。第1202條規定之排除不適用於本項。

10. 特別股利與應稅股票股利

對僅分配當期收入之信託（子部分 B 適用者），如受託人基於善意認定某些特別股利或應稅股票股利應分配至主體，並未支付或記入任何受益人，則該等項目應排除在總所得之外。

11. 免稅利息

應納入第 103 條適用之免稅利息，並扣除若非因第 265 條（有關某些扣除項目的不允許）所限制者，應就分配之支出所扣除之金額。

12. 外國信託之所得

若為外國信託，則：

(A) 應包括來自美國以外來源之總所得金額，並扣除原本可就該所得分配支出扣除的金額，但因第 265(a)(1) 條（關於某些扣除之否定）之規定而不得扣除者除外。

(B) 來自美國來源之總所得，應不考慮第 894 條（關於條約下豁免所得）之適用。

(C) 第 (3) 款（關於資本資產之利得與損失）不適用於外國信託。對於此類信託，應納入資本資產出售或交換之利得，並扣除來源於該等出售或交換之損失，但損失不得超過利得。

8. 濫用性交易

財政部長應訂立必要或適當之規章，以執行本部分之目的，包括防止規避此等目的之規章。

若遺產或信託依第 642(c) 條獲准扣除，則第 (5) 與 (6) 款所列修改金額應依該部分所得金額（即已支付、永久保留或將用於第 642(c) 條所規定目的者）對應之比例予以調整。就此而言，如遺囑或信託文件中無特別規定，則該金額應被視為各類所得項目的同一比例，該比例係指該類所得占全部所得之比例。

(b) 所得

就本子部分及子部分 B、C 與 D 而言，未冠以「應稅」、「可分配淨」、「未分配淨」或「總」之詞語之前提下，「所得」係指根據遺囑或信託契約與適用地方法律，在該課稅年度內遺產或信託之所得金額。

若毛所得項目為非常態股利或應稅股票股利，並經受託人本於善意依遺囑或信託契約及適用地方法律判定為應撥入信託本金者，則不視為「所得」。

(c) 受益人

就本部分而言，「受益人」包括繼承人、受遺人及遺囑受讓人。

(d) 與預扣稅之配合規定

除非規章另有規定，本小章應適用於第 3406 條所規定應預扣稅款之支付，方式如下：

(1) 依各方於本小章下所納入考量之該等支付金額占比，將第 31(c) 條所允許之抵免分配予遺產或信託及其受益人；

(2) 視每位獲分配該抵免之受益人為已由該遺產或信託支付相同金額予其者；
(3) 准予該遺產或信託就分配予受益人之抵免金額扣除相等之數額。

(e) 實物分配財產之處理
(1) 受益人之資產基礎
受益人自遺產或信託中分配所取得之任何財產，其資產基礎應為：
(A) 分配前該財產於遺產或信託中之調整後基礎；
(B) 加上遺產或信託於該項分配上已確認之任何利得或扣除任何損失。
(2) 分配金額之計算
若分配之財產非現金，則根據第 661(a)(2) 條與第 662(a)(2) 條應納入考量之分配金額，為下列兩者之較低者：
(A) 該財產於受益人手中之資產基礎（依第 (1) 款所定）；或
(B) 該財產之公平市價（fair market value）。
(3) 承認利得之選擇
(A) 一般規定
如對某項非現金財產分配作出本款所述之選擇，則：
(i) 第 (2) 款不適用；
(ii) 遺產或信託應視為已以該財產公平市價售予受益人而確認利得或損失；
(iii) 依第 661(a)(2) 與 662(a)(2) 條計入之金額應為該財產之公平市價。
(B) 選擇之規定
本款下之任何選擇應適用於該遺產或信託於課稅年度內所作全部財產分配，並應在該課稅年度之報稅表中作出。
一經作出選擇，僅得經財政部長同意始可撤回。
(4) 第 663(a) 條所述分配之例外
本款之規定不適用於第 663(a) 條所述之任何分配。

(f) 多個信託之處理
就本子章而言，依財政部長所訂規章，若下列兩項條件皆符合，則兩個或多個信託應視為一個信託處理：
(1) 該等信託具有實質相同之設立人（grantor）及主要受益人；且
(2) 設立該等信託之主要目的之一為規避本章所課徵之稅負。
就前述判定而言，夫妻應視為同一人。

(g) 某些估繳稅款視為由受益人繳納
(1) 一般規定
若為一信託情形下：
(A) 受託人可選擇將該信託於任一課稅年度所繳納之部分估繳稅款視為由該信託之受益人繳納；
(B) 如依此方式處理，該金額應視為於該課稅年度最後一日已由信託支付或記入

受益人帳戶；
(C) 就《副標題 F》而言，此類金額：
(i) 不應視為由信託所繳納之估繳稅款；
(ii) 應視為由該受益人於該課稅年度結束後之 1 月 15 日所繳納之估繳稅款。
(2) 選擇行使期限
依第 (1) 款所為之選擇，應於該信託課稅年度結束後第 65 日以前依財政部長規定方式作出。
(3) 延伸至遺產最後課稅年度
如該課稅年度合理預期為遺產之最後課稅年度：
(A) 本款對信託之提及應包括對遺產之提及；
(B) 該遺產之受託人（fiduciary）應視同為受託人（trustee）。

(h) 特定外國信託透過名義人之分配
就本部分而言，任何支付予美國人之金額，若其直接或間接來源為某外國信託（而該支付人並非法定設立人），則視為該金額於支付年度由該外國信託直接支付予該美國人。

(i) 外國信託之貸款
就子部分 B、C 及 D 而言：
(1) 一般規定
除非依規定另有規定，若一外國信託直接或間接對下列對象提供現金或可流通證券貸款（或允許使用任何其他信託財產）：
(A) 該信託之任何設立人或為美國人之受益人，或
(B) 與上述人有關係之其他美國人，
則該貸款金額（或該財產使用之公平市價）應視為該信託對該設立人或受益人之分配。
(2) 定義與特別規則
(A) 現金
「現金」包括外幣及現金等價物。
(B) 關係人
(i) 一般而言，如兩人之關係將導致第 267 條或第 707(b) 條下之損失不得扣除，則視為彼此關係人。在適用第 267 條時，應將個人家庭成員之配偶納入其家庭定義內（即第 267(c)(4) 條應據此修正）。
(ii) 如第 (1)(B) 項所述之人與多名人員有關聯，則適用本款所述處理之設立人或受益人應依財政部長所定規章決定。
(C) 排除免稅實體
「美國人」一詞不包括根據本章免稅之實體。
(D) 不視為簡易信託
依本款視為已作分配之信託，不得視為第 651 條所述之簡易信託。

(E) 有償使用財產之例外

除現金或可流通證券之貸款外，如該財產使用已於合理期間內支付公平市價者，第 (1) 款不適用。

(3) 後續交易之處理

如任何貸款（或財產之使用）已依第 (1) 款計入，則信託與原借用人之後續交易（如部分或全部償還、履行、取消、解除或財產返還等）在本標題下應不予考量。

【註 12】IRC §2101 對非居民非公民遺產之課稅

(a) 課稅規定

除《第 2107 條》另有規定外，對於每一名死亡時為非美國公民且非美國居民之遺產，其應稅遺產之移轉——依 IRC §2106 所定——須課徵遺產稅。

(b) 稅額計算方式

依本條課徵之遺產稅，其金額應等於下列差額（如有）：

(1) 依 IRC §2001(c) 計算之預估稅額，其課稅基礎為下列兩項之總和：

(A) 應稅遺產金額，以及

(B) 調整後應稅贈與金額；減去：

(2) 依 IRC §第 2001(c) 僅就調整後應稅贈與金額所計算之預估稅額。

(c) 應稅贈與之調整

(1) 調整後應稅贈與定義

就本條而言，「調整後應稅贈與」係指被繼承人於 1976 年 12 月 31 日後所作之所有應稅贈與總額（依 IRC §2503 定義，並經 IRC §2511 修正），但不包括已被納入總遺產之贈與。

(2) 某些贈與稅之調整

就本條而言，IRC §2001(d) 所規定之規則同樣適用。

【註 13】IRC §2038 可撤銷移轉

(c) 一般規定

遺產總額應包括所有財產的價值，具體為：

(1) 1936 年 6 月 22 日後的移轉

對於被繼承人曾以信託或其他方式轉讓之財產中，其任何權益部分（除真實買賣且以合理且充分金錢或等值對價進行者外），若至其死亡時，該財產的享有權仍可因被繼承人單獨或與他人共同行使的權力（不論該權力於何時或以何種來源取得）而發生變更，包括修改、修訂、撤銷或終止，或若該權力在被繼承人死亡前三年內已被放棄，則應將此部分財產計入遺產總額。

(2) 1936 年 6 月 22 日或之前的移轉

對於被繼承人曾以信託或其他方式轉讓之財產中，其任何權益部分（除真實買賣且以合理且充分金錢或等值對價進行者外），若至其死亡時，該財產的享有權仍可因被繼承人單獨或與他人共同行使的權力而發生修改、修訂或撤銷，或若被繼承人在死亡前三年內放棄該權力，則應將此部分財產計入遺產總額。

除 1936 年 6 月 22 日後的移轉外，被繼承人曾轉讓的任何權益，若須依第 (1) 款計入遺產，亦必須符合本款之規定。

(d) 權力存在的日期

就本條而言，即使行使修改、修訂、撤銷或終止之權力需先發出通知，或該變更僅在行使權力後經過一段指定期間後生效，該權力仍視為在被繼承人死亡當日存在，不論通知是否已於死亡日前送達或權力是否已被行使。在此情況下，應作出適當調整，以反映若被繼承人生存則應排除於該權力之外的利益；若在其死亡日前尚未送達通知或行使權力，應視同該通知已於其死亡日送達，或權力已於死亡日行使。

四、一般美籍個人於美國所成立的信託

信託是一種多樣化的法律工具，根據不同的分類標準，我們可以找到各種不同類型的信託，而信託在美國常被用於各種不同目的。朝代信託（Dynasty Trust）即是以信託設立目的作為分類標準的一種信託類型，只要是以代代相傳為設立目的的信託都可以稱作朝代信託。朝代信託常作為家族傳承的財富規劃工具，以為後代子孫提供資產保護，防止信託資產受到債權人和其他潛在威脅的影響，規避法律風險而達到將財富代代傳承，使資產能夠在多個世代中受益，並同時降低相關稅負。

朝代信託存在的期間可持續超過100年或是更久，美國50州均有不同的信託法，信託根據其所在管轄法律而有不同的期間限制。在某些州，有反永續規則（Rule against Perpetuities），意即信託的存在期間是有限的；而在其他州，則無法律限制信託存在的年限。

一般來說，信託法因州而異，各管轄區通常能夠實施各自的法規來規範信託的設立。大多數情況下，會建議選擇以專業的受託公司擔任受託人，而非以自然人為受託人，這是因為受託公司受其業務所在州的監管，且較能提供記帳、報稅以及信託日常維護方面的協助。

一般美籍個人於美國境內所成立之非朝代信託之信託類型，若依照生前或生後設立，可區分為「生前信託」（Living Trust）以及「遺囑信託」（Testamentary Trust）；如果非為了家族傳承，通常設立人可以選擇設立非朝代信託，例如授予人保留年金信託（GRATs）和故意缺陷授予人信託（IDGTs），以適應不同財富創造者的需求。

「生前信託」和「遺囑信託」是美國遺產規劃業者普遍使用的信託工具。生前信託是指授予人在世時設立及執行的一種信託，在美國人的傳承規劃中，生前信託可發揮如同遺囑的功能，藉由信託的機制，讓設立人（被繼承人）的後代跳過遺囑認驗程序（Probate），直接依照信託合約的意旨接受信託財產的分配。

在美國，所謂的遺囑認證（Probate）是指當被繼承人過世時，不論是否留有遺囑，該被繼承人過世時財產由確認到分配的一系列程序，在遺囑認證程序中，遺囑執行人（被繼承人留有遺囑的情況下）或遺產管理人（被繼承人未留有遺囑的情況下）會代為管理被繼承人遺產，直到法院確認遺囑有效、可繼承遺產的總額、清償完被繼承人生前債務、確認繼承人身分、分配完遺產後，才會解除其責任。在較簡單的情況下，遺囑認證程序可能需要經過6～24個月；在較為複雜的情況下，則可能長達3～7年。需要注意的是，除了遺囑驗證的時間成本之外，遺囑執行人或遺產管理人管理被繼承人遺產，會收取管理費用，其費用大約是遺產總額的4%～10%之間，收費的多寡取決於所涉及的法院和需要動用到的專業人士（律師、會計師、報稅人員及不動產產權

公司）。最後，遺囑認證是個公開的法律程序，會公開披露一個人的所有資產，並留下公開記錄。也因為透過遺囑繼承會耗費相當之勞力、時間以及費用，被繼承人生前若能透過生前信託預先進行安排，則可以幫助繼承人降低往後在繼承程序上的成本，並縮短繼承所需耗費的時間。

與「生前信託」相對的信託是「遺囑信託」。兩者皆透過信託來進行財產傳承，但不同之處在於，生前信託能直接避開遺囑認證程序，而遺囑信託則是在被繼承人去世後才成立，並由遺囑信託協議來控制後續的資產分配。因此，遺囑信託必須先確認遺囑的有效性，也就是說，被繼承人的資產在轉入遺囑信託前，仍需經過遺囑認證程序。

本節將就美籍個人常用信託加以說明；建議讀者應對每一種架構有粗略的認識後，以確定哪些架構對於實現自身目標是必要性。

類型一：生前信託（Living Trust）

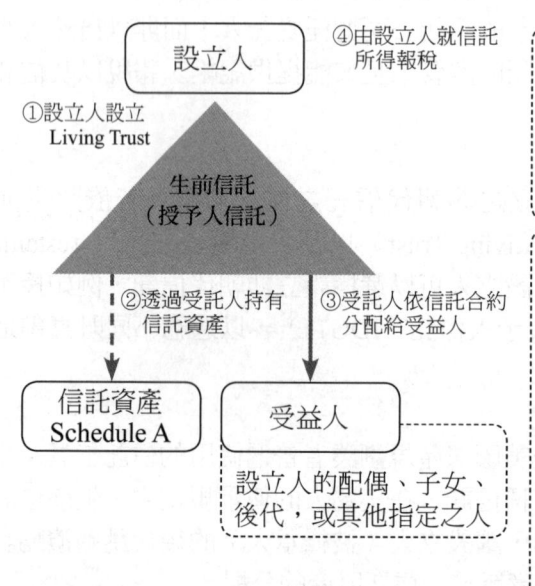

【目的】
Living Trust 應用範圍廣，常見的設立目的有：為日後生活預做準備、避免遺囑認證程序、分割財產並獨立管理、希望由專業受託人經營財產、財產內容隱私之保護、或享受優惠稅率等。

【效果】
①設立 Living Trust：此信託的特性是設立人將資產移入後便完成移轉效果。
②透過受託人持有信託資產：信託財產已經分割獨立於設立人的總體財產之外，得保障設立人財產配置的隱私。
③受託人依信託合約分配給受益人：父母親將欲贈與未成年子女的財產放入信託，得避免巨額的贈與稅並享受優惠稅率。
④由設立人就信託所得報稅：Living Trust 本是為授予人信託，設立人保留就更動信託的權力，可更動信託資產亦可終止信託，故由設立人就信託所得報稅。

1. 生前信託概述

生前信託（Living Trust，又稱為 Inter Vivos Trust），為授予人於生存期間所設立的信託。授予人將資產（如房屋、銀行帳戶、公司股票等）轉入生前信託中，透過信託合約指定受託人，由受託人為最終受益人之利益管理信託資產。受託人對轉入信託的資產擁有合法持有權，並於信託所訂之特定條件成立時（通常以授予人辭世為條件），將資產轉給指定受益人。

在生前信託架構下,若選擇可撤銷生前信託,授予人將資產自個人名下轉入可撤銷信託後,授予人對在世時該信託財產仍保有掌控。[7]

生前信託之主要目的是為避免耗時和昂貴的遺囑認證程序,並允許遺產按照授予人的意願進行分配。與複雜的法律遺囑認證程序相比,生前信託可確保信託資產和遺產在授予人去世後按照其意願執行,而不必通過法院來處理繼承人之間的糾紛。鑑於其效果,生前信託也可以被認為是取代遺囑的法律文件。

2. 生前信託種類

生前信託根據個人的特殊情況分為很多種,其中,最常見的是依照信託授予人是否保留對信託資產之權力區分為「可撤銷生前信託」與「不可撤銷生前信託」。在可撤銷生前信託中授予人保有撤銷權,得於任何時候將交付信託的財產回歸自己;相對的,不可撤銷生前信託則係一旦簽訂後即不可撤回。可撤銷生前信託在授予人在世且具行為能力時,得隨時撤銷或更改,包含變更受益人或是修改信託資產管理方式等。通常可撤銷的生前信託多設計有保護授予人利益之條款,使其一生都保有對信託的某些權利,也因為授予人對可撤銷生前信託保有相當程度的掌控,其放入的信託資產難以免於債權人的追索。若放入可撤銷生前信託資產遭債權人起訴且獲判決,該資產仍須列入清算項目。[8]

3. 生前信託架構

下圖為 AB 生前信託的運作過程:

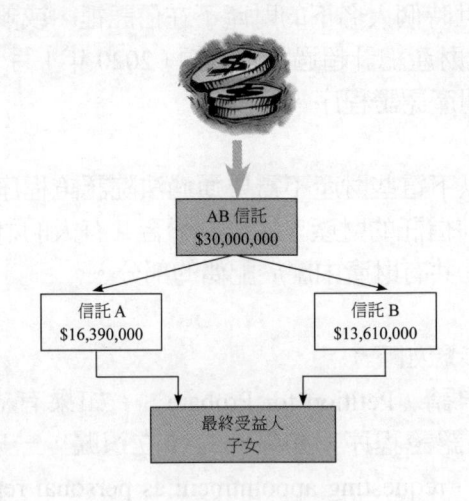

```
           AB 信託
         $30,000,000
         /          \
     信託 A         信託 B
  $16,390,000    $13,610,000
         \          /
          最終受益人
            子女
```

若資產為 3,000 萬美元,AB 生前信託執行步驟如下:[9]

(1) 夫妻共同設立「AB 信託」,夫妻在世時,能享用信託的孳益,子女為最終受益人。

(2) 當配偶其中一方過世後,AB 信託將拆分為「信託 A」及「信託 B」。

- 先充分利用已故配偶的終生贈與免稅額,將 1,361 萬美元的資產移入 B 信託中,再利用夫妻間無上限的繼承免稅額,將剩餘的財產都移入 A 信託中。如此,不但在已故配偶過世時可先不用繳交遺產稅,未來生存配偶過世時,只有 A 信託的遺產會計入生存配偶的遺產總額中計算稅金,達到遺產稅稅金遞延的效果。

- 信託 B(生存配偶信託,Bypass Trust)允許生存配偶未來在符合某些條件下,仍可以繼續享用信託 B 的孳息,但不會被視為是信託 B 的法定所有人。因此,日後生存配偶過世,子女取得 B 信託資產時,該資產將不會被視為生存配偶的遺產,亦不會被核課遺產稅。

(3) 當生存配偶過世後,A 及 B 信託的資產依約定移轉給最終受益人,即子女。

4. 遺囑認證程序
(1) 說明與步驟

遺囑認證是指一個人過世之後,經由法院完成被繼承人的財產所有權轉移給繼承人的程序。主要需要向法院證明遺囑的有效性(例行性程序)、任命有權處理被繼承人財產的遺產管理人、識別和清點被繼承人的財產,並對財產進行評估、償還被繼承人生前的債務和稅款,最後根據遺囑或依州法分配剩餘財產。[10]

以加州為例,若去世時個人名下的財產不在信託裡,或無法通過保險以「指定受益人」的方式轉讓,且此財產總計超過特定金額(2020 年 1 月 1 日起為 16,625 美元),被繼承人的財產將經過遺產認證程序。[11&12]

根據加州州法[13],以下這些財產不需要通過法院認證程序:①人壽保險、②各類退休計劃、③已轉入生前信託的財產、④作為聯合共有人的財產、⑤去世後直接付到受益人帳戶中的資金、⑥共有財產中屬於配偶的部分。

遺囑認證程序執行步驟如下:

① 提交遺產認證申請(Petition for Probate)。如果有立遺囑,則由遺產執行人(executor)申請遺囑認證程序;如果沒有預立遺囑,一般是有意被指派為遺產管理人之繼承人申請(requesting appointment as personal representative(executor or

---

[7] Living Trust. https://www.investopedia.com/terms/l/living-trust.asp.
[8] Revocable Trust vs. Irrevocable Trust: What's the Difference? https://www.investopedia.com/ask/answers/071615/what-difference-between-revocable-trust-and-living-trust.asp.
[9] A-B Trust. https://www.investopedia.com/terms/a/a-b-trust.asp.
[10] Probate. https://www.investopedia.com/terms/p/probate.asp.
[11] Ca. Probate Code § 13100.
[12] https://leginfo.legislature.ca.gov/faces/codes_displaySection.xhtml?lawCode=PROB&sectionNum=13050.
[13] Ca. Probate Code § 13050.

administrator）。

② 登報讓債權人知悉公聽會資訊、並郵寄公聽會通知給繼承人。公聽會目的是確定遺囑的有效性並任命遺產管理人。在美國是由各州的法律來管轄遺囑認證程序，因此要遵循州法律來符合簽名、證人和（或）公證人的要求，以確保遺囑有效。

③ 確認和盤點被繼承人的財產，進行財產估價，償清被繼承人的債務和稅負。

④ 支付債務和稅款後，遺產管理人必須向法院提交分配請求。該報告必須說明所有收到的收入以及代表遺產支付的款項。

⑤ 法院將授權遺產管理人將剩餘的財產根據被繼承人的遺囑意願來進行分配，若無遺囑，則依照州法來處理。

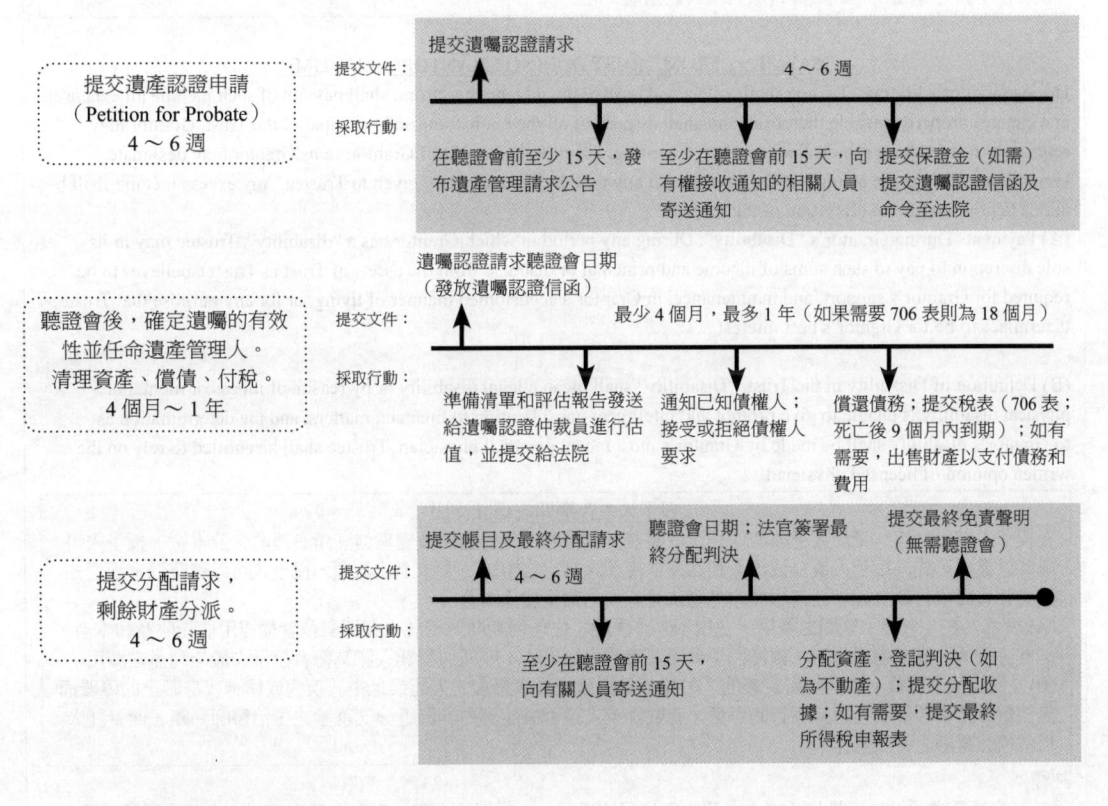

提交遺產認證申請 （Petition for Probate） 4～6週	提交文件：	提交遺囑認證請求 ↑	4～6週	↓
	採取行動：	在聽證會前至少15天，發布遺產管理請求公告	至少在聽證會前15天，向有權接收通知的相關人員寄送通知	提交保證金（如需） 提交遺囑認證信函及命令至法院

聽證會後，確定遺囑的有效性並任命遺產管理人。清理資產、償債、付稅。 4個月～1年	提交文件：	遺囑認證請求聽證會日期 （發放遺囑認證信函）↑	最少4個月，最多1年（如果需要706表則為18個月）
	採取行動：	準備清單和評估報告發送給遺囑認證仲裁員進行估值，並提交給法院	通知已知債權人；接受或拒絕債權人要求 / 償還債務；提交稅表（706表；死亡後9個月內到期）；如有需要，出售財產以支付債務和費用

提交分配請求，剩餘財產分派。 4～6週	提交文件：	提交帳目及最終分配請求 ↑ 4～6週	聽證會日期；法官簽署最終分配判決	提交最終免責聲明（無需聽證會）
	採取行動：	至少在聽證會前15天，向有關人員寄送通知	分配資產，登記判決（如為不動產）；提交分配收據；如有需要，提交最終所得稅申報表	

(2) 相關費用
① 法院費用：US$1,500。
② 遺產管理人：按法定遺產的百分比。
③ 律師費：遺產的法定百分比。

5. 生前信託合約重要條文概述

PURPOSE
The purpose of this Agreement is to establish a Trust to take, hold and manage assets for the benefit of the Grantor during his lifetime. After the death of Grantor, the assets of this Trust will be further managed and distributed by Trustee.

目的
本協議的目的是建立信託，在授予人生存期間為其接收、持有和管理信託資產，並在授予人去世後由受託人進一步管理和分配信託資產。

TRUST FUNDING
The Trust shall be funded with Grantor's assets transferred into the Trust during his lifetime. For the purpose of the custody and safekeeping of the Trust assets, any community property interest received or from which Trust expenditures and distributions are disbursed shall be maintained in its original character and shall not be commingled. The Trust may receive property from any authorized person or entity granted by the Grantor and assets pursuant to the terms of Grantor's Last Will and Testament or other testamentary instruments.

信託資金
授予人在其有生之年將資產轉至本信託。出於信託資產的保管目的，任何轉入本信託或本信託所支出與分配之共同財產孳息均應保留其原始性質，不得混合使用。本信託得自任何獲授予人授權之自然人或法人接收財產或依據授予人之遺囑及相關文件接收授予人之遺產。

PAYMENT FROM TRUST DURING GRANTOR'S LIFETIME
During Grantor's lifetime, Trustee shall collect and receive the income therefrom, shall pay out of such income all expenses and charges properly payable therefrom and shall dispose of all the net income and principal of the Trust. Grantor may request such sums from principal at any time in writing, to or for the benefit of Grantor, or as Grantor may designate. Grantor may change the amount of the payments at any time by written notice given to Trustee. Any excess income shall be added to principal at the discretion of the Trustee.

(A) Payments During Grantor's "Disability". During any period in which Grantor has a "disability", Trustee may in its sole discretion to pay to such sums of income and principal or disburse from the assets of Trust as Trustee believes to be required for Grantor's support, and maintenance, in Grantor's accustomed manner of living, or for any purpose that Trustee determines to be for Grantor's best interest.

(B) Definition of Disability in the Trust. "Disability" shall mean a legal disability or by reason of illness or mental or physical disability is unable to give prompt and intelligent consideration to financial matters, and the determination as to Grantor's disability shall be made by Grantor's most recent personal physician. Trustee shall be entitled to rely on the written opinion of licensed physician.

授予人生存期間之信託支出
在授予人有生之年，受託人應收取信託之收益並支付相應之支出費用及處理信託所有淨收入及本金。授予人得隨時以書面形式向授予人或為授予人利益及依授予人指定之方式，要求上述款項。授予人可以隨時以書面通知向受託人更改付款金額。任何超額收益應依受託人之裁量加入本金。

(A) 授予人在「失能」期間之費用。在授予人「失能」之任何期間，受託人有絕對裁量權運用信託收益和本金，以支付授予人維持生活所需、維持授予人所習慣的生活方式、或任何受託人認為符合授予人最佳利益之費用。

(B)「失能」之定義。本信託所定義的「失能」是指具備法律意義的失能或是由於疾病或精神或身體上的障礙而無法對財務事項做出迅速且明智的考量。有關授予人是否失能應由其最近一次就診之主治醫師判斷，而受託人得信賴該醫師之書面意見。

註釋：
受託人的裁量權通常包括將信託之本金及收入分配給授予人，當授予人無法自理自己事務時，亦可分配予授予人家人。當授予人去世時，信託扮演著類似遺囑的角色將信託財產直接依據信託合約協議分配給受益人。[14]

---

[14] How Revocable Trusts Work - https://www.fiduciarytrust.com/insights/commentary?commentaryPath=templatedata/gw-content/commentary/data/en-us/en-us-ftci/trust-estate/benefits_and_shortcomings_of_revocable_trusts&commentaryType=TRUST & ESTATE PLANNING

> **DEATH OF THE GRANTOR**
> On the death of Grantor, Trustee shall pay just debts, and any expenses of Grantor before subsequent following distributions shall be made:
> (A) Specific Distributions. In the event Grantor's spouse predeceases Grantor, if the Beneficiary predeceases Grantor and Grantor's spouse, Trustee shall distribute bequests with the residuary assets of the Trust.
> (B) Tangible Personal Property and Residuary Assets. Upon the death of Grantor and pursuant to the preceding provisions of the Trust, all personal effects used by Grantor's person and home shall be distributed to the [Named Beneficiaries A], including but not limited to articles of personal or household use or ornament. If [Named Beneficiaries A] predeceases Grantor, the tangible personal property and residuary assets shall be distributed to the [Named Beneficiaries B]. If [Named Beneficiaries B] predeceases Grantor, the tangible personal property and residuary assets shall be distributed to the [Named Beneficiaries C].

> **授予人過世**
> 授予人過世後，受託人應以信託資產支付授予人之合法債務及相關費用後，進行以下分配：
> (A) 特別分配：若授予人之配偶早於授予人過世，而受益人又先逝於授予人及其配偶，則受託人應以剩餘的信託資產為遺贈做分配。
> (B) 有形個人財產及剩餘資產：授予人去世後，依前條信託條款之規定，授予人所使用的個人財物或房屋，以及其他有形個人財產，均應分配給 [受益人 A]。如果 [受益人 A] 早於授予人過世，則應將有形個人財產及剩餘資產分配給 [受益人 B]。如果 [受益人 B] 先逝於授予人，則有形個人財產及剩餘資產應分配給 [受益人 C]。

> **REVOKE AND AMEND**
> During the lifetime of Grantor, the Trust Agreement may be revoked or amended by the Grantor, in a manner of signed written instrument of such revocation or amendment delivered to the Trustee. With the consent of the Trustee, a duly appointed may exercise the powers of revocation, but not the power of amendment, and acting attorney-in-fact for Grantor to withdraw assets from Trust.

> **撤銷及修訂**
> 授予人在世時可隨時透過遞交書面文件給受託人以撤銷或修訂本信託協議。若得受託人同意，可由指定代理人行使撤銷權，但並非行使修訂權，為授予人自信託撤回資產。

6. 生前信託附加文件

生前信託通常都會包括以下三份附加文件：

(1)「傾注遺囑」（Pour-Over Will），作用是將沒有放入生前信託的資產，將來都按生前信託條款處理。

(2)「財務管理授權書」（Durable Power of Attorney），作用是在萬一本人無力管理產業或作財務決定時，由代理人代為辦理。

(3)「醫療授權書」或「預先醫療指示」（Advance Health Care Directive），作用是萬一自己無法作醫療決定時，由代理人代作決定。[15]

類型二：遺囑信託（Testamentary Trust）

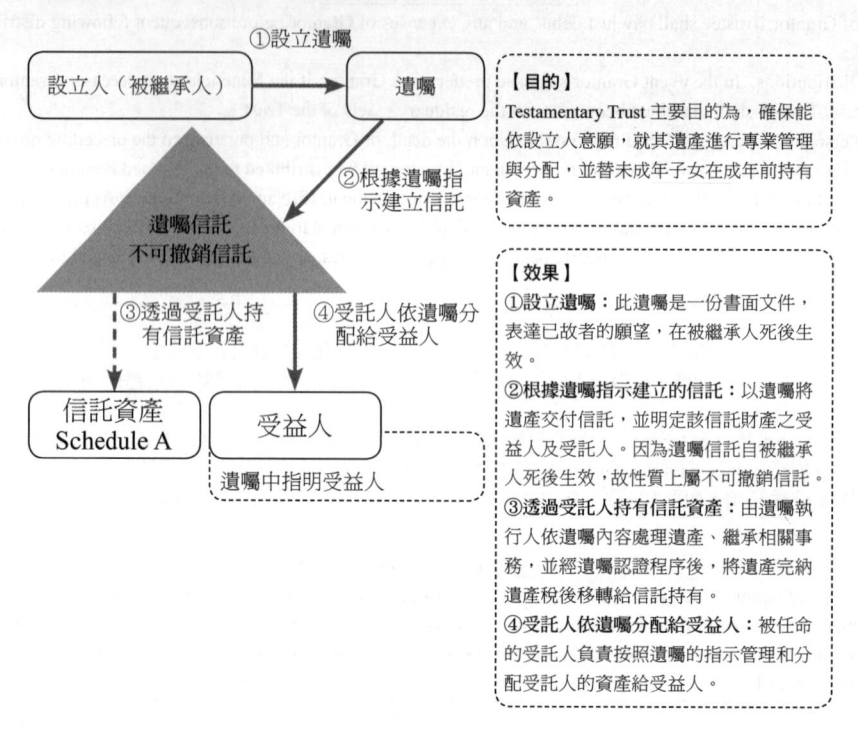

```
①設立遺囑
設立人（被繼承人） ──→ 遺囑
                        │
                        │ ②根據遺囑指
                        │   示建立信託
                        ↓
              ┌─────────────┐
              │  遺囑信託    │
              │  不可撤銷信託 │
              └─────────────┘
          ③透過受託人持   ④受託人依遺囑分
            有信託資產      配給受益人
              ↓              ↓
         信託資產          受益人
         Schedule A      遺囑中指明受益人
```

【目的】
Testamentary Trust 主要目的為，確保能依設立人意願，就其遺產進行專業管理與分配，並替未成年子女在成年前持有資產。

【效果】
①設立遺囑：此遺囑是一份書面文件，表達已故者的願望，在被繼承人死後生效。
②根據遺囑指示建立的信託：以遺囑將遺產交付信託，並明定該信託財產之受益人及受託人。因為遺囑信託自被繼承人死後生效，故性質上屬不可撤銷信託。
③透過受託人持有信託資產：由遺囑執行人依遺囑內容處理遺產、繼承相關事務，並經遺囑認證程序後，將遺產完納遺產稅後移轉給信託持有。
④受託人依遺囑分配給受益人：被任命的受託人負責按照遺囑的指示管理和分配受託人的資產給受益人。

1. 遺囑信託概述

遺囑信託通常涉及三方：「遺囑人」（即「信託授予人」）、管理信託資產之「受託人」以及遺囑中所提及之「受益人」。遺囑信託是根據遺囑之指示而建立的信託。遺囑人於生前設立遺囑，內容除了包含未成年子女監護事宜外，亦可在遺囑中指明要將遺產放入信託以及載明其分配。當遺囑人過世後，遺囑將進入法院的遺囑認證程序。當遺囑被法院認定為有效，遺囑執行人會依遺囑指示設立信託，將遺產移轉到信託中使其成為信託資產，此時遺囑信託成立生效，由信託受託人為受益人繼續管理信託資產。[16]

遺囑信託是在授予人過世後才依其遺囑設立生效，故遺囑信託在性質上是不可撤銷信託，也因授予人已不復存在，遺囑信託設立後即不得撤銷或變更，至於授予人的遺囑，則可以在授予人生前隨時由授予人更改。

遺囑生效時，由遺囑執行人依遺囑內容處理遺產、繼承相關事務，在完納遺產稅後將遺產交付信託。一份遺囑可以擁有不止一個遺囑信託，被任命的受託人依遺囑的指示管理資產和分配信託收益給受益人。

---

[15] https://sauwing.com/ 認識「生前信託」。
[16] Testamentary Trust. https://www.investopedia.com/terms/t/testamentarytrust.asp.

由於受託人必須按照遺囑載明的方式分配信託財產，如：支付子女之教育費、做慈善分配等，故授予人可以透過遺囑信託的設立，延續其控制遺產配置的心願，以及達到照顧受益人（繼承人或受遺贈人）之目的，並避免不必要的紛爭。

2. 遺囑信託設立目的 [17]
一般來說，遺囑信託的設立目的是為了替未成年子女、身心障礙之親屬，或是其他因遺囑人死亡後可能會繼承巨額財富者，管理遺產直到上述受益人達法定年齡或有能力接管，透過信託安排，遺囑的指定執行人將以信託方式持有受益人在遺產中的份額直到達到指定年齡為止，遺囑信託亦可設到期日，常見的到期日為受益人滿 25 歲、從大學畢業，或是結婚等等。遺囑人也可以依公益慈善信託的方式按其意願以慈善目的進行財產分配。

遺囑信託的設計有多種形式，在某些情況下，被繼承人希望將對資產的控制與收入的分配分開。例如，被繼承人有四個已成年子女，信託資產統一由專業人士投資，每個子女都有權分配 25% 的信託收入。在這種情況下，額外設立四個子信託，將各子女應被分配的信託受益比例移轉到子信託，並讓孩子能各自管理其子信託，這種信託架構可能會更加合適。

若使用上述架構，遺囑中將指示被繼承人的剩餘財產轉移給「主要」投資遺囑信託的受託人，資產由主信託的獨立控制人放入。該主要信託的收入和資產持有人將是遺囑信託的受託人，且僅限於被繼承人的配偶、子女，其他直系後裔以及受遺囑人和家庭支持的特定慈善機構的一般受益人。通常的作法是為立遺囑者的每個子女、該子女的後代及通常的一般受益人類別建立一個子信託。

3. 遺囑信託設立流程
(1) 遺囑文件
遺囑是一份具法律效力的文件，載明遺囑人對其資產分配及親屬關係的最終意願。遺囑人可在其中說明受撫養人之監護安排與財務利益的管理，亦可指明將遺產留予特定團體，或捐贈與慈善機構。遺囑由遺囑人生前立定，於其身故後予以執行，並由遺囑中所指定之遺產執行人負責處理相關事宜。

遺囑是遺囑認證程序中的關鍵文件，認證法院將依其內容指導及裁定遺產分配事項，並監督遺囑執行人之職責，以確保遺囑得以落實，並實現遺囑人的意願。未指定受益人之資產則不納入遺囑認證範圍，而由指定受益人直接承受，例如人壽保險等。總括而言，遺囑與其內容將引導法院處理所有資產事務，包括遺產的分配對象及其應得額度。遺囑亦可安排在世家屬之監護事宜，並預作特別安排，如照顧特殊需求子女或年邁雙親。

(2) 選任遺囑執行人

遺囑執行人為遺囑中指定為遺囑人處理遺產的公司或個人，遺囑執行人會根據遺囑所訂立的意願處理遺產。在委派遺囑執行人之前，必須瞭解其責任和義務，以便能衡量他們是否具備所需的時間及能力處理一切事務。

多數人基於信賴，常指定家人或摯友擔任遺囑執行人，以表尊重與信任。然而，這些執行人往往因情緒尚處於哀慟期、缺乏專業背景無法服眾、難以處理複雜的遺產問題，或於多人共同擔任執行人時意見分歧，甚至可能需承擔處理錯誤的個人責任，以及在同時為受益人時產生利益衝突等情形，而難以勝任此一角色。

若遺產結構簡單，且受任者具備充足時間與能力，指定親友為遺囑執行人不失為一種方便且有效的方式。但若遺產涉及複雜資產配置，或需設立信託並進行長期管理，則聘請具專業能力且立場中立的專業人士或機構擔任遺囑執行人，將是更為妥適的選擇。[18]

(3) 遺囑認證程序

如本節生前信託所述，遺囑認證係指由繼承人持被繼承人生前訂立之遺囑向法院提出申請，請求司法機關確認遺囑效力之法定程序。此程序平均耗時 16 個月，若涉及他州遺產須待各州分別完成認證，且所有資產明細依法強制公開，除允許公眾查閱紀錄外，更規定須優先清償債務後，剩餘財產始能依州法分配。

另需注意，除法院程序冗長外，相關律師費與法院規費亦需納入考量，整體支出通常約佔總資產價值 4% 至 10% 以上。

---

[17] Things You Should Know About a Testamentary Trust. https://www.legalzoom.com/articles/10-things-you-should-know-about-a-testamentary-trust.

[18] Learn About the Role of an Executor. https://www.thebalance.com/executor-executrix-3505523.

4. 遺囑信託合約重要條文概述

FORMER WILLS
I HERE BY REVOKE all former Will and Testamentary dispositions hereto before made by me AND DECLARE this alone to be my last Will and Testament.

遺囑
本人撤銷本人以前所立之所有遺囑、遺囑修訂附件及遺囑性質的產權處置，並聲明這是本人的最後遺囑。

註釋：
- 遺囑文件的正式英文名稱為 Last Will and Testament，「Will」和「Testament」在法律用語中都意指遺囑，使用兩個同義字的習慣是源於中世紀，大多數英國人使用英語，但是許多受過教育的人（例如律師）講法語或拉丁語，因此養成兩字並稱的習慣，這類型將兩個同義或近義法律詞彙並呈的方式稱之為「Legal doublet」。在英文中，Will（日耳曼字根）與 Testament（法語字根）兩者可以相互替代，但使用 Will 較常見。[19&20]
立遺囑人死後，遺囑信託開始執行。為了使信託存在，必須有信託財產、擁有該財產的受託人以及持有該財產的受益人。如果遺囑經證明為有效，則遺產執行人將其資產分配給遺囑所列之受益人。如果該遺囑是為建立遺囑信託，則根據透過遺囑所獲之信託資產受讓人即為該遺囑信託的受託人，該遺囑信託之受益人可能是該遺囑的繼承人。
- 遺囑解釋一般以「文義」為前提，並由設立遺囑當時之事實及其他情況判斷，不限於字面。立遺囑之目的、遺囑人教育水準、立遺囑時的狀況皆會納入解釋遺囑的考量，並由相關證人或證物以佐證判斷。
遺囑的目的解釋涉及兩個層面，第一層是先判斷遺囑人內心的真實想法和遺囑人立遺囑的目的，第二層是基於遺囑人設立遺囑的目的，解釋遺囑中模糊或有爭議的地方，以傳達出遺囑人並未在遺囑上明文列出的真實想法。第一個問題基於遺囑文本，結合設立遺囑時的情形和證據材料以查明遺囑人的意思，並由遺囑將實現的效果和目的查明遺囑的目的。第二個層面從已經查明的目的出發，在不超出遺囑範圍的前提下，按照遺囑的目的來解釋，而不限於於遺囑的字面文義。
遺囑是實現遺囑人目的的文書，應以遺囑人目的為主。[21]

EXECUTORS
(A) I appoint [Name of Executor and Name of Trustee] as my executor and trustee. In the event that [Name of Executor and Name of Trustee] predeceases me, or is or becomes at any time unable or unwilling to act or to continue to act in which event I appoint [Named Successor] instead.
(B) AND I DECLARE that in this will the expression "my trustees" includes the executor or executors and trustee or trustees for the time being of this my will and of the trusts arising under it.
(C) Gifts to my trustees are not decided by them acting as executors or trustees and they may apply to the court for commission.

遺囑執行人
(A) 本人指定 [遺囑人及受託人姓名] 為本人之遺囑執行人和受託人。若 [遺囑人及受託人姓名] 先於本人過世，或在任何時候不能或不願繼續執行受託事項，則本人指定由 [繼任人姓名] 代之。
(B) 本人聲明，在遺囑中所提及之「本人之受託人」一詞，包括遺囑執行人，或因遺囑而指派的遺囑執行人及信託受託人。
(C) 本人予受託人之贈與不取決於他們擔任執行人或受託人之情形，遺囑執行人或受託人可向法院申請提供服務之費用。

GUARDIANS
(A) If my spouse predeceases me then I appoint [Named Guardians] jointly and severally as guardians of my minor children.
(B) If either is unable or unwilling to act or to continue to act, the other may act alone. The trust shall be irrevocable. The Grantor shall not retain any power, in whatever capacity and either alone or in conjunction with another persons, to alter, amend, revoke, or terminate the trust, or any of the terms of this Trust Agreement, in whole or in part, or to designate the persons who shall possess or enjoy the trust property or the income therefrom.

監護人
(A) 若本人之配偶早於本人過世，本人將共同或分別任命 [監護人姓名] 為本人未成年子女之監護人。
(B) 若任何一位不能或不願意繼續擔任監護人，則另一位得單獨作為。本信託是不可撤銷信託。授予人無權保留任何權力或與他人共同改變、修改、撤銷或終止全部或部分信託，或指定固有信託財產或信託財產收益之人。

---

[19] The difference between "testament" and "will" - https://ell.stackexchange.com/questions/9152/the-difference-between-testament-and-will
[20] Will and testament - https://en.wikipedia.org/wiki/Will_and_testament
[21] Last Will And Testament - https://www.investopedia.com/terms/l/last-will-and-testament.asp

> **註釋：**
> 本條除闡明未成年監護權的指定外，亦闡明本遺囑有意成立一個「遺囑信託」。遺囑信託是由立遺囑人預立遺囑，在遺囑中指定遺囑執行人，述明將全部或部分遺產交付信託，並明定該信託財產之受益人及受託人。
> 在制訂遺囑時最重要的問題之一是如何為孩子選擇監護人。遺囑可讓父母為希望的監護人人選成為孩子的指定監護人，對於未成年子女來說，這也是遺囑中最重要的規定之一。如果未在遺囑中選擇監護人，法院將任命一名監護人，為了避免這種情況，在遺囑中指定監護人非常重要。[22]

TESTAMENTARY TRUST

My executors and trustees hold my estate on trust:
(A) To pay all my just debts and obligations, including funeral and testamentary expenses and income taxes, and all estate, legacy, succession or inheritance duties and taxes.
(B) To hold the rest and residue and remainder of my estate upon the following trust in equal shares and to and for the ends, intents and purposes hereinafter declared.
(C) The Trust shall include my residuary estate and accumulated or added capital and income to the Trust from time to time.

> **遺囑信託**
> 本人之遺囑執行人及受託人以信託方式持有本人資產並：
> (A) 支付所有債務，含喪葬和遺囑費用、稅收或是因遺產或繼承等所生之費用。
> (B) 根據以下信託聲明之目的，以均等份額為本人持有剩餘資產。
> (C) 信託應包括本人之剩餘資產以及累加至信託中的資本和收入。

> **註釋：**
> 法院遺囑認證程序首先必須經過遺囑驗證、指定執行人及代理人、提供擔保金、釐清遺產項目與內容、衡量遺產價值、通知債權人並償還生前債務，之後申報遺產稅完成，才可以分配遺產。因遺囑驗證程序曠日廢時且費用成本也高，故美籍人士常以設立生前信託以避免遺產認證程序，較常使用 AB 信託。[23]

APPOINTMENT OF TRUSTEES

(A) I direct my trustees to grant transfer and distribute the rest and residue of my estate, and to pay all or part of the income or the capital of the Trust to all the named beneficiaries in the Schedule.
(B) Trustee shall have discretion to make arrangement for payments to beneficiaries. Payments may be paid in the shares and amounts, but Trustee shall not be obligated to make payments for all of beneficiaries or to ensure equality among those to whom payments are made.

> **指定受託人**
> (A) 本人指示本人之受託人轉讓和分配本人之剩餘財產，並將信託的全部或部分收益或本金支付給所有附表中列出的受益人。
> (B) 受託人有權安排支付給受益人之款項。付款得以股份或現金形式支付，但受託人並無義務向所有受益人支付款項，亦無確保所有受益人所得款項均等之義務。

> **註釋：**
> 為避免繼承人對遺產執行人的人選產生爭議，遺囑人最好在遺囑內指定遺囑執行人和遺囑信託之受託人。[24]

DISSOLUTION OF THE TRUST

The Trust terminates when any of the following occurs:
(A) when my trustees act under the powers given to them in this will to end the Trust.
(B) when the perpetuity period set by the law has expired; and if at that time no decision has been made regarding the Trust distribution, it passes to the surviving beneficiaries in equal shares as tenants in common in cases of multiple beneficiaries.

> **信託之解散**
> 本信託於發生下列情形時終止：
> (A) 當受託人據本遺囑信託所賦予之權力終止信託。
> (B) 當信託法定最長期間屆滿時；若當時尚未就分配作出任何決定且在有多位受益人之情況下，該信託基金將以均等份轉移給尚存的受益人。

> **註釋：**
> 一般而言，不可撤銷的信託只有在信託意圖已經實現或不可能實現的情況下，基於設立人和全體受益人的申請和法院判決而消滅。本條 (A) 情況即為信託目的已達成，(B) 則是以達信託法定最長期間。

受託人管理信託事項，包括在時間到時解除信託、查看信託協議以識別受託人，並確定對解除信託施加的任何特殊條件。每個信託可以寫明信託的終止條件，如何解散該特定信託的特定說明，受託人應遵循所有說明。
受託人應將信託的所有財產轉移到信託協議所指定的受益人，只要財產保留在信託中，信託就將繼續存在而無法解除。
受託人應通知所有受益人信託終止的生效日期，向受益人發出通知使受益人有機會查看信託協議，並確保在解除信託之前受託人確實處理了來自信託的所有分配。
受託人應通知與信託有關的任何保險單或財務帳戶的持有人，信託終止的生效日期。例如，如果人壽保險單以信託為受益人，則需要通知人壽保險公司該信託已經終止，保險公司可以根據保單獲得替代受益人的資訊。
未經適當授權，以錯誤的方式或在錯誤的時間解散信託的受託人可能會因違反信託義務而面臨法律制裁。如果受託人不確定是否有權終止信託，或者不確定適當的程序，請諮詢當地的律師，否則會違反了受託人的信託義務，而產生個人承擔責任的風險。[25]

RESIDURE OF THE ESTATE

If all beneficiaries die without leaving any surviving children or descendants, the remaining trust assets become part of the residual estate and shall be distributed to the [Named Residuary Beneficiaries] in the Schedule.

剩餘遺產
若所有受益人均死亡且無留下任何子女，則剩餘的信託資產將成為本人剩餘遺產的一部分，並將分配給附表中列出的 [剩餘遺產受益人姓名]。

註釋：
「剩餘遺產」是指在支付各項費用與債務，並完成動產及不動產遺贈後，所剩下的全部遺產。不過，若遺囑中設有剩餘遺產條款（Residuary Clause），則須依該條款進行分配。所謂剩餘遺產條款，是指遺囑人在明確指定動產及不動產遺贈後，針對遺囑中未明確處分的其他遺產所作的分配規定。[26&27]

POWER OF TRUSTEE

Trustee, in addition to any other authorities and powers conferred by law or necessary or appropriate to carry out the purposes of the trust, shall be authorized and empowered to exercise the following rights and powers without court order or without giving prior notice to anyone:

(A) Administer Assets. To receive, hold, maintain, collect, invest and re-invest the trust assets, apply the income and profits therefrom, and dispose of the net income and principal of the Trust accordant with the terms of this agreement. To receive additional assets from other sources including the Grantor's last Will and Testament. To retain assets such as uninvested cash or original investments.

(B) Disposal and Encumbrance of Assets. To sell, convey, exchange, mortgage, pledge, lease or otherwise dispose of, or in any manner encumber or grant options with respect to all or part of its real or personal or mixed property, publicly or privately, upon such terms and conditions. To execute all necessary instruments, manage real estate and personal property, borrow money from any source, exercise options, purchase insurance, and register securities as may appear appropriate.

(C) Settle Claims. To compromise, arbitrate or otherwise adjust claims in favor of or against the Trust or any matter in controversy, including but not limited to claims for taxes, as the Trustee deems advisable.

(D) Employment of Professional Assistance. To seek professional assistance as needed in administration of the Trust, delegate authority or seek protection of the Trust against legal attack. Such expenditures properly incurred shall be reasonably compensated at the Trust expense.

(E) Distribute Property. To make division or cash distribution or distribution in kind, either a partial or complete ownership interest in an asset. The Trustee shall determine the value, and its judgement shall be binding upon all persons interested under the Trust.

(F) Enter Contracts. To bind the Trust by contracts or agreements, the Trustee shall not be individually liable for entering such contracts.

(G) Duration of Powers. The Power of Trustee continue until the final division or distribution of the Trust.

(H) Compensation. To receive reasonable compensation for Trustee's services as agreed upon this Agreement.

(I) Loans to Beneficiaries. To make loans out of trust property to the beneficiary for the benefit of beneficiary's business or for the beneficiaries and their families in need.

---

[22] Choose a Guardian for your children – Your Last Will and Testament - https://www.uslegalwills.com/blog/choose-a-guardian/
[23] Testamentary Trust - https://www.investopedia.com/terms/t/testamentarytrust.asp
[24] Testamentary Trust - https://www.investopedia.com/terms/t/testamentarytrust.asp
[25] How to Dissolve a Testamentary Trust - https://pocketsense.com/dissolve-testamentary-trust-1167.html
[26] The Importance of the Residuary Clause. - https://dennisfordhamlaw.com/the-importance-of-the-residuary-clause/
[27] Do you need a Residual Clause in your Trust? - https://www.legalzoom.com/articles/do-you-need-a-residual-clause-in-your-trust

> **受託人權力**
>
> 除法律賦予的任何其他授權外,受託人行使下列權力時,無需法院命令,也無需事先通知任何人:
> **(A) 管理資產。** 接收、持有、維持、收集、投資和再投資信託資產,運用信託的收益和利潤,以及按信託條款處理信託的淨收入和本金,並從其他來源接收額外資產,包括在授予人或任何他人的遺囑下接收的資產,並保有資產如未投資之現金或原始之投資。
> **(B) 處置或抵押資產。** 公開、私下出售、轉讓、交換、抵押、質押、租賃或以任何形式對全部或部分不動產、個人財產或混合財產設置產權負擔或授予期權。執行所有重要文書、管理房地產和個人財產、從任何來源借款、行使期權、購買保險、登記證券等,視情況而定。
> **(C) 和解案件。** 調解、仲裁或以其他方式調整有利於或不利於信託的爭議事項,包括但不限於稅負爭議的案件。
> **(D) 雇用專業人員協助。** 在管理信託有需要時可以尋求專業幫助,授權並僱用專業人士使信託免受法律攻擊,該費用由信託支出合理補償。
> **(E) 分配財產。** 對資產的一部或全部進行實物分割或現金分配,由受託人決定其價值,並且該決定對所有利益相關者具約束力。
> **(F) 簽約責任。** 為信託所簽訂之合約或協議,受託人不承擔個別責任。
> **(G) 權力期間。** 受託人之權利持續到信託所有資產分配完畢為止。
> **(H) 補償。** 根據本信託合約,受託人接受其提供服務的合理補償。
> **(I) 貸款給受益人。** 為了受益人事業利益或是為滿足受益人家人之需要,得從信託財產中貸款給受益人。

註釋:

受託人有受託義務,有出於誠實和誠信原則為信託中指定的受益人的利益管理信託財產之義務。受託人應依信託本旨,以善良管理人之注意義務,處理信託事務。為使受託人善盡其受託義務,受託人就各信託造具帳簿,載明各信託事務處理狀況之義務,以讓授予人及受益人瞭解信託事務之狀況。

受託人為負有依信託本旨,管理或處分信託財產義務之人,原則上,受託人不得兼為受益人,避免以管理或處分信託財產名義享有信託利益。

授予人或受益人得以閱覽信託資料、請求受託人說明信託事務之處理狀況方式,監督信託之管理。信託事務之處理是否妥善,以及受託人是否善盡注意義務,攸關授予人與受益人之利益,至於利害關係人必要時,得請求閱覽、抄錄或影印。

受託人受信託文件中規定的條款的約束,這意味著受託人必須遵循信託本身以及適用於信託和法院制定的判決法的遺囑認證法中概述的權利和責任。如果受託人不承擔責任,則受託人可能因違反其信託義務而承擔賠償責任。通常,受託人將有權管理、控制、改善和維護所有真實和個人的信託財產。因此,受託人必須確保在自然災害、火災或其他意外危險的情況下妥善保管和保險財產。在此原則下,受託人還負責監督與信託財產相關的任何帳單、稅金和其他費用的支付。[28]

類型三:授予人保留年金信託(GRAT)

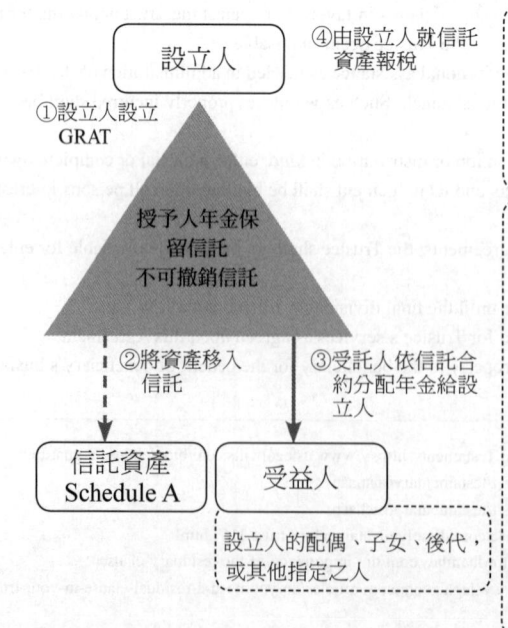

①設立人設立 GRAT
②將資產移入信託
③受託人依信託合約分配年金給設立人
④由設立人就信託資產報稅

授予人年金保留信託 不可撤銷信託

信託資產 Schedule A

受益人 設立人的配偶、子女、後代,或其他指定之人

【目的】
GRAT 讓授予人將資產放入信託約定一信託存續期間,每年向信託取回一定比例資產,直到將原始價值完全取回的方式,達到將信託資產免稅移轉的目的。

【效果】
①設立 GRAT:此信託的特性是,設立人在約定期間內每年取回固定價值資產,期間過後,信託中的剩餘資產轉移給受益人。
②將資產移入信託:授予人移轉資產給信託,並繳納贈與稅。
③受託人依信託合約分配年金:GRAT 的期限屆滿前,信託分配年金給授予人,屆滿後,將剩餘資產給指定的受益人。
④由設立人就資產收益報稅:信託存續期間,信託資產的增長會併入授予人個人所得稅課稅,故而所得稅角度上可能會被視為可撤銷信託。然而 GRAT 就信託實際架構上是一不可撤銷信託。

1. GRAT 信託概述
委託人保留年金信託（Grantor Retained Annuity Trust, GRAT）
屬於不可撤銷信託類型，在滿足向特定的家族成員提供大量的財務捐贈的前提下，不會啟動贈與稅。

資產置入信託後，其贈與價值等於初始本金加上由美國國稅局確定的當前理論利息，並扣除信託期間將支付的年金總額。委託人於整個信託期限內每年均可收到年金付款，而期限結束時的任何剩餘價值則作為贈與資產轉移給受益人。

(1) 優勢
若信託期結束時實際賺取的利息高於國稅局所定的理論利息（尤其在波動性資產情況下），則留給受益人的剩餘價值無需繳納贈與稅。

(2) 警告
- 任何被指定為 GRAT 受益人的人也不得被指定為委託人保留收益信託（GRAT）的受託人，該信託是一種類似的金融工具，受益人直接從創收資產獲得資金（例如，商業租賃財產的穩定租金收入）。
- 若委託人在信託期限結束前過世，GRAT 資產將納入其遺產，導致避免贈與稅的利益喪失。

授予人保留年金信託（GRAT）是一種不可撤銷的贈與信託，常用於房地產或未上市股權規劃，讓授予人以極低或免贈與稅的方式將大量財富傳承下一代，最大限度減少贈與稅負。GRAT 設立固定期限，授予人在設立時繳納稅款，資產轉入信託，期間每年支付年金，期限結束後，受益人可獲得免稅的剩餘資產。

GRAT 信託是一財產管理信託，它吸收了可撤銷信託的長處，在設立 GRAT 時，授予人以信託方式提供資產，但保留在 GRAT 期限內向信託取回資產原始價值的權利，其年金支付來自該信託資產增值或信託資產的孳息。期限屆滿時，剩餘資產轉給指定受益人；若授予人在期限內去世，資產將納入遺產課稅。[29]

常用的 GRAT 資產移轉方式：父母設立 GRAT 並指定子女為受益人，將大筆資金投入信託。根據 GRAT 條款，本金及利息於預定期限後返還父母，超出利息部分的收益則留在信託內，免於遺產稅與贈與稅，順利傳承給下一代。[30]

---

[28] Powers of a Trustee in a Typical Revocable Trust - https://www.chilinalaw.com/2017/04/powers-trustee-typical-revocable-trust/
[29] Grantor Retained Annuity Trust (GRAT). https://www.investopedia.com/terms/g/grat.asp.
[30] Grantor Retained Annuity Trusts (GRAT). https://www.n-klaw.com/grantor-retained-annuity-trustsgrat/.

2. GRAT 信託十大優勢

(1) 以確定性安排規避不確定性風險,將具未來溢價升值潛力的資產,在最低評估值時鎖定最低評估利率。

(2) 以時間換安全,以最低的稅務成本換取最大投資價值的財富傳承。

(3) 以空間換保全,以最低評估利率的現值換取將來最高投資收益利率的終值。

(4) 生前精準降低贈與稅負,建立規避資產未來大幅升值的遺產稅槓桿,達成小成本大槓桿效應。

(5) 以確定性安排傳承意願,實現生前資產所有權最優化、資產控制權最強化及身後資產受益權最大化,為信託三權平衡的最佳組合。

(6) 融合法律、稅務與金融精算,達成財攻法守與開源節流的動態平衡,兼顧進取與穩健。

(7) 透過不可撤銷信託安排,最大程度剝離商業資產與個人資產,有效隔離並阻斷潛在爭端、糾紛及風險。

(8) 完美結合授予人信託性質與不可撤銷信託本質,發揮信託法律「雙重所有權」與信託稅法「導管理論」,在所得稅與贈與稅階段取得稅負平衡。

(9) 明確時間安排籌劃,突破信託形式表象的單純贈與避稅意圖,實質以長遠投資價值為目標,放大資產價值並降低風險。

(10) 以多主體法律結構彰顯信託非短期逐利工具,而是財富替代、耐心資本、長期投資、深度傳承及最大化節稅免稅利益的工具。

3. GRAT 信託風險

GRAT 也有一些弊端,設立 GRAT 時,一般會設置信託的期限,期限屆滿後,剩餘資產將轉移給指定的受益人,但如果授予人在任期屆滿之前過世,那麼信託中的所有資產將歸還給授予人,並包括在授予人的應稅遺產中。

信託期間的設定是 GRAT 成敗的關鍵因素之一。期限越長,雖有助於減少贈與稅,但授予人在期限內死亡的風險也相應提高。因此,授予人應根據自身年齡與健康狀況,謹慎設定合適的信託期限。

另外,GRAT 是授予人以信託方式完全贈與資產,信託期間(至少兩年[31])內,

授予人按 IRS 規定的收益率（IRC§7520）從信託收取資產原始價值的年金，信託期滿時，剩餘資產（含升值及 IRS 假定回報率）將分配給受益人。當 7520 利率下降，年金給付的現值增加，贈與金額降低，唯有資產成長率超過 7520 利率，GRAT 計劃才算成功。

4. GRAT 信託合約重要條文概述

SUMMARY

WHEREAS, I desire to establish this trust as a "grantor retained annuity trust" in which I have retained a "qualified annuity interest" within the meaning of Code Section 2702, which trust shall be named the "[Name Of Trust] Grantor Retained Annuity Trust Dated [Date]"; and
I hereby transfer and deliver to my trustee the assets described on Schedule A, a copy of which is attached to this Trust Agreement, and my trustee acknowledges receipt thereof. This property shall constitute the trust fund and shall be held in trust, managed, invested, reinvested, used, applied and distributed by my trustee in accordance with the provisions of this Trust Agreement.
The following sets forth the number and name of each Article of this Trust Agreement. This Table is solely for convenience in finding the references to Articles in this Trust Agreement and neither this Table, nor the division of this Trust Agreement into two Parts, is intended to have any substantive or interpretive effect.

合約概述

鑑於我希望將該信託建立為稅法第 2702 條所指的「合格年金權益」的「授予人保留年金信託」，該信託應稱為「[名稱] 授予人保留年金信託」，日期 [Date]」；
我特此附表 A 中所述的資產轉讓並交付給我的受託人，該資產的副本附於本《信託協議》中，我的受託人確認已收到。該財產應構成信託基金，並應由我的受託人按照本信託協議的規定以信託方式持有、管理、投資、再投資、使用、運用和分配。
以下列出了本信託協議每條的編號和名稱。本表僅是為了方便查找本信託協議中的條款，本表或本信託協議分為兩部分均無意具有任何實質性或解釋性作用。

註釋：
Code §2702 規定信託權益轉讓時的特殊估價規則，包括本條說的「Qualified Interest」，指特定的財產權利，意為對財產權益的支配並非絕對完整，特定財產權人在事實上和法律上都不能排除他人對同一財產享有權利。
26 U.S. Code §2702 (b) 規定，就資產放進信託而言，「特定的財產權利」一詞是指：
(1) 包括有權收取不低於每年一次的固定應付款項的任何利息，
(2) 包括有權收取不少於每年一次且是信託財產的公平市場價值的固定百分比（每年確定）的利息的任何利息；以及
(3) 如果信託中的所有其他權益均由第 (1) 或 (2) 款所述的權益組成，則任何非或有餘數權益。

DISPOSITION OF THE TRUST FUND ARTICLE

This trust fund shall be administered and disposed of as follows:
(A) For each Fiscal Year of the trust during the Initial Trust Term my trustee shall pay to me, if I am then living, or to my estate, if I am not then living, the Annuity Amount for that Fiscal Year. The Annuity Amount shall be paid from trust income and, to the extent income is not sufficient, from trust principal, in a single annual installment at the end of each Fiscal Year. During my lifetime, any of the trust's net income not paid to me as part of the Annuity Amount (because such net income exceeds the Annuity Amount) shall be added to the trust's principal. If I die during the Initial Trust Term, then to the extent the trust's net income for the Fiscal Year in which my death occurs or any subsequent Fiscal Year during the Initial Trust Term exceeds the Annuity Amount payable to my estate for that Fiscal Year, my trustee shall distribute that excess income to my estate.

---

[31] The IRC does not have an explicit requirement of two years, but it is generally recommended that a GRAT of more than 2 years be set. It can be assumed that the industry's own mapping out of a GRAT period of more than 2 years can satisfy the IRS's minimum requirements, and the GRAT example in the IRS's published TECHNICAL ADVICE (Number: 200230003) is also illustrated by more than two years.
IRC 沒有 2 年的明確規定，但普遍建議設置 2 年以上的 GRAT，可以認為是業界自行摸索出 2 年以上的 GRAT 期間能滿足 IRS 的最低要求，IRS 公布的 technical advice (Number: 200230003) 中的 GRAT 範例也是以 2 年以上為說明。(https://www.irs.gov/pub/irs-wd/0230003.pdf)

(B) The "Initial Trust Term" shall commence on the date of this Trust Agreement and shall terminate [Desired Duration of The Trust] years from the date of this Trust Agreement.

(C) The "Annuity Amount" shall be the amount computed as follows: The Annuity Amount for each Fiscal Year of the trust shall equal [Desired Annuity Amount or Percentage, as Desired] of the original net fair market value of the property transferred to this trust as of the date of this document, as such value is finally determined for federal tax purposes. The Annuity Amount for each succeeding Fiscal Year of the trust shall be an amount equal to [Select Either of The Following Options: One Hundred Percent (100%) or One Hundred Twenty Percent (120%) of the Annuity Amount for the immediately preceding Fiscal Year] of the trust.

(D) Upon the expiration of the Initial Trust Term, my trustee shall pay the Annuity Amount for the Fiscal Year in which such expiration occurs to me, if I am then living, or to my estate, if I am not then living. My trustee shall distribute any balance of the trust fund remaining after such payment as follows:

(a) If I am then living:

(i) If either of my children is then living, the remaining balance shall be distributed in equal shares to such of my children as are then living, or all to the survivor if only one of them is then living, subject to the restrictions set forth in the Restrictions On Distribution Article.

(ii) If none of my children is then living, the remaining balance shall be distributed to my then living issue, per stirpes, subject to the restrictions set forth in the Restrictions On Distribution Article.

(iii) If none of my children or any issue of them is then living and my spouse is then living, the remaining balance shall be held in a separate trust for the benefit of my spouse in accordance with the Marital Trust Article, which trust shall be called the "Marital Trust".

(b) If I am not then living, the balance shall be distributed to my estate.

信託基金條款的處置

該信託基金應按以下方式管理和處置：

(A) 在初始信託期限中，對於信託的每個會計年度，如果我當時在世，則我的受託人應向我付款；如果我當時已經離世，則應向我的財產付款。即該會計年度的年金金額。年金金額應從信託收入中支付，在收入不足的情況下，應從信託本金中支付，在每個會計年度末一次性支付。在我有生之年，任何未作為年金金額的一部分支付給我的信託淨收入都應加到該信託的本金中。如果我在初始信託期限內去世，則在我死亡發生的財政年度或初始信託期限內任何後續財政年度的信託淨收入超過該財政年度應支付給我的遺產的年金金額的範圍內，受託人應將超額收入分配給我的財產。

(B) 「初始信託期限」應自本信託協議之日起生效，並應自本信託協議之日起 [所需的信託期限] 年終止。

(C) 「年金金額」應按以下方式計算：信託的每個會計年度的年金金額應等於轉移至該財產的原始公平市場價值的 [所需年金金額 - 或所要求的百分比]。截至本文之日止，該信託最終確定為聯邦稅目的。信託的每個下一個財政年度的年金金額應等於 [選擇以下各個選項：上一個財政年度的年金金額的百分之一百（100%）或百分之一百（120%）] 的信託比例。

(D) 初始信託期限屆滿時，如果我當時在世，受託人應向我支付該期限屆滿的財政年度的年金金額，如果我當時已離世，則向我的遺產支付。 我的受託人應按以下方式分配剩餘的信託基金餘額：

(a) 如果我當時在世：

(i) 如果我的孩子在世，則剩餘餘額應平均分配給我在世的孩子，如果僅其中一個孩子在世則全部分配給倖存者，但要遵守所設定的限制分配條款中的第 4 條。

(ii) 如果我的孩子當時沒有一個人活著，則剩餘的餘額應按比例分配給我當時存活的後代，但要遵守《分配限制》中規定的限制。

(iii) 如果我的孩子或他們的任何子女當時都不在世，且我的配偶當時在世，則剩餘的餘額應按照《婚姻信託條款》以我的配偶的利益單獨存放在信託中，該信託應被稱為「婚姻信託」。

(b) 若我屆時已不在人世，餘額應分配給我的遺產。

SPECIAL PROVISIONS ARTICLE

The following special provisions shall apply to this trust during the Initial Trust Term regardless of any contrary provision of this Trust Agreement:

(A) No additional contribution shall be made to the trust after the initial contribution as of the date of this Trust Agreement.

(B) My interest and the interest of my estate in the trust shall not be subject to commutation.

(C) No distribution shall be made to anyone other than me during my lifetime or to my estate following my death.
(D) If an incorrect payment of the Annuity Amount is made (including any incorrect payment of the Annuity Amount to my estate pursuant to section 2(D) of the Disposition Of The Trust Fund Article upon the expiration of the Initial Trust Term), then promptly after the error is discovered (i) my trustee shall pay to me (or my estate) in the case of an underpayment, or (ii) I (or my estate) shall pay to my trustee in the case of an overpayment, an amount equal to the difference between the correct amount which should have been paid to me (or my estate) and the incorrect amount which was actually paid. This provision shall be interpreted so as to comply with the requirements of the Treasury regulations under Code Section 2702 and 664.
(E) Any payment of the Annuity Amount for any Fiscal Year of the trust shall in all events be made no later than one hundred five (105) days after the first day of the immediately following Fiscal Year of the trust.
(F) My trustee shall not issue a note, other debt instrument, option, or similar financial arrangement, directly or indirectly, in satisfaction of the Annuity Amount.
(G) I intend that my interest under this Trust Agreement shall constitute a "qualified annuity interest" within the meaning of Code section 2702(b)(1) and the Treasury regulations under it.For each Fiscal Year of the trust during the Initial Trust Term my trustee shall pay to me, if I am then living, or to my estate, if I am not then living, the Annuity Amount for that Fiscal Year. The Annuity Amount shall be paid from trust income and, to the extent income is not sufficient, from trust principal, in a single annual installment at the end of each Fiscal Year. During my lifetime, any of the trust's net income not paid to me as part of the Annuity Amount (because such net income exceeds the Annuity Amount) shall be added to the trust's principal. If I die during the Initial Trust Term, then to the extent the trust's net income for the Fiscal Year in which my death occurs or any subsequent Fiscal Year during the Initial Trust Term exceeds the Annuity Amount payable to my estate for that Fiscal Year, my trustee shall distribute that excess income to my estate.

特殊規定
無論本信託協議有何相反規定，以下特殊規定應在初始信託有效期內適用於該信託：
(A) 自本信託協議之日起的初始出資後，不得對該信託作出任何其他出資。
(B) 我的利益和我在信託中的財產利益不得減損。
(C) 在我的一生中或我去世後的財產中，不得向我以外的任何人進行任何分配。
(D) 如果未正確支付年金金額（包括在初始信託期限屆滿時根據信託基金條款的處置第 2(D) 條向我的財產支付了任何不正確的年金金額），則應在錯誤發生後立即進行支付被發現 (i) 我的受託人在少付的情況下應向我付款，或 (ii) 我在對方多付的情況下應向我的受託人付款，其金額等於本應支付給我的金額與實際支付的不正確金額之間的差額。對該條款的解釋應符合根據稅法第 2702 和 664 條制定的規定。
(E) 在任何情況下，在任何情況下都應不遲於信託下一會計年度的第一天的一百零五（105）天之內支付該信託任何會計年度的年金金額。
(F) 我的受託人不得為了滿足年金金額而直接或間接發行票據、其他債務工具、期權或類似的財務安排。
(G) 本人打算將我在本信託協議下的權益構成稅法第 2702(b)(1) 條及其下的美國財政部法規所指的「合格年金權益」，並且應根據此意向解釋本信託期限，對於信託的每個會計年度，如果我還在世，則我的受託人應向我付款；如果不在時，則應向我的財產付款該會計年度的年金金額。年金金額應從信託收入中支付，在收入不足的情況下，應從信託本金中支付，在每個會計年度末一次分年支付。在我有生之年，任何未作為年金金額的一部分支付給我的信託淨收入（因為該淨收入超過年金金額）都應添加到該信託的本金中。如果我在初始信託期限內去世，則在我死亡發生的財政年度或初始信託期限內任何後續財政年度的信託淨收入超過該財政年度應支付給我的遺產的年金金額的範圍內，受託人應將超額收入分配給我的財產。

IRREVOCABILITY ARTICLE
This trust is irrevocable and neither I nor any other person shall have the power to revoke or amend it in any way; provided, however, that my trustee shall make any technical amendments necessary to comply with the requirements of Code Section 2702 and the Treasury regulations thereunder applicable to qualified annuity interests.

不可撤銷信託
此信託是不可撤銷信託，我和任何其他人均無權以任何方式撤銷或修改該信託；但前提是，我的受託人應進行必要的技術修改，以符合《法典》第 2702 條及其下適用於合格年金權益的《美國財政部條例》的要求。

類型四：故意缺陷授予人信託（IDGT）

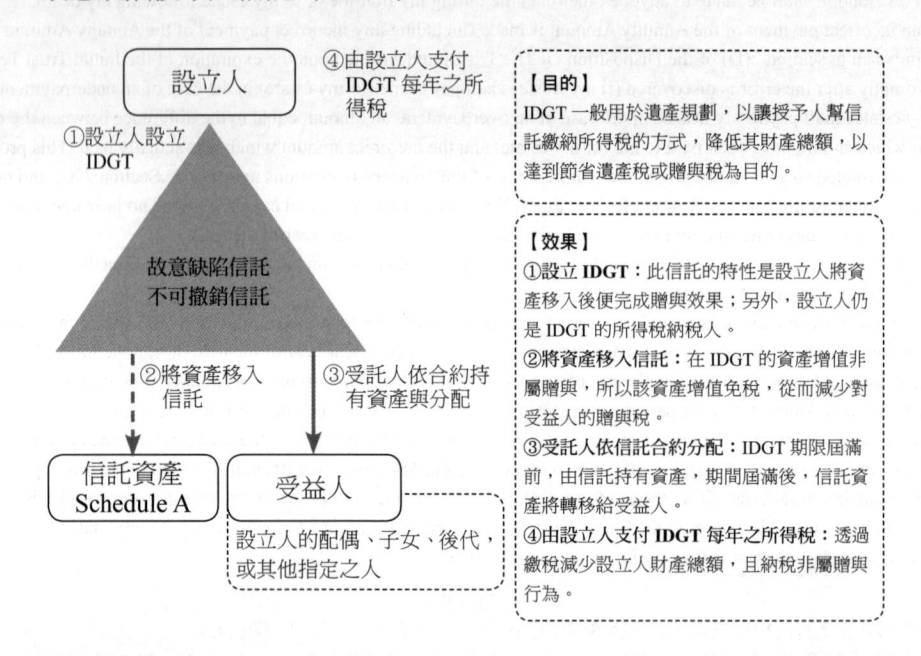

```
設立人
①設立人設立 IDGT
②將資產移入信託
③受託人依合約持有資產與分配
④由設立人支付 IDGT 每年之所得稅

故意缺陷信託
不可撤銷信託

信託資產 Schedule A

受益人
設立人的配偶、子女、後代，或其他指定之人
```

【目的】
IDGT 一般用於遺產規劃，以讓授予人幫信託繳納所得稅的方式，降低其財產總額，以達到節省遺產稅或贈與稅為目的。

【效果】
①設立 IDGT：此信託的特性是設立人將資產移入後便完成贈與效果；另外，設立人仍是 IDGT 的所得稅納稅人。
②將資產移入信託：在 IDGT 的資產增值非屬贈與，所以該資產增值免稅，從而減少對受益人的贈與稅。
③受託人依信託合約分配：IDGT 期限屆滿前，由信託持有資產，期間屆滿後，信託資產將轉移給受益人。
④由設立人支付 IDGT 每年之所得稅：透過繳稅減少設立人財產總額，且納稅非屬贈與行為。

1. IDGT 信託概述

故意缺陷授予人信託（Intentionally Defective Grantor Trust, IDGT）是一種旨在節省遺產稅的信託工具。當授予人將現金或資產轉入信託時，需繳納贈與稅；但信託產生的收益由授予人負擔所得稅申報，因此此信託並非用於節省所得稅。IDGT 允許授予人擁有用同等價值資產置換信託資產的權力，以減少未來資產價值波動的影響。由於 IDGT 屬於不可撤銷信託，授予人未保留資產控制權，因此遺產稅和贈與稅問題得到有效避免。

從財富轉移稅角度看，IDGT 的資產轉移是完整的，但在所得稅方面則存在「故意缺陷」，這意味著委託人可以將資產從他們的遺產中轉移出來，而不需要繳納贈與稅，從而減少了未來的應稅遺產價值。由於委託人對信託保留有限的權力，因此儘管委託人無權獲得任何信託分配，但其必須就產生收入的資產的全部數額繳納所得稅。

由於 IDGT 允許授予人繼續對信託資產繳納所得稅，因此所得稅法上不會承認這些資產已從個人身上轉移走。因為授予人必須每年對所有信託收入繳稅，所以信託中的資產免稅增長，從而避免了對授予人受益人的贈與稅，亦是用來減少遺產稅的方法。IDGT 的受益人通常是子女或後代，他們在不減免授予人繳納的所得稅的情況下獲得增值的資產。

IDGT 還允許進行多種投資規劃，例如「配偶終身使用信託」（Spousal Lifetime Access Trust, SLAT）是 IDGT 的一種版本，該信託版本將授予人配偶與後代設為當前受益人。配偶放棄對信託財產的控制權，但資產仍以不計入遺產稅的方式提供給受益人，並可在適當情況下分配。SLAT 對已婚夫婦特別有價值，能在保留一定使用權的同

時,最大限度減少未來遺產稅負擔,且在某些情況下,配偶有時可擔任受託人,監督信託運作。[32]

若結構合理,IDGT 是非常有效的遺產規劃工具,能降低應稅遺產,同時以固定價值向受益人贈與資產。授予人通過繳納信託所得稅,實質上將額外財富無償轉移給受益人,達成節稅與財富傳承雙重目標。[33]

2. IDGT 信託設立
(1) 目的與運作方式
IDGT 實際運作方法大致是,出於遺產稅的目的,授予人的遺產的價值減去資產轉讓的金額。個人將資產出售給信託,以換取一定期限(例如 10 或 15 年)的期票。該票據將支付足夠的利息以將該信託歸類為高於市場,但相關資產預計將以更快的速度升值。

(2) 通常設立 IDGT 包括以下授予人信託條款:
① 替代資產權利:授予人可以從 IDGT 重新獲取資產並用等值資產替換資產的能力。[34] 授予人可在未經其他受託人同意下,以等值資產替換信託內的資產。此舉在所得稅上確立授予人信託身分,但不會導致信託資產計入授予人應稅遺產。

根據 IRC§2038 的規定,若為可撤銷信託,資產會計入遺產,但 IDGT 屬不可撤銷信託,故信託資產不計入授予人應稅遺產中。

② 借款能力:授予人可以保留從 IDGT 借貸的權力,而沒有足夠的利息或擔保。同樣,其他非不利方也可能有能力從信託中借款。[35] 若授予人以低於市場利率或較寬鬆條件借入信託資產,則該信託在稅務上即為授予人信託。

③ 處置權利:授予人可以保留更改或添加非慈善受益人的權力,並可將直接分配納入信託現有受益人。

3. IDGT 信託受託人責任
受託人因稅務及非稅務需求,必須完整且充分保存各項記錄。首先,受託人有責任向受益人交代帳目,並在現有既得利益受益人要求時,申報信託資產、負債及財務狀況。其次,受託人須依法繳納相關稅款,並向聯邦、州及地方稅務機關申報。

記錄保存涵蓋法律文件、受託人工作記錄及財務、資產與稅務文件:①受託人應保留所有原始法律文件與往來信件;②建立完善的文件管理系統,包含資料夾與索引;③保存原始信託文件及所有修訂版本。

此外,應保留與信託相關的其他法律文件,如期票、法院命令、稅務資料、會計

報告,以及與受益人、律師、會計師等專業人士的往來信件。

上述內容僅對有文件記錄的事項有效,故受託人及其代理人不應僅依賴口頭交流,必須以書面形式確認並記錄所有口頭溝通。

受託人應自信託設立起,依時間順序保存詳細工作記錄,記載所有花費時間、酌情決定、會議、差旅及其他支出,以利履行職責。詳細記錄有助證明決策依據、授予人是否取得專業意見,以及判斷時所考慮的關鍵資訊與文件。[36]

若受託人基於善意違反信託條款而進行交易,且造成損害,對於未違約且與損害無因果關係部分,受託人可免責。

即便信託條款免除受託人違約責任,若受託人濫用對授予人的忠實義務而違約,該免責條款不具效力。常見無法透過信託條款免責的違約情形包括:故意違約、蓄意忽視受益人利益,以及因違約獲利。

若受益人長期未就受託人違約提起訴訟,經客觀判斷再允許請求恐有失公平,受益人將喪失請求權。受益人不因時效經過即喪失執行信託權利,但若受託人否認信託存在且受益人明知,則可能因時效過期而失去請求權。[37]

4. GRAT 與 IDGT 比較

	IDGT	GRAT
法源依據	無	Section 2702
利率	AFR	Section 7520
是否有贈與稅	無	有,申報在 709 表
所得稅認定	授予人信託	授予人信託
隔代移轉稅	GST 免稅額可以在 IDGT 創立時就使用	授予人在信託期間屆至前,都不能使用 GST 稅免稅額
其他優勢	無須考量授予人是否在信託存需期間是否死亡	GRAT 需要在規定期限內將部分本金分配返還給授予人,而 IDGT 可在票據期限屆至後,方支付交易價金

---

[32] Maximize Next Generation Assets With Intentionally Defective Grantor Trusts. https://www.bnymellonwealth.com/articles/strategy/maximize-next-generation-assets-with-intentionally-defective-grantor-trusts.jsp.

[33] Intentionally Defective Grantor Trust (IDGT). https://www.investopedia.com/terms/i/igdt.asp.

[34] IRC Section 675(4)(c).

[35] IRC Section 675(2).

[36] Trustee Duties –A Guide for Trustees. https://www.arl-lawyers.co.nz/wp-content/uploads/2015/10/Trustees-Duties-2015.pdf.

[37] G.G. Bogert & G.T. Bogert, The Law of Trusts and Trustees s 229, at 726, 2d ed. (1993).

5. IDGT 信託合約重要條文概述

SUMMARY

This a form of an Intentionally Defective Grantor Trust. The grantor retains an administrative power over the Trust (here, the power of substitution) (See Article 11) that leaves the grantor taxable on the trust income. This power is not, however, a sufficient retained interest to require the trust property to be included in the grantor's estate. The intent here is to enable the grantor to pay all of the income tax liability arising from the trust while allowing the actual trust income to be accumulated for or paid to the trust beneficiaries without income or gift tax consequences to them. (See Rev. Rul. 2004-64 and Rev. Rul. 2008-22)

In the "typical" Intentionally Defective Grantor Trust transaction, the grantor makes a "seed money" gift to the trust, then sells additional property to the trust (See Form B) at fair market value (possibly discounted) in exchange for an interest-bearing installment note (See Form C). The sale is not a taxable event to the grantor (See Rev. Rul. 85-13). This allows the value of the grantor's asset sold to the Trust to be "frozen" at its value on the date of the sale through the use of the note, and further allows the grantor's other assets to be "burned off" by the grantor's required income tax payments on the trust's income.

合約概述

本合約是故意缺陷授予人信託。授予人保留對信託的管理權（在此為替代權，參見第 11 條），使授予人應就信託收入課稅。這種權力並非保留權益，亦無法將信託財產包括在授予人的財產中。信託目的是使授予人支付信託產生的所有所得稅，為信託受益人累計或支付實際的信託收入而不會給他們帶來任何收入或贈與稅後果。（請參閱 Rev. Rul. 2004-64 和 Rev. Rul. 2008-22）

在「典型的」故意有缺陷的贈與人信託交易中，授予人贈與信託「金錢種子」，然後以公平的市場價值（可能折價）向信託出售其他財產（見表格 B），以換取分期付款（請參閱表 C）。對於授予人而言，該交易不屬於應稅事件（請參閱 Rev. Rul. 85-13 的修訂）。信託允許出售之日將出售給信託的授予人資產的價值按其價值「凍結」，並進一步允許授予人的要求「銷毀」授予人的其他資產，以信託收入支付的所得稅。

註釋：

Rev. Rul. 2004-64 是對於根據稅法將授予人視為信託的所有者的信託，授予人繳納所得稅時會產生贈與稅後果；以及將信託的收入包括在授予人的應稅收入中，若授予人可以或必須由信託人償還該所得稅之後遺產稅的效果的具體規定。[38]

Rev. Rul. 2008-22 中，美國國稅局提供了有關稅法規定的贈與人的總財產中是否包括生前信託的指南。如果授予人保留行使信託的權力，則通過替代同等價值的其他財產來獲取信託財產。美國國稅局規定，出於遺產稅的目的，替代權本身不會使信託法團的價值包含在授予人的總財產中，但前提是受託人根據當地法律有受託人的義務，替代權力不得以能在信託受益人之間轉移利益的方式行使。[39]

Rev. Rul. 85-13 中，美國國稅局就授予人擁有的信託，做出以下認定，以授予人的無抵押本票作為交換而獲得信託主體的授予人，將被視為借用該信託資產，因此，授予人將被視為信託的所有者，而授予人對信託主體的收購將不會被視為出於聯邦所得稅目的的出售。[40]

TRUST FUNDING

The Grantor has assigned to the Trustee the property set forth on Schedule "A", to have and to hold the same, nonetheless, for and upon the uses and purposes, and subject to the terms and conditions hereinafter set forth. The Grantor or any other person may hereafter, and from time to time, irrevocably grant, convey, transfer, set over, assign and deliver to the trust herein created, additional property, including money, and such property shall, in the absence of specific directions to the contrary, be received and held by the Trustee under the same terms and conditions, and subject to all of the provisions of this Indenture.

信託資金

授予人已將附表「A」所列的財產轉讓給受託人，無論是出於使用和目的還是根據其下文所述的條款和條件，均具有並持有該財產。授予人或任何其他人此後可能會不時地，不可撤銷地授予、傳達、轉讓、移交、轉讓、轉讓和交付至本文所創建的信託，包括金錢在內的其他財產，且該財產應在沒有具體說明的情況下進行。相反的指示，應由受託人按照相同的條款和條件接收和持有，並受本契約所有條款的約束。

---

[38] Rev. Rul. 2004-64 - https://www.pgdc.com/pgdc/story/rev-rul-2004-64
[39] Rev. Rul. 2008-22 - https://irrevocabletrust.files.wordpress.com/2014/10/rev-rul-2008-22.pdf
[40] Rev. Rul. 85-13 - https://www.actec.org/assets/1/6/Revenue_Ruling_85-13.pdf

> **SUBSTITUTE PROPERTY**
>
> (A) During the Trust Term, the Grantor shall have the right, at any time exercisable in a non-fiduciary capacity, without the approval or consent of any person acting in a fiduciary capacity, to acquire any property then held in the trust by substituting other property of an equivalent value on the date of substitution, pursuant to Code Section 675(4)C; provided that, in the event of the exercise of this power of substitution, the Grantor shall certify in writing to the Trustee that any substituted property is of equivalent value to the property previously held in the trust for which it is substituted, and the Trustee shall, in his/her discretion, independently verify such determination of value and any dispute regarding such determination of value may be resolved in an appropriate judicial forum.
>
> (B) If the fair market value of the substituted property or the trust property for which such property is substituted is incorrectly determined, then within a reasonable period after the final determination of the correct value, the Trustee shall pay to the Grantor, or receive from the Grantor, as the case may be, an amount equal to the difference between the substituted property and the trust property for which such property is substituted, with interest at the applicable federal rate of interest, so that the substitution of property shall be a substitution of property of an equivalent value.
>
> **替代財產**
>
> (A) 在信託期限內,授予人有權在任何時候以非信託身分行使的權利,未經任何以信託身分行事的人的同意或同意,可以由信託人獲得當時在信託中持有的任何財產。根據稅法第675（4）C條,在替代之日用同等價值的其他財產替代；但在行使替代權的情況下,授予人應書面向受託人證明任何替代財產的價值均與先前在其所替代的信託中持有的財產具有同等價值,而受託人應（由其酌情決定）獨立驗證該價值確定,並且有關此價值確定的任何爭議都可以在適當的司法論壇中解決。
>
> (B) 如果替代財產或替代財產的信託財產的公允市場價值確定不正確,則在最終確定正確價值後的合理期限內,受託人應向授予人付款,或從授予人收取（視情況而定）等於替代財產與被替代財產的信託財產之間的差額的金額,並以適用的聯邦利率計算利息,因此財產的替代應為財產的替代等效值。

類型五：不可撤銷人壽保險信託（ILIT）

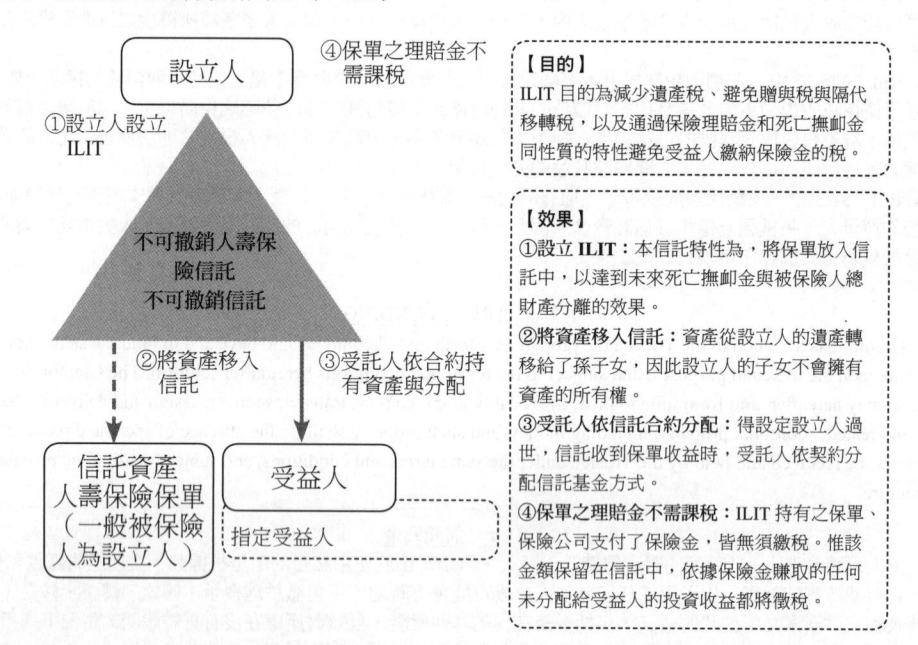

【目的】
ILIT目的為減少遺產稅、避免贈與稅與隔代移轉稅,以及通過保險理賠金和死亡撫卹金同性質的特性避免受益人繳納保險金的稅。

【效果】
①設立ILIT：本信託特性為,將保單放入信託中,以達到未來死亡撫卹金與被保險人總財產分離的效果。
②將資產移入信託：資產從設立人的遺產轉移給了孫子女,因此設立人的子女不會擁有資產的所有權。
③受託人依信託合約分配：得設定設立人過世,信託收到保單收益時,受託人依契約分配信託基金方式。
④保單之理賠金不需課稅：ILIT持有之保單、保險公司支付了保險金,皆無須繳稅。惟該金額保留在信託中,依據保險金賺取的任何未分配給受益人的投資收益都將徵稅。

流程：
- 設立人
- ①設立人設立ILIT
- 不可撤銷人壽保險信託 不可撤銷信託
- ②將資產移入信託
- ③受託人依合約持有資產與分配
- ④保單之理賠金不需課稅
- 信託資產 人壽保險保單（一般被保險人為設立人）
- 受益人 指定受益人

1. ILIT信託概述

不可撤銷人壽保險信託（Irrevocable Life Insurance Trust, ILIT）是以信託主體支付保費、持有保單,避免用投保人個人持有保單,以達節省遺產稅目的,且在被保險人死亡後,受益人可從信託收到保險理賠金,以此保險給付辦理後事即繳納遺產稅。原則上,信託為不可撤銷信託的話,被保險人不可為受託人,須指定一位法定成年人或

某個機構作為受託人,且須在被保險人死亡三年前設立,並向 IRS 申請一個聯邦稅號(Federal Tax ID)。信託成立後以其名義開立銀行帳戶,將資金存入信託帳戶,再由信託帳戶向保險公司支付保費;如此即可將保單與個人財產隔離,使保單現金價值與保險給付免受訴訟和索賠,得以達成節稅的目的。

作為指定單個受益人的替代方法,ILIT 為繼承人提供了一些法律和財務上的好處,包括有利的稅收待遇、資產保護,以及保證以與受益人的意願一致的方式使用利益的保證。如果授予人將現有的人壽保險單轉移到 ILIT,則有一個三年的回溯期,在此期間可以將死亡撫卹金包括在授予人的遺產中。一旦人壽保險公司提出了新申請的要約,就可以正確地將信託列為所有者,從而代替初始申請。[41]

境外保單(香港、新加坡、百慕達及其他離岸信託)未成立家族信託,或已成立家族信託所面對美國報稅問題如下:

要保人	被保人	受益人	揭露責任 要保人	揭露責任 受益人	稅務責任 所得稅	稅務責任 贈與稅	稅務責任 遺產稅
非美籍人士	同於要保人	非美籍人士					
		擁有美籍		F3520			
	不同於要保人	非美籍人士					
		擁有美籍		F3520	V		V
擁有美籍	同於要保人	非美籍人士	F1040 F706 F8938 Fincen114		V		V
		擁有美籍	F1040 F706 F8938 Fincen114				V
	不同於要保人	非美籍人士	F709 F1040 F8938 Fincen114		V	V	
		擁有美籍	F709 F1040 F8938 Fincen114		V	V	

下頁提供「美國境內與境外保險課稅比較一覽表」,當中列舉要保人與被保險人的各種身分,以及有無設立信託的課稅情況,提供讀者參考:

---

[41] When Is It a Good Idea to Use ILIT Trust? https://www.investopedia.com/ask/answers/10/irrevocable-life- insurance-trust.asp.

保單發行地點	要保人	被保人	信託保護	面臨美國稅稅務情況	贈與稅	所得稅	遺產稅	備註
美國境內保單	擁有美籍	同於要保人	使用信託	要保人有贈與稅（移入保單給信託）；要保人死亡（等同被保人死亡）；信託受益分配無所得稅、無遺產稅	V			
			無信託	要保人死亡（等同被保人死亡）：理賠金有遺產稅			V	★註4
		不同於要保人	使用信託	要保人有贈與稅（移入保單給信託）；要保人死亡：無稅務疑慮	V			
				要保人有贈與稅（移入保單給信託）；被保人死亡：信託受益分配無所得稅、無遺產稅	V			
			無信託	要保人死亡：有遺產稅為保單價值				
				被保人死亡 受益人為要保人：理賠金無稅務疑慮				
				被保人死亡 受益人為他人：理賠金有贈與稅	V			受益人可為個人或信託
	非美籍人士	同於要保人	使用信託	要保人贈與保單給信託：無贈與稅；要保人死亡（等同被保人死亡）：無贈與稅（理賠金無贈與稅）				1. 非美籍海外贈與 2. 贈與地點在非美國本土境內
			無信託	要保人死亡（等同被保人死亡）：無遺產稅問題				★註1
		不同於要保人	使用信託	要保人贈與保單給信託：無贈與稅；要保人死亡：無贈與稅				★註2
				要保人贈與保單給信託：無贈與稅；被保人死亡：信託受益分配無所得稅、無遺產稅			V	★註3
			無信託	要保人死亡：有遺產稅（保單價值）				
				被保人死亡 受益人為要保人：理賠金無稅務疑慮				
				被保人死亡 受益人為他人：理賠金無贈與稅				
美國境外保單	擁有美籍	同於要保人	使用信託	要保人有贈與稅（移入保單給信託）；要保人死亡（等同被保人死亡）：信託受益分配無所得稅、無遺產稅	V			1. 保險理賠併入遺產稅計算 2. 免遺產稅
			無信託	要保人死亡（等同被保人死亡）：理賠金有遺產稅			V	★註4
		不同於要保人	使用信託	要保人有贈與稅（移入保單給信託）；要保人死亡：無稅務疑慮	V			
				要保人有贈與稅（移入保單給信託）；被保人死亡：信託受益分配無所得稅、無遺產稅	V			
			無信託	要保人死亡：有遺產稅為保單價值			V	★註4
				被保人死亡 受益人為要保人：理賠金無稅務疑慮				
				被保人死亡 受益人為他人：理賠金有贈與稅	V			
	非美籍人士	同於要保人	使用信託	要保人贈與保單給信託：無贈與稅；要保人死亡（等同被保人死亡）：信託受益分配無所得稅、無遺產稅				
			無信託	要保人死亡（等同被保人死亡）：無贈與稅、無遺產稅問題				
		不同於要保人	使用信託	要保人贈與保單給信託：無贈與稅；要保人死亡：信託受益分配無所得稅、無遺產稅問題				
				要保人贈與保單給信託：無贈與稅；被保人死亡：理賠金無贈與稅、無遺產稅問題				
			無信託	要保人死亡：無遺產稅				
				被保人死亡：受益人為要保人或他人其理賠金皆無贈與稅、無遺產稅問題				

在購買境外保單時，不管有無具有美籍身分需特別注意下列情況：

案例1：
在中國的父親買了一份香港的大額保單，要保人和被保險人都是自己，然而，在兩年前父親透過投資移民取得了美國綠卡，在保單上有任何需要注意的嗎？

保單在美國稅務認定上，屬於金融理財產品，因此未來父親需要申報8938表格向美國披露此保單資訊。未來父親一旦過世，此保單需要透過美國稅法7702測試，來決定理賠金額是否屬於壽險理賠，一旦通不過此測試，很有可能保險理賠金會被視作是要保人之收益，不可不慎。此外，受益人收到後也會被視作是要保人之遺產，而有遺產稅之風險。

案例2：
中國的父親買了個香港的高額保單，被保險人為母親，受益人為擁有綠卡的小孩。中國的父親在今年逝世，保單將由美籍小孩繼承，此時美籍小孩須申報3520表格，並且在未來被保險人去世時，注意此保單是否符合美國國內稅法第7702條測試，否則將有高額的所得稅。

※ 內國稅法第7702條：唯有通過下列兩種測試之一者，即為美國稅法上之人壽保險。
(1) 現金價值累積測試：此保單合約之解約金，在任何時點皆不得逾所支付之保險費。
(2) 同時符合「示範保費需求」：該合約已繳之保費總和在任何時間皆不超過同時間示範保費需求。

針對左頁表格，境外保單（香港、新加坡、百慕達及其他離岸信託）未成立家族信託，或已成立家族信託所面對美國報稅問題如下（請對照表格中註1～註4）：

註1：要保人死亡，保單續存，由美籍受讓人取得保單所有權，有申報3520義務。

註2：保單出險，受讓人取得保險給付。若此保單無法通過內國稅法第7702條測試，其仍有所得稅之納稅義務。另外受益人死亡，尚有遺產稅之納稅義務。
外國人非居民僅在美國境內之不動產或有形個人資產課徵贈與稅。一般而言，無形資產之贈與，無論該項資產位於何處，由外國人非居民所為之贈與行為非聯邦贈與稅課徵的標的。

註3：購買保單時具美籍身分未向保險公司揭露，或購買保單時未具美國納稅人身分，但持有保單過程中轉換成美籍應考慮的問題。根據U.S. Code Estates of Nonresidents Not Citizens §2103 & §2105：

NRA 持有保單，被保險人為 NRA，保險理賠金不是美國資產，不計入 NRA 美國遺產。

NRA 持有保單，被保險人為 RA，不適用 §2105 規定。

NRA 持有保單，被保險人為 RA，要保人先被保險人過世，保單現金價值應該符合「坐落於美國的財產」（property situated in the United States），計入 NRA 美國遺產。[42]

判斷公民、外國人居民及外國人非居民有無遺產稅務之首要步驟，即是計算「遺產毛額」。遺產毛額是指後代子孫在被繼承人死亡時點所能持有之利益。然而，外國人非居民在聯邦遺產稅的規範目的下，僅包括美國境內之遺產。

不動產及位於國內之有形個人資產符合「位於」美國境內之資格。發行股權之有限公司，不論其實際位置（是否位於美國境內），以及有債務償還義務之美國人亦「位於」美國境內。[43]

§ 2103 - Definition of gross estate 遺產毛額定義
每位非美國公民亦非居民在被繼承人死亡時，位於美國之遺產毛額價值皆計入（被繼承人）遺產毛額（詳見 2031 條）

§ 2105 - Property without the United States
(a) 人壽保險賠償金（Proceeds of life insurance）
基於本章節目的，被保險人為非居民外國人之人壽保險賠償金，並不被視為「在美國境內之資產」。

註 4：若美籍要保人先被保險人死亡，但保單續存應申報 F706 遺產稅，未來出險，受益人須申報所得稅。

備註：三年條款
三年條款，係指任何人壽保險保單價值於生效後三年內出險者，仍課徵聯邦遺產稅。此項條款適用範圍包括個體間所有權之移轉及 ILIT 之設立。

若 ILIT 之設立者將一生存壽險移入 ILIT，需移轉經過三年，才能排除此生存壽險計入此設立者之遺產毛額。

因此，若此信託之創設者（同時也是要保人）在移轉保單進入 ILIT 後三年內出險，則此保單淨值仍計入 ILIT 創設者之遺產中而課徵聯邦遺產稅。

---

[42] 內容摘錄自 https://www.hsdl.org/?view&did=755134「Estate and Gift Taxes for Nonresident Aliens」The Taxable Gift（page 10）
[43] 內容摘錄自 https://www.hsdl.org/?view&did=755134「Estate and Gift Taxes for Nonresident Aliens」The Gross Estate: The Federal Estate Tax Base（page 5）

上述「美國境內與境外保險課稅比較一覽表」中的「信託」指的是「美國境內不可撤銷信託」。具有分紅的保單類型，其分紅需依照收入種類課稅。但通常可領取現金的保險給付以本金方式支付給受益人，因此無所得稅疑慮。此外，美國保險公司多不直接販售美國保單給非美籍人士，若非美籍人士想要購買美國境內保單，多數情況需由保人與美國有關聯或以信託持有。

2. ILIT 信託受益人自行分配

若設立人認為合適，可在信託契約中規定，允許具行為能力的受益人擔任其自身分額的受託人，前提是分配限於健康、教育及維持生活的標準。受益人也可在特定年齡成為共同受託人，並於更高年齡時成為唯一受託人。授予人還可在信託中加入其他顧問，如投資顧問、信託顧問委員會、信託保護人、特殊業務受託人或專責保險受託人。

常見的分配標準包括將所有分配決定權交由受託人，信託亦可設計激勵措施，鼓勵受益人從事專業職業、接受高等教育或支持重要社會及慈善事業。例如，信託可能要求受益人達到一定學歷或依收入比例進行匹配付款；反之，也可能因特定行為（如吸毒或學業成績不佳）限制分配。

為最大程度保護資產免受債權人追索，信託須賦予受託人全權酌情分配權。但若希望受益人擔任受託人，其分配權力必須限於明確可確定的標準，如維持健康與教育。當受益人為受託人時，應避免授予其一般任命權，因為此權力會使信託財產被視為受益人個人財產，並增加債權人取得信託資產的風險，對易受訴訟影響者尤其重要。

針對設立人的債權人，保留實益權的信託通常受設立人債權人約束。設立人的債權人一般無法取得不可撤銷信託給付，除非能證明：(1) 設立人轉移資產意在欺詐債權人；或 (2) 信託為虛假或欺詐性轉移，相關法律另有規定。

為保護信託資產免受受益人債權人索償，信託協議可納入反揮霍條款，防止受益人在分配前轉移或妨礙其信託權益。[44]

3. ILIT 信託受託人責任
ILIT 的受託人有五項主要職責如下：[45]

(1) 支付人壽保險費
人壽保險單通常需要持續支付保費，可依資金規劃安排在限定的幾年內繳清，或採年度支付方式。有時可能會有首年保費，受託人在資金到位後須負責支付。受託人必須確保信託中有足夠現金支付保費及其他必要費用；若資金不足，則需評估可行選項（例如在可行時從保單中貸款或提領）。若未按時或足額支付保費，可能導致保單失效，進而引發稅負問題。受託人可能需對保單失效及其後果負直接責任。

(2) 向受益人提供信託資產移轉通知

在移轉保費至信託時，受託人必須通知受益人，告知其有權提領這筆款項，然後才將資金匯給保險公司。受託人通常會以書面方式向每位受益人發出通知，並可能要求簽收確認。這一程序使保費有資格作為「當期利益贈與」，可適用每年免稅額，避免贈與稅。如果未正確執行，這些保費可能被課稅。

(3) 審查保單績效

受託人應定期審視人壽保險單的表現，確認其是否如預期運作，並應考慮聘請保險專家協助。因保單失效亦可能帶來重稅風險，務必留意任何可能的失效跡象。此外，受託人也應評估受益人的保險保障是否仍然充足。

(4) 投資管理

保單績效審查有助於受託人判斷保單是否仍符合信託的投資目標。部分人壽保險產品要求對投資基礎進行積極管理，如有需要，受託人可聘請投資專家協助，但最終仍須自行負責保單績效，並證明投資決策的合理性。受託人也須透過監控貸款或提款情況，評估保單的可持續性，必要時進行貸款償還或再融資管理。

(5) 稅務報告

一般而言，ILIT 通常無須繳納所得稅。但是，有時信託是由產生收入的資產（例如股票，房地產或債券基金）提供資金。在這些情況下，如果出於所得稅目的將信託設計為「授予人信託」，則該收入及扣除應由授予人在其個人所得稅申報表上申報。如果 ILIT 不是「擔保人信託」，那麼收入和扣除額必須在信託稅單上報告（表格1041）。此外，當 ILIT 成為其他信託資金流入的受益人時，也須進行相關稅務申報。

---

[44] Irrevocable Life Insurance Trust (ILIT) - https://www.flynnwealthstrategies.com/files/5594/Irrevocable_Life_Insurance_Trust_ILIT_.pdf

[45] Top 5 Responsibilities of An ILIT Trustee: The Importance of Policy Reviews - https://blog.highlandbrokerage.com/top-5-responsibilities-of-an-ilit-trustee-the-importance-of-policy-reviews/

4. ILIT 設立流程
下為設立 ILIT 的大致流程：

前置作業：設立人需先選定保險公司與投保內容，並確認健康狀況符合美國保險公司承保標準。此階段需備齊過去病歷及相關資料。

(1) 填寫申請書，並於其中註明將由受託人作為要保人持有該保單。
(2) 提出建議書，試算投保金額與保障內容。

步驟一：要保人向美國保險公司投保
該保險合約之要保人及受益人皆為 ILIT，而 ILIT 之授予人為被保險人本人。投保美國保險公司之保單，須證明被保險人過世將對受益人造成經濟損失。此外，即使透過 ILIT 投保，保險公司仍會審查受益人與被保險人之間的關係。

若被保險人並非美國人，且於美國無財產紀錄可供保險公司查詢，則需另行提供財力證明。一般來說，保額在 500 萬美元以下之保單（視保險公司而異），保險公司對財力證明要求較寬鬆，可提供外國律師、會計師出具之資產證明文件，或銀行、投資帳戶明細，乃至企業網站資料作為佐證。

步驟二：完成體檢並獲得承保同意
申請書有效期為半年；美國保險公司所要求的體檢報告有效期限則為一年。完成體檢並通過保險公司審核後，即可進入下一步。

步驟三：設立人委託律師起草信託合約
聘請美國律師起草信託契約，並安排美國籍親友、銀行、信託公司、會計師事務所或法律事務所擔任受託人，以設立不可撤銷人壽保險信託（ILIT）。

ILIT 受託人必須為美國自然人或公司。若由美國公司擔任，需經過較為嚴格的審核程序，因此多以自然人擔任受託人。自然人原則上應為美國公民或綠卡持有者，但近年審查標準已有稍微放寬。ILIT 設立後，授予人不得再對信託行使任何權利或提出變更要求，因此受託人的選擇尤為重要。

步驟四：受託人向 IRS 申請 ILIT 報稅號碼

步驟五：受託人在銀行開設信託專戶

步驟六：信託設立完成並完成公證程序，提交保險公司審核
信託合約完成公證後，需送交保險公司進行最終審核。審核標準依不同保單種類、金額大小及保險公司規範而異。

步驟七：保單核發
保險公司核發正式保單，確認保障生效。

步驟八：授予人或其親屬將資金匯入信託專戶
授予人或授予人之親屬將所需資金匯入 ILIT 所開立之信託專戶，以供後續支付保費使用。

步驟九：保單交付 ILIT，並由信託帳戶支付保費
保單正式交付予 ILIT 後，由受託人自信託帳戶中支付首期及後續保費。

步驟十：保單理賠及資金分配
當保單出險時，保險公司將理賠金給付予 ILIT。

最終，受託人依信託契約之規定，將理賠金分配給信託受益人（即授予人之子女）。由於 ILIT 屬不可撤銷信託（Irrevocable Trust），因此理賠金視為受益人之財產，而非授予人之遺產，故受益人取得理賠金時，不需承擔美國遺產稅及所得稅。

5. ILIT 信託合約重要條文概述

STATEMENT OF PURPOSE AND RECITATION OF FACTS

The Grantor does hereby declare that the Grantor has this day irrevocably transferred TEN DOLLARS (US$10.00) to the Trustees for the benefit of the Trustees of the [name of Trust], a Nevada situs trust, created by _____ on _____ 20 (hereinafter referred to as the "[name of Trust]" or "Trust Beneficiary") for the Trust Period. The Trust Period shall commence on the date of this Agreement and shall continue until the death of the [Name of Insured], now of [State], or at such time after the initial purchase of life insurance policies on [Name of Insured]'s life, as listed on Schedule A hereunder, that the Trust no longer holds any life insurance policies on [Name of Insured]'s life.

It is the Grantor's intention and direction that the Trustees shall make distributions to the Trust Beneficiary from the Trust Estate from time to time pursuant to the terms of this trust. This trust shall at all times be a United States Person as defined in Section 7701(30)(E) of the Internal Revenue Code. The intent of the Grantor is to establish, at the outset, a non-grantor trust for income tax purposes. Further, the Grantor's transfer of property to this trust is intended to be a completed gift.

信託目的和背景事實

設立人 [設立人姓名] 特此宣告於此日不可撤回地轉十美元（US$10.00）入受託人的 [信託名稱]。該信託為內華達州信託，於 20 / __ / __ 由 _____ 設立（以下稱之為 [信託名稱] 或「受益人」）。信託存續時間從此合約簽訂起始，到 [被保險人] 過世為止或從購買 [被保險人] 人壽保單（如附表 A）至信託不再持有任意 [被保險人] 人壽保單為止。

設立人的意圖是受託人應不時遵循信託條款分配信託財產給受益人。此信託應全程符合《美國國內稅收法典》Section 7701(30)(E) 定義下之美國人。設立人的意圖是從一開始以所得稅為目的設立非授予人信託。此外，設立人預期將財產轉入信託為完全贈與。

DISPOSITIVE PROVISIONS

Upon the termination of the Trust Period, the Trust shall terminate and the entire Trust Estate shall pass to the [name of Trust].

In the event the [name of Trust] is not then in existence or does not accept the Trust Estate, the Trustees shall divide the remaining Trust Estate among the then living descendants of [Name of Grantor], per stirpes. The Trustees shall hold and administer the shares apportioned to the then living descendants of [Name of Grantor] as follows:

(A) Contingent Shares for Issue of [Name of Grantor]. The Trustees shall hold, administer, and dispose of the shares created for the issue of [Name of Grantor] (each such issue hereinafter referred to as the "Primary Beneficiary" of such share created for his or her benefit) as follows:

1. During a Primary Beneficiary's lifetime, the Trustees may, in the Trustees' sole, absolute, and uncontrolled discretion, pay over to the Primary Beneficiary, or use, apply or expend for his or her direct or indirect benefit so much of the income and principal of said trust share, at such times and in such proportions as the Trustees may deem necessary or desirable for any reason,

    a. The Trustees need not consider other resources of the Primary Beneficiary in making such distributions.

    b. No Trust Beneficiary shall have any right whatsoever to demand or require payment of any amount of principal or income.

2. Said Primary Beneficiary shall have a testamentary general Power of Appointment over such portion of said Primary Beneficiary's trust share remaining at the time of said Primary Beneficiary's death that would otherwise be subject to and require payment of the Generation Skipping Transfer Tax imposed under Chapter 13 of the Internal Revenue Code absent this general Power of Appointment, in favor any one or more persons, entities, or charitable organizations, including said Primary Beneficiary's creditors, in such amounts and manner, whether outright, in further trust, or otherwise, as said Primary Beneficiary, by said Primary Beneficiary's last will, duly proved and allowed, shall appoint; provided, however, that said general Power of Appointment shall only be exercisable by said Primary Beneficiary by specific reference in said Primary Beneficiary's will to said general Power of Appointment hereby created.

3. Any principal and accumulated income remaining in said Primary Beneficiary's trust share on the death of said Primary Beneficiary that has not been validly appointed by said Primary Beneficiary in accordance with the provisions herein, shall be reapportioned as follows:

    a. per stirpes, among the issue of said Primary Beneficiary, if any,

    b. or if none, then per stirpes, among the issue of [Name of Grantor].

If said issue shall have a trust share then in existence hereunder of which said issue is the Primary Beneficiary, then the Trustees shall add such assets to said existing trust share to be administered as a part thereof.

If no such trust share is in existence hereunder, then the Trustees shall establish a separate trust share for said issue, of which said issue shall be the Primary Beneficiary, and administer said trust share pursuant to the provisions of this sub-paragraph 3.A.

分配條款

在信託終止時，信託須將全部財產移入 [信託名稱]。

若 [信託名稱] 不存在或無法接收信託財產時，受託人應將剩餘信託資產均分成數分，在世之後代一人一份，如該後代已死亡則其持分由該已故後代的所有在世後代依家系均分。受託人應持有和管理 [設立人姓名] 在世後代的股份如下：

(A) [設立人姓名] 後代的或然持份受託人應持有、管理、處置為 [設立人姓名] 後代而產生之信託持份（以下稱其為他或她的利益的「主要受益人」）：

1. 主要受益人在世期間，受託人可根據受託人的獨自、絕對和不被控制的判斷，向主要受益人付款，或為他或她的直接或間接利益使用、申請或支出受託人出於任何原因認為必要或理想的時間和數額的該信託份額的部分收入和本金，

    a. 受託人在分配時無需考慮主要受益人的其他資源。

    b. 受益人無權索取任何金額的本金或收入。

2. 前述主要受益人於其過世時，針對該主要受益人剩餘之信託持份，應有遺囑之概括指派權，但此概括指派權須受聯邦稅法典第十三章節隔代移轉稅規制，並須繳納相關稅款。藉由前述主要受益人經妥適證明及允許之遺囑，此概括指派權得以直接、至衍伸信託或其他分派方式，嘉惠任一或多數自然人、法人或慈善組織，包括前述主要受益人之債權人；但，不應僅因前述主要受益人之遺囑有特別提及創立前述概括指派權，即行使該概括指派權限。

3. 上述主要受益人根據本條規定未有效任命的，該主要受益人去世後剩餘的任何信託本金和累計收入，應按以下方式重新分配：

    a. 按現有主要受益人的家系分配

    b. 若無，則按 [設立人姓名] 的家系分配

如果上述發行應具有信託份額，則該發行為主要受益人，則受託人應將該資產添加到上述現有信託份額中，作為其一部分進行管理。

若此類信託份額不存在，則受託人應為該發行建立獨立的信託份額，其中所述發行應為主要受益人，並根據本第 3.A 款的規定管理該信託份額。

> **TRUST ESTATE**
> The Trustees acknowledges receipt of the property listed in SCHEDULE A attached hereto and will hold, manage, invest and reinvest the Trust Estate upon the terms herein set forth. The Trustees may accept and administer hereunder whatever property, including cash, securities, life insurance policies, or other property, which is irrevocably given, devised, bequeathed or appointed to the Trustees by the Grantor or by any other person, by virtue of any gift, will, codicil or any other instrument.

> **信託資產**
> 受託人確認收到之資產會詳列於附件後之 Schedule A，並且將會按照此處規定持有、管理、投資和再投資。受託人可以接受和管理任何授予人或是其他人，藉由遺囑或是任何文書之不可撤銷贈與、設計、繼承和指派之資產，其包含現金、證券、壽險保單、或是其它資產。

> **IRREVOCABILITY**
> This trust is irrevocable. The significance of the irrevocability of this trust has been fully explained to the Grantor by the Grantor's legal counsel. The Grantor hereby expressly acknowledges that the Grantor shall have no right or power, whether alone or in conjunction with others, in whatever capacity, to alter, amend, or revoke the trust, or any of the terms of the trust, in whole or in part, or, except as otherwise expressly provided for herein, to designate the persons who shall possess or enjoy the Trust Estate or the income therefrom.

> **不可撤銷**
> 信託不可撤銷。授予人的法律顧問已向授予人充分說明這種信託不可撤銷的重要性。設立人特此明確確認設立人無權以任何身分單獨或與他人共同更改、修改或撤銷信託或信託的任何條款的全部或一部，或指定擁有或享受信託財產或信託財產收入的人。

類型六：慈善信託（Charitable Trust）

1. 慈善信託概述

慈善信託（又稱「公益信託」）贈與人基於慈善目的，將其部分或全部遺產捐贈給特定慈善機構。慈善信託可於捐贈人生前設立，或於其去世時作為遺囑信託的一部分設立。其核心目的是推動社會公益事業，受益對象通常為全體社會或特定社會群體，而非特定個人。慈善事業範疇廣泛，包括扶貧濟困、宗教、救助災民、扶助殘疾、發展教育、科技、文化、藝術、體育、醫療衛生、環境保護及維護生態平衡等，凡對社會具有價值或重大意義者皆屬之。例如，比爾及梅琳達・蓋茲基金會信託（Bill & Melinda Gates Foundation Trust）即為著名案例，其信託有效期限為兩位創辦人去世後20年，期間每年持續向受贈慈善機構捐款，期滿後剩餘資產及利息歸屬慈善機構，且信託運作不受雙方婚姻狀態影響。[46&47] 慈善信託對授予人而言，是實現其價值理念與心願的延續方式。

從財富管理角度，慈善信託亦是多元且實用的遺產規劃工具。透過設立慈善信託，不僅能為慈善機構及受益人留存資產，授予人亦可在生前掌握信託收入的分配方式與時機，兼顧自身、指定受益人及慈善機構的利益。需注意的是，慈善信託架構及所選慈善機構必須符合美國國稅局規定，方可享有慈善扣除資格。有關聯邦稅收減免的規定於 IRC§501，其中 IRC§501(c) 列出了 29 種享受聯邦所得稅減免的非營利組織，IRS 第 557 號出版物更就該 29 種組織做出詳細說明[48&49]，本章第五節將就 501(c)(3) 組織進一步說明。

慈善信託屬於不可撤銷信託，一經設立即不得取消或更改。授予人將資產控制權轉移至信託後，由受託人負責資產管理。根據利益分配方式及時點，慈善信託分為慈善先行信託（Charitable Lead Trust, CLT）與慈善剩餘信託（Charitable Remainder Trust, CRT）。兩者皆可透過年金或單一信託方式支付利益：年金支付（Annuity Payout）指每年按信託本金固定百分比支付固定金額，不受投資績效影響；單一信託支付（Unitrust Payout）則根據每年評估後的本金價值按固定百分比支付，金額隨資產變動而調整。慈善先行信託與慈善剩餘信託之間的主要差異在於信託存續期間及結束時，分別由誰取得信託收入與剩餘資產。

2. 慈善信託之優勢
- 稅務豁免：個人或企業捐贈予符合美國國稅局 501(c) 資格之慈善機構，可享所得稅、贈與稅及遺產稅減免。
- 資本利得稅遞延：在慈善遺餘信託中，如果為了使投資組合多樣化而將增值資產出售來購買其他資產的，信託通常不需要立即繳納資本利得稅。
- 退休規劃彈性：由於收入分配的靈活性，慈善遺餘市值提成信託經常被用作退休規劃關鍵策略。

3. 設立慈善信託應注意事項
- 稅務限制：捐贈給非委託人慈善先行信託通常不會提供所得稅扣減，儘管它確實降低了捐贈人的總遺產，將未來應稅遺產降至最低。
- 適用情境：慈善遺餘年金信託的靈活性較小。但若捐贈人以有價證券或現金為信託資金，且不考慮通貨膨脹對收入分配的影響，此類信託較適合。

4. 慈善信託主要類型
(1) 慈善先行信託
信託存續期間向指定慈善機構支付款項，期滿後剩餘資產歸還捐贈人或受益人，可分：
- 慈善先行年金信託──支付金額固定不變。
- 慈善先行市值提成信託──支付特定比例的本金。

(2) 慈善剩餘信託（亦稱作第 664 條款信託或利益分割信託）
信託期間為受益人提供收入，所有受益人終身後剩餘資產捐贈慈善機構，分為：
- 慈善剩餘年金信託──支付金額固定不變。
- 慈善剩餘市值提成信託──支付特定比例的本金。

---

[46] Bill and Melinda Gates Foundation. https://www.gatesfoundation.org/about/financials/foundation-trust.
[47] What the Gates Divorce Means for the Bill and Melinda Gates Foundation. https://www.nytimes.com/2021/05/04/business/bill-melinda-gates-divorce-foundation.html.
[48] Publication 557 (Rev. February 2021), Cat. No. 46573C. https://www.irs.gov/pub/irs-pdf/p557.pdf.
[49] What Is a Charitable Trust? https://www.westernsouthern.com/learn/financial-education/what-is-a-charitable-trust.

一般慈善信託之籌劃架構：

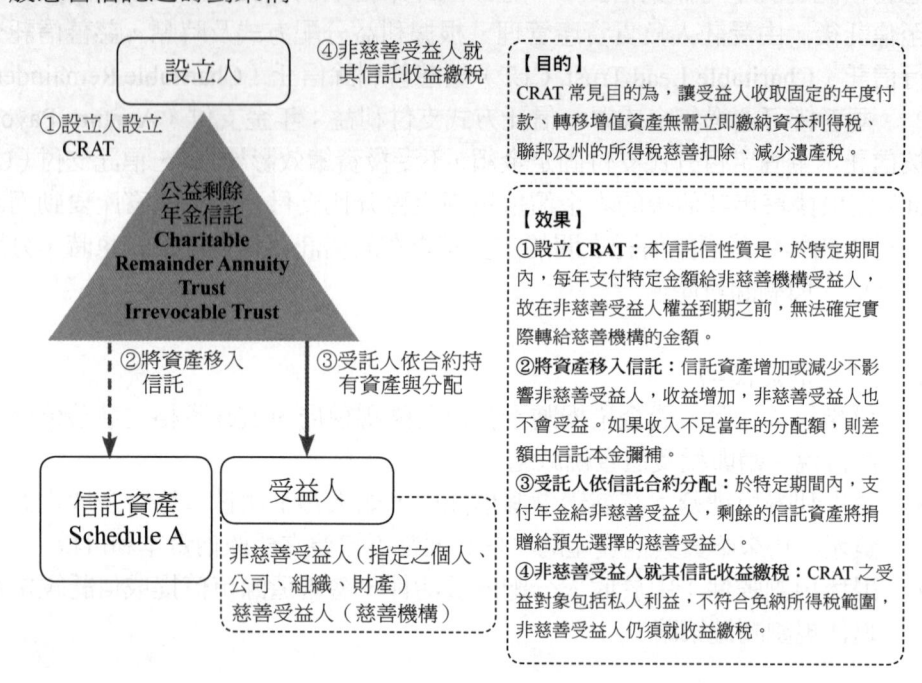

```
                    設立人
①設立人設立           ④非慈善受益人就
    CRAT              其信託收益繳稅

         公益剩餘
         年金信託
         Charitable
         Remainder Annuity
         Trust
         Irrevocable Trust

    ②將資產移入      ③受託人依合約持
        信託           有資產與分配

     信託資產          受益人
     Schedule A
                   非慈善受益人（指定之個人、
                   公司、組織、財產）
                   慈善受益人（慈善機構）
```

【目的】
CRAT 常見目的為，讓受益人收取固定的年度付款、轉移增值資產無需立即繳納資本利得稅、聯邦及州的所得稅慈善扣除、減少遺產稅。

【效果】
①設立 CRAT：本信託信性質是，於特定期間內，每年支付特定金額給非慈善機構受益人，故在非慈善受益人權益到期之前，無法確定實際轉給慈善機構的金額。
②將資產移入信託：信託資產增加或減少不影響非慈善受益人，收益增加，非慈善受益人也不會受益。如果收入不足當年的分配額，則差額由信託本金彌補。
③受託人依信託合約分配：於特定期間內，支付年金給非慈善受益人，剩餘的信託資產將捐贈給預先選擇的慈善受益人。
④非慈善受益人就其信託收益繳稅：CRAT 之受益對象包括私人利益，不符合免納所得稅範圍，非慈善受益人仍須就收益繳稅。

茲將最常用之類型分述如下：

(1) 慈善先行信託（Charitable Lead Trust）

慈善先行信託（CLT）首先將收益之一部分分配給慈善機構使授予人獲得與慈善捐款相等的稅收減免，並約定在一定期間後，信託剩餘的資產將回歸捐贈人自身或是指定的非慈善受益人。在慈善先行信託架構下，擁有大量財富者可將未來必增值之資產先放入信託，如此一來，增值之部分將可免於授予人遺產稅收。[50]

CLT 在特定時間內以信託資產捐贈慈善機構，當期間屆滿後，剩餘信託資金將支付給受益人，這不只減少了受益人之稅收，當受益人繼承剩餘信託資產時，亦得享有相關的稅收減免，如所得稅慈善扣抵及遺產稅及贈與稅的減免等，透過 CLT 的設立可減少受益人在繼承時的潛在稅收責任，並且在特定期間內為捐助者以持續的方式進行慈善捐款，而毋須捐贈者按月手動支付款項。

(2) 慈善剩餘信託（Charitable Remainder Trust）

慈善剩餘信託（CRT）被認為是慈善先行信託的相反形式，在信託存在期間向指定的非慈善受益人或多個受益人進行付款，這個金額必須設定在信託餘額的 5% 至 50% 之間。而在信託結束時，剩餘的信託資產則捐贈給慈善機構。[51]

慈善剩餘年金信託（Charitable Remainder Annuity Trust, CRAT）可被視為一種捐贈交易，捐贈人將資產放入慈善信託，由該慈善信託隨後以年金的形式向指定受益人

支付固定收益。受益人從 CRAT 以年金形式獲得固定收益，而所獲年金數額則是按信託資產初始價值的固定百分比計算的，但該比例不得低於 5%。CRAT 將持續到捐贈者去世，屆時信託中剩餘的資金將捐贈給捐贈者預先選擇的慈善機構。由於 CRAT 發放的年金是固定的，且在信託創建即刻運作，因此信託結構內的資產亦須保持高度流動性。[52]

CRAT 對捐贈人而言是一個讓人相對安心的設計，因為其受益人得每年享有保證的收益金流，無論信託基金的投資業績如何，受益人收到的金額亦不隨之波動。例如，信託資產的初始價值為 200 萬美元，若信託每年支付 5% 給受益人，則受益人每年將固定獲得 10 萬美元年金，無論信託資產的投資回報或是經濟狀況如何。CRAT 得為一個或數個受益人之生存期間而存在，亦得於條款中設定一定年限，如以條款規定不超過 20 年等。

CRAT 應注意雖然信託本身是免稅實體，但根據美國稅法和其他財政部相關規定，分配給受益人的信託收入實際上是應納稅的。至於捐贈者的所得稅依個人情況有不同的結果，信託的全部或部分收入可以按普通收入稅率徵稅，但部分收入可以按較低的資本利得稅率徵稅，甚至在數年內得免稅。

(3) 慈善信託合約重要條文概述——以 CRAT 為例

SUMMARY

This is a Form of designed to meet the requirements of the Internal Revenue Code, the Regulations, and the Rulings issued thereunder. It has been drafted to accommodate either an inter vivos trust or a testamentary trust, as will be seen from the alternative paragraphs provided. It provides for a selected annuity period benefit payable to the non-charitable beneficiary for life, rather than for a specific number of years, but could be easily modified, if desired, to provide for a benefit for a non-charitable beneficiary for a specific term of years (not to exceed twenty, by law). The remainder is payable to one or more selected charities.

合約概述

這是一種慈善剩餘年金信託形式，旨在滿足《國內稅收法典》及其下發布的規定的要求。從提供的替代段落可以看出，該合約的起草目的是為了適應生前信託或遺囑信託。它提供了給非慈善受益人終生而不是特定年數的選定年金期利益，但如果需要，可以很容易地修改，以為特定人群的非慈善受益人提供利益年期（根據法律，不得超過 20 年）。其餘款項應支付給一個或多個選定的慈善機構。

---

[50] What is a charitable trust and why would I need one? https://www.northwest.bank/personal/plan/invest/leaving-legacy/what-charitable-trust-and-why-would-i-need-one.
[51] Charitable Lead Trust. https://www.investopedia.com/terms/c/charitableleadtrust.asp.
[52] Charitable Remainder Annuity Trust (CRAT). https://www.investopedia.com/terms/c/charitable-remainder-annuity-trust.asp.

DISPOSITIVE PROVISIONS

The Charitable Trust shall be administered and disposed of as follows:

(A) Payment of Annuity Amount. In each taxable year of the Charitable Trust during the annuity period, the trustee shall pay to [Insert Name] (hereinafter "the Beneficiary") an amount (the "Annuity Amount") equal to [Insert Desired Percentage – which must be a number not less than 5% and not more than 50%] [____] % (the Payout Percentage) of the initial net fair market value of all property transferred to the Charitable Trust valued [use this for inter vivos trust]as of the first day of the first taxable year of the trust [or use this for testamentary trust] as of the Grantor's date of death, as finally determined for Federal tax purposes. The Payout Percentage shall be that percentage of the net fair market value of the property initially contributed to the Charitable Trust which consists of all property identified on Schedule A, such that the present value of the remainder interest as determined under Section 7520 of the Code will be equal to at least ten percent (10%) of the value of the property contributed to the Charitable Trust all determined as of the first day of the first taxable year of the Charitable Trust as finally determined for Federal tax purposes.

(B) Annuity Period. [Alternative: Use for a testamentary trust] The first day of the annuity period shall be the date of my death and the last day of the annuity period shall be the date of the Beneficiary's death. In compliance with Rev. Proc. 2016-42, the first day of the annuity period shall be the date of the Grantor's death, and the last day of the annuity period shall be the date of the Beneficiary's death or, if earlier, the date of the contingent termination. The date of the contingent termination is the date immediately preceding the payment date of any annuity payment if, after making that payment, the value of the trust corpus, when multiplied by the specified discount factor, would be less than 10 percent of the value of the initial trust corpus.

(C) Timing of Payments. The Annuity Amount shall be paid in equal quarterly installments at the end of each calendar quarter from income and, to the extent income is not sufficient, from principal. Any income of the Charitable Trust for a taxable year in excess of the Annuity Amount shall be added to principal.

(D) Proceeds. Proceeds from the sale or exchange of property contributed to the Charitable Trust by the Grantor shall be allocated to principal and not to income to the extent of the fair market value of such property on the date of contribution. Notwithstanding any provision of this Agreement, any other proceeds from the sale or exchange of property by the Charitable Trust shall be allocated to income.

(E) Final Distribution of Trust Property. At the termination of the annuity period, the trustee shall distribute all of the then principal and income of the trust (other than any amount due the Beneficiary under the terms of this Agreement) to [Names of Charitable Beneficiary or Beneficiaries] (hereinafter the "Designated Charitable Beneficiaries").

處置性條款

慈善信託基金應按以下規定進行管理和處置。

(A) 年金金額的支付。在年金期間，慈善信託的每個納稅年度，受託人應向 [填入名稱]（以下稱「受益人」）支付等於 [填入期望百分比－一定為數字] 的金額（「年金金額」）。截至第一天，已轉讓給慈善信託的所有財產的初始公平公允市場價值的不少於 5% 且不超過 50%] [____]%（支付百分比）自授予人去世之日起信託的第一個納稅年度（或將其用於遺囑信託）之日，最終確定用於聯邦稅收目的。支付百分比應為最初向慈善信託基金貢獻的財產的公平市場淨值的百分比，該公平市場價值包括附表 A 中確定的所有財產，以使根據稅法第 7520 條確定的剩餘利息的現值將至少等於從慈善信託的第一個納稅年度的第一天起最終確定的為慈善信託捐款的財產總價值的百分之十（10%），最終確定用於聯邦稅收目的。

(B) 年金期限。[替代：用於遺囑信託] 年金期的第一天應為我去世的日期，年金期的最後一天應為受益人去世的日期。符合 Rev. Proc. 2016-42，年金期的第一天應為授予人去世的日期，年金期的最後一天應為受益人去世的日期，或（視情況而定）或有終止合同的日期。或有終止合同的日期是緊接任何年金付款日期之前的日期，如果在付款之後，信託主體的價值乘以指定的折現係數後，將小於年金價值的 10%。

(C) 付款時間。年金金額應在每個日曆季度末按季度分期從收入中支付，如果收入不足，則應從本金中支付，納稅信託年度內超過年金金額的任何慈善收入應計入本金。

(D) 收益。授予人出售給慈善信託的財產出售或交換所得收益，應在分配之日分配給本金，而不是分配給該財產的公允市場價值範圍內的收入。儘管有本協議的任何規定，慈善信託出售或交換財產的任何其他收益應分配給收入。

(E) 信託財產的最終分配。年金期限屆滿時，受託人應將信託當時的全部本金和收入（不包括根據本協議條款應向受益人支付的任何金額）分配給 [Names of Charitable Beneficiary or Beneficiaries「指定的慈善受益人」]）。

註釋：
第一條 (A) 中所提到的稅法 §7520 是有關估價表（Valuation tables）的規定[53]，就本條而言，應確定年金，終身利息或年限的價值，或任何餘數或歸還利息，(1) 根據相關政府單位規定的表格，以及 (2) 使用利率（四捨五入至最接近 0.002），等於評估日期所在月份生效的聯邦中期利率的 120%。

根據稅法 7520 的規定，特定月份的利率是估值日期所在月份適用的聯邦中期利率（每年複利）的 120%。然後，該比率將四捨五入到最接近的百分之一的十分之二。例如，利率是適用的聯邦利率（每年復合）的 120%（2018 年 1 月）為 2.62%。然後，按照 IRC 7520 的要求，該費率四捨五入至最接近的百分之一（十分之一）或 2.6%（2.6%）。如果對於轉讓的財產的任何部分都允許收入，遺產或贈與稅的慈善捐款，則納稅人可以選擇在本段 (2) 評估日期所在月份的前兩個月中的任一月份使用該聯邦中期稅率。如果轉讓同一財產的多於 1 個權益，而納稅人可以根據第 (2) 款使用相同的稅率，則納稅人就每個這樣的權益使用相同的稅率。

第一條 (B) 提到 Rev. Proc. 2016-42，Rev. Proc.（Revenue Procedures）中文為「稅收程序」，是美國國稅局對外發布的正式程序公告，該程序可能會影響納稅人或稅法及相關法規、條約、條例所規定的其他公眾的權利或義務之解釋，或者，儘管不一定會影響公眾的權利義務，仍應該被公眾所知悉的問題與解釋。Rev. Proc. 2016-42[54] 規定了可能包含在 CRAT 中，一個或多個可衡量年限的應付年金付款，然後將信託資產分配給一個或多個慈善剩餘者。國稅局將根據稅法的規定將樣本提供視為合格的應急費用。因此，將樣本準備金包括在信託工具中不會導致根據稅法第 664 條的規定，該信託不能被視為公益剩餘年金信託。任何包含樣本準備金的 CRAT 都不會受到第 27 條所述的「枯竭概率」測試的約束。

稅法第 664 條[55] 是有關慈善信託的規定。第三條提到的 (b) 款，有關分配的性質由公益剩餘年金信託或慈善剩餘單位信託所分配的金額應視為年金的受益人，手中具有以下特徵或付款者：作為收入包括在當年該信託的這種收入和這種未分配收入的範圍內的總收入中所包括的收入額（收益或收益被視為出售或其他處置資本資產的金額除外）前幾年的信託；(2) 作為該年度信託資本利得和以前年度未分配資本收益的程度的資本利得；(3) 作為當年該信託的該收入和該往年該信託的未分配收入的程度的其他收入；和 (4) 作為信託的分配。就本節而言，信託應以累計淨額為基礎確定其未分配的資本收益額。

NON-GRANTOR TRUST PROVISION

Notwithstanding any provision of this Agreement, the trustee shall not, nor shall any person be appointed as trustee who would, have any power that would cause me to be treated as the owner of any portion of the trust created hereunder under Sections 671 through 679 of the Code.

非授予人信託條款

儘管有本協議的任何規定，受託人也不得將任何人具有任何權力將我視為根據稅法第 671 至 679 條所創建的信託的任何部分的所有者，也不得將其任命為受託人。

註釋：
稅法第 671 至 679 條是美國信託最重要的條款之一。稅法第 671 至 678 條中的授予人信託規則通常可以防止在納稅人有效保留信託財產所有權的情況下，保留對信託財產具有某些權力或控制權的納稅人避免對該財產的收入徵收稅款。

根據第 671 至 678 條，授予人信託規則所依據的政策是，如果授予人對信託財產具有實質性支配權和控制權，則應對信託的收入徵稅。一般而言，授予人信託規則規定，被視為擁有人的人應從擁有人保留或獲得實質性支配和控制權的信託（或信託的一部分）中取得的收入徵稅。

如果作為授予人的美國人保留第 673 至 677 條中描述的任何權力，或者任何其他美國人獲得第 678 條中描述的權力，則外國信託將被視為授予人信託。由於美國根據第 679 條中的「受益人」規定，如果美國授予人保留第 673、674、676、677 條中所述的權力，則根據第 679 條，授予人很可能會被視為信託的所有人，為了美國人民的利益而將財產轉讓給信託。

確定外國信託是否為授予人信託很重要，因為它會影響對信託收入徵稅的人以及徵稅時間。通常，根據第 671 至 678 條的授予人信託規則被視為信託所有人的任何美國人，都將使用該信託的全部收入，扣除額和貸方可歸因於該信託或該美國人一部分的信託來計算其應納稅所得額。被視為所有者。將這些項目視為直接由納稅人收到或已付給納稅人。[56]

---

[53] 26 U.S. Code §7520 - Valuation tables - https://www.law.cornell.edu/uscode/text/26/7520
  Section 7520 Interest Rates for Prior Years - https://www.irs.gov/businesses/small-businesses-self-employed/section-7520-interest-rates-for-prior-years
[54] Rev. Proc. 2016-42 - https://www.irs.gov/pub/irs-drop/rp-16-42.pdf
[55] 26 U.S. Code §664 - Charitable remainder trusts - https://www.law.cornell.edu/uscode/text/26/664
[56] IRS - https://www.irs.gov/pub/int_practice_units/FEN9432_02_07R.pdf

類型七：生存配偶信託（Bypass or Marital Trust）

1. 生存配偶信託意義

生存配偶信託為美國遺產規劃常見工具，旨在透過信託結構保留夫妻雙方的個人遺產稅免稅額，最大化稅務效益。具體的操作方式如下：

夫妻兩人成立聯合信託（Joint Trust），將共同資產納入信託管理。信託條款約定，當其中一方過世後，信託自動轉換為不可撤銷生存配偶信託，實務上會規劃將個人遺產稅免稅額範圍內的資產放入這個生存配偶信託，至於個人資產超過遺產免稅額的部分則利用無限制婚姻扣除額（Unlimited Marital Deduction, UMD），移轉給生存配偶而免繳遺產稅。

生存配偶信託的指定受益人可能是生存配偶及自己的子女，並可規劃由生存配偶擔任保護人，使其對信託保有有限度的監管能力。當生存配偶還在世的時候，信託的孳息可用於照顧該生存配偶，當生存配偶過世後，生存配偶信託將剩餘資產轉移給指定受益人，又因為生存配偶信託為不可撤銷信託，不需課徵遺產稅。

2. 生存配偶信託之優勢

設立生存配偶信託的好處有以下幾點：

(1) 雙重免稅效果：首先利用個人免稅額降低首次課稅基數，接著透過無限制婚姻扣除額來達到免繳遺產稅。
(2) 避免遺產驗證程序（Probate）：免除遺產認證程序耗時與高昂的費用。
(3) 資產保護機制：信託資產獨立於個人財產，抵禦債權人追索與婚姻變動風險。
(4) 受益人管控：限制子女在生存配偶在世時動用本金，防止揮霍並確保長期財務安全。

3. 生存配偶信託架構 [57]

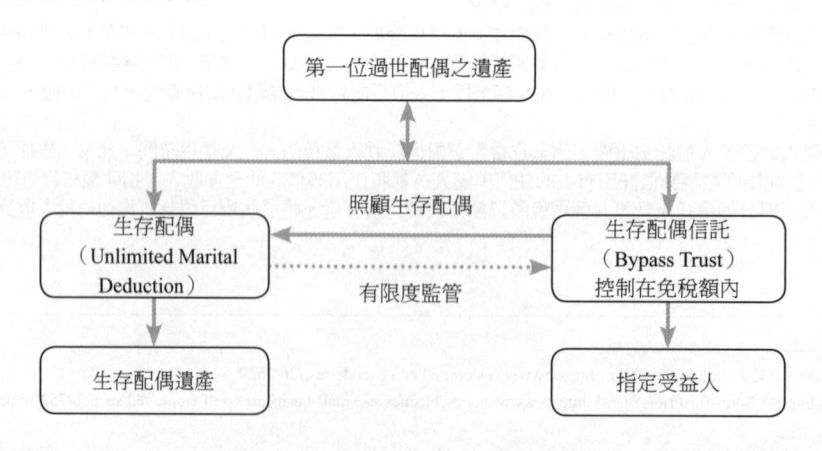

---

[57] 「類型七：生存配偶信託」內容引用自益誠聯合會計師事務所網站（https://www.hancpa.com.tw/news_info?id=58）

4. 生存配偶信託合約主要內容

Section 1-The Trust

1. The Trust Fund
(1) The Trustees shall hold the Trust Fund upon the Trusts and with and subject to the powers and provisions declared and contained in the Trust Provisions for the benefit of the Beneficiaries.
(2) The Trust Provisions are hereby expressly incorporated in this Deed.
2. Proper Law - The proper law of this Trust shall be that indicated in the Third Schedule.

Section 2- The Schedules

The First Schedule: The "initial gift"
The sum of £10.
You should keep the £10 and original trust document together. Do not send either to us. Prudential only require contact details for the trustees who they may contact on your death.

The Second Schedule: Beneficiaries
This Schedule should only be completed if you want to extend the standard list of Beneficiaries contained in
Part 1 of the Trust Provisions. If you are adding beneficiaries please make sure you identify them in a way that makes it clear who they are.
Do not add or include the Settlor's name as a Beneficiary. No person who is a Settlor may be a Beneficiary.

Section 3-Signatures & date
To be completed and signed by the Settlor, additional Trustees and Witnesses
Note: There must be at least One Additional Trustee.
Note: You should ensure that this document is executed in accordance with the legal requirements in the place where it is executed and the law governing the Trust If a company is a Trustee the signature of an Officer or Officers of the Trustee Company will be required.
Note: All witnesses must be over the age of 18 and independent of the trust-not a settlor, additional trustee or beneficiary.
In Witness Whereof the parties have executed this document as a Deed on:
_____ (Date)

第一條—信託

1. 信託基金
(1) 受託人應根據信託條款所規定的權力與條件，持有信託基金，以供受益人受益。
(2) 本信託條款已明確納入本契約之中。
2. 適用法律——本信託適用的法律應為第三附表中所指定的法律。

第二條—附表

附表一：初始贈與
初始信託金額為£10。
您應將「£10與原始信託文件」一同妥善保管，請勿將其寄送給我們。
本公司只需保留受託人的聯絡資訊，以便我們在您過世後聯繫他們。

附表二：受益人
只有當您希望擴增信託條款第一部分所列的標準受益人名單時，才需填寫此附表。
如果您新增受益人，請確保清楚標識他們的身分。
請勿將「設立人」的姓名添加為受益人。任何設立人均不得成為受益人。

第三條：簽名與日期
此部分應由設立人、附加受託人及見證人填寫並簽署。
注意：必須至少有一名附加受託人。
注意：請確保此文件的簽署符合文件簽署地點的法律要求以及適用於該信託的法律要求。

若受託人為公司，則需由該受託公司的公司高層或相關負責人簽署。
注意：所有見證人須年滿18歲，且不得與該信託有利益關係，即不得為設立人、附加受託人或受益人。
作為證明，各方已於以下日期簽署本文件作為正式契約：_____ （日期）

5. 生存配偶信託之問題

生存配偶信託雖具多項優勢，但仍存在一些缺點。除了需支付額外的信託設立費用外，主要問題在於若遺產中包含增值型資產（如房屋、股票等），透過生存配偶信託轉移給後代，可能無法享有「成本基礎調整」（Step-up）的稅務優惠，未來出售時需額外繳納資產增值所得稅。根據 IRS 規定，繼承資產的成本基礎依繼承時的公平市價（FMV）計算，而非帳面淨值（NBV），兩者差額即為墊高成本。然而，從生存配偶信託繼承的資產無法取得此調整，導致未來出售時可能面臨較高的稅務負擔。

類型八：資產保護信託（Asset Protection Trust）

1. 資產保護信託之意義

資產保護信託是一種不可撤銷信託，結合財富轉移稅、離婚及破產相關法律，旨在減輕上述事件對資產的負面影響。受益人對信託資產擁有衡平法上的權益，但並不享有資產的法定所有權。

設立資產保護信託，有助於在不違反資產隱匿及逃稅法律的前提下，將資產與債權人的債權有效隔離。債權人只能追索受益人在信託中的權益價值，而非信託資產的全部價值。

多數資產保護信託設有防揮霍條款，防止受益人及未來債權人（含前配偶）直接取得信託資產。但存在例外情況，包括：

- 委託人同時也是受益人（即自益信託，部分州允許，部分州不允許）。
- 債務人為唯一受益人及唯一受託人。
- 受託人須依法院命令履行受益人子女撫養義務。

2. 資產保護信託之優勢

(1) 可為非本州居民家庭設立資產保護信託。
(2) 允許信託公司永續經營，避免多代聯邦財富轉移稅負累積。
(3) 州政府不對信託資產徵收所得稅、股息稅及資本利得稅。
(4) 受益於州內自益信託及第三方裁量信託立法，資產保護計畫可進一步優化。
(5) 某些州不將遺餘繼承權、第三方信託中的自由裁量權及有限指定權視為財產權，增強資產保護效果。

類型九：複委信託（Delegated Trust）

1. 複委信託意義

「複委信託」指受託人將部分投資管理及其他職能委託給共同受託人或合格的專業投資人士。在內華達州，受託人可直接將這些職責交由投資經理執行，或選擇專業人士擔任共同受託人。由於投資組合監管風險增加，行政管理費用通常較指示型信託為高。為保護自身權益，受託人有時會在信託契約中加入免責條款，或另行簽訂保護協議。

(1) 投資職責：受託人委託第三方顧問負責投資管理，並持續監督其績效。
(2) 分配職責：受託人負責信託收益的分配決策。
(3) 行政職責：受託人處理繳款、分配及其他日常行政事項，包括信託會計與稅務申報。

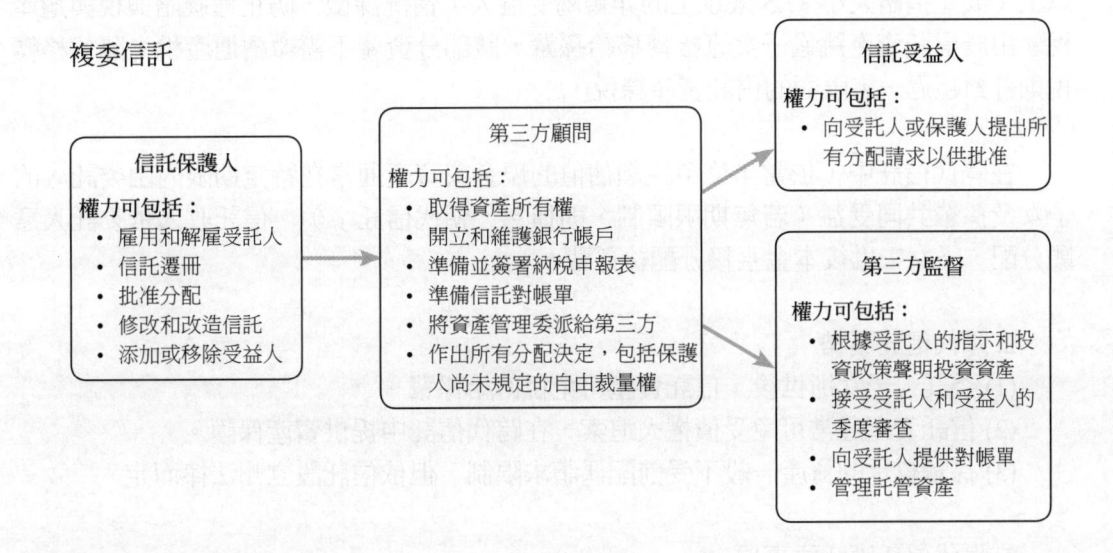

複委信託

```
信託保護人                    第三方顧問                    信託受益人
權力可包括：                  權力可包括：                  權力可包括：
• 雇用和解雇受託人            • 取得資產所有權              • 向受託人或保護人提出所
• 信託遷冊          ──▶     • 開立和維護銀行帳戶            有分配請求以供批准
• 批准分配                    • 準備並簽署納稅申報表
• 修改和改造信託              • 準備信託對帳單              第三方監督
• 添加或移除受益人            • 將資產管理委派給第三方      權力可包括：
                              • 作出所有分配決定，包括保護  • 根據受託人的指示和投
                                人尚未規定的自由裁量權        資政策聲明投資資產
                                                            • 接受受託人和受益人的
                                                              季度審查
                                                            • 向受託人提供對帳單
                                                            • 管理託管資產
```

類型十：指示型信託（Directed Trust）（詳見本書第五章）

1. 指示型信託意義

指示型信託透過多方分工合作，分散受託人責任，降低其風險，同時確保投資管理的獨立性：

(1) 投資職責：由投資委員會、顧問或信託保護人選擇外部投資顧問與經理，負責信託投資決策。受託人不負監督外部投資經理績效的責任。
(2) 分配職責：分配委員會、顧問或保護人決定分配時機與金額，並指示受託人執行分配。
(3) 行政職責：受託人負責處理繳款、分配及其他日常行政工作，並依照投資及分配專業人士的指示行事。

2. 指示型信託的優點

(1) 結合獨立機構受託人的專業優勢與內華達州友善的信託服務及稅務環境,且無論所在地,均可保留首選投資顧問。

(2) 提供更靈活且多元的行政與投資管理選項。

(3) 允許設立信託保護人,具備變更受託人與受益人、指示分配、變更信託所在地或終止信託的權限。

類型十一:隔代信託(Generation-Skipping Trust)

1. 隔代信託意義

隔代信託利用聯邦隔代移轉稅的免稅額,將資產傳承給未來幾代人,最大限度降低稅務負擔。隔代移轉稅針對贈與或透過信託轉移資產時,受贈人與捐贈人相隔一代以上(或比捐贈人小 37.5 歲以上的非親屬受益人)情況課徵,防止逃避贈與稅與遺產稅。由於信託資產跳過子女直接轉移給孫輩,該部分資產不需繳納遺產稅,隔代移轉稅則針對超過一定限額的信託資產課稅。

在隔代信託中,依當年度免稅額估值的現金或資產通常在特定期限內由委託人的子女及孫輩共同受益(若無期限限制,則稱為「朝代信託」)。信託收入依委託人意願分配,子女去世後本金直接分配給孫輩。

2. 隔代信託優勢

(1) 委託人子女逝世後,信託資產可免稅傳給孫輩。
(2) 信託資產通常可免受債權人追索,在跨代信託中提供資產保護。
(3) 孫輩繼承的資產一般不受前配偶請求限制,但依信託設立州法律而定。

3. 隔代信託應注意事項

雖然子女常擔任受託人,但仍需謹慎規劃。若某子女為唯一受託人,該信託在其去世時可能面臨債權人索賠及遺產稅風險。未成年受託人在分配信託收入時的自由裁量權,可能會受到既定標準的限制。

類型十二:目的信託(Purpose Trust)

1. 目的信託之意義

目的信託顧名思義,是為特定目的而設立的信託,而非為特定個人或群體利益而設。這類非受益人信託是寶貴的規劃工具,旨在保護和維護對客戶、家庭及後代最重要的事物。歷史上,無受益人的信託常因無人執行條款而失效,但慈善信託為例外,由州司法部長強制執行。近年《統一信託法》支持為寵物及後代,以及保存或維護墓地而設立的非受益人信託。

2. 目的信託之優勢

(1) 遺產籌劃：維護有形資產如珠寶、藝術品、古董、硬幣或歷史文物收藏，並由信託基金資助相關維護和護理，確保珍貴物品得以傳承後代。

(2) 財富傳承：保護和促進家族企業利益，包括私人家族信託公司、家族有限合夥或有限責任公司，所有權可由信託持有並依託管人聲明的目的管理，適用於持續經營家庭農場或確保家庭住所及兒童之家依特定標準照料。

(3) 未來用途：隨科技日新月異，目的信託可用於保護數位資產，如加密貨幣、數位智慧財產權甚至低溫技術等新興資產。

3. 目的信託之結構

(1) 信託執行者

被任命為共同受託人，負責監督並確保信託依明確目的管理，並有權在受託人未履行義務時尋求法院救濟。

(2) 信託保護人

可與信託執行者為同一人，也可不同。此角色至關重要，負責隨時間及條件變化調整信託，例如在信託達成目的時指定受益人。信託保護人亦具備修改信託條款、終止或轉移信託、變更或新增受益人及變更信託地點的權限。

類型十三：配偶終身使用信託（Spousal Lifetime Access Trust, SLAT）

1. 配偶終身使用信託之意義

自 2017 年減稅與就業法案（TCJA）實施以來，SLAT 成為廣泛應用的信託規劃工具。TCJA 之前，聯邦贈與和遺產稅的免稅額為 549 萬美元，已婚夫婦合計達 1098 萬美元。TCJA 之後，2025 年個人遺產免稅額為 1,399 萬美元（2024 年遺產免稅額為 1,361 萬美元），夫妻合計最高可達 2,398 萬美元。除非國會另行立法，否則根據日落條款，這些金額將於 2026 年 1 月 1 日回歸至 TCJA 前水平並隨通膨調整。SLAT 因此成為應對當前聯邦稅制的有效且靈活工具。

配偶終身使用信託規劃中，一方配偶將資產贈與不可撤銷信託，受益人為非贈與配偶。贈與配偶可利用當前免稅額（最高 1,399 萬美元）進行贈與，而非贈與配偶及任何指定受益人在其有生之年可享有信託本金及收入。

2. 配偶終身使用信託之優點

(1) 雖然贈與配偶放棄信託資產所有權，但可能保有分配權；信託資產於受益配偶過世時不計入其遺產。

(2) 就聯邦遺產稅而言，贈與配偶的財產不納入其總遺產，降低遺產稅負擔。

(3) 贈與配偶可將隔代移轉免稅額分配至信託，為後代減免潛在遺產稅。

(4) 聯邦所得稅上，SLAT 視為授予人信託，產生收入由贈與配偶負擔。

(5) 由於贈與人配偶有義務根據授予人信託分類納稅，因此納稅不被視為對信託

的贈與,無需繳納額外贈與稅。

3. 配偶終身使用信託之問題或缺點
(1) SLAT 不需要繳納遺產稅,但夫妻任一方去世後,信託資產不會自動調整成本基礎。
(2) 信託合約須謹慎撰寫,確保不可撤銷屬性,以排除信託資產納入雙方遺產,避免遺產稅風險。
(3) 在捐贈人進行捐贈之前,配偶共同擁有資產須先分割成個人資產,並向信託捐贈各自所有的資產。
(4) 非贈與配偶若死亡或離婚,贈與配偶將失去 SLAT 間接受益權。
(5) 離婚後,非贈與配偶仍可保有 SLAT 受益權,包括收入與本金,但贈與配偶繳納信託所得稅的義務不受影響。
(6) 信託授權人及其信託顧問可利用 SLAT 規劃,善用當前聯邦免稅額。

類型十四:健康與教育排除信託(Health and Education Exclusion Trust, HEET)

1. 健康與教育信託之意義
「健康和教育排除信託」(HEET)屬朝代信託範疇,專為直接支付較委託人年輕兩代(或以上)後代之醫療與教育費用而設計,其運作基礎為聯邦贈與稅條款(IRC §2503(e)),明定直接支付受益人學費或醫療費用不計入應稅贈與。祖父母為了孫輩和更遙遠的後代而設立並捐贈此信託 HEET,可規避隔代移轉稅(GSTT)——該稅制原為防止隔代資產移轉規避遺產稅而設。設立「健康和教育排除信託」可以在不繳納 GSTT 的情況下贈送此類財產,由名稱可知,這類信託中的資金只能滿足其孫子及其後代的醫療或教育需求。

為符合設立條件,HEET 須至少指定一個具「當前重大經濟利益」的慈善機構作為受益人,因慈善機構屬非隔代受益人,透過賦予慈善機構利息,信託可以在設立時或任何後續分配時避免應稅轉讓,除非該慈善機構主要是為了推遲或避免徵收商品及服務稅而納入其中。雖「當前重大經濟利益」之定義雖無任何說明,大多數律師認為實務上,每年支付信託資產 6% ~ 10% 予慈善機構,即被視為滿足「當前重大經濟利益」要件。

HEET 可設計為「授予人信託」或「非授予人信託」:
(1)授予人信託:設立人生前負擔信託所得稅,過世後,此信託不再是設立人信託,信託按更高稅率課稅。
(2)非授予人信託:可最大限度利用慈善扣除額。與個人納稅人一樣,信託不適用慈善扣除調整後的總收入限制。因此,非授予人信託最多可以扣除其慈善捐款收入的 100%。另一方面,非授予人信託為其非慈善受益人產生所得稅負債,個人受益人支付的分配可以代表該受益人產生收入,然後受益人需要根據 IRC §652 或 §662 就

該分配繳納所得稅。

2. 建立 HEET 之優點
(1) GSTT 豁免：依照 IRC 2611(b)(1)，從不可撤銷信託中直接分配給信託受益人的教育及醫療費用不計入隔代移轉稅（GST）的課徵範圍，無論受益人的世代關係。因此 HEET 持有的資金僅能用於支付委託人的孫子及其後代的教育及醫療需求。
(2) 跨代教育支援：可支付孫輩從幼兒園至研究所全階段學費，並涵蓋醫療保險費用，間接減輕子女經濟負擔。由此可知，雖然 HEET 不能直接使信託設立人的孩子受益，但可確保孫輩未來有足夠的教育與醫療費用。
(3) 遺產稅規避：生前設立 HEET，可將資產排除於遺產稅課徵範圍（稅率達40%），實現稅務高效傳承。意即若將教育資金放入不可撤銷信託，可將這部分資金排除在遺產稅範圍外，非遺產的一部分，就無需繳納遺產贈與稅。
(4) 資金運用彈性：相較 529 教育儲蓄計畫，HEET 不受教育用途限制，可靈活支應生活需求。
(5) 高淨值傳承工具：對於高淨值人群來說，HEET 兼具教育資金規劃與資產跨代移轉功能，強化家族財富永續性。
(6) 分配控制權：相較 529 教育儲蓄計畫，HEET 提供了更靈活的控制權，可根據家族需求，允許設立人在受益人不同年齡分階段釋放資金，確保孫輩在成長過程中有充足的教育資金支持。

3. 設立 HEET 應注意事項
孫子或其後代可以從 HEET 中受益，但信託至少需指定一個慈善組織作為受益人。慈善機構的參與，是使 HEET 得以區別於一般隔代信託（GST）的關鍵。這類慈善機構通常是學校，從幼兒園到大學皆可涵蓋。若用於支付醫療費用，則建議指定合格的醫院或其他醫療機構為慈善受益人。根據國稅局的規定，慈善受益人所收取的資金屬於「合格轉移」。慈善機構每年所獲得的收入金額，依各信託設計而定；為符合 IRS 的稅務審查要求，建議每年配置給慈善機構的金額占信託資產的 6%～10% 為宜。

4. HEET 起草與法律合規
HEET 需請專業的信託律師草擬合約，應由專業信託律師負責起草，以確保信託設計符合所在州之法律規範，並明確規定資金用途、受益人資格及分配機制。以下舉例說明常見設計方式：

COLLEGE EDUCATION TRUST

This _____ College Education Trust Agreement (this "Agreement" or this "Trust") is made effective as of _____ , between _____ , _____ , _____ (the "Grantor") and _____ , _____ , _____ , (the "Trustee"). This Trust shall be known as the " _____ College Education Trust, dated _____ ." In consideration of the mutual covenants and promises set forth in this Agreement, the Grantor and the Trustee agree as follows.

Purpose/Irrevocable Trust. The primary purpose of this Trust is to receive and manage assets for the health, education, and support of _____ , _____ , _____ (the "Beneficiary"). THIS TRUST IS IRREVOCABLE. The Grantor realizes that the right to revoke or amend this Trust may be reserved, but that right is expressly waived. This Trust is not subject to alteration, amendment, revocation, or termination by the Grantor or any other person. The Grantor renounces any possible benefit from this Trust.

1. Funding of Trust. This Trust is being funded initially with the amount of _____ , the receipt of which is acknowledged by the Trustee. Additional funding may be provided by (i) life time gifts made by the Grantor to this Trust, (ii) transfers made to this Trust as testamentary gifts by the Grantor, and (iii) such other transfers of property that may be made to this Trust from time to time by the Grantor or other persons. The Trustee shall manage and distribute the Trust assets for the benefit of the Beneficiary in accordance with the terms of this Agreement.

大學教育信託

本_____大學教育信託協議（以下稱「本協議」或「本信託」）於_____（生效日期）訂立，立約雙方為_____授予人_____及_____（受託人）。本信託應被稱為「_____（信託名稱）大學教育信託，訂立於_____（日期）」。鑑於本協議所載的相互約定與承諾，授予人與受託人同意如下：

目的／不可撤銷信託。本信託的主要目的在於接收並管理資產，以提供受益人——（受益人姓名）——在健康、教育及生活支援方面的財務保障。本信託為不可撤銷信託。授予人明白原則上可保留撤銷或修訂本信託的權利，但特此明確放棄此權利。本信託不得由授予人或任何其他人修改、變更、撤銷或終止。授予人放棄從本信託中獲得任何利益的可能性。

1. 信託資金。本信託的初始資金為_____（金額），受託人已確認收到該筆資金。此外，本信託可透過以下方式獲得額外資金：(1) 授予人於生前向本信託進行贈與；(2) 授予人於遺囑中指定本信託作為遺產受贈者；(3) 其他個人或機構隨時轉入的資產。受託人應根據本協議條款管理並分配信託資產，以確保受益人獲得應有的財務支持。

---

2. Distributions to the Beneficiary. Until the Beneficiary attains the age of 21 years, the Trustee may distribute to or for the sole benefit of the Beneficiary as much of the income and/or principal as the Trustee (in the Trustee's sole discretion) may determine is necessary for the Beneficiary's health, education, and support. Any amount which the Trustee does not distribute to or for the benefit of the Beneficiary shall be accumulated and added to the principal of the Trust. No distributions of principal or income shall be made to or for the Beneficiary which would have the effect of satisfying the Grantor's legal obligation, if any, to support the Beneficiary.

3. Education. For the purpose of making distributions under this Trust, the term "education" shall include reasonable costs for college, trade schools, job training, or other costs that reasonably develop income earning capabilities.

4. Termination of the Trust at Age 21 Years. When the Beneficiary attains the age of 21 years, the remaining trust assets shall be distributed to the Beneficiary and this Trust shall then terminate.

---

2. 受益人資金分配。在受益人年滿 21 歲之前，受託人可以全權決定，酌情分配本信託的收入或本金，以滿足受益人的健康、教育及生活支援需求。未分配的信託收入或本金將累積並納入信託的本金內。不得向受益人分配任何資金，以滿足授予人對受益人應負的法定扶養義務（如適用）。

3. 教育。本信託內所述的「教育」範圍包括但不限於：大學學費及相關費用，職業技術學校費用，職業培訓與技能發展費用，其他能夠合理提升受益人收入能力的教育支出。

4. 信託終止條件。當受益人年滿 21 歲時，信託內的所有剩餘資產將全數分配給受益人，並且本信託正式終止。這份信託協議確保受益人可獲得教育與生活支持，同時確保信託資產的合理運用。

5. Distribution After Age 21 Years. During this additional time period, all of the net trust income shall be paid to the Beneficiary at least annually, In addition, the Trustee shall distribute to or for the benefit of the Beneficiary as much of the principal as the Trustee (in the Trustee's sole discretion) may determine is necessary for the Beneficiary's health, education, and support. In making such distributions, the Trustee shall take into consideration any other income and property that is known by the Trustee to be available to the Beneficiary for the above purposes.

- **Death of the Beneficiary.** If the Beneficiary dies before attaining the age at which this Trust shall terminate, the following provisions shall apply.

6. General Testamentary Power of Appointment. The Beneficiary shall have a "general testamentary power of appointment" to distribute the remaining trust assets. Having this power means that the Beneficiary may state in the Beneficiary's last will and testament (or in some other written document that is signed by the Beneficiary and acknowledged before a notary public or similar official) who will receive the remaining trust assets, if the Beneficiary dies before attaining the age at which this Trust shall terminate. The Beneficiary shall have the absolute discretion to state who the beneficiaries will be. The beneficiaries may include the Beneficiary's estate and/or creditors. Tov validly exercise this power, the Beneficiary's will (or other document) must specifically refer to this power. Upon distribution of the trust assets, this Trust, shall then terminate.

5. 年滿 21 歲後的分配。在此額外期間內，所有信託的淨收益應至少每年支付給受益人。此外，受託人可全權酌情決定，從本金中撥款給受益人或用於受益人的利益，以確保其健康、教育及生活支援所需。
在進行此類分配時，受託人應考量受益人可獲得的其他收入與資產，以確保資金運用得當，滿足上述需求。
- 受益人去世。若受益人在本信託終止前不幸去世，則適用以下條款。

6. 一般遺囑任意指定權。受益人擁有「一般遺囑任意指定權」，可決定剩餘信託資產的分配。這表示，若受益人在信託終止前去世，受益人可在其遺囑（或經公證人或類似官員認證的書面檔）中指定剩餘信託資產的繼承者。
受益人擁有完全裁量權來決定誰將成為受益人，這些受益人可包括受益人的遺產及／或債權人。
為了有效行使此權利，受益人的遺囑（或其他文件）必須明確提及此指定權。當信託資產依據受益人的指定完成分配後，本信託即終止。

五、美國私人基金會：節稅效果及其應用

（一）501(c)(3) 組織

501(c)(3) 組織是根據《美國法典》第 26 章第 501(c)(3) 條所設立的免稅組織類型，包括公司、信託[58]、非公司協會或其他形式的機構，是 29 種不同類型的 501(c) 非營利組織中的一種。根據此條款，若組織的成立及運作目的為宗教、教育、慈善、科學、文學、公共安全測試、推廣業餘體育競賽或防止虐待兒童與動物等公益事項，則可被認定為 501(c)(3) 慈善機構，享有免繳聯邦所得稅的待遇。

此外，美國《國內稅收法》§170 條款也規定，對大多數 501(c)(3) 組織進行的慈善捐贈，捐贈人可在其聯邦所得稅申報中享有相應的稅額扣除優惠。

（二）私人基金會與公共慈善機構

私人基金會（Private Foundation）與公共慈善機構（Public Charity）皆屬於 501(c)(3) 免稅組織的範疇，公共慈善機構的定義規範在 509(a)(1) 到 509(a)(4) 條款之中。兩者在美國國稅局的規範下有明顯差異：

1. 捐贈抵稅額度：對公共慈善機構的所有捐款都可以享受稅務扣除，捐贈者最多可以扣除總收入的 60%；對私人基金會的捐款也可以享受稅務扣除，抵扣額度上限則為 30%。

2. 資金來源規定：公共慈善機構需通過「公共支援測試」（Public Support Test），即至少有三分之一的收入或捐款來自公眾，意味著公共慈善機構就來自個人或公司的捐款僅能接受小額捐款，小額捐款的定義是不超過總年度捐款的 2%。相對的，私人基金會無公共支援測試的要求，全部捐款可以來自單一個人或家庭。這也顯示，公共慈善機構主要依賴政府或社會大眾的捐助，而私人基金會則以個人或家族資金為主。

此外，多數人選擇設立私人基金會，是因為希望對基金運作保有更多控制權；而公共慈善機構在治理上受限較多，個人或家庭難以長期主導其運作，國稅局也對此有明確限制。

（三）經營性基金會與非經營性基金會

私人基金會進一步可區分為兩類：
1. 經營性基金會（Operating Foundation）
此類基金會自設慈善項目，並直接參與實施，例如辦學或開設醫療機構，須通過 IRS 規定的收入測試及三項附加測試之一，方可取得經營性基金會資格。經營性基金會的捐贈人可享與公共慈善機構相同的稅務優惠，最高抵扣額為年總收入的 60%，且

---

[58] IRC § 4947. https://www.law.cornell.edu/uscode/text/26/4947

不需就未分配收入繳納消費稅（Excise Tax）。

2. 非經營性基金會（Non-Operating Foundation）

主要功能為向其他慈善組織或個人提供資助，自身並不直接從事慈善項目。捐贈人雖也可享有稅負減免，但抵扣上限僅為年總收入的 30%，且需對未分配的基金收入繳納消費稅。

簡言之，經營性基金會偏向「親自做慈善」，而非經營性基金會則屬「資助他人行善」，兩者皆為合法且靈活的節稅工具，惟適用情況與法律要求略有差異。

（四）私人基金會應用

非營運性私人基金會除了如前述所提，能提供個人及家族較高的資金控制權之外，其設立亦無最低金額限制。實際上，有超過一半的美國私人基金會，其資金規模低於一百萬美元。可見私人基金會在運作上具有高度彈性，無論捐贈金額多寡，皆可依適當方式設立。

在規劃家族傳承與信託架構的過程中，讀者可進一步評估私人基金會是否為值得考慮的選項，並可參考本章第四節「公益慈善信託架構」，以同時達成慈善捐贈的目標及享有稅負減免的好處。

需要留意的是，根據相關法律規定，私人基金會每年需履行最低分配義務（Minimum Distribution Requirement），即必須分配相當於前一年度淨資產約 5% 的金額；此外，基金會亦須就其淨投資收入（Net Investment Income）繳納 1.39% 的消費稅（Excise Tax）。

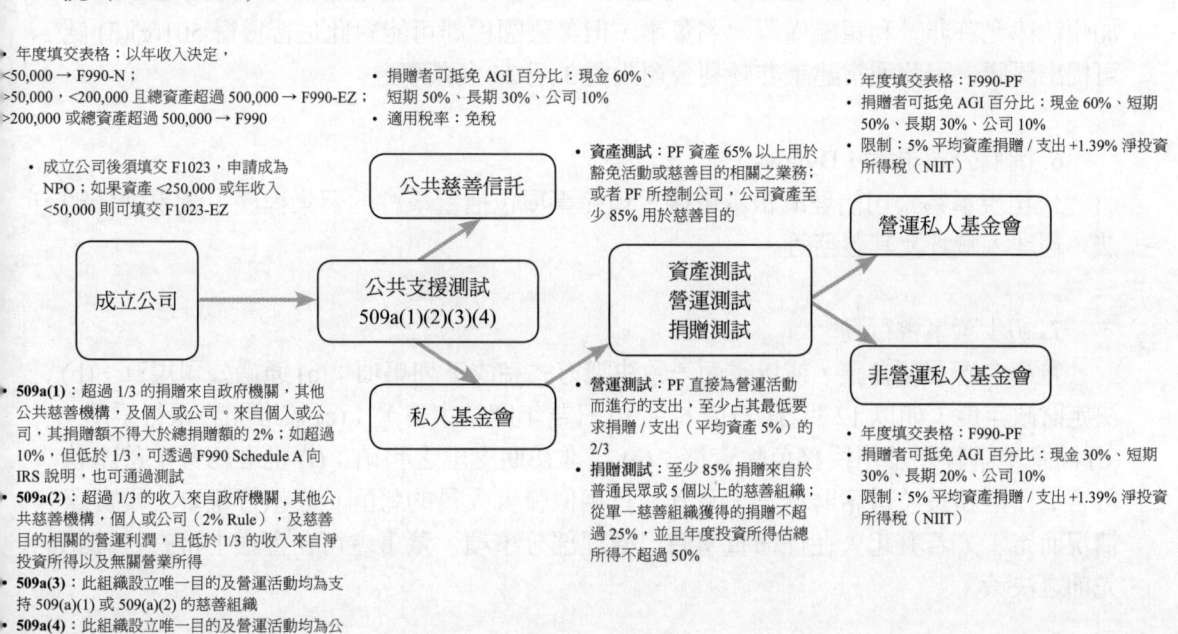

- 年度填交表格：以年收入決定，
  <50,000 → F990-N；
  >50,000，<200,000 且總資產超過 500,000 → F990-EZ；
  >200,000 或總資產超過 500,000 → F990

- 成立公司後須填交 F1023，申請成為 NPO；如果資產 <250,000 或年收入 <50,000 則可填交 F1023-EZ

- 捐贈者可抵免 AGI 百分比：現金 60%、短期 50%、長期 30%、公司 10%
- 適用稅率：免稅

- 資產測試：PF 資產 65% 以上用於豁免活動或慈善目的相關之業務；或者 PF 所控制公司，公司資產至少 85% 用於慈善目的

- 營運測試：PF 直接為營運活動而進行的支出，至少占其最低要求捐贈 / 支出（平均資產 5%）的 2/3
- 捐贈測試：至少 85% 捐贈來自於普通民眾或 5 個以上的慈善組織；從單一慈善組織獲得的捐贈不超過 25%，並且年度投資所得估總所得不超過 50%

- 年度填交表格：F990-PF
- 捐贈者可抵免 AGI 百分比：現金 60%、短期 50%、長期 30%、公司 10%
- 限制：5% 平均資產捐贈 / 支出 +1.39% 淨投資所得稅（NIIT）

- 年度填交表格：F990-PF
- 捐贈者可抵免 AGI 百分比：現金 30%、短期 30%、長期 20%、公司 10%
- 限制：5% 平均資產捐贈 / 支出 +1.39% 淨投資所得稅（NIIT）

成立公司 → 公共支援測試 509a(1)(2)(3)(4) → 公共慈善信託 / 私人基金會
私人基金會 → 資產測試 / 營運測試 / 捐贈測試 → 營運私人基金會 / 非營運私人基金會

- **509a(1)**：超過 1/3 的捐贈來自政府機關，其他公共慈善機構，及個人或公司。來自個人或公司，其捐贈額不得大於總捐贈額的 2%；如超過 10%，但低於 1/3，可透過 F990 Schedule A 向 IRS 說明，也可通過測試
- **509a(2)**：超過 1/3 的收入來自政府機關，其他公共慈善機構，個人或公司（2% Rule），及慈善目的相關的營運利潤，且低於 1/3 的收入來自淨投資所得以及無關營業所得
- **509a(3)**：此組織設立唯一目的及營運活動均為支持 509(a)(1) 或 509(a)(2) 的慈善組織
- **509a(4)**：此組織設立唯一目的及營運活動均為公共安全測試

（五）私人基金會設立流程──以加州非營利公司為例

1. 確立私人基金會成立宗旨與目標

首先，應明確界定欲設立的私人基金會之宗旨與目標，並規劃未來捐贈與資助的原則及方向。此為申請免稅地位的必要條件。

2. 選擇成立形式：信託（Trust）或非營利公司（Nonprofit Corporation）

接下來需決定基金會的組織形式，是採用信託結構，或以非營利公司方式成立。信託的設立與管理通常較簡便，但在法律責任保護上不如非營利公司。非營利公司雖設立程序較繁瑣，卻因可提供更佳法律保護與資金運用彈性，且結構更常被採用，因此本流程將以加州非營利公司為示範。

3. 決定公司名稱

擬定公司名稱時，須確保該名稱未與加州州務卿（California Secretary of State）登記之現有名稱相同或過於相似，且對公眾不具誤導性。經審查後，如符合標準，該名稱將被核准登記。

4. 撰寫並提交公司章程（Articles of Incorporation）

提交公司章程，即可使公司在法律上正式成立。章程內容一般包括：(a) 公司名稱；(b) 非營利性質與宗旨；(c) 指定訴訟及公文接收代理人（可為具名個人或加州註冊代理公司）；(d) 為取得免稅資格而對公司營運加以限制之條款；(e) 公司實際地址與郵寄地址（如不同）；(f) 奉獻與解散條款（dedication and dissolution clauses）。

5. 指派董事會成員

若公司章程未載明初任董事，發起人（Incorporator）應以書面方式任命董事。雖加州法律允許非營利組織僅設一名董事，但美國國稅局可能對此是否獲得 501(c)(3) 認可提出異議。因此通常建議非營利公司設置 3 至 25 名董事。

6. 撰寫公司規章（Bylaws）

公司規章為公司治理的根本依據，規範事項包括董事會的召集程序、董事選任辦法、經理人職責及其義務等。

7. 初步董事會行動

董事會應召開會議，或以書面一致決議方式完成下列事項：(a) 通過公司規章；(b) 決定財政年度（如以 12 月 31 日或 6 月 30 日為年度結束日）；(c) 核准開設銀行帳戶；(d) 同意申請聯邦及州稅務免除資格；(e) 核准初期支出之報銷；(f) 批准總裁（首席執行官）、財務長（首席財務官）及其他具相似職責人員的報酬（如執行董事，視實際情況而定）。若發起人在任命董事時已處理部分事項，董事會可在會議中審查並確認先前之決策。

8. 申請雇主身分識別號碼（EIN）

公司經理人或經授權的第三方代表可透過線上系統申請並取得雇主身分識別號碼（EIN）。

9. 向加州檢察總長的慈善信託登記處（California Attorney General's Registry of Charitable Trusts）提交初始註冊表格（CT-1 表）

初始註冊適用於大多數公益性非營利組織，且須在組織接收資產後 30 日內完成，並需每年續報。申請時應一併提交公司章程與公司規章。若組織正在申請 501(c)(3) 免稅地位，則可待收到聯邦確定信函後，再補交 1023 表申請書及該信函副本，以完成向登記處的註冊手續。
- CT-1 表格提交費用：US$50

10. 向加州州務卿提交信息聲明表（SI-100 表）

此表格須於公司成立後 90 日內首次提交，之後每兩年申報一次。內容包括組織的主要地址、主要負責人及訴訟服務代理人等基本資料。
- SI-100 表格提交費用：US$20

11. 向美國國稅局（IRS）申請聯邦稅務豁免（1023 表），並取得確定信函（determination letter）

填寫 1023 表格以申請根據《國內稅收法典》第 501(c)(3) 條款之免稅資格，並準備相關必備文件。申請資料需詳述基金會的基本資訊、組織架構與營運方式。若您的非營利公司預計未來三年內年度總收入均不超過 50,000 美元，且過去三年亦未超過該金額，則可考慮使用簡化版的 1023-EZ 表格進行線上申請。
- 1023 表格提交費用：US$600
- 1023-EZ 表格提交費用：US$275

12. 向加州特許稅務局（FTB）申請加州免稅地位，並取得免稅確認信

根據加州《收入與稅務法典》第 23701d 條規定，擁有 IRS 核發之 501(c)(3) 確定信函的組織，可透過提交 3500A 表格與該信函副本，向 FTB 申請加州免稅地位。FTB 通常會認可 IRS 確認的免稅生效日期，作為其州所得稅免稅資格的起始日。若無 IRS 確定信函，則需提交內容較詳盡的 3500 表格進行申請。
- 3500A 表與 3500 表，皆無須繳交費用。

第五章
美國指示型信託之籌劃與操作流程

第五章　美國指示型信託之籌劃與操作流程

所謂「美國指示型朝代信託」（Dynasty Trust），是指以財富代代相傳為目的所設立的長期信託架構。只要資產持續留在朝代信託中，便可避免繳納贈與稅、遺產稅以及隔代移轉稅。朝代信託與一般信託最大的不同，在於其「信託存續期限」。透過適當的信託架構設計，朝代信託得以實現永久傳承財富的目標。過去，美國多數州曾對信託存續期間設有限制，亦即所謂的「反永續規則」，導致信託無法長期存在。然而，隨著部分州已陸續廢除這項限制，創富者如今得以在這些州設立可延續數代以上的朝代信託。

朝代信託可用於將創富者資產轉移到信託中，由信託受託人管理和保護，朝代信託合約可以根據創富者的需求和意願訂定條款，明確規範資產的管理方式與分配機制，並可視情況進行調整與修改，確保資產在受託人指導下獲得妥善管理。此外，信託合約亦可以讓創富者訂定資產的分配機制，例如：當受益人達成特定條件或到達特定年齡時，方可分配信託資產。如此一來，不僅可依創富者的意願進行資產傳承與遺產規劃，亦能降低未來爭議與混亂風險，為家人、子女等受益人提供長期的財務保障。除此之外，朝代信託亦具備稅務規劃功能，透過將資產轉移到信託中，可以有效地減少遺產稅的影響，同時在資產增值過程中享有潛在的稅負優惠。

本章將介紹美國朝代信託常見架構、合約條文節錄以及設立信託後的帳務處理及稅務申報。

一、美國朝代信託目的及架構簡述

朝代信託是以信託設立目的作為分類的信託，只要設立目的是代代相傳的信託都可以稱作朝代信託。朝代信託常作為家族傳承的財富規劃工具，以為後代子孫提供資產保護、規避法律風險而達到將財富代代傳承，並同時降低相關稅負。

信託根據其所在管轄區的法律而有不同的期限限制。在某些州，有反永續規則，意即信託的存在期間是有限的；而在其他州，則無法律限制信託存在的年限。一般來說，信託法因州而異，各管轄區通常能夠實施各自的法規來規範信託的設立。大多數情況下，會建議選擇信託公司擔任受託人，因為受託公司受其業務所在州的監管。目前有許多亞洲客戶在德拉瓦州或內華達州設立信託。

在家族財富傳承的考量中，朝代信託成為高財富家族在財務和遺產規劃時的核心。如第一章所述，許多東方家族企業難以打破「富不過三代」的魔咒，然而，西方也是如此。美國公開的統計資料也不樂觀，美國銀行的子公司美國信託公司（U.S. Trust）進行的調查發現，64% 的富人很少向他們的孩子透露其財富，78% 的富人不認

為下一代有足夠的財務紀律來處理他們獲得的遺產。反觀全球知名的洛克菲勒家族已成功將其財富世代相傳,該家族是世界上第一個建立家族辦公室來管理其財富的家族。他們藉由朝代信託投資其龐大的家族財富,洛克菲勒家族現已將其財富傳到了第七代。

目前華人在美國成立的朝代信託,通常是為了一個或多個後代(受益人)之利益而成立,並由授予人指定受託人管理、分配信託收入或本金;但信託授予人會指定一個保護人(信託控制人)以做出與信託有關的重大決定。此結構允許授予人的後代從信託分配中受益,但不能控制信託的資產。此種類型的信託通常稱為「指示型信託」(Directed Trust),搭配 LLC 的架構,可為高財富家庭提供信託和遺產規劃過程中所需的靈活性和自由度。

二、美國朝代信託之種類[1]

美國家族信託之實際執行,若按整體架構、管理方式上得選擇裁量信託(Discretionary Trust)、固定信託(Fixed Trust)、複委信託(Delegated Trust)、指示型信託(Directed Trust)等模式,亦可選擇成立特定目的實體／信託保護人公司(Special Purpose Entities／Trust Protector Companies)或私人家族信託公司(Private Family Trust Company)等,各家族得本於不同之需求,靈活設計適當之家族信託制度。

(一)裁量信託(Discretionary Trust)

裁量信託係指信託委託人授予受託人就全部或部分信託事項裁量決定之權限,例如:決定如何管理處分信託財產、增加或排除特定受益人、何時分配及分配多少信託財產或信託收益予受益人等。裁量信託為一般傳統信託模式下最常採取之信託管理架構之一,惟此種信託模式至九零年代後,由於美國相關法規之制訂、修正等因素,與大部分家族之信託需求難以相符而逐漸式微。例如,美國謹慎投資人原則(Prudent Investor Act)於九零年代後逐漸為各州所採納,或訂立與該法類似之相關條款,該法要求相關受託人於作成或實行經營管理或投資相關之決定時,必須審慎運用其專業技能,謹守謹慎投資人原則及相關義務,使得裁量信託之受託人可能因欠缺相關專業能力或難以承擔相關責任,而存在委由其他適當人選就信託之投資等相關事項為決定之迫切需求;加上其他家族需求等考量,相較於裁量信託、複委信託或指示型信託之信託管理模式即逐漸成為美國家族信託制度之可能選項。

(二)固定信託(Fixed Trust)

固定信託在設立階段即由委託人在信託契約中對家族信託的具體設計、資產投資管理以及財產分配做了更多的約定,受託人擁有的許可權相對有限,對於信託資產的分配幾乎沒有自由裁量權,只能根據信託的條款和條件來管理資產。

---

[1] 本節主要內容引用台灣信託業商業同業公會委託萬國法律事務所研究關於《辦理家族信託內部委員會機制建置之研究——以美國為例》相關內容。

（三）複委信託（Delegated Trust）

複委信託顧名思義，係指信託之受託人就委託人委託其處理信託相關事項之授權範圍內，依信託契約之約定，再委由他人（通常是相關領域之專業人士）處理該信託之特定事項。舉例而言，信託受託人就信託財產關於投資方面之事項，另委由投資專業人士處理，如此便可降低信託受託人應備之專業技術門檻，使不具有相關專業之受託人仍可透過複委信託之模式，於委託人之授權範圍內，再委請其他專業人士就特定之信託事項為妥適之處理。

然而，對許多家族而言，無論是裁量信託或複委信託模式，家族成員就家族財產之掌控度、參與度皆不高，與許多家族對家族信託制度之期望仍有落差。相較之下，指示型信託模式於相當程度上更能顧及多數家族希望保有對家族財產之掌控、使家族成員得參與家族財產之運用等需求，因而逐漸成為美國最常被使用之現代家族信託模式之一。

（四）指示型信託（Directed Trust）

指示型信託之特徵在於，信託契約之受託人就信託標的之一般經營管理事項雖具有決定權，惟於特定範圍內之事項（通常係涉及投資或分配之事項），僅能依指揮者之指示進行信託標的之經營管理，並無自行決定之權責；本章後續介紹的實際操作均是以此類型信託為主。

此種信託模式之優點在於，由於指示型信託之受託人於涉及投資或分配等事項之範圍內，須依指示進行經營管理，且通常係由家族成員或受家族信賴之專業顧問擔任指揮者之角色，讓委託人及其家族成員保留更多對家族財產之掌控權，且指示型信託亦具有前述複委信託之優點，亦即，由於投資或分配相關事項之指揮者除得由家族成員擔任外，亦得由其他具相關領域專業之個人或集體共同擔任，即便是不具備相關專業之人（可能是委託人之家族成員、親友等），亦得成為合適之受託人人選。此外，透過指示型信託將投資及分配等事項之權責從傳統信託受託人之權限抽離，藉由上開權限劃分，輔以相關法律規定對受託人之保護，提升擔任信託受託人之意願，減少受託人因擔任受託人所負擔之成本費用支出，換言之，於指示型信託下受託人應負擔之責任相對減輕。整體而言，指示型信託模式之運作得有效提升家族信託之效能及順暢性。

指示型信託模式在設計上是將傳統信託架構下信託受託人（Trustee）之角色大致分為以下三部分：信託保護人（Trust Protector）、投資委員會（Investment Committee）、分配委員會（Distribution Committee）及經營管理與轉投資股權持有之受託人（Administrative Trustee）。於指示型信託架構下，委託人將信託財產移轉於執行受託人（以下簡稱受託人）名下，受託人乃信託關係中之信託受託人，其就信託財產之一般事項具有決定權（例如：開立並維持信託專用銀行帳戶之運作、準備並保存信託相關文件、處理報稅相關事宜等）。受託人可委由信託成立所在州之信託公司或個人擔任，保護人、投資委員會及分配委員會則係獨立於執行受託人而存在之機制，

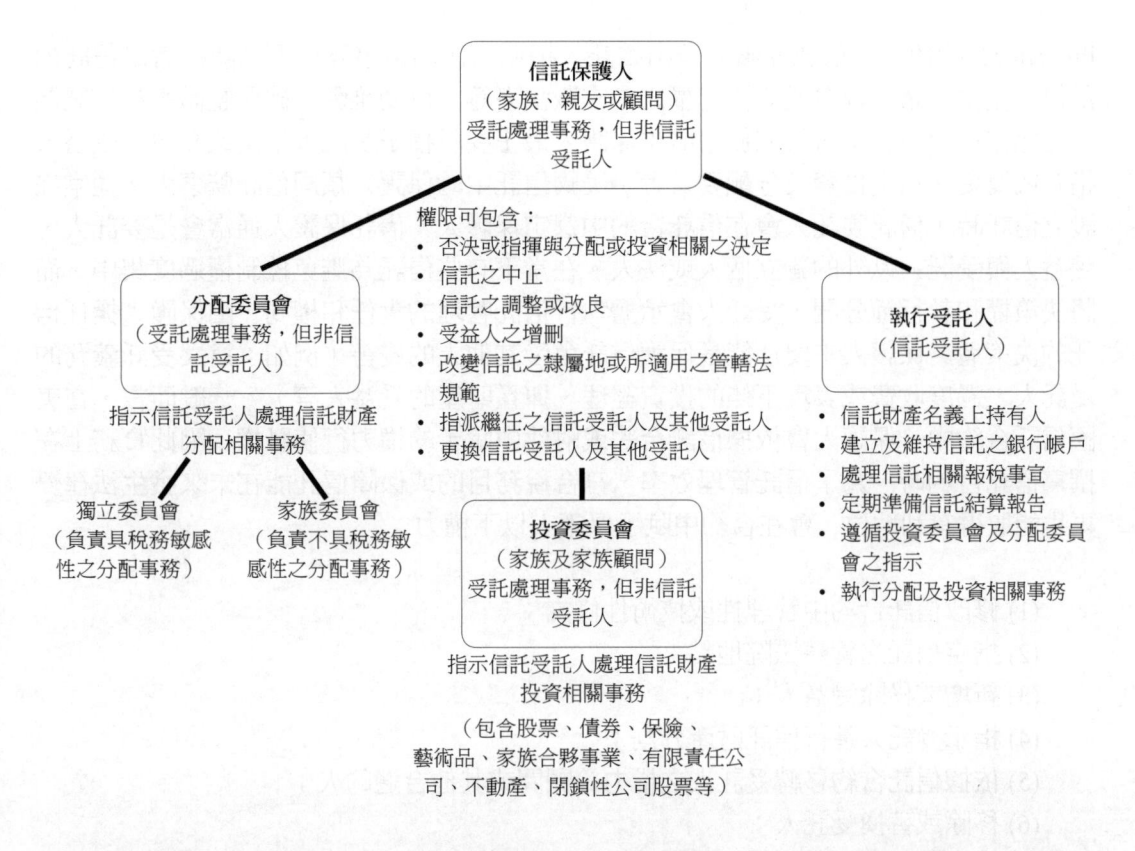

```
                    ┌─────────────────┐
                    │   信託保護人     │
                    │（家族、親友或顧問）│
                    │ 受託處理事務，但非信託│
                    │      受託人      │
                    └────────┬────────┘
                             │
              權限可包含：
              • 否決或指揮與分配或投資相關之決定
              • 信託之中止
              • 信託之調整或改良
              • 受益人之增刪
              • 改變信託之隸屬地或所適用之管轄法
                規範
              • 指派繼任之信託受託人及其他受託人
              • 更換信託受託人及其他受託人
```

```
┌─────────────┐                              ┌─────────────┐
│  分配委員會  │                              │  執行受託人  │
│（受託處理事務，但非│                         │（信託受託人）│
│  信託受託人）│                              └─────────────┘
└──────┬──────┘
指示信託受託人處理信託財產                    • 信託財產名義上持有人
   分配相關事務                               • 建立及維持信託之銀行帳戶
                                              • 處理信託相關報稅事宜
                                              • 定期準備信託結算報告
┌──────────┐  ┌──────────┐                   • 遵循投資委員會及分配委員
│ 獨立委員會 │  │ 家族委員會 │                  會之指示
│（負責具稅務敏│ │（負責不具稅務敏│              • 執行分配及投資相關事務
│ 感性之分配事務）││ 感性之分配事務）│
└──────────┘  └──────────┘

                    ┌─────────────────┐
                    │   投資委員會     │
                    │（家族及家族顧問）│
                    │ 受託處理事務，但非│
                    │      信託受託人   │
                    └─────────────────┘
                    指示信託受託人處理信託財產
                         投資相關事務
                    （包含股票、債券、保險、
                    藝術品、家族合夥事業、有限責任公
                    司、不動產、閉鎖性公司股票等）
```

其委員會成員通常由委託人或其他有權限之人指派擔任，且多由家族成員或受家族信賴之家族顧問組成。委員會之成員與委託人間可能另外成立委任關係，惟該等委員會僅具指示受託人處理信託標的關於投資及分配事項之指揮者地位，其本身並非信託受託人。關於前述指示型信託模式下各委員會及其他不同角色之實務運作情形，包含資格、人數、職務內容、實行方式、相關注意事項、分工合作模式、監控機制等，具體說明如下：

1. 執行受託人（Administrative Trustee）

於指示型信託架構下，執行受託人即為信託受託人，惟與傳統信託架構下之信託受託人相比，最大的相異處在於，執行受託人對信託標的就投資及分配等相關事項並無決定之權責，須聽命於分配委員會及投資委員會之指示處理投資及分配之相關事項。執行受託人可委由通常會委由組織性的受託人（例如信託公司）擔任，亦可委由信託設立所在州的個人擔任，但使其提供經營管理之服務，關於執行受託人於組織性受託人（Corporate Trustee 或稱 Institutional Trustee）乃相對於個人受託人指示型信託架構下所扮演之角色及職責內容，大致如下：成為信託財產名義上之所有權人、設立並管理信託專用之銀行帳戶、處理關於信託財產之稅務申報等事宜、定期備妥信託報告書（Trust Statement）、聽從信託保護人、分配及投資委員會之指揮處理相關事項等。

2. 信託保護人（Trust Protector）

為提升整體指示型信託之彈性及控管，通常會設立一個信託保護人（Trust

Protector）的角色，信託保護人多由委託人指派，作為情事變更下之調控者或信託內部機制產生爭議時握有最終決定權之中立裁決者等，協助維繫、確保整體家族信託制度之運作符合信託本旨及家族精神；保護人最主要職權是受託人指定或變更、受益人指定或變更、指定投資及分配委員等。美國信託中的保護人類同信託監察人。通常在設立信託時，信託委託人會在信託合約中選定保護人。信託保護人通常會是委託人、受益人與受託人以外的獨立個人或法人。在當下有些信託為避免控制權過度集中，而將決策權和執行權分開，受託人會承擔執行信託管理的責任和權利，由保護人擔任信託的決策者。保護人主要功能是保護信託免受其他人的侵害（例如：違反受託義務的受託人、過度收費或表現不佳的投資經理、揮霍財產的受益人等）。一般而言，在美國信託合約中，保護人會依據信託合約或附件中賦予的權力行使職權，因此實務上在撰寫信託合約時，為了信託管理效率、符合稅務目的或保障信託能在未來發生法律變更也能取得有利地位，會在合約中賦予保護人以下權力：

(1) 修改信託合約中管理性或技術性條文；
(2) 指定信託之管轄法院地點；
(3) 新增或移除受益人；
(4) 指示受託人進行信託財產分割；
(5) 依據信託合約移轉受託人之權力給顧問或其他合適的人；
(6) 移除或替換受託人；
(7) 指派繼任保護人或移除、新增保護人；
(8) 新增或移除投資指示顧問、信託資產分配顧問或特別受託關係人，以及指派繼任投資指示顧問、信託資產分配顧問或特別受託關係人；
(9) 與受託人、投資指示顧問、信託資產分配顧問或特別受託關係人訂定費用合約，以及該費用合約之續約；
(10) 若有一個以上信託，指示受託人合併信託，並指示受託人合併後以何信託為主要之信託管理方式。

3. 分配委員會（Distribution Committee）

分配委員會多由信託保護人指定之家族成員及受家族信賴之顧問所組成，亦可由保護人直接擔任；該委員會之核心目標在於開發並提供信託受託人關於受益人需求、狀況等方面之資訊，並做成關於分配事項之適當指示或建議，以裨益受益人之人生及維護整體信託之運行。

由於該委員會主要之職責在於提出信託財產、利益如何分配予受益人或是否准許受益人運用信託財產及如何運用等問題之建議，故由熟悉家族歷史、價值精神，具備良好溝通能力、與受益人維持良好關係，了解受益人成長狀況及所需，且能夠指導未來其他家族成員、延續委員會運作之人來擔任分配委員會成員較為適當。除了家族成員或家族顧問，亦可考慮指派具心理諮商背景或家族信託相關專業知識者擔任。另外，某些信託財產之分配可能會涉及稅法上的限制或其他法律問題，故亦可指派非家族成

員或與家族無從屬關係之獨立人員作為委員會成員，負責就較敏感之信託財產進行分配之指示及建議，或與執行受託人開會討論決定如何分配。

分配委員會在人數及開會方式上並無特別限制，得由委託人或其他有權限任命委員會成員之人（例如上述提到之信託保護人）決定適當之人數及方式。委託人或其他有權限任命委員會成員之人在指派或選任委員會成員時，可與受託人及受益人討論，詢問其意見。委員會成立後，若成員有所異動，亦可使該異動之成員提名適當之繼任者。至於委員會成員之任期，基於兼顧穩定性及變動性之考量，可考慮設定五年的任期，並限制最多連任兩期。分配委員會於指示型信託架構下，作為受託人就相關事項之指揮建議者的角色，前已述及。在監督機制上，建議或可由受益人、受託人、信託保護人等角色組成至少每三年一次之會議，審視、回顧分配委員會之運作，以確保委員會運作正常且符合信託本旨。

因此，為了節省開會所須支出的人事等費用，比起每個月開會一次，有些家族可能會選擇一季開會一次或一年開會一次，關於分配委員會，於信託契約中宜明確約定以下三點：第一，所有關於分配委員會之支出應由信託財產支付；第二，分配委員會乃受託人之建議、指示者，受益人不得擁有變動分配委員會成員之權限；第三，分配委員會之存續期間與信託存續期間相同。若現行存續中之信託並無分配委員會之設計，可考慮賦予信託保護人增設分配委員會之權限，亦可允許受託人聘請類似分配委員會角色之專業人士提供相關建議。

4. 投資委員會（Investment Committee）

投資委員會多由家族成員、專業投資顧問或經理人等成員組成，通常係由委託人或其他有權限之人（如保護人）指派擔任，前已述及。投資委員會之職責在於指揮受託人就信託標的進行投資、決定家族資產之配置及風險管理、擬定投資策略、監控並定期向委託人或受益人報告信託標的即家族財產之經營狀況（包含保險、股票、公司、不動產、藝術品或其他財產等），提供受託人相關之專業資訊及適當建議。委託人或其他有權限之人得就信託標的中不同之財產類型分別選任不同之投資委員會成員，以善用成員所擁有之不同專業知識及經驗。

投資委員會之成員於履行其職責時通常必須負擔故意及過失責任，但由於指示型信託下真正之信託受託人乃「執行受託人」，投資委員會僅立於類似指示建議者之地位，且通常存在信託保護人之設計，信託保護人對投資委員會之決定享有最終之否決權，故投資委員會成員之責任程度大多會輕於其他信託模式，如複委信託下擔任個別投資管理人時所應承擔之責任。

投資委員會在人數及開會方式上並無特別限制，可由委託人或其他有權限任命委員會成員之人決定適當之人數及方式。為避免影響委員會議事效率，投資委員會在人數上可考慮精簡化，由具投資專業之委員主導議事之方向及進行，由於投資委員會需

要足夠專業之相關知識及經驗以履行其職責,故作為具投資專業之委員會成員,宜具備特定之專業能力,包含熟悉現代投資組合理論、資產風險分配管理、具擬定投資方針及控管標的財產之豐富經驗等,避免僅粗略地由具「財經背景」之人擔任。此外,具投資專業之委員會成員,可委由自然人之投資顧問,亦可委由專業投資公司或投資諮詢事務所擔任。投資委員會雖係為提升家族信託財產之有效運用等目的而存在,惟若該委員會未能有適當之組成及良好之運作,反將阻礙整體信託體制之發展,故建議設立原則性之資產配置準則及定期之投資方針報告,確保信託財產之投資管理方向,並借重家族成員以外之相關領域專家擔任委員會成員,引領委員會做出決策。

(五)特定目的實體(Special Purpose Entity)／信託保護人公司(Trust Protector Company)

「特定目的實體」或稱「信託保護人公司」,僅係美國各州稱呼上之不同,有些州稱特定目的實體(例如內華達州),有些州則稱信託保護人公司。通常係指以法人組織之型態,結合指示型信託將投資、分配等事項從傳統信託受託人權限中抽離而保留予家族成員或家族顧問之主要結構,由該特定目的實體或信託保護人公司指揮家族信託之受託人,就信託財產進行經營管理。亦即,特定目的實體或信託保護人公司係以指示型信託受託人為目的而設立,透過董事會決議就信託相關事項向信託受託人進行指示,並得適時調整信託契約內容,董事會亦可就特定事項組成不同委員會,例如投資及分配委員會等。換言之,特定目的實體或信託保護人公司之董事會,將指示型信託模式中各委員會及其他機制(例如:信託保護人)所得發揮之功能皆包含在內,惟其係以法人組織之型態運作,強化信託架構之穩定性及永續性,並為各委員會或其他機制之成員提供較為完善之保護。

(六)私人家族信託公司(Private Family Trust)

除了指示型信託之外,私人家族信託公司於近年來亦逐漸成為美國現代家族信託制度之熱門選項,特別係對於坐擁龐大財富之高淨值家族而言。根據美國相關研究顯示,美國近年來私人家族信託公司之成立數目有愈漸成長之趨勢,預計未來將會有更多家族成立私人家族信託公司作為家族事業、財富傳承之途徑。

私人家族信託公司之設立,得選擇不同之公司型態,其中以「股份有限公司」形式成立之私人家族信託公司最為常見。私人家族信託公司如同一般之公司,由董事會執行私人家族信託公司之整體營運,其成員通常由設立私人家族信託公司之家族成員或私人家族信託公司之股東指派。從家族信託之角度而言,成立私人家族信託公司之家族,通常會以該私人家族信託公司作為受託人,與不同家族成員間分別設有個別之家族信託契約,由該私人家族信託公司來處理個別家族成員之家族信託事宜。

成立私人家族信託公司來經營家族信託相關事項具備許多優點,舉例而言,由於私人家族信託公司之設計可依不同家族之需求作彈性之調整,且私人家族信託公司之董事會等決策單位多由家族成員組成,故於此制度下,家族成員就家族財產之經營運

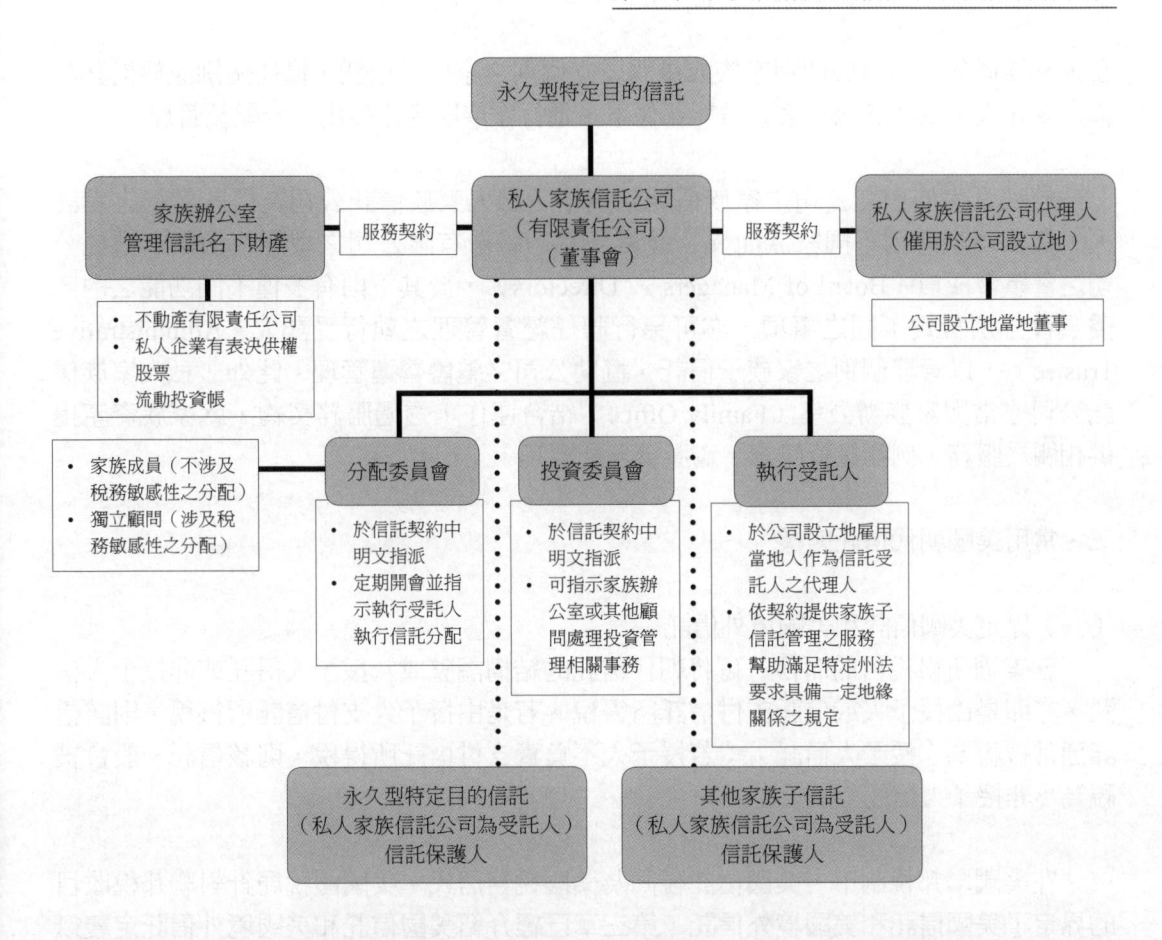

```
                              ┌─────────────────┐
                              │  永久型特定目的信託  │
                              └────────┬────────┘
                                       │
┌──────────────┐   服務契約   ┌────────┴────────┐   服務契約   ┌──────────────┐
│  家族辦公室    ├────────────┤  私人家族信託公司  ├────────────┤ 私人家族信託公司代理人│
│ 管理信託名下財產 │            │  （有限責任公司）  │            │ （僱用於公司設立地）│
└──────┬───────┘            │   （董事會）     │            └──────┬───────┘
       │                    └────────┬────────┘                   │
  • 不動產有限責任公司                    │                      公司設立地當地董事
  • 私人企業有表決供權                    │
    股票                              │
  • 流動投資帳                          │
                    ┌─────────────────┼─────────────────┐
              ┌─────┴─────┐     ┌─────┴─────┐     ┌─────┴─────┐
  • 家族成員（不涉及   │  分配委員會  │     │  投資委員會  │     │  執行受託人  │
    稅務敏感性之分配）  └─────┬─────┘     └─────┬─────┘     └─────┬─────┘
  • 獨立顧問（涉及稅       • 於信託契約中       • 於信託契約中       • 於公司設立地僱用
    務敏感性之分配）         明文指派           明文指派           當地人作為信託受
                        • 定期開會並指       • 可指示家族辦         託人之代理人
                          示執行受託人         公室或其他顧       • 依契約提供家族子
                          執行信託分配         問處理投資管         信託管理之服務
                                            理相關事務         • 幫助滿足特定州法
                                                               要求具備一定地緣
                                                               關係之規定
                              │                   │
                    ┌─────────┴────────┐ ┌────────┴─────────┐
                    │  永久型特定目的信託  │ │   其他家族子信託    │
                    │（私人家族信託公司為受託人）│ │（私人家族信託公司為受託人）│
                    │     信託保護人      │ │    信託保護人     │
                    └──────────────────┘ └──────────────────┘
```

用具有相當高度之參與性及掌控性，有利於家族繼承人之培養及家族精神、事業與財富之傳承。再者，對資產範圍龐大且多樣之家族而言，私人家族信託公司亦得提供制度化之經營管理，避免一般信託之個別受託人可能死亡、退休或調派等穩定性方面之問題。此外，以私人家族信託公司作為家族成員間個別家族信託之受託人，依相關法律亦得免除對家族財產傳承而言不利之相關稅收問題，然而，成立私人家族信託公司亦須考量私人家族信託公司之設立成本及營運支出等費用，因此，多數專家皆建議成立私人家族信託公司前，應審慎評估家族財產是否適合透過私人家族信託公司進行家族信託。私人家族信託公司作為美國實行家族信託之工具，通常會與美國信託法上之特定目的信託制度結合。所謂特定目的信託（Purpose Trust）與一般信託制度最大之差異在於，特定目的信託並不存在受益人。過去美國法實務上對無受益人之信託，通常不認可其效力，惟自從美國將特定目的信託明文規範於統一信託法第409條規定後，即已確立特定目的信託之合法地位。

　　一般而言，委託人得成立以「管理並持續維持私人家族信託公司之運作」為目的而無受益人存在之特定目的信託，將特定目的信託之期間設為永久存續，並將家族財產移轉至該特定目的信託名下（美國規定「信託」本身即具有法人格，得成為信託財產之所有權人），再由該特定目的信託以信託財產成立私人家族信託公司，並持有該私人家族信託公司100%之股權，由該私人家族信託公司就家族財富進行管理。通常

私人家族信託公司會與個別家族成員間成立個別之家族子信託，擔任個別家族信託關係之受託人，協助於個別家族信託關係下，進行家族財產之運用、分配及管理。

於私人家族信託公司之家族信託架構下，私人家族信託公司為信託契約之受託人，其公司型態因不同家族而異，最常見者乃股份有限公司之型態，由數人擔任公司之董事會成員（Board of Managers／Directors），於其下則有多種不同功能之內部委員會分別負責不同之事項，亦可另行聘任經營管理之執行受託人（Administrative Trustee），以管理個別之家族子信託、協助公司之整體營運管理。此外，私人家族信託公司亦常與家族辦公室（Family Office）結合運作，透過服務契約，就家族資產提供相關之服務，例如投資建議、資產管理配置等。

三、常用美國朝代信託態樣

（一）界定美國信託和美國境外信託

就美國所得稅目的而言，可將朝代信託的結構調整成為授予人信託或非授予人信託，亦即是由授予人或信託支付信託所得稅。若是由授予人支付信託所得稅，則該信託通常被視為「授予人信託」；若授予人不負責支付信託所得稅，則該信託一般會被視為「非授予人信託」。

在美國聯邦稅制下，美國信託視同為美國稅務居民。美國國稅局針對聯邦稅收目的界定了美國信託和美國境外信託，第三章已經介紹美國信託和美國境外信託定義以及常見類型，依據1996年生效之IRC§§7701(a)(30)(E)和(31)(B)規定，當以下兩個條件均成立時，該信託為美國信託，若以下任一條件不成立，則視為外國信託：

1. 美國法院可以對信託的管理行使主要監督，即法院測試；
2. 一個或多個美國人（U.S. Persons）有權控制信託的所有重大決定，即控制測試。

因此根據定義，美國信託是指受到美國法律管轄的信託，且有一個美國的控制人。而外國信託是指在美國設立但沒有美國控制人的信託，或在美國境外設立的信託，無論信託的控制人是否為美國人，因此無法通過法院測試或控制測試。就美國聯邦所得稅而言，若一個外國信託的控制人是一個非美國人，該外國信託就被視為非美國稅務居民。因此，除非外國信託產生與美國有實際關聯的收益，否則該信託將無須繳納美國所得稅。

我們建議，設置信託保護人來控制信託所有的重大決定。一般來說，信託保護人類似受託人，擁有信託協議中規定的許多權力。根據26 CFR§301-7701-7(d)(2)，若受託人死亡、喪失行為能力或突然辭職而出現空缺，這將使重大決定的控制權變更或移交給非美國籍的受託人（或掌握實質性決定之人），該信託自變更之日起12個月內，得通過更改受託人或更改居留權來重新確定控制權。若在12個月內進行了相關變更，

則該信託仍將被視為美國信託；反之，若未進行變更，則該信託將在期滿之日起，成為外國信託。

舉例來說，若紐約居民在紐約州法院執行遺囑為其身為紐約居民的子女們設立了遺囑信託，該信託任命紐約銀行（美國人）和愛爾蘭堂兄（外國人）為受託人，透過多數決，該受託人擁有給受益人之信託本金分配之重大決定，因此該信託可被視為外國信託，因為相關重大實質決定不完全掌握在美國人手中。

授予人通常期望透過朝代信託來實現許多目標，例如保護自身資產、為後代確保繼承權、節省稅收和跨國轉移資產等。以下兩架構將說明能夠實現上述所有目標的美國朝代信託架構：

1. 美國跨境朝代信託架構

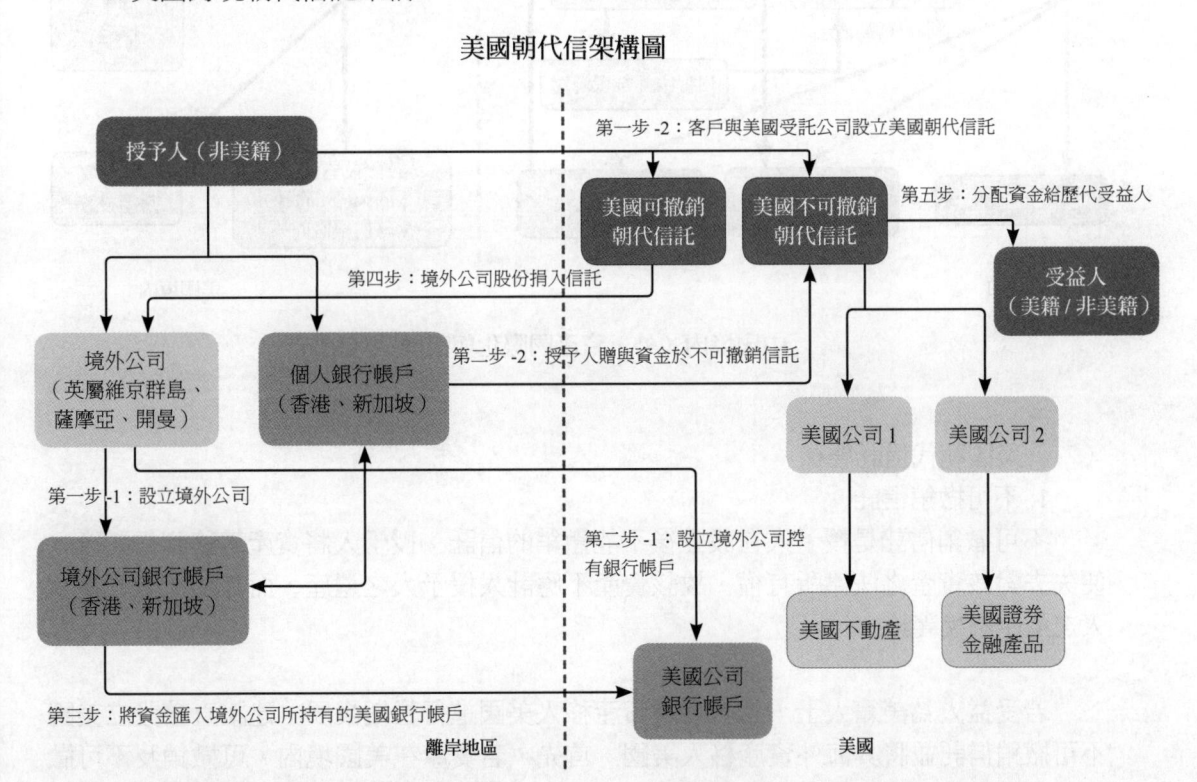

美國朝代信架構圖

- 授予人（非美籍）
- 第一步-2：客戶與美國受託公司設立美國朝代信託
- 美國可撤銷朝代信託
- 美國不可撤銷朝代信託
- 第五步：分配資金給歷代受益人
- 受益人（美籍/非美籍）
- 第四步：境外公司股份捐入信託
- 境外公司（英屬維京群島、薩摩亞、開曼）
- 個人銀行帳戶（香港、新加坡）
- 第二步-2：授予人贈與資金於不可撤銷信託
- 美國公司1
- 美國公司2
- 第一步-1：設立境外公司
- 境外公司銀行帳戶（香港、新加坡）
- 第二步-1：設立境外公司控有銀行帳戶
- 美國不動產
- 美國證券金融產品
- 第三步：將資金匯入境外公司所持有的美國銀行帳戶
- 美國公司銀行帳戶
- 離岸地區 / 美國

信託角色及權力		
★受託人 履行信託義務： 1. 按照指示分配或處理資產 2. 簽署信託稅表	★保護人 移除及替換受託人 新增及移除受益人 修改合約中技術性條款 指定法律管轄地 指示分割信託	★投資顧問 書面指示受託人投資及轉資金進信託下公司 ★分配顧問 指示受託人分配信託本金及收益

2. 資產國際化與美國朝代信託

中國境內（外）資產國際化與美國朝代信託

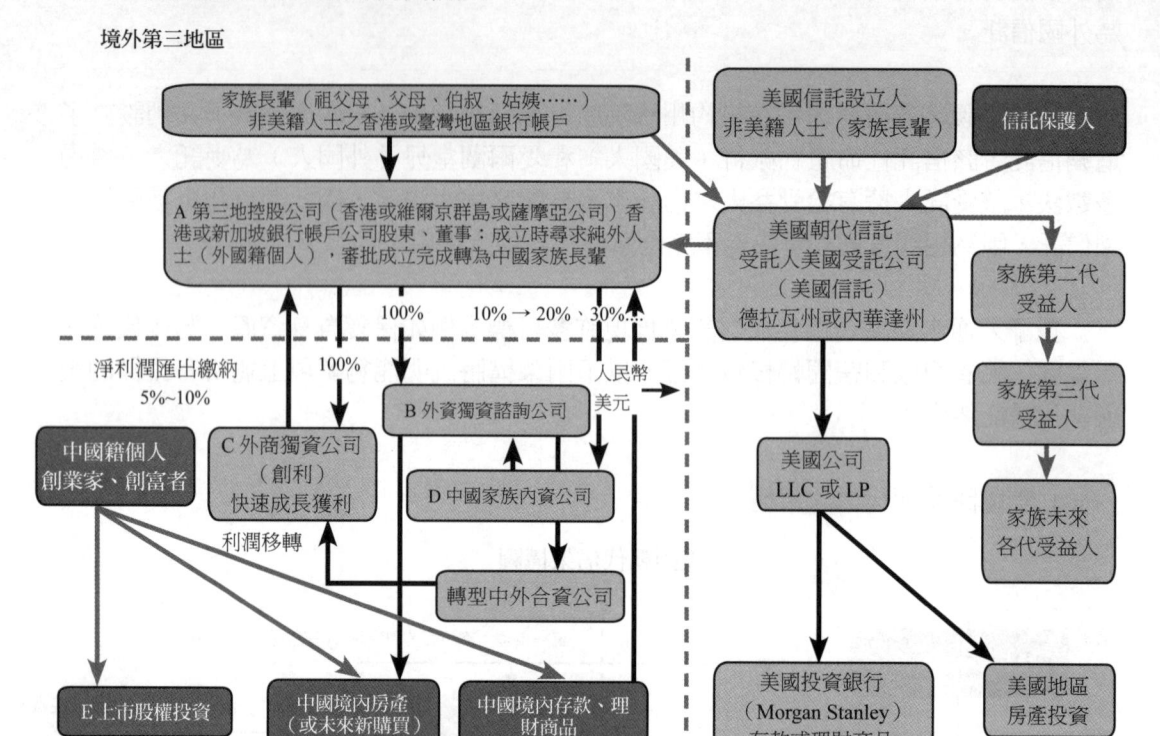

（二）美國朝代信託態樣

1. 不可撤銷信託

不可撤銷信託是授予人在設立後不能撤銷的信託。授予人將資產轉移到信託後，便失去對該資產之法律所有權，故該資產不應計入授予人之遺產，而有助於減輕繼承人之遺產納稅義務。

若受益人為美籍人士，且有意將資產移入美國進行長期發展，建議直接設立美國不可撤銷信託並將其海外資產移入美國。首先，若資產在美國境內，可撤銷及不可撤銷的非授予人信託在所得稅上並無差別，因為只要有美國來源所得，不論是美籍人士或是非美籍人士，都必須繳交美國所得稅。二來，建議以非美籍人士作為信託授予人，因為若信託授予人在信託可撤銷的情況下，將美國境內資產放入信託，未來一旦授予人去世，此信託轉為不可撤銷之非授予人信託時，會被視為非美籍人士贈與（或遺產）美國境內資產，都可能涉及高額的移轉稅負。

內華達州作為美國許多富裕家庭在規劃財富上的支柱，宣傳自己是最「友善」的信託州之一。1986 年，德拉瓦州完全廢除了反永續規則，允許德拉瓦州的信託公司可

永久保留、投資和再投資資產及收益。雖然授予人不能撤銷不可撤銷信託,但信託資產可以全部分配或「轉注」到另一個信託,而將信託結束。儘管轉注有其局限性,但往往可作為修改信託的工具。此外,不可撤銷信託的受託人可以向德拉瓦州大法官法院申請修改其條款以滿足受益人的需要。以下是美國德拉瓦州不可撤銷信託用來持有美國境內資產之架構:

內華達州不可撤銷信託

```
境外地區                          |              美國地區
非美國籍個人                       |
    ↓                             保護人
非美國籍個人                       投資顧問
香港或新加坡                       分配委員
銀行帳戶          設立
    ↓              ↓              受益人第一代 A 100%
美國債券      朝代信託
           受託人:內華達受託公司
            (不可撤銷信託)         受益人          受益人
                                  第二代 AA 50%  第二代 AA 50%
              ↓       ↓
          LLC或LP  LLC或LP         受益人 受益人 受益人 受益人
                                  第三代 第三代 第三代 第三代
                                  25%   25%   25%   25%
           ↓    ↓    ↓
         不動產 美國股票 銀行存款
```

　　上圖信託是由非美籍個人於德拉瓦州或內華達州建立的朝代信託,並選擇當地的專業信託公司擔任受託公司,授予人所指定之受益人及其後代均為美籍。該信託投資許多有限責任公司(LLC)及有限合夥(LP),進而控有不動產、美國股票或是銀行存款,或持有實質運營的公司。

　　綜上所述,若授予人為非美籍而受益人為美籍,且資產將移入美國境內投資經營,建議設立美國不可撤銷信託,並可以按照下頁家系的傳承模式,進行資產的傳承。

　　一般來說,在這樣的架構下,主要受益人過世時,將依家系分給該主要受益人的直系子孫;倘若過世時無直系子孫在世,信託財產將依家系按比例先分給兄弟姊妹(及其後代)。

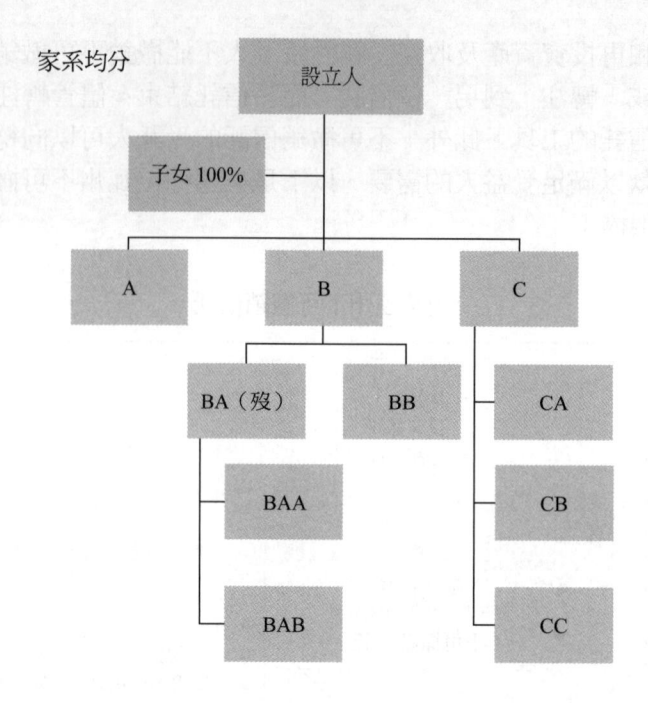

```
                    家系均分        設立人
                                     │
                    子女 100%        │
                    ┌────────────────┼────────────────┐
                    A                B                C
                              ┌──────┴──────┐    ┌────┼────┐
                            BA(歿)        BB   CA       
                              │                  CB
                            BAA                       
                              │                  CC
                            BAB
```

　　最後，若已故受益人在去世時沒有後代或兄弟姐妹，那麼則按比例分給已故受益人父母的兄弟姐妹（及其後代），但前提是已故受益人的父母已經去世。茲將設立美國不可撤銷信託之方式與目的分列如下：

　　(1) 設立信託者不能有美國移民之意圖（建議由非美國籍長輩設立）
　　將資產移入美國不可撤銷信託，在美國稅上視同是完全贈與（Completed Gift），故而若是美籍人士將海外資產透過贈與進入美國，是需要繳交贈與稅的。因而一般情況下，資產必須由非美籍人士自境外贈與美國境內的不可撤銷信託，因為外國人贈與境外資產給美籍人士（信託）是沒有贈與稅的，僅須由受贈人（信託）於隔年度報稅時申報 3520 表即可。然而，若贈與人是美國人，且贈與的資產超過了個人的終身贈與和遺產稅的免稅額，在某些條件下將觸發美國的贈與稅，不論該資產是否位於美國。

　　(2) 境外資金進入美國，未來資金即可長久在美國投資運用、收取孳息、分配收益
　　境外資金放入美國不可撤銷信託經過一定年限之後，該美國信託即產生資產保護的效果。資產保護生效年限依據各州州法而定，以內華達州而言，資產放入信託滿兩年後將受到信託的保護，舉例而言，債權人的請求權、配偶的剩餘財產分配請求權或是官司求償，皆無法觸及信託內的資產，未來信託內的本金分配給受益人時，也不會產生遺產稅或贈與稅等移轉稅，而信託資產產生的孳息或收入，將按照美國稅法繳交所得稅。

　　(3) 避免遺囑（Will）可能產生之未來遺產分配爭議

一旦不可撤銷信託成立，未來信託內資產都必須按照信託合約內所約定之方式進行，並且信託合約是律師按照最嚴謹之法律用詞撰擬，其用字的正確和精準度並非一般遺囑可比擬，而信託合約都需經過律師審閱及公證人之認證，屆時亦不會有遺囑真偽之疑慮。

(4) 避免家族財產傳承可能產生的傳承稅負，例如贈與稅或遺產稅的課徵

美國個人在將大量資產從這一代轉移到下一代時，通常要繳納遺產稅、贈與稅及／或隔代贈與稅（Generation Skipping Transfer Tax, GST Tax）。一般來說，「大量資產」是以轉讓時的遺產稅和贈與稅免稅額（以及隔代移轉稅的免稅額）來定義的。對於非美國人來說，架構規劃得宜的朝代信託可以避免信託持有資產面臨美國移轉稅。不可撤銷信託可透過「分割信託」或「轉注信託」的方式，將財產分割給下一代各家系，避免資產傳承發生重複課稅。

(5) 保護財產：避免家族財產遭受惡意第三者或債權人請求，信託本金不列入受益人配偶離婚時可得請求之財產

資產一旦進入到信託當中，信託就會成為資產的所有者，每一位受益人僅能就其被分配到之獲益或本金來運用，信託內的資產則是受到信託合約的保護。因此，無論是任何的債權人、惡意第三者，離婚程序中的配偶，皆無法透過法院對受益人提出請求。因為信託資產的擁有者並非屬於受益人，因此保障信託內的資產能夠順利完整地世代傳承。

(6) 存續期間長，可達到財富傳承目的

美國信託法因州而異，各管轄區通常能夠實施各自的法規來規範信託的設立，信託根據其所在管轄區的法律而有不同的期限限制。在某些州對信託的存在期間有限制，如加州90年以及內華達州365年的存續期間；而有些州則無法律限制信託存在的年限，例如德拉瓦州。內華達州和德拉瓦州都是對信託期限比較寬裕的州，對於設立朝代信託而言是一大優勢。下頁檢附美國各州信託存在期間。

(7) 靈活傳承，財富傳承彈性便利

朝代信託藉由分配（Distribution）將信託本金或收入以固定份額分配給受益人，由分配顧問指示受託人執行；藉由分割（Division）將信託中剩餘資產分為數份（依據合約而定），並移轉入為分割受益人成立的子信託，故未來信託分割時，分割受益人可以享有信託資產份額；以及藉由轉注（Decanting）將信託資產移到另一個新的信託，可能是想改變信託關係、合併或拆分信託。要注意的是，轉注不能新增受益人，除非對原先受益人有正面的影響；也不能透過轉注來增加該信託的存續期間，反永續規則的條款以存續期間較短的州為準。

美國信託與跨境傳承

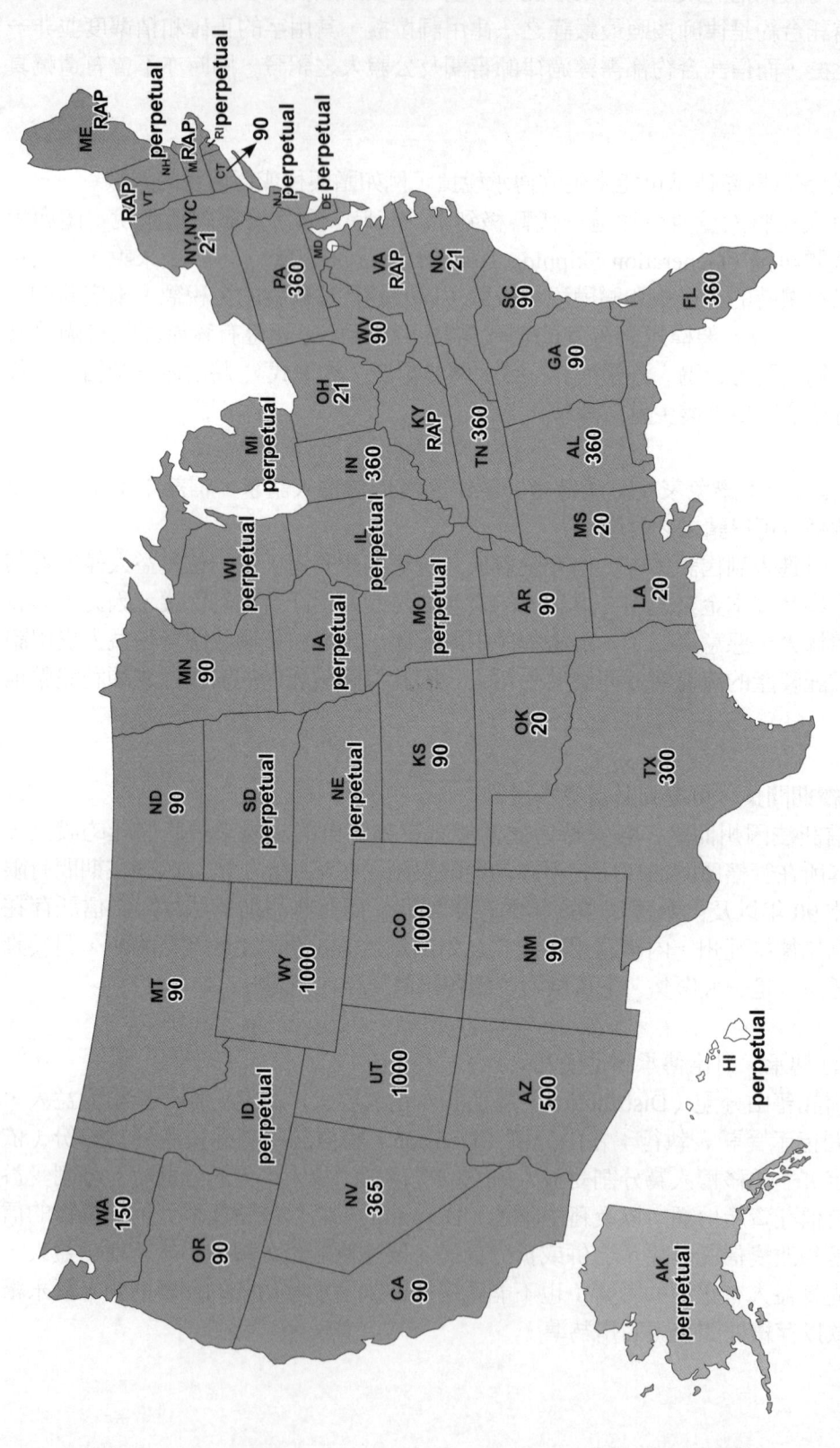

州	年限
ME	RAP
NH	perpetual
MA	RAP
VT	RAP
CT	90
RI	perpetual
NJ	perpetual
NY, NYC	21
DE	perpetual
PA	360
MD	(無)
VA	RAP
WV	90
NC	21
SC	90
FL	360
GA	90
OH	21
KY	RAP
TN	360
AL	360
MI	perpetual
IN	360
IL	perpetual
MS	20
WI	perpetual
IA	perpetual
MO	perpetual
AR	90
LA	20
MN	90
OK	20
TX	300
ND	90
SD	perpetual
NE	perpetual
KS	90
CO	1000
NM	90
MT	90
WY	1000
UT	1000
AZ	500
HI	perpetual
ID	perpetual
WA	150
NV	365
OR	90
CA	90
AK	perpetual

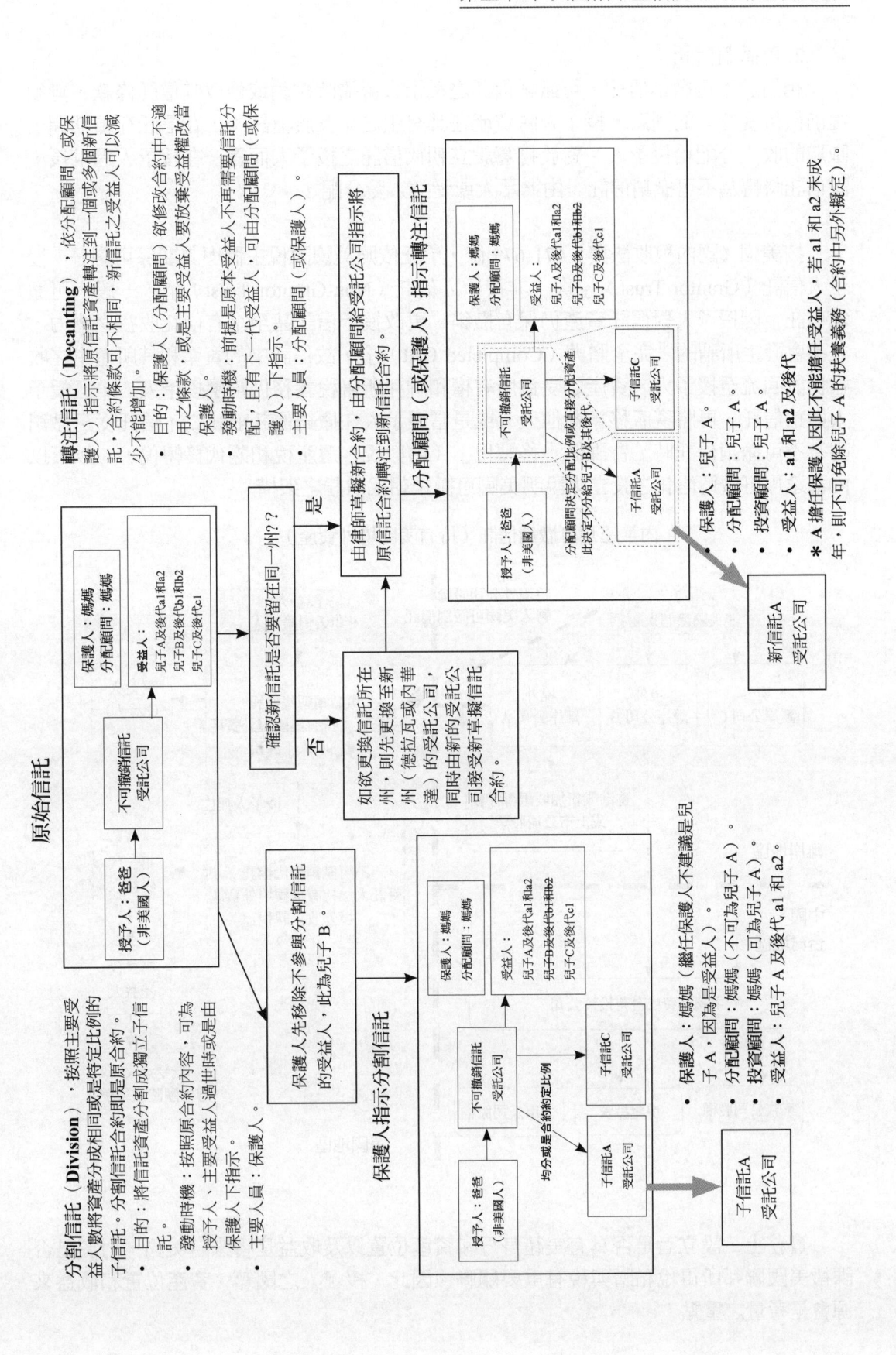

第五章 ◆ 美國指示型信託之籌劃與操作流程

原始信託

分割信託（Division），按照主要受益人數將資產分成相同或是特定比例的子信託。分割信託合約即是原信託。

- 目的：將信託資產分割成獨立子信託。
- 發動時機：按照原合約內容，可為授予人、主要受益人過世時或是由保護人下指示。
- 主要人員：保護人。

轉注信託（Decanting），依分配顧問（或保護人）指示將原信託資產轉注到一個或多個新信託。合約條款可不相同，新信託之受益權可以減少不能增加。

- 目的：保護人（分配顧問）欲修改合約中不適用之條款，或是主要受益人要放棄受益權改當保護人。
- 發動時機：前提是原本受益人不再需要受益分配，且有下一代受益人，可由分配顧問（或保護人）下指示。
- 主要人員：分配顧問（或保護人）。

保護人指示分割信託

保護人先移除不參與分割信託的受益人，此處為兒子 B。

授予人：爸爸（非美國人）
均分或是合約定比例
→ 不可撤銷信託 受託公司
→ 子信託A 受託公司
→ 子信託C 受託公司

- 保護人：媽媽（繼任保護人不建議是兒子 A，因為是受益人）。
- 分配顧問：媽媽（不可為兒子 A）。
- 投資顧問：媽媽（可為兒子 A）。
- 受益人：兒子 A 及後代 a1 和 a2。

→ 子信託A 受託公司

由律師草擬新合約，由分配顧問給受託公司指示將原信託合約轉注到新信託合約。

確認新信託是否要留在同一州？
- 是 →
- 否 → 如欲更換信託所在州，則先更換至新州（德拉瓦或內華達）同時由新的受託公司接受新草擬信託合約。

分配顧問（或保護人）指示轉注信託

授予人：爸爸（非美國人）
→ 不可撤銷信託 受託公司
→ 子信託A 受託公司
→ 子信託C 受託公司

分配顧問決定分配比例或直接分配資產，此處決定分給兒子B及其後代

→ 新信託 受託公司

- 保護人：媽媽
- 分配顧問：媽媽
- 受益人：兒子A及後代ca1和la2、兒子B及後代cb1和lb2、兒子C及後代c1

- 保護人：兒子 A。
- 分配顧問：兒子 A。
- 投資顧問：**a1 和 a2 及後代**
- 受益人：**a1 和 a2 及後代**

* 擔任保護人因此不能擔任受益人，若 a1 和 a2 未成年，則不可免除兒子 A 的扶養義務（合約中另外擬定）。

2. 可撤銷信託

相對於不可撤銷信託，可撤銷信託之授予人得隨時撤銷或修改其信託條款，無須提前徵得受託人的同意。授予人將資產在其有生之年置於信託中，在信託存續期間，賺取的收入分配給授予人。對於打算設立朝代信託之授予人而言，在授予人過世後，該信託將轉為不可撤銷信託，由繼承人或受益人受分配。

按美國《國內稅收法典》671-679條，信託依照美國課稅主體與其關係可劃分「授予人信託（Grantor Trust）」與「非授予人信託（Non-Grantor Trust）」。一般「可撤銷信託」因授予人對信託資產仍保有撤銷、更改授予信託甚至享有信託收益之權力，並不會發生所謂的「完全贈與（Completed Gift）」，故信託中的資產和其所產生之收益仍能回流至授予人，資產之受益所有權和聯邦所得稅義務仍歸屬授予人。一旦授予人撤銷信託，再將資產移轉給他人，或是當授予人在撤銷信託前死亡，信託從可撤銷轉為不可撤銷信託時，會課徵「移轉稅」（贈與稅、遺產稅和隔代移轉稅）。以下以內華達州可撤銷信託之設立來說明美國可撤銷朝代信託之架構：

內華達州可撤銷信託（持有美國境外資產）

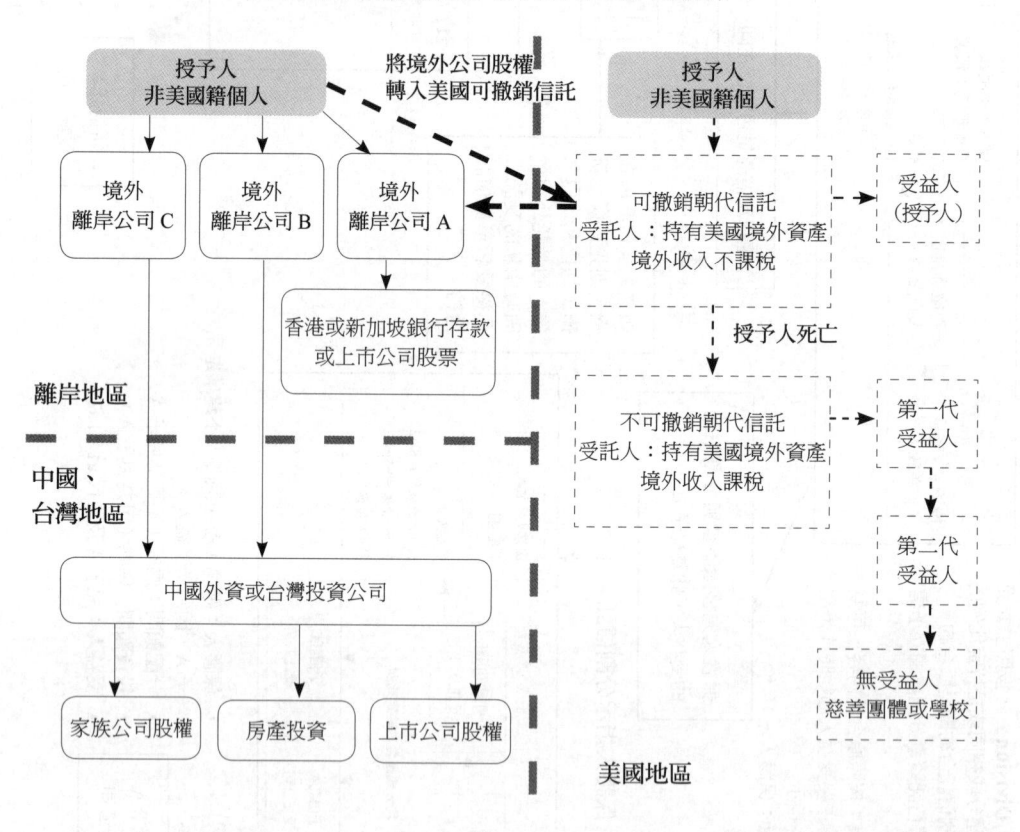

實務上，設立者是否具有美籍身分和資產位置以及收益是否來自美國，對於是否課徵美國聯邦所得稅和贈與稅有重要關聯。因此，授予人之國籍、資產位置和收益來源會是考量之重點。

(1) 非美籍人士設立美國可撤銷朝代信託

扣除個人因素，非美籍人士是否需要設立美國可撤銷信託在美國聯邦所得稅和遺產稅上考量之重點為：受益人是否為美國納稅義務人。因為此信託在授予人生前維持在可撤銷的狀態，其資產受益所有權和所得稅之義務仍會歸屬於授予人，但是一旦授予人過世，若信託資產不按照合約中約定的方式分配的話，則會立刻轉換成不可撤銷信託。此時不可撤銷信託若是境外不可撤銷信託，而受益人又為美國籍，則未來信託分配收益給美籍受益人時，不僅需繳納美國所得稅，一旦此境外信託收益當年度未分配而延至未來年度分配時，還需特別注意聯邦所得稅追溯適用條款的利息和罰鍰。

第二個考量重點在於資產所在地和收入來源地。當信託授予人為非美籍，按照前面所述，在美國可撤銷信託之情況下，信託資產和其所產生之收益將歸屬於授予人，因此只要資產沒有美國來源收益，此信託所產生之收益在授予人在世時，並不會有任何美國聯邦所得稅之義務。此外，當授予人一旦過世，此信託將會由美國可撤銷信託轉換成美國不可撤銷信託，此時因為授予人為非美籍，其資產又在美國境外，因此轉換的過程也不會有任何美國的遺贈稅產生（要強調的是，資產需在美國境外，因為外國人移轉境外資產給美國人沒有遺贈稅，假使外國人在美國境內有資產，按資產的種類不同，移轉時可能發生遺產稅和贈與稅）。但一旦轉換成美國不可撤銷信託後，就會有美國聯邦所得稅之義務。

綜合以上兩點，當受益人為美籍納稅義務人時，但當下的資產和其產生之收益皆來自境外，我們會建議當事人先設立美國可撤銷信託。如此不僅可以遞延美國聯邦所得稅發生的時點，未來轉入美國不可撤銷信託後，美籍受益人亦不會受到所得稅追溯適用規定之不利情形。

茲將非美籍人士（非美國稅務居民）設立信託之地點與性質比較如下：

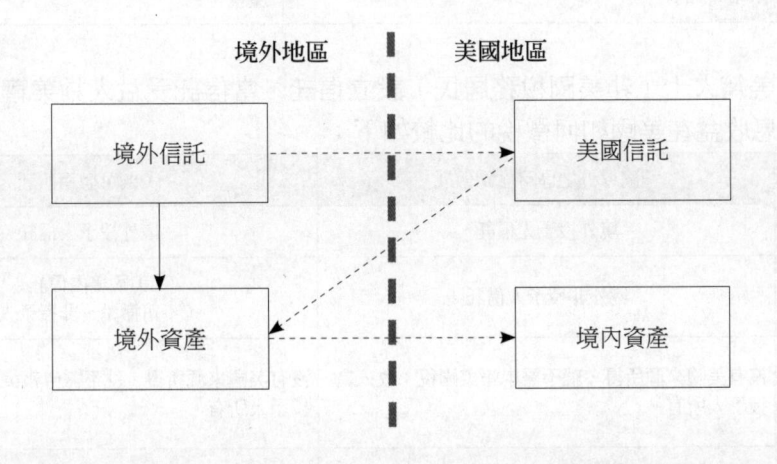

```
        境外地區        |        美國地區
                        |
    ┌──────────┐        |      ┌──────────┐
    │ 境外信託 │- - - - - - - →│ 美國信託 │
    └────┬─────┘        |      └──────────┘
         │              |            ↗
         ↓              |          ↗
    ┌──────────┐        |      ┌──────────┐
    │ 境外資產 │- - - - - - - →│ 境內資產 │
    └──────────┘        |      └──────────┘
                        |
```

授予人為非美籍、受益人為美籍、且資產在美國境外	離岸信託（境外信託）	美國信託
可撤銷信託	可以遞延美國受益人所得稅課徵，因為境外資產的所得不必被課徵美國所得稅，但在授予人死亡時會轉為不可撤銷信託，之後每年若無完全分配就會有所得稅追溯條款的問題，且境外不可撤銷信託並非永久的朝代信託，信託期間結束後資產分回美國受益人身上，未來還是會被課徵遺產稅。因此建議增設美國不可撤銷信託作為此境外信託受益人。	可以遞延受益人所得稅，因為授予人是非美籍，且資產的受益所有權並沒有脫離非美籍授予人，所以會被認定為境外信託，並且其境外的資產收益不用繳納所得稅，待授予人死亡後，此美國可撤銷信託將轉為美國不可撤銷信託，此時境外的資產移轉入美國不可撤銷信託不需要繳交贈與稅或遺產稅，然後美國不可撤銷信託於收到境外資產時，隔年須申報 3520 表。每年受益人或是信託也必須繳交所得稅（稅率最高 37%，由信託或是受益人繳，不會有所得稅追溯條款的問題）。
資產	美國境內	美國境外（授予人生前） 美國境內及境外資產（授予人過世後）
不可撤銷信託	此信託的境內外資產若有收益，則美籍受益人收到分配時需要繳交美國所得稅，若收益沒有在當期完全分配給受益人，未來收到累積再分配的所得後會有回溯稅罰金。（需設法使每年所得完全分配）	無法遞延受益人所得稅，當期所得當期繳稅，分配給受益人則併入受益人所得，留在信託則由信託本身納稅，最高稅率 37%（2025），不會有回溯稅的問題。若是在某些州（例如德拉瓦州）則信託期間無長度限制，可世代避免遺產稅，達到傳承效果。
可設置保護人以變更信託受益人、受益分配	境外信託通常為了綁住客戶而代為管理資產，因此會賦予受託人較多權利，故授予人或是保護人僅擁有較少的權利，對於信託的控制權較小。	權限明確以信託法加以規範，如保護人擁有之權利、如何替換等等都在設立時按照授予人的意願決定，使授予人相對境外信託可以保留較多的信託控制權，受益人由授予人在信託設立時決定，且可在信託設立之初讓受託公司對於信託資產僅有持有之功能。
跨代傳承功能	通常境外不可撤銷信託皆設有年限，待年限屆滿後，信託資產將強制分配予受益人，成為其個人財產，故無法達成永續傳承之目的。	若在沒有信託年限的州，只要保護人不要終止此信託，或是不將信託中本金全部分配出去，則此信託可以代代相傳，不會被課徵遺產稅。

若以非美籍人士（非美國稅務居民）設立信託，當信託受益人具美籍身分，未來取得信託孳息收益在美國如何徵稅的比較如下：

	美國以外地區可撤銷信託	美國可撤銷信託
授予人生前	境外授予人信託	境外授予人信託
授予人死亡時	境外非授予人信託	美國境內信託（不可撤銷，非授予人）
信託稅務：授予人生前，若無分配	沒有美國來源所得，就不需申報美國稅；收入為授予人所有。	沒有美國來源所得，就不需申報美國稅；收入為授予人所有。
信託稅務：授予人死後	一般來說若無分配，則沒有美國稅，除非有美國來源所得；須申報 1040NR 表。	開始申報 1041 表、K-1 表、5471 表（若信託持有 CFC）。

	美國以外地區可撤銷信託	美國可撤銷信託
受益人稅務	只要信託有收入（當年或過去任何一年），給美國受益人的信託分配就會觸發美國稅。當有應稅分配時，受益人應申報 1040 表及 3520 表，並附上境外信託受益人報告所有來自收入或資本利得的分配。美國受益人可能需要申報 FBAR 及／或 8939 表，以揭露信託持有的境外金融資產。受益人使用境外信託財產，視為分配。	申報 1040 表附上 K-1 表，以申報分配的收入或資本利得。
缺點	1. 境外非授予人信託之累積收入及保留未分配淨利的範圍，美國受益人將適用回溯原則懲罰性課稅。 2. 資本利得若沒有在收益年度分配，則視為一般收入；即累積資本利得將被回溯原則課稅。 3. 美國受益人將遵循較嚴格的申報要求，包括申報 3520 表，若申報失敗，將啟動數個懲罰；境外受託人通常無法協助美國受益人正確申報。 4. 若境外非授予人信託持有 CFC 或 PFIC 股權，即使沒有分配，仍存有不利稅負可能。	若持有 CFC 或 PFIC，最好採用勾選原則（Check the Box）申報 8832 表，並每年依照控股公司的財務報表申報所得。
其他考量	美國並非 CRS 參與國家，反觀有許多國家是 CRS 成員。	若信託持有 CFC 股權或 PFIC，美國受益人將就該股權的收入課稅，即使信託並未分配該收入。

(2) 非美籍人士設立美國可撤銷朝代信託持有境外資產

美國可撤銷信託控有非美籍人士境外資產時，其資產之真正所有權和資產所產生之收益，仍歸屬於設立人本身，因此只要沒有美國來源所得，其收益不會有任何美國聯邦所得稅之義務，美國受益人收到分配時也無需繳交所得稅，僅須就收到部分申報 3520 表的第三部分即可。而當設立人過世時，只要此信託能滿足法院測試（Court Test）和控制測試（Control Test），此信託就會轉換成美國的不可撤銷非授予人信託，因為此時資產都屬於境外資產，因此轉換時不會有任何的移轉稅發生，而轉換成美國不可撤銷非授予人信託後，一切信託資產不論境內外，都將開始繳交美國稅，並按照美國稅法規定開始披露境外資產訊息，但一切資產都將開始受到美國信託法保障。

以非美籍人士成立可撤銷朝代信託持有境外資產的主要原因有下：

(1) 設立人生前隨時可撤銷，隨時可將資產回復到由境外設立人名義持有

按照美國信託法規定，只要設立人對信託內資產擁有重大決定權，或是信託內資產所產生的收益只能讓設立人擁有，此信託就是屬於美國信託法下規定的授予人信託，因為設立人能夠擁有撤銷信託的權力，因此可稱為授予人信託，只要是授予人信託，設立人自然能夠隨時撤銷並取回信託內的資產，而不受到任何限制。

(2) 財產保護、不被受益人之外他人請求

在可撤銷信託的情況下，此信託會被美國信託法歸類為授予人信託，信託內資產的受益所有權仍舊會屬於設立人所擁有，因此在資產的保護上並不像美國不可撤銷信

託穩固，但若此時信託的受託人是美國的受託公司，法律名義上持有人將不再是設立人，對於資產的隱私還是能發揮一定作用。

(3) 信託設立人過世前無美國所得稅與財產披露問題

如同前面所述，在可撤銷信託的情況下，在美國信託法會認定此為授予人信託，因此信託資產的受益所有權仍舊屬於設立人所擁有。因此，若設立人為非美籍人士，且信託資產並無任何美國來源和所得，自然沒有任何美國所得稅與財產披露的問題。但是若受託公司為美國的受託公司，因為受託公司作為外國帳戶的關係人，境外帳戶可能會有 FBAR 披露義務。

一旦可撤銷信託之設立人死亡，信託將由可撤銷信託轉換為不可撤銷信託，此後資產的受益所有權人將會從個人轉換至信託，成為真正美國信託，此時因信託之司法管轄地位於美國境內，若信託之重大管理人（保護人、投資顧問、分配委員）也皆屬於美籍人士，其將同時滿足「法院測試」和「控制測試」：從此開始涉及美國信託稅務申報及資產披露。另外在設立人過世之後，若信託所屬之境外公司為控股公司並且控有境外資產，並且非為 IRS 認定之股份有限公司（Per Se Corporation），當所控有的資產價值已高於過去最初取得時，可在信託合約有特別約定時，於設立人死亡日後 75 天內申報 8832 表（Check the Box），並且讓生效日回溯至設立人死亡之前，該表格必須由公司的全體股東（受託人）或法定代表人簽署申報。為避免簽署人過於複雜或是信託合約未能明白指示資產需要調升，也可在設立人生前每五年定期執行勾選程序，以確保資產成本能夠持續維持在接近市價的狀態。

此外，倘若境外控股公司之控制從屬關係超過一層以上，在進行此申報時，順序上最好經由下層往上層依序申報 8832 表（Check-the-Box Eection），並且讓最上層之控股公司產生與美國之關聯性，以使全體公司所持資產調整為市價基礎（Stepped-Up Basis），並避免未來信託持有之外國控股公司被視為是被動境外投資公司（PFIC）。在申報勾選原則時，必須讓需資產價值上升之公司先與美國有一定的關聯性，所謂關聯性的定義為：「只要外國企業的種類會影響美國人或企業所需申報的稅表或是影響扣繳（例如已經購買美國公債取得收入或已經投資美國公司取得股利分配收入等），那麼該企業就開始與美國相關，必須開始要有自己的分類。當控股公司一旦申報 8832 表，便視同將公司資產清算後（資產價格上升至市價），再成立新的企業實體，此時若企業只有一位個人股東，控股公司將視為被穿透實體（Disregarded Entity），因此控股公司以下所持有資產將穿透到信託，未來信託將所持有資產出售時有可能會降低出售資產的資本利得，且分配移入信託前之公司盈餘不會被視同為股利分配，因而降低應計的所得稅。」

以下架構為例，如何將控股公司與美國進行關聯性及進行「勾選原則」（Check-the-Box Election）之時間順序列示如下：

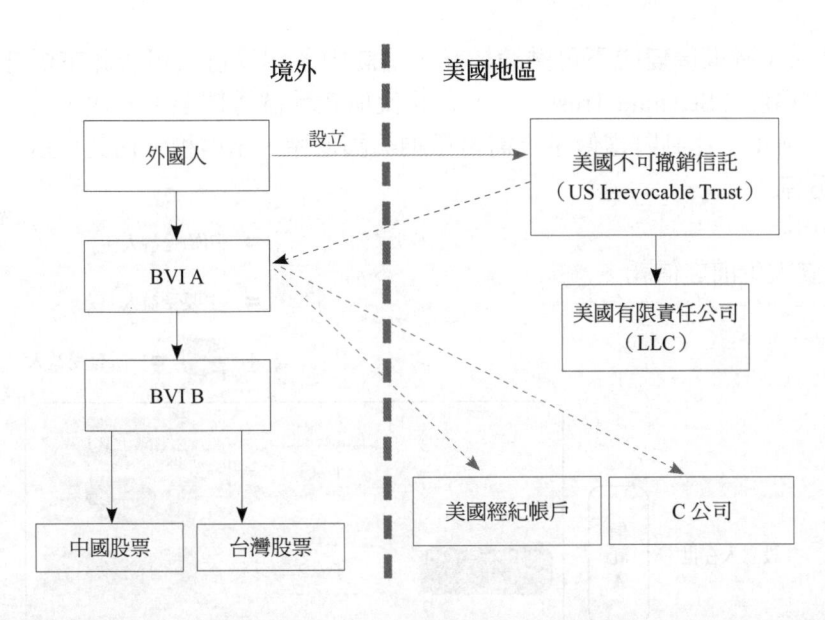

第五章 ◆ 美國指示型信託之籌劃與操作流程

```
                    境外    │    美國地區
                           │
        ┌─────────┐   設立  │   ┌──────────────────┐
        │ 外國人   │ ──────────→│ 美國不可撤銷信託    │
        └─────────┘         │   │（US Irrevocable Trust）│
             │              │   └──────────────────┘
             ↓              │           │
        ┌─────────┐         │           ↓
        │ BVI A   │←─ ─ ─ ─ ─ ─ ─ ┌──────────────┐
        └─────────┘         │   │ 美國有限責任公司 │
             │              │   │  （LLC）       │
             ↓              │   └──────────────┘
        ┌─────────┐         │
        │ BVI B   │         │
        └─────────┘         │
          ↓     ↓           │   ┌─────────┐    ┌─────┐
       中國  台灣           │   │美國經紀帳戶│    │ C公司│
       股票  股票           │   └─────────┘    └─────┘
```

日期	事項
06/01/2023 之前	可以先設立不可撤銷信託。
06/01/2023	BVI A 購買美國債券、C 公司股權、獲得 LLC 利息。 BVI A 提供 W-8BEN-E 表。
06/15/2023	BVI B 申報 SS-4 表、申請 EIN。
07/01/2023	BVI B 申報 8832 表，勾選原則。
11/30/2023	C 公司需支付股利到 BVI 公司，並預扣 30% 的稅金，BVI 公司和美國的關聯性就此產生。
12/15/2023	BVI A 填寫 SS-4 表申報 EIN。
12/30/2023	BVI A 申報 8832 表以符合勾選原則，設立基準的有效日是 12/15/2023。 注意：鑑價報告須於 12/30/2023 申請 8832 表之前準備好。
01/01/2024	不可撤銷信託已設立完成。
01/10/2024	設立人將 BVI A 股權轉移給信託。
04/15/2025	信託申報 3520 表來揭露國外贈與。

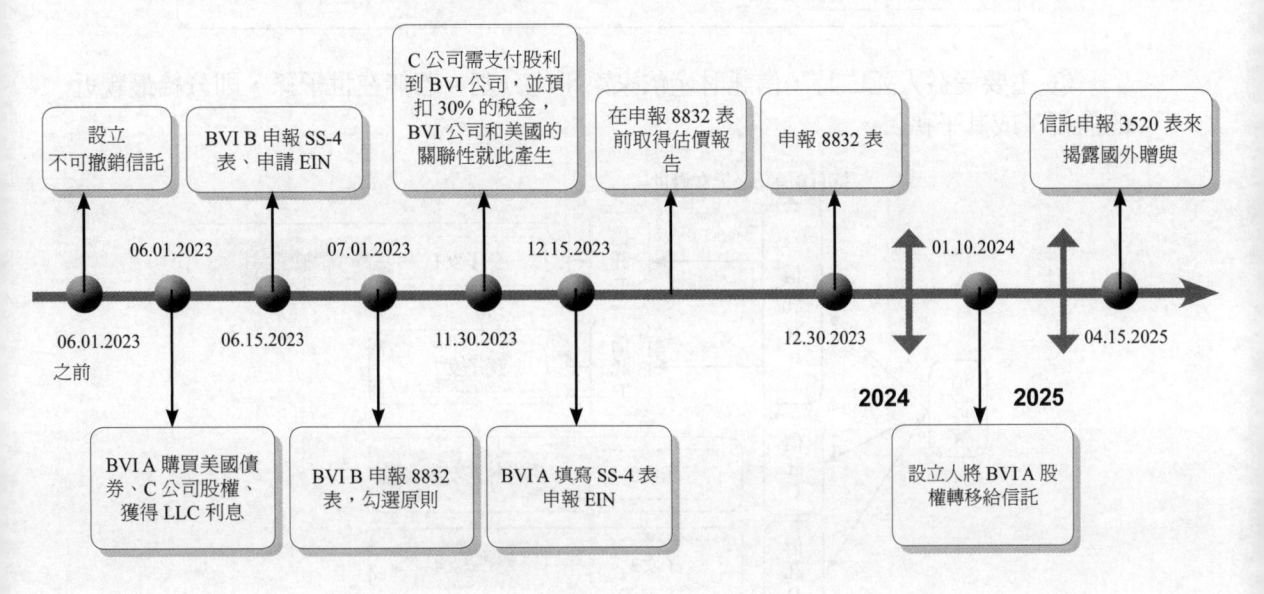

(4) 設立人過世後變成不可撤銷信託,信託中各個受益人可於此主信託主體下再成立「衍生信託(Separate Trust)」,將此代信託受益權轉至下一代,財富與孳息即可世世代代傳承;達到財富傳承不需再繳納美國遺產、贈與稅。信託可依不同子嗣之家系進行分割:

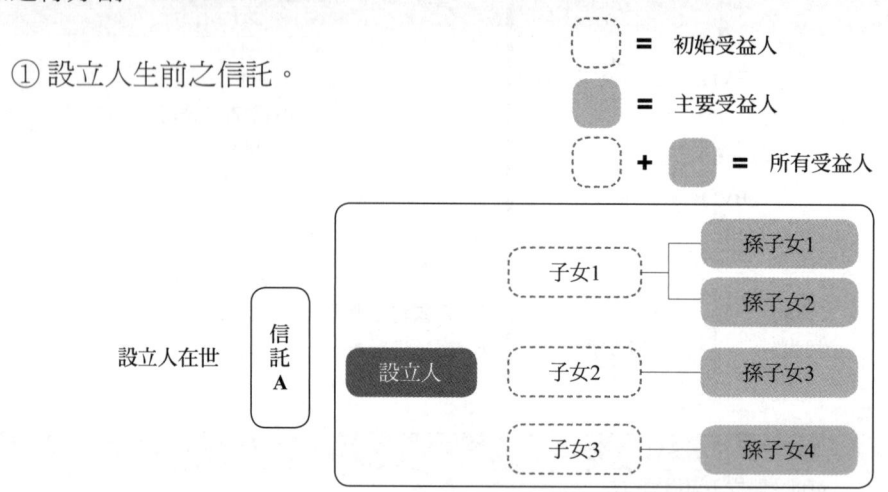

① 設立人生前之信託。

圖例:
- ⬜(虛線)= 初始受益人
- ⬛(灰底)= 主要受益人
- ⬜ + ⬛ = 所有受益人

設立人在世 — 信託 A:
- 設立人 → 子女1 → 孫子女1、孫子女2
- 設立人 → 子女2 → 孫子女3
- 設立人 → 子女3 → 孫子女4

② 設立人過世,信託自動分割為數個子信託。

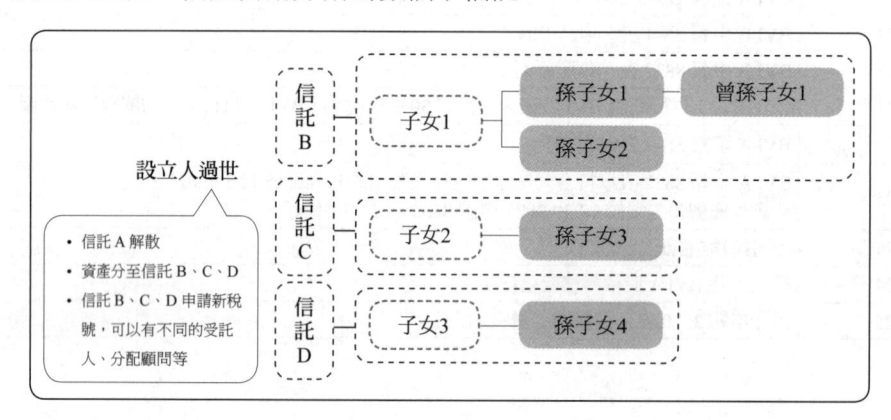

設立人過世:
- 信託 A 解散
- 資產分至信託 B、C、D
- 信託 B、C、D 申請新稅號,可以有不同的受託人、分配顧問等

- 信託 B → 子女1 → 孫子女1 → 曾孫子女1;孫子女2
- 信託 C → 子女2 → 孫子女3
- 信託 D → 子女3 → 孫子女4

③ 主要受益人死亡時,信託財產依家系平均分割。若無在世子孫,則分給最親近的血親(或其子孫)。

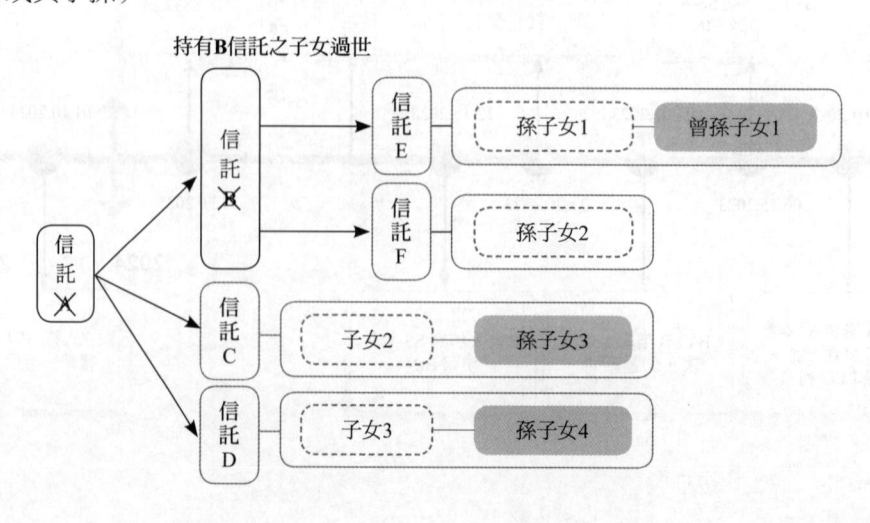

持有B信託之子女過世:
- 信託 A(解散)→ 信託 B(解散)→ 信託 E → 孫子女1 → 曾孫子女1
- 信託 B(解散)→ 信託 F → 孫子女2
- 信託 A → 信託 C → 子女2 → 孫子女3
- 信託 A → 信託 D → 子女3 → 孫子女4

如同前面所述,在設立人過世時,只要其可撤銷信託同時符合法院測試和控制測試,該信託將轉換為美國的不可撤銷信託。由於設立人為非美籍人士,且資產轉換時屬於美國境外資產,因此不會產生任何美國移轉稅的問題。一旦成為不可撤銷信託後,依據信託合約和實際需求,可進一步依每位受益人的情況進行信託分割,讓每位受益人擁有其專屬的獨立信託。只要資產持續留在信託中,未來無論面對債權人追償、移轉稅負,甚至受益人配偶對剩餘財產的請求,均無法穿透信託架構屏障,從而穩固實現世代傳承的目標。

(三)美國境外信託(四頭在外)

要確認所成立之信託是否會被視為美國(國內)信託或是外國信託,原則上均以是否符合法院測試和控制測試來做判斷,若均符合兩個測試則視為美國信託,若不被歸類在美國信託則均視為境外信託。

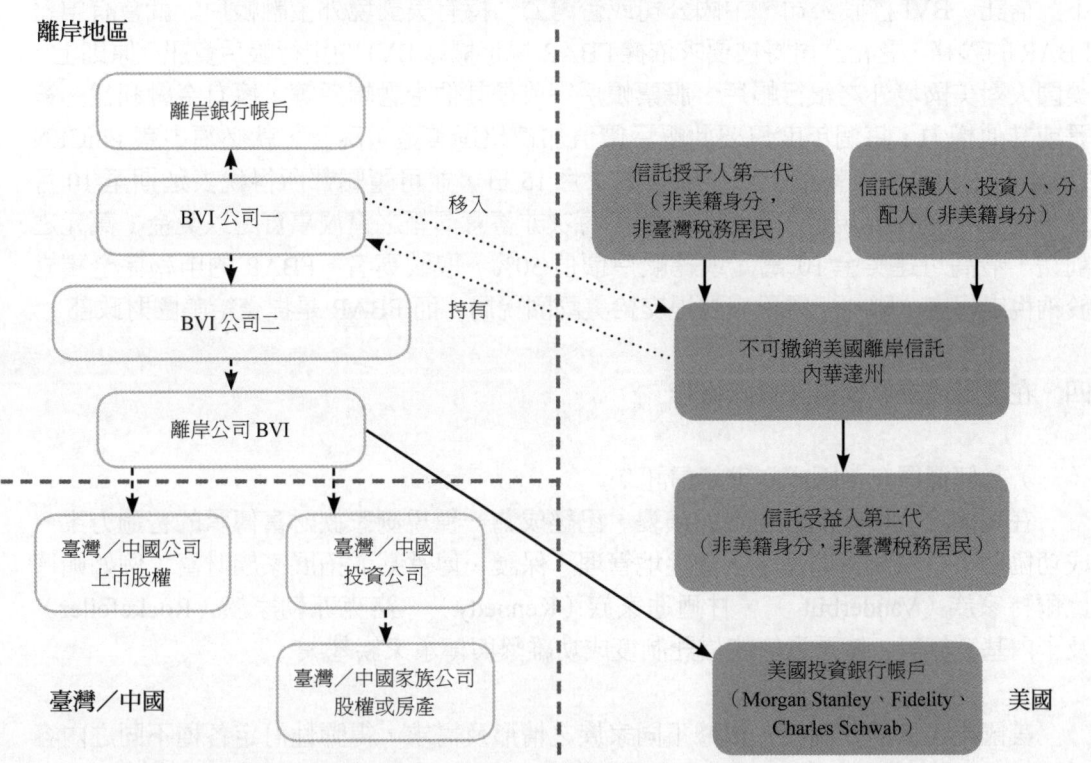

非美籍在美國設立不可撤銷的外國信託架構:四頭在外,控有境外資產

離岸地區

- 離岸銀行帳戶
- BVI 公司一
- BVI 公司二
- 離岸公司 BVI

臺灣/中國

- 臺灣/中國公司上市股權
- 臺灣/中國投資公司
- 臺灣/中國家族公司股權或房產

美國

- 信託授予人第一代(非美籍身分,非臺灣稅務居民)
- 信託保護人、投資人、分配人(非美籍身分)
- 不可撤銷美國離岸信託 內華達州
- 信託受益人第二代(非美籍身分,非臺灣稅務居民)
- 美國投資銀行帳戶(Morgan Stanley、Fidelity、Charles Schwab)

應否繳納美國所得稅或揭露其境外資產,說明如下:

1. 美國所得稅

依據 26 U.S. Code § 641(b),境外信託或境外財產均應被視為外國授予人的收入。外國授予人是否應在美國繳納所得稅,原則上僅對有源自於美國的收入(一般按 30% 預扣),且與美國境內的貿易或經營活動實際有效關聯的所得才需繳稅。一般在美國成立的境外信託持有的股權均是離岸公司股權,皆沒有在美國從事貿易或業務,或持

有利益合夥關係（一般合夥人或有限合夥人皆是），因此信託中沒有有效關聯所得。不論信託是授予人信託或是非授予人信託，因信託和授予人皆非美國籍，只要沒有美國來源所得，且受益人皆非美籍，則不會有美國所得稅，所以也無須申報聯邦所得稅表。

2. 資訊揭露要求

一個非美國稅務居民在美國成立一個境外信託通常屬於非美國人持有的境外授予人或非授予人信託；因其屬於非美國稅務居民，故無須申報 926 表、3520 表、3520-A 表、5471 表、5472 表、8865 表、8938 表等表格。但對於 FBAR 相關揭露規定，依據 31CFR§1010.350(e)(2)(ii)，美國人被認定為所有者或合法所有權人標準是美國人直接或間接擁有公司超過 50% 投票權或股份總價值，美國人直接或間接擁有超過 50% 的利潤或資本利益的合夥企業，或美國人直接或間接擁有其他商業實體 50% 以上的投票權、股本權益或資產總值或利潤權益（(e)(2)(iii) 至 (iv) 提及的實體除外）。此種情形下，信託、BVI 控股公司、中國公司或台灣公司持有美國境外金融帳戶，就會有申報 FBAR 的義務，受託公司將被要求依據 FBAR 規定揭露 BVI 的銀行帳戶資訊。原則上，美國人對美國境外之銀行帳戶、股票帳戶、或是其他金融帳戶等，擁有金融利益、簽署或其他權力，每個年度只要此帳戶價值加總超過美金 1 萬元，就必須申報 FinCEN 114 表格。FBAR 申報截止日為隔年的 4 月 15 日，並可隨聯邦所得稅表延期至 10 月 15 日，對於違反此規定，針對每個帳戶每次非蓄意漏報之違規事實處以美金 1 萬元之罰鍰，最高可達美金 10 萬元或總帳戶價值 50%，取較高者。FBAR 的申報完全獨立於納稅申報表，聯邦所得稅表是提交給美國國稅局，而 FBAR 是提交給美國財政部。

四、在美國成立家族信託實際操作

（一）為何選擇在美國成立家族信託？

在美國家族信託歷經百年的演變，已經成為一種規劃家族財富傳承的普遍方案，成功協助不少家族長期甚至永續性地管理、保護、傳承甚或拓展家族財富；例如範德比爾特家族（Vanderbilt）、甘迺迪家族（Kennedy）、洛克菲勒家族（Rockefeller）及卡內基家族等，皆透過家族信託制度成功維繫與傳承家族基業。

美國之家族信託制度，根據不同家族之情形及需求，得彈性訂定各種不同之內容及條件，利用不同之信託種類、架構或組織，委由個人、信託業者或其他形式之選擇，而形成多種不同態樣之家族信託，以利家族靈活傳承財富，確保家族財產受到妥適之運用及監督，除可防止後代因理財不善而使家族企業之經營陷入困境外，並可透過家族信託之設立達到減輕稅負等效果。

此外，美國某些型態之家族信託制度中，有於內部建立良好之集體決策機制者，例如投資委員會、分配委員會等，加上經營管理之執行受託人、信託保護人等角色之設計及不同權責之分配，透過委員會與不同角色間之運作機制，將現代公司治理架構

導入家族信託中，以有效發揮家族信託制度傳承家族基業之目的。例如，於家族信託之經營管理方面，透過委任信託業者、專業人士擔任執行受託人，就個別家族信託財產進行管理，避免部分家族成員過分干涉家族事業之經營；透過理財投資相關背景之專業人士參與投資委員會之決議，有助達成家族財產投資多樣化、審慎評估及分散風險之效果；透過分配委員會之決議，使家族利益分配合理化，並促使家族成員遵守家族規約。

在美國成立家族信託財富由上一代轉到下一代時，不會衍生財產移轉稅；通常為不可撤銷，一旦成立後授予人就不能對資產有任何控制權或被允許修改信託條款；讓授予人子孫受益又不會過分濫用財產可以藉由「分割（Division）：不同子信託」、「轉注（Decanting）：另一個信託」、「遷移（Migration）：換受託公司」；讓後代子孫各家系有各自信託，方便於信託管理。本書有關美國家族信託之實際操作，將僅就美國家族朝代信託中有關指示型信託之各種實際運用來加以說明，以筆者實際操作信託成立過程，讓讀者能夠身歷其境的共同參與，進而為自己或服務的客人成立家族信託。

(二) 在美國成立家族信託的類型、適用對象、成立目的

1. 美國家族信託成立十大步驟

步驟		問題／所需資料	文件
1	確認客戶資產	1. 財產明細 2. 在誰的名下？ 3. 有哪些資產想移進美國？	財產清單
2	擬出信託架構圖	非美國人設立可撤銷信託，受益人為美國人	信託架構圖
3.1	確認信託設立人（非美國人）	1. 確認設立人是否擁有 SSN 或 ITIN，若都未持有，則需協助申請	ITIN 或 SSN
		2. 設立人需提供英文地址證明，可接受的文件類型包括：駕照、身分證、水電費帳單、信用卡帳單等。若地址為台灣地點，可透過郵局網站查詢官方英譯版本。	英文地址證明
		3. 填寫設立人問卷並提供以下資料：護照資訊、公司英文地址與聯絡電話、是否持有雙重國籍？是否涉及訴訟或可能面臨訴訟案件？是否擔任政府高階官員，或與政府高階官員有關聯？	護照複印件、問卷（設立人資料）
		4. 詢問客戶所需之背景資料（自傳所需）	
3.2	確認信託受益人	護照或出生證明（用於核對英文姓名）、SSN、聯絡方式、綠卡起始日期（若適用）、綠卡持有期間（若已放棄綠卡，請提供持有期間）	駕照／護照複印件，問卷（受益人資料）
3.3	確認投資顧問（功能：決定信託投資）	護照或出生證明（用於核對英文姓名）、SSN 或 ITIN、聯絡方式	護照／出生證明複印件，問卷（投資顧問資料）
3.4	確認信託保護人（功能：免除及任命投資顧問、受託人、分配委員會）	護照或出生證明（用於核對英文姓名）、SSN 或 ITIN、聯絡方式	護照／出生證明複印件，問卷（信託保護人資料）

步驟		問題／所需資料	文件
3.5	確認分配委員會成員（功能：決定信託分配）	護照／出生證明（以確認英文姓名）、SSN 或 ITIN、聯絡方式	護照／出生證明複印件，問卷（分配委員資料）
3.6	取得信託所控公司報表與章程	1. 審計部門編制信託控股最上層公司前一年度的合併報表，若已有報稅數據，則優先採用該數據進行編制。	合併報表、問卷（設立人財產部分）
		2. 取得並核對各層公司的章程與財務報表，重點審查以下內容：(1) 資本額（對照財務報表）(2) 股東名（檢查是否包含美國籍股東，以確認是否涉及美國稅務申報義務）。	
4	草擬客戶自傳	根據所收集的數據與報表，以及相關原則，KEDP 人員將為設立人撰寫自傳草稿。	自傳（問卷附件）
5	信託費用	問卷第九頁關於信託費用部分，請勾選：(1) 轉帳（Wire）(2) 其他（Other individual/Entity），並填寫 KEDP 案件負責人與主管的電子郵件（至少提供兩個電子郵件），以便接收帳單。	問卷（信託費用）
6	確認受託公司	目前的合作公司為 OOO Trust Company，未來可能會增加受託公司選項。	信託合約
7	聯繫律師撰寫信託合約		

執行甘特圖

辦理事項	11月										
	11/1	11/2	11/3	11/4	11/5	11/6	11/7	11/8	11/9	11/10	11/11
1. 設立 C 公司											
1-1. 設立及申請 EIN（急件）		■	■	■	■	■	■	■			
2. 設立美國信託及開戶											
2-1. 撰寫備忘錄		■	■	■	■	■					
2-2. 製作初版信託合約		■	■	■	■	■	■				
2-3. 討論信託合約											■
2-4. 修改信託合約並提供第二版信託合約											
2-5. 第二次討論信託合約											
2-6. 信託合約簽名											
2-7. 信託設立											
2-8. 申請 EIN											
3. 設立 LLC 及開戶	■										
3-1 設立及申請 EIN（急件）		■	■	■	■	■	■	■			
3-2.LLC 開戶											■
3-3. 股東轉至美國信託											
4. 資金操作	■										
4-1. 資金匯出（MSCI→HSBC HK）						■	■				
4-2. 資金匯入（HSBC HK→ 信託）											

步驟		問題／所需資料	文件
8	送受託公司審核	準備以下資料以完成標準套件：(1)個人身分證件 (2)設立人英文地址證明 (3)架構圖 (4)合併報表 (5)問卷及自傳 (6)合約；完成後，需由負責主管覆核，並將資料交給受託公司進行審核。	受託公司KYC問卷
9	正式簽約	可以在美國以外地區簽約，並需二位證人見證。簽署完成後，將合約送交受託公司，受託公司將開立發票請款。收到款項後，受託公司將會申請信託稅號（注意：受益人不得擔任證人）。	合約、信託稅號
10	將資產移入信託	將境外銀行存款從境外設立人銀行帳戶直接匯至美國信託帳戶，再由受託公司轉匯至下屬控股的LLC銀行帳戶，LLC即可進行房產投資或股票、金融理財產品投資。若為境外離岸控股公司股權，則直接請境外秘書公司將境外控股公司股權從信託設立人名義轉移至信託所屬LLC名義，即可完成信託持有程序。	匯款： 1. 贈與契約（Deed of Gift） 2. 指示書（Direction Letter） 股權移入： 1. 贈與契約 2. 指示書 3. 境外公司股東變更決議書 4. 境外公司股份轉讓書

2. 取得客人委託備忘錄

(1) 信託目的

我，[授予人姓名]，作為此信託的授予人，為[授予人國籍]的公民，並且居住在[授予人住居所在地（地區）]。我的財富主要來自於經營[授予人住居所在地]公司和投資[授予人住居所在地]不動產。我有意將在[授予人住居所在地]所賺得之財富移至美國本土的不可撤銷信託，作為世代傳承。然而，我無意放棄[授予人國籍]公民。因此，我無意成為美國公民或居民。我期望這個信託能夠幫助養育未來的世代。

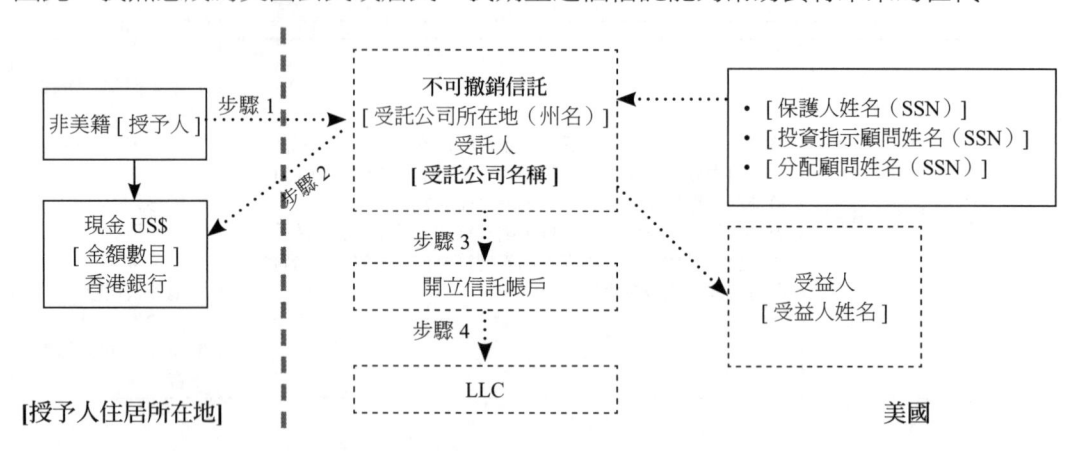

```
[授予人住居所在地]                                    美國

非美籍[授予人] ---步驟1---> 不可撤銷信託  <----> • [保護人姓名（SSN）]
                          [受託公司所在地（州名）]    • [投資指示顧問姓名（SSN）]
      |                    受託人                   • [分配顧問姓名（SSN）]
      ↓         步驟2      [受託公司名稱]
   現金 US$    <------
   [金額數目]            步驟3
   香港銀行              開立信託帳戶 ---------> 受益人
                                                [受益人姓名]
                        步驟4
                        LLC
```

- 主要角色及定位

在這個美國本土的不可撤銷信託成立後，本金和收益將根據分配顧問的指示進行分配。信託保護人有權更換受託人、投資指示顧問及分配顧問。

- 信託保護人

最初的信託保護人由[信託保護人姓名]擔任。現任信託保護人有權在信託保護人人數不足3人時，指派額外的信託保護人，並指派繼任信託保護人，以便在最後一位信託保護人因死亡、解職、辭任或喪失行為能力無法繼續擔任時接任。若未指派繼任信託保護人，則由[信託保護人姓名]指派繼任信託保護人；如無，則由成年受益人多數決之。

- 投資指示顧問

最初的投資指示顧問為[投資指示顧問姓名]，其有權指派繼任的投資指示顧問。若其未行使指派權，或指派的繼任者拒絕接受任命，信託保護人有權在現任投資指示顧問主動辭職或因不適任被解職時，指派繼任的投資指示顧問。此外，當投資指示顧問人數少於3人時，信託保護人有權指派額外的投資指示顧問。若最後一位投資指示顧問因死亡、辭任、解職或喪失行為能力無法繼續履行職責，信託保護人應在30日內指派繼任的投資指示顧問。

- 分配顧問

最初分配顧問為[分配顧問姓名]。當分配顧問人數少於3人時，信託保護人有

權指派額外的分配顧問。此外，若最後一位分配顧問因死亡、辭任、解職或喪失行為能力無法繼續履行職責，信託保護人應指派繼任的分配顧問。

- 受益人分割順位及或有受益人

根據信託保護人的分割指示，受託人應於指定時間將剩餘的信託資產均分為若干份，並將每份分配給在世的受益人 1、受益人 2 和受益人 3，每人一份。如有任何一位受益人已過世，則根據家系將該位已故受益人的份額分配給其後代。每位分得資產份額的人為該信託持份的原始受益人。

每位獲分配信託資產份額者為原始受益人，受託人應就各該持份另設子信託以進行持有。倘原始受益人已依本合約成立信託，則新獲分之持份應併入其原有信託帳戶中持有與分配，並視為原信託帳戶之一部分本金。

- 或有受益人

若最終分配未分配之剩餘財產時，沒有任何在世且可以被分配的受益人，受託人應將未分配之剩餘財產分配給 [或有受益人名稱]。

- 關係表，以授予人為中心

姓名	與授予人的關係	出生日期	信託份額
[ ]			
[ ]			
[ ]			
[ ]			

(2) 聲明

我，[授予人姓名]，承認我已閱讀並理解此表格的內容，並且在我的自由意志下，已充分被告知此同意所表示的含義，並非由他人代表我做出的同意。

我，[授予人姓名]，基於我的自由意志及法律能力，授權 [公司名稱] 代表我與美國律師及受託公司溝通。

_____（簽字）
_____（日期）

① 信託設立基本訊息收集：
i. 信託授予人的姓名（中英文）：
ii. 信託授予人的國籍：
iii. 信託授予人的常住地址、連絡電話、電子郵件：

授予人姓名	常住地址	電子郵件

iv. 所有受益人的姓名（護照中英文）：

	護照姓名（中文）	護照姓名（英文）
1		
2		
3		

＊上表欄位不足可自行增列

v. 所有受益人的社安號（SSN）、地址、連絡電話、電子郵件：

	受益人姓名	社安號	電子郵件	連絡電話	若無美國籍，有無 ITIN 或 FTIN
1					
2					
3					

＊上表欄位不足可自行增列

vi. 保護人的姓名（中英文）：
　　―法人保護人（建議為 C 公司）
　　―公司通訊地址（以便接收稅局的相關訊息）：
　　―董股名冊
　　―自然人保護人姓名（中英文）：

vii. 保護人的社安號（SSN）、連絡電話、電子郵件：
＊若為法人保護人，其稅號（EIN）由我方代為申請

保護人姓名	社安號（SSN）	電子郵件	連絡電話

viii. 授予人和受益人的關係：
ix. 授予人轉入資金的數額（大約公平市價數額）：
x. 授予人轉入資金的來源：授予人薪資約當多少，有無相關投資、買賣不動產等
xi. 投資委員（顧問）的姓名：
xii. 投資委員（顧問）的社安號（SSN）、連絡電話、電子郵件：
＊若為法人保護人，其稅號（EIN）由我方代為申請

投資委員（顧問）	社安號（SSN）	電子郵件	連絡電話

xiii. 分配委員（顧問）的姓名：

xiv. 分配委員（顧問）的社安號（SSN）、連絡電話、電子郵件：

＊若為法人保護人，其稅號（EIN）由我方代為申請

分配委員（顧問）	社安號（SSN）	電子郵件	連絡電話

xv. 證件提供──受託相關人員（授予人、保護人、投資委員、分配委員、受益人）每人須提供至少兩種官方發放且附有照片的證件複印件

─美籍身分者可提供美國護照、加州駕照等，但 SSN 卡不可作為證件，因其未附照片。

─美籍身分者亦可提供中國證件作為補充。

─非美籍身分者可提供中國身分證、護照、駕照等作為身分證明。

[1] 所需個人資料：

	授予人	受益人	管理者		
			投資顧問	信託保護人	分配委員會
護照／出生證明	v	v	v	v	v
SSN/ITIN	v	v	v	v	v
個人聯絡方式	v	v	v	v	v
是否雙重國籍？（通常都沒有）	v				
客戶公司電話	v	v	v	v	v
客戶公司、頭銜、地址（英文）	v				
婚姻狀況	v（配偶英文名）				
是否有訴訟或可能的訴訟案件？	v				
是否擔任政府高階官員，或與其有關？	v				
綠卡起始日或持有期間（若非美國公民）		v			
英文地址證明	v（駕照／身分證／水電費／信用卡帳單）				

[2] 授予人自傳如何撰寫：

A. 家庭背景、教育背景、職涯發展		
B. 資產如何累積	(A) 從職涯發展而來：金額必須合理	
	(B) 投資：解釋第一桶金怎麼來	大概的投資項目為何？
	(C) 遺產：誰在哪一年留下遺產給授予人	遺贈人若是有名望的人應寫出，並簡述其背景
	(D) 贈與：誰在哪一年贈與給授予人	
C. 婚姻狀況		

須注意的重點有：

1. 所有文件裡頭，資金進入時點（問卷、自傳、報表）均須一致。
2. 自傳的最主要目的是說明這個人的財富累積是經由正常管道而來，解釋為什麼富有。
3. 每個個案情況不同，請依個人情況將需要寫的東西描述出來即可。

(1) 進行信託合約之草擬（節錄部分信託合約供參考）

[信託名稱] 信託合約。本合約於 2025/OO/OO（日期），由 [國名] 之 OOO（以下簡稱「委託人」），及 OOO TRUST COMPANY, INC.（獨立的 [OO] 州信託公司）為受託人（以下簡稱「受託人」）共同簽訂。

委託人希望設立一不可撤銷信託，將委託人根據本信託合約隨時存入信託的財產，以及以該財產進行投資、再投資所產生的收益，作為信託資金（上述財產、投資、再投資及收益統稱為「本信託財產」）。受託人同意接受本信託並根據本合約的條款與條件管理本信託。鑑於本合約中雙方的相互承諾與約定，委託人將根據本合約附表 A 所列之財產，絕對且不可撤銷地移轉給受託人，並將該財產用於本合約所列的目的，並遵守本合約的條款與條件。

(2) 信託及所控 LLC EIN 之申請與銀行帳戶的開立

相關申請及開立流程，請見文後（p.464）。

(3) 美國信託成立後相關後續維持

信託成立後將依據信託成立性質、設立地點不同有不同的帳務、稅務即財產揭露要求，主要分成下列六種情況：

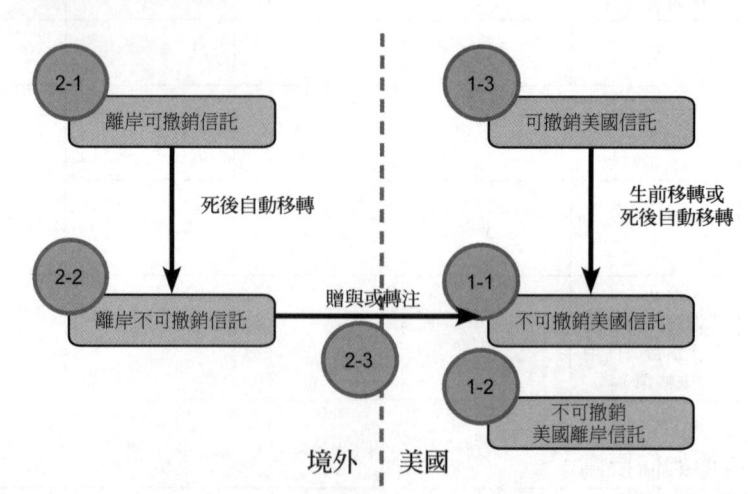

```
    2-1                          1-3
  離岸可撤銷信託              可撤銷美國信託
        │                           │
        │ 死後自動移轉      生前移轉或
        │                  死後自動移轉
        ▼                           ▼
    2-2              贈與或轉注    1-1
  離岸不可撤銷信託  ──────────→  不可撤銷美國信託
                      2-3
                                    1-2
                                 不可撤銷
                                 美國離岸信託
          境外    │    美國
```

情況一：上述 1-1 在美國成立不可撤銷信託，從境外轉入資金或移入境外公司，移入後轉入 LLC 投資，後續 LLC 投資取得收入再返回信託後，並於年度結束 65 天內分配給受益人之帳務、稅務及財產揭露要求。該類信託之帳務處理，請詳「七、信託成立後的帳務處理及稅務申報第一部分」。

情況二：上述 1-2 在美國成立不可撤銷境外信託，將境外公司股權移入信託，移入後每一年編制受控公司合併報表，並依規定進行境外銀行帳戶揭露。該類信託之帳務處理，請詳「七、信託成立後的帳務處理及稅務申報第二部分」。

情況三：上述 1-3 在美國成立可撤銷信託，將境外公司股權移入信託，移入後每一年編制受控公司合併報表，並依規定進行境外銀行帳戶揭露。在可撤銷信託授予人下指示或不幸過世轉為不可撤銷信託，從境外分配股利進入信託後，於年度結束 65 天內分配給受益人之帳務、稅務及財產揭露要求。該類信託之帳務處理同情況二，惟在收到授予人指示或授予人不幸過世時，以當下境外公司股權價值作為可撤銷信託轉為不可撤銷信託當日之價值。

情況四：上述 2-1 在境外成立可撤銷信託，將境外公司股權移入信託，移入後因為可撤銷信託，雖有美國受益人也不用進行稅務申報或財產揭露，但每年需進行相關帳務處理與財務報表編制，以為後來轉為不可撤銷信託時進行超前準備。

情況五：上述 2-2 境外可撤銷信託授予人下指示或不幸過世轉為不可撤銷信託後，若境外信託受益人具有美國籍身分，則此信託之受益人收到之境外信託分配時，將須按美國相關稅法與規定進行稅務申報與財產揭露。

上述情況四及情況五之帳務處理同情況三，於收到授予人指示或授予人不幸過世時，以當下境外公司股權價值作為境外可撤銷信託轉為境外不可撤銷信託其當日之價值。

情況六：上述 2-3 在境外可撤銷信託授予人下指示或不幸過世轉為不可撤銷信託後，因信託法令適用地於美國以外地區，當境外非授予人信託的受益人具有美籍，則是處在稅負不利的情況，當信託保有累積未分配利潤（Undistributed Net Income, UNI），在受益人收到該年度的信託分配時，會產生回溯稅（Throwback Tax）；又境外非授予人信託通常會持有外國金融商品，如共同基金（Mutual Fund）、貨幣市場基金（Money Market Fund）等，則未來該資產分配收益時會有被動外國投資公司（Passive Foreign Investment Company, PFIC）稅負的問題，所以通常會將境外信託移轉入美國信託後各年度帳務處理及稅務申報。

五、信託合約節錄

信託合約的內容和架構會因不同州和不同的律師而有所不同，其內容包含了說明信託種類、此信託受到何種法律的保障、各角色的權利及義務、信託朝代如何運行和未來各職位及成員如何替換，需要對信託每個細節向客戶解釋，並瞭解客戶需求後要求律師增補內容。

為了讓讀者對美國信託合約的樣貌有進一步的了解，在此以「附錄一」和「附錄二」分別節錄「可撤銷信託合約」和「不可撤銷信託合約」供讀者參考。可撤銷信託或不可撤銷朝代信託合約往往未完整規範世代間的傳承，且合約內容非常繁雜與冗長，本節以可撤銷信託為範例，解說建立信託以及信託合約規劃，以下列架構進行整體的說明：

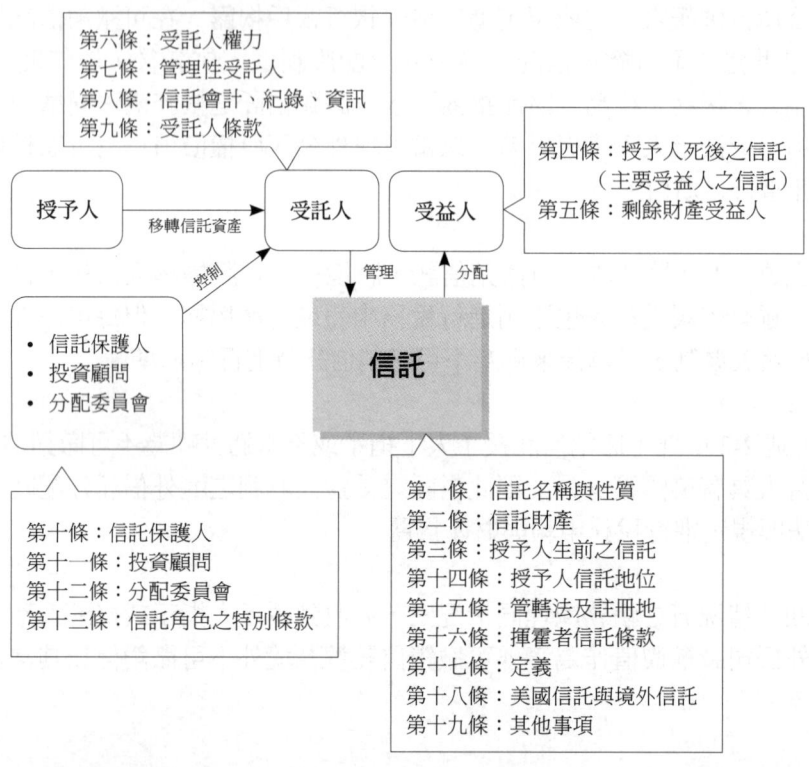

```
第六條：受託人權力
第七條：管理性受託人
第八條：信託會計、紀錄、資訊
第九條：受託人條款
                                    第四條：授予人死後之信託
                                    （主要受益人之信託）
                                    第五條：剩餘財產受益人
  授予人 ──移轉信託資產──→ 受託人    受益人
              控制 ↑        管理 ↓  ↑ 分配
         • 信託保護人
         • 投資顧問              信託
         • 分配委員會

第十條：信託保護人
第十一條：投資顧問               第一條：信託名稱與性質
第十二條：分配委員會             第二條：信託財產
第十三條：信託角色之特別條款     第三條：授予人生前之信託
                                 第十四條：授予人信託地位
                                 第十五條：管轄法及註冊地
                                 第十六條：揮霍者信託條款
                                 第十七條：定義
                                 第十八條：美國信託與境外信託
                                 第十九條：其他事項
```

在上述信託條款中，信託的各個角色分別獨立，最主要目的是要讓信託能完全獨立於個人，避免在信託產生之收益或信託財產之傳承引起課稅困擾。其最主要是有兩大限制：

① 限制受益人及保護人（設立人）擔任重要信託角色，避免權力過大致使信託財產被視為遺產。

② 若信託角色由受益人、設立人或其關係人擔任，則限制其自我交易或分配信託財產給自己的權力，其目的一樣是為了避免被認為對信託具有控制權。

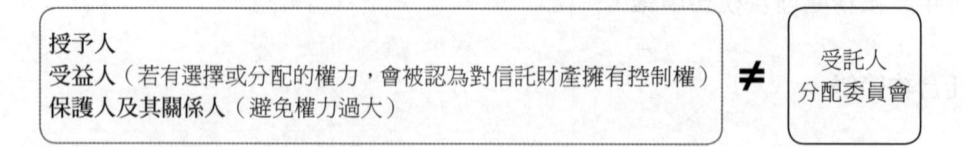

```
授予人
受益人（若有選擇或分配的權力，會被認為對信託財產擁有控制權）   ≠   受託人
保護人及其關係人（避免權力過大）                                  分配委員會
```

受益人若有指派受託人、保護人、分配委員會的權力時，不得指派自己的關係人擔任該職位。（投資顧問不受限制）

信託相關角色之指派與約定彙整如下：

1. 受託人：由保護人指派，若保護人無法決定，則由利害關係人向法院申請。
2. 保護人：(1) 設立人在世時：① 由 OOO 條指定之人；或
　　　　　　　　　　　　　　② 設立人指派。
　　　　　(2) 設立人過世時：
　　　　　　　　① 由 OOO 條指定之人（子信託的主要受益人）；或
　　　　　　　　② 下列有資格的受益人之表決指派。
• 　繼任者之指派
有資格受益人表決順序：一成年且有法定資格的受益人之多數決。
　　　　　　　　　　　一若無成年且有法定資格的受益人，則由未成年且無法
　　　　　　　　　　　　定資格的受益人之代理人之多數決。
　　　　　　　　　　　一若 30 天無安排，則由受託人向法院訴請安排。
3. 投資顧問：由前任指派，若無法指派，則由信託保護人指派（可以指派保護人自己或受益人擔任投資顧問）。
4. 分配委員會：由保護人指派。

由下圖可以彙整出以上信託相關人的角色：

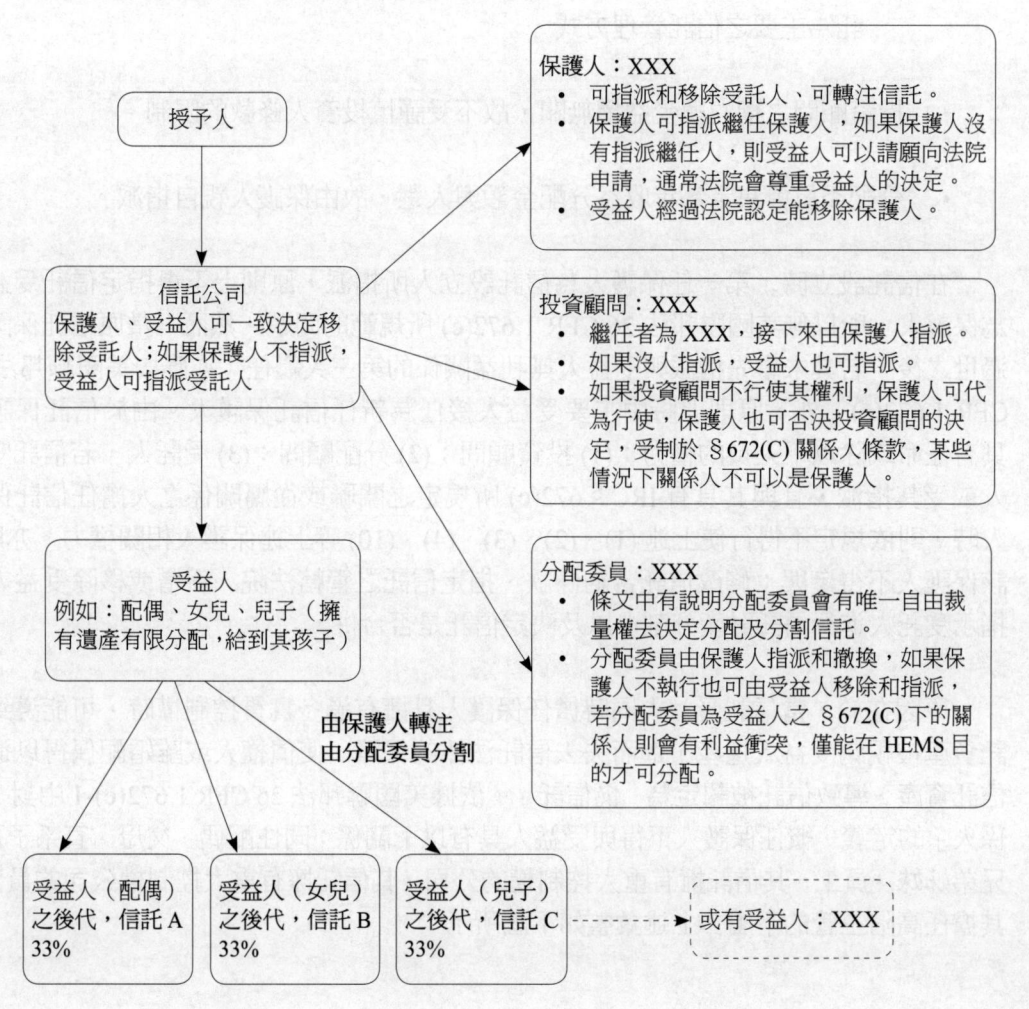

```
                                    ┌─────────────────────────────────────┐
                                    │ 保護人：XXX                          │
                                    │ • 可指派和移除受託人、可轉注信託。   │
            ┌──────────┐            │ • 保護人可指派繼任保護人，如果保護人沒│
            │  授予人  │            │   有指派繼任人，則受益人可以請願向法院│
            └────┬─────┘            │   申請，通常法院會尊重受益人的決定。 │
                 │         ┌───────→│ • 受益人經過法院認定能移除保護人。   │
                 ▼         │        └─────────────────────────────────────┘
       ┌──────────────────┐│        ┌─────────────────────────────────────┐
       │ 信託公司         ││        │ 投資顧問：XXX                        │
       │ 保護人、受益人可 ├┤        │ • 繼任者為 XXX，接下來由保護人指派。 │
       │ 一致決定移除受託 │├───────→│ • 如果沒人指派，受益人也可指派。     │
       │ 人；如果保護人不 ││        │ • 如果投資顧問不行使其權利，保護人可代│
       │ 指派，受益人可指 ││        │   為行使，保護人也可否決投資顧問的決 │
       │ 派受託人         ││        │   定，受制於 §672(C) 關係人條款，某些│
       └────────┬─────────┘│        │   情況下關係人不可以是保護人。       │
                │          │        └─────────────────────────────────────┘
                ▼          │        ┌─────────────────────────────────────┐
       ┌──────────────────┐│        │ 分配委員：XXX                        │
       │ 受益人           ││        │ • 條文中有說明分配委員會有唯一自由裁│
       │ 例如：配偶、女兒、├┘        │   量權去決定分配及分割信託。         │
       │ 兒子（擁有遺產有 │         │ • 分配委員由保護人指派和撤換，如果保│
       │ 限分配，給到其孩子）│        │   護人不執行也可由受益人移除和指派， │
       └───┬────┬────┬────┘         │   若分配委員為受益人之 §672(C) 下的關│
           │    │    │              │   係人則會有利益衝突，僅能在 HEMS 目 │
       由保護人轉注                  │   的才可分配。                       │
       由分配委員分割                └─────────────────────────────────────┘
           │    │    │
           ▼    ▼    ▼
       ┌─────┐┌─────┐┌─────┐
       │受益人││受益人││受益人│      ┌ ─ ─ ─ ─ ─ ─ ─ ┐
       │(配偶)││(女兒)││(兒子)│      
       │之後代││之後代││之後代│- - ->  或有受益人：XXX
       │信託A ││信託B ││信託C │      
       │33%  ││33%  ││33%  │      └ ─ ─ ─ ─ ─ ─ ─ ┘
       └─────┘└─────┘└─────┘
```

從指派方式可以大略看得出來每個角色的重要性：

- 保護人保全信託資產，權力很大，故繼任保護人之指派由有受益權人決定；如前所述，保護人通常有以下權力：
  (1) 修改信託合約中管理性或技術性條文；
  (2) 指定信託之管轄法院地點；
  (3) 新增或移除受益人；
  (4) 指示受託人進行信託財產分割；
  (5) 依據信託合約移轉受託人之權力給顧問或其他合適的人；
  (6) 移除或替換受託人；
  (7) 指派繼任保護人或移除、新增保護人；
  (8) 新增或移除投資指示顧問、信託資產分配顧問或特別受託關係人，以及指派繼任投資指示顧問、信託資產分配顧問或特別受託關係人。
  (9) 與受託人、投資指示顧問、信託資產分配顧問或特別受託關係人訂定費用合約，以及該費用合約之續約
  (10) 若有一個以上信託，指示受託人合併信託，並指示受託人合併後以何信託為主要之信託管理方式。

- 投資顧問之權力與受益權無關，故不受謹慎投資人條款的限制。

- 分配委員會決定每年收益分配金額與人選，故由保護人親自指派。

在信託設立時，第一任保護人為信託設立人所指派，原則上不得指定信託受益人為保護人，所以無美國聯邦法 26 CFR 1.672(c) 所規範的問題。然而，當原信託保護人過世之後，若其未事先指派與受益人無利益關係的第三人繼任（亦應按美國聯邦法 26 CFR 1.672(c)）外，原則上將由主要受益人接任為新任信託保護人。由於信託保護人具有任命或除以下人員的權力：(1) 投資顧問；(2) 分配顧問；(3) 受託人，若信託受益人或受其指派，且與其具有 IRC §672(c) 所規定之關聯或從屬關係之人擔任信託保護人時，則依規定不得行使上述 (1)、(2)、(3)、(4)、(10) 等上述保護人相關權力。亦即，該保護人不得參與：修改信託合約條款、指定信託之管轄法院、新增或移除受益人、指示受託人進行信託財產分割，以及決定信託是否合併。

原因在於，當信託受益人同時擔任保護人且擁有過多實質控制權時，可能導致信託資產被視為受益人遺產，進而失去信託法律的保障，使債權人或離婚配偶得以追索信託資產，導致信託被認定為「偽信託」。依據美國聯邦法 26 CFR 1.672(c)-1 中對「關係人」的定義，繼任保護人不得與受益人具有以下關係：同住配偶、父母、直系子孫、兄弟姊妹、員工、其信託擁有重大控制權的公司、其信託擁有重大控制權公司的員工、其擔任高階主管的下屬。上述彙整如下圖所示：

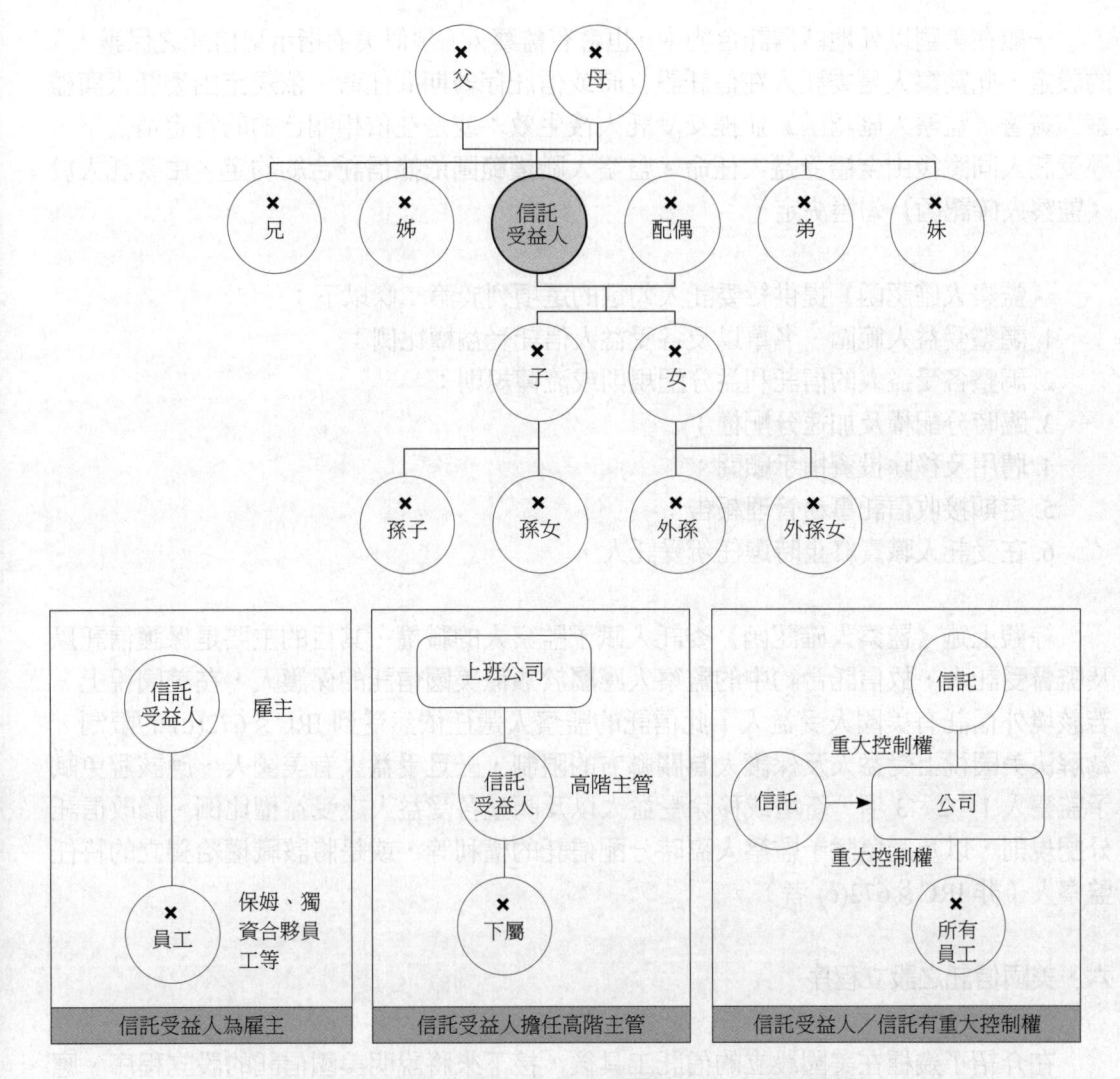

受選任之保護人與 IRC§672(c) 關係人圖（美國信託）

　　因此受益人在選任保護人時，為避免受選任者和受益人關係過於緊密，而視同有權力影響保護人之決策，而讓受益人擁有過多權力，被視作反對方（Adverse Party），進而產生重大不利的稅務後果，美國信託與稅務律師常建議信託受益人在選任保護人時，避免選擇如上述的保護人；但若因緊急事態或迫於無奈（例如受益人一時找不到非關係人擔任保護人），而由有 IRC§672 (c) 關係的個人或法人擔任保護人，當需要行使特定事項決定權時，實務操作上的變通方式是指派另一個沒有 IRC§672 (c) 關係的個人或法人擔任特別保護人（Special Fiduciary）行使原保護人被禁止行使的權力，以避免重大的稅務風險。故在美國成立信託時，美國律師依情況會在信託合約中闡明與受益人有 IRC§672 (c) 關係之保護人不得行使特定事項決定權，以避免產生信託在美國稅上被視為受益人資產的風險。

一般在美國以外地區信託合約中,也會有監察人(類似美國指示型信託之保護人)的設定,此監察人是委託人在信託設立時或信託存續期間任命,依規定由委託人與監察人簽署《監察人確認函》並提交受託人後生效;或是在依相關合約的特定情況下,經受託人同意後由全體受益人任命。監察人職權範圍依據信託合約約定,由委託人於《監察人確認函》勾選決定。

《監察人確認函》提供給委託人勾選的選項列於第二條以下:
1. 調整受益人範圍、名單以及各受益人信託受益權比例;
2. 調整各受益人的信託利益分配規則或流轉規則;
3. 臨時分配權及加速分配權;
4. 聘用及移除投資指示顧問;
5. 定期接收信託事務管理報告;
6. 在受託人職責終止時選任新受託人。

綜觀上述《監察人確認函》委託人賦予監察人的職權,其目的主要是保護信託以及監督受託人,故信託合約中的監察人應屬於類似美國信託的保護人,在美國稅上,若該境外信託有美國人受益人,此信託的監察人選任依然受到 IRC§672(c) 的限制,為解決美國稅上受益人及保護人為關聯方的限制,一旦受益人有美國人,應該避免賦予監察人 1、2、3 項,新增或移除受益人以及調整各受益人之受益權比例、修改信託分配規則,以及避免賦予監察人臨時分配信託的權利等,或是將該職權給獨立的特任監察人(非 IRC§672(c) 者)。

六、美國信託之設立程序

在介紹了幾種在美國設立的信託工具後,接下來將說明美國信託的設立程序、應備文件和後續的維護(以美國不可撤銷信託為例)。

(一)美國不可撤銷信託設立程序

成立一個美國信託在整個程序上通常約需 3～6 個月,除確認信託授予人、信託保護人到信託受益人,還需尋求一個設立所在州的律師協助草擬信託合約,並尋找合適受託人;當信託律師草擬完合約就需要與信託授予人討論相關信託條文,並經受託公司同意後即可簽署信託合約。合約一旦簽署完成可立即申請信託 EIN 及開立信託銀行帳戶,同時可立即成立信託所控有的 LLC,並開立 LLC 銀行帳戶,之後信託授予人之境外資金即可藉由贈與進入美國信託。茲將整個信託成立流程說明如下:

信託設立流程圖

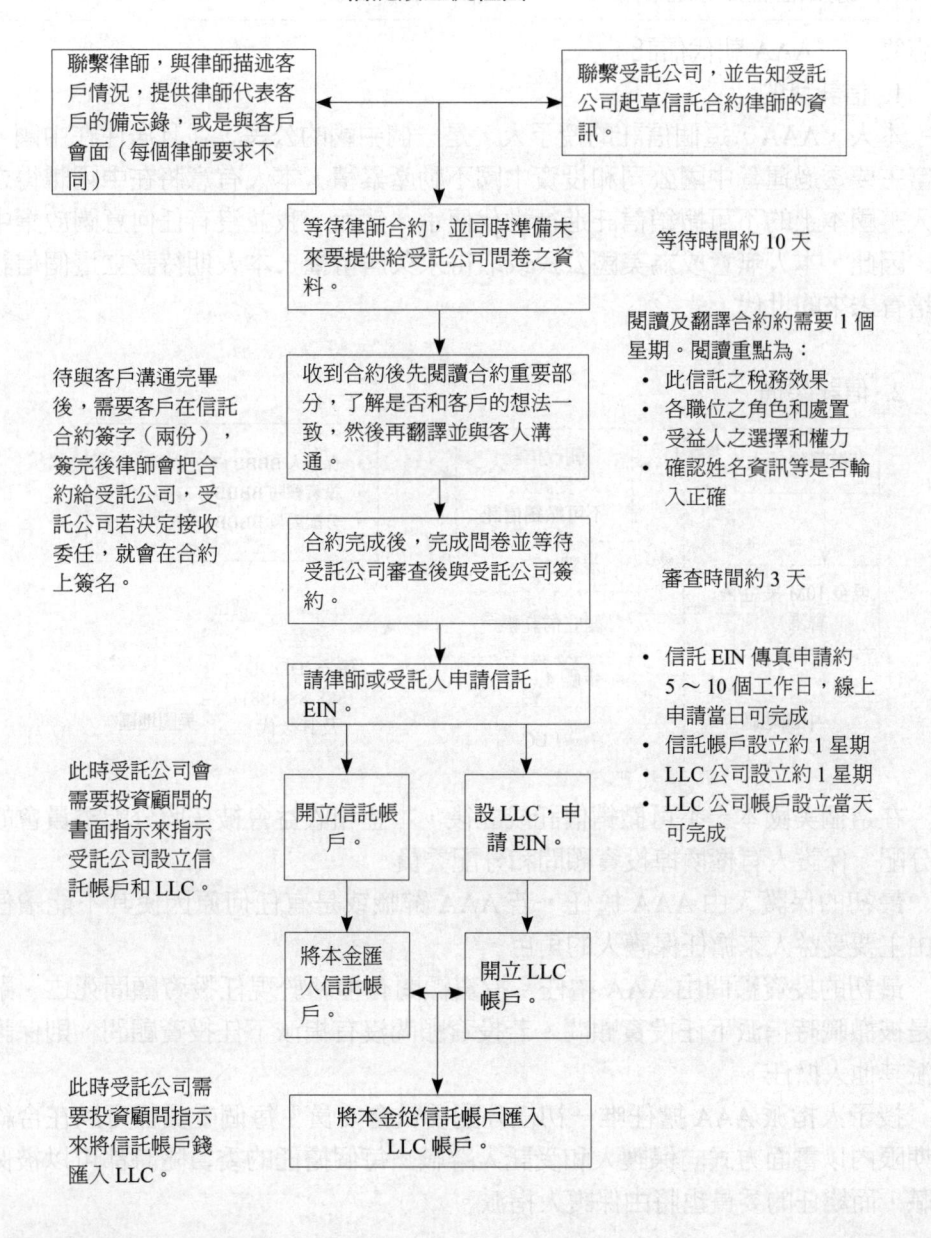

```
[聯繫律師，與律師描述客戶情況，提供律師代表客戶的備忘錄，或是與客戶會面（每個律師要求不同）] ←→ [聯繫受託公司，並告知受託公司起草信託合約律師的資訊。]
                    ↓
        [等待律師合約，並同時準備未來要提供給受託公司問卷之資料。]    等待時間約 10 天
                    ↓
                                                            閱讀及翻譯合約約需要 1 個星期。閱讀重點為：
[待與客戶溝通完畢後，需要客戶在信託合約簽字（兩份），簽完後律師會把合約給受託公司，受託公司若決定接收委任，就會在合約上簽名。]    [收到合約後先閱讀合約重要部分，了解是否和客戶的想法一致，然後再翻譯並與客人溝通。]
                                                            • 此信託之稅務效果
                                                            • 各職位之角色和處置
                                                            • 受益人之選擇和權力
                                                            • 確認姓名資訊等是否輸入正確
                    ↓
        [合約完成後，完成問卷並等待受託公司審查後與受託公司簽約。]    審查時間約 3 天
                    ↓
        [請律師或受託人申請信託 EIN。]
                                                            • 信託 EIN 傳真申請約 5～10 個工作日，線上申請當日可完成
                                                            • 信託帳戶設立約 1 星期
                                                            • LLC 公司設立約 1 星期
                                                            • LLC 公司帳戶設立當天可完成
[此時受託公司會需要投資顧問的書面指示來指示受託公司設立信託帳戶和 LLC。]
                    ↓                    ↓
            [開立信託帳戶。]      [設 LLC，申請 EIN。]
                    ↓                    ↓
            [將本金匯入信託帳戶。] ←→ [開立 LLC 帳戶。]
                                        ↓
[此時受託公司需要投資顧問指示來將信託帳戶錢匯入 LLC。]    [將本金從信託帳戶匯入 LLC 帳戶。]
```

1. 簽署信託成立授權備忘錄

當美國信託授予人決定成立信託時，第一步即為簽署一份「信託成立授權備忘錄」。此備忘錄的功能在於作為授予人與律師之間的溝通橋樑。由於許多信託授予人受限於語言能力或身分背景，不便與美國信託律師直接溝通，通常會委託仲介機構擔任與律師聯繫的代表人，因此有必要先行製作此授權備忘錄。該備忘錄會以雙語呈現，確保律師與信託授予人雙方均能充分了解信託架構與設立目的，藉此保障授予人的權益。

以下為授權備忘錄之範本：

備忘錄 —— AAA 朝代信託

1. 信託目的

本人，AAA，這個信託的授予人，是一個中國的公民，並且居住在中國。我的財富主要透過運營中國公司和投資中國不動產累積。本人有意將在中國賺得之財富移入美國本土的不可撤銷信託進行世代傳承。然而，我並沒有任何意圖放棄中國公民。因此，本人無意成為美國公民或取得永久居留權。本人期待設立這個信託有助於培育未來的世代。

2. 信託架構

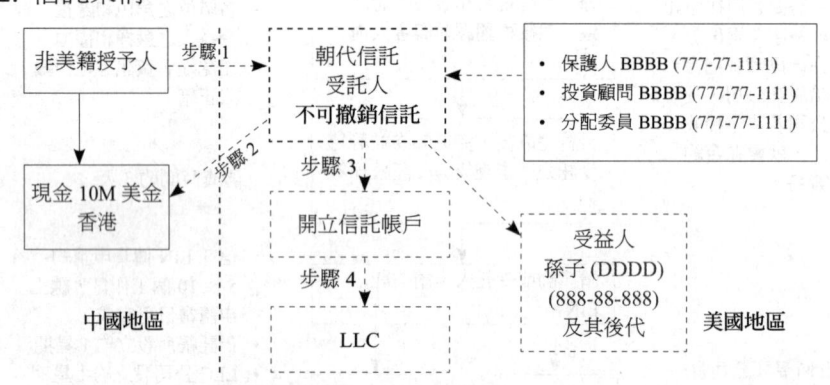

```
┌─────────┐  步驟1   ┌─────────┐       • 保護人 BBBB (777-77-1111)
│非美籍授予人│ ───────→ │ 朝代信託  │ ←---- • 投資顧問 BBBB (777-77-1111)
└─────────┘          │  受託人  │       • 分配委員 BBBB (777-77-1111)
     │               │不可撤銷信託│
     ↓       步驟2    └─────────┘
┌─────────┐                │ 步驟3        ┌─────────┐
│現金 10M美金│ - - - - - - →  ↓              │  受益人   │
│   香港   │              ┌─────────┐     │ 孫子(DDDD)│
└─────────┘              │開立信託帳戶│      │(888-88-888)│
                         └─────────┘      │  及其後代  │
                           步驟4           └─────────┘
                             ↓
                         ┌─────────┐
                         │   LLC   │
                         └─────────┘
   中國地區                                      美國地區
```

在這個美國本土不可撤銷信託成立後，本金和收益會被按照分配委員會的指示來分配。保護人有權換掉投資顧問和分配委員。

最初的保護人由 AAA 擔任，若 AAA 辭職或是有任何原因使其不能續任，則會由主要受益人來擔任保護人的角色。

最初的投資顧問由 AAA 擔任。投資顧問有權利於現任投資顧問死亡、辭職，或是被撤職時指派下任投資顧問。若投資顧問沒有指派下任投資顧問，則保護人會指派其他人擔任。

授予人指派 AAA 擔任唯一初任分配委員會委員。每個委員都可以在合約規範的期限內以書面方式向保護人和受託人辭職。每個擔任的委員隨時都可以被保護人撤職，而繼任的委員也將由保護人指派。

3. 聲明

我，AAA，閱讀、理解此文件內容並對此有所認知，並被賦予充分機會進行討論且按我的自由意願來表示同意，且我的決定非由其他人代表我做出決定或是根據他人所做出。

我，AAA，基於我的自由意志及法律能力，授權安致勤資顧問公司，代表我與美國律師及受託公司溝通。

_____ 簽字

2. 信託律師要求準備的詳細資料
(1) 授予人需填寫的資料
　　─信託名稱
　　─授予人身分證明文件：護照影本、身分證正反面影本
　　─授予人住家地址（建議與身分證地址一致）
　　─授予人聯絡資訊：手機號碼、住家電話、電子郵箱。
　　─授予人的受雇狀態
　　　• 工作職稱
　　　• 工作地址（至少提供一個）、公司名稱（可填寫 BVI 公司）、公司電話、電子郵箱
　　─配偶姓名（英文拼音）
　　─授予人持有公司：列出所有持有公司名稱及股份比例
　　─信託資產資訊：擬放入信託的資產類別和其價值

(2) 受益人資料
　　─受益人的護照影本、身分證影本、社安卡影本
　　─出生地
　　─國籍
　　─居住地址（可填寫美國地址）
　　─聯絡方式：住家電話（可填寫美國號碼）、工作電話、手機（可填寫美國號碼）
　　─電子郵箱
　　─綠卡取得日期

(3) 投資顧問、分配委員、保護人資料
　　─身分證明文件：護照影本、身分證影本、社安卡影本
　　─居住地址（可填寫美國地址）
　　─聯絡方式：工作電話、手機號碼、電子郵箱

(4) 信託授予人自傳
　　由於受託公司要求授予人提供自傳，因此需包含以下相關資訊：
　　─個人基本資料：出生地和現居地，如擁有其他國籍，亦須提供相關資訊。
　　─家庭背景：家族成員概況，包括婚姻狀況、結婚時間與地點等。
　　─教育背景
　　─財富來源：若可提供具體說明則詳述，無法提供的部分，受託公司將假定財富來源為繼承、投資、經營公司或薪資所得。
　　─投入信託的資金來源（請依下列情況說明）：
　　　┤繼承或受贈：說明繼承或受贈自何人，並提供贈與人資產來源的相關資訊。

⊣ 投資：說明資金來源於哪些類型的投資。
⊣ 營運公司：列出公司名稱和其營運類型。
⊣ 現金：說明現金來源。
　⊣ 是否有其他個人或是公司計劃注資信託？
　⊣ 是否預計將任何公司股權轉入信託？
　⊣ 信託的主要的目的（如財富傳承）。
　⊣ 信託的未來運作預期：例如，是否會頻繁轉帳？是否會進行定期分配？或是否採取保留資產、不進行分配的方式？

(5) 受託公司要求的授予人背景資料

美國受託公司在設立信託時，將要求授予人提供相關背景資料，基本內容與信託律師要求的訊息相似；然而，受託公司通常會進一步審查以下事項：
　　一授予人是否涉及政治關係。
　　一授予人投入信託的資金來源、資金產生原因、資產類別及目前市值。
　　一受託公司通常會提供一份問卷調查表，供信託授予人填寫，以確保資訊完整且符合合規要求。

(二) 美國信託成立與後續維持

以下針對信託設立後的程序，簡要說明 EIN（Employer Identification Number）申請、信託及其所控之 LLC 的設立與帳戶帳戶，以及後續維持事項：

1. 信託 EIN 申請與信託帳戶設立

當授予人和受託公司正式簽署信託合約，並經公證或兩位見證人見證後，信託視為正式成立。接下來，需為信託申請稅號（EIN），使其獲得法律上的身分，以便後續開設銀行帳戶、設立公司及申報年度稅表。

(1) 信託 EIN 申請方式
- 線上申請：最快速，當天即可取得 EIN，但申請人（即信託負責人，通常為授予人）需擁有社安號。
- 傳真申請：填寫 SS-4 表格並傳真至 IRS，一般處理時間約 5～10 個工作天，但可能出現資料遺失的情況。
- 電話申請：撥打 IRS 專線進行申請，但因 IRS 電話線路繁忙，通常約需等待 2～3 個小時。

(2) 設立信託帳戶與 LLC
- 受託公司需根據投資顧問的書面指示，協助設立信託帳戶與 LLC。
- 信託取得 EIN 後，投資顧問可指示受託公司，以信託名義設立 LLC，信託作為 LLC 公司的股東，而投資顧問則擔任 LLC 管理人，負責投資及資金控管，避免受託公司介入日常管理，提高運作效率。

(3) 信託帳戶開立
- 信託取得 EIN 後，受託公司將開設信託銀行帳戶，過程約 1～2 週，但視銀行合規（KYC）流程，可能需 1 個月。
- 銀行可能會要求投資顧問提供進一步資訊，以滿足 KYC 合規審查。

(4) 將本金匯入信託帳戶
信託帳戶開立完成後，授予人可將本金匯入信託帳戶。

2. 信託所控 LLC 成立與帳戶開立

通常建議由投資顧問指示受託公司設立 LLC，使信託以股東身分控有 LLC，而投資顧問擔任 LLC 管理人，負責投資及資金運作。此安排可簡化操作流程，使投資決策能夠直接執行，無需經由受託公司轉達指令。LLC 設立流程如下：一旦公司設立好後，須為 LLC 申請稅號，並在申請後為其開立專屬銀行帳戶。具體程序如下：

(1) LLC 公司設立（約 1 週）
- LLC 可由律師或專業代理機構協助設立，須提供下列資訊：
  —公司通訊地址（無需與 LLC 登記地址一致，亦無需在 LLC 設立州）
  —LLC 名稱（建議提供三個備選名稱，以防名稱衝突）
  —經理（通常由投資顧問擔任）

- 信託控有的 LLC 於美國成立與開銀行帳戶時應注意事項：
  —公司章程應記載第一任經理人姓名。
  —公司須具備營業地址，若暫無實體地址，可委由設立代理機構提供。
  —提交公司成立文件至州政府後，代理機構將返還公司登記執照。
  —若 LLC 由信託設立，則應由受託公司簽署公司章程，並由投資顧問簽署投資指示書。

(2) 申請 LLC 公司 EIN。
- 須填寫 SS-4 表格申請 EIN，並說明 LLC 屬性及業務類型。
- 取得 EIN 後，即可進行銀行帳戶開立。

美國公司類型及屬性陳述如下表格：

	一般合夥	有限合夥	股份有限公司	S 公司	有限責任公司	有限責任合夥
設立	無需特定設立形式：可以藉由口頭或書面合約來設立，或由行為表示	設立形式：向州政府申報有限合夥證明	設立形式：向州政府申報營運章程	和股份有限公司相同，但要填寫 S 公司選項	設立形式：向州政府申報組織章程	向州政府申報合格證明書

	一般合夥	有限合夥	股份有限公司	S公司	有限責任公司	有限責任合夥
股東責任	無限個人責任	一般合夥是無限個人責任，有限合夥僅就出資額負責	股東一般不對其超過出資額的部分負責	股東一般不對其超過出資額的部分負責	股東一般不對其超過出資額的部分負責	股東一般不對合夥負責，除非是由其疏失所造成
管理	持有人可以直接管理或同意指派其他合夥人來管理	一般合夥人是唯一的管理者；有限合夥通常不負管理責任	由董事會指派經理人處理日常事務	由董事會指派經理人處理日常事務	可以由股東直接管理或是同意指派經理人管理	合夥人可以由股東直接管理或是同意指派經理人管理
權益移轉	合夥人未經一致決不得移轉其合夥權益	不管一般合夥人或是有限合夥人都須經由一致決才能移轉其合夥權益	股東可以自由移轉其股權，除非另有規定	股東可以自由移轉其股權，但是不能移轉外國股東或是其他實體	除非另有約定，否則股東須經由一致決，方得移轉其股權	合夥人未經一致決不得移轉其合夥權益
稅務處理	穿透課稅	穿透課稅（但是有限股東有被動損失限制）	公司層級要課一次所得稅，當股利分配到股東則需再課一次所得稅	穿透課稅（但股東若無參與經營，則有被動損失限制）	穿透課稅（但合夥人若無參與經營，則有被動損失限制）	穿透課稅（但合夥人若無參與經營，則有被動損失限制）

（三）美國信託之後續收益分配

1. 信託收益分配

未來信託分配可由分配委員全權決定，分配信託的本金不會產生任何稅務問題，但若信託分配包含信託收益，則該部分的稅務責任將由受益人承擔。

2. 不可撤銷信託收益不分配——信託需繳納37%（2025年）聯邦所得稅

一般而言，信託所得需要申報並繳交所得稅。若信託當年度所產生的收益未分配給受益人，則該所得須由信託負責繳納聯邦所得稅，而稅後所得會併入信託本金，未來分配時無須再次繳稅。然而，這種情形在稅務考量上較為不利，原因如下：

- 信託的最高稅率和個人相同，但是信託稅率級距非常的小，也就是只要所得超過15,200美元，美國聯邦所得稅稅率即達37%，而個人要相當於50萬美元的所得才會到達37%稅率，相較之下非常不划算。

- 信託稅率：所得超過$15,200·········$3,659.50加上超過$15,200的37%。

- 個人稅率：所得超過$609,350·········$183,647.25加上超過$609,350的37%。

3. 信託收益分配——由受託人發出K-1表，受益人併入個人1040表申報

若信託將該年度收益分配給受益人，則收益部分的稅務責任將由受益人承擔，信託將向受益人提供K-1表，其中會載明：

- 受益人所獲得的收益種類（如利息、股息、資本利得等）
- 收益金額

4. 信託本金之分配

受益人收到信託本金分配時，不會產生稅務問題。但須注意，若信託同時分配本金與收益給不同受益人，則須按照受益人人數來拆分，不可指定特定受益人僅獲得本金或僅獲得收益。

5. 不可撤銷信託持有境外資產之揭露

若不可撤銷信託持有境外資產，須依美國法律申報相關資訊，包括：公司股權、金融資產、銀行帳戶、保單、債權等。基本上和個人相同，也就是需要申報 8938 表、5471 表、和 FinCEN 114 申報。（表格內容參閱《美國報稅與海外財產揭露》一書）

6. 不可撤銷信託之年度報稅
- 不可撤銷信託需於每年 4 月 15 日申報 1041 表。
- 若前一年度有稅款應繳，還需按季度預繳預估稅款（Estimated Payment）。
- 若無法在 4 月 15 日申報，可填寫 7004 延期表，將申報期限延至 9 月 30 日，但需注意的是，稅金繳納不得延期，即使延遲申報，仍須在 4 月 15 日前繳清。

七、信託成立後的帳務處理及稅務申報

家族信託性質及其設立地點，將直接影響其帳務處理、稅務負擔及財產揭露義務。在本章中，我們將討論非美國人在美國設立不可撤銷信託時，所涉及的帳務處理和報稅問題。

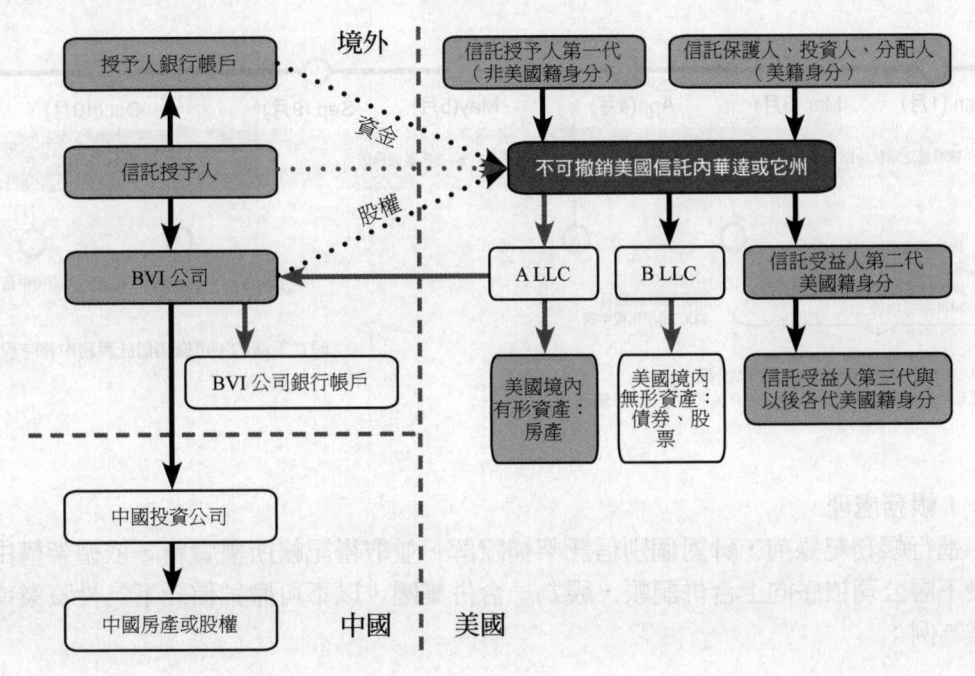

第一部分：美國的不可撤銷信託持有美國境內資產之帳務處理及稅務申報

非美籍人士設立在美國的不可撤銷信託：信託成立後年度帳務處理及稅務申報

	設立	設立後第 1 年	設立後第 2 年之後	信託終了

記帳	信託
	資本投入
	{ Cash XX
	  Capital XX
		信託	信託
			稅務年度結束後 65 天
			{ Distribution XX
			            Cash XX
				信託
				{ Capital XX
				    Cash XX

記帳	被投資公司（LLC） 以客戶提供的銀行對帳單為基礎記帳，根據對帳單之現金流量整理出各類收入以及費用並產製報表。 通常主要收入來源來自於投資收益，或是被動活動（租金收入），記帳方式將逐一說明： 1. 投資商品—資本利得 2. 投資商品—利息或是股利 3. 購買不動產—租金收入 4. 出售不動產			
記帳	合併報表： 將信託帳戶及信託下 LLC 編製合併報表，作為信託稅申報的依據。			
美國稅務申報	1. 申請 EIN：SS-4 表（信託及 LLC） 2. 3520 表（境外信託及贈與申報表） 3. 1041 表（聯邦信託表）	1. 1099-MISC／1099-NEC：1 月 31 日前申報 1099 表 2. 1041 表（聯邦信託表） 3. 各州信託稅表：依照各州的信託規定申報，例如 541 表（加州）、400 表（德拉瓦州） 4. 加州 LLC 需每年繳交年稅 800 美元，並填報 568 表 5. 1040 表（聯邦個人稅表）：美籍受益人收到分配時，需依照信託發的 K-1 申報收入		

接下來將說明「美國不可撤銷信託帳務與稅務申報時程」，下列時程概述 2024 年 12 月至次年（2025）10 月期間，主要帳務處理與稅務申報之時程。

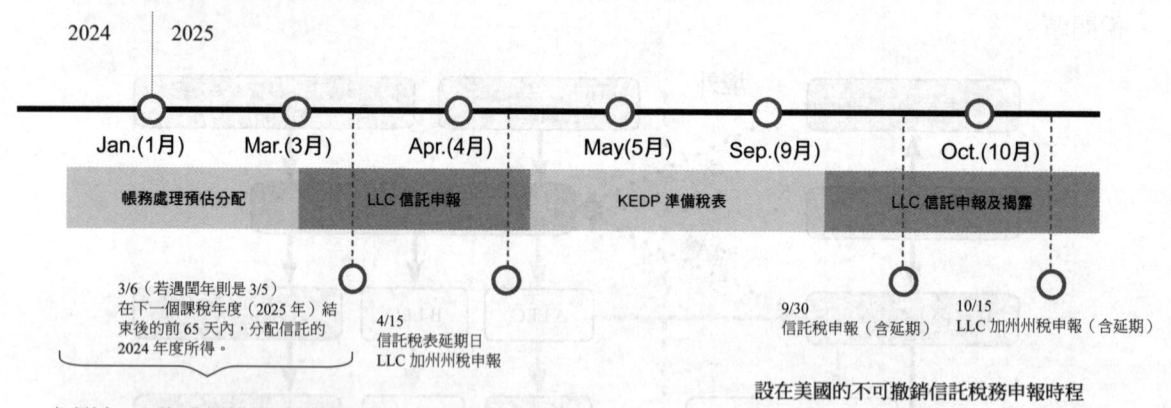

```
2024 | 2025
─────┼──●──────●──────●──────●──────●──────●──────
   Jan.(1月) Mar.(3月) Apr.(4月) May(5月) Sep.(9月) Oct.(10月)

[帳務處理預估分配]  [LLC 信託申報]  [KEDP 準備稅表]  [LLC 信託申報及揭露]
```

3/6（若遇閏年則是 3/5）
在下一個課稅年度（2025 年）結束後的前 65 天內，分配信託的 2024 年度所得。

4/15
信託稅表延期日
LLC 加州州稅申報

9/30
信託稅申報（含延期）

10/15
LLC 加州州稅申報（含延期）

設在美國的不可撤銷信託稅務申報時程

- 年度結束 12/31 前，先行搜集帳務資料並預估分配。
- 若信託需分配該年度收益至受益人，應於年度結束後 65 天內分配。

（一）帳務處理

進行帳務紀錄前，針對個別信託架構瞭解，並取得記帳所需資料，依循架構由信託最下層公司依序向上合併記帳，視為一合併集團，以不可撤銷信託下為投資業或租賃業為例：

圖一：投資業

以投資業為例，分別完成 LLC 1 與 LLC 2 之公司帳務，再行併入該信託主體，並輔以次一年度取得之 1099 表核對調整，以呈現出該信託的整體價值。

需取得之應備文件有：
1. 注資／分配指示信
2. 投資帳戶對帳單
3. 受託公司保管帳戶對帳單
4. 各類相關收支憑證
5. 1099 稅務報表
6. 被投資公司 Schedule K-1

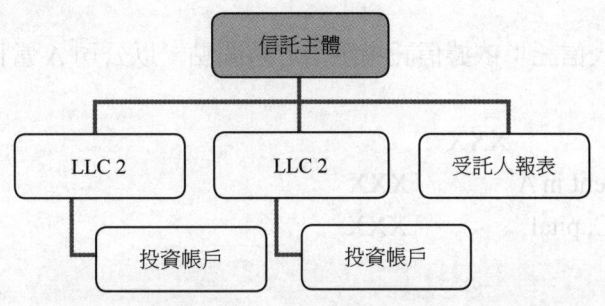

```
            信託主體
    ┌──────────┼──────────┐
  LLC 2      LLC 2      受託人報表
    │          │
  投資帳戶   投資帳戶
```

圖二：租賃業

以租賃業為例，與帳務處理與投資業大致相同，其主要差別係因性質而產生不同之收益來源。

需取得之應備文件有：
1. 注資／分配指示信
2. 銀行帳戶對帳單
3. 受託公司保管帳戶對帳單
4. 各類相關收支憑證
5. 房產購入合約及託管帳戶報表（或結算報表）
6. 租賃合約
7. 物業管理公司收支彙總
8. 1099 稅務報表

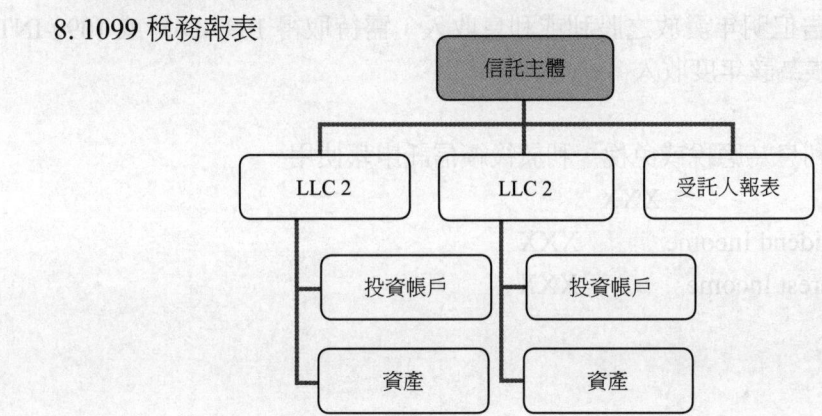

```
            信託主體
    ┌──────────┼──────────┐
  LLC 2      LLC 2      受託人報表
    │          │
  投資帳戶   投資帳戶
    │          │
   資產       資產
```

針對上述兩類不可撤銷信託分別列述入帳作業流程如下：

1. 初始階段

信託成立後，授予人可規劃將現金、不動產或公司移入信託底下 LLC 中。

(1) 將現金移入託管帳戶或 LLC 下銀行帳戶中

$$\begin{cases} \text{Bank} & \text{XXX} \\ \quad \text{Capital} & \text{XXX} \end{cases}$$

(2) 將不動產以購入價值移入信託下 LLC

$$\begin{cases} \text{Property} & \text{XXX} \\ \quad \text{Capital} & \text{XXX} \end{cases}$$

(3) 公司 A 移入信託：依據信託指示信之時間點，以公司 A 當日之資產價值移入信託

$$\begin{cases} \text{Bank} & \text{XXX} \\ \text{Investment in A} & \text{XXX} \\ \quad \text{Capital} & \text{XXX} \end{cases}$$

2. 營運階段

此部分以投資金融產品為主業及以租賃不動產為主業分述之：

(1) 投資業

① 投資金融商品

投資金融商品之交易行為可自客戶提供之銀行對帳單（Bank Statement）判斷，銀行對帳單會列示現金流出屬購買投資商品。

$$\begin{cases} \text{Investment in MS\#0000} & \text{XXX} \\ \quad \text{Bank} & \text{XXX} \end{cases}$$

② 股利或利息收入

銀行對帳單中會列示收入來源屬收入性質，對於投資業常見為股利收入及利息收入，若有當年度宣告但明年發放之股利或利息收入，需待取得 1099-DIV 或 1099-INT 及其後附明細，入帳為該年度收入。

須注意股利與利息為應稅或免稅，利於後續信託申報使用。

$$\begin{cases} \text{Bank} & \text{XXX} \\ \quad \text{Dividend Income} & \text{XXX} \\ \quad \text{Interest Income} & \text{XXX} \end{cases}$$

③ 出售金融商品、投資本金之返還

處份金融商品之資訊，可自客戶提供的銀行對帳單（Bank Statement）中直接判斷，對帳單會列示現金流入屬出售投資商品。部分國庫券、折價債券等金融商品，於處份時實現利息收入。

$$\begin{cases} \text{Bank} & \text{XXX} \\ \quad \text{Investment in MS\#0000} & \text{XXX} \\ \quad \text{Interest Income} & \text{XXX} \end{cases}$$

④ 資本利得（損失）

出售金融商品，同時需認列資本利得（或損失），惟銀行對帳單中未完整揭露出售投資商品之成本及資本利得等相關資訊，故須取得 1099-B 後才入帳以下分錄。須注意資本利得為長期或短期，利於後續信託申報使用。

$$\begin{cases} \text{Investment in MS\#0000} & \text{XXX} \\ \quad \text{Capital Gain-Short Term} & \text{XXX} \\ \quad \text{Capital Gain-Long Term} & \text{XXX} \end{cases}$$

⑤ 投資相關費用

因投資所產生之投資費用，其分錄如下：

$$\begin{cases} \text{Expenses} & \text{XXX} \\ \quad \text{Bank} & \text{XXX} \end{cases}$$

(2) 租賃業

① 購買不動產

信託下購買不動產，入帳須取得購屋結算明細表（Settlement Statement）或其他購屋相關文件，用於核算成本及其他費用，確認購入成本後依比例拆分土地及房屋之價值。

一般在美國購買不動產時，會由「第三方託管帳戶（Escrow Account）」支付房產相關成本及費用。

(i) 購入時支付款項

$$\begin{cases} \text{Escrow Account} & \text{XXX} \\ \quad \text{Bank} & \text{XXX} \end{cases}$$

(ii) 不動產過戶完成

$$\begin{cases} \text{Property-Land} & \text{XXX} \\ \quad \text{Property-House} & \text{XXX} \\ \quad \text{Escrow Account} & \text{XXX} \end{cases}$$

(iii) 餘款退回

$$\begin{cases} \text{Bank} & \text{XXX} \\ \quad \text{Escrow Account} & \text{XXX} \end{cases}$$

(iv) 一次性費用

為使不動產達可使用狀態所產生之成本，如：裝潢工程、過戶手續及相關稅費等，上述成本將提升房屋價值。

$$\begin{cases} \text{Property-House} & \text{XXX} \\ \quad \text{Bank} & \text{XXX} \end{cases}$$

② 出租活動

(i) 租金收入

$$\begin{cases} \text{Bank} & \text{XXX} \\ \quad \text{Rental Income} & \text{XXX} \end{cases}$$

(ii) 例行性費用

房屋維護產生例行性費用，如：房屋稅金、物業管理費……等，做以下分錄：

$$\begin{cases} \text{Expenses} & \text{XXX} \\ \quad \text{Bank} & \text{XXX} \end{cases}$$

(iii) 折舊費用

根據不動產類型需每年提列折舊，累計折舊則為成本之減項。

自住房出租採用直線法折舊 27.5 年，開始出租及結束出租的當月皆以半個月計算。

商業性不動產採用直線法折舊 39 年，開始出租及結束出租的當月皆以半個月計算。

$$\begin{cases} \text{Depreciation Expenses} & \text{XXX} \\ \quad \text{Accumulated Depreciation} & \text{XXX} \end{cases}$$

③ 出售不動產

$$\begin{cases} \text{Bank} & \text{XXX} \\ \text{Accumulated Depreciation} & \text{XXX} \\ \quad \text{Capital Gain} & \text{XXX} \\ \quad \text{Property-Land} & \text{XXX} \\ \quad \text{Property-House} & \text{XXX} \end{cases}$$

信託在營運階段當中，每年度之例行性費用，如：受託公司年費、律師及會計師服務費用等等信託維護費用。若支付款項而沒有透過信託支付的費用，則視同贈與。

$$\begin{cases} \text{Fiduciary Fees} & \text{XXX} \\ \text{Professional Fees} & \text{XXX} \\ \text{Management Fees} & \text{XXX} \\ \text{Other Expenses} & \text{XXX} \\ \quad \text{Bank} & \text{XXX} \end{cases}$$

```
          ⎧ Fiduciary Fees      XXX
   或     ⎪ Professional Fees   XXX
          ⎨ Management Fees     XXX
          ⎪ Other Expenses      XXX
          ⎩        Capital              XXX
```

3. 稅務年度結束

稅務年度結束後 65 天內之分配。若當年度信託產生收益且未分配予受益人，則需由信託負責繳納稅金（最高稅率為 37%）。其分配分錄如下：

```
   ⎧ Distribution    XXX
   ⎨
   ⎩        Bank             XXX
```

（二）美國稅務申報

1. 初始階段

(1) 申請 EIN

設立信託及 LLC 前須先申請 EIN，所有的 EIN 申請方式（郵寄、傳真或網路）都必須公布真正的主要執行人、無限責任合夥人、授與人、所有人或信託人的姓名和納稅人識別號碼（例如 SSN、ITIN 或 EIN 號碼）。這些國稅局稱之為「責任方」的個人或企業實體，負責掌控、管理或指揮申請該號碼的企業實體，以及支配該實體的資金和資產。除非申請人是政府實體，否則責任方必須是個人（即自然人），而不是實體。以下為常見的申請方法：

(2) 線上申請

線上申請 EIN 是最方便的方式。一旦完成網上申請表，資料即會由系統加以核實，並立即核發 EIN 號碼。任何企業實體只要其主要營業處、辦事處或經銷處，或是合法住處（如為個人）位於美國境內或美國領地內，都可採用線上申請。

(3) 以傳真方式申請

納稅人在確定 SS-4 表填妥所有必填項目後，可透過傳真申請。若 IRS 判定申請的企業實體需要新的 EIN 號碼，就會依照該企業體類型適用的流程核發 EIN。若納稅人附上傳真號碼，IRS 會在 4 個營業日內以傳真方式通知納稅人 EIN 號碼。

(4) 郵寄申請

以郵寄方式申請 EIN 的處理時間通常是 4 週。請務必確定 SS-4 表上所有必填欄位均已填妥。若 IRS 判定申請的企業實體需要新的 EIN 號碼，IRS 就會依照該企業實體類型適用的流程核發一個 EIN，然後將這個號碼郵寄給申請的納稅人。

IRS 提供傳真及郵寄 SS-4 表的方式如下，SS-4 表見下頁，供讀者參考。

如果主要業務、辦公室、代理機構或個人的合法住所位於：	將 SS-4 表郵寄或傳真到以下：
50 個州或哥倫比亞特區之一	國稅局（IRS） 收件人：EIN Operation 地址：Cincinnati, OH 45999 Fax：(855) 641-6935
如果在任何州皆無合法住所、主要營業地點或主要辦公室或代理機構	國稅局（IRS） 收件人：EIN International Operation 地址：Cincinnati, OH 45999 傳真：(855) 215-1627（美國境內） 　　　(304) 707-9471（美國境外）

2. 3520 表（境外信託及贈與申報表）
(1) 申報時間：每年的 4 月 15 日申報。

(2) 申報規定：若符合以下情況，受託人應向國稅局申報 3520 表，揭露不可撤銷信託自境外受贈資金的事實：
- 信託設立時，授予人自境外匯入資金到美國不可撤銷信託。
- 後續由授予人支付而沒有透過信託支付的費用，視同贈與。
- 若符合以下條件，應向國稅局申報 3520 表第四部分第 54 和 55 欄。
- 若納稅人在納稅年度內從非居民外國人或外國遺產中收到的贈與或遺產的總價值超過 10 萬美元，則應填寫 3520 表第四部分第 54 欄。
- 若納稅人在納稅年度內從外國公司或合夥組織收到的贈與或遺產的總價值超過 19,570 美元（2024 年），則應填寫 3520 表第四部分第 55 欄。

3. 1041 表（聯邦信託稅表）
通常設立當年資金剛投入，尚未產生較多收益，需特別留意是否達到 1041 表的申報門檻。若符合以下條件需申報 1041 表：
(1) 總收入超過 600 美元
(2) 有應稅收入
(3) 有非美籍受益人

4. 營運階段
設立後第一年開始正常營運，會開始涉及信託稅務申報，以下依照各表的稅務申報時間介紹。

(1) 1099-NEC 表
信託下 LLC 若於稅務當年度有向獨立經營的承包人付款，可能需要申報 1099-NEC 表（非雇員報酬）申報向貿易或商務提供服務者所付出的款項。若符合以下四項標準，通常必須將付款申報為非雇員補償。

Form SS-4
(Rev. December 2023)
Department of the Treasury
Internal Revenue Service

Application for Employer Identification Number
(For use by employers, corporations, partnerships, trusts, estates, churches, government agencies, Indian tribal entities, certain individuals, and others.)
See separate instructions for each line. Keep a copy for your records.
Go to www.irs.gov/FormSS4 for instructions and the latest information.

OMB No. 1545-0003

EIN

Type or print clearly.

1 Legal name of entity (or individual) for whom the EIN is being requested

2 Trade name of business (if different from name on line 1)　　**3** Executor, administrator, trustee, "care of" name

4a Mailing address (room, apt., suite no. and street, or P.O. box)　　**5a** Street address (if different) (Don't enter a P.O. box).

4b City, state, and ZIP code (if foreign, see instructions)　　**5b** City, state, and ZIP code (if foreign, see instructions)

6 County and state where principal business is located

7a Name of responsible party　　**7b** SSN, ITIN, or EIN

8a Is this application for a limited liability company (LLC) (or a foreign equivalent)? ☐ Yes ☐ No　　**8b** If 8a is "Yes," enter the number of LLC members

8c If 8a is "Yes," was the LLC organized in the United States? ☐ Yes ☐ No

9a Type of entity (check only one box). **Caution:** If 8a is "Yes," see the instructions for the correct box to check.
☐ Sole proprietor (SSN) _____　　☐ Estate (SSN of decedent) _____
☐ Partnership　　☐ Plan administrator (TIN) _____
☐ Corporation (enter form number to be filed) _____　　☐ Trust (TIN of grantor) _____
☐ Personal service corporation　　☐ Military/National Guard　　☐ State/local government
☐ Church or church-controlled organization　　☐ Farmers' cooperative　　☐ Federal government
☐ Other nonprofit organization (specify) _____　　☐ REMIC　　☐ Indian tribal governments/enterprises
☐ Other (specify) _____　　Group Exemption Number (GEN) if any _____

9b If a corporation, name the state or foreign country (if applicable) where incorporated | State | Foreign country

10 **Reason for applying** (check only one box)
☐ Started new business (specify type) _____　　☐ Banking purpose (specify purpose) _____
☐ Hired employees (Check the box and see line 13.)　　☐ Changed type of organization (specify new type) _____
☐ Compliance with IRS withholding regulations　　☐ Purchased going business
☐ Other (specify) _____　　☐ Created a trust (specify type) _____
　　☐ Created a pension plan (specify type) _____

11 Date business started or acquired (month, day, year). See instructions.　　**12** Closing month of accounting year

13 Highest number of employees expected in the next 12 months (enter -0- if none). If no employees expected, skip line 14.

Agricultural	Household	Other

14 If you expect your employment tax liability to be $1,000 or less in a full calendar year **and** want to file Form 944 annually instead of Forms 941 quarterly, check here. (Your employment tax liability will generally be $1,000 or less if you expect to pay $5,000 or less, $6,536 or less if you're in a U.S. territory, in total wages.) If you don't check this box, you must file Form 941 for every quarter. ☐

15 First date wages or annuities were paid (month, day, year). **Note:** If applicant is a withholding agent, enter date income will first be paid to nonresident alien (month, day, year).

16 Check **one** box that best describes the principal activity of your business.
☐ Construction ☐ Rental & leasing ☐ Transportation & warehousing ☐ Accommodation & food service ☐ Wholesale—other ☐ Retail
☐ Real estate ☐ Manufacturing ☐ Finance & insurance ☐ Other (specify) _____
☐ Health care & social assistance ☐ Wholesale—agent/broker

17 Indicate principal line of merchandise sold, specific construction work done, products produced, or services provided.

18 Has the applicant entity shown on line 1 ever applied for and received an EIN? ☐ Yes ☐ No
If "Yes," write previous EIN here

Third Party Designee

Complete this section **only** if you want to authorize the named individual to receive the entity's EIN and answer questions about the completion of this form.

Designee's name	Designee's telephone number (include area code)
Address and ZIP code	Designee's fax number (include area code)

Under penalties of perjury, I declare that I have examined this application, and to the best of my knowledge and belief, it is true, correct, and complete.

Name and title (type or print clearly)

Applicant's telephone number (include area code)

Signature　　Date

Applicant's fax number (include area code)

For Privacy Act and Paperwork Reduction Act Notice, see separate instructions.　　Cat. No. 16055N　　Form **SS-4** (Rev. 12-2023)

① 付款給不是您雇員的個人；

② 是為當貿易或商務運作過程中得到的服務而付款（包括政府機構和非營利組織）；

③ 付款給個人、合夥經營、遺產或某些情況下的股份公司；以及

④ 在一年中至少向收款人支付 600 美元。
- 注意：從 2020 稅務年度開始，必須使用 1099-NEC 表（非雇員報酬），以報告以前在 1099-MISC 表格方框 7 中報告的非雇員報酬（NEC）。

(2) 1099-MISC 表

全名為 Form 1099-Miscellaneous，意指各類雜項收入的年度彙總表。根據 IRS 規定，凡在納稅年度內，任何個人或機構對納稅人支付款項達 600 美元或以上者，須向該納稅人發出 1099-MISC 表。

(3) 1041 表（聯邦信託稅表）
① 申報時間：每年的 4 月 15 日申報，可於 4 月 15 日前申報 7004 表延期至 9 月 30 日申報。

② 申報條件：符合下述任一項就需要申報 1041 表
- 當年度有應稅收入
- 總收入額大於 600 美元
- 有非美籍受益人

③ 罰金：
- 逾期申報罰款：每個月罰應納稅金的 5%，最高為 25%。
- 逾期繳納罰款：每個月罰應納稅金的 0.5%，最高為 25%。

④ 申報內容：

稅務年度內，信託總收入扣除規定的扣抵額及免稅額後，即為信託應稅所得。部分扣抵項目如受託公司費用、律師及會計師費用及其他相關費用，須符合 §67(e) 之規定，方可列為扣抵，且其金額將依免稅收入所占比例而受限。規定如下：
- 與信託管理有關的實際已支付或已發生的費用
- 須為僅在以信託形式持有財產時才會產生之費用

以下為受託公司費用及律師費用計算：
- 假設實際支付律師費 US$15,000
    * 總收入 US$50,000（不考慮 Capital Gain/Loss）
    * 免稅收入 US$30,000
    * US$30,000 / US$50,000 = 60%
    * US$15,000 × 0.6 = 9,000（免稅收入對應的費用不可扣抵）
    * US$15,000 – 9,000 = 6,000（可扣抵的律師費）

總收入	利息收入、股息收入、營業收入、資本損益、租金收入
〈扣抵額〉	利息費用 可扣抵的稅金： 　- 州與當地所得稅 　- 州與當地房產稅 　- 加州 LLC US$800 稅金 受託公司費用 律師及會計師費用 其他費用
調整後的總收入	總收入減去扣抵額
〈收入分配扣除額〉	信託分配扣抵額，於信託附表 B 介紹
〈免稅額〉	常見的信託為 Complex Trust，免稅額為 US$100
應稅收入	應稅收入
* 稅率	請見以下圖（1041 稅率，2024 年）
總稅負	
〈稅收抵免〉	
淨稅負	

1041 稅率（2025 年）

級距	稅金 （下列金額加上百分比）	累進門檻金額
$0~$3,150	$0 plus 10%	$0
$3,150~$11,450	$315 plus 24%	$3,150
$11,450~$15,650	$2,370 plus 35%	$11,450
Above $15,650	$3,777 plus 37%	$15,650

(4) 1041 表之附表介紹
以下為常見的附表：

① 附表 B——計算收入分配扣除

　　為了預防雙重課稅，在計算信託課稅收入時，必須將分配給受益人的金額自課稅收入中扣除，扣除額以「可分配淨收益」（Distributable Net Income, DNI）為上限。DNI 為當年度信託收益可分配給受益人的最高金額，雖然免稅利息因免稅性質不計入課稅收入，然而卻因可以分配給受益人，應計入 DNI（將免稅收入納入 DNI 時，應將免稅收入有關的費用扣除）。另外，由於資本利得回到信託本金中並不分配，因此不能計入 DNI 裡。

DNI 的計算如下：

$$
\begin{aligned}
&+\ \text{調整後之總收入}\\
&-\ \text{資本利得}\\
&+\ \text{資本損失}\\
&+\ \text{淨免稅收入}\\
&\overline{\quad\text{可分配淨收入（DNI）}\quad}
\end{aligned}
$$

「收益分配扣除額（IDD）」作為信託稅表的扣抵額（1041 表第 18 行），為：

可分配淨收益（DNI）– 免稅收入；或實際分配 – 免稅收入，兩者取小。

左頁和下頁圖為 1041 表附表 B 及其他資訊，供讀者參考：

Other Information		Yes	No
1	Did the estate or trust receive tax-exempt income? If "Yes," attach a computation of the allocation of expenses. Enter the amount of tax-exempt interest income and exempt-interest dividends . . . . . $		
2	Did the estate or trust receive all or any part of the earnings (salary, wages, and other compensation) of any individual by reason of a contract assignment or similar arrangement?		
3	At any time during calendar year 2024, did the estate or trust have an interest in or a signature or other authority over a bank, securities, or other financial account in a foreign country? . . . . See the instructions for exceptions and filing requirements for FinCEN Form 114. If "Yes," enter the name of the foreign country		
4	During the tax year, did the estate or trust receive a distribution from, or was it the grantor of, or transferor to, a foreign trust? If "Yes," the estate or trust may have to file Form 3520. See instructions		
5	Did the estate or trust receive, or pay, any qualified residence interest on seller-provided financing? If "Yes," see the instructions for the required attachment		
6	If this is an estate or a complex trust making the section 663(b) election, check here. See instructions ☐		
7	To make a section 643(e)(3) election, attach Schedule D (Form 1041), and check here. See instructions ☐		
8	If the decedent's estate has been open for more than 2 years, attach an explanation for the delay in closing the estate, and check here . . . . ☐		
9	Are any present or future trust beneficiaries skip persons? See instructions		
10	Was the trust a specified domestic entity required to file Form 8938 for the tax year? See the Instructions for Form 8938		
11a	Did the estate or trust distribute S corporation stock for which it made a section 965(i) election? . . .		
b	If "Yes," did each beneficiary enter into an agreement to be liable for the net tax liability? See instructions		
12	Did the estate or trust either make a section 965(i) election or enter into a transfer agreement as an eligible section 965(i) transferee for S corporation stock held on the last day of the tax year? See instructions . . .		
13	At any time during the tax year, did the estate or trust (a) receive (as a reward, award, or payment for property or services); or (b) sell, exchange, or otherwise dispose of a digital asset (or a financial interest in a digital asset)? See instructions		
14	**ESBTs only.** Does the ESBT have a nonresident alien grantor? If "Yes," see instructions		
15	**ESBTs only.** Did the S portion of the trust claim a qualified business income deduction? If "Yes," see instructions		

Form **1041** (2024)

在此列舉幾個「其他資訊」欄位中的問題：
Q1. 是否有免稅收入？

Q3. 是否須申報 FBAR（114 表）？
以下類型的海外帳戶總額超過 10,000 美元需要申報 FBAR：
- 信託持有某家公司股權超過 50%，須申報該公司下的海外金融帳戶。
- 信託本身持有的海外金融帳戶和簽字權帳戶。

Q4. 是否收到境外信託分配或轉讓信託資產到境外信託？須另外申報 3520 表？

Q6. 是否有使用到 65 天分配的選項？

稅務年度結束後的 65 天內分配視同當年度分配，所以稅務年度結束後須盡快整理信託帳務並預估分配數，若信託所產生的收益在該年度沒有分配給受益人，則需由信託負責繳稅，而稅後所得會納入信託本金中，未來分配時就毋需再繳交所得稅。

Q10. 是否須申報 8938 表？

海外金融資產年底餘額超過 50,000 美元，或報稅年度任何一天餘額超過 75,000 美元就須申報。

② 附表 D——資本利得（損失）

由券商發的 1099-B 表可得資本利得或利損之金額並將數字填入附表 D。信託稅表的稅表 1041 表，附表 D 與個人稅表 1040 表，附表 D 大致一樣，請見以下說明：

當信託有資本利得時，資本利得的總額（長短期的合計數）會顯示在 1041 表的第 4 欄 Capital Gain/Loss，長短期資本利得或損失的明細則在附表 D，當年度交易資料明細則列在 8949 表。

同時有資本利得及損失時，資本損失可全額抵減資本利得。當資本損失大於資本利得時，還有以下二種方法可以抵減：

- 抵減其它一般收入。抵減時 1041 表第 4 欄會顯示負數，直接減少當年度的一般收入，一年可抵減上限為 3,000 美元。
- 資本損失遞延到未來年度抵減。遞延的長短期資本損失會分別遞延到下一年度，若下一年度有資本利得時會先分別抵減短期及長期資本利得，不足時長短期資本損失與利得之間可以互抵，最後還未抵減完的資本損失則回到方法一，繼續抵減其它收入。遞延的資本損失是沒有年限的，可以一直抵用到用完為止。

③ 附表 K-1

美籍受益人收到分配時，來自 K-1 的收入需要分項填至 1040 表並附上附表 E。

(5) 信託州稅

須依照各州規定判斷是否需要申報信託州稅，由於信託稅法非常複雜，建議與美國會計師討論信託相關申報義務。

(6) 加州 541 表

即使美國不可撤銷信託設在其他州，但保護人、受益人或是受託相關人士為加州州居民，信託未分配時需申報州稅表 541 表。

① 申報條件

若保護人、相關受益人或受託相關人士為加州州居民，且符合下列任一情形，受託人即須申報 541 表：

- 稅務當年度總收入超過 10,000 美元
- 稅務當年度收入淨額超過 100 美元

② 申報時間

每年 4 月 15 日。若無法於當日完成申報，無需提交紙本延期申請，即可自動獲得 6 個月延長至 10 月 15 日。但應納稅款仍須於 4 月 15 日前繳清，以避免產生遲繳罰金。

③ 申報內容

- 情況：該信託的受託人為非加州稅務居民，並有兩位受益人，其中一位為加州稅務居民。
- 實際計算：

—費用根據加州收入占比進行分拆（上方 F 欄／B 欄）

—信託收入（B 欄）需先根據加州稅務居民受託人占比計算來進行第一層收入分拆。因該信託無加州受託人，所以第一層計算結果無加州收入（C 欄），接下來將尚未分配給加州的收入（D 欄）再進行另一次分拆，第二層分拆使用加州受益人占比來計算（E 欄），加州受益人占比為 50%，因此將有一半收入在第二層分拆為加州收入，最後兩層分拆收入相加則為該信託加州收入（F 欄）。

(7) 1040 表（聯邦個人稅）

① 申報時間：每年 4 月 15 日，可於 4 月 15 日前申報 4868 表延期至 10 月 15 日申報。

② 申報條件

符合美國稅務居民之條件且當年度總收入大於以下金額（稅務年度 2025 年）即須申報：

- 單身—$14,600
- 夫妻合併／合格寡婦（鰥夫）—$29,200
- 夫妻分開—$5
- 戶長—$21,900

③ 稅率（2025 年）

稅率	單身 應納稅所得門檻	已婚聯合申報 應納稅所得門檻	戶長 應納稅所得門檻
10%	$0~$11,925	$0~$23,850	$0~$17,000
12%	$11,926~$48,475	$23,851~$96,950	$17,001~$64,850
22%	$48,476~$103,350	$96,951~$206,700	$64,851~$103,350

24%	$103,351~$197,300	$206,701~$394,600	$103,351~$197,300
32%	$197,301~$250,525	$394,601~$501,050	$197,301~$250,500
35%	$250,526~$626,350	$501,051~$751,600	$250,501~$626,350
37%	$626,350 以上	$751,600 以上	$626,350 以上

第二部分：美國的不可撤銷信託持有境外資產之帳務處理及稅務申報（授予人為非美籍人士）

信託成立後年度帳務處理及稅務申報

<table>
<tr><th></th><th>設立前</th><th>設立</th><th>設立後第1年</th><th>設立後第2年之後</th><th>信託終了</th></tr>
<tr><td rowspan="3">稅務處理</td><td>無</td><td>信託
資本投入
{Cash　XX
　Capital　XX</td><td>信託
稅務年度結束後65天
{Distribution　XX
　Cash　　　　XX</td><td></td><td>信託
{Capital　XX
　Cash　　XX</td></tr>
<tr><td colspan="4">BVI
BVI及BVI下公司分別做帳務處理，將於帳務處理之章節詳細說明。</td></tr>
<tr><td>無</td><td colspan="3">合併報表：將信託帳戶及信託下BVI編制合併報表，作為美國信託稅申報的依據。</td></tr>
<tr><td>美國稅務申報</td><td>美國信託設立前
1. BVI購買美國債券、C公司股權，當美國C公司支付股利給BVI公司並預扣30%稅金（1042-S表）或購買美國債券支付利息等，關聯性產生。
2. 8832表：設立前可為美國境外信託創造美國稅關聯性，申報美國稅表8832（Check the Box），以墊高境外公司資產成本（step up basis），可有效降低日後資本利得。</td><td>1. 申請EIN：SS-4表（信託）
2. 3520表（境外信託及贈與申報表）
3. 1041表（聯邦信託表）</td><td colspan="3">1. 美籍受託人
1041表（聯邦信託表）
各州信託稅表：依照各州的信託規定申報，例如：541表（加州）、400表（德拉瓦州）
揭露表格：5471表、8938表、FBAR 114表

2. 美籍受益人
1040表（聯邦個人稅表）：美籍受益人收到分配時，需依照信託發的K-1申報收入。
各州個人所得稅表：依照各州的個人稅規定申報

3. 其他
加州LLC每年須繳交US$ 800的年度稅（Annual Tax），並填報Form 568。
紐約LLC每年須繳交年度費用（Annual Fee）並填報IT-204-LL表；若無收入或有虧損，費用為US$ 25，申報期限為每年3月15日前（不得延期）。</td></tr>
</table>

（一）帳務處理

美國不可撤銷信託持有境外資產，假設移入前境外資產為一BVI公司，且持有100% T1子公司（買賣業），各公司帳務處理說明如下：

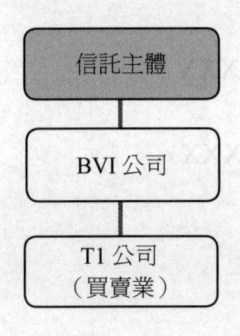

```
信託主體
   |
BVI公司
   |
T1公司
（買賣業）
```

如同前述，於取得記帳所需資料後，依循架構由信託最下層公司依序向上合併記帳。

分別完成 T1 公司與 BVI 公司個體之帳務，再將 T1 公司該年度之淨利（淨損）併入投資公司 BVI 公司作為其投資收益（損失），最後再將 BVI 公司合併數計入信託主體中，以呈現出該信託的整體價值。

需取得之應備文件有：
1. 注資／分配指示信
2. BVI 公司及 T1 公司銀行對帳單
3. 受託公司保管帳戶對帳單
4. T1 公司進銷貨相關表單
5. 進銷合約
6. 長期股權投資協議
7. 各類相關收支憑證
8. 1099 稅務報表

入帳作業流程如下：

1. T1 公司為買賣業且 BVI 公司直接投資 100%，以下為各項交易之分錄說明：
(1) 收到投資款，T1 公司成立：BVI 公司 100% 投資 T1 公司，投資金額流入款項
  Bank   XXX
    Capital   XXX

(2) 商品進貨：依據商品廠商之發票、收據認列成本
  Inventories   XXX
    Accounts Payable XXX

(3) 支付貨款：檢核銀行對帳單資金流出款項及付款明細，入帳進貨款項之支付
  Accounts Payable XXX
    Bank   XXX

(4) 商品銷貨：依據出貨單、銷貨發票等憑證認列收入
  Accounts Receivable XXX
    Sales   XXX
  Cost of goods sold   XXX
    Inventories   XXX

(5) 收到貨款：檢核銀行對帳單資金流入款項及收款明細，入帳應收款項之收回

```
┌ Bank                    XXX
└   Accounts Receivable     XXX
```

(6) 各類費用：因營運所產生各項費用

```
┌ Expense      XXX
└   Bank         XXX
```

(7) 收取銀行利息：銀行存款孳息入帳

```
┌ Bank               XXX
└   Interest Income    XXX
```

(8) 發放股利：T1公司年度盈餘發放股利給投資公司BVI，依據對帳單資金流出款項及股利發放通知書認列盈餘分配

```
┌ Retained Earnings   XXX
└   Bank                XXX
```

2. BVI公司為投資業，以下為各項交易之分錄說明：

(1) 投資T1公司（持有T1子公司100%，以下採權益法認列入帳）

```
┌ Investment in T1    XXX
└   Bank                XXX
```

(2) 認列T1公司投資損益

```
┌ Investment in T1       XXX
└   Investment Income      XXX
```

或

```
┌ Investment Loss        XXX
└   Investment in T1       XXX
```

(3) 收取股利：依據銀行對帳單資金流入款項及股利發放通知入帳

```
┌ Bank                   XXX
│   Income tax expense     XXX
└   Investment in T1       XXX
```

(4) 發放股利：BVI公司年度盈餘發放股利給信託主體，從客戶提供銀行對帳單資金流出款項及股利發放通知書認列盈餘分配

```
┌ Retained Earnings   XXX
└   Bank                XXX
```

3. 信託主體設立完成後移入 BVI 公司，以下為發生各項交易之分錄說明：

(1) 境外公司移入信託主體：依據信託指示信時間點，以 BVI 公司當日之資產價值併入信託

  Investment in BVI   XXX
    Capital   XXX

(2) 信託費用：支付信託維持所產生之費用，例如：受託公司費用、律師與會計師服務費用及其他費用等，若支付款項而沒有透過信託支付的費用，則視同贈與。

  Fiduciary Fees   XXX
  Professional Fees   XXX
  Management Fees   XXX
  Other Expenses   XXX
    Bank   XXX

 或

  Fiduciary Fees   XXX
  Professional Fees   XXX
  Management Fees   XXX
  Other Expenses   XXX
    Capital   XXX

(3) 認列投資損益：投資持有 100% BVI 公司時，採權益法認列投資損益

  Investment in BVI   XXX
    Investment Income   XXX

    或

  Investment Loss   XXX
    Investment in BVI   XXX

(4) 收取股利：依據銀行對帳單資金流入款項及股利發放通知入帳

  Bank   XXX
    Investment in BVI   XXX

(5) 收取信託之託管帳戶銀行利息

  Bank   XXX
    Interest Income   XXX

(6) 信託分配：稅務年度結束後 65 天內之分配。若當年度信託產生收益且未分配予受益人，則需由信託負責繳納稅金（最高稅率為 37%）。信託主體年度利益分配給受益人，依託管帳戶資金流出款項與指示信檢核一致入帳。

$\begin{cases} \text{Distribution} & \text{XXX} \\ \text{Bank} & \text{XXX} \end{cases}$

（二）美國稅務申報

(1) 申請 EIN（Employer Identification Number）
BVI 等皆須申請 EIN，申請流程同 473 頁。

(2) 8832 表—勾選原則（Check-the-box Election）
自 1997 年 1 月 1 日起，美國企業獲得了勾選規則的選擇，其目的是減少國稅局與企業之間的稅務爭議。

根據美國稅法第 7701 條（Check-the-box Regulations，勾選規則），某些商業實體可透過提交 8832 表（Entity Classification Election），「勾選」其美國聯邦所得稅的目的。

根據 8832 表，合格商業實體包括：責任有限公司、合夥企業、實質獨資企業、外國公司及不屬於「實質性公司」的商業實體。

何謂「實質性公司」？
8832 表列舉了必須被認定為「實質性公司」的商業實體。從美國聯邦稅收的角度來看，實質性公司在任何時間都應被視為「公司」，且不得更改其稅務身分（財政部法規 301.7701-2(b) 章節）；意即實質性公司不能透過勾選規則改變企業型態。此類公司包括：依據聯邦或各州法律成立的實體或公司、保險公司，以及在美國和其他轄區均註冊的實體，且其外國註冊實體已列入外國實體「實質性公司」列表或美國實體「實質性公司」列表。

此外，外國公司仍可透過「勾選規則」選擇除了默認稅務身分（Default Rules）之外的其他公司類型，例如：符合資格的外國獨資企業（擁有單一股東 100% 控股）、有限公司或股份有限公司，可以通過「勾選」成為美國的「穿透體」（Disregard Entity），屬於「稅收透明體」。

(1) 申請 8832 表的時機與限制：
- 當企業需變更稅務身分時，可透過 8832 表進行選擇：①原始分類→新分類；②舊分類→新分類（以前選擇過，欲再次變更）。
- 若企業希望維持原始分類身分報稅，則無需申報 8832 表。

(2) 有效起始日的限制：
- 變更生效日不得早於申請日 75 天，不得晚於申請日 12 個月。
- 若變更日期早於 75 天，以 75 天計；若晚於 12 個月，以 12 個月計。

- 若 8832 表上未填寫有效起始日，則申請日就是有效日。

(3) 60 個月不得重選的限制：若企業曾經提交 8832 表並變更稅務身分，則 60 個月（5 年）內不得再次選擇。

例外情況（可不受 60 個月限制）：
- 新成立公司
- 有效起始日＝公司成立日

若企業仍希望在五年內重新選擇，且符合特定條件的話，可付費向國稅局申請書面答覆。

下為離岸控股資產移入美國不可撤銷信託的實際流程：

當境外控股公司之控制從屬關係超過一層以上，進行此申報前，建議從最下層往上層依序申報 8832 表（Check-the-Box Election），確保上層控股公司產生關聯性，使所有公司持有的資產調整為市價基礎。

所謂「關聯性」的定義為：「當外國企業影響美國人或企業的納稅義務或是扣繳義務時，即視為與美國稅務相關聯，需進行稅務分類。例如，已購買美國公債取得收入或已投資美國公司取得股利分配收入等。當控股公司申報 8832 表後，視同該公司資產已清算，其資產價格調整至市價，並重新成立為新的企業實體。此時若企業僅有一名股東，則控股公司將被視為「被穿透實體（Disregarded Entity）」，該控股公司下所持有的資產將穿透至信託，未來信託將所持有資產出售時有可能會降低出售資產的資本利得。此外，移入信託前的公司盈餘不會被視同股利分配，進而降低應計的所得稅。

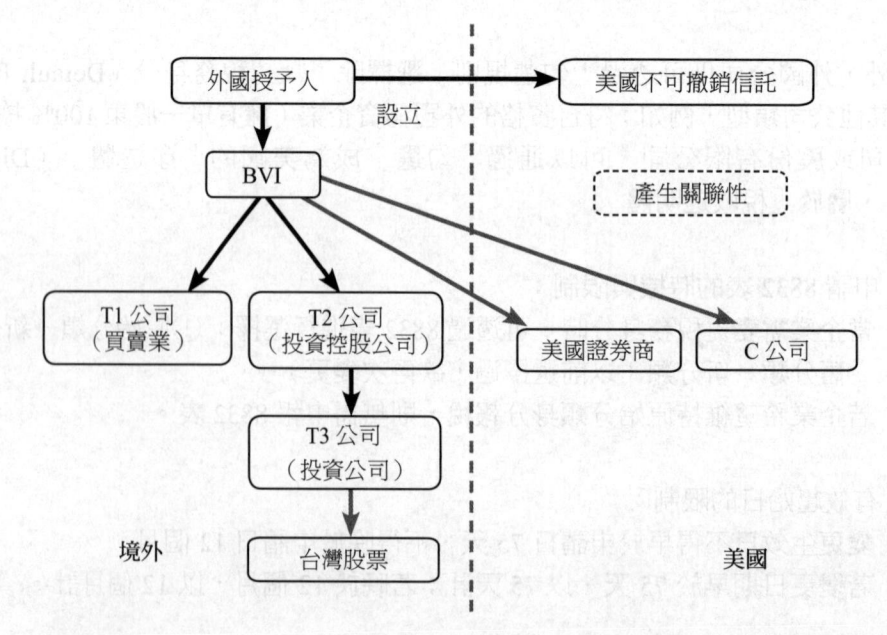

以下表格提供控股公司與美國建立關聯性及適用「勾選原則」的時間順序建議，並整合前述流程以供參考。請注意，此時間流程僅作概略指引，實際操作時應根據個案情況，建議與專業的美國會計師溝通並規劃設立流程。

時間流程	詳細內容
06/01/2019 前	準備設立美國不可撤銷信託
06/01/2019 前	BVI 美國當地投資銀行開戶，提供 W8 Ben-E 表
06/01/2019 前	BVI 申請 EIN
06/01/2019	BVI 購買美國債券，C 公司股票（要有付息的股票或債券）
10/30/2019	C 公司須支付股利給 BVI 公司並預扣 30% 稅金（1042-S 表）產生關聯性
11/30/2019	BVI 申報 8832 表，選擇有效日為 11/10/2019
12/01/2019	通知投資銀行更改實質受益人（Beneficial Owner）為信託授予人
01/01/2020	美國不可撤銷信託設立完成
01/10/2020	授予人將 BVI 股權移轉至信託
01/11/2020	通知投資銀行更改實質受益人為美國不可撤銷信託，自此 1042-S 表改為 1099 表
04/15/2021	信託申報 3520 表揭露國外贈與

1. 初始階段
(1) 申請 EIN
所有信託皆須申請 EIN，申請流程詳見 473 頁。

(2) 3520 表（境外信託及贈與申報表）
① 申報時間：每年 4 月 15 日須提交申報。

② 申報規定
如有下列情況，受託人須於次一年度向美國國稅局申報 3520 表，揭露美國不可撤銷信託收到境外贈與之事實：
- 信託設立時：授予人將 BVI 公司或其他境外控股公司之資產轉移至美國不可撤銷信託。
- 後續支付費用：若由授予人代為支付、而非經由信託帳戶支出的費用，將視同贈與，需據實申報。
- 個人贈與與遺產：若信託於稅務年度內，自境外人士取得超過 10 萬美元之贈與或遺產，則須填寫 3520 表第四部分第 54 欄。
- 來自境外實體之資產：若信託在稅務年度內自境外公司或是合夥組織收到超過 19,570 美元（稅務年度 2024 年），應填寫 3520 表第四部分第 55 欄。（3520 表參見下頁）

③ 未申報境外贈與處罰

美國信託與跨境傳承

Form 3520
(Rev. December 2023)
Department of the Treasury
Internal Revenue Service

Annual Return To Report Transactions With Foreign Trusts and Receipt of Certain Foreign Gifts

Go to *www.irs.gov/Form3520* for instructions and the latest information.

OMB No. 1545-0159

Note: All information must be in English. Show all amounts in U.S. dollars. File a **separate** Form 3520 for **each** foreign trust.

For calendar year 20_____, or tax year beginning _____, 20_____, ending _____, 20_____

A Check appropriate boxes: ☐ Initial return ☐ Final return ☐ Amended return

B Check box that applies to person filing return: ☐ Individual ☐ Partnership ☐ Corporation ☐ Trust ☐ Executor

C Check if any excepted specified foreign financial assets are reported on this form. See instructions . . . . ☐

Check all applicable boxes. See applicable instructions.

☐ You are **(a)** a U.S. transferor who, directly or indirectly, transferred money or other property during the current tax year to a foreign trust; **(b)** a U.S. person who (1) during the current tax year, transferred property (including cash) to a related foreign trust (or a person related to the trust) in exchange for an obligation, or (2) holds a qualified obligation from the trust that is currently outstanding; or **(c)** the executor of the estate of a U.S. decedent and (1) the decedent made a transfer to a foreign trust by reason of death, (2) the decedent was treated as the owner of any portion of a foreign trust immediately prior to death, or (3) the decedent's estate included any portion of the assets of a foreign trust. **Complete all applicable identifying information requested below and Part I of the form.**

☐ You are a U.S. owner of all or any portion of a foreign trust at any time during the tax year. **Complete all applicable identifying information requested below and Part II of the form.**

☐ You are **(a)** a U.S. person (including a U.S. owner) or an executor of the estate of a U.S. person who, during the current tax year, received, directly or indirectly, a distribution from a foreign trust; **(b)** a U.S. person who is a U.S. owner or beneficiary of a foreign trust and in the current tax year, you or a U.S. person related to you received (1) a loan of cash or marketable securities, directly or indirectly, from such foreign trust, or (2) the uncompensated use of trust property; or **(c)** a U.S. person who is a U.S. owner or beneficiary of a foreign trust and in the current tax year such foreign trust holds an outstanding qualified obligation of yours or a U.S. person related to you. **Complete all applicable identifying information requested below and Part III of the form.**

☐ You are a U.S. person who, during the current tax year, received certain gifts or bequests from a foreign person. **Complete all applicable identifying information requested below and Part IV of the form.**

Form 3520 (Rev. 12-2023) Page **6**

Part IV U.S. Recipients of Gifts or Bequests Received During the Current Tax Year From Foreign Persons (see instructions)

54 During your current tax year, did you receive more than $100,000 that you treated as gifts or bequests from a nonresident alien (including a distribution received from a domestic trust treated as owned by a foreign person) or a foreign estate? See instructions for special rules regarding related donors . . . . ☐ Yes ☐ No

If "Yes," complete columns (a) through (c) with respect to each such gift or bequest in excess of $5,000. If more space is needed, attach a statement.

(a) Date of gift or bequest	(b) Description of property received	(c) FMV of property received
Total		$

55 During your current tax year, did you receive amounts from a foreign corporation or a foreign partnership that you treated as gifts in excess of the amount provided in the instructions? See instructions regarding related donors . . . . . ☐ Yes ☐ No

If "Yes," complete columns (a) through (g) with respect to each such gift. If more space is needed, attach a statement.

(a) Date of gift	(b) Name of foreign donor	(c) Address of foreign donor	(d) TIN, if any

(e) Check the box that applies to the foreign donor		(f) Description of property received	(g) FMV of property received
Corporation	Partnership		

56 Do you have any reason to believe that the foreign donor, in making any gift or bequest described in lines 54 and 55, was acting as a nominee or intermediary for any other person? If "Yes," see instructions . . . . ☐ Yes ☐ No

Sign Here
Under penalties of perjury, I declare that I have examined this return, including any accompanying reports, schedules, or statements, and to the best of my knowledge and belief, it is true, correct, and complete.

Signature _____ Title _____ Date _____

Paid Preparer Use Only

Print/Type preparer's name	Preparer's signature	Date	Check ☐ if self-employed	PTIN
Firm's name			Firm's EIN	
Firm's address			Phone no.	

Form **3520** (Rev. 12-2023)

若未能按時申報境外的贈與，將面臨嚴重的罰款，懲罰依贈與的來源有不同，具體如下：
- 未申報 3520 表：按外國贈與的總額的每月 5% 來計算罰款，最高不得超過總額的 25%。
- 未申報外國信託的分配：若美國個人未能申報外國信託收到的分配，將依 §6677，處以該分配總價值的 35%（本章未探討此部分）。

需特別注意的是，信託設立當年度，若有大筆資金匯入，或將 BVI 等境外資產移入信託，且超過 3520 表的申報門檻，則須依照規定申報。3520 表無法以電子方式提交，需填妥後列印郵寄給國稅局。若 1040 表已延期申報，請務必在每年 10 月 15 日延期到期前寄出申報，否則一但逾期 5 個月的申報期限，將立即面臨受贈金額 25% 的罰款。例如，信託受贈金額為 1,000 萬美元，而未能申報 3520 表，則罰款將高達 250 萬美元，對財務影響極大，不可不慎！鑑於美國國稅局對境外信託的審查日趨嚴格，建議聘請美國會計師協助申報，以確保合規性，並降低因申報錯誤或遺漏帶來的風險。

(3) 1041 表（聯邦信託稅表）
在信託設立的第一年，由於資金剛投入，通常尚未產生較多收益，因此需特別留意是否達到 1041 表的申報門檻。

若符合以下任一條件，則需申報 1041 表：
① 信託總收入超過 600 美元
② 信託有應稅收入
③ 信託有非美籍受益人

2. 營運階段
當美國不可撤銷信託設立完成並將 BVI 放進信託後，信託將正式進入營運階段，並開始涉及美國信託稅相關申報，以下架構圖將以合併報表作為實例，進一步說明美國信託的稅務處理與申報要求。

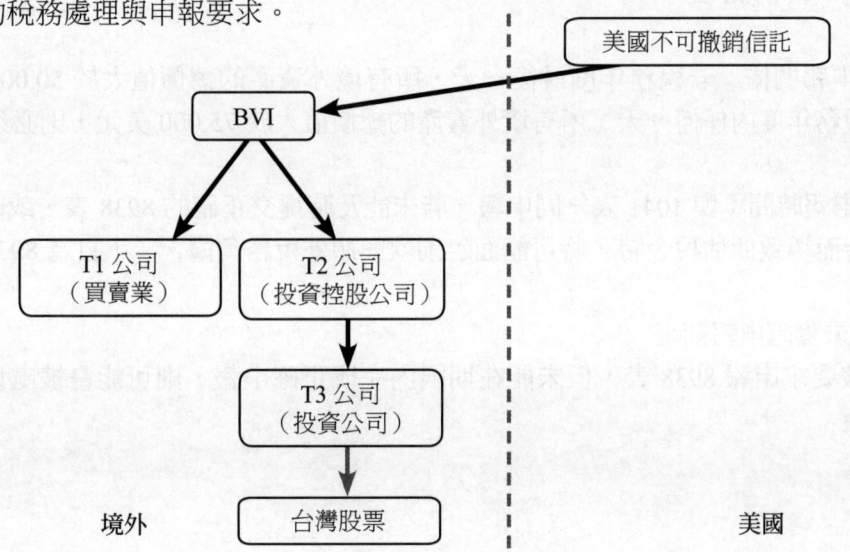

美國不可撤銷信託若持有境外資產，其稅務申報相當複雜，建議聘請專業美國會計師處理以下申報事項，以確保合規並避免高額罰款：

稅表	美國稅務申報內容
1041 表	由美籍受託人申報稅務年度中美國不可撤銷信託下的所有收入並計算信託稅。
FBAR	信託持有之境外帳戶
8938 表	信託持有之境外帳戶
8858 表	BVI
5471 表	T1 公司（買賣業）
5471 表	T2 公司（投資控股公司）
5471 表	T3 公司（投資公司）

(1) 1041 表（聯邦信託所得稅申報表）

美國不可撤銷信託持有 BVI 等境外資產時，其稅務申報方式與持有美國資產的信託類似。應將合併報表與信託帳務整合後，依各類收入分類填入 1041 表，並計算信託稅額。

- 申報範例：

假設信託當年度無帳務活動且無相關扣除額，則 1041 表的申報內容相對簡單，具體申報方式可參考前述 1041 表申報方式。

(2) 8938 表（海外資產揭露表格）

① 申報條件：若美國不可撤銷信託符合特定境內實體（Specified Domestic Entity）的定義，且持有的特定境外資產超過申報門檻，則須申報 8938 表，揭露所有特定境外資產。

所謂的「特定境內實體」之定義為：美國信託在稅務年度內有一名或多名美國稅務居民受益人，則根據美國稅法（§7701(a)(30)(E)），該信託將被視為特定境內實體，需依規定申報 8938 表。

② 申報門檻：若稅務年度最後一天，所有境外資產的總價值大於 50,000 美元；或是若稅務年度內任何一天，所有境外資產的總價值大於 75,000 美元，則必須申報。

③ 申報時間：與 1041 表一同申報。若未能及時提交正確的 8938 表，或因未申報特定資產而導致低估稅金時，將可能面臨罰款與額外稅務負擔。（下頁為 8938 表）

- 未實時申報罰金

若被要求申報 8938 表，但未能在期限內完成正確申報，則可能會被處以 1 萬美元的罰金。

Form 8938 (Rev. 11-2021) — Page 2

Part V Detailed Information for Each Foreign Deposit and Custodial Account Included in the Part I Summary (see instructions)

If you have more than one account to report in Part V, attach a separate statement for each account.

(Part V 為特定境外金融資產的詳述)

20	Type of account	a ☐ Deposit b ☐ Custodial	21	Account number or other designation
22	Check all that apply	a ☐ Account opened during tax year c ☐ Account jointly owned with spouse		b ☐ Account closed during tax year d ☐ No tax item reported in Part III with respect to this asset

23 Maximum value of account during tax year . . . . $
24 Did you use a foreign currency exchange rate to convert the value of the account into U.S. dollars? ☐ Yes ☐ No
25 If you answered "Yes" to line 24, complete all that apply.
  (a) Foreign currency in which account is maintained
  (b) Foreign currency exchange rate used to convert to U.S. dollars
  (c) Source of exchange rate used if not from U.S. Treasury Department's Bureau of the Fiscal Service
26a Name of financial institution in which account is maintained   b Global Intermediary Identification Number (GIIN) (Optional)
27 Mailing address of financial institution in which account is maintained. Number, street, and room or suite no.
28 City or town, state or province, country, and ZIP or foreign postal code

Part VI Detailed Information for Each "Other Foreign Asset" Included in the Part II Summary (see instructions)

If you have more than one asset to report in Part VI, attach a separate statement for each additional asset. See instructions.

29 Description of asset   30 Identifying number

(Part VI 為其他境外資產的詳述)

31 Complete all that apply. See instructions for reporting of multiple acquisition or disposition dates.
 a Date asset acquired during tax year, if applicable . . . .
 b Date asset disposed of during tax year, if applicable . . . . .
 c ☐ Check if asset jointly owned with spouse   d ☐ Check if no tax item reported in Part III with respect to this asset
32 Maximum value of asset during tax year (check box that applies)
 a ☐ $0–$50,000 b ☐ $50,001–$100,000 c ☐ $100,001–$150,000 d ☐ $150,001–$200,000
 e If more than $200,000, list value . . . . $
33 Did you use a foreign currency exchange rate to convert the value of the asset into U.S. dollars? ☐ Yes ☐ No
34 If you answered "Yes" to line 33, complete all that apply.
  (a) Foreign currency in which asset is denominated
  (b) Foreign currency exchange rate used to convert to U.S. dollars
  (c) Source of exchange rate used if not from U.S. Treasury Department's Bureau of the Fiscal Service
35 If asset reported on line 29 is stock of a foreign entity or an interest in a foreign entity, enter the following information for the asset.
 a Name of foreign entity   b GIIN (Optional)
 c Type of foreign entity (1) ☐ Partnership (2) ☐ Corporation (3) ☐ Trust (4) ☐ Estate
 d Mailing address of foreign entity. Number, street, and room or suite no.
 e City or town, state or province, country, and ZIP or foreign postal code

- 持續未申報

若您在國稅局未申報通知書後，仍未在 90 天內完成正確的 8938 表申報，則會在 90 天後被處以每 30 天 1 萬美元的額外罰金（不足 30 天亦按 30 天計算）。若繼續未申報，罰金上限可達 5 萬美元。

(3) FBAR

① 申報條件：美國人在國外金融機構擁有任何金融帳戶，其中包括銀行帳戶（儲蓄、支票或定存等）、證券帳戶以及有現金價值的保單等，若該金融帳戶擁有經濟利益、簽名授權或其他權利，且在每年 1 月 1 日至 12 月 31 日之間的任何一天，全部帳戶總價值超過 1 萬美元，則均須提交 FinCEN 114 表（FBAR）。

對於美國不可撤銷信託而言，若信託本身、信託的受託人或信託的代理人符合以下條件，則信託受益人直接或間接享有 50% 以上的信託資產或收入的經濟利益，則無

須申報 FBAR：
- 受益人為美國人；
- 提交 FBAR 以揭露信託的外國金融帳戶。

② 申報時間：FBAR 須於每年 4 月 15 日之前申報，若無法準時申報，可自動延期至 10 月 15 日。

③ 未申報 FinCEN 114 罰則：若未能按時申報 FBAR，將面臨嚴重的罰款。罰則依照情況而異，且國稅局對未報表的處罰非常嚴格。

(i) 處罰較輕的情況

違反情形	民事處罰	刑事處罰
疏忽違反	最多處罰 500 美元	無
非故意違反	每項過失違反最多處罰 1 萬美元	無
多次的疏忽違反	除了違反 §5321(a)(6)(A) 所規範的處罰外，不得超過 5 萬美元	無

(ii) 故意（Willful）未申報 FBAR 的處罰

違反情形	民事處罰	刑事處罰
故意未申報 FBAR 或未留存帳戶紀錄	可處以 10 萬美元或違反年度每年帳戶最高金額的 50%；取以上兩者數字較高者	最多處 25 萬美元或 5 年徒刑，或二者併罰
違反某些其它法令，同時故意未申報 FBAR 或未留存帳戶紀錄	可處以 10 萬美元或違反年度每年帳戶最高金額的 50%；取以上兩者數字較高者	最多處 50 萬美元或 10 年徒刑，或二者併罰
明知而且故意申報錯誤的 FBAR 資訊	可處以 10 萬美元或違反年度每年帳戶最高金額的 50%；取以上兩者數字較高者	處 1 萬美元或 5 年徒刑，或二者併罰
注意：民事與刑事可能併罰（31 U.S.C. §5321(d)）。		

(4) 8858 表

美國人若持有外國獨資企業，依規定須申報 8858 表，該表需提供企業的財務資訊，如盈虧摘要及簡單的資產負債表等。

① 申報條件：特定美國人直接、間接或推定經營 FB（Foreign Branches）或持有外國獨資企業 FDE（Foreign Disregarded Entities）。此表及相關附表的申報須符合 §6011、6012、6031、6038 及相關法條的要求。

② 申報時間：與申報人之所得稅表或相關揭露稅表的截止日相同（包含延期）

③ 8858 表相關定義

美國人的定義：依據相關申報規定，美國人包括：美國公民或稅務居民、美國國內股份公司、美國國內合夥組織、美國國內遺產或信託。這裡指的美國國內信託需滿足：
- 美國法院測試
- 一位或多位美國人對該信託擁有實質控制權

若 FDE 或 FB 與申報 8858 表的相關實體在當年度發生任何交易，每位美國人需申報附表 M。

④ 罰款：
- 未申報：罰款 1 萬美元。
- 經國稅局通知後仍未在 90 天內補報者：每月罰款 1 萬美元，最高 5 萬美元。
- 如有故意不報或申報不實：可能涉及刑事責任。

(5) 5471 表

主要目的是為了監控美國公司或美籍股東透過海外低稅率或免稅國家之子公司進行投資或營運，而將海外獲利留在子公司不分配回美國產生稅負不公，故頒布 CFC 特定外國公司（受控外國公司，Controlled Foreign Corporation, CFC）相關法規，並制訂 5471 表，要求美籍股東每年申報這些特定的外國受控公司相關資料。

美國政府在 2017 年底由總統川普簽署的稅改法案引發震盪，持有美國子公司的外國企業紛紛受到美國「受控外國公司」法規修訂的影響而新增了申報及納稅義務的負擔。跨國企業往往布局全球，在世界各國設立子公司拓展宏圖之際，可能會因為持有美國子公司，導致母公司位於其他國家的子公司一併被美國政府視為 CFC，未及時申報而受處罰。

美國內地稅法 §957 規定，若一間外國公司超過 50% 的股份由「美國股東」所持有，則該公司即視為 CFC。§951 (b) 說明了美國股東的定義，而 §958 (b) 則解釋何時 §318 合併計算持有股份的規定將適用。只是修法前 §958(b)(4) 為一但書，若與美國股東共同持有該 CFC 標的時，外國股東持有的部分將不納入計算持有該外國公司的美國股東的股份。然而這項但書，卻開啟了規避 CFC 認定的後門。

舉例而言，美國 A 公司 100% 持有一間英屬維京群島 B 公司，依法規定 B 公司為 A 公司的 CFC。然而，美國 A 公司可以透過資產換股份的方式，上頭設一間愛爾蘭 I 公司，讓 I 公司 100% 持有美國 A 公司後，進而以 I 公司的資產換取英屬維京群島 B 公司的 51% 股份。至此，I 公司持有美國 A 公司 100% 的股份及英屬維京群島 B 公司的 51% 的股份，而 A 公司則僅有 49% 的 B 公司股份。經過這樣的操作，B 公司即脫離 A 公司所屬 CFC 的名單。按照 §958(b)(4) 條文規定，因為 I 公司為外國公司，

儘管 100% 持有美國 A 公司，它對於 B 公司的 51% 股份並不在計算「美國股東」所持有的範疇之內。這個漏洞的存在，便允許有心的美國股東於海外另設公司持有自家企業後，再透過轉換資產及股權來規避 CFC 的相關法令。

為防堵這個可以操作的空間，§958 (b)(4) 條文廢除後，美國 A 公司持有 49% 的 B 公司股權外，另須合併向上追溯 I 公司持有自己的 100% 股權，乘以 I 公司擁有 51% 的股權，49% + (100% × 51%)，視同美國 A 公司 100% 持有 B 公司，A 公司即難逃申報並設算 B 公司產生的 Sub F 所得繳納稅款之義務。同時，境外母公司的海外子公司也可能如同 B 公司，被列入美國 A 公司的 CFC 名單之中。在稅改之後的 2018 年度，持有美國子公司的外國控股公司在世界各地的其他子公司，都有可能被美國政府視為其美國子公司的 CFC。該美國子公司必須按 §6038(a) 的規定，填具 5471 表單申報其控股公司連續控制 30 天以上的海外子公司（按各受控外國公司間數一表一間），以免受罰。

① 申報時間：每年的 4 月 15 日，連同信託稅表（1041 表）一起申報，若申報延期稅表 7004 表，申報期限為 9 月 30 日。

② 罰則：未按時申報 5471 表會有 1 萬美元的罰款。若國稅局郵寄通知在 90 天內補報，期限到尚未申報時，還會加計罰款按每個月每家公司以 1 萬美元計算，最高可以罰到 5 萬美元，總計 6 萬美元。

以下為 5471 表中的五類人士定義，於稅務年度 2025 年第一類分為 1a、1b、1c 而第五類也分成 5a、5b、5c。

第一類人士	持有特定外國公司（SFC）股權者 2020 的稅表分成 1a、1b、1c 1a：符合 SFC 之定義，且非為 1b、1c 的人士 1b：和 §958(a) 項所載無關連之美國股東 1c：屬推定所有權範疇之美國股東
第二類人士	美國人擔任外國公司經理或董事，並且該外國公司有其他美國人股東在當年度： 1. 取得或處分股權達 10%，或是 2. 處份部份股權使原持有股權降至 10% 以下，或是 3. 取得額外股權使原持有股權上升至 10% 以上 該經理或董事須將上述美國人做揭露申報
第三類人士	美國人在當年度： 1. 取得或處分股權達 10% 以上，或是 2. 原本持有 10% 以上股權因為身分轉換成美國人，或是 3. 處份部份股權使原持有股權降至 10% 以下，或是 4. 取得額外股權使原持有股權上升至 10% 以上。
第四類人士	美國人在一個課稅年度當中，任一時間持有一家外國公司股權超過 50%。
第五類人士	美國人在一個課稅年度當中，任一時間持有一家被視為 CFC 股權 10% 以上者。 2020 的稅表分成 5a、5b、5c 5a：符合第五類人士之定義，且非為 5b、5c 5b：和 §958(a) 項所載無關連之美國股東 5c：屬推定所有權範疇之美國股東

③ 5471 表各類別所需揭露的資訊

申報資訊	申報者類別								
	1a	1b	1c	2	3	4	5a	5b	5c
在 5471 表第一頁、附表 A 上面的辨別身分資訊	v	v	v	v	v	v	v	v	v
附表 A 海外公司股本資訊					v	v			
附表 B PART I 海外公司美國股東資訊					v	v			
附表 B PART II 海外公司股東名冊	v		v		v	v			v
附表 C 損益表、附表 F 資產負債表					v	v			
附表 E 應計或繳納所得稅金	v	v	v			v	v	v	v
附表 E-1（包含附表 E）	v	v							
附表 G 其他資訊			v		v	v			v
附表 G-1 其他資訊			v		v	v			v
附表 H 當期所得及盈餘						v	v		
附表 H-1 公司替代最低稅						v	v	v	
附表 I 股東源自海外公司符合 Subpart F 規定之所得						v	v		
附表 I-1 全球無形資產低稅收入資訊揭露						v	v		
附表 J 受控海外公司累積盈餘	v					v			
附表 M 受控海外公司與股東或關係人交易						v			
附表 O 第一部分美國主管或董事				v					
附表 O 第二部分美國股東					v				
附表 P 美國股東之已課稅受控外國公司盈餘及利潤	v	v					v	v	
附表 Q 海外公司收入，扣除額及資產（依據 CFC 收入類別分類）							v	v	v
附表 R 海外公司（包括受控及非受控）							v	v	

④ 5471 表相關定義

(i) 美國人的定義

依據相關申報規定，美國人應包括：美國公民或稅務居民、美國國內股份公司、美國國內合夥組織、美國國內遺產或信託。

(ii) 美國股東的定義

任一美國人持有外國公司 10% 股份則為美國股東，美國人包含個人、公司、信託、合夥組織。

(iii) 特定外國公司（CFC）的定義
- 只要一外國公司是 CFC，該公司就會是特定外國公司（SFC），或是
- 只要一外國公司被一美國本土公司持有，該外國公司就會是 CFC。

(iv) 受控外國公司的定義
實務上美國人因持有 CFC 股權，符合第四、五類人士，而被要求申報 5471 表是最常見的情形之一，對此我們進一步闡述相關的規定。

如何判定一家美國境外公司是不是 CFC，必須同時符合以下兩個測試：
- 美國股東測試：根據 IRC§957，擁有或被視為擁有 10% 或超過 10% 有投票權股權的美國人，被稱為美國股東。
- 股份持有 50% 測試：若上述美國股東合計擁有超過 50% 投票權或擁有超過價值 50% 的股權。

CFC 除了申報繁瑣的 5471 表還需考慮到 Subpart F 所得及 GILTI 之計算並增加美國稅之相關稅負。

(6) Subpart F 所得簡介
根據美國稅法，為防堵美國人將營業利潤留置海外，從而延遲或規避應繳納的美國稅負，特別制定 CFC，具美國身分之股東需將該 CFC 未分配的海外所得其中屬於 Subpart F 所得的部分，依照該股東的持股比例計算，納入當年度個人海外所得申報美國稅。

Subpart F 所得的收入所得有相當複雜的分類以及敘述，主要根據 IRC§952 分為以下類型：

① 保險收入：來自受控外國公司的該國風險承保所賺取的保險收入（IRC§953）。

② 境外公司收入（IRC§954）包含以下：
- 境外個人控股公司收入
- 境外公司銷售收入
- 境外公司服務收入
- IRC§952(a)(3) 定義的收入
- IRC§952(a)(4) 定義的非法收賄、回扣及其他付款
- IRC§952(a)(5) 定義的來自任何符合 IRC§901(j) 的境外收入

上述提及應被強制認定的盈餘規範在美國所得稅法相關條文的 F 小節（26 USC Part III, Subpart F），故稱之為 Subpart F 所得。

(i) Subpart F 所得的扣除額在計算 Subpart F 所得時，可以將 CFC 之銷貨成本、營業費用等等從 Subpart F 所得中扣除，上述費用需要透過繁複的計算及分配，但原則上只要能合理分配給 Subpart F 所得的費用都能予以扣除，但在計算以及判斷上建議讀者在計算前還是先行詢問專業會計師。

(ii) Subpart F 所得的免稅額
• 最小原則
　　根據「Subpart F 所得稅」規定（包括境外個人控股公司稅），只要全年保險收入（IRC§953）與其他境外公司收入（IRC§954）總額低於 CFC 全年總收入的 5%，或全年境外公司收入總額不超過 100 萬美元，即可適用「最小原則」，將該部分收入從 Subpart F 所得的計算中免除。

　　例如，若 A 公司為一 CFC，且符合境外個人控股公司條件，年度總收入為 500 萬美元，另有租金收入 15 萬美元，則租金收入僅占該公司全年收入的 3%，符合「最小原則」，可將該筆租金排除於 Subpart F 所得之外。

• 高稅率排除
　　若 CFC 全年的保險收入（IRC§953）及境外公司收入（IRC §954）已於海外繳納稅金，且實質稅率超過美國公司稅最高稅率21%的90%（即達 18.9%），則符合「高稅率排除」條件。

　　舉例來說，若 CFC 的實質海外稅率為 18.9%，即達美國標準稅率的 90%，則可適用該排除條款，免列為 Subpart F 所得。不過，僅當 CFC 股東為美國股東（U.S. Shareholder）時，方可適用此規定。

• 股利分配免除
　　當 CFC 分配向美國股東分配股利時，因該所得已實際匯回美國，不再具備遞延效果，因此該部分分配的股利可自 Subpart F 所得的計算中排除。分配金額將依比例由美國股東於個人報稅表中申報。

　　上述各項免稅條件是否適用，需經由複雜且具技術性的申報程序處理，建議讀者如有相關情況，應事先與具經驗的專業人士討論，以確保合規並妥善規劃稅務。

(iii) Subpart F 所得計算上限
　　在計算 Subpart F 所得時，除了前述免稅規定外，亦須考慮 CFC 當期盈餘狀況以及是否有前期虧損需進行撥補。因此，Subpart F 所得的計算上限為：CFC 當期盈餘加上可抵減的前期累積虧損。需注意的是，所謂「累積虧損」必須來自與以下營運活動相關的實際損失，方可納入計算：

- 保險損失
- 境外個人控股公司之虧損
- 境外公司銷售活動損失
- 境外公司提供服務之損失

(7) GILTI 境外無形資產所得（Global Intangible Low-Taxed Income, GILTI）

GILTI 境課稅規定是《稅改與就業法案》（TCJA）後新增的制度，主要目的是防止美國納稅人將實際不屬於境外產生的營業利潤留置海外，以延遲或規避美國稅負。此制度針對美國企業，尤其是知名科技公司，將無形資產設於低稅負的境外子公司名下的行為。透過支付權利金等方式，美國本土企業一方面增加費用以降低稅負，另一方面則將利潤留存於海外享受低稅率。

川普政府執政期間，曾多次要求如 Facebook、Apple 等企業將利潤與資金依新稅法規定匯回美國，並聚焦於企業擁有但設於海外的無形資產。2018 年稅改中，美國政府針對支付給受控外國公司（CFC）的無形資產使用費提高課稅，同時降低海外公司支付給美國無形資產使用費的稅負。

此次稅改新增兩項針對無形資產的規定，一為獎勵性減稅（FDII），一為懲罰性加稅（GILTI）：

- 根據 IRC §250 的「國外衍生無形資產收入」（Foreign-derived Intangible Income, FDII）規定，若企業將無形資產設於美國並由海外客戶付費使用，則該收入可享有 50% 的稅負抵減（適用於 2024 和 2025 年度），等於有效稅率為 10.5%（即 21%×(1－50%)）。企業須以 IRS 新增的 8893 表申報。

- 根據 IRC §951A 的「全球低稅區無形資產收入」（Global Intangible Low-taxed Income, GILTI）規定，若企業將無形資產設於低稅負地區的 CFC 並由美國支付使用費，則該收入將納入美國課稅範圍。GILTI 稅負的高低取決於 CFC 所在地的實際稅率。與稅改前僅需對 CFC 分配盈餘課稅不同，稅改後 GILTI 收入中可能有一半須直接於美國繳稅。

謹簡要說明 GILTI 的計算方式如下：

① 合併計算所有 CFC 的淨所得；

② 抵減各 CFC 合格商業資產（Qualified Business Asset Investment, QBAI）價值的 10%，以計算出 GILTI 所得；

③ 抵減 CFC 地區已繳納的所得稅的 80%；

④餘額再乘以 50%，作為美國母公司納稅的計算基礎。

由於美國稅改後企業稅率為 21%，若 CFC 設立於實質所得稅率高於 18.90% 的地區，則可有效避免 GILTI 所帶來的額外稅負。
（註：步驟④中為剩餘金額的 50%，步驟③中為在 CFC 地區完納稅額的 80%）
GILTI 相關稅負需使用國稅局新增的 8892 表進行申報。

茲將其計算公式列示如下：

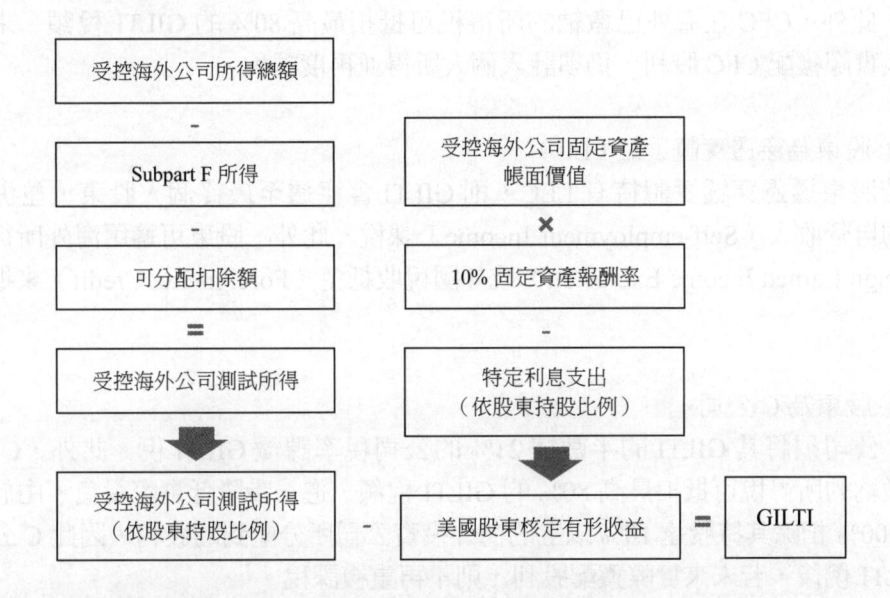

```
┌──────────────┐
│ 受控海外公司所得總額 │
└──────────────┘
        -
┌──────────────┐         ┌──────────────┐
│ Subpart F 所得 │         │ 受控海外公司固定資產 │
└──────────────┘         │    帳面價值    │
        -                └──────────────┘
┌──────────────┐                ×
│   可分配扣除額   │         ┌──────────────┐
└──────────────┘         │ 10% 固定資產報酬率 │
        =                └──────────────┘
┌──────────────┐                -
│ 受控海外公司測試所得 │         ┌──────────────┐
└──────────────┘         │   特定利息支出    │
        ↓                │ （依股東持股比例） │
                         └──────────────┘
                                ↓
┌──────────────┐         ┌──────────────┐         ┌───────┐
│ 受控海外公司測試所得 │   -   │ 美國股東核定有形收益 │   =   │ GILTI │
│ （依股東持股比例） │         └──────────────┘         └───────┘
└──────────────┘
```

總結上述 CFC Subpart F 與 GILTI 的規定，分述如下並加以比較：

① Subpart F 所得係指：
依美國 IRC 規定，Subpart F 所得主要涵蓋以下三類來源，目的在於防堵美國納稅人透過設立 CFC（受控外國公司）進行所得遞延：
- 海外營業所得：CFC 將有形資產銷售給註冊地以外的關係企業所產生的利潤。
- 海外服務所得：CFC 對註冊地以外關係企業提供服務所產生的收入。
- 海外被動收入：如股利、權利金、租金等來源，特別是在關係企業間產生時，屬於高風險遞延型態。

② GILTI（境外無形資產所得）
GILTI 制度是在 CFC 框架之上進一步引入的「全球最低稅負」概念，重點針對非屬 Subpart F 的其餘 CFC 所得。與台灣的最低稅負制相似，其目的在於補課跨國企業將利潤移轉至低稅地的未稅所得。GILTI 稅負需先計算稅基，簡化公式如下：

CFC 財報總收入 – 有形資產（QBAI）× 10% – 利息支出

計算出的 GILTI 有四種課稅方式：

① 股東為個人
在此情況下，計算出的 GILTI 會直接計入股東個人所得並課稅。未來若實際獲配 CFC 股利，則不會重複課稅。

② 採用 §962 推定為企業
納稅義務人可依據 §962 向 IRS 申請，選擇將 GILTI 按公司所得稅稅率（21%）課稅。此外，CFC 在海外已繳納的所得稅可抵扣最高 80% 的 GILTI 稅額。未來若股東個人實際獲配 CFC 股利，仍須計入個人所得並再度課稅。

③ 股東為穿透實體（如 LLC）
若股東透過穿透實體持有 LLC，則 GILTI 會穿透至最終個人股東，並併入股東個人的自營收入（Self-employment Income）課稅。此外，股東可適用海外所得豁免額（Foreign Earned Income Exclusion）或外國稅收抵免（Foreign Tax Credit）來抵減應納稅額。

④ 股東為 C 公司
C 公司須將其 GILTI 的半數按 21% 的公司稅率課徵 GILTI 稅。此外，CFC 在海外已繳納的所得稅可抵扣最高 80% 的 GILTI 稅額，進一步降低實際稅負。由於美國企業可 100% 扣除其持股達 10% 以上的海外投資公司所分配到的股利，因此 C 公司在繳納 GILTI 稅後，若未來實際獲配股利，則不再重複課稅。[2]

---

[2] 引用於益誠會計師事務所官方網站之美國境外所得稅（GILTI 介紹）：https://www.hancpa.com.tw/news_info?id=74

第五章 ◆ 美國指示型信託之籌劃與操作流程

```
CFC 認定：                  符合      美國股東持股 50% 以上：              依持股比例計算
1. 美國股東直接或間接持 ────────→  • Subpart F 所得課稅              個人：
   有投票權或股票總值              • 計算 GILTI                    1. GILTI × 個人適用率
   50% 以上的外國公司             GILTI= 總收入 – QBA × 10% – 利息費用   2. 未來實際分配盈餘不再課稅
2. 美國股東係指持股達                                             3. 已在國外繳納的稅金不能扣
   10% 以上之股東                                                   抵 GILTI 稅

                           不符合    美國股東持股不達 50%：            §962 公司：
                          ────────→  不計算 GILTI、Subpart F 課稅       1. GILTI × 21% = GILTI 稅
                                                                 2. GILTI 稅 – 80% 已繳納的外
                                                                    國企業所得稅
                                                                 3. 未來實際分配盈餘需再計入
                                                                    個人所得課稅（高於 IRC 962
                                                                    實際支付的稅金以上）

                                                                 被穿透實體（Disregard Entity）：
                                                                 1. GILTI 併入自營收入課稅
                                                                 2. 適用海外所得豁免額或外國
                                                                    稅收抵免

                                                                 美國 C 公司：
                                                                 1. GILTI × 21% × 50%=GILTI
                                                                    稅
                                                                 2. GILTI 稅 – 80% 繳納的外國
                                                                    企業所得稅
                                                                 3. 未來實際分配盈餘不再課稅
```

第六章
離岸信託移至美國信託實際操作

第六章　離岸信託移至美國信託實際操作

一、境外信託的陷阱與雷區

對於有財富傳承需求的高淨值華人而言，信託雖稱不上是完美的規劃工具，但在眾多傳承方式中，經過逾千年的發展，已堪稱是最出色的一種；但信託作為財富傳承的工具，在各國、各地區受到不同法律與規則的規範，且依據家族需求的不同，衍生出不同多種類型。信託的設立不僅需要熟悉當地法律的信託與稅務律師進行架構設計與合約擬定，成立後亦需依賴精通信託與稅務的會計師進行管理與維護。此外，隨著家族的變遷與信託所在地法規的調整，需定期檢視與修正信託架構。因此，設立人應保持警惕，因為家族信託一旦出問題，往往是嚴重且難以解決的。在設立人仍在世時，家族精神與文化的凝聚通常能維持信託的穩定，但真正的挑戰往往出現在設立人去世之後。再加上全球法律環境不斷變遷，強權國家對其居民採取強硬的課稅措施，而申請成為該國居民者絡繹不絕，使得稅務問題層出不窮。美國即為一例，其稅制的影響廣泛且複雜，使得家族信託的長期維護充滿挑戰。

此外，家族信託的運作細節至關重要，應建立完善的模型，以預測並應對未來可能發生的執行與分配問題，因此，信託架構需持續優化，適時補充條款，以確保其靈活性與有效性。美國的家族信託制度歷經逾百餘年的發展與調整，至今已相對完善。而英屬維京群島、開曼群島、澤西島、巴哈馬等離岸信託則因具備法律保護機制、保密性、靈活的稅務規劃與資產隔離等優勢，使信託當事人在設計架構時享有更大的自由度。香港與新加坡的私人銀行及家族辦公室，為滿足客戶需求或拓展業務，長期以來亦廣泛運用離岸信託進行家族財富傳承。

然而，近年來，離岸信託受法令遵循要求（如 CRS、FBAR），合規成本大幅提升。另一方面，許多家族信託在設立過程中，並非由專業的信託與稅務律師、會計師主導，而是由私人銀行理財顧問或家族辦公室人員推動，這些從業者通常以業務為導向，重點放在理財產品銷售或境外保單推廣，常以標準化的家族信託合約向所有客戶行銷，忽略個別家族的特殊需求，導致信託設立後訴訟案例頻傳，風險隨之增加。

因此，在選擇離岸信託時，應保持謹慎態度，警惕其中可能存在的「陷阱」或「雷區」。以下列舉目前離岸信託面臨的主要問題[1]：

（一）信託設立所需時間與經濟成本

談及離岸信託，客戶往往關注設立所需的時間與經濟成本。這主要取決於信託資產的類型以及與律師、會計師的溝通情況。一般而言，境外信託的設立時間最短約 2～

---

[1] https://www.dehenglaw.com/CN/tansuocontent/0008/022161/7.aspx?MID=0902&AID=

3 週，最長可能需數個月；設立費用與年度維持費用通常在數萬美元以上，甚至更高。

相較之下，美國家族信託雖然在設立時需考量家族的客製化需求，資產跨境與國際化配置等因素，導致一次性費用可能與離岸信託相當，但美國受託公司選擇更多，信託年度維持費用甚至可低至 6,000 美元以下。此外，離岸信託除了需考量設立時間與經濟成本，還需注意其衍生的法律爭議與後續解決成本。然而，許多離岸信託機構較少提及這類風險，使客戶在面臨糾紛時，需付出更高昂的時間與金錢成本來應對。

（二）信託設立後的潛在訴訟成本

離岸信託所屬司法轄區多採用英美法系，法院在處理糾紛時通常採取「遵循先例」原則，僅以特殊情況下才會「突破先例」。然而，一旦海外信託發生爭議，訴訟當事人可能涉及多個司法轄區，例如當事人居所地、公司股權所在地、信託設立地、帳戶開設地及實體財產所在地等，導致多個司法轄區的法院可能同時受理案件。這不僅增加了案件的法律複雜性，也使訴訟成本大幅上升。

除了法院收取的案件受理費，當事人還需承擔高額的律師費。境外律師的收費普遍不接受「風險收費」（及勝訴後支付律師費），而是按小時計費。在香港、新加坡等地，處理信託訴訟的專業大律師相對少數，訴訟律師的費用每小時動輒 1,000 至 4,000 美元。此外，由於訴訟程序冗長，從起訴前的準備到正式審理，過程可能持續數年，導致訴訟費用累積至「天價」，甚至可能使原告或被告因財務壓力而破產。

相較之下，美國的信託體系較為完善，擁有專門的信託法庭，訴訟律師的費用相對合理，每小時 500 至 700 美金已是高標準。此外，由於美國信託法規完整，信託合約架構成熟，訴訟程序相對簡單，能夠有效保障信託設立人及受益人的權益，降低法律風險與訴訟成本。

（三）信託相關爭議解決的時間成本

離岸信託的法律關係與司法管轄權較為複雜，當發生爭議時，可能涉及多個法域的訴訟同時進行，導致訴訟的過程反覆波折、增加時間成本。此外，跨境案件通常因財產爭議的複雜性，使得處理時間大幅延長，再加上語言障礙等因素，進一步拉長訴訟週期。由於離岸信託糾紛通常涉及高額資產，法院多採用普通程序審理，使案件處理時間遠長於一般海外訴訟案件。

相較之下，美國擁有專門的信託法庭，訴訟程序清晰且單一，能夠快速解決信託爭議，大幅縮短解決時間，降低家族財富管理的不確定性與風險。

（四）設立信託的避稅功效可能無法實現

根據《共同申報準則》（CRS），全球金融機構在統計和申報金融帳戶資訊時，必須穿透信託與基金架構，辨別並申報信託金融帳戶的實際控制人（包括委託人、保護人及受益人），並依其所屬國的稅務居民身分進行申報。雖然美國並未加入 CRS，

但依據《海外金融機構申報》（FATCA），美國對其稅務居民施行類似 CRS 的資訊申報要求。因此，受 CRS 與 FATCA 的約束，海外信託與基金的避稅功能大幅削弱，甚至可能無法實現。

不過，若美國信託的受益人中無美國稅務居民，且信託資產均位於美國境外，而信託設立人與保護人也均為非美國稅務居民，則該信託既能受美國信託法律保護、無須遵循 CRS 申報規定，又能完全規避美國稅務負擔，實現高度靈活與有效的財富管理，可謂一舉數得。

（五）信託的資產保障功能失效

在離岸信託中，由於信託設立人或保護人對受託人的信譽或職業操守有顧慮，往往希望在信託運作中保有最大限度的掌控權。然而，若信託設立人權力過大，例如設立人可撰擬「意願書」（Letter of Wish）、或將保護人納入受益人範圍，則可能導致信託的獨立性受到質疑，進而影響信託的資產保護功能，使其喪失法律上的有效性。如何在信託架構設計中平衡資產所有權、管理權與收益權，同時維持信託的獨立性，並讓委託人或保護人有適當的影響力，是信託設計的關鍵與專業所在。

相較之下，美國信託透過「指示型信託」（Directed Trust）有效解決此問題。早在 30 年前，美國德拉瓦州的專業律師與會計師，基於對美國信託法與信託稅法的深入理解，提出了指示型信託的概念。此類信託使得信託資產所有權、管理權與受益權得以平衡，並在維持信託獨立性的同時，讓委託人或保護人仍可發揮適當的影響力。

（六）可移入信託的資產類型受限

並非所有資產都能立即轉移至信託機構（或其控制企業）名下。雖然境外信託可容納的資產類型較為多樣，但通常僅限於境外資產，若涉及境內資產，則需先透過適當的境外控股架構進行轉換，才能納入境外信託。

在美國信託架構下，熟悉跨境財富傳承的會計師與律師深諳中國資產國際化的困難與關鍵技巧，因此在協助中國資產轉移至美國信託時，通常早已採取以下規劃：

1. 確定法律主體：先設立美國信託擬制的法律主體，同時建立美國本地適用的法律實體，如 LLC（有限責任公司）或 C Corp.（股份公司），確保信託架構合規。
2. 設立銀行帳戶：開立美國信託及相關法律實體的銀行帳戶，以便後續資產轉移。
3. 搭建境外資產轉移橋梁：在第三地設立境外法律實體與銀行帳戶，以此做為中國資產國際化的橋樑。
4. 資產合法轉移：透過合法的境外架構及適當的資產操作，使境內資產國際化，最後透過轉讓文件，將第三地的境外法律實體移入美國信託，即完成資產轉移。

（七）信託受託人的道德風險

不同司法管轄區對海外信託受託人的資質要求不一，導致受託人存在極大的道德風險。在不可撤銷的裁量信託中（Irrevocable Discretionary Trust），受託人被賦予較大的自由裁量權，若缺乏有效的監督機制，則委託人與受益人的利益可能遭受侵害。

尤其在境外信託之中，受託人往往由境外私人銀行引介，更甚者，境外信託受託人與私人銀行實為同一集團，採取「一套班子、兩個牌子」的運作模式──受託公司始終不出面，簽署信託文件的通常是銀行理財顧問。在這樣的架構下，受益人對信託財產的實際控制權受到極大限制，財產遭受損失的風險也相對較高。

相較之下，美國信託普遍採用「指示型信託」，此類信託確保信託財產的主導權仍掌握在保護人手中。無論是投資管理還是財產分配，均由保護人來主導，從根本消除了受託人濫權的風險。

（八）信託爭端解決過程與結果的不確定性

海外信託多依據英美法而設立，法官雖然遵循「先例原則」，但在特殊情況下也可能打破先例。因此，海外信託一旦發生爭議，即便在境外同一司法管轄區內，相同的爭議情形可能導致不同的判決結果，增加了爭端的不確定性。

此外，設立人對境外法律的理解有限，加上語言障礙，可能導致信託架構與合約條款的設計存在缺陷，進而埋下未來爭訟的隱憂。這一問題在私人銀行主導的家族信託籌劃中尤為突出，因為銀行的主要目標是維繫客戶資產，而非真正專業地為家族財富傳承提供最優解決方案。許多私人銀行提供的家族信託方案，表面上是以財富傳承為名，實際上以「業務綁定」為核心，一套制式化的信託合約行銷給所有客戶，即便專業信託律師提出修改建議，仍難以調整信託條款，因為信託合約條文往往已偏向私人銀行的立場，且受限於銀行內部的合規要求，無法靈活變更。

相較之下，美國信託採取更靈活的模式，其受託人通常為專業的受託公司，信託合約則由美國信託律師依據客戶需求量身訂製。這種架構不僅能根據客觀環境與家族需求進行調整，甚至在信託成立後仍可適時修改條款，同時仍維持信託的獨立性。這正是美國信託與離岸信託的最大區別。

以下表格簡要比較了「境外信託」與「美國國內信託」的主要差異。

比較項目＼信託地點	境外信託（離岸避稅天堂）	美國國內信託（岸上天堂）
信託設立地點	香港、新加坡、開曼島、維京群島、澤西島、根希島、巴哈馬、瑞士、百慕達	美國50州皆可，一般常見於德拉瓦州、內華達州等免州稅地區
適用法律	各群島當地信託法	各州信託法
受託主體	專業受託公司、銀行所屬受託公司	德拉瓦州、內華達州之州居民或受託公司
資產持有	銀行或一般受託人不接受現金非金融資產	採用指示型信託架構，任何資產均能持有
美籍身分委託人	各群島受託公司因有美國訊息通報問題，通常不願意接受	完全無限制
美籍身分受益人	每年收益分配有稅務申報、PFIC與CFC問題	有稅務申報義務，無PFIC與CFC問題
非美籍身分受益人	有受益人稅務居住地納稅問題	無受益人稅務居住地納稅問題
資產隱密與CRS通報	有CRS通報問題	美國非CRS參與國，無通報義務
年度維持費用	年度維持平均費用US$15,000以上	年度信託維持費用可控制在US$6,000～10,000之間
偽信託風險或持有小國身分進行變更設立信託風險	若設立人同是信託控制人與受益人，此信託將可能構成偽信託，遭受債權人、離婚配偶瓦解此信託，請求信託中之資產；進行身分變更，事實上還是同一個人，涉及詐欺行為	在美國成立信託，信託律師不可能擬訂此種偽信託架構，美國信託資產保護性強，有專屬信託法庭，保護信託財產，運用真實身分進行設立，光明正大

二、離岸信託的六大缺陷案例

為了進一步說明設立離岸信託可能帶來的問題，筆者憑藉著近二十年的研究與實務經驗，整理出以下案例，揭示離岸信託的六大潛在風險，希望讀者能理解，離岸信託未必是最佳的財富傳承手段。若設立人一開始選擇設立美國指示型信託，或在規劃離岸信託實已充分考量各種可能的風險，則或許能避免這些案例中暴露的關鍵缺陷。

案例一：無限權力、無從制衡的離岸信託受託人——信託之殤

（一）案例背景

梅艷芳被譽為「香港的女兒」的傳奇人物，是香港演藝界傳奇人物，以其渾厚低沉的嗓音、華麗百變的形象和仗義豪爽的性格，成為了無數人心中的偶像，於2003年罹患子宮頸癌逝世，得年40歲。梅艷芳遺下香港、日本、新加坡及英國倫敦等多個物業，當時估計其市值約3,000萬～3,500萬港元，梅艷芳深知母親不善理財，擔心自己去世後母親會花盡遺產而生活無依。因此在2003年12月初，立下遺囑及設立信託，並交由香港滙豐國際信託公司代為管理，梅媽是梅艷芳信託的最大受益者。但就在梅艷芳離世不久，梅媽與梅艷芳的哥哥梅啟明在女兒梅艷芳離世第四日，對於以下信託備忘錄內容不滿而提出訴訟：

1. 給母親覃美金每月7萬港元生活費，安排一名司機及一名傭人。
2. 給胞姐梅愛芳的兩名兒子、兄長梅德明的兩名女兒，合共170萬港元教育基金。

3. 香港跑馬地毓秀大廈及倫敦的兩處不動產，送贈好友劉培基。
4. 待母親覃美金百年歸老後，遺產全數捐給妙境佛學會有限公司。

梅媽無法接受該信託內容，因此在梅艷芳離世不到一週內，便發起一連串訴訟，試圖奪回全部遺產。她將案件告上法庭，企圖向香港滙豐國際信託公司取回梅艷芳的全部遺產。然而，訴訟歷經多年纏訟，直至 2011 年才塵埃落定，最終香港法院裁定梅媽敗訴。除了未能取得遺產，她還因訴訟累積超過兩百多萬港元的律師費。2012 年，因無力償還律師費，她遭香港法庭頒令破產，破產期直至 2016 年才結束。

（二）信託架構

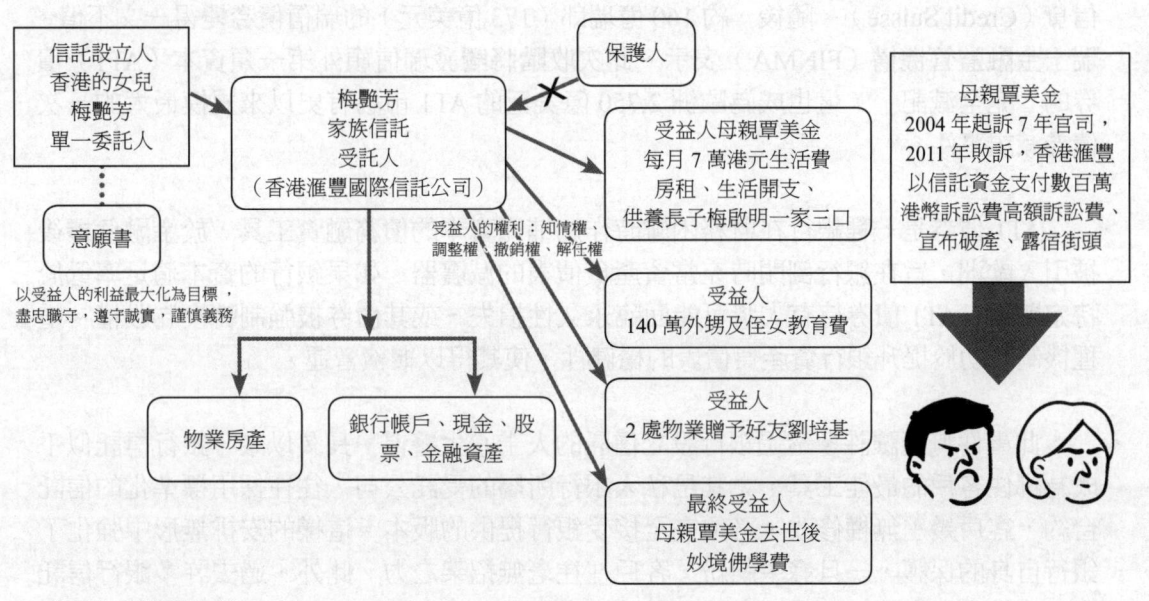

```
信託設立人                              保護人
香港的女兒      →  梅艷芳        ←—✗—
梅艷芳            家族信託                    受益人母親覃美金              母親覃美金
單一委託人        受託人                      每月 7 萬港元生活費          2004 年起訴 7 年官司，
                (香港滙豐國際信託公司)      房租、生活開支、              2011 年敗訴，香港滙豐
  ↓                                          供養長子梅啟明一家三口      以信託資金支付數百萬
意願書                    受益人的權利：知情權、                            港幣訴訟費高額訴訟費、
                          調整權、撤銷權、解任權                            宣布破產、露宿街頭
以受益人的利益最大化為目標，
盡忠職守，遵守誠實，謹慎義務                受益人
                                            140 萬外甥及姪女教育費
       ↓           ↓
     物業房產    銀行帳戶、現金、股          受益人
                 票、金融資產               2 處物業贈予好友劉培基

                                            最終受益人
                                            母親覃美金去世後
                                            妙境佛學費
```

（三）問題思考

1. 本案例最大問題在於未設立信託保護人，使得以銀行為受託公司的安排缺乏有效制衡，導致受託公司權力無限擴增。若信託有保護人，該保護人通常由設立人指定的個人或公司，負責監督受託人的資產管理，並提供建議。保護人通常有以下權限：移除或替換受託人、修改信託合約中管理性或技術性條款、指定信託的管轄法院地點、新增或移除受益人、指示受託人進行信託財產分配、決定是否分配本金或收益、甚至可依據信託合約將受託人的部份權力移轉給顧問或其他合適人士，若梅艷芳的信託設有保護人，香港滙豐國際信託公司早在訴訟發生前就可能被換掉，避免後續爭議。

2. 在香港與銀行對簿公堂，不僅勝訴率極低，還存在律師獨立性問題，梅媽若想找到與香港滙豐銀行無利害關係的優秀大律師（訴訟律師），幾乎難如登天。

3. 香港律師分為事務律師與訴訟律師，其中訴訟律師人數稀少且收費高昂，每小時費用介於 15,000～20,000 港幣之間，一場訴訟動輒耗費百萬港幣。以本案為例，梅媽美金 2004 年提起訴訟，歷經 7 年纏訟，最終 2011 年敗訴，不僅支付超過兩百多

萬港幣的律師費，對造方香港滙豐國際信託公司則依據梅艷芳的信託合約，以信託管理資金支付數百萬港幣訴訟費用。最終，梅媽無力償還鉅額律師費，只能申請破產。

4. 若梅艷芳當初選擇標準的美國指示型信託架構，便能有效降低訴訟風險，也無需在香港花費鉅額律師與訴訟費用。

案例二：不願放手的私人銀行受託公司——制式信託合約

（一）案例背景

2023年3月，瑞銀集團（UBS）同意以30億瑞士法郎（32.5億美元）收購瑞士信貸（Credit Suisse）。隨後，約160億瑞郎（173億美元）的瑞信債券變得一文不值。瑞士金融監管機構（FINMA）表示，此次收購將觸發瑞信額外第一類資本（AT1）債券的「完全減記」，這也成為歐洲2,750億美元的AT1市場有史以來規模最大的一次債券減記事件。

AT1債券是一種銀行在財務困難時作為補充資本的債務融資工具，於金融危機後被引入歐洲，旨在銀行倒閉時充當資產負債表的減震器。如果銀行的資本適足率低於特定門檻，AT1債券持有人將可能面臨永久性損失，或其債券被強制轉換為股權。這種機制有助於提升銀行資產負債表的穩健性，使其得以繼續營運。

此事件無疑讓許多透過銀行設立信託的人士心生警惕。長久以來，銀行信託似乎成為綁住客戶的最佳工具，尤其是私人銀行所屬的受託公司，往往採用標準化的信託合約，客戶幾乎無權修改，必須完全接受銀行提供的版本。這樣的安排無形中強化了銀行自身的保護，一旦發生糾紛，客戶往往毫無招架之力。此外，過去許多銀行信託資金曾投資於類似AT1債券的高風險金融產品，然而，鮮少人意識到這類投資可能帶來的極端風險。如今，信託設立人應該重新審視自身的銀行信託架構，以確保資產安全與可能的風險。

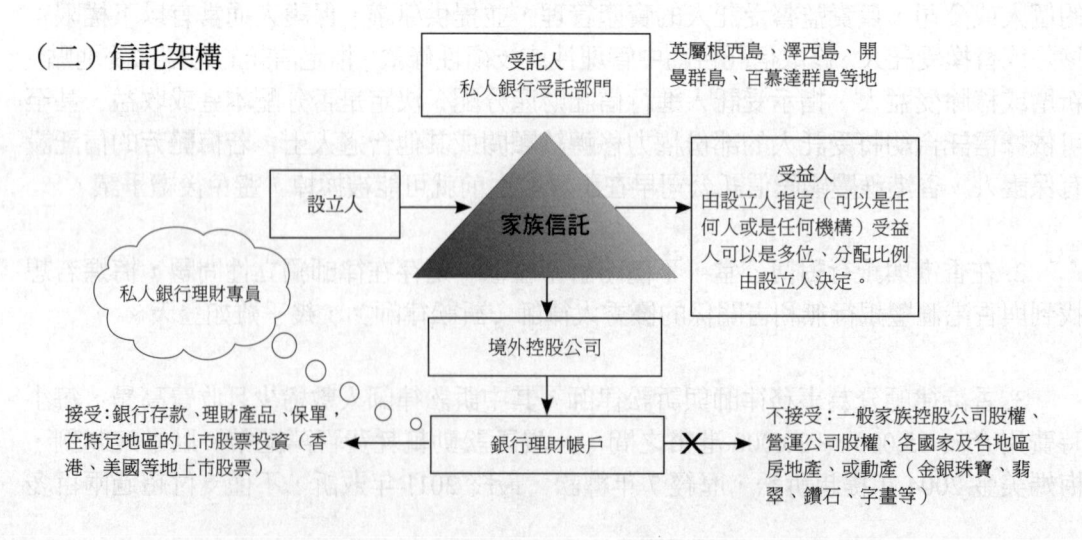

（二）信託架構

（三）問題思考

1. 更換受託人的條件：在「銀行信託」架構下，什麼條件或程序下可以更換受託人（銀行）？在撰擬信託合約應明確規定，委任人可徵得受託人同意後，可委任一名或多名個人或公司作為順位受託人，無論是否居住在英屬維京群島（BVI）。

2. 解除受託人的權力：信託合約應明訂罷免受託人的權力，以確保保護委員會（如有）可根據契約規定解除任何受託人的職務。此外，所有離任受託人皆應遵循相關程序完成交接，以確保信託後續運作的穩定性。

3. 受託人資格的取消：若受託人為個人，且被認定為精神不健全、破產，或受到適用破產法規的影響，則受託人資格應立即被撤銷。若受託人是公司，且進強制或自願清算（不僅僅是為合併或重建目的的自願清算），則受託人的職位亦應立即撤銷。

4. 受託人的合併或轉換：若受託人是公司或企業，因合併、轉換或重組而產生新的公司或法人，則該新公司或法人將自動取代原受託人，並繼承其全部或大部分的私人信託業務，而無需額外簽署任何文件或採取其他行動。唯若受託人變更後的三個月內，原受託人未向其他受託人（如有）發出正式通知，則應確認更換手續是否符合信託契約與相關法規之規定。

5. 自我檢視：為協助讀者審視自身的信託架構，特提供以列檢查表。若您已在投資銀行設立銀行信託，建議自行檢視相關條款，確認現有信託是否存在潛在風險或信託合約，以保障自身權益。

離岸（境外）信託體檢表

1	類別	☐可撤銷 Revocable ☐不可撤銷 Irrevocable
2	信託合約準據法	☐BVI 英屬維京群島　☐澤西島 Jersey Island　☐新加坡 Singapore ☐百慕達 Bermuda　☐庫克群島 Cook Islands　☐開曼群島 Cayman Islands ☐薩摩亞 Samoa
3	受託人或受託公司所屬國家（國籍）	＿＿＿＿＿＿＿＿＿＿＿＿＿（受託公司設在哪裡？） ＊信託下資產持有的主體單位／國家＿＿＿＿＿＿＿＿＿＿
4	設立人國籍	☐有雙重國籍 　　　　　　　　　　　　　姓名＿＿＿＿＿＿＿＿＿＿（填寫） ☐有美國籍
5	受益人國籍	☐有雙重國籍 　　　　　　　　　　　　　姓名＿＿＿＿＿＿＿＿＿＿（填寫） ☐有美國籍
6	保護人有／否 ＊監督信託（受託人）的角色	☐有　☐否 若有，請填寫國籍＿＿＿＿＿＿＿＿＿＿ 保護人與設立人的關係＿＿＿＿＿＿＿＿＿＿ 保護人之權責／權力＿＿＿＿＿＿＿＿＿＿ ＊於信託合約中寫定（例如：投資指示顧問、分配顧問等重大決策者）
7	信託架構與親屬角色關係圖	☐傳統信託架構 ☐目的信託架構 ＊目的信託：完全控有一家私人受託公司

8	初始由誰主導設立信託	□銀行　□律師　□財務顧問　□其他 ＊名字／聯絡人：＿＿＿＿＿＿＿＿＿＿（填寫）	
9	設立程序／時間表	＊是否換過受託人？（受託人置換或固定無法更換？） ＊什麼狀況（條件／程序）可以換受託人？ ＊信託合約範例	
10	本金收益分配狀況 ＊通常由「受託人」自由裁量或遵照意願書執行	・何時分配？ ・具備的條款？ ・誰來決定？（受託人／公司） ・資產用何種方式持有？	(1) 設立人過世時 (2) 受益人幾歲時 (3) 每年一次？固定金額或比例？ (4) 由分配顧問指示及建議決策

案例三：私人銀行與信託公司的聯合詐欺

（一）案例背景

D 銀行在 1990 年代中期，以「信任是一切的開始」作為口號來招徠顧客。然而，儘管這一口號早已成為明日黃花，該銀行在此後卻徹底失去了客戶的信任。為了能在高端財富管理市場中競爭，這家金融機構背棄了所有準則，顯然認為唯有如此，才能實現其預期的營利目標。對 D 銀行來說，利潤至上，為了維持這台盈利機器的運作，不擇手段成為常態。無論是利息操控、洗錢、還是缺乏足夠擔保的房貸交易，D 銀行無所不涉，甚至樂於深陷其中──交易愈髒，利潤愈豐厚。

以下這起信託案件發生於 2009 至 2023 年間。當時，信託設立人銀行的董事總經理通過 D 銀行所屬的受託公司設立一個家族信託，並將來自其他銀行的資金轉入該銀行，金額達 4,100 萬美元。然而，到了 2023 年中國春節過後，D 銀行信託設立人撥打電話，聯繫負責此信託與持有公司的資深理財專員 Mr. G，發現自中國春節前以來，該理財專員就無法聯繫。經過兩個星期的嘗試仍未取得聯繫，最終，該理財專員被解雇，與 D 銀行的關係也結束。

隨後發現，信託帳戶自 2012 年起，信託設立人簽署了信託意向書，並以該帳戶中的資金作擔保，將其銀行帳戶中的資金用於理財，並以該信託受益人的名義作為借款人，在過去 11 年間借出資金總額共 3,700 萬美元。截至通知時，借款金額與利息已經接近信託總資產的金額。

在 2023 年 8 月，信託設立人為了避免繼續累積高額的借款利息，不得不決定將信託資產用來抵償該筆借款。最終 4,100 萬美元的信託資產全部用於償還該借款，並完全清空。

第六章 ◆ 離岸信託移至美國信託實際操作

（二）信託架構

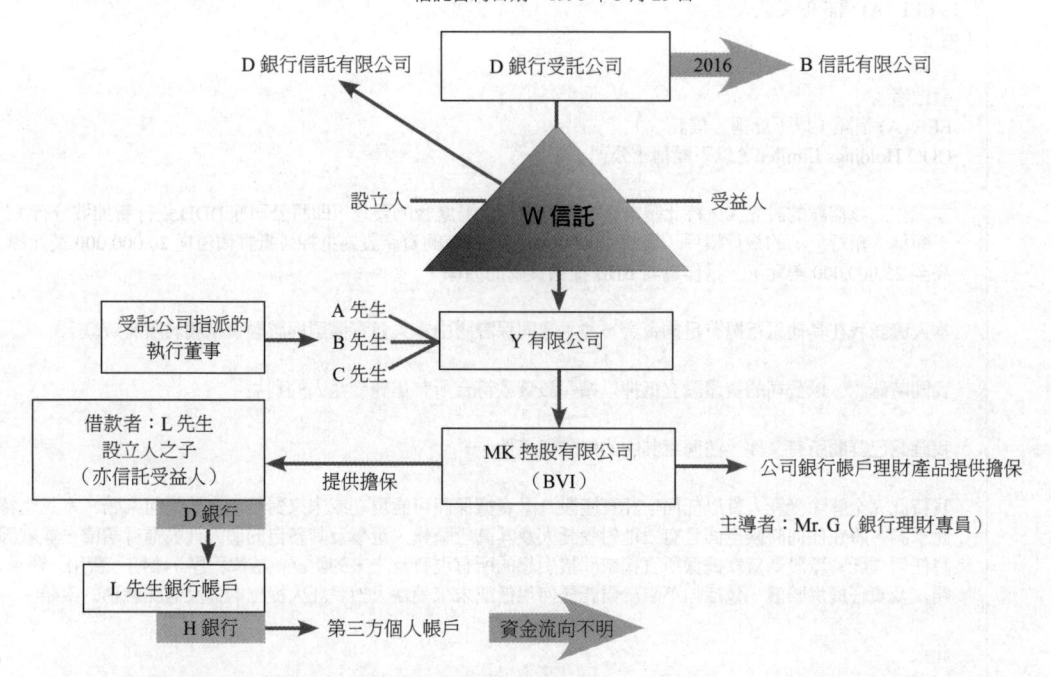

信託合約日期：1998 年 3 月 25 日

```
D 銀行信託有限公司 ← D 銀行受託公司 →[2016]→ B 信託有限公司
                         ↓
              設立人 — W 信託 — 受益人
                         ↓
受託公司指派的    A 先生
執行董事    →    B 先生  →  Y 有限公司
                 C 先生         ↓
借款者：L 先生                MK 控股有限公司 → 公司銀行帳戶理財產品提供擔保
設立人之子   ← 提供擔保 ←    （BVI）
（亦信託受益人）                           主導者：Mr. G（銀行理財專員）
    D 銀行
       ↓
L 先生銀行帳戶
    H 銀行  → 第三方個人帳戶  [資金流向不明]
```

- **Letter of Wish**（離岸信託的關鍵影響文件）

> DDD Bank International Trust Co. Limited
> As trustee of the EEE (A) Trust
>   (Address)
>
> Dear Sirs,
> The EEE (A) Trust (the "Trust")
> OOO Holdings Limited (the "Company")
>
> In my capacity as Settlor of the Trust, I would like you as Trustee, to consider my request for the assets held under the Company's bank account (account number: 0000000) with DDD Bank AG, Singapore Branch (the "Bank") be charged to the Bank (value to be increased from USD 20,000,000 up to 25,000,000............) for a loan to be granted to BBB.
>
> I confirm that I have sufficient funds with other banks and undertake and guarantee that all loan repayments in respect of the Facility will be meant by myself.
>
> I also confirm that the charge over the assets of the Company for securing the loan is in the Interest of all the beneficiaries of the Trust.
>
> I confirm that I have gone through all the documentation and are agreeable to the terms and conditions therein. I hereby wholly release the Trustee from any claim they may have now or in the future against the Trustee in connection with or arising out of charging any Trust Property as security for the Facility. I also hereby covenant with the Trustee at all times fully and effectively to indemnify the Trustee and its officers and directors of the Trustee and the respective personal representative of all of them and to keep it and them Indemnified for and in respect of all present and future actions, proceedings, claims, costs, demands, expenses and liabilities whatsoever arising directly or indirectly as a result of or in connection with charging any Trust Property as security for loan agreement Including without prejudice to the generality of the foregoing any claims for breach of fiduciary duty by any present or future Beneficiary of the Trust.
>
> Yours faithfully,
> XXX

> DDD 銀行國際信託有限公司有限公司
> 作為 EEE (A) 信託的受託人
> （地址）
>
> 敬啟者：
> EEE (A) 信託（以下簡稱「信託」）
> OOO Holdings Limited（以下簡稱「公司」）
>
> 本人作為該信託的設立人，特此請求貴行作為受託人考慮我的要求，即將公司在 DDD 銀行新加坡分行（以下簡稱「銀行」）的銀行帳戶（帳號：0000000）下持有的資產設為抵押（抵押價值從 20,000,000 美元提高至 25,000,000 美元），以作為向 BBB 提供貸款的擔保。
>
> 本人確認我在其他銀行擁有足夠資金，並承諾與保證將由本人負責償還與該融資相關的所有貸款。
>
> 我同時確認，以公司的資產設立抵押以擔保該貸款符合所有信託受益人的利益。
>
> 我確認已詳閱所有文件，並同意其中的條款與條件。
>
> 我特此完全解除受託人就以任何信託資產設為融資擔保而可能現在或未來對其產生的任何索賠。本人也特此承諾，將在任何時候全面且有效地對受託人及其高級職員、董事及其各自的個人代表進行賠償，並就因將任何信託資產設為貸款擔保所直接或間接引起的所有現有及未來的訴訟、法律程序、索賠、費用、要求、開支及責任提供賠償，包括但不限於信託任何現任或未來受益人對受託人提出的違反信託義務的索賠。
>
> 此致
> XXX_____

（三）問題思考

1. 筆者事後回顧整個信託期間，檢視設立人與 D 銀行理專 Mr. G 的溝通往來，發現該銀行理專常利用資訊不對稱及專業知識上的落差，誤導信託設立人，甚至對其隱匿重要事實。設立人向筆者表示，在她與理專 Mr. G 的互動過程中，對方通常直接出示一大疊法律文件，要求她簽署。她無奈地訴說：「這些文件多達上百頁，且充滿專業性極強的英文內容，我根本無法理解。Mr. G 告訴我，這些都是設立家族信託的例行性文件，沒有什麼特別之處。甚至後來要求我簽署『意願書』（Letter of Wish），因為信任 D 私人銀行，以及該行的私人理專，我在未經任何解釋與提示的情況下，簽署了全套空白文件。」

根據筆者的經驗，許多客戶由於缺乏足夠的法律與財務知識，往往只能被動接受銀行理專的說明或指示，這種單向溝通模式已成為私人銀行協助高資產客戶設立離岸家族信託或開立銀行帳戶的常見作法，也因此讓銀行理專有機可乘，甚至藉機謀取私利。

2. 一般而言，私人銀行所設立的家族信託多為裁量信託（Discretionary Trust）。裁量信託指的是信託委託人授權受託人對全部或部分信託事項擁有裁量決定權，例如：如何管理與處分信託財產、增減特定受益人、決定信託財產或信託的分配時間與數額等，並將信託全權委託給境外信託。然而，此類裁量信託往往容易產生糾紛，且並未真正降低受託人的風險。

因此，銀行信託部門通常會在信託合約之外，額外要求設立人簽署一份「意願書」。當設立人將資產全權委託境外信託進行管理、分配，甚至將信託資產用作抵押擔保時，便需透過意願書向受託人提供指示，規範信託運作與資產管理方式。在此情形下，受託公司便多了一層法律上的保護傘，未來即便信託發生任何爭議或問題，受託公司或銀行皆可主張其行為是依據設立人的指示執行，從而免除自身負責。若設立人試圖透過訴訟維護，則會發現這些意願書多為大律師事務所所預先擬定的標準化文件，使得訴訟難度提高。

3. 在本案中，負責理財的 D 銀行理專 Mr. G 已有近 20 年的資歷，對銀行受託部門與銀行部門的運作模式瞭若指掌。雖然 D 銀行的信託部門早在 2016 年就已將所有信託業務出售給在美國上市的 B 信託公司，但實際上，整個信託資金仍存放在 D 銀行，新任受託公司僅沿用過往制度運作，對信託設立人而言，受託公司的角色幾乎形同虛設，甚至從未與該公司有過任何接觸。

自信託設立人簽署意願書並將信託資產作為抵押擔保開始，到信託資產設定登記，再到信託受益人（即借款人）在 D 銀行與 H 銀行開立帳戶，直至 2011 年 9 月 20 日、2012 年 7 月 27 日、2012 年 10 月 31 日、2019 年 7 月 10 日、2020 年 1 月 25 日和 2020 年 2 月 28 日等多次貸款安排的修訂確認書簽署，以及貸款提取交易與匯出匯款的語音通話，這一系列流程皆由 D 銀行理專 Mr. G 或其助理 Miss J 全權負責、包辦操作。

事後，信託受益人回憶起來，發現部分匯款指示上的簽名可能確實為其本人所簽，但無法確認每一筆簽名是否都是自己親自簽署，亦無法排除部分簽名可能遭到偽造。此外，她還記得 Mr. G 曾經遞給她空白指示單，要求其簽署，並聲稱這些文件僅是為了協助其進行財務管理與投資。

4. 在此信託資產抵押貸款案中，隨著 D 銀行理專 Mr. G 的失蹤，整件事變得撲朔迷離，宛如一場羅生門。D 銀行則迅速撇清責任，聲稱所有程序均符合法規，內部風險管理機制完全沒有問題。由於 Mr. G 已失蹤，銀行亦隨即解除其職務，進一步強調信託資金的掏空與銀行無關，試圖將自身責任降至最低。

5. 事發後，當事人不得不面對冗長且收費高昂的法律訴訟程序。在香港與新加坡，普通事務律師較易尋找，費用約為每小時 1,000～2,000 港幣，但能夠出庭應訊的大型訴訟律師相對稀缺，費用動輒高達每小時 15,000～20,000 港幣。本案歷經半年時間進行資料整理與訴訟成案，累計花費已近 100 萬美元。此外，離岸銀行信託一旦發生糾紛，往往面臨國內司法管轄權難以觸及的困境。當前，此案是否繼續進行訴訟，抑或是就此止步，承受這 4,100 萬美元的損失，仍未可知。

案例四:為境外公司上市而設的離岸信託

(一)案例背景

這是一則令人震驚的新聞:「鷹君集團創辦人羅鷹石的遺孀羅杜莉君(羅老太)要求撤換管理家族信託的滙豐國際信託有限公司,並要求該公司交代帳目及賠償,該案件目前正在高等法院審理。原告一方指出,滙豐信託同時管理鷹君的家族信託及羅老太三子羅嘉瑞的信託,這一情況可能存在利益衝突。代表滙豐信託的英國御用大律師則辯稱,羅嘉瑞名下信託的股份由兩家離岸公司持有,滙豐信託無法自行增減股份,這一情況與管理鷹君家族信託不同,因此不涉及利益衝突。

原告一方指控滙豐信託故意違反並忽視其責任,對此英國御用大律師認為,原告的指控本質上等於指控滙豐違反誠信。然而,原告方的辯詞僅描述了滙豐信託作為的後果,而未充分解釋其行為的動機或意圖。原告指控滙豐信託未能在 2017 年股東大會上行使投票權,導致羅老太的孫子羅啟瑞未能連任鷹君董事。英國御用大律師反駁稱,滙豐信託未能及時獲取所需文件,因此未能投票,這應該只能算作疏忽,並不構成故意失職。更何況,滙豐信託無義務聽依照受益人指示行使任何權力。

英國御用大律師總結指出,羅老太於 1988 年簽署的委託人意願書有相當大的詮釋空間,允許受託人採取其他管理方式。若發生任何衝突,應由法庭定奪。基於滙豐信託的規模和其擁有的資源,法庭應判決,撤換信託人來管理鷹君如此龐大的信託資產並不合適。」

這個案例在目前離岸信託的架構中極為常見,尤其在大型受託公司中更是屢見不鮮。隨著信託業務的擴大,利益衝突幾乎無可避免。若涉及訴訟解決,由於大型受託公司通常在信託成立初期,就已經為可能的訴訟做好充分準備,一旦信託法律糾紛發生,基於受託公司的最大利益,所有訴訟費通常會由信託資產直接支付。這些律師多為業內最頂尖的專業人士,且已與受託公司簽訂長期服務合約,因此訴訟的結果,往往可預見且不容質疑。

（二）信託架構

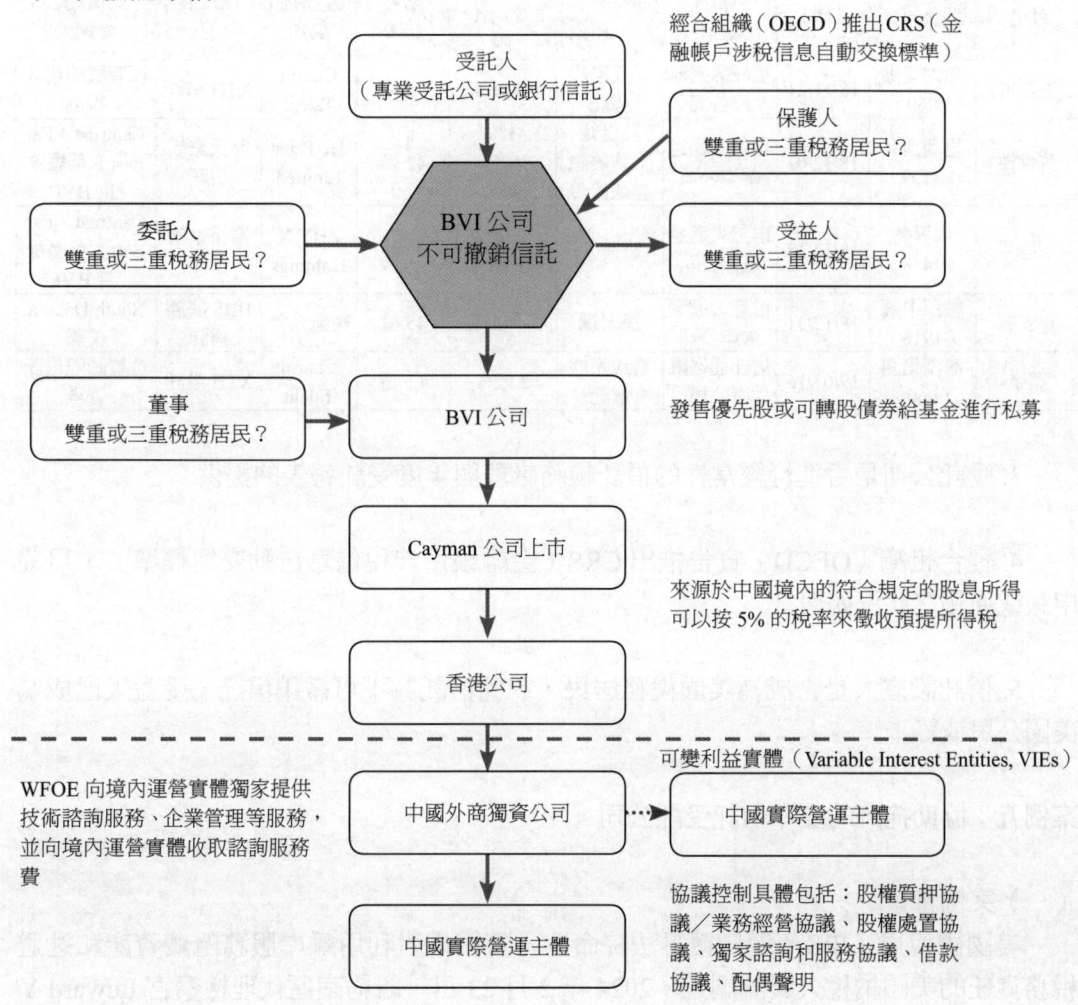

```
                    受託人
              （專業受託公司或銀行信託）          經合組織（OECD）推出CRS（金
                                              融帳戶涉稅信息自動交換標準）
                         │
                         │         保護人
                         │    雙重或三重稅務居民？
                         ↓
    委託人          ┌─────────────┐          受益人
 雙重或三重稅務居民？ →│  BVI 公司    │→     雙重或三重稅務居民？
                    │  不可撤銷信託 │
                    └─────────────┘
                         │
                         ↓
    董事              BVI 公司              發售優先股或可轉股債券給基金進行私募
 雙重或三重稅務居民？ →
                         │
                         ↓
                    Cayman 公司上市
                                         來源於中國境內的符合規定的股息所得
                                         可以按 5% 的稅率來徵收預提所得稅
                         │
                         ↓
                      香港公司
- - - - - - - - - - - - - │ - - - - - - - - - - - - - - - - - - - - - -
                         │              可變利益實體（Variable Interest Entities, VIEs）
 WFOE 向境內運營實體獨家提供  ↓
 技術諮詢服務、企業管理等服務， 中國外商獨資公司 ┈┈▶  中國實際營運主體
 並向境內運營實體收取諮詢服務
 費                       │
                         ↓              協議控制具體包括：股權質押協
                    中國實際營運主體       議／業務經營協議、股權處置協
                                         議、獨家諮詢和服務協議、借款
                                         協議、配偶聲明
```

（三）問題思考

1. 下表列出的公司均在境外已上市，並且設立好家族信託，但這些家族信託是否均採用一般離岸信託的通用合約，或是選擇客製化的家族信託合約規範？我們不得而知。若是採取通用合約，未來設立人一旦與受託公司發生糾紛，可能將會缺少足夠的法律保障與訴訟空間。

2. 在這些上市的家族信託架構中，是否設有保護人或監察人機制，需視具體的信託合約而定。信託設立人可以指定信賴的第三方作為保護人或監察人，從而保障其在信託運作中的權益，以制衡受託公司。此類機制通常包括：信託設立人或受益人可在不需受託公司同意的情況下，經全體受益人同意或根據信託條款來撤換受託公司，避免一旦家族信託成立後，因受託公司與設立人之間的訴訟問題而無法進行有效的管理或更換。

姓名	公司	日期	原持股類型	原持有者名稱	涉及變更的股權比例	估值（USD）	新持股公司	所代表信託	信託受託人
吳亞軍	龍湖集團（960）	18/11/21	信託通過離岸公司	吳氏家族信託	43.98%	79億	Charm Talent	XTH 信託	滙豐國際信託香港
許世輝	達利食品（3799）	18/12/07	自然人通過離岸公司	許世輝女許陽陽妻陳麗玲	1% 10% 40%	42億	Hi-Tiger Limited	許氏家族信託	Cantrust（Far East）英屬維京 BVI
唐建芳	周黑鴨（1458）	18/12/18	自然人通過離岸公司	唐建芳	1.36% 49.98%	6億	ZHY X Holdings	富裕家族信託	Cantrust（Far East）英屬維京 BVI
孫宏斌	融創中國（1918）	18/12/31	自然人通過離岸公司	孫宏斌	暫無公告	45億	暫無公告	HBS 家族信託	South Dakota 美國
蔡奎	龍湖集團（960）	19/01/16	信託通過離岸公司	蔡氏家族信託	2.52%	4.5億	Charm Talent	XTH 信託	滙豐國際信託香港

3. 受託公司是否進行經常性的信託帳務處理與年度受託報表的提供？

4. 經合組織（OECD）宣告推出 CRS（金融帳戶涉稅信息自動交換標準），目前申報或通報之狀況如何？

5. 信託設立人是否成為美國稅務居民，或此信託為不可撤銷信託，受益人已成為美國公民或綠卡。

案例五：協助掩飾的離岸信託受託公司

（一）案例背景

美國國稅局（IRS）近日獲得法院命令，獲授權對利用離岸服務隱藏資產和逃避稅務責任的美國納稅人展開調查。2024 年 2 月 23 日，紐約南區代理檢察官 Edward Y. Kim、司法部稅務部副助理檢察官 David A. Hubbert，以及國稅局專員 Danny Werfel 聯合宣布，紐約南區聯邦法官 John P. Cronan 已批准國稅局發出 John Doe 傳票[2]，要求特定機構提供相關記錄，以鎖定可能利用離岸避稅服務的美國納稅人。此次調查針對的是名為恆泰信託集團（Trident Trust Group）的跨國企業及其美國子公司。該集團在全球提供企業、信託及基金管理服務超過 40 年，業務遍及近 30 個司法管轄區，包括一些知名的避稅天堂。其服務內容包括幫助客戶隱藏資產於離岸帳戶或實體，利用隱私法規嚴格的地區設立不透明的企業結構，並提供名義上的企業董事及高級職員。該集團還提供所謂的「空殼公司」（Shelf Company）服務，這些公司處於休眠狀態，可隨時出售，並根據標準章程成立，擁有非活躍的股東、董事和祕書。

Trident 信託集團宣傳其服務旨在幫助客戶保密其資產的實益擁有權，並避免公開報告，特別是在「稅務和遺產規劃」方面。司法部指出，部分美國客戶使用或可能使用 Trident 信託集團的服務來隱藏其資產利益並避免繳納美國稅款。例如，Trident 信

---

[2] 即匿名傳票，當傳票送達時為指定被告的真實姓名，而以「John Doe」代替。

託集團的員工曾將自己列為數千家巴拿馬公司的創始人、董事及高級職員，協助美國納稅客戶潛在地隱藏其在這些外國實體中的利益和收入。目前，至少已有九名美國納稅人通過 IRS 的海外自願披露計劃，承認使用 Trident 信託集團的服務來隱藏外國資產並逃避稅務責任。

法院授權 IRS 對位於曼哈頓的 Trident 信託集團旗下的 Nevis Services Limited 發出 John Doe 傳票，要求提供 2014 年至 2023 年的以下資訊：「利用該集團服務設立、控制或運營外國金融帳戶或實體的美國納稅人信息；涉及外國或國內金融帳戶及資產的交易記錄」。此外，法院還授權 IRS 向 12 家金融機構及快遞服務公司（包括紐約聯邦儲備銀行、花旗銀行、瑞士銀行、美國銀行、聯邦快遞、聯合包裹服務等）發出傳票，要求其提供與 Trident 信託集團進行資金或文件傳遞的相關記錄。同時，美國已向喬治亞州北區和南達科他州地區法院申請 John Doe 傳票，授權 IRS 向 Trident 信託集團的另外四家美國實體發出傳票，獲取可能使用過該集團服務的美國納稅人資訊。紐約南區代理聯邦檢察官 Edward Y. Kim 表示，這次行動是追究利用離岸服務逃稅責任的重要步驟。

司法部副助理檢察官 David A. Hubbert 補充說，政府將繼續動用包括 John Doe 傳票在內的各種法律工具，確保納稅人履行其稅務義務。IRS 局長 Danny Werfel 則強調，此次調查旨在識別並懲治隱藏資產和收入的納稅人，維護稅法的公平性。依據聯邦稅法規定，年總收入超過申報門檻的美國公民、外籍居民和信託公司必須對其全球範圍內的所有收入納稅，並披露在某些外國金融帳戶、資產和實體中的利益。不申報這些離岸安排或未繳納相關稅款，將會導致嚴重的民事和刑事後果。

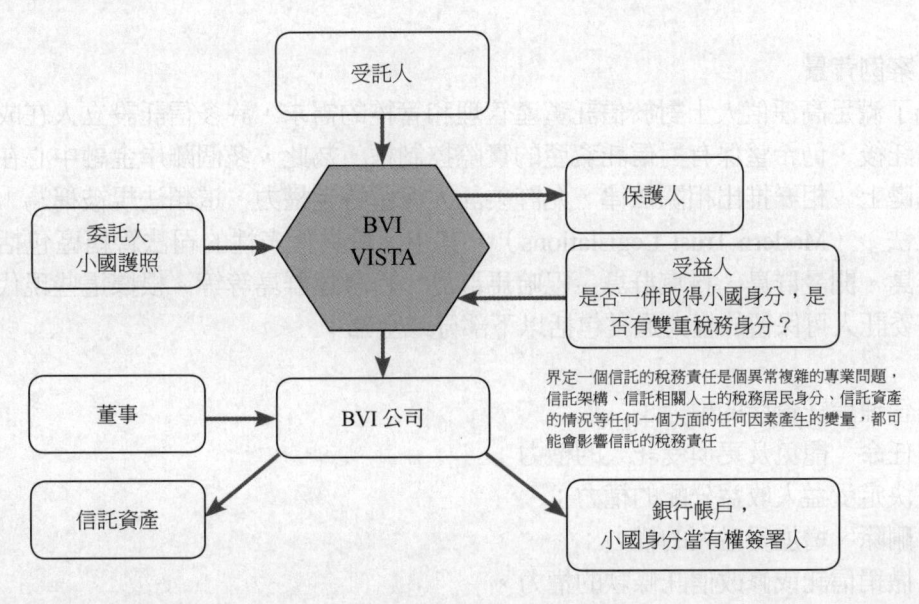

（二）信託架構

(三)問題思考

1. 一個人的稅務居民身分取決於多個因素,包括其持有的護照、永居資格,以及每年在各個國家或地區的具體居住天數等。各國對於稅務居民的定義不相同,原則上,所有離岸的受託公司應根據相應國家的稅法規定,清晰界定信託架構中各相關人士的稅務居民身分,並遵循該國對其稅務居民在離岸家族信託中擔任委託人、保護人、投資經理或受益人等角色的稅務規範。

2. 恆泰信託集團(Trident Trust Group)擁有跨國服務網絡,並在美國設有信託公司。該集團長期以來建立的業務規模,竟會利用離岸服務協助美國納稅人隱藏資產並逃避稅務責任,實在令人難以置信。這引發了人們的疑問,是否其他大型的離岸信託公司或秘書服務公司也存在類似的情形?

3. 在亞洲地區(尤其是香港和新加坡),提供家族信託服務或離岸公司秘書服務的公司數量眾多,且這些公司積極拓展業務,甚至一些離岸保險公司不再隱晦,公然協助美國納稅人通過保單來規避 CRS 及 FBAR 申報義務。這些專業的受託公司或秘書公司是否會步入恆泰信託集團(Trident Trust Group)的後塵?

4. 越來越多的歐洲或是瑞士私人銀行在亞洲香港、新加坡市場中,鎖定更多高財富個人的資金,並常以設立家族信託的名義協助客戶成立家族信託、持有離岸控股公司,並以離岸公司名義在私人銀行開立帳戶,藉此穩住此客戶並牢牢抓住其資金。然而,這些銀行的法令遵循部門(Compliance Department)是否每年對每位客戶進行評估,確保信託設立人、受益人或保護人沒有美國納稅人的身分?

案例六:成立不符合信託邏輯的離岸偽信託或虛假信託(Sham Trust)

(一)案例背景

為了滿足高淨值人士對於信託資產管理和管控的需求,許多信託設立人在成立了離岸信託後,仍希望保有對信託資產的實際控制權。為此,多個離岸金融中心在英國法的基礎上,相繼推出相關法律,允許委託人保留特定權力,這類法規被稱為「現代信託立法」(Modern Trust Legislations)。其中,最具代表性的司法管轄區包括英屬維京群島、開曼群島、科克群島、巴哈馬群島、百慕達群島等等。根據這些現代信託立法,委託人可保留的權力通常包括以下部分或全部:

1. 管理信託資產的權力;
2. 任命、罷免及更換受託人的權力;
3. 決定受益人收益分配的權力;
4. 刪除、增加受益人的權力;
5. 撤銷信託或修改信託條款的權力。

香港與新加坡法的法律下，委託人保留權力雖不如上述離岸中心那般廣泛，但仍存有類似的機制：

1. 根據香港《信託法2013》第41X條，委託人可保留投資決策權及資產管理職能；

2. 根據新加坡《受託人法》（第337章，修訂版）第90(5)款，委託人同樣可保留投資決策權及資產管理職能，並可任命第三方（保護人）來監督受託人的行為。

在實際操作中，委託人對財產的控制權與資產保護之間必須取得合理平衡。首先，委託人若保留過多權力，可能使法庭認定委託人並無真正設立信託的意圖，從而認定該信託為虛假信託（sham trust），導致信託自始無效；即使信託仍被認定為有效，過多的權力保留也可能挑戰信託資產的獨立性，使其在債務、離婚或繼承等糾紛中容易被「穿透」。

例如，江南創始人張蘭女士於2014年1月在英屬維京群島成立投資控股公司Success Elegant Trust Limited（SETL），同年6月在庫克群島設立一個不可撤銷的家族信託，受益人為其兒子及子女，由SETL持有資產，而受託人AsiaTrust持有SETL的股份。隨後，張蘭將LDV支付的部分款項（約1.4億美元），用於收購其旗下公司股份的資金，轉移到SETL名下的多個境外帳戶中。

2014年6月3日，張蘭在庫克群島設立離岸信託。然而，2022年11月，新加坡高等法院裁定該信託結構被擊穿，認定張蘭對信託資產的控制權過高，使其仍為資產的實際所有人，並同意批准債權人CVC提出的任命接管人申請。新加坡高等法院認為，張蘭從未真正放棄對信託資產的受益所有權，信託設立後仍對資產保持充分控制，因此將其認定為信託資產的實益所有人（Beneficial Owner），並允許委派接管人執行。法院作出此判決的關鍵依據包括：張蘭作為該信託銀行帳戶的唯一簽字授權人，明顯不受限制地操作資金，多次從SETL名下帳戶轉出資金，甚至在收到香港法院的凍結令後，因擔心新加坡帳戶同樣遭凍結，迅速將新加坡帳戶的資金轉出。此外，她還曾多次將STEL帳戶內資金轉入個人的銀行帳戶，且多數情況下並無合理理由。

以下兩個架構均類似離岸偽信託（或稱虛假信託）：

1. 香港法院擊穿澤西島信託（以港商潘樂陶之信託為例）

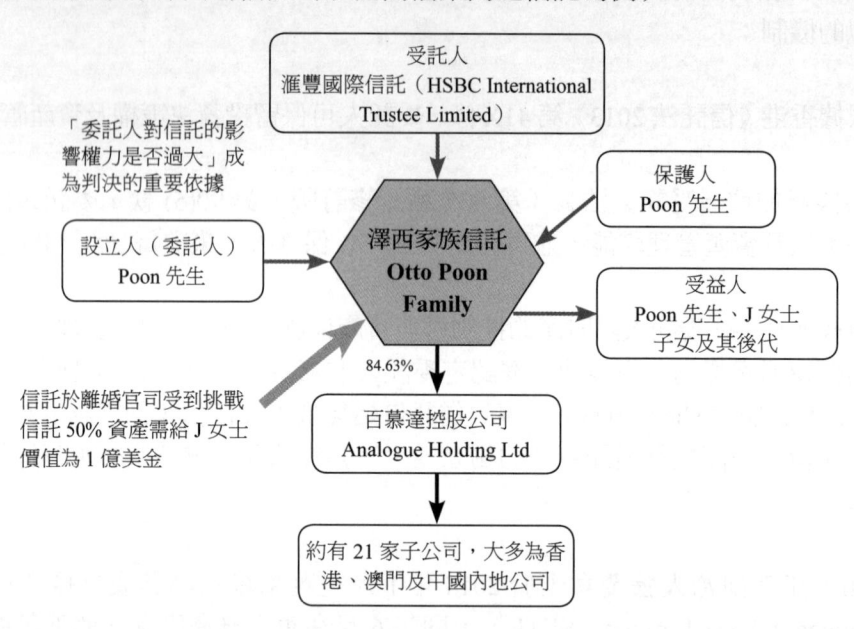

```
                          受託人
                     滙豐國際信託（HSBC International
                          Trustee Limited）
                                │
「委託人對信託的影                                       保護人
響權力是否過大」成                                      Poon 先生
為判決的重要依據       ┌─────────┐
                     │ 澤西家族信託 │
   設立人（委託人）    │ Otto Poon   │         受益人
     Poon 先生  ────▶│   Family    │────▶  Poon 先生、J 女士
                     └─────────┘         子女及其後代
                        84.63%│
信託於離婚官司受到挑戰          ▼
信託 50% 資產需給 J 女士     百慕達控股公司
價值為 1 億美金             Analogue Holding Ltd
                                │
                                ▼
                         約有 21 家子公司，大多為香
                         港、澳門及中國內地公司
```

2. 新加坡高等法院認定張蘭對信託的控制權過高，信託被擊穿

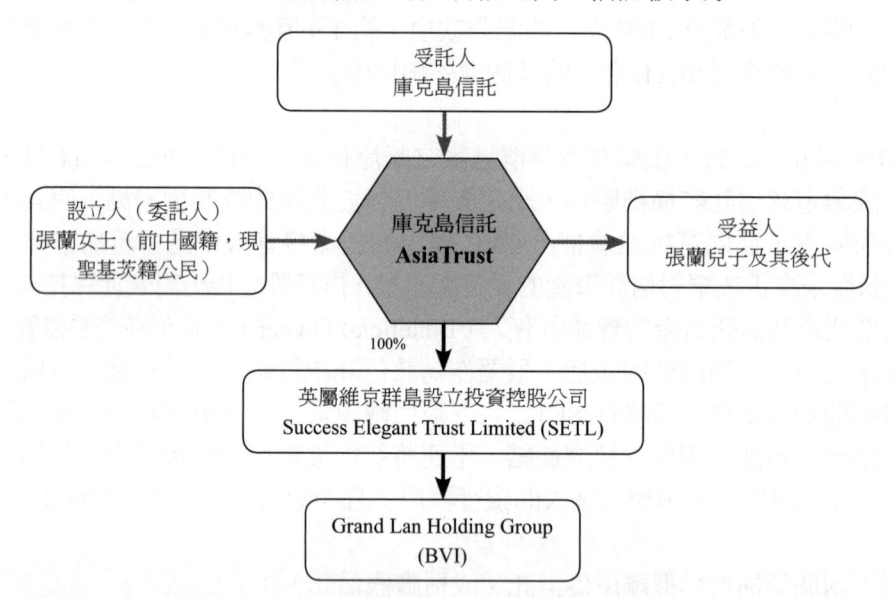

```
                          受託人
                         庫克島信託
                             │
   設立人（委託人）    ┌─────────┐
   張蘭女士（前中國籍，現 │ 庫克島信託 │         受益人
     聖基茨籍公民）  ──▶│  AsiaTrust │────▶  張蘭兒子及其後代
                     └─────────┘
                          100%│
                              ▼
                      英屬維京群島設立投資控股公司
                      Success Elegant Trust Limited (SETL)
                              │
                              ▼
                       Grand Lan Holding Group
                              (BVI)
```

（二）問題思考

1. 離岸信託的適用法律與跨境法律風險：根據離岸地司法管轄區的法律設置相應的權力保留條款，並約定該離岸地為信託的適用法律，通常能較大程度上確保信託的效力。然而，若實際信託資產未於其他國家或地區，則仍需考慮資產財產所在地的相關法律。例如，某離岸信託設於澤西島，其主要資產與銀行帳戶位於新加坡，而實際信託管理人則在香港。當信託設立人與受益人與受託公司發生糾紛時，確定訴訟管轄權與應在哪個司法管轄去提起訴訟便成為一大難題，可能導致訴訟程序複雜且耗時。

2. 委託人權力保留的風險與轉注：委託人在信託中的權力應維持在最低必要限度，以避免因權力過於廣泛而導致法院認定信託財產未真正轉讓給受託人，從而影響信託的獨立性。若現有信託架構下，委託人已擁有較多權力，應考慮適時調整，包括放棄部分權力、限制行使權力，甚至將整個信託轉注至其他司法管轄區，例如美國就是個相當適合的轉注地。若委託人僅在面臨破產時才選擇放棄權力或調整信託架構，可能會被法院認定為惡意避債行為，從而影響信託的保護效力。

3. 信託撤銷權的風險與應對措施：保留信託撤銷權可能帶來潛在風險，特別是在委託人破產時，該撤銷權可能會被轉移至債權人（或破產清算人），從而導致信託資產被追回。因此，可考慮在信託合約中設置保護機制，例如規定委託人在行使撤銷權時，須徵得保護人或其他協力人員的事先同意。在此架構下，撤銷權的行使受到限制，較不易被認定為委託人的個人財產而遭債權人接管。

4. 信託獨立性與債權人追償風險的時間：以上述兩個離岸信託架構而言，均在設立一段時間內才發生債權人對委託人的追償事件。若信託設立時即釐清其獨立性的重要性，或在債務發生前適時轉注至更具保護力的司法管轄區，轉注到一個完全獨立的信託。例如，在美國內華達州，債權人追償信託資產的最長期限為信託設立後兩年內，因此，若信託存續期間已超過兩年，債權人通常無法對信託資產提出追償，從而確保信託的財產保護功能。

三、離岸信託移轉為美國信託的主要原因

近年來，越來越多境外信託或離岸信託透過轉注（Decanting）抑或遷移（Migration）至美國境內，成為美國法律管轄的信託。無論是從境外信託移轉為美國信託，或是在美國境內進行跨州信託遷移，此過程涉及許多因素，除了稅務考量外，法律層面亦須納入評估，例如：信託合約條款、信託合約所載的管轄權、信託預期的設立地、信託資產性質與所在地，以及設立人與受益人的權益保障等。究竟為何越來越多高資產國際家族選擇放棄離岸信託，而將信託架構轉至美國？主要原因可歸納如下[3]：

（一）香港、新加坡銀行法令遵循日趨嚴格，帳戶凍結與關戶風險增加，動輒要求詳細證明資金來源，導致資金流動受限，使得大量國際資金淪為「資金流浪兒」。

（二）CRS（共同申報準則）實施，全球稅務資訊透明化，長期藉由避稅天堂隱匿資產的方式逐步瓦解。離岸帳戶的資金來源難以自圓其說，使得資產隱匿策略大幅

---

[3] Joan K. Crain & Myriam Soto, BNY MELLON WEALTH MANAGEMENT, Onshoring Your Offshore Trust to the U.S. (July 2020); see Christopher Klug, Why the Global Elite Are Using U.S. Trusts, available at https://burghergray.com/why-the-global-elite-are-using-u-s-trusts/ (last visited May 5, 2021); see also Bloomberg, Four Chinese Tycoons just transferred US $17 billion of their wealth to trusts as government toughens up tax regime, South China Morning Post, available at https://www.scmp.com/business/companies/article/2182278/four-chinese-tycoons-just-transferred-us17-billion-their-wealth (last visited May 5, 2021).

受限。

（三）美國 FATCA 與 CRS 脫鉤，成為「避稅天堂」新選擇。美國執行 FATCA（美國海外帳戶稅收遵從法），但未參與 CRS 通報系統，因此無須向其他國家交換金融帳戶資訊。美國有意讓避稅離岸天堂資金移轉至美國岸上避稅天堂，在各國加入 CRS 互換稅務資訊的同時，美國成為唯一的「CRS 後門」，吸引大量海外資金湧入，悄然成為新的避稅天堂，例如，南達科他州的信託資產規模已經從 2006 年的 328 億美元增長到 2014 年的 2,270 億美元，信託公司數量亦從 2006 年的 20 家增至 2016 年初的 86 家。[4]

（四）中國稅務居民境外所得報稅與未來遺產稅制度施行的影響。隨著中國稅務居民全球所得申報制度趨嚴，以及未來可能實施的遺產稅及贈與稅，如何有效配置境外資產成了高淨值人士關注的焦點。

（五）多重稅籍身分提高稅務合規風險。許多離岸信託設立人同時擁有多重稅籍身分（如中國護照、美國綠卡、加拿大楓葉卡、澳洲永居等），這使得納稅申報與資訊披露變得極為複雜，一旦未能符合各稅務管轄區的合規要求，可能面臨高額罰款或法律風險。

（六）FBAR 規定對美籍信託設立人的影響。依據 FBAR 規定，美籍的離岸信託設立人不僅須申報自己直接擁有的海外金融帳戶，還須申報雖非直接持有，但具備財務利益、簽名權或其他可動用權利的海外金融帳戶，使得信託架構的稅務合規要求更加嚴格。

（七）離岸信託難以接受美籍受益人。許多離岸不願意接受美籍受益人，以避免繁瑣的稅務合規義務。

（八）美籍受益人的稅務申報與披露困難。當離岸信託設立人過世後，其美籍受益人須遵循美國稅法進行財務申報與資產披露，流程繁瑣且稅務負擔高，導致離岸信託的可行性降低。

（九）美國司法體系提供更完整的法律保障。若信託合約涉及法律爭端，美國法院對於法律文件的保密性和證據保全機制較強，即便債權人指控信託設立與信託資產轉移涉及詐欺，其舉證責任極高（舉證需達到「清楚且令人信服的證據」標準）。相較於傳統離岸司法管轄區，美國的金融和司法體制更為健全，有助於保障信託受益人的合法權益。

---

[4] 資料來源：南達科他州銀行業務部門數據。

四、離岸信託移轉美國信託的類型

美國於 2010 年通過「美國海外帳戶稅收遵從法」（FATCA），強制要求美籍人士的境外資產透明化。隨後，G20 集團於 2014 年推行「共同申報準則」（CRS），進一步強化全球稅務資訊交換。然而，美國是全球唯一拒絕簽署 CRS 的國家，使其成為資產配置的新選擇。隨著各國富豪原本隱匿在海外的財富逐步曝光，越來越多離岸信託選擇移轉至美國信託，以實現更高程度的法律與稅務保護。

離岸信託移轉至美國信託的主要類型包括：（一）離岸可撤銷信託移轉至美國可撤銷信託；（二）離岸可撤銷信託移轉至美國不可撤銷信託；（三）離岸不可撤銷信託移轉至美國不可撤銷信託；（四）離岸偽信託移轉至美國不可撤銷信託。

（一）離岸可撤銷信託移轉至美國可撤銷信託

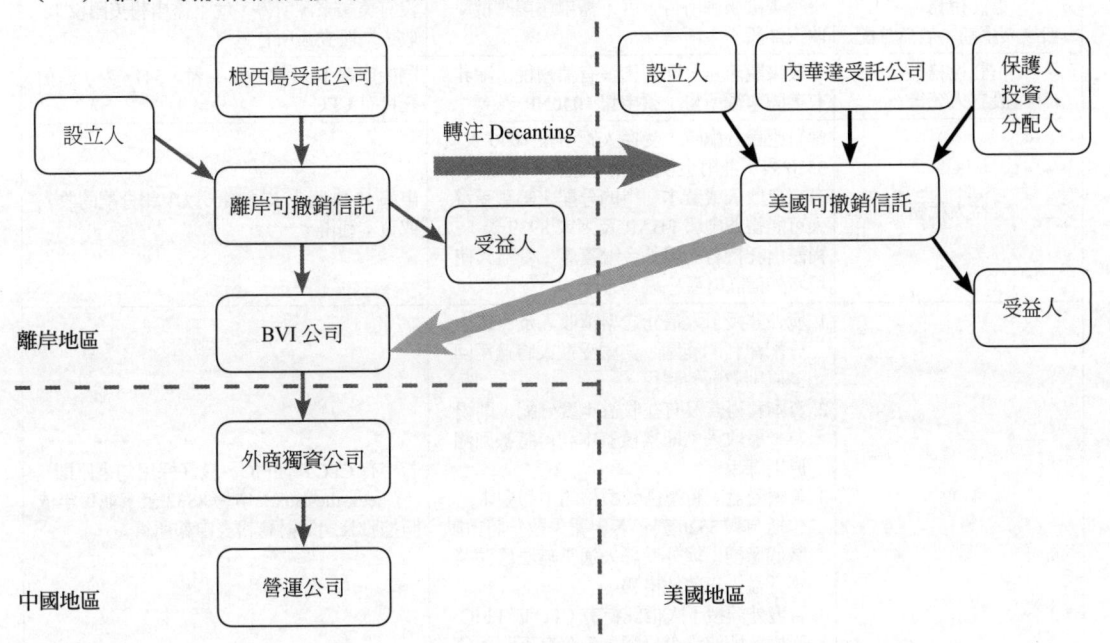

1. 適用對象
   - 持有美國境外資產，例如中國理財信託、內地企業股權、離岸控股公司股權、以及香港、新加坡等地的離岸金融帳戶。
   - 第二代或未來繼承人已經擁有或可能獲得美籍身分。

2. 轉移原因
   - 延遲資產傳承：短期內不希望立即將資產轉移給下一代，但需提前規劃傳承安排。
   - 維持財產掌控權：希望在生前完全掌控財產管理、處分與收益，同時確保未來的傳承安排。

- 原始信託目的不明確：信託設立初衷可能並非為家族傳承，而是基於投資或理財考量，導致長遠規劃存在疑義。
- 信託合法性風險：擔心離岸信託的法律地位不被相關司法管轄區承認，影響資產保護與管理。
- 信託合法性風險：擔心離岸信託發生糾紛時，可能因司法管轄區的爭議而陷入法律困境。
- 離岸信託與環境不穩定：部分離岸司法管轄區（如加勒比海群島）法律變動頻繁，當地法律文化與管理模式與設立人認知存在差異，增加維護與合規的困難。

	離岸可撤銷信託	美國可撤銷信託
設立人生前	境外授予人信託	境外授予人信託
設立人死亡時	境外非授予人信託	美國境內信託（不可撤銷，非授予人）
信託稅務：設立人生前，若無分配	沒有美國來源所得，就不需申報美國稅；收入為設立人所有。	沒有美國來源所得，就不需申報美國稅；收入為設立人所有。
信託稅務：設立人死後	一般來說若無分配，則沒有美國稅，除非有美國來源所得；須申報 1040NR 表。	開始申報 1041 表、K-1 表、5471 表（若信託持有 CFC）。
受益人稅務	當有應稅分配時，受益人應申報 1040 表及 3520 表，並附上境外信託受益人報告。所有來自收入或資本利得的分配。美國受益人可能需要申報 FBAR 及／或 8939 表，以揭露信託持有的境外金融資產。受益人使用境外信託財產，視為分配。	申報 1040 附上 K-1 表，以申報分配的收入或資本利得。
缺點	1. 境外非授予人信託之累積收入及保留未分配淨利的範圍，美國受益人將適用回溯原則懲罰性課稅。 2. 資本利得若沒有在收益年度分配，則視為一般收入；即累積資本利得將被回溯原則課稅。 3. 美國受益人將遵循較嚴格的申報要求，包括申報 3520 表，若申報失敗，將啟動數個懲罰；境外受託人通常無法協助美國受益人正確地申報。 4. 若境外非授予人信託持有 CFC 或 PFIC 股權，即使沒有分配，仍存有不利稅負可能。	若持有 CFC 或 PFIC，最好採用勾選原則（Check-the-Box）申報 8832 表，並每年依照控股公司的財務報表申報所得。
其他考量	CRS	若信託持有 CFC 股權或 PFIC，美國受益人將就該股權的收入課稅，即使信託並未分配該收入。

（二）離岸可撤銷信託移轉至美國不可撤銷信託

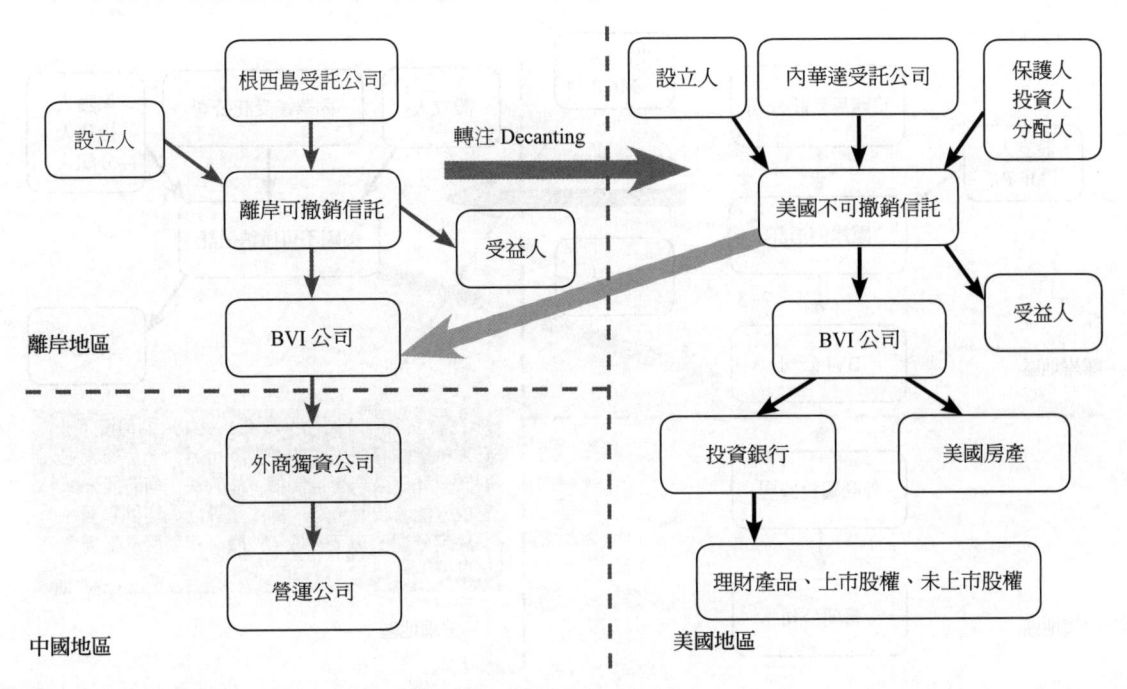

離岸地區 / 中國地區：設立人 → 離岸可撤銷信託（根西島受託公司 → 離岸可撤銷信託 → 受益人）→ BVI 公司 → 外商獨資公司 → 營運公司

轉注 Decanting →

美國地區：設立人、內華達受託公司、保護人投資人分配人 → 美國不可撤銷信託 → 受益人；美國不可撤銷信託 → BVI 公司 → 投資銀行、美國房產；投資銀行 → 理財產品、上市股權、未上市股權

（三）離岸不可撤銷信託移轉至美國不可撤銷信託

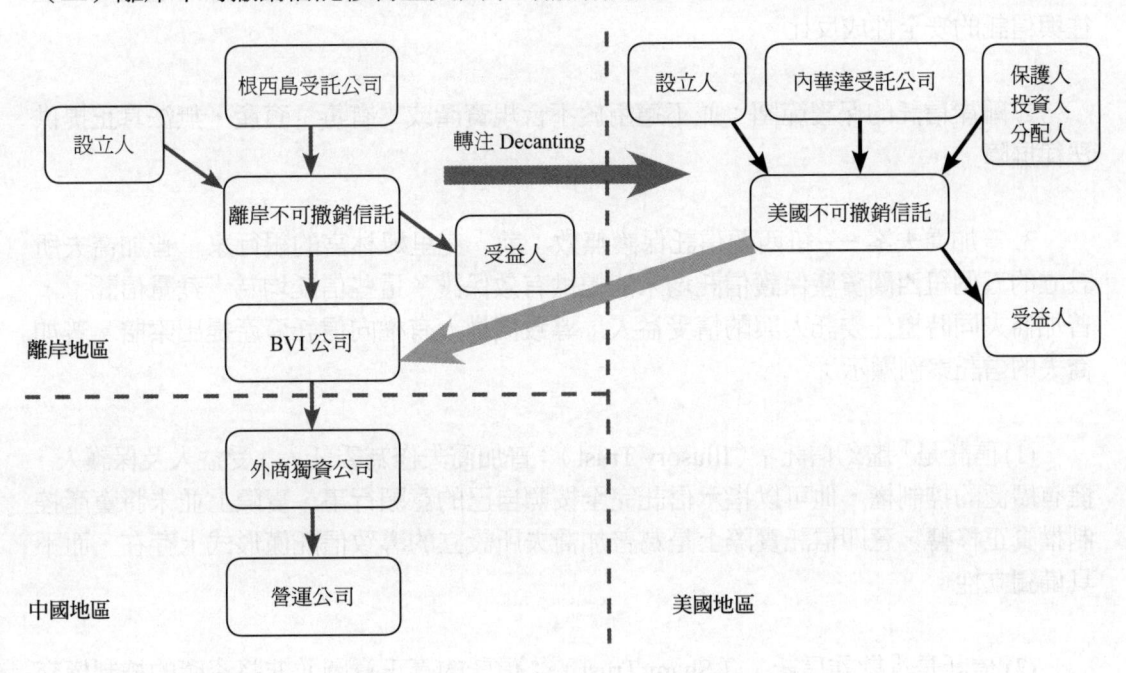

離岸地區 / 中國地區：設立人 → 離岸不可撤銷信託（根西島受託公司 → 離岸不可撤銷信託 → 受益人）→ BVI 公司 → 外商獨資公司 → 營運公司

轉注 Decanting →

美國地區：設立人、內華達受託公司、保護人投資人分配人 → 美國不可撤銷信託 → 受益人

（四）離岸偽信託移轉至美國不可撤銷信託

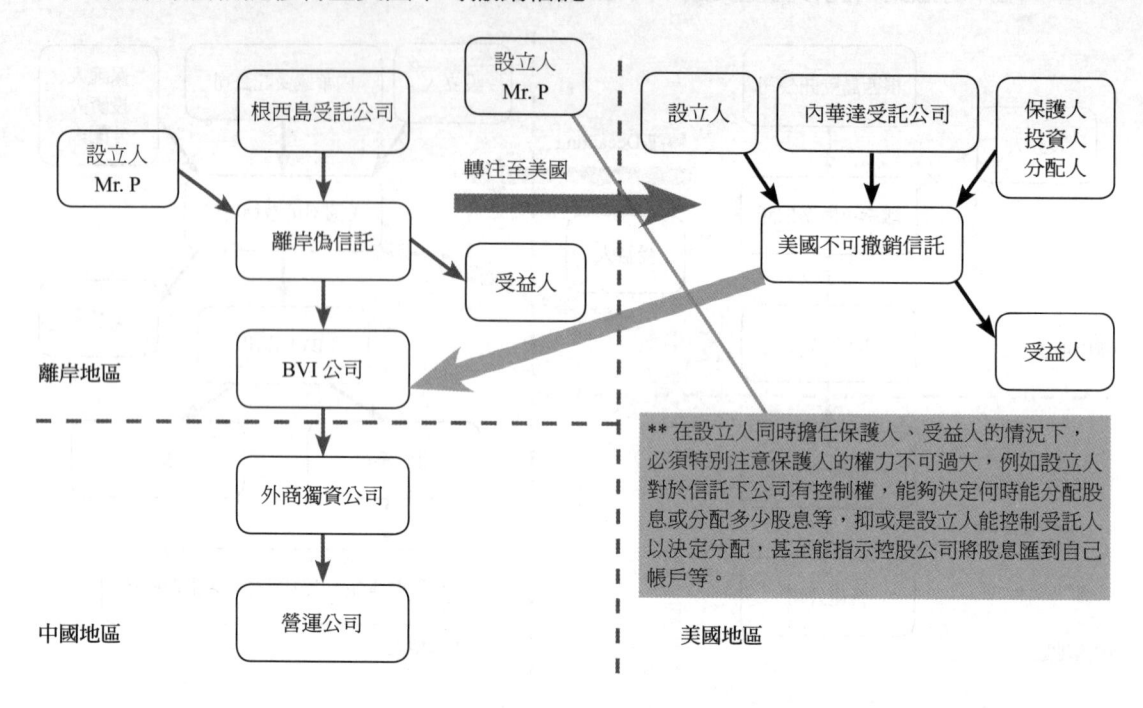

** 在設立人同時擔任保護人、受益人的情況下，必須特別注意保護人的權力不可過大，例如設立人對於信託下公司有控制權，能夠決定何時能分配股息或分配多少股息等，抑或是設立人能控制受託人以決定分配，甚至能指示控股公司將股息匯到自己帳戶等。

　　1. 委託人的共同特點：大多希望對信託資產擁有更高的控制權，然而這個趨向往往與信託的安全性成反比。

　　2. 離岸信託的保護範圍：並不適用於不合規資產或「有毒」資產，無法真正提供法律屏障。

　　3. 普加喬夫案——紐西蘭信託保護無效：前「克里姆林宮的銀行家」普加喬夫所設立的五個紐西蘭資產保護信託均未能提供有效保護。這些信託均為「裁量信託」，普加喬夫同時擔任委託人與酌情受益人，導致債權人有權向信託資產提出索賠。普加喬夫的信託案例顯示：

　　(1) 信託是「虛幻信託」（Illusory Trust）：普加喬夫作為委託人、受益人及保護人，擁有廣泛的控制權。他可以指示信託完全按照自己的意願行事，實際上並未將資產控制權真正移轉，意即信託實際上是為普加喬夫所設立的導致信託僅形式上存在，而不具備獨立性。

　　(2) 信託是「欺詐信託」（Sham Trust）：信託的真正意圖並非將資產的控制權交予受託人，而是隱藏其對資產的實際控制，從而規避潛在的法律責任。

　　(3) 基於無力償債法令撤銷：即便普加喬夫的信託在法律上是有效的，且信託擁有資產所有權，依據1986年《無力償債法令》第423條，該信託仍可被撤銷，因其

設立目的損害了債權人的利益。

4. 現有離岸信託可能存在合約瑕疵，設立人、信託保護人（即信託控制人）即信託受益人均為同一人，導致信託的獨立性存疑。

5. 現有離岸信託的實際所有人為美籍個人。

6. 信託的下一代受益人均是美籍個人。

五、境外信託移轉至美國的執行方法概述

境外信託移轉至美國的方式之一，是透過信託合約中明訂的信託移轉條款。在設立信託時，可預先在合約中規範某些情況下自動解除外國受託人的條款，例如：當外國授予人過世，僅剩美國受益人時，信託將自動轉為美國信託。此外，信託也可以賦予受託人或信託保護人解除原受託人、任命新的美國受託人，並變更信託管轄地的權力。在沒有非美國人控制的情況下，解除外國受託人可有效將信託變更為美國信託。然而，須特別注意的是，更換受託人不會自動改變信託的適用法律與管轄權，因此，在變更受託人的同時，亦應同步調整管轄地以確保信託的合法性與合規性，避免因法規混淆而影響管理與運作。

若信託合約未明定受託人更換和管轄地變更的相關條款，則受託人可透過自由裁量信託權，將信託資產分配給部分或全部的美國受益人，此舉即所謂的「轉注」（Decanting）。

在設計信託條款時，應考量未來可能發生的變動，如受益人變更國籍等。若已知未來信託可能涉及美國受益人或剩餘遺產承受人為美國人，則於信託條款中預先加入「遷移」（Migration）及「轉注」（Decanting）的條款。如此一來，當外國授予人信託（FGT）的授予人過世，信託將自動轉變為外國非授予人信託（FNGT），進而直接變更為美國信託，或賦予受託人或保護人將資產遷移到另一個信託的權力。

若信託合約未規範遷移或轉注，則可依原本信託管轄地法律（包括成文法或普通法），進行遷移或轉注。許多離岸司法管轄地，如開曼群島、百慕達、其他英國海外領土及英聯邦國家，皆遵循英國普通法（Common Law）原則，而英國普通法長期以來傾向於支持信託重組及保護受益人權益。此外，若信託條款未明訂遷移或轉注條款，且受託人未擁有足夠的自由裁量權，則可透過法院申請修改信託條款，以允許信託移轉至美國信託。

雖然遷移或轉注皆可達成境外信託移轉至美國信託的目的，但兩者仍然有些許差異。因此，在選擇適合的方式時，須審慎評估具體情境與需求。以下將進一步說明「境

外信託轉注成美國信託」的實際案例及操作流程。

第一階段：轉注前的初步評估

在進行境外信託轉移至美國信託之前，首先需協助客戶評估現有境外信託是否面臨稅負與管理成本低效率的問題（即管理費及稅負過高，甚至超過年度信託收益）。同時，應進一步了解信託的整體架構，包括設立人、受益人、受託公司及設立背景。在此階段，需特別關注以下三種可能影響稅務與合規性的情況：

第一，境外非授予人信託的受益人具有美籍：當境外非授予人信託的受益人具有美籍身分，且信託保有累積未分配利潤（Undistributed Income），在受益人收到該年度的信託分配時，可能適用回溯稅（Throwback Tax）。此外，若信託持有外國金融商品（如共同基金、貨幣市場基金等），則未來資產分配收益時，可能面臨 PFIC（被動外國投資公司）的稅務問題，進一步增加稅負與申報義務。

第二，受益人原非美籍，但後來取得綠卡或美國國籍。若信託設立時受益人並非美國稅務居民，但之後因取得美國綠卡或國籍成為美國稅務居民，則該信託的稅務處理將發生變化。

第三，設立人同時為受益人，且具美國公民或綠卡的身分。

大致會有上述三種情況。在初步會議中，KEDP（專業信託顧問）將與客戶探討上述潛在問題，以確認客戶需求，進一步設計適當的解決方案。此後，KEDP 將要求客戶提供詳細資料做進行深入分析，包括：
1. 信託架構圖
2. 信託合約及相關文件：如意願書（Letter of Wish）
3. 受益人報表（Beneficiary Statement）：通常由信託公司每年提供
4. 信託下投資公司的董事及股東名冊：如 BVI 公司的股東與董事資料

在審閱信託合約時，首要工作是確認合約中是否已載明轉注的相關條款，並分析境外信託的轉注機制與發起權責，以確保後續移轉過程順利且符合法規。

第二階段：啟動轉注

啟動轉注首先需確認境外信託設立屬地的法律規範，不同司法管轄區對轉注的法規要求不盡相同。例如，開曼群島目前並無明確的法律條文規範轉注，因此，需進一步檢視境外信託的信託文件中是否已載明轉注權力的條款，並確定該權力的持有者。在實務上，轉注可能由受託公司發起，或有時是由受益人發起，須視個案而定。若是由受益人發起，可能會引發不利的稅務效果，在此情況下，新信託合約的撰寫方式將決定稅務影響後果，需特別審慎規劃。以下列出三點需注意的事項：

注意事項1：檢查文件中有無轉注相關規範

若信託文件未明訂轉注權力，則應進一步檢視信託設立地的法律，確保當地政府或法院是否有擁相關權力。許多境外信託有權進行轉注的人是受託公司或是保護人。因此如何使原受託公司願意配合處理，需要嫻熟的專家協助。一般來說，具有歷史及規模的受託公司，過往曾處理過類似案例，較容易與其溝通並達成共識。

其次，要檢視信託架構圖，確認受益人及受託人的稅務屬性，判斷是否有負面的稅負效果。此外，藉由受益人報表（Beneficiary Statement），配合受益人美國稅表（如適用），從中檢視資產分配情況和稅負效果。曾有一案例，某信託內存有大量資金，但信託管理費高達三萬多美元，然而信託收益卻微乎其微，扣除管理費後幾乎無盈餘。因此，在轉注前應確保信託運作具備稅務與管理效率，避免造成額外成本負擔。

注意事項2：檢視轉注可能導致的「負面稅務影響」

在進行信託轉注時，最關鍵的考量因素之一即是稅務影響。律師在撰寫理由書時，應明確指出轉注的稅務合理性，闡述「基於客戶稅務負面效果的考量，因而發起轉注」，以確保原受託公司願意配合，並避免不必要的稅務負擔。所謂產生不利影響可能會有哪些情況？

1. 受益人人數減少：在進行移轉時，若轉注後的信託受益人人數少於原信託，則可能觸發贈與稅。此時當然希望在移轉時將稅負減到最低，因此基本上不會讓稅務不利的情況發生。

2. 受益標的變更：在受益人人數未減少，但受益人對於自身受益權有交換的情況，也可能在轉注過程中產生不利的稅負效果。例如，原信託分配給老大花旗銀行的債券，給老二一棟房子，轉注之後受益人一樣，但是兩人的資產（受益標的）因交換而變動，就會產生不利的稅負效果，因為變動可能會引發所得和贈與的問題。

在轉注的情況下可能會觸發贈與稅；因此即使是在受益人不變的情況下，仍需考慮許多細節。只是理由書需解釋新信託所適用的法律以及與原信託相異之處。

3. 信託分配方式變更：假設原信託有三個受益人、新信託也是三個受益人，原信託強制規定某受益人在20歲時會被分配到某項資產，但新信託則改為受託人擁有自由裁量權（Discretionary）。假設不論是受託公司或是分配委員（分配委員）有全權權力可決定分配與否，但如此方式又跟原信託相異，也可能影響稅負效果。

4. 未分配收益問題：若信託累積大量的未分配收益（Undistributed Net Income, UNI），受益人可能在未來分配時面臨回溯稅。

上述都是在闡述信託移轉必須考慮到相當繁複的細節。若律師能深入理解信託有

無上述情況，並且在理由書中清楚說明轉注不會招致不利的稅負效果，原受託公司才得以安心接受轉注的請求。

經由審慎評估上述強況後，若最終結論是「當有美籍受益人的情況下，將境外信託轉換為美國信託」為最佳決策，接著就會取得客戶同意並協助進行信託轉換的準備工作，並向客戶解釋轉換為美國信託的必要性。在此同時，KEDP 會協助客戶備齊相關資料、聯繫新的美國受託公司，共同研讀原信託合約確認有無轉注的相關條款，在信託轉換的過程中擔任新舊受託公司的中間聯繫人。

以下以時序來說明轉注過程中需準備的文件及事項：

2024 年 1 月：　客戶決定將美國境外信託變更為美國境內信託
　　　　　　　　客戶應提供以下美國境外信託文件：
　　　　　　　　1. 信託合約
　　　　　　　　2. 信託架構圖
　　　　　　　　3. 個人意願備忘錄（Memorandum of My Wishes）
　　　　　　　　4. 境外非授予人信託受益人聲明（Foreign Nongrantor Trust Beneficiary Statement）
　　　　　　　　5. 境外信託之設立人／保護人授權 KEDP 全權處理轉注
　　　　　　　　6. 確認移轉方式：(1) 轉注（Decanting）(2) 遷移（Migration）

2024 年 1 月：　客戶決定將美國境外信託變更為美國境內信託

2024 年 2 月：　境外信託之設立人／保護人簽署授權書（Power of Attorney）

2024 年 3 月：　向新美國受託公司 提供完整的信託文件

第三階段：啟動轉注後的相關工作

在啟動轉注的動作確認後，有幾點需要注意：

<u>注意事項 1：釐清客戶資產持有情況</u>

若原信託的資產是由信託名下的控股公司持有，而這些控股公司可能在香港或新加坡開立帳戶購買金融資產，此時需要告知客戶預訂轉注的時間點，建議在轉注前將出售這些金融資產。

2024 年 4 月：確認新美國信託架構

2024 年 5 月：KEDP 複委任美國律師撰寫美國信託合約

注意事項 2：美國律師撰寫新信託合約及初步確認新信託公司

　　美國律師會依照原信託合約條文，考慮受益人是否會有稅務上的風險。為避免引發贈與稅，基本上新的美國信託合約和原有信託合約內容差不多，新的受益人仍是原有的受益人。新合約上需明確列出新信託公司，因此需同步確認與溝通新信託公司是否接管原信託的資產與條款。

2024 年 6～10 月：通知原受託公司及新受託公司，準備轉注程序
　　　　　　　　1. 準備原受託公司所需資料
　　　　　　　　2. 準備新受託公司所需資料
　　　　　　　　　(1) 新美國信託架構
　　　　　　　　　　・設立人
　　　　　　　　　　・受益人
　　　　　　　　　　・受託公司
　　　　　　　　　　・保護人
　　　　　　　　　(2) 提供原美國境外信託文件
　　　　　　　　　(3) 告知新美國信託架構

注意事項 3：由客戶授權 KEDP 或律師通知原受託公司，並提供轉注理由書

　　由客戶授權或 KEDP 再授權律師去通知原受託公司，客戶轉注的意圖。這裡要看合約規範，通常是保護人發動，通知原受託公司基於某些理由要做此轉注行為。在溝通過程結束前，原受託公司需要一份理由書（Rationale Letter），此由客戶或是其委託對象出具，說明為何要轉注原有信託，並請他們發動轉注的動作。

　　為何要將境外信託移轉為美國信託？主要考量在於「避免產生不利的稅負效果」，也能簡化稅務申報流程及作業。具體的案例顯示，境外信託分配給美國受益人時，每年需填報 3520 表的第三部分，其中的申報和計算相當繁複；如果是美國信託分配給美國受益人時，可免除這項繁複的申報工作，減少行政負擔與潛在稅益風險。

　　理由書基本上需由請求轉注的人來出示，最後由美國律師簽署，以確保合規性與法律依據。理由書的內容需以法律用語來撰寫，例如新受託公司如何符合資質、新受託公司所在的法律管轄區等，所以多數由擬訂新信託合約的律師來寫。

　　在信託轉注前，原受託公司需對新受託公司進行「盡職調查」（Due Diligence,

DD）。原因是原受託公司要先針對新受託公司進行盡責調查，確認新受託公司符合資質，才願意進行信託的轉移。意即一個願意拋出、一個願意接收，在拋接的過程中，原信託公司需清楚知道未來是由誰來承接。許多人誤以為「只要有親屬在美國，就可以隨意找美國人設立信託」，但事實上，原受託公司會嚴格審查新受託公司的背景，為的是保護自身、控制風險。

另外，待新信託合約完成簽署，KEDP 會負責準備並提供原受託公司以下新信託的背景資訊：
1. 新受託公司資訊（公司全名、地址）
2. 新信託成立日期
3. 新信託的稅務號碼（Tax ID）

原受託公司通常會要求提供以下文件（但不限於）：
1. 新信託背景資訊（New Trust Information）；
2. 新受託公司背景資訊（New Trustee Information）；
3. 新受託公司的控制人資訊（New Trustee Controlling Persons）；
4. 新信託合約（New Trust Deed）；
5. 轉注理由書（Rationale Letter）；
6. 資產移轉合約及免責賠償合約（Deed of Appointment and Indemnity）；
7. 新信託所在地當地律師出具之法律意見書（Legal Validity Opinion）；
8. 新信託公司書面聲明：確認原信託當年度的稅務申報責任，並承諾資產移轉後，新受託公司將於次年度負責申報處理。

注意事項 4：與新信託公司溝通
在信託轉注過程中，新信託公司提供的文件需經過多次溝通與法律審核，因此必須由熟悉此兩地法律的律師及專業團隊協助處理，確保符合合規要求。

在新信託公司提供正式文件前，客戶需要準備及簽署以下文件：
1. 原信託合約
2. 新信託設立相關資料，包含原信託設立人背景資料及財富累積和資金來源
3. 免責及賠償協議，由受益人簽署，以釐清新受託公司責任範圍
4. 外國非授予人信託之受益人聲明，由原受託公司提供給新受託公司，確保稅務透明

要注意的是，簽署免責及賠償協議前，須評估是否對受益人產生潛在稅務風險，建議由專業稅務律師進行審查。

注意事項 5：新舊受託公司審核新信託合約
新信託合約擬定好後會由三方審核：客戶、原受託公司以及新受託公司。通常會

先給新受託公司審閱，確認是否接受合約條款。此時，對原受託公司來說，核心的審核內容會是：新舊合約條款差異、受益人利益是否均等，以及原受託公司未來是否有稅負責任。

原信託公司同時會擔心未來信託轉換後，自身權益是否會受到損害，因此原受託公司和新受託公司彼此間會簽訂「重整信託與賠償契約（Deed of Resettlement and Indemnity）」，由新受託公司、原受託公司及新保護人三方共同簽署，確保原受託公司未來免責。

特別注意的是，「重整信託與賠償契約」和信託合約互有關聯，新舊受託公司雙方的爭執也源自於此。原受託公司希望將信託乾淨的移交出去，日後不再承擔任何責任與風險，未來若遇到賠償問題則由新受託公司來承擔。反觀新的受託公司，他們也擔心未來潛在的訴訟風險，倘若未來遇到潛在風險，他們能夠追索責任範圍與期間為何。上述溝通過程牽涉到原受託公司、新受託公司、信託律師，以及 KEDP 四方，因此耗時耗力。

此外，免責協議（Release Agreement）是由受益人及新受託公司雙方簽訂，確立彼此的權利和義務，最終目的是規範未來責任歸屬，確保信託轉注後的法律風險。對原受託公司來說，他們希望能夠透過免責協議，由新受託公司承諾承擔未來可能的賠償風險、不會向原受託公司追索責任、新受託公司提供保證，未來原受託公司不會負擔任何賠償責任等。另一方面，新受託公司需要找一位擔保人來保證未來若發生賠償問題，由誰來承擔。至此，形成了一個三角關係：原受託人希望完全免責、新受託人需要確保自己的風險可控、擔保人可能需要負擔額外責任。

在此需注意的是，上述文件該如何撰寫，以防未來受益人引發贈與稅或是所得稅的問題。這些細節都涉及複雜的法律與稅務規劃，建議由專業信託律師處理。

注意事項 6：新舊受託公司及客戶簽署新信託合約及相關文件
2024 年 11 月：受益人簽署免責協議

2024 年 11 月：新受託公司簽署美國信託合約

2024 年 11 月：三方簽署重整信託與賠償契約之補充條款（Deed of Resettlement and Indemnity Supplemental to XX Trust）

第四階段：簽訂新信託合約後的相關工作

待新舊信託公司和設立人溝通並取得共識且簽完上述文件後，信託合約就可以簽定，接著進行以下工作：

1. 申請信託的 EIN：EIN 是美國國稅局分配給企業或信託的稅號，有了 EIN 才能設立信託下的 LLC。而此 LLC 在設立時就需要所謂的「股東」（出資者即此信託），在申請 LLC 的 EIN 時須載明股東，因此是一環扣一環。

2. 設立信託下的 LLC（為了接受將來境外信託移過來的資產）：信託公司通常不直接持有資產，而是透過 LLC 來管理，因此通常建議設立指示型信託（Directed Trust），在信託下設立一個 LLC，由 LLC 去接收國外資產。

3. 為 LLC 開戶：開戶所需文件包括 LLC 的 EIN、LLC 董事的 ID、LLC 的營運協議。所謂的營運協議（Operating Agreement）相當於公司章程，確保 LLC 營運規範清晰。營運協議的最後一頁需由股東簽名，此處就由信託的受託公司來代表信託簽名。

以下時序用來說明簽訂新信託合約後的相關工作：

2024 年 10～12 月：客戶處分金融資產
    1. 計算 PFIC；或
    2. 計算回溯稅

2024 年 11 月：設立 LLC
    1. LLC 架構：(1) 股東；(b) 經理人
    2. 取得 LLC 之 EIN

2024 年 12 月：LLC 開立美國銀行帳戶
    1. 組織章程
    2. 營運協議
    3. 信託證書
    4. LLC 之 EIN
    5. LLC 之股東訊息
    6. LLC 之經理人之個人訊息

2024 年 12 月：將原境外信託資金匯入新美國信託下之 LLC 帳戶
    1. 原保護人下指令清算境外公司
    2. 境外公司將境外帳戶的錢匯至原境外信託公司之保管帳戶
    3. 原境外信託公司之保管帳戶匯款至新美國信託公司之保管帳戶
    4. 投資顧問出具指示書給新美國信託公司，將資金轉入 LLC 帳戶

2024 年 12 月：原境外信託公司出具境外非授予人信託受益人聲明給新美國信託公司

2025 年 1～2 月：新美國信託之分配委員決議是否分配上年度利益

2025 年 4 月：　　　所得稅申報
　　　　　　　　　　1. 決議分配：由受益人繳納 2024 年所得稅
　　　　　　　　　　2. 決議不分配：由受託公司繳納信託之 UNI 稅金

六、美國境內信託之移轉

　　境外信託的遷移（Migration）可以被定義為一個建立在美國境外的司法管轄區域，但最終被管理在美國某州信託法中的信託。除了遷移後所更改的條款內容外（如管轄法規），一個遷移的信託會保留原始的協定內容。然而，信託條款內容在轉移至美國信託後，仍可以被適度的修正。例如，在德拉瓦州，得透過非司法和解協議（Nonjudicial Settlement Agreement）或當事人的同意（Consent of the Parties）來修正信託條款。

　　而信託轉注（Decanting）係指將信託資產從一個信託轉移到另一個信託。信託的轉注有兩種方法，一種是建立一個全新的信託，並制定新的條款，然後將原有信託的資產分配到新的信託中；另一種方法是，將舊信託的資產分配到已經存在的信託以利於受益人。若原始信託特別賦予受託人為一個或多個受益人的利益，將資產分配或指定給另一信託的權力，則可以進行此類轉注；或因為原始管轄區允許信託的轉注行為。這些法規基本上是針對受託人以受益人的利益，而進行分配的普通法權利，其理由是，如果受託人有賦予指定信託財產的權利，那麼受託人為受益人建立第二個信託是合理的。

　　轉注乃提供了一個方式可用來更新信託條款、更正原先信託條文起草錯誤，或調整以適應目前的信託行政或管理需要、或適應受益人的相關需求；依（原來）信託條文可由保護人指示將原信託資產轉注到一個或多個新信託，各信託合約條款可不相同，且新信託之受益人可以減少不能增加。

　　轉注通常通過受託人的行動來實現。因為新的信託可以有不同的條款，所以轉注是一種經由設立第二個信託來改變原有信託已與現況不合適條款的方法。然而，將信託資產從原有信託移入到新信託可能會對信託及其受益人產生稅務風險，故在轉注的過程中需要注意每一步的細節。

（一）美國境內信託轉注的原因及注意事項

　　為符合更新且更現代化的信託法規定，朝代信託可能會運用轉注來達到下列目標：

1. 適應信託法變更：若州信託法律發生變更，允許分配委員根據酌情分配權指派信託財產，則「轉注」可用來明確界定分配委員在信託中指派財產的權限。
2. 提升信託行政與管理效率：透過合併多個信託以簡化管理、降低成本，提高運作效能。

3. 靈活受託人職能與繼任安排：允許解任受託人將特定決策權委派給共同受託人，或根據特定目的或期間任命繼任受託人或共同受託人。例如，新的信託條約可明確指派信託投資指示顧問負責投資決定，避免由較無經驗的受託人做出投資決定。

4. 確保信託法律管轄權的統一性：當受託人與受益人居住在不同州時，需確保信託管理、執行及義務是按一致的法律要求。

5. 修正信託文件錯誤：若信託條款存在未發現的撰寫錯誤，在信託轉變成不可撤銷之前提下，透過轉注可更正行政、實質或分配上的錯誤，以更準確的反映設立人的原始意圖。

當朝代信託相關受益人情況發生變更時，轉注可發揮下列功能：

1. 確保受益人權益與保障：當朝代信託轉變成為不可撤銷信託後，受益人可能面臨債權人求償、婚姻變故、財富分配不均，或收益人為身心障礙人士等情況。透過轉注，資產可轉移至補充需求信託合約中，確保身心障礙的受益人仍具備獲得公共援助的資格。

2. 調整信託分配條款：轉注可修改信託的分配機制，例如原信託規定主要受益人在達到特定年紀後終止分配，而轉注至新信託則可使資產持續分配，確保受益人的長期保障。

3. 受益人的需求和情況可能會持續變化，因此可能導致當下的處理或繼任受託人的相關問題；轉注信託可用於含括規範共同受託人的人數或票數的條文、利益相關或利益不相關受益人之行政權的區別，或繼任受託人的命令或繼任。

4. 合併信託以提高管理效率：轉注可將多個信託合併，簡化行政管理、降低管理成本，並集中投資以提升運作效能。

5. 分割或獨立信託資產：透過轉注，信託可依需求將部分資產分割至獨立信託，使部分或全體受益人獲得更適合的財務安排。

6. 變更信託管轄權與所在地：若原不可撤銷信託的條款規定特地的管轄法律或所在地，轉注可用來修改信託條款，以因應法律環境、信託管理地點或主要受益人的居住地變更，確保信託運作符合最佳法律與稅務規劃。

為了配合聯邦或州稅的修改，實現更佳的節稅效果，轉注信託可以發揮以下作用：

1. 優化隔代贈與計畫（適用於美國設立人之情況）：轉注可最大化受益人的隔代贈與稅（GST）豁免額度。例如，若原信託規定主要受益人在達到特定年齡後終止分配，或主要受益人擁有一般任命權，則可透過轉注將信託財產轉移到另一個信託，以充分利用設立人和受益人可適用的 GST 豁免額度，減少遺產稅負擔。

2. 降低或免除州稅負擔：轉注可減少或免除州層級的稅務影響，例如避開州信託所得稅，或透過不同州的所得稅法規之間的相互影響，達到節稅效果。

3. 變更信託的管轄法律：若原信託條款不允許變更信託所在地，但受託人希望將信託遷移至稅務環境更有利的州，則可透過轉注來達成，確保信託適用最優稅務條件。

將資產轉移至可能具備更優惠條件的新信託，不僅能優化信託安排，還能作為修改條款與修正設立錯誤的方式。然而，在進行轉注時，須要特別注意：某些信託合約條款需維持不變或不得降低原受益人的權益，例如受益人身分、反永續條款等；轉注前應確認原受託人是否有擁有轉注權力，避免違反信託條款或法律規定。判斷原受託人是否擁有轉注權力，可從以下三個方面考量：

1. 信託合約條款

若信託文件給予受託人轉注權力，則可以依據信託合約條款轉注，若信託文件明文不允許轉注，則受託人不能轉注，若信託文件沒有提及是否給予轉注權力也沒有提及是否允許（silent），則看州法是否允許。

2. 州法

若信託文件中沒有提及轉注條約，而州法允許受託人轉注，則可以依據州法轉注，若信託文件不允許轉注，而州法明文允許轉注，則受託人還是不能轉注，若信託文件以及州法都沒有提及是否給予轉注權力也沒有提及是否允許（silent），則看普通法的應用。

3. 普通法、法庭認可或庭外協議。

（二）轉注的時機及執行程序

轉注的目的通常是保護人欲修改合約中不適用之條款，或是主要受益人欲放棄受益權改當保護人。前提是當原本受益人不再需要信託分配，且有下一代受益人，可由保護人下指示。

為了讓信託法配合聯邦或州稅修改之規定，而有更好節稅效果，位於美國東岸的紐約州於 1992 年率先頒布信託轉注的法規，惟在資產保護較佳的內華達州和德拉瓦州，信託轉注和分割常規範隸屬於不同的條文。以德拉瓦州為例，轉注規範於 12 DE Code§3528(a)：

除非合約條款另有明確規定，否則根據遺囑或不可撤銷生存信託的合約條款，擁有授權的受託人（無論是由該受託人酌情決定，或是在顧問的指示或同意下行事）對於一個或多個行使權力的適當物件，動用信託本金（第一信託）進行分配或為之分配利益，可以通過指定全部或部分本金來行使此有利信託（第二信託）受託人的權力，根據設立動用權的合約以外的其他合約，或根據同一合約條款，但除本 (a) 款另有規定外 [5]：

行使此權力有利於「僅行使權力的受益人為適當對象」的第二信託 [6]；

就任何信託而言，已將其捐款視為符合 1986 年《國內稅收法》（26 USC§2503(b)）

（以下簡稱「IRC」）中所述免除贈與稅資格的條件。根據 IRC §2503(c)，第二信託的契約應規定，按照第一信託的契約條款，受益人的剩餘權益應不遲於「該權益應歸屬並可以分配之日」來進行歸屬和分配[7]。

為了聯邦稅或州稅目的，行使此項權力不得減少根據 IRC §2056 或 §2523 或任何相類似可適用的州法律，已扣除婚姻扣除額的信託受益人的收入或單位信託權益[8]；

此項權力之行使不適用於「限制信託受益人對信託財產所享撤回權」之規定；而該信託受益人為唯一受託人，並得以受託人自身利益為目的進行信託財產之分配。

若考慮轉注就必須篩選新受託人及新信託所在地，此時需思考新的信託成立地之法律是否優於原信託地之法律？同時通知原受託人和新受託人準備轉注程序。以下將說明進行轉注的步驟：

步驟一：將信託從最初的管轄州移至內華達州等具有友善轉注法規的州；除內華達州外，南達科他州、德拉瓦州和阿拉斯加州等具有彈性的轉注法規，也都有利於信託轉注。內華達州相當適合轉注信託，因為該州法規允許較大範圍的修改，過程也更加彈性。舉例來說，與其他州不同的是，內華達州不要求受託人通知受益人信託要進行轉注，因此對受託人和受益人來說有更具隱私。受託人將有權根據信託本身、普通法判例或州法規中的規定，來轉注當今大多數的信託。

步驟二：一旦信託移入內華達州或具有友善轉注法規的其他州，律師將把現有信託中的資產轉注為具有新合約條款的信託。信託可轉注到新的信託或現有的不可撤銷的信託中。

步驟三：轉注信託要適用內華達州的管轄，至少一名受託人必須符合下列情形之一：
1. 居住在內華達州的自然人。
2. 內華達州的信託公司，例如內華達州的 Prestige Trust Company 或 First American Trust Company。
3. 擁有信託執照的內華達州銀行。

不居住於內華達州的客戶可以透過其律師在內華達州增設受託人或共同受託人，以充分利用內華達州對信託的友善管轄權，從而提升信託的靈活性與法律優勢。

為了避免偽信託之法律問題，建議客戶將資金從公司銀行帳戶打進原信託的託

---

[5] Unless the terms of the instrument expressly provide otherwise, a trustee who has authority (whether acting at such trustee's discretion or at the direction or with the consent of an adviser), under the terms of a testamentary instrument or irrevocable inter vivos trust agreement, to invade the principal of a trust (the "first trust") to make distributions to, or for the benefit of, 1 or more proper objects of the exercise of the power, may instead exercise such authority by appointing all or part of the principal subject to the power in favor of a trustee of a trust (the "second trust") under an instrument other than that under which the power to invade is created or under the same instrument, provided, however, that, except as otherwise provided in this subsection (a):...

[6] The exercise of such authority is in favor of a second trust having only beneficiaries who are proper objects of the exercise of the power.

管帳戶再轉入新信託中的託管帳戶,再由新信託將資金打進新信託底下公司之銀行帳戶。

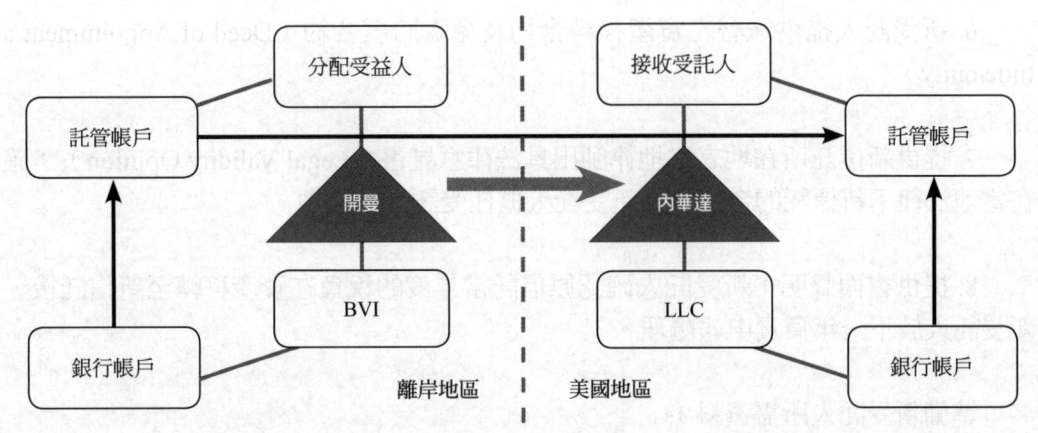

準備原受託人所需資料:
1. 提供新信託背景資訊
   (1) 新受託人以及新信託的全名與地址
   (2) 新信託的成立日期
   (3) 新信託的稅務識別號碼(EIN)

2. 提供新受託人背景資訊
   (1) 新受託人的名字
   (2) 法人註冊證書
   (3) 法人章程
   (4) 登記地址
   (5) 營業地址(若不同於登記地址)

3. 提供新受託人的控制人
(1) 現任董事名單
(2) 兩位指示移轉資產到新信託的董事的識別文件和地址憑據(三個月內)。
    例如:付款明細
(3) 若指示移轉非以上提供之董事,則須提供以下文件:
    • 新受託人的授權簽署人名單
    • 新受託人通過授權簽署人名單的會議紀錄

4. 提供新信託合約
(1) 通知新信託所在地律師草擬新信託文件
(2) 新信託合約或當地法律需授予新受託人足夠權力來免責與賠償原受託人。

5. 提供理由書(Rationale Letter)給原受託人:確認設立新信託和移轉資產的理由。

需闡述該移轉是出於對受益人最佳利益以及對其不會產生不利的稅務影響。

6. 新受託人提供簽署之資產移轉合約及免責賠償合約（Deed of Appointment and Indemnity）

7. 提供新信託所在地之當地律師出具法律意見書（Legal Validity Opinion）：確認在當地法律下新信託的合法性及新受託人擔任受託人的能力。

8. 提供書面聲明：新受託人確認原信託當年度的稅負在資產移轉至新信託後，由新受託人於下一年負責申報處理。

準備新受託人所需資料：
1. 提供原信託合約
2. 提供新信託設立相關資料，如原信託設立人背景資料以及財富累積和資金來源。

GRANTOR 2 INFORMATION: All Grantors must sign page 13 and attach required documentation.

Title: [ ]   Name: [   ]

Home Address (No P.O. Box):
[   ]

Entity Tax ID Number: [   ]
SSN/TIN/ITIN [   ]
○ ○ ○

Home Telephone [   ]

Date of Birth: Month [ ] Day [ ] Year [ ]

If home telephone is unlisted, please indicate here: ○
If no home telephone, please indicate here: ○

If Grantor is deceased, provide Date of Death:
Month [ ] Day [ ] Year [ ]

Cell: [   ]

Place of Birth: [   ]

Home E-mail: [   ]

Country of Residence: [   ]

Preferred method for us to contact Grantor: [ ]

Country of Citizenship: [   ]

If Grantor is Non-U.S. Citizen and /or Non-U.S Resident, provide copy of valid passport.

Number of years at current home address if less than five years: [ ]

If a citizen of more than one country, indicate other country or countries:
[   ]

Previous home address (if at current address less than 5 years):
[   ]

If not a US citizen, please indicate if you are a nonresident alien: ○
If you currently have a Green card, please indicate here: ○

Employment Status: ○ Employed ○ Self-Employed ○ Retired
○ Homemaker ○ Student ○ Not Employed

The date permanent resident status was granted:
Month [ ] Day [ ] Year [ ]

Current Occupation (or former occupation if currently unemployed)
[   ]

If you previously had a Green card, please indicate here: ○

The date permanent resident status was granted:
Month [ ] Day [ ] Year [ ]

Work Address:
[   ]

The date permanent resident status ended:
Month [ ] Day [ ] Year [ ]

Driver's License or Passport #: [   ]

Title: [   ]

Locality that Issued Driver's License: [   ]

Company's Name: [   ]

Country that Issued Passport: [   ]

Telephone: [   ]

Date of Issue: [   ]   Date of Expiration: [   ]

E-mail: [   ]

Marital Status: ○ Single ○ Married ○ Divorced
○ Widowed ○ Separated

Name of Grantor's Spouse: [   ]

Page 3 of 14

以下為「個人簡介」的撰寫內容及範本：

BIOGRAPHY	個人簡介
Instructions: A brief biography should be completed by each individual who is establishing the trust or contributing funds to the trust, as well as any co-Trustees. The biography should address the following points: ① Place of birth, current residence, and other citizenship information ② Relevant family history, including family members ③ Educational background ④ Employment history, including current occupation/industry ⑤ Source of wealth (please state explicitly how your wealth was acquired and the source of that wealth) ⑥ Source of funding for the trust (please be as specific as possible) • If source of funding is an inheritance or a gift from another person, indicate who the inheritance or gift was from and how the deceased person or donor of the gift originally acquired his or her wealth • If source of funding is from investments, briefly describe the types of investments • If the trust will be holding an entity (ies), list each entity and its primary business purpose, including a diagram if the entity structure is layered or complex • If cash will be put into the trust, specify how the cash was acquired ⑦ Any additional individuals or entities who may be contributing to the trust ⑧ Ownership interests in any entities that are expected to contribute to the trust ⑨ Primary purpose of the trust (i.e. is it a business trust, is it primarily for wealth management, etc.) ⑩ Expected trust activity (i.e. will there be frequent wire transfers, will there be regular monthly distributions, or will the trust primarily remain dormant)	說明：每位設立信託或向信託提供資金的個人，以及任何共同受託人，均應填寫簡要的個人簡介。該簡介應包含以下內容： ① 出生地、目前居住地及其他公民身分資訊 ② 相關家庭背景，包括家庭成員 ③ 教育背景 ④ 就業經歷，包括目前職業／行業 ⑤ 財富來源（請明確說明財富的取得方式及來源） ⑥ 信託資金來源（請盡可能詳細說明） • 若資金來源為繼承或他人贈與，請註明遺產或贈與的提供者，以及該提供者最初如何獲得財富 • 若資金來源為投資，請簡要描述投資類型 • 若信託將持有一個或多個實體，請列出每個實體及其主要業務目的，若實體結構較為複雜，請附上結構圖 • 若信託將接收現金，請說明該現金的取得方式 ⑦ 任何其他可能向信託提供資金的個人或實體 ⑧ 任何可能為信託提供資金的實體所有權利益 ⑨ 信託的主要目的（例如：商業信託、主要用於財富管理等） ⑩ 預期的信託活動（例如：是否會有頻繁的電匯轉帳、是否會有定期的每月分配，或信託是否將主要保持不活躍狀態）
Sample: **John Doe Biography** Mr. John Doe was born in Philadelphia, PA on January 1. 1964. He graduated with a BA in English from Haverford College in Haverford, PA in May 1986. After college he went to work for Kraft Foods Corporation in Sales/Marketing in Philadelphia and New York. In 1991, he left and went to work on the floor of the New York Stock Exchange for Prestige Securities (his family's trading firm). In 1995 he moved to Maine and established an investment advisory firm. Mill Pond Advisors. John married Jane Smith of Otisville, NY, on June 27, 1988. John and Jane Doe had their first son. Scott, on September 15, 1994 in New York City. On September 4, 1995 the Doe's purchased their home in Belfast, ME and then on April 17, 1997 had their second son, Jason.	範例： 約翰‧杜（John Doe）個人簡介 約翰·杜先生於 1964 年 1 月 1 日出生於美國賓夕法尼亞州費城。他於 1986 年 5 月獲得賓夕法尼亞州哈弗福德學院（Haverford College）英語學士學位。 大學畢業後，他在費城和紐約的卡夫食品公司（Kraft Foods Corporation）從事銷售／市場行銷工作。1991 年，他離開該公司，轉而在家族經營的交易公司──Prestige Securities 擔任紐約證券交易所交易員。1995 年，他搬至緬因州，並創立投資顧問公司 Mill Pond Advisors。 約翰於 1988 年 6 月 27 日與來自紐約奧蒂斯維爾（Otisville, NY）的珍·史密斯（Jane Smith）結婚。1994 年 9 月 15 日，長子斯科特（Scott）出生於紐約市。1995 年 9 月 4 日，約翰與珍購置了位於緬因州貝爾法斯特（Belfast, ME）的住宅。1997 年 4 月 17 日，他們的次子傑森（Jason）誕生。

BIOGRAPHY	個人簡介
John is very active with several non-profit organizations. He has served as Vice President for Florence Foster Jenkins Music Center in Belfast, and holds board memberships for the Penobscot Bay Foundation in Rockland, ME, and the Crime Prevention Association of Bucksport. John's trust that will be funded with occupational earnings from his investment advisory firm and related investments, as well as an inheritance from his parents. Jim and Jean Doe, who acquired their wealth from ownership of the above-mentioned trading firm. The trust will be used to hold assets on behalf of John's beneficiaries, Scott and Jason. Occasionally distributions will be made from the trust to the beneficiaries for support and maintenance.	約翰積極參與多個非營利組織活動。他曾擔任貝爾法斯特佛羅倫斯・福斯特・詹金斯音樂中心（Florence Foster Jenkins Music Center）副主席，並擔任緬因州羅克蘭（Rockland, ME）彭諾布斯科特灣基金會（Penobscot Bay Foundation）及巴克斯波特（Bucksport）犯罪預防協會（Crime Prevention Association）的董事會成員。 約翰的信託資金來源包括來自其投資顧問公司的職業收入及相關投資收益，還包括其父母——吉姆（Jim）和珍（Jean Doe）——遺留的遺產，他們的財富來自上述交易公司的經營。該信託的主要目的為持有資產，以造福約翰的受益人——斯科特與傑森。信託將偶爾向受益人發放資金，用於生活扶養與維持。

3. 若新受託人要求受益人簽署免責及賠償協議（Release and Indemnity Agreement），需注意簽署此協議是否給受益人帶來稅務風險。

4. 原受託人需提供給新受託人當年度之境外非授予人信託受益人聲明（Foreign Nongrantor Trust Beneficiary Statement）：
(1) 境外信託背景資訊
(2) 美國受益人資訊
(3) 分配給美國受益人的信託收入
(4) 境外信託之美國代理人資訊
(5) 境外原信託移轉至美國新信託的收益種類及金額

XYZ Trust
John Smith, Trustee
2018 Foreign Nongrantor Trust Beneficiary Statement

1. Foreign Trust Background Information

A. Name of trust:	XYZ Trust
Address of trust:	24 Water Lane Smithtown, Country X
EIN of trust:	88-8888887
B. Name of trustee:	John Smith
Address of trustee	24 Water Lane Smithtown, Country X
EIN of trustee:	Not Applicable
C. Method of accounting:	Cash
D. Taxable year of foreign trust	Calendar Year

E. The grantor of XYZ Trust was not a partnership or a foreign corporation.

2. U.S. Beneficiary Information

A. Name of beneficiary:	Alice Jones
Address of beneficiary:	10 Main Street Pittsburgh, PA 15235
SSN of beneficiary:	999-99-9999

B. Description of property distributed or deemed distributed: $90,000 cash

3. Trust Income Allocated to U.S. Beneficiary

Ordinary dividends:	25,000
Qualified dividends:	25,000
Net long-term capital gain:	12,500
Other income (portfolio foreign):	17,500
U.S. backup withholding:	7,500
Income not subject to U.S. tax (Per treaty with Country X):	5,000

4. Trust Information

Name of trust's U.S. agent:	Norris Company
	30 Main Street
Address of trust's U.S. agent:	Pittsburgh, PA 15235
EIN of trust's U.S. agent:	_____

John Smith, Trustee of XYZ Trust

XYZ 信託
John Smith, 受託人
2018 Foreign Nongrantor Trust Beneficiary Statement

1. 外國信託背景資訊

A. 信託名稱： XYZ 信託

信託地址： 24 Water Lane Smithtown, Country X

信託 EIN（雇主識別號）： 88-8888887

B. 受託人姓名： John Smith

受託人地址 24 Water Lane Smithtown, Country X

受託人 EIN： 不適用

C. 會計方法： 現金制

D. 信託的課稅年度 歷年制

E. XYZ 信託的設立人不是合夥企業或外國公司

2. 美國受益人資訊

A. 受益人姓名： Alice Jones

受益人地址： 10 Main Street Pittsburgh, PA 15235

受益人 SSN（社會安全碼）： 999-99-9999

B. 分配或視為分配的財產描述：$90,000 現金

3. 分配給美國受益人的信託收入

普通股利：	25,000
合格股利：	25,000
淨長期資本收益：	12,500
其他收入（投資組合外國收入）：	17,500
美國備用預扣稅：	7,500
不受美國課稅的收入（根據 X 國與美國的租稅協定）：	5,000

4. 信託資訊

信託的美國代理人名稱： Norris Company

信託的美國代理人地址： 30 Main Street
Pittsburgh, PA 15235

信託的美國代理人 EIN：

_____
John Smith, YZ 信託受託人
（受託人簽署）

七、轉注的其他考量事項

信託合約在新受託人簽署後，確認：

1. 申請信託 EIN（標準為 4 個工作日，最長可達 2～4 週）

因為外國申請人沒有社會安全碼和個人納稅人識別號，需填 SS-4 表格後傳真給 IRS，所以申請時間較長。

2. 設立 LLC 並撰寫 LLC 之營運章程
3. 申請信託下 LLC 的銀行帳戶
4. 因有些受託公司的託管帳戶存放資金有時間限制，所以要管控以上 1、2、3 三步驟處理的時間。要設 LLC 之銀行帳戶，資金才能匯入信託底下公司之銀行帳戶。

若原信託為境外信託，需特別留意其年度收益（DNI）是否已全數分配。若轉注資產中包含未分配收益（UNI），則可能產生回溯稅。此外，若希望信託分配計入當年所得，則須確保在會計年度結束後 65 天內完成分配。

八、信託轉注與朝代信託

在本章中,我們探討了境外信託因各種因素而轉注至美國信託的原因、實際操作及流程,然而,最終仍需回歸核心問題:為何朝代信託(Dynasty Trust)能夠世代相傳,成為家族財富傳承的關鍵工具?

廣義而言,朝代信託是一種家族傳承信託,旨在「降低遺贈稅、資產保護、降低法律風險」來實現財富的長久延續。在美國,內華達州和德拉瓦州的朝代信託有效期限可長達 365 年,甚至更久。在實際操作上,透過信託的分割、轉注與遷移等策略,可有效延續財富並確保資產安全。以下將透過列表方式,分析這三種方式的差異,使讀者能更清楚美國朝代信託的核心精髓。

	分割(Division)	轉注(Decanting)	遷移(Migration)
目的	按照主要受益家系或人數將資產分成等同或是特定持分的子信託。	將原信託資產轉注到一個或多個新信託,合約條款可不相同,新信託之受益人可以調整。 新的信託合約擁有較佳的條款,同時,得更正原信託合約的謬誤。	可變更信託稅籍,適用不同州之信託法,使該信託取得較有利之稅務效果或法律保護。 方便信託管理,達成較佳資產保護效果。
州法適用	大部分情況適用同一州之信託法	可適用同州之信託法,或是 A 州轉為 B 州;或外國信託轉注美國信託。	通常適用不同州之信託法(因為管轄法院、適用法律改變)。
合約轉換適用影響	仍適用原本信託合約,保護人、投資指示顧問、分配顧問不變,各子信託之受益人局限於各該主要受益人及其後代。	通常信託合約會依當事人之意向或需求做出相關修正,進一步將導致合約條款與性質改變。 不同合約,合約條款與本質改變。	同一合約,但會伴隨適用不同州的法律,變更相關法律管轄權條款。
舉例	A 信託分割為 A f/b/o B1,A f/b/o B2,A f/b/o B3…等子信託。	A 合約轉換成 B 合約。 離岸 BVI 信託合約轉注成美國內華達州信託合約。	A 州(NY)信託合約轉換成 B 州(NV)信託合約,合約主要內容未改變。
備註		可能影響所得稅或贈與稅的核課。	可能影響所得稅或贈與稅的核課。

附錄

附錄一、可撤銷信託合約公版

[Name of Trust] AGREEMENT

[OOO 信託] 合約

Please note that only the English version of this Trust Agreement will be signed for the creation of a **REVOCABLE TRUST**. The Chinese translation, serving as a summary of the English provisions, is provided to assist the Settlor in understanding the terms of this Trust Agreement. In the event of any discrepancy between the English and Chinese versions, the English version shall prevail.

提請注意,本件**可撤銷信託**設立時僅簽署信託合約英文版。本信託合約的中文譯文為英文版條款的概要說明,旨在協助委託人理解本信託合約。中英文版本如有歧義,應以英文版為準。

(2024.07.07 版)

Table of Contents
[Name of Trust] AGREEMENT
FIRST Trust Management
(a) Name
(b) Amendment and Revocation
(c) Prior to Division of Trust Estate
(1) Management
(2) Income and Principal
(d) Division of Trust Estate
(1) Management
(2) Income and Principal
(3) Death of Primary Beneficiary
(e) Separate Shares
(f) Contingent Beneficiaries
(g) Trust Distribution
(h) Contingent General Power of Appointment to Reduce Capital Gains Taxes
SECOND Grantor Trust Status
THIRD Rule Against Perpetuities
FOURTH Incapacity of Beneficiary
(a) Management
(b) Income and Principal
FIFTH Alienation
SIXTH Trust Additions and Mergers
(a) Additions
(b) Mergers
SEVENTH Trustee's Powers
EIGHTH Exclusive Duties of Trustee
NINTH Investment Direction Adviser
(a) Initial Appointment of Investment Direction Adviser
(b) Role and Function
(c) Loans, Guarantees and Creation of Entities
(d) Directions to Trustee
(e) Liability of Trustee
(f) Liability of Investment Direction Adviser
(g) Indemnification
(h) Resignation of Investment Direction Adviser
(i) Removal of Investment Direction Adviser
(j) Appointment of Additional or Successor Investment Direction Advisers
(k) Power to Hire Agents

(l) Compensation

TENTH Trust Protector

(a) Initial Appointment of Trust Protector

(b) Powers

(c) Directions to Trustee

(d) Liability of Trustee

(e) Limitations of Responsibilities

(f) Indemnification

(g) Resignation of Trust Protector

(h) Appointment of Additional or Successor Trust Protectors

(i) Removal of Trust Protector

(j) Agents and Advisers

(k) Compensation

ELEVENTH Distribution Adviser

(a) Initial Appointment of Distribution Adviser

(b) Role and Function

(c) Directions to Trustee

(d) Liability of Trustee

(e) Liability of Distribution Adviser

(f) Indemnification

(g) Resignation of Distribution Adviser

(h) Removal of Distribution Adviser

(i) Appointment of Additional or Successor Distribution Advisers

(j) Compensation

TWELFTH Payment of Death Taxes and Administration Expenses

THIRTEENTH Waiver of Prudent Investor Rule

FOURTEENTH Trustee's Commissions

FIFTEENTH Resignation, Removal and Appointment of Trustees

(a) Resignation of Trustee

(b) Removal of Trustee

(c) Appointment of Successor Trustee

(d) Delivery of Trust Assets

(e) Liability of Predecessor Trustee

(f) Merger of Trustee

SIXTEENTH Subchapter S Stock

SEVENTEENTH Interested Fiduciary

EIGHTEENTH Definitions

NINETEENTH Controlling Law

TWENTIETH United States Trust

(a) United States person
(b) Exception
TWENTY-FIRST Limitation on Powers of Non-United States Person
(a) Limitations on Powers
(b) Exception
(c) Reliance Upon Certifications
TWENTY-SECOND Liability of Trustee
TWENTY-THIRD Bonds, Accountings, and Privacy Provisions
TWENTY-FOURTH Binding Effect
TWENTY-FIFTH Acknowledgment By Trustee
TWENTY-SIXTH Agreement in Counterparts
TWENTY-SEVENTH No Contest Provision

[Name of Trust] AGREEMENT

[OOO 信託] 合約

This [Name of Trust] AGREEMENT (the "**Agreement**" or "**Trust Agreement**") is made this _____ day of_____, 20___, between [Name of Grantor], of [Country / County & State of Grantor's residence], hereinafter "**Grantor,**" and [Name of Trustee], an independent Nevada trust company, hereinafter "**Trustee.**"

本 [OOO 信託] 合約（以下簡稱「本合約」或「本信託合約」）於 2025 年 ___ 月 ___ 日由 [Country / County & State of Grantor's residence] 之 [Name of Grantor]（以下簡稱「委託人」）及 [Name of Trustee]（獨立的內華達州信託公司）為受託人（以下簡稱「受託人」）締結。

WHEREAS, the Grantor desires to establish a revocable trust funded with such property as the Grantor may from time to time deposit into trust under this Agreement, together with the investments, reinvestments and proceeds thereof (all of which, with the investments, reinvestments and proceeds thereof, shall be termed the "**Trust estate**").

委託人希望設立一個可撤銷信託，以委託人依本信託合約隨時存入信託的財產，及以該財產進行投資、再投資並產生的收益作為資金（前述財產及其投資、再投資與收益合稱為「**本信託財產**」）。

WHEREAS, the Trustee accepts such trust and agrees to administer it in accordance with the terms and conditions of this Agreement.

受託人接受本信託並同意依本合約條款與條件來管理本信託。

NOW, THEREFORE, in consideration of the mutual promises and covenants contained in this Agreement, the Grantor hereby delivers to the Trustee the property described on Schedule "**A**" in trust which the Grantor has transferred to the Trustee for the following uses and purposes and subject to the terms and conditions contained in this Agreement.

鑒於本合約中相互的承諾與約定，委託人將本合約**附表 A** 裡所述之財產移轉予受託人，為以下目的使用，並應符合本合約所訂定之條款與條件。

FIRST Trust Management

The Trustee shall hold, manage, invest and reinvest the Trust estate, shall collect and receive the income therefrom, shall pay out of such income all expenses and charges properly payable therefrom and shall dispose of the net income and principal as set forth below:

第一條 信託管理

受託人應依以下所述規定持有、管理、投資及再投資信託財產，收取與接收信託收益，以信託收益支付所有應適當支付之費用與開銷，並應依以下所述處分淨收益及本金。

(a) Name

This Trust Agreement may be referred to and administered pursuant to the provisions hereof as "[**Name of Trust**] AGREEMENT." The trust created pursuant to the provisions of section (c) of this Article FIRST may be referred to as "[**Name of Trust**]." Each trust, share or portion created pursuant to the provisions hereof (other than the trust created pursuant to the provisions of section (c) of this Article FIRST) may be referred to as "[**Name of Trust**] **F/B/O A PARTICULAR BENEFICIARY**" with the name of the person for whose primary benefit such trust, portion or share is held inserted after "F/B/O." Unless otherwise provided in this Agreement, the terms "**Trust estate**" or "**Trust**" as used throughout this Agreement shall refer to each trust created by or pursuant to this Agreement.

(a) 名稱定義

本合約名為「OOO信託合約」，並依其條文管理。依第一條(c)成立之信託名為「OOO信託」，每個依本合約成立之信託、持分或信託之一部分得被命名為「為特定受益人之OOO信託」（此特定受益人為該信託、持分或信託一部分之主要受益人人名）。除非本合約另有規定，「本信託財產」或「本信託」應指依本合約成立之各別信託。

(b) Amendment and Revocation

During the life of the Grantor, this Trust Agreement may be revoked in whole or in part by the Grantor and the Grantor may also relinquish such power. The exercise or relinquishment of such power to revoke shall be made by a written instrument executed by the Grantor and delivered to the Trustee.

During the incapacity of the Grantor, the exercise or relinquishment of such power to revoke may be undertaken on the Grantor's behalf by any person granted such authority pursuant to a power of attorney that by its terms has effect during such time as the Grantor is incapacitated and that is recognized as valid and capable of conferring upon the attorney-in-fact the power so to act under the laws that then govern the trusts created hereunder, or if no such attorney-in-fact is in existence, by the Grantor's court-appointed fiduciary or guardian. Upon such revocation, any property held hereunder, or that part thereof as to which this Trust Agreement may be revoked, shall be delivered by the Trustees to the Grantor, and the title shall be revested in the Grantor. If this Trust Agreement is revoked with respect to all or more than half of the assets subject to this Trust Agreement, the Trustee shall be entitled to retain sufficient assets reasonable to secure payment of liabilities lawfully incurred by the Trustee in the administration of the trust, including Trustee's fees that have been earned, unless the Grantor shall indemnify the Trustees against loss or expense. The Grantor may at any time during [her/his] life amend any of the terms of this Trust Agreement by a written instrument executed by the Grantor and delivered to the Trustees; provided, however that no amendment shall substantially increase the duties or liabilities of the Trustees or change Trustee's compensation without the Trustee's written consent.

On the sooner of the death of the Grantor or relinquishment of the power to revoke, no Trust under this Trust Agreement may be revoked.

(b) 修訂與撤銷

在委託人在世時,委託人得撤銷本信託合約的全部或一部分,委託人亦可放棄此權力。此等撤銷權力之行使或放棄,應以委託人簽立並遞交予受託人之書面文件為之。

在委託人喪失行為能力期間,行使或放棄該等撤銷權得由根據授權書被授予此權力之人代表委託人行使,該授權書應在委託人喪失行為能力期間內有效,且依當時管轄本信託的法律被認為是有效的賦予代理人此權力。如果沒有此類代理人,則由法院指定委託人的受託責任人或監護人行使。撤銷權行使後,任何被撤銷部分信託合約所屬財產應由受託人遞交予委託人,且其所有權應重新歸屬於委託人。如果本信託合約下的全部或過半數財產經撤銷時,除非委託人能賠償受託人之任何損失或費用,受託人有權保留充足之信託資產,以合理確保其在管理信託所合法產生債務之支付,包括受託人應取得之費用。委託人在世時,得隨時以簽署之書面文件送達受託人以修改本信託合約條文;但未經受託人書面同意,任何修正不得大幅增加受託人之義務或責任或變更受託人的報酬。

在委託人過世或放棄撤銷權(以較早者為準)後,本信託合約下的任何信託均不得撤銷。

(c) Prior to Division of Trust Estate

Prior to the division of the Trust estate in accordance with section (d) of this Article FIRST, the Trustee shall hold, administer and distribute the Trust estate as follows:

(c) 信託分割前之管理

在依第一條 (d) 分割信託財產之前,受託人應依以下所述規定持有、管理及分配信託財產:

(1) Management

Subject to the provisions of Article NINTH of this Agreement relating to the Investment Direction Adviser, the Trustee shall hold, manage, invest and reinvest the Trust estate, shall collect and receive the income therefrom, and shall pay out of the income all expenses and charges properly payable therefrom.

(1) 管理

在符合本合約第九條關於投資指示顧問規定的前提下,受託人應持有、管理、投資及再投資信託財產,收取與接收信託收益,並以信託收益支付所有應適當支付之費用與開銷。

(2) Income and Principal

The Trustee is authorized and empowered to distribute to any one or more of the following individuals: [Name of Beneficiary 1], [Name of Beneficiary 2] and the descendants of each [Name of Beneficiary 1] and [Name of Beneficiary 2] who are living from time to time, or apply for their use and benefit, all, some, or none of the net income and principal of the Trust estate , in such shares or proportions, as the Grantor shall direct by written instrument delivered to the Trustee. The Grantor may by written instrument likewise relinquish the power to direct distributions. During the incapacity of the Grantor, the exercise of the power to direct net income and principal may be undertaken on the Grantor's behalf by any person granted such authority pursuant to a power of attorney that by its terms has effect during such time as the Grantor is incapacitated and that is recognized as valid and capable of conferring upon the attorney-in-fact the power so to act under the laws that then govern the trusts created hereunder, or if no such attorney-in-fact is in existence, by the Grantor's court-appointed fiduciary or guardian. In addition and to the extent they do not conflict with the Grantor's directions while the Grantor is alive and retains the power to direct distributions, the Trustee may pay or apply so much or all of the net income and principal of the Trust estate to the aforementioned beneficiaries as the Distribution Fiduciary (as defined in Article EIGHTEENTH of in this Agreement) may deem appropriate in its sole and absolute discretion. In making this determination, the Distribution Fiduciary may, but need not, take into consideration funds which the beneficiaries may receive from other sources. No such distribution to or for the benefit of a beneficiary shall be deemed to be an advancement. Any undistributed income shall be added to the principal and held as part of the Trust estate at least annually.

(2) 收益及本金

委託人在世時，受託人依照委託人之書面指示分配全部、部分亦或不分配信託的淨收益及本金給以下任何一位或多位或為其利益使用信託財產：在世的 [Name of Beneficiary 1]、[Name of Beneficiary 2]、 及 [Name of Beneficiary 1] 及 [Name of Beneficiary 2] 的各別後代。委託人亦得以書面方式放棄指示分配的權力。在委託人喪失行為能力期間，指示分配淨收益及本金的權力得由根據授權書被授予此權力之人代表委託人行使，該授權書應在委託人喪失行為能力期間內有效，且依當時管轄本信託的法律被認為是有效的賦予代理人此權力。如果沒有此類代理人，則由法院指定委託人的受託責任人或監護人行使。在不與委託人在世並保留指示分配的權力時的指示衝突的情況下，受託人得依據分配受託責任人（於第十八條定義）以其單獨絕對裁量權認為適當之指示，分配淨收益及本金給上述受益人。在作出此決定時，分配受託責任人得但無需考量受益人可能從其他來源獲得的資金。向受益人或為受益人利益而進行的分配不得視為預付。任何未分配的收入應至少每年一次加入本金並作為信託財產的一部分持有。

(d) Division of Trust Estate

Upon the Trust Protector directing the Trustee in writing, the Trustee shall divide the Trust estate in the following manner:

There shall be one share set aside for each of [Name of Beneficiary 1] and [Name of Beneficiary 2], if then living, and one share set aside for the then living descendants, collectively, of [Name of Beneficiary 1], if [she/he] is then deceased, one share set aside for the then living descendants, collectively, of [Name of Beneficiary 2], if [she/he] is then deceased. Any share set aside for the then living descendants, collectively, of [Name of Beneficiary 1], if [she/he] is then deceased, and of [Name of Beneficiary 2], if [she/he] is then deceased, shall be further divided into shares for such descendants, per stirpes. The Trustee shall administer each share so set aside in further trust hereunder according to the provisions of this section (d) of this Article FIRST.

Each person for whom a share is set aside shall be referred to as the "**Primary Beneficiary**" of such share. After making the aforesaid division, the Trustee shall hold and dispose of such shares as follows:

(d) 信託財產分割

於信託保護人書面指示時，受託人應將信託財產依下列方式進行分割：在世的 [Name of Beneficiary 1] 及 [Name of Beneficiary 2] 一人一份。如有任何一位已過世，則為已過世的 [Name of Beneficiary 1] 或 [Name of Beneficiary 2] 其當時在世的後代集體保留一份。為已過世的 [Name of Beneficiary 1] 或 [Name of Beneficiary 2] 其當時在世的後代集體保留的份額，應進一步按照代位繼承的方式分配予其後代。受託人應根據第 1(d) 條之規定，以進一步信託之方式管理保留之每一份額。為其保留份額的每個人被稱為該份額的「主要受益人」。在分割後，受託人應依以下規定持有與處分分割後的信託持分：

(1) Management

Subject to the provisions of Article NINTH of this Agreement relating to the Investment Direction Adviser, the Trustee shall hold, manage, invest and reinvest as a separate trust each share set aside for a Primary Beneficiary, shall collect and receive the income from each separate trust, and shall pay out of the income all expenses and charges properly payable therefrom.

(1) 管理

在符合本合約第九條關於投資指示顧問規定的前提下，受託人應為每位主要受益人保留的份額作為獨立信託進行持有、管理、投資及再投資，收取及收受每個獨立信託的收益，並從該收益支付所有應適當支付的費用及開銷受託人應將每個被分割之持分視作主要受益人保留之獨立信託持有、管理、投資及再投資信託財產，收取與收受信託收益，並以信託收益支付所有應適當支付之費用與開銷。

(2) Income and Principal

The Trustee is authorized and empowered to distribute to any one or more of such Primary Beneficiary and his or her descendants, or apply for the use and benefit of such Primary Beneficiary and his or her descendants living from time to time, all, some or none of the net income and principal of such trust, in such shares or proportions, as the Grantor shall direct by written instrument delivered to the Trustee. The Grantor may by written instrument likewise relinquish the power to direct distributions. In addition and to the extent they do not conflict with the Grantor's directions while the Grantor is alive and retains the power to direct distributions, the Trustee may pay or apply so much or all of the net income and principal of the Trust estate to the aforementioned beneficiaries as the Distribution Fiduciary deems appropriate in its sole and absolute discretion. In making this determination, the Distribution Fiduciary may, but need not, take into consideration funds which the beneficiaries may receive from other sources. No such distribution to or for the benefit of a descendant of the Primary Beneficiary shall be deemed to be an advancement. Any undistributed income shall be added to the principal of the Trust estate at least annually.

(2) 收益及本金

受託人獲授權並有權將該信託之全部、部分或全部淨收入及本金,依委託人交付予受託人之書面文件指示之份額或比例,分配予任何一位或多位主要受益人及其後代,或供該主要受益人及其不時在世之後代使用及受益。委託人亦得以書面方式放棄指示分配的權力。在不與委託人在世並保留指示分配的權力時的指示衝突的情況下,受託人得依據分配受託責任人以其單獨絕對裁量權認為適當之指示,分配淨收益及本金給上述受益人。在作出此決定時,分配受託責任人得但無需考量受益人可能從其他來源獲得的資金。向受益人或為受益人利益而進行的分配不得視為預付。任何未分配的收入應至少每年一次加入本金並作為信託財產的一部分持有。

(3) Death of Primary Beneficiary

Upon the death of a Primary Beneficiary during the term of his or her trust, the Trustee shall dispose of the remainder of the Primary Beneficiary's separate Trust estate as follows:

(3) 主要受益人過世

主要受益人於其信託期間去世時,受託人應以下列方式處分主要受益人之獨立信託財產的剩餘部分:

(i) The Trustee shall distribute such Primary Beneficiary's separate Trust estate in such manner as such Primary Beneficiary may appoint by specific reference to this power in his or her Last Will and Testament duly admitted to probate or pursuant to an instrument executed by such Primary Beneficiary during his or her lifetime and delivered to the Trustee, provided that the exercise of such power of appointment shall not take effect until such Primary Beneficiary's death, upon such conditions and terms including outright or in further trust, to the limited class of beneficiaries consisting of [Name of Beneficiary 1]'s descendants and [Name of Beneficiary 2]'s descendants. In no event shall the power of appointment conferred upon a Primary Beneficiary in this section (d)(3)(i) of this Article FIRST be construed as a power in such Primary Beneficiary to appoint such Primary Beneficiary's trust to himself or herself, his or her creditors, his or her estate or the creditors of his or her estate or in discharge of his or her legal obligations. Notwithstanding the foregoing or any other provision of this Agreement, no limited power of appointment conferred upon a Primary Beneficiary in this section (d)(3)(i) of this Article FIRST may be exercised over a trust which is exempt from the generation-skipping transfer tax in a manner that would trigger the application of Section 2041(a)(3) or Section 2514(d) of the Code.

(i) 依照主要受益人通過正式認證的最後遺囑或在其生前簽署並遞交予受託人之文書裡所援引之指派權,此指派權在主要受益人死後才產生效力,受託人應分配主要受益人獨立信託財產給限定之受益人(這些受益人限為 [Name of Beneficiary 1] 之後代及 [Name of Beneficiary 2] 之後代)。第一 (d)(3)(i) 條所指主要受益人之指派權力不能被視作主要受益人有權將這些財產指派給自己、其債權人、其遺產及其遺產的債權人或履行其法律義務。不論本合約中有其他的條文規範,主要受益人不得在會觸發國稅法規第 2041(a)(3) 條或第 2514(d) 條的狀況下在特定隔代移轉稅豁免信託中行使此限定指派權。

(ii) The Trustee shall divide any unappointed remainder of such Primary Beneficiary's separate Trust estate into as many equal shares as there are then living children of the Primary Beneficiary and deceased children of the Primary Beneficiary represented by then living descendants. There shall be one share set aside for each then living child of the Primary Beneficiary, and one share set aside for the then-living descendants, collectively, of each deceased child of the Primary Beneficiary. Any share set aside for the then living descendants, collectively, of a deceased child of the Primary Beneficiary shall be further divided into shares for such descendants, per stirpes. The Trustee shall administer each share so set aside in further trust hereunder according to the provisions of this section (d). Each person for whom a share is set aside shall be referred to as the "**Primary Beneficiary**" with respect to his or her trust. If, on the death of the Primary Beneficiary, there is no descendant of such Primary Beneficiary then living, the Trustee shall distribute the remaining property of his or her trust, per stirpes, to the then living full siblings of the deceased Primary Beneficiary, and the then living descendants, per stirpes, of any deceased full sibling of the deceased Primary Beneficiary. In the event that there are no such beneficiaries, the remaining property shall be distributed to the then living descendants, per stirpes, of the deceased Primary Beneficiary's nearest ancestor who is [Name of Beneficiary 1], [Name of Beneficiary 2], a descendant of [Name of Beneficiary 1], or a descendant of [Name of Beneficiary 2]. Any property distributable to a person for whom a trust is held hereunder shall be added to and commingled with the trust held hereunder for that person and shall be held, administered, and distributed as if it had been an original part of the principal of that trust.

(ii) 受託人應將該主要受益人獨立信託財產中尚未指定的剩餘部分，按主要受益人當時在世子女及主要受益人已故子女（由當時在世的後代代表）的數目平均分配。每名主要受益人當時在世的子女可分得一份，每名主要受益人已故子女的在世後代可共同分得一份。為主要受益人已故子女的當時在世後代集體保留的份額，應進一步按照代位繼承的方式分配予其後代。受託人應根據本 (d) 項之規定，以進一步信託之方式管理保留之每一份額。為其保留份額的每個人被稱為該份額的「**主要受益人**」。當主要受益人過世時，如果該主要受益人當時沒有在世的後代，則受託人應將該已故主要受益人信託的剩餘財產按比例分配給其當時在世且同父同母的兄弟姐妹；如上述兄弟姐妹中如有未在世者，則按代位繼承的方式將其份額均分給該位已故兄弟姊妹的後代。如沒有已故主要受益人當時在世且同父同母的兄弟姐妹或其後代，剩餘財產應按代位繼承的方式分配給已故主要受益人血緣最近祖先的在世後代，但該最近祖先應為 [Name of Beneficiary 1]、[Name of Beneficiary 2]、[Name of Beneficiary 1] 之後代、或 [Name of Beneficiary 2] 之後代。如果可分配予任何財產之人已依據本合約持有信託，則該財產應併入並與為該人持有的信託混合，如同其為該信託原始本金的一部分而持有、管理及分配。

(e) Separate Shares

The provisions of this Agreement shall be applied separately with respect to each trust held under this Article FIRST. For example, the Trustee serving at the time the Trust is divided may resign at any time after the division as Trustee of one such separate trust but continue to serve with respect to another separate trust. Similarly, the Trust Protector may remove an Investment Direction Adviser serving at the time the Trust is divided with respect to one such separate trust but allow the Investment Direction Adviser to continue with respect to another separate trust.

(e) 獨立持分

本合約規定應分別適用於根據第一條所持有的每個信託。例如，在信託分割當時任職的受託人可以在分割後隨時辭去某個獨立信託的受託人職務，但繼續擔任另一個獨立信託的受託人。同樣地，信託保護人可以移除某位在信託分割當時任職的投資指示顧問在某個獨立信託之職位，但仍然使其擔任其他獨立信託的投資指示顧問。

(f) Contingent Beneficiaries

If at the time provided for the final distribution of assets in trust under this Agreement all of the beneficiaries under this Article FIRST are deceased without then living issue, the Trustee shall distribute the unappointed remainder of the Trust estate to individuals and Charitable Organizations to be further determined by the Trust Protector(s) other than Trust Protector(s), the Trust Protector(s) estate, the Trust Protector(s) creditors and the creditors of the Trust Protector(s) estate or in discharge of the legal obligations of the Trust Protector(s). Subject to the restrictions of section (b)(4) of Article TENTH of this Agreement and herein, the Trust Protector shall have the power to add and remove individuals and Charitable Organizations to and from the class of permissible beneficiaries in this section (f) of Article FIRST. The Trust Protector shall have the power to release the power conferred upon the Trust Protector pursuant to this section (f) of this Article FIRST by providing written notice to the Grantor, the Distribution Adviser and the Trustee to this effect.

(f) 或有受益人

若最後將未分配之剩餘財產進行分配時，根據第一條之規定，沒有任何在世的被分配之受益人，受託人應將未分配之剩餘財產分配給信託保護人進一步決定的個人或慈善組織，但信託保護人、信託保護人之遺產、信託保護人之債權人、及信託保護人遺產或為履行信託保護人之法律義務而作出之任何其他行為之債權人除外。受限於本合約第十 (b)(4) 條之限制，信託保護人有權新增及移除個人及慈善組織為本合約第一 (f) 條所述之許可受益人；並得以書面通知委託人、分配顧問及受託人以解除第一 (f) 條所授予信託保護人之權力。

(g) Trust Distribution

Subject to the provisions of Article ELEVENTH of this Agreement relating to the Distribution Adviser, expenditures or distributions of income or principal under all provisions of this Agreement may be made, in the discretion of the Distribution Fiduciary, in any one or more of the following ways: (1) by direct expenditure for the benefit of a beneficiary; (2) by payment to a beneficiary, even if he or she may be under the age of eighteen (18) years; or (3) by payment to a custodian for a beneficiary under an appropriate Uniform Transfers to Minors Act to be held until such beneficiary attains the age of twenty-one (21) years (or such later time as permitted under the appropriate Uniform Transfers to Minors Act). The receipt of a beneficiary under the age of eighteen (18) years, or the receipt of a custodian for a beneficiary who is under the age of twenty-one (21) years, for a payment received from the Trustee to be expended for the benefit of a beneficiary, shall be a full and complete discharge of the Trustee in respect thereto.

(g) 信託分配

在符合本合約第十一條關於分配顧問規定的前提下,分配受託責任人得裁量用以下任一種或多種方式支用或分配本合約下之收益或本金:(1) 為受益人之利益直接支付其產生之費用;(2) 直接支付給受益人,不論其是否滿 18 歲;或 (3) 依照未成年財產移轉法案,支付給未成年受益人之監護人保管,直到受益人滿 21 歲或依該法案規定允許之延後時點。當未滿 18 歲之受益人或未滿 21 歲未成年受益人之監護人收到由受託人為其支付款項時,應將完全免除受託人支付之責任。

(h) Contingent General Power of Appointment to Reduce Capital Gains Taxes

Notwithstanding any provision herein to the contrary, after the death of the Grantor once any separate trust has been established pursuant to paragraph (d) preceding for a Primary Beneficiary thereof, in addition to any other power of appointment granted hereunder, each Primary Beneficiary of such separate trust hereunder (an "**Applicable Trust**") (an "**Applicable Beneficiary**") shall have the power to appoint those Appreciated Assets (defined hereinafter) of an Applicable Trust that (i) are not otherwise subject to inclusion in the Applicable Beneficiary's gross estate within the meaning of Section 2031 of the Code; (ii) have in the aggregate a value less than or equal to the largest amount that would not cause an increase in the aggregate federal and applicable state estate and generation-skipping transfer taxes ("**Death Taxes**") payable upon the Applicable Beneficiary's death; and (iii) have in the aggregate the greatest Appreciation. If the foregoing power may apply to some but not all assets with the same Appreciation as a percentage of basis, it shall apply to all those assets in the proportion that the value of each such asset bears to the total value of all such assets. The following rules and definitions shall apply to this paragraph:

(h) 附條件的一般指派權以減少資本利得稅

儘管本合約有任何相反之規定,在委託人去世後,一旦已依據前述 (d) 項為主要受益人設立任何獨立信託,除了本合約授予之任何其他指派權外,該獨立信託(「**適格信託**」)之每位主要受益人(「**適格受益人**」)有權指派適格信託中符合下述條件的該些增值資產(定義見下文):(i) 在其他情況下不會被納入適格受益人於國稅法規第 2031 條所指的總遺產中;(ii) 總價值小於或等於在適格受益人過世時不會導致應付聯邦及適用州的遺產稅及隔代移轉稅(「**遺產稅**」)總額增加的最大金額;且 (iii) 總增值幅度最大。若前述權力可適用於部分而非所有具有相同基準增值百分比之資產,則應按各該資產價值佔所有該類資產總價值之比例,適用於所有該類資產。下列規則與定義應適用於本段:

(1) If the Applicable Beneficiary is the beneficiary of more than one trust that includes the power provided in paragraph (h) or an equivalent power, the following provisions shall

apply:

(A) Trusts with the Same Remainder Beneficiaries shall be aggregated and treated as a single trust for purposes of applying the power in this paragraph (h).

(B) With respect to all other trusts, the power under this paragraph (h) shall apply in the proportion that the value of the Appreciated Assets in each such trust bears to the value of the Appreciated Assets in all such trusts.

(1) 若適格受益人是一個以上包含本 (h) 段規定的權力或同等權力的信託的受益人，則應適用以下規定：

(A) 為適用本 (h) 段下權力的目的，具有相同剩餘受益人的信託應合併為單一信託處理。

(B) 對於所有其他信託，本 (h) 段規定之權力應按各該信託之增值資產價值佔所有該等信託之增值資產價值之比例適用之。

(2) **"Trusts with the Same Remainder Beneficiaries"** shall mean trusts for which, after taking into account any exercise by the Applicable Beneficiary of a power of appointment over such trust other than a power granted under this paragraph (h), the identity and type of interests of the vested and contingent remainder beneficiaries are identical; provided, however, that differences in the timing of the distribution of property, differences in whether distribution is outright or in trust, and differences in powers of appointment held by beneficiaries following the Applicable Beneficiary's death shall not be considered.

(2)「**具有相同剩餘受益人之信託**」係指在考量適格受益人對該信託行使本 (h) 段所授予的權力以外之指派權之後，既有及或有剩餘受益人的身分及利益類型完全相同的信託；但財產分配時間的差異、分配方式是直接分配還是信託分配的差異，及適格受益人去世後受益人持有的指派權的差異，均不在考慮之列。

(3) **"Appreciated Assets"** shall mean property that, if included in the Applicable Beneficiary's estate for purposes of Chapter 11 of the Code, would have its basis increased pursuant to Section 1014(a)(1), 1014(a)(2) or 1014(a)(3) of the Code immediately after the Applicable Beneficiary's death, subject to the limitations of subparagraph (4) following.

(3)「**增值資產**」係指若依據國稅法規第 11 章列入適格受益人之遺產，其成本基礎依國稅法規第 1014(a)(1)、1014(a)(2) 或 1014(a)(3) 條將於適格受益人身故下一刻立即提高之財產，但受下列第 (4) 小段之限制。

(4) With respect to an Applicable Trust that (i) has an inclusion ratio of less than one, as defined in Section 2642(a) of the Code, and (ii) does not pass on the Applicable Beneficiary's death, in default of the exercise of the power of appointment, solely to non-skip persons, as defined in Section 2613 of the Code, assets of such Trust shall not be Appreciated Assets to the extent that the value of such assets exceeds the Applicable Beneficiary's exemption from generation-skipping transfer tax pursuant to Section 2631 of the Code available at the time of the Applicable Beneficiary's death, reduced by the value of any transfers occurring at the Applicable Beneficiary's death, other than pursuant to this paragraph (h) or an equivalent provision, to which an effective allocation of the Applicable Beneficiary's exemption from

generation-skipping transfer tax could be made. If the limitation of this subparagraph or an equivalent limitation is applicable to multiple trusts, the effect of this paragraph shall be prorated among those trusts in proportion to their value.

(4) 就適格信託而言，(i) 其包含率小於 1（定義見國稅法規第 2642(a) 條），且 (ii) 在適格受益人去世時，在未行使指派權的情況下，並非僅轉移給被跳過分配者（定義見國稅法規第 2613 條），則在該信託資產的價值超過適格受益人去世時依國稅法規第 2631 條可享有的隔代移轉稅豁免額，減去適格受益人去世時發生的任何移轉（依據本 (h) 段或同等條款除外）的價值，且適格受益人的隔代移轉稅豁免額可有效分配的範圍內，該信託資產並非增值資產。如果本小段的限制或同等限制適用於多個信託，則本段的效力應在該些信託之間按其價值比例分配。

(5) "**Appreciation**" shall mean the amount by which the value of property exceeds its income tax basis immediately prior to the Applicable Beneficiary's death.

(5)「**增值**」係指財產價值超出適格受益人去世前一刻的所得稅基礎的金額。

(6) General Provisions Applicable to this Paragraph

For purposes of determining the property, or fraction thereof, subject to a power of appointment provided under this paragraph (h):

(A) Taxes shall be computed assuming that the power is not exercised.

(B) Property shall be valued in accordance with Chapter 11 of the Code applied as if such property were included in the Applicable Beneficiary's estate.

(C) A "generation" of beneficiaries shall be determined as provided in Chapter 13 of the Code.

(D) The determination of trust property subject to the power of appointment shall be made by the Trustee who may rely on information provided by the legal representative of an Applicable Beneficiary's estate.

(E) A power of appointment under this paragraph (h) may be exercised by an Applicable Beneficiary by will duly admitted to probate upon any terms and conditions to or for the benefit of any creditors of the Applicable Beneficiary's estate. No exercise of this power of appointment shall be effective unless it shall make specific reference to this provision. Any portion of such property that such Applicable Beneficiary shall not have effectively appointed shall be distributed as otherwise provided in this Trust Agreement.

(6) 適用於本段的一般規定

為決定受本 (h) 段規定的指派權限制的財產或其中部分財產的目的：

(A) 稅金的計算應假設該權力未被行使。

(B) 財產的估值應根據國稅法規第 11 章的規定適用之，如同該等財產包含在適格受益人的遺產中。

(C) 受益人的「世代」應依國稅法規第 13 章的規定決定。

(D) 對於受限於指派權之信託財產的認定，應由受託人作出，且受託人得依賴適格受益人遺產的法律代表所提供的資訊。

(E) 依本第 (h) 段所規定的指派權，得由適格受益人透過經合法認證之遺囑行使，並得以任何條款或條件給適格受益人遺產的債權人或作為其利益之用。惟行使該指派權，應明確提及本條文，否則無效。適格受益人未有效行使指派權的該部分財產，應依本信託合約其他相關規定進行分配。

(7) Limitation on Power

The Trustee may in the Trustee's sole, absolute and uncontrolled discretion, limit or eliminate the foregoing powers of an Applicable Beneficiary. This power shall be exercised by written instrument delivered to the Applicable Beneficiary, the Trust Protector and any other Fiduciary then serving.

(7) 權力限制

受託人得依其單獨、完全且不受限制之裁量權，限制或取消前述適格受益人之權力。此項權力應以書面文件行使，並送達予該適格受益人、信託保護人及當時在任之其他受託責任人。

SECOND Grantor Trust Status

Notwithstanding any other provisions of this Trust Agreement to the contrary, the Trust (and any separate trust upon division) established hereunder is intended to qualify as a grantor trust under Sections 672(f)(2)(A)(i) and 676 of the Code on the basis of the Grantor's power to revoke and revest the assets in Article FIRST, paragraph (b) and until such power is relinquished, the provisions herein shall be construed and applied so as to give full effect to this intention.

第二條 委託人信託

儘管本信託合約有相反的規定，依據本信託合約設立的信託（以及分割後的任何獨立信託）擬根據國稅法規第 672(f)(2)(A)(i) 條及第 676 條符合委託人信託的資格，其基礎為委託人在第 1(b) 條中撤銷及資產重新歸屬的權力，且在此權力被放棄之前，本信託合約的條文應被解釋及應用，以充分體現此意圖。

THIRD Rule Against Perpetuities

It is Grantor's intent that the rule against perpetuities set forth in Nevada Revised Statutes ("**N.R.S**") Section 111.1031 shall apply to any trust created hereunder. Notwithstanding any provision of this Agreement, if a trust is created under this Agreement and has not terminated pursuant to N.R.S Section 111.1031, such trust shall terminate one (1) day prior to the duration calculated pursuant to N.R.S Section 111.1031, and whatever property then remains in the trust shall be distributed to the person for whose current benefit the trust then subsists or, if the trust has more than one current beneficiary, the trustee shall distribute the trust property equally among the current beneficiaries of the trust. Any trust created by the exercise of a limited power of appointment held hereunder, which such exercise results in the creation of another limited power of appointment, shall terminate at such time as required to avoid the application of Sections 2041(a)(3) and

2514(d) of the Code. If at the expiration of this period, any such part of the Trust estate remains undistributed, the same shall immediately vest in and be distributed to such one or more of the beneficiaries to or for whom the income of the Trust could have been properly distributed or applied immediately prior to such expiration, in such shares or proportions as the Distribution Fiduciary determines in its absolute discretion.

第三條 反永續條款

內華達州修訂法規第 111.1031 條規定的反永續條款應適用於依據本合約創建的任何信託。儘管本合約有其他規定，如果根據本合約創建的信託尚未根據內華達州修訂法規第 111.1031 條終止，則該信託應在根據內華達州修訂法規第 111.1031 條計算的期限前一天終止，並把剩餘的信託財產分配給當時的受益人；如果該信託有不止一個受益人，則受託人應在受益人之間平均分配信託財產。任何因為行使限定指派權（並且因此產生第二個限定指派權）所成立之信託，應在特定時間終止，以避免國稅法規第 2041(a)(3) 條及第 2514(d) 條之適用。當信託期間到期，如果任何信託之部分尚未分配，則分配受託責任人有絕對裁量權決定以何比例將尚未分配之信託財產立即歸屬並分配給信託到期前一刻可被分配之受益人。

FOURTH Incapacity of Beneficiary

Subject to the provisions of Article ELEVENTH of this Agreement relating to the Distribution Adviser, unless otherwise specified in this Agreement, any share of the income or principal of any trust created by or pursuant to this Agreement to which any person who is physically or mentally incapacitated, in the judgment of the Distribution Fiduciary, shall become entitled, shall be vested in interest in such person (the "**Vested Beneficiary**") and shall be held, IN TRUST, for the benefit of the Vested Beneficiary by the Trustee for the following uses and purposes:

第四條 無行為能力受益人

在符合本合約第十一條關於分配顧問規定的前提下，除非本合約條文有特別提及，根據分配受託責任人判斷，任何有權力受益於本合約下任何信託之收益或本金且生理或心理上無行為能力之受益人，即被稱為「**既得受益人**」，受託人應為既得受益人之利益以下列方式持有、管理被分配之財產。

(a) Management

Subject to the provisions of Article NINTH of this Agreement relating to the Investment Direction Adviser, the Trustee shall hold, manage, invest, and reinvest the Trust estate, shall collect and receive the income therefrom, and shall pay out of the income all expenses and charges properly payable therefrom.

(a) 管理

在符合本合約第九條關於投資指示顧問規定的前提下，受託人應持有、管理、投資及再投資信託財產，收取與接收信託收益，以信託收益支付所有應適當支付之費用與開銷。

(b) Income and Principal

Subject to the provisions of Article ELEVENTH of this Agreement relating to the Distribution Adviser, and without court order, the Trustee is authorized and empowered to pay or apply the net income and principal to the extent the Distribution Fiduciary may deem necessary or advisable for the care, maintenance, support, education and general welfare of the Vested Beneficiary, without regard to the duty of any individual to support the Vested Beneficiary and without regard to any other funds which may be available to the Vested Beneficiary, until the Vested Beneficiary is no longer, in the judgment of the Distribution Fiduciary, physically or mentally incapacitated. Any unapplied income shall be added to the principal of the trust at least annually. The remaining principal of the trust, if any, together with any accumulated income, shall be distributed, freed and discharged of trust, to the Vested Beneficiary when, in the judgment of the Distribution Fiduciary, he or she has recovered from such physical or mental incapacity; provided, that if the Vested Beneficiary shall die prior to such occurrence, the trust property shall be distributed, freed and discharged of trust, to the executors or administrators of his or her estate.

(b) 收益及本金

收益與分配受限於第十一條關於分配顧問之規定，即便無法院之命令，受託人獲授權並有權將收益及本金支付或運用於受託責任人認為既得受益人之需要的照護、維護、教育或福利等相關費用，不論有無其他個人援助及可用的資金，直到分配受託責任人認為其生理或心理已恢復為有行為能力之人。任何未分配之收益最少每年一次應被加入為信託本金。如分配受託責任人認為既得受益人已在生理或心理恢復為有行為能力後，則剩餘之信託本金及累積收益應分配給既得受益人。如既得受益人在這之前去世，則剩餘財產分配給其遺產執行人或管理者。

FIFTH Alienation

The interest of any beneficiary in either the income or principal of any trust created by or pursuant to this Agreement shall not be anticipated, alienated, or in any other manner assigned or transferred by the beneficiary, and such interest shall be exempt from execution, attachment, distress for rent, foreclosure and any other legal or equitable process or remedies which may be instituted by or on behalf of any creditor or assignee of such beneficiary. Further, the interest of each beneficiary and the income of the trust hereunder shall be free from the control or interference of any creditor of a beneficiary or any spouse of a married beneficiary and shall not be subject to attachment or susceptible of anticipation or alienation. Nothing contained in this Section shall be construed as restricting in any way the exercise of any powers or discretions granted hereunder; provided, however, that any beneficiary may at any time by a writing delivered to the Trustee to disclaim, renounce or relinquish, in whole or in part, any interest the beneficiary may have in the Trust estate and thereby accelerate the next succeeding interest as if such beneficiary had died at the time of the disclaimer, renunciation or relinquishment.

第五條 受益權轉讓

受益人對任何依本合約所設立信託之本金或其收益之利益不得被預支、轉讓或以其他方式轉讓或移轉，且此利益豁免於來自任何代表受益人債權人或受讓人之強制執行、扣押、沖抵租金、強制拍賣、或其他法定或與其相等之程序或救濟手段。此外，每位受益人在本信託下的權益及信託收益，應免受任何受益人的債權人或已婚受益人的配偶的控制或干涉，且不得被扣押或預支或轉讓。本條款任何規定都不應被解釋為以任何方式限制於此授予的任何權力或裁量權的行使；但受益人得隨時以交付書面予受託人的方式，全部或部分否認、拒絕或放棄其在信託財產中可能擁有的任何權益，從而加速下一順位的繼承權益，如同該受益人在否認、拒絕或放棄權益時已經去世。

SIXTH Trust Additions and Mergers

(a) Additions

With the consent of the Trustee, any person may transfer and deliver, or may bequeath or devise by Last Will and Testament or other testamentary instrument, property to the Trustee and such property shall thereafter be held by the Trustee as a part hereof.

第六條　信託之新增及合併

(a) 信託之新增

在受託人同意的情形下，任何人依其最後遺囑、移轉、傳遞、遺贈財產給受託人，受託人應將其視為本信託一部分來持有。

(b) Mergers

If at any time a trust is set aside for any person or persons under the terms of this Agreement which is substantially the same as any other trust established for that person or persons, the Trust Protector, in the Trust Protector's sole discretion, may direct the Trustee to merge the trust created hereunder with the other trust for such person or persons, and the two trusts shall thereafter be held, administered, and distributed as one. In the event the Trust Protector exercises the Trust Protector's power to direct the Trustee to merge trusts, the Trust Protector shall direct the Trustee as to which trust governs administration of the merged trusts.

(b) 信託合併

如依本信託合約之規定為某人保留的信託，與已為該人設立的其他信託大致相同，信託保護人得以其單獨裁量權，指示受託人合併這兩個信託為一個信託來持有、管理、及分配。在信託保護人指示受託人合併信託時，應指示以哪一個信託管理合併後的信託。

SEVENTH Trustee's Powers

Subject to the provisions of Articles NINTH, TENTH and ELEVENTH of this Agreement relating to the Investment Direction Adviser, Trust Protector and Distribution Adviser, the Trustee with respect to each trust created by or pursuant to this Agreement is authorized and empowered to exercise the following powers as well as any other powers conferred by law:

第七條 受託人的權力

在符合本合約第九條（投資指示顧問）、第十條（信託保護人）及第十一條（分配顧問）規定的前提下，受託人就本合約所創立的每個信託均被授權並有權行使以下權力，以及法律賦予的任何其他權力：

(a) To exercise options of any type, as the Investment Direction Adviser may deem advisable; to purchase or otherwise acquire, and to retain, whether originally a part of the Trust estate or subsequently acquired, any and all stocks, bonds, notes, or other securities, or any variety of real or personal property, including stocks or interests in investment trusts, regulated investment companies and common trust funds, as the Investment Direction Adviser may deem advisable, whether or not such investments be of the character permissible by law for investments by fiduciaries. Investments need not be diversified and may be made or retained with a view to a possible increase in value.

(a) 得行使投資指示顧問認為可行的任何種類的選擇權，購買或以其他方式獲取、或保留之原始、或之後取得的本信託財產、股票、債券、票據或其他證券，或任何種類的其他不動產或動產、投資持分或股票，只要投資指示顧問認為可行，無論此類投資之性質是否屬於法律允許受託責任人得投資者。投資不一定要多元化，得為了增值而進行或保留。

(b) To sell, convey, lease, pledge, transfer, exchange, convert or otherwise dispose of, or grant options with respect to, any and all property, real or personal, at any time forming a part of the Trust estate, publicly or privately, without an order of court. Any lease made by the Trustee may extend beyond the duration of the trust.

(b) 得公開或私下銷售、轉讓、出租、抵押、移轉，交換、轉換、或其他方式處分本信託的任何及所有財產或就其授予選擇權，無須法院的命令。受託人若有租賃行為，其租賃期間得超越信託存續期間。

(c) To vote in person or by general or limited proxy with or without power of substitution with respect to any shares of stock or other securities held by it; to consent, directly or through a committee or other agent, to the reorganization, consolidation, merger, dissolution or liquidation of any corporation in which the Trust estate may have any interest, or to the sale, lease, pledge or mortgage of any property by or to any such corporation; and to make any payments and to take any other steps which the Investment Direction Adviser may deem necessary or proper to enable the Trust estate to obtain the benefit of any such transaction.

(c) 對於持有的證券，得親自投票，或具有或不具有替換權普通或有限制的代理投票；得直接或透過委員會或其他代理人，同意重組、聯合、合併、解散、清算任何本信託財產對其持有利益的公司，或銷售、出租、質押或抵押任何該公司名下的財產；得支付任何款項及採取投資指示顧問認為必要或適當的任何其他步驟，以使本信託財產能從該交易中獲益。

(d) To hold investments in the name of a nominee.

(e) To borrow money for any purpose and as security to pledge any real or personal property forming a part of the Trust estate.

(f) To pay, compromise, compound, adjust, submit to arbitration, sell or release any claims or demands of the Trust estate against others or of others against the Trust estate as the Investment Direction Adviser may deem advisable, including the acceptance of deeds of real property in satisfaction of bonds, and to make any payments in connection therewith which the Investment Direction Adviser may deem advisable.

(d) 得用名義人持有投資。

(e) 得為任何目的借款,並以信託財產一部分的任何不動產或個人財產作為抵押擔保。

(f) 在投資指示顧問認為可行的情況下,支付、妥協、和解、調整、提交仲裁、出售或解除任何他人對信託財產的索賠及要求,包含為借貸而接受不動產的轉讓及任何投資指示顧問認可的付款。

(g) To make distribution of the principal of the Trust estate in kind and to cause any share or part to be composed of cash, property or undivided fractional shares in property different in kind from any other share.

(h) To make loans.

(i) To execute and deliver any and all instruments in writing which it may deem advisable to carry out any of the Trustee's powers. No party to any such instrument in writing signed by the Trustee shall be obligated to inquire into its validity, or be bound to see to the application by the Trustee of any money or other property paid or delivered to it pursuant to the terms of any such instrument.

(g) 分配信託財產的本金,其本金得由現金或任何形式的財產,或不可分割且與其他信託財產份額不一致的財產份額所組成的。

(h) 借出款項。

(i) 簽署並遞交其認為有利於行使受託人權力的書面文件。任何此類由受託人簽署的文件的當事人均無義務查詢其有效性,也無需監督受託人根據該文件交付給受託人的金錢或其他財產的使用情況。

(j) To vote stock of and sell part or all of the assets of closely held business entities and determine all questions of policy, to execute partnership agreements, limited liability company agreements and amendments thereto; to participate in any incorporation, reorganization, merger, consolidation, recapitalization, liquidation or dissolution of any business or any change in its nature; to invest additional capital in, subscribe to or buy additional stock or securities of, or make secured, unsecured or subordinated loans to any business, with trust funds; to rely upon the reports of certified public accountants or public accountants as to the operations and financial condition of any business, without independent investigation; to elect or employ, as directors, officers, members, employees or agents of any business, and compensate any persons, including the Trustee, or a director, officer, member, employee, or agent of the Trustee; to deal with and act for any business in any capacity, including any banking or trust capacity and the loaning of money out of the Trustee's own funds or any of the Trustee's affiliates' own funds, and to be compensated therefore; and the fact that the Trustee may be interested in any such business as director, manager, agent, stockholder, partner, member or employee shall not constitute an adverse or conflicting interest, and the acts of the Trustee shall be judged as if the Trustee had no interest in the business. The Trustee shall not be liable to anyone for anything done or not done by any other director, officer, manager, agent, stockholder, partner, member or employee of any business.

(j) 就閉鎖性公司之股份行使表決權，並出售其部分或全部資產，及決定一切政策事項；簽署合夥協議、有限責任公司協議及其修訂；參與任何企業之設立、重組、合併、整併、資本重組、清算或解散，或其營運性質之變更；以信託資金增資、認購或購買其額外股份或有價證券，或提供擔保、無擔保或次順位貸款；信賴註冊會計師或公共會計師所出具之有關任何業務的經營及財務報告，而不進行獨立調查；選任或僱用任何該業務的董事、高級職員、成員、雇員或代理人，並且給予上開人士酬勞，包括受託人本人及受託人之董事、高級職員、成員、雇員或代理人；以任何身分代表並處理該業務相關事務，包含以銀行或信託身分，以及得以受託人本人或其關係企業之自有資金提供貸款，且得就此獲得報酬；受託人如以董事、經理人、代理人、股東、合夥人、成員或雇員身分參與前述任何業務，該事實不應構成對立或利益衝突之情事，且受託人之行為應視同其對該等業務並無任何利益關係予以評斷。受託人對於其他董事、高級職員、經理人、代理人、股東、合夥人、成員或雇員於任何業務中之作為或不作為，不須負任何責任。

(k) To divide any trust into two or more separate trusts. Immediately after any such division, each separate trust shall have identical provisions to the original trust. The Trustee may, at any time prior to a combination of such trusts, expend principal and exercise any other discretionary powers with respect to such separate trusts differently, invest such separate trusts differently, and take all other actions consistent with such trusts being separate entities. Further, the donee of any power of appointment with respect to a divided trust may exercise such powers differently for each separate trust created by the division unless specifically provided for herein otherwise.

(k) 將任一信託分割成兩個或數個獨立信託。在信託分割的下一刻，每個獨立的信託都具有與原始信託相同的規定。受託人得在這些信託合併之前的任何時間，以不同的方式支出本金或行使自由裁量權，用不同的方式投資，並採取與該等信託為獨立實體相符之所有其他行動。此外，除非本合約另有明確規定，否則任何關於分割信託的受託人，得對各個分割的獨立信託行使不同的權力。

(l) To open checking and other banking and investment accounts in the name of the Trust and to designate the officer or officers of any corporate Trustee who shall have the authority to sign checks or withdraw funds from such accounts.

(l) 以本信託名義開立支票及其他銀行投資帳戶，並指定任何受託公司一名或多名的高級職員，授權其簽署支票或從該帳戶提款。

(m) To employ or otherwise deal with such agents, advisers and other counsel, including but not limited to entities affiliated with any Trustee or Investment Direction Adviser, and to pay out of income or principal or both the reasonable charges and fees of such agents, advisers and other counsel, as it shall in its sole discretion determine, including the power to select brokers and dealers affiliated with any Trustee or Investment Direction Adviser for the sale or purchase of any securities or any other investment property in the Trust.

(m) 聘用或以其他方式與代理人、顧問、或其他諮詢人員，包含但不限於與受託人或投資指示顧問相關聯的主體進行交易，用本金或收益支付其合理的費用，受託人的絕對裁量權得選擇與受託人或投資指示顧問相關聯的股票經紀人及券商買賣任何信託持有的證券或財產。

The Trustee shall be entitled to reimbursement for the charges and fees of such agents, advisers and other counsel out of principal or income or both as it shall in its sole discretion determine. This authorization may include, but shall not be limited to, an affiliated broker acting in a principal or agency capacity for equity and fixed income securities, routing orders for over-the-counter (OTC) stocks to a market maker affiliated with any Trustee or Investment Direction Adviser, routing listed stocks to specialists affiliated with any Trustee or Investment Direction Adviser, routing listed options through a proprietary trading operation affiliated with any Trustee or Investment Direction Adviser, or routing after-hours orders to a proprietary trading operation in which any Trustee or Investment Direction Adviser or an affiliate of any Trustee or Investment Direction Adviser owns an equity interest.

受託人依其單獨裁量權，用本金或收益支付代理人、顧問、及其他諮詢人員的費用。此授權包含但不限於關係經紀人以主要或代理身分處理股權及固定收益證券的本金，將櫃台買賣之股票、已發行股票、已發行之選擇權及盤後交易向與受託人或投資指示顧問有關之市場發出訂單。

In such case the Trustee, Investment Direction Adviser or its respective affiliate may receive both monetary and non-monetary "**payment for order flow,**" including, without limitation, an inter-company transfer of funds in connection with orders routed to an affiliated market maker;

在這些情況下，受託人或投資指示顧問或其各自關聯方可能收受貨幣及非貨幣形式的「訂單流支付」，包含但不限於與發送給其關聯交易商訂單有關的公司內部資金移轉；

monetary compensation (including fee sharing) from, and participation in the profits of, certain affiliated and independent exchange specialists who execute orders; other compensation as part of reciprocal order routing arrangements with various exchange specialists and dealer firms; and rebates and credits against fees paid by various exchanges to member firms. Except as required by law, the Trustee's compensation shall not be reduced by any additional compensation received by the Trustee, its parent, or any affiliate thereof, or any agent, principal, adviser, counsel, broker, dealer, market maker or specialist (including exchange specialist) affiliated with the Trustee, its parent or any affiliate thereof, for providing any of the services authorized herein. Except as required by law, the Investment

Direction Adviser's compensation shall not be reduced by any additional compensation received by the Investment Direction Adviser or any affiliate thereof, or any agent, principal, adviser, counsel, broker, dealer, market maker or specialist (including exchange specialist) affiliated with the Investment Direction Adviser or any affiliate thereof, for providing any of the services authorized herein.

從某些執行訂單的關聯及獨立交易專家獲取的貨幣報酬（包含費用分成），並分享利潤；與其他交易專家及交易商公司就互惠訂單安排的報酬；及各交易所向會員公司提供的回扣及費用抵免。除非法律要求，否則不得因為受託人、其母公司或其關聯方、或與前三者有關聯的代理人、委託人、顧問、律師、經紀人、交易商、做市商或專家（包括交易所專家）提供本合約授權的服務收受額外報酬而使受託人的報酬減少。除非法律要求，否則不得因為投資指示顧問或其關聯方、或與前兩者有關聯的代理人、委託人、顧問、律師、經紀人、交易商、做市商或專家（包括交易所專家）提供本合約授權的服務收受額外報酬而使投資指示顧問的報酬減少。

(n) To invest in, retain or otherwise deal in any securities managed, issued, underwritten or distributed by the Trustee or by any of its affiliates, any participation in any investment company registered under the Investment Company Act of 1940, or any investment fund exempt from registration under the Investment Company Act of 1940, for which the Trustee or its affiliates is an adviser or agent, and any other "**affiliated investment**" within the meaning of N.R.S Section 669.225 and to otherwise deal with or transact business with any of its affiliates, notwithstanding the fact that such Trustee or affiliate may receive separate fees, commissions or other costs directly from such security, fund, "**affiliated investment**," dealing or transaction.

(n) 投資、保留或以其他方式處理由受託人或其關聯方所管理、發行、承銷、或分銷的證券，參與根據1940年投資公司法註冊的任何投資公司，或根據1940年投資公司法免註冊的任何投資基金（受託人或其關聯方是該基金的顧問或代理），及內華達州修訂法規第669.225條所指的任何其他「**關聯投資**」，並以其他方式與其關聯方往來或進行交易，儘管事實上該受託人或關聯方可能直接從該證券、基金、或關聯投資上收取獨立的費用或傭金。儘管該受託人或關聯方可能直接從該證券、基金、「**關聯投資**」、往來或交易中收取單獨的費用、佣金或其他費用。

(o) Subject to the provisions of Article ELEVENTH of this Agreement relating to the Distribution Adviser, with regard to any trust created by or pursuant to this Agreement of which the Trustee has the power to invade the principal of the trust to make distributions to or for the benefit of one or more persons (the "**First Trust**"), the Trustee may instead exercise that power by appointing all or part of the principal of the First Trust subject to the power in favor of the Trustee of another trust (the "**Second Trust**"), provided, the beneficiaries of the Second Trust are beneficiaries of the First Trust at the time of the appointment in favor of the Trustee of the Second Trust. Except to the extent limited by the immediately preceding sentence, the Second Trust may have dispositive provisions that differ from the First Trust. The Second Trust may have administrative provisions that differ from the First Trust. The

Trustee must obtain the written consent of the Trust Protector prior to exercising the power conferred pursuant to this section (o).

(o) 在符合本合約第十一條關於分配顧問規定的前提下，對由本合約或根據本合約所設立、且受託人有權力動用信託本金以分配給一位或多為受益人的信託（「第一信託」），受託人也可執行此權力，將第一信託全部或部分的本金指定給其他信託（「第二信託」）的受託人，但在指定時第一信託及第二信託的受益人要相同。除了上述的限制外，第二信託得具有與第一信託不同的分配條款。第二信託得有不同於第一信託的管理規定。受託人在行使根據本條 (o) 所賦予的權力之前，必須取得信託保護人的書面同意。

EIGHTH Exclusive Duties of Trustee

Notwithstanding any other provision of this Agreement, but subject to section (b)(1) of Article TENTH, the Trustee shall have the following exclusive administrative duties, which shall be performed by the Trustee in the Trustee's sole discretion and not at the direction of any Adviser or Trust Protector, except for paragraphs (a) and (f) that follow to the extent such duties involve investment decisions:

第八條 受託人的專有職責

儘管有本合約的其他規定，在符合第十 (b)(1) 條的前提下，受託人應承擔以下專有的行政責任 (除了以下涉及投資決定的第 (a) 與 (f) 項外)，並在受託人的單獨裁量權下行使，而非在任何顧問或信託保護人的指示下行使。

(a) To maintain an account or accounts for the purpose of the custody and safekeeping of the Trust assets, receiving trust income and contributions and from which trust expenditures and distributions are disbursed.

(b) To maintain storage of tangible personalty and evidence of intangible Trust property.

(c) Subject to section (c) of Article TWENTY-THIRD, to maintain Trust records and to originate, facilitate and review Trust accountings, reports and other communications with the Notice Recipients, the Trust Protector and others (including unrelated third parties).

(d) To maintain an office for Trustee meetings and other Trust business.

(e) Subject to section (c) of Article TWENTY-THIRD, to respond to inquiries concerning any Trust from the Notice Recipients, the Trust Protector and others (including unrelated third parties).

(f) To execute documents in connection with the performance of its duties under this Article.

(g) To retain accountants, attorneys, agents and other advisers in connection with the performance of the Trustee's administrative duties, at the expense of the Trust.

(h) To prepare and file (or arrange for the preparation and filing of) income tax returns for the Trust, and to file any disclosure forms required by the IRS.

(i) To allocate receipts and expenses to income or principal or partly to each.

(a) 為保管及妥善保存信託財產、接收信託收益與信託出資，並辦理信託支出與

分配之支付之目的，而開立並維持一個或多個帳戶。

　　(b) 維持對有形動產之存放以及無形信託財產相關權利憑證之保存。

　　(c) 在符合第二十三 (c) 條的前提下，保存信託紀錄及發起、促進、審查信託會計，報告及其他與應受通知人、信託保護人、及其他人（包含無關的第三方）的通聯記錄。

　　(d) 為受託人的會議及信託業務維持辦公場所。

　　(e) 在符合第二十三 (c) 條的前提下，回應任何關於來自信託應受通知人、信託保護人或其他非關係人的詢問。

　　(f) 出具為履行本條規定職責的文件。

　　(g) 為履行受託人管理職責聘用會計師、律師、代理人及其他顧問，費用由本信託承擔。

　　(h) 準備及申報（或安排申報）美國國稅局需要之信託收益稅表與披露文件。

　　(i) 將收支及費用計入（部分）收益或（部分）本金。

NINTH Investment Direction Adviser

Notwithstanding any other provision of this Agreement, there shall at all times be one or more Investment Direction Advisers (the "**Investment Direction Adviser**" or "**Investment Direction Advisers**") to serve in accordance with this Article. The role and function of the Investment Direction Adviser is set forth in this Article. The Investment Direction Adviser shall serve in a fiduciary capacity and conform to the purposes of this Agreement. The Investment Direction Adviser shall be considered an "**investment trust adviser**" within the meaning of N.R.S Section 163.5543 or any successor statute. Subject to the provisions of this Agreement, the Investment Direction Adviser shall have all of the powers and discretions of an investment trust adviser under N.R.S Section 163.5557(2) or any successor statute.

第九條　投資指示顧問

　　儘管本合約其他條文所述，根據本條，無論何時應有一位或一位以上的投資指示顧問（以下簡稱「**投資指示顧問**」）在任，投資指示顧問有受託責任，並應遵守本合約之意旨。投資指示顧問應為內華達州修訂法規第 163.5543 條或任何後續法規中的「**投資信託顧問**」。 在符合本合約規定的前提下，投資指示顧問應具有內華達州修訂法規第 163.5557(2) 條或任何後續法規所規定的投資信託顧問的所有權力及裁量權。

(a) Initial Appointment of Investment Direction Adviser

The initial Investment Direction Adviser shall be [Name of Investment Direction Adviser]. All additional and subsequent Investment Direction Advisers shall be appointed in the manner provided in this Article. If more than two persons are serving as Investment Direction Advisers, an affirmative vote of a majority of such Investment Direction Advisers must be reached with respect to any decisions, actions taken or direction given. Otherwise, the Investment Direction Advisers must act unanimously. Notwithstanding the foregoing, if more than one Investment Direction Adviser is serving, the Investment Direction Advisers may designate one such Investment Direction Adviser to communicate all directions to the Trustee.

(a) 起始投資指示顧問之指派

起始投資指示顧問為 [Name of Investment Direction Adviser]。所有新增及繼任之投資指示顧問應按照本條規定指派。若投資指示顧問超過兩位，任何決定、行動、發出指示，皆須取得投資指示顧問過半數之贊成投票，否則全體投資指示顧問須一致行動。即便有前述規定，若有超過一位投資指示顧問在任，得指定一位投資指示顧問與受託人溝通。

(b) Role and Function

The Investment Direction Adviser shall hold and may exercise the full power to direct the Trustee with regard to the management of the investments of the Trust, including, but not limited to, the purchase, sale and retention of all of the Trust assets, and the exercise of voting, subscription, conversion, option and similar rights with respect to such property and the participation in and consent to any voting trust, reorganization, merger, dissolution or other action affecting any such property. The Trustee shall follow the written direction of the Investment Direction Adviser with respect to all matters relating to the management and investment of Trust assets. The Investment Direction Adviser shall have the sole authority and responsibility for all investment decisions with respect to the assets of the Trust.

(b) 角色與功能

投資指示顧問得保留或執行其指示受託人關於管理信託投資之事宜，包括但不限於全部信託財產的購買、出售、保留、與關於該財產的投票、認購、轉換、選擇權與相似權利，及參與及同意任何股權信託、重組、合併、解散或其他影響該財產的行為。所有關於信託財產的管理與投資，受託人應遵循投資指示顧問的書面指示。投資指示顧問對信託財產的所有投資決定，有絕對權力且負完全責任。

(c) Loans, Guarantees and Creation of Entities

Without in any way limiting the broad powers conferred upon the Investment Direction Adviser pursuant to this Article, the Investment Direction Adviser shall have the specific authority to direct the Trustee (i) to borrow and lend money and to guarantee the repayment of any indebtedness, for such periods of time and upon such terms and conditions as to rates, maturities, renewals and securities as the Investment Direction Adviser deems advisable, including the power to borrow from the Trustee itself and any of its affiliates and (ii) to mortgage, pledge or encumber such portion of the Trust property as the Investment Direction Adviser deems appropriate to secure any loans or indebtedness and as makers, endorsers or guarantors to renew or modify existing loans or guarantees. The power to direct the Trustee to guarantee loans shall include the power to direct the Trustee to guarantee the loans of any partnership, limited liability company, corporation, business trust or other business entity owned in whole or in part by the Trust. The Investment Direction Adviser shall also have the specific authority to direct the Trustee to create partnerships, limited liability companies, corporations, business trusts or other business entities and to transfer any portion of the Trust estate to such entity. Further, the Investment Direction Adviser shall have the authority to direct the Trustee with regard to amending, securing, paying, and otherwise dealing with any debts, promissory notes, and other financial obligations of the Trust.

(c) 貸款、擔保及創設實體

不限於本條所授予投資指示顧問之權力，投資指示顧問應有下列特別權力指示受託人：

(i) 在一定期間內，借出或借入款項及保證償還債務，其利率、到期、展期及保證均依投資指示顧問認為適當之條件，包括向受託人或其關係企業借款；

(ii) 以信託財產抵押、質押、設定負擔，擔保借款或負債，並作為立借據人、背書人或保證人以展期或修正現有貸款或保證；包括指示受託人為信託持有其全部或一部之合夥、LLC、公司、商業信託或其他企業實體保證貸款之權力。投資指示顧問應有特別權力指示受託人設立合夥、LLC、公司、商業信託或其他企業實體，並移轉任何信託財產給該實體。此外，投資指示顧問應有權指示受託人對信託債務、保證票據及其他金融義務，予以賠償、擔保、償還或處理。

(d) Directions to Trustee

Any direction from the Investment Direction Adviser to the Trustee shall be in writing, delivered by mail, courier, facsimile transmission, electronic mail, or otherwise in such form as the Trustee may specify from time to time by written notice to the Investment Direction Adviser. The Trustee shall have no obligation to investigate or confirm the authenticity of directions it receives or the authority of the person or persons conveying them, and the Trustee shall be exonerated from any and all liability in relying on any such direction from a person purporting to be the Investment Direction Adviser without further inquiry by the Trustee.

(d) 指示受託人

投資指示顧問給予受託人之指示應為書面文件，透過信件、快遞、傳真、電子郵件或其他方式傳遞給受託人。受託人沒有義務調查或確認指示文件的真實性，或傳遞文件之人是否經過授權。受託人信賴聲稱為投資指示顧問所給予的指示，不須負法律責任，亦無須進一步詢問投資指示顧問。

(e) Liability of Trustee

Notwithstanding any other provision herein, except Article EIGHTH, with respect to any part of the trust property subject to the direction of an Investment Direction Adviser, the Trustee shall be a "**directed fiduciary**" within the meaning of N.R.S Section 163.5548 and, as such, shall be entitled to the full protection of N.R.S Section 163.5549 without limitation. The Trustee shall exercise all powers with respect to investment decisions and all related management powers relating to the acquisition, disposition, retention, exchange, change in character, lending, borrowing, pledging, mortgaging, managing, voting, leasing, granting of options with respect to, insuring, abandoning, or in any other way relating to the investment or management of the assets of the Trust, only upon the written direction of the Investment Direction Adviser. The Trustee shall be under no duty to inquire into or monitor or question the prudence of, and shall have no liability of any kind with respect to, the investment of the Trust assets or the directions of the Investment Direction Adviser (or the failure of the

Investment Direction Adviser to act) pursuant to this Article, notwithstanding any appearance of, or actual, conflict of interest of the Investment Direction Adviser or any other party. Any and all review of the investments by the Trustee shall be conclusively presumed to be solely for statement, tax reporting and/or other administrative purposes. The Trustee shall have no duty to conduct an independent review of documents presented to it by the Investment Direction Adviser. The Trustee shall act solely at the direction of the Investment Direction Adviser in executing and delivering any and all documents, such as purchase and sale agreements, necessary or convenient to, or otherwise prepared in connection with, the purchase, sale, exchange, transfer, pledge or other disposition or encumbrance of Trust investments and in making any and all representations and warranties appearing in any such documents. The Trustee shall not be obligated to forward to the Investment Direction Adviser any investment information about the assets/liabilities held in the Trust, including but not limited to any proxy, prospectus, company report or notice, without the specific written request of the Investment Direction Adviser. If directed to vote proxies, the Trustee shall not thereafter be liable for the manner in which those securities are voted or for any direct or indirect result of the voting.

(e) 受託人之責任

儘管本合約其他條文所述，除第八條外，受限於投資指示顧問指示之信託財產，受託人為內華達州修訂法規第163.5548條定義之「**受指示受託責任人**」，且受到內華達州修訂法規第163.5549條之保障（即受限於投資指示顧問指示之信託財產部分，受託公司無須負擔相關責任）。受託公司僅在投資指示顧問之書面指示下，應執行所有投資決定之相關權力，及關於獲取、處置、保留、交換、變更、借貸、抵押、貸款、表決決議、出租、授予選擇權、購買保險、棄置、及其他任何投資或管理處置信託財產之權力。

對於信託財產的投資或投資指示顧問根據本條規定做出的指示（或投資指示顧問未採取行動），受託人沒有義務調查、監督或質疑其審慎性，也不承擔任何責任，即使投資指示顧問或任何其他方存在任何表面或實際的利益衝突。受託人對投資的任何及所有審查應被最終推定為僅出於報表、報稅及／或其他管理目的。受託人沒有任何責任對於投資指示顧問提供之檔案進行獨立之審核。受託人僅按照投資指示顧問的指示，簽署及交付與本信託投資的購買、出售、交換、轉讓、質押或其他處分或抵押有關的任何及所有必要或便利的文件，例如買賣合約，或另外準備與之相關的文件，並提出該些文件中所載的聲明與擔保。在沒有投資指示顧問的書面特定要求時，受託人沒有責任轉交任何關於本信託下之財產、負債等任何投資訊予投資指示顧問，包含但不限於公司股東代理書、募股說明、公司報告及通知。如果在投資指示顧問的指示下代理投票，受託人在之後對於投票之結果不負任何責任。

(f) Liability of Investment Direction Adviser

TThe Investment Direction Adviser need not inquire into the Trustee's performance of its duties, and shall not be held liable for any loss whatsoever to any Trust, unless it results from actions taken through willful misconduct or gross negligence (pursuant to the limitations set forth in N.R.S Section 163.004(3)(a)) proven by clear and convincing evidence in the Court then having primary jurisdiction over the Trust, which such Court shall be the Nevada District Court for so long as Nevada remains the situs of the Trust. Notwithstanding the foregoing, the instrument appointing any Investment Direction Adviser may provide that such Investment Direction Adviser shall be required to abide by a more rigorous standard, including but not limited to the prudent person standard imposed by N.R.S Section 164.705 et seq., or in any corresponding provision of law which may be later enacted.

(f) 投資指示顧問之責任

投資指示顧問不須調查受託人就其義務之履行情況,且不應對信託的任何損失負責,除非有明確證據經受託公司所在之法院認為基於內華達州修訂法規第163.004(3)(a)條之故意不當或重大過失行為。儘管如上所述,指派投資指示顧問的文件可要求該被指派之投資指示顧問承受更嚴格的標準,包括但不限於內華達州修訂法規第164.705條的謹慎投資人標準。

(g) Indemnification

The Trustee shall, to the extent of the Trust assets and solely payable from the Trust assets, indemnify the Investment Direction Adviser for all losses, costs, damages, expenses and charges, public and private, including reasonable attorneys' fees, including those arising from all litigation, groundless or otherwise, that result from the performance or non-performance of the powers given to the Investment Direction Adviser under this Agreement (unless the Investment Direction Adviser has acted in a manner that does not comply with the standard of liability applicable to the Investment Direction Adviser).

(g) 賠償

受託人應於信託資產之範圍內,且僅以信託資產為限,就投資指示顧問依本合約所授予權限之行使或不行使所生之一切損失、費用、損害、支出及各項公私費用(包括合理之律師費),提供賠償;該等費用並包括因一切訴訟(無論是否無根據)所生者。惟若投資指示顧問之行為不符合對其適用之責任標準者,則不在此限。

(h) Resignation of Investment Direction Adviser

Any Investment Direction Adviser serving hereunder may resign at any time by providing a written instrument delivered to the Trustee, the Trust Protector and the Notice Recipients. Such resignation shall become effective at such time as the resigning Investment Direction Adviser shall provide in the resignation instrument.

(h) 投資指示顧問之辭任

任何投資指示顧問得隨時以書面通知受託人、信託保護人及應受通知人其辭任,並應於辭任書中載明之時點生效。

(i) Removal of Investment Direction Adviser

The Trust Protector shall have the power to remove any Investment Direction Adviser (other than [Name of Investment Direction Adviser], unless [Name of Investment Direction Adviser] is [incapacitated/dissolved or does not validly exist]) by providing a written instrument delivered to such Investment Direction Adviser, the Trustee and the Notice

Recipients. The removal shall become effective at such time as the Trust Protector indicates in the removal instrument.

(i) 投資指示顧問之移除

信託保護人有權力移除投資指示顧問（但不包括 [Name of Investment Direction Adviser] 以外，除非 [Name of Investment Direction Adviser] 已 [無行為能力／解散或非有效存續]），且應以書面通知該投資指示顧問、受託人及應受通知人，並於解任通知書中所載明之時點生效。

(j) Appointment of Additional or Successor Investment Direction Advisers

[Name of Investment Direction Adviser] shall have the power to appoint a successor Investment Direction Adviser to serve in [her/his/its] place, by providing a written instrument delivered to such successor Investment Direction Adviser, the Trustee and the Notice Recipients. No other Investment Direction Adviser shall have the authority to appoint [her/his/its] own successor. In the event [Name of Investment Direction Adviser] does not exercise this power or the designated successor Investment Direction Adviser does not accept such designation, the Trust Protector shall have the power to appoint a successor Investment Direction Adviser upon the then current Investment Direction Adviser's resignation or inability to serve, and to appoint additional Investment Direction Advisers if at such time there are fewer than three Investment Direction Advisers serving and shall appoint a successor Investment Direction Adviser within thirty (30) days after the death, resignation, removal, incapacity, dissolution or invalid existence of the last serving Investment Direction Adviser, by providing a written instrument delivered to such additional or successor Investment Direction Adviser, the Trustee and the Notice Recipients. The appointment of additional or successor Investment Direction Advisers shall become effective at such time as indicated in the appointment instrument and upon written acceptance by the designee. For such period as there otherwise would be no then serving Investment Direction Adviser, the Trust Protector shall serve as both Trust Protector and Investment Direction Adviser. The fact that there is no Investment Direction Adviser serving at a given time does not obviate the requirement that an Investment Direction Adviser direct the Trustee to act with respect to investment decisions, and the Trustee shall have no responsibility with respect to investment decisions and shall not be liable for failing to act with respect to investment matters, in the absence of a direction from an Investment Direction Adviser.

(j) 新增或繼任投資指示顧問之指派

[Name of Investment Direction Adviser] 有權以書面通知繼任投資指示顧問、受託人及應受通知人，指派繼任投資指示顧問替代其職位。沒有其他投資指示顧問有權力指派其繼任投資指示顧問。當 [Name of Investment Direction Adviser] 未行使此權力或繼任投資指示顧問不接受指派，信託保護人應在時任投資指示顧問辭任或無法擔任時，指派繼任投資指示顧問，並且於投資指示顧問少於三位時，得新增投資指示顧問；信託保護人應於最後一位在任的投資指示顧問去世、辭任、解任、無行為能力、解散或無效存在後 30 天內，以書面通知新增或繼任投資指示顧問、受託人、應受通知人，

指派繼任投資指示顧問。指派經受指派人書面同意後於指派書中載明之時點生效。在沒有人作為投資指示顧問時，信託保護人同時擔任信託保護人與投資指示顧問。在沒有任何投資指示顧問的時期，不代表不須要由投資指示顧問指示受託人執行投資決定，在沒有投資指示顧問指示的情況下，受託人對投資決策不承擔任何責任，也不應對未能就投資事項採取行動負責。

(k) Power to Hire Agents

The Investment Direction Adviser shall have the power to employ agents and direct the Trustee to pay such agents out of the Trust estate, such compensation as the Investment Direction Adviser deems reasonable. The Investment Direction Adviser may at any time and in its sole discretion provide investment and management services through a sub-adviser of the Investment Direction Adviser's selection. The Investment Direction Adviser shall be solely responsible for the supervision and oversight of any sub-adviser. The Investment Direction Adviser shall notify the Trustee in writing of its selection of any sub-adviser, and the Trustee shall be entitled to rely upon information and direction received from any sub-adviser until it receives written notification from the Investment Direction Adviser of its termination of such sub-adviser.

(k) 僱用代理人之權力

投資指示顧問有權雇用代理人，並有權指示受託人由信託財產中支付代理人合理報酬。投資指示顧問隨時以其獨立裁量權透過其選擇的副手顧問提供投資與管理服務。投資指示顧問對副手顧問之監督負完全責任。投資指示顧問應書面通知受託人其選擇之副手顧問，且受託人有權信賴副手顧問提供之資訊與指示，直到收到投資指示顧問之書面通知終止該副手顧問。

(l) Compensation

The Investment Direction Adviser shall be entitled to reasonable compensation for its services as agreed upon in writing by the Investment Direction Adviser and Trust Protector.

(l) 報酬

投資指示顧問有權根據與信託保護人之書面協議，為其服務收取合理酬勞。

TENTH Trust Protector

Notwithstanding any other provision of this Agreement, there shall at all times be one or more Trust Protectors (the "**Trust Protector**" or "**Trust Protectors**") to serve in accordance with the provisions of this Article. The role and function of the Trust Protector is set forth in this Article. Except as expressly provided for in this Agreement, the Trust Protector shall serve in a fiduciary capacity and conform to the provisions of this Agreement.

第十條 信託保護人

儘管本合約另有其他規定，但應始終有一位或多位信託保護人(以下簡稱「**信託保護人**」)根據本條的規定提供服務。本條規範信託保護人的角色及職能。除非本合約另有明示規定外，信託保護人應以受託責任人的身分行事，並遵守本合約的規定。

(a) Initial Appointment of Trust Protector

The initial Trust Protector shall be [Name of Trust Protector]. All additional and subsequent Trust Protectors shall be appointed in the manner provided in this Article. If more than two persons are serving as Trust Protectors, an affirmative vote of a majority of such Trust Protectors must be reached with respect to any decisions, actions taken or direction given. Otherwise, the Trust Protectors must act unanimously. Notwithstanding the foregoing, if more than one Trust Protector is serving, the Trust Protectors may designate one such Trust Protector to communicate all directions to the Trustee.

(a) 起始信託保護人之指派起始信託保護人為 [Name of Trust Protector]。任何新增及繼任之信託保護人，應按本合約之規定指派。若信託保護人超過兩位，任何決定、行動、發出指示，皆須取得信託保護人過半數之贊成投票，否則全體信託保護人須一致行動。若有超過一位信託保護人在任，得指定一位信託保護人與受託人溝通。

(b) Powers

The Trust Protector shall be considered a "**trust protector**" within the meaning of N.R.S Section 163.5547, or any successor statute. Pursuant to N.R.S Section 163.5553, or any successor statute, the Trust Protector shall have the powers granted to the Trust Protector in the other provisions of this Agreement, including the following powers:

(b) 權力

信託保護人應被視為內華達州修訂法規第 163.5547 條或任何後續法規所定義的「**信託保護人**」。根據內華達州修訂法規第 163.5553 條或任何後續法規，信託保護人應擁有本合約其他條款賦予信託保護人的權力，包含：

(1) To delegate any powers conferred upon the Trustee pursuant to this Agreement to an Adviser or such other person or entity as the Trust Protector so determines.

(1) 根據本合約授予受託人的任何權力，信託保護人得委由顧問或信託保護人決定的其他人或實體行使。

(2) To modify or amend the administrative and technical provisions with respect to any trust created by or pursuant to this Agreement at such times as the Trust Protector may deem appropriate for the proper or efficient administration of the Trust, to take advantage of changes in law or custom, and/or for tax purposes, provided no modification or amendment made hereunder shall (i) increase or extend the obligations, liabilities and/or responsibilities of the Trustee without its prior written consent; (ii) alter the beneficial interests of the Trust beneficiaries; (iii) extend the duration of the Trust or the time for vesting of any beneficial interest in the Trust beyond the period provided for in Article Third of this Agreement; or (iv) modify this Article.

(2) 為了適當或有效管理信託、利用法律或習慣的改變及／或稅務目的，在信託保護人認為適當時得修改合約中行政性及技術性的條款，惟此修訂不得 (i) 在未經受託人事前書面同意下，增加、擴大其義務、責任及／或職責；(ii) 改變信託受益人的受益權益；(iii) 延展本信託之期限或既得受益利益期間超過本合約第三條規定之期限；(iv) 變更此條文。

(3) To designate the law of any jurisdiction (under which the terms of any trust created

by or pursuant to this Agreement shall be capable of taking effect) to be the governing law of any trust created by or pursuant to this Agreement, as provided in Article NINETEENTH of this Agreement.

(3) 根據本合約第十九條的規定，指定任何司法管轄區的法律作為依據本合約所設立之信託的準據法。

(4) To add and remove individuals and Charitable Organizations to and from the class of permissible beneficiaries of the trust created pursuant to the provision (f) of Article FIRST subject to the limitations therein and elsewhere in this Trust Agreement. The Trust Protector's power to add and remove individuals and Charitable Organizations to and from the class of permissible beneficiaries and to release such power shall be exercisable in a fiduciary capacity for the exclusive interest of the beneficiaries. Notwithstanding the foregoing, only [Name of Trust Protector] shall have the power under this section (b)(4) of Article TENTH, and no other Trust Protector shall have such power unless [Name of Trust Protector] provides that the successor Trust Protector shall have such authority in the instrument appointing the successor Trust Protector.

(4) 受本信託合約及其他條款的限制下，可新增及移除任何第一 (f) 條下之個人及慈善組織為許可受益人。此新增及移除許可受益人之權力，應為受益人的專屬利益以受託責任行使之。儘管如上所述，僅有 [Name of Trust Protector] 得執行第十 (b)(4) 條所述之權力。除非 [Name of Trust Protector] 將此權力經指派文件賦予給繼任信託保護人，否則除 [Name of Trust Protector] 之外之信託保護人無此權力。

(5) To direct the Trustee to divide the Trust estate as set forth in section (d) of Article FIRST of this Agreement.

(5) 指示受託人進行第一 (d) 條之分割信託財產。

(6) To remove and replace the Trustee as provided in Article FIFTEENTH of this Agreement.

(6) 根據本信託合約第十五條移除及替換受託人。

(7) To remove any Investment Direction Adviser and appoint additional and successor Investment Direction Advisers as provided in Article NINTH of this Agreement.

(7) 移除本信託合約第九條投資指示顧問及指派新增的及繼任的投資指示顧問。

(8) To remove any Distribution Adviser and appoint additional and successor Distribution Advisers as provided in Article ELEVENTH of this Agreement.

(8) 根據本信託合約第十一條移除分配顧問及指派新增的及繼任的分配顧問。

(9) To appoint additional and successor Trust Protectors as provided in this Article.

(9) 根據本條指派新增的及繼任的信託保護人。

(10) To appoint a Special Fiduciary in accordance with Article SEVENTEENTH of this Agreement; and to remove any Special Fiduciary and appoint successor Special Fiduciaries.

(10) 依本合約第十七條，指派、移除特別受託責任人及指定繼任者。

(11) To enter into fee agreements with the Trustee, the Investment Direction Adviser and the Distribution Adviser.

(11) 與受託人、投資指示顧問、分配顧問訂定費用合約。

(12) To direct the Trustee to merge a trust in accordance with section (b) of Article SIXTH of this Agreement and to direct the Trustee as to which trust governs administration of the merged trusts.

(12) 指示受託人依第六 (b) 條合併信託,並指示受託人以哪一個信託管理合併後的信託。

(13) After the death of the Grantor or the Grantor's relinquishment of the power to revoke, to terminate this Trust following the complete distribution of all Trust assets, including both principal and income, to the beneficiaries as set forth within this Agreement.

(13) 委託人過世或放棄撤銷權後,在所有信託資產(包括本金及收益)完全分配給本合約規定的受益人後,終止本信託。

(14) Notwithstanding the preceding provisions of this section, during any period in which a trust beneficiary, or any person appointed by a trust beneficiary who is related or subordinate to such trust beneficiary within the meaning of Section 672(c) of the Code, is serving as the Trust Protector, such Trust Protector shall be unable to exercise the powers set forth in sections (b)(4), (b)(5) and (b)(12) of this Article TENTH with respect to such trust.

(14) 儘管如本合約前條所述,當信託受益人或任何信託受益人所指派之人,且該受指派人符合國稅法規第 672(c) 條規範下,與受益人間具有關聯或從屬身分之人,作為本信託之信託保護人時,則該信託保護人不得行使第十 (b)(4)、(b)(5) 及 (b)(12) 條之權力。

(c) Directions to Trustee

Any direction to the Trustee from the Trust Protector shall be in writing, delivered by mail, courier, facsimile transmission, electronic mail, or otherwise in such form as the Trustee may specify from time to time by a written instrument delivered to the Trust Protector. The Trustee shall have no obligation to investigate or confirm the authenticity of directions it receives or the authority of the person or persons conveying them, and the Trustee shall be exonerated from any and all liability in relying on any such direction from a person purporting to be the Trust Protector without further inquiry by the Trustee.

(c) 給受託人之指示

信託保護人給予受託人之指示應為書面文件,透過信件、快遞、傳真、電子郵件或其他方式傳遞給受託人。受託人沒有義務調查或確認指示文件的真實性,或傳遞文件之人是否經過授權。受託人信賴聲稱為信託保護人所給予的指示,不須負法律責任,亦無須進一步詢問信託保護人。

(d) Liability of Trustee

The Trustee need not review whether the Trust Protector is satisfying its responsibilities hereunder. The Trustee shall incur no liability for any act or failure to act by the Trust Protector, or for acting on a direction of the Trust Protector and it shall not be liable for any loss to the Trust resulting from any action taken at the direction of the Trust Protector, or taken by the Trustee in accordance with the direction of the Trust Protector. The Trustee shall have no duty to monitor the conduct of the Trust Protector, provide advice to the Trust Protector or consult with the Trust Protector or communicate with or warn or apprise any beneficiary or third party concerning instances in which the Trustee would or might have exercised the Trustee's own discretion in a manner different from the manner in which the Trust Protector exercised the Trust Protector's discretion. Furthermore, the Trustee shall have no liability to any Trust beneficiary or any other person whose interest arises under the Trust for the Trustee's good faith reliance on the provisions of this Article or any other provision of this Agreement concerning actions of the Trust Protector (unless the Trustee has acted through willful misconduct or gross negligence proven by clear and convincing evidence in the Court then having primary jurisdiction over the Trust, which such Court shall be the District Court in the State of Nevada so long as Nevada remains the situs of the Trust). The Trustee shall not be liable for the acts or defaults of the Trust Protector.

(d) 受託人之責任

受託人不須檢視信託保護人是否盡責。受託人對於信託保護人執行或無法執行之行為，或執行信託保護人之指示而受有損失，不須負責。受託人不須監督信託保護人之行為，不須提供信託保護人建議，也不須因信託保護人之指示行使方式與受託人不同警告或提醒受益人或第三人。受託人對受益人或其他人因受託人善意信賴本合約條款所生之利益不負責，除非基於受託人之故意不當或重大過失行為，且在法院有明確之證據。受託人不對信託保護人之作為或不作為負責。

(e) Limitations of Responsibilities

The Trust Protector shall have no duty to monitor the conduct of the Trustee, the Investment Direction Adviser or the Distribution Adviser, and shall not be liable for any exercise or failure to exercise the powers granted herein, provided that the Trust Protector shall consider in good faith the advisability of their exercise if and when requested to do so by a beneficiary, his or her guardian or a member of his or her family. The Trust Protector shall not be liable for the acts or defaults of the Trustee or any Adviser.

(e) 責任之限制

信託保護人不須監控受託人、投資指示顧問或分配顧問之行為，且對其被授予權力之行使及不行使不負法律責任；但基於受益人要求，信託保護人應善意考量受託人、投資指示顧問及分配顧問行使權力之適當性。信託保護人不應對受託人或任何顧問之行為負責。

(f) Indemnification

The Trustee shall, to the extent of the Trust assets and solely payable from the Trust assets, indemnify the Trust Protector for all losses, costs, damages, expenses and charges, public and private, including reasonable attorneys' fees, including those arising from all litigation, groundless or otherwise, that result from the performance or non-performance of the powers given to the Trust Protector under this Agreement (unless the Trust Protector has acted through willful misconduct or gross negligence proven by clear and convincing evidence in the Court then having primary jurisdiction over the Trust which such Court shall be the District Court in the State of Nevada for so long as Nevada remains the situs of the Trust).

(f) 賠償

受託人應於信託資產之範圍內,並僅以信託資產為限,對信託保護人就因其依本合約所授予權力之行使或不行使所致之一切損失、費用、損害、開支及各項公私費用(包括合理之律師費),提供賠償,該等費用並包括源自一切訴訟(無論是否無根據)所生者;惟如信託保護人之行為屬經法院以明確且具說服力之證據證明之故意不當行為或重大過失者,則不在此限。對本信託擁有主要管轄權之法院,應為內華達州仍為本信託所在地期間之內華達州地方法院。

(g) Resignation of Trust Protector

Any Trust Protector serving hereunder may resign at any time by providing a written instrument delivered to the Trustee and the Notice Recipients. Such resignation shall become effective at such time as the resigning Trust Protector shall provide in the resignation instrument.

(g) 信託保護人之辭任

任何信託保護人得隨時以書面通知受託人及應受通知人其辭任,並應於辭任書中載明之時點生效。

(h) Appointment of Additional or Successor Trust Protectors

The Trust Protector shall have the power to appoint additional Trust Protectors if at such time there are fewer than three Trust Protectors serving, and shall have the power to designate a successor Trust Protector to serve upon the death, resignation, incapacity, dissolution or invalid existence of the last serving Trust Protector by providing a written instrument delivered to such additional or successor Trust Protector, the Trustee and the Notice Recipients; provided that all such designated or appointed additional or successor Trust Protectors are subject to the removal power set forth in section (i) of this Article TENTH. The appointment of additional or successor Trust Protector shall become effective at such time as the Trust Protector provides in the appointment instrument and upon written acceptance by the designee.

(h) 新增或繼任信託保護人之指派

信託保護人少於三位時,信託保護人得新增信託保護人。最後一位在任的信託保護人去世、辭任、無行為能力、解散或無效存在時,信託保護人有權以書面通知繼任信託保護人、受託人及應受通知人,指定繼任信託保護人;以上所述之繼任或新增之信託保護人皆應受第十 (i) 條所述之移除權力之規範。新增或繼任信託保護人之指派經受指派人書面同意後於信託保護人指派書中載明之時點生效。

Upon the resignation, death, incapacity, dissolution or invalid existence of the last serving Trust Protector, and provided a successor Trust Protector has not been designated in accordance with the foregoing provisions (or if so designated, the designated successor has declined the appointment or failed to accept the appointment within twenty (20) days), then the following individuals in the order named shall appoint a successor Trust Protector by providing a written instrument delivered to the successor Trust Protector, the Trustee and the Notice Recipients:

最後一位在任的信託保護人辭任、去世、無行為能力、解散或無效存在,而未能依前項指定繼任者時(或被指定之繼任者拒絕就任,或未能於指派書送達20日內同意就任時),則由下列人士依序指定繼任者。

1. Prior to the division of the Trust estate in accordance with section (d) of Article FIRST, the Trust Protector, while living and competent or validly existing, followed by a majority of the beneficiaries of the highest generational level who are competent and at least twenty-two (22) years of age and to or for whom the income of the Trust may then be distributed or applied, or if there is not a majority decision by such beneficiaries to appoint a successor Trust Protector, or if there is no such beneficiary, a majority of the beneficiaries who are competent and at least twenty-two (22) years of age and to or for whom the income of the Trust may then be distributed or applied, or if there is not a majority decision by such beneficiaries to appoint a successor Trust Protector, the Investment Direction Adviser; and

1. 在依據第一(d)條分割信託財產前,為信託保護人(若為在世且具行為能力或有效存續),次為輩份最長的世代,具行為能力、年滿22歲、且有資格收到分配之受益人,依其多數決決定指派。若無法做出多數決,或若無該等受益人,則為全部具行為能力、年滿22歲、且有資格收到分配之受益人,並依其多數決決定指派。若仍無法做出多數決,則由投資指示顧問決定繼任信託保護人。

2. After the division of the Trust estate in accordance with section (d) of Article FIRST, the Trust Protector with respect to its separate Trust, while living and competent or validly existing, followed by the Primary Beneficiary, if the Primary Beneficiary is competent and at least twenty-two (22) years of age (or his or her parents if the Primary Beneficiary is under age twenty-two (22), or the Primary Beneficiary's legal guardian if the Primary Beneficiary is incapacitated), or if none, the Investment Direction Adviser.

2. 在依據第一(d)條分割信託財產後,為該獨立信託的信託保護人(若為在世且具行為能力或有效存續),次為主要受益人(若具行為能力且年滿22歲;若主要受益人未滿22歲,則由其父母代表;若主要受益人無行為能力,則由其監護人代表),若無,則由投資指示顧問決定繼任信託保護人。

At no time after the Grantor relinquishes [her/his] powers to revoke and direct net income, may the Grantor serve as Trust Protector of any Trust created by or pursuant to this Agreement. In the event of a vacancy in the office of Trust Protector for a period of thirty (30) days, the Trustee may petition the Court then having jurisdiction over the Trust for the appointment of a successor Trust Protector. All costs of such petition, including reasonable attorneys' fees, shall be a proper charge to the Trust estate.

委託人在放棄其撤銷及指示淨收入的權力後,不得擔任由或根據本合約所設立之任何信託的信託保護人。當信託保護人職缺空缺超過30天,受託人得請求該司法管轄區之法院指派繼任信託保護人。所有請求之成本,包含合理之律師費用,將從信託財產中支付。

(i) Removal of Trust Protector

Any Trust Protector (other than [Name of Trust Protector], unless [Name of Trust Protector] is [incapacitated/dissolved or does not validly exist]) may be removed in the same manner, and by the same individuals, as a successor Trust Protector may be appointed pursuant to section (h), paragraphs 1. and 2. of this Article, except that the removal shall be by a written instrument delivered to the removed Trust Protector, the Trustee and the Notice Recipients and the removal shall become effective at such time as shall be indicated in the removal instrument. Further, if a Trust Protector is removed, any successor designated by such Trust Protector shall be withdrawn at such time.

(i) 信託保護人之解任

任何信託保護人（但不包括 [Name of Trust Protector]，除非 [Name of Trust Protector] 已 [無行為能力／解散或非有效存續]）得依本 (h) 條第 1. 及 2. 段以多數決方式被解任，惟應以書面通知被移除之信託保護人、受託人及應受通知人。解任於通知書送達被移除之信託保護人、受託人及應受通知人時，依解任通知書中載明之移除時點生效。此外，如果信託保護人被移除，該信託保護人指定的任何繼任者應在此時被撤回。

(j) Agents and Advisers

The Trust Protector is authorized to hire agents and advisers to assist the Trust Protector in carrying out its duties, and to direct the Trustee to pay such agents and advisers, out of the Trust estate, such compensation as the Trust Protector deems reasonable.

(j) 代理人與顧問

信託保護人有權僱用代理人或顧問協助信託保護人行使職權，並有權指示受託人由信託財產支付代理人或顧問報酬。

(k) Compensation

The Trust Protector shall be entitled to reasonable compensation for its services as agreed upon in writing by the Trust Protector and a majority of the Notice Recipients who are competent, or if there is no competent Notice Recipient, by a majority of the adult beneficiaries of the highest generational level who are competent, or if there is no adult beneficiary of the highest generational level who is competent, by a majority of the adult beneficiaries who are competent.

(k) 報酬

信託保護人有權為其服務收取合理報酬，報酬由信託保護人與具行為能力之應受通知人以多數決訂定書面協議，或若沒有具行為能力之應受通知人，則為輩份最長之世代其具行為能力的成年受益人之多數決訂定。若無，則為具行為能力的成年受益人之多數決。

ELEVENTH Distribution Adviser

Notwithstanding any other provision of this Agreement, there may at any time be one or more Distribution Advisers (the "**Distribution Adviser**" or "**Distribution Advisers**") to serve in accordance with the provisions of this Article. The role and function of the Distribution Adviser is set forth in this Article. The Distribution Adviser shall serve in a fiduciary capacity and conform to the purposes of this Agreement.

第十一條 分配顧問

儘管本合約其他條文之規定，在任何時點得依本條規定設有一位或一位以上的分配顧問（以下簡稱「**分配顧問**」）。分配顧問之職責與功能載明於本條中。分配顧問應以受託責任人的身分履職，並遵循本合約的訂立目的。

(a) Initial Appointment of Distribution Adviser

The initial Distribution Adviser shall be [Name of Distribution Adviser]. All additional and subsequent Distribution Advisers shall be appointed in the manner provided in this Article. If more than two persons are serving as Distribution Adviser, an affirmative vote of a majority of such Distribution Advisers must be reached with respect to any decisions, actions taken or direction given. Otherwise, the Distribution Advisers must act unanimously. Notwithstanding the foregoing, if more than one Distribution Adviser is serving, the Distribution Advisers may designate one such Distribution Adviser to communicate all directions to the Trustee.

(a) 起始分配顧問之指派

起始分配顧問為 [Name of Distribution Adviser]。所有之新增或後續分配顧問應以條文中規定之指定方式指派。若分配顧問超過兩位，任何決定、行動、發出指示，皆須取得分配顧問過半數之贊成投票，否則全體分配顧問須一致行動。儘管本條前述，若有超過一位分配顧問在任，得指定一位分配顧問與受託人溝通。

(b) Role and Function

The Distribution Adviser shall hold and may exercise the full power to direct the Trustee to distribute income and principal of the Trust pursuant to the standards established under this Agreement. The Trustee shall follow the direction of the Distribution Adviser with respect to all matters concerning the distribution of income or principal of the Trust. Only in the event no Distribution Adviser is then serving, the Trustee shall hold and may exercise the full power to make discretionary distributions of income and principal of the Trust pursuant to the standards established under this Agreement.

(b) 角色與功能

分配顧問得依本合約所建立之標準指示（或不作為）受託人分配信託本金或收益。受託人應遵循分配顧問之指示。僅在無人擔任分配顧問時，受託人得保留或執行依本合約建立之標準，就信託本金或收益進行裁量性分配之權力。

(c) Directions to Trustee

Any direction to the Trustee from the Distribution Adviser shall be in writing, delivered by mail, courier, facsimile transmission, electronic mail, or otherwise in such form as the Trustee may specify from time to time by a written instrument delivered to the Distribution Adviser. The Trustee shall have no obligation to investigate or confirm the authenticity of directions it receives or the authority of the person or persons conveying them, and the

Trustee shall be exonerated from any and all liability in relying on any such direction from a person purporting to be the Distribution Adviser without further inquiry by the Trustee.

(c) 對受託人之指示

分配顧問給予受託人之指示應為書面文件，透過信件、快遞、傳真、電子郵件或其他方式傳遞給受託人。受託人沒有義務調查或確認指示文件的真實性，或傳遞文件之人是否經過授權。受託人信賴聲稱為分配顧問所給予的指示，不須負法律責任，亦無須進一步詢問分配顧問。

(d) Liability of Trustee

Notwithstanding any other provision herein, with respect to distribution made pursuant to the direction of the Distribution Adviser, the Trustee shall be a "**directed fiduciary**" within the meaning of N.R.S Section 163.5548 and, as such, shall be entitled to the full protection of N.R.S Section 163.5549 without limitation. Furthermore, provided a Distribution Adviser is then serving:

(d) 受託人之責任

儘管本合約有任何其他規定，對於根據分配顧問的指示進行的分配，受託人應為內華達州修訂法規第 163.5548 條所定義的「**受指示受託責任人**」，且受內華達州修訂法規第 163.5549 條的全面保護，不受任何限制。 此外，當有分配顧問時：

(1) The Distribution Adviser shall have sole responsibility (and the Trustee shall have no responsibility) for all discretionary actions involving any distribution of income or principal of the Trust. The Trustee shall make only such distributions of income or principal as the Distribution Adviser directs, or that are non-discretionary and mandated by the terms of the Trust.

(1) 分配顧問對涉及任何分配本金或收益之裁量權負單獨之責任（受託人對此不負任何責任），受託人僅按分配顧問之指示或依照信託規定之方式分配收益或本金。

(2) The Trustee shall be under no obligation to review the beneficiaries' needs or requests for income or principal distributions, make any recommendation with respect to such distributions, solicit any direction from the Distribution Adviser, calculate the impact of any distribution on the likely duration of the Trust, ensure the equality of distributions among the beneficiaries, or review whether the Distribution Adviser is satisfying its responsibilities hereunder.

(2) 受託人並無義務檢查受益人對於收益或本金分配之需求或要求、該分配提供意見、請求分配顧問給予相關指示、計算任何分配對於信託存續期間之影響、確保受益人分配之公平或檢視分配顧問是否盡責。

(3) The Trustee shall incur no liability for any act or failure to act by the Distribution Adviser, or for acting on a direction of the Distribution Adviser and it shall not be liable for any loss to the Trust or any claim of inequality, partiality or unreasonableness resulting from any action taken at the direction of the Distribution Adviser, or taken by the Trustee in accordance with the direction of the Distribution Adviser.

(3) 受託人針對分配顧問執行、執行失敗之行為或執行分配顧問之指示而受有損

失、或對任何因此分配顧問之指示所為之行為，所招致之不公、偏袒、有欠合理之聲明無須負責。

(4) The Trustee shall have no duty to monitor the conduct of the Distribution Adviser, provide advice to the Distribution Adviser or consult with the Distribution Adviser or communicate with or warn or apprise any beneficiary or third-party concerning instances in which the Trustee would or might have exercised the Trustee's own discretion in a manner different from the manner directed by the Distribution Adviser.

(4) 受託人不須監督分配顧問之行為，不須提供其相關意見，亦不須因其判斷與分配顧問有異而須警告或提醒受益人或第三人。

(5) The Trustee shall have no liability to any Trust beneficiary or any other person whose interest arises under the Trust for the Trustee's good faith reliance on the provisions of this Article or any other provision of this Agreement concerning distribution decisions (unless the Trustee has acted through willful misconduct or gross negligence proven by clear and convincing evidence in the Court then having primary jurisdiction over the Trust, which such Court shall be the District Court in the State of Nevada for so long as Nevada remains the situs of the Trust).

(5) 除經內華達州地方法院（若其具管轄權）確定有明確之證據證實受託人之故意不當或重大過失行為，受託人根據本合約善意信賴本合約條文所作之分配決定，對信託受益人及對信託有利益之人不須要負責。

(e) Liability of Distribution Adviser

The Distribution Adviser shall not be held liable to any beneficiary for any distribution decision made hereunder, unless it results from actions taken through willful misconduct or gross negligence proven by clear and convincing evidence in the Court then having primary jurisdiction over the Trust, which such Court shall be the District Court in the State of Nevada for so long as Nevada remains the situs of the Trust. The Distribution Adviser shall not be liable for the acts or defaults of the Trustee or any other Adviser.

(e) 分配顧問之責任

分配顧問就其分配決定不對任何受益人負責，除非其分配決定經內華達州地方法院（若其具有管轄權）有明確證據證實，出於分配顧問之故意不當或重大過失行為。分配顧問不對受託人或其他顧問的行為或不行為負責。

(f) Indemnification

The Trustee shall, to the extent of the Trust assets and solely payable from the Trust assets, indemnify the Distribution Adviser for all losses, costs, damages, expenses and charges, public and private, including reasonable attorneys' fees, including those arising from all litigation, groundless or otherwise, that result from the performance or non-performance of the powers given to the Distribution Adviser under this Agreement (unless the Distribution Adviser has acted in a manner that does not comply with the standard of liability applicable to the Distribution Adviser).

(f) 賠償

受託人應於信託資產之範圍內,且僅以信託資產為限,就分配顧問依本合約所授予權限之行使或不行使所生之一切損失、費用、損害、支出及各項公私費用(包括合理之律師費),提供賠償;該等費用並包括因任何訴訟(無論是否無根據)所生者。惟如分配顧問之行為不符合對其適用之責任標準者,則不在此限。

(g) Resignation of Distribution Adviser

Any Distribution Adviser serving hereunder may resign at any time by providing a written instrument delivered to the Trustee, the Trust Protector and the Notice Recipients. Such resignation shall become effective at such time as the resigning Distribution Adviser shall provide in the resignation instrument.

(g) 分配顧問之辭任

任何分配顧問得隨時以書面通知受託人、信託保護人及應受通知人其辭任,並應於辭任書中載明之時點生效。

(h) Removal of Distribution Adviser

The Trust Protector shall have the power to remove any Distribution Adviser (other than [Name of Distribution Adviser], unless [Name of Distribution Adviser] is [incapacitated/dissolved or does not validly exist]) by providing a written instrument delivered to such Distribution Adviser, the Trustee and the Notice Recipients. The removal shall become effective at such time as the Trust Protector indicates in the removal instrument.

(h) 分配顧問之解任

信託保護人有權力移除分配顧問(但不包括 [Name of Distribution Adviser],除非 [Name of Distribution Adviser] 已 [無行為能力/解散或非有效存續]),且應以書面通知該分配顧問、受託人及應受通知人,並應於解任通知書中載明之時點生效。

(i) Appointment of Additional or Successor Distribution Advisers

The Trust Protector shall have the power to appoint additional Distribution Advisers if at such time there are fewer than three Distribution Advisers serving and shall have the power to designate a successor Distribution Adviser upon the death, resignation, removal, incapacity, dissolution or invalid existence of the last serving Distribution Adviser by providing a written instrument delivered to such additional or successor Distribution Adviser, the Trustee and the Notice Recipients. The appointment of additional or successor Distribution Advisers shall become effective at such time as the Trust Protector provides in the appointment instrument and upon written acceptance by the designee. At no time after the Grantor relinquishes [her/his] powers to revoke and direct net income may the Grantor serve as Distribution Adviser of any trust created by or pursuant to this Agreement.

(i) 新增或繼任分配顧問之指派

當分配顧問少於三位時,信託保護人有權指派繼任之分配顧問。當最後一位在任的分配顧問去世、解任、辭任、無行為能力、解散或無效存在時,信託保護人有權以書面通知其他或繼任之分配顧問、受託人及應受通知人,指派繼任分配顧問。指派經受指派人書面同意後於指派書中載明之時點生效。委託人在放棄其撤銷及指示淨收入的權力後,不得擔任由或根據本合約所設立之任何信託的分配顧問。

(j) Compensation

The Distribution Adviser shall receive reasonable compensation for its services, but only if and in such amount as the Trust Protector directs in writing to the Trustee.

(j) 報酬

分配顧問應因其服務收取合理之報酬，其數額由信託保護人書面指示受託人。

TWELFTH Payment of Death Taxes and Administration Expenses

On the death of the beneficiary of any trust created by or pursuant to this Agreement, if the principal of such trust is included in the estate of the beneficiary for transfer tax purposes, the Trustee shall, unless otherwise directed by the beneficiary's Will, distribute from such trust to the personal representative of the beneficiary's estate, an amount equal to the sum of all additional transfer taxes and costs of administration payable by such personal representative as a result of the inclusion of the trust in the beneficiary's estate. Certification of such personal representative as to the amount of such additional taxes and costs will be determinative for all purposes. The Trustee shall make such distributions directly to the appropriate payee, if so directed by such personal representative. The Trustee shall pay any tax imposed under Chapter 13 of the Code as a result of a "**taxable termination**" attributable to any trust created by or pursuant to this Agreement from the principal of such trust, charging such payments ratably against the property in respect of which such termination occurred.

第十二條　遺產稅及行政規費

當任何由或依據本合約所設立的信託的受益人去世時，若其信託本金被納入應稅遺產中，則除非另有受益人之遺囑指示，受託人應分配相當於所有遺產稅額與行政費用的金額給受益人的遺產管理人。無論針對任何目的，遺產管理人對遺產稅額與行政費用的金額之確認有決定權。受託人若受遺產管理人之指示，直接支付該分配給遺產管理人指定的適當收款人。受託人應支付根據國稅法規第十三章因本合約或本合約衍生之任何信託本金「**應稅終止**」所應課徵的稅額，其索取之費用是依終止原因發生時之財產比例計算得出。

THIRTEENTH Waiver of Prudent Investor Rule

The Investment Direction Adviser is authorized (but not directed) to direct the Trustee to acquire and retain investments not regarded as traditional for trusts, including investments that would be forbidden or would be regarded as imprudent, improper or unlawful by the "**prudent person**" rule, "**prudent investor**" rule, N.R.S Section 164.705 et seq., any rule or law concerning the duty of loyalty, any rule or law limiting, prescribing, or voiding or making voidable any interested party or self-dealing transaction, or any other rule or law which restricts a fiduciary's capacity to invest. The purpose in granting the foregoing authority is to modify the "**prudent person**" rule, "**prudent investor**" rule, or any other rule or law, including any prudent investor rule set forth in Nevada's Uniform Prudent Investor

Act, N.R.S Section 164.705 et seq., which would otherwise restrict a fiduciary's ability to invest based on the nature of the investment itself. The Investment Direction Adviser may direct the Trustee to invest in any type of property, wherever located, including, but not limited to, any type of security or option, improved or unimproved real property, and tangible or intangible personal property, and in any manner, including direct purchase, joint ventures, partnerships, limited partnerships, limited liability companies, corporations, mutual funds, business trusts or any other form or participation or ownership whatsoever. Furthermore, the Investment Direction Adviser may direct the Trustee to acquire property from, transfer property to, obtain services from, provide services to, and otherwise enter into contracts, understandings, arrangements, and other dealings, of any kind or nature, with the Investment Direction Adviser or any other person or entity (each such person or entity hereinafter referred to as a "**Third Party**") whether or not the Third Party is in any manner related to, or affiliated with, the Investment Direction Adviser or any other person or entity related to, or affiliated with, the Investment Direction Adviser and without regard to whether the Investment Direction Adviser, acting in its corporate or personal capacity or in any other capacity, or any person related to, or affiliated with, the Investment Direction Adviser has other contracts, understandings, arrangements or dealings, whether or not for remuneration, with the Third Party. In directing the Trustee, the Investment Direction Adviser may disregard any or all of the following factors:

第十三條 謹慎投資人條款之豁免

投資指示顧問有權（但非被指示）指示受託人取得或持有傳統上被「**謹慎人**」條款、「**謹慎投資人**」條款、內華達州修訂法規第164.705條及任何規範忠實義務相關的規則或法律，及任何限制、描述、或避免任何受託責任人自我交易，或其他會限制投資忠實義務能力的限制規則或法律認為是不謹慎、不適當或不法的行為，或被禁止的投資標的。授予上述權力的目的是修改「**謹慎人**」條款，「**謹慎投資人**」條款或任何其他規則或法律，包括《內華達州統一謹慎投資人法》（內華達州修訂法規 第164.705條及以下）中規定的任何謹慎投資人規則。否則將根據投資本身的性質限制受託責任人的投資能力。投資指示顧問得指示受託人投資任何種類的財產，包括但不限於投資任何形式、任何地點的財產、任何形式的股票選擇權、改良過或沒有改良過的不動產、有形或無形的動產等等。或任何種類的行為，包括但不限於直接購買、合資、合夥、有限合夥、有限責任公司（LLC）、股份有限公司、共同基金、商業信託，或其他任何形式的參與、所有權等。

此外，投資指示顧問得指示受託人取得財產自、移轉財產給、取得服務自、提供服務給，及以其他形式簽訂合約、協議、訂定其他交易予投資指示顧問自己，或其他個人或法人（以下簡稱「第三方」），無論該第三方是否以任何方式關聯於或從屬於投資指示顧問，或其他以任何方式關聯於或從屬於投資指示顧問而不管投資指示顧問以公司身分、個人身分或其他任何身分之人；或任何第三方是否與投資指示顧問另外訂有合約或協議，無論該合約或協議是否關於報酬或價金。投資指示顧問於指示受託人時，得忽略下列任何一項或全部的因素：

(a) Whether a particular investment, or the Trust investments collectively, will produce a reasonable rate of return or result in the preservation of principal.

(a) 對於任何特定的投資或整體信託投資，是否會產生合理的投資報酬率或致使本金的維持。

(b) Whether the acquisition or retention of a particular investment or Trust investments collectively are consistent with any duty of impartiality as to the different beneficiaries. No such duties shall exist.

(b) 對於取得或保留任何特定的投資或整體信託投資，是否在不同的受益人間保持公平一致。投資指示顧問對此沒有責任。

(c) Whether the acquisition or retention of a particular investment or any aspect of the administration of the investment violates any duty of loyalty or rule against self-dealing. No duty of loyalty shall exist to the extent such duty would limit or preclude self-dealing transactions.

(c) 對於一項特定投資的取得或保留，或從任何投資管理的面向上，是否違反任何忠實義務或自我交易原則。在忠誠義務會限制或阻止自我交易的限度內，不存在忠誠義務。

(d) Whether the Trust is diversified. No duty to diversify shall exist.

(d) 對於信託是否分散投資。投資指示顧問並沒有責任分散投資。

(e) Whether any or all of the Trust investments would traditionally be classified as too risky or speculative for trusts. The entire Trust may be so invested. The Investment Direction Adviser shall have sole and absolute discretion in determining what constitutes acceptable risk and what constitutes proper investment strategy.

(e) 任何特定的投資或全體信託投資，在傳統上是否被分類為高風險或投機性的投資。投資指示顧問應有單獨且絕對的裁量權決定哪些是可接受風險的投資策略，哪些是適當的投資策略。

The purpose in granting the foregoing authority is to modify the "**prudent person**" rule, "**prudent investor**" rule, the application of N.R.S Section 164.705 et seq., the duty of loyalty, the rule against self-dealing, or any rule or law which restricts a fiduciary's ability to invest insofar as any such rule or law would prohibit an investment or investments because of one or more factors listed above, or any other factor relating to the nature of the investment itself.

給予上述權力的目的是為了修改「謹慎人」條款、「謹慎投資人」條款、內華達州修訂法規第 164.705 條相關規定、忠實義務原則、規範自我交易之規定及任何因為上述列出的一個或多個因素而禁止投資，或因為任何其他與投資本身性質相關的因素，而限制受託責任人投資的規則或法律的適用。

FOURTEENTH Trustee's Commissions

For services rendered as Trustee under this Agreement, any Trustee shall be entitled to reasonable compensation for his, her or its services, as well as be entitled to reimbursement for all expenses reasonably incurred in performing his, her or its duties hereunder. Any corporate Trustee may receive (or retain) payment in accordance with its schedule of rates as published from time to time and as in effect at the time such compensation becomes payable, unless otherwise agreed. No termination fee shall be charged upon removal or resignation of a Trustee. However, such Trustee shall be entitled to reasonable compensation for time and materials for additional services over and above the Trustee's normal duties in transferring Trust assets and administration of the Trust to the new Trustee.

第十四條 受託人之報酬

受託人就其依本合約提供之服務有權要求合理報酬，並有權就其履行本合約職責時合理產生的所有費用獲得補償。除非另有協議，任何法人受託人可根據其不定期公佈且在應付該報酬時有效的費率表收取（或保留）報酬。受託人在被解任或辭任時不得收取終止費。但就信託資產及信託管理移交給新受託人，超出受託人正常職責範圍之額外服務之時間及文件，受託人有權獲得合理補償。

FIFTEENTH Resignation, Removal and Appointment of Trustees

The following provisions shall govern the resignation, removal and appointment of any Trustee serving hereunder:

第十五條 受託人之辭任、解任及任命

受託人之辭任、解任及任命應遵循以下規定：

(a) Resignation of Trustee

Any Trustee may resign at any time and without cause. Any such resignation shall be in a writing delivered to the Trust Protector, the Investment Direction Adviser, the Distribution Adviser and the Notice Recipients. Such resignation shall become effective at such time as the resigning Trustee shall provide in the resignation instrument.

(a) 受託人之辭任

任何一位受託人得無須理由隨時辭任。任何辭任應以書面通知信託保護人、投資指示顧問、分配顧問及應受通知人，並應於辭任書中載明之時點生效。

(b) Removal of Trustee

The Trust Protector shall have the power to remove any Trustee by providing a written instrument delivered to the Trustee, the Investment Direction Adviser, the Distribution Adviser and the Notice Recipients. The removal shall become effective at such time as the Trust Protector indicates in the removal instrument.

(b) 受託人之解任

信託保護人有權力移除受託人，且應以書面通知受託人、投資指示顧問、分配顧問及應受通知人，並應於解任通知書中載明之時點生效。

(c) Appointment of Successor Trustee

Upon any Trustee serving hereunder ceasing to serve as Trustee hereunder, whether due to resignation, removal, or otherwise, the Trust Protector shall appoint a successor Trustee within thirty (30) days by providing a written instrument delivered to such successor

Trustee, the outgoing Trustee, the Investment Direction Adviser, the Distribution Adviser and the Notice Recipients. Such appointment shall become effective at such time as the Trust Protector provides in the appointment instrument and upon written acceptance by the designee. At no time after the Grantor relinquishes [her/his] power to revoke and direct net income may the Grantor serve as Trustee of the Trust.

(c) 繼任受託人之指派

無論是因為辭任、解任或其他原因而不委任此受託人，信託保護人應在30天內指派繼任受託人並提供書面文件給原受託人、繼任受託人、投資指示顧問、分配顧問以及應受通知人。此指派經受指派人書面同意後於通知書中載明之時點生效。委託人、本信託受益人、及國稅法規第672(c)條下與委託人或本信託受益人具有關聯或從屬身分之人，均不得擔任本信託的受託人。

(d) Delivery of Trust Assets

Upon the resignation or removal of any Trustee serving hereunder, such Trustee shall, within ninety (90) days after it resigns or is removed and upon receipt of a standard release and indemnification, and any other similar documents reasonably satisfactory to the resigning or removed Trustee, deliver any assets held hereunder to the successor Trustee whose appointment has become effective under the above provisions of this Article.

(d) 信託財產之移轉

任何受託人在辭任或被解任後，該受託人應在辭任或被解任後的90天內，及收到合理的免責與補償文件及其他相類似文件後，將根據本合約持有的任何財產交付給依上述規定生效之繼任的受託人。

(e) Liability of Predecessor Trustee

Any successor Trustee shall be deemed vested with all the duties, rights, titles and powers, whether discretionary or otherwise, as if originally named as Trustee. No successor Trustee shall be liable for any act or failure to act of any predecessor Trustee. The successor Trustee shall be specifically relieved of the duty to examine the accounts of the predecessor Trustee. The Successor Trustee may accept the account rendered and the property delivered by the predecessor Trustee as a full and complete discharge to the predecessor Trustee, without incurring any liability for so doing.

(e) 前任受託人之責任

任何繼任受託人應被視為擁有所有職責、權利、所有權及權力，無論該等權力是否具有酌處權，猶如其最初被指定為受託人一樣。繼任受託人不須對前任受託人的作為或不作為負責。繼任受託人應被明確免除審查前任受託人帳目之責任。繼任受託人可以接受前任受託人所提供的帳目及交付的信託財產，以此作為完全解除前任受託人之責任，且不承擔任何因此產生的責任。

(f) Merger of Trustee

In case of the merger or consolidation of the corporate Trustee, or the transfer of substantially all of the assets of the corporate Trustee to another corporation, the resulting or transferee company shall continue to serve hereunder without notice to any party.

(f) 受託公司之合併

如果公司受託人簡易合併、新設合併，或將公司受託人的大部分財產移轉給另一家公司，則另一家接受移轉的信託公司則會成為繼任的公司受託人，且無須通知任何人。

SIXTEENTH Subchapter S Stock

Notwithstanding any other provision of this Agreement, but subject to the provisions of Article NINTH of this Agreement relating to the Investment Direction Adviser, if any Subchapter S stock becomes an asset of any trust created by or pursuant to this Agreement, then the Trustee shall have the power:

第十六條 S 公司股票

即便本合約有其他的條款，但應受限於本合約第九條關於投資指示顧問之規定，如任何 S Corporation 股票變成根據本合約所設之信託的財產，則受託人應擁有下列權力：

(a) To elect, in its discretion, to qualify any trust holding Subchapter S stock as an **"electing small business trust"** under Section 1361(e) of the Code; or

(a) 可依其裁量，選擇將任何持有 S Corporation 股票的信託其資格確定為在國稅法規第 1361(e) 條規定下的「**選擇的小型企業信託**」；或

(b) To segregate the Subchapter S stock and hold such stock in the separate trust all of the income of which shall be distributed no less frequently than annually to the income beneficiary of the trust and there shall be only one income beneficiary of such trust; any distribution of principal during the term of the trust shall be distributed only to the current income beneficiary; the current income beneficiary's income interest shall terminate on the earlier of the termination of the trust or the death of the income beneficiary; and upon termination of the trust during the lifetime of the current income beneficiary, all principal and income of such separate trust shall be distributed to the income beneficiary. It is the Grantor's intention that the trusts described in this section (b) which hold Subchapter S stock as an asset shall be Qualified Subchapter S Trusts within the meaning of Section 1361(d) of the Code. The Trustee shall make elections and/or distributions and take such other steps as may be necessary or desirable to maintain the qualification of all such trusts as Qualified Subchapter S Trusts, including the division of any trust into separate shares one of which shall hold Subchapter S stock and the other of which shall hold other assets, which shall then be held, administered and distributed as separate trusts.

(b) 將 S corporation 股票分別出來並由獨立信託持有。該信託的全部收益應至少每年分配給信託受益人，且此獨立信託僅有一位收入受益人；任何信託期間的本金分配應當僅被分配給現任收入受益人；現任收入受益人的收入權益應於信託終止或收入受益人去世（以較早者為準）時終止；在現任收入受益人有生之年終止信託時，該獨立信託的所有本金及收入應分配給收入受益人。委託人的意圖是本 (b) 條中所描述持有 S corporation 股票財產的信託，應當是國稅法規第 1361(d) 條定義的 **Qualified**

Subchapter S Trust。受託人應當決定選擇及／或分配，並且採取必要或適當的步驟維持所有 Qualified Subchapter S Trust 的合格性，其包括將信託分割為數個持分，其中一個持有 S Corporation 的股票，其餘則持有其他財產，然後作為獨立信託持有、管理及分配。

SEVENTEENTH Interested Fiduciary

Notwithstanding the general powers conferred upon the Trustee, the Investment Direction Adviser, the Distribution Adviser and the Trust Protector (for purposes of this Article, "**Fiduciary**") pursuant to this Agreement, no Fiduciary serving shall:

第十七條 受託責任關係人

儘管依據本合約，受託人、投資指示顧問、分配顧問及信託保護人（為本條之目的，下稱「受託責任人」）被授予概括性的權力，受託責任人不得：

(a) make or participate in the making of discretionary distributions of income or principal to or for the benefit of such Fiduciary or any other beneficiary of a trust of which such Fiduciary is a beneficiary unless such distribution is limited by an ascertainable standard relating to education, health, maintenance or support as defined in Section 2041 of the Code and Treasury Regulations thereunder;

(a) 為受託責任人自身或該受託責任人為受益人的信託的任何其他受益人之利益進行或參與裁量性分配收益或本金，除非該分配受國稅法規第 2041 條及財務條例所定義與教育、健康、維持相關標準的限制；

(b) terminate or be a party to the decision to terminate any separate trust created by or pursuant to this Agreement of which such Fiduciary is a beneficiary;

(b) 終止或參與終止由或依據本合約設立且受託責任人為受益人的獨立信託；

(c) make discretionary allocations of receipts or expenses as between income and principal of any separate trust created by or pursuant to this Agreement of which such Fiduciary is a beneficiary, unless such Fiduciary acts in a fiduciary capacity whereby such Fiduciary has no power to enlarge or shift any beneficial interest;

(c) 在由或依據本合約設立的獨立信託（且受託責任人為受益人）的收益及本金之間，裁量性分配收入或費用，除非該受託責任人以受託責任職權行事，並且無權擴大或轉移，權益；

(d) make or participate in the making of discretionary distributions that would discharge a legal obligation of such Fiduciary or any beneficiary of such trust, or terminate or be a party to the decision to terminate any separate trust created by or pursuant to this Agreement if such termination would discharge a legal obligation of such Fiduciary or any beneficiary of such trust;

(d) 為免除該受託責任人自身或該信託的任何受益人的法律責任而做出或參與裁量性分配；或受託責任人不得為免除自身或該信託的任何受益人的法律責任而終止或參與終止任何由或依據本合約設立的獨立信託；

(e) make or participate in the making of discretionary distributions from a trust in which such Fiduciary is a beneficiary which would cause the exercise of such power to be treated as a taxable transfer for gift tax purposes;

(e) 就該受託人為受益人的信託作出或參與作出裁量性分配,從而導致該權力的行使在贈與稅上被視為應課稅的轉讓;

(f) enter into any reciprocal arrangements, express or implied, with any other person serving in a similar capacity with respect to a separate trust created by or pursuant to this Agreement or a beneficiary which would have the effect of allowing matching or reciprocal distributions to be made to or for the benefit the Fiduciary or such other beneficiary; or

(f) 與由或依據本合約設立的獨立信託中擔任類似職務的任何其他個人或受益人,訂立任何明示或默示的互惠安排,而具有向受託責任人或該等其他受益人或為其利益進行等額或互惠分配的效力;或

(g) make or participate in any investment decision: (i) relating to any insurance policy on the life of any person serving as Investment Direction Adviser if it would otherwise be treated as an incident of ownership for purposes of Section 2042 of the Code; or (ii) relating to the right to vote (directly or indirectly) shares of any controlled corporation (as such term is defined under Section 2036(b)(2) of the Code) transferred by such person serving as Investment Direction Adviser to the trust; or (iii) that could otherwise cause the Investment Direction Adviser to have a retained interest under Sections 2035 through 2042 of the Code.

(g) 作出或參與作出任何投資決策:(i) 與任何作為投資指示顧問的人壽保險保單有關的投資決策,若該保單在國稅法規第 2042 條下將被視為所有權的附帶事項;或 (ii) 與擔任投資指示顧問之人轉讓給信託的任何受控公司(該詞彙的定義見國稅法規第 2036(b)(2) 條)股份的(直接或間接)投票權相關的權利;或 (iii) 可能導致投資指示顧問擁有國稅法規第 2035 至 2042 條下的保留權益。

A power and/or discretion which a Fiduciary is prohibited from possessing and/or exercising pursuant to the foregoing provisions may be possessed or exercised by the remaining Fiduciary or Fiduciaries of the same type, or if such remaining Fiduciary or Fiduciaries is or are prohibited from possessing or exercising the power and/or discretion, a disinterested fiduciary ("**Special Fiduciary**") may be appointed by the then acting Trust Protector for the sole purpose of possessing and/or exercising such powers and discretions. A Special Fiduciary appointed hereunder is someone who is not a beneficiary nor related or subordinate to any beneficiary within the meaning of Section 672(c) of the Code. The power granted the Trust Protector in this Article shall include the power to remove and replace the Special Fiduciary by a written instrument delivered to the Special Fiduciary being removed or the Special Fiduciary being appointed, as the case may be, and the Trustee. The removal or appointment shall become effective at such time as indicated in the removal instrument or the appointment instrument. A Special Fiduciary may resign as Special Fiduciary by providing a written instrument delivered to the Trustee and the Trust Protector and such resignation shall become effective as indicated in the resignation instrument.

受託責任人根據上述規定被禁止持有及/或行使權力及/或自由裁量權,得由同

一類型的其餘受託責任人持有或行使，或者，若這些剩餘的受託責任人被禁止行使權力及／或自由裁量權時，時任信託保護人得委任無利害關係的受託責任人（以下簡稱「**特別受託責任人**」），其唯一目的是擁有及／或行使此等權力和自由裁量權。本合約下指派的特別受託責任人是指既非受益人，亦非國稅法規第672(c)條所指與任何受益人有關聯或具從屬關係之人。本條中授予信託保護人的權力應包括移除及撤換特別受託責任人，且信託保護人須以書面通知受託責任人有關其指派或解任之事宜並通知受託人。解任或指派應在解任書或指派書所載明之時點生效。特別受託責任人得向受託人及信託保護人遞交書面辭任書辭去特別受託責任人之職務，辭任應在辭任書中所載明之時點生效。

No Special Fiduciary shall incur any liability for any act or omission they have done unless it results from actions taken through willful misconduct or gross negligence proven by clear and convincing evidence in the Court then having primary jurisdiction over the Trust, which such Court shall be the District Court in the State of Nevada for so long as Nevada remains the situs of the Trust. The Trustee shall have no duty to monitor the conduct of the Special Fiduciary, provide advice to the Special Fiduciary or consult with the Special Fiduciary or communicate with or warn or apprise any beneficiary or third party concerning instances in which the Trustee would or might have exercised the Trustee's own discretion in a manner different from the manner in which the Special Fiduciary exercised the Special Fiduciary's discretion.

任何特別受託責任人均不會因任何作為或不作為而產生責任，除非是內華達州地方法院（只要內華達州仍然是信託的所在地點）確定為事證明確之故意不當或重大過失行為。受託人沒有義務監督特別受託責任人的行為、向特別受託責任人提供諮詢、與特別受託責任人協商，或當受託人與特別受託責任人間的自由裁量相左時，受託人不須與受益人或第三方商談或提出警告。

EIGHTEENTH Definitions

For all purposes of this Agreement:

(a) Whenever the words "**child**," "**children**," "**descendant**," "**descendants**," or "**issue**" appear in this Agreement, they shall mean the lawful lineal descendants of the first, second or any other degree of [Name of Beneficiary 1] and [Name of Beneficiary 2], including descendants who have been conceived at any specific point in time relevant to such provision and who thereafter survive birth within ten months of such specific time, and also including adopted descendants (only a person adopted while under the age of [twenty-one (21)] years shall be deemed to be a child and an issue of the adopting person and an issue of the ascendants of the adopting person, and, furthermore, the children and issue of the person so adopted shall be deemed to be issue of the adopting person and his or her ascendants). A person born out of wedlock shall not be deemed to be a child or an issue of his or her parent or an issue of the ascendants of his or her parent unless such child is acknowledged in writing by such parent.

第十八條 定義

(a) 本合約中的「子女」、「後裔」、「後代」等詞彙代表 [Name of Beneficiary 1] 及 [Name of Beneficiary 2] 合法所生之第一、第二或任何代的直系後代，包括懷胎十月內出生的後代，並且包括被收養的後代（只有在 [21] 歲前被收養的被收養人才會被視為收養人的後代及收養人祖先之後代，更甚者，該被收養人之後代會被視為收養人的後代及收養人祖先之後代）。非婚生子女除非獲得其父母的書面承認，不應被視為其父母的子女或其父母的祖先的後代。

(b) Wherever the word "**Trustee**" appears in this Agreement, it shall be construed to mean the Trustee then qualified and serving as such whether of the masculine, feminine or neuter gender and whether serving in the singular or plural.

(b) 本合約中的「受託人」一詞，則不論是男性、女性還是中性，不論是單數還是複數皆指本合約中之受託人。

(c) Wherever the words "**Distribution Fiduciary**" appear in this Agreement, they shall mean the Distribution Adviser or the Trustee, depending on who then holds the power to direct discretionary distributions of the Trust estate.

(c) 本合約中的「分配受託責任人」一詞指分配顧問或受託人，取決於誰就信託財產得指示裁量性分配的權力。

(d) The term "**discretionary distribution**" shall mean a beneficial interest in any trust created under this Agreement and shall be solely a discretionary interest within the meaning of N.R.S Section 163.419, or any successor statute or statutes, and shall not be interpreted or construed to be a mandatory interest within the meaning of N.R.S Section 163.4185(1)(a), or any successor statute or statutes or support interest within the meaning of N.R.S Section 163.4187, or any successor statute or statutes.

(d) 「裁量性分配」一詞是指根據本合約設立的任何信託中的受益權益，其應僅為內華達州修訂法規第 163.419 條或任何後續法規中的裁量性利益，而不得被解釋或理解為內華達州修訂法規第 163.4185(1)(a) 條所指的強制性利益，或內華達州修訂法規第 163.4187 條或任何後繼法令所指的支持性利益。

(e) The term "**direction(s)**" when referencing instructions to be given to the Trustee by the Grantor, the Investment Direction Adviser, the Distribution Adviser or the Trust Protector shall mean a direction or instruction, in writing, delivered by mail, courier, facsimile transmission, electronic mail or otherwise, in such form or forms as the Trustee may specify from time to time by written notice to the Grantor, the Investment Direction Adviser, Distribution Adviser or Trust Protector, as the case may be, signed by the party giving the direction. The Trustee shall have no obligation or duty to confirm, investigate, verify the accuracy, legality, or reliability of the information contained on the directions it receives, and the Trustee shall be exonerated from any and all liability in relying on any such direction from a person purporting to be the Grantor, the Investment Direction Adviser, Distribution Adviser or Trust Protector without further inquiry by the Trustee.

(e) 在提及委託人、投資指示顧問、分配顧問或信託保護人向受託人發出的指示

時,「**指示**」一詞係指通過郵件、快遞、傳真、電子郵件或其他方式,並以受託人不定期指定並以書面通知委託人、投資指示顧問、分配顧問或信託保護人的格式,由給予指示之人簽署後對受託人發出。受託人沒有義務或責任去確認、調查、驗證其收到的指示中所包含資訊的準確性、合法性或可靠性。受託人依賴任何聲稱為委託人、投資指示顧問、分配顧問或信託保護人之人士給予的指示,且未進一步進行調查,受託人應免於承擔任何責任。

(f) Wherever the term "**Notice Recipients**" appears in this Agreement, it shall mean the following individuals:

1. Prior to the division of the Trust estate in accordance with section (d) of Article FIRST, [the Grantor] only, while living and competent, followed by each beneficiary who is competent and at least twenty-two (22) years of age and to or for whom the income of the Trust may then be distributed or applied; and

2. After the division of the Trust estate in accordance with section (d) of Article FIRST, the Trust Protector with respect to its separate Trust only, while living and competent or validly existing, followed by the Primary Beneficiary if the Primary Beneficiary is competent and at least twenty-two (22) years of age (or his or her parent who is a descendant of [Name of Beneficiary 1] or [Name of Beneficiary 2] if the Primary Beneficiary is under age twenty-two (22), or legal guardian of the Primary Beneficiary if the Primary Beneficiary is incapacitated).

3. The Trust Protector may add to the class of Notice Recipients. Any addition to the class of Notice Recipients by the Trust Protector shall be by written notice to such Notice Recipient(s), the Trustee, the Investment Direction Adviser and the Distribution Adviser. Any addition to the class of Notice Recipients shall become effective at such time as provided in the instrument of designation and upon written acceptance by the designee.

(f) 本合約中「應受通知人」一詞應指以下個人:

1. 根據第一 (d) 條分割信託財產之前,僅通知在世且具行為能力的 [委託人],其次是每位受益人,該受益人須有行為能力,至少22歲,並且符合信託收益分配資格;及

2. 根據第一 (d) 條分割信託財產之後,僅通知獨立信託的信託保護人(若為在世且具行為能力或有效存續),其次是具行為能力且滿22歲之主要受益人(若主要受益人未滿22歲而其父母為 [Name of Beneficiary 1] 或 [Name of Beneficiary 2] 的後代,則通知其父母;如主要受益人喪失行為能力,則應通知其監護人)。

3. 信託保護人得新增應受通知人類別,且應以書面通知該應受通知人、受託人、投資指示顧問及分配顧問,並應於該應受通知人書面同意後於指定書所載時點生效。

(g) Wherever the term "**Charitable Organizations**" is used in this Agreement, it shall mean any one or more charitable organizations or institutions that then qualify under Section 2055 or 2522 of the Code for a charitable deduction, or any such organizations or institutions that are charitable under the applicable laws of their respective jurisdictions.

(g) 本合約中「慈善組織」一詞應指任何一個或多個依國稅法規第 2055 條或第

2522 條得主張慈善扣除額慈善組織或機構，或任何根據其各自管轄地區適用法律被認定為慈善的組織或機構。

(h) Whenever the words "**incapacity**" or "**incapacitated**" appear in this Agreement, the Grantor, Trustee, Adviser or Trust Protector shall be deemed to be incapacitated: (i) during any period that such individual is legally incompetent as determined by a court of competent jurisdiction; (ii) during any period that a conservator or guardian for such individual has been appointed, based upon his or her incapacity; (iii) during any period when two (2) physicians licensed to practice medicine certify in writing to the Trustee (if the Grantor's capacity is at issue), to the Grantor and Trust Protector (if the Trustee's capacity is at issue), to the Grantor, Trust Protector and Trustee (if an Adviser's capacity is at issue) or to the Grantor and Trustee (if the Trust Protector's capacity is at issue), that in the opinion of such physicians, such individual, as a result of illness, age, or other cause, no longer has the capacity to act prudently or effectively in financial affairs; or (iv) thirty (30) days after Trustee, Trust Protector, or any Trust beneficiary requests the Grantor, Trustee, Adviser, or Trust Protector, as applicable, to provide a certificate from a physician licensed to practice medicine that, in the opinion of such physician, such individual has the capacity to act prudently or effectively in financial affairs if the Grantor, Trustee, Adviser, or Trust Protector, as applicable, fails to provide such certification within such period.

(h) 本合約中「**無行為能力**」或「**無行為能力的**」一詞所指為，在下列情況中委託人、受託人、顧問或信託保護人應被視為無行為能力：(i) 在任何期間，具有管轄權的法院認定為無行為能力者；(ii) 因其無行為能力而為其指定保護人或監護人之期間內；(iii) 在任何期間，當兩位持有醫學執照的醫生認為由於疾病、年齡或其他原因，該個人不再具備在財務事務中謹慎或有效行事的能力，以書面向受託人（如果涉及委託人的行為能力問題）、委託人及信託保護人（如果涉及受託人的行為能力問題）、委託人、信託保護人及受託人（如果涉及顧問的行為能力問題）或委託人及受託人（如果涉及信託保護人的行為能力問題）提出證明時；或 (iv) 在委託人、信託保護人或任何信託受益人要求委託人、受託人、顧問或信託保護人（視情況而定）提供由持有執照的醫生出具證明，表示該醫生認為該個人有能力在財務事務上謹慎或有效率地行事，而委託人，受託人，顧問或信託保護人（視情況而定）未能在被要求後 30 天內提供該證明時。

(i) Wherever the word "**Code**" appears in this Agreement, it shall mean the Internal Revenue Code of 1986, as amended, and as interpreted by the Treasury Regulations thereunder (including Temporary and Proposed Regulations), any provisions amendatory thereof, supplemental thereto, or substituted therefor.

(i) 本合約中「**國稅法規**」一詞應指經修訂之美國 1986 年國稅法規、「財務條例」（包括「臨時及擬議規章」）對其之解釋及任何嗣後修改、增補或刪減之版本。

NINETEENTH Controlling Law

This Agreement creates a Nevada trust and all matters pertaining to its validity, construction and administration shall be determined in accordance with the laws of the State of Nevada, subject only to the following provisions. Any action, claim, demand, suit or proceeding involving the Trust must be brought in the District Court in the State of Nevada for so long as the situs of the Trust shall be the State of Nevada. Without limiting the foregoing, the validity, construction, performance, and effect of this Agreement shall be governed by the laws of the State of Nevada and any question arising hereunder shall be construed or determined according to such laws, except where preempted by federal law. Venue shall lie with the Second Judicial District in the County of Washoe. Additionally, without limiting the foregoing:

第十九條 管轄法律

本合約創設一內華達州信託,與該信託之有效性、設立及管理有關的所有事項,皆應根據內華達州的法律規定,但受限於下述條款。只要本信託的地點在內華達州,任何涉及本信託的行動、索賠、要求、訴訟或法律程序,必須提交內華達州地方法院。在不限制前述規定的前提下,本合約的有效性、解釋、履行及效力應受內華達州法律的管轄,且因本合約而產生的任何疑問均應根據該法律解釋或判定,但受聯邦法律管轄的情況除外。訴訟地應為瓦肖郡的第二司法區。另外,在不限制上述規定的情況下:

(a) The Trust Protector shall have the power to designate the law of any other jurisdiction (under which the terms of any trust created by or pursuant to this Agreement shall be capable of taking effect) to be the governing law of any trust created by or pursuant to this Agreement, and to declare:

(a) 信託保護人有權指定任何其他司法管轄區的法律(該司法管轄區的法律下,依據本合約設立的任何信託之條款均可生效)作為依據本合約設立的任何信託的管轄法律,並聲明:

(1) that such trust shall thereafter be governed by and take effect according to the laws of the jurisdiction so designated, the courts of which shall become the forum or situs for the administration of such trust, as well as all matters applicable to the administration thereof, or

(1) 該信託其後應受被指定之司法管轄區之法律管轄並依其生效,該司法管轄區之法院應成為管理該信託及所有適用於其管理事宜之法院地或所在地,或

(2) that, to the extent permitted by law, such trust shall thereafter be governed by and take effect according to the laws of the jurisdiction so designated, but that the forum or situs for the administration of such trust shall be a different jurisdiction designated by the Trust Protector.

(2) 在法律允許之範圍內,該信託其後應受被指定之司法管轄區之法律管轄並依其生效,但管理該信託之法院地或所在地應為信託保護人所指定之不同司法管轄區。

(b) Such designation and/or declaration shall be set forth in a written instrument delivered to the Trustee and the Notice Recipients that shall contain the powers and provisions that are necessary to enable such trust to be capable of taking effect under the laws of such jurisdiction(s), and that may also contain such other powers and provisions as the Trust Protector may determine to be in the best interest of the beneficiaries, provided that such powers and provisions do not (i) increase or extend the obligations, liabilities and/or responsibilities of the Trustee without its prior written consent or (ii) infringe upon any rule against perpetuities that is applicable to such trust.

(b) 該指定及／或聲明應以書面交付給受託人及應受通知人，文中應包含讓該信託能依該司法管轄區的法律生效所需的權力及規定，並可能包含信託保護人認為符合受益人最佳利益的其他權力和規定，但是這些權力及規定不得：(i) 未經受託人事先書面同意，增加或擴大受託人的義務、責任及職責；或 (ii) 違反適用於該信託的反永續條款。

(c) Upon the declaration by the Trust Protector that any trust created by or pursuant to this Agreement shall be governed by and administered in accordance with the laws of a new jurisdiction, the rights of all persons, parties, and entities, and the construction, effect, and administration of each and every provision of such trust shall be subject to and construed only according to the laws of the designated jurisdiction(s).

(c) 在信託保護人聲明依據本合約設立之任何信託應受新司法管轄區之法律管轄並依其管理後，所有人士、當事人及實體之權利，及該信託每一條款之解釋、效力及管理，應僅受限於指定司法管轄區之法律並依其解釋。

TWENTIETH United States Trust

(a) United States person

Notwithstanding anything to the contrary in this Agreement, the Grantor intends that on the earlier of (i) [her/his] relinquishment of the powers to revoke and direct income or (ii) [her/his] death, each trust created by or pursuant to this Agreement shall be a "**United States Person**" within the meaning of Section 7701(a)(30) of the Code (a "**United States Person**"). Accordingly, the Grantor directs that (i) primary supervision over the administration of each trust created by or pursuant to this Agreement shall at all times be exercisable by a court within the United States, and (ii) at all times one or more United States Persons shall have the authority to control all substantial decisions of each trust hereunder. No attempt to change the situs of a trust created by or pursuant to this Agreement, and no attempt to appoint a fiduciary of a trust hereunder, shall be valid if it conflicts with the foregoing intent of the Grantor.

第二十條 美國信託

(a) 美國人

儘管本合約有任何相反規定，委託人意圖在 (i)[她／他] 放棄撤銷及指示收益的權力，或 (ii) [她／他] 去世（以較早者為準）時，透過或依據本合約設立之每個信託均應為國稅法規第 7701(a)(30) 條所指的「美國人」（以下簡稱「美國人」）。因此，委託人指示 (i) 對依據本合約設立的所有信託其管理之主要監督，在任何時候均應由美國境內之法院行使，及 (ii) 在任何時候均應有一位或多位美國人士有權控制本合約下每個信託之所有重大決策。倘若與委託人之前述意圖相衝突，則變更依據本合約所設立之信託之所在地之任何嘗試，及依據本合約委任受託責任人之任何嘗試，均屬無

效。

(b) Exception

Notwithstanding section (a) of this Article TWENTIETH, the Trust Protector is authorized to allow the Trust to remain a Foreign Trust (as defined later on) in the event the Trust Protector, in the Trust Protector's sole discretion, deems it is in the best interest of the beneficiaries to do so. The Trust Protector shall provide written notice to the Trustee and the Notice Recipients of the Trust Protector's intent to allow the Trust to remain a Foreign Trust.

(b) 例外

儘管有本合約第二十 (a) 條之規定，信託保護人仍有權在信託保護人獨自裁量認為最符合受益人利益的情況下，允許本信託繼續為外國信託（定義詳後）。信託保護人應以書面通知受託人及應受通知人其意圖允許本信託繼續為外國信託。

TWENTY-FIRST Limitation on Powers of Non-United States Person

(a) Limitations on Powers

Anything in this Trust Agreement to the contrary notwithstanding, except as provided in paragraph (b) of this Article TWENTY-FIRST, during such time the Trust is intended to be a United States Person, no person who is not a United States Person shall be entitled to exercise any power otherwise reserved by or granted to such person by the terms of this Agreement, if the existence of such person's power would cause any Trust estate hereunder to become a "**Foreign Trust**" as defined in Section 7701(a)(31)(B) of the Code (a "**Foreign Trust**"). Such powers include a power of any person as Trustee or Adviser of any trust created hereunder, a power of any person to remove and appoint Trustees or Advisers pursuant to this Agreement. Without limiting the generality of the preceding provisions of this paragraph, but subject to section (a) of this Article TWENTY-FIRST:

第二十一條 非美國人的權力限制

(a) 權力限制

儘管本合約有任何相反規定（除了第二十一 (b) 條規定外），在本信託被意圖成為美國人時，沒有任何非美國人有權行使本合約條款所授予的權力，如果此人的權力會導致本合約下的任何信託財產成為國稅法規第 7701(a)(31)(B) 條所定義的「外國信託」（以下簡稱「外國信託」）。該權力包括受託人或顧問的權力，及移除及指派受託人或顧問的權力。在本條前項規定的概括原則下，還須遵守第二十一 (a) 條：

(1) No Trustee or Adviser may resign as Trustee or Adviser of any Trust estate hereunder if such resignation would cause such Trust estate to become a Foreign Trust, unless a successor Trustee or Adviser is appointed concurrently for such Trust estate in a manner which prevents such Trust estate from becoming a Foreign Trust. Notwithstanding the foregoing this provision shall not apply to Prestige Trust Company Inc. while it is serving as a Trustee.

(2) Any person who shall fail or cease to be a United States Person while acting as a Trustee or Adviser of any Trust estate hereunder shall immediately be deemed to have

resigned as Trustee or Adviser of such Trust estate.

(3) The powers to remove and appoint a Trustee and Advisers granted in this Agreement may not be exercised by any person who is not a United States Person.

(4) No person may become a successor or additional Trustee of any Trust estate hereunder or a successor or additional Adviser of any trust hereunder unless such person certifies in writing that such person is a United States Person. Further, subject to section (b) of this Article TWENTY-FIRST, no person shall be entitled to exercise any power otherwise reserved by or granted to such person by the terms of this Agreement, if the existence of such person's power would cause any Trust estate hereunder to become a Foreign Trust.

(1) 若受託人或顧問辭任會導致本合約下之信託財產成為外國信託，則該信託人或顧問不得辭任；除非同時為本信託財產委任繼任受託人或顧問以防止本信託財產成為外國信託。儘管如上所述，**Prestige Trust Company Inc.** 擔任受託人時不適用本條規定。

(2) 受託人或顧問在任職期間如未能或不再是美國人，則當立即被視作已辭去職務。

(3) 移除及指派受託人及顧問的權力不得由非美國人士行使。

(4) 除非該人以書面證明自身是美國人，則不得成為本合約下任何信託財產的繼任受託人、其他受託人或其他新增或繼任的顧問。此外，除第二十一 (b) 條另有規定外，如果此人權力的存在將導致本合約下的任何本信託財產成為外國信託，則其不得行使權利。

(b) Exception

The foregoing limitations (the "**Limitations on Powers**") shall not apply to a person with respect to a Trust estate hereunder if the Trust Protector of such Trust estate shall determine, in the sole discretion of the Trust Protector, that it would be in the best interests of such Trust estate to become a Foreign Trust and to suspend the Limitations on Powers with respect to such person, in whole or in part (a "**Suspension**"). The Trust Protector shall notify such person of the Suspension in writing. Any Suspension with respect to any person may be revoked by the Trust Protector, in whole or in part, in the sole discretion of the Trust Protector, by notification in writing to such person; provided, however, that such revocation shall not affect the validity of any exercise by such person of a power otherwise subject to the Limitations on Powers if and to the extent such power was exercised prior to such person's receipt of written notice of such revocation (for this purpose, any limited power of appointment granted by this Agreement to be effective only upon the death of the holder of such power is deemed to be exercised only upon the death of the holder of such power). Any Suspension with respect to any person, and any revocation of such Suspension, shall become effective at the time and upon the conditions stated in the instrument of notification of such Suspension or revocation delivered to such person. The power to suspend the Limitations on Powers with respect to any person, and the power to revoke any such Suspension, may be exercised as often as required, but only by any Trust Protector serving hereunder who or which is a United States Person at the time such power is exercised.

(b) 例外

當信託保護人依單獨裁量權決定該信託財產的最佳利益是成為外國信託時,可暫停對相關人等全部或部分的權力限制,使上述「權力限制」(以下簡稱「權力限制」)不適用於該信託財產有關人等(以下簡稱「暫停」)。信託保護人應以書面通知相關人之權力限制的暫停。信託保護人得依獨自裁量權撤銷全部或部分對任何人士的暫停,但應以書面通知該人士;但如果在相關人收到撤銷暫停的書面通知前行使權力,則該撤銷暫停不得影響相關人對該權力行使的有效性(就此而言,本合約授予任何僅在權力持有人去世時才生效的有限權力,均視為僅在該權力持有人去世時行使)。任何權力限制的暫停,及撤銷暫停,應在通知書中所述的時間及條件下生效。任何權力限制之暫停及撤銷暫停,得依據需要經常行使,但僅限於行使此權力時身為美國人的時任信託保護人才得以行使。

(c) Reliance Upon Certifications

Notwithstanding the foregoing, any Trustee, Adviser or beneficiary of any trust created hereunder, and any third party dealing with such Trust estate, may rely on a person's certification in writing that such person is a United States Person, without any duty to investigate such status, unless and until such person withdraws such certification by written notice to the other Trustees, or, if there is no other Trustee, to the Notice Recipients.

(c) 信賴書面證明

儘管如上所述,根據本合約設立的任何信託之受託人、顧問或受益人、及處理該信託財產的第三方,均得信賴某人表明其為美國人的書面證明,而無須對身分進行任何調查,除非且直到此人以書面通知其他受託人或應受通知人(若無其他受託人時)撤回該書面證明。

TWENTY-SECOND Liability of Trustee

Notwithstanding any other provision of this Agreement:

(a) Every act done, power exercised or obligation assumed by a Trustee pursuant to the provisions of this Agreement shall be held to be done, exercised or assumed, as the case may be, by the Trustee acting in a fiduciary capacity and not otherwise, and every person, firm, corporation or other entity contracting or otherwise dealing with the Trustee shall look only to the funds and property of the Trust estate for payment under such contract or payment of any money that may become due or payable under any obligation arising under this Agreement, in whole or in part, and the Trustee shall not be individually liable therefor even though the Trustee did not exempt himself, herself or itself from individual liability when entering into any contract, obligation or transaction in connection with or growing out of the Trust estate.

第二十二條 受託人責任

無論本合約的任何其他規定:

(a) 受託人依本合約所做的行為、所行使的權力或所承擔的責任，皆應為在其受託責任權限內進行；任何個人、單位、公司或其他實體與受託人交易時，只能就與交易產生的應付帳款相關的信託財產要求支付；雖然受託人對外參與信託財產有關之合約、義務及交易時，受託人自身並未免除個人的責任，但受託人不須為之負責。

(b) The decision of any Trustee hereunder with respect to the exercise or non-exercise by such Trustee of any power hereunder, or the time or manner of the exercise thereof, made in good faith, shall fully protect such Trustee and shall be final, conclusive and binding upon all persons interested in the Trust or the income therefrom. No Trustee acting hereunder shall be responsible for any error of judgment or mistake of fact or law.

(b) 關於受託人行使或不行使本款所述的任何權力，或其行使的時間或方式，只要受託人本著誠信原則依本合約而做的決定，則受託人應完全受到保護，且受託人之決定在信託利益相關人間具約束力。受託人不須為判斷錯誤、誤解法令及誤會事實而負責。

(c) The Trustee shall be liable hereunder only for the Trustee's willful misconduct or gross negligence proved by clear and convincing evidence in the court then having primary jurisdiction over the Trust. The Trustee shall not be personally liable for making any delegation that is authorized under this Agreement, nor for any action taken without the Trustee's express agreement, nor for any failure to act absent willful misconduct or gross negligence. The Trustee shall not be liable for relying absolutely on (i) any apparently valid documents and certifications including, but not limited to, tax reports and other tax information provided to the Trustee by any entity in which the Trust holds an ownership interest; and (ii) the opinions of counsel or any accountant to any Trust.

(c) 受託人僅對經過本信託管轄地的法院確定有明確之證據證實的故意不當行為或重大過失承擔責任。受託人對本合約授權的任何委託、未經受託人明示同意而採取的任何行動、及在沒有故意不當行為或重大過失的情況下的任何不作為均不承擔個人責任。信託人無須為信賴下列事項負責：(i) 任何明顯有效的文件及證件，包含但不限於：來自本信託持有所有權權益的單位所提供的稅務報告及其他稅務資訊；(ii) 諮詢顧問或會計師提供給信託的意見。

(d) While not required, the same procedure used to settle the Trustee's accounts may also be employed to obtain the conclusive consent by the beneficiaries to the Trustee's specific conduct of any other particular matter. The Trustee and each former Trustee shall be indemnified and held harmless by each trust created by or pursuant to this Agreement against any threatened, pending or completed action, claim, demand, suit or proceeding, whether civil, criminal, administrative or investigative, falling within the exculpatory provisions of this Article or to which the Trustee is made a party, or threatened to be made a party, by reason of serving as Trustee if the Trustee acted in good faith. Such indemnification shall include expenses, including attorneys' fees, judgments, fines and amounts paid in settlement actually incurred by the Trustee in connection with such action, claim, demand, suit or proceeding. The cost of indemnification shall be apportioned against the various trusts created by or pursuant to this Agreement as the Trustee reasonably considers appropriate, taking into account the nature of the claims involved.

(d) 雖然非必需，但得採用結算受託人會計科目的程序，以取得受益人同意受託人對任何其他特定事項的具體作為。如果受託人誠信行事，當面對威脅、未決或已完成的訴訟、索賠、請求或訴訟（無論是民事、刑事、行政或相關調查），受託人及每位前受託人皆應被補償並確保不遭損害；此補償包含費用、律師費、裁判費、罰款及和解金。賠償費用應按照比例由本合約設立的各信託分攤，受託人應依索賠的性質考量適當作法。

(e) No Trustee shall have any fiduciary responsibility to observe, monitor or evaluate the actions of any other Trustee (including a Special Trustee), Investment Direction Adviser, Distribution Adviser, Trust Protector, or other fiduciary and shall not be liable to any party for the failure to seek to attempt to prevent a breach of trust, or failure to remedy a breach of trust, or in a recurring situation to request instructions from a court having jurisdiction over the Trust. In no event shall any Trustee be liable for any matter with respect to which he, she or it is not authorized to participate hereunder (including the duty to review or monitor trust investments).

(e) 受託人並無觀察、監督或評估其他受託人（包含特別受託人）、投資指示顧問、分配顧問、信託保護人或其他受託責任人行為的受託責任。無論合約任一方未能設法避免違反信託規定、未能就違反信託規定進行補救、或在重複發生的情況下未能要求有管轄權的法院就信託發出指示，受託人皆無須為此負責。受託人不須為其未授權參與之項目負責（包含審閱及監督信託投資的責任）。

TWENTY-THIRD Bonds, Accountings, and Privacy Provisions

(a) No Trustee shall be required to file or render periodic accounts in or to any court other than for good cause shown. No Trustee shall be required to give any bond. Within ninety (90) days following the close of each calendar year, if information is available, and if not within thirty (30) days after it is delivered to the Trustee, and within ninety (90) days after the removal or resignation of the Trustee, the Trustee may deliver an accounting to the Notice Recipients, or if none, the Trust Protector. The accounting shall be a written accounting of the Trust during such year or during the period from the close of the last preceding year to the date of such removal or resignation and shall set forth all investments, receipts, distributions, expenses and other transactions of each such trust and show all cash, securities, and other property held as a part of each such trust at the end of such year or as of the date of such removal or resignation, as the case may be. The accountings referred to in this section shall be deemed to be an account stated, accepted and approved by all of the beneficiaries of each trust for which an accounting is rendered, and the Trustee shall be relieved and discharged, as if such accounting had been settled and allowed by a final judgment or decree of a court of competent jurisdiction, unless protested by written notice to the Trustee, within sixty (60) days of mailing thereof, by the Notice Recipients, or if none, the Trust Protector. The Trustee shall have the right, at the expense of the Trust, to apply at any time to a court of competent jurisdiction for judicial settlement of any account of the Trustee whether or not previously settled as herein provided or for the determination of any question of construction or for instructions. In any such action or proceeding it shall be necessary to join as parties solely the Trustee and the Notice Recipients, or if none, the Trust Protector (although the Trustee may also join such other parties as it may deem appropriate), and any judgment or decree entered therein shall be conclusive and binding on all persons at any time interested in the Trust.

第二十三條 保證金、會計及隱私規定

(a) 除有正當理由外，任何受託人不得被要求向任何法院提交或提供定期帳目。不得要求受託人提供任何保證金。在每個日曆年結束後的 90 天內（如果有資訊），如果沒有，則在資訊送達受託人後的 30 天內，及在受託人被免職或辭任後的 90 天內，受託人得向應受通知人，如無，則向信託保護人遞交會計報告。會計報告是屬於季度或年度的書面報告，報告期間應自上年度末到該受託人被移除或辭任的日期為止，並需要列出所有的投資、支出、分配、費用或其他交易明細及該信託的現金、證券及其他財產。本章節提及之會計報告，視為對該信託的帳戶陳述並受到該信託的受益人接受並同意，且視為已由有管轄權的法院最終判決及認可過，受託人完成該年度任務，除非在 60 天內由應受通知人，如無，則由信託保護人以書面通知給受託人表示異議。受託人有權隨時以信託的費用向有管轄權的法院申請對受託人的任何帳戶進行司法結算，無論該帳戶之前是否已按本合約規定進行結算，或者為了確定任何解釋或指示的問題。在任何此類訴訟或程序中，僅受託人及應受通知人（如無，則為信託保護人）應作為當事人加入（但受託人亦得在其認為適當時加入其他當事人），在此訴訟或程序中做出的任何判決或裁決均具有決定性，並對任何與本信託有利害關係的所有人士具有約束力。

(b) The Investment Direction Adviser shall, upon the request of the Trustee, provide valuation information to the Trustee for any illiquid assets and/or interests in private or closely held entities, to be used for accounting and such other purposes as the Trustee may determine. If the Investment Direction Adviser does not have the information or expertise to provide such information, the assets may be valued by a third-party professional, selected by the Investment Direction Adviser to value such assets, the costs of which will be an expense of the Trust.

(b) 投資指示顧問應於受託人提出請求時，向受託人提供任何非流動財產／閉鎖型實體的估值資訊，以用於會計上及受託人需要的其他目的。如果投資指示顧問無法提供此方面的信息，財產價值可由投資指示顧問選擇的第三方專業人員鑑定，費用將會由本信託支出。

(c) Notwithstanding any other provision of this Agreement, the Trustee and any Adviser serving in accordance with the provisions of this Agreement shall not furnish any account statement to any beneficiary of the Trust (other than the Notice Recipients) or provide any such beneficiary notice of the existence of the Trust unless directed to do so in writing by the

Trust Protector. For purposes of this section (c), neither making a distribution to a beneficiary nor satisfying any obligation under the tax laws shall be considered notice of the existence of the Trust.

(c) 儘管本合約有其他任何規定，受託人與其他顧問根據本合約規定的費用，不得提供任何帳戶結單收據給本信託受益人（應受通知人除外）或以其他形式通知受益人本信託之存在，除非由信託保護人以書面通知如此行事。就本 (c) 條而言，向受益人進行分配或履行稅法規定的任何義務均不應視為本信託存在的通知。

TWENTY-FOURTH Binding Effect

This Agreement shall extend to and be binding upon the personal representative, administrators and assigns of the Grantor and upon the successor to the Trustee.

第二十四條 拘束力

本合約應延伸並拘束委託人之個人代表、管理人及受讓人，及受託人之繼任者。

TWENTY-FIFTH Acknowledgment By Trustee

[Name of Trustee], Trustee, herein named, agrees to perform its duties as Trustee in accordance with the foregoing conditions and limitations.

第二十五條 受託人確認

[Name of Trustee]，即本合約指定之受託人，同意依上述條件及限制履行其作為受託人之職責。

TWENTY-SIXTH Agreement in Counterparts

This Agreement may be executed in counterparts and, as executed, shall constitute one (1) Agreement, binding on all the parties to this Agreement, notwithstanding that all parties are not a signatory to the original or the same counterpart.

第二十六條 合約副本

本合約可同時簽署多份副本，所有副本一起構成一份合約，並且拘束所有合約當事人，儘管所有當事人未簽署在原件或同一份副本上。

TWENTY-SEVENTH No Contest Provision

The right of a beneficiary to take any interest given to him or her under this Trust or any trust created under this trust instrument will be removed and disinherited, including the beneficiary's surviving descendants if that beneficiary, alone or in conjunction with any other person, engages in any of the following actions:

(a) Contests by a claim of undue influence, fraud, menace, duress or lack of testamentary capacity, or otherwise objects in any court to the validity of this Trust, any trust created under the terms of this instrument, the Grantor's will, or any beneficiary designation of an annuity, retirement plan, IRA, KEOGH, pension, profit sharing plan, or insurance policy signed by the Grantor (collectively referred to as "**Document**" or "**Documents**") which make reference to this instrument, or any amendments or codicils to any Document;

第二十七條 不爭條款

如果受益人單獨或與任何其他人共同採取以下任何行為，則受益人於本信託或根據本信託文件設立的任何信託獲得任何權益之權利將被取消，包括受益人尚存的後代的繼承權：

(a) 通過不當影響、欺詐、脅迫、恐嚇或缺乏遺囑能力提出異議，或以其他方式在任何法院反對本信託、根據本信託文件條款所設立之信託、委託人的遺囑、或由委託人簽署的任何提及本信託文件之年金、退休計畫、個人退休帳戶、KEOGH 計畫、退休金、利潤分享計畫、或保單的任何受益人指定（統稱為「**文件**」），或任何文件的修訂或附錄的有效性；

(b) Seeks to obtain adjudication in any court proceeding that a Document or any of its provisions are void, or otherwise seeks to void, nullify, or set aside a Document or any of its provisions;

(b) 尋求在任何法院程序中取得文件或其任何條款無效之裁定，或以其他方式尋求文件或其任何規定無效、作廢或廢止；

(c) Files suit or a creditor's claim against the Trust estate, or any other Document after rejection or lack of action by the respective fiduciary;

(c) 在各別受託責任人拒絕或不採取行動後，對本信託財產或任何其他文件提起訴訟或債權人求償；

(d) Files a petition or other pleading to change the character (separate, joint tenancy, partnership, domestic partnership, real or personal, tangible or intangible) or property already characterized by a Document;

(d) 提起訴狀或其他訴訟文書，以變更已經由文件定性之財產性質（單獨、共同承租、合夥、家庭合夥、不動產或個人財產、有形或無形財產）；

(e) Files a petition to impose a constructive trust or resulting trust on any assets of the Trust estate; or

(e) 提起訴狀以對信託財產下的任何財產增加擬制信託或歸覆信託；或

(f) Participates in any of the above actions in a manner adverse to the Trust estate, such as conspiring with or assisting any person who takes any of these actions.

(f) 以不利於本信託財產的方式參與上述任何行為，例如密謀或協助採取任何上述行動的人。

The Trustee may defend any violations of this Section at the expense of the Trust. A contest includes any action described above in an arbitration proceeding but does not include any action described above solely in a mediation not preceded by the filing of a contest with a court.

受託人得自本信託支出費用，對抗任何違反本條規定的行為。爭議行為包括在仲裁程序中採取上述的任何行動，但不包括僅在調解階段採取、且在調解前未向法院提起爭議訴訟的上述任何行動。

[The Remainder of This Page Intentionally Left Blank]

[本頁其餘部分刻意留白]

IN WITNESS WHEREOF, the parties hereto have executed this [Name of Trust] AGREEMENT as of the day and year first above written.

Signed, Sealed and Delivered in
the Presence of:

_____   _____(SEAL)
[Name of Witness], Witness   [Name of Grantor], Grantor

_____   Date:_____
[Name of Witness], Witness

[Name of Trustee], TRUSTEE

By: _____
Name: _____
Title: _____

STATE OF NEVADA)
) ss.:
COUNTY OF CLARK)

On _____, 20___, before me, _____,
a Notary Public, personally appeared _____,
personally known to me (or proved to me on the basis of satisfactory evidence) to be the person whose name is subscribed to [Name of Trust] AGREEMENT and acknowledged to me that she/he executed the same in her/his authorized capacity, and that by her/his signature on the instrument the person executed the instrument.

    WITNESS my hand and official seal.

_____
Notary Public

SCHEDULE "A" TO REVOCABLE TRUST

CASH   USD 10.00

附錄二、不可撤銷信託合約公版

[Name of Trust] IRREVOCABLE TRUST AGREEMENT

[OOO 不可撤銷信託] 合約

> Please note that only the English version of this Trust Agreement will be signed for the creation of a **IRREVOCABLE TRUST**. The Chinese translation, serving as a summary of the English provisions, is provided to assist the Settlor in understanding the terms of this Trust Agreement. In the event of any discrepancy between the English and Chinese versions, the English version shall prevail.
>
> 提請注意，本件**不可撤銷信託**設立時僅簽署信託合約英文版。本信託合約的中文譯文為英文版條款的概要說明，旨在協助委託人理解本信託合約。中英文版本如有歧義，應以英文版為準。
>
> （2024.11.05 版）

Table of Contents
[NAME OF TRUST] AGREEMENT
FIRST Trust Management
(a) Name
(b) Prior to Division of Trust Estate
(1) Management
(2) Income and Principal
(3) Power to Add and Remove Permissible Class of Beneficiaries
(c) Division of Trust Estate
(1) Management
(2) Income and Principal
(3) Power to Add and Remove Permissible Class of Beneficiaries
(4) Death of Primary Beneficiary
(d) Separate Shares
(e) Contingent Beneficiaries
(f) Trust Distribution
SECOND Non-Grantor Trust Status
THIRD Rule Against Perpetuities
FOURTH Incapacity of Beneficiary
(a) Management
(b) Income and Principal
FIFTH Alienation
SIXTH Trust Additions and Mergers
(a) Additions
(b) Mergers
SEVENTH Trustee's Powers
EIGHTH Exclusive Duties of Trustee
NINTH Investment Direction Adviser
(a) Initial Appointment of Investment Direction Adviser
(b) Role and Function
(c) Loans, Guarantees and Creation of Entities
(d) Directions to Trustee
(e) Liability of Trustee
(f) Liability of Investment Direction Adviser
(g) Indemnification
(h) Resignation of Investment Direction Adviser
(i) Removal of Investment Direction Adviser
(j) Appointment of Additional or Successor Investment Direction Advisers
(k) Power to Hire Agents

(l) Compensation
TENTH Trust Protector
(a) Initial Appointment of Trust Protector
(b) Powers
(c) Directions to Trustee
(d) Liability of Trustee
(e) Limitations of Responsibilities
(f) Indemnification
(g) Resignation of Trust Protector
(h) Appointment of Additional or Successor Trust Protectors
(i) Removal of Trust Protector
(j) Agents and Advisers
(k) Compensation
ELEVENTH Distribution Adviser
(a) Initial Appointment of Distribution Adviser
(b) Role and Function
(c) Directions to Trustee
(d) Liability of Trustee
(e) Liability of Distribution Adviser
(f) Indemnification
(g) Resignation of Distribution Adviser
(h) Removal of Distribution Adviser
(i) Appointment of Additional or Successor Distribution Advisers
(j) Compensation
TWELFTH Payment of Death Taxes and Administration Expenses
THIRTEENTH Waiver of Prudent Investor Rule
FOURTEENTH Trustee's Commissions
FIFTEENTH Trust to be Irrevocable
SIXTEENTH Resignation, Removal and Appointment of Trustees
(a) Resignation of Trustee
(b) Removal of Trustee
(c) Appointment of Successor Trustee
(d) Delivery of Trust Assets
(e) Liability of Predecessor Trustee
(f) Merger of Trustee
SEVENTEENTH Subchapter S Stock
EIGHTEENTH Interested Fiduciary
NINETEENTH Definitions
TWENTIETH Controlling Law

TWENTY-FIRST United States Trust
(a) United States person
(b) Exception
TWENTY-SECOND Limitation on Powers of Non-United States Person
(a) Limitations on Powers
(b) Exception
(c) Reliance Upon Certifications
TWENTY-THIRD Liability of Trustee
TWENTY-FOURTH Bonds, Accountings, and Privacy Provisions
TWENTY-FIFTH Binding Effect
TWENTY-SIXTH Acknowledgment by Trustee
TWENTY-SEVENTH Agreement in Counterparts

[Name of Trust] AGREEMENT

[OOO 信託] 合約

　　This [Name of Trust] Agreement (the "**Agreement**" or "**Trust Agreement**") is made this ___ day of _____, 2024, between [Name of Grantor], of [Country / County & State of Grantor's residence], hereinafter "**Grantor**," and [Name of Trustee], an independent Nevada trust company, hereinafter "**Trustee**."

　　本 [OOO 信託] 合約（以下簡稱「本合約」或「本信託合約」）於 2024 年 __ 月 __ 日由 [Country / County & State of Grantor's residence] 之 [Name of Grantor]（以下簡稱「委託人」）及 [Name of Trustee]（獨立的內華達州信託公司）為受託人（以下簡稱「受託人」）締結。

　　WHEREAS, the Grantor desires to establish an irrevocable trust funded with such property as the Grantor may from time to time deposit into trust under this Agreement, together with the investments, reinvestments and proceeds thereof (all of which, with the investments, reinvestments and proceeds thereof, shall be termed the "**Trust estate**").

　　委託人希望設立一不可撤銷信託，以委託人依本信託合約隨時存入信託的財產，及以該財產進行投資、再投資並產生的收益作為資金（前述財產及其投資、再投資與收益合稱為「**本信託財產**」）。

　　WHEREAS, the Trustee accepts such trust and agrees to administer it in accordance with the terms and conditions of this Agreement.

　　受託人接受本信託並同意依本合約條款與條件來管理本信託。

　　NOW, THEREFORE, in consideration of the mutual promises and covenants contained in this Agreement, the Grantor hereby delivers to the Trustee the property described on Schedule "**A**" in trust which the Grantor has absolutely and irrevocably transferred to the Trustee for the following uses and purposes and subject to the terms and conditions contained in this Agreement.

　　鑑於本合約中相互的承諾與約定，委託人絕對且不可撤銷地將本合約**附表 A** 裡所述之財產移轉予受託人，為以下目的而使用，並應符合本合約所包含之條款與條件。

FIRST　Trust Management

　　The Trustee shall hold, manage, invest and reinvest the Trust estate, shall collect and receive the income therefrom, shall pay out of such income all expenses and charges properly payable therefrom and shall dispose of the net income and principal as set forth below:

第一條　信託管理

　　受託人應依以下所述規定來持有、管理、投資及再投資信託財產，收取與接收信託收益，以信託收益支付所有應適當支付之費用與開銷，並應依以下所述處分淨收益及本金。

　　(a) Name

This Trust Agreement may be referred to and administered pursuant to the provisions hereof as "**[Name of Trust] AGREEMENT**." The trust created pursuant to the provisions of section (b) of this Article FIRST may be referred to as "**[Name of Trust]**." Each trust, share or portion created pursuant to the provisions hereof (other than the trust created pursuant to the provisions of section (b) of this Article FIRST) may be referred to as "**[NAME OF TRUST] F/B/O A PARTICULAR BENEFICIARY**" with the name of the person for whose primary benefit such trust, portion or share is held inserted after "**F/B/O.**" Unless otherwise provided in this Agreement, the terms "**Trust Estate**" or "**Trust**" as used throughout this Agreement shall refer to each trust created by or pursuant to this Agreement.

(a) 名稱定義

本合約名為「**OOO信託合約**」，並依其條文管理。依第一條(b)成立之信託名為「**OOO信託**」，每個依本合約成立之衍生信託、持分或信託之一部分得被命名為「為特定受益人之**OOO信託**」（此特定受益人為該衍生信託、持分或信託一部分之主要受益人人名）。除非本合約另有規定，「**本信託財產**」或「**本信託**」應指依本合約成立之各別信託。

(b) Prior to Division of Trust Estate

Prior to the division of the Trust estate in accordance with section (c) of this Article FIRST, the Trustee shall hold, administer and distribute the Trust estate as follows:

(b) 信託分割前之管理

在依第一(c)條分割信託財產之前，受託人應依以下所述規定持有、管理及分配信託財產：

(1) Management

Subject to the provisions of Article NINTH of this Agreement relating to the Investment Direction Adviser, the Trustee shall hold, manage, invest and reinvest the Trust estate, shall collect and receive the income therefrom, and shall pay out of the income all expenses and charges properly payable therefrom.

(1) 管理

在符合本合約第九條規定關於投資指示顧問規定的前提下，受託人應持有、管理、投資及再投資信託財產，收取與接收信託收益，並以信託收益支付所有應適當支付之費用與開銷。

(2) Income and Principal

Subject to the provisions of Article ELEVENTH of this Agreement relating to the Distribution Adviser, the Trustee is authorized and empowered to distribute to any one or more of the following individuals: [Name of Beneficiary 1], [Name of Beneficiary 2] and the descendants of each [Name of Beneficiary 1] and [Name of Beneficiary 2] who are living from time to time, or apply for their use and benefit, all, some, or none of the net income and principal of the Trust estate as the Distribution Fiduciary (as defined later in this Agreement) may deem appropriate in its sole and absolute discretion. In making this determination, the Distribution Fiduciary may, but need not, take into consideration funds which the beneficiaries may receive from other sources. No such distribution to or for the benefit of a beneficiary shall be deemed to be an advancement. Any undistributed income shall be added to the principal and held as part of the Trust estate at least annually.

(2) 收益和本金

根據第十一條規定關於分配顧問之相關條文，受託人被授權根據分配受託責任人（稍後定義）以其獨立絕對裁量權認為適當之指示，分配全部、部分或不分配信託財產的淨收益及本金給以下任何一位或多位或為其利益使用信託財產：在世的 [Name of Beneficiary 1]、[Name of Beneficiary 2]、 及 [Name of Beneficiary 1] 及 [Name of Beneficiary 2] 的各別後代。分配受託責任人做出分配決定時，得（但不強制）考慮受益人其他資金來源。此類分配給受益人之行為不視為預先支取信託財產。最少每年一次，任何未分配之收益應被加入為信託本金，視為信託財產一部分。

(3) Power to Add and Remove Permissible Class of Beneficiaries

Subject to the restrictions of section (b)(4) of Article TENTH of this Agreement, the Trust Protector shall have the power, exercisable in a non-fiduciary capacity and without the approval or consent of any person in a fiduciary capacity, to add and remove individuals and Charitable Organizations (as defined in section (g) of Article NINETEENTH of this Agreement) to and from the permissible class of beneficiaries referenced in section (b)(2) of this Article FIRST. The Trust Protector shall have the power, exercisable in a non-fiduciary capacity and without the approval or consent of any person in a fiduciary capacity, to terminate the power conferred upon the Trust Protector pursuant to this section (b)(3) of this Article FIRST to add to and remove from the permissible class of beneficiaries by providing written notice to the Distribution Adviser and the Trustee to this effect.

(3) 新增及移除受益人之權力

受限於本合約第十 (b)(4) 條的限制，信託保護人不須得到任何受託責任人的批准或許可，即有權在第一 (b)(2) 條所述受益人中新增及移除個人及慈善組織（詳本合約第十九 (g) 條定義），並得以書面通知分配顧問及受託人終止第一 (b)(3) 條所授予新增及移除受益人之權力。

(c) Division of Trust Estate

Upon the Trust Protector directing the Trustee in writing, the Trustee shall divide the remainder of the Trust estate in the following manner:

There shall be one share set aside for each of [Name of Beneficiary 1] and [Name of Beneficiary 2], if then living, and one share set aside for the then living descendants, collectively, of [Name of Beneficiary 1], if [she/he] is then deceased, one share set aside for the then living descendants, collectively, of [Name of Beneficiary 2], if [she/he] is then deceased. Any share set aside for the then living descendants, collectively, of [Name of Beneficiary 1], if [she/he] is then deceased, and of [Name of Beneficiary 2], if [she/he] is then deceased, shall be further divided into shares for such descendants, per stirpes.

Each person for whom a share is set aside shall be referred to as the "**Primary Beneficiary**" of such share. After making the aforesaid division, the Trustee shall hold and dispose of such shares as follows:

(c) 信託財產分割

於信託保護人以書面指示時，受託人應將剩餘信託財產依下列方式進行分割：在世的 [Name of Beneficiary 1] 及 [Name of Beneficiary 2] 一人一份。如有任何一位已過世，則為已過世的 [Name of Beneficiary 1] 或 [Name of Beneficiary 2] 其當時在世的後代集體保留一份。為已過世的 [Name of Beneficiary 1] 或 [Name of Beneficiary 2] 其當時在世的後代集體保留的份額，應進一步按照代位繼承的方式分配予其後代。為其保留份額的每個人被稱為該份額的「**主要受益人**」。在分割後，受託人應依以下規定持有與處分分割後的信託持分：

(1) Management

Subject to the provisions of Article NINTH of this Agreement relating to the Investment Direction Adviser, the Trustee shall hold, manage, invest and reinvest as a separate trust each share set aside for a Primary Beneficiary, shall collect and receive the income from each separate trust, and shall pay out of the income all expenses and charges properly payable therefrom.

(1) 管理

在符合本合約第九條關於投資指示顧問規定的前提下，受託人應為每位主要受益人保留的份額作為單獨的信託進行持有、管理、投資及再投資，收取及收受每個單獨信託的收益，並從該收益支付所有應適當支付的費用及開銷受託人應將每個被分割之持分視作主要受益人保留之衍生信託持有、管理、投資及再投資信託財產，收取與收受信託收益，並以信託收益支付所有應適當支付之費用與開銷。

(2) Income and Principal

Subject to the provisions of Article ELEVENTH of this Agreement relating to the Distribution Adviser, the Trustee is authorized and empowered to distribute to any one or more of such Primary Beneficiary and his or her descendants, or apply for the use and benefit of such Primary Beneficiary and his or her descendants, all, some or none of the net income and principal of such trust as the Distribution Fiduciary deems appropriate in its sole and absolute discretion. In making this determination, the Distribution Fiduciary shall inquire as to any such beneficiary's assets and sources of income other than any interests such beneficiary may have in any trust created under this Agreement and shall take such information into consideration in making any distributions from the trust and may withhold distributions and other benefits if, after considering such other assets, a distribution or other benefit would be counter to the purposes and intents of the trust. No such distribution to or for the benefit of a descendant of the Primary Beneficiary shall be deemed to be an advancement. Any undistributed income shall be added to the principal of the Trust estate at least annually.

(2) 收益和本金

在符合本合約第十一條關於分配顧問規定的前提下，受託人依照分配受託責任人單獨絕對裁量權之指示而分配全部、部分亦或不分配信託之淨收益或本金給主要受益

人或其後代，或為其利益使用信託財產。分配受託責任人做出分配決定時，應詢問受益人除在本合約下創建的任何信託中之權益以外的其他財產及收入來源，並在從信託進行分配時將此信息列入考慮；如果在考慮其他財產後，分配或其他利益將與信託的目的及意圖相抵觸者，則可以扣留分配及其他利益。對主要受益人後代的此類分配不應被視為預付遺產。任何未分配之收益最少每年一次應被加入為信託本金。

(3) Power to Add and Remove Permissible Class of Beneficiaries

Subject to the restrictions of section (b)(4) of Article TENTH of this Agreement, the Trust Protector shall have the power, exercisable in a non-fiduciary capacity and without the approval or consent of any person in a fiduciary capacity, to add and remove individuals and Charitable Organizations to and from the permissible class of beneficiaries referenced in section (c) of this Article FIRST. The Trust Protector shall have the power, exercisable in a non-fiduciary capacity and without the approval or consent of any person in a fiduciary capacity, to terminate the power conferred upon the Trust Protector pursuant to this section (c)(3) of this Article FIRST to add to and remove from the permissible class of beneficiaries by providing written notice to the Distribution Adviser and the Trustee to this effect.

(3) 新增及移除受益人允許類別之權力

受限於本合約第十 (b)(4) 條的限制，信託保護人不須得到任何受託責任人的批准或許可，即有權以非受託責任人身分在第一 (c) 條所述受益人許可類別中新增及移除個人及慈善組織。信託保護人不須得到任何受託責任人的批准或許可，即有權以非受託責任人身分以書面通知分配顧問及受託人終止第一 (c)(3) 條所授予信託保護人新增及移除受益人之權力。

(4) Death of Primary Beneficiary

Upon the death of a Primary Beneficiary during the term of his or her trust, the Trustee shall distribute the remainder of the Primary Beneficiary's Trust estate as follows:

(4) 主要受益人過世

主要受益人於其信託期間過世時，受託人應以下列方式分配其信託之剩餘信託財產：

(i) The Trustee shall distribute that portion of the assets of such Primary Beneficiary's separate trust, which if included in such Primary Beneficiary's taxable estate for federal estate tax purposes would result in a reduction of the overall transfer taxes (including generation-skipping transfer tax) determined without regard to the marital and charitable deductions imposed on such trust, to such Primary Beneficiary's creditors or the creditors of his or her estate, in such manner as such Primary Beneficiary may appoint by specific reference to this power in his or her Last Will and Testament admitted to probate or pursuant to an instrument executed by such Primary Beneficiary during his or her lifetime and delivered to the Trustee, provided that the exercise of such power of appointment shall not take effect until such Primary Beneficiary's death. The Trustee shall have no duty to determine whether including any portion of the assets of the trust in the Primary Beneficiary's taxable estate will result in a reduction of overall transfer taxes. Instead, the Trustee shall rely on written direction from the personal representative of the Primary Beneficiary's estate as to whether including any portion of the trust assets in the Primary Beneficiary's taxable estate will result in a reduction of transfer taxes.

(i) 依照主要受益人通過認證的最後遺囑或在其生前簽署並遞交予受託人之文書裡所援引之指派權，此指派權在主要受益人死後才產生效力，受託人應分配給主要受益人衍生信託之部分財產（如此信託財產被納入主要受益人的可課徵遺產，則可降低信託之總移轉稅包括隔代移轉稅，總移轉稅之計算不須考慮因婚姻或捐贈行為所產生之扣抵項目）給受益人之債權人或受益人遺產債權人。另外，受託人應依照該主要受益人遺產代表人之書面指示，決定是否將衍生信託財產計入主要受益人應課稅遺產中及其將對總移轉稅產生之抵減影響，受託人本身並無義務做出此決定與考慮。

(ii) The Trustee shall distribute the remainder of such Primary Beneficiary's separate Trust estate in such manner as such Primary Beneficiary may appoint by specific reference to this power in his or her Last Will and Testament admitted to probate or pursuant to an instrument executed by such Primary Beneficiary during his or her lifetime and delivered to the Trustee, provided that the exercise of such power of appointment shall not take effect until such Primary Beneficiary's death, upon such conditions and terms including outright or in further trust, to the limited class of beneficiaries consisting of [Name of Beneficiary 1]'s descendants and [Name of Beneficiary 2]'s descendants. In no event shall the power of appointment conferred upon a Primary Beneficiary in this section(c)(4)(ii) of this Article FIRST be construed as a power in such Primary Beneficiary to appoint such Primary Beneficiary's trust to himself or herself, his or her creditors, his or her estate or the creditors of his or her estate. Notwithstanding the foregoing or any other provision of this Agreement, no limited power of appointment conferred upon a Primary Beneficiary in this section (c)(4)(ii) of this Article FIRST may be exercised over a trust which is exempt from the generation-skipping transfer tax in a manner that would trigger the application of Section 2041(a)(3) or Section 2514(d) of the Code.

(ii) 依照主要受益人通過認證的最後遺囑或在其生前簽署並遞交予受託人之文書裡所援引之指派權，此指派權在主要受益人死後才產生效力，受託人應分配衍生信託之剩餘財產給限定之受益人（這些受益人限為 [Name of Beneficiary 1] 之後代及 [Name of Beneficiary 2] 之後代）。第一 (c)(4)(ii) 條所指主要受益人之指派權力不能被視作主要受益人有權將這些財產指派給自己、其債權人、其遺產及其遺產的債權人。不論本合約中有其他的條文規範，主要受益人不得在會觸發國稅法規第 2041(a)(3) 條或第 2514(d) 條的狀況下在特定隔代移轉稅豁免信託中行使此限定指派權。

(iii) The Trustee shall divide any unappointed remainder of such Primary Beneficiary's trust into shares for the then living descendants of such Primary Beneficiary, per stirpes. If there is no descendant of such Primary Beneficiary then living, the Trustee shall divide such deceased Primary Beneficiary's separate trust into shares for the then living full siblings of the deceased Primary Beneficiary, and the then living descendants, per stirpes, of any deceased full sibling of the deceased Primary Beneficiary. In the event that there are no such beneficiaries, the trust shall be divided into shares for the then living descendants, per stirpes, of the deceased Primary Beneficiary's nearest ancestor, provided that such living descendants shall be [Name of Beneficiary 1], [Name of Beneficiary 2], [Name of Beneficiary 1]'s descendants, or [Name of Beneficiary 2]'s descendants. Each person for whom a share is set aside shall be referred to as the "**Primary Beneficiary.**" The Trustee shall hold each share so set aside in further trust hereunder according to the provisions of this section (c) of this Article FIRST. Any share set aside for a person for whom a trust is being held hereunder shall be added to and commingled with the trust held hereunder for such person and shall be held and distributed as if it had been an original part of the principal of that trust.

(iii) 受託人應將該主要受益人信託中尚未指定的剩餘部分，按代位繼承的方式均分成給該主要受益人當時在世的後代。如果該主要受益人當時沒有在世的後代，則受託人應將該已故主要受益人的獨立信託分給其當時在世且同父同母的兄弟姊妹；如上述兄弟姊妹中如有未在世者，則按代位繼承的方式將其份額均分該位已故兄弟姊妹的後代。如沒有已故主要受益人當時在世且同父同母的兄弟姊妹或其後代，應按代位繼承的方式分割給已故主要受益人血緣最近祖先的在世後代，但該在世後代應為 [Name of Beneficiary 1]、[Name of Beneficiary 2]、[Name of Beneficiary 1] 之後代、或 [Name of Beneficiary 2] 之後代。每位為其保留份額之人稱為「主要受益人」，且受託人應依第一 (c) 條規定將每個保留的份額作為衍生信託而持有。如果為其保留份額之人已依據本合約為其持有信託，則該份額應並入並與為該人持有的信託混合，如同其為該信託原始本金的一部分而持有及分配。

(d) Separate Shares

The provisions of this Agreement shall be applied separately with respect to each trust held under this Article FIRST. For example, the Trustee serving at the time the Trust is divided may resign at any time after the division as Trustee of one such separate trust but continue to serve with respect to another separate trust. Similarly, the Trust Protector may remove an Investment Direction Adviser serving at the time the Trust is divided with respect to one such separate trust but allow the Investment Direction Adviser to continue with respect to another separate trust.

(d) 衍生持分

本合約規定應分別適用於根據第一條所持有的每個信託。例如，在信託分割當時任職的受託人可以在分割後隨時辭去某個衍生信託的受託人職務，但繼續擔任另一個衍生信託的受託人。同樣地，信託保護人可以移除某位在信託分割當時任職的投資指示顧問在某個衍生信託之職位，但仍然使其擔任其他衍生信託的投資指示顧問。

(e) Contingent Beneficiaries

If at the time provided for the final distribution of assets in trust under this Agreement all of the beneficiaries under this Article FIRST are deceased without then living issue, the Trustee shall distribute the unappointed remainder of the Trust estate to individuals and Charitable Organizations to be further determined by [Name of Trust Protector] or [her/his] successor Trust Protector if [she/he] provides such authority in the instrument appointing [her/his] successor. Subject to the restrictions of section (b)(4) of Article TENTH of this Agreement, the Trust Protector shall have the power, exercisable in a non-fiduciary capacity and without the approval or consent of any person in a fiduciary capacity, to add and remove individuals and Charitable Organizations to and from the permissible class of beneficiaries in this section (e) of Article FIRST. The Trust Protector shall have the power, exercisable in a non-fiduciary capacity and without the approval or consent of any person in a fiduciary capacity, to terminate the power conferred upon the Trust Protector pursuant to this section (e) of this Article FIRST to add to and remove from the permissible class of beneficiaries by providing written notice to the Grantor, the Distribution Adviser and the Trustee to this effect.

(e) 或有受益人

若最後將未分配之剩餘財產進行分配時，根據第一條之規定，沒有任何在世的被分配之受益人，受託人應將未分配之剩餘財產分配給由 [Name of Trust Protector] 或其繼任信託保護人（如果 [Name of Trust Protector] 在任命其繼任者的文書中給予此授權）進一步決定的個人及慈善組織。受限於本合約第十 (b)(4) 條之限制，信託保護人有權以非受託責任人身分，且不須任何受託責任人的批准或許可，即可新增及移除個人及慈善組織作為本合約第一 (e) 條所述之受益人；並得以書面通知委託人、分配顧問及受託人以終止第一 (e) 條所授予新增及移除受益人之權力。

(f) Trust Distribution

Subject to the provisions of Article ELEVENTH of this Agreement relating to the Distribution Adviser, expenditures or distributions of income or principal under all provisions of this Agreement may be made, in the discretion of the Distribution Fiduciary, in any one or more of the following ways: (1) by direct expenditure for the benefit of a beneficiary; (2) by payment to a beneficiary, even if he or she may be under the age of eighteen (18) years; or (3) by payment to a custodian for a beneficiary under an appropriate Uniform Transfers to Minors Act to be held until such beneficiary attains the age of twenty-one (21) years (or such later time as permitted under the appropriate Uniform Transfers to Minors Act). In exercising discretion to pay or apply income or principal of any trust to or for the benefit of any beneficiary who is a permissible current recipient of income or principal of more than one trust created by or pursuant to this Agreement, the Distribution Fiduciary shall bear in mind the Grantor's desire that (i) any payment to a non-skip person be made first from the trusts with the greatest inclusion ratio for generation-skipping transfer tax purposes and thereafter from trusts in order of their descending inclusion ratio; (ii) any payments of qualified educational and/or medical expenses, as those are defined in Section 2503(e) of the Code, be made first from the trusts with the greatest inclusion ratio for generation-skipping transfer tax purposes and thereafter from trusts in order of their descending inclusion ratio; and (iii) any payments to a skip person be made first from trusts with the lowest inclusion ratio and thereafter from the trusts in the order of their ascending inclusion ratio. The receipt of a beneficiary under the age of eighteen (18) years, or the receipt of a custodian for a beneficiary who is under the age of twenty-one (21) years, for a payment received from the

Trustee to be expended for the benefit of a beneficiary, shall be a full and complete discharge of the Trustee in respect thereto.

(f) 信託分配方式

在符合本合約第十一條關於分配顧問規定的前提下，分配受託責任人得裁量用以下任一種或多種方式支用或分配本合約下之收益或本金：(1) 為受益人之利益直接支付其產生之費用；(2) 直接支付給受益人，不論其是否滿 18 歲；或 (3) 依照未成年財產移轉法案，支付給未成年受益人之監護人保管，直到受益人滿 21 歲或依該法案規定允許之延後時點。分配受託責任人在分配財產給受益人，並且該受益人同時為本合約其他信託現有可允許之財產接受人時，分配受託責任人應謹記委託人之期望為 (i) 基於隔代移轉稅的目的，先由應稅比例最大的信託帳戶分配財產給未被跨代之特定人，再依序由應稅比例之大小選擇信託帳戶分配信託財產給此特定人；(ii) 基於隔代移轉稅的目的，先由應稅比例最大的信託帳戶支付符合國稅法規第 2503(e) 條所指之教育及醫療費用，再依序由應稅比例之大小選擇信託帳戶以支付這些費用；(iii) 基於隔代移轉稅的目的，先由應稅比例最小的信託帳戶分配財產給跨代之特定人，再依序由應稅比例之小到大選擇信託帳戶分配信託財產給此特定人。當未滿 18 歲之受益人或未滿 21 歲未成年受益人之監護人收到由受託人為其支付款項時，應將完全免除受託人支付之責任。

SECOND Non-Grantor Trust Status

Notwithstanding any other provision of this Agreement, the Trustee shall not make any distribution from the Trust estate to, or for the benefit of, the Grantor or any spouse of the Grantor and the Trustee shall not permit the Grantor or any spouse of the Grantor, directly or indirectly, to use, borrow, acquire, or otherwise deal with, any property held as part of the Trust estate whether or not for adequate consideration. It is the intent of the Grantor that no part of the income, deductions, or credits of any trust created hereunder shall be attributed to the Grantor under the so-called "**Grantor trust**" rules of subpart E of subchapter J of subtitle A of the Code and, accordingly, the Grantor directs that this Agreement shall be construed and the trusts hereunder administered in accordance with and to carry out that intent and that any provision of this Agreement to the contrary shall be of no effect. None of the powers granted the Trustee shall enable the Grantor, any spouse of the Grantor, the Trustee, or any entity in which the Grantor, or any trust hereunder, has a substantial interest, to borrow the principal of the trust, directly or indirectly. None of the powers granted to the Trustee shall enable anyone to require the Trustee to exchange trust property by substituting other property of equal value. The Trustee shall not pay to the Grantor or the Grantor's executors any income or principal of any trust estate hereunder on account of or in discharge of the Grantor's income tax liability (whether federal, state or otherwise), if any, in respect of property held in any trust hereunder and taxable to the Grantor including, but without limitation, tax on realized capital gains.

第二條 非委託人信託

不論本合約其他條文規定，受託人不應分配信託財產給委託人及其配偶，不論任何情形，無論對價是否相當，受託人亦不應允許委託人及其配偶使用、借出、獲得或處置信託財產之任一部分。委託人意旨本合約非為國稅法規 subtitle A 中 subchapter J 之 subpart E 下所稱之「**委託人信託**」，本合約成立之任何信託之收益、抵減項均不被歸屬於委託人，並且本合約及信託均依此意旨被解釋與運作，任何本合約條文與此相違背者均為無效。任何被授予受託人之權力都不能直接或間接地，使委託人及其配偶或受託人有權，借出信託本金，亦不能使任何人要求受託人以等值財產替換信託之財產。受託人不得為了委託人之稅負責任（不論聯邦、州或其他稅），支付任何收益或本金給委託人或其執行人，包括任何信託財產所產生的資本利得稅。

THIRD Rule Against Perpetuities

It is Grantor's intent that the rule against perpetuities set forth in Nevada Revised Statutes ("**N.R.S**") Section 111.1031 shall apply to any trust created hereunder. Notwithstanding any provision of this Agreement, if a trust is created under this Agreement and has not terminated pursuant to N.R.S Section 111.1031, such trust shall terminate one (1) day prior to the duration calculated pursuant to N.R.S Section 111.1031, and whatever property then remains in the trust shall be distributed to the person for whose current benefit the trust then subsists or, if the trust has more than one current beneficiary, the trustee shall distribute the trust property equally among the current beneficiaries of the trust. provided, however, that if the trust is not generation skipping transfer tax exempt and any of the current beneficiaries are not skip persons, then the Trustee shall distribute the trust property equally among only the current beneficiaries of the trust who are not "**skip persons**". Any trust created by the exercise of a limited power of appointment held hereunder, which such exercise results in the creation of another limited power of appointment, shall terminate at such time as required to avoid the application of Sections 2041(a)(3) and 2514(d) of the Code. If at the expiration of this period, any such part of the Trust estate remains undistributed, the same shall immediately vest in and be distributed to such one or more of the beneficiaries to or for whom the income of the Trust could have been properly distributed or applied immediately prior to such expiration, in such shares or proportions as the Distribution Fiduciary determines in its absolute discretion.

第三條 反永續條款

內華達州修訂法規第 111.1031 條規定的反永續條款應適用於依據本合約創建的任何信託。儘管本合約有其他規定，如果根據本合約創建的信託尚未根據內華達州修訂法規第 111.1031 條終止，則該信託應在根據內華達州修訂法規第 111.1031 條計算的期限前一天終止，並把剩餘的信託財產分配給當時的受益人；如果該信託有不止一個受益人，則受託人應在受益人之間平均分配信託財產。若該信託不屬於隔代移轉稅，受益人非被跳過分配者，那麼受託人應僅在非「**被跳過分配者**」的信託受益人之間平均分配信託財產。任何因為行使限定指派權（並且因此產生第二個限定指派權）所成立之信託，應在特定時間終止，以避免國稅法規第 2041(a)(3) 條及第 2514(d) 條之適用。

當信託期間到期，任何信託之部份尚未分配，則分配受託責任人有絕對裁量權決定以何比例將尚未分配之信託財產分配給信託到期前可被分配之受益人。

FOURTH Incapacity of Beneficiary
　　Subject to the provisions of Article ELEVENTH of this Agreement relating to the Distribution Adviser, unless otherwise specified in this Agreement, any share of the income or principal of any trust created by or pursuant to this Agreement to which any person who is physically or mentally incapacitated, in the judgment of the Distribution Fiduciary, shall become entitled, shall be vested in interest in such person (the "**Vested Beneficiary**") and shall be held, IN TRUST, for the benefit of the Vested Beneficiary by the Trustee for the following uses and purposes:

第四條 無行為能力受益人
　　在符合本合約第十一條關於分配顧問規定的前提下，除非本合約條文有特別提及，根據分配受託責任人判斷，任何有權力受益於本合約下任何信託之收益或本金且生理或心理上無行為能力之受益人，即被稱為「**既得受益人**」，受託人應為既得受益人之利益以下列方式持有、管理被分配之財產。

　　(a) Management
　　Subject to the provisions of Article NINTH of this Agreement relating to the Investment Direction Adviser, the Trustee shall hold, manage, invest, and reinvest the Trust estate, shall collect and receive the income therefrom, and shall pay out of the income all expenses and charges properly payable therefrom.

　　(a) 管理
　　在符合本合約第九條關於投資指示顧問規定的前提下，受託人應持有、管理、投資及再投資信託財產，收取與接收信託收益，以信託收益支付所有應適當支付之費用與開銷。

　　(b) Income and Principal
　　Subject to the provisions of Article ELEVENTH of this Agreement relating to the Distribution Adviser, and without court order, the Trustee is authorized and empowered to apply the net income and principal to the extent the Distribution Fiduciary may deem necessary or advisable for the care, maintenance, support, education and general welfare of the Vested Beneficiary, without regard to the duty of any individual to support the Vested Beneficiary and without regard to any other funds which may be available to the Vested Beneficiary, until the Vested Beneficiary is no longer, in the judgment of the Distribution Fiduciary, physically or mentally incapacitated. Any unapplied income shall be added to the principal of the trust at least annually. The remaining principal of the trust, if any, together with any accumulated income, shall be distributed, freed and discharged of trust, to the Vested Beneficiary when, in the judgment of the Distribution Fiduciary, he or she has recovered from such physical or mental incapacity; provided, that if the Vested Beneficiary shall die prior to such occurrence, the trust property shall be distributed, freed and discharged

of trust, to the executors or administrators of his or her estate.

(b) 收益和本金

收益與分配受限於第十一條關於分配顧問之規定，即便無法院之命令，受託人有權將收益及本金分配予分配受託責任人認為既得受益人之需要的照護、維護、教育或福利等相關費用，不論有無其他個人援助及可用的資金，直到分配受託責任人認為其生理或心理已恢復為有行為能力之人。任何未分配之收益最少每年一次應被加入為信託本金。如分配受託責任人認為既得受益人已在生理或心理恢復為有行為能力後，則剩餘之信託本金及累積收益應分配給既得受益人。如既得受益人在這之前過世，則剩餘財產分配給其遺產執行人或管理者。

FIFTH Alienation

The interest of any beneficiary in either the income or principal of any trust created by or pursuant to this Agreement shall not be anticipated, alienated, or in any other manner assigned or transferred by the beneficiary, and such interest shall be exempt from execution, attachment, distress for rent, foreclosure and any other legal or equitable process or remedies which may be instituted by or on behalf of any creditor or assignee of such beneficiary; provided, however, that any beneficiary will be privileged at any time by a writing delivered to the Trustee to disclaim, renounce or relinquish, in whole or in part, any interest the beneficiary may have in the Trust estate and thereby accelerate the next succeeding interest as if such beneficiary had died at the time of the disclaimer, renunciation or relinquishment.

第五條 受益權轉讓

受益人對任何依本合約所設立信託之本金或其收益之利益不得被預支、轉讓或以其他方式轉讓或移轉，且此利益豁免於來自任何代表受益人債權人或受讓人之強制執行、扣押、沖抵租金、強制拍賣、或其他法定或與其相等之程序或救濟手段；但受益人有權以交付書面予受託人的方式，全部或部分否認、拒絕或放棄其在信託財產中可能擁有的任何權益，從而加速下一順位的繼承權益，如同該受益人在否認、拒絕或放棄權益時已經去世。

SIXTH Trust Additions and Mergers

(a) Additions

With the consent of the Trustee, any person may transfer and deliver, or may bequeath or devise by Last Will and Testament or other testamentary instrument, property to the Trustee and such property shall thereafter be held by the Trustee as a part hereof.

第六條 信託之新增及合併

(a) 信託之新增

在受託人同意的情形下，任何人依其最後遺囑、移轉、傳遞、遺贈財產給受託人，受託人應將其視為本信託一部分來持有。

(b) Mergers

If at any time a trust is set aside for any person or persons under the terms of this

Agreement which is substantially the same as any other trust established for that person or persons, the Trust Protector, in the Trust Protector's sole discretion, may direct the Trustee to merge the trust created hereunder with the other trust for such person or persons, and the two trusts shall thereafter be held, administered, and distributed as one. In the event the Trust Protector exercises the Trust Protector's power to direct the Trustee to merge trusts, the Trust Protector shall direct the Trustee as to which trust governs administration of the merged trusts.

(b) 信託合併

如依本信託合約之規定為某人保留的信託，與已為該人設立的其他信託大致相同，信託保護人得以其單獨裁量權，指示受託人合併這兩個信託為一個信託來持有、管理、及分配。在信託保護人指示受託人合併信託時，應指示合併後以哪一個信託管理合併後的信託。

SEVENTH Trustee's Powers

Subject to the provisions of Articles NINTH, TENTH and ELEVENTH of this Agreement relating to the Investment Direction Adviser, Trust Protector and Distribution Adviser, the Trustee, with respect to each trust created by or pursuant to this Agreement, is authorized and empowered to exercise the following powers as well as any other powers conferred by law:

第七條 受託人的權力

在符合本合約第九條（投資指示顧問）、第十條（信託保護人）及第十一條（分配顧問）規定的前提下，受託人就本合約所創立的每個信託均被授權並有權行使以下權力，以及法律賦予的任何其他權力：

(a) To exercise options of any type, as the Investment Direction Adviser may deem advisable; to purchase or otherwise acquire, and to retain, whether originally a part of the Trust estate or subsequently acquired, any and all stocks, bonds, notes, or other securities, or any variety of real or personal property, including stocks or interests in investment trusts, regulated investment companies and common trust funds, as the Investment Direction Adviser may deem advisable, whether or not such investments be of the character permissible by law for investments by fiduciaries. Investments need not be diversified and may be made or retained with a view to a possible increase in value. Notwithstanding the foregoing, or any other provision of this Agreement to the contrary, in the event **Prestige Trust Company Inc.** is serving as Trustee of any trust created by or pursuant to this Agreement, all such trusts shall be prohibited from acquiring or holding direct title to any interest in real property.

(a) 得行使投資指示顧問認為可行的任何種類的選擇權，購買或以其他方式獲取、或保留之原始、或之後取得的本信託財產、股票、債券、票據或其他證券，或任何種類的其他不動產或動產、投資持分或股票，只要投資指示顧問認為可行，無論此類投資之性質是否屬於法律允許受託責任人得投資者。投資不一定要多元化，得為了增值而進行或保留。儘管如上所述或本合約有其他相反規定，只要在 **Prestige Trust**

Company Inc. 擔任受託人時，本合約下的所有信託均不得收購或直接持有不動產任何權益的所有權。

(b) To sell, convey, lease, pledge, transfer, exchange, convert or otherwise dispose of, or grant options with respect to, any and all property, real or personal, at any time forming a part of the Trust estate, publicly or privately, without an order of court. Any lease made by the Trustee may extend beyond the duration of the trust.

(b) 得公開或私下銷售、轉讓、出租、抵押、移轉，交換、轉換、或其他方式處分本信託的任何及所有財產或就其授予選擇權，毋須法院的命令。受託人若有租賃行為，其租賃期間得超越信託存續期間。

(c) To vote in person or by general or limited proxy with or without power of substitution with respect to any shares of stock or other securities held by it; to consent, directly or through a committee or other agent, to the reorganization, consolidation, merger, dissolution or liquidation of any corporation in which the Trust estate may have any interest, or to the sale, lease, pledge or mortgage of any property by or to any such corporation; and to make any payments and to take any other steps which the Investment Direction Adviser may deem necessary or proper to enable the Trust estate to obtain the benefit of any such transaction.

(c) 對於持有的證券，得親自投票，或具有或不具有替換權普通或有限制的代理投票；得直接或透過委員會或其他代理人，同意重組、聯合、合併、解散、清算任何本信託財產對其持有利益的公司，或銷售、出租、質押或抵押任何該公司名下的財產；得支付任何款項及採取投資指示顧問認為必要或適當的任何其他步驟，以使本信託財產能從該交易中獲益。

(d) To hold investments in the name of a nominee.

(e) To borrow money for any purpose and as security to pledge any real or personal property forming a part of the Trust estate.

(f) To pay, compromise, compound, adjust, submit to arbitration, sell or release any claims or demands of the Trust estate against others or of others against the Trust estate as the Investment Direction Adviser may deem advisable, including the acceptance of deeds of real property in satisfaction of bonds, and to make any payments in connection therewith which the Investment Direction Adviser may deem advisable.

(d) 得用名義人持有投資。

(e) 得為任何目的借款，並以信託財產一部分的任何不動產或個人財產作為抵押擔保。

(f) 在投資指示顧問認為可行的情況下，支付、妥協、和解、調整、提交仲裁、出售或解除任何他人對信託財產的索賠及要求，包含為借貸而接受不動產的轉讓及任何投資指示顧問認可的付款。

(g) To make distribution of the principal of the Trust estate in kind and to cause any share or part to be composed of cash, property or undivided fractional shares in property different in kind from any other share.

(h) To make loans.

(i) To execute and deliver any and all instruments in writing which it may deem advisable to carry out any of the Trustee's powers. No party to any such instrument in writing signed by the Trustee shall be obligated to inquire into its validity, or be bound to see to the application by the Trustee of any money or other property paid or delivered to it pursuant to the terms of any such instrument.

(g) 分配信託財產的本金，其本金得由現金或任何形式的財產，或不可分割且與其他信託財產份額不一致的財產份額所組成的。

(h) 借出款項。

(i) 以書面形式簽署並交付任何由受託人執行之權力。對於須書面簽署的文件，任何文件相關人均無義務詢問文件有效性，並且無義務了解根據文件交付給受託人款項的運用。

(j) To vote stock of and sell part or all of the assets of closely held business entities and determine all questions of policy, to execute partnership agreements, limited liability company agreements and amendments thereto; to participate in any incorporation, reorganization, merger, consolidation, recapitalization, liquidation or dissolution of any business or any change in its nature; to invest additional capital in, subscribe to or buy additional stock or securities of, or make secured, unsecured or subordinated loans to any business, with trust funds; to rely upon the reports of certified public accountants or public accountants as to the operations and financial condition of any business, without independent investigation; to elect or employ, as directors, officers, members, employees or agents of any business, and compensate any persons, including the Trustee, or a director, officer, member, employee, or agent of the Trustee; to deal with and act for any business in any capacity, including any banking or trust capacity and the loaning of money out of the Trustee's own funds or any of the Trustee's affiliates' own funds, and to be compensated therefore; and the fact that the Trustee may be interested in any such business as director, manager, agent, stockholder, partner, member or employee shall not constitute an adverse or conflicting interest, and the acts of the Trustee shall be judged as if the Trustee had no interest in the business. The Trustee shall not be liable to anyone for anything done or not done by any other director, officer, manager, agent, stockholder, partner, member or employee of any business.

(j) 對於所持有營業實體出售部分或所有財產，或決定其政策的投票，執行合夥契約，有限責任公司的契約及修改；參與任何業務的並購、重整、合併、資本重組、清算及解散或其他型態之變化；投入額外的資本以取得更多股票或其他證券，或向任何業務提供有抵押、無抵押或次級貸款；信賴之註冊會計師或公共會計師的經營及財務報告，而不進行獨立調查；選擇及僱用任何業務的董事、執行長、僱員、信託代理人，並且給予上開人士酬勞；若是以任何身分處理任何業務相關事務，包含銀行或信託身分，從受託人自有資金或受託人的關聯公司的自有資金來借出資金，信託都要給予補償；事實上受託人作為信託持有公司的董事、經理、或股東、合夥人或員工，須避免

產生利益衝突，此時受託人的行為須被評斷是否跟其產業有利益衝突。受託人對於其他董事、經理、代理人、股東、合夥行為或不行為，不須負任何責任。

(k) To divide any trust into two or more separate trusts so that the federal generation-skipping transfer tax inclusion ratio as defined in Section 2642(a) of the Code for each new trust after such division, shall be either zero (0) or one (1). Immediately after any such division, each separate trust shall have identical provisions to the original trust. The Trustee may, at any time prior to a combination of such trusts, expend principal and exercise any other discretionary powers with respect to such separate trusts differently, invest such separate trusts differently, and take all other actions consistent with such trusts being separate entities. Further, the donee of any power of appointment with respect to a divided trust may exercise such powers differently for each separate trust created by the division.

(k) 將任一信託分割成兩個或數個衍生信託，因此根據國稅法規第2642(a)條，聯邦隔代移轉稅之應稅比例對於每個新的衍生信託都是零或一。在信託分割以後，每個衍生的信託都具有與原始信託相同的規定。受託人得在這些信託合併之前的任何時間，以不同的方式支出本金或行使自由裁量權，用不同的方式投資，並採取與該等信託為獨立實體相符之所有其他行動。此外，任何關於分割信託的受託人，得對各個分割的獨立信託行使不同的權力。

(l) To open checking and other banking and investment accounts in the name of the Trust and to designate the officer or officers of any corporate Trustee who shall have the authority to sign checks or withdraw funds from such accounts.

(l) 以本信託名義開立支票及其他銀行投資帳戶，並指定任何受託公司一名或多名的高級職員，授權其簽署支票或從該帳戶提款。

(m) To employ or otherwise deal with such agents, advisers and other counsel, including but not limited to entities affiliated with any Trustee or Investment Direction Adviser, and to pay out of income or principal or both the reasonable charges and fees of such agents, advisers and other counsel, as it shall in its sole discretion determine, including the power to select brokers and dealers affiliated with any Trustee or Investment Direction Adviser for the sale or purchase of any securities or any other investment property in the Trust.

(m) 聘用或以其他方式與代理人、顧問、或其他諮詢人員，包含但不限於與受託人或投資指示顧問相關聯的主體進行交易，用本金或收益支付其合理的費用，受託人的絕對裁量權得選擇與受託人或投資指示顧問相關聯的股票經紀人及券商買賣任何信託持有的證券或財產。

The Trustee shall be entitled to reimbursement for the charges and fees of such agents, advisers and other counsel out of principal or income or both as it shall in its sole discretion determine. This authorization may include, but shall not be limited to, an affiliated broker acting in a principal or agency capacity for equity and fixed income securities, routing orders for over-the-counter (OTC) stocks to a market maker affiliated with any Trustee or Investment Direction Adviser, routing listed stocks to specialists affiliated with any Trustee or Investment Direction Adviser, routing listed options through a proprietary trading operation affiliated with any Trustee or Investment Direction Adviser, or routing after-hours orders to a proprietary trading operation in which any Trustee or Investment Direction Adviser or an affiliate of any Trustee or Investment Direction Adviser owns an equity interest.

受託人依其單獨裁量權，用本金或收益支付代理人、顧問、及其他諮詢人員的費用。此授權包含但不限於關係經紀人以主要或代理身分處理股權及固定收益證券的本金，將櫃台買賣之股票、已發行股票、已發行之選擇權以及盤後交易向與受託人或投資指示顧問有關之市場發出訂單。

In such case the Trustee, Investment Direction Adviser or its respective affiliate may receive both monetary and non-monetary **"payment for order flow,"** including, without limitation, an inter-company transfer of funds in connection with orders routed to an affiliated market maker; monetary compensation (including fee sharing) from, and participation in the profits of, certain affiliated and independent exchange specialists who execute orders; other compensation as part of reciprocal order routing arrangements with various exchange specialists and dealer firms; and rebates and credits against fees paid by various exchanges to member firms. Except as required by law, the Trustee's compensation shall not be reduced by any additional compensation received by the Trustee, its parent, or any affiliate thereof, or any agent, principal, adviser, counsel, broker, dealer, market maker or specialist (including exchange specialist) affiliated with the Trustee, its parent or any affiliate thereof, for providing any of the services authorized herein. Except as required by law, the Investment Direction Adviser's compensation shall not be reduced by any additional compensation received by the Investment Direction Adviser or any affiliate thereof, or any agent, principal, adviser, counsel, broker, dealer, market maker or specialist (including exchange specialist) affiliated with the Investment Direction Adviser or any affiliate thereof, for providing any of the services authorized herein.

在這些情況下，受託人或投資指示顧問或其各自關聯方可能收受貨幣及非貨幣形式的「訂單流支付」，包含但不限於與發送給其關聯交易商訂單有關的公司內部資金移轉；從與執行訂單有關的某些關聯或獨立交易專家處獲取的貨幣報酬（包含費用分成），並分享利潤；與其他交易專家及交易商公司就互惠訂單安排所獲得的報酬；以及各交易所向會員公司提供的回扣及費用抵免。除非法律要求，否則不得因受託人、其母公司或其關聯方，或與前三者有關聯的代理人、委託人、顧問、律師、經紀人、交易商、做市商或專家（包括交易所專家）提供本合約授權的服務而收受額外報酬，並因此使受託人的報酬減少。除非法律要求，亦不得因投資指示顧問或其關聯方，或與前兩者有關聯的代理人、委託人、顧問、律師、經紀人、交易商、做市商或專家（包括交易所專家）提供本合約授權的服務而收受額外報酬，並因此使投資指示顧問的報酬減少。

(n) To invest in, retain or otherwise deal in any securities managed, issued, underwritten or distributed by the Trustee or by any of its affiliates, any participation in any investment company registered under the Investment Company Act of 1940, or any investment fund exempt from registration under the Investment Company Act of 1940, for which the Trustee or its affiliates is an adviser or agent, and any other "**affiliated investment**" within the meaning of N.R.S Section 669.225 and to otherwise deal with or transact business with any of its affiliates, notwithstanding the fact that such Trustee or affiliate may receive separate fees, commissions or other costs directly from such security, fund, "**affiliated investment,**" dealing or transaction.

(n) 投資、保留或以其他方式處理由受託人或其關聯方所管理、發行、承銷、或分銷的證券，參與根據 1940 年投資公司法註 的任何投資公司，或根據 1940 年投資公司法免註冊的任何投資基金（受託人或其關聯方是該基金的顧問或代理），及內華達州修訂法規第 669.225 條所指的任何其他「**關聯投資**」，並以其他方式與其關聯方往來或進行交易，儘管事實上該受託人或關聯方可能直接從該證券、基金、或關聯投資上收取獨立的費用或佣金。儘管該受託人或關聯方可能直接從該證券、基金、「**關聯投資**」、往來或交易中收取單獨的費用、佣金或其他費用。

(o) Subject to the provisions of Article ELEVENTH of this Agreement relating to the Distribution Adviser, with regard to any trust created by or pursuant to this Agreement of which the Trustee has the power to invade the principal of the trust to make distributions to or for the benefit of one or more persons (the "**First Trust**"), the Trustee may instead exercise that power by appointing all or part of the principal of the First Trust subject to the power in favor of the Trustee of another trust (the "**Second Trust**"), provided, the beneficiaries of the Second Trust are beneficiaries of the First Trust at the time of the appointment in favor of the Trustee of the Second Trust. Except to the extent limited by the immediately preceding sentence, the Second Trust may have dispositive provisions that differ from the First Trust. The Second Trust may have administrative provisions that differ from the First Trust. The Trustee must obtain the written consent of the Trust Protector prior to exercising the power conferred pursuant to this section (o).

(o) 在符合本合約第十一條關於分配顧問規定的前提下，對由本合約或根據本合約所設立、且受託人有權力動用信託本金以分配給一位或多為受益人的信託（「第一信託」），受託人也可執行此權力，將第一信託全部或部分的本金指定給其他信託（「第二信託」）的受託人，但在指定時第一信託及第二信託的受益人要相同。除了上述的限制外，第二信託得具有與第一信託不同的分配條款。第二信託得有不同於第一信託的管理規定。受託人在行使根據本條 (o) 所賦予的權力之前，必須取得信託保護人的書面同意。

EIGHTH Exclusive Duties of Trustee

Notwithstanding any other provision of this Agreement, the Trustee shall have the following exclusive administrative duties, which shall be performed by the Trustee in the Trustee's sole discretion and not at the direction of any Adviser or Trust Protector, except for paragraphs (a) and (f) that follow to the extent such duties involve investment decisions:

第八條 受託人的專有職責

儘管有本合約的其他規定，在符合第十 (b)(1) 條的前提下，受託人應承擔以下專

有的行政責任（除了以下涉及投資決定的第 (a) 與 (f) 項外），並在受託人的單獨裁量權下行使，而非在任何顧問或信託保護人的指示下行。

(a) To maintain an account or accounts for the purpose of the custody and safekeeping of the Trust assets, receiving trust income and contributions and from which trust expenditures and distributions are disbursed.

(b) To maintain storage of tangible personalty and evidence of intangible Trust property.

(c) Subject to section (c) of Article TWENTY-FOURTH, to maintain Trust records and to originate, facilitate and review Trust accountings, reports and other communications with the Notice Recipients, the Trust Protector and others (including unrelated third parties).

(d) To maintain an office for Trustee meetings and other Trust business.

(e) Subject to section (c) of Article TWENTY-FOURTH, to respond to inquiries concerning any Trust from the Notice Recipients, the Trust Protector and others (including unrelated third parties).

(f) To execute documents in connection with the performance of its duties under this Article.

(g) To retain accountants, attorneys, agents and other advisers in connection with the performance of the Trustee's administrative duties.

(h) To prepare and file (or arrange for the preparation and filing of) income tax returns for the Trust, and to file any disclosure forms required by the IRS.

(i) To allocate receipts and expenses to income or principal or partly to each.

(a) 為信託財產的保管及保全目的，信託收益的收取及本金的贈入，或信託的花費或分配，要保有不同的分類帳戶。

(b) 保存有形的個人物品及無形信託財產的證據。

(c) 在符合第二十三 (c) 條的前提下，保存信託紀錄及發起、促進、審查信託會計，報告及其他與應受通知人、信託保護人、及其他人（包含無關的第三方）的通聯紀錄。

(d) 為受託人的會議及信託業務維持辦公場所。

(e) 在符合第二十三 (c) 條的前提下，對於任何來自應受通知人、信託保護人或其他人士（包括無關的第三方）關於信託的詢問作出回應。

(f) 出具為履行本條規定職責的文件。

(g) 為履行受託人管理職責聘用會計師、律師、代理人及其他顧問，費用由本信託承擔。

(h) 為信託準備並申報（或安排他人準備並申報）所得稅申報表，並提交國稅局要求的任何揭露文件。

(i) 將收入與支出分配為收益或本金，或部分分配至二者。

NINTH Investment Direction Adviser

Notwithstanding any other provision of this Agreement, there shall at all times be one or more Investment Direction Advisers (the "**Investment Direction Adviser**" or "**Investment Direction Advisers**") to serve in accordance with this Article. The role and function of the

Investment Direction Adviser is set forth in this Article. The Investment Direction Adviser shall serve in a fiduciary capacity and conform to the purposes of this Agreement. The Investment Direction Adviser shall be considered an "**investment trust adviser**" within the meaning of N.R.S Section 163.5543 or any successor statute. Subject to the provisions of this Agreement, the Investment Direction Adviser shall have all of the powers and discretions of an investment trust adviser under N.R.S Section 163.5557(2) or any successor statute.

第九條 投資指示顧問

儘管本合約其他條文所述，根據本條，無論何時應有一位或一位以上的投資指示顧問在任，投資指示顧問有受託責任，並應遵守本合約之意旨。投資指示顧問應為內華達州修訂法規第 163.5543 條或任何後續法規中的「**投資信託顧問**」。在符合本合約規定的前提下，投資指示顧問應具有內華達州修訂法規第 163.5557(2) 條或任何後續法規所規定的投資信託顧問的所有權力及裁量權。

(a) Initial Appointment of Investment Direction Adviser

The initial Investment Direction Adviser shall be [Name of Investment Direction Adviser]. All additional and subsequent Investment Direction Advisers shall be appointed in the manner provided in this Article. If more than two persons are serving as Investment Direction Adviser, an affirmative vote of a majority of such Investment Direction Advisers must be reached with respect to any decisions, actions taken or direction given. Otherwise, the Investment Direction Advisers must act unanimously. Notwithstanding the foregoing, if more than one Investment Direction Adviser is serving, the Investment Direction Advisers may designate one such Investment Direction Adviser to communicate all directions to the Trustee.

(a) 起始投資指示顧問之指派

起始投資指示顧問為 [Name of Investment Direction Adviser]。所有新增及繼任之投資指示顧問須按照本條規定指派。若投資指示顧問超過兩位，任何決定、行動、發出指示，皆須取得投資指示顧問過半數之贊成投票。否則全體投資指示顧問須一致行動。即便有前述規定，若有超過一位投資指示顧問在任，得指定一位投資指示顧問與受託人溝通。

(b) Role and Function

The Investment Direction Adviser shall hold and may exercise the full power to direct the Trustee with regard to the management of the investments of the Trust, including, but not limited to, the purchase, sale and retention of all of the Trust assets, and the exercise of voting, subscription, conversion, option and similar rights with respect to such property and the participation in and consent to any voting trust, reorganization, merger, dissolution or other action affecting any such property. The Trustee shall follow the written direction of the Investment Direction Adviser with respect to all matters relating to the management and investment of Trust assets. The Investment Direction Adviser shall have the sole authority and responsibility for all investment decisions with respect to the assets of the Trust.

(b) 角色與功能

投資指示顧問得保留或執行其指示受託人關於管理信託投資之事宜，包括但不限於全部信託財產的購買、出售、保留，與關於該財產的投票、認購、轉換、選擇權與相似權利，及參與及同意任何股權信託、重組、合併、解散或其他影響該財產的行為。所有關於信託財產的管理與投資，受託人應遵循投資指示顧問的書面指示。投資指示顧問對信託財產的所有投資決定，有絕對權力且負完全責任。

(c) Loans, Guarantees and Creation of Entities

Without in any way limiting the broad powers conferred upon the Investment Direction Adviser pursuant to this Article, the Investment Direction Adviser shall have the specific authority to direct the Trustee (i) to borrow and lend money and to guarantee the repayment of any indebtedness, for such periods of time and upon such terms and conditions as to rates, maturities, renewals and securities as the Investment Direction Adviser deems advisable, including the power to borrow from the Trustee itself and any of its affiliates and (ii) to mortgage, pledge or encumber such portion of the Trust property as the Investment Direction Adviser deems appropriate to secure any loans or indebtedness and as makers, endorsers or guarantors to renew or modify existing loans or guarantees. The power to direct the Trustee to guarantee loans shall include the power to direct the Trustee to guarantee the loans of any partnership, limited liability company, corporation, business trust or other business entity owned in whole or in part by the Trust. The Investment Direction Adviser shall also have the specific authority to direct the Trustee to create partnerships, limited liability companies, corporations, business trusts or other business entities and to transfer any portion of the Trust estate to such entity. Further, the Investment Direction Adviser shall have the authority to direct the Trustee with regard to amending, securing, paying, and otherwise dealing with any debts, promissory notes, and other financial obligations of the Trust.

(c) 貸款、擔保及創設實體

不限於本條所授予投資指示顧問之權力，投資指示顧問應有下列特別權力指示受託人：

(i) 在一定期間內，借出或借入款項及保證償還債務，其利率、到期、展期及保證均依投資指示顧問認為適當之條件，包括向受託人或其關係企業借款；

(ii) 以信託財產抵押、質押、設定負擔，擔保借款或負債，並作為立借據人、背書人或保證人以展期或修正現有貸款或保證；包括指示受託人為信託持有其全部或一部之合夥、有限責任公司、公司、商業信託或其他企業實體保證貸款之權力。投資指示顧問應有特別權力指示受託人設立合夥、有限責任公司、公司、商業信託或其他企業實體，並移轉任何信託財產給該實體。此外，投資指示顧問應有權指示受託人對信託債務、保證票據及其他金融義務，予以賠償、擔保、償還或處理。

(d) Directions to Trustee

Any direction from the Investment Direction Adviser to the Trustee shall be in writing, delivered by mail, courier, facsimile transmission, electronic mail, or otherwise in such form as the Trustee may specify from time to time by written notice to the Investment Direction Adviser. Upon receiving a written direction from the Investment Direction Adviser, the

Trustee shall within a reasonable time period attempt to contact the Investment Direction Adviser in order to confirm the authenticity of such written direction. If the Trustee is unable to obtain confirmation from the Investment Direction Adviser that the written direction was authentic, the Trustee shall not carry out such written direction, and shall be exonerated from any and all liability in connection with not carrying out the written direction. The Trustee shall have no obligation to investigate or confirm the authenticity of directions it receives or the authority of the person or persons conveying them, and the Trustee shall be exonerated from any and all liability in relying on any such direction from a person purporting to be the Investment Direction Adviser without further inquiry by the Trustee.

(d) 指示受託人

投資指示顧問給予受託人之指示必須為書面文件，透過信件、快遞、傳真、電子郵件或其他方式傳遞給受託人。受託人收到投資指示顧問的書面指示後，受託人應在合理時間內嘗試以電話聯繫投資指示顧問，以確認該書面指示的真實性。若受託人無法在收到書面指示後取得投資指示顧問電話確認該書面指示為真，則受託人將不得執行該書面指示，並毋須承擔任何責任。受託人沒有義務調查或確認指示文件的真實性，或傳遞文件之人是否經過授權。受託人信賴聲稱為投資指示顧問所給予的指示，不須負法律責任，亦毋須進一步詢問投資指示顧問。

(e) Liability of Trustee

Notwithstanding any other provision herein except Article EIGHTH, with respect to any part of the trust property subject to the direction of an Investment Direction Adviser, the Trustee shall be a "**directed fiduciary**" within the meaning of N.R.S Section 163.5548 and, as such, shall be entitled to the full protection of N.R.S Section 163.5549 without limitation. The Trustee shall exercise all powers with respect to investment decisions and all related management powers relating to the acquisition, disposition, retention, exchange, change in character, lending, borrowing, pledging, mortgaging, managing, voting, leasing, granting of options with respect to, insuring, abandoning, or in any other way relating to the investment or management of the assets of the Trust, only upon the written direction of the Investment Direction Adviser. The Trustee shall be under no duty to inquire into or monitor or question the prudence of, and shall have no liability of any kind with respect to, the investment of the Trust assets or the directions of the Investment Direction Adviser (or the failure of the Investment Direction Adviser to act) pursuant to this Article, notwithstanding any appearance of, or actual, conflict of interest of the Investment Direction Adviser or any other party. Any and all review of the investments by the Trustee shall be conclusively presumed to be solely for statement, tax reporting and/or other administrative purposes. The Trustee shall have no duty to conduct an independent review of documents presented to it by the Investment Direction Adviser. The Trustee shall act solely at the direction of the Investment Direction Adviser in executing and delivering any and all documents, such as purchase and sale agreements, necessary or convenient to, or otherwise prepared in connection with, the purchase, sale, exchange, transfer, pledge or other disposition or encumbrance of Trust investments and in making any and all representations and warranties appearing in any such documents. The Trustee shall not be obligated to forward to the Investment Direction Adviser any investment information about the assets/liabilities held in the Trust, including but not limited to any proxy, prospectus, company report or notice, without the specific written request of the Investment Direction Adviser. If directed to vote proxies, the Trustee shall not thereafter be liable for the manner in which those securities are voted or for any direct or indirect result of the voting.

(e) 受託人之責任

儘管本合約其他條文所述，除第八條外，受限於投資指示顧問指示之信託財產，受託人為內華達州修訂法規第 163.5548 條定義之「**受指示受託責任人**」，且受到內華達州修訂法規第 163.5549 之保障（即受限於投資指示顧問指示之信託財產部分，受託公司毋須負擔相關責任）。受託公司僅在投資指示顧問之書面指示下，應執行所有投資決定之相關權力，及關於獲取、處置、保留、交換、變更、借貸、抵押、貸款、表決決議、出租、授予選擇權、購買保險、棄置、及其他任何投資或管理處置信託財產之權力。

對於信託財產的投資或投資指示顧問根據本條規定做出的指示（或投資指示顧問未採取行動），受託人沒有義務調查、監督或質疑其審慎性，也不承擔任何責任，即使投資指示顧問或任何其他方存在任何表面或實際的利益衝突。受託人對投資的任何及所有審查應被最終推定為僅出於報表、報稅及／或其他管理目的。受託人沒有任何責任對於投資指示顧問提供之檔案進行獨立之審核。受託人僅按照投資指示顧問的指示，簽署及交付與本信託投資的購買、出售、交換、轉讓、質押或其他處分或抵押有關的任何及所有必要或便利的文件，例如買賣合約，或另外準備與之相關的文件，並提出該些文件中所載的聲明與擔保。在沒有投資指示顧問的書面特定要求時，受託人沒有責任轉交任何關於本信託下之財產、負債等任何投信息予投資指示顧問，包含但不限於公司股東代理書、募股說明、公司報告及通知。如果在投資指示顧問的指示下代理投票，受託人在之後對於投票之結果不負任何責任。

(f) Liability of Investment Direction Adviser

The Investment Direction Adviser need not inquire into the Trustee's performance of its duties, and shall not be held liable for any loss whatsoever to any Trust, unless it results from actions taken through willful misconduct or gross negligence (pursuant to the limitations set forth in N.R.S Section 163.004(3)(a)) proven by clear and convincing evidence in the Court then having primary jurisdiction over the Trust, which such Court shall be the Nevada District Court for so long as Nevada remains the situs of the Trust. Notwithstanding the foregoing, the instrument appointing any Investment Direction Adviser may provide that such Investment Direction Adviser shall be required to abide by a more rigorous standard, including but not limited to the prudent person standard imposed by N.R.S Section 164.705 et seq., or in any corresponding provision of law which may be later enacted.

(f) 投資指示顧問之責任

投資指示顧問不須調查受託人就其義務之履行情況，且不應對信託的任何損失負

責，除非有明確證據經受託公司所在之法院認為基於內華達州修訂法規第 163.004(3)(a) 條之故意不當或重大過失行為。儘管如上所述，指派投資指示顧問的文件可要求該被指派投資指示顧問承受更嚴格的標準，包括但不限於內華達州修訂法規第 164.705 條的謹慎投資人標準。

(g) Indemnification

The Trustee shall, to the extent of the Trust assets and solely payable from the Trust assets, indemnify the Investment Direction Adviser for all losses, costs, damages, expenses and charges, public and private, including reasonable attorneys' fees, including those arising from all litigation, groundless or otherwise, that result from the performance or non-performance of the powers given to the Investment Direction Adviser under this Agreement (unless the Investment Direction Adviser has acted in a manner that does not comply with the standard of liability applicable to the Investment Direction Adviser).

(g) 賠償

受託人在信託財產可支付的範圍內，承擔因本合約授予投資指示顧問權力之行為或不行為所產生的損失、成本、損害、費用與支出，不論公訴或私訴，包括合理的律師費（因訴訟而產生，或無理由或其他理由產生），除非投資指示顧問的行為不符合其責任標準。

(h) Resignation of Investment Direction Adviser

Any Investment Direction Adviser serving hereunder may resign at any time by providing a written instrument delivered to the Trustee, the Trust Protector and the Notice Recipients. Such resignation shall become effective at such time as the resigning Investment Direction Adviser shall provide in the resignation instrument.

(h) 投資指示顧問之辭任

任何投資指示顧問得隨時以書面通知受託人、信託保護人及應受通知人其辭職，並應於辭職書中載明之時點生效。

(i) Removal of Investment Direction Adviser

The Trust Protector shall have the power to remove any Investment Direction Adviser (other than [Name of Investment Direction Adviser], unless [Name of Investment Direction Adviser] is incapacitated) by providing a written instrument delivered to such Investment Direction Adviser, the Trustee and the Notice Recipients. The removal shall become effective at such time as the Trust Protector indicates in the removal instrument.

(i) 投資指示顧問之移除

信託保護人有權力移除投資指示顧問（除了 [Name of Investment Direction Adviser] 以外，除非 [Name of Investment Direction Adviser] 已無行為能力），且應以書面通知該投資指示顧問、受託人及應受通知人，並於解任通知書中所載明之時點生效。

(j) Appointment of Additional or Successor Investment Direction Advisers

[Name of Investment Direction Adviser] shall have the power to appoint a successor Investment Direction Adviser to serve in [her/his] place, by providing a written instrument delivered to such successor Investment Direction Adviser, the Trustee and the Notice

Recipients. No other Investment Direction Adviser shall have the authority to appoint his or her own successor. In the event [Name of Investment Direction Adviser] does not exercise this power or the designated successor Investment Direction Adviser does not accept such designation, the Trust Protector shall have the power to appoint a successor Investment Direction Adviser upon [Name of Investment Direction Adviser]'s resignation or inability to serve, and to appoint additional Investment Direction Advisers if at such time there are fewer than three Investment Direction Advisers serving and shall appoint a successor Investment Direction Adviser within thirty (30) days after the death, resignation, removal or incapacity of the last serving Investment Direction Adviser, by providing a written instrument delivered to such additional or successor Investment Direction Adviser, the Trustee and the Notice Recipients. The appointment of additional or successor Investment Direction Advisers shall become effective at such time as indicated in the appointment instrument and upon written acceptance by the designee. For such period as there otherwise would be no then serving Investment Direction Adviser, the Trust Protector shall serve as both Trust Protector and Investment Direction Adviser. The fact that there is no Investment Direction Adviser serving at a given time does not obviate the requirement that an Investment Direction Adviser direct the Trustee to act with respect to investment decisions, and the Trustee shall have no responsibility with respect to investment decisions and shall not be liable for failing to act with respect to investment matters, in the absence of a direction from an Investment Direction Adviser.

(j) 新增或繼任投資指示顧問之指派

[Name of Investment Direction Adviser] 有權以書面通知繼任投資指示顧問、受託人及應受通知人，指派繼任投資指示顧問替代其職位。沒有其他投資指示顧問有權力指派其繼任投資指示顧問。當 [Name of Investment Direction Adviser] 未行使此權力或繼任投資指示顧問不接受指派，且 [Name of Investment Direction Adviser] 辭任或無法擔任時，信託保護人應指定繼任投資指示顧問。並且於投資指示顧問少於三位時，信託保護人得新增投資指示顧問；信託保護人應於最後一位投資指示顧問過世、辭任、解任、或無行為能力情況下，30天內書面通知新增或繼任投資指示顧問、受託人、應受通知人，指派繼任投資指示顧問。指派經受指派人書面同意後於指派書中載明之時點生效。在沒有人作為投資指示顧問時，信託保護人同時擔任信託保護人與投資指示顧問。在沒有任何投資指示顧問的時期，不代表不須要由投資指示顧問指示受託人執行投資決定，在沒有投資指示顧問指示的情況下，受託人對投資決策不承擔任何責任，也不應對未能就投資事項採取行動負責。

(k) Power to Hire Agents

The Investment Direction Adviser shall have the power to employ agents and direct the Trustee to pay such agents out of the Trust estate, such compensation as the Investment Direction Adviser deems reasonable. The Investment Direction Adviser may at any time and in its sole discretion provide investment and management services through a sub-adviser of the Investment Direction Adviser's selection. The Investment Direction Adviser shall be solely responsible for the supervision and oversight of any sub-adviser. The Investment Direction Adviser shall notify the Trustee in writing of its selection of any sub-adviser, and the Trustee shall be entitled to rely upon information and direction received from any sub-adviser until it receives written notification from the Investment Direction Adviser of its termination of such sub-adviser.

(k) 僱用代理人之權力

投資指示顧問有權僱用代理人，並有權指示受託人由信託財產中支付代理人合理報酬。投資指示顧問隨時以其獨立裁量權透過其選擇的副手顧問提供投資與管理服務。投資指示顧問對副手顧問之監督負完全責任。投資指示顧問應書面通知受託人其選擇之副手顧問，且受託人有權信賴副手顧問提供之信息與指示，直到收到投資指示顧問之書面通知終止該副手顧問。

(l) Compensation

The Investment Direction Adviser shall be entitled to reasonable compensation for its services as agreed upon in writing by the Investment Direction Adviser and Trust Protector.

(l) 報酬

投資指示顧問有權根據與信託保護人之書面協議，為其服務收取合理酬勞。

TENTH Trust Protector

Notwithstanding any other provision of this Agreement, there shall at all times be one or more Trust Protectors (the "**Trust Protector**" or "**Trust Protectors**") to serve in accordance with the provisions of this Article. The role and function of the Trust Protector is set forth in this Article. Except as expressly provided for in this Agreement, the Trust Protector shall serve in a fiduciary capacity and conform to the provisions of this Agreement.

第十條 信託保護人

儘管本合約另有其他規定，但應始終有一位或多位信託保護人（以下簡稱「**信託保護人**」）根據本條的規定提供服務。本條規範信託保護人的角色及職能。除非本合約另有明示規定外，信託保護人應以受託責任人的身分行事，並遵守本合約的規定。

(a) Initial Appointment of Trust Protector

The initial Trust Protector shall be [Name of Trust Protector]. All additional and subsequent Trust Protectors shall be appointed in the manner provided in this Article. If more than two persons are serving as Trust Protectors, an affirmative vote of a majority of such Trust Protectors must be reached with respect to any decisions, actions taken or direction given. Otherwise, the Trust Protectors must act unanimously. Notwithstanding the foregoing, if more than one Trust Protector is serving, the Trust Protectors may designate one such Trust Protector to communicate all directions to the Trustee.

(a) 起始信託保護人之指派

起始信託保護人為 [Name of Trust Protector]。任何新增及繼任之信託保護人，須按本合約之規定指派。若信託保護人超過兩位，任何決定、行動、發出指示，皆須取得信託保護人過半數之贊成投票。否則全體信託保護人須一致行動。若有超過一位信

託保護人在任，得指定一位信託保護人與受託人溝通。

(b) Powers

The Trust Protector shall be considered a "**trust protector**" within the meaning of N.R.S Section 163.5547, or any successor statute. Pursuant to N.R.S Section 163.5553, or any successor statute, the Trust Protector shall have the powers granted to the Trust Protector in the other provisions of this Agreement, including the following powers:

(b) 權力

信託保護人應被視為內華達州修訂法規第 163.5547 條或任何後續法規所定義的「信託保護人」。根據內華達州修訂法規第 163.5553 條或任何後續法規，信託保護人應擁有本合約其他條款賦予信託保護人的權力，包含：

(1) To delegate any powers conferred upon the Trustee pursuant to this Agreement to an Adviser or such other person or entity as the Trust Protector so determines.

(1) 根據本合約授予受託人的任何權力，信託保護人得委由顧問或信託保護人決定的其他人或實體行使。

(2) To modify or amend the administrative and technical provisions with respect to any trust created by or pursuant to this Agreement at such times as the Trust Protector may deem appropriate for the proper or efficient administration of the Trust, to take advantage of changes in law or custom, and/or for tax purposes, in accordance with Article FIFTEENTH of this Agreement.

(2) 為了適當或有效管理信託、利用法律或習慣的改變及／或稅務目的，在信託保護人認為適當時，得根據本合約第十五條的規定修訂依據本合約所設立的任何信託中的行政性及技術性條款。

(3) To designate the law of any jurisdiction (under which the terms of any trust created by or pursuant to this Agreement shall be capable of taking effect) to be the governing law of any trust created by or pursuant to this Agreement, as provided in Article TWENTIETH of this Agreement.

(3) 根據本合約第二十條的規定，指定任何司法管轄區的法律作為依據本合約所設立之信託的準據法。

(4) To add and remove individuals and Charitable Organizations to and from the permissible class of beneficiaries of the trust created pursuant to the provisions of sections (b)(2), (c) and (e) of Article FIRST, except that the Trust Protector may not add the Grantor, the Grantor's creditors, the Trust Protector, the Trust Protector's creditors, the Trust Protector's minor children or the Trust Protector's minor children's creditors as a beneficiary under any circumstances. The Trust Protector's power to add and remove individuals and Charitable Organizations to and from the permissible class of beneficiaries and to release such power shall be exercisable in a non-fiduciary capacity and without the approval or consent of any person in a fiduciary capacity. Notwithstanding the foregoing, only [Name of Trust Protector] shall have the power under this section (b)(4) of Article TENTH, and no other Trust Protector shall have such power unless [Name of Trust Protector] provides that the successor Trust

Protector shall have such authority in the instrument appointing the successor Trust Protector.

(4) 依據第一 (b)(2)、(c) 以及 (e) 條之規定新增及移除任何個人及慈善組織為受益人，但在任何情況信託保護人不得新增委託人、委託人的債權人、委託人的遺產、委託人遺產的債權人、或信託保護人、信託保護人的債權人、信託保護人的遺產、信託保護人遺產的債權人、信託保護人的未成年子女以及信託保護人未成年子女的債權人為受益人。此新增及移除之權力，得以非受託責任進行，也毋須任何受託責任人同意批准。儘管如上所述，僅有 [Name of Trust Protector] 得執行第十 (b)(4) 條所述之權力。除非 [Name of Trust Protector] 將此權力經指派文件賦予給繼任信託保護人，否則除 [Name of Trust Protector] 之外之信託保護人無此權力。

(5) To direct the Trustee to divide the Trust estate as set forth in section (c) of Article FIRST of this Agreement.

(5) 指示受託人進行第一 (c) 條分割信託財產。

(6) To remove and replace the Trustee as provided in Article SIXTEENTH of this Agreement.

(6) 根據本信託合約第十六條移除及替換受託人。

(7) To remove any Investment Direction Adviser and appoint additional and successor Investment Direction Advisers as provided in Article NINTH of this Agreement.

(7) 移除本信託合約第九條投資指示顧問及指派新增的及繼任的投資指示顧問。

(8) To remove any Distribution Adviser and appoint additional and successor Distribution Advisers as provided in Article ELEVENTH of this Agreement.

(8) 根據本信託合約第十一條移除分配顧問及指派新增的及繼任的分配顧問。

(9) To appoint additional and successor Trust Protectors as provided in this Article.

(9) 根據本條指派新增的及繼任的信託保護人。

(10) To appoint a Special Fiduciary in accordance with Article EIGHTEENTH of this Agreement; and to remove any Special Fiduciary and appoint successor Special Fiduciaries.

(10) 依本合約第十八條，指派、移除特別受託責任人及指定繼任者。

(11) To enter into fee agreements with the Trustee, the Investment Direction Adviser and the Distribution Adviser.

(11) 與受託人、投資指示顧問、分配顧問訂定費用合約。

(12) To direct the Trustee to merge a trust in accordance with section (b) of Article SIXTH of this Agreement and to direct the Trustee as to which trust governs administration of the merged trusts.

(12) 指示受託人依第六條 (b) 合併信託，並指示受託人以哪一個信託管理合併後的信託。

(13) Notwithstanding the preceding provisions of this section, during any period in which a trust beneficiary, or any person appointed by a trust beneficiary who is related or subordinate to such trust beneficiary within the meaning of Section 672(c) of the Code, is serving as the Trust Protector of a trust, such Trust Protector shall be unable to exercise the powers set forth in sections (b)(2), (b)(3), (b)(4), (b)(5) and (b)(12) of this Article TENTH

with respect to such trust.

(13) 儘管如本合約前條所述,當信託受益人或任何信託受益人所指派之人,且該受指派人符合國稅法規第 672(c) 條規範下,與受益人間具有關聯或從屬身分之人,作為本信託之信託保護人時,則該信託保護人不得行使或參與第十 (b)(2)、(b)(3)、(b)(4)、(b)(5) 以及 (b)(12) 條之權力。

(c) Directions to Trustee

Any direction to the Trustee from the Trust Protector shall be in writing, delivered by mail, courier, facsimile transmission, electronic mail, or otherwise in such form as the Trustee may specify from time to time by a written instrument delivered to the Trust Protector. Upon receiving a written direction from the Trust Protector, the Trustee shall within a reasonable time period attempt to contact the Trust Protector in order to confirm the authenticity of such written direction. If the Trustee is unable to obtain confirmation from the Trust Protector that the written direction was authentic, the Trustee shall not carry out such written direction, and shall be exonerated from any and all liability in connection with not carrying out the written direction. The Trustee shall have no obligation to investigate or confirm the authenticity of directions it receives or the authority of the person or persons conveying them, and the Trustee shall be exonerated from any and all liability in relying on any such direction from a person purporting to be the Trust Protector without further inquiry by the Trustee.

(c) 給受託人之指示

信託保護人給予受託人之指示必須為書面文件,透過信件、快遞、傳真、電子郵件或其他方式傳遞給受託人。受託人收到信託保護人的書面指示後,受託人應在合理時間內嘗試通過電話聯繫信託保護人,以確認該書面指示的真實性。若受託人無法在收到書面指示後取得信託保護人電話確認該書面指示為真,則受託人將不得執行該書面指示,並毋須承擔任何責任。受託人沒有義務調查或確認指示文件的真實性,或傳遞文件之人是否經過授權。受託人信賴聲稱為信託保護人所給予的指示,不須負法律責任,亦毋須進一步詢問信託保護人。

(d) Liability of Trustee

The Trustee need not review whether the Trust Protector is satisfying its responsibilities hereunder. The Trustee shall incur no liability for any act or failure to act by the Trust Protector, or for acting on a direction of the Trust Protector and it shall not be liable for any loss to the Trust resulting from any action taken at the direction of the Trust Protector, or taken by the Trustee in accordance with the direction of the Trust Protector. The Trustee shall have no duty to monitor the conduct of the Trust Protector, provide advice to the Trust Protector or consult with the Trust Protector or communicate with or warn or apprise any beneficiary or third party concerning instances in which the Trustee would or might have exercised the Trustee's own discretion in a manner different from the manner in which the Trust Protector exercised the Trust Protector's discretion. Furthermore, the Trustee shall have no liability to any Trust beneficiary or any other person whose interest arises under the Trust for the Trustee's good faith reliance on the provisions of this Article or any other provision of this Agreement concerning actions of the Trust Protector (unless the Trustee has acted with willful misconduct or gross negligence proven by clear and convincing evidence in the Court then having primary jurisdiction over the Trust, which such Court shall be the District Court in the State of Nevada so long as Nevada remains the situs of the Trust). The Trustee shall not be liable for the acts or defaults of the Trust Protector.

(d) 受託人之責任

受託人不須檢視信託保護人是否盡責。受託人對於信託保護人執行或無法執行之行為，或執行信託保護人之指示而受有損失，不須負責。受託人不須監督信託保護人之行為，不須提供信託保護人建議，也不須因信託保護人之指示行使方式與受託人不同警告或提醒受益人或第三人。受託人對受益人或其他人因受託人善意信賴本合約條款所生之利益不負責，除非基於受託人之故意不當或重大過失行為，且在法院有明確之證據。受託人不對信託保護人之作為或不作為負責。

(e) Limitations of Responsibilities

The Trust Protector shall have no duty to monitor the conduct of the Trustee, the Investment Direction Adviser or the Distribution Adviser, and shall not be liable for any exercise or failure to exercise the powers granted herein, provided that the Trust Protector shall consider in good faith the advisability of their exercise if and when requested to do so by a beneficiary, his or her guardian or a member of his or her family. The Trust Protector shall not be liable for the acts or defaults of the Trustee or any Adviser.

(e) 責任之限制

信託保護人不須監控受託人、投資指示顧問或分配顧問之行為，且對其被授予權力之行使及不行使不負法律責任；但基於受益人要求，信託保護人應善意考慮受託人、投資指示顧問及分配顧問行使權力之適當性。信託保護人不應對受託人或任何顧問之行為負責。

(f) Indemnification

The Trustee shall, to the extent of the Trust assets and solely payable from the Trust assets, indemnify the Trust Protector for all losses, costs, damages, expenses and charges, public and private, including reasonable attorneys' fees, including those arising from all litigation, groundless or otherwise, that result from the performance or non-performance of the powers given to the Trust Protector under this Agreement (unless the Trust Protector has acted with willful misconduct or gross negligence proven by clear and convincing evidence in the Court then having primary jurisdiction over the Trust which such Court shall be the District Court in the State of Nevada for so long as Nevada remains the situs of the Trust).

(f) 賠償

受託人在信託財產可支付的範圍內，應保障信託保護人不受損失、成本、損害、費用與支出，公訴或私訴，包括合理的律師費（因訴訟而產生，或無理由或其他理由產生），除非為信託保護人之故意不當或重大過失行為，其經法院確定有明確之證據，否則應包括本合約授予信託保護人之權力之行使或不行使而產生的訴訟。

(g) Resignation of Trust Protector

Any Trust Protector serving hereunder may resign at any time by providing a written instrument delivered to the Trustee and the Notice Recipients. Such resignation shall become effective at such time as the resigning Trust Protector shall provide in the resignation instrument.

(g) 信託保護人之辭任

任何信託保護人得隨時以書面通知受託人及應受通知人其辭任，並應於辭任書中載明之時點生效。

(h) Appointment of Additional or Successor Trust Protectors

The Trust Protector shall have the power to appoint additional Trust Protectors if at such time there are fewer than three Trust Protectors serving, and shall have the power to designate a successor Trust Protector to serve upon the death, removal, resignation or incapacity of the last serving Trust Protector by providing a written instrument delivered to such additional or successor Trust Protector, the Trustee and the Notice Recipients; provided that all such designated or appointed additional or successor Trust Protectors are subject to the removal power set forth in section (i) of this Article TENTH.

(h) 新增或繼任信託保護人之指派

信託保護人少於三位時，信託保護人得新增信託保護人。就任中的信託保護人過世、被移除、辭任或無行為能力時，其餘信託保護人有權以書面通知繼任信託保護人、受託人以及應受通知人，指定繼任信託保護人；以上所述之繼任或新增之信託保護人皆應受第十 (i) 條所述之移除權力之規範。

The appointment of additional or successor Trust Protector shall become effective at such time as the Trust Protector provides in the appointment instrument and upon written acceptance by the designee. Upon the removal, resignation, death or incapacity of the last serving Trust Protector, and provided a successor Trust Protector has not been designated in accordance with the foregoing provisions (or if so designated, the designated successor has declined the appointment or failed to accept the appointment within twenty (20) days), then the following individuals in the order named shall appoint a successor Trust Protector by providing a written instrument delivered to the successor Trust Protector, the Trustee and the Notice Recipients:

新增或繼任信託保護人之指派經受指派人書面同意後於信託保護人指派書中載明之時點生效。當就任中的信託保護人過世、被移除、辭任或無行為能力時，而無法以前項指定繼任者時（或指定繼任者拒絕就任，或未能於指派書送達 20 日內同意就任時），則依下列人士依序指定繼任者：

1. Prior to the division of the Trust estate in accordance with section (c) of Article FIRST, [Name of Trust Protector], while living and competent, followed by a majority of the beneficiaries of the highest generational level who are competent and at least twenty-two (22) years of age and to or for whom the income of the Trust may then be distributed or applied, or if there is not a majority decision by such beneficiaries to appoint a successor Trust Protector, or if there is no such beneficiary, a majority of the beneficiaries who are competent

and at least twenty-two (22) years of age and to or for whom the income of the Trust may then be distributed or applied, or if there is not a majority decision by such beneficiaries to appoint a successor Trust Protector, the Investment Direction Adviser; and

1. 信託分割前，為 [Name of Trust Protector]（若為在世且具行為能力），次為輩份最長的世代，具行為能力、年滿 22 歲、且有資格收到分配的受益依其多數決來決定指派。若無法做出多數決，則為全部具行為能力、年滿 22 歲、且有資格收到分配的受益人，並依其多數決決定指派。若仍無法做出多數決，則由投資指示顧問決定繼任信託保護人。

2. After the division of the Trust estate in accordance with section (c) of Article FIRST, [Name of Trust Protector], while living and competent, followed by the Primary Beneficiary, if the Primary Beneficiary is competent and at least twenty-two (22) years of age (or his or her parents if the Primary Beneficiary is under age twenty-two (22), or the Primary Beneficiary's legal guardian if the Primary Beneficiary is incapacitated), or if none, the Investment Direction Adviser.

2. 信託分割後，為 [Name of Trust Protector]（若為在世且具行為能力），次為主要受益人（若具行為能力且年滿 22 歲；若主要受益人未滿 22 歲，則由其父母代表；若主要受益人無行為能力，則由其監護人代表），若無，則由投資指示顧問決定繼任信託保護人。

At no time may the Grantor serve as Trust Protector of any Trust created by or pursuant to this Agreement. In the event of a vacancy in the office of Trust Protector for a period of thirty (30) days, the Trustee may petition the Court then having jurisdiction over the Trust for the appointment of a successor Trust Protector. All costs of such petition, including reasonable attorneys' fees, shall be a proper charge to the Trust estate.

委託人不得擔任信託保護人。當信託保護人職缺空缺超過 30 天，受託人得請求該司法管轄區之法院指派繼任信託保護人。所有請求之成本，包含合理之律師費用，將從信託財產中支付。

(i) Removal of Trust Protector

Any Trust Protector (other than [Name of Trust Protector], unless [Name of Trust Protector] is incapacitated) may be removed in the same manner, and by the same individuals, as a successor Trust Protector may be appointed pursuant to section (h) of this Article, except that the removal shall be by a written instrument delivered to the removed Trust Protector, the Trustee and the Notice Recipients and the removal shall become effective at such time as shall be indicated in the removal instrument.

(i) 信託保護人之解任

任何信託保護人（但不包括 [Name of Trust Protector]，除非其喪失行為能力）得依本 (h) 條多數決之方式被解任，惟應以書面通知被移除之信託保護人、受託人以及應受通知人。解任於通知書送達被移除之信託保護人、受託人以及應受通知人時，依解任書中載明之移除時點生效。

(j) Agents and Advisers

The Trust Protector is authorized to hire agents and advisers to assist the Trust Protector in carrying out its duties, and to direct the Trustee to pay such agents and advisers, out of the Trust estate, such compensation as the Trust Protector deems reasonable.

(j) 代理人與顧問

信託保護人有權僱用代理人或顧問協助信託保護人行使職權,並有權指示受託人由信託財產支付代理人或顧問報酬。

(k) Compensation

The Trust Protector shall be entitled to reasonable compensation for its services as agreed upon in writing by the Trust Protector and a majority of the Notice Recipients who are competent, or if there is no competent Notice Recipient, by a majority of the adult beneficiaries of the highest generational level who are competent, or if there is no adult beneficiary of the highest generational level who is competent, by a majority of the adult beneficiaries who are competent.

(k) 報酬

信託保護人有權為其服務收取合理報酬,報酬由信託保護人與具行為能力之應受通知人以多數決訂定書面協議,或若沒有具行為能力之應受通知人,則為輩份最長之世代其具行為能力的成年受益人之多數決來訂定。若無,則為具行為能力的成年受益人之多數決。

ELEVENTH Distribution Adviser

Notwithstanding any other provision of this Agreement, there may at any time be one or more Distribution Advisers (the "**Distribution Adviser**" or "**Distribution Advisers**") to serve in accordance with the provisions of this Article. The role and function of the Distribution Adviser is set forth in this Article. The Distribution Adviser shall serve in a fiduciary capacity and conform to the purposes of this Agreement.

第十一條 分配顧問

儘管本合約其他條文之規定,在任何時點得有一位或一位以上的分配顧問(以下簡稱「分配顧問」)。分配顧問之功能須符合本合約訂立目的及其角色具有受託責任。

(a) Initial Appointment of Distribution Adviser

The initial Distribution Adviser shall be [Name of Distribution Adviser]. All additional and subsequent Distribution Advisers shall be appointed in the manner provided in this Article. If more than two persons are serving as Distribution Adviser, an affirmative vote of a majority of such Distribution Advisers must be reached with respect to any decisions, actions taken or direction given. Otherwise, the Distribution Advisers must act unanimously. Notwithstanding the foregoing, if more than one Distribution Adviser is serving, the Distribution Advisers may designate one such Distribution Adviser to communicate all directions to the Trustee.

(a) 起始分配顧問之指派

起始分配顧問為 [Name of Distribution Adviser]。所有之新增或後續分配顧問應以

條文中規定之指定方式指派。若分配顧問超過兩位，任何決定、行動、發出指示，皆須取得分配顧問過半數之贊成投票。否則全體分配顧問須一致行動。儘管如本條前述，若有超過一位分配顧問在任，得指定一位分配顧問與受託人溝通。

(b) Role and Function

The Distribution Adviser shall hold and may exercise the full power to direct the Trustee to distribute income and principal of the Trust pursuant to the standards established under this Agreement. The Trustee shall follow the direction of the Distribution Adviser with respect to all matters concerning the distribution of income or principal of the Trust. Only in the event no Distribution Adviser is then serving, the Trustee shall hold and may exercise the full power to make discretionary distributions of income and principal of the Trust pursuant to the standards established under this Agreement.

(b) 角色與功能

分配顧問得依本合約所建立之標準指示（或不作為）受託人分配信託本金或收益。受託人應遵循分配顧問之指示。僅在無人擔任分配顧問時，受託人得保留或執行依本合約建立之標準，就信託本金或收益進行裁量性分配之權力。

(c) Directions to Trustee

Any direction to the Trustee from the Distribution Adviser shall be in writing, delivered by mail, courier, facsimile transmission, electronic mail, or otherwise in such form as the Trustee may specify from time to time by a written instrument delivered to the Distribution Adviser. Upon receiving a written direction from the Distribution Adviser, the Trustee shall within a reasonable time period attempt to contact the Distribution Adviser in order to confirm the authenticity of such written direction. If the Trustee is unable to obtain confirmation from the Distribution Adviser that the written direction was authentic, the Trustee shall not carry out such written direction, and shall be exonerated from any and all liability in connection with not carrying out the written direction. The Trustee shall have no obligation to investigate or confirm the authenticity of directions it receives or the authority of the person or persons conveying them, and the Trustee shall be exonerated from any and all liability in relying on any such direction from a person purporting to be the Distribution Adviser without further inquiry by the Trustee.

(c) 給受託人之指示

分配顧問給予受託人之指示必須為書面文件，透過信件、快遞、傳真、電子郵件或其他方式傳遞給受託人。受託人收到分配顧問的書面指示後，受託人應在合理時間內嘗試通過電話聯繫分配顧問，以確認該書面指示的真實性。若受託人無法在收到書面指示後取得分配顧問電話確認該書面指示為真，則受託人將不得執行該書面指示，並毋須承擔任何責任。受託人沒有義務調查或確認指示文件的真實性，或傳遞文件之人是否經過授權。受託人信賴聲稱為分配顧問所給予的指示，不須負法律責任，亦毋須進一步詢問分配顧問。

(d) Liability of Trustee

Notwithstanding any other provision herein, with respect to distribution made pursuant to the direction of the Distribution Adviser, the Trustee shall be a "**directed fiduciary**" within the meaning of N.R.S. Section 163.5548 and, as such, shall be entitled to the full protection of N.R.S Section 163.5549 without limitation. Furthermore, provided a Distribution Adviser is then serving:

(d) 受託人之責任

儘管本合約有任何其他規定，對於根據分配顧問的指示進行的分配，受託人應為內華達州修訂法規第 163.5548 條所定義的「**受指示受託責任人**」，且受內華達州修訂法規第 163.5549 條的全面保護，不受任何限制。 此外，當有分配顧問時：

(1) The Distribution Adviser shall have sole responsibility (and the Trustee shall have no responsibility) for all discretionary actions involving any distribution of income or principal of the Trust. The Trustee shall make only such distributions of income or principal as the Distribution Adviser directs, or that are non-discretionary and mandated by the terms of the Trust.

(1) 分配顧問對涉及任何分配本金或收益之裁量權負單獨之責任（受託人對此不負任何責任），受託人僅按分配顧問之指示或依照信託規定之方式分配收益或本金。

(2) The Trustee shall be under no obligation to review the beneficiaries' needs or requests for income or principal distributions, make any recommendation with respect to such distributions, solicit any direction from the Distribution Adviser, calculate the impact of any distribution on the likely duration of the Trust, ensure the equality of distributions among the beneficiaries, or review whether the Distribution Adviser is satisfying its responsibilities hereunder.

(2) 受託人並無義務檢查受益人對於收益或本金分配之需求或要求、該分配提供意見、請求分配顧問給予相關指示、計算任何分配對於信託存續期間之影響、確保受益人分配之公平或檢視分配顧問是否盡責。

(3) The Trustee shall incur no liability for any act or failure to act by the Distribution Adviser, or for acting on a direction of the Distribution Adviser and it shall not be liable for any loss to the Trust or any claim of inequality, partiality or unreasonableness resulting from any action taken at the direction of the Distribution Adviser, or taken by the Trustee in accordance with the direction of the Distribution Adviser.

(3) 受託人針對分配顧問執行、執行失敗之行為或執行分配顧問之指示而受有損失、或對任何因此分配顧問之指示所為之行為，所招致之不公、偏袒、有欠合理之聲明毋須負責。

(4) The Trustee shall have no duty to monitor the conduct of the Distribution Adviser, provide advice to the Distribution Adviser or consult with the Distribution Adviser or communicate with or warn or apprise any beneficiary or third party concerning instances in which the Trustee would or might have exercised the Trustee's own discretion in a manner different from the manner directed by the Distribution Adviser.

(4) 受託人不須監督分配顧問之行為，不須提供其相關意見，亦不須因其判斷與分配顧問有異而須警告或提醒受益人或第三人。

(5) The Trustee shall have no liability to any Trust beneficiary or any other person whose interest arises under the Trust for the Trustee's good faith reliance on the provisions of this Article or any other provision of this Agreement concerning distribution decisions (unless the Trustee has acted with willful misconduct or gross negligence proven by clear and convincing evidence in the Court then having primary jurisdiction over the Trust, which such Court shall be the District Court in the State of Nevada for so long as Nevada remains the situs of the Trust).

(5) 除經內華達州地方法院（若其具管轄權）確定有明確之證據證實受託人之故意不當或重大過失行為，受託人根據本合約善意信賴本合約條文所作之分配決定，對信託受益人及對信託有利益之人毋須負責。

(e) Liability of Distribution Adviser

The Distribution Adviser shall not be held liable to any beneficiary for any distribution decision made hereunder, unless it results from actions taken in willful misconduct or through gross negligence proven by clear and convincing evidence in the Court then having primary jurisdiction over the Trust, which such Court shall be the District Court in the State of Nevada for so long as Nevada remains the situs of the Trust. The Distribution Adviser shall not be liable for the acts or defaults of the Trustee or any other Adviser.

(e) 分配顧問之責任

分配顧問就其分配決定不對任何受益人負責，除非其分配決定經內華達州地方法院（若其具有管轄權）有明確證據證實，出於分配顧問之故意不當或重大過失行為。分配顧問不對受託人或其他顧問的行為或不行為負責。

(f) Indemnification

The Trustee shall, to the extent of the Trust assets and solely payable from the Trust assets, indemnify the Distribution Adviser for all losses, costs, damages, expenses and charges, public and private, including reasonable attorneys' fees, including those arising from all litigation, groundless or otherwise, that result from the performance or non-performance of the powers given to the Distribution Adviser under this Agreement (unless the Distribution Adviser has acted in a manner that does not comply with the standard of liability applicable to the Distribution Adviser).

(f) 賠償

受託人應以信託資產為限，並以信託資產為唯一支付來源，對分配顧問因履行或不履行本合約賦予分配顧問的權力而造成的所有損失、費用、損害、開支及收費（包括合理的律師費），向分配顧問進行賠償（除非分配顧問的行為不符合適用於分配顧問的責任標準）。

(g) Resignation of Distribution Adviser

Any Distribution Adviser serving hereunder may resign at any time by providing a written instrument delivered to the Trustee, the Trust Protector and the Notice Recipients. Such resignation shall become effective at such time as the resigning Distribution Adviser shall provide in the resignation instrument.

(g) 分配顧問之辭任

任何分配顧問得隨時以書面通知受託人、信託保護人以及應受通知人其辭任,並應於辭任書中載明之時點生效。

(h) Removal of Distribution Adviser

The Trust Protector shall have the power to remove any Distribution Adviser by providing a written instrument delivered to such Distribution Adviser, the Trustee and the Notice Recipients. The removal shall become effective at such time as the Trust Protector indicates in the removal instrument.

(h) 分配顧問之解任

信託保護人有權力移除分配顧問,且應以書面通知該分配顧問、受託人以及應受通知人,並應於解任書中載明之時點生效。

(i) Appointment of Additional or Successor Distribution Advisers

The Trust Protector shall have the power to appoint additional Distribution Advisers if at such time there are fewer than three Distribution Advisers serving and shall have the power to designate a successor Distribution Adviser upon the death, resignation, removal or incapacity of the last serving Distribution Adviser by providing a written instrument delivered to such additional or successor Distribution Adviser, the Trustee and the Notice Recipients. The appointment of additional or successor Distribution Advisers shall become effective at such time as the Trust Protector provides in the appointment instrument and upon written acceptance by the designee. At no time may the Grantor serve as Distribution Adviser of any trust created by or pursuant to this Agreement. In the event a beneficiary or any person appointed by a trust beneficiary who is related or subordinate to such trust beneficiary within the meaning of Section 672(c) of the Code, is serving as Trust Protector and has the power to appoint Distribution Advisers, such beneficiary or person may not appoint himself or herself or any party who is a related or subordinate party to such beneficiary or person under Section 672(c) of the Code, to serve as Distribution Adviser of any trust created by or pursuant to this Agreement.

(i) 新增或繼任分配顧問之指派

當分配顧問少於三位時,信託保護人有權指派繼任之分配顧問,或當最後之分配顧問過世、解任、辭任或其已無能力勝任,信託保護人有權以書面通知其他或繼任之分配顧問、受託人以及應受通知人,指派繼任分配顧問。指派經受指派人書面同意後於指派書中載明之時點生效。根據本合約,在任何情況下,信託委託人皆不得擔任任何本信託及衍生信託之分配顧問。當受益人同時擔任信託保護人或由其指派之信託保護人與受益人間有國稅法規第 672(c) 條關係而有權指定分配顧問時,受益人或該人不得指派與該受益人或該信託保護人有國稅法規第 672(c) 條規定相關或具從屬關係之人擔任本合約之分配顧問。

(j) Compensation

The Distribution Adviser shall receive reasonable compensation for its services, but only if and in such amount as the Trust Protector directs in writing to the Trustee.

(j) 報酬

　　分配顧問應因其服務收取合理之報酬，其數額由信託保護人書面指示受託人。

TWELFTH　Payment of Death Taxes and Administration Expenses

　　On the death of the beneficiary of any trust created by or pursuant to this Agreement, if the principal of such trust is included in the estate of the beneficiary for transfer tax purposes, the Trustee shall, unless otherwise directed by the beneficiary's Will, distribute from such trust to the personal representative of the beneficiary's estate, an amount equal to the sum of all additional transfer taxes and costs of administration payable by such personal representative as a result of the inclusion of the trust in the beneficiary's estate. Certification of such personal representative as to the amount of such additional taxes and costs will be determinative for all purposes.

第十二條　遺產稅及行政規費

　　當本信託之受益人或任何衍生自本合約的信託的受益人過世時，若其信託本金被納入應稅遺產中，則除非另有受益人之遺囑指示，受託人應分配相當於所有遺產稅額與行政費用的金額給受益人的遺產管理人。無論針對任何目的，遺產管理人對遺產稅額與行政費用的金額之確認有決定權。

　　The Trustee shall make such distributions directly to the appropriate payee, if so directed by such personal representative. The Trustee shall pay any tax imposed under Chapter 13 of the Code as a result of a "**taxable termination**" attributable to any trust created by or pursuant to this Agreement from the principal of such trust, charging such payments ratably against the property in respect of which such termination occurred.

　　受託人若受遺產管理人之指示，直接支付該分配給遺產管理人指定的適當收款人。受託人應支付根據稅法第十三章因本合約或本合約衍伸之任何信託本金「**應稅終止**」所應課徵的稅額，其索取之費用是依終止原因發生時之財產比例計算得出。

THIRTEENTH　Waiver of Prudent Investor Rule

　　The Investment Direction Adviser is authorized (but not directed) to direct the Trustee to acquire and retain investments not regarded as traditional for trusts, including investments that would be forbidden or would be regarded as imprudent, improper or unlawful by the "**prudent person**" rule, "**prudent investor**" rule, N.R.S Section 164.705 et seq., any rule or law concerning the duty of loyalty, any rule or law limiting, prescribing, or voiding or making voidable any interested party or self-dealing transaction, or any other rule or law which restricts a fiduciary's capacity to invest. The purpose in granting the foregoing authority is to modify the "**prudent person**" rule, "**prudent investor**" rule, or any other rule or law, including any prudent investor rule set forth in Nevada's Uniform Prudent Investor Act, N.R.S Section 164.705 et seq., which would otherwise restrict a fiduciary's ability to invest based on the nature of the investment itself. The Investment Direction Adviser may direct the Trustee to invest in any type of property, wherever located, including, but not limited to, any type of security or option, improved or unimproved real property, and tangible or intangible personal property, and in any manner, including direct purchase, joint ventures, partnerships, limited partnerships, limited liability companies, corporations, mutual funds, business trusts or any other form or participation or ownership whatsoever.

第十三條 謹慎投資人條款之豁免

投資指示顧問有權（但非被指示）指示受託人取得或持有傳統上被「謹慎人」條款、「謹慎投資人」條款、內華達州修訂法規第 164.705 條以及任何規範忠實義務相關的規則或法律，以及任何限制、描述、或避免任何受託責任人自我交易，或其他會限制投資忠實義務能力的限制規則或法律認為是不謹慎、不適當或不法的行為，或被禁止的投資目標。授予上述權力的目的是修改「**謹慎人**」規則，「**謹慎投資人**」規則或任何其他規則或法律，包括《內華達州統一謹慎投資人法》（內華達州修訂法規第 164.705 條及以下）中規定的任何謹慎投資人規則。否則將根據投資本身的性質限制受託責任人的投資能力。投資指示顧問得指示受託人投資任何種類的財產，包括但不限於投資任何形式、任何地點的財產、任何形式的股票選擇權、改良過或沒有改良過的不動產、有形或無形的動產等等。或任何種類的行為，包括但不限於直接購買、合資、合夥、有限合夥、有限責任公司、股份有限公司、共同基金、商業信託，或其他任何形式的參與、所有權等。

Furthermore, the Investment Direction Adviser may direct the Trustee to acquire property from, transfer property to, obtain services from, provide services to, and otherwise enter into contracts, understandings, arrangements, and other dealings, of any kind or nature, with the Investment Direction Adviser or any other person or entity (each such person or entity hereinafter referred to as a "**Third Party**") whether or not the Third Party is in any manner related to, or affiliated with, the Investment Direction Adviser or any other person or entity related to, or affiliated with, the Investment Direction Adviser and without regard to whether the Investment Direction Adviser, acting in its corporate or personal capacity or in any other capacity, or any person related to, or affiliated with, the Investment Direction Adviser has other contracts, understandings, arrangements or dealings, whether or not for remuneration, with the Third Party. In directing the Trustee, the Investment Direction Adviser may disregard any or all of the following factors:

此外，投資指示顧問得指示受託人自投資指示顧問或任何其他人士或實體（以下各該人士或實體統稱為「第三方」）購買財產、移轉財產、取得服務、提供服務，或以任何形式與該投資指示顧問或第三方訂立契約、協議、安排或進行其他各類往來，無論該第三方是否以任何方式關聯於或從屬於投資指示顧問，或其他以任何方式關聯於或從屬於投資指示顧問而不管投資指示顧問以公司身分、個人身分或其他任何身分之人；或任何第三方是否與投資指示顧問另外訂有合約或協議，無論該合約或協議是否關於報酬或價金。投資指示顧問於指示受託人時，得忽略下列任何一項或全部的因素：

(a) Whether a particular investment, or the Trust investments collectively, will produce a reasonable rate of return or result in the preservation of principal.

(a) 對於任何特定的投資或整體信託投資，是否會產生合理的投資報酬率或本金維持率。

(b) Whether the acquisition or retention of a particular investment or Trust investments collectively are consistent with any duty of impartiality as to the different beneficiaries. No such duties shall exist.

(b) 對於取得或保留任何特定的投資或整體信託投資，是否在不同的受益人間保持公平一致。投資指示顧問對此沒有責任。

(c) Whether the acquisition or retention of a particular investment or any aspect of the administration of the investment violates any duty of loyalty or rule against self-dealing. No duty of loyalty shall exist to the extent such duty would limit or preclude self-dealing transactions.

(c) 對於一項特定投資的取得或保留，或從任何投資管理的面向上，是否違反任何忠實義務或自我交易原則。在忠實義務會限制或阻止自我交易的限度內，不存在忠實義務。

(d) Whether the Trust is diversified. No duty to diversify shall exist.

(d) 對於信託是否分散投資。投資指示顧問並沒有責任分散投資。

(e) Whether any or all of the Trust investments would traditionally be classified as too risky or speculative for trusts. The entire Trust may be so invested. The Investment Direction Adviser shall have sole and absolute discretion in determining what constitutes acceptable risk and what constitutes proper investment strategy.

(e) 任何特定的投資或全體信託投資，在傳統上是否被分類為高風險或投機性的投資。投資指示顧問應有單獨且絕對的裁量權來決定哪些是可接受風險的投資策略，哪些是適當的投資策略。

The purpose in granting the foregoing authority is to modify the "**prudent person**" rule, "**prudent investor**" rule, the application of N.R.S Section 164.705 et seq., the duty of loyalty, the rule against self-dealing, or any rule or law which restricts a fiduciary's ability to invest insofar as any such rule or law would prohibit an investment or investments because of one or more factors listed above, or any other factor relating to the nature of the investment itself.

給予上述權力的目的是為了修改「謹慎人」條款、「謹慎投資」人條款、內華達州修訂法規第 164.705 條相關規定、忠實義務原則、規範自我交易之規定以及任何因為上述列出的一個或多個因素而禁止投資，或因為任何其他與投資本身性質相關的因素，而限制受託人投資的規則或法律的適用。

FOURTEENTH Trustee's Commissions

For services rendered as Trustee under this Agreement, any Trustee shall be entitled to reasonable compensation for his, her or its services, as well as be entitled to reimbursement for all expenses reasonably incurred in performing his, her or its duties hereunder. Any corporate Trustee may receive (or retain) payment in accordance with its schedule of rates as published from time to time and as in effect at the time such compensation becomes payable, unless otherwise agreed. No termination fee shall be charged upon removal or resignation of a Trustee. However, such Trustee shall be entitled to reasonable compensation for time and materials for additional services over and above the Trustee's normal duties in transferring Trust assets and administration of the Trust to the new Trustee.

第十四條 受託人之報酬

　　任何受託人就其依本合約範圍內提供之服務與隨之產生的費用開銷有權要求合理的報酬與報銷。受託人如為公司組織，得依其公開之收費表來收取（或者保留）費用，除非另有協議，否則報酬從收費表中第一筆報酬生效時開始支付。而且，受託人在終止或辭任時沒有另外的解約或終止費，但就其移轉信託財產給新受託人、行政事項等此種受託人一般業務，所產生之額外服務的時間以及勞務得請求報酬。

FIFTEENTH Trust to be Irrevocable

This Agreement, and any trust created by or pursuant to this Agreement, is irrevocable and at no time shall there be any right or power in the Grantor to alter, amend or terminate the same or any part thereof. However, the Trust Protector is authorized to modify or amend the administrative and technical provisions with respect to any trust created by or pursuant to this Agreement at such times as the Trust Protector may deem appropriate for the proper or efficient administration of the Trust, to take advantage of changes in law or custom, and/or for tax purposes, provided no modification or amendment made hereunder shall (i) increase or extend the obligations, liabilities and/or responsibilities of the Trustee without its prior written consent;(ii) alter the beneficial interests of the Trust beneficiaries;(iii)extend the duration of the Trust or the time for vesting of any beneficial interest in the Trust beyond the period provided for in Article THIRD of this Agreement; or(iv) grant any person the power to add to the beneficiaries or to a class of beneficiaries; (v) modify the prohibition on the appointment of the Grantor as a Trustee, Distribution Adviser, or Trust Protector or give the Grantor any additional rights or powers with respect to the trust property; (vi) eliminate or change any power given to any person under this Agreement to remove a Trustee, Distribution Adviser, Investment Direction Adviser, or Trust Protector; or (vii) modify this Article. No Trust Protector shall participate in the exercise of this power to amend if: (i) such Trust Protector would be deemed to possess a general power of appointment or to the extent such participation would otherwise result in the inclusion of trust property in the estate of such Trust Protector for federal estate tax purposes or render such Trust Protector liable for federal gift taxes; or (ii) the possession of such power by such Trust Protector would cause the income of any trust under this Agreement to be taxed to such Trust Protector solely by reason of the possession of such power.

第十五條 不可撤銷信託

　　本合約以及依本合約設立之信託為不可撤銷信託，且委託人不得變更、修正或終止本合約內容以及依其設立之信託。然而，為了信託行政管理效率，信託保護人有權

力變更或修正管理、技術部分相關條文,但不得變更下述內容:(i) 沒有事先經書面同意即增加或延長受託人的義務、責任和職責;(ii) 變更信託受益人權益;(iii) 延長信託時間,或逕行延長本合約第三條中,信託期間或延後交付受益人之信託權益;或 (iv) 授予任何人增加受益人或增加一類受益人的權力;(v) 修改關於禁止委託人為受託人、分配顧問或信託保護人的禁令,或賦予委託人與信託財產有關的任何其他權利或權力;(vi) 取消或更改根據本合約賦予任何人移除受託人、分配顧問、投資指示顧問或信託保護人的權力;或 (vii) 修改本條。在以下情況下,任何信託保護人均不得參與行使此項權力:(i) 該信託保護人被視為具有一般指派權,或在這種參與下會導致在信託財產中納入信託財產的程度。出於聯邦遺產稅的目的,使該信託保護人承擔聯邦贈與稅的責任;或 (ii) 由於信託保護人擁有該項權力,將導致本協議項下任何信託的所得僅因該權力的擁有而須由該信託保護人課稅。

SIXTEENTH Resignation, Removal and Appointment of Trustees

The following provisions shall govern the resignation, removal and appointment of any Trustee serving hereunder:

第十六條 受託人之辭任、解任及任命

受託人之辭任、解任及任命應遵循以下規定:

(a) Resignation of Trustee

Any Trustee may resign at any time and without cause. Any such resignation shall be in a writing delivered to the Trust Protector, the Investment Direction Adviser, the Distribution Adviser and the Notice Recipients. Such resignation shall become effective at such time as the resigning Trustee shall provide in the resignation instrument.

(a) 受託人之辭任

任何一位受託人得隨時辭任,且應以書面通知信託保護人、投資指示顧問、分配顧問及應受通知人,並應於該辭任書中載明之時點生效。

(b) Removal of Trustee

The Trust Protector shall have the power to remove any Trustee by providing a written instrument delivered to the Trustee, the Investment Direction Adviser, the Distribution Adviser and the Notice Recipients provided that contemporaneously with and as a condition to such removal the Trust Protector shall appoint a successor Trustee which is an individual residing in Nevada who regularly serves as a fiduciary of trusts for the benefit of persons other than members of such individual's family or a corporation or other entity that has an office for the conduct of such business in Nevada and which is not related or subordinate to the Grantor or to the person or persons then authorized to appoint a Trustee, within the meaning of Section 672(c) of the Code, in place of the Trustee being removed. The removal shall become effective at such time as the Trust Protector indicates in the removal instrument.

(b) 受託人之解任

信託保護人有權力移除受託人,且應以書面通知受託人、投資指示顧問、分配顧問及應受通知人。移除同時並應指派繼任受託人,其係居於內華達州之居民,且可經

常性地基於信託關係人之利益履行其忠實義務，而非其家族內之其他成員。或是在內華達州擁有營業處所之公司、法人團體。根據國稅法規第 672(c) 條，該信託的受託人和受益人或是其他關係人員，不能成為該信託的受託人。解任應於解任書中載明之時點生效。

(c) Appointment of Successor Trustee

Upon any Trustee serving hereunder ceasing to serve as Trustee hereunder, whether due to resignation, removal, or otherwise, the Trust Protector shall appoint a successor Trustee within thirty (30) days by providing a written instrument delivered to such successor Trustee, the outgoing Trustee, the Investment Direction Adviser, the Distribution Adviser and the Notice Recipients. Such appointment shall become effective at such time as the Trust Protector provides in the appointment instrument and upon written acceptance by the designee. At no time may the Grantor or any beneficiary of the Trust, or any party who is a related or subordinate party to the Grantor or any beneficiary of the Trust under Section 672(c) of the Code, serve as Trustee of the Trust.

(c) 繼任受託人之指派

無論是因為辭職、解職或其他原因而不委任此受託人，信託保護人應在 30 天內指派繼任受託人並提供書面文件給原受託人、繼任受託人、投資指示顧問、分配顧問以及應受通知人。此指派經受指派人書面同意後於指派書中載明之時點生效。委託人、本信託受益人、及國稅法規第 672(c) 條下與委託人或本信託受益人具有關聯或從屬身分之人，均不得擔任本信託的受託人。

(d) Delivery of Trust Assets

Upon the resignation or removal of any Trustee serving hereunder, such Trustee shall, within ninety (90) days after it resigns or is removed and upon receipt of a standard release and indemnification, and any other similar documents reasonably satisfactory to the resigning or removed Trustee, deliver any assets held hereunder to the successor Trustee whose appointment has become effective under the above provisions of this Article.

(d) 信託財產之移轉

任何受託人在辭任或被解任後，該受託人應在辭任或被解任後的 90 天內以及收到合理的免責與補償文件及其他相類似文件後，將根據本合約持有的任何財產交付給依上述規定生效之繼任的受託人。

(e) Liability of Predecessor Trustee

Any successor Trustee shall be deemed vested with all the duties, rights, titles and powers, whether discretionary or otherwise, as if originally named as Trustee. No successor Trustee shall be liable for any act or failure to act of any predecessor Trustee. The successor Trustee shall be specifically relieved of the duty to examine the accounts of the predecessor Trustee. The Successor Trustee may accept the account rendered and the property delivered by the predecessor Trustee as a full and complete discharge to the predecessor Trustee, without incurring any liability for so doing.

(e) 前任受託人之責任

任何繼任受託人都被視為擁有全部的責任、權力和權利，如同前任的受託人一樣。繼任受託人不須要對前任受託人的作為或不作為負責。繼任受託人也不須要審查前任受託人的帳目，此外繼任的受託人可以接受前任受託人所提供的信託財產，作為前任受託人完全解除其責任，且毋須對此負責。

(f) Merger of Trustee

In case of the merger or consolidation of the corporate Trustee, or the transfer of substantially all of the assets of the corporate Trustee to another corporation, the resulting or transferee company shall continue to serve hereunder without notice to any party.

(f) 受託公司之合併

如果公司受託人簡易合併、新設合併，或將公司受託人的大部分財產移轉給另一家公司，則另一家接受移轉的信託公司則會成為繼任的公司受託人，且毋須通知任何人。

SEVENTEENTH　Subchapter S Stock

Notwithstanding any other provision of this Agreement, but subject to the provisions of Article NINTH of this Agreement relating to the Investment Direction Adviser, if any Subchapter S stock becomes an asset of any trust created by or pursuant to this Agreement, then the Trustee shall have the power:

第十七條　S 公司股票

即便本合約有其他的條款，但應受限於本合約第九條關於投資指示顧問之規定，如任何 S 公司股票變成根據本合約所設之信託的財產，則受託人應擁有下列權力：

(a) To elect, in its discretion, to qualify any trust holding Subchapter S stock as an **"electing small business trust"** under Section 1361(e) of the Code; or

(a) 可依其裁量，選擇將任何持有 S 公司股票的信託其資格確定為在國稅法規第 1361(e) 條規定下的「**選擇的小型企業信託**」；或

(b) To segregate the Subchapter S stock and hold such stock in the separate trust all of the income of which shall be distributed no less frequently than annually to the income beneficiary of the trust and there shall be only one income beneficiary of such trust; any distribution of principal during the term of the trust shall be distributed only to the current income beneficiary; the current income beneficiary's income interest shall terminate on the earlier of the termination of the trust or the death of the income beneficiary; and upon termination of the trust during the lifetime of the current income beneficiary, all principal and income of such separate trust shall be distributed to the income beneficiary.

(b) 將 S 公司股票分別出來並由單獨的信託持有。該信託的全部收益應至少每年分配給信託受益人，且此單獨的信託僅有一位收益受益人；任何信託期間的本金分配應當僅被分配給其現任收益受益人；現任收益受益人的收益持分應當被終止於信託截止日或是受益人的過世日，以較早發生日為準；在現任受益人存活期間信託終止時，所有本金和任何單獨信託的收益應當被分配給其受益人。

It is the Grantor's intention that the trusts described in this section (b) which hold

Subchapter S stock as an asset shall be Qualified Subchapter S Trusts within the meaning of Section 1361(d) of the Code. The Trustee shall make elections and/or distributions and take such other steps as may be necessary or desirable to maintain the qualification of all such trusts as Qualified Subchapter S Trusts, including the division of any trust into separate shares one of which shall hold Subchapter S stock and the other of which shall hold other assets, which shall then be held, administered and distributed as separate trusts.

委託人的意圖是本 (b) 條中所描述持有 S 公司股票財產的信託，應當是國稅法規第 1361(d) 條定義的 Qualified Subchapter S Trust。受託人應當決定選擇及／或分配，並且採取必要或適當的步驟維持所有 Qualified Subchapter S Trust 的合格性，其包括將信託分割為數個持分，其中一個持有 S 公司的股票，其餘則持有其他財產，然後作為單獨的信託持有、管理及分配。

EIGHTEENTH Interested Fiduciary

Notwithstanding the general powers conferred upon the Trustee, the Investment Direction Adviser, the Distribution Adviser and the Trust Protector (for purposes of this Article, "**Fiduciary**") pursuant to this Agreement, no Fiduciary serving shall:

第十八條 受託責任關係人

儘管依據本合約，受託人、投資指示顧問、分配顧問及信託保護人（為本條之目的，下稱「受託責任人」）被授予概括性的權力，受託責任人不得：

(a) make or participate in the making of discretionary distributions of income or principal to or for the benefit of such Fiduciary unless such distribution is limited by an ascertainable standard relating to the education, health, maintenance or support of such Fiduciary;

(a) 為自身利益進行或參與裁量性分配收益或本金，除非該分配是依據與教育、健康、維持相關的標準進行；

(b) terminate or be a party to the decision to terminate any separate trust created by or pursuant to this Agreement of which such Fiduciary is a beneficiary;

(b) 終止或參與終止依本合約設立的任何衍生信託（受益人為受託責任人的信託）；

(c) make discretionary allocations of receipts or expenses as between income and principal of any separate trust created by or pursuant to this Agreement of which such Fiduciary is a beneficiary, unless such Fiduciary acts in a fiduciary capacity whereby such Fiduciary has no power to enlarge or shift any beneficial interest;

(c) 自由裁量分配收益或費用，分配衍生信託（受益人為受託責任人的信託）的收益及本金，除非受託責任人以受託責任職權行事，並且無權擴大或轉移權益；或

(d) make or participate in the making of discretionary distributions that would discharge a legal obligation of such Fiduciary, or terminate or be a party to the decision to terminate any separate trust created by or pursuant to this Agreement if such termination would discharge a legal obligation of such Fiduciary;

(d) 為免除自身的法律責任而做出或參與裁量性分配；或受託責任人不得為免除自身的法律責任而終止或參與終止信託。

(e) have any power relating to any insurance policy on the life of such Fiduciary if it would otherwise be treated as an incident of ownership for purposes of Section 2042 of the Code;

(e) 若其根據國稅法規第 2042 條，因此被視為所有權之事件，而擁有關於此受託相關人任何壽險保單之相關權力；

(f) have any power relating to the right to vote (directly or indirectly) shares of any controlled corporation (as such term is defined under Section 2036(b)(2) of the Code) transferred to the trust by such Fiduciary or by a party who is related or subordinate to such Fiduciary within the meaning of Section 672(c) of the Code; or

(f) 直接或間接擁有，因其或是依國稅法規第 672(c) 條規定與其相關或與其具從屬關係之人，轉入此信託之任何受控公司（依國稅法規第 2036(b)(2) 條）投票權；

(g) have any power that could otherwise cause such Fiduciary or the Grantor to have a retained interest under Sections 2035 through 2042 of the Code.

(g) 擁有能使其受託相關人或委託人獲致國稅法規第 2035 條以及同法第 2042 條規定保留盈餘之任何權力。

A power and/or discretion which a Fiduciary is prohibited from possessing and/or exercising pursuant to the foregoing provisions may be possessed or exercised by the remaining Fiduciary or Fiduciaries of the same type, or if such remaining Fiduciary or Fiduciaries is or are prohibited from possessing or exercising the power and/or discretion, a disinterested fiduciary ("**Special Fiduciary**") may be appointed by the then acting Trust Protector for the sole purpose of possessing and/or exercising such powers and discretions. A Special Fiduciary appointed hereunder may be any individual or corporation which is not related or subordinate to any then-acting Fiduciary within the meaning of Section 672(c) of the Code. The power granted the Trust Protector in this Article shall include the power to remove and replace the Special Fiduciary by a written instrument delivered to the Special Fiduciary being removed or the Special Fiduciary being appointed, as the case may be, and the Trustee. The removal or appointment shall become effective at such time as indicated in the removal instrument or the appointment instrument. A Special Fiduciary may resign as Special Fiduciary by providing a written instrument delivered to the Trustee and the Trust Protector and such resignation shall become effective as indicated in the resignation instrument.

受託責任人根據上述規定被禁止持有及／或行使權力及／或自由裁量權，得由同一類型的其餘受託責任人持有或行使，或者，若這些剩餘的受託責任人被禁止行使權力及／或自由裁量權時，時任信託保護人得委任無利害關係的受託責任人（以下簡稱「**特別受託責任人**」），其唯一目的是擁有及／或行使此等權力和自由裁量權。本合約下指派的特別受託責任人得為與國稅法規第 672(c) 條中所指的時任受託責任人無關或不具從屬關係的任何個人或公司。本條中授予信託保護人的權力應包括移除及撤換

特別受託責任人，且信託保護人須以書面通知受託責任人有關其指派或解任之事宜並通知受託人。解任或指派應在解任書或指派書所載明之時點生效。特別受託責任人得向受託人及信託保護人遞交書面辭任書辭去特別受託責任人之職務，辭任應在辭任書中所載明之時點生效。

No Special Fiduciary shall incur any liability for any act or omission they have done unless it results from actions taken in willful misconduct or through gross negligence proven by clear and convincing evidence in the Court then having primary jurisdiction over the Trust, which such Court shall be the District Court in the State of Nevada for so long as Nevada remains the situs of the Trust. The Trustee shall have no duty to monitor the conduct of the Special Fiduciary, provide advice to the Special Fiduciary or consult with the Special Fiduciary or communicate with or warn or apprise any beneficiary or third party concerning instances in which the Trustee would or might have exercised the Trustee's own discretion in a manner different from the manner in which the Special Fiduciary exercised the Special Fiduciary's discretion.

任何特別受託責任人均不會因任何行為或不行為而產生責任，除非是內華達州地方法院（只要內華達州仍然是信託的所在地點）確定為事證明確之故意不當或重大過失行為。受託人沒有義務監督特別受託責任人的行為、向特別受託責任人提供諮詢、與特別受託責任人協商，或當受託人與特別受託責任人間的自由裁量相左時，受託人不須與受益人或第三方商談或提出警告。

NINETEENTH Definitions

For all purposes of this Agreement:

(a) Whenever the words "**child**," "**children**," "**descendant**," "**descendants**," or "**issue**" appear in this Agreement, they shall mean the lawful lineal descendants of the first, second or any other degree of [Name of Beneficiary 1] and [Name of Beneficiary 2], including descendants who have been conceived at any specific point in time relevant to such provision and who thereafter survive birth within ten months of such specific time, and also including adopted descendants (only a person adopted while under the age of [twenty-one (21)] years shall be deemed to be a child and an issue of the adopting person and an issue of the ascendants of the adopting person, and, furthermore, the children and issue of the person so adopted shall be deemed to be issue of the adopting person and his or her ascendants). A person born out of wedlock shall not be deemed to be a child or an issue of his or her parent or an issue of the ascendants of his or her parent unless such child is acknowledged in writing by such parent.

第十九條 定義

(a) 本合約中的「子女」、「後裔」、「後代」等詞彙代表 [Name of Beneficiary 1] 及 [Name of Beneficiary 2] 所生之第一、第二或任何代的直系後代，包括懷胎十月內出生的後代，並且包括被收養的後代（只有在 [21] 歲前被收養的被收養人才會被視為收養人的後代以及收養人祖先之後代，更甚者，該被收養人之後代會被視為收養人的後

代以及收養人祖先之後代）。非婚生子女除非獲得其父母的書面承認，不應被視為其父母的子女或其父母的祖先的後代。

(b) Wherever the word "**Trustee**" appears in this Agreement, it shall be construed to mean the Trustee then qualified and serving as such whether of the masculine, feminine or neuter gender and whether serving in the singular or plural.

(b) 本合約中的「受託人」一詞，則不論是男性、女性還是中性，不論是單數還是複數皆指本合約中之受託人。

(c) Wherever the words "**Distribution Fiduciary**" appear in this Agreement, they shall mean the Distribution Adviser or the Trustee, depending on who then holds the power to direct discretionary distributions of the Trust estate.

(c) 本合約中的「分配受託責任人」一詞指分配顧問或受託人，取決於誰就信託財產得指示裁量性分配的權力。

(d) The term "**discretionary distribution**" shall mean a beneficial interest in any trust created under this Agreement and shall be solely a discretionary interest within the meaning of N.R.S Section 163.419, or any successor statute or statutes, and shall not be interpreted or construed to be a mandatory interest within the meaning of N.R.S Section 163.4185(1)(a), or any successor statute or statutes or support interest within the meaning of N.R.S Section 163.4187, or any successor statute or statutes.

(d)「裁量性分配」一詞是指根據本合約設立的任何信託中的受益權益，其應僅為內華達州修訂法規第 163.419 條或任何後續法規中的裁量性利益，而不得被解釋或理解為內華達州修訂法規第 163.4185(1)(a) 條所指的強制性利益，或內華達州修訂法規第 163.4187 條或任何後繼法令所指的支持性利益。

(e) The term "**direction(s)**" when referencing instructions to be given to the Trustee by the Investment Direction Adviser, the Distribution Adviser or the Trust Protector shall mean a direction or instruction, in writing, delivered by mail, courier, facsimile transmission, electronic mail or otherwise, in such form or forms as the Trustee may specify from time to time by written notice to the Investment Direction Adviser, Distribution Adviser or Trust Protector, as the case may be, signed by the party giving the direction. The Trustee shall have no obligation to investigate or confirm the authenticity of directions it receives or the authority of the person or persons conveying them, and the Trustee shall be exonerated from any and all liability in relying on any such direction from a person purporting to be the Investment Direction Adviser, Distribution Adviser or Trust Protector without further inquiry by the Trustee.

(e) 在提及投資指示顧問、分配顧問或信託保護人向受託人發出的指示時，「指示」一詞係指通過郵件、快遞、傳真、電子郵件或其他方式，並以受託人不定期指定並以書面通知投資指示顧問、分配顧問或信託保護人的格式，由給予指示之人簽署後對受託人發出。受託人沒有義務調查或確認其收到指示的真實性，或傳達這些指示的人的權限；受託人毋須進一步調查，即可免除其信賴自稱是投資指示顧問、分配顧問或信託保護人所給予的指示的所有責任。

(f) Wherever the term "**Notice Recipients**" appears in this Agreement, it shall mean the following individuals:

(f) 本合約中的「應受通知人」一詞應指以下個人：

1. Prior to the division of the Trust estate in accordance with section (c) of Article FIRST, [name of the person other than Trust Protector] only, while living and competent, followed by Trust Protector, while living and competent, followed by each beneficiary who is competent and at least twenty-two (22) years of age and to or for whom the income of the Trust may then be distributed or applied (and the legal guardian, if any, then acting for any such beneficiary who is incapacitated); and

1. 根據第一 (c) 條分割信託財產之前，首先是 [信託保護人以外之人]（若為在世且具行為能力），其次是信託保護人（若為在世且具行為能力），其次是每個受益人，該受益人須有行為能力，至少二十二（22）歲，並且符合信託收益分配資格；及

2. After the division of the Trust estate in accordance with section (c) of Article FIRST, the Trust Protector with respect to its separate Trust only, while living and competent, followed by the Primary Beneficiary if the Primary Beneficiary is competent and at least twenty-two (22) years of age (or his or her parent who is a descendant of [Name of Beneficiary 1] or [Name of Beneficiary 2] if the Primary Beneficiary is under age twenty-two (22), or legal guardian of the Primary Beneficiary if the Primary Beneficiary is incapacitated).

2. 根據第一 (c) 條分割信託財產之後，僅通知各個信託在世且具行為能力的信託保護人，其次是具行為能力且滿 22 歲之主要受益人（若主要受益人未滿 22 歲而其父母為 [Name of Beneficiary 1] 或 [Name of Beneficiary 2] 的後代，則通知其父母；如主要受益人喪失行為能力，則應通知其監護人）。

(g) Wherever the term "**Charitable Organizations**" is used in this Agreement, it shall mean any one or more charitable organizations or institutions that then qualify under Section 2055 or 2522 of the Code for a charitable deduction, or any such one or more organizations that are charitable organizations under the laws of the [Taiwan/the United States].

(g) 本合約中「慈善組織」一詞應指任何一個或多個依國稅法規第 2055 條或第 2522 條得主張慈善扣除額慈善組織或機構，或任何指任何一個或多個符合 [台灣／美國] 法規下的慈善組織或機構。

(h) Whenever the words "**incapacity**" or "**incapacitated**" appear in this Agreement, the Grantor, Trustee, Adviser or Trust Protector shall be deemed to be incapacitated: (i) during any period that such individual is legally incompetent as determined by a court of competent jurisdiction; (ii) during any period that a conservator or guardian for such individual has been appointed, based upon his or her incapacity;

(h) 本合約中「**無行為能力**」或「**無行為能力的**」一詞，在下列情況中委託人、受託人、顧問或信託保護人應被視為無行為能力：(i) 在任何期間，具有管轄權的法院認定為無行為能力者；(ii) 因其無行為能力而為其指定保護人或監護人之期間內；

(iii) during any period when two (2) physicians licensed to practice medicine certify in writing to the Trustee (if the Grantor's capacity is at issue), to the Grantor and Trust Protector (if the Trustee's capacity is at issue), to the Grantor, Trust Protector and Trustee (if an Adviser's capacity is at issue) or to the Grantor and Trustee (if the Trust Protector's capacity is at issue), that in the opinion of such physicians, such individual, as a result of illness, age, or other cause, no longer has the capacity to act prudently or effectively in financial affairs; or

(iii) 在任何期間，當兩位持有醫學執照的醫生認為由於疾病、年齡或其他原因，該個人不再具備在財務事務中謹慎或有效行事的能力，以書面向受託人（如果涉及委託人的行為能力問題）、委託人及信託保護人（如果涉及受託人的行為能力問題）、委託人、信託保護人及受託人（如果涉及顧問的行為能力問題）或委託人及受託人（如果涉及信託保護人的行為能力問題）提出證明時；或

(iv) thirty (30) days after Trustee, Trust Protector, or any Trust beneficiary requests the Grantor, Trustee, Adviser, or Trust Protector, as applicable, to provide a certificate from a physician licensed to practice medicine that, in the opinion of such physician, such individual has the capacity to act prudently or effectively in financial affairs if the Grantor, Trustee, Adviser, or Trust Protector, as applicable, fails to provide such certification within such period.

(iv) 在委託人、信託保護人或任何信託受益人要求委託人、受託人、顧問或信託保護人（視情況而定）提供一份由持有執照的醫生所出具證明（即該醫生認為該個人有能力在財務事務上謹慎或有效率地行事）後的三十（30）天內，如果委託人、受託人、顧問或信託保護人（視情況而定）未能於該期間內提供該證明文件。

(i) Wherever the word "**Code**" appears in this Agreement, it shall mean the Internal Revenue Code of 1986, as amended, and as interpreted by the Treasury Regulations thereunder (including Temporary and Proposed Regulations), any provisions amendatory thereof, supplemental thereto, or substituted therefore.

(i) 本合約中「**國稅法規**」一詞應指經修訂之美國 1986 年國稅法規、「財務條例」（包括「臨時及擬議規章」）對其之解釋以及任何嗣後修改、增補或刪減之版本。

TWENTIETH Controlling Law

This Agreement creates a Nevada trust and all matters pertaining to its validity, construction and administration shall be determined in accordance with the laws of the State of Nevada, subject only to the following provisions. Any action, claim, demand, suit or proceeding involving the Trust must be brought in the District Court in the State of Nevada for so long as the situs of the Trust shall be the State of Nevada.

第二十條 管轄法律

本合約創設一內華達州信託，與該信託之有效性、設立及管理有關的所有事項，皆應根據內華達州的法律規定。只要該信託的地點還是在內華達州，任何涉及本信託財產的訴訟、聲請、請求，或行政程序必須提交內華達州地方法院。

Without limiting the foregoing, the validity, construction, performance, and effect of this Agreement shall be governed by the laws of the State of Nevada and any question arising hereunder shall be construed or determined according to such laws, except where preempted by federal law. Venue shall lie with the Second Judicial District in the County of Washoe. Additionally, without limiting the foregoing:

在不限制前述規定的前提下，本合約的有效性、解釋、執行及效力應受內華達州修訂法規律的約束，並且根據本法律所產生的任何疑問均應根據該法律解釋或確定，除非聯邦法律另有規定。地點應位於瓦肖郡的第二司法區。另外，在不限制上述規定的情況下：

(a) The Trust Protector shall have the power to designate the law of any other jurisdiction (under which the terms of any trust created by or pursuant to this Agreement shall be capable of taking effect) to be the governing law of any trust created by or pursuant to this Agreement, and to declare:

(a) 信託保護人有權根據本合約指定任何其他司法管轄區之法律作為由本合約設立或根據本合約設立的任何信託的管轄法律，並聲明：

(1) that such trust shall thereafter be governed by and take effect according to the laws of the jurisdiction so designated, the courts of which shall become the forum or situs for the administration of such trust, as well as all matters applicable to the administration thereof, or

(1) 此後該信託應依照被指定的管轄法律生效及進行管理，該法院應成為管理該信託以及相關事項的管轄法院，或

(2) that, to the extent permitted by law, such trust shall thereafter be governed by and take effect according to the laws of the jurisdiction so designated, but that the forum or situs for the administration of such trust shall be a different jurisdiction designated by the Trust Protector.

(2) 在法律允許的範圍內，該信託往後應根據所指定的管轄法律生效及管理，但管理該信託的法院或地點應是由信託保護人指定不同的司法管轄區。

(b) Such designation and/or declaration shall be set forth in a written instrument delivered to the Trustee and the Notice Recipients that shall contain the powers and provisions that are necessary to enable such trust to be capable of taking effect under the laws of such jurisdiction(s), and that may also contain such other powers and provisions as the Trust Protector may determine to be in the best interest of the beneficiaries, provided that such powers and provisions do not (i) increase or extend the obligations, liabilities and/or responsibilities of the Trustee without its prior written consent or (ii) infringe upon any rule against perpetuities that is applicable to such trust.

(b) 該指定及／或聲明應以書面交付給受託人及應受通知人，文中應包含讓該信託能依法律生效的必要權力及規定；在信託保護人認為符合受益人最佳利益的情況下，還可能包含其他權力及條款，但是這些權力及條款不得：(i) 未經書面同意逕行增加或延長受託人的義務、責任及職責；或 (ii) 違反適用於該信託的反永續條款。

(c) Upon the declaration by the Trust Protector that any trust created by or pursuant to this Agreement shall be governed by and administered in accordance with the laws of a new jurisdiction, the rights of all persons, parties, and entities, and the construction, effect, and administration of each and every provision of such trust shall be subject to and construed only according to the laws of the designated jurisdiction(s).

(c) 在信託保護人宣布信託應受新管轄法律的管轄後，僅能依據指定管轄法律來解釋本合約提及的各方及不同個體的權利，以及該信託之設立及效力。

TWENTY-FIRST United States Trust

(a) United States person

Notwithstanding anything to the contrary in this Agreement, the Grantor intends that each trust created by or pursuant to this Agreement shall be a "**United States person**" within the meaning of Section 7701(a)(30) of the Code (a "**United States Person**"). Accordingly, the Grantor directs that (i) primary supervision over the administration of each trust created by or pursuant to this Agreement shall at all times be exercisable by a court within the United States, and (ii) at all times one or more United States Persons shall have the authority to control all substantial decisions of each trust hereunder. No attempt to change the situs of a trust created by or pursuant to this Agreement, and no attempt to appoint a fiduciary of a trust hereunder, shall be valid if it conflicts with the foregoing intent of the Grantor or otherwise would cause such trust to cease to be a United States Person.

第二十一條 美國信託

(a) 美國人

儘管本合約中有任何相左之規定，然委託人的用意是根據本合約設立的所有信託應是國稅法規第 7701(a)(30) 條所指的「美國人」（以下簡稱「美國人」）。因此，委託人指示：(i) 對根據本合約設立的所有信託，無論在何時，其主要的行政監管均為美國法院，以及 (ii) 本合約下之每個信託，無論在何時，應有一位或多位美國人對該信託具有實質控制權力。如果試圖改變信託設立的地點或試圖根據本合約指定信託責任人，會與委託人的上述用意發生衝突或導致該信託不再是美國信託，則均無效。

(b) Exception

Notwithstanding section (a) of this Article TWENTY-FIRST, the Trust Protector is authorized to allow the Trust to become a foreign trust in the event the Trust Protector, in the Trust Protector's sole discretion, deems it is in the best interest of the beneficiaries to do so. The Trust Protector shall provide written notice to the Trustee and the Notice Recipients of the Trust Protector's intent to allow the Trust to become a foreign trust.

(b) 例外

儘管本合約第二十一 (a) 條規定，信託保護人被授全權得以指示信託成為外國信託，若信託保護人認為此為受益人最大利益。信託保護人須以書面通知受託人及應受通知人其意圖使該信託成為外國信託。

TWENTY-SECOND Limitation on Powers of Non-United States Person

(a) Limitations on Powers

Anything in this Trust Agreement to the contrary notwithstanding, except as provided in paragraph (b) of this Article TWENTY-SECOND, no person who is not a United States Person shall be entitled to exercise any power otherwise reserved by or granted to such person by the terms of this Agreement, if the existence of such person's power would cause any Trust estate hereunder to become a "**foreign trust**" as defined in Section 7701(a)(31)(B) of the Code (a "**Foreign Trust**"). Such powers include a power of any person as Trustee or Adviser of any trust created hereunder, a power of any person to remove and appoint Trustees or Advisers pursuant to this Agreement. Without limiting the generality of the preceding provisions of this paragraph, but subject to section (a) of this Article TWENTY-SECOND:

第二十二條 非美國人的權力限制

(a) 權力限制

無論本信託合約中有任何相反規定（除了第二十二 (b) 條規定外），沒有任何非美國人有權行使本協議條款所授予的權力，如果此人的權力會導致本協議下的任何信託財產成為國稅法規第 7701(a)(31)(B) 條所定義的「外國信託」（以下簡稱「外國信託」）。該權力包括受託人或信託顧問的權力，以及撤銷及任命受託人或顧問的權力。在本條前項規定的概括原則下，並須遵守第二十二 (a) 條：

(1) No Trustee or Adviser may resign as Trustee or Adviser of any trust estate hereunder if such resignation would cause such Trust estate to become a Foreign Trust, unless a successor Trustee or Adviser is appointed concurrently for such Trust estate in a manner which prevents such Trust estate from becoming a Foreign Trust. Notwithstanding the foregoing this provision shall not apply to **Prestige Trust Company Inc.** while it is serving as a Trustee.

(1) 若受託人或顧問辭任會造成本合約下之信託成為外國信託，則該信託人或顧問不得辭任；除非受託人或顧問同時指派他人，且不會使該信託成為外國信託。儘管如上所述，**Prestige Trust Company Inc.** 擔任受託人時不適用本條規定。

(2) Any person who shall fail or cease to be a United States Person while acting as a Trustee or Adviser of any trust estate hereunder shall immediately be deemed to have resigned as Trustee or Adviser of such Trust estate and a vacancy in the office of Trustee or Trust Adviser formerly held by such Trustee or Trust Adviser shall exist.

(2) 受託人或顧問在任職期間如未能或不再是美國人，則當即被視作已辭去職務。

(3) The powers to remove and appoint a Trustee and Advisers granted in this Agreement may not be exercised by any person who is not a United States Person.

(3) 移除及委任受託人及顧問的權力不得由非美國人士行使。

(4) No person may become a successor or additional Trustee of any Trust estate hereunder or a successor or additional Adviser of any Trust hereunder unless such person certifies in writing that such person is a United States Person. Further, subject to section (b) of this Article TWENTY-SECOND, no person shall be entitled to exercise any power otherwise reserved by or granted to such person by the terms of this Agreement, if the existence of such person's power would cause any Trust estate hereunder to become a Foreign Trust.

(4) 除非該人以書面證明自身是美國人,則不得成為本合約下任何信託財產的繼任受託人、其他受託人或其他新增或繼任的顧問。此外,除第二十一 (b) 條另有規定外,如果此人權力的存在將導致本合約下的任何信託財產成為外國信託,則其不得行使權利。

(b) Exception

The foregoing limitations (the "**Limitations on Powers**") shall not apply to a person with respect to a Trust estate hereunder if the Trust Protector of such Trust estate shall determine, in the sole discretion of the Trust Protector, that it would be in the best interests of such Trust estate to become a Foreign Trust and to suspend the Limitations on Powers with respect to such person, in whole or in part (a "**Suspension**"). The Trust Protector shall notify such person of the Suspension in writing. Any Suspension with respect to any person may be revoked by the Trust Protector, in whole or in part, in the sole discretion of the Trust Protector, by notification in writing to such person; provided, however, that such revocation shall not affect the validity of any exercise by such person of a power otherwise subject to the Limitations on Powers if and to the extent such power was exercised prior to such person's receipt of written notice of such revocation (for this purpose, any limited power of appointment granted by this Agreement to be effective only upon the death of the holder of such power is deemed to be exercised only upon the death of the holder of such power).

(b) 例外

當信託保護人依自由裁量權決定該信託財產的最佳利益是成為外國信託時,可暫停對相關人等全部或部分的權力限制,使上述「**權力限制**」(以下簡稱「**權力限制**」)不適用於信託財產有關人等(以下簡稱「**暫停**」)。信託保護人應以書面通知相關人之權力限制的暫停。任何權力限制的暫停,可由信託保護人全權決定。當全部或部分取消暫停時,須通過書面通知相關人;但是,如果在相關人收到取消暫停的書面通知前行使權力,則該取消暫停不得影響相關人對該權力行使的有效性(對於這一目的,本合約授予的任何有限權力僅在權力持有人去世時才有效,才被視為僅在權力持有人去世時行使)。

Any Suspension with respect to any person, and any revocation of such Suspension, shall become effective at the time and upon the conditions stated in the instrument of notification of such Suspension or revocation delivered to such person. The power to suspend the Limitations on Powers with respect to any person, and the power to revoke any such Suspension, may be exercised as often as required, but only by any Trust Protector serving hereunder who or which is a United States Person at the time such power is exercised.

任何權力限制的暫停,以及取消暫停,應在通知書中所述的時間和條件下生效。任何權力限制暫停,以及取消暫停,得根據需要經常行使,但只能由時任信託保護人,或當時具同等權力的美國人,才得以行使。

(c) Reliance Upon Certifications

Notwithstanding the foregoing, any Trustee, Adviser or beneficiary of any trust created hereunder, and any third party dealing with such Trust estate, may rely on a person's certification in writing that such person is a United States Person, without any duty to investigate such status, unless and until such person withdraws such certification by written notice to the other Trustees, or, if there is no other Trustee, to the Notice Recipients.

(c) 信賴書面證明

儘管如上所述，根據本合約設立的任何信託之受託人、顧問或受益人及處理該信託財產的第三方，均得信賴某人表明其為美國人的書面證明，而毋須對身分進行任何調查，除非且直到此人以書面通知其他受託人或應受通知人（若無其他受託人時）撤回該書面證明。

TWENTY-THIRD Liability of Trustee

Notwithstanding any other provision of this Agreement:

(a) Every act done, power exercised or obligation assumed by a Trustee pursuant to the provisions of this Agreement shall be held to be done, exercised or assumed, as the case may be, by the Trustee acting in a fiduciary capacity and not otherwise, and every person, firm, corporation or other entity contracting or otherwise dealing with the Trustee shall look only to the funds and property of the Trust estate for payment under such contract or payment of any money that may become due or payable under any obligation arising under this Agreement, in whole or in part, and the Trustee shall not be individually liable therefore even though the Trustee did not exempt himself, herself or itself from individual liability when entering into any contract, obligation or transaction in connection with or growing out of the Trust estate.

第二十三條 受託人責任

無論本合約的任何其他規定：

(a) 受託人依本合約所做的行為、所行使的權力或所承擔的責任，皆應為在其受託責任權限內進行；任何個人、單位、公司或其他實體與受託人交易時，只能就與交易產生的應付帳款相關的信託財產要求支付；雖然受託人對外參與信託財產有關之合約、義務及交易時，受託人自身並未免除個人的責任，但受託人不須為之負責。

(b) The decision of any Trustee hereunder with respect to the exercise or non-exercise by such Trustee of any power hereunder, or the time or manner of the exercise thereof, made in good faith, shall fully protect such Trustee and shall be final, conclusive and binding upon all persons interested in the Trust or the income therefrom. No Trustee acting hereunder shall be responsible for any error of judgment or mistake of fact or law.

(b) 關於受託人行使或不行使本款所述的任何權力，或其行使的時間或方式，只要受託人本著誠信原則依本合約而做的決定，則受託人應完全受到保護，且受託人之決定在信託利益相關人間具約束力。受託人不須為判斷錯誤、誤解法令及誤會事實而負責。

(c) The Trustee shall be liable hereunder only for the Trustee's willful misconduct or gross negligence proved by clear and convincing evidence in the court then having primary jurisdiction over the Trust. The Trustee shall not be personally liable for making any delegation that is authorized under this Agreement, nor for any action taken without the Trustee's express agreement, nor for any failure to act absent willful misconduct or gross negligence. The Trustee shall not be liable for relying absolutely on

(c) 受託人僅對經過本信託管轄地的法院確定有明確之證據證實的故意不當行為或重大過失承擔責任。受託人對本合約授權的任何委託、未經受託人明示同意而採取的任何行動、以及在沒有故意不當行為或重大過失的情況下的任何不作為均不承擔個人責任。信託人毋須為信賴下列負責：

(i) any apparently valid documents and certifications including, but not limited to, tax reports and other tax information provided to the Trustee by any entity in which the Trust holds an ownership interest; and (ii) the opinions of counsel or any accountant to any Trust.

(i) 任何明顯有效的文件和證件，包含但不限：來自本信託持有所有權權益的單位所提供的稅務報告及其他稅務信息；(ii) 諮詢顧問或會計師提供給信託的意見。

(d) While not required, the same procedure used to settle the Trustee's accounts may also be employed to obtain the conclusive consent by the beneficiaries to the Trustee's specific conduct of any other particular matter. The Trustee and each former Trustee shall be indemnified and held harmless by each trust created by or pursuant to this Agreement against any threatened, pending or completed action, claim, demand, suit or proceeding, whether civil, criminal, administrative or investigative, falling within the exculpatory provisions of this Article or to which the Trustee is made a party, or threatened to be made a party, by reason of serving as Trustee if the Trustee acted in good faith. Such indemnification shall include expenses, including attorneys' fees, judgments, fines and amounts paid in settlement actually incurred by the Trustee in connection with such action, claim, demand, suit or proceeding. The cost of indemnification shall be apportioned against the various trusts created by or pursuant to this Agreement as the Trustee reasonably considers appropriate, taking into account the nature of the claims involved.

(d) 雖然不是必需的，但得採用結算受託人會計科目的程序，以取得受益人同意受託人對任何其他特定事項的具體作為。如果受託人誠信行事，當面對威脅、未決或已完成的訴訟、索賠、請求或訴訟（無論是民事、刑事、行政或相關調查），受託人及每位前受託人皆應被補償並確保不遭損害；此補償包含費用、律師費、裁判費、罰款以及和解金。賠償費用應按照比例由本合約設立的各信託分攤，受託人應依索賠的性質考慮適當作法。

(e) No Trustee shall have any fiduciary responsibility to observe, monitor or evaluate the actions of any other Trustee (including a Special Trustee), Investment Direction Adviser, Distribution Adviser, Trust Protector, or other fiduciary and shall not be liable to any party for the failure to seek to attempt to prevent a breach of trust, or failure to remedy a breach of trust, or in a recurring situation to request instructions from a court having jurisdiction over the Trust. In no event shall any Trustee be liable for any matter with respect to which he, she or it is not authorized to participate hereunder (including the duty to review or monitor trust investments).

(e) 受託人並沒有進行觀察、監督或評鑑其他受託人（包含特別受託人）、投資指示顧問、分配顧問、信託保護人的忠實義務。無論合約任一方的未能設法避免違反信託規定、未能對違反信託進行損害賠償、或因為信託管轄問題而重複向法院回函，受託人皆毋須為此負責。受託人不須為其未授權參與之項目負責（包含審閱及監督信託投資的責任）。

TWENTY-FOURTH Bonds, Accountings, and Privacy Provisions

(a) No Trustee shall be required to file or render periodic accounts in or to any court other than for good cause shown. No Trustee shall be required to give any bond. Within ninety (90) days following the close of each calendar year, if information is available, and if not within thirty (30) days after it is delivered to the Trustee, and within ninety (90) days after the removal or resignation of the Trustee, the Trustee may deliver an accounting to the Notice Recipients, or if none, the Trust Protector.

第二十四條 保證金、會計與隱私規定

(a) 除非提出正當理由，任何受託人無需向任何法院提交或提供定期帳目。受託人亦無需提供任何保證金。於每個日曆年結束後的 90 天內，如有相關資料可用，受託人得向應受通知人（若無，則向信託保護人）提供會計報告；如相關資料未能及時取得，則可於資料交付受託人後三十（30）日內提供會計報告。此外，在受託人被免職或辭職後九十（90）日內，亦可提供會計報告。

The accounting shall be a written accounting of the Trust during such year or during the period from the close of the last preceding year to the date of such removal or resignation and shall set forth all investments, receipts, distributions, expenses and other transactions of each such trust and show all cash, securities, and other property held as a part of each such trust at the end of such year or as of the date of such removal or resignation, as the case may be.

會計報告是屬於季度或年度的書面報告，報告期間應自上年度末到該受託人被移除或辭任的日期為止，並須列出所有的投資、支出、分配、費用或其他交易明細以及該信託的現金、證券及其他財產。

The accountings referred to in this section shall be deemed to be an account stated, accepted and approved by all of the beneficiaries of each trust for which an accounting is rendered, and the Trustee shall be relieved and discharged, as if such accounting had been settled and allowed by a final judgment or decree of a court of competent jurisdiction, unless protested by written notice to the Trustee, within 60 days of mailing thereof, by the Notice Recipients, or if none, the Trust Protector. The Trustee shall have the right, at the expense of the Trust, to apply at any time to a court of competent jurisdiction for judicial settlement of any account of the Trustee whether or not previously settled as herein provided or for the determination of any question of construction or for instructions.

本章節提及之會計報告，視為對該信託的帳戶陳述並受到該信託的受益人接受並同意，且視為已由有管轄權的法院最終判決及認可過，受託人完成該年度任務，除非在 60 天內由應受通知人，如無，則由信託保護人以書面通知給受託人表示異議。

受託人有權隨時以信託的費用向有管轄權的法院申請對受託人的任何帳戶進行司法結算，無論該帳戶之前是否已按本合約規定進行結算，或者為了確定任何解釋或指示的問題。

In any such action or proceeding it shall be necessary to join as parties solely the Trustee and the Notice Recipients, or if none, the Trust Protector (although the Trustee may also join such other parties as it may deem appropriate), and any judgment or decree entered therein shall be conclusive and binding on all persons at any time interested in the Trust.

在任何此類訴訟或程序中，僅受託人及應受通知人（如無，則為信託保護人）應作為當事人加入（但受託人亦得在其認為適當時加入其他當事人），在此訴訟或程序中做出的任何判決或裁決均具有決定性，並對任何與本信託有利害關係的所有人士具有約束力。

(b) The Investment Direction Adviser shall, upon the request of the Trustee, provide valuation information to the Trustee for any illiquid assets and/or interests in private or closely held entities, to be used for accounting and such other purposes at the Trustee may determine. If the Investment Direction Adviser does not have the information or expertise to provide such information, the assets may be valued by a third party professional, selected by the Investment Direction Adviser to value such assets, the costs of which will be an expense of the Trust.

(b) 投資指示顧問應於受託人提出請求時，向受託人提供任何非流動財產／閉鎖型實體的估值信息，以用於會計上及受託人需要的其他目的。如果投資指示顧問無法提供此方面的信息，財產價值可由投資指示顧問選擇的第三方專業人員鑑定，費用將會由本信託支出。

(c) Notwithstanding any other provision of this Agreement, the Trustee and any Adviser serving in accordance with the provisions of this Agreement shall not furnish any account statement to any beneficiary of the Trust (other than the Notice Recipients), or provide any such beneficiary notice of the existence of the Trust unless directed to do so in writing by the Trust Protector. For purposes of this section (c), neither making a distribution to a beneficiary nor satisfying any obligation under the tax laws shall be considered notice of the existence of the Trust.

(c) 儘管本合約有其他任何規定，受託人與其他顧問根據本合約規定的費用，不得提供任何帳戶結單收據給本信託受益人（應受通知人除外）或以其他形式通知受益人本信託之存在，除非由信託保護人以書面通知如此行事。就本 (c) 條而言，向受益人進行分配或履行稅法規定的任何義務均不應視為本信託存在的通知。

TWENTY-FIFTH Binding Effect

This Agreement shall extend to and be binding upon the personal representative, administrators and assigns of the Grantor and upon the successor to the Trustee.

第二十五條 拘束力

本合約應適用於並拘束委託人之個人代表、管理人及受讓人，及受託人之繼任者。

TWENTY-SIXTH Acknowledgment by Trustee

[Name of Trustee], Trustee, herein named, agrees to perform its duties as Trustee in accordance with the foregoing conditions and limitations.

第二十六條 受託人確認

受託人，為 [Name of Trustee]，同意依上述條件及限制履行其作為受託人之職責。

TWENTY-SEVENTH Agreement in Counterparts

This Agreement may be executed in counterparts and, as executed, shall constitute one (1) Agreement, binding on all the parties to this Agreement, notwithstanding that all parties are not a signatory to the original or the same counterpart.

第二十七條 合約副本

本合約可同時簽署多份副本，所有副本一起構成一份合約，並且拘束所有合約當事人，儘管所有副本上的簽名與原本上不一定相同。

[The Remainder of This Page Intentionally Left Blank]
[本頁其餘部分刻意留白]

IN WITNESS WHEREOF, the parties hereto have executed this [Name of Trust] Agreement as of the day and year first above written.

Signed, Sealed and Delivered in
the Presence of:

_____ _____(SEAL)
[Name of Witness], Witness [Name of Grantor], Grantor

_____   Date:_____
[Name of Witness], Witness

[Name of Trustee], TRUSTEE

By: _____
Name: _____
Title: _____

STATE OF NEVADA   )
) ss.:
COUNTY OF CLARK   )

On _____, 2024, before me, _____, a Notary Public, personally appeared _____, personally known to me (or proved to me on the basis of satisfactory evidence) to be the person whose name is subscribed to [Name of Trust] AGREEMENT and acknowledged to me that she/he executed the same in her/his authorized capacity, and that by her/his signature on the instrument the person executed the instrument.

    WITNESS my hand and official seal.

_____
Notary Public

SCHEDULE "A" TO REVOCABLE TRUST

CASH   **USD 10.00**

附錄三、四頭在外信託架構之法律備忘書

DAY PITNEY LLP

7 Times Square, Times Square Tower
New York, NY 10036
(212) 297-5829
Fax: (212) 916-2940
Boston Connecticut Florida New Jersey New York Washington, DC

TO: Peter Lu, KEDP
FROM: G. Warren Whitaker
Carl A. Merino
DATE: November 13, 2017
RE: Reporting Requirements for Delaware Trust with Non-U.S. Settlor
信託對非美國設立人的申報要求

You asked us to explain certain U.S. federal tax and information reporting requirements for a trust settled in Delaware (the "Trust") by a non-U.S. settlor (the "Settlor"). A Delaware trust company would serve as Trustee and a non-U.S. person would serve as the Protector with the power to remove and replace the Trustee.[1] We understand that the Trust would own 100% of the shares of a BVI corporation which in turn would own 100% of the stock of a Chinese corporation with operations in mainland China and a Taiwanese corporation with operations in Taiwan. The Trust would not own any tangible or intangible U.S. assets.

您要求我們解釋 Delaware 信託對非美國設立人的聯邦稅務和信託申報的規定。信託前提：受託人為 Delaware 的受託公司，保護人為非美籍人士，並有權力移除或更換受託人。此信託持有一家 BVI 公司 100% 的股權，而該 BVI 公司分別 100% 持有一家中國公司及台灣公司，並且此信託不會擁有任何美國的有形或無形資產。

<u>KEDP 補充解釋</u>：意見書的解釋前提是，此信託只有受託公司跟美國有關（司法管轄地），其他不論是設立人、保護人、投資顧問、分配委員（信託控制者）、受益人、信託持有的資產，完全都與美國無關。

You asked us whether the Trust would have to file income tax returns, FBARs or Forms 5472 in the U.S. and whether distributions from the Trust to non-U.S. beneficiaries would be subject to withholding taxes in the U.S. As discussed below, the Trust would qualify as a foreign trust for U.S. tax purposes based on the facts presented to us. As such, the Trust could have FBAR filing obligations with respect to foreign financial accounts held by the

---

[1] The Protector may have other powers as well.

Trust, the BVI holding company or the Chinese or Taiwanese subsidiaries, but would not have to file a federal income tax return or Form 5472 in the U.S. and would not be obligated to withhold U.S. taxes from distributions to the non-U.S. beneficiaries. This would be the case regardless of whether the Trust was revocable or irrevocable. However, we note that if there will be any U.S. beneficiaries in the future, an irrevocable trust, if not properly structured, could present significant tax and reporting issues for the U.S. beneficiaries. As discussed at the end of this memorandum, there could be tax and reporting obligations in other jurisdictions.

您問我們這樣信託是否需要申報所得稅表、FBAR 或 5472 表，以及信託對非美國受益人的分配是否會被預扣稅？如下所述，根據我們得知的信託資訊，本信託在美國稅目的下將被視為境外信託。如果信託、BVI 控股公司，中國公司或臺灣公司持有境外金融帳戶，就會有申報 FBAR 的義務，但並不會有申報所得稅表、5472 表或對非美國受益人的分配預扣稅的義務。無論信託為可撤銷或不可撤銷皆不會受到影響。但值得注意的是，如果未來不可撤銷信託中有美國受益人，該美國受益人在信託沒有適當的規劃下可能會面臨巨大的稅務及申報問題，如同本備忘錄最後會提到的，其他司法管轄區可能會有不同的稅務和申報義務規範。

KEDP 補充解釋：我們尋問在以上境外信託的前提，這個信託是否需要申報：1. 所得稅表、2. FBAR、3. 5472 表、4. 非美籍受益人是否有所得稅的問題。律師回答：在以上架構，此信託就是個境外信託，不需要申報任何所得稅表、5472 表，或是任何非美國來源信託所得的預扣問題，但是因為受託人是美國受託公司，受託公司須申報 FBAR（律師強調了境外不可撤銷信託和美國受益人會有巨大的稅務問題）。

A. Facts and Assumptions

We have assumed for purposes of our analysis that the individual transferring assets to the trust (the "Settlor") will be a person who is not a U.S. citizen or resident for U.S. federal income tax purposes (a "nonresident alien"), never has been a U.S. citizen or long-term resident and is not expected to later become a U.S. citizen or resident.[2] We also have assumed that the Settlor will be a person who is not domiciled in the United States for purposes of the U.S. federal estate, gift and generation-skipping transfer tax.[3] We have made the same assumptions regarding the Protector and any other person who will control any "substantial decisions" of the Trust (defined below). We do not address possible legal consequences under the laws of the country where the Settlor may be resident or domiciled or where any of the underlying companies are organized. We also do not address state or local tax considerations in the U.S.

為了我們的分析目的，我們假定設立人為非美國公民，並在美國聯邦所得稅下認定為

非居民外國人,且從未及將來也沒有成為美國公民或長期居住在美國的打算。為了美國聯邦遺產稅、贈與稅及隔代移轉稅目的,我們還假定設立人是不居住在美國的人,同樣的假定我們也套用在保護人及其他有重大信託控制權的人身上。此備忘錄內容不包含設立人居住地或信託下的任何公司所在地所可能產生之法律風險,並且也不包含美國州稅或地方稅的稅務風險。

KEDP 補充解釋:我們此處假設的非美國設立人、非美國保護人,指的就是非公民、非綠卡、非達到居住測試 183 天,在未來也無意圖移民美國的人。此外,這裡也不考慮地方、州法,只對聯邦所得稅提出看法。

B. Foreign Trust for U.S. Tax Purposes

Because the rules governing residence status of a trust for U.S. tax purposes are drafted in favor of foreign status, it is not unusual for a trust settled in a U.S. jurisdiction such as Delaware and with a U.S. trustee to nonetheless be classified as a foreign trust for U.S. tax purposes. Such trusts are sometimes referred to as "hybrid" trusts. In order for a trust to be a U.S. trust for tax purposes, it must satisfy both a "court" test and a "control" test:

在美國稅下的信託居留身分規定是對外國人身分較友善的,因此,很常可見有美國籍受託人的信託在美國管轄地(例如 Delaware)下,被判定為美國稅下所指的境外信託。該信託有時會被稱為「混合」信託。如果要成為美國信託,必須同時滿足「法庭測試」和「控制測試」:

KEDP 補充解釋:要成為美國信託,要同時符合法庭測試、和控制測試。

　　(i) A court in the U.S. must be able to exercise primary (but not exclusive) jurisdiction over the administration of the trust, and

　　美國的法院必須能夠對信託的管理行使主要(但不是獨有)的管轄權,以及

---

[2] In general, individuals who are U.S. green-card holders and those who meet the "substantial presence" test will be resident in the United States for income tax purposes, although certain treaties can alter this result. Under the substantial presence test, an individual must generally be physically present in the United States for 31 days in the current calendar year and for a total of at least 183 days on a weighted basis during the current and two preceding calendar years, taking into account 1/3 of the number of days present in the United States during the preceding calendar year and 1/6 of the number of days present in the United States the year before that. Section 7701(b)(1)(A) of the Internal Revenue Code of 1986, as amended (the "Code"). Unless otherwise specified all Section references in this memo are to the Code and applicable Treasury Regulations.

　　一般來說,滿足「實質性存在」測試的美國綠卡持有者將在美國所得稅上視為美國居民,但某些協定可以改變這一結果,在實質性存在測試中,個人通常必須在本日曆年間在美國境內達到 31 天,並在目前和前兩個日曆年內,加權總共至少 183 天以上(前兩個日曆連算法為前一日曆年在美國的天數的三分之一以及前兩日歷年在美國的天數的六分之一,參照經修訂的 1986 年國內稅收法典(「稅法」)第 7701(b)(1)(A) 條規定,除非另有規範,否則本備忘錄中的所有部分均以「稅法」和適用的「財務條例」為準。

　　KEDP 補充解釋:只要當年在美國超過 31 天,前年的六分之一加上去年的三分之一,今年得總天數大於 183 天,就會滿足實質性測試。

[3] A person is domiciled in the United States if he lives in the United States and has no definite present intent to leave, as shown by the surrounding facts and circumstances. See Treas. Reg. Section 20.0-1(b).

　　「固定居住於美國」一詞是指依周圍事實和情況所示,該個人沒有明確離開美國的意圖。請詳 Treas. Reg. Section 20.0-1(b)。

(ii) U.S. persons must control all "substantial decisions" of the trust (such as power over distributions, the power to add beneficiaries and the power to remove and replace trustees).

美國人必須控制信託的所有的「重大決定」（例如分配權、增加受益人的權力以及移除和替換受託人的權力）。

As explained below, the Protector, who will be a non-U.S. person, likely would cause the Trust to be considered a foreign trust for U.S. tax purposes notwithstanding that it may have a U.S. Trustee and be governed by the laws of a U.S. state.

下面會解釋到，儘管信託有美國籍受託人及受美國州法管制，但如果保護人為非美國人，則可能導致信託被認定為美國稅下所指的境外信託。

KEDP 補充解釋：對於法院測試、和控制測試，只要其中一個不符合，信託就會被判定為境外信託。

(i) Court Test

A trust satisfies the court test if a federal, state or local court within the United States is able to exercise "primary supervision" over the "administration" of a trust.[4] Administration is defined as the "carrying out of the duties imposed by the terms of the trust instrument and applicable law, including maintaining the books and records of the trust, filing tax returns, managing and investing the assets of the trust, defending the trust from suits by creditors, and determining the amount and timing of distributions." Primary supervision is "the authority to determine substantially all issues regarding the administration of the entire trust." The regulations make it clear that a court may have primary jurisdiction notwithstanding the fact that another court has jurisdiction over a trustee, a beneficiary or trust property.[5] As a practical matter, a trust administered in Delaware, governed by Delaware law and with a Delaware trust company as trustee will typically satisfy the court test. However, as discussed below, the Trust described above likely will fail the control test.

如果美國的聯邦、州或地方法院能夠對信託的「行政管理」進行「主要監督」，就會滿足法院的測試，行政管理的定義是「履行信託合約和適用法律規定的義務，包括維護信託帳簿和記錄、提交納稅申報表、管理和投資信託資產、捍衛信託以對抗債權人提起的訴訟，及決定分配的金額和時間。主要監督是「有權判定整個信託行政管理的所有問題」，法規有明確的規定，一個法院可擁有信託的主要管轄權，儘管該信託的受託人、信託項下資產的法律管轄權在另一個法院，實務上，只要行政運作在 Delaware 州，受 Delaware 州法管轄和有 Delaware 受託公司為受託人的信託，通常都會滿足法院測試，然而，如下文所討論的，上述信託有可能會不符合控制測試。

KEDP 補充解釋：只要受託人為 Delaware 的受託公司，並接受 Delaware 法院的管轄，在 Delaware 就可以算是滿足法院測試，所以這邊主要討論的是控制測試。

(ii) Control Test

The control test is met if one or more U.S. persons (as defined for federal income tax purposes) have the power, by vote or otherwise, to make all substantial decisions of the trust with no other person having authority to veto such decisions. For this purpose, all persons who have authority to make such decisions are considered, whether or not acting in a fiduciary capacity.[6] The Treasury Regulations provide a non-exclusive list of the types of decisions or powers that would be considered "substantial decisions," including:

如果一個或多個（聯邦所得稅規定下的）美國人有權通過表決或其他方式作出信託的所有實質性決定，並沒有其他人有權否決決定的權力，則控制測試會得到滿足。為此目的，所有有權作出決定的人均會被列入考慮，無論是否以受託人的身分行事。美國財政部有提供一份非排他性的清單，列出被視為「重大決定」的決定或權力類型，其中包括：

KEDP 補充解釋：只要美國人能夠通過任何方式做出實質的決定，並不被其他人否決，則就是符合美國控制測試，所以不管其身分，只要能對信託做出重大決定之人都必須列入考慮。

- Whether and when to distribute income or corpus; 是否和何時分配收入或本金
- The amount of any distributions; 任何分配金額
- The selection of beneficiaries; 受益人的選擇
- Whether to allocate trust receipts to income or principal; 是否將信託收入款項分配到收益或本金
- Whether to terminate the trust (such as by revoking it); 是否終止信託（例如：撤銷信託）
- Whether to compromise, arbitrate, or abandon claims of the trust; 是否調和、仲裁或放棄對信託的要求
- Whether to sue on behalf of the trust or to defend suits against the trust; 是否代表信託起訴或為信託辯護
- Whether to remove, add or replace a trustee; 是否移除、添加或替換受託人
- Whether to appoint a successor trustee; and 是否指定繼任受託人；和
- Investment decisions.[7] 投資決定

---

[4] Treas. Reg. Section 301.7701-7(a)(1)(i).
[5] Treas. Reg. Section 301.7701-7(c)(3)(iv).
[6] Treas. Reg. Section 301.7701-7(d)(1)(iii).

KEDP 補充解釋：以上就是所有重大決定的範圍。

Power (including veto rights) over a single substantial decision of a trust can cause it to "flunk" the control test and be treated as a foreign trust for tax purposes. Thus, even though the Trust would have a U.S. Trustee, if the Protector is a non-U.S. person for federal income tax purposes (e.g., a nonresident alien) and controls at least one substantial decision of the Trust, such as the power to remove and replace the Trustee or approval rights over any amendments to the trust agreement, then the Trust will be a foreign trust for U.S. tax purposes. Similarly, if a substantial decision of the Trust requires a unanimous decision and one of the decision-makers is a non-U.S. person, the Trust would be treated as a foreign trust under the control test.[8] On this basis, the Trust in question would be classified as a foreign trust for U.S. tax purposes.

任何一個權力（包括否決權）都有可能導致「控制測試」不合格，並被視為美國稅下所指的境外信託。即使該信託的受託人為美國受託人，但如果保護人是聯邦所得稅下認定的非美國人（例如非居民外國人），並控制至少一個信託的實質性決定權，例如移除和替換受託人的權力或批准修改信託合約，則信託將被視為美國稅下所指的境外信託。同樣，如果信託的重大決定需要一致性通過，而其中一個決策者是非美國人，則該信託的控制測試不合格，將被視為美國稅下所指的境外信託。

KEDP 補充解釋：

- 只要保護人、投資顧問、分配委員、甚至受託人，以上任一角色中由非美國人擔任，並能至少決定以上任一重大決策，這個信託的控制測試就無法滿足，而會變成境外信託。

- 意思就是在決策之人要非常的純，只要有一個是非美國人，就會破壞控制測試，就算是多數決決策也一樣，只要一個投票者是非美國人，就無法滿足控制測試。

C. U.S. Tax Liabilities and Reporting Requirements

You asked us to explain the U.S. federal tax and reporting obligations for the Trust and whether the revocability of the Trust would impact these requirements. As explained below, although revocability could affect whether the Trust or the Settlor is considered the owner of the underlying income and assets of the Trust for U.S. tax purposes, this should not affect the federal income tax liabilities and reporting requirements of the Settlor, the Trust or the beneficiaries as long as the Trust does not own any U.S. assets or have any U.S. source income and as long as the beneficiaries are not U.S. persons.

您要求我們解釋信託在美國聯邦稅申報義務的相關問題，以及信託的可撤銷性是否會

對此造成影響。如下所述，儘管可撤銷性可能會影響為了美國稅之目的，判斷是信託本身或設立人擁有信託財產，但只要信託不持有任何美國資產或任何美國來源收入，並且受益人不是美國人，就不會影響到設立人、信託或受益人的聯邦所得稅負和申報要求。

KEDP 補充解釋：只要維持在境外信託，並且沒有美國境內資產和美國受益人（四頭在外），則不管此境外信託是可撤銷或是不可撤銷，都沒有美國聯邦所得稅的義務。

(i) Revocability and Grantor Trust Rules

For U.S. federal income tax purposes, trusts are treated either as grantor trusts or as nongrantor trusts. Grantor trusts generally are ignored for federal income tax purposes while nongrantor trusts are treated as separate taxable entities (with a deduction for "distributable net income" distributed to the beneficiaries).

為了美國聯邦所得稅的目的，信託被分為授予人信託或非授予人信託。授予人信託通常會忽略聯邦稅，而非授予人信託會被視為獨立的應稅實體（扣除分配給受益人的「可分配淨收入」）。

KEDP 補充解釋：以美國聯邦稅上的角度來看，信託主要考慮的分項是授予人信託及非授予人信託，也就是說，即使是不可撤銷，但是還是授予人信託時，資產依舊是屬於授予人的（設立人）。如果是授予人信託，資產就屬於授予人（設立人），收益也屬於授予人（設立人）的收益，如果是非授予人信託，則信託本身會是一個納稅主體。

要看授予人或是非授予人信託，主要看授予人（設立人）是否有：1.撤銷（拿回）信託本金的權力，或 2 是本金或收益只能回到授予人（設立人）身上，舉例來說，即使是不可撤銷的信託，但是合約中規定信託資產收益只能到授予人（設立人），這樣信託中資產還是屬於是授予人（設立人）的資產，就是所謂不可撤銷的授予人信託，在此情況下，信託資產還是屬於授予人（設立人）的。

那有沒有可撤銷的非授予人信託？如果是可撤銷基本上就屬於非授予人信託，因此仍一樣是授予人（設立人）的資產。

因此我們在美國稅的觀點考慮信託的時候，除了可撤銷、不可撤銷外，尚需考量是授予人信託或是非授予人信託的觀點。

---

[7] However, decisions made by a non-U.S. investment advisor will be considered to be controlled by a U.S. person if that U.S. person has authority to hire and fire the investment advisor.
如果美國人有權聘請和解僱非美國投資顧問，那麼由非美國投資顧問做出的決定將被視為由美國人控制。（如果只是受聘做決策，則要看聘僱者身分）

[8] See Treas. Reg. Section 301.7701-7(d)(1)(v), Example 1.

因此結論是：1.可撤銷信託一定是授予人信託。2.不可撤銷信託還要看信託資產的收益和和本金是否會回到自己（或配偶）身上。

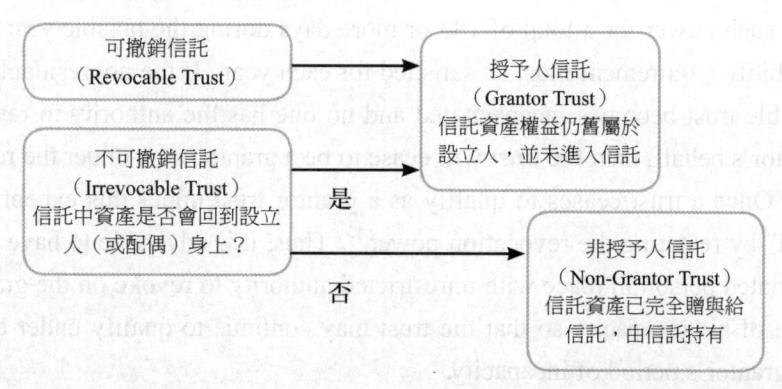

```
┌─────────────┐
│  可撤銷信託  │ ────────────────┐
│(Revocable   │                 ▼
│   Trust)    │        ┌──────────────────┐
└─────────────┘        │   授予人信託      │
                       │ (Grantor Trust)   │
┌─────────────┐        │ 信託資產權益仍舊屬於│
│  不可撤銷信託 │       │ 設立人，並未進入信託│
│(Irrevocable │  是    └──────────────────┘
│   Trust)    │────────┘
│信託中資產是否 │
│會回到設立    │        ┌──────────────────┐
│人（或配偶）身 │  否    │   非授予人信託    │
│上？         │────────│(Non-Grantor Trust)│
└─────────────┘        │ 信託資產已完全贈與給│
                       │  信託，由信託持有  │
                       └──────────────────┘
```

Various rights and administrative powers can trigger grantor trust status if the grantor is a U.S. person for federal income tax purposes.[9] However, the grantor trust rules are much more restrictive for nonresident aliens, such as the Settlor, than for U.S. citizens and residents. Subject to a limited grandfathering rule for older trusts, a trust generally is not treated as a grantor trust with respect to a nonresident alien such as the Settlor unless it meets either of the following two requirements:[10]

如果設立人是聯邦所得稅下定義的美國人，則各種權利和行政權力都可能使判定為授予人信託。然而，授予人信託法規對於非居民的限制要比美國公民和居民要嚴格得多。受限於設立時間較久遠的信託中祖父母規則的限制，除非滿足以下兩個要求之一，否則非居民（例如設立人為非居民的）信託通常不會被視為授予人信託：

• The grantor has the power to revoke the trust and revest its assets in himself either alone or with the consent of a related or subordinate party subservient to the grantor; or

授予人可以獨自或經有關方或從屬方同意，撤銷信託或重新投資信託資產。

KEDP 補充解釋：是否有信託撤銷之權力。

• During the grantor's lifetime trust distributions (whether income or principal) may be made only to the grantor or the grantor's spouse. However, this can include payments in discharge of certain legal obligations of the grantor or the grantor's spouse.[11]

授予人的終身信託分配（不論是收入還是本金），只能分配給授予人本人或其配偶。包含了支付特定費用，此特定費用為解除授予人或其配偶的法定義務而產生。

KEDP 補充解釋：就我們的觀點，意即本金和收益「只能」分給授予人（設立人）或其配偶。

For purposes of establishing grantor trust status under the first prong, the grantor is treated as having a power to revoke the trust and revest the trust's assets for a taxable year only if the grantor has such power for a total of 183 or more days during the taxable year of the trust.[12] The revocability requirement must be satisfied for each year. If the nonresident alien grantor of a revocable trust becomes incapacitated and no one has the authority to revoke the trust on the grantor's behalf, then the trust will cease to be a grantor trust under the revocable trust exception. Once a trust ceases to qualify as a grantor trust under this exception, it cannot be "revived" by restoring the revocation power.[13] Thus, it is advisable to have a guardian or other designated person in place with unrestricted authority to revoke on the grantor's behalf in the event of his incapacity so that the trust may continue to qualify under this exception during the grantor's period of incapacity.

「為了達到在第一個條件下建立授予人信託的目的,只有在授予人在該稅務年度擁有撤銷權力達到或超過183天的情況下,授予人被視作擁有權力去撤回信託並再投資信託資產,每年都須滿足擁有撤銷權力的條件,如果可撤銷信託之外國授予人變成無行為能力,且沒有授權給任何人權力來撤銷此信託時,此信託將會在可撤銷信託的例外下,不在滿足授予人信託的條件。在此例外下,一旦信託不再滿足授予人信託的條件,此時不可藉回復之權力來恢復撤銷權,因此,建議最好指定監護人或是其他指定人選,在授予人無行為能力時有不受限制的權力來代替授予人撤回信託,如此一來信託可在授予人無行為能力期間,繼續滿足授予人信託的條件。

KEDP 補充解釋:以上旨在說明,為了在可撤銷的觀點上,達到授予人信託的目的,設立人需擁有撤銷信託資產收益的權力,且擁有此權力一年中至少達到183天,才會成為授予人信託。這個條件的滿足需要每年做檢視,因為一旦信託只要變成了非授予人信託,就不可以再回復了,所以建議找一個代理人,如果在授予人無行為能力時,代替授予人(設立人),藉由任何形式(譬如協助資產收益繼續只給到授予人(設立人),或替信託資產分配做決定),這樣就不會讓信託變成非授予人信託。

If the consent of a third-party is required in order to revoke the trust, the party must be a "related or subordinate party," which is defined as a nonadverse party who is either the grantor's spouse (if living with the grantor), or the grantor's father, mother, issue, brother or sister, an employee of the grantor, a corporation or an employee of a corporation in which the stockholdings of the grantor and the trust are "significant" from the viewpoint of voting control, or a subordinate employee of a corporation in which the grantor is an executive.[14] A

---

[9] Sections 673 to 677.
[10] Section 672(f). An exception also exists for certain compensatory trusts.
[11] Treas. Reg. Section 1.672(f)-3(b)(2)(i).
[12] If the first or last taxable year of the trust (including the year of the grantor's death) is less than 183 days, then the grantor must hold such power for each day of the stub year. See Treas. Reg. Section 1.672(f)-3(a)(2).
如果信託第一年與最後一年稅務年小於183天(包含設立人的死亡年度),則設立人必須每一天都確認持有該權力。
[13] Treas. Reg. Section 1.672(f)-3(a)(1).

related or subordinate party is presumed to be subservient to the grantor for purposes of the revocation requirement unless such party is shown not to be subservient by a preponderance of the evidence.

如果撤銷此信託需要第三方的同意，此第三方須為「關係人或是有從屬關係之人」，也就是定義為非對立方，其可以為授予人的配偶（如果與授予人一起生活），或是授予人的父母親及兄弟姊妹、雇員、公司或是授予人在股票投票控制上為重大之公司雇員，授予人為執行者之公司從屬雇員。關係方或從屬方被假設在撤銷的目的上是站在授予人的立場的，除非有證據顯示該方並非站在授予人那一邊。

<u>KEDP 補充解釋</u>：如果需要第三方同意才能撤銷此信託，則第三方應為站在設立人的立場，於是仍為一個授予人信託，如果這個第三方是獨立個人，並不站支持設立人，則信託有可能會變成非授予人信託。（此處的觀點在考慮授予人、非授予人信託，並非從可撤銷、不可撤銷信託的觀點來考慮，然而，若一定要從撤銷權限的觀點來考慮的話，需要第三方獨立個人決定才能撤銷。因此，這就不算是可撤銷信託，資產也非屬於授予人（設立人）。

Assuming the Trust satisfies the above requirements for revocability, it will qualify as a grantor trust. As such, any items of income, gain, loss or deduction will flow up from the Trust to the Settlor for U.S. federal income tax purposes. If the Settlor is a nonresident alien, then the only Trust income that will be subject to federal income taxes will be income from U.S. sources and income that is effectively connected with the conduct of a trade or business in the U.S.[15] If the Trust's assets consist only of its shares of the BVI holding company which in turn holds only the Taiwanese and Chinese subsidiaries, then neither the Trust nor the Settlor should have any income to report on a U.S. federal income tax return.

假設信託滿足上述回復需求，其將會成為合格之授予人信託。如此，在聯邦所得稅目的上，任何項目的收入、利得、損失，或是抵扣將會從信託流回設立人。如果設立人為非居民外國人，則唯一會歸屬於聯邦所得稅的信託收入將會是在美國境內從事商業行為之有效連結的美國來源所得。如果信託中資產組成僅為持有台灣及中國子公司之BVI 公司股權，則信託及設立人皆無須申報美國聯邦所得。

<u>KEDP 補充解釋</u>：所以從上所述，以美國聯邦稅的觀點來看，只要是授予人信託，信託資產和收益就是屬於授予人（設立人）的，如果是非授予人信託，則信託資產及收益就是屬於信託本身的，則信託本身就是個獨立課稅個體。

(ii) <u>Whether Irrevocable Trust Can Qualify as Grantor Trust</u>

If the Trust is irrevocable, then it may still qualify as a grantor trust if distributions, whether of income or principal, may be made only to the Settlor or to the Settlor's spouse during the

Settlor's lifetime. As with the case of a revocable trust, the trust must satisfy this requirement for each year of its existence. If it fails to satisfy this requirement in any given year, then it cannot be requalified as a grantor trust.

如果該信託為不可撤銷信託，在設立人在世時，其收入或本金僅被支付給設立人或是設立人的配偶，則該信託仍可以滿足為授予人信託，就像在可撤銷信託的情況下，信託須每年滿足存在性的要求。如果在任何年度無法滿足其存在性之要求，則其不再符合授予人信託的狀態。

KEDP 補充解釋：這邊回應上述說法，即使他是一個不可撤銷信託，但是授予人（設立人）有權力影響信託資產收益分配，或是此信託的本金和收益」只有給回授予人（設立人），則還是授予人信託，信託資產收益還是屬於授予人（設立人）的。

(iii) Nongrantor Trust Status

If the Trust fails to qualify as a grantor trust, it will be taxed as a nongrantor trust, meaning that income earned by the Trust would be taxed (if at all) at the trust level. However, foreign nongrantor trusts generally are taxed in the same manner as nonresident alien individuals – i.e., on income from U.S. sources and income that is effectively connected with the conduct of a trade or business in the U.S.[16] Based on the facts described above, the Trust should not have any income that would be taxable in the U.S.

如果信託不符合成為授予人信託的條件，會按照非授予人信託方式課稅，意思就是信託所賺得之任何收入將會在信託層級被課稅，然而，外國非授予人信託一般會按照非居民外國個人的方式課稅。舉例來說，像是美國來源所得，和有效連結美國境內運營活動之所得。取決於上述描述之情況，信託應不會有任何美國之應稅所得。

KEDP 補充解釋：如果信託不是授予人信託，那自然就是非授予人信託（注意：稅上並不考慮所謂可撤銷、不可撤銷，而是授予人、非授予人），非授予人信託本身會有稅務義務，但是因為這信託並非美國信託，也沒有美國來源所得，受益人也非美國人，因此不會有任何美國稅的問題（除非有美國來源所得），主要法源依據來自：26CFR §301.7701-7-domestic and foreign。

---

[14] Section 672(c). A nonadverse party is a person who does not have a substantial beneficial interest in the trust (including a general power of appointment) that would be adversely affected by the exercise or non-exercise of the power which he possesses with respect to the trust (in this case, the revocation power).
非對方方是指對信託沒有實質利益（包含一般委任權）的人，並將因行使或不行使由該信託所賦予的權力而產生不利影響（此狀況下指的是撤銷權）。

[15] Note that interests in partnerships that are themselves engaged in a U.S. trade or business can give rise to a return filing obligation and potential tax liabilities in the U.S. for a non-U.S. partners.

[16] See Section 641(b).

(iv) Filing Obligations

a. *No Income Tax Return* 不須申報聯邦所得稅表

Because both the Trust and its Settlor would be non-U.S. persons, neither the Trust nor the Settlor would have a U.S. federal income tax return filing obligation if the Trust's only asset is its stock in the BVI corporation, regardless of whether the Trust is a grantor trust or a nongrantor trust. The only form that it would appear to be obligated to file in the U.S. is the FBAR.

如果信託僅持有 BVI 公司股權，則信託和設立人皆無美國聯邦所得稅表申報義務，不論信託是否是授予人信託或是非授予人信託，因為信託和設立人皆非美國人。

因為四頭在外，此信託就是一個境外信託，只要是境外信託，沒有美國來源所得，沒有美國受益人，就不會有美國稅的問題，不管是授予人或是非授予人信託。

b. *FinCEN Form 114 (FBAR)* 須申報 FinCEN 114 (FBAR)

Under the Bank Secrecy Act, a U.S. person who has a financial interest in, or signature or other authority over one or more bank, securities or other financial accounts in a foreign country must file FinCEN Form 114, Report of Foreign Bank and Financial Accounts (a.k.a. FBAR), for each calendar year, if the accounts exceed $10,000 in value in the aggregate. The FBAR is generally due April 15th of the year following the year to which the FBAR relates, with an automatic extension until October 15th. Civil penalties for noncompliance range from $10,000 for non-willful violations to 50% of the value of the account for willfully false violations. The FBAR is completely separate from the tax return and in fact is filed pursuant to a different title (Title 31) of the United States Code.

在銀行保密法規定下，美國人對美國境外之銀行帳戶、股票帳戶、或是其他金融帳戶，擁有金融利益，或是簽署或其他權力，每個歷年度只要此帳戶價值加總超過 10,000 美元，則必須要申報 Fincen 114 表。FBAR 申報通常截止日為隔年的 4 月 15 日，並可隨聯邦稅表延期至 10 月 15 日。對於不遵守此規定之民事處罰範圍為 10,000 美元的非故意違規罰款，至 50% 的總帳戶價值的故意違規罰款。FBAR 是完全從稅表分離之申報表格，甚至其規定法源也不同。

Even if a U.S. person is not the owner of record or holder of legal title to a foreign financial account, such person can be deemed to have a financial interest in a foreign account in situations in which the U.S. person's ownership or control over the owner of record or holder of legal title rises to such a level that the U.S. person is deemed to have a financial interest.

Accordingly, the Trustee would have FBAR filing obligations in respect of foreign financial accounts held directly by the Trust or indirectly through the BVI, Chinese or Taiwanese companies because the companies are owned more than 50% (directly or indirectly) by the Trust.

即使美國人不是外國金融帳戶的合法所有權持有人，在美國人擁有受益權或控制權的情況下，該人也可被視為是外國帳戶的持有人。因此，針對信託項下直接或間接通過英屬維京群島、中國或台灣公司持有之外國金融帳戶，受託人有 FBAR 之申報義務，因為信託（直接或間接）擁有這些公司超過 50% 的股權。

KEDP 補充解釋：因為美國受託公司對境外帳戶會有控制權或受益權，因此即使是非美國信託，還是需要對境外帳戶申報 FBAR。

It is important to note that even though the Trust would be structured to qualify as a foreign trust for U.S. tax purposes, it would be settled under the laws of a U.S. state, which would cause the Trust to be treated as a U.S. trust for FBAR purposes.[17]

值得注意的是，儘管該信託被定義為符合美國稅收目的的外國信託，信託將被設立在美國某個州，由該州州法為信託管轄法律，將導致信託被視為須申報 FBAR 的美國信託。

c. IRS Form 5472

Unless (1) the Trust owns, directly or indirectly, 100% of the membership interest in a U.S. limited liability company or other U.S. business entity that is disregarded for U.S. federal tax purposes or at least 25% of the stock of a U.S. corporation, and (2) certain related party transactions occur between the Trust or certain foreign related parties and the U.S. disregarded entity or corporation, we do not see any apparent trigger for a Form 5472 reporting obligation. We note that if either the BVI corporation, the Chinese subsidiary or the Taiwanese subsidiary is engaged in a U.S. trade or business, then the corporation itself potentially could have a Form 5472 reporting obligation in a given year, but the basis for the corporation's filing obligation in such case would be its U.S. activities and not the Trust's direct or indirect ownership of the corporation. Our understanding is that these companies are not operating in the U.S.

除非 (1) 該信託直接或間接地擁有美國有限責任公司 100% 的權益、或是其他美國商業實體其在美國聯邦稅收上被視為是穿透實體，或是美國公司股票至少 25%，以及 (2)

---

[17] Different definitions apply to establish U.S. person status under Title 31 than under the Tax Code (Title 26).

該信託與其它關聯方信託或是外國關聯方與美國穿透企業或法人之間發生的某些關聯交易，否則我們看不到有任何明顯申報 5472 表的義務。我們注意到如果 BVI 公司、中國或是台灣子公司從事與美國之貿易及業務，那麼公司本身在某一年可能會有申報 5472 表的義務。該情形下，公司的申報義務基礎是在美國之貿易及業務活動，而不是信託對公司的直接或間接擁有權。當然我們的理解是這些公司都不在美國運作。

<u>KEDP 補充解釋</u>：申報 5472 表規定，外國人持股美國公司超過 25%，或是外國人 100% 持股美國穿透實體時才需要申報，否則不用。

(v) Distributions from Trust to Non-U.S. Beneficiaries

Whether the Trust is a grantor trust or a nongrantor trust, distributions to non-U.S. beneficiaries should not be subject to withholding taxes in the U.S. If the Trust's only source of income is the distributions it receives from the BVI corporation, then the distributions from the BVI corporation should not be subject to U.S. withholding tax either. Note that if the Trust were to invest in U.S. securities, dividends paid to the Trust would be reportable by the payor on IRS Form 1042-S and subject to withholding taxes, but neither the Trust nor the Settlor would be required to file a tax return in the U.S. solely on account of such distributions if they were properly reported on IRS Form 1042-S and all taxes required to be withheld were withheld and remitted to the IRS by the withholding agent. Our understanding is that the Trust does not hold any U.S. securities or other U.S. income-producing assets.

無論該信託是授予人還是非授予人信託，信託分配給非美國受益人都不應在美國繳納預扣稅。如果信託的收人來源是從英屬維京群島公司得到的收人，那麼由英屬維京群島公司的分配也不應該受到美國的預扣稅。請注意，如果信託投資於美國證券，支付給信託的股息將由支付者在國稅局 1042-S 表上報告，並須繳納預扣稅。如果 1042-S 表已經正確的申報且做出正確的預扣稅並支付給 IRS，則信託和設立人都不需要對此收入申報任何稅表，我們的理解是，該信託不持有任何美國證券或其他美國的資產。

(vi) Nongrantor Trust Status and U.S. Beneficiaries

Nongrantor trust status generally should not create any U.S. tax issues for the non-U.S. beneficiaries. However, foreign nongrantor trust status could be problematic if there are U.S. beneficiaries in the future. Although income distributed currently (or within the first 65 days of the following calendar year with a timely election by the trust) preserves its character in the hands of the U.S. beneficiary, income that is accumulated within the trust and distributed to a U.S. beneficiary in a later tax year generally is taxed as ordinary income and potentially subject to additional interest charges under the "throwback" rules. This includes capital gains and foreign source income that would not be taxable to the trust itself. Further,

U.S. beneficiaries could have significant reporting requirements, including IRS Forms 3520, 8938, 5471 and 8621, among others. The U.S. beneficiaries also could be subject to foreign anti-deferral rules with respect to the Trust's direct interest in the BVI holding company and its indirect interest in the Chinese and Taiwanese operating subsidiaries. Thus, if there is any likelihood that the Trust may ultimately have U.S. beneficiaries, the Trust should be structured to qualify as a grantor trust (for example, by ensuring that it satisfies the requirements for revocability as described above) during his or her lifetime and should avoid direct investments in U.S. assets. Distributions from a foreign grantor trust to U.S. beneficiaries would not be taxable to the U.S. beneficiaries (although they would be reportable on IRS Form 3520). Further planning would be required in order to ensure that the U.S. beneficiaries could be put into a tax-efficient structure after the Settlor dies and the Trust becomes a foreign nongrantor trust.

非授予人信託一般對非美國受益人不會產生美國稅務的問題。然而，如果未來會有美國籍受益人，則境外非授予人信託的稅務問題將會很棘手。雖然信託分配當年度收入（或在信託即時勾選後，下個稅務年度的 65 天以前分配）能將收入的種類保留在美國受益人手上，但是如果在信託裡面累積到下一個稅務年度分配，將會以一般性收入來計算稅率，並且根據回溯稅必須繳納額外的利息費用，這些收入包含資本利得與本身不會對信託徵稅的海外收入。此外，美國受益人可能需要有一堆表格要申報，其中包括表格 3520、8938、5471 和 8621 等。美國受益人對於信託下的 BVI 公司以及中國或台灣的子公司也可能受到「境外反推延規則的約束」（CFC／PFIC）。

KEDP 補充解釋：如果境外非授予人信託有美國受益人，則會有回溯稅的問題，非常麻煩，且美國受益人對於外國非授予人信託所持有之境外資產也有申報義務，同樣可能也有 CFC 的問題。

因此，如果信託最終會擁有美籍受益人，則信託的結構最好滿足授予人信託的條件（確保以上可撤銷性的要求），並避免直接投資美國資產，來自境外授予人信託給美國受益人之分配不會對美國受益人課稅（美國受益人須申報 3520 表），但該信託在設立人去世之前必須進行規劃來確保美國受益人更高的稅務效益，並且避免成為境外非授予人信託。

KEDP 補充解釋：所以如果是美籍受益人，就不會讓客戶成立外國非授予人信託，以 KEDP 來說，若客戶後代有美籍受益人，是不會讓客戶成立外國不可撤銷信託的。

D. CRS Compliance

As noted above, the advice contained in this memorandum is limited to U.S. federal tax and reporting requirements for the Trust. We strongly recommend that the Settlor and anyone else contributing assets to the Trust seek advice from local country counsel, both in his or her country of residence and in the countries where the underlying companies are organized, as to the local tax and reporting consequences of contributing the assets to the Trust and holding them in the Trust on an ongoing basis. For example, it should be confirmed that there are no disclosure obligations under the Common Reporting Standard ("CRS"). Although the United States has not adopted CRS, we understand that both BVI and China have agreed to adopt CRS and that Taiwan may be taking steps to do so as well. In some CRS jurisdictions, the transfer of assets to a non-participating jurisdiction, such as the United States, could itself be a reportable transaction, with reporting implications for the Settlor, the Protector and the beneficiaries. There could be other reporting requirements or tax consequences outside the scope of CRS.

如上所述，本備忘錄中的建議僅限於美國聯邦稅和信託申報要求。我們強烈建議設立人和向本信託提供資產的任何人向本當地國家的律師尋求建議，包括其居住國和相關受託公司所在國家的當地稅務及後續將資產留給信託並持續持有信託。例如，應該可以確認在通用報告標準（CRS）下美國沒有披露義務，雖然美國尚未採用CRS，但我們知道BVI和中國都同意採用CRS，台灣也可能正在採取措施，在一些CRS司法管轄區，資產轉移到非參與司法管轄權（如美國），對設立人、保護人和受益人本身可能是一個可申報的交易，在CRS範圍之外可能有其他申報內容。

附錄四、家族憲法合約公版

AOO 家族憲法

制作：KEDP

目錄

A○○家族憲法
第一章　總則
第二章　家族財產管理及處分之準則
　　　　第一節　總則
　　　　第二節　現金
　　　　第三節　不動產
　　　　第四節　股權
　　　　第五節　信託受益權
　　　　第六節　其他
第三章　家族企業營運管理準則
　　　　第一節　公司及有限合夥
　　　　第二節　獨資與合夥企業
　　　　第三節　基金會及協會
　　　　第四節　其他
第四章　家族成員
　　　　第一節　成員之權利及義務
　　　　第二節　成員大會
　　　　第三節　成員之加入及除名
第五章　家族治理執行委員會
　　　　第一節　組成及任免
　　　　第二節　職務
　　　　第三節　家族辦公室
第六章　家族治理監察委員會
　　　　第一節　組成及任免
　　　　第二節　職務
第七章　家族憲法之施行與修訂

A○○家族憲法

起草人A○○、B○○茲就A氏家族財產之傳承及永續經營，延續A○○先生之教誨，為財產傳承、企業經營、人才培育、後進提攜及家族永續，制定本家族憲法，以作為A氏家族企業、信託、基金會等營運管理準則。

第一章　總則

第一條　A氏家族財產之管理及處分，應由家族成員依本家族憲法之意旨規劃及分配，並應將本憲法之意旨，透過遺囑、意定監護、生前信託等機制落實之。

A氏家族財產所創立之公司、有限合夥、合夥或獨資企業、信託、基金會以及A氏家族成員為管理家族財產所創立之協會或其他組織，亦應將本憲法之意旨透過各組織規章之制定落實之。

第二條　定義：

1. 稱家族成員者，指起草人A○○、B○○、C○○、D○○、起草人之直系血親卑親屬，並依本法規定加入成員，享有本法保障之權利並應依本法負擔義務之人。

2. 稱家族財產者，指起草人A○○、B○○名下之所有包含不動產、動產、股權、信託受益權及其他權利之財產，由家族成員繼承或依本法分配取得之財產亦同。

3. 稱家族企業者，指以家族財產設立之公司、有限合夥、合夥或獨資企業、信託、基金會以及A氏家族成員為管理家族財產所創立之協會。

4. 稱家族治理執行委員會者，指依本憲法設立，由起草人指定或經家族成員選任組成之組織，為家族的最高決策機構，並有就家族財產或家族企業管理及處分進行研商、討論並執行之權限，以建立家族成員彼此間的良好關係及作為家族與家族企業間的溝通橋梁為目標，就各種家族事務進行決策，包含但不限於制訂組織規程或議事規則、定期檢視並更新家族憲章、調停並解決家族成員間的衝突、審視家族成員遵循本家族憲章之狀況、決定是否將家族成員除名等事項。

5. 稱家族治理監察委員會者，指依本憲法設立，由起草人指定或經家族成員選任組成之組織，並就家族治理執行委員會之執行成果有監督權限及就家族財產狀況有檢查權限之人。

6. 稱家族辦公室者，指依由家族治理執行委員會遴選委任，並受託管理家族成員名、編制財產清冊、提供法令及稅務諮詢、資產規劃建議、協助辦理實體投資、設立信託、公司登記、會計、稅務、銀行、保險等各項服務之單位。

第二章　家族財產管理及處分之準則
第一節　總則

第三條　家族財產應由家族治理執行委員會指定家族成員或家族企業為保管人。

第四條　**第三條**保管人如為自然人時，須於就任保管人時同時作成遺囑及授權書，並指定於保管人不克保管時移交與繼任保管人或家族治理執行委員會指定之人。

第五條　家族財產是透過各種投資和管理所累積而來，其運用應遵守家族憲法的指導原則，並且在適當的情況下洽詢專業人員以降低稅務風險或法令風險。

第六條　家族治理執行委員會執行家族財產之投資必要時，可請外部專業投資人士進行管理和諮詢，家族治理執行委員會應每年定期檢查財產狀況，並決議次年度之投資計劃。

第七條　家族財產之管理、分配，應考慮各房繼承人之人數、需求等進行合理分配，不得獨厚特定家族成員。

第二節　現金

第八條　家族財產中應保留美金 00,000,000 元以上之現金交付於起草人成立且可隨時動支之信託管理之。

第九條　家族財產中現金之支用應優先運用於下列項目，並經家族治理執行委員會決議後動支：

1. 家族成員經除名者及未列入分配孳息對象之配偶，因健康、教育、醫療、急難及維持基本生活所需者。

2. 家族成員有**第二十八條**所定需求，經向家族治理執行委員會提出申請並審議通過者。

第十條　如因物價調整或經濟環境變遷，有必要提高**第八條**所定金額者，得由家族治理執行委員會每年於 10％之幅度內調整並公告之。

第三節　不動產

第十一條　家族財產中之Ｙ莊園／大樓之使用應優先考慮以下方式，並經家族治理執行委員會決議後執行之：

1. 優先提供予由家族治理執行委員會決議通過之適宜居住者居住使用。

2. Ｙ莊園／大樓所生水、電、瓦斯、網絡、保全、一般維護等居住上必要費用由家族財產支付，惟以每年美金 30 萬元為上限。

3. Ｙ莊園／大樓如有裝修、改建、重大修繕之巨額支出之必要，可由家族成員或居住者提出計劃及估價數額向家族治理執行委員會提出申請，並依個案審議通過後行之。

第十二條　家族財產中之其他不動產之處分，應先經家族治理執行委員會評估、決議後方得處分，為評估市場行情而有必要時應徵詢合格估價師辦理估價。

第四節　股權

第十三條　本節所稱股權係指持有未達該發行公司已發行股份總數 10％，無控制力或實質影響力，僅具投資價值之上市（櫃）及興櫃股票。

第十四條　家族財產中之股權投資，應由家族治理執行委員會決議定期評估其收益情形並決議是否出售。

第五節　信託受益權

第十五條　家族財產中信託受益權應優先指定下列對象為受益人，並經家族治理執行委員會決議後方得變更或分配信託財產：

1. 家族成員。

2. 家族成員婚姻關係存續中之配偶。

第十六條　家族財產交付信託時，由家族決策執行委員會選任合適者擔任信託受託人，並應於信託契約中適度修訂或增加條款，以符合以下原則：

1. 該信託受託人應依本憲法對於各項財產運用準則進行管理及處分。
2. 如係美國信託,應考慮以稅務及費用負擔最低之方式決定信託契約之類型及規畫(例如可撤銷或不可撤銷、或先設立可撤銷信託再於必要時變更為不可撤銷信託)。
3. 如有信託監察人或信託保護人,應由家族治理執行委員指定成員擔任之。
　　第十七條　家族財產之信託契約對於信託利益之分配方式,應採取以下原則定之:
1. 無論何人,凡本家族成員及其婚姻關係存續中之配偶,每人每年均享有美金20萬元之孳息分配權。惟分配金額得按通貨膨脹或物價水平,經家族治理執行委員會決議提高之。
2. 除前項分配外,對於家族成員得另外評估下列情事,由家族治理執行委員會酌定額外信託利益分配:
(1) 對家族企業或資產管理是否具有經營責任。
(2) 對於家族名聲提升及維護、家族成員之和諧促進是否有特殊貢獻。
(3) 有為其他有利於家族之情事。
3. 信託監察人或保護人非經家族治理執行委員會決議不得將信託契約分割或轉移。

第六節　其他

　　第十八條　如有其他未列明之家族財產,其管理方針及處分條件均由家族治理執行委員會決議定之。

第三章　家族企業營運管理準則
第一節　公司及有限合夥

　　第十九條　以家族財產出資設立公司或有限合夥組織時,應以家庭成員為股東或合夥,並由家族治理執行委員會指定之人擔任董事及監察人或負責人。
　　第二十條　以家族財產出資設立公司時,以「閉鎖性股份有限公司」為優先,並應於公司章程中適度修訂或增加條款,以符合以下原則:
1. 該公司股份之轉讓對象應以家族成員及其配偶、子女為限。
2. 為便於公司治理,得發行具有被選為董事、監察人之權利、具有複數表決權或具有對特定事項否決權之特別股,具體之條款、對象等則由家族治理執行委員會決議後訂定之。
3. 為便於家族成員參與股東會或董事會,得增訂視訊開會或電子投票等便於參與會議之條款。
4. 應設置就解散公司、改變公司型態為非閉鎖性股份有限公司,或其他違背家族基業永續傳承目的之事項具有否決權之特別股,並將該特別股交付信託或其他家族決策執行委員會指定之人。
5. 應設置一定比例擁有複數表決權或無表決權之特別股,以達成經營權集中之目的。
　　第二十一條　公司或有限合夥營運決策,應考慮穩健、成長性……等原則為之。
　　第二十二條　公司董事人選,應以符合下列資格之人優先選任:
1. 個人負債佔資產之比例不得高於50%。

2. 於其他公司損益經營單位工作滿三年以上者。
3. 擁有與家族企業業務相關證照或取得其他有利於家族企業經營之技能認證者。
4. 具備其他有利於家族企業經營之相關經驗者。

第二節　獨資與合夥企業

第二十三條　以家族財產出資成立獨資或合夥企業時,應以家族治理執行委員會指定家庭成員為負責人或合夥人。

第二十四條　家族財產出資成立之獨資或合夥企業,其出資額超過半數者,均應另外交付適宜之信託管理。

第三節　基金會及協會

第二十五條　以家族財產出資成立財團法人(基金會)或公益性社團法人(協會)時,應以家庭成員為發起人,並由家族治理執行委員會指定之人擔任董事。

第二十六條　……

第四節　其他

第二十七條　……

第四章　家族成員
第一節　成員之權利及義務

第二十八條　家族成員於有下列需求時,得向家族治理執行委員會申請經費。
1. 創業或展業。
2. 醫療。

第二十九條　家族成員申請經費時,應詳細說明需求金額、消費或投資目標、使用計劃及需求期間,以書面向家族治理執行委員會提交。

第三十條　家族治理執行委員會應每年定期回顧各家族成員申請經費之執行情形,並得視情形酌予增減。

第三十一條　家族成員均有遵守本憲法之義務,如有違反,經家族治理執行委員會決議後得予以除名,不得再享有本法所提供之權利,但因為除名後生活陷入困境者,可以書面向家族治理執行委員會提交申請生活津貼補助,補助金額以每年美金 000,000 元為限。惟分配金額得按通貨膨脹或物價水平,經家族治理執行委員會決議調整之。

第三十二條　家族成員如擬於家族企業中任職,其僱用、績效審查標準、薪資或其他勞動關係及條件等方面,不得因其具家族成員身分而有優惠性待遇,且須符合以下要件之一:

1. 具備在其他公司任職至少二年之工作經驗,且曾獲得至少一次工作表現優異之認可或被升職一次。
2. 取得與擬任職之家族企業相關技能之認證。
3. 具備與擬任職之家族企業所營事業相關之學經歷。

第三十三條　家族成員如擬於家族企業中擔任經營管理階層,除前項規定外,尚須符合下列要件:

1. 個人負債佔資產之比例不得高於 50%。

2. 具備於其他公司損益經營單位任職三年以上之工作經驗，但當家族企業經營管理職人才需求高時，可不受限制。

3. 取得有利於家族企業經營之技能認證或學經歷。

4. 於任職前接受擬任職之家族企業管理階層成員至少一年的帶領與指導，且該帶領與指導者需與授任者為非直系親屬，並經該家族企業董事會認定合格。

第二節　成員大會

第三十四條　家族治理執行委員會應每年定期召開家族成員大會，並定期報告家族資產運作情形、年度家族企業經營方針。

第三十五條　成員大會由年滿18歲之家族成員組成之。

第三十六條　成員大會由家族治理執行委員會召集之。

第三十七條　家族成員於必要時得請求家族治理執行委員會召集成員大會，若因家族治理執行委員會無法運作或於提出請求後三十日內仍拒絕召集時，得由成員大會成員三分之一以上之聯署自行召集之。

第三節　成員之加入及除名

第三十八條　具備以下身分者為當然成員：

1. 起草人A○○、B○○之直系血親卑親屬。

2. A○○、B○○之直系血親卑親屬無子嗣者，經法院裁定核可之養子女亦同，惟倘單一成員及其配偶收養超過二名養子女時，由該成員及配偶共同指定其中二名擔任成員。

第三十九條　家族成員如有以下情形，經家族治理執行委員會確認、決議後即予除名：

1. 吸食、販賣毒品或舉債賭博者。

2. 其他刑事案件，經法院判決一年以上刑期者。

3. 超過一年以上未對其父母孝順，善盡關心照顧之責，並發生對父母在言語上、肢體上、有傷害忤逆的行為。經家族治理執行委員會勸導無效而再犯者。

4. 違反本家族憲章規定，未依家族決議選任家族決策執行委員會推派之董事人選，影響家族決策執行委員會擬定之經營及接班計劃、造成家族成員對立或招致家族財產發生法律爭議者。

5. 違反家族控股公司章程所訂股份轉讓限制，將家族控股公司股份轉讓予非家族成員，致嚴重影響本家族憲章所訂家族基業傳承制度者。

6. 違反本家族憲章及家族控股公司章程所訂程序，擅自處分或指示信託受託人處分家族財產，致嚴重影響其他家族成員利益者。

7. 無正當理由拒絕出席家族治理機構各項會議，且該行為致家族治理機構無法正常運作者。

8. 其他經家族決策執行委員會三分之二以上成員認定符合本條情形者。

第四十條　遭除名之家族成員將同時喪失本家族憲章所賦予之一切權利及利益，包含但不限於：

1. 除家族治理執行委員會作成特別決議同意者外，不得擔任任何家族治理機構、家族控股公司董事會、信託監察人、保護人之成員或任職於家族企業。

2. 除家族治理執行委員會作成特別決議同意者外，所有家族信託之受託人不得分配任何利益予遭除名之家族成員。

3. 家族治理執行委員會得於法律允許之範圍內，向家族成員請求返還一切已受領之經濟上利益。

第四十一條 經除名者，得經下列程序重新加入家族成員：

1. 因前條第 1、2 款除名，於接受刑事處罰或行政罰後，經五年以上之悔悟，並經家族治理執行委員會確認後。

2. 因前條第 3 款除名者，若已明顯改正，經連續三年以上之悔悟，經家族治理執行委員會確認後。

3. ……

第五章 家族治理執行委員會
第一節 組成及任免

第四十二條 家族治理執行委員會應設三至七人，第一任成員由起草人指定，第一任會長有 3 票表決權，以確保會長有最終裁量權。任期滿時由原任委員遴聘次任委員。

第四十三條 家族治理執行委員之就任資格如下：

1. 須年滿 24 歲。

2. 曾犯詐欺、背信、侵佔罪經有罪判決確定（包含緩刑），尚未執行、尚未執行完畢，或執行完畢、緩刑期滿或赦免後未逾二年者，不得擔任。

3. 受監護宣告、輔助宣告、破產宣告或依消費者債務清理條例聲請更生或清算之人不得擔任。

4. 家族治理執行委員之總人數三分之二以上應為於主要家族企業負擔經營責任之人（例如擔任董事、總經理、執行長等職務）。

第四十四條 家族治理執行委員會應各互推一人擔任會長及副會長。

第四十五條 委員會任期五年，如在任期內因事出缺，則由剩餘委員遴聘缺額委員，其任期以補足原任任期為限。

第四十六條 家族治理執行委員會之議事，應作成議事錄，由會議主席及記錄人員簽名或蓋章，並妥善保存。

第四十七條 除有正當理由不克出席外，家族治理執行委員會成員應盡可能出席會議。

第四十八條 家族治理執行委員會議事過程中，應依實際需求聘請律師、會計師、醫師等有不具家族成員身分之專業人士列席，以提供相關意見或其他協助，並確保會議程序之正當進行。

第四十九條 執行委員如有不適任、無法運作或於任期屆滿後超過一年未遴聘次屆委員、無正當理由拒絕出席會議致執行委員會無法正常運作等妨礙運作之情形，得由監察委員自行召集家族成員大會，或由家族成員依第三十七條規定召集家族成員大會，決議解任並改選之。

第五十條 家族成員大會就家族治理執行委員會之改選以下列方式行之：

1. 需有家族成員過半數出席。

2. 成員大會成員每人均有一票,每一票有與應選出執行委員人數相同之選舉權,得集中選舉一人,或分配選舉數人,由所得選票代表選舉權較多者,當選為執行委員。

3. 如選舉結果成員有違反第四十三條規定者,該次選舉無效,並應重新選舉至符合第四十三條規定為止。

第二節　職務

第五十一條　本執行委員會之職權如下:

1. 各項會務計劃之審核。
2. 家族成員經費申請之審核。
3. 定期檢查家族財產及家族企業運作情形。
4. 家族財產保管人、企業董事或負責人之指定。
5. 其他有關家族事務之處理及決議。
6. 家族成員資格之審查。
7. 本憲章制定及修正。
8. 創辦功能性委員會並制定組織規程,以有效執行家族憲章賦予執行委員會之職權。
9. 家族企業、投資、合夥事業出資額過半數等公司或營利事業,連三年虧損或三年累計虧損者,經家族治理執行委員會審查及決議(過半數)後,得透過公司法相關程序解任並更換公司負責人。

第五十二條　本會執行委員會每六個月開會一次,由會長召集之;如會長認為有必要,或有二位以上之委員提議,得召集臨時會議。

本會執行委員會應於每年六月底前審查各家族企業、投資及合夥事業等財務報表。

本會執行委員會於審查前,得通知各家族企業負責人於前開會議召開時報告經營狀況。

第五十三條　家族治理執行委員會之召集,應於五日前載明召集事由、會議時間、地點,通知各家族治理執行委員。

第五十四條　本會委員會之決議,採一人一票制,須有委員過半數之出席,方得開會,出席執行委員過半數之同意,方得決議,可否同數取決於主席,但下列事項,以委員會三分之二以上之出席,出席委員三分之二以上之同意行之。

1. 家族成員之除名。
2. 家族憲章制訂及修正相關事項。

第三節　家族辦公室

第五十五條　本家族辦公室團隊由家族治理執行委員會遴選及委任。

第五十六條　家庭辦公室之職務如下:

1. 管理及編制家族成員名冊、財產清冊及家族資產或企業之架構圖。
2. 提供法令、稅務諮詢及資產規劃建議。
3. 協助辦理實體投資、設立信託、公司登記、會計、稅務、銀行、保險等各項服務。
4. 家族會議決議之保管。

5. 家族憲法修正之諮詢。

第五十七條　家庭辦公室應配備管理家庭投資、會計、稅務、銀行、保險和其他行政事務所需的專業外部人員。

第五十八條　本會執行委員會每次會議決議內容，均應提供予家族辦公室作為管理上之指引。

第五十九條　家族辦公室之服務費用均由家族財產支應。

第六章　家族治理監察委員會
第一節　組成及任免

第六十條　家族治理監察委員應設置三人，第一任由起草人指定。任期滿時由原任監察委員指定次任委員。

第六十一條　監察委員任期五年，如在任期內因事出缺，則由原任監察委員選任之，其任期以補足原任任期為限。

第二節　職務

第六十二條　本監察委員之職權如下：

1. 家族財產現況之調查及會務審核之監察。
2. 於執行委員有不適任或無法運作之情形，召集成員大會。
3. ……

第七章　家族憲法之施行與修訂

第六十三條　本家族憲章得依第五十四條規定修正之。

第六十四條　本家族憲章於民國　年　月　日經家族理事會議決議制定生效。（於　年　月　日家族理事會議第一次修正。）

■ 安致勤資會計師集團　KEDP CPAs Group

「安致勤資會計師集團」（KEDP CPAs Group）創立旨在提供美國、台灣及中國兩岸三地華人與跨境經商人士專業、即時、價格合理之服務，目前已分別於美國洛杉磯、舊金山、台灣台北及中國北京、上海、廣州，成立會計師事務所或專業稅務及投資諮詢之服務據點，期望搭建涵蓋美、中、台三地的服務網絡，進而提供跨境稅務諮詢、跨境投資控股規劃、跨境稅務申報、家族財富傳承、保全以及移民前後美國稅務服務。

KEDP CPAs Group 鑒於美、中、台三地企業家族對於財富傳承與保全的殷切需求，結合美國稅務律師、信託律師與美國註冊會計師之完整服務資源，依據美、中、台華人客戶之需求，從初始接觸的家族財富瞭解、到服務項目確認、工作時程規劃、近而到後續追蹤管理……均以專業服務管理系統掌控案件；本諸跨境專業、保密、獨立與客觀之精神；期以提供華人朋友面對跨國性稅務規劃時，最優質而全面的稅務諮詢服務。

目前跨境業務項目可分為下：

一、經常性業務：美國年度所得稅申報（1040表）、美國各州州稅申報、美國各項揭露申報（FinCEN 114、5471、3520、8854等表）、跨境個人稅務規劃、審計及企業諮詢、移轉定價報告、企業上市前之整帳、會計代理及諮詢服務，美國信託設立及記帳報稅等。

二、非經常性業務：境外公司（Anguilla、Seychelles、SAMOA、BVI、Hong Kong、Singapore等）設立及維持、中國、美國及台灣公司登記設立、移民前後稅務諮詢與籌劃、企業融資及投資服務、人力資源及培訓服務等。

除了上述兩大項業務，安致勤資聯合會計師事務所近年來更因應美籍華人之稅務問題，協助客戶審慎評估移民前、移民中、移民後之相關稅務規劃，在享有美籍身分所帶來好處的同時，也能評估必要的租稅負擔。

洛杉磯
  地址：888 S. Brea Canyon Road, Suite 225, Diamond Bar, CA 91789
  電話：＋1 (310) 343 2568
  聯絡人：潘裕人／Roy Pan (Wechat: roypan_uscpa)

拉斯維加斯
  地址：1129 S Maryland Pkwy, Las Vegas, NV 89104
  電話：＋1 (617) 388 9422
  聯絡人：呂嘉昕／Max Lu (Wechat: clfcmax)

舊金山
  地址：2960 Privet Drive, Hillsborough, CA 94010
  電話：＋1 (617) 388 9422
  聯絡人：呂嘉昕／Max Lu (Wechat: clfcmax)

臺灣臺北
  地址：11051 臺北市信義區基隆路一段420號11樓
  電話：＋886 2 8780 7766／傳真：＋886 2 8780 7711

聯絡人：
- 跨境稅務諮詢：馮俏玲／Alice Feng (Wechat: kedpalice)
- 臺灣境內稅務諮詢：林明輝／Tim Lin (Wechat: wxid_jnczhfmhnxi412)
- 內控制度輔導、帳務處理、會計制度諮詢：陳遠東／YT Chen (Wechat: yuantungchen)
- 跨境傳承執行：陳怡如／Megan Chen (Wechat: luluchen8802)

臺灣高雄
地址：80654 高雄市前鎮區民權二路380號20樓之一
電話：＋886 7 3316 726／傳真：＋886 7 3316 326
聯絡人：張清富律師／Paul Chang (Wechat: wxid_1bbyqnivsckd22)

大陸北京、華北地區
地址：北京市東城區建國門內大街18號恆基中心1座辦公樓18層1803室（郵編：100005）
電話：＋86 10 6517 4711／傳真：＋86 10 6517 7331
聯絡人：張國禮／Tom Zhang ＋86 152 0116 6003
　　　　(Wechat: wxid_wu3bau59gomv22)

大陸上海、華東地區
地址：上海市浦東新區陸家嘴東路161號招商局大廈1403室（郵編：200120）
電話：＋86 21 5878 0519 ／ ＋86 21 5878 1833
　　　（傳真同電話，接通後請加撥 807）
聯絡人：周建琳／Cathy Zhou ＋86 189 1719 6369
　　　　(Wechat: KEDP_SH_US_TAX)

大陸廣州、香港、華南地區
地址：廣東省廣州市天河區林和西路9號耀中廣場B座909房（郵編：510610）
電話：＋86 20 3730 7512 ／ ＋86 20 3730 7513
聯絡人：蕭益新／Leon Xiao ＋86 139 2618 0789（香港）／
　　　　＋86 189 2275 1789（廣州）
　　　　(Wechat: Leonxiao3／Leon18922751789)

新加坡
地址：新加坡直落亞逸街137號03-04室（郵編：068602）
電話：＋65 9369 0432
聯絡人：田凌溪／Isabella Tian (WhatsApp: ＋65 9369 0432)

馬來西亞新山
地址：#05-05,Blok 1, No 5, Pangsapuri Molek Pine 4, Jalan Molek 1/27, Taman Molek, 81100 Johor Bahru
電話：＋60 19 770 9121
聯絡人：張再茂／William Teo (Wechat: wxid_ncilmmseaokj12)

■ KEDP叢書簡介

　　安致勤資會計師集團（**KEDP CPAs**）為解決中國、台灣及美國三地之華人常見之稅務問題，邀集了三地專業的會計師及律師，將多年執業過程中最常見、最棘手的案件，整理為清晰易懂的問答集。**KEDP** 叢書從中國和台灣在地，一直到跨國間的個人及企業之相關稅務問題，均搜羅了全面且詳盡的問答，期望華人朋友在一問一答間尋找到最便捷的答案。以下為KEDP叢書簡介：

《呂旭明會計師教您如何節稅致富與跨境傳承》
台灣報稅必備稅務問題集！

　　作者藉由多年的稅務經驗，感受到稅負最重的人，往往不是最富有的人或最會賺錢的人，而是「無知的人」。因為不瞭解稅法，這群無知的人常道聽途說，甚而跌入租稅陷阱成為「稅奴」。本書係針對一般大眾有關的「個人租稅」加以介紹，並以個別案例深入淺出地闡明如何減少不必要的租稅負擔與風險，使您辛苦賺進來的每一分錢都能如潺潺細水匯成江海，享受富裕人生。

《最新美國報稅與海外財產揭露》2023最新版本
華人圈內最實用的報稅指南

　　本書最初版為《美中台跨國稅務Q&A》，2009年出版後即收到美中台三地讀者的熱烈迴響，讓作者群及全體參與同仁體認到跨境人士在面對申報美國稅務及海外財產的確常面臨困難。本書出版至今已歷經多次校訂改版，此次 2023 年最新校訂版本，除將全書焦點聚焦在具有美國稅務身分的華人，也隨著美國國稅局每年更新的稅務申報要求，以及對於雙重國籍、具有海外收入及海外帳戶的重大查緝政策，逐年跟進，為的就是要提供讀者對於美國國稅局近年政策實施近況有全盤的理解，不再因為片面不全的資訊而不知所措。

　　在歷經多次的改版，作者群更發現在許多華人申報的案件中，不乏高資產人士除了有申報美國稅的需求，更對資產規劃有相當程度的需求。因此此次修訂版特地針對如何妥善運用財富規劃工具（例如信託設立），做了許多說明，期望對於此類讀者群有所幫助，畢竟報稅是最基本的，讓財富長長久久地傳承下去才是最終目的。

《美國信託與跨境傳承——因應臺灣CFC及全球CRS首選方案》
高資產家族家族傳承必備寶典

在CFC與CRS反避稅風潮與財富跨境轉移的時代潮流下,節稅與傳承籌劃不再是紙上理論;不再是統一模版,而是講求實際操作步驟與細節,以因應躲藏於規劃細節中的各種風險。在規劃財富跨境傳承的同時,更應謹慎依照各家族之特殊文化背景及傳承需求,提出具體可行的實際操作方案。

這些操作完整的家族信託架構方案包括:確認傳承願景、成立或委外家族辦公室、草擬與通過家族憲法、制定跨境財富傳承轉移方案、確認實際操作時間表等;由專案人士跟催案件執行進度,並在執行過程中記錄與預估可能產生之稅務及法律風險,備妥相關方案與支持文件以應不時之需。任何跨境傳承籌劃都因地域、國別、稅務、法律的不同,而有一定風險;如何因應、突破及避免,籌劃工作者和當事人之間須建立起一定的默契和信賴感,籌劃工作者沒有具體操作經驗切不可貿然進行。

本書作者逾三十年參與各家族之跨境傳承籌劃,其中各種籌劃工具皆透過自身家族先行進行操作;以美國信託成立為例,作者在過去十五年當中尋求與拜訪美國信託律師、稅務律師、會計師、受託公司等專業人士多達數百位,多方參酌美國本地專業人士的經驗和意見,以確認所有操作執行細節及稅務和法律風險,務求籌劃工具能收到一定成效,也更能符合高資產家族之傳承需求!

KEDP叢書15

美國信託與跨境傳承——因應臺灣CFC及全球CRS首選方案

作　　者	呂旭明（Peter Lu）・陳遠東（YT Chen）
審　　稿	呂嘉昕（Max Lu）
出 版 者	哈佛人出版有限公司（H. I. Publishers, Inc.）
負 責 人	呂旭明
責任編輯	哈佛人出版社編輯團隊
地　　址	110 臺北市信義區基隆路一段420號11樓
電　　話	02-8780-7766
傳　　真	02-8780-7711
會計稅務顧問	呂旭明會計師
法律顧問	張清富律師
出版日期	西元2025年8月
ISBN	978-986-5807-17-7
版　　次	初版
定　　價	新臺幣1,000元

國家圖書館出版品預行編目資料

> 美國信託與跨境傳承：因應臺灣CFC及全球CRS首選方案／呂旭明（Peter Lu），陳遠東（YT Chen）作. -- 初版. --
> 臺北市：哈佛人出版有限公司, 2025.08
> 　　面　；　公分. --（KEDP叢書；15）
> ISBN　978-986-5807-17-7　（平裝）
>
> 1.CST: 信託財產　2.CST: 美國
>
> 563.3952　　　　　　　　　114011084

The contents of this book are general accounting and legal principles and the results can vary not only from country to country, state to state, but also from case to case. This publication is designed to provide accurate and authoritative information in regard to the subject matter covered. It is sold with the understanding that the publisher is not engaged in rendering legal, accounting, or other professional services. If legal advice or other expert advice is required, the services of a competent professional person should be sought. —From a Declaration of Principles jointly adopted by a committee of the American Bar Association and a Committee of Publishers and Associations.

本書內容解釋係依照一般性的會計與法律準則，因個案之發生地與特殊性而有差異。此出版品旨在提供所列案例之正確與可資信賴之參考訊息，出版社不需負擔提供法律與會計相關之專業服務。若需要進一步之專業服務，請向專業人士洽詢，以保障自身權益。（此宣言由一美國律師協會及一出版商協會共同發表。）
本書作者於撰寫本著作時參考許多專業研究和報告，並盡力於書中載明參考及引用出處，惟難免仍有錯誤或疏漏，敬請各位專家先進見諒，若有錯誤或疏漏事宜，當於再版中更正。本書內容以中文為主，英文為輔，敬請讀者參酌。

本書版權由安致勤資管理顧問（香港）有限公司授權哈佛人出版有限公司出版繁體中文版
版權所有・翻印必究